나는 누구인가? 나는 무엇을 아는가? 나는 어떻게 살 것인가?

Arthur Schopenhauer

세상을 보는 방법

쇼펜하우어/권기철 옮김

KB208334

서양철학과 동양철학의 만남

의지와 표상으로서의 세계

쇼펜하우어는 칸트의 사상을 수정하여 완성했으며, 칸트적인 철학도 아니고 자기 자신의 철학도 아닌 칸트·쇼펜하우어 철학이라는 것을 만들었다고 확신하였다.

아르투르 쇼펜하우어(Arthur Schopenhauer 1788~1860)는 독일어권의 자유도시 단치히(현재 폴란드의 그단스크)에서 태어났다. 아버지는 부유한 상인으로 아들에게 자기 사업을 물려 주려고 했으나 쇼펜하우어는 그것을 거부하고 상속한 유산을 생활 수단으로 삼아 평생 동안 철학과 저술 활동에 전념했다. 그가 박사학위 논문으로 쓴《충족이유율의 네 가지 근원에 대하여(1813)》는 철학의 고전이 되었다.

쇼펜하우어는 20대의 젊은 나이로 그의 대표적 저서《의지와 표상으로서의 세계》를 쓰기 시작하여 1818년에 출간했다. 이후《자연에 있어서의 의지에 대하여》라는 짧은 작품을 쓰고《의지와 표상으로서의 세계》에서 주장한 것이 진보하는 과학에 의해 증명되고 있음을 보여 주려고 했다. 그 뒤 윤리에 대한 2권의 단편《의지의 자유에 대하여(1841)》와《도덕의 기초에 대하여(1841)》를 저술하였다.

①구별 쇼펜하우어는 어떤 사물이 다른 사물과 다르기 위해서는 각 사물이 존재하는 시간 또는 공간이 달라야 하며, 현상 세계에 속해 있지 않아야 한다고 주장한다.
②요한나 쇼펜하우어 쇼펜하우어의 어머니 요한나는 낭만주의 작가로 이름을 알렸다. 그녀는 문학 살롱을 주최해 괴테, 그림형제 등 당대의 유명 인사들과 교류를 맺었다.

드디어 찾아온 명성

《의지와 표상으로서의 세계》가 출간된 뒤 26년이 지난 1844년에 그 개정판이 출판되기에 이르렀다. 그런데 개정판에 대비하여 쇼펜하우어가 써 모은 원고가 초판본의 길이를 웃돌 정도였기 때문에 초판 내용은 거의 고치지 않고, 개정용 원고는 초판에 대한 긴 논평(論評)으로서 독립시켰다. 그 뒤부터 《의지와 표상으로서의 세계》는 두 권으로 구성되었고, 그 제2권 전체가 제1권의 논평이라는 진기한 형식을 취하게 되었다. 그 이후 새로 출간된 그의 작품은 두 권으로 된 《여록(餘錄)과 보유(補遺)》라는 철학적 수필집뿐이다.

그가 63살 때인 1851년 출판된 이 책은 나오자마자 크게 소문이 났다. 그때까지 거의 주목받지 못했던 그가 72살로 세상을 떠나기 전 몇 해 동안 드디어 국제적 명성을 떨치는 기쁨을 맛보게 되었던 것이다.

칸트로부터 물려받은 유산

쇼펜하우어는 인간에 대한 이해에서 칸트 덕분으로 아주 큰 돌파구를 발견했다고 생각하고 있었다. 거기에는 다음과 같은 것이 포함된다.

우선 칸트는 모든 것을 경험 가능한 것과 그렇지 않은 것으로 구분하였다. 그리고 경험의 형식과 틀은 인체의 기관이——그 기관이 무엇이든간에——갖고 있는 기능

①  ②  ③

①초기 원고 쇼펜하우어의 형이상학적인 이론은 주요 저서 《의지와 표상으로서의 세계》(1818년 초판, 1844년 개정증보)의 서명에 그대로 드러나 있다. 이 작품에서 그는 경험의 주체에게 있어서 경험세계는 표상으로서만 존재한다고 논하고 있다.
②《충족이유율의 네 가지 근원에 대하여》 쇼펜하우어가 예나대학에서 박사학위를 취득하기 위해 쓴 논문. 1813년에 자비 출판된 그의 처녀작으로 해석의 본질과 경험의 구조 전체에 대해서 논하고 있다. 이제는 고전이 된 작품.
③그림 형제 야코프(1785~1863)와 빌헬름(1786~1859) 그림형제의 여러 작품은 독일 문학의 걸작으로 평가되고 있다. 그 중에서도 《그림 동화집》(1812~1814)은 민화를 비롯해서 과학적으로 수집한 이야기, 구전민화를 바탕으로 창작되었다.

에 좌우되는 것이라고 주장했다(이것은 칸트를 이해하는 데 있어서 대단히 중요하다). 칸트는 여기에서 사람은 어떠한 일이든간에 경험하지 않으면 아무것도 생각해서 그려낼 수 없다는 결론을 이끌어냈다. 그러므로 경험으로부터 독립하여 존재하는 현실의 본질을 우리가 알아내는 일은 영원히 있을 수 없다. 개념화할 수 없는 것, 상상할 수 없는 것은 인간의 이해를 초월해 존재한다. 시간과 공간, 그리고 인과성에 의해 결부되어 있는 물체는 이 경험세계만이 갖고 있는 특징이며 그 바깥에서는 존재하지 않는다. 그리고 이 세계를 이해하는 열쇠는 과학이라고 하지만, 과학도 역시 경험 세계의 바깥에서는 손을 내밀지 못한다.

"끊임없는 희망과 공포를 수반하는 욕망의 소용돌이에 몸을 맡기는 한, 영원한 행복과 평화는 얻을 수 없다."

칸트의 이 주장을 쇼펜하우어는 기본적으로 옳다고 인정한다. 그것도 마음 깊이 옳다고 인정한 모양이다. '칸트의 말은 마음에 직접 호소해오기 때문에 그 효과는 마치 눈이 안 보이는 사람이 백내장 수술을 한 것과 같다'라고도 말했다. 또한 칸트 철학을 완전히 이해한 사람만이 자기 철학을 이해할 수 있을 거라고

역장(力場) 쇼펜하우어에게 있어서 우주의 장대한 크기와 에너지는, 인간의 마음이나 의식과는 일

4

도 생각했다. 그는 칸트의 주장을 다시 한번 처음부터 해명하는 일은 하지 않았다. 왜냐하면 그에게는 당연한 것을 일부러 처음부터 다시 되풀이하는 것이기 때문이다. 그는 어디까지나 칸트를 자기 이론의 전제 조건으로 삼았다. 그렇다고 해서 모든 것에서 옳다고 생각했던 것은 아니었으므로, 칸트의 이론에 보태거나 그것을 새로운 분야로 전개하거나 오류로 생각된 것(그 중에는 큰 잘못도 있었다)을 수정하기도 했다. 이를테면 쇼펜하우어 철학의 출발점은 '칸트 철학 비판'이었다고 할 수 있다.

인격을 갖지 않은 현실

쇼펜하우어는 칸트가 세계를 '현상'의 세계와 '물자체(物自體)'의 세계로 나눈 것은 옳은 일이라고 했다. 단, 물자체의 세계는 복수(複數)의 물(物)에 의해 구성되어 있지는 않을 거라고 생각했다. 그 까닭은 다른 물이 복수 존재하려면 구별하는 일이 필요한데, 구별이란 시간과 공간이 존재하는 세계에서만 가능하기 때문이다. 어떤 물이 다른 물과 다르기 위해서는 그 둘이 존재하는 시간 또는 공간이 다를 필요가 있으며, 그렇지 않다면 그 둘은 같은 물이다. 자연수(自然數)나 알파벳처럼 추상적인 것조차 다른 자연수나 알파벳과 다르기 위해서는 차례라는 개념이 필요한데, 여기에는 결국 시간과 공간이 관계된다. 따라서 쇼펜하

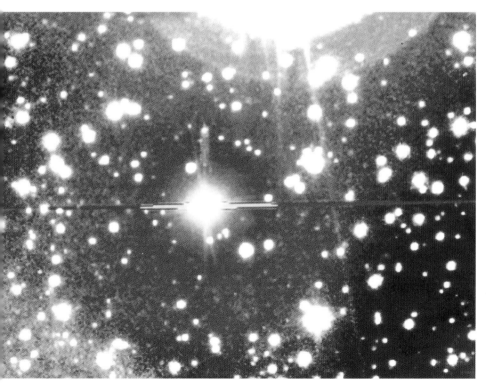

절 관련이 없는 것이다. 그것은 의도도 목적도 없는, 전혀 인격을 갖추지 않은 힘인 것이다.

우어에 의하면 시간과 공간으로 이루어진 세계의 바깥에서는 구별이 존재하지 않게 된다. 모든 것은 하나이며 구별할 수 없다(이 사고방식으로 파르메니데스의 '모든 것은 하나'라는 주장과의 관련성을 인정할 수 있다).

또한 쇼펜하우어에 의하면 '물자체'가 현상의 원인이 되는 것도 불가능했다. 왜냐하면 칸트 자신도 말했듯이 시간이나 공간과 마찬가지로 인과관계도 현상계에서만 통용하지 않기 때문이다. 인과성이라는 것은 현상계를 외부 세계와 연결하는 것이 아니다. 예를 들면 칸트는 물자체의 세계에 깃드는 의지의 작용에 의해 사람의 몸은 '자유로운' 운동을 할 수 있다고 주장했다. 한편 쇼펜하우어는 그것은 불가능하다고 생각한다. 그에 의하면 의지의 작용과 그것과 관련되는 몸의 움직임은 실제로는 같은 하나의 사건이 두 가지 다른 측면에서 취급되었을 뿐이다. 하나는 내부에서 경험된 것, 다른 하나는 외부에서 관찰된 것이다. 쇼펜하우어는 이에 대해 '동기(動機)란 내부에서 경험되는 원인이다'라고 말했다. 표상(현상)이란 물자체와는 다른 별개의 존재가 아니라, 다른 방법으로 파악된 같은 존재이다.

쇼펜하우어는 또한 물자체의 세계는 독자적인 의지와 같은 것(현상계에서 보통 생각하는 '의지'가 아님)을 갖고 있다고 생각했다. 우주에는 상상할 수 없을 정도의 에너지가 충만되어 있다. 무수한 별들로 이루어진 모든 은하가 우주 안

이기기 위한 의지 쇼펜하우어는 의지의 움직임과 그것에 따른 몸의 움직임은 똑같은 하나의 것이 다른 두 가지 시점(내부로부터의 경험과 외부로부터의 관찰)으로부터 포착되는 것이라고 생각했다.

에서 약동하고 확대되고 폭발하고 뜨거워지고 차거워지고 회전한다. 그런 상상을 넘을 정도의 에너지, 충동(衝動), 활력은 모두 인간의 마음이나 의식과는 아무 관계도 없다. 그것은 사람의 힘으로는 어떻게 할 수도 없는 현상이며 맹목적이고 인격이나 지성 따위는 갖고 있지 않다. 의도도 목적도 없는 완전히 비인격적인 힘이다.

이 힘은 물자체가 현상계에 나타난 것이며, 쇼펜하우어는 그와 같은 '물자체'를 잘 표현하는 말을 찾기 위해 고심했다. 처음에 그것을 '힘'이라 부르기로 했으나 '힘'은 과학에서 많이 쓰이고 있는 바, 그 과학은 현상계에만 적용되고 있지 않다는 것을 깨닫고는, 최종적으로 '의지'라 부르기로 결정했다. 그 이유는 우리가 물자체의 발현을 직접 경험하는 것은 자기 자신의 '의지' 작용에서만이며 그것에 의해 비로소 신체적인 운동에 나타나는 에너지나 충동, 힘, 열의(熱意)를 내부에서 경험하기 때문이다.

그런데 '의지'라는 말을 사용했기 때문에 여러가지 오해가 생겼다. 인격도 없고, 마음도 지성도 없고, 의도도 목적도 없는 의지는 상상하기 어려웠기 때문이다. 그러나 쇼펜하우어는 그것이야말로 그가 표현하고 싶었던 것이라고 말한다. 20세기로 들어서자 물리학에 의해 경험세계에 있는 것은 물질을 포함하여 모든 것이 에너지와 힘의 장(場)에 환원되며, 그것이 시간과 공간의 틀 속에서 작용

①동정을 근원으로 삼는 윤리관 쇼펜하우어는 동정심이야말로 인간관계의 기반이며 윤리와 사랑이 발생하는 근원이라고 생각했다.
②쇼펜하우어와 칸트 올라프 굴브란손의 캐리커쳐, 1937

한다는 것이 발견되었다. 만일 쇼펜하우어가 살아 있었다면 아마도 그의 철학 이론에 아주 부합되는 발견이라 생각했을 것이다.

"동기란 내부에서 경험되는 원인이다."

동정에서 생겨난 윤리관

시간과 공간 속에 있는 물자체와 마찬가지로 사람의 몸도 '물자체'라는 구별할 수 없는 절대적인 하나의 존재의 표상이다. 이 사실이(만일 사실이라면) 인간의 윤리관의 기틀이 되어 있다고 쇼펜하우어는 생각했다. 이것은 형이상학적인 이론 이 윤리적인 생각의 기초가 된 두드러지는 예이다. 쇼펜하우어에 의하면, 우리가 저마다 다른 개인이라고 생각하는 것은 이 현상계 안에서뿐이다. 인간 존재의 궁 극의 기틀인 '물자체'의 세계에서는 우리는 모두 일체(一體)이며 구별할 수 없다. 때문에 인간에게는 동정심, 즉 타인을 자기와 동일시하거나 감정이입하거나 타인 의 괴로움이나 기쁨을 나누어 느끼는 능력이 있는 것이다. 만일 내가 당신에게 상 처를 입히면 나는 자기자신의 궁극의 존재를 상처내고 있는 것이 된다. 사람의 윤 리관의 원천이 되어 있는 것은 이 동정심이며, 칸트가 믿고 있었던 이성(理性)이

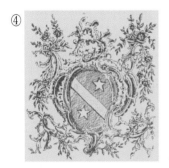

①쇼펜하우어와 바그너 리하르트 바그너(1813~1883)는 1854년, 악극시 《니벨룽겐의 반지》를 '존경과 감사를 담아'라 는 헌사를 붙여 쇼펜하우어에게 바쳤다.
②요한 볼프강 폰 괴테 쇼펜하우어는 괴테 찬미자 중의 한 사람이기도 하며 괴테의 《색채론》(1810)을 바탕으로 한 작품 을 썼다.
③네이가 만든 쇼펜하우어 흉상
④쇼펜하우어의 장서표

아니라고 쇼펜하우어는 주장했다. 동정심은 또한 대인관계나 커뮤니케이션의 기반이 되기도 한다. 이 동정심을 비교해 보면 사람과 사람 사이를 오가는 메시지를 해독하는 데 있어서 귀나 눈이 맡는 역할은 아주 적게 생각된다. 쇼펜하우어에 의하면 동정심이야말로 사랑과 윤리가 생기는 진짜 기틀이다.

동양과 서양의 만남

쇼펜하우어에 의하면 그가 동양철학을 발견한 것은 위와 같은 사실을 밝힌 직후였던 것 같다. 그의 시대 이전에는 힌두교나 불교에 관한 정식 교본(敎本)은 유럽에는 아직 알려져 있지 않았기 때문에 서양철학은 동양에는 철학이 존재한다는 것조차 모르고 발달해 왔다. 동양철학에 관한 책들이 어느 정도 정리되어 서양 언어로 번역되는 것은 겨우 19세기에 접어들어서였다. 독일어에 관한 한 이 분야의 개척자적인 사람은 프리드리히 마이어라는 동양학자인데, 쇼펜하우어는 20대 후반에 마이어의 존재를 알고 있었다. 이무렵 쇼펜하우어는 이미 처녀작을 발표했으며 대표적 저서가 될 작품 집필을 시작했다. 1820년대에 들어서 그는 마이어에 의해 힌두교와 불교에 대해 알게 되었다. 쇼펜하우어는 이들 종교의 중심 교리 속에 전혀 다른 방법이면서 그 자신과 칸트가 도달한 결론과 같은 것이 있음을 알고 대단히 놀란다.

①헤겔의 《백과사전》 중 쇼펜하우어에 대한 항목
②《의지와 표상으로서의 세계》 초판의 속표지
③쇼펜하우어가 살던 집, 프랑크푸르트시

칸트와 쇼펜하우어는 서양철학의 큰 흐름을 고대 그리스까지 거슬러 올라가 그 속에서 사상을 배양해 왔다. 두 사람 다 플라톤과 아리스토텔레스의 철학을 연구하고 그 이후의 서양철학의 발달 과정도 잘 알고 있었는데, 특히 로크에 의해 창시되어 흄에 의해 추진되었던 큰 프로젝트, 곧 인간은 어디까지 자기가 놓인 상황을 알고 이해할 수 있느냐 하는 탐구에 자기들도 참가하고 있다는 의식이 있었다. 서양철학에서는 플라톤 이후에 등장한 많은 철학자가 수학에 기반을 두는 과학이야말로 경험세계를 이해하는 열쇠라고 생각하고 있었으나, 존재하는 것이 경험세계뿐이라고는 생각하지 않았다. 그래도 역시 그들은 철학에 종교를 끌어들이지 않고 합리적 논증에만 근거를 둔 철학적 탐구를 계속해 왔다.

그런데 쇼펜하우어는 동양철학의 경우는 이것과 다르다는 것을 알아차렸다. 동양철학은 과학이 아니라 종교에 기반을 두고 있으며, 도리어 종교가 철학을 지배하고 있다고 해도 좋을 정도였다. 그러면서도 몇천 년이나 전의 동양 사상가들이 서양과는 전혀 다른 지적 환경, 전혀 다른 언어와 문화로 이루어진 이질적 사회 속에서 가장 근대적이고 진보되어 있는 서양철학과 같은 결론에 이른 것이다.

무신론자임을 밝히다

쇼펜하우어는 곧 힌두교와 불교의 교본(敎本) 번역서를 읽기 시작했으며 그 저

쇼펜하우어의 낙서

괴테의 《서동시집》에 넣은 쇼펜하우어의 삽화

서를 자기 이론과 비교했다. 그것 때문에 그의 사상 가운데 많은 것이 힌두교와 불교가 바탕이 되어 있다고 말해 왔으나 실제로는 그렇지 않다. 도리어 쇼펜하우어에게 무엇보다 중대하게 생각된 것은 앞에서 말했듯이, 서양철학과 동양철학은 다른 경로를 거쳐 발달해 왔음에도 불구하고 철학상 가장 중요한 과제에 대해서는 실질적으로 같은 결론에 도달했다는 점이다. 그는 이 발견을 자기 저서에 써서 남기고, 유럽의 유명한 저술가로서는 처음으로 동양철학이 지적으로 세련된 것임을 독자들에게 알려주었다. 위대한 철학자 중에서 쇼펜하우어만큼 동양철학에 대한 깊은 지식을 가졌던 사람은 따로 찾을 수 없다.

쇼펜하우어는 서양과 동양 사상에 유사점을 발견한 최초의 서양철학자일 뿐만 아니라, 당당하게 게다가 분명히 자기가 무신론자임을 표명한 최초의 철학자이다. 홉스나 흄도 무신론자였다고 생각되지만 당시 하느님의 존재를 부정하는 책을 쓰는 것은 범죄와 같은 행위였으므로 두 사람 다 이 문제에 관여하는 것을 피하고 있었다.

"세계는 나의 표상이다."

쇼펜하우어에게는 인격을 지닌 하느님이라는 것은 개념으로서 적당하지 못한 것으

아르투르 쇼펜하우어 독일 철학자 쇼펜하우어는 '염세적인 철학자'로 알려져 있다. 그에 의하면, 의지에 종속되지 않는 지식을 표현할 수 있는 길은 예술뿐이며, 예술만이 비합리적인 세계로부터 도망치는 유일한 방법이다. 항상 개를 데리고 산책을 하던 쇼펜하우어의 모습.

로 보였다. 왜냐하면 인격에 대해 우리가 갖고 있는 개념은 모두 사람이나 고등동물에서 이끌어낸 것이며, 인격신(人格神)이라는 사고방식은 신의 의인화(擬人化) 이외의 아무것도 아니기 때문이다. 영혼에 대해서도 같은 말을 할 수 있다. 왜냐하면 눈이 없으면 볼 수 없고 위가 없으면 소화할 수 없는 것과 마찬가지로 뇌가 없으면 알수도 없기 때문이다. 쇼펜하우어는 '영혼이라는 개념은 아는 일이나 의도하는 일이육체와 나눌 수 없이 굳게 결부되어 있는 한편에서 동시에 육체로부터 독립되어 있다고 상정(想定)하고 있는 것이다. 그와 같은 개념은 정당화될 수 없고 따라서 아무소용도 없다'고 쓰고 있다.

세계는 무(無)이다

쇼펜하우어는 경험세계에는 뜻도 목적도 없고 최종적으로는 아예 무라고 생각했다. 경험세계는 주관적인 것임에도 불구하고 사람은 그것이 자기로부터 독립해서 존재한다고 생각하는 선천적 경향이 있기 때문에 모든 것은 환상이라고 생각하는 것도일리가 있다.

우리는 경험세계에 구애되어서도 안 되고 그것에 관심을 가져서도 안 되고 그것과관계를 가져서도 안 되며, 그것을 거부해야만 한다. 그는 그렇게 하는 것을 '인간의의미를 현실세계에서 분리시킨다'고 했는데 이것이야말로 철학을 이해하는 최종 목표

피비린내 나는 현실 쇼펜하우어에게 있어서 자연계는 조지 스터브스의 작품 《사자에게 습격당한말》(1769)에 그려진 것처럼 잔혹하고도 야만스러운 세계였다.

라고 생각했다. 이 사고방식도 불교의 가르침과 놀랄 만큼 흡사하지만 이것 역시 쇼펜하우어가 불교의 내용을 모르고 스스로 도달한 것이다.

존재의 두려움

쇼펜하우어에게는 현실세계에 대한 강한 혐오감이 있었다. 그에게는 동물의 본능 세계는 말로 표현할 수 없을 만큼 역겨운 것이었다. 동물계에서는 대부분의 생물이 다른 생물을 먹이로 삼아 살고 있다. 그러므로 날마다 매순간마다 수많은 동물이 산 채 잡혀 먹힌다. 거기에는 문자 그대로 피비린내나는 현실이 있다. 쇼펜하우어는 인간계에 대해서도 그것과 거의 같은 견해를 가졌다.

폭력과 부정은 여기저기에 만연되어 있고 사람의 인생은 벗어날 수 없는 죽음으로 끝나는 무의미한 비극이다. 사람은 이 세상에 살고 있는 한 욕망의 노예이다. 하나의 욕망이 충족되면 곧 또 다른 욕망이 생기고 결코 만족하는 일 없이 존재 자체가 괴로움의 원인이 된다. 스피노자를 탁월한 범신론자로, 로크를 탁월한 자유주의자로 보고 있듯이 쇼펜하우어는 철학자 중에서도 특히 염세주의자라고 불린다. 인간의 존재에 대해 더할 바 없이 비관적이었기 때문인데, 그런 인생관을 가진 사람으로서 온전한 정신으로 있을 수 있는 표본일 것이다. 쇼펜하우어는 그런 생각에 잔혹한 쾌감을 느끼고 있었다.

①프리드리히 마이어 쇼펜하우어는 동양학자 마이어(1772~1818)의 소개로 힌두교와 불교를 접하게 되었다. 위 그림은 마이어의 저서 《신화사전》(1804)에 실려 있는 크리슈나.

②애견을 데리고 산책하는 쇼펜하우어 루돌프 미하일 그비너의 수채화

예술의 가치

그러나 쇼펜하우어는 인간이 갇혀 있는 이 세계의 어두운 지하감방에서 잠시 동안이나마 해방되는 방법을 가르쳐 주었다. 그것은 예술이었다. 사람은 그림, 조각, 시, 극, 특히 음악을 접할 때 일생 동안 도망칠 수 없는 욕망이라는 고문대의 오랏줄을 풀고 자기 존재라는 고생에서 갑자기 해방된다. 그 순간, 우리는 경험세계의 외부에 있는 다른 차원의 존재를 접할 수 있게 된다. 문자 그대로 시간과 공간에서, 그리고 자기자신에서, 나아가 육체라는 물질적 존재에서 완전히 빠져나갈 수 있는 경험을 얻게 된다.

쇼펜하우어는 그것이 어떻게 일어나게 되는가, 어떻게 그것이 가능한가를 상당히 긴 글로 설명했다. 그 속에서 그는 하나하나의 예술에 대해서 철학자로서는 누구보다도 폭넓은 또한 통찰력이 넘치는 기술을 했다. 또한 그만큼 예술을 중요시한 철학자는 없었다(그와 필적할 사람은 셸링뿐일 것이다). 쇼펜하우어는 음악을 일종의 초예술로 보았고 형이상학적인 의미에서 다른 예술보다 뛰어나다고 생각했다.

작곡가 바그너는 쇼펜하우어의 작품을 읽은 것이 계기가 되어 그의 최고 걸작인 오페라 《트리스탄과 이졸데》를 작곡하게 되었다고 한다. 이 오페라는 1859년에 발표되었고 쇼펜하우어는 이듬해 1860년에 죽었는데, 본인은 그런 사정을 전혀 모르고 세상을 떠났다.

쇼펜하우어 아를러의 펜화

사람에 대한 보기 드문 통찰력

쇼펜하우어의 영향이 가장 강하게 미친 분야는 아마도 문학일 것이다. 러시아의 소설가 똘스또이와 투르게네프, 프랑스 작가 프루스트와 졸라, 그리고 독일의 토마스만, 나아가 영국 소설가 하디와 콘래드 등 수많은 탁월한 작가들이 쇼펜하우어를 읽었기 때문에 자기 작품의 깊이가 생겼다고 말하고 있다. 그들의 작품 중에는 예를 들면 똘스또이 《안나 카레니나(1877)》나 하디의 《테스(1891)》처럼 소설 속에 쇼펜하우어의 이름이 등장하는 것도 있다. 나아가 모파상이나 체호프, 서머싯 몸, 보르헤스 등 우수한 단편작가들도 같은 경우라고 하겠다.

쇼펜하우어의 문학에 대한 영향은 20세기 되어서도 계속 된다. 체호프 이후에 등장하는 버나드 쇼나 사뮈엘 베케트, 또 20세기 시인 릴케나 T.S. 엘리엇에 이르기까지 쇼펜하우어는 시대를 불문하고 영향을 끼치고 있다. 쇼펜하우어만큼 문학계에서 높은 평가를 받고 있는 철학자는 적어도 로크 이후 따로 발견할 수 없다. 예술과 예술가에게 큰 영향을 주었다고 하는 마르크스조차 이만큼 많은 저명한 작품에 영향을 주지 못했다.

말할 것도 없이 쇼펜하우어는 다른 철학자에게도 큰 영향을 끼치고 있다. 19세기의 걸출한 철학자로서 니체는 쇼펜하우어를 읽었기 때문에 철학자가 될 결심을 했다고 말했다. 또한 20세기 첫머리에 비트겐슈타인은 쇼펜하우어의 철학을 바탕으로 해

레프 똘스또이 똘스또이(1828~1910)는 대표작으로 나폴레옹 전쟁 시대를 그린 《전쟁과 평화》(1869), 《안나 카레니나》(1877)가 있다. 그는 《전쟁과 평화》 완성 후 곧바로 쇼펜하우어 작품을 읽기 시작했다. 훗날 그는 쇼펜하우어만큼 많은 것을 가르쳐 준 철학자는 없었다고 적고 있다.

서 독자적인 철학을 시작했다.

프로이트는 심리분석의 기초라고 할 수 있는 억압 메커니즘은 자기보다 먼저 쇼펜하우어에 의해 상세히 설명되었다고 인정했다. 프로이트의 가장 유명한 후계자인 융도 그의 저서 중에 쇼펜하우어에 관해 여러 번 언급했다.

쇼펜하우어의 영향이 이렇게 넓은 분야에 걸쳐 있는 까닭에는 여러 이유가 있다. 뭐니뭐니해도 그 첫 번째 이유는 쇼펜하우어 자신이 사람이 놓여 있는 상황을 깊이 들여다보는 보기 드문 통찰력과 문필가로 빼어난 재능을 겸비하고 있었기 때문이다.

멋진 문장

쇼펜하우어의 작품을 읽으면 그의 문장의 우수함이 그의 사상에 대한 흥미를 더욱 불러일으킨다. 쇼펜하우어는 플라톤, 아우구스티누스, 데카르트, 루소, 니체 등과 어깨를 겨루는 위대한 철학자인 동시에 뛰어난 문학자였다는 평을 받는 몇 안 되는 인물 중의 한 사람이다. 멋진 문장만을 골라내어 경구집 비슷하게 출판된 짧은 작품이 여러 권 되는데 그런 작품이 사상가로서의 쇼펜하우어에 대해 그릇된 이미지를 주고 있는 것 같다.

쇼펜하우어는 칸트와 비길 만한 위대한 사상체계를 구축한 위대한 철학자이다.

마음에서 나오는 기쁨 쇼펜하우어는 인간을 자기 존재라는 고통으로부터 해방시켜 주는 것은 예술, 특히 음악이라고 생각했다. 그에게 있어 음악이란 추상적인 것이며 현상계의 것이 아니었다.

나는 누구인가? 나는 무엇을 아는가? 나는 어떻게 살 것인가?

Arthur Schopenhauer

세상을 보는 방법

쇼펜하우어/권기철 옮김

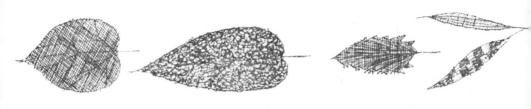

세상을 보는 방법
차례

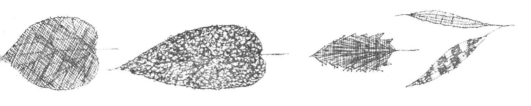

쇼펜하우어의 생애

철학에의 꿈

사업가의 아들

아르투르 쇼펜하우어는 1788년 2월 22일 독일의 단치히에서 태어났다. 미국에서 헌법이 처음 시행된 해이고, 프랑스 혁명 일어나기 1년 전이었으며 한국은 천주교가 들어와 서학 반포가 시작된 즈음이었다.

아버지 하인리히 플로리스는 은행사업에도 관계하는 유복한 사업가였다. 어머니 요한나 헨리에테는 단치히의 명문 트로지나 집안의 딸이었다. 뒤에 그녀는 바이마르에서 문학활동에 전념해 여러 작품을 남겼다. 그때는 유명한 여류작가로 괴테와도 교류를 가졌지만, 지금은 아들을 통해 알려지는 존재가 되었다.

쇼펜하우어가 5살 되었을 때, 자유도시 단치히는 프로이센의 지배를 받게 되었다. 자유를 사랑했던 아버지는 상당한 재산이 몰수당하는 것을 감수하고 가족을 데리고 자유도시 함부르크로 이사했다. 그 집에는 '자유 없는 곳에 행복도 없다'는 프랑스어로 씌어진 글이 걸려 있었다. 이리하여 쇼펜하우어는 소년시절 10여 년을 상업도시 함부르크에서 보내게 된다.

아버지는 처음부터 아들을 자신과 같은 상인으로 키우고 싶어했다. 아르투르라는 이름도, 상인이 되어 여러 나라를 돌아다니게 될 때 불편하지 않게 두루 쓸 수 있도록 붙여준 것이다. '아르투르'는 독일어로 '아르투아', 프랑스어로는 '아르튀르', 영어로는 '아더'로 읽을 수 있는 이름이었다.

상인이 되려면 세상을 알고 알맞은 예의범절을 익힐 필요가 있다고 생각한 아버지는 쇼펜하우어에게 그즈음 널리 쓰이던 프랑스어 교육을 받게 했다. 프랑스어를 익히려면 그 나라에서 생활하는 게 가장 좋은 방법이라고 생각해 루브르에 사는 친구에게 아들을 맡겼던 것이다.

세계여행의 유혹

쇼펜하우어는 2년 동안 루브르에 머물며 공부했다. 12살 끝무렵 쇼펜하우어는 마침내 혼자 함부르크로 돌아왔다. 프랑스인처럼 유창하게 프랑스어를 하는 쇼펜하우어를 보고 아버지는 매우 기뻐했다. 그러나 아들이 모국어인 독일어를 거의 잊어버린 것을 보고 새로운 고민에 빠지게 되었다. 쇼펜하우어는 그뒤 4년 동안 함부르크의 철학박사 룽게에게 상인과 교양인으로서 유익하고 필요한 모든 교육을 철저하게 개인지도 받았다.

그즈음 소년 쇼펜하우어의 마음속에는 평생 학자로 살고 싶다는 희망이 싹트기 시작했다. 그러나 아버지는 아들이 상인의 길을 걷는 게 가장 좋다고 확신하고 있었다. 그래서 아들의 희망에 귀기울이지 않았다. 학자는 결코 안정적인 생활을 할 수 없다고 생각했다. 그의 머릿속에 학자와 가난은 뗄려야 뗄 수 없는 관계라는 고정관념이 들어 있었던 것이다.

아버지는 아들의 마음이 곧 바뀔 것으로 은근히 기대하고 있었다. 그러나 쇼펜하우어의 결의가 뜻밖에 확고하자, 아버지도 결단을 내릴 수밖에 없었다. 그래서 아들에게 선택하도록 일렀다.

"아르투르! 나는 네 어머니와 함께 유럽을 여행할 생각이다. 이번에는 전보다 긴 여행이 될 것 같구나. 너도 함께 가겠니? 원한다면 이 굉장한 여행에 너를 데려갈 수도 있단다. 그렇지만 그전에 미리 약속해 주렴. 여행에서 돌아온 뒤에는 상인이 되겠다고. 그러나 네가 학자가 될 꿈을 결코 포기할 수 없다면, 여기 함부르크에 남아 라틴어를 배우도록 해라. 어느 쪽을 택하든 네 자유다."

아버지는 여행을 구실로 아들의 마음을 시험했다. 아직 호기심이 왕성한 15살 소년에게 세계여행이란 거부하기 힘든 유혹이었다. 아르투르는 아버지가 바라는 대로 상인이 되겠다고 약속했다.

유럽을 돌아보다

1803년 여름, 쇼펜하우어 가족은 2년 동안의 유럽 여행길에 올랐다.

그들은 우선 네덜란드로 간 다음 영국으로 건너갔다. 영국에서 아르투르는 런던 외곽 윔블던의 랭커스터 수도사 기숙사에 맡겨졌다. 아버지와 어머니 곁을 떠나 영어를 배우기 위해서였다. 그해 가을 그들은 영어에 숙달된

아들을 보고 만족했다. 그들은 다시 네덜란드로 건너갔고, 여행에 나선 뒤 첫겨울을 나기 위해 벨기에를 거쳐 파리로 갔다.

1804년, 여행이 2년째로 접어들었다. 그들은 올레안과 보르도에 머문 뒤 남프랑스의 몽펠리에, 님, 마르세이유, 툴롱 등을 여행했다.

아르투르 소년이 여행 도중 쓴 일기에는 뒷날 자신의 이름과도 연관이 깊은 염세주의 분위기가 풍기고 있었다. 소년 아르투르는 풍경과 사람들, 예술작품, 그리고 모든 사회문제에 대해 거의 제3자적인 시각에서 보고하는 태도로 기록했다.

나중에 그는 다음과 같이 그 시절을 추억하고 있다.

'나는 정규교육을 전혀 받지 않았다. 하지만 그 16살 때의 여행길에서, 젊은 시절 생로병사의 고통과 죽음을 목격한 석가모니처럼 생의 번뇌에 사로잡히게 되었다.'

그는 살아 있는 인간이 결코 벗어날 수 없는 인간의 굴레를 보았으며, 그 속에서 인간은 고통과 괴로움을 겪을 수밖에 없다고 생각했다.

쇼펜하우어 가족은 리옹 생활을 마지막으로 프랑스에서 스위스로 넘어가 구석구석 둘러본 다음 오스트리아의 빈에 머물렀다. 여행이 끝나자 그들은 마침내 그리운 고향 단치히로 돌아왔다.

1804년 8월 25일 아르투르는 성마리아 대성당에서 그리스도교 성인식인 견신례(堅信禮)를 받았다. 그들은 단치히에서 잠시 지내다 12월에 함부르크로 출발했다. 그리하여 여행을 시작한 지 거의 2년이 지난 1805년 설날, 무사히 함부르크 집으로 돌아왔다. 이 여행은 어린 쇼펜하우어의 인격 형성에 커다란 영향을 미쳤다.

데카르트가 《방법서설(方法序說)》에서 청년시절 '세상이라는 거대한 책'을 따라 여행다녔다고 말한 것처럼, 쇼펜하우어의 아버지도 '내 아들에게 세상이라는 책을 읽게 해주어야겠다'고 생각했던 모양이다. 이제 여행이 끝났다. 이러한 여행은, 쇼펜하우어가 스승으로 존경한 칸트가 그의 80평생 동안 고향 쾨니히스베르크(지금의 칼리닌그라드)를 한 발자국도 떠나지 않은 것과 상당히 대조적이라 할 수 있다.

여느 소년이었더라면 대학에 진학하기 위해 라틴어, 그리스어 등을 배웠을 2년 동안 그는 여행을 했다. 그 생각을 하면 쇼펜하우어는 얼마쯤 초조해졌다. 그렇지만 책상 위에 앉아 공부만 하기보다 사물을 자신의 눈으로 직접 확인하고 올바른 지식을 얻을 수 있었던 쪽이 훨씬 즐거웠던 것도 사실이다. 그는 그 일에 대해 다음과 같이 이야기했다.

"정규 교육과는 다른 방식의 길을 걸어온 덕분에 나는 어릴 때부터 단순히 사물의 이름을 외는 것에 만족하지 않게 되었다. 사물을 관찰하고 탐구하고 내 눈으로 직접 확인한 다음에야 인식하고 이해하게 되었다. 의미도 모르면서 무턱대고 단어만 암기하는 것보다 그게 훨씬 중요하다고 생각하게 되었다. 그래서 나는 단어를 아는 게 그 사물 자체를 아는 것이라는 착각을 피할 수 있었다."

아버지의 죽음

여행의 피로가 아직 남아 있던 그해 1월에 쇼펜하우어는 아버지와 한 약속대로 '예니슈 상점'에서 실무를 익히게 되었다. 그러나 그곳 일에 좀처럼 익숙해지지 못했다.

그해 4월 아버지가 불의의 사고로 갑자기 세상을 떠났다. 창고에서 강 아래로 떨어지고 만 것이다.

애정이 풍부하고 선량했던 아버지의 죽음은 어린 쇼펜하우어에게 큰 충격을 주었다. 아버지는 엄격하고 성급한 성품이었지만 진실하고 품행이 올바른 사람으로 정의감이 강했고 다른 사람에 대한 신의가 두터웠다. 또 실무에 상당한 식견을 갖추고 있었다. 그는 이러한 아버지를 늘 자랑스럽게 여겼다.

아버지의 갑작스러운 죽음은 그가 여행 중에 했던 생각들을 강하게 되살아나게 하였다. 그의 마음을 흔들어놓았던 생의 번뇌가 아버지를 여읜 슬픈 사건 때문에 다시 고개를 들기 시작한 것이다. 그러잖아도 어두운 그의 성격은 더욱 암울해졌고, 심각한 우울증에 빠지기 직전에 이르렀다. 상인이라는 직업이 몹시 불만스러웠지만, 그는 아버지 생전의 희망을 거스르는 게 양심에 걸려 마지못해 상점에 나갔다. 이제 와서 학문의 길을 걷거나, 고전어를 다시 배우기에는 너무 늦었다고도 생각했다. 결국 그는 상점견습생으로 상인의 길을 갈 수밖에 없었다.

이렇듯 내면에 불만이 가득차 있으면서도 그는 늘 책을 품에 지니고 다니며 가게사람들 몰래 독서하며 하루하루를 보냈다. 이 시절에 그는 두개골 연구에 흥미가 생겨 그 분야 권위자였던 가르 박사의 강연을 들으러 다니기도 했다.

1806년 쇼펜하우어가 18살이 되었을 때, 어머니는 그의 누이동생 아델(그 때 9살)을 데리고 바이마르로 이사했다. 그는 혼자 함부르크에 남겨졌다. 어머니 요한나는 아버지보다 20살이나 어렸다. 결혼했을 때는 남편 곁에서 유복한 생활에 젖어 살았지만, 차츰 평범한 남편과의 생활에 싫증을 내게 되었다. 남편이 죽었을 때 아직 30대의 한창나이였던 그녀는 모든 일을 심각하게 생각하지 않고 때에 따라 즉흥적으로 행동했다. 쇼펜하우어에게도 스스럼없이 싫은 소리를 늘어놓을 정도였다.

어머니와 아들 사이의 불화는 이 시기에는 아직 겉으로 드러나지 않았다. 하지만 아들이 어머니의 생활방식에 비판적이었던 것은 확실했다. 어머니가 바이마르를 선택한 이유가 평범한 남편과 사는 동안 행복을 누리지 못했으므로 남편이 죽은 지금 자유의 두 날개를 활짝 펴고 마음껏 연애를 즐겨보고 싶었기 때문이었다. 그즈음 바이마르는 그런 생활을 하기에 아주 좋은 환경이었다. 아버지를 존경하고 애착을 가졌던 아르투르에게, 그 시절 어머니의 행동은 마치 햄릿이 그 어머니의 재혼에 대해 느꼈던 것과 같은 감정을 품게 했다.

예나 전쟁

그즈음 나폴레옹과 그에게 맞서는 군대와의 전쟁이 사방에서 일고 있었다. 그 결과 유럽의 모든 지역이 황폐해졌다. 1806년 10월 프로이센군은 예나에서 패배했다. 이것이 '예나 전쟁'이다. 그 무렵 예나 대학 강사로 있던 헤겔은 전쟁 전야에 나폴레옹의 행진을 보면서 그의 대표적 저서 《정신현상학(精神現象學)》을 탈고했다고 한다.

젊은 쇼펜하우어는 예나 전쟁 뒤의 인상을 적어 보내온 어머니의 편지에 답장을 보냈다. 자신들이 살고 있는 시대에 대해 깊이 생각하며 마음 깊은 곳에서부터 흘러나오는 슬픔으로 쓴 글이었다.

'어머니가 써보내신 전쟁의 참상들은 제 눈으로 직접 보지 않으면 도저히 믿기 어려울 정도입니다. 하지만 시간이 흐르면 그 일도 모두 잊혀지겠지요. 지나가버린 고통을 잊는 것은 인간의 특성이니까요. 티크는 그런 인간의 특성을 훌륭하게 표현했습니다. '우리는 살아가며 비탄에 잠겨 신에게 묻는다. 과거에 우리보다 더 불행했던 사람이 있을까? 아니, 그럴 리 없다. 우리보다 더 불행한 존재란 있을 수 없다. 그러나 이렇게 말하는 우리들 뒤에서는 벌써 미래가 지나가버린 고통을 비웃고 있다'고 말입니다.'

쇼펜하우어의 기억에 남아 있는 이 구절은 루드비히 티크가 예술가 친구를 위해 발행한 《예술과 창조적 구상》에 실려 있다. 하지만 이 인용 구절의 실제 필자는 바켄로더이며 《음악의 경이》라는 글 속에 들어 있다. 쇼펜하우어도 장 파울이나 그밖의 독자와 마찬가지로 이 책을 편집한 티크가 저자인 줄 착각하고 있었던 것 같다. 지나간 절망을 금방 잊어버리는 일상의 변화, 이 일상성의 무서움을 쇼펜하우어는 철저히 깨닫고 있었다. 일상성은 모든 정신적 고양을 납작하게 짓눌러버리는 것이다.

이러한 일상의 억압에 대항하는 것이 예술이다. 그는 바켄로더와 마찬가지로 예술이 인간을 위로하고 진정시켜주는 기능을 한다고 직감했다. 그 중에서도 음악이야말로 일상성과 정반대되며, 음악 속에는 '영원의 직접적인 울림'이 있다는 영감을 얻은 듯하다. 이 근본적인 체험은 그가 나중에 《음악의 형이상학》을 쓰는 계기가 되었다. 일상성과 예술의 관계는 경험적 의식과 선험적 의식과의 관계이다. 그것은 유한과 무한의 대립, 또는 현실 모습과 이상적 상태와의 대립이라고 해도 좋을 것이다.

호화로운 사교모임

어머니와 아들이 주고받은 편지에는 이런 문학적·철학적인 문제가 담겨 있는 일이 많았다. 쇼펜하우어와 마찬가지로 어머니도 문학적 재능이 있었던 것이다. 어머니는 바이마르로 간 뒤 타고난 재주를 발휘해 관직을 얻어 궁정을 드나들게 되었고, 그 지방에서 확실하게 자리를 잡았다. 그리고 사교계에서도 대활약을 하게 되었다.

그녀가 주최한 사교모임은 순식간에 유명해져 괴테, 빌란트, 프리드리히 마이어, 칼 루드비히까지 얼굴을 내밀었다. 특히 괴테는 요한나 쇼펜하우어를 높이 평가했으며 호의를 보였다. 왜냐하면 요한나는 그즈음 상류사회에서 출신문제로 냉대받던 괴테의 젊은 아내 크리스티아네를 진심으로 환영해주었기 때문이었다. 사람들은 괴테가 그녀와 정식으로 결혼했다 하더라도 크리스티아네 불피우스를 계속 초대하지 말자고 암묵적으로 합의하고 있었다. "괴테와 결혼했다면 그녀를 우리 사교모임에 초대해도 이상할 것 없지요"라는 게 요한나 부인의 명쾌한 의견이었다.

그녀 주위에 모여든 남성들 가운데 그녀의 마음을 빼앗은 사람은 그즈음 으뜸가는 예술전문가로 통하던 페르노프였다. 어머니 요한나는 고민하는 모습이 담긴 아들의 편지를 그에게 보여주며 쇼펜하우어의 장래에 대해 상담했다. 페르노프는 쇼펜하우어의 편지에서 진심을 깨닫고 지금부터 학문을 시작해도 늦지 않다고 격려해 주었다. 그는 쇼펜하우어에게 이제까지 허비했다고 생각하는 세월이 결코 되돌릴 수 없는 시간은 아니라고 말했다. 그리고 자신을 포함하여 훨씬 많은 나이에 연구를 시작한 유명한 학자들의 예를 들었다. 그리고 다른 것은 모두 제쳐두고 먼저 고전어를 공부하라고 충고해 주었다. 쇼펜하우어는 그때의 감격을 뒤에 다음과 같이 추억했다.

'이 편지를 읽었을 때 나는 눈물을 흘리며 울음을 터뜨렸다. 이때만은 우유부단한 나조차도 그 자리에서 당장 해보자고 결심했다.'

함부르크에서 고타로

쇼펜하우어는 상점을 그만두고 상업도시 함부르크를 떠나기로 결심했다. 돌아보면 함부르크는 지난 10여 년 동안 외면적·내면적으로 그를 성장시켜 준 도시였다.

함부르크에서 보낸 시절은 쇼펜하우어의 일생을 결정짓게 한 염세주의적 체험이 반복된 시기였으며, 한편으로는 상점견습생으로 일하면서 실용적 지식을 얻은 시기이기도 했다. 이러한 경험들은 그에게 현실을 중시하는 정신을 심어주었으며, 인간이며 세상에 대한 구체적 지식이 그의 철학에 스며들게 만들었다.

1807년 5월, 쇼펜하우어는 고타로 갔다. 페르노프의 충고대로 김나지움에 입학해 공부할 작정이었다. 고타는 옛 동독 지역인 튀링겐 주에 있는 소도시로, 지금은 마르크스의 《고타 강령 비판》으로 이름이 알려져 있다. 김나지움 입학 허가를 받았을 무렵 쇼펜하우어는 이미 19살이었다. 그 나이에 고전어를 공부한다는 것은 매우 어려운 일이었다. 대개 11살 때부터 배우기 때문이었다. 그 무렵에는 고전어 습득이 대학 입학을 위한 필수조건이었다.

다행히 쇼펜하우어는 유명한 언어학자이며 교장인 데링그에게 날마다 2시간씩 라틴어 교육을 받을 수 있었다. 그밖의 다른 과목은 상급반에서 배우도록 허락받았으며, 시작(詩作)과 작문도 게을리하지 않았다. 이 시절의 편지에는 괴테의 《빌헬름 마이스터의 편력시대》와 《헤르만과 도로테아》, 장 파울, 티크(사실은 바겐로더였지만), 《햄릿》 등의 작품과 작가들 이름이 눈에 띈다. 그의 라틴어는 '굉장히 급속한 발전'을 보였지만, 다른 교사들과 말썽이 생겨 결국 6개월 뒤 이곳을 떠나 바이마르로 가게 되었다.

어머니와의 불화

어머니는 쇼펜하우어가 바이마르로 오는 것을 반기지 않았다. 아들과 함께 살면 지금의 즐겁고 만족스러운 생활을 망치게 되지 않을까 염려한 것이다. 그녀의 편지를 보면 이런 두 사람의 갈등을 잘 알 수 있다.

'네 간섭이 너무 심해서 참을 수 없단다. 너와 함께 살면 나는 아마도 정말 힘들어질 것 같아. 너의 그 집요한 성격은 모든 것을 깊이 파고들어 꼬치꼬치 알려할 테고, 결국 독선적인 정열로 발전하게 될 게다. 그리하여 너를 제외한 모든 사람의 잘잘못을 들춰 비판하거나 지배하려고 할 게 틀림없어. 너는 주위사람들을 화나게 하고 말 거야.'

또 다른 편지에서는 더욱 구체적으로 쇼펜하우어의 우울한 얼굴이며 음울한 성격에 대해 말하고 있다.

'너에게 늘 말했지. 우리 둘이 함께 사는 건 매우 힘든 일이라고. 너를 곁에 두고 볼수록 이러한 내 생각은 점점 더 강해져만 간단다. 네가 언제까지나 지금 같은 모습이라면, 나는 너와 함께 사는 것을 신중하게 생각해보고 싶구나. 물론 너에게도 좋은 점이 있다는 건 알아. 내가 너를 싫어하는 이유가 너의 성격 때문만은 아니라는 것도. 너의 내성적인 성격이야 어쩔 수 없는 일이지만, 어떤 견해를 표현하거나 함부로 판단내리는 버릇이 싫단다. 한마디로 말해 외부세계에 대해 나와 너는 생각이 너무 달라. 네가 나를 찾아올 때마다 우리는 늘 아무것도 아닌 일로 심한 언쟁을 벌였지. 사실 네가 돌아가면 그때마다 내가 얼마나 가슴을 쓸어내리는지 너는 모를 게다. 왜인 줄 아니? 아무도 해결할 수 없는 문제에 대한 너의 비탄, 무뚝뚝한 얼굴, 마치 신탁(神託)이라도 내리듯 엄숙하게 반론할 여지를 주지 않는 너의 그 기묘한 말씨와 판단력, 그 모든 너의 행동들이 내 마음을 늘 무겁게 하기 때문이야. 애야, 앞으로 너는 지금 네가 살고 있는 곳에서 지내며, 손님으로서만 내 집에서 지내기로 하자꾸나. 내 집에서 사교 파티가 있는 날에는 와서 저녁을 먹고 가도 좋지만, 화를 돋우는 불유쾌한 논쟁이나 네가 말하는 그 기분나쁜 세계와 인간의 불행에 대해 비탄하는 짓은 제발 그만둬주렴. 그렇지 않으면 나는 정말이지 언제나 악몽에 쫓겨 제대로 잠을 이룰 수 없게 될 거야…….'

이 편지들을 보면 아들과 어머니 모두 개성이 매우 강해서 쉽게 굽히지 않고 무슨 일에든 철저하게 자기주장을 했음을 알 수 있다. 쇼펜하우어는 어머니의 개성이며 생활에 자신을 맞춰갈 생각이 없는 것 같고, 어머니 요한나도 아들에 대한 모정이 그리 없었던 듯하다.

쇼펜하우어는 여성을 신랄하게 비판하는 책을 내서 '여성의 적'으로도 유명했는데, 그 원인은 어머니와의 불화에 있었다고 한다. 과연 그런 면도 없지 않지만, 모든 걸 어머니 탓으로 돌리는 것은 공정하지 못했다. 크노는 이 점에 대해 제대로 지적하고 있다.

'괴테며 빌란트와도 친분있던 여성, 페르노프로 하여금 자신과 비슷한 기질을 가진 여자라고 느끼게 한 여성, 훌륭한 남자들에게 둘러싸여 찬미받던 여성 요한나 쇼펜하우어. 그런 그녀가 김나지움에 다니는 아들이 제멋대로 하고 싶은 말을 내뱉거나 비난하도록 내버려둔다는 것은 불가능한 일이다.'

편지에서 요한나는 아들이 이 세상의 고통에 대해 말하고 비탄하는 이유를 그의 무뚝뚝함 때문이라고 했다. 하지만 이것은 너무 단순한 생각이 아니었을까? 우리는 여기서 이미 생에 대해 깊이 생각하는 그 철학의 싹을 발견할 수 있기 때문이다.

바이마르에서

결국 쇼펜하우어는 바이마르로 와서 자신이 입학한 김나지움의 교수이며 언어학자인 파소우네 집에 머물게 되었다. 그는 나중에 브로츠와프 대학 교수가 되는데, 고등학교 교육이 부족한 쇼펜하우어에게 라틴어와 그리스어를 개인지도해 주었다.

쇼펜하우어는 날마다 밤늦게까지 독학으로 광범위한 고전문학을 공부하고, 이미 기초를 마친 수학이며 역사도 열심히 파고들었다. 때때로 그는 어머니의 사교모임에 얼굴을 내밀었다. 낭만주의 극작가 베르너는 그에게 관심을 가져주어 쇼펜하우어의 인생에 좋은 추억으로 남았다. 베르너의 《영감(靈感)의 힘》은 루드비히 티크의 작품과 더불어 쇼펜하우어가 높이 평가한 작품 가운데 하나다. 쇼펜하우어는 베르너를 만나기 전에 이미 《영감의 힘》을 읽고 그에게 깊이 빠져 있었으므로 그를 만나자 뛸 듯이 기뻐했다. 쇼펜하우어는 그와의 추억을 이렇게 적었다.

'베르너는 나에게 친절히 대해 주었고 우리는 자주 대화를 나눴다. 아주 진지하게 철학적으로⋯⋯.'

그러나 이 시기에 그가 가장 친근하게 느낀 사람은 다름아닌 페르노프였다. 늘그막의 추억에서 쇼펜하우어는 페르노프를 진심으로 그리워했으며, 괴테만큼이나 소중하게 기억에 아로새기고 있었다. 괴테와의 관계는 나중에 이루어졌지만, 쇼펜하우어의 생애에서 가장 뜻깊은 만남이었다. 하지만 페르노프와의 우정은 그리 오래가지 못했다. 1808년 12월 3일 페르노프가 불치병으로 세상을 떠난 것이다.

바이마르에 머물던 시절 쇼펜하우어는 몇 가지 철학적 단편들을 잠언 형식으로 남겼다. 인식론이라든가 자연철학적 요소는 아직 보이지 않지만, 그의 윤리학이며 미학의 바탕을 이루는 부분이 엿보이는 글이었다.

'만일 우리의 인생에서 종교와 예술과 순수한 사랑이 있는 짧은 한순간을 빼버린다면, 이 세상에는 통속적인 가르침 외에 대체 무엇이 남을까?'

이 문장을 읽으면 종교와 예술과 순수한 사랑이야말로 인생의 중심이라고 말하는 젊은 시절 쇼펜하우어의 모습이 눈에 보이는 듯하다.

같은 해 그는 우연히 에르푸르트 마을에서 나폴레옹을 보게 된다. 그즈음 독일은 나폴레옹에게 점령되어 있었다. 피히테의 애국적 강연집 《독일 국민에게 고함》이 나온 것도 바로 이때였다. 피히테는 나폴레옹 점령 이래 나라 안에 만연한 외국 숭배와 도덕의 퇴폐를 비판하고, 순수한 도덕을 배우도록 설득하면서 새로운 국민교육의 필요성을 역설하고 있었다. 강연은 모든 계층에 큰 반향을 불러일으켰으며, 연방국가 연합체인 독일에서 처음으로 공동체 의식을 눈뜨게 했다고 대서특필되었다. 피히테는 새로 설립된 베를린 대학 초대 총장이 되었다. 쇼펜하우어는 나중에 이 피히테의 강의를 듣게 된다.

유산상속, 그리고 괴팅겐 대학 입학

1809년 쇼펜하우어가 성인(그즈음 독일은 21살, 지금은 18살)이 되었으므로 어머니는 남편의 재산 가운데 이미 써버린 부분을 제외한 3분의 1을 나눠주었다. 그밖에 쇼펜하우어 집안이 소유하고 있던 단치히 외곽지역의 전답 관리권도 넘겨주어, 해마다 정기적인 수입이 그의 손에 들어오게 되었다. 그는 상속받은 유산 대부분을 국채로 바꾸고, 남은 것은 상회에 투자했다. 이리하여 쇼펜하우어는 평생 생활하고도 남을 충분한 액수의 돈을 갖게 되었다. 그는 아버지 덕분에 생계에 대한 걱정을 전혀 하지 않아도 좋을 만큼 재산을 물려받았다. 그래서 오랜 세월 동안 돈벌이와는 관련없는 학문연구며 매우 난해한 탐구와 명상에 몰두할 수 있었으며, 어떤 걱정이나 방해 없이 연구하고 숙고한 것들을 집필할 수 있었다. 그러므로 쇼펜하우어는 평생 아버지에 대한 존경과 감사의 마음을 결코 잊지 못했다.

쇼펜하우어는 바이마르의 김나지움에서 공부를 계속하여 대학입학 자격을 인정받았다. 그는 10월 9일 괴팅겐 대학에 입학수속을 밟았다. 그는 의학도로 입학했지만 언어학·화학·물리학·식물학·민족학·철학·역사학 강의에도 얼굴을 내밀었다.

1810년 쇼펜하우어는 한 학기 동안 의학을 공부하다가 철학으로 바꾸었다. 그를 철학으로 이끌어준 G.E. 슐체가 어떤 의미에서는 '쇼펜하우어 철학'에 결정적 영향을 준 사람이라고 할 수 있다. 슐체는 쇼펜하우어에게 '처음에는 플라톤과 칸트에 대해 공부하여라. 그리고 이 두 철학자를 극복하기 전까지는 아리스토텔레스나 스피노자 같은 다른 철학자는 쳐다보지도 말라'고 충고해 주었다. 쇼펜하우어는 이 현명한 충고를 따랐다. 플라톤은 그를 이데아론과 만나게 해주었고, 칸트는 그에게 현상과 물자체의 구별에 대해 가르쳐주었다.

이때 어머니 요한나는 《칼 루드비히 페르노프의 생애》를 출판했다.

빌란트와의 대화

1811년 쇼펜하우어는 봄방학을 이용해 바이마르로 가서 그즈음 문학계의 대가 빌란트와 만났다. 빌란트는 레싱이나 크로프슈토크와 어깨를 견줄 만한 독일 근대문학의 선구자 가운데 한 사람으로 교양소설 《아가톤 이야기》의 저자이다. 이 소설에 감명받은 바이마르의 아말리에 공작부인은 1772년 그를 궁정고문관으로 초청했다. 빌란트는 그때부터 이 지방에서 황태자들의 교육을 맡았다. 그때 빌란트의 나이 78살이었고 쇼펜하우어는 23살이었다. 이때 두 사람이 나눈 대화는 매우 유명한데, 젊은 쇼펜하우어가 자기 인생을 걸 철학적 명제를 선택하는 모습이 지금도 생생하게 전해진다.

어머니 요한나는 빌란트에게 아들이 철학을 포기하고 다른 길을 걷도록 설득해 달라고 부탁했다. 그래서 빌란트는 쇼펜하우어를 불러 이야기를 나누었다.

"철학만 공부하는 것은 좀 고려해 보게나. 철학이란 현실과 거리가 먼 학문이니까."

그러자 쇼펜하우어는 단호하게 대답했다.

"인생이란 어렵고 힘든 문제이지 즐거운 게 아닙니다. 저는 죽을 때까지 인생에 대해 깊이 생각하면서 살기로 결심했습니다."

그러자 빌란트는 이어지는 대화 속에서 점점 인자한 아버지처럼 진심으로 대했다.

"과연 자네가 올바른 선택을 한 것 같군. 이제야 자네라는 사람을 알 것 같아. 앞으로도 계속 철학에 정진해 주게."

그리고 그는 마지막으로 말했다.

"이제 괴팅겐으로 돌아가고, 그런 다음 베를린에서 2년 동안 더 공부하겠지. 아마 그렇게 하는 게 좋을 거야. 그리고 2년 뒤 자네가 다시 이곳을 찾을 때쯤이면 나는 이미 이 세상에 없을지도 몰라."

"어째서 앞으로 2년을 살 수 없다고 말씀하십니까? 이토록 건강해 보이시는데요."

"자네 말이 맞을지도 모르지. 늙으면 몸은 오그라들고 메말라 주름투성이가 돼. 그래도 또 어떻게 2년, 3년 살아가지. 대부분의 노인들이 다 그렇다네."

빌란트는 실제로 그뒤 2년을 더 살았다.

그 일이 있은 지 얼마 뒤 그는 궁정에서 열리는 연회에서 쇼펜하우어 어머니를 만났다.

"쇼펜하우어 부인, 최근에 굉장히 흥미로운 인물을 알게 되었습니다."

"어떤 분인가요?"

"부인의 아드님입니다. 그 청년과의 만남은 정말 뜻밖의 선물이었습니다. 아드님은 분명 큰 인물이 될 것입니다."

그때 괴테도 자리에 함께 있었는데, 그 대화를 듣고 그는 아무 말 없이 조금 얼굴을 찌푸렸을 뿐이었다. 괴테도 젊은 쇼펜하우어를 그의 어머니 집에서 몇 번 본 적 있지만, 이렇다할 칭찬을 해줄 만한 청년은 아니라고 생각하고 있었기 때문이다. 괴테가 쇼펜하우어를 유심히 보게 된 것은, 쇼펜하우어가 첫 저서 《충족이유율의 네 가지 근원에 대하여》를 출간하고 난 다음이었다.

베를린 대학

가을에 쇼펜하우어는 괴팅겐에서 베를린으로 옮겨가, 그즈음 훔볼트의 이념을 바탕으로 갓 설립된 베를린 대학에서 학업을 이어나갔다. 독일의 대학은 오늘날까지도 학업 도중에 다른 대학으로 옮아갈 수 있는 자유를 인정하고 있다.

베를린 대학에서 쇼펜하우어는 피히테와 슐라이어마허의 강의와 그밖에 조류학·양서류생물학·어류학·동물학·지리학·천문학·생리학·시학 강의를 듣는 등 모든 학문에 두루 관심을 보였다. 쇼펜하우어의 대표작 《의지와 표상으로서의 세계》에는 생물학에 대한 흥미깊은 예증이 많이 나오는데, 그것은 이 시절에 공부한 성과가 자연스럽게 글로 옮겨진 것이라고 할 수 있다.

철학에 더욱 힘을 기울이기 위해 피히테와 슐라이어마허 두 철학자가 있는 베를린 대학을 선택했음에도 쇼펜하우어는 그들의 강의에 만족하지 못했다. 쇼펜하우어는 슐라이어마허의 '그리스도교 시대 철학에 대하여'라는 강의를 들었지만, 피히테의 강의는 무엇을 들었는지 확실하지 않다. 그러나 그 강의가 '지식학'에 관한 것임은 쉽게 짐작할 수 있다. 쇼펜하우어의 일기에는 피히테에 대해 아주 조금 언급하고 있을 뿐이다.

'나는 피히테의 철학 강의를 열심히 들었다. 그러면 철학에 대한 나의 판단이 지금보다 더 명확해질 거라고 생각했다. 피히테가 언젠가 청강생들을 위해 연 토론회에 참석해 오랜 시간 그와 논쟁한 적이 있다. 함께 그 자리에 있던 사람들은 지금까지도 그때를 잊지 못할 것이다.'

쇼펜하우어는 '털이 북실북실한 붉은 얼굴에 날카로운 눈매를 한 작은 남자' 피히테에게 그리 호감을 갖지 못한 것 같다. 그것은 지식에 대한 두 사람의 태도를 더 차이나게 한 원인이 되었다. 쇼펜하우어는 아주 하찮은 것이라도 정확하지 않으면 만족하지 않는 성격이었지만, 피히테는 그의 철학체계와는 다른 대범한 성격이었다. 강의 도중에 언제나 "왜냐하면 그것은 이러이러하기 때문입니다"라고 하는 것이 피히테의 입버릇이었다.

베를린 대학에서 쇼펜하우어는 두 철학교수보다 고전어학자 프리드리히 아우구스트 볼프에 매료되었다. 그의 강의라면 그리스 고대사부터 그리스 문학사, 로마 시학, 그리스 로마의 작가 및 작품강독에 이르기까지 빼놓지 않고 들었다. 볼프를 통해 알게 된 아리스토파네스의 《구름》과 호라티우스의 《풍자시》는 그의 마음을 깊이 사로잡았다. 더구나 볼프와 쇼펜하우어는 슐라이어마허를 비판하는 데도 일치했다.

학문의 완성

집안사정과 학위 취득

베를린에서 박사학위를 받으려 했던 쇼펜하우어는 격렬해지는 전쟁의 불안 때문에 꿈을 접어야 했다. 나폴레옹의 군대가 러시아에서 돌아와 베를린을 감시하고 있었으므로 민첩한 사람들은 벌써 시내를 빠져나가고 있었다.

1813년 봄, 쇼펜하우어도 베를린을 떠났다. 드레스덴을 지나 바이마르로 간 그는 어머니 집으로 들어갔다. 그러나 쇼펜하우어는 불쾌한 집안사정 때문에 자신이 묵을 다른 집을 찾아야만 했다. 결국 루돌슈타트에 자리잡았다.

그를 분노하게 한 집안사정은, 어머니가 14살 어린 젊은 남자친구와 함께 살고 있었던 것이다. 그 남자친구는 바이마르의 비서과장이며 작가인 프리드리히 폰 겔슈텐베르크로, 뮐러로 알려져 있다. 아들 입장에서 보면, 어머니가 자신과 그리 나이차이가 없는 젊은 남자와 함께 살고 있는 사실을 받아들이기 어려웠을 것이다. 더욱이 16살 된 누이동생 아델도 함께 살고 있었다. 쇼펜하우어는 아버지와 함께 한 아름다운 추억이 깨어지고 더럽혀졌다고 느꼈다.

바이마르를 떠나 자리잡은 루돌슈타트는 전쟁 분위기를 전혀 느낄 수 없는 한적한 시골마을이었다. 바이마르에서도 가깝고 사색하기에 꼭 알맞은 마을이었다.

이 해에 나폴레옹으로부터 유럽을 해방시키기 위한 '해방전쟁'이 일어났다. 그러나 쇼펜하우어는 피히테의 '해방전쟁에 참가하라'는 구호에 전혀 관심이 없었다. 그는 다음과 같이 생각한 것이다.

'나는 본능적으로 군사적인 것에 치가 떨린다. 사방이 첩첩산으로 둘러싸인 계곡에 살면서 병사 한 명 보지 않고, 총성도 듣지 않고 전쟁을 보낼 수 있어 너무 행복했다.'

루돌슈타트에서 쇼펜하우어는 《충족이유율의 네 가지 근원에 대하여》라는 논문을 완성했다. 이 논문은 베를린에 있을 때부터 쓰기 시작한 것이었다. 그는 이것을 예나 대학에 제출해 심사받았다. 그리고 10월 18일 그동안 염원해왔던 철학박사 학위를 취득했다.

괴테와의 만남

이 논문에는 쇼펜하우어 인식론의 기초가 들어 있다. 괴테는 이것을 읽고 지난날 빌란트가 그랬던 것처럼 쇼펜하우어의 비범한 재능을 꿰뚫어보았다. 그는 쇼펜하우어가 바이마르로 다시 돌아오기를 기다려 자기 밑에서 〈색채론〉을 연구할 것을 권했다. 그리고 이 연구에 필요한 모든 장비를 빌려주겠다고 약속하고, 며칠 뒤 색채현상을 재현하기 위해 필요한 기계며 기구를 쇼펜하우어에게 주었다. 그는 또 복잡한 실험을 직접 해보여 주었다.

이때 두 사람은 급속히 가까워졌다. 괴테는 자주 쇼펜하우어를 집으로 초대해 몇 시간 동안 대화를 나누었다. 단순히 색채론뿐 아니라 모든 철학적 문제들이 화제에 올랐다. 그 시절 괴테는 이렇게 말했다고 한다.

"다른 사람과는 대화를 나누지만, 그와는 철학을 한다."

괴테가 이 시기에 쇼펜하우어에 대한 말을 남기게 되는 에피소드가 있다. 어느 파티에서 사람들로부터 떨어져 창가에 꼼짝도 하지 않고 서 있는 무뚝뚝한 쇼펜하우어를 보고 젊은 숙녀들이 웃으며 수군거리고 있었다. 그때 괴테는 충고했다고 한다.

"저기 있는 남자를 가만히 내버려두시오. 저 사람은 우리 모두의 머리 위를 훨씬 뛰어넘는 경지까지 올라갈 사람이니까."

쇼펜하우어 또한 괴테와의 만남을 '내 생애에서 가장 기쁘고 행복한 사건' 가운데 하나로 꼽았다.

'금세기 최고의 영예를 받고 있는 독일의 긍지이며, 모든 시대의 사람들 입에 오르내리게 될 대문호 괴테가 나의 우정어린 친구가 되어준 겁니다.'

감격에 찬 그의 마음이 고스란히 전해오는 것 같다. 괴테는 쇼펜하우어의 무명시절부터 그의 천재성을 인정해 주었고, 쇼펜하우어는 괴테가 죽을 때까지 변치 않는 존경심을 보였다.

괴테가 칸트에 대해 언젠가 한 말은 쇼펜하우어의 가슴에 깊이 새겨지게 되었다. 괴테는 말했다.

"칸트의 한 구절을 읽으면 마치 밝은 방 안에 들어간 느낌이 든다."

괴테와의 만남 이외에, 쇼펜하우어에게는 사상 형성에 중요한 영향을 받게 된 또 다른 사건이 있었다. 그것은 헤르더의 동생이며 동양학자 프리드리히 마이어가 그에게 인도 고전, 곧 인도철학을 소개해 준 것이다.

고대 인도철학은 19세기에 들어와 프랑스 사람 안케틸 듀페론의 라틴어 번역으로 마침내 유럽 독자들에게도 그 세계로 향한 문을 활짝 열어주게 되었다. 듀페론은 산스크리트어를 몰랐으므로 페르시아판 《우파니샤드》를 라틴어로 다시 옮겼다. 쇼펜하우어는 그것을 읽고 거기에 스며 있는 철학적 논리의 중요함을 깨닫게 되었다. 모든 물질의 근본적인 동일성, 무가치성, 근원에서 발생한 현상계의 비참함에 대한 가르침, 또 명상으로 처음 해탈의 평화를 얻을 수 있다고 말하는 인도의 가르침을 쇼펜하우어는 아무 저항 없이 그대로 받아들였다.

어머니와 결별, 그리고 괴테의 글

어머니와는 여전히 사이가 좋지 못했다. 쇼펜하우어가 책으로 발간한 박사학위 논문 《충족이유율의 네 가지 근원에 대하여》를 건네주었을 무렵 그 적대감이 극으로 치솟았다. 어머니는 그 책을 보고 놀랐다.

"약사들을 위한 책인가 보구나?" (독일어로 '근본, 근원'을 나타내는 단어는 약초류 등의 뿌리, 특히 '인삼'을 뜻하는 단어이기도 하다. 아직 화학약품이 존재하지 않았던 시절 약방에서는 쇼펜하우어는 버럭 화내며 외쳤다.

"어머니가 쓰신 책이 이 세상에서 완전히 사라져 버려도 제 책은 오래도록 읽힐 것입니다."

그러자 그녀도 질세라 응수했다.

"그럴 테지, 네 책은 서점에 초판 그대로 안 팔리고 계속 쌓여 있을 테니까."

그 순간 두 사람 사이에 전에 없던 긴장감이 흐르기 시작했다. 괴테도 빌란트와 마찬가지로 요한나에게 말한 적이 있었다.

"부인의 아드님은 장래에 반드시 유명한 인물이 될 것입니다."

요한나는 같은 집안에서 두 천재가 나왔다는 이야기를 한 번도 들어본 적이 없는 것을 떠올리고 있었다.

어머니와 아들의 관계는 결정적인 파국을 맞았다.

"어머니 이름은 후세에 내 이름을 통해 알려지게 될 것입니다."

쇼펜하우어는 어머니에게 이 말을 남기고 바이마르를 떠나 드레스덴으로 가버렸다. 1814년 5월의 일이었다. 요한나는 그뒤 24년을 더 살았지만, 이것이 두 사람이 서로 얼굴을 맞대고 이야기한 마지막이었다.

괴테는 쇼펜하우어가 바이마르를 떠날 때 다음과 같은 글을 써주었다.

> 만일 네가 자신의 가치에 기쁨을 느끼고 싶다면
> 이 세계에 가치있는 것을 주어라.
> 우리가 나눈 수많은 대화의 결실이며
> 추억들을 위하여
>
> 바이마르에서 1814년 5월 8일 괴테

그뒤 쇼펜하우어의 철학체계를 살펴볼 때, 이 이별의 글은 진정 암시적인 말이었다고 할 수 있다. 그가 인도철학에 눈뜨기 시작하면서 세상에 가치를 두는 생각을 버린 것이 이 바이마르 시대였기 때문이다. 말하자면 그는 이 시기에 고대인도의 성전 《베다》를 읽고 염세주의적 인생관을 확대시켜 나갔던 것이다.

새로운 색채론

이즈음 드레스덴은 마침내 전란이 가라앉고 평온을 되찾았다. 연합군이 프랑스에 주둔하고, 나폴레옹은 퇴위했다. 브루봉 왕조가 다시 부활하여 루이 18세가 왕이 되었다.

드레스덴에 머물던 쇼펜하우어는 《의지와 표상으로서의 세계》의 초석이 될 연구를 거듭하고 있었다. 드레스덴에서 그를 가장 기쁘게 한 것은 문화시설의 혜택이었다. 도서관을 비롯해 유명한 화랑, 그리스 로마의 고대 조각 전시장 등이 도시 곳곳에 즐비했다. 쇼펜하우어는 그곳을 방문하고 과학적 연구를 위한 장비들이 갖춰진 연구시설들을 이용하기도 했다.

그러는 틈틈이 괴테와 함께 색채론 연구도 계속했다. 또 유화를 그리는 프리드리히 지그문트와 색채론을 인연으로 친분을 맺기도 했다. 현존하는 쇼펜하우어의 유일한 유화 초상화는 그가 그려준 것이다.

1815년 그는 자기만의 독창적인 색채론을 창안해냈다. 그것은 괴테와 마찬가지로 뉴턴의 색채론과 대립되는 것이었다. 하지만 그의 색채론으로 깊이 들어가면 스승 괴테의 학설과 매우 달라진다. 뉴턴은 태양에서 나오는 광선은 모두 일곱 가지 빛깔의 빛으로 이루어져 있다고 주장했다. 그러므로 모든 색은 태양광선의 일부라고 말했다. 이와 반대로 괴테는 색채는 빛과 어둠이 함께 작용해 만들어지는 것이라고 했다. 그는 자신이 행한 여러 가지 실험을 바탕으로 주장했다.

'인간은 한편으로는 빛(밝음)을, 다른 한편으로는 어둠을 감지한다. 이 둘 사이에는 흐릿한 밝기로 빛나는 지대가 있다. 그러므로 색채란 빛과 어둠이 대립하는 이 지대에 인간이 중간매개로 끼어들면서 발생하는 것이다.'

'괴테는 사물의 본성을 꿰뚫어보는 정확하고 객관적인 통찰력을 지녔지만, 뉴턴은 단순한 수학자일 뿐이다. 뉴턴은 언제나 측정하고 계산하는 데 정신을 빼앗겨 표면적으로 인식한 현상을 누덕누덕 기워 색채론의 기초를 만들었다. 인정할 수 없는 사람은 인정하지 않아도 좋다. 하지만 이것은 진실이다.'

쇼펜하우어는 처음에 괴테의 색채론을 옹호하지만, 곧 더 나아가 괴테를 뛰어넘는 '시각에 의한 색채 발생 이론'에 반대되는 뉴턴의 색채론을 강조했다.

'만일 우리(라고 해도 극소수지만)가 괴테의 색채현상에 대한 서술을 통해 뉴턴의 잘못된 설을 완전히 논박할 수 있더라도, 진정한 승리는 새로운 이론으로 그의 이론을 대체할 수 있을 때 비로소 가능해진다. 나의 견해가 바로 그 새로운 이론이 될 것이다.'

그는 생리적인 색채현상을 출발점으로 삼고 기존에 문제대상에서 늘 제외되었던 색채의 본질과 색채감각과의 연관성을 탐색하는 과정에서 이 새로운 이론을 발견했다고 쓰고 있다.

이 이론에서는 흰색이 어떻게 발생되는가를 주요문제로 삼고 있다. 쇼펜하우어는 일단 흰색의 감각을 거론하며 흰색에 얽힌 감정을 검토한 결과, 인간 망막의 움직임 속에서 흰색을 발견해 낼 수 있었다. 색의 발생을 조사하기 위해 빛을 분석한 뉴턴은 이러한 생리학적 감각을 관찰 범위 밖으로 밀어냈다. 그러므로 눈동자의 움직임이 색을 발생시킨다는 것을 발견하지 못했다. 요컨대 쇼펜하우어의 색채론은 물리적·과학적이지 않고 순수하게 생리학적이었다. 쇼펜하우어는 이것으로 일단 색채론 연구에 한 획을 긋게 되었다고 생각하고 있었다.

'제자가 비록 스승과 다른 길을 걷더라도'

이 무렵 나폴레옹이 엘바섬에서 돌아왔지만, 워털루 전투에서 영국의 웰링턴 장군에게 패해 결국 백일천하로 끝나고 말았다. 나폴레옹은 다시 자리에서 물러나 이번에는 세인트 헬레나섬으로 유배되었다. 오랜 기간에 걸쳐 이루어진 빈 회의는 영국·러시아·프랑스·오스트리아·프로이센 5개국 균등정책의 막을 내리고 왕후들의 '신성동맹'이 결성되었다.

쇼펜하우어는 드레스덴에 온 뒤로, 마치 어머니 뱃속의 태아처럼 자기 머리 속에 하나의 철학이 자라고 있음을 느꼈다. 그것은 윤리학과 형이상학이 하나로 일치해야 한다는 예감이었다. 모든 것이 하나의 근원에서 시작된다는 직관이 그의 머릿속에서 자라기 시작한 것이다.

1816년 그 전해에 완성한 논문 《시각과 색채에 대하여》가 출판되었다. 그리고 5월 4일 이 책을 괴테에게 보냈다. 이에 대해 괴테는 6월 16일 편지에서 책을 받았다는 말만 전하고 직접적 논평은 하지 않았다. 그러나 7월 19일 그의 베를린 친구 슐츠에게 보낸 편지에서 쇼펜하우어의 책에 대해 간접적으로 언급하고 있다.

'쇼펜하우어 박사는 대단한 두뇌의 소유자입니다. 그가 지난날 여기에 머물 때 나는 그에게 나의 색채론을 이해할 수 있는 기회를 주었습니다. 그런데 당신도 이미 알고 있듯, 이 젊은 인물은 내 이론에서 출발했으면서도 아무래도 내 이론의 반대자가 된 듯합니다.'

괴테는 이때의 심경을 짧은 시 형태로 남겨두었다.

　한동안 더 스승의 짐을 지는 것도 좋겠지
　제자가 비록 스승과 다른 길을 걷더라도

쇼펜하우어는 괴테의 칭찬을 은근히 기대하고 있었기 때문에 이 일로 크게 실망했다. 그렇지만 괴테를 원망하기는커녕 여전히 깊은 감사와 존경심을 지니고 있었다. 만일 스승이 괴테가 아닌 다른 사람이었다면 그의 태도도 매우 달랐을 것이다.

자신의 이론이 언젠가 인정받을 날이 올 거라고 믿은 쇼펜하우어의 희망은 보기좋게 빗나가, 오늘날까지 그의 색채론은 빛을 발하지 못하고 있다. 괴테의 색채론 역시 마찬가지다. 오늘날 학교 교과서에 실린 것은 뉴턴의 색채론뿐이다. 그러나 색이 감각에서 발생한다는 쇼펜하우어의 색채론은 물리학 분야에서만 포괄되지 못할 뿐 색채의 또 다른 한 면을 지적했다. 이런 점에서 쇼펜하우어가 색채심리학의 선구적 역할을 했다는 것은 높이 살 만하다.

대표작 《의지와 표상으로서의 세계》 간행

쇼펜하우어가 1814년부터 5년 동안 틈틈이 써내려간 철학체계가 1818년에 완성되었다. 그것은 '나의 모든 철학은 한마디로 말해, 세계는 의지의 자기 인식이다'였다. 쇼펜하우어는 하루 빨리 그 논문을 출판하고 싶어 라히프치히에 있는 브로크하우스 출판사로 편지를 보냈다. 그 편지는 강한 자신감에 차 있었다.

나의 이 저서는 하나의 새로운 철학체계입니다. 말 그대로 새로운 것이지요. 기존에 존재하는 옛날 철학을 재탕해 새롭게 서술한 게 아니라, 지금까지 어떤 사람도 생각해내지 못한 고도로 응집된 사고로 쌓아올린 책입니다.

이때 쇼펜하우어의 나이는 30살이었다. 브로크하우스는 그의 열의에 이끌려 출판하기로 결정했다.

그즈음 칼스바트에 체류하던 괴테에게 보낸 편지에 그는 이렇게 쓰고 있다.

'여기 드레스덴에서 4년 이상 걸린 작업이 드디어 완성되었습니다. 《의지와 표상으로서의 세계》라는 표제를 붙였습니다. 이 책은 단순히 제가 이 지방에서 한 작업의 성과물이 아닌 제 생애의 성과물입니다.'

괴테는 다음과 같은 답장을 보냈다.

오랜만에 자네 편지를 받아보고 매우 기뻤네. 기운차게 자신의 길을 걸어가고 있는 자네를 위해 마음으로부터 축복을 빌고 있네. 나는 자네 책을 관심있게 읽어볼 것이네. ……이탈리아 여행이 부디 행복하기를 빌어 마지않네. 즐거움과 함께 많은 것을 배우게 될 것일세. 동봉한 소개장이 자네에게 도움되리라 믿으며, 아무쪼록 선량한 이탈리아 사람들에게 안부를 전해주게.'

칼스바트 1818년 8월 9일 괴테

괴테는 시인 바이런에게 보내는 소개장을 편지에 함께 넣었다. 바이런은 1816년 이래 베네치아에 살고 있었다. 이 염세적 시인은 우연히도 쇼펜하우어와 같은 해에 태어났으며, 그의 어머니와 사이가 좋지 않은 불행한 과거를 갖고 있었다.

쇼펜하우어가 이탈리아 여행길에 오른 것은 출판사에 모든 원고를 넘겨준 9월이었다. 빈을 거쳐 베네치아로 가서 그곳에서 11월 중순까지 머물렀다. 그렇지만 괴테가 써준 소개장을 사용하지는 않았던 것 같다.

오빠는 베네치아에서 바이런을 방문하지 않았다고 하므로, 너무 애석해 정말이지 아무 할 말이 없습니다.

1819년 3월 여동생 아델의 편지에서

그는 나머지 11월을 피렌체에서 보내고 다시 볼로냐를 지나 로마로 갔다. 12월 12일, 브로크하우스 사는 《의지와 표상으로서의 세계》의 시험 출판본을 로마로 부쳤고, 이어 1819년이라는 발행년도가 찍힌 초판본을 보냈다. 그러나 이 《의지와 표상으로서의 세계》 제1판은 발행 뒤 1년 반 동안 겨우 100권 정도밖에 팔리지 않았다. 만약 브로크하우스라는 출판인이 없었다면 이 책은 햇빛도 보지 못했을 것이다. 사실 그는 쇼펜하우어의 초고를 처음 보고 팔리지 않을 거라고 예감하고 있었다. 그럼에도 그는 출판하기로 결심했다. 그리고 160년 이상 지난 지금도 그가 설립한 브로크하우스사에서는 여전히 이 책이 출판되고 있다.

이 저서가 지닌 사상사적 의의를 확신하고 있던 쇼펜하우어는 이 사실에 크게 낙심했다. 동시에 이 책을 몰라보고 무시하는 태도를 취하는 동시대 철학자들에 대한 적대감이 점점 커져갔다.

괴테의 평가

쇼펜하우어는 누이동생의 편지로 괴테가 이 책을 읽었다는 것을 알았다. 그러나 그것도 사람들의 비판을 뒤엎기에는 터무니없이 역부족이었다. 이탈리아에서 받은 아델의 편지에는 이렇게 씌어 있었다.

'그리고 오빠가 쓴 책에 대해 이야기했어요. 괴테씨는 그 책을 기쁘게 받았고 분량이 많은 책을 읽기 쉽도록 두 부분으로 나눠 중요한 부분부터 순식간에 읽으셨답니다. 괴테씨는 그분이 생각하고 있는 것을 오빠가 알 수 있도록 페이지를 적어놓으셨어요. 그리고 자신의 의견을 좀더 자세하게 오빠에게 직접 써보내기 위해 신중하게 생각하고 계시답니다. 하지만 그 전에 일단 이 사실을 오빠에게 알려주라고 당부하셨어요. 그리고 얼마 뒤 오틸리에(괴테의 며느리)가 와서 말하기를, 시아버님이 그 책에 푹 빠져 열심히 읽고 계신다고 했어요. 그렇듯 맹렬히 읽으시는 모습을 본 적이 없을 정도로 말예요. 그리고 그분은 오틸리에에게 지금부터 1년 동안 재미있게 지낼 수 있을 거라고 말씀하셨대요. 왜냐하면 이 책을 처음부터 끝까지 읽고 나면 아마 1년이 훌쩍 지나가 있을 거라고요. 그리고 그분은 오빠가 자신에 대한 존경심을 아직 잊지 않고 있다는 사실에 굉장히 감격하고 계신다고도 들었어요. 이 책에서 특히 마음에 드신 건 문체와 표현의 명쾌함이래요. 그리고 또 하나는 전체 내용을 아주 훌륭한 방법으로 구분짓고 있다는 것이었어요. 하지만 오빠 책의 형식이 세련되지 못해 읽는 데 애먹으셨다고 해요. 그리고 책이 두 부분으로 구성된 것은 그분이 예상하신 대로여서 매우 자랑스러워하시는 것 같았지요. 다시 한 번 오빠와 단둘이 만나 이야기를 나누고 싶어하세요. 그러면 그분이 더 만족한 부분에 대해 들으실 수 있을 거예요. 괴테씨가 이토록 진지하게 읽고 있는 책의 저자는 바로 오빠예요. 오빠, 정말 기쁜 일이지요?'

이 편지를 받은 쇼펜하우어는 괴테에게서 직접적인 칭찬과 전폭적인 지지를 받으리라 기대했지만, 그것은 부질없는 기대로 끝났다. 세계관이 완전히 다른 두 사람이었으니 그리 놀랄 일도 아니다. 하지만 아델의 편지에도 씌어 있듯, 괴테가 쇼펜하우어의 문장에 주목한 것은 사실이었다. 쇼펜하우어는 독일문학사상 명문장가의 한 사람으로 지금도 학교 작문시간에 모범으로 사용되고 있다.

연애와 도산 극복

1819년 4월, 쇼펜하우어는 다시 베네치아로 돌아와 어느 부유하고 지위 높은 집안 처녀와 사귀게 되었다. 사실 쇼펜하우어는 지난날 대학입학 준비를 위해 바이마르에 머물던 시절 카롤리네 야게만이라는 열 살 연상의 여성과 사랑에 빠져 결혼까지 생각하고 있었지만, 그녀가 이미 결혼한 상태였기 때문에 결국 포기했었다. 그때 21살의 젊은 나이였던 그는 열정에 사로잡혀 사랑의 불꽃을 향해 돌진해 갔다.

하지만 이번에는 나름대로 이성적으로 교제하게 되었다. 쇼펜하우어는 이번에도 베네치아에 살고 있던 바이런을 방문하지 않았다. 그는 뒷날 이때의 정황을 친구에게 써보냈다.

'나는 괴테가 바이런 경 앞으로 써준 소개장을 가지고 있었다네. 베네치아에 3개월 가까이 머물렀고, 언제나 괴테가 준 편지를 들고 그를 찾아가야겠다고 생각하고 있었지. 그렇지만 어느 날 그것을 단념해 버리고 말았지.

내가 연인과 함께 거리를 산책하고 있을 때였어. 연인이 갑자기 흥분한 목소리로, "어머, 저길 좀 봐요. 저분이 바로 영국 시인이에요"라고 외치는 거야. 바이런은 말에 올라탄 채 한달음에 우리들 곁을 스쳐 지나가버렸어. 나의 연인은 그날 하루 종일 그의 인상에서 헤어나오지 못하더군. 그래서 나는 괴테의 편지를 사용하지 않기로 결심한 걸세. 그녀의 마음이 그에게로 기울까봐 두려웠던 거야. 그래서 나는 그와 알게 되는 기회를 결국 놓치고 말았지. 그 일이 지금까지 나에게는 후회로 남아 있다네.'

쇼펜하우어의 학문과 인품 사이의 모순은 사람들에게 잘 알려져 있다. 학문에 있어서는 마치 성자처럼 보였지만, 여성에 대해서는 결코 무심한 사람이라고 할 수 없었다. 이 연애사건이 그것을 증명해 주고 있다.

쇼펜하우어는 그해 6월에 베네치아를 떠나 밀라노로 갔다. 그런데 그곳에서 단치히에 있는 무르 상사가 도산했다는 연락을 받게 되었다. 쇼펜하우어는 아버지의 유산을 예금 형식으로 그 상사에 투자하고 있었다. 그는 일정을 바꾸어 급히 독일로 돌아갈 채비를 했다. 독일로 돌아가는 길에 그는 여동생에게 능숙하게 이런저런 지시를 내리는 동시에 상사에 적절한 조치를 적어보내는 등 사업적 재능을 발휘했다. 그 결과 그는 자신의 재산을 지키는 데 성공했다. 쇼펜하우어는 다른 철학자들과 달리 현실적으로 재산을 키우는 재능도 뛰어났다.

8월에 쇼펜하우어는 1년 동안의 이탈리아 여행을 마치고 다시 조국 독일 땅을 밟았다. 그는 바이마르로 발길을 돌려 괴테를 방문했다. 괴테는 이때의 일에 대하여 이렇게 전하고 있다.

'쇼펜하우어 박사는 대부분의 경우 사람들에게 진가를 인정받지 못했다. 속을 헤아리기 힘든 인물이며 젊은 동시에 훌륭한 업적을 달성한 인물이었다. 그의 방문은 나에게 커다란 자극이었다. 우리는 서로 가르치고 가르침을 받았다.'

헤겔과의 대립

쇼펜하우어는 드레스덴으로 돌아와 대학에서 교수직을 얻기 위해 준비하기 시작했다. 다른 사람을 가르쳐보고 싶다는 생각과 타격받지는 않았지만 지난번 투자한 상사의 도산으로 장래에 대한 불안을 느꼈기 때문이었다. 그는 여러 모로 따져 본 끝에 베를린 대학에 강사 자리를 얻기로 마음먹었다. 그리고 12월 31일, 라틴어로 작성한 교수직 신청서와 이력서를 베를린 대학 철학과에 보냈다.

다음해인 1820년 1월에 신청서에 대한 답신이 왔고, 쇼펜하우어는 3월 23일에 채용 여부가 결정되는 시험강의를 하게 되었다. 그날 베를린 대학 대강당에는 그 유명한 헤겔을 비롯한 철학 관계자들이 모두 참석했다. 강의는 '다른 종류의 네 근원에 대하여'라는 주제로 진행되었다. 강의가 끝나자 헤겔은 '말이 길 위에서 드러눕는다면 그 이유는 무엇인가?'라는 당혹스러운 질문을 했다. 그러나 이 질문도 쇼펜하우어를 위해 그 자리에 참석한 옛스승인 리히텐슈타인 교수의 도움으로 무사히 위기를 벗어날 수 있었다.

이 날의 일은 미래 쇼펜하우어와 헤겔 사이를 예측할 수 있는 상징적 사건이었다. 특히 논쟁의 대상과 그 해석에서의 차이, 나이 차이, 명성의 차이 등 모든 게 너무도 대조적이었다. 그날은 바로 헤겔과 쇼펜하우어의 전쟁이 선포된 날이었던 것이다. 그때 헤겔은 50살, 쇼펜하우어는 32살이었다. 좀 더 구체적인 적대감을 가진 전쟁은 쇼펜하우어 쪽에서 시작했으나 헤겔은 그를 본체만체했다. 그러나 두 사람의 철학만 놓고 본다면 그 충돌은 19세기 전체의 충돌이요, 오늘날까지 계속 이어지고 있다고 할 수 있다. 두 사람의 충돌은 개념에서 발생하는 사고와 직관적 인식에 따르는 사고 사이의 대립이 원인이었다. 정신 철학과 의지 또는 생의 철학 사이의 대립이라고 할 수도 있다. 이 부분은 쇼펜하우어 철학의 현대적 의의를 말해주는 가장 중요한 부분이다.

베를린 대학은 설립된 지 10년밖에 안 되었지만, 학생수가 1000명을 넘었다. 그 가운데 쇼펜하우어의 강의를 신청한 학생은 겨우 8명이었다. 이와 반대로 헤겔의 강의는 언제나 초만원을 이루었다. 쇼펜하우어의 첫강의는 결국 그의 마지막 강의가 되었다. 겨울학기에 '철학기초 다지기──모든 인식에 관한 이론'이라는 제목으로 강의할 예정이었으나 실제로 강의를 열지 못했다. 그는 앞으로 베를린에 살지 않는 해를 제외하고는 1831년까지 10년 동안 계속 헤겔과 같은 시간대에 강의를 열겠다고 말했다. 그러나 그것은 강의편람 속의 계획이었을 뿐 실제로는 문닫은 가게나 다름없었다.

자신의 학문체계에 강한 자신감을 갖고 유명해지리라는 꿈을 지녔던 쇼펜하우어에게 그 일은 지울 수 없는 상처가 되었다. 그 결과 대학강단 위의 철학 및 철학자들, 그 중에서도 특히 헤겔에 대한 증오심이 점점 커져갔다. 헤겔은 베를린에서 궁정대신들의 마음에 들어 그의 철학이 마치 프로이센 당국의 공인 철학같이 받아들여져 시대의 압도적 세력이 되어갔다. 그러나 쇼펜하우어에게는 단지 분노를 일으키는 불씨일 뿐이었다. 이러한 증오심은 분명 질투심 때문이기도 했지만, 쇼펜하우어는 국가적 철학자로서의 헤겔의 위치가 결국 어용학자와 비슷하다는 느낌을 받고 있었다. 모든 권력 아래 놓이게 되는 것을 싫어했던 그의 야당적 사고방식은 결코 그것을 용납할 수 없었다.

마르케 사건과 '귀여운 여왕님'

베를린 시절은 쇼펜하우어의 생애에서 정신적으로 가장 동요가 심하고 성과도 가장 적은 시기였다. 그러나 동시에 여러 재미있는 일화가 많이 남겨진 시기이기도 하다. 마르케 사건도 이때 벌어진 일이었다.

쇼펜하우어가 살던 집 옆에는 카롤리네 루이제 마르케라는 재봉사가 살고 있었다. 이 여자는 굉장한 수다쟁이였다. 어느 날 밤 그녀는 그의 집 앞에서 다른 두 여자와 목소리를 높여 기나긴 이야기의 매듭을 풀어놓기 시작했다. 처음에는 시끄러운 그녀들을 조용히 타일렀으나 듣지 않자 쇼펜하우어도 마침내 분노가 폭발하여 그녀를 내쫓아버리려고 했다. 하지만 마르케라는 여자도 만만치 않게 저항하다가 그만 바닥에 나동그라지고 말았다. 거짓말인지 정말인지 그녀는 큰 부상을 입었다며 호소하고 다녔다. 이야기는 점점 악화되어 그녀는 결국 소송을 걸어왔다. 그리고 끈질긴 재판 끝에 쇼펜하우어가 결국 지고 말았다. 그 때문에 그는 소송비용의 6분의 5를 지불했을 뿐 아니라 치료비 전액 및 그녀가 살아 있는 동안 해마다 상당액의 위로금과 연금을 지급하라는 판결을 받게 되었다.

그 여자가 바느질에서 손떼고 평생 놀고먹을 모습을 생각하면 쇼펜하우어는 피가 끓어오르는 것을 참을 길이 없었다. 그로부터 20년 뒤 그 여자는 세상떠났다. 그 사망증명서 공백에 쇼펜하우어는 라틴어로 '오비트 아누스, 아비트 오누스'라고 적었다. 직역하면 '노인 죽어 책임 해소'라는 뜻이 되지만 노인이라는 뜻의 아누스의 악센트를 앞에 두고 발음하면 항문이라는 의미가 된다. 쇼펜하우어의 오랜 울분이 이 비통한 구절 하나에 스며들었음을 눈치 챌 수 있다. 마치 '그 노인네 죽어버려 이제야 안심'이라고 말하는 듯하다.

쇼펜하우어가 다시 베를린 대학 교단에 올랐을 때, 그는 베를린 오페라의 메돈이라는 가수와 사랑에 빠졌다. 메돈은 그녀의 애칭이고 본명은 카롤리네 리히터였다.

카롤리네 메돈과의 관계는 오래 이어졌다. 벌레를 씹은 듯한 근엄한 만년의 쇼펜하우어 얼굴로는 상상도 되지 않지만, 메돈의 추억 속 쇼펜하우어는 그녀를 '귀여운 여왕님'이라고 부르며 사랑해 주었다고 한다. 그렇지만 그녀는 자신이 사귀는 이 남자가 뒷날 대철학자가 될 줄은 전혀 상상하지 못했으며, 그저 여느 남자와 조금 색다르다고만 생각하고 있었을 뿐이었다.

두 사람의 관계는 나중에 쇼펜하우어가 베를린을 떠나게 되면서 끝났다. 그로부터 26년 뒤 어느 날 그녀는 신문에서 쇼펜하우어의 70살 생일을 전하는 기사를 보았다. 오랜 불행의 나날들을 거쳐온 쇼펜하우어의 철학이 이때 드디어 사람들의 주목을 받게 되었다. 유명해진 그의 집으로 각지에서 사람들이 보내온 생일축하 편지가 줄지어 도착했다. 카롤리네 메돈도 큰마음을 먹고 지난날 함께 보냈던 그리운 시절에 대해 편지를 썼다. 유명한 철학자의 마음에도 그녀의 인상이 강하게 남아 있었는지, 그는 유언장에 재산의 일부를 연금 형태로 그녀에게 남겨주겠다고 적어 그녀의 호의에 보답했다. 메돈은 쇼펜하우어가 먼저 죽은 뒤 그녀가 사망하는 1882년까지 21년 동안 그가 준 혜택 속에 살았다.

이탈리아 여행과 병

쇼펜하우어는 베를린 대학 교수로 있었던 10년 동안 몇 번 외국여행을 갔다. 베를린 거리도 주민들도 그의 마음에 그리 들지 않았던 것이다. 1822년 봄, 두 번째로 이탈리아 여행을 갔다. 마르케 사건 때문에 마음이 상하기도 했지만, 자신의 철학 강의가 실패로 돌아가 울적한 기분을 바꾸기 위해 간 것이었다.

베를린을 뒤로 하고 스위스를 거쳐 밀라노, 베네치아를 지나 피렌체에 도착한 쇼펜하우어는 그곳에서 겨울을 보냈다. 이탈리아는 쇼펜하우어의 성격과 잘 맞았다. 빛과 색채, 사람과 사람 사이의 정, '모든 것이 있어야 할 모습 그대로 이탈리아에 존재하고 있다'고 그는 경탄했다. 괴테와 뒷날의 바그너도 독일인으로서 이탈리아를 여행했다는 공통점이 있다. 아마도 이탈리아에서는 모든 게 자연 그 자체라는 인식 때문일 것이다. 두 번째 이탈리아 여행이 쇼펜하우어의 사색에 어떤 영향을 주었는지 친구 오잔에게 보낸 편지를 통해 알 수 있다.

'보고 경험하는 건 읽고 배우는 것만큼 중요한 일이라네. 상류층 사람들의 생활을 가까이에서 보면 그들이 매우 괴롭게 사는 걸 알 수 있네. 바로 권태 때문이지. 인간의 모든 저항에도 권태가 그들을 얼마나 괴롭히는지 나는 잘 알고 있다네. 피렌체의 미술품들을 시간을 들여 꼼꼼히 연구해 보았네. 이탈리아 사람들은 나에게 많은 자료를 제공해 주었어.'

경험과 인간에 대한 지식 확장이 그가 이탈리아 여행에서 얻은 수확이었다. 그는 보고 경험하는 일에 싫증을 느끼는 일이 없었다. 그의 생애가 그것을 말해 주고 있다. 그는 보고 경험한 모든 것을 정리하여《의지와 표상으로서의 세계》를 수정·퇴고·보충하기 위한 소재로 사용했다.

그는 1823년 5월 병든 몸을 이끌고 독일로 돌아왔다. 여러 가지 병이 잇따라 발병하는 바람에 쇼펜하우어는 거의 1년 동안 뮌헨에 머물렀다. 이때가 그의 생애에서 가장 음울한 시기로 기록되고 있다. 오른쪽 귀의 청력을 거의 잃은데다 이탈리아 여행이 즐거웠던 만큼 더 우울해지고 말았다. 이 우울증은 현대의 우울증과는 조금 다른 것이었다.

바이에른의 고지대 기후가 그의 피부에 맞지 않았으므로 신병 치료를 위해 그는 결국 뮌헨을 떠나 바드가슈타인에 있는 온천으로 갔다. 1824년 5월 끝무렵이었다.

그곳에서도 잃어버린 청력은 회복되지 않았지만, 건강을 되찾은 쇼펜하우어는 그해 9월 다시 드레스덴으로 가서 8개월을 지냈다. 그러나 그를 알고 있던 사람들은 그의 변화에 깜짝 놀랐다. 쇼펜하우어 자신도 이렇게 적고 있다.

'그때부터 나는 점점 고독을 응시하는 눈을 갖게 되었고, 비사교적이 되어 갔다. 나는 이 짧은 여생을 완전히 나 자신을 위해 바치기로 했다. 그리고 두 다리로 멀쩡히 걷는다는 사실만으로 나와 대등하다고 여기는 인간들과 되도록 사귀지 않기로 결심하였다.'

겨울에는 흄이 쓴《자연의 역사》와 브루노의 작품을 번역할 계획이었지만, 도와줄 출판사를 찾지 못해 현실로 옮기지는 못했다. 그 동안 사람들 사이에서《의지와 표상으로서의 세계》에 대한 부정적인 서평들이 나왔다. 그러나 마침내 작가 장 파울이 '몇해 전 출판되었으나 그 가치에 걸맞은 빛을 받지 못한 책'이라고 〈서적 안내〉에 호의적으로 소개해 주었다.

실의와 좌절 속에서

쇼펜하우어는 3년쯤 뒤인 1825년 5월 베를린으로 돌아왔다. 그리고 그곳에서 6년을 머물렀다. 그가 다시 베를린으로 돌아온 주된 이유는 앞서 이야기한 마르케 사건의 심리가 아직 해결되지 않았기 때문이었다. 또 장 파울의 칭찬에도 불구하고 저서에 대한 반응이 좀처럼 없어 그는 초조해지기 시작했다.

이 실의와 좌절의 나날 속에서 그는 에스파냐어 공부에 열중하며 스페인의 도덕철학자 발타자르 그라시안의 《신탁 요강》 에스파냐어 원전을 독일어로 직접 옮겼다. 이 작업을 통하여 쇼펜하우어는 이미 익힌 그리스어, 라틴어, 프랑스어, 영어, 이탈리아어 외에 에스파냐어에도 익숙해지게 되었다.

쇼펜하우어는 그라시안 번역 외에 자신의 색채론을 라틴어로 옮긴《생리학적 색채론》도 완성했다. 이것은 운좋게《안과학적(眼科學的) 저작 소전집》 제3권에 채택되어 출판되었다. 라틴어 출판은 외국 독자를 모으기 위해 사용되던 방법으로 19세기까지 이루어졌다. 중세 이후 유럽에서 학문 용어는 라틴어로 사용하는 전통이 있었지만, 18세기 계몽주의 시대에 들어서면서 각 나라에서 자국어를 사용하게 되었다. 철학에서는 칸트 바로 전까지 라틴어를 사용했으며, 라이프니치의 동생 크리스찬 볼프가 독일어로 된 철학 용어를 내놓은 일은 매우 유명한 일화이다.

당연한 일이지만, 그즈음은 현대에 비해 훨씬 교통이 불편했다. 그럼에도 18세기 첫무렵 유럽 각 나라의 대학 사이에는 자유롭고 활발한 교류가 있었다. 독일의 하이델베르크 대학교수가 영국의 케임브리지 대학으로 가거나 프랑스의 파리 대학에서 강의하고, 이탈리아의 볼로냐 대학으로 가는 식이었다. 대학의 모든 강의가 유럽 공통어인 라틴어로 이루어졌기 때문에 가능한 일이었다.

그뒤 두 번째 베를린 시절에 쇼펜하우어는 칸트의 주요 저서를 영어로 옮길 계획을 세웠으나 실현되지는 못했다. 그는 영국처럼 최고로 지적인 나라에 칸트의 더할 나위 없이 높은 사색이 퍼지는 것은 유럽의 정신문화가 무한한 축복을 받는 일이라고 생각했다. 거기에는 칸트 학자로서 쇼펜하우어의 자신감과 의욕이 드러나 있다.

'칸트 번역은 그의 철학을 완전히 자신 안에서 소화하고 그의 모든 사상을 온몸의 피 속에 섞어넣은 사람이나 할 수 있는 일이다. 바꿔 말하면 칸트 연구로 머리털이 하얗게 센 사람, 곧 나 같은 사람만이 감당해낼 수 있는 일이다. 그 일을 하기 위한 조건에 꼭 맞는 사람은 운좋게도 바로 나라고 생각한다. 왜냐하면 칸트의 철학과 영어에 대한 지식이 이렇듯 한 사람 안에 모두 들어 있는 경우는 앞으로 1세기 동안 없을 것이기 때문이다.'

그는 이렇게 자부하고 있었다. 그러나 그는 오랜 세월 동안 이 의욕을 실행에 옮길 수 없었다. 영국에서 이러한 그의 뜻을 이해하는 출판인이며 투자자가 아직 나타나지 않았기 때문이다.

베를린 탈출

쇼펜하우어는 불만투성이인 베를린을 어떻게 벗어날 수 있을까 고민하기 시작했다. 그는 베를린이 아닌 다른 지역에서 활약하게 될 것을 기대하고 있었지만 이렇다할 좋은 생각이 떠오르지 않았다. 그러던 차에 1831년 미처 예상하지 못한 사건이 일어나 베를린을 탈출할 수 있었다. 베를린 온 지역에 콜레라가 유행한 것이다. 그는 이제 베를린이 도덕적으로뿐 아니라 물질적으로도 오염되기 시작했다고 생각했다. 모든 일에 신경질적일 정도로 꼼꼼한 쇼펜하우어조차 두 차례나 도둑을 맞아 상당한 피해를 본 뼈아픈 경험이 있었기 때문이었다.

그는 이번 기회야말로 이 '저주받은 도시'에 이별을 고할 시기라고 생각했다. 콜레라에 대한 공포, 자신도 콜레라로 죽을지 모른다는 두려움이 쇼펜하우어에게 베를린을 떠날 구실을 준 것이다. 실제로 쇼펜하우어가 베를린을 떠난 얼마 뒤 그의 경쟁상대였던 헤겔은 콜레라로 허무하게 이 세상을 떠났다.

쇼펜하우어가 베를린 대신 프랑크푸르트를 선택한 이유는 지금도 정확히 알려진 것이 없다. 아마도 존경하는 괴테가 태어난 곳이었고 기후가 좋다는 말도 들었기 때문이리라. 아무튼 프랑크푸르트는 베를린에서 아주 멀리 떨어져 콜레라 걱정은 할 필요가 없었다. 쇼펜하우어는 잠시 살아본 다음 정말로 마음에 들면 정착하기로 했다. 그렇지만 이곳에서도 역시 기분이 나아지지 않고 건강이 다시 악화되어 10개월쯤 동안의 생활을 접고 다시 남쪽 만하임으로 옮겨갔다. 그리하여 1832년 7월부터 다음해 6월까지 꼭 1년 동안 이곳에서 살았다.

결실의 날들

프랑크푸르트 정착과 가족의 편지

그는 남은 인생을 보낼 곳을 확실히 정해야겠다고 생각했다. 그래서 그는 만하임과 프랑크푸르트의 장단점을 철저하게 수학적으로 비교분석했다. 물가며 식생활 환경, 기후, 문화시설, 도덕은 잘 지켜지고 있는지 등 세세한 부분까지 꼼꼼하게 관찰한 다음 기록으로 남겼다. 결국 프랑크푸르트가 선택되었다.

푸랑크푸르트를 정착지로 결정한 쇼펜하우어는 1860년 숨지기 전까지 30년쯤 동안 그곳에 머물렀다. 72년 생애를 통틀어 이곳에서 가장 오래 살았다. 프랑크푸르트를 좋아한 이유 가운데 하나는 영국인이 많이 살고 있다는 점이었다. 이것은 칸트의 경우도 마찬가지였으며, 독일 지식인들 중에는 영국을 사랑하는 사람이 많았다.

쇼펜하우어는 쇠네아우스지히트(아름다운 풍경이라는 뜻) 거리 16번지에 주거를 정하고, 이른바 '이방인'으로서 꼭 필요한 경우 말고는 집 밖에 나가지 않기로 결심하고 은자 같은 생활에 들어갔다. 그의 말에 따르면 프랑크푸르트는 물가가 싸고 기후도 좋아서 이곳에 살고 있는 사람들만 없다면 '쾌적한 장소'였다. 그는 자신만의 고독한 세계 속에 틀어박혀 자기에게 가장 알맞은 생활방식을 지키며 살아갔다. 그는 이 생활에 대해 다음과 같이 적고 있다.

'프랑크푸르트 시민에게 프랑크푸르트는 세계 그 자체다. ……좁고 융통성 없으며, 안에서 보면 보잘것없고 우물 안 개구리 같은 아프데라인들의 나라(아프데라는 고대 그리스 도시로 시민들이 어리석기로 유명)와도 같다. 나는 그들과 가까워지고 싶지 않다. 나는

세계를 버린 사람으로 살아가고 싶다. 그리고 나의 학문을 위해서만 살아갈 작정이다.'

쇼펜하우어는 자신이 죽을 때까지 머물 곳을 찾는 도중 다시 가족과 연락이 이어지게 되었다. 처음에는 여동생과, 그리고 다음에는 어머니와 편지를 주고받았다. 두 사람 모두 바이마르를 떠나 본에서 살고 있었다. 여동생 아델은 밝고 활발한 성격은 아니지만 오빠처럼 유아독존적인 면은 없었다.

'저는 마지못해 하루하루 살아가고 있어요. 나이를 먹는 일이며 제 운명 앞에 놓여 있을 것 같은 인생의 고독이 두렵습니다. 결혼은 하고 싶지 않아요. 나에게 맞는 사람을 발견할 수 없을 것 같아서예요. 실은 한 사람이 있지만 그는 이미 결혼한 몸이랍니다. 나는 이 쓸쓸함을 견뎌낼 만한 힘이 충분히 있어요. 하지만 콜레라가 고통 없이 저를 모든 속박들로부터 해방시켜 준다면 눈물을 흘리며 감사할 거예요. 나는 오빠가 왜 그렇듯 콜레라를 두려워하고 계신지 모르겠어요. 오빠 자신도 인생이 불행하다는 걸 알고 있고, 뭔가의 힘으로 인생과 결별하고 싶어하잖아요.'

이것은 쇼펜하우어가 콜레라를 염려하는 내용의 편지를 써보낸 데 대한 여동생의 답장이었다. 여동생 편지에 따르면 그즈음 어머니는 자신의 작품들을 전집으로 간행하기 위해 바쁜 나날을 보내고 있었다. 그 무렵 어머니가 보낸 편지에는 이렇게 씌어 있었다.

'네가 보낸 편지를 보고 내 마음은 이루 말할 수 없이 어두워졌다. 왜 그런지는 너도 잘 알겠지? 지금 너의 건강상태며 사람들과의 교제를 꺼리는 생활들, 음울한 기분에 대해 네가 쓴 말들…… 하느님, 부디 우리 아들을 굽어 살피소서. 어둠에 싸인 아들의 마음에 빛과 용기와 믿음을 내려주소서.'

이 편지에는 비록 사이는 나쁘지만 아들을 생각하는 어머니의 마음이 깊이 스며 있다.

도시의 명물 산책

쇼펜하우어는 학문 연구에 몰두하는 한편 생의 동기와 의지의 부정 사이에서 혼란을 겪고 있었다. 단조롭고 고독의 그림자가 차츰 깊어지는 일상생활 속에서도 그의 복잡한 성격은 변함이 없었다. 동네 사람들은 그가 유명한 요한나 쇼펜하우어의 아들인 것을 알게 되었다. 그는 젊은 시절부터 늘 입어온 유행이 지난 소매 긴 외투를 입고 다녔다. 이러한 그의 모습과 그의 애완견 푸들은 도시의 명물이 되었다. 쇼펜하우어는 늘 그 같은 차림으로 애완견을 데리고 산책하곤 했다. 칸트의 산책이 너무도 정확하여 쾨니히스베르크 시민들 사이에 유명해진 것처럼 쇼펜하우어는 개와 함께 산책하는 모습이 마치 주인과 충복처럼 보여 유명해졌다. 그는 큰 목소리로 혼잣말을 하면서 걸었기 때문에 길을 지나던 이들은 가끔 의아한 얼굴로 뒤돌아보곤 했다.

그는 몇 번의 소풍과 코블렌츠에 4일 동안 다녀온 한 번의 여행 말고는 죽을 때까지 프랑크푸르트에 머물렀다.

이러한 은자 생활을 시작할 때 그는 40대 중년의 한창나이였다. 재능이 넘치고 활력에 차 있었으며, 그와 대립하던 이들이며 시대의 모든 악에 맞서 격렬한 증오심으로 몸을 불사를 패기가 아직 남아 있던 나이였다. 그런데도 그는 은거생활에 들어가 같은 시대 사람들을 스쳐지나가버린 것이다. 이러한 행동은 그의 사상을 해석하는 중요한 열쇠가 된다.

창조시대, 정비시대

쇼펜하우어는 같은 시대 사람들에게 호소하기를 그만두고 미래의 사람들에게 초점을 맞춘 것일까. 1833년 가을 그는 《의지와 표상으로서의 세계》 증보판을 내기 위해 그 책에 실을 머리글과 초안 작성에 여념이 없었다. 그의 저서가 사람들의 냉대를 받은 다음 그는 이렇게 쓰고 있다.

'그나마 다행인 것은 출판업자가 그 책 대부분을 처분해 준 일이다. 그 덕분에 내가 살아 있는 동안 2판이 세상에 나오게 되었고, 내 손으로 직접 편집할 수도 있었다. 또 무시당한 덕분에 오히려 남의 방해를 받지 않고 생활하게 되었다. 조용한 생활 속에서 나는 더 깊은 사고를 하고 여러 가지를 발견할 수 있게 되었다. 그리하여 이 2판의 내용을 풍성하게 만들어낼 수 있게 된 것이다.'

하지만 그는 1834년 첫무렵 이 계획을 바꾸어 《의지와 표상으로서의 세계》 제2판 출판 대신 《인생을 생각한다(Parerga und Paralipomena)》라는 표제를 단 대표작 《의지와 표상으로서의 세계》 추가본 한 권을 출판하기로 했다. 그는 그 책을 위한 '머리글'과 아버지에게 바치는 감사의 초고를 썼다.

이 《인생을 생각한다》라는 표제는 그 뒤에 그가 쓴 모든 저서의 성격 내지 형식에 대하여 아주 적절하게 표현해 주고 있다. 이미 출판된 그의 대표작에 부록을 덧붙이거나 빠진 부분을 보충하는 일이 그즈음 작업의 중심이 되었다. 그의 집필 활동은 새로 추가되는 관찰, 그리고 이어지는 관찰, 거기에 더 깊어진 관찰을 통합시키는 방향으로 진행되었다.

직관으로 학문체계를 확립한 시기, 나아가 그것들을 정비하는 시기를 쇼펜하우어는 뚜렷이 구분했다. 앞의 시기는 유년시절과 청년시절, 그리고 단기간의 내적 준비기간까지 포함한 30년 동안이었다. 그리고 두 번째 시기는 젊은 시절에 준비해 놓은 저서를 보충하고 확장시켜 확인하는 작업을 하는 후반 40년이었다. 이것은 쇼펜하우어가 30살에 저서를 완성시킨 것과도 들어맞는다. 늘그막에 이르러 그는 사람들에게 최초의 40년^(30년이 아니라)은 '창조시대', 후반 30년은 '정비시대'였다고 말했다. 우리가 알고 있는 쇼펜하우어의 세계관은 그의 젊은 시절 세계관인 것이다.

쇼펜하우어는 지난번 《의지와 표상으로서의 세계》 출판에 대해 괴테에게 다음과 같은 편지를 보냈다.

'저는 앞으로 이보다 더 훌륭한 책, 이보다 더 내용이 풍부한 책을 쓸 수 없을 것입니다. 인간은 30살, 아니면 겨우 35살까지 세계로부터 받은 인상에 의해 그 사람이 생각해 낼 수 있는 모든 사상을 탄생시킵니다. 그리고 그 뒤에는 다만 그 사상들을 발전시켜 나가는 데 지나지 않는다는 엘베시우스의 의견에 저는 적극 동의합니다.'

이 편지를 썼을 때 쇼펜하우어는 30살이었다.

《자연에 있어서 의지에 대하여》 출판

1835년 5월, 그는 다시 한 번 브로크하우스 출판사에 《의지와 표상으로서의 세계》의 판매 상황을 물었다. 그 답장은 다음과 같았다.

'안타까운 일이지만 몇해 동안 귀하의 책에 대한 구매 요청이 단 한 건도 없었습니다. 지금 50부를 제외하고 모두 폐기처분되었습니다. 이 점 양해 바라며……'

이러한 답장을 받은 그는 결국 단행본으로 낼 생각이었던 《인생을 생각한다》의 발행을 포기했다. 그러나 어디까지나 일시적인 포기였을 뿐 결코 좌절하지 않았다. 그의 이 강한 의지는 전혀 염세주의적이지 않다. 남은 책이 모두 폐기처분되었다는 소식을 들으면 아무리 의지가 강한 저자라도 의기소침해져 더 이상 독자들을 이해시키려는 의욕을 잃기 마련일 터인데.

이 상황에서 그는 기획했던 책의 일부를 축소하여 《자연에 있어서 의지에 대하여》라는 표제를 붙이고 글을 고치기 시작했다. 이 논문은 1836년부터 17년 동안의 '성난 침묵' 뒤 프랑크푸르트에 있는 지그문트 슈멜바 서점에서 출판되었다. 그는 《자연에 있어서 의지에 대하여》 속에서 자신의 철학은 모든 경험적인 과학으로 확인된 것이라고 주장했다.

이 책은 그가 말하는 경험적 과학에 따라 생리학과 병리학, 비교해부학, 식물생리학, 물리천문학, 언어학, 동물 자기(磁氣)와 마술, 중국학, 마지막으로 윤리학과의 관계 순서로 구성되었다. 특히 이 가운데 식물생리학과 물리천문학은 가장 명쾌한 서술을 통해 자신의 철학적 기본 견해를 마음껏 표현할 수 있었다고 뒷날 자주 말하곤 했다.

쇼펜하우어는 그즈음의 경험적 과학 중에서도 특히 프랑스 과학자들의 감각론에 자극받아 프랭이 쓴 《대뇌와 소뇌에 대한 연구보고서》며 카바니스의 《인간의 육체와 도덕에 관한 보고》 등을 섭렵하고 있었다. 그러나 쇼펜하우어는 특히 비샤의 《생과 죽음에 관한 생리학적 연구》라는 저술에 가장 깊은 감명을 받은 듯하다. 그는 '비샤와 나는 사막 한가운데에서 서로 포용했다'라고 쓰고 있다.

이 연구 성과물들을 읽은 다음 쇼펜하우어는 《자연에 있어서 의지에 대하여》에서 번득이는 통찰력으로 모든 자연현상을 통해 표출되는 의지, 즉 의지의 객체화 과정을 묘사하고 있다. 그는 서론에서 '나의 형이상학은 물리적인 모든 과학(형이상학의 과학)과 공통 접점이 있는 유일한 형이상학'이라고 적고, 이어서 '그러므로 나의 체계는 종래의 모든 체계처럼 현실이나 경험보다 훨씬 위에 있는 게 아니라 물리적인 모든 과학이 학습자들을 수용할 수 있는 기반, 말하자면 현실성이라는 대지로까지 내려온 것'이라고 말했다.

두 사람의 광부론

칸트는 이미 '자연작용 중 가장 근원적인 원천은 반드시 형이상학의 소재가 된다'(활력의 진정한 평가에 대하여 51절)고 통찰했다. 쇼펜하우어도 이에 동의했다. 동시에 그는 자기 학설이 자연과학이 증명해 낸 현실과도 일치한다는 사실을 바탕으로 다음과 같이 말했다.

'물리학, 즉 일반적인 자연과학은 모든 분야에서 저마다 연구를 거듭하는 동안 최종적으로는 결코 해명이 불가능한 한 지점에 이르게 될 것이다. 바로 이 지점이 형이상학 영역이다. 자연과학은 이 영역이 결코 넘을 수 없는 자신의 한계점임을 인정하고, 그곳에서 연구를 멈출 것이다. 그리고 형이상학에게 모든 것을 넘겨주게 될 것이다.'

그리고 그는 두 광부를 예로 들어 물리학자와 형이상학자의 관계를 설명했다. 이러한 점은 다른 철학자들에게서는 결코 찾아볼 수 없는 그만의 특징이라고 할 수 있다. 쇼펜하우어 자신이 '철학의 평이화'라고 부르는 부분의 비유를 인용해 보자.

'두 광부가 저마다 서로 다른 지점에서 굴을 파들어가기 시작한다. 땅 속 깊은 곳에서 서로 만나기 위해 저마다의 길을 파는 것이다. 그들은 땅 밑 어둠 속에서 오로지 컴퍼스와 수평기만 이용해 작업해나간다. 그러다가 서로의 망치 소리를 들으면 오랜 동안 초조하게 기다리던 마음속에 기쁨이 솟구치게 되는 것이다. 이 이야기 속의 광부들처럼 자연과학과 형이상학을 탐구하는 연구자들은, 오랜 동안 멀리 떨어져 있던 자연과학과 형이상학 연구자들이 마침내 접점에 이르게 되고 결국 두 가지 학문이 융화되기 시작하는 결합지점을 발견할 수 있다는 사실을 인식하게 된다.'

쇼펜하우어는 근대적인 자연과학의 출현으로 그 결합지점이 그의 형이상학적 철학에 가까이 접근해 왔다고 생각했다. 그는 또 이 책에서 칸트의 비판정신을 무시한 채 형이상학의 학설을 만들어낸 헤겔과 그 학파를 '철학을 팔아넘긴' 파렴치한 교수들이라고 맹렬히 공격했다.

'언어학'과 '중국학'

《자연에 있어서 의지에 대하여》는 무기적 자연에서 시작하여 식물계·동물계·인간계 순서로 실증작업을 진행해 나가고 있다. 네 가지 주요한 자연현상 속에 자주 나오는 '형이상학적 본질'은 바로 '의지'임을 확인할 수 있다. 그런데 이 책의 8개 장(章) 중에는 '언어학'과 '중국학'같이 《자연에 있어서 의지에 대하여》와 특별한 관계가 없는 듯한 주제들이 들어 있다. 정말 관계

없는 것일까? 쇼펜하우어는 '언어학'이라는 장에서 심지어는 무생물의 활동까지도 '욕구'라는 말로 표현되는 수많은 실례를 들고 있다.

영어의 경우를 들어보자.

'영어에서 '의지'라는 뜻을 지닌 동사 'will'은 모든 동사의 미래형을 만들어주는 조동사이기도 하다. 이는 곧 모든 동작의 근원에는 욕망이 가로놓여 있다는 증거이다. 그런데 영어에서는 인식능력이 없는 무생물에도 인간의 모든 욕망이며 노력을 표현하는 'want'를 사용하고 있다. 그 예로 다음과 같은 문장을 들어 보자. 'The water wants to get out.(물이 넘치려 하고 있다.)'

쇼펜하우어는 꽤 많은 나라의 언어에 능통하므로 이 문장은 매우 설득력 있다. 그가 중국어까지 예로 든 데에는 놀라울 따름이다. 그는 '언어학'에서 불·물·강·나무 같은 자연의 일부 속에도 근본적인 원동력인 의지가 존재한다고 지적했다. 이리하여 그는 자기 학설의 정당성을 증명하고 있다.

'중국학' 장에서는 주로 그가 주장하는 의지의 형이상학에 영향을 미친 중국의 종교에 대해 논하고 있다. 그는 우선 중국의 3대 종교인 노자의 도교, 공자의 유교, 그리고 인도의 불교를 거론하고 있다. 그것들은 평화롭게 공존하여 서로 영향을 주고받으며 일종의 조화를 이루고 있다. 유럽 사람의 사고방식으로는 종교 개념이 유신론이라는 개념과 거의 일치하거나 적어도 밀접한 관계가 있어 중국이나 아시아를 볼 때도 유신론이라는 잣대에서 벗어나지 못하는 경우가 많다. 그러나 쇼펜하우어는 중국의 세 종교는 결코 일신교나 다신교가 아니라고 확실히 밝히고 있다. 특히 불교 교리는 유럽 그리스도교의 일신론과 상반되는 주장을 한 쇼펜하우어의 입장과 매우 비슷한 것이었다.

중국의 사상은 이 세상을 최고의 경지로 보는 유신론적 낙천주의와 대조적이다. 중국은 불교의 영향을 받아 '존재 자체는 하나의 해악이며, 세계는 고뇌의 무대'로 여기고 있다. 그는 불교에 대한 상세한 지식을 원하는 독자들을 위해 그즈음 유럽의 언어로 번역된 동양철학과 불교 관련 문헌 26권을 간단한 해설을 붙여 열거해 놓았다.

그러나 이 장에서 쇼펜하우어가 가장 역점을 둔 부분은 남송 출신인 주자의 철학이었다. 쇼펜하우어는 주자를 다음과 같이 소개한다.

'우리 달력으로 따지면 그는 12세기에 살았던 사람이며, 모든 중국 학자 가운데 가장 유명한 사람이다. 그는 선구자들의 모든 지혜를 집대성하고 체계화했다.'

그리고 자신의 학설 속에서 '하늘의 정신은 인류의 의지에서 나온다'라는 주자의 말 한 구절을 인용하고 있다. 쇼펜하우어는 이 구절을, 의지가 인간을 포함해 모든 자연 전체 속에서 나오는 것이라는 자신의 철학적 정당성을 증명하는 근거로 삼고 있었다.

괴테 기념비와 칸트 전집

1835년은 쇼펜하우어가 괴테 및 칸트와 인연이 있었던 해였다. 괴테가 태어난 프랑크푸르트에서는 5년 전 세상을 떠난 그를 위해 기념비 건립 계획을 세웠다. 그러자 쇼펜하우어는 프랑크푸르트 시 당국에 '괴테 기념비에 관한 의견서'를 제출했다. 그는 정신적 영웅인 괴테의 조각상을 흉상으로 만들어야 한다고 주장했다. 전쟁에서 몸을 아끼지 않고 싸운 개선 영웅들을 위한 조각상이 전신상이라면, 괴테는 '인류에게 머리로 공헌한' 사람이므로 흉상을 만들어야 한다는 주장이었다. 그리고 그 밑에 이름은 새기지 말고 '독일 사람들의 자랑스러운 시인에게'라고만 써야 한다고 주장했다. 하지만 그의 의견은 받아들여지지 않았다. 이윽고 완성된 괴테의 전신상 기념비는 너무도 볼품없었다. 미술사학자 프란츠는 뒷날 이 기념비에 대해 '국가적 불행'이라는 혹평을 덧붙였다.

괴테의 경우와 달리 칸트에 대한 쇼펜하우어의 의견은 적극 수렴되었다. 이 해 쾨니히스베르크 대학의 로젠크란츠와 슈베르트 교수가 새롭게 칸트 전집 편집작업에 착수했다. 쇼펜하우어는 로젠크란츠 교수에게 《순수이성비판》 원고는 칸트가 나중에 수정한 제2판(1787)보다 제1판(1781) 원고를 싣는 게 좋을 거라고 제안하였다. 쇼펜하우어의 분석에 따르면 제1판이야말로 정통 칸트철학이며, 여기서 확실히 주장되고 있는 '외계의 대상은 표상에 지나지 않는다'는 관념론적 입장이 제2판에서는 흐지부지되었다는 것이다. 따라서 제2판은 전체적으로 모순을 내포하고 있으며 '불구가 되어 추락했다'는 것이다.

로젠크란츠는 쇼펜하우어의 주장을 받아들여 《순수이성비판》 제1판 원고를 실어 출판했다. 쇼펜하우어는 매우 흡족해 했지만, 오늘날 특별한 경우 말고는 대부분 2판이 칸트의 진짜 작품으로 인정되고 있다.

쇼펜하우어의 칸트 철학 비판은 《의지와 표상으로서의 세계》 초판 발행 뒤 출판되었다. 1844년에 나온 첫 번째 책을 바로잡고 새로 작성한 원고를 더하기도 했다. 하지만 아직 이 시기에는 그 정도까지 일이 진척된 것은 아니었다. 이 출판에 앞서 〈인간 의지의 자유에 관하여〉와 〈도덕의 기초에 관하여〉라는 두 편의 논문이 간행되었다.

현상논문

1837년 4월 쇼펜하우어는 〈하레 문학신문〉에서 노르웨이 왕립과학원이 '인간적 의지의 자유는 자기의식을 통해 증명될 수 있는가'라는 주제의 현상 논문을 모집한다는 기사를 보고 응모하기로 결심했다. 이리하여 탄생된 것이 〈인간 의지의 자유에 관하여〉라는 논문이었다.

그리고 다음해 5월 〈하레 문학신문〉에서 이번에는 덴마크 왕립과학원이 '도덕의 원천 내지 기초'를 묻는 현상공모를 모집했다. 이에 응모하기 위해 쓴 논문이 〈도덕의 기초에 관하여〉였다. 이 두 편의 논문은 한 권의 책으로 묶여 1841년 《윤리학의 두 가지 근본문제》라는 제목으로 간행되었다.

그동안 1838년에 어머니 요한나가 72살의 나이로 세상을 떠났다. 어머니는 아들에게 상속하지 않겠다고 세 번이나 되풀이 말했다고 한다. 이 두 사람의 불화는 끝내 풀리지 않은 모양이었다.

《윤리학의 두 가지 근본문제》는 이미 《자연에 있어서 의지에 대하여》의 마지막 장인 '윤리학과의 관련'에서 시작된 주제인 '윤리학'을 현상논문 응모 형식에 맞게 자세하게 정리한 것으로, 그의 윤리학 체계를 논한 것이다. 노르웨이 왕립과학원에 응모한 〈인간 의지의 자유에 관하여〉는 당당히 당선되었다. 하지만 덴마크 왕립과학원에 보낸 〈도덕의 기초에 관하여〉는 그가 유일한 응모자였음에도 '근대의 탁월한 철학자들(피히테, 헤겔 등)'을 헐뜯었다는 점을 이유로 낙선의 불운을 맛보았다. 이것은 덴마크 왕립과학원의 명백한 실수였다. 왜냐하면 이 논문에는 쇼펜하우어만의 독창적인 '동정=동고(同苦)의 윤리학'이 인간애를 핵심으로 전개되고 있으며, 논지 또한 명쾌했기 때문이다. 또한 출제자측이 말한 '질문의 의도를 벗어났다'라는 말 한마디로 간단히 무시당하기에는 너무나 중요한 사상이 들어 있는 논문이었다.

쇼펜하우어는 낙선시킨 이유를 밝힌 이 '천박한 판정문'을 《윤리학의 두 가지 근본문제》의 머리글에 실어 주최측의 무례한 처사에 대해 철저한 반론을 펼쳤다. 그리고 그는 〈도덕의 기초에 관하여〉 표제 바로 밑에 그답게 '낙선 논문'이라고 명기해 두었다. 그는 이 비아냥거림 한마디를 씀으로써 당선의 기쁨에 비교될 정도의 자긍심을 느꼈을 것이다.

한편 그는 트론헤임에 있는 노르웨이왕립과학원으로부터 금메달과 과학원 회원이 될 수 있는 명예를 수여받았다. 이것은 오랜 세월 이른바 '강단철학'의 묵살을 견디어온 쇼펜하우어에게 처음으로 주어진 공식적인 상이었다.

인간의 의지가 자유인가 아니면 필연성에 지배되는가 하는 '자유의지'의 존재 가능성에 대한 질문은 고대 그리스 때부터 있었다. 특히 이것은 중세 및 근세철학의 주요문제 가운데 하나로 탐구되어 왔다.

쇼펜하우어는 이미 《의지와 표상으로서의 세계》에서도 시간·공간·인과성을 초월한 '물자체(物自體)'로서의 의지는 그것 자체에서는 자유라고 논했다. 그러나 이 의지를 표현하는 존재인 인간은 한순간도 자유였던 적이 없었으며, 필연적으로 모든 행위에 종속된다. 즉 물자체로서의 의지는 자유지만, 현상으로서의 의지는 자유가 아니라는 것이 쇼펜하우어의 사상인 셈이다. 이 인간존재의 '자유'와 '필연성'에 관한 모순은 어떤 형식으로든 해결되어야만 했다. 〈인간 의지의 자유에 관하여〉는 쇼펜하우어가 20년에 걸쳐 사색해온 이 과제에 대해 정면으로 체계를 세운 논문이었다.

〈도덕적 기초에 관하여〉는 한마디로 말하면, 서로 다른 개체들에 따라 규정된 다양한 동기들이 하나로 통합된 다음 그 위에 도덕이 성립된다는 내용이다. 즉 쇼펜하우어의 윤리학은 칸트와 같은 '당위의 윤리학'이 아니라 '존재의 논리학'이다.

그렇다면 다양한 동기란 어떤 것들인가. 우선 첫째로는 '이기적인 동기'이다. 이것은 도덕적으로 가치가 없다. 쇼펜하우어는 이기적인 동기에서 벗어나 타인의 쾌락이나 행복을 바라는 동기만이 도덕적으로 가치를 가진 행위라고 주장한다. 그는 이러한 행위가 경험적인 사실이며 실제로 존재한다는 것을 인식하고 이것을 '동정=동고'라는 현상 위에 쌓아 그의 철학의 기반을 세웠다. 왜냐하면 동정(동고)이야말로 자기와 타자(他者)를 구별하지 않는 것에서 발생하는 행위이기 때문이다. 그렇기 때문에 타자의 행복을 침해하지 않는 공정함과 타자의 행복을 증대시키는 인간애가 윤리의 근본현상으로 중요성을 갖게 되는 것이다. 그는 물자체의 세계에 놓인 모든 존재는 본질적으로 같다는 자기 형이상학에 관련시켜 도덕의 기초를 만드는 시도를 한 것이다. 즉 자기와 타자를 차별하지 않는 동정(동고)이야말로 '모든 존재의 본질은 동일하다'라는 인식과 일치하며, 모순되는 부분 없이 도덕적으로도 최고의 경지라고 생각했다.

쇼펜하우어의 사도들

1840년대에 들어 베를린의 민간학자 율리우스 프라우엔슈타트가 쇼펜하우어를 찾아왔다. 그가 바로 뒷날 쇼펜하우어의 '사도들'이라고 불릴 제자들 가운데 첫 번째 사람이었다. 그는 쇼펜하우어가 죽은 뒤 그의 첫 번째 전집 6권을 편집했다.

이 시기부터 쇼펜하우어 주위에 모이기 시작한 사람들은 대부분 민간 철학애호가들로 특히 법률관계자들이 많았다. 사물을 있는 그대로 객관적으로 관찰하는 법률가의 사고방식이 쇼펜하우어의 현실적 감각과 서로 맞은 것일까? 그 중에서도 특히 마그데부르크의 법률고문관이었던 프리드리히 도루그트는 작게는 팸플릿에서 크게는 논문과 저서에 이르기까지 모든 수단을 통해 쇼펜하우어의 철학을 세상에 널리 알리려 노력했다.

이들은 《관념론의 잘못된 근거》에서 쇼펜하우어를 '문화정신사에서 가장 높은 자리에 우뚝 선 체계를 가진 진정한 사상가'로 극찬하고 '세계사가 후회의 눈물을 떨구며 다시 한 번 그의 이름을 새길 날이 올 것'이라고 했다. 그는 또 쇼펜하우어를 옹호한 《쇼펜하우어의 참모습》과 쇼펜하우어의 철학체계를 쉽게 풀이한 《통일로서의 세계》, 그리고 쇼펜하우어에게 '철학교수 세계의 카스퍼 하우저(전설 속 고아의 이름으로 / 아웃사이더의 대명사)'라는 별명을 붙여준 책 《변증법과 동일 체계의 근본적 비판》 등을 남겼다.

이 두 사람 외에 쇼펜하우어의 초기 학도로 판사 요하네스 베카와 사법관 아담 도스가 있다. 쇼펜하우어의 말에 따르면 베카는 '누구보다도 나의 철학을 잘 이해하고 있지만 안타깝게도 그것을 글로 옮기지 않았다'고 한다. 쇼펜하우어는 이 점을 매우 아쉬워했다. 어떤 일에 가장 정통한 사람이 그것을 저작으로 남기지 않는 것은 동서고금을 불문하고 흔히 있는 일이다. 또 한 제자 도스는 그때 20살의 젊은 나이였지만 쇼펜하우어의 기대를 받은 청년이었다. 도스는 사람들에게 '쇼펜하우어를 읽어라'고 권하며 돌아다녀 '사도 요한'이라고 불렸다. 이러한 소수 숭배자들을 중심으로 쇼펜하우어의 사상을 이해하는 사람들이 해마다 꾸준히 늘어났다.

저무는 빛속으로

대표작과 그 부록

1844년 브로크하우스 출판사와의 오랜 교섭 끝에 마침내 《의지와 표상으로서의 세계》 신개정판과 그 부록이라 할 수 있는 제2권이 인세를 받지 않는 조건으로 동시에 출판되었다. 이때 쇼펜하우어는 50살이었다. 그는 이 저서를 이제 오직 하나 남은 혈육인 여동생에게 보냈다. 그리고 곧바로 에세이 형식의 《인생을 생각한다》 집필에 들어갔다.

날개돋친 듯 팔리리라는 쇼펜하우어의 기대와 달리 이번에도 판매는 저조했다. 출판부수는 1권 500부, 2권 750부였으므로 제3판이 나온 1858년까지 15년 동안 1년에 평균 40~50권쯤 팔린 셈이었다. 그러나 쇼펜하우어는 이에 굽히지 않고 1847년에 《충족이유율의 네 가지 근원에 대하여》의 증보 2판을 프랑크푸르트에 있는 헤르만 서점에서 출판했다.

1849년 본에 살던 아델이 세상을 떠났다. 그녀는 52년의 일생을 독신으로 지냈다. 어머니와 달리 조용히 오빠를 후원해 주던 여동생이었으므로 쇼펜하우어의 비통함은 이루 말할 수 없었다.

1850년 그는 '6년 동안 날마다 꼬박꼬박 써온' 크고 작은 다양한 에세이와 단편들을 집대성한 《인생을 생각한다》가 집필을 끝냈다. 맨먼저 프랑크푸르트의 헤르만 서점에 출판을 의뢰했지만 거절당했다. 그리고 브로크하우스사에서도, 괴팅겐디트리히 서점에서도 마찬가지였다. 마침내 제자 프라우엔슈타트의 도움으로 베를린의 A.W. 하인 서점이 출판을 맡아주게 되었다. 드디어 1851년에 쇼펜하우어의 마지막 저작 《인생을 생각한다》가 세상에 나왔다. 그는 이 작품을 '막내자식'이라고 부르며 '이 녀석이 세상에 나옴으로써 지상에서의 내 사명을 다했다'고 적었다. 햄릿이 운명에 대해 말했듯 쇼펜하우어도 '남은 건 침묵뿐'인 경지에 도달한 것이다.

그런데 이 책은 어디까지나 대표작 《의지와 표상으로서의 세계》의 부록일 뿐이었다. 하지만 정말 아이러니하게도 그의 출판물 가운데 처음으로 베스트셀러가 되는 세속적 성공을 거두게 되었다. 이 성공으로 쇼펜하우어의 이름은 독일 곳곳으로 퍼져나갔다. 처음에는 일반시민들 사이에 먼저 반향이 일었으며, 대학 강단철학자들에게까지는 알려지지 않았다. 그러나 베를린의 신문편집자 E.O. 린트나의 공감을 얻으면서 그의 사상은 한층 널리 퍼져나가게 되었다. 린트나의 칭찬에 이어, 함부르크의 〈계절〉이라는 잡지가 처음으로 《인생을 생각한다》에 대한 비평문을 실었다.

1852년에는 그리스의 〈웨스트민스터 리뷰〉 4월호에 존 옥센포드라는 사람이 쓴 〈독일철학의 우상파괴〉라는 제목의 논문이 발표되었다. 이것은 철저히 쇼펜하우어에 관한 논문으로, 외국인이 처음으로 쓴 쇼펜하우어 소개기사였다. 이 논문은 린트나 부인이 독일어로 옮겨 베를린의 〈포스신문〉에 〈외국에서의 독일철학〉이라는 제목으로 발표되었다. 그리 팔리지 않을 거라는 출판사의 예상을 비웃듯 이 작품은 오래오래 사랑받는 책이 되어 오늘날까지도 쇼펜하우어의 작품 가운데 가장 널리 많이 읽히고 있다.

가장 좋은 입문서 《인생을 생각한다》

이 책은 '사랑에 대하여' '삶의 허무에 대하여' '자살에 대하여' '여성에 대하여' '종교에 대하여' 등 여러 가지 다양한 주제들을 다루고 있다. 이런 소제목들만 봐도 알 수 있듯 다양한 현실 문제와 자연과 인생 전반에 걸쳐 쇼펜하우어의 날카로운 견해를 밝히고 있는 '철학소론집'이다.

《인생을 생각한다》에서 가장 분량이 많으면서 내용도 충실한 것이 〈삶의 예지(Aphorismen zur Lebensweisheit)〉이다. 이것은 오늘날 독일의 레크람 문고에서 단행본으로 출판되어 수많은 독자들에게 읽히고 있다. 그 6장에 '넓은 의미에서 인간의 일생은, 처음 40년 동안은 인생의 본문을 쓰는 시기이고, 그 다음 30년은 이 본문에 대한 주석을 달아가는 시기다. 이 주석은 인생이 갖는 진정한 의미와 맥락을 알려주는 동시에 인생이 내포하고 있는 교훈이며 미묘한 뉘앙스들을 확실하게 이해시켜 준다'는 구절이 있다. 이것은 인생에 대한 일종의 비유지만, 이 책에 대한 쇼펜하우어 자신의 견해를 밝힌 구절이라고도 할 수 있다.

《인생을 생각한다》라는 제목이 뜻하듯 이 논문 역시 대표작 《의지와 표상으로서의 세계》의 주석에 속하는 것이다. 하지만 쇼펜하우어의 철학을 보다 알기쉽게 이해할 수 있게 해준다는 의미에서 이 책은 가장 훌륭한 입문서이기도 하다. 근본을 이루는 사상은 30대까지 만들어낼 수 있다는 것이 쇼펜하우어의 지론이었다. 그러므로 젊은 사람들은 직관으로 사물의 핵심을 파악할 수 있다고 말했다. 순수한 눈으로 세상의 모든 것을 관찰할 수 있는 게 젊은 시절의 특성이다. 이 특성을 살려 '본질적인 것'에 대해 사고하지 않는 사람은 젊음이라고 불릴 가치가 없는 게 아닐까. 쇼펜하우어는 특히 젊은 독자를 염두에 두고 집필한 것 같다.

〈삶의 예지〉

앞에서 말한 대로 그의 대표 저서는 30살에 완성된 것으로, 그의 철학체계의 근본도 이때 확립되었다. 그래서 그는 자신의 저서에 들어 있는 사상에 대해 변경할 필요가 없다는 입장을 지켜나갔다. 이 저서에 들어 있는 사상은 그의 철학의 골격이고 기둥이며, 그 뒤의 저작물들은 모두 이의 보완작이며 확장판이다. 그러나 주요 저서의 의지의 형이상학에서 논하고 있는 의지부정에 대한 철학은 그대로 현실적인 일상생활에 적용시키기 위해 조금이지만 수정이 필요하기도 했다.

〈삶의 예지〉를 쓸 때의 쇼펜하우어는 생을 긍정하는 것을 전제로 하는 입장을 취했다. 서문에서 그는 '나는 생활의 지혜라는 개념을 그것이 갖고 있는 그대로의 내재적인 의미로 해석한다. 즉 인생을 되도록 쾌적하고 행복하게 보내기 위한 기술이라는 의미로 해석한다. 이러한 방법을 행복론이라고 이름붙여도 좋을 것이다. 그러한 관점에서 보면 생활의 지혜란 행복한 생활을 위한 지침이라고 할 수 있다'고 했다.

이러한 지침을 주기 위해 쇼펜하우어는 일단 '고도의 형이상학적—윤리학적 입장을 떠나 보통의 경험적인 입장에 머무르며, 그 입장을 취함으로써 따라오게 되는 실수 또한 인정'해야 했다. 하지만 그렇다고 해서 자신의 철학적 견해를 바꾼 것은 아니었다. 다만 현실사회의 모습을 보다 확실히 글로 옮기기 위해 마치 자신의 철학적 견해를 무시하는 듯한 입장을 취한 것이다. 결과적으로 그는 염세적인 자기 철학의 기본 견해를 보강할 수 있는 새로운 논증 재료를 얻게 되었다.

쇼펜하우어는 일상생활의 다양한 사건들을 있는 그대로 받아들이는 동시에 저마다 다른 개인들 사이에 있는 가능성을 찾아내려 했다. 쇼펜하우어는 운명의 장난으로부터 자신을 지키거나 사악한 상황에서 빠져나오려면 어떻게 해야 되는가, 또 고뇌에 가득찬 존재는 어떻게 고통을 견딜 수 있나, 인간이 추구하는 행복은 대체 어디에 있을까, 진정한 행복이란 무엇인가 등에 대해 생각하기 시작했다. 이런 면에서 이 책은 진정한 삶이 도달해야 할 목표에 대한 길잡이 역할을 해주고 있다. 그는 먼저 만물의 허무함, 이 세상의 꽃이라 불리는 모든 것들의 공허함을 확신한다. 그리고 여유롭게 웃으며 이 세상의 거짓들을 내려다볼 수 있는 마음의 안정에 이를 수 있는 방법을 가르쳐주고 있다.

고뇌와 허무로 가득찬 세상에서 무엇에도 구애받지 않는 안정적인 마음을 얻기 위해서는, 무엇보다 고독을 견디고 나아가 고독을 사랑하는 정신적 경지를 체득해야만 한다. 바로 여기에서 뒷날 키에르케고르, 니체, 토마스 만이 공통적으로 주장하는 '고독한 초인'이라는 사상의 싹이 움트고 있었다. 쇼펜하우어는 이 책에서 집요할 정도로 고독에 대해 계속 강조하고 있다.

이 책은 제1장 '인간이란 무엇인가', 제2장 '자아에 대하여', 제3장 '재산에 대하여', 제4장 '명예에 대하여', 제5장 '권고와 잠언', 그리고 제6장 '나이듦에 대하여'의 6장으로 구성되어 있다.

분량으로 보아 전체의 40퍼센트를 차지하는 제5장 '권고와 잠언'은 다른 장과 달리 기지, 풍자, 경구 등을 정리하지 않은 채 자유롭게 모아놓은 잠언집 형식이다. 그러므로 독립된 하나의 장처럼 이것만 따로 뽑아 읽어도 상관없다. 제6장 '나이듦에 대하여'는 쇼펜하우어의 자서전적인 글이다.

19세기 중반의 정세

처음에 쇼펜하우어를 사모하여 모여든 사람들은 앞서도 말했듯 대부분 법률가였다. 하지만 1854년에 접어들면서 예술가들 사이에서도 쇼펜하우어에 대해 부쩍 관심을 갖는 사람들이 늘기 시작했다. 맨처음 쇼펜하우어에게 직접 접촉해 온 사람은 뒷날 '가극의 왕'이라고 불리게 된 음악가 리하르트 바그너였다.

또 뒷날 쇼펜하우어의 유언집행인이 된 프랑크푸르트의 변호사 빌헬름 그비너가 지금까지의 표면적 관계에서 한 걸음 나아간 친밀한 교제를 제의해 왔다. 이 사람의 맹목적이지 않은 성의있는 행동과 자신의 생각을 뚜렷이 말하는 태도는 쇼펜하우어의 신뢰를 서서히 얻어갔다. 실제로 쇼펜하우어가 여생에 이르러 가장 믿으며 대화할 수 있었던 유일한 상대는 바로 그비너였다. 그비너는 또 쇼펜하우어가 유언장을 작성할 때 참고인으로 함께 있었으며, 그가 죽고 나서 처음으로 그의 전기를 쓰기도 했다.

1854년에는 또 쇼펜하우어가 늘 눈엣가시처럼 여긴 적대자들 가운데 마지막 생존자이며 가장 하찮게 평가했던 셸링이 세상을 떠났다.

유럽 나라들은 시민혁명과 산업혁명을 거치며 19세기 중엽에 이르러 근대국가로서의 주춧돌을 쌓아갔다. 하지만 산업근대화에 따르는 다양한 모순들이 잇따라 드러나기 시작했다.

쇼펜하우어의 생활 주변에는 아직 자본주의의 모순이 그리 드러나지 않았다. 그러나 1848년에 이미 마르크스와 엥겔스가 《공산당선언》을 세상에 내놓아 자본가들의 간담을 서늘하게 했다.

이즈음 미국에서는 노예제 철폐 움직임이 곳곳에서 일기 시작했다. 동부 지방에서는 산업근대화에 따라 거대자본이 유입되고 대다수 농부들이 노동자층으로 흡수되었다.

미국 시인 헨리 D. 소로는 이러한 물질주의적 근대화에 반기를 들었다. 그는 인간이 어느 정도까지 정신적으로 자유롭게 속박없는 생활을 할 수 있는지 실험하기 위해 매사추세츠 주의 월든 호숫가에 작은 집을 짓고 자급자족 생활을 시작했다. 그는 이때의 체험을 《월든》이라는 책으로 출판했다.

소로는 쇼펜하우어보다 실천적인 인물이었지만, 근대문명에 대한 두 사람의 비판정신은 매우 흡사했다. 소로의 친구 에머슨이 인도의 우파니샤드 사상에 흠뻑 빠져 있던 것을 보면 소로 역시 이 책을 읽었을 것이다. 쇼펜하우어가 우파니샤드 철학에 경도되어 자신의 철학적 근본으로 삼았음을 떠올려 보면, 소로와 쇼펜하우어의 공통점이 결코 우연은 아니었다.

쇼펜하우어와 바그너

쇼펜하우어가 바그너의 이름을 처음 알게 된 것은 1854년이다. 바그너는 자신의 악극시 《니벨룽겐의 반지》에 '존경과 감사의 마음을 담아'라는 자필 헌사를 써보냈다. 쇼펜하우어는 이에 대해 특별한 답장은 보내지 않았다. 하지만 나중에 그의 유품 속에서 발견된 이 대본 속에는 잘못 씌어진 단어를 지적하고 때로 꽤 혹독한 비평이 적혀 있기도 했다고 한다. 평생 모차르트와 롯시니를 열렬히 신봉했던 쇼펜하우어는 그들과 다른 바그너의 음악세계에 대해 그리 관심이 없었던 것 같다. 아니, 그보다 호감이 생기지 않았다고 하는 게 더 정확할 것이다. 쇼펜하우어가 바그너에 대해 '이 사람은 시인이며 음악가는 아니다'라고 평한 것만 보아도 알 수 있다.

쇼펜하우어는 바그너와 함께 그의 작품 《방황하는 네덜란드 사람》을 관람한 뒤 '바그너는 음악이 뭔지 모르는 사람'이라고 말했다고 한다. 두 사람의 관계는 이렇듯 쇼펜하우어가 바그너를 피함으로써 일방통행으로 끝났다. 하지만 쇼펜하우어에 대한 바그너의 열정적인 존경심은 죽을 때까지 변함이 없었다. 그의 무관심조차 바그너를 감격시킬 정도였다.

바그너는 역설적으로 표현했다.

"내가 쇼펜하우어에게 얼마나 큰 영향을 받았는지 그가 전혀 모르고 있다니 얼마나 근사합니까!"

그러나 바그너와 쇼펜하우어는 정신적으로 매우 비슷한 인물이었다. 만일 쇼펜하우어가 바그너를 받아들였다면 아마 최고의 제자가 되지 않았을까? 그 예로 《니벨룽겐의 반지》는 자주 '쇼펜하우어 모방작'이라며 그즈음 지식인들에게 비판받곤 했다. 이 일은 두 사람의 사상이 얼마나 닮았는지를 보여주는 아주 좋은 예이다.

그러나 이 작품은 바그너가 쇼펜하우어의 철학을 알기 전에 이미 완성시킨 것이었다. 바그너가 쇼펜하우어 철학을 탐독하고 나서 쓴 첫작품은 《트리스탄과 이졸데》였다. 쇼펜하우어의 '음악 형이상학'을 바그너만큼 깊이 이해하고 작품에 녹여넣은 사람도 없다.

바그너의 자서전 《나의 생애》를 보면, 그가 쇼펜하우어를 알게 된 것은 41살 때인 1854년 9월이었다. 그때 그는 스위스의 취리히에 머물며 4부작으로 된 《니벨룽겐의 반지》를 집필하고 있었다. 그가 제1부 '라인의 황금' 악보를 완성하고 제2부 '발키레' 초안 작곡에 매달려 있을 때, 시인 게오르크 헤르베크가 《의지와 표상으로서의 세계》를 들고 그를 찾아왔다. 그는 출판된 지 30년 넘게 지나 다시 재발간된 재미있는 경위까지 말하며 바그너에게 추천했다. 바그너는 그것을 한 번 읽고난 뒤 깊은 감명을 받아 그 연구에 몰두하게 되었다. 그는 다음해 여름까지 이 두꺼운 책을 무려 네 번이나 읽었다고 한다.

의지를 부정하는 쇼펜하우어의 철학 속에는 음악가의 심금을 울리는 무언가가 있었다. 바그너는 셸링을 읽었을 때는 다 사라지지 않던 응어리가 그제야 완전히 녹아 사라지는 기분이었다. 의지의 완전한 소멸, 더 이상 방황하지 않는 완벽한 체념만이 세계를 파악할 수 있는 유일한 방법이라는 쇼펜하우어의 사상은 바그너가 예전부터 막연하게 생각해 오던 것과 일치했다.

《니벨룽겐의 반지》에 나오는 보탄(고대 독일 신화의 최고신)의 체념이며 신들 세계의 몰락이라는 주제는 앞서도 말했듯 쇼펜하우어의 사상을 알기 전에 구상된 것이었다. 이것은 바그너 역시 '의지를 부정하는 사상'과 비슷한 생각을 갖고 있었음을 보여준다. 여기서 좀더 거슬러올라가 《방황하는 네덜란드 사람》이나 《로엔그린》의 주제 역시 '생을 부정함으로써 주어지는 구원'이라고 해석할 수 있지 않을까?

그러므로 바그너는 쇼펜하우어의 학설을 읽었을 때, 이미 자신이 문학적으로 구상중이던 이 친숙한 주제가 쇼펜하우어의 철학과 닮았으므로 쉽게 이해할 수 있었을 것이다. 바그너는 '이리하여 나는 나의 보탄을 처음으로 이해하게 되었으며 깊은 감동을 받았다. 그리고 쇼펜하우어에 한층 깊이 파고들게 되었다'고 했다.

바그너의 다음 작품들은 쇼펜하우어의 '의지부정 철학'으로부터 결정적인 영향을 받게 되었다. 그 자신이 품고 있던 '체념'의 인생관에 쇼펜하우어의 논리적인 힘을 얻게 된 바그너는 《트리스탄과 이졸데》《니벨룽겐의 반지》《파르지팔》 3부작을 명확한 형식을 가진 극으로 만드는 데 성공했다.

태어날 때부터 '야심가' '강렬한 의지의 소유자' '행동가' 등으로 불려온 바그너는 불혹의 나이에 이르러 체념사상을 강하게 품고 있었다. 이것은 유부녀 마틸데 베젠동크와의 연애 때문이기도 했다. 그는 그녀와 사랑에 빠졌지만 동시에 그 마음을 단념해야만 한다는 것을 통감하고 있었다. 또 이상주의적 경향이 강한 그의 작품이 사람들에게 이해받지 못한 사실도 그를 체념하게 한 원인 가운데 하나였다. 그때 《의지와 표상으로서의 세계》가 눈앞에 나타난 것이다. 그가 지닌 강렬한 의지가 오히려 그를 '의지부정의 철학'에 깊이 공감하게 한 것은 아니었을까.

음악은 최고의 예술

쇼펜하우어의 전기를 보면 그는 날마다 식사를 마치고 플루트를 불었다고 한다. 플루트를 부는 쇼펜하우어의 모습은 좀처럼 상상하기 어려울지도 모르겠다. 니체도 이 염세주의자 쇼펜하우어와 플루트의 만남에 관심을 갖고 그의 저서 《선악의 피안》에서 언급했다.

쇼펜하우어가 음악에 조예가 깊었다는 사실은 그가 젊은 시절부터 악보를 술술 읽었다거나 모차르트 음악 연구에 몰두한 일을 봐도 잘 알 수 있다. 그 때문에 그가 대표작 안에서 '음악의 형이상학'이라는 형식으로 자신의 음악철학을 논하고 있는 것도 전혀 이상하지 않다. 그는 음악을 세계의지, 그 자체의 표현으로 높이 평가했다. 바그너는 베토벤 기념논문인 《베토벤》에서 '쇼펜하우어는 음악이 조형예술이며 문학과 전혀 다른 성질을 지녔다고 주장하고 있다. 그리고 처음으로 철학적인 명쾌함으로 다른 모든 예술들 사이에서 음악이 차지하는 위치를 확인하고 이렇게 기술했다'고 적었다.

음악의 특수성은 음악이 지닌 추상성에 있다. 여기서 추상성이란 일반성, 보편성을 말한다고 쇼펜하우어는 말했다.

'음악은 어디에서나 이해받을 수 있는 참으로 일반적인 언어이다. 그 때문에 음악은 모든 나라와 모든 시대를 통해 끊임없이 화제가 되어왔고, 풍부하고 깊은 의미를 전해 주는 선율은 지구상 어디든 가닿을 수 있다. 선율은 두뇌에는 아무 말도 건네지 않지만, 마음에는 많은 것들을 전해 준다.'

곧 음악이란 어떤 개념적인 매개체 없이 듣는 사람에게 직접 전달되는 예술이라는 것이다.

이와 반대로 문학의 유일한 소재는 구체적인 개념이며, 이 개념들에 따라 어떤 관념이 전달된다. 따라서 '개'와 '도그(Dog)'는 실제로 다른 것이라고 할 수 있다. 언어가 존재하는 수만큼 개념의 수도 존재하므로, 예를 들어 영어를 모르는 사람은 미국 문학을 이해할 수 없다. 번역이라는 편법이 있기는 하지만 그것은 어디까지나 간접적인 수단이다. 번역을 통해 의미는 대부분 통할지 몰라도 원작의 인상은 떨어진다. 번역가에 대한 쇼펜하우어의 경구 '너, 무례한 번역가여, 번역해 마땅한 가치있는 책이라면 네가 직접 써서, 남의 원작일랑 망치지 마라!'는 생각이 밑바탕에 깔려 있는 말이다.

그러나 음악에는 번역이 필요없다. 러시아어를 몰라도 러시아 민요에 가슴이 찡해질 수 있다. 그림의 경우는 어떤가? 그림 역시 구체적이며 개별적인 사물들의 형상만을 묘사하고 있을 뿐 본질적인 것을 표현하지 않는다. 오직 음악만이 직접 의지를 표현한다. 플라톤식으로 말하면, 다른 모든 예술은 그저 '그림자'에 대해 이야기하고 있는 데 비해 음악은 '본질'에 대해 말한다. 그러므로 음악은 그 자체로 '이데아'이다. 이것이 그의 '음악 형이상학'의 근본사상이라고 할 수 있다. 다음과 같은 그의 짤막한 음악 비평 한마디는 정말 재미있는 비유가 아닐 수 없다.

'단조 알레그로는 구두가 살에 스쳐 아픈데도 춤을 추는 것과 같다.'

쇼펜하우어와 키에르케고르

1855년, 그때까지 편지를 주고받던 로베르트 호른슈타인이라는 사람이 쇼펜하우어를 방문했다. 그는 '리하르트 바그너의 제자인 젊은 작곡가'였다. 이 사람은 뒤에 《쇼펜하우어에 대한 추억》이라는 책을 남겼다. 그는 이 책에서 스승 바그너가 쇼펜하우어에게 얼마나 빠져 있었는지 생생히 그렸다. 그는 '스승이 쇼펜하우어에 대해 말할 때와 같은 열광으로 다른 예술가며 그 예술의 권위자들을 칭찬하는 것을 한 번도 들어본 적이 없다'고 했다.

또 후세에 실존주의 철학의 시조로 평가받는 덴마크 사상가 키에르케고르가 세상을 떠났다. 쇼펜하우어의 '고뇌'와 키에르케고르의 '절망'은 공통적인 특징을 갖고 있다. 이 두 철학자의 관계는 어떠했을까? 최근의 한 연구에 따르면 키에르케고르는 1853년, 즉 자신이 죽기 2년 전에 처음으로 쇼펜하우어의 책을 읽었다고 한다.

쇼펜하우어와의 만남은, 키에르케고르의 생애 마지막 시기에 일어난 가장 적절한 사건이었다. 왜냐하면 쇼펜하우어의 의지적 세계관이 키에르케고르의 근대과학 및 근대철학 비평에 새로운 기초를 세우는 데 도움을 주었을 것이기 때문이다. 1854년 교회와의 투쟁을 시작하기 전까지 약 1년에 걸친 그의 일기 속에 쇼펜하우어의 사상에 대한 감동과 공감을 보이는 다양한 글들이 여기저기 눈에 띈다. 또 그가 투쟁 중에 계속 간행한 소책자 《순간》에, 쇼펜하우어의 이름이 직접적으로 언급되지는 않았지만 그의 영향을 받은 흔적이 역력히 드러나 있다. 비록 짧은 기간이었지만, 쇼펜하우어는 키에르케고르의 마음을 송두리째 사로잡아버린 것 같다.

근대에 들어와 유럽의 정신은 이성의 지배를 받게 되었다. 이성을 바탕으로 하여 스스로를 전능하다고 생각한 근대과학의 망상과 낙천주의가 판친 세계에서, 이성만으로는 해명이 불가능한 세계와 인간의 진실을 규명하려 한 것이 두 사람의 공통점이었다. 진실을 추구한 결과 생겨난 게 바로 '고뇌'이며 '절망'이었다. 두 사람 모두 이성을 통해 세계와 인간을 보는 데 반대했다. 그들은 의지를 통해 세계와 인간을 연관지었으며, 무리하게 여겨질 만큼 적극적으로 의지를 주장했다. 이렇듯 두 사람은 근대문명을 비판한 선구자들이었다.

'나는 목표에 이르렀다.'

1856년 라이프치히 대학 철학과에서 '쇼펜하우어 철학의 논술과 비평'이라는 주제를 가진 논문을 현상공모했다.

1857년에는 쇼펜하우어 철학이 대학 강의로 처음 채택되었다. 본 대학의 크노트 교수가 '쇼펜하우어학파의 철학에 대해'라는 제목으로 강의하고, 브레슬라우 대학의 자연과학자 켈바 강사는 '쇼펜하우어학파의 철학 및 자연과학과의 관련성에 대해'라는 제목의 강의를 맡았다.

외국에서는 영국의 뒤를 이어 프랑스에서 쇼펜하우어의 작품 몇 권이 번역되었다. 이탈리아에서는 《쇼펜하우어와 레오파르디》라는 비교론이 출판되기도 했다. 이때부터 《인생을 생각한다》도 꾸준히 판매되었으며, 독일 곳곳에서 찾아온 사람들의 발길이 끊이지 않게 되었다. 극작가 프리드리히 헷벨도 이 무렵 방문한 사람들 가운데 한 사람이었다. 이름모를 사람들이 칭찬과 경의의 편지를 보내오기도 했다. 이러한 반응은 1858년 쇼펜하우어의 70살 생일에는 절정에 이르렀다.

2월 22일에 그의 생일 축하연이 벌어졌다. 그때 브란덴부르크의 큰 농장 지주이며 작가 폰타네의 친구였던 빈케는 쇼펜하우어에게 은으로 만든 잔을 선물로 주었다. 거기에는 '진리만이 온갖 고통 속에서도 살아남는다. 진리는 영원히 불멸하는 다이아몬드다' 라는 문장이 새겨져 있었다. 쇼펜하우어는 자신의 과거를 뒤돌아보며 그 글에 감격했다고 한다. 그의 유화 초상화도 완성되었다. 그러나 그는 '베를린 왕립과학아카데미' 회원 권유에는 딱 잘라 거절했다. 이제 와서 새삼스럽지 않느냐는 반감이 앞섰던 것이다.

또 브로크하우스사에서 저서의 2판이 매진되었으므로 3판을 간행하고 싶다는 의뢰를 해왔다. 가을이 되자 쇼펜하우어는 이 3판 출판에 앞서 필요한 작업에 매달렸다. 그리하여 3판은 다음해인 1858년 그가 살아 있는 동안 인쇄되었다. 동시에 1권, 2권도 같이 발행되었다. 3판의 서문에는 그의 생애의 신조였던 페트라르카의 다음과 같은 말이 라틴어 원문으로 들어 있다.

'하루 종일 달려 해질녘 목적지에 닿는다면 그것으로 충분하지 않은가.'

오랜 세월 겪어온 강단철학자들의 묵살, 그리고 만성적인 판매부진을 견디어온 그의 머리 위에 드디어 석양이 비쳐오기 시작한 것이다. 쇼펜하우어는 그 석양이야말로 그의 명성을 비추는 서광임을 깨달은 것 같다. 그는 페트라르카의 말 밑에 이렇게 썼다.

'나도 이제 목적지에 이르렀다. 생의 마지막 단계에 나는 나 자신이 해온 작업이 빛을 발하는 것을 내 눈으로 직접 볼 수 있었고, 만족을 느꼈다. 바라는 게 있다면, 이 빛이 영원하기를.'

이즈음 그는 아직 건강에 대해 걱정하지 않았으며 '충분한 수면과 튼튼한 위장이 나를 오래 살게 해줄 것'이라고 말했다. 그리고 자신의 건강을 자랑 삼아, 사람들에게 어떻게 하면 건강하게 오래 살 수 있는지 설교를 늘어놓기도 했다.

그는 1860년 마지막 이사를 했다. 집주인과의 사소한 말다툼 때문에 그는 16년 동안 살아온 쇠네아우스지히트 거리 16번지 아파트에서 바로 옆집 1층으로 옮겼다. 그즈음 그는 대리석으로 만들 흉상의 모델이 되어달라는, 신인 여류조각가 엘리자베트 네이의 부탁을 받아들였다. '상당히 잘 만들어진' 이 흉상은 베를린에서 새로운 주조법에 의해 복제되었다. 흉상 진품은 미국 텍사스 주 오스틴 시의 네이미술관에 진열되어 있다.

똘스또이의 존경

1860년 미국에서는 에이브러햄 링컨이 대통령으로 당선되고, 유럽에서는 이탈리아 통일을 둘러싸고 프랑스와 오스트리아가 계속 싸우고 있었다.

쇼펜하우어는 그비너에게 정치와 문학의 최신 정보를 듣는 일을 즐거움으로 삼고 있었다. 특히 그는 이탈리아가 통일될 거라는 희망적인 예견을 남겼다고 한다.

쇼펜하우어는 스승처럼 존경해 온 칸트 못지않은 영국 애호가로 유명하다. 실제로 그는 프랑크푸르트에서 살게 된 뒤로 저녁식사는 반드시 영국인들이 모이는 '영국관'에서 먹었다고 한다. 그는 영국에 대해 이탈리아와는 또 다른 깊은 애정을 품고 있었다. 그는 지난 몇백 년 동안 교양있는 유럽인들은 저도 모르는 사이에 이탈리아의 다종다양한 성격·정신·관습들에 관심을 가져왔다고 말했다. '그러나 통일이 성취된 새벽녘에는 그 옛날 개성 풍부한 이탈리아 대신 개성을 말살당하여 평균화된 근대적인 이탈리아만 있을 게 틀림없다'고 덧붙였다. 통일은 그가 죽은 다음해에 이루어졌으며, 이 예측은 보기좋게 적중했다.

러시아에서는 농노해방 움직임이 활발히 일어나고 있었다. 대문호 똘스또이도 이 역사의 흐름 속에서 장원관리와 문학활동에 전념했다. 소문에 따르면 이즈음 그는 쇼펜하우어의 철학과 만나게 되었다고 한다. 쇼펜하우어를 러시아어로 번역한 A. 페트 센신이라는 사람이 쓴 《추억의 기록》을 보면, 똘스또이가 친구 페트 센신에게 보낸 편지가 나온다.

'쇼펜하우어의 위대함, 그리고 내가 지금까지 한 번도 느껴보지 못한 수많은 정신적 향락들이 나를 완전히 사로잡아버렸네. 이런 나의 생각이 언젠가 변할 날이 올지도 모르지만, 지금 나는 쇼펜하우어가 인간들 중에 가장 천재적인 인물이라고 생각하네. 쇼펜하우어를 읽으면서 나는 그의 이름이 왜 세상에 알려지지 않았는지 이해할 수 없어. 그 이유는 아마도 사람들이 흔히 말하듯 세상에는 바보들만 존재하기 때문일 거야.'

지나치게 여겨질 정도의 쇼펜하우어 존경인지 모르지만, 실제로 그의 서재에는 쇼펜하우어의 초상화만 유일하게 걸려 있었다고 한다.

늘그막의 고독과 온화한 인상

1860년 4월, 쇼펜하우어는 오틸리에 괴테로부터 제3판 출판에 대한 축하 편지를 받았다. 여동생의 친구였던 오틸리에는 쇼펜하우어가 젊은 날의 꿈을 이룬 것을 진심으로 축복해 주었다. 그 꿈이란 '19세기의 진정한 철학자'가 되는 것이었다. 젊은 날의 쇼펜하우어를 아는 사람은 이제 오틸리에밖에 남아 있지 않은 셈이었다. 그는 그때의 심경을 편지에 밝히고 있다.

'아, 오틸리에! 우리도 나이를 먹어가는군요. 특히 당신보다 10살 이상 위인 나는 이제 어디를 가나 더 이상 아는 사람이 없습니다. 우리는 점점 추억 속에서 살아가게 되어버렸어요. 당신은 나의 젊은 시절을 알고 있는 몇 사람 가운데 하나이며, 언제나 나를 따뜻하게 바라봐 주었지요. 당신은 나의 현재가 젊은 날에 추구하던 내 꿈의 결과라고 증명해 주었습니다.'

이 고백에는 그토록 바라던 명성에 둘러싸인 생활 속에서도 친한 사람에게만 토로할 수 있는 늘그막의 고독이 짙게 배어 있다.

같은 해 여름 《윤리학》 제2판 출판준비에 들어갔다. 이것은 쇼펜하우어의 마지막 작업이 되고 말았다. 인쇄가 완성되었을 때 그는 이미 이 세상 사람이 아니었다.

같은 해 8월 찾아온 호흡곤란과 가슴뛰는 현상이 그 시초였다. 9월 9일에 그는 노인성 폐렴에 걸렸다. 하지만 1주일 뒤에는 병상에서 일어나 방문객과 만날 만큼 회복되었다. 9월 18일 저녁, 유언집행인으로 지목된 그비너가 방문했다. 세상 돌아가는 단순한 이야기를 나누었을 뿐이지만, 쇼펜하우어 특유의 격렬한 어조 속에 이별의 울림이 느껴졌다고 한다. 이것이 결국 두 사람이 나눈 마지막 대화가 되었다. 그비너의 《쇼펜하우어 전기》에서 그 부분을 발췌해 본다.

이야기를 나누는 동안 주위가 어두워졌다. 가정부가 촛대 위의 초에 불을 붙였다. 그는 덮개있는 램프 불빛을 싫어했기 때문이다. 덕분에 나는 그의 맑고 총명한 시선을 볼 수 있어서 기뻤다. 그 눈빛에는 병기운이라든가 노인다운 분위기는 전혀 느껴지지 않았다. 만약 지금 죽어버리면 너무 마음아플 거라고 그가 말했다. 아직 《인생을 생각한다》에 추가할 중요한 부분이 남아 있었던 것이다. 그는 노령에서 가장 위험한 시기는 70대 첫무렵이라고 생각하며 이 시기만 무사히 넘기면 다음 10년은 훨씬 수월하게 살 수 있을 거라고 했다. 예전에 그는 적들과 싸우기 위해 오래 살아야 한다고 믿었다. 그러나 지금은 사방에서 쏟아지는 부드러운 칭찬 속에 살아간다고 했다. 그는 전문가가 아닌 일반 독자들이 자신의 저작을 열광적으로 환영하는 데 큰 의의가 있다는 것을 알고 있었다. 그래서 그는 여느 사람들이 이 작품을 이해할 수 있도록 그들 스스로 평등과 기회를 발견하게 되기를 바랐다. 그러나 그가 무엇보다 가장 기뻐한 것은 그의 무종교적인 학설이 종교처럼 받아들여져, 잃어버린 신앙을 다시 일으키면서 내면적 평안과 만족의 원천이 되었던 일이다. 그가 이러한 회상에 빠져 있는 동안 나는 그에게서 이제껏 한 번도 본 적 없는 온화한 인상을 받았다. 나는 가고 싶지 않았지만 그의 몸이 걱정되어 자리에서 일어났다. 이것이 그와 나눈 마지막 만남이며 마지막 악수가 되리라고는 미처 생각하지 못했다. 헤어질 때 그는 마지막으로 절대 무의 경지에 오를 수 있다면 그보다 더 행복할 일이 없겠지만, 안타까운 죽음이 그 길을 가로막고 있다고 했다.

쇼펜하우어의 마지막

1860년 9월 21일 금요일 아침, 쇼펜하우어는 기분좋게 식탁에 앉았다. 가정부가 창문을 열어놓고 밖으로 나갔다. 그리고 잠시 뒤 주치의 잘로몬 슈티베르가 왕진왔을 때 쇼펜하우어는 소파 구석에 엎드려 숨겨 있었다. 폐렴이 원인이었다. 슈티베르는 죽은 그의 얼굴이 평안했으며, 고통의 흔적은 전혀 보이지 않았다고 말했다. 그때 나이 72살. 쇼펜하우어는 세상을 떠났다.

죽음을 맞이한 방구석의 대리석 탁자 위에 금박을 입힌 불상이 놓이고 책상 위에는 칸트의 흉상이 있었다. 그가 죽은 소파 위 벽에는 유화로 그려진 괴테의 초상화가 걸려 있었다. 그리고 사방의 벽에 칸트, 셰익스피어, 데카르트, 클라우디우스의 초상화와 그의 젊은 시절 초상화가 걸려 있었다. 소파 옆으로는 골동품 같은 둥근 원탁이 있고, 그 밑의 검은 곰 가죽 위에는 애완견이 잠들어 있었다. 쇼펜하우어는 그의 유일한 반려자였던 개에게 '아트만(바라문교에서 세계정신에 통하는 자아를 의미)'이라는 이름을 지어주고 매우 귀여워했었다.

머리에 월계수관을 씌운 유해는 그의 뜻에 따라 시체실에 5일 동안 안치되었다. 그가 확실히 죽은 것을 확인한 그 5일이 지나자 9월 26일 장엄한 분위기 속에 매장되었다. 그비너를 비롯한 수많은 제자들과 몇몇 숭배자들이 이 장례식에 참석했다. 이 가운데에는 아주 먼 곳에서 온 사람들도 있었다. 그 수는 적지만 다양한 사람들이 그의 장례식에 참가했다. 그비너가 이 사람들 앞에서 진심어린 조문을 읽어나갔다.

쇼펜하우어 생전의 희망대로 묘비는 검고 평평한 화강암으로 만들어졌고, 그 위에 '이름 말고는 날짜도 연호도 아무것도 적지 마라'는 그의 지시에 따라 아주 간결하게 '아르투르 쇼펜하우어'라고만 새겼다. 묘지에 대해서는 어떻게 하겠느냐는 그비너의 질문에 그는 웃으며 대답했다.

"어디라도 괜찮네. 내가 어디에 있든 사람들이 나를 찾아낼 테니까."

그비너와 그의 친구들은 프랑크푸르트 시립묘지를 선택했다. 안타깝게도 그가 살던 집이며 기념비 등은 두 번에 걸친 세계대전 때 파괴되어 지금 흔적도 없지만, 이 무덤만은 140여 년이 지난 오늘날까지 그대로 보존되어 있다. 평평한 비석은 다른 평범한 묘비처럼 지면에 박혀 있다. 그리고 그 주위에 높이 80센티미터 정도의 울타리가 둘러싸여 있다. 그러므로 시립묘지 안 오솔길 사이를 이리저리 걸으면서 찾아봐도 좀처럼 찾기 어려울 것이다.

쇼펜하우어의 유언

쇼펜하우어는 평생 독신으로 살아 자식이 없었으므로 그가 쇼펜하우어라는 성을 가진 마지막 사람이 되었다.

그의 유언에 의하면 상속인은 특정한 개인이 아닌 베를린에 있는 재단법인이었다. 그는 제자들이나 가정부에게 물려준 재산 말고는 '1848년부터 1849년까지의 폭동 및 반역운동 때 독일의 법질서를 유지하고 재건하기 위해 싸우다 부상입은 프로이센 병사들과 전사자들 유족을 위해' 그의 전 재산을 기부했다. 그의 기부금으로 도움받은 사람은 상당수에 이른다. 그러나 상당액의 기부금이었지만 한 사람 한 사람에게 돌아간 액수는 아주 적었다. 이 일은 실질적 도움을 준다는 의미보다 차라리 상징적 행위라고 이해해야 할 것이다. 즉 그는 괴테와 마찬가지로 법질서를 파괴하는 모든 행위에 본능적 혐오감을 갖고 있었으며, 그 때문에 법을 유지하기 위해 목숨을 기꺼이 내놓은 병사들의 행동을 칭찬해 주고 싶었을 것이다.

1848년의 이 소동은 뒷날 '2월 혁명' '3월 혁명' 등으로 불리는 것이다. 그

혁명의 목표가 민중의 이상으로 세운 정치체계를 추구했음을 고려해 본다면 쇼펜하우어가 말한 것처럼 간단히 평가할 수만은 없는 성질의 사건이었다. 이 점에서 그는 특히 좌익사상가들의 반발을 사서 공격 대상이 되었다. 그들은 쇼펜하우어를 정신적 귀족이라고 비판했다. 특히 루카치는 '그의 활동은 사회적 기반을 완전히 무시하고 자기 안으로만 향한 것이다. 그는 자신의 개인적 특성을 절대적 가치로 세우려는 퇴폐적 부르주아 근성을 가진 사람'이라며 공격했다.

쇼펜하우어는 분명 정치적으로 평생 보수적인 태도를 고집했다. 그러나 병사들에게 재산을 기부한다고 유언장에 쓸 결심을 한 것은 단순히 보수적이었기 때문이 아니었다. 오히려 국가로 말미암아 부상당하고, 혁명을 진압하기 위해 죽어간 사람들에 대해 충분하게 보상하지 않은 국가와 위정자들의 냉담한 태도에 대한 분노의 표출이었을 것이다. 그는 유언장 첫머리에 '불행한 사람에게 동정을' 이라는 의미의 라틴어를 적어놓았다. 그가 죽기 직전 인간애 정신을 다시 한 번 표현한 거라고 해석해야 할 것이다.

그는 오랜 세월 그를 위해 일해준 가정부 마르가레타 슈네프에게 종신연금과 가구와 은제기구 등 물건들을 남겨주었다. 또 유언집행인 그비너는 쇼펜하우어의 모든 장서를 물려받았다. 다른 제자들과 친구들에게는 저마다 유품인 금시계며 금테 안경이며 은판사진 등을 남겨 주었다. 그 유품들은 지금 대부분 프랑크푸르트 시의 '쇼펜하우어 기념실'에 진열되어 이 위대한 철학자를 추억하게 한다.

이제 이 책을 읽는 이들은 쇼펜하우어의 생애에서 사상까지 그의 세계를 차근차근 이해할 수 있을 것이다. 쇼펜하우어는 진정한 의미에서의 염세주의자는 아니었다. 그는 지성보다 앞서는 인간 존재의 제1요소는 '의지'라고 보았기 때문이다. 정신과 이성이 아니라 직관력·창조력·비합리적인 것에 주목했던 이 철학자는 프로이트와 니체, 바그너, 비트겐슈타인, 토마스 만, 토마스 하디, 프루스트 등에게 큰 영향을 미치고 있다.

그의 작품들 가운데 지적 즐거움을 느낄 수 있는 《인생을 생각한다(Parerga und Paralipomena)》를 시작으로, 《Baltasar Gracian : Oráculo manual y arto de predencia》을 쇼펜하우어가 자신의 사상으로 새로 써 펴낸 《세상을 보는

방법》, 《의지와 표상으로서의 세계》 등 그의 대표저작을 한데 엮었다. 독자
들은 이성이 번뜩이는 냉철한 인생철학의 묘미를 이 책을 통해 만나리라 기
대한다.

Parerga und Paralipomena
인생을 생각한다

인생을 생각한다

1. 삶의 괴로움

1

우리가 살아가는 직접적인 목적은 괴로움이다. 그렇지 않으면 우리가 세상을 살아가는 이유를 어디에서도 찾을 수 없다. 삶에 따르는 괴로움과 세상에 가득한 걱정과 근심이 우연히 일어나는 것이며 삶의 목적 자체가 아니라고 여기는 것은 이치에 맞지 않기 때문이다. 특수한 개별적인 불행은 예외로 보일지도 모른다. 그러나 이 세상은 어디나 불행으로 가득 차 있다.

2

강물은 장애가 없는 한 고요히 흘러간다. 마찬가지로 인간이나 동물의 세계에서도 의지라는 장애물이 없다면, 삶을 의식하지 못하고 생명을 느껴보지도 못한 채 그냥 흘러갈 것이다. 우리가 어떤 것에 주목하고 또 의식하는 것은 우리의 의지가 어떤 장애를 받아 충돌했기 때문이다. 우리는 의지를 방해하는 것, 의지를 가로막거나 대적하는 것, 다시 말해 싫증을 일으키거나 고통을 주는 것은 바로 느낀다. 우리는 건강할 때는 몸에 대해 아무것도 느끼지 못하지만, 구두가 작아 발을 죄어오든가 하면 금방 아픔을 느낀다. 또 자기가 경영하는 사업이 순조롭게 운영될 경우에는 특별한 의식을 갖지 못하지만, 사업이 순탄치 못하면 비록 작은 일일지라도 신경쓰이게 된다. 다시 말해 평안과 행복은 우리에게 소극적인 역할을 하고 괴로움은 적극적인 역할을 한다.

내가 가장 못마땅하게 생각하는 것은 거의 모든 형이상학이 우리에게 해악을 주는 것에 대해 소극적으로 작용하는 듯 설명한다는 점이다. 사실은 이와 정반대다. 우리에게 해롭고 악한 것만이 그대로 생생하게 느껴진다. 그러므로 이런 것만이 적극성을 띠고 우리에게 작용한다.

이와 달리 모든 바람직한 일과 행복과 만족은 소극적인 역할밖에 하지 못한다. 오직 하나의 욕구를 충족시키고 이제까지 느껴온 괴로움을 지워 버리는 순간적인 작용을 하는 데 그친다.

이미 이루어진 기쁨은 우리가 기대한 것보다 못하고, 반대로 괴로움은 예상보다 더욱 큰 아픔을 주게 마련이다. 이 점을 확인하고 싶거나 쾌락이 고통보다 뛰어나다거나 쾌락과 고통이 서로 상쇄된다는 주장이 옳은지 그른지 분명히 알고 싶다면, 다른 것을 잡아먹는 동물의 쾌감과 잡아먹히는 동물의 공포감이 어떻겠는가 비교해 보면 될 것이다.

3

모든 불행과 고통에 있어 우리에게 가장 효과적인 위안은 자기보다 더욱 비참한 자들을 바라보는 것이다. 이것은 누구나 할 수 있는 방법이다. 그런데 이 경우 사람들에게 어떤 일이 일어나는가?

도살업자가 자기들을 고르고 있는 줄도 모르고 목장에서 뛰노는 양떼들을 생각해 보라. 우리도 마찬가지다. 우리가 지금 행복한 나날을 즐기더라도 운명이 재앙을 내리려고 어떤 준비를 하고 있는지 우리는 전혀 알지 못한다. 병마, 박해, 퇴락, 살상, 실명(失明), 광기 등.

우리가 손에 넣으려는 대상은 모두 우리에게 저항한다. 우리에게 적의가 있으므로 우리는 먼저 이것을 억제해야 한다. 대중이 살아가는 모습을 보아도 그렇다. 역사를 보면 전쟁이나 반란이 끊임없이 일어나고 있다. 한때 평화를 누려도 우연한 짧은 휴식시간이나 막간극에 지나지 않는다. 우리 개개인의 생애도 이와 마찬가지로 끊임없는 투쟁이다. 우리는 흔히 볼 수 있는 해악, 곤궁, 권태 등에 도전할 뿐 아니라 같은 족속인 다른 사람에게도 대항한다. 그리하여 인간은 가는 곳마다 자기의 적을 발견하게 마련이다. 요컨대 인생이란 휴전 없는 싸움의 연속이며 손에 무기를 든 채 죽게 되어 있다.

4

삶을 더욱 괴롭게 하는 것은 시간이다. 눈깜짝할 새 지나가 버리는 시간에 쫓겨 좀처럼 숨돌릴 여유조차 가질 수 없다. 시간은 교도관처럼 우리 등 뒤에서 회초리를 들고 감시한다. 그리고 시간은 권태라는 이름의 병에 걸린 사람들에게 고통을 안겨준다.

5

대기의 압력이 없으면 우리 육신이 파열해 버리는 것같이 삶에 번민과 실패와 노고라는 무거운 짐이 없다면, 지나친 방종으로 송두리째 파멸하거나 시한부 변덕과 사나운 광기와 어리석음에 빠지게 된다. 그러므로 인간은 누구나 늘 얼마쯤의 걱정과 고뇌와 불행을 필요로 한다. 마치 배가 물 위에 떠서 안전하게 항해하기 위해서는 배에 무게 나가는 물체가 있어야 하는 것과 마찬가지다.

노동, 마음의 가책, 괴로움, 가난 등은 거의 누구에게나 평생 따라다니는 운명이다. 모든 소원이 마음속에서 생기자마자 금방 충족된다면, 대체 인생은 무엇으로 그 공백을 메울 수 있겠는가? 인간은 무엇을 소일거리로 삼아 세월을 보내게 되겠는가? 우리가 머릿속에 그리는 천국에 인류를 송두리째 옮겨놓는다면 어떻게 될까? 모든 생물이 스스로 무럭무럭 자라나고, 종달새가 사람들 주위를 거리낌없이 날아다니고, 누구나 원하는 여성을 쉽사리 손에 넣을 수 있다면 어떻게 될까? 그렇게 되면 인간은 권태로워 죽어버리든가 싸움과 살인을 일삼아 자연이 오늘날 우리에게 보여주고 있는 것보다 더 많은 고통을 맛보게 되리라. 그러므로 인류라는 이름의 종족에게는 앞서 말한 고뇌의 세계가 살기 알맞은 곳이며, 그밖의 다른 무대나 장소는 적합하지 못하다.

6

자기에게 앞으로 펼쳐질 운명을 앞두고 있던 어릴 적 인간의 모습은 마치 극장에서 아이들이 아직 막이 오르지 않은 무대 앞에 앉아 있는 모습과 비슷하다. 인생이라는 무대 위에서 앞으로 나타날 일들을 기다리고 있는 것이다. 그런데 우리가 너나없이 바라는 행복이 어떤 성질의 것인지 아는 사람은 아무도 없다. 다만 이 아이들은 삶을 부여받은 죄인일 뿐, 그 내용이 어떤 것인지 전혀 모른다. 누구나 오래 살기를 바란다. 그러나 오래 사는 일은 다음과 같이 표현된 상태에 불과하다.

"오늘은 고약하다. 앞으로 점점 더 고약해질 것이다. 마지막 날이 다가올 때까지……."

7

태양에 반사된 불행과 고뇌의 정체를 되도록 정확하게 생각해 보고 있노라면, '태양이라는 항성이 달과 함께 지구에 대해 힘을 미치지 않고, 이런 생명 현상이 나타날 수 없었더라면 얼마나 좋았을까. 지구 표면도 달 표면처럼 얼어붙어 있다면 얼마나 다행스러울까' 하는 생각이 들 것이다.

우리의 삶은 무난한 축복과 안정을 쓸데없이 어지럽히는 작은 사건의 연속으로 볼 수도 있다. 얼마쯤 안정된 생활을 하는 사람들도 차츰 나이가 들수록 인간의 생활은 모든 면에서 실망이라기보다 속임수에 지나지 않는다는 것, 바꾸어 말해 인생이란 하나의 커다란 미궁이라기보다 속임수임을 더욱 분명히 느끼게 된다.

아들과 손자 세대까지 오래 살아남은 사람들은 자신이 나이라는 시장 바닥에 마련된 진열실에 앉아 똑같이 되풀이되는 미치광이 같은 이야기를 두 번 세 번 바라보는 구경꾼과 다름없다고 생각하게 될 것이다. 인생도 정신나간 이야기마냥 한 번은 상연되게 마련이며, 속임수나 신기함도 한 번 겪고나면 더 이상 감동을 주지 못하기 때문이다.

방대한 우주의 끝없는 공간에서 무수히 반짝이는 별들을 바라보면 그 별들이 하는 일이란 불행과 비극의 무대인 세계를 비추는 것뿐이다. 이 세계는 적어도 우리에게 알려진 그런 비극으로 충만한 곳이고, 가장 행복한 경우라도 권태를 느낄 뿐임을 생각하면 우리는 미칠 듯한 심정을 억누를 수 없다.

세상에는 부러워할 만한 사람은 하나도 없는 한편 비참한 사람들은 헤아릴 수 없을 정도이다. 인생이란 고된 투쟁으로 끝마쳐야 할 부역(賦役)에 지나지 않는다.

잠시 이렇게 생각해 보라. 만일 인간의 생식행위가 생리적인 필요나 쾌락에서 비롯되는 게 아니고, 오직 철저한 계획과 생각 끝에 이루어진다면 어떻게 될 것인가? 이 경우에도 인류는 아무 탈 없이 존속할 수 있을까? 그렇게 되면 누구든 세상에 태어나는 자식을 오히려 가엾게 여겨 그들에게 삶의 무거운 짐을 지우기 꺼려하지 않을까? 적어도 냉정한 마음으로 그 짐을 지울 수 없어 많은 사람들이 주저하지 않을까?

세계는 지옥이다. 인간은 남의 잘못을 일일이 따지고 공격하기를 일삼는 망령이 되기도 하고 비난하기를 즐기는 악마가 되기도 한다.

또다시 내 철학에서는 위안을 얻을 수 없다는 핀잔을 들을 것 같다. 이러한 핀잔을 듣는 까닭은, 세상사람들은 "창조주이신 하느님이 세상의 모든 것을 가장 선하고 아름답게 만들었다"는 말을 듣기 원하는데 내가 진실을 말했기 때문이다.

교회에 나가는 것은 좋다. 그러나 제발 철학자를 귀찮게 하지는 마라. 적어도 그들에게 압력을 넣어 억지로 그들의 학설을 '신앙문답'에 적용시키려고 하지 마라. 그 같은 당신들의 주문에 응하는 자는 사이비 철학자다. 그런 철학자들에게서 당신들 입맛에 맞는 학설을 들을 수 있을 것이다. 그러나 철학교수라는 자들이 발표하는 상업적인 낙천주의를 뒤엎는 것은 매우 쉬운 일이며 재미있기도 하다.

하느님이 죄 또는 잘못 때문에 세계를 창조하고, 몸소 그 속죄를 위해 그것이 소멸되기까지 세계에 머물러 있겠다고 한 것은 참으로 훌륭한 가르침이다. 불교에서 세계는 불가사의한 무명(無名)에서 이루어졌으며, 천계(天界)의 정복(淨福), 다시 말해 열반(涅槃)은 안식(眼識)을 거쳐 이루어지며, 이 안식은 속죄로 얻어질 수 있다고 한다.

이 가르침은 숙명론에 가까우며, 근본적으로 도덕적 입장에서 해석되어야 하겠지만, 세계의 근원인 광대한 자연의 불가사의함을 볼 때 자연계에는 이 불교의 가르침에 부합되거나 유사한 면이 있다는 것을 부인할 수 없다.

그리고 인간의 마음이 악으로 기울어 차츰 자연계를 악화시켜 오늘날 같은 비참한 세계가 되어버렸다고 하는데, 이것도 훌륭한 가르침이다.

그리스인들에 따르면 세계와 신들은 불가사의한 필요에서 이루어졌다고 한다. 이런 견해는 우리에게 잠정적으로 만족을 준다는 점에서 인정할 수 있다. 한편 페르시아교에서는 선한 신이 악한 신과 싸우고 있다고 한다. 이것도 인정할 만한 가르침이다.

그런데 여호와가 자기 취향대로 이런 비참한 세계를 만들어놓고 모든 게 잘 되었다고 하는 유대교에 이르면 뭐라고 할 말이 없다. 《창세기》에 따르면 여호와가 처음 창조한 세계는 우리가 보는 비참한

^{세계와}
^{다르다}) 이런 관점에서 보더라도 유대인 종교는 다른 문화 민족의 종교가 가진 교리들보다 한층 떨어진다.

라이프니츠(^{Leibniz, Gottfried Wilhelm(1646~1716), 독일의 철학자·수학자·물리학자. '세계는 정신적인 단자(單子)}
^{의 집합으로 예정조화된 완미(完美)한 최선의 것이며 절묘한 신의 예지의 창조다'라고 주장했다})의 주장이 옳다 하더라도, 즉 세계가 있을 수 있는 가장 이상적인 것으로 만들어졌다고 인정하더라도, 이런 논증에서는 어떤 신정론(神政論)도 나올 수 없다. 왜냐하면 조물주는 이 세계를 창조한 것으로 충분하고, 세계를 창조할 수 있는 가능성 자체가 문제되기 때문에 보다 더 좋은 세계도 만들 수 있었다고 보아야 하기 때문이다.

세상에 충만해 있는 고통은 세계가 전지전능한 신이 창조한 완전한 것이라는 주장이 옳지 않음을 증명하고 있다. 그리고 피조물 가운데 으뜸간다는 인간의 헤아릴 수 없는 불완전성, 우스꽝스러운 저속성도 충분한 반증이 된다. 따라서 이러한 주장은 도저히 납득할 수 없을 만큼 조화롭지 못하다.

반대로 고뇌와 불행의 세계는 우리의 죄 때문에 이루어졌으며, 그 때문에 이 세상은 좋아질 수 없다는 견해를 뒷받침하고 있다. 앞서 말한 가설을 택하면 세계에 충만한 고뇌에 대해 조물주에게 엄중히 항의함으로써 비난과 조소의 원인을 제공한다. 하지만 두 번째 주장을 택하면 자신과 의지를 비난하게 되어 우리에게 정당한 제재(制裁)를 알려줌으로써 자신을 깊은 상념에 빠뜨린다. 우리는 방탕한 생활에 빠진 아버지의 자식으로 원래 악에 젖어 세상에 태어났고, 우리의 생존은 불행할 뿐더러 살아가는 동안 죄과를 갚을 의무가 있어 끝내 죽음으로 끝나게 된다는 것이다. 이 세계에 분명한 것이란 하나도 없고 고뇌만 충만해 있는 건 세계의 무거운 죄에서 비롯하기 때문이다.

그러나 이 진리는 형이상학적으로 해석해야지 물리적·경험적으로 해석해서는 안 된다. 성경에 나오는 원죄 이야기는 내가 수긍하는 유일한 가르침이며, 내가 보기에 구약성경의 유일한 형이상학적인 진리다. 다시 말해 인간 존재는 무엇보다도 죄, 다시 말해 사악한 욕구의 결과로 보아야 한다.

우리가 인생에서 나침반을 가지고 나아갈 방향을 정하여 언제나 올바른 방향으로만 가려면, 이 세계를 속죄의 현장이나 형벌의 식민지 또는 형벌 공장으로 보아야 할 것이다. 옛날의 철학자와 성직자들도 세계를 이렇게 보아 왔다. 모든 시대의 지혜, 예컨대 브라만교나 불교, 엠페도클레스(^{Empedokles(BC}
^{490 ? ~430 ?)},

고대 그리스 철학자. 우주의 근원으로 흙·물·공기·불의 네 원소를 들고 만물을 종합과 분리의 집산(集散)으로 설명했다), 피타고라스 (Pythagoras (BC 582? ~497?). 고대 그리스 철학자·수학자. 수를 만물의 근원으로 생각했고 수학에서 '피타고라스의 정리'로 유명하다) 등의 주장을 보면 이 같은 견해가 옳다는 것을 알 수 있다. 그리고 정통적인 기독교에서는 인간의 삶은 죄와 타락의 결과라고 인식하고 있다.

이런 견해에 따르면 자기에게 차례로 다가오는 인생의 크고 작은 모순, 고뇌, 질병, 불행을 일상적인 일에서 벗어난 예외적인 것으로 여기지 않고 오히려 당연한 일로 생각하게 될 것이다. 그리하여 이 세상에서는 누구나 고뇌를 짊어진 채 산다고 볼 수 있다.

이런 속죄의 장에는 으레 수많은 해악이 따르게 된다. 거기서 이루어지는 사람들 사이의 교제도 두드러진 해악의 하나다. 공정하게 말해 더 나은 처지에 있어야 할 사람들은 인간들 사이에서 어울린다는 게 얼마나 괴로운 일인지 잘 알고 있을 것이다. 그래서 덕성 높은 사람이나 천재는 사람들의 틈바구니 속에서는 가끔 유형장에서 비열한 악한들 때문에 괴로운 정치범 같은 생각이 들어 자기를 고립시키려고 한다.

그러나 세계에 대해 앞서 말한 바와 같이 대다수 인간은 불완전하며 그들이 지적으로나 도덕적으로 가엾은 존재라는 것을(이것은 그들의 얼굴에도 나타나 있지만) 생각할 때, 그리 놀랄 것도 분개할 것도 없다.

세계와 인간이 원래 그렇게 존재할 수밖에 없다는 사실을 인식하게 되면 우리 마음은 상대에 대한 관용으로 가득 차게 된다.

우리가 사실 인류에게 무엇을 기대할 수 있단 말인가? 나는 때로 사람들이 서로 상대를 부를 때 '아무개 씨(Monsieur)'라든가 '아무개 선생(sir)'이라고 말하는 대신 '고뇌의 벗'이라고 부르는 게 좋겠다고 생각한다. 이렇게 부르면 과장된 듯 보일지 모르나, 사실은 정당한 근거를 갖고 상대에게 진실한 깨달음을 주며 관용과 인내와 박애를 느끼게 한다. 누구나 이런 덕을 지니지 않으면 지탱해 나갈 수 없다. 그러므로 누구나 그것을 실천에 옮길 의무가 있다고 하겠다.

8

인간 생애의 전반부는 행복에 대한 갈망으로 차 있지만, 후반부에는 참담한 공포에 사로잡히기 마련이다. 후반부에 접어들면 정도의 차이는 있으나 모든 행복이 망상의 산물에 지나지 않으며 실제로 괴로움만 존재한다는 것을 깨닫게 된다.

현명한 사람들은 누구나 향락보다는 오히려 고통이 없기를 바라며, 자신에게 다가오는 재해를 조금이라도 막아보려 노력한다. 나도 젊었을 때는 대문에서 초인종이 울리면 "야, 무슨 일이 있으려나 보다" 하고 기대했지만, 나이가 들어 인생의 참모습을 알게 된 뒤로는 똑같은 초인종 소리가 두려움을 느끼게 하여 "아, 무슨 골칫거리라도 생겼나?" 하고 혼잣말을 하게 되었다.

9

노년기에 접어든 뒤로는 정열이나 욕구가 차례로 사라져 이런 욕망의 대상도 이미 나를 유혹할 수 없게 되었다. 감각이 둔해지자 상상력이 약해지면서 여러 환상들은 희미해지고 인생은 흔적도 없이 사라져버린다. 뿐만 아니라 세월은 빨리 달아나고 무슨 일이든 의미를 잃어 모든 일이 시시하게 여겨진다. 그리하여 과거 속에 기력이 약해진 노인은 혼자 비틀거리며 길을 걸어가거나 한 구석에 드러누운 채, 지난날의 자신에 대해 희미한 그림자나 꿈을 간직하고 있을 뿐이다. 그때 죽음이 다가온다. 햄릿은 혼자 중얼거린다.

"그러나 아직 죽음의 손에 사라져버린 것은 없지 않느냐? 잠 못 이루던 어느 날, 영원히 잠들게 되면 그 꿈은……"

나는 누구나 살아서 그런 꿈을 꾸고 있다고 생각한다.

10

앞길이 창창한 청년시절 꿈에서 깨어난 사람, 자기와 남의 경험을 성찰한 사람, 그리고 과거와 현재의 역사를 연구한 사람은 뿌리깊은 선입견으로 이성을 그르치지만 않는다면 누구나 아래와 같은 결론에 이르게 된다. 인간 세상은 우연과 미혹으로 가득 찬 왕국이며 이 둘은 아무 온정도 없이 세계를 지배하고 통솔한다. 그리고 언제나 어리석음과 죄악의 회초리를 휘두르고 있다.

그러므로 어쩌다 인간 족속들 가운데 선량한 자가 나타나도 많은 위기를 거친 뒤에야 비로소 빛을 바라볼 수 있으며, 고귀하고 지혜로운 영감이 외부에 작용하려면 무수한 어려움을 겪게 된다.

그런데 사상 영역에서는 불합리와 오류, 예술 영역에서는 평범과 저속, 실천적인 면에서는 사악과 간계가 판치면서 위세 부리는데도 아무 저항도 받지 않는다. 그리하여 뛰어난 사상과 저작은 하늘에서 떨어진 별똥이나 되는 듯 여겨져 하나의 예외요 뜻밖의 불가사의한 돌연변이처럼 푸대접받게 된다.

인간 개개인에 대해 생각해 보면, 한 개인의 역사는 어쩔 수 없이 패배자로 낙인찍히게 된다. 파멸한 일생이란 재앙과 실패의 연속에 지나지 않기 때문이다. 누구나 이러한 상처를 숨기려고 하는데, 그것은 남에게 말해도 동정이나 연민을 일으키기는커녕 그들에게 남의 재앙을 자기 위안으로 삼는 악마 같은 만족을 주는 데 지나지 않음을 알기 때문이다. 정직한 마음과 공정한 생각을 가진 사람이라면 누구나 생의 종말이 가까워짐에 따라 인생이라는 여로를 다시 걷기를 원하지 않을 것이다. 그는 오히려 '절대적 허무'를 그리워하게 될 것이다.

11

이렇듯 덧없이 지나가버리는 삶 속에 고정된 것은 하나도 없다. 무한한 고통도 영원한 즐거움도 없다. 따라서 한결같은 인상, 오래 지속되는 열정, 한평생 변하지 않는 결심도 있을 수 없으며 모든 게 시간 흐름 속에 녹아 없어지고 만다. 시간의 분초, 작은 물질에 깃든 무수한 원자, 우리의 단편적인 행동 하나하나는 위대하고 용감한 것들을 썩게 만드는 치충(齒蟲)들이다.

세상에는 진지하게 대할 만한 것이 없다. 세상은 먼지구덩이와 다름없는데 그럴 가치가 있겠는가? 인생은 크고 작은 일을 그저 잠시 존속하는 것이다. 인생이 우리에게 무언가 약속했다 하더라도 이루어지지 않는 게 보통이며, 이루어지더라도 우리에게 그 소원의 대상이 얼마나 어처구니없는 것인가를 알려줄 뿐이다.

우리를 속이는 것은 희망이기도 하고 희망한 것이기도 하다. 인생이 우리에게 무언가 주었다면 그것은 도로 찾아갈 수 있기 때문에 잠시 빌려준 것일 뿐이다. 먼 곳에 있는 대상이 주는 매력은 우리에게 낙원 같은 그리움을 불러일으키지만, 막상 거기 이끌려가게 되면 환상처럼 사라져버린다. 다시 말해 행복은 언제나 미래 아니면 과거 속에 있으며, 현재는 마치 햇살을 담뿍 받은 벌판에서 바라보는 한 조각 뜬구름처럼 앞뒤가 환히 비쳐보이지만 언제나 그림자를 드리우고 있다.

12

인간은 오로지 현재에만 살고 있다. 그리고 현재는 어쩔 수 없이 과거 속으로 줄달음질쳐 사라지고, 결과만 뒷날의 현재 속에서 회상될 뿐이다. 이것은 인간행위와 의지의 산물이지만, 어제의 생존은 오늘에 오면 완전히 소멸된다.

정확한 이성의 눈으로 보면 이 과거가 즐거웠느냐 또는 괴로웠느냐 하는 것은 전혀 문제되지 않는다.

현재는 우리가 그때그때 대면하는 동안 어느새 지나가 차례로 과거가 된다. 그리고 미래는 정확히 예상할 수 없으며 동일한 시간선상에 있지 않다. 물리학적으로 걸음이란 그때그때 정지된 파국이듯, 육체의 생리적인 생활도 시시각각 연기되고 유예된 죽음이며, 정신활동도 밤마다 권태를 물리치는 일에 지나지 않는다. 그리고 나중에는 으레 죽음이 승리를 차지하게 된다. 왜냐하면 삶 자체가 죽음의 소유이며, 삶이란 죽음이 삼켜 버리기 전에 노리개로 삼고 있는 순간에 지나지 않기 때문이다. 우리는 특별한 관심을 갖고 여러모로 걱정하면서 삶을 되도록 연장시키려 애쓴다. 그러나 이것은 아이들이 공중에 비눗방울을 내뿜으며 터질 것을 알면서도 되도록 큼직하게 만들려 애쓰는 것과 같다.

13

삶이란 즐거움을 누리기 위해 우리에게 보내진 선물이 아니다. 오히려 우리가 고역(苦役)으로 갚아야 할 의무며 과업이다. 그러므로 크고 작은 모든 일에는 일반적인 불행, 그칠 줄 모르는 노력, 경쟁, 계속되는 투쟁, 몸과 마음을 다 바치는 긴장 속에서 어쩔 수 없이 수행하는 활동이 있을 뿐이다.

몇백만을 헤아리는 인간들은 국민으로 힘을 뭉쳐 공공의 복리를 누리려 하는 한편 저마다 자기 이익을 위해 움직이며, 공공의 복리를 위해 몇천의 희생자가 생기기도 한다. 다시 말해 이치에 맞지 않는 어떤 선입관이며 교활한 전략이 사람들을 싸움터로 몰아넣어 몇 사람의 터무니없는 발상을 합리화하거나 그들의 잘못을 감추기 위해 많은 사람들이 피땀 흘리는 것이다.

평화로울 때는 상공업이 발달되고 여러 가지 놀라운 발명을 하여 큰 선박이 해상을 자유로이 오가며 세계 곳곳에서 맛좋은 식료품을 실어오지만, 항해하는 동안 몇천 명의 목숨이 풍랑을 만나 사라지기도 한다.

어떤 사람은 머리를 짜내고, 어떤 사람은 손발을 움직인다. 사람들은 저마다 일하느라 야단들인데, 참으로 우스꽝스럽다고 하지 않을 수 없다. 이런 노력은 무엇을 위해서인가? 하루살이 같은 목숨을 위해 허덕이는 생활을 잠시 동안이나마 좀더 연장하려는 것이다. 인간의 일생이란 가장 행복한 경우라도 그저 견딜 만한 정도의 불행과 비교적 가벼운 고통 속에 사는 것뿐이며, 걸핏하면 권태라는 고통이 그 자리를 차지한다. 그리고 다음에 하는 일은 인간을 낳아 개체 수를 늘리며 판에 박힌 생활을 되풀이하는 것이다.

14

우리가 고뇌를 없애려 꾸준히 노력해도 얻는 것은 결국 고뇌의 형태를 바꾼 데 지나지 않는다. 처음에 고뇌는 결핍과 부족과 물질적인 생활에 대한 염려에서 나타난다. 우리가 이 고뇌를 애써 쫓아버리면 그것은 곧 변형되어 여러 가지 형태로 나타난다. 곧 나이와 환경에 따라 성욕, 사랑, 질투, 선망, 증오, 야심, 횡포, 탐욕, 질병 등으로 나타나는 것이다. 그리하여 만일 이것들이 이미 침입할 여지가 없게 되면, 그때는 권태와 포만이 삭막한 회색 외투를 걸치고 나타난다. 이것을 물리치려면 악착같이 싸워야 한다. 그러나 악전고투 끝에 물리쳐도 원래 여러 가지 형태로 변형되어 나타나므로 처음부터 다시 시작할 수밖에 없다.

15

모든 생물들이 숨을 들이마실 새도 없이 고군분투하며 살아가는 것은 삶에 안주하려고 하기 때문이다. 일단 그것이 이루어지면 할 일이 없게 된다. 그리하여 인간이 다음에 해야 할 노력은 삶의 무거운 짐을 덜어 그것을 느끼지 않도록 하고 시간을 잡아먹는 일, 다시 말해 권태에서 벗어나는 일이다. 인간은 일단 모든 물질적·정신적 불행에서 벗어나 다른 무거운 짐을 모조리 없애버리면, 이번에는 자신이 빈둥거리며 유희나 유흥에 빠져 세월을 보낸 과거의 일들을 다행으로 생각한다. 시간여유란 악착같이 연장시키려고 애쓴 생존법에서 얻은 결과다.

권태라는 해악은 무시할 수 없는 것으로, 권태에 사로잡힌 자에게는 통탄할 절망을 안겨준다. 이 권태 때문에 원래 남을 아끼거나 위하는 마음이 희박한 사람도 이야기를 나누며 어울리고 싶어한다. 그러므로 권태는 사교적인 본성의 근원이라고 해도 무방하다. 그리고 국가는 이것을 일종의 공적인 재앙으로 보고 신중을 기해 은밀히 억누르려고 한다. 이 채찍은 그 적수인 굶주림과 마찬가지로 사람을 제멋대로 만든다.

대중에게는 빵과 함께 광대의 당나귀가 필요하다. 필다빌피어에는 하는 일 없이 유유자적하는 행위를 처벌하는 가벼운 형법이 제정되어 있었는데, 죄수에게 형벌로 주어지던 권태는 참으로 무서운 것이어서 권태를 벗어나기 위해 자살한 죄수도 한두 사람이 아니었다고 한다. 가난은 하류층의 끊임없는 채찍이며 권태는 상류층의 채찍이다. 그리고 일상생활에서 일요일은 권태를, 나머지 6일은 가난을 나타낸다.

16

우리 생활은 마치 시계추처럼 괴로움과 권태 사이를 오가고 있다. 이 둘은 사실상 인간생활을 집약적으로 나타낼 수 있는 요소다. 그리고 이 사실은 묘한 형태로 나타나, 인간은 지옥이 온갖 형벌과 고통이 가득한 곳이라고 말해왔지만 천국은 권태 이외에 달리 묘사할 수 없었다.

17

인간은 생물 가운데 가장 어처구니없는 존재다. 인간은 의지 이외의 아무것도 아니며, 욕구가 육체화된 그 덩어리에 지나지 않는다. 인간은 오직 자신을 의지하여 지상에서 살아가며, 자신의 불행과 결핍과 곤궁의 해결 말고는 아무것도 추구하지 않는다. 인간생활은 급박한 요구에 쫓기며 새롭게 전개되는 삶의 고통으로 가득 차 있다.

그리고 다른 면에서 인간을 괴롭히는 것은 종족을 보존하기 위한 제2의 본능, 곧 성욕이다. 인간은 사랑으로 많은 고난을 감수하며 이것을 피하려 조심하지만 피할 길이 없다. 불안한 발길을 떼어놓으면서 조심스러운 눈으로 주위를 살피며, 좋지 않은 무수한 사건과 적을 앞에 두고 살아가는 것이 비참한 인간이다. 이런 현상은 미개한 야만인 지역이나 개화된 문명인들 나라나 다를 바 없다.

인생은 또 암초와 거센 물결이 굽이치는 바다와 같다. 인간은 여기서 좌우를 두루 살피며 가까스로 몸을 피해 나간다. 자기의 재능과 노력으로 그럭저럭 항로를 개척할 수 있다 하더라도 앞으로 나아갈수록 피할 수도 밀어낼 수도 없는 죽음이라는 난국 속으로 다가간다. 그리하여 죽음이 자기를 향해 정면으로 달음질쳐 오는 줄 안다. 죽음이란 이렇듯 암초가 많은 항해의 종착지로 인간에게는 지금까지 피해 온 어느 암초보다도 고약한 것이다.

우리는 고통이 있는 것은 느끼지만 고통이 없는 것은 느끼지 못하고, 걱정은 느끼지만 걱정이 없는 것은 느끼지 못하며, 두려움을 느끼지만 안전한 것은 느끼지 못한다. 우리는 갈증을 느끼듯 욕구와 소망을 감지하지만 바라던 것을 실제로 손에 넣으면 갑자기 매력이 사라져버린다. 마치 입 안에 든 음식물을 삼키면 아무 맛도 느끼지 못하게 되는 것과 같다.

인생의 3대 선(善)인 건강과 청춘과 자유도 소유하고 있는 동안은 전혀 느끼지 못하다가 잃은 뒤에야 비로소 느끼게 된다. 이 세 가지도 소극적인 선이기 때문이다.

행복한 나날을 보낼 때는 행복을 그리 의식하지 못하고 있다가, 그것이 과거의 일이 되고 대신 불행이 찾아오면 그제야 행복을 상기하게 되는 것이다. 그리고 쾌락을 누릴수록 그에 대한 감각은 약해지고, 어떤 쾌락도 익숙해지면 아무것도 아니게 될 뿐더러 그 쾌락 때문에 오히려 고통을 더욱 뚜렷이 느끼게 된다. 그리고 쾌락에 젖어 살던 습관이 없어지면 남는 것은 괴로움뿐이다.

시간은 즐겁고 재미있게 지낼수록 빨리 지나가버리고, 슬픔에 빠져 있으면 더디게 가는 법이다. 능동적인 것은 환락이 아니라 고통이다. 고통이 생길 때에만 직접적인 실감을 느끼기 때문이다.

권태는 우리에게 시간을 의식하게 하고 쾌락은 시간관념을 사라지게 한다. 이것을 보더라도 우리 삶은 감흥이 작을수록 더욱 행복하다는 것을 알 수 있다. 결국 삶에서 벗어나는 게 더 바람직하다는 것도 입증할 수 있다.

큰 기쁨은 대개 큰 불행에 앞서게 마련이며 언제까지나 유쾌하기만 한 즐거움을 만들어내는 능력은 이 세상 누구에게도 없다. 인간이 할 수 있는 일이란 다만 자기 기분을 적당히 얼버무리고 허망한 소망에서 잠시 만족을 느껴보는 것뿐이다. 그래서 대부분 시인들은 우선 주인공을 우수와 고뇌로 가득한 환경에 일단 방임하고 나중에 그들을 탈출하게 하는 것이다. 희곡이나 서사시에서도 많은 고난을 겪으면서 악착같이 싸워나가는 인간의 모습을 많이 묘사하고 있으며, 소설에서는 가련한 인간의 심리적 갈등과 방황이 그려져 있다. 자연의 혜택을 많이 받은 볼테르도 이런 면에서 다음과 같이 말하고 있다.

"행복은 꿈에 지나지 않으며 실제로 존재하는 것은 고통뿐이다. 나는 80 평생을 두고 이 사실을 경험해 왔다. 나는 이제 체념할 뿐이다. 나는 나 자신에게 이렇게 말하겠다. '파리가 태어나는 것은 거미에게 잡아먹히기 위해서이며, 인간이 태어나는 것은 괴로움의 노예가 되기 위해서이다'라고."

18

개인의 일생은 일반적으로 보나 특수한 입장에서 보나 분명 비극으로 생각되지만, 일생의 우여곡절을 면밀히 살펴보면 희극성도 띠고 있다. 하루의 번잡함과 고난, 그때그때 끊임없이 일어나는 불쾌한 일, 거듭되는 소망과 두려움, 수시로 범하는 실수, 우리를 농락하기 위해 언제나 주시하고 있는 우연의 장난, 이 모든 것들은 분명 희극적인 장면이다. 언제나 기만당하기 마련인 소원, 헛된 노력, 운명에 무참히 짓밟히는 희망, 한평생 따라다니는 저 주스러운 미혹(迷惑), 날로 더해가는 고뇌, 최후의 타격인 죽음 등 여기서 영원한 비극이 일어난다.

게다가 운명은 우리 삶에 절망을 안겨줄 뿐 아니라 비웃기까지 한다. 그리하여 우리 일생에 비극적인 불행들로 가득 차게 하고 적어도 비극의 주인공으로서의 존엄마저 제대로 유지할 수 없게 한다. 여기에 그치지 않고 우리는 평생의 대부분 동안 광대 같은 값싼 역할을 한다.

19

겉보기에 대부분의 인간 생애는 얼마나 빈약하며 또 얼마나 절망적인가? 내면적으로 볼 때는 또 얼마나 둔하고 어리석은가? 이것은 거의 믿을 수 없을 만큼 두려운 일이다. 인간은 다만 수난과 무기력, 동경과 비틀거림이라는 생애의 네 시기를 통하여 꿈을 되풀이한다. 그런 다음 보잘것없고 하찮은 생각을 지닌 채 죽음에 이른다. 마치 태엽에 감겨 돌고 도는 시계처럼, 세상에 한 인간이 태어날 때마다 인생 시계는 태엽에 감겨 낡은 기계 소리가 귀에 들리지 않을 정도로 곡조를 달리하면서 돌아가기 시작한다.

20

개인과 그 모습, 그 일생은 오직 자연의 무수한 영혼과 집요하고 완고히 살려는 의지가 갖는 개별적인 허망한 꿈이요, 시간과 공간이라는 무한한 백지 위에 의지가 그려놓고 희롱하는 한때의 그림이다. 그것은 눈이 아플 만큼 짧은 순간에 사라져버리며 그 뒤에 다시 다른 그림이 그려진다.

이런 인생에는 우리가 깊이 생각해 보아야 하는 중대한 다른 일면이 있다. 곧 줄기차고 맹목적인 삶의 의지는 개개의 희롱에 대한 보상으로서 많은 괴로움과 비통한 죽음——오랫동안 두려워하던 끝에 반드시 닥쳐오고야 마는——을 지불해야 한다는 것이다. 우리가 시체를 보고 엄숙해지는 것은 이 때문이다.

21

단테는 어디서 지옥의 표본과 이미지를 얻게 되었을까? 우리가 사는 이 세계 말고는 다른 것이 있을 수 없지 않은가? 그가 그린 지옥은 참으로 그럴듯하다. 그런데 단테가 천국과 그 즐거움을 그리려 했을 때, 그는 어떻게 해야 좋을지 알 수 없는 난관에 부딪치고 말았다. 왜냐하면 우리가 살고 있는 세상에는 그곳과 비슷한 데가 전혀 없었기 때문이다. 그래서 단테는 천국의 즐거움을 그리기보다 자기가 거기서 얻어들은 조상이며 마음속 애인 베아트리체(Partinari Beatrice(1266~1290). 이탈리아 피렌체의 귀부인. 디 발디)의 아내로 단테의 《신곡》에 영원한 마음의 여성으로 묘사되어 있다), 그리고 많은 성자들의 교훈을 전하는 도리밖에 없었다. 이것으로 미루어 보아도 이 세계가 어떤 종류의 것인지 잘 알 수 있다.

22

이 세상의 지옥은 단테가 그린 지옥을 능가하며 인간은 저마다 자기 이웃에게 악마가 되어 있다. 그리고 거기에는 모든 사람보다 뛰어난 악마 두목, 곧 정복자가 있다. 정복자는 수십만 인간을 두 파로 갈라 서로 싸움을 붙이고는 "적에 대해 악전고투하다가 죽어가는 게 너희들 운명이므로 총과 대포를 쏘아대라"고 외친다. 고맙게도 인간들은 이에 순종한다.

23

만일 개개인에게 앞날에 도사리고 있는 수없이 고약한 근심과 고난을 한눈에 보여준다면 어떻게 될까? 사람들은 그 처참한 광경을 목격하고 매우 놀랄 것이다. 아무리 낙천가라도 데리고 다니면서 일반 병원이나 외과 수술실, 노예의 거실, 전쟁터, 중죄재판소 등을 보여주고 가난 때문에 세상의 싸늘한 눈을 피해 숨어사는 음침한 소굴이나 성곽을 보여주면, 그는 세상에 있을 수 있는 가장 바람직한 게 무엇인지 짐작할 것이다. 우주에는 폭력이 횡행하고 있을 뿐인데 우리는 모든 것을 선이라고 주장하는 근대철학에 물들어 있다. 사실은 악이 모든 것을 더럽히고 있고, 바른 대로 말하면 모든 것이 악이다. 왜냐하면 세상에는 있어야 할 자리에 있는 것이 하나도 없으니 말이다.

24

황야인 이 세계는 몇백 몇천을 헤아리는 동물의 생생한 무덤이 되었고, 불안과 괴로움에 시달리는 생물이 오직 서로 물어뜯기를 일삼으며, 맹수들은 무수한 생명을 삼키며 연명하고 있다.

생물은 이지(理智)가 발달할수록 괴로움에 대한 감각이 섬세해지는데, 그 가운데 인간은 그 감각이 최고도로 발달되어 있다.

낙천론자들은 이 세계를 자기들 학설에 적응시켜 선천적인 논증으로 가장 살기 좋은 곳이라고 주장하지만, 이것은 분명 이치에 맞지 않다. 어떤 사람은 나에게 말할 것이다. 눈을 들어 태양이 밝게 비치는 이 세계가 얼마나 아름다운가를 보라고. 산과 계곡, 강물, 초목, 동물을 찬미하라고.

그렇다면 이 세계는 마치 마법사의 초롱불 같은 것인가? 그 광경은 보기만 해도 근사하다. 그러나 세상이 산이나 나무나 짐승으로 되어 있는 자체는 문제되지 않는다. 낙천론자의 주장에 따르면 인간은 세계의 궁극적인 근원에서 창조된 것이라고 한다. 그들은 우주의 섬세하고 교묘한 이치를 찬양한다. 유성이 운행하다가 서로 부딪치는 일이 없고, 바다와 육지가 뒤죽박죽되지 않고 서로 뚜렷이 한계를 유지하고 있으며, 지상의 모든 것이 얼어붙지 않고 열에 녹아버리지도 않으며, 적도 경사면에서 언제나 봄이 지속되는 일 없이 과일이 잘 익어간다고 한다.

이것은 없어서는 안 되는 조건에 지나지 않는다. 다시 말해 하나의 세계가 존속되려면, 또 유성이 영원히 존재하려면, 먼 항성에 빛이 도달할 때까지만이라도 존재하려면, 레싱의 어린이처럼 낳자마자 곧 죽어버리지 않으려면, 우주는 근본적으로 붕괴되지 않도록 치밀하게 구성되어야 한다.

그런데 그처럼 찬미하는 세공품과 같은 세계에서 어떤 결과를 볼 수 있는가? 그처럼 견고하게 짜여 있는 무대 위에는 어떤 배역들이 돌아다니고 있는가? 우리 눈에 띄는 것은 괴로움이 감수성에 의존하고, 그 감수성은 이지적일수록 강도가 심하며, 욕구와 고뇌가 함께 보조를 맞추며 끝이 없고, 나중에 남는 것은 비극이나 희극의 재료뿐이다. 그러므로 적어도 성실한 사람이라면 아무래도 낙천론의 '할렐루야!'를 합창할 엄두가 나지 않을 것이다.

25

만일 이 세계를 유일한 신이 창조했다면 나는 그런 신이 되라고 해도 되지 않을 것이다. 세계의 참상이 내 가슴을 찢을 테니까.

26

만일 악마 같은 창조주가 있었다면 우리는 그가 만든 것에 대해 이렇게 항의할 수 있을 것이다.

"그대는 왜 세계에서 고요하고 성스러운 안정을 중단시켰느냐? 무엇 때문에 그런 무모한 일을 했느냐? 어쩌자고 그토록 많은 불행과 고뇌를 불러일으키려 했느냐?"

27

인생의 객관적인 가치를 두고 볼 때, 적어도 허무를 능가할 수 있는 것이 있을지 의문이다. 나는 이렇게 말하고 싶다. 만일 경험과 여러 생각에서 나오는 소리가 바르게 퍼진다면, 허무 쪽이 더 우월하다고. 나는 이른바 영원한 삶이란 게 무엇인지 모른다. 다만 이 세상에서 영위하는 삶은 값싼 희극이라고 할 수밖에 없다.

28

욕구를 갖는다는 것은 번거로운 일이 아닐 수 없다. 그런데 세상을 살아간다는 것은 욕구를 갖게 됨을 의미한다. 그러므로 삶은 본질적으로 괴로운 일이다. 고귀한 생물일수록 더욱 불만을 느낀다. 인간의 생애는 삶을 위한 고달픈 투쟁이지만, 끝내 패망하고 만다는 것은 분명한 사실이다. 인생은 끊임없는 사냥이며, 우리는 거기서 포수가 되기도 하고 쫓기는 짐승이 되기도 하면서 서로 고기를 빼앗는다. 세계의 고통스러운 박물지(博物誌)──그것을 펼쳐보면 동기 없는 욕망과 끝없는 고뇌, 투쟁과 죽음이 들어 있다──가 세기에서 세기로 이어져 내려가며 지구가 금이 가서 가루가 될 때까지 계속되는 것이다.

29

앞에서 말한 바와 같이 고통은 적극적으로 우리에게 작용하는 데 비해 행복과 쾌락은 소극적으로 작용한다. 그러므로 어떤 사람의 생애가 행복했다는 것은 기쁨과 즐거움을 얼마나 누렸는가를 계산할 게 아니라, 적극적인 고통을 얼마나 적게 느꼈느냐 하는 게 척도가 되어야 할 것이다.

이렇게 볼 때, 동물이 인간보다 숙명적으로 한결 삶의 괴로움을 견디기 쉽게 되어 있음을 알 수 있다. 이제 우리는 이 둘을 상세히 생각해 보기로 하자. 인간의 행복과 불행은 매우 복잡한 형태로 나타난다. 그래서 인간은 때로는 그것들을 쫓기도 하고 때로는 놓치기도 한다. 그런데 이 여러 가지 행복과 불행은 사실상 육체적인 쾌락과 고통을 바탕으로 하고 있다.

그리고 이런 행복과 불행의 근본이 되는 것은 매우 단순하다. 이를테면 건강, 식사, 추위와 습기로부터의 보호, 성욕의 충족, 또는 이 모든 것의 결핍에 지나지 않는다. 그러므로 인간도 육체적 쾌락에서는 동물보다 더 많이 누린다고 할 수 없으며, 다만 인간의 더 고도로 발달된 신경계통이 쾌락이나 고통에 대한 감수성을 강화하고 있다는 게 동물과 다를 뿐이다.

인간의 성욕은 동물에 비해 얼마나 격심한가! 물론 인간의 마음은 동물에 비하면 비교도 되지 않을 만큼 심한 동요를 느끼지만, 결과적으로 얻는 것이란 방금 말한 바와 같이 건강과 의·식·주 등에 지나지 않는다. 인간은 지나가버린 일과 앞으로 다가올 일에 대해 생각하기 때문에 마음이 크게 흔들리고 불안과 두려움과 기대 때문에 쾌락과 고통이 실제보다 훨씬 큰 영향을 주게 마련이다. 그러나 동물은 언제나 실제의 쾌락이나 고통을 느낀다. 즉 동물에게는 깊은 생각이라는 고통의 축전기(蓄電器)가 없기 때문에 인간의 경우와 달리 과거를 기억하거나 미래를 예측하여 위축되지 않는다. 그러므로 동물은 현재 느끼는 고통이 수백 수천 번 반복되어도 원래의 고통을 그대로 느끼는 데 그치며, 결코 적극적으로 느끼지 않는다. 동물이 고통에 대해 부러울 정도로 침착한 것은 그 때문이다.

그런데 인간은 깊은 생각과 여기에 따르는 심리작용 때문에 즐거움과 괴로움에서 행복과 불행이라는 승화된 감정이 나타난다. 그리고 그것이 증진되었을 경우 분명히 드러나 때로는 미칠 듯한 환희에 사로잡히고 때로는 자살에까지 이르는 절망에 빠지기도 한다.

이 점에 대해 상세히 말하면 원래 인간의 욕구를 충족시키는 것은 동물의 경우보다 좀더 어려울 뿐인데, 좀더 커다란 쾌락을 위해 일부러 욕구를 증대시켜 사치와 겉치레와 여기에 따른 좋은 음식, 담배, 아편, 술 등 많은 것을 만들어낸다.

그래서 인간에게서만 찾아볼 수 있는 쾌락과 고통의 샘이 마련되며, 이 때문에 인간은 필요 이상으로, 아니 자신의 행동을 거의 망각하면서까지 이 샘에서 망상하는 모든 것을 퍼내려고 한다. 야심, 명예, 치욕에 사로잡히며, 남이 자기를 어떻게 보느냐에 치중해 행동하게 된다. 그래서 대개 기이한 형태로 행동의 목표를 세우고 육체적 쾌락이나 고통을 도외시한 노력을 하게 마련이다.

인간은 물론 동물에게서는 찾아볼 수 없는 순수한 지적 쾌락을 갖고 있을 것이다(이 쾌락에는 여러 단계가 있어, 가장 단순한 유희나 회화에서부터 최고의 정신활동에 이르기까지 다양하다). 그 대신 고통에는 똑같은 양의 권태라는 것이 부여되어 있다.

이 권태는 자연이 준 본능에 따라 살아가는 동물에게서는 찾아볼 수 없다

——인간에 의해 훈련된 가장 영리한 동물만이 경험할 수 있을 정도다. 인간에게는 그 권태가 마치 채찍 같은 것으로, 그것에 얻어맞는 자들은 두뇌가 아니라 주머니를 살찌게 하는 데만 골몰하는 평범한 사람들이다. 그들은 안락한 삶을 누리게 되면 그 삶 전체가 일종의 형벌이 되어 권태의 채찍에 시달리게 되어, 여기에서 벗어나려고 여기저기 명승지를 찾아 여행이라도 다니며 세월을 보내는데, 그 모습이 한 곳에서 다른 곳을 찾아 구걸하러 다니는 거지와 다를 바 없다.

이같이 인간의 삶은 가난과 권태로 양극을 이루고 있다. 그리고 인간의 성적 만족은 다른 동물에게서는 찾아볼 수 없는 특수한 선택으로 이루어진다. 그리고 이 선택은 때때로 다채롭고 열렬한 연애에 빠지게 하는데——이 점에 대해서는《의지와 표상으로서의 세계》보충설명의 독립된 한 장(章)에서 설명했다——이 선택도 인간에게 긴 고통과 짧은 향락을 안겨주는 원인이 된다.

여기서 놀라운 것은 인간에게는 동물에게서 볼 수 없는 사고(思考)의 힘이 있어 모든 동물에게 공통된 고통과 쾌락이라는 협소한 터전 위에 행복과 불행이라는 높고 큰 건물을 세운다는 점이다. 이로 말미암아 인간의 마음은 심한 갈등을 일으켜 때로는 망상에 사로잡히고, 그 흔적이 얼굴에도 나타나게 된다. 그러나 나중에 실제로 손에 넣는 것은 동물이 소유하고 있는 것에 지나지 않는다. 동물은 인간과는 비교되지 않을 만큼 조금만 애쓰면 쾌락을 얻을 수 있다.

인간에게는 쾌락보다 고통이 훨씬 많으며, 더욱이 인간은 죽음을 알기 때문에 몇 배나 커진다. 동물은 본능적으로 죽음을 피하려 할 뿐 죽음이 무엇인지 모르며, 따라서 머릿속에 떠오르지도 않는다. 그러나 인간은 늘 죽음을 내다보고 있다.

동물은 자연사하는 경우가 매우 드물며, 자연적으로 사망하는 동물이라도 다만 생식을 하는 데 필요한 동안만 살다가 다른 것의 먹이가 되기 마련인데, 인간의 경우는 자연사가 당연시되어 있고 또 그러한 예가 허다하다. 이런 점에서는 위에서 말한 이유로 동물이 인간보다 한 걸음 앞섰다고 할 수 있겠다.

인간이 자연스럽게 삶의 목적을 이룬다는 것은 동물의 경우처럼 드문 일이다. 그럴 수밖에 없는 것이 인간이 살아가는 방식은 자연적이지 못해, 부자연스러운 노력과 의욕에서 비롯되는 종족 전체의 실질적인 퇴보가 삶의 목적을 달성하는 데 많은 지장을 주기 때문이다.

동물은 인간보다 훨씬 단순한 생활에 만족한다. 그리고 식물의 경우에도 만족을 누리고 있다. 인간은 지적 수준이 낮을수록 삶에 만족을 느낀다. 그리고 동물의 생존에는 인간보다 훨씬 적은 고통과 즐거움이 따른다. 그 이유는 그들이 한편으로는 불안과 거기에 따르는 괴로움을 모르고 살아가며 참된 의미의 소망을 지니고 있지 않고, 머릿속에서 즐거운 미래를 예상하거나 거기에 따르는 상상에서 오는 축복의 환영——인간의 대부분의 기쁨과 가장 큰 즐거움은 이 두 가지 원천에서 생긴다——에 사로잡히지 않으며, 이런 의미에서 희망을 갖고 있지 않기 때문이다.

이것은 동물의 의식이 직관(直觀)하는 것에 한정되며 현재에 국한되어 있기 때문이다. 요컨대 동물은 '구체화된 현재'이므로 현재 직관적으로 나타난 사물에 대해서만 극도로 짧고 재빠르게 두려움과 소망을 느낄 뿐이다. 그러나 인간의 의식은 생애 전체를 포용할 만큼, 아니 그 이상으로 확대된다.

이런 면에서 동물과 인간을 비교해 보면, 현재를 마음편히 아무 걱정 없이 즐길 수 있다는 점에서는 동물이 현명하다. 그래서 우리 인간은 때때로 동물이 누리는 마음의 평안을 보고 상상이나 불안에 시달리기 쉽고 만족을 누리지 못하는 자신을 부끄럽게 생각할 때도 있다.

앞에서도 말한 대로 우리가 소망과 기대에 대한 즐거움을 누릴 수 있는 것은 결코 대가를 지불하지 않고 주어진 것은 아니다. 그러니까 우리가 이 소망이나 기대로 말미암아 즐거움을 미리 느끼게 되면, 그만큼 나중에 오는 즐거움이 줄어든다. 따라서 소망이나 기대 자체가 우리에게 만족을 주는 정도가 훨씬 줄어든다.

그러나 동물은 어떤 즐거움도 앞당겨 느끼는 일이 없고 이렇게 만족이 줄어드는 경우도 없기 때문에 현재 나타난 즐거움을 그대로 맛볼 수 있다. 그러므로 해악도 그들에게는 있는 그대로의 비중을 차지하지만, 인간은 공포와 기우, 해악을 미리 고려하여 그보다 열 배나 더 큰 비중을 차지하기 쉽다.

우리는 자기가 기르는 가축을 바라보며 자신과 비교하면서 즐거운 관찰을 할 수 있는데, 이것은 대체로 동물이 우리와 달리 완전히 현재에만 매어 있기 때문이다. 그러므로 동물은 현재가 구체화된 모습이라고 할 수 있다. 우리는 그때그때 아무 걱정 없이 즐겁게 시간을 보내는 동물에게서 배울 점이 있다. 우리가 대체로 자기 생각에 제한되어 이것을 지나쳐 버리는 것을 감안하면 그 가치가 매우 높다는 걸 더욱 깨닫게 된다.

이기적이고 냉정한 인간은 동물의 이 같은 특성, 다시 말해 우리보다 한층 더 생존에만 만족을 느끼는 것을 도용하여 진귀한 보화처럼 이용한다. 동물은 이런 인간으로부터 알몸뚱이 외에는 아무것도 소유하지 못한 존재로밖에 대접받지 못하고 있다. 그래서 인간은 지구의 절반을 날아다니는 새를 좁은 조롱 속에 가두어 기르고, 자기들의 가장 충실한 벗인 영리한 개를 쇠줄에 묶어둔다. 나는 이런 개를 볼 때마다 개들이 불쌍하다고 생각하며 한편 개 주인에게 강한 분노를 느끼게 된다.

나는 몇 해 전 〈타임〉지에 게재된 어떤 유쾌한 사건을 지금까지 기억하고 있다. 거기에는 커다란 개를 쇠사슬에 매어둔 어떤 귀족이 어느 날 넓은 뜰 안을 거닐다가 문득 그 개를 어루만져주고 싶은 생각이 들어 개에게 손을 내밀었더니, 개가 주인의 팔을 덥석 물어버렸다는 내용이 실려 있었다. 그럴 만도 하다. 아마도 개는 주인에게 말하고 싶었을 것이다.

"당신은 내 주인이 아니라 악마다. 당신은 내 짧은 생애를 생지옥으로 만들었으니까."

개를 쇠사슬에 매어두는 자는 이런 봉변을 당해도 싸다.

30

앞에서 동물보다 인간에게 고통이 더 많은 것은 인식능력이 높기 때문이라는 사실을 말했는데, 여기서는 이 점을 일반적인 법칙으로 삼고 더 광범위한 입장에서 생각해 보겠다.

인식 자체에는 언제나 고통이 없다. 고통은 오직 의지에 의존하며 의지가 방해받거나 차단될 때 생기는데, 이 경우 그 장애가 인식되어야 한다. 다시 말해 햇살이 공간을 비추는 것은 거기 물체가 있어서 햇빛을 반사하기 때문이며, 음향은 음향을 전달하는 물체를 필요로 한다. 그리고 목소리는 진동하는 공기의 파동이 딱딱한 물체와 부딪쳐야 멀리까지 들린다. 그래서 주위에 아무것도 없는 산꼭대기에서는 소리가 약하게 들린다. 노랫소리도 야외에서는 충분히 고음을 낼 수 없는 것처럼 우리의 의지가 방해받으면 고통을 느끼게 되는 것은 인식이 다르기 때문이다. 다만 방금 말한 대로 인식 자체는 괴로움과 관계가 없다.

육체의 고통을 느끼려면 신경이 있어야 한다. 손 끝 하나를 다쳤을 경우에도 뇌에 이르는 신경이 끊겨 있거나 뇌가 상하여 기능을 잃으면 고통을 전혀 느끼지 못한다. 그리고 죽어가는 사람이 의식을 상실하면, 그뒤 여러 가지 경련을 일으켜도 우리는 그 사람에게 통증이 없는 것으로 안다.

의식적인 고통은 인식을 근거로 하고 있다는 것을 분명히 알 수 있으며, 고통은 인식의 정도에 따라 느낌이 달라지게 된다는 것도 쉽사리 알 수 있다. 이 점에 대해서는 이미 언급했으며, 또 《의지와 표상으로서의 세계》(56장)에서도 상세히 설명했다. 그러므로 이 점에 대해 다음과 같이 말할 수 있다. 즉 '의지는 거문고 줄이고, 그 차단은 진동, 인식은 울림통, 고통은 소리다'라고.

무기물이나 식물은 고통을 느끼는 일이 거의 없지만, 의지가 방해받는 경우는 얼마든지 있다. 이와 달리 모든 동물은 보잘것없는 벌레에 이르기까지 고통을 느낀다. 아무리 약하더라도 아무튼 인식을 갖고 있는 것은 동물의 고유한 특징이다. 동물의 유기적인 단계가 높아져 인식이 발달할수록 고통을 느끼는 정도도 커진다. 최하급 동물은 고통을 약하게 느낀다. 곤충들은 다리가 떨어지고 내장의 일부만 붙어 있어도 곧잘 끌고 돌아다니며 먹이를 찾아 먹는다. 고등동물의 경우에도 개념과 생각이 결핍되어 있으므로 실제로 느끼는 고통은 인간에 비해 현저히 약하다. 고통이 최고도에 이르는 것은 이성과 사고로 의지가 포기되는 경우다. 만일 이것이 불가능하다면 고통을 느낀다는 것은 말할 수 없이 참혹한 일이다.

31

이 세계, 특히 인간사회에서 이루어지는 현상의 특징은 내가 이따금 주장한 바와 같이 불완전하다기보다 잘못되어 있는 것, 다시 말해 도덕적인 면에서나 지적 또는 형이하학적인 면에서나 모두 이지러지고 비뚤어져 있다는 것이다.

인간은 때때로 자기의 잘못된 행동에 대하여 그것이 인간에게 자연스러운 일이라고 변명하는데, 이것은 충분한 변명이 될 수 없으며, 다음과 같이 반박할 수 있다. '그 행동은 악하기 때문에 자연스러우며, 자연스럽기 때문에 악하다'고. 이 말을 올바로 이해하려면, 우선 원죄에 관한 가르침부터 알아야 한다.

어떤 개인에게 도덕적인 비판을 하려면, 언제나 다음과 같은 입장에 서 있어야 한다. 인간의 근본 소질은 전혀 있을 수 없는 죄많은 일, 흉악하고 도리에 어긋나는 일, 원리라는 가설로 해석해야 하는 일, 그 때문에 죽음이라는 운명에 떨어진 것으로 인정하는 일이며, 이 악의 기본 성격은 누구나 타인이 세밀히 관찰하는 것을 원치 않는다는 사실에도 나타나 있다.

이런 인간이라는 족속의 생물에게서 무엇을 기대할 수 있단 말인가. 이런 입장에 서게 되면, 우리는 어떤 사람에 대해서나 더 너그럽게 대하게 되고, 그에게 숨어 있는 악마가 언제 깨어나 나타나더라도 전혀 놀라지 않는다. 그리고 그에게 지력(知力)이나 그밖의 것을 원천으로 하여 선이 나타나면, 그 가치에 대해 더욱 타당한 평가를 내릴 수 있다.

다음으로 그의 입장도 고려하여 이 세상은 주로 가난하게 살아가게 되는 곳이며, 때때로 비극과 고뇌로 시달리는 곳이므로, 거기서 저마다 삶을 지속하기 위해 바둥대며 싸워나가기 쉽다. 따라서 웃는 얼굴만 보일 수는 없도록 되어 있다는 것도 아울러 계산에 넣어야 할 것이다.

이와 반대로 낙천적인 종교와 철학이 주장하는 바와 같이 인간은 유일신이 창조한 것으로, 모든 의미에서 마땅히 그렇게 존재해야 하고, 또 현재 있는 그대로의 존재여야 한다면, 누구든 잠깐 쳐다보기만 해도 용모부터 다르게 보여야 하며, 상대를 세밀히 관찰해 보거나 계속해 교체해 보더라도 인간으로서 전혀 다른 존재로 인식되어야 한다.

"용서는 모든 인간에게 해당되는 말이다." (셰익스피어의 《심벨린》에 나오는 말)

우리는 인간의 모든 어리석음과 과오와 해악에 대하여 너그러워야 하며, 우리 눈으로 보고 있는 이런 현상들은 사실 우리가 지니고 있는 어리석음이요, 죄과요, 또한 사악함이라는 것을 염두에 두어야 한다. 우리에게 있는 이런 인간적인 결함은 우리 모두가 지닌 것이며, 우리가 현재 분노해 마지 않는 타인의 악 역시 우리 자신 속에 깃들어 있다. 다만 그것이 현재 드러나지 않고 속에 깊숙이 숨어 있을 뿐이다. 어떤 계기만 생기면 타인이 저지르는 죄악과 마찬가지로 외부에 드러나게 마련이다.

다만 어떤 사람에게는 이 악이 나타나고 다른 사람에게는 저 악이 일어날 가능성이 더 짙으며, 또 어떤 사람에게는 남보다 고약한 성질이 훨씬 많다는 것도 부인할 수 없는 사실이다. 개성의 차이는 셀 수 없이 다양하기 때문이다.

2. 삶의 허무

1

삶이 허무하다는 것은 모든 현상에 나타나 있다. 예를 들면 시간과 공간은 무한한데 개체는 어느 면에서나 유한한 것, 실제로 삶의 유일한 기반이 되어 있는 현재가 언제까지나 개체에게 주어지지 않는 것, 모든 사물이 타자(他者)에 의존해 있으며 상대적인 것, 참된 실재가 없고 끝없는 변천이 있을 뿐이라는 사실, 만족할 줄 모르는 무한한 욕구, 우리의 노력을 가로막는 무수한 재해 등에 삶의 허무가 나타난다.

인생은 죽음이라는 종말에 이르기까지 노력과 장해의 충돌이 끊임없이 계속된다. 시간과 모든 사물이 그 속에서, 그것을 통하여 질주하고 소멸되는 사실은 형상으로서의 생존 의지가 물자체(Ding an sich, 사물을 인식하는 주체인 인간의 주관에 나타나는 현상이 아니라, 그 인식의 근원이 되며 인식주관과는 관계없이 독립하여 존재한다고 생각되는 실재. 칸트는 우리의 감각에 표상을 일으키는 것은 물자체이지만, 물자체에 관해서는 알 수 없다고 했다)로서는 불멸인 반면에 그 의지의 현상인 인간의 노력은 공허하기 짝이 없음을 보여주고 있다.

시간 때문에 우리 손 안에 있는 모든 것이 시시각각 무(無)로 돌아가므로 현실적인 가치를 잃게 된다.

2

지금까지 있던 것은 현재의 것이 아니라 이미 없어진 것이라 할 수 있으며, 현재 있는 모든 것은 다음 순간에는 방금 있었던 것이 되고 만다. 그러므로 아무리 무의미한 현재도 가장 의미 있었던 과거보다 낫고, 현재와 과거의 관계는 무와 존재와의 관계와 같다.

인류는 몇만 몇천 년이 지나고 나서 비로소 현재 여기에 존재하며, 얼마 뒤에는 다시 헤아릴 수 없는 시간 속에 흡수되어 사라져버린다는 사실을 생각할 때 자못 놀라움을 금할 수 없다. 그러나 우리는 부르짖는다. '그것은 옳지 못한 생각일 것이다'라고. 아무리 빈약한 지성을 갖고 있는 자라도 시간이란 관념상으로만 존재한다는 걸 어렴풋이 느낄 수 있을 것이다. 사실상 시간은 공간과 함께 참된 모든 형이상학의 근거이며, 그 관념성을 인정함으로써 자연 그대로의 세계와는 전혀 다른 세계를 설명할 수 있다. 칸트가 위대한 것도 이 때문이다.

세계에서 일어나는 모든 사건에 대해서는 단지 순간적인 '있다'가 있을 뿐이며, 다음 순간부터 영원히 '있었다'가 된다. 그리하여 우리는 저녁이 될 때마다 점점 더 가난뱅이가 된다. 우리는 가난한 일생이 이처럼 급속도로 흘러가 버리는 데 대해 참으로 미칠 지경이다. 그러나 다행히 우리 각자의 가장 깊숙한 곳에 어떤 의식이 숨어 있어 인간의 본성은 결코 없어지지 않는 영원한 샘에서 흘러나오며, 이 샘에서 삶을 위한 시간이 무진장으로 넘쳐흐르고 있다는 사실을 이야기해 준다.

이렇게 볼 때, 우리는 현재를 즐기고 그것을 생존 목적으로 삼는 게 가장 현명한 처세법이라고 할 수도 있다. 오직 현재만이 실재하며, 그밖의 모든 것은 다만 머릿속에 간직된 표상(Vorstellung. 감각을 요소로 하는 심적 복합체. 지각표상 이외의 기억표상, 상상표상 등과 같은 재생심상(再生心象)에 의한 대상의 인식)에 불과하기 때문이다. 그러나 그것은 동시에 가장 바람직하지 못한 처세법이라고 할 수도 있다. 왜냐하면 바로 다음 순간 무(無)가 되어 꿈처럼 송두리째 없어지는 것이라면, 결코 진심으로 추구할 만한 가치가 없기 때문이다.

3

우리의 생존은 시시각각으로 줄달음질치는 현재밖에 발붙일 데가 없다. 그러므로 거기에는 끊임없는 동요가 있을 뿐 우리가 바라는 안정은 있을 수 없다. 마치 산마루에서 달음박질쳐 내려오던 사람이 갑자기 멈춰 서려고 하면 곤두박질치게 되므로 넘어지지 않게 계속 달려야 하는 것과 같다. 그것은 또 손가락 끝에 균형을 잡고 가로놓인 막대, 또는 전진하는 것을 멈추면 태양 속으로 떨어질 수밖에 없는 유성과 같다. 그래서 생존의 모습을 '불안'이라고 하는 것이다.

이 같은 세계이므로 거기에는 고정된 것이 하나도 없고, 영원히 지속되는 상태도 없다. 모든 것이 그칠 줄 모르는 변화의 급류 속에 휩쓸리고 있으며, 모든 것이 빠르게 변하고 질주하는 끊임없는 움직임 속에서 가까스로 유지된다. 이런 세계에서 어떻게 행복을 생각할 수 있겠는가? 플라톤이 말한 '끊임없이 변천하는 흐름'만이 있는 곳에는 행복이 머물 수 없다.

인간은 누구나 사실 행복하지 못하며, 모두들 한평생 꿈속에서 행복을 좇아다니지만, 손에 넣는 일은 매우 드물다. 비록 손에 넣는다 하더라도 덧없는 미혹(迷惑)만 깨닫게 될 뿐이다.

그래서 누구나 다 파괴된 배처럼 항구로 들어오기 마련이다. 그때 단편적인 현재의 시간들로 성립된 생애에서나마 끝이 보이는 상황에서는 행복했던 일들이나 불행했던 일들이 그리 다를 것이 없다.

인류나 동물이나 그토록 떠들썩한 소동이 결국 식욕과 성욕이라는 두 가지 욕구에서 비롯되며, 여기에 부수적으로 권태가 따를 뿐이라는 사실을 생각할 때 놀라지 않을 수 없다. 이 세 가지 식욕, 성욕, 권태로 생존의 눈부신 활극이 이루어지고 있는 것이다.

좀더 상세히 관찰해 보기로 하자. 우선 무기물의 존재는 화학적인 힘에 의해 시시각각 침해당하며, 유기물의 생존은 끊임없는 물질적인 신진대사로 유지된다. 그리고 이 신진대사를 하기 위해 계속적인 수입, 즉 외부의 도움을 필요로 한다. 그러므로 유기적인 생명은 이미 자기 손가락 끝에 가로놓인 막대기 중심을 잡기 위해 끊임없이 움직여야 하는 것과 같다. 그러므로 그것 자체가 계속적인 욕구, 거듭되는 결핍, 무한한 고뇌다. 그리고 의식은 오직 이 유기적인 생명체에만 나타난다.

유한한 존재란 이런 것이지만, 우리는 이와 대조적인 입장에서 무한한 존재를 생각할 수 있다. 그것은 외부로부터 침해받지 않고 도움도 필요로 하지 않으며, 영원한 안주 속에 변하지도 다양하지도 이채롭지도 않다. 그리고 이 소극적인 인식은 플라톤 철학의 바탕이 되어 있다. 다시 살아난 의지를 포함할 때 비로소 이러한 존재에 이를 수 있다.

4

인생의 여러 모습은 보잘것없는 석조 공예품의 그림자와도 같아, 다가가 보면 별것 아니므로 아름답게 감상하려면 좀 멀리 떨어져서 바라보아야 한다. 마찬가지로 우리가 동경하여 마지않던 것을 막상 손에 넣으면 오직 공허감만 준다는 것을 알게 될 뿐이며, 우리는 언제나 좀더 나은 것을 바라거나 과거를 뒤돌아보고 그리워할 뿐이다. 그래서 현재는 오직 목적에 이르는 과정으로 보고 그리 중요하지 않게 된다.

생애의 종착역에 이르면 대다수 사람들은 그때 비로소 자신이 한평생 기대 속에 살아왔음을 깨닫게 된다. 이렇다 할 향락도 누려보지 못하고 세월의 흐름에 대수롭지 않게 자신을 내버려둔 것이, 바로 자기가 기대를 갖고 살아온 삶이었다는 사실을 알고 놀라움과 비애를 동시에 느끼게 된다. 요컨대 인간의 삶은 언제나 희망에 기만당하고 죽음과 씨름하게 되어 있다.

한편 개체의 의지가 끊임없이 작용하여 각자의 만족이 곧 새로운 욕구를 일으키게 하기 때문에 의지의 욕구는 언제나 불만을 느끼면서 무한히 연장되고 팽창된다. 그 근본 이유는 의지가 그 자체로 볼 때 세계의 제왕이 되어 모든 것을 예속시키며, 어느 부분에 의해서도 만족을 느끼지 못하고, 오직 전체에 의해서만 만족하며 이 전체는 무한히 연장되어 있기 때문이다. 그런데 애처롭게도 세계의 제왕인 의지도 개체로서의 현상에서는 그 힘을 충분히 발휘하지 못하고 대개 개체를 유지하는 데 그친다. 따라서 개체는 심한 비탄에 빠지게 된다.

5

정신적으로 무기력하고 온갖 저속한 악을 숭상하기에 분주한 이런 시대에는 당연하게도 그 자신이 만든 거만하고 듣기에 거북한 '현대'라는 말을 쓰고 있다. 그런데 범신론까지도 생존은 그 자체가 자기 목적이라고 주책없이 떠벌리고 있다. 만일 우리의 생존이 세계의 최고 목적이라면, 우리가 조작한 것이든 신이 정한 것이든 가장 어리석은 목적이라고 하지 않을 수 없다.

인생은 우선 부역, 즉 삶을 영위하기 위한 노고의 연속이다. 그런데 노고를 치르고 나서 이로 말미암아 얻는 소득이란 무거운 짐이며, 이 짐을 내려놓기 위해 맹수처럼 안전한 생활에 따르는 권태를 방지하기 위해 또 다른 일이 생긴다. 그러므로 우선 무엇인가 얻은 다음에는 그것이 무거운 짐이 되지 않도록 이를 의식하지 말아야 한다.

인간의 생존이 일종의 미혹임에 틀림없는 것은 인간이란 욕구가 구체화된 존재로, 이 욕구충족은 매우 어려운 일이기 때문이다. 비록 어떤 욕구를 충족시켰다 하더라도 단지 고통 없는 상태에 이를 뿐, 동시에 권태에 사로잡히기 마련인데, 권태 자체는 아무 가치도 없고 오직 내면적으로 공허를 느끼게 할 뿐이다. 이 간단한 사실을 유의해 보더라도 인간의 생존이 미혹임을 잘 알 수 있다. 즉, 우리의 본성은 생존 요구에 따라 구체화되며 이 생존이 적극적인 가치와 참된 내용을 지니고 있다면 거기에 권태가 따를 리 없으며, 단지 살아 있다는 사실 자체만으로 우리를 흡족하게 해주어야 한다.

그런데 실제로는 어떤가? 우리가 자신의 삶을 즐기는 경우란 고된 노력을 하는 동안이나 순수한 지적 활동에 몰두하는 동안뿐이다. 고된 노력은 거리감과 장해가 목적물로 한 대상을 얻기만 하면 우리가 만족할 것 같은 외형을 갖게 하고(이 미혹은 목적물을 손에 넣자마자 소멸된다), 지적 활동은 사실상 우리가 생존 범위를 벗어나 있으며, 마치 부둣가에 있는 구경꾼처럼 외부의 방관자와 같은 입장이다.

그리하여 우리가 잠시나마 이 두 극단의 경우를 떠나 존재 자체로 돌아가면 우리는 곧 그것이 실속없고 공허함을 절실히 느끼게 되는데, 그것이 바로 권태이다. 우리 속에 깃든 그칠 줄 모르는 호기심에서 무엇이든지 그럴듯하게 보이면 탐내는 것은, 사물이 그대로의 모습으로 있는 데 대해 염증을 느껴 중단되기를 얼마나 바라는지 잘 말해 준다.

지체 높은 사람들이 누리는 호사스러운 영화(榮華), 번쩍거리는 옷과 술잔치 같은 것은 근본적으로 오직 생존에 따르는 원래의 빈약하고 초라한 상태에서 벗어나려는 헛된 노력의 결과에 지나지 않는다. 그게 아니라면 수많은 큰 촛대며 보석, 진주, 무희, 곡예사, 가장(假裝)과 가면 등은 대체 무엇이란 말인가?

6

살려는 의지의 가장 완전한 현상, 다시 말해 인간유기체라는 극도로 복잡하고 정교한 기계가 끝내 죽어서 흙으로 돌아가고, 그 본성과 노력의 모든 결과가 눈앞에서 무로 바뀐다. 인간 의지의 모든 노력은 원래 이렇듯 공허하기 이를 데 없다.

옛날부터 정직한 철학자는 솔직하게 말했다.

"인간 자신이 충분한 가치를 지니고 있다면, 다시 말해 인간의 존재를 무조건 긍정해야 한다면 결코 '무로 돌아가는' 도달점에 이를 리 없다."
이러한 느낌은 괴테의 아름다운 시에도 나타나 있다.

　낡은 성에 우뚝 솟아 있노라.
　영웅의 존귀한 영혼.

죽음이 반드시 찾아온다는 것은 인간이 하나의 현상이며 '물자체(物自體)'가 아니라는 점에서 이해할 수 있다. 만일 인간이 '물자체'라면 결코 죽는 일이 없어야 하기 때문이다. 그런데 이 현상의 근원인 '물자체'는 오직 현상을 통해서만 자기를 나타내며, 이것은 '물자체'의 성격에서 비롯된 결과다.
한평생을 두고 볼 때, 탄생과 종말 사이에 얼마나 무서운 심연이 가로놓여 있는지 알 수 없다. 탄생에서는 욕망에 사로잡히고 음란한 쾌락에 빠지며 끝내 모든 기관들이 파괴되어 시체에서 썩은 냄새가 난다. 혼란이 표면적으로 드러나지 않는 유년시절, 죽음에 이르는 병마와 마지막 임종 때의 고뇌……. 이렇게 볼 때 우리의 생존은 죄과며, 그 결과가 점점 뚜렷이 나타나고 있다고 생각할 수 있다.
인생을 미혹의 파편으로 보는 게 올바른 견해며, 모든 것은 여기에서 헤어날 수 없다고 보아야 한다.

7

세계를 대국적인 면에서, 인간이라는 덧없는 존재가 빠르게 교체되는 점에 중점을 두고 고찰하며 인간의 삶이 얼마나 희극적인지 세밀히 살펴보라. 그러면 마치 현미경으로 세균이 우글거리는 물방울이며 치즈에 곰팡이가 피어 있는 것을 보고, 이 미물들이 웅성거리며 악착같이 싸우는 광경에 저도 모르게 웃음이 나올 때의 기분이 될 것이다. 여기서는 비좁은 공간 속에, 저기서는 짧은 시간 속에 활발히 활동하지만 우습기 이를 데 없다.
생존은 현미경으로 볼 수 있는 한 점과 같은데, 우리는 생존을 시간과 공간이라는 두 개의 강력한 렌즈로 확대시켜 엄청나게 큰 것으로 보고 있다.
시간은 우리의 머릿속에 있는 하나의 틀이다. 시간이 있기 때문에 사물과 우리 자신의 공허한 존재가 지속되고 실재라는 가면을 쓰고 나타나게 된다.

우리가 지난날 이러저러한 행운과 쾌락을 놓쳐버렸음을 한탄하는 것은 가장 미련한 짓이다. 비록 그 행운이라는 것을 속에 넣었다 하더라도 지금에 와서 무엇이 남아 있겠는가. 기억 속에 오직 껍데기 같은 미라만 남을 게 아닌가. 우리에게 주어지는 건 모두 이렇게 되는 것이다. 시간을 인식하는 것은 우리에게 세상의 모든 사물이 허망함을 깨닫게 한다.

인간이나 동물의 생존은 결코 확고한 기반 위에 있는 것도 아니고, 시간상 언제까지나 지속되는 것도 아니다. 오직 변천하는 존재에 따라 끊임없는 변화를 통해서만 존립되는, 이를테면 굽이치는 물결과 다름없다. 생존의 형태는 물론 여러 해 동안 계속되겠지만, 그것은 오직 물질이 언제나 신진대사가 되어 낡은 것이 새 것으로 대치되는 조건 아래에서만 존재할 수 있다.

그러므로 언제나 여기에 알맞은 것을 구하는 일이 인간과 동물의 중요한 임무이다. 이들은 자기들의 이같은 생존이 다만 몇 해 동안만 지탱된다는 사실을 의식하므로 자기의 생존이 중단되면 이와 대치되는 생존으로 이동하려고 한다. 이러한 의도가 성욕이라는 형태로 나타나며 객관적으로는 생식기로 나타난다.

그리고 이 성욕을 많은 구슬을 꿴 실에 비교하면, 급속히 교체되는 개체는 구슬에 해당된다. 이 교체를 조급하게 생각해 보면, 연속된 전체에서나 개체에 있어 언제나 형상만 남고 알맹이가 변해가는 것을 볼 때, 개체로서 우리는 가상의 가상만 지닌다는 것을 알 수 있다. 관념만 존재하고 모방된 형상인 사물은 그림자에 지나지 않는다는 플라톤의 가르침도 이런 관점에 있다.

우리가 다만 '물자체'의 현상에 지나지 않는다는 사실은 우리의 생존이 끊임없이 제공되는 영양물질이 계속해 흘러들고 흘러나오는 데 의존하고 있다는 점으로도 입증된다. 이런 관점에서 볼 때, 우리는 연기나 불길 또는 분수 같은 현상이 외부로부터의 공급이 중단되면 곧 사라지거나 파손되거나 그치게 되는 것과 같다고 하겠다. 그리고 이렇게 말할 수도 있다. 살려는 의지는 결국 완전히 무로 돌아갈 현상 속에 자신을 나타내는 것이다. 그런데 이 현상이나 귀결인 무도 모두 살려는 의지를 근거로 한다. 이것은 분명 불가사의한 일이 아닐 수 없다.

세상을 바라보면 곳곳에서 시시각각 나타나는 무수한 위험과 해악을 눈앞에 두고 살아가기 위해 끊임없는 투쟁과 치열한 갈등, 그리고 악착같이 싸우는 모습을 볼 수 있다. 그리고 이런 치열한 싸움을 계속하는 인간의 삶을 바라보면, 조금이라도 고통 없는 상태가 될 때 곧 권태가 침입하며, 그 순간 새로운 가난이 발생하여 원래의 처지로 되돌아가는 것을 알 수 있다.

그래서 가난을 없애면 권태에 사로잡히게 되는(지능이 발달된 동물도 그렇다) 것은 삶이 조금도 진실하고 순수한 알맹이를 지니지 못하며 오직 요구와 환상이라는 미혹에 의해 움직이고 있기 때문이다. 그리고 이 삶의 움직임이 조금이라도 정지되면 생존이 공허하기 이를 데 없음을 절실히 느끼게 된다.

일찍이 지금의 자기 처지를 진정 행복하다고 느낀 사람은 한 사람도 없었다. 만일 행복하게 느낀 사람이 있었다면 그는 술에 취해 있었을 것이다.

3. 살려는 의지에 대하여

1

지금 우리가 보는 이 세계라는 현상을 나타내게 한 존재는 동시에 이 현상을 나타내지 않게 할 수도 있다. 따라서 아무 일 없이 편안한 상태에 있을 수 있다는 것은 선천적으로 경험에 앞서 인식되며, 통속적으로 말하여 저절로 이해되는 진리다. 그리고 이 두 가지 상태는 다른 말로 표현하면 '현재의 다양성'과 '원래의 단일상'이다. 현재의 다양성이 삶을 의욕하는 현상이라면 원래의 단일상은 삶을 의욕하지 않는 현상이라고 보아야 한다. 그리고 생존을 원하지 않는 것은 사리(事理), 불교의 열반, 또는 신플라톤주의(로마시대 그리스 철학의 한 학파. 단순한 플라톤 철학의 부흥이 아니라, 종교적 신비사상, 특히 기독교 사상의 영향을 받은 철학 사상으로서 신비적 직관과 영계(靈界)의 존재를 주장하는 범신론적 일원론) '탈아(脫我)'의 경지와 중요한 점에서 동일하다.

이에 대하여 서투른 반대론을 주장하는 사람도 있을 듯해서 덧붙여두고자 한다. 살려는 의지를 버리는 것은 어떤 실체를 없애버리는 게 아니라 다만 의욕하지 않는 행위, 다시 말해 지금까지 의욕해 온 것을 의욕하지 않게 되는 것이다. 그리고 우리는 이 본성, 물자체로서의 의지를 다만 의욕하는 행동을 통해서만 알게 되므로 이 행위를 하지 않게 된 뒤 의지가 계속해 무엇이 된다거나 무엇을 한다는 데 대해서는 이해할 수 없다. 그러므로 의지가 현상화된 우리로서는 이 포기를 무에 이르는 과정으로 인식할 수밖에 없다.

살려는 의지를 주장하거나 버리는 것은 다만 의욕하는 것과 의욕하지 않는 것을 의미할 뿐이다. 이 두 가지 행위를 하는 주체는 동일하며 어느 행위도 완전히 소멸되지는 않는다.

2

그리스인의 윤리와 인도인의 윤리 사이에는 크게 다른 점이 있다. 그리스인은 행복한 일생을 마치는 게 목적이고(플라톤은 제외), 인도인은 생존에서 벗어나 해탈을 얻는 게 목적이다. 이 대조와 관련하여 직관적이어서 두드러지게 대조를 이루는 것은 돌로 만든 관과 그리스인의 기독교 시대에 시체를 담았던 관이다. 플로렌스의 전람실에 있는 돌관에는 결혼할 때의 여러 가지 의식이 그림으로 새겨져 있다. 즉, 구혼에서부터 결혼의 신에게 바친 횃불이 보금자리를 비추는 장면에 이르기까지 모든 과정이 묘사되어 있다. 그리고 기독교 시대 관에는 비애의 상징인 검은 포장이 덮이고 그 위에 십자가를 장식해 놓았다.

이 대조는 죽음에 대해 저마다 다른 방법으로 위안을 얻고 있음을 나타내는 깊은 의미가 포함되어 있으며, 둘 다 타당한 근거가 있다고 하겠다. 한쪽은 살려는 의지의 주장을 나타낸 것으로, 이 살려는 의지로서의 생존 자체는 (개체로서의) 형태가 아무리 급속도로 변전(變轉)하더라도 영원히 계속해 존속한다.

그리고 또 한쪽은 고뇌와 죽음의 상징에 의해 살려는 의지를 포기하고, 죽음과 악마의 영토인 이 세상으로부터의 해탈을 표시하고 있다. 요컨대 그리스와 로마의 기독교 정신 사이에는 살려는 의지의 주장과 포기의 모습이 나타나 있으며, 근본적으로는 결국 기독교가 올바른 근거 위에 있다고 하겠다.

3

내가 주장하는 윤리와 유럽 철학의 윤리설은 신약과 구약의 관계와 같다. 구약은 인간을 율법의 지배 아래 두고 있지만 구원으로 인도하지 못한다. 한편 신약은 율법을 불충분한 것이라고 분명히 하는 동시에 한 걸음 나아가 인간은 권능에서 해방되어 있다고 가르치고, 율법 대신 은총의 세계를 주장한다. 신앙과 박애와 몰아(沒我)의 경지를 통해 이 은총의 세계로 들어갈 수 있다고 보는 것이다. 신약의 정신은 이성에서 시작되는 프로테스탄트나 이성주의 신학이 아무리 그릇된 주장을 하더라도 어디까지나 고행의 길에 놓여 있다.

이 고행의 길이야말로 바로 살려는 의지 포기의 기각이며 구약에서 신약으로, 율법의 지배에서 신앙의 지배로, 의로운 행동에서 중개자에 의한 구원으로, 죄와 죽음의 지배 아래에서 그리스도의 영원한 생명으로, 단순한 도덕적인 선행에서 살려는 의지의 포기로 이르는 길이다.

나 이전에 나타난 모든 철학적인 윤리설은 구약정신에 입각한 것으로, 절대적인 도덕 율법과 도덕적인 명령이며 금제(禁制)는 암암리에 구약의 명령을 바탕으로 한 것이다. 다만 그 주장이나 서술 체제에 차이가 있을 뿐이다.

이와 달리 나의 윤리에는 근거와 목표가 포함되어 있다. 우선 윤리적으로 박애의 형이상학적인 근거를 증명하고 다음에 이것이 완전히 행해질 경우 이르게 되는 마지막 귀착점을 제시한다. 또한 이 세계는 피해야 할 곳이라는 점을 솔직하게 고백하고, 해탈에 이르는 길은 살려는 의지를 기각하는 데 있다고 가르친다.

그러므로 나의 이론은 사실상 신약 정신과 합치되지만 그밖의 윤리설은 모두 구약 정신에 버금가며, 이론상으로는 철저한 전제적 유신론인 유대교 가르침에 귀결되고 있다. 이런 의미에서 보면 나의 가르침은 진정한 기독교적 철학이라고 불러도 무방하다. 사물의 핵심을 파악하지 못하는 사람에게는 이 말이 물론 이상하게 들릴 것이다.

4

사물을 깊이 생각할 줄 아는 사람이라면 아래와 같이 쉽게 달관할 수 있을 것이다. 인간의 탐욕이 죄악이 되는 것은 각 개인이 상대편을 방해하여 해악을 끼치기 때문이 아니다. 오히려 이 탐욕은 본질적으로 죄악이어서 보다 빨리 없어져야 할 것이며, 살려는 의지 자체를 근본적으로 송두리째 증오해야 할 것으로 간주하는 게 정당하기 때문이다.

요컨대 세계에 충만한 두려움과 비극은 인간의 성격에서 비롯되는 필연적인 결과로서, 살려는 의지는 이 성격 가운데서 인과율의 연속에 따라 나타나는 상황 속에 자신을 현상화한다. 그러므로 두려움과 참상은 살려는 의지가 발동되고 있는 것으로 보아도 무방하다. (루터의 《독일 신학》 p. 93 참조) 우리의 존재 자체가 죄악을 내포하고 있다는 사실은 죽음이라는 운명이 주어진 것을 보더라도 명백한 일이다.

5

인간이 초인적인 고귀한 성격을 갖고 있으면 자기 운명을 좀처럼 한탄하는 일이 없고, 햄릿이 호레이쇼를 찬양한 심경과 같다.

"너는 온갖 고뇌에 시달리면서도 마치 아무 고통도 받지 않는 것 같았다."

이것은 다음과 같은 관점에서 이해할 수 있다. 이런 사람은 자신의 본질을 남에게서도 발견하고, 그들의 운명도 자신과 마찬가지라고 느낀다. 그리고 주위에 언제나 자기보다 더 큰 불운이 있음을 보면서 자기의 불우한 처지를 한탄하지 않는다.

이와 달리 마음가짐이 비열한 이기주의자는 자기만 존재하고 남들은 허수아비로 여겨 다른 사람의 운명은 전혀 동정하지 않고 오직 자기 운명에만 관심을 갖고 있다. 따라서 자기의 이해관계에 매우 예민하여 언제나 비탄에 빠지게 된다.

여러 차례 말한 바와 같이 정의와 박애의 원천은 타인 속에서 자기를 재인식하는 데 있다. 그리고 이 재인식은 끝내 살려는 의지를 포기하는 데 이를 수도 있다. 왜냐하면 재인식되는 타인이라도 현상은 분명 비탄과 고뇌 속에 놓여 있으므로 자기의 자아를 모든 타인의 입장에까지 확대시키는 사람은 이미 그런 자아를 원하지 않기 때문이다. 그것은 제비를 뽑을 때, 모든 제비를 혼자 도맡아 뽑는 사람이 당연히 많은 손해를 보는 것과 마찬가지다. 의지가 주장하는 것은 자아의 의식을 자기 개체에만 국한시킬 것을 전제로 일어나며, 우연에 의해 행복한 일생을 누리려는 것이다.

6

이 세계를 관찰하고 이해하려 할 때 '물자체'인 살려는 의지에서 출발하면 세계의 핵심, 그 으뜸가는 중심은 생식행위임을 알 수 있다. 살려는 의지에는 이 행위가 최초의 중대사이고 결말로 나타나며, 세계라는 난자(卵子)의 시작점이며 모든 요소가 되고 있다. 그런데 현상으로서의 경험 세계, 다시 말해 심상(心象)으로서의 세계에서 출발하면 얼마나 많은 정반대의 장면이 나타나는지 알 수 없다. 여기서는 성행위가 전혀 동떨어진 특수한 일, 비열한 의지밖에 지니지 못한 일, 숨어서 몰래 이루어지는 일, 색다른 일, 따라서 웃음거리의 대상으로 나타나며, 그 행위의 배후에 악마라도 숨어 있어 모든 것을 조정하는 것처럼 보인다.

그리하여 악마의 성행위 대가로 세계를 사들인다고도 말할 수 있다. '성행위를 마치고 나면 바로 등 뒤에서 악마의 웃음소리가 들리는' 걸 느끼지 않을 사람은 아무도 없을 것이다. 이 문구를 곰곰이 생각해 보면 성욕, 특히 어떤 여성에게 연정을 품었을 때의 성욕은 이 세상에서 이루어지는 모든 사기 가운데 대표적인 것이며, 한마디로 헤아릴 수 없이 많은 걸 약속하면서 손에 넣는 보잘것없는 것이다.

생식행위에서 여성이 저지르는 죄는 남성보다 적다고 할 수 있다. 왜냐하면 남성은 태어나는 어린애에게 최초의 죄악이며 해악의 근원이 되는 의지를 부여하는 데 비해 여성은 유전적으로 해탈을 향한 길을 열어줄 수 있기 때문이다. 성교는 살려는 의지가 또다시 자신을 주장하는 것을 의미한다. 바라문교의 경전에 "아, 슬프도다, '링감'은 '요나'에 들어갔다"라는 구절이 있는데, 이것도 위와 같은 의미에서 부르짖은 비탄이다. 그러나 수태와 임신은 살려는 의지에 대해 다시 인식의 빛이 주어졌음을 의미한다. 의지는 이 빛을 얻어 다시 올바른 길에 이를 수 있으며, 그래서 해탈이 가능하게 된다.

이런 점에서 설명될 수 있는 주목할 만한 사실은, 모든 여성은 성교를 하려고 할 때 깜짝 놀라며 두려움과 부끄러움을 느껴 어찌할 바 모르지만, 막상 임신하게 되면 조금도 부끄러워하지 않을 뿐더러 의기양양하게 사람들 앞에 나타내는 것이다. 대체로 분명한 증거란 나타나는 상태를 두고 보아야 하는데, 여성은 성교에 대해 무척 부끄러워하지만 임신에 대해서는 아무렇지도 않게 여긴다.

임신이라는 사실은 어느 의미에서는 성교에서 일어난 죄과의 연상을 포함하며 적어도 그것을 기대하고 있다. 성교에는 치욕과 부정(不淨)이 따르지만 이와 밀접한 관련을 맺는 임신은 순결하고 티 없으며 얼마쯤 고귀한 것으로 여겨지고 있다.

성교는 주로 남성이 하고 임신은 여성이 한다. 태어나는 어린애는 아버지에게서 의지와 성격을 물려받고 어머니에게서 지적 능력을 물려받는데, 의지와 성격은 얽어매는 힘이고 지적 능력은 풀어놓는 힘이다. 살려는 의지가 지적 능력을 통해 온 세상에 거듭 그 정체가 드러나는데도 영원히 존재하려는 노력이 성교다. 의지가 새로운 인간을 낳게 하며, 이 의지 때문에 해탈에 이르는 길이 열릴 수 있다. 임신은 새로운 개체가 태어나는 징조며 자유롭고 정정당당하게, 아니 의기양양하게 활개치며 나돌아다닐 수 있지만, 성교는 마치 범죄자처럼 숨어서 한다.

7

어떤 신부는 결혼해 동침하는 것도 자식을 낳으려 할 때만 용납된다고 가르치고 있으며, 클레멘스(Clemens, Alexandrinus(150?~215?). 그리스 종교가, 철학과 문학에 조예깊고 인식을 중히 여겨 종교와 철학의 조화를 피함)의 《잡록》 1권 3편 11장에도 "오직 어린애를 낳기 위해"라고 씌어 있다. 그리고 3편 3장에는 피타고라스학파 철학자들도 이런 견해를 지녔다고 기록되어 있다. 엄밀히 말하면 이 견해는 잘못되었다. 성교가 다만 그 자체의 쾌락을 위해 이루어지는 게 아니라면, 이미 살려는 의지가 포기되어 인류를 존속시키는 일이 무의미해질 것이다. 그리고 아무 정열이나 음욕, 생리적 충동 없이 순수한 사려와 냉정한 의도에서 한 인간을 세상에 내보내는 일이 가능하다면, 그것은 도덕적으로도 의심되는 행동이며, 실제로 이런 행동을 취할 사람은 극히 드물다. 또 그러한 성행위와 단순한 성욕에서 비롯되는 생식은 고의로 저지르는 냉정한 살인과 격분한 나머지 저지르는 살인과의 관계로 비유할 수 있다.

부자연스러운 성욕의 만족이 비난의 대상이 되는 사실도 이와 정반대 이유에서 비롯된다. 이러한 성적인 만족은 다만 충동을 채우고, 또 그렇게 함으로써 살려는 의지가 발동되어 의지의 포기를 가능케 하는 유일한 방편인 새로운 개체의 탄생이 제외되기 때문이다. 부당한 성관계가 무서운 죄악으로 여겨지는 건 금욕주의 경향을 가진 기독교가 나타났기 때문이라는 것도 이 같은 점에서 설명할 수 있다.

수도원이란 청빈, 동정(童貞), 복종, 곧 자기 의사를 포기하겠다고 다짐한 사람들이 공동으로 생활함으로써 첫째는 생존 자체의 짐을 가벼이하고, 둘째로 그런 수도생활의 괴로움을 덜어보려는 곳이다. 남들이 자기와 같은 고생을 하는 것을 눈으로 보게 되면, 서로 결의를 더욱 굳게 할 수 있고 위로도 받을 수 있다.

그리고 어떤 한정된 울타리에서 공동생활하는 것은 인간의 천성에 맞는 일이며, 여러 가지 어려움을 당해도 한결 마음이 가벼워질 수 있다. 이것이 수도원의 기원에 대한 정당한 견해이다. 그런데 나 아닌 다른 철학자의 주장을 보면 그것은 어리석은 자나 미치광이의 집합소라고 할 수밖에 없지 않은가.

순수한 수도원 생활, 즉 금욕생활에 깃든 정신과 그 의의는 자신이 이 세상에서의 존재보다 내세에서 한층 나은 존재가 될 만한 가치가 있으며, 또한 그것을 체험할 수 있다고 생각하는 데 있다. 뿐만 아니라 확신을 갖고 이를 더욱 굳히기 위해 세상이 자기에게 제공하는 것을 멸시하며, 쾌락을 무가치한 것으로 보고 내동댕이쳐 현세의 공허한 욕구를 무시한 생활에 만족하고 안정된 마음으로 자기 일생이 끝나기를 기다린다. 그리하여 죽음이 찾아오면 그것을 구원에 이르는 계기로 기꺼이 맞아들이는 것이다.

사니안의 고행도 이와 비슷한 취지와 의의에서 이루어지며, 불교도들의 사찰생활도 마찬가지다. 그러나 실천이 이론을 따르기 어려운 것은 이 사찰생활에서 뚜렷이 드러난다. 근본사상이 너무 고답적이라 맹목적인 실천은 죄악이 되기 때문이다. 순결한 승려는 누구보다도 존경할 만하지만 대부분의 경우 승복은 다만 꾸밈에 지나지 않으며, 그 승복 속에 진짜 승려가 들어 있는 것은 가장행렬의 경우처럼 매우 드문 일이다.

자기 의지를 버리기 위해서는 자기를 완전히 다른 사람의 의지에 맡겨버리는 게 효과적이며, 또한 이것이 진리를 숭상하기 위한 적절한 수단이기도 하다.

교단의 진정한 승려가 될 수 있는 사람은 드물다. 그들은 대부분 마지못해 트라피스트 (trappiste. 1098년 프랑스의 시토 황야에 창립된 시토 수도회를 1664년 랑세가 개혁하여 세운 기독교의 한 분파. 침묵, 정진, 노역의 엄한 계율 아래 노동과 작업을 행함)가 되어 가난과 고행, 복종, 금욕을 일삼으며 가장 필요한 안위까지도 저버리고, 할 수 없이 또는 빈궁한 나머지 마지못해 정결한 생활을 참고 견디는 운명에 놓인다. 진정한 트라피스트가 자진하여 질서있게 고행을 일삼으며 자신의 처지가 구태여 나아지기를 원하지 않는 한편, 대부분의 사람들은 내가 전에 고행을 논한 장에서 제2의 일이라고 말한 것에 속한다.

이 제2의 일에 순종하도록 하기 위해 자연은 인간에게 충분한 배려를 하여 근본적으로 가난이나 고난이 일어나도록 한다. 직접 자연으로부터 비롯되는 해악 말고도 전쟁 때든 평화로울 때든 인간의 사악과 서로간의 불화에서 비롯되는 해악이 있다.

그리고 영원한 구원을 얻기 위해 스스로 불러들인 고뇌가 필요하다는 것은 구세주의 말씀에도 나타나 있다.

"부자가 천국에 들어가는 것보다는 낙타가 바늘귀로 빠져나가는 게 더 쉽다." (마태복음 19장 24절)

진심에서 우러나 영원한 구원을 얻으려는 사람이 부유하고 지체높은 집에서 태어나 가난이나 고생과는 동떨어진 생활을 한다면, 자진해서 빈궁한 생활 속으로 뛰어든다. 부처가 된 석가모니가 그런 사람이다. 그는 왕족으로 태어났으나 자진해서 문전걸식했다. 또한 걸식승단(乞食僧團)을 창설한 프란체스코 (Francesco (1182~1226). 이탈리아 수도사, 성자. 1209년 교황의 인가를 받아 프란체스코 교단 창건. 그리스도의 사랑을 실천한다는 취지에서 가난한 사람과 병자를 위로하며, 회색 옷을 입고 탁발했음)는 젊고 방탕한 귀공자였다. 그런데 어느 무도회에서 옆에 있던 친구가 많은 귀족들과 명문 출신 젊은 아가씨들을 둘러보며 그에게 물었다.

"프란체스코, 저 가운데 자네 마음에 드는 아가씨가 있을 것 아닌가?"

프란체스코는 그 친구에게 대답했다.

"나는 아가씨보다 더 아름다운 걸 발견했네."

"그게 무엇인가?"

친구의 물음에 그는 대답했다.

"가난일세."

그는 그 자리에서 모든 것을 버리고 문전걸식하면서 전국을 누비고 다녔다.

이런 사실을 보더라도, 가난과 고뇌가 우리의 구원을 위해 얼마나 필요한지 인식한 사람은 행복한 사람을 부러워하지 않고 불행한 사람을 부러워한다는 사실을 깨닫게 될 것이다.

그리고 이런 이유에서 스토익적(금욕적)인 생각을 갖는 것은 운명에 맞서는 좋은 방법이다. 또 그 생각이 번뇌와 고통을 막는 갑옷으로 현재를 보다 손쉽게 견디어나가는 데 도움이 되는 것은 분명한 일이지만, 진정한 의미의 구원과는 거리가 멀다. 그것은 마음을 감추고 있기 때문이다. 이렇듯 돌처럼 딱딱하게 굳은 껍질을 쓰고 마음이 사물을 느끼지 못하게 되면, 고뇌로 타격을 입어 선량해지기를 바랄 수 없다. 이런 금욕주의란 그리 진기한 것도 아니고 오히려 위선처럼 보일 때도 많다. 그래서 도박에 지고도 웃는 얼굴을 보이는 허세를 연상케 한다. 그리고 이것이 마음속으로 밝혀지는 경우에도 대체로 단순하고 무딘 감각이라든가 고뇌를 크게 느끼는 정력과 활기, 감수성과 상상력 등의 결핍에서 비롯되는 경우가 많다. 그래서 마음이 굳고 무거운 독일사람들에게는 역시 금욕주의가 적합하다.

11

부정직하고 사악한 행위는 행한 자의 입장에서 보면 그가 살려는 의지를 주장하고 있다는 강력한 증거다. 또 그가 진정한 구원인 살려는 의지의 포기와 세상에서의 해탈에서 멀어지고 있음을 보여주고, 거기에 도달하기까지 인식과 고뇌의 오랜 수련을 받아야 한다는 것을 말해 준다. 그러나 그 행위로 말미암아 고통받고 있는 사람의 입장에서 보면, 형이하학적으로는 해악일지 모르나 형이상학적으로는 정당한 일이며, 피해자를 참된 구원에 이르게 하는 혜택이다.

12

세계의 영 : 여기 네가 달게 고생받아야 할 일이 있다. 너는 거기에 정력을 기울이는 게 곧 생존하는 것이 된다. 다른 모든 생물도 그렇지만.

인간 : 그런데 내가 생존에서 대체 무엇을 얻고 있단 말입니까? 생존을 요구하면 가난에 시달리고 요구하지 않으면 권태에 사로잡힙니다. 나에게

이런 고된 일과 괴로움을 주면서 어찌 그 대가는 이처럼 보잘것없습니까?

세계의 영 : 아니다. 그 대가는 너의 노고에 알맞은 것이다. 네 자신이 빈약하고 가난한 자로 태어났기 때문이다.

인간 : 그렇습니까? 나로서는 무슨 뜻인지 알아들을 수 없습니다.

세계의 영 : 나는 잘 알고 있다. (옆을 돌아보면서) 저 사람에게 이렇게 말해 줄까? 생존의 가치는 오직 그를 타일러 그 생존을 원치 않도록 하는 데 있다. 그가 이 최고의 경지에 이르기 위해서는 미리 생존 자체로부터 예비적인 단련을 받아야 한다.

13

전에도 말한 적이 있지만, 개인의 생애는 대체로 비극적인 성격을 띠고 있다. 생존은 터무니없는 희망, 공허하기 짝이 없는 계획, 나중에 깨닫게 되는 미혹에 지나지 않는다. 이것은 다음과 같은 바이런$\binom{\text{G.G. Byron,}}{1788\sim1824}$의 비통한 시구에 잘 나타나 있다.

　　비애와 노쇠가 드디어 그를 죽음으로 인도하며
　　이토록 길고 고달픈 생애를 거쳐
　　비로소 깨닫게 되느니라, 미궁 속을 헤매왔음을.

이러한 견해는 내 세계관과 일치된다. 존재 자체는 없는 것보다 못한 일종의 미혹이며, 인식은 우리를 이 미혹에서 벗어나게 한다.

인간은 인간이므로 이미 미궁 속에 빠져 있음을 의미하며, 개체로서의 인간이 자기 일생을 돌아보고 줄곧 그릇된 길, 즉 미궁에 빠져 있었다는 사실을 발견하게 되는 것은 당연한 결과다. 이 일반적인 진리를 달관하기 위해서도, 독자들의 경우 우선 자신의 일생에 대하여 깨닫는 바가 있어야 한다. 왜냐하면 부속에 대해 참인 것은 종속에 대하여도 참이기 때문이다.

인생은 어디까지나 우리에게 배당된 엄중한 부역으로 봐야 한다. 다만 우리의 사고방식이 전혀 다른 방면에 쏠려 있어 우리에게 어째서 그런 부역이 필요한가를 이해하지 못한다. 그러나 진리는 여전히 진리라는 것을 입증하고 있어서 우리는 세상을 떠난 친구를 생각할 적마다 그들은 이미 그 부역을 마쳤다고 여겨 만족을 느끼며 그들이 가야 할 곳으로 잘 갔다고 생각한다.

우리도 이와 같은 점에서 자신의 죽음을 바람직하고 당연한 일로 맞아들여야 할 것이다. 흔히 보는 것처럼 전율하거나 울부짖는 일이 있어서는 안 된다.

행복한 삶이란 있을 수 없으며, 인간이 도달할 수 있는 최고의 생존이란 고작 영웅적인 생애이다. 이런 생애를 산 사람은 어떤 방법과 사건을 통하여 뭇사람들에게 선을 베풀려고 큰 고난을 물리치고 승리를 거두었지만, 본인은 그 때문에 얼마쯤 보상을 받기도 하고 못 받기도 한다. 그리하여 고티에 ^{(Theophile Gautier(1811~ 1872). 프랑스의 작가)}의 희곡(de Corvo)에 나오는 왕자처럼 화석이 되어버리거나 하느님 같은 용모를 한 존귀한 초인으로 고립될 수밖에 없다. 그러나 그는 영원히 뭇사람들의 기억에 남아있으며 한 사람의 영웅으로서 숭배받게 된다. 그의 의지는 평생에 걸친 고난과 활동, 소득 없는 결말과 세상의 비정함에 정화되고 연소되어 열반에 이르게 된다.

14

우리는 위에서와 같은 관찰로 차원높은 면에서 인간의 고뇌가 이로운 것임을 인정할 수 있으나, 동물의 괴로움에 대해서는 이런 해석을 내릴 수 없다. 게다가 동물의 고뇌는 거의 인간이 주는 것이며, 이것을 제외해도 상당히 큰 것이다. 그래서 '살려는 의지는 대체 무엇 때문에 동물에게 천차만별의 형태로 나타나 괴로움만 주고, 인식의 작용으로 해탈할 수도 없는가?'라는 의문이 생긴다.

동물의 고뇌는 오직 다음과 같은 점에 유의하여 생각해 보아야 한다. 즉, 현상의 세계에는 '살려는 의지'가 움직이고 있을 뿐이며 이것은 배고파 허덕이는 의지이므로 살덩이를 삼키는 도리밖에 없다. 따라서 이 의지의 현상은 단계적으로 나타나 그 하나하나가 타자(他者)를 잡아먹고 살아간다. 이 점에 대해서는 《의지와 표상으로서의 세계》 153~154절을 읽어주기 바란다. 거기서 동물이 인간보다 고뇌를 견디는 힘이 훨씬 미약하다는 것을 설명했다. 이 이상 언급하는 것은 이미 하나의 가설에 지나지 않으므로, 아니 신화와 같은 설명이 되어버리기 때문에 독자들은 자기의 사색에 의존해야 할 것이다.

4. 사랑의 형이상학

시인은 즐겨 사랑을 묘사한다. 모든 희곡은 비극이건 희극이건, 낭만적이건 고전적이건, 인도에서건 유럽에서건 사랑을 주요 테마로 다루고 있다. 그리고 사랑은 서정시와 서사시에서도 가장 풍부한 주제이며, 또한 이 몇 세기 이후로 사시사철 나는 과일처럼 유럽의 모든 문명국가에서 해마다 계속 출판되어 나오는 소설에서도 그렇다. 이 모든 저작들은 근본적으로 사랑에 대한 여러 가지 묘사를 하고 있고, 《로미오와 줄리엣》《젊은 베르테르의 슬픔》 등에는 불후의 명성이 주어졌다. 라로슈푸코(1613~1680,
프랑스 고전작가)는 열렬한 사랑이란 요물 같은 것으로, 세상사람들이 사랑에 대해 여러 가지 이야기를 하고 있지만 아무도 그 요망한 악마를 실제로 본 일은 없다고 말했다. 그리고 리히텐베르크는 그의 〈연애의 힘에 관하여〉라는 논문에서 뜨거운 정열의 실재를 의심하고 자연스럽지 않다고 말하지만, 이것은 잘못된 생각이다. 천재적인 시인들이 계속 묘사하고 누구나 여전히 감동을 느끼는 것을 보더라도, 사랑이 인간의 자연성에 배치되는 특수한 정념이나 공허한 공상이라고 할 수는 없을 것이다.

그리고 일반적인 경험(그것이 날마다 되풀이된다고 할 수는 없으나)에 비춰보아도 분명한 일이지만, 뜨거우나 통제할 수 없는 사랑은 어떤 환경에 지배되면 급속도로 증진하여 그 강한 불길이 다른 정열을 능가하고 깊은 생각을 물리친다. 또한 믿을 수 없을 만큼 위력과 고집을 나타내 모든 장애를 물리치고 욕구를 충족시키기 위해 목숨도 아낌없이 내걸며, 만일 욕구가 충족되지 않으면 자살까지도 무릅쓴다. 베르테르며 야코프 오르티스(이탈리아 작가 우고 포스콜로의 소설
《오르티스 최후의 편지》의 인물)는 소설에만 등장하는 인물이 아니다. 유럽에는 이런 이유로 자살하는 사람들이 해마다 적어도 5, 6명은 된다. 그렇게 조용히 죽음 속으로 사라진다.

그들은 은밀히 죽어가므로 고뇌의 흔적은 신문과 잡지에 보도될 뿐이고 호적계 관리의 손에 의해 삶이 정리될 뿐이다. 프랑스나 영국 신문을 읽는 사람들은 내 말이 정확한 것임을 인정하리라. 그러나 그들보다 더 많은 것은 이러한 정열에 사로잡혀 정신병원으로 가는 사람들이다. 또 해마다 여러 쌍의 연인이 사랑 때문에 죽는다. 이들은 외부의 압력에 못이겨 절망한 나머지 희생된다. 다만 아직 이해할 수 없는 것은 서로 사랑하며 사랑 속에서 최고의 행복을 누릴 수 있다고 확신하는 두 사람이 왜 용감하게 떨치고 일어나 모든 사회적인 관례를 끊어버리지 못하는가, 그리고 왜 모든 굴욕을 달게 받지 않는가, 무엇 때문에 자살하여 가장 큰 행복을 저버리는가 하는 점이다. 그리고 가벼운 사랑의 불빛은 누구나 날마다 보고 들으며, 또 젊은 시절에는 가슴속에 누구나 그 불빛을 지니고 있다.

인생에서 사랑이 중대한 사건임은 의심할 여지가 없다. 그러므로 철학자가 시인들이 계속 다뤄온 것이라고 해도 그리 놀랄 일이 못 된다. 오히려 인간에게 이처럼 중요한 역할을 하는데도, 지금까지 철학자가 등한시하여 여전히 문제가 남아 있다는 것은 놀라운 일이 아닐 수 없다.

철학자들 가운데 사랑에 관하여 가장 많이 말한 사람은 플라톤으로, 특히 《향연》과 《파이드로스》 두 편에 잘 나타나 있다. 그러나 그가 이 사랑이라는 주제에 대하여 말한 것은 신화와 우화, 경구의 영역에 속하며, 주로 그리스인의 사랑에 관한 것이다. 그리고 루소가 《인간 불평등 기원론》에서 언급한 간명한 설명은 잘못되어 있고 또 불충분하다. 칸트가 《미와 숭고의 감정에 대하여》라는 자신의 논문에서 설명한 것은 표면적인 서술로 어떤 대목은 전혀 문외한의 견해라고 볼 수밖에 없는 불확실한 것이다. 그리고 플라트너가 《인류학》에서 논한 것도 평범한 견해이다. 스피노자의 주장은 간명하여 여기 인용해 둘 만하다.

"사랑은 외부적 원인에서 오는 관념에 따르는 쾌락이다."*(《윤리학》 4권, 정리 44행)*

이제 나는 이 선배 철학자들로부터 빌려오지도 않고 또 그들을 논박할 필요도 없는 입장에 있다. 내가 이 문제를 다루어 나의 우주론에 여백을 남긴 것은 선배 철학자들의 책을 보아서가 아니라, 외부의 인생을 관찰한 데서 오는 필연적인 결과이다. 나는 지금 사랑을 속삭이는 사람들의 동의나 찬양을 바라고 있는 것이 아니다.

이들은 물론 자기네의 정념이 가장 숭고하고 거룩한 별나라처럼 화려하게 표현되기를 바라고 있을 것이다. 그러므로 그들에게는 내 견해가 너무 형이하학적이고 물질적으로 보일지 모르겠지만, 근본적으로 그것은 어디까지나 형이하학적이고 절대적이다. 그들은 내 주장을 어설프게 비판하기에 앞서,

자기들이 지금 찬양해 마지않는 애인이 만일 18년쯤 어린 나이였다면 대부분 거들떠보지도 않았을 거라는 사실을 부디 생각해 보는 게 좋을 것이다.

연정은 겉보기에는 별나라 같아도, 사실은 성욕이라는 본능을 바탕으로 하고 있다. 아니, 이 본능이 특수화된 것이며 개체화된 것이다.

이 점을 염두에 두고 사랑이 희곡이나 소설에서뿐 아니라 실제 사회에서 (거기서는 자기보존 본능과 함께 가장 강력하게 작용하며, 모든 동작 중에서 가장 활동적이다) 연출하는 중요한 역할을 관찰하면, 언제나 모든 생애에서 가장 젊은 시절, 즉 청춘시절 뭇사람들의 정력과 사고를 거의 절반쯤 강제로 동원한다. 또한 사랑은 인간이 기울이는 모든 노력의 마지막 목적으로서, 심지어는 가장 중요한 사건에도 엄청난 영향을 주며, 가장 진실한 과업을 중단시키고, 때로 가장 위대한 정신도 흐리게 하며, 외교적 교섭이나 학술연구에 몰두할 때도 체면불구하고 연출하여 장관의 문서철이며 철학자의 원고 속에 연애편지나 머리카락을 끼워넣게 한다. 또 수많은 나날 시끄러운 사건에 가장 악질적으로 사주한 사람이나 동지끼리 맺은 가장 친밀한 사이도 끊어버리고, 견고한 사슬도 풀며, 허다한 사람들을 희생시키고, 생명과 건강과 부와 지위와 행복을 빼앗아갈 뿐더러, 정직한 사람을 철면피로 만들고, 충신을 반역자로 변절하게 하며, 흡사 악마처럼 모든 것을 뒤집어엎고 찢어버리고 파멸시키려 한다. 이 모든 점을 곰곰이 생각해 보면, 그토록 소란을 피우고 애쓰고 고민하며 불행에 빠지는 것은 무엇 때문이냐고 외치지 않을 수 없다. 대체 무엇 때문에 그렇듯 하찮은 일이 그처럼 큰 파문을 일으키며 안정된 생활에 소동을 일으키게 하는 것인가?

진리 탐구 정신이 투철한 사상가라면 이 물음에 대해 올바른 해답을 내릴 수 있다. 즉, 그것은 결코 작은 일에 관련되어 있지 않으며, 그 중대성은 그것을 추구하는 경우 맞닥뜨리게 되는 진지하고 열렬한 모습에 맞먹는다.

정사의 목적은 비극으로 나타나든 희극으로 나타나든 인생의 여러 가지 목적 가운데 가장 엄숙하고 중요한 것이며, 누구나 끈질기게 추구하기 마련이다. 이것은 당연한 일이다. 거기서 실제로 이루어지는 일은 다음 세대의 조정이라는 중대한 일이며, 다음 무대 위에 우리를 대신해 등장할 인원은 이

같이 사소한 장난처럼 보이는 정사에 의해 그 존재와 양상이 결정된다.

그리고 이 미래에 인간이 존재하느냐의 문제가 성욕을 절대조건으로 삼고 있는 한편, 그들의 성격적인 특질인 본성(essentia)은 성애의 개체적인 선택을 절대조건으로 삼고 있다. 따라서 모든 점이 변함없이 결정된다.

문제의 핵심은 바로 여기 있으며, 일시적인 사랑에서 가장 뜨거운 정열에 이르기까지 사랑의 모든 형태를 자세히 살펴보면 그 진상이 분명히 드러난다. 사랑의 여러 가지 형태는 이성을 선택하는 개인적인 조건에 따라 다르게 나타나게 된다.

그러므로 이 세대의 연애를 인류 전체의 입장에서 크게 보면, 다음 세대의 성립을 숙고하고 그 뒤의 무수한 세대에 대해 배려하는 진지한 일이라고 하겠다. 사실 그것은 다른 정열같이 개인의 불행이나 이익에 관계되는 일이 아니고, 앞으로 돌아올 인류의 존재와 그 특수한 양상에 관한 것으로, 이 경우 개인의 의지는 가장 높은 능력에 도달하여 자신을 종족의 의지로 돌아가게 한다.

연애란 엄숙하고도 뼈아픈 것으로, 큰 환락과 고뇌가 따르는 까닭은 이 종족에 관한 커다란 이해관계에서 비롯된다. 시인은 몇천 년 전부터 수많은 예를 들어 그것을 묘사했다. 이 주제는 종족의 이해관계와 직결되어 있으므로 그밖의 어떤 주제도 더 이상의 감흥을 주지 못한다. 즉 개인과 종족의 관계는 물체의 표면과 물체와의 관계와 같은 것이다. 그러므로 한 편의 희곡이 정사 없이 흥미를 자아내는 경우란 드문 일이다. 그리고 사랑은 옛날부터 다루어온 진부한 것임에도 언제까지나 고갈되는 일이 없다.

성욕이 개인의 의식에 분명한 윤곽을 드러내지 않고 희미하게 나타나면, 그것은 모든 현상 밖에 있는 살려는 의지 자체이다. 인간과 같은 의식적인 생물에게 이 성욕이 특수하게 작용할 경우에도 그것은 근본적으로는 동일한 생존의지지만, 단지 미래의 신생아라는 명백하고도 엄밀히 한정된 생물체 내에 살려고 한다.

그리고 이 경우의 성욕은 주관적인 것이지만 개체의식이 착각을 일으켜 상대에 대한 찬미라는 베일로 교묘히 자신을 은폐하는데, 자연은 뜻을 이루기 위해 이런 술책을 써야 한다. 그러므로 애인에 대한 찬양은 아무리 이상적이고 이지적으로 보이더라도 그 최종목적은 어디까지나 어떤 일정한 성격과 형태를 지닌 존재를 만들어내려는 데 있다. 연애가 결코 서로의 애정만으로 만족하는 게 아니라 상대를 자기 것으로 만들어 살을 섞는 중대한 일을 요구한다는 것이고 그 증거다. 상대의 사랑을 확신하더라도 따로 떨어져 있으면 아무 위안을 느끼지 못할 뿐더러 스스로 목숨을 끊는 자도 있다.

이와 달리 상대에 대하여 뜨거운 사랑을 품고 있던 자가 그 사랑에 아무 보답도 받지 못하고 있을 때는 상대를 정복하는 육체관계만으로 만족을 느끼는 경우가 있다. 이를테면 강제결혼이나 선물을 미끼로 목적을 달성하는 성교, 강간 등이 그렇다.

당사자들은 의식하지 못하지만, 정사는 결국 자식을 낳는 것이 유일한 목적이다. 따라서 거기까지 이르는 과정의 우여곡절은 부수적인 조건에 지나지 않는다. 고결하고 애절한 심정으로 아름다운 사랑을 속삭이는 사람들은 내 주장을 지나친 실재론이라고 반박할 테지만, 이것은 그들이 잘못 생각하고 있기 때문이다.

앞으로 등장할 인류의 외모와 성격을 정밀하게 선정하는 일은 그들의 꿈이나 공상보다 훨씬 고귀한 목적이 아닌가? 인간이 가질 수 있는 목적들 중에서 이보다 더 중대한 일이 어디 있겠는가? 이 목적을 인정하지 못하면 사랑의 뜨거운 정열을 이해할 수 없다. 이 정열이 중대한 역할을 하게 되고 극히 하찮은 일도 일단 이 목적과 관련 맺으면 중대한 의미를 지니게 된다.

그래서 연인을 위해 동분서주하거나 서둘러 접근하는 노력이나 노고는 언뜻 보아 결과로 얻을 수 있는 대가보다 커보이는데, 이것을 올바르게 이해하려면 위에서 말한 목적을 잊지 말아야 한다. 이 노고와 투쟁을 거쳐 현재 꿈틀거리고 있는 것은 어디까지나 개성적인 성격을 갖고 태어날 다음 세대의 인류다. 아니, 다음 세대의 인류는 벌써 성욕을 충족시키기 위해 움직이고 있는 저 사랑이라는 이름의 면밀하고도 끈기 있는 이성의 선택에서도 나타나 있다.

사랑 자체가 이미 두 사람이 앞으로 탄생시키려는 새로운 개체의 살려는 의지다. 다시 말해 그들이 서로 반하여 주고받는 눈짓 속에 벌써 하나의 새로운 생명이 나타나 미래의 개성으로서 꿈틀거리고 있다. 두 연인은 진심으로 결합하고 융화하여 한 덩어리가 되려고 하며, 그들이 낳은 자식은 그들의 생존을 연장시켜 거기에 부모의 유전성이 존속된다. 이와 달리 두 사람의 남녀가 서로 혐오하는 것은 그들이 부모가 되더라도 조화를 이룰 수 없는 소질을 가진 불행한 자식밖에 낳지 못한다는 징후다.

이같이 두 사람의 이성에게 다른 것을 돌아보지 않고 오직 서로를 주시하게 하는 전지전능한 힘이야말로 모든 종족 사이에 나타나 있는 생존의지다. 이 경우 의지는 두 사람 사이에 태어날 자식이 자신을 실제로 나타내주기 바란다. 그리고 이렇게 태어나는 자식은 아버지로부터 의지와 성격을, 어머니로부터 지능을 이어받아 두 사람에게서 육신이 형성되며 생김새는 주로 어머니를 닮고 몸집은 아버지를 닮게 된다.

누구나 다른 사람에게서는 찾아볼 수 없는 성격이 있고, 그 기원을 설명하기란 매우 어렵다. 그러나 두 사람의 연인이 서로 자기 편으로 끄는 연모의 감정이 그처럼 특수하고 독자적이라는 사실을 생각해 보면, 이 어려운 문제의 해답은 한결 쉽사리 나올 수 있을 것 같다.

사랑의 정열은 표면에 나타나지만 잠재적으로 움직인다. 우리가 생존으로 얻게 되는 참된 출발점은 분명 우리 부모가 사랑을 속삭이기 시작한 순간 비롯되듯, 앞서도 말한 바와 같이 새로운 존재자의 시작은 그들의 날랜 눈초리가 마주칠 때 시작되며, 새싹과 마찬가지로 이 연약한 생존의 싹이 그대로 사라져버리는 일도 있다.

이렇듯 생식 이전에 꿈틀거리는 새로운 개체는 어느 의미에서 플라톤적인 새로운 이데아다. 모든 이데아가 현상계에 나타나려는 줄기찬 노력을 아끼지 않으며 인과법칙이 입에 갖다주는 물질을 삼키려 하는 것처럼, 인간의 개성으로서 특수한 이 이데아도 애써 현상계에 나타나려고 한다. 이 집념과 노력은 곧 두 사람의 연인이 앞날의 부모로서 서로 품고 있는 연정에서 생긴다. 물론 연정에는 수많은 단계가 있어 두 쌍의 극단을 '평범한 사랑'과 '거룩한 사랑'이라고 할 수 있을 것이다. 그러나 연인의 태도는 언제 어디서나 변함없이 똑같다. 여러 단계의 연정이 매우 뜨거워지는 것은 그들이 개체적으로 되어 있는 경우다. 다시 말해 사랑하는 상대의 모든 특성이며 특징이 그 상대와 같은 성의 다른 사람들에 비해 훨씬 뛰어나 보이고, 사랑을 주는 자의 특수한 기대와 요구에 부응된다.

연애는 본질적으로 우선 건강과 체력과 아름다움을 요구하며, 그 모든 것을 아울러 지니고 있는 젊은이들 사이에서 빈번하게 일어난다. 이것은 주로 의지가 인간으로서 원만한 성능을 갖추어 생존을 감당해 나갈 수 있게 하기 위해서이며, 평범한 사랑은 여기서 더 벗어날 수 없다.

그 위에 한층 특별한 요구가 더해지면, 사랑의 정열은 급속도로 달아오른다. 대체로 뜨거운 사랑이란 두 사람이 완전히 어울려야 한다. 그런데 두 개체가 동일한 경우란 없으므로 모든 남성은 오직 한 사람의 여성에게서만 자기 특질에 가장 들어맞는 면을 발견해 낼 수 있다. 특질에 들어맞는 이 점은 언제나 태어날 어린 생명의 특질을 염두에 두고 있다.

그러나 이런 남녀가 서로 만난다는 건 드문 일이므로 참으로 정열적인 사랑은 희귀하다. 시인이 묘사한 위대한 사랑의 주인공이 우리에게 이해되는 것은 우리도 저마다 그런 사랑을 품을 가능성이 있기 때문이다. 사랑의 불길은 오직 미래의 존재와 특질을 목표로 삼기 때문에, 서로가 건전한 몸과 마음을 지니고 감정과 성격과 재능 등을 매개로 한다. 서로 공감하는 젊은 두 남녀 사이에 우정은 싹틀 수 있지만, 사랑은 이것과 다르다. 때로는 두 사람 사이에 성적으로 반감을 느낄 때도 있다. 그것은 나중에 그들이 결합되면 그 사이에 태어날 어린아이가 정신적·육체적으로 조화를 이룰 수 없어 종족을 위해 살려는 의지가 원하는 설계에 들어맞지 못하기 때문이다.

이와 반대로 감정, 성격, 성질 등에 부조화가 있어 혐오하고 기피하는 감정이 있는데도 서로 사랑이 이루어져 훌륭히 유지되는 경우도 있다. 이때는 사랑이 두 사람을 맹목적으로 만들어 그 부조화가 눈에 띄지 않는 것이다. 만일 이런 사랑이 결혼에까지 이르게 되면 결혼생활은 어쩔 수 없이 불행에 빠진다.

이제 문제의 핵심에 대해 언급하겠다. 사람은 누구나 이기심이 깊이 뿌리 박혀 개개인에게 어떤 활동을 할 수 있도록 하는 유일하고도 분명한 동기는 이기적인 것 이외에 없다. 종족은 개체에 대해 분명 우선권을 가지며, 보다 직접적이고 큰 권한을 갖고 있다. 종족의 유지와 발전을 위해 개체는 희생되어야 하는데, 개체의 관심은 오직 자신의 욕구에만 쏠려 있으므로 개체에게 이런 희생이 얼마나 필요한지 이해시켜야 한다. 그렇다 해서 개체에게 자신의 이해관계로부터 떠나게 할 수는 없으므로 자연은 그 목적을 이루기 위해 환상을 심어주어 개체를 기만할 수밖에 없다. 이때 개체는 이 환상에 미혹되어 사실은 종족에 관한 일인데도 자신의 행복이 되는 것처럼 오인하게 된다.

그리하여 개체가 자신의 욕구를 충족시키기 위해 애쓰고 있다고 믿는 순간, 이미 자연의 무의식적인 노예가 되어버린다. 그의 눈앞에는 곧 탐스러운 환상이 나타나 이를 추구하게 된다. 이 환상이 다름아닌 본능으로, 그 대부분은 개체 의지가 아닌 종족 의지로 보아야 할 것이다.

마찬가지로 개체화된 의지는 개체화의 뜻을 통해서만 종족의 뜻이 지니고 있는 의도를 감지하도록 속아야 한다. 그래서 의지는 사실 종족을 위해 종족의 가장 특수한 의도에 따라 움직이는데, 개체는 자기 이익을 위해 움직인다고 믿고 있다.

본능은 동물에게 가장 큰 역할을 하며, 외부에 나타난 모습은 정밀하게 관찰할 수 있으나 내부활동은 다른 모든 내면적인 현상과 마찬가지로 오직 우리 자신을 돌이켜봄으로써 알 수 있을 뿐이다. 어떤 사람은 인간의 본능을 거의 갖고 있지 않으며 단지 갓난아기가 어머니의 젖을 더듬는 정도라고 한다. 그러나 인간에게 실은 매우 특수하고 명확하며 대단히 복잡한 본능이 있는데, 이것이 우리를 인도하여 성욕을 만족시키고 이성에 대해 진지한 선택을 하게 한다. 만일 이 성욕의 만족이 억누를 수 없는 욕구에서 비롯된 감각적 쾌락에 그친다면, 상대하는 이성이 아름답고 추한 것을 문제시하지 않을 것이다.

그런데 아름다움이 크게 문제되고 존중되고 선택되는 것은, 이런 선택을 하는 개체의 이해관계가 아니라(개체는 스스로 그렇게 생각하고 있지만) 분명 미래의 존재자인 신생아의 이해관계 때문이다. 그중에서도 종족의 형태가 되도록 완전하고 순수하게 유지되기 위한 방편이다. 다시 말해 인간은 많은 육체적·정신적 손상을 입어 불구자가 되기 쉽지만, 아름다움을 추구하는 마음이 있어 언제나 성욕을 지배하고 인도하므로 인간은 각 부분이 끊임없이 수정된다. 만일 그렇지 않다면 사랑은 진절머리나는 육체적인 성욕에 지나지 않을 것이다.

그러므로 사람은 처음부터 아름다운 이성을 찾는데, 이것은 바로 아름다운 이성은 종족의 가장 순수하고 고상한 형태를 하고 있기 때문이다. 다음으로 인간은 주로 자기에게 부족한 특질을 구하며, 때에 따라서는 자기의 결함과 정반대되는 결함을 상대에게서 찾아내 아름답게 보기도 한다. 키가 작은 남성은 키가 큰 여성을 좋아하고, 피부가 흰 사람은 피부가 검은 사람을 좋아한다.

자기 이상에 맞는 아름다운 여성을 발견하면 남성은 미칠 듯한 정열을 일으키며, 이 여성과 결혼했을 경우 맛볼 수 있는 최대의 행복이 환영으로 눈앞에 나타난다. 그런데 이 정열도 따지고 보면 '종족의 의지'며, 이것이 여성에 대해 스스로 선명한 이미지를 그려보이며 그녀를 통해 자신을 유지해 나가려고 한다.

이상과 같은 해석은 모든 본능에 깃들어 있는 내면성을 밝힌 것으로, 성욕의 경우에 알 수 있는 바와 같이 본능의 역할은 거의 언제나 개체에게 종족을 위해 움직이게 한다. 곤충이 어떤 꽃이나 과일, 고깃덩이, 똥덩이, 또는 다른 곤충의 새끼집을 찾아가 알을 낳고 그밖의 장소에는 낳지 않으며 그동안 그들이 노고와 위험을 돌아보지 않는 것은, 남성이 어떤 여성(그 개인적 특질이 자기에게 어울리는)을 다른 여성보다 열렬히 원하고 있는 것과 흡사하다.

이 경우 남성이 여성에게 지닌 정열은 굉장하여 자기 목적이 이루어지지 않으면 이성(理性)의 경고도 무시하고 자기 일생의 행복도 희생하는 수가 많으며, 그 여성을 손에 넣기 위해서는 어떤 무리한 결혼도 무릅쓰고 자신을 망쳐버리는 부적절한 성교도 개의치 않는다. 그리고 불명예며 범죄며 간통이며 간음도 저지르게 되는데, 이것도 결국은 자신의 지상명령에 따라 종족의 목적에 이바지하려고 개체로서의 자기를 희생시키는 것이다. 그러므로 어떤 경우에든 본능은 언뜻 보아 개체의 의도에 따르는 것처럼 생각되지만, 사실 개체의 의도와 본능은 아무 관계도 없는 것이다.

개체가 자신에게 충실하여 자연이 원하는 게 무엇인지 알아차리지 못하고 있을 때나 반항하려고 할 때, 자연은 곧바로 본능을 발동시킨다. 우리는 그런 사실을 곤충이나 고등동물에게서 찾아볼 수 있으며, 인간은 성욕에 한하여 본능의 지배를 받는다. 인간에게 이런 본능이 있는 것은 자연의 목적을 깨달을 수 없기 때문이 아니라, 그 목적을 위해 자기의 행복을 희생시키려

하지 않기 때문이다.

그래서 이 경우의 본능도 다른 본능과 마찬가지로 진리가 환상의 옷을 입고 개체의 의지에 작용한다. 성적 쾌락이라는 환상이 그것이다. 이 때문에 인간은 어떤 한 사람의 이성을 누구보다도 훌륭하게 보며, 이 이성을 자기 소유로 만들면 지상의 행복을 누리게 될 거라고 생각한다.

그리고 본인 자신이 즐거움을 누리기 위해 노고를 아끼지 않는 것으로 생각하지만 실은 종족의 완전한 형태를 유지하기 위해 하나의 개체를 출생시키려 움직이고 있는 것이다. 이 개체가 자신을 실현하여 생존을 획득하기 위하여 두 남녀의 교접을 필요로 하는 것은 두말할 필요도 없다.

그같이 본능의 성질은 인간에게 그 목적을 위해 힘쓰도록 하는 데 있다. 그런데 자기의 환상에 이끌렸던 인간은 이렇게 하여 앞으로 새로운 생명을 탄생시키려 한다는 것을 알아차리고, 때에 따라 이를 증오하며 거기에 반항하려고까지 한다. 결혼 이외의 성교가 거의 이런 경우에 속한다.

그런데 사랑을 속삭이던 사람들이 일단 그 정열을 충족시키면, 곧 미궁에서 벗어나 그처럼 열망했던 것이 얼마 안 가 실망을 안겨주는 일시적인 쾌락만 제공하는 것이라는 사실에 새삼 놀라게 된다. 그리고 이 욕망은 인간의 마음을 움직이는 다른 욕망에 대해 종족과 개체, 무한과 유한 같은 관계를 갖고 있다.

그래서 이 욕망의 충족으로 종족만이 실제적 이득을 보게 되나, 개체는 그것을 의식하지 못한다. 개체가 종족의 의지에 따르게 되어 지불한 희생은 그 자신의 목적이 아닌 다른 목적에 사용된 것이다. 모든 연인은 성교라는 큰일을 한 번 치르고 나면 곧 속았다고 생각하게 되는데, 그것은 자신에게 종족의 도구가 되게 한 환상이 사라지기 때문이다. 그래서 플라톤은 "성적 쾌락은 최대의 사기꾼"이라는 명언을 남기게 되었다.

이러한 고찰은 동물의 여러 가지 본능과 미(美)에 대한 감수성을 해석할 때에도 새로운 빛을 던져준다. 동물도 이런 환각의 노예가 되어 자신이 향락을 누린다는 미혹에 빠져 열심히 활동하지만, 사실은 자기희생으로 오직 종족만 이롭게 하는 것이다.

새가 둥지를 짓고, 곤충이 알을 낳기에 알맞은 장소를 찾아 새끼에게 줄

먹이를 구해 알 옆에 놓아두며, 꿀벌과 개미가 미래의 종족을 위해 그처럼 분주히 애쓰는 것도 그 때문이다. 이 동물은 분명 환상에 이끌리고 있으며, 그 환상은 종족을 위한 노동에 이기(利己)라는 옷을 씌워놓은 것이다.

본능의 여러 가지 면을 조종하는 주관적 또는 내면적인 현상에 대해서는 이 같은 설명이 유일하고 정확하다. 그런데 외관상으로 관찰하면 본능의 지배를 가장 많이 받는 동물, 주로 곤충류에 있어 신경계통, 특히 주관적인 신경의 뇌수(腦髓)가 특히 발달되었음을 볼 수 있다.

이러한 사실에서 내릴 수 있는 결론은 동물의 경우 객관적이고 정확한 지능의 지배를 받기보다 욕정을 일으키는 주관적인 심상에 의해 인도된다는 것이다. 이 심상은 뇌수신경의 작용에서 발생되는 어떤 환상에 속하는 것으로 볼 수 있는데, 본능에 대하여 한결같이 이런 생리적 현상이 나타난다.

이 점을 다시 분명히 하기 위해 인간의 본능에 대한 다른 예를 들어보기로 하자. 그것은 아이를 가진 부인의 엄청난 식성으로, 이것은 태아의 영양공급을 위해 특수한 생리적 변화를 필요로 하기 때문이거나, 태내에 흘러드는 혈액에 변화가 생겼기 때문이다. 이 경우 임산부는 태아가 가장 필요로 하는 음식을 먹고 싶어하며, 역시 환상의 지배를 받기 쉽다.

이렇게 볼 때 남성보다 여성에게 더 많은 본능이 주어진 셈이며, 신경계통도 한층 발달되어 있다. 인간이 동물보다 본능을 적게 지니고, 그 본능이 때로 탈선하는 경우가 있는 것은 동물보다 뇌수가 훨씬 발달되어 있기 때문이다. 그래서 사랑에 있어 이성을 선택하는 기준인 미에 대한 감수성도 때로 정도(正道)에서 벗어나 자연에 대해 악행을 저지를 정도로 추락하기도 한다. 이런 현상은 동물에게서도 얼마쯤 찾아볼 수 있는데, 파리가 본능대로 썩은 고기에 알을 낳는 대신 썩은 고기 냄새를 풍기는 꽃에 알을 낳는 경우가 그렇다.

연애는 언제나 종족의 번식을 위한 본능에 따른다. 이런 각도에서 세밀히 관찰해 보면, 이 진리가 옳다는 것을 알 수 있다.

우리가 우선 관찰할 수 있는 것은 남성은 본래 사랑을 따라 곧잘 한눈을 팔며, 여성은 사랑에 충실하다는 것은 부인할 수 없는 사실이다. 남성의 사랑은 성관계를 가진 순간부터 뚜렷이 식어버려 자기 손에 넣은 여성보다 다른 여성이 나아 보인다.

그래서 남성은 언제나 여성을 바꾸고 싶어하지만, 반대로 여성의 사랑은 성관계를 끝낸 순간부터 커진다. 이것은 자연이 종족의 유지와 되도록 많은 번식을 원하고 있기 때문이다. 사실 남성은 사정이 허락되면 1년에 100명 넘는 자식을 낳게 할 수 있지만, 여성은 아무리 많은 남성을 상대해도 쌍둥이 말고는 1년에 1명 이상 낳을 수 없다. 그래서 남성은 언제나 다른 여성을 탐내지만, 여성은 한 남편에게 충실히 의지하려고 한다.

이것은 자연이 본능을 통하여 무작정 그렇게 강제하는 것이며, 그래서 여성은 자기 옆에 미래의 자식을 부양할 사람, 즉 보호자를 남겨두려고 한다. 이런 면에 중점을 두고 추리해 나가면, 결혼생활에서 정조를 지키는 것이 남성에게는 부자연스럽고 여성에게는 자연스럽다. 그러므로 아내의 간음은 그 결과로 보나 부자연스러운 범행이라는 점으로 보나 남성의 간통보다 훨씬 비난받아야 한다.

나는 이제 문제를 더 깊이 파고 들어가 여성에 대한 사랑이 아무리 뚜렷한 사실로 보이더라도 실은 하나의 가면을 쓴 본능, 즉 종족을 유지해 나가려는 의지에 지나지 않는다는 것을 논증하겠다.

우리가 연애의 쾌락을 추구할 경우 이성에 대해 여러 가지 면을 고려하는데, 이 점에 대해서는 특히 상세한 검토를 할 필요가 있으므로, 앞으로 자세히 서술할 내 논조가 철학서적의 내용으로 어울리지 않더라도 개의치 않으려 한다. 사랑에 대한 여러 가지 조건을 들어보면 다음과 같다.

우선 직접적으로 종족의 형태에 영향을 주는 형태미이고, 다음은 인체의 특질, 끝으로 순수한 상대적 특질, 다시 말해 서로간의 특수한 상태로 보이는 체격을 서로 교정하고 보완시키려는 필요에서 추구되는 게 그것이다. 이제 그 하나하나에 대해 생각해 보기로 하자.

첫째, 우리의 선호와 선택에 영향을 주는 가장 큰 조건은 나이다. 일반적으로 말하면, 우리의 성적 대상이 되는 여성은 월경이 시작되어 끝나기까지 나이에 해당되며, 특히 매력을 느끼는 상대는 18살에서 22살까지 여성들이다. 나이 든 여성, 아이를 낳을 수 없는 여성은 염증을 느끼게 할 뿐이다. 젊은 여성은 아름답지 않아도 마음을 끌며, 늙은 여성은 본래 미인이었더라도 이미 매력이 없다. 이 경우 우리를 인도하는 무의식적인 의지는 아이를 낳을 수 있다는 데 쏠리고 있다. 그러므로 여성은 아이를 낳거나 임신하기에 알맞은 시기에서 멀어질수록 이성으로서의 매력을 잃게 된다.

다음에 둘째 조건으로 고려되는 것은 건강이다. 급성 질병이라면 한동안 우리가 관심을 두지 않을 뿐이지만, 만성병이나 악성 질병은 자식에게까지 유전되므로 혐오하게 된다.

셋째는 종족의 형태에 기본이 되는 골격이다. 나이와 질병을 빼면, 불완전한 자세는 성적 선택에서 당연히 소외된다. 얼굴이 아무리 아름답다하더라도 비뚤어진 뼈대를 바로잡을 수는 없으며, 반대로 얼굴이 아무리 미워도 골격이 똑바로 갖춰진 이성은 매력을 잃지 않는다. 바르지 못하면 성적인 반감을 불러일으키는 결정적인 구실을 한다. 위에서부터 짓눌린 것처럼 왜소하거나 엄청나게 다리가 짧거나 태어나면서부터 절름발이인 사람 등이 그렇다.

반대로 눈에 띌 만큼 아름다운 체격은 다른 여러 가지 결점을 메워 주어 매력을 느끼게 한다.

우리가 여성의 작은 발을 아름답게 보는 것은 다음과 같은 이유에서다. 발이 작은 것은 인간이라는 종족에게 근본적인 특징의 하나로, 뼈를 합쳐서도 인류만큼 작은 동물은 없으며, 보행동물로서의 인간은 그래서 똑바른 자세로 걸어다닐 수 있다. 이에 대해서는 외경(外經)의 《전도서》에서도 찬양하고 있다.

"아름다운 자태, 아름다운 발을 가진 여성은 마치 은받침 위에 선 황금기둥 같다."

또 건강한 치아도 이성 선택에 중요한 조건이 되는데, 이것은 인체에 필요한 영양을 공급하는 일과 관계가 있을 뿐더러 자손에게 특히 유전되기 쉽기 때문이다.

그리고 넷째 조건은 머리다. 머리숱이 얼마나 풍부한가 하는 것은 소화·흡수 등 생리적 기능과 신체와 성품의 작용이 왕성하고 충분함을 나타내며, 태아가 충분한 영향을 섭취할 수 있기 때문이다. 덩치가 크고 마른 여성이 특히 성적인 반감을 불러일으키는 것 역시 태아의 영양이 무의식중에 고려되기 때문이다. 또 알맞고 크게 부풀어오른 여성의 가슴이 남성에게 특별한 매력을 주는 이유는 여성이 지닌 생식 임무와 직접 관계가 있어, 유아에게 충분한 영양분을 공급할 수 있기 때문이다.

반대로 지나치게 뚱뚱한 여성이 혐오감을 주는 것은 이런 상태가 병적이고 자궁이 위축된 징후이며 임신할 가망이 없기 때문인데, 이를 아는 것은 지능이 아니라 본능이다.

그리고 아름다운 얼굴은 마지막 조건으로서 고려되며, 이 경우에도 가장 중요한 것은 골격이며 그중에서도 단정한 코다. 짧고 위로 치켜올려진 것 같은 코는 얼굴 전체를 망쳐놓는다. 코가 낮으냐 높으냐는 작은 차이가 옛날부터 수많은 젊은 여성들의 운명을 결정해 왔는데, 그것이 종족 형태의 유지와 관계가 있음을 고려할 때 당연한 일이라고 하겠다.

작은 입은 동물의 경우와 달리 인간에게 특유한 것으로 소중히 여겨져 왔다. 그리고 턱이 도망이라도 칠 것처럼 앞으로 튀어나왔거나, 도려낸 듯 된 것을 특히 못마땅히 여기는 것은 동그스름한 턱이 인류의 특징 가운데 하나이기 때문이다. 그리고 아름다운 눈과 높은 이마가 중요시되는 것은 그것이 정신적인 특성, 주로 어머니로부터 유전되는 지적인 특성을 나타내기 때문이다.

여성이 남성에 대해 무의식적으로 염두에 두는 조건은 위에서 말한 남성의 경우와는 다르다. 정확하게 지적할 수는 없지만 일반적으로 분명히 말할 수 있는 것은 다음과 같다. 여성은 다른 어느 연령층보다도 30살에서 35살 사이의 남성을 좋아하며, 남성미의 전성기라는 20대 남성보다 이 시기의 남성을 택하려 한다. 이것은 여성들이 취미가 아닌 본능에 따라 움직이기 때문이며, 여성들의 본능은 남성의 생식력이 이 시기에 최고에 이르는 것을 알고 있다. 그리고 여성은 대체로 남성의 미, 특히 얼굴을 대수롭지 않게 여기는데, 이것은 자기 쪽에서 자식에게 유전시킬 수 있다고 보기 때문인 듯하다.

여성의 마음을 움직일 수 있는 것은 주로 남성의 체력과 용기이다. 이 특질은 건강한 자식을 낳을 수 있는 증거가 되며, 여성에게 앞으로 용감한 보호자가 될 자격이 있음을 입증하기 때문이다.

남성의 육체적인 결함, 즉 종족의 정상적인 형태에서 벗어난 기형은 그 부분에 해당되는 여성의 신체 부위가 정상이거나 반대 방면에 뛰어나면, 여성은 출산을 통해 그 결점을 보완할 수 있다. 다만 남성에게만 고유한 특성이어서 어머니로부터는 유전될 수 없는 특징은 그렇지 않다. 예컨대 남성적인 골격이나 떡 벌어진 어깨, 근육, 수염, 용기 등이 그것이다. 그러므로 여성이 바람둥이 남성을 사랑하는 경우는 흔하나, 여성스러운 남성을 사랑하는 일은 결코 없다. 이런 결함은 여성의 힘으로 보완할 수 없기 때문이다.

　연애의 제2조건으로 고려되는 것은 정신적 특질에 대한 것이다. 여성이 매력을 느끼는 것은 남성의 심리와 성격에 속하는 특질이다. 그들의 2세가 아버지에게서 이런 면을 유전받기 때문이다. 그중에서도 여성의 마음을 가장 끄는 것은 굳은 의지와 과감한 용기와 정직하고 선량한 마음씨이다. 반대로 지력의 우수성은 여성에게 본능적인 매력을 주지는 못한다. 왜냐하면 이런 특성은 아버지로부터 유전될 수 있는 특질이 아니기 때문이다.
　무지는 여성의 사랑을 받는 데 장애되지 않지만, 정신적으로 뛰어나거나 천재적인 것은 변칙적인 특성으로서 결정적인 장애가 되는 경우가 많다.
　그러므로 추하고 둔하고 야성적인 사나이가 잘 생기고 총명하고 고귀한 남성을 제쳐놓고 사랑의 승리자가 되는 수가 허다하다. 그리고 지적인 면에서 서로 어울리지 않는 남성과 여성들이 사랑하여 결혼에 이르는 경우도 많다. 예컨대 남성은 거칠고 건강하며 여성은 교양있고 고귀하고 이해력이 뛰어난 다정다감하고 우아한 경우다. 그러나 반대로 남성은 학자이고 천재이며 여성은 바보인 경우도 있다. 그 이유는 지적인 면은 전혀 도외시하고 본능만을 고려하기 때문이다.
　인간이 결혼생활에서 원하는 것은 결코 재치있는 대화가 아니다. 결혼의 목적은 자식을 낳는 일이며, 마음의 결합이지 두뇌의 결합은 아니다. 때로는 여성이 남성의 재능에 반했다고 말하는 경우도 있는데, 그것은 우습기 짝이 없는 거짓이거나 성적 타락에서 오는 잠꼬대다.
　반대로 남성이 본능적인 사랑을 할 때는 여성의 성격에 따라 움직이는 일이 없다. 세상의 많은 소크라테스가 크산티페(소크라테스의 아내. 악처로 유명함.)를 아내로 맞는 것도 이 때문이다. 그러나 여성의 지적인 특질은 매우 중요한 조건이 된다. 그것은 이 특질이 아버지 쪽에서 유전되지 않기 때문이다. 그러나 지적인 특질이 육체미에 압도되기 쉬운 것은 생식이라는 가장 요긴한 면에 육체의 아름다움이 보다 더 직접적으로 작용하기 때문이다.

세상에는 어머니가 경험으로 지적인 능력의 성적 위력을 깨닫고, 딸에게 그림이나 외국어 같은 것을 배우게 하여 딸의 매력을 증가시키려는 경향이 있다. 이것은 인위적 방법으로 이성에 대한 지능의 작용을 돕는 일로, 시대의 취미에 따라 엉덩이나 가슴을 유난히 발달시키는 것과 같은 방법이다. 결국 중요한 것은 이때 본능에 호소하면 직접적으로 상대를 유혹할 수 있으며, 이것만이 진실되고 정열적인 사랑을 불러일으킨다는 것이다.

　교양 있고 이지적인 여성이 남성의 지능과 재주에 호감을 갖고, 이성적이고 사색적인 남성이 아내 될 여성의 성격에 유의하는 경우도 있기는 하지만, 그것은 여기서 말하는 점들과 관계가 없다. 마찬가지로 이성적인 선택에 의해 결혼에 이르는 수도 있지만, 결코 우리가 생각하는 바와 같은 뜨거운 사랑에 빠지는 일은 없다.

　지금까지 연애의 절대적인 조건, 즉 일반적 효력을 지닌 조건에 대해 설명했는데, 이번에는 상대적 조건, 즉 개별적으로 적용되는 조건에 대해 말하겠다. 이 조건이 고려되는 근거는 종족이 손상되는 것을 바로잡고, 이성을 선택하는 당사자 간에 생기는 기형적 형태를 고쳐 바로잡으려는 데 있다.

　그러므로 개개인은 자기에게 결핍된 점을 지닌 상대를 사랑하고 선택하게 된다. 이런 입장에서 개체적인 선택이 이루어질 경우에는 절대적인 조건만을 염두에 둔 이성 선택에 비해 훨씬 엄밀하고 결정적이며 배타적이다. 우리가 흔히 볼 수 있는 일시적인 사랑은 절대적인 고려에서 이루어지며, 이 경우 정열적인 사랑은 참으로 이루어지기 어렵다.

　정열에 불을 붙이기 위해 반드시 아름다운 용모가 필요하다고 볼 수는 없으며, 참된 사랑의 불꽃이 피어오르기 위해 필요한 조건은 마치 화학작용으로 산과 알칼리가 중성이 되는 것처럼 두 연인이 서로 중화되어야 한다.

　성적 특징은 개인에 따라 그 정도가 달라서 저마다 뚜렷한 차이를 보여주고 있다. 그래서 개개인은 어느 한 사람의 이성에 따라 다른 이성보다 한층 더 자기의 이질적인 면을 보충하고 중화시킬 수 있다. 이 경우 새로 태어날 개체의 소질이 문제가 되므로, 이 새로운 개체를 통해 인류의 형태가 수정되기 위해서는 어떤 이성에게서 자신의 이질적인 조건과 반대되는 면을 도입할 필요가 있다.

생리학자는 성적인 특징이 남녀를 막론하고 무수한 양상으로 나타나고 있음을 인정하고, 남성나 여성에게서 찾아볼 수 있는 가장 저급한 모습은 남성과 여성을 반반씩 띠고 있는 것이라고 말한다. 그래서 남성과 여성의 중간에 자리하여 그 어느 쪽에도 속하지 않는 개인은 생식도 할 수 없다. 두 개의 개체가 중화되려면 남성의 어떤 성적 양상이 상대 여성이 갖고 있는 성적 양상에 적응되어야 한다. 그렇게 되어야만 양쪽의 부분적인 소질이 보완된다. 그러므로 가장 남성적인 남성은 가장 여성적인 여성을 원하며, 여성 측에서도 마찬가지다.

여성은 저마다 자기 본능에 따라 움직이며 자기에게 필요한 대응성이 상대에게 있는지 없는지를 상세히 검토한다. 그러므로 이 저울질은 다른 배려와 함께 열렬한 사랑의 근원을 이루게 된다. 사랑하고 있는 당사자는 간절한 어조로 자기들의 마음의 조화에 대해 이야기하고 싶어한다. 그러나 대개의 경우 방금 내가 설명한 것과 같은 적응, 다시 말해 새로 태어나는 개체와 그 소질을 완전히 보존하기 위한 적응성이 사랑의 근본이 되어 마음의 조화보다 훨씬 중요한 역할을 하고 있다. 결혼하고 얼마 되지 않아 부부 사이에 심한 부조화를 일으키는 경우가 많은 것은 이 때문이다.

남성은 체력이 약할수록 몸이 튼튼한 여성을 원하고, 여성도 같은 방식으로 남성을 원한다. 그러나 여성은 자연의 법칙에 따라 육체적으로 남성보다 열등하므로 대체로 여성이 더 건강한 상대를 고르려고 하는데, 이것은 자연스러운 일이다.

그리고 키도 중요한 조건이 된다. 몸집이 작은 남성은 몸집이 큰 여성에게 호감을 갖게 되며, 여성 쪽에서도 마찬가지다. 몸집이 큰 여성이 몸집이 큰 남성을 싫어하는 것은 자연스러운 일로, 인류가 거인화되는 것을 막기 위해서다. 만일 이들이 결합된다면 어머니로부터 유전되는 2세의 체력이 지나치게 커서 살아가기에 알맞지 못할 것이며, 따라서 오래 생존할 수도 없을 것이다. 만일 몸집이 큰 여성이 여러 가지 동기와 일종의 허영에서 거대한 남성을 남편으로 맞는다면, 그 어리석은 행동은 곧 자식들에게 영향을 주게 될 것이다.

사람은 신체의 여러 가지 부분에 나타난 결함과 기형을 보완하고 바로잡을 수 있는 상대를 구하며, 신체의 중요한 부분일수록 더욱 그것을 요구한다. 그러므로 납작코를 가진 사람은 뾰족코에 앵무새 얼굴을 한 이성에게 큰 매력을 느끼고, 비쩍 마른 키다리 사나이는 뚱뚱하고 키 작은 여성에게 호감 갖게 된다.

성격에서도 마찬가지다. 누구나 자기와 반대되는 성격을 가진 이성을 선택하려고 하며, 그 구애가 자신이 지닌 성격의 강도에 비례한다. 그렇다고 어느 면에서 완전한 자가 반드시 그 면이 불완전한 이성을 좋아한다는 것은 아니다. 이 경우에 다른 사람들보다 불완전한 면을 쉽사리 용납할 수 있을 뿐이다. 그것은 그러한 면에서는 새로 태어날 자식이 그다지 불완전하게 되지 않을 것이라고 생각하기 때문이다.

개인이 이런 선택과 고려를 할 때, 자신은 미처 의식하지 못하지만, 사실은 한층 더 우월한 존재인 종족의 명령에 순응하고 있는 것이다. 그러므로 자기로서는 무관심하게 보아넘길 수 있는 여러 가지 것들이 종족의 차원에서는 중대해진다. 젊은 두 남녀가 처음으로 선을 볼 때 무의식적이지만 긴장된 마음으로 상대를 관찰하는 태도를 보라. 날카로운 눈초리로 상대의 윤곽과 각 부분을 얼마나 정밀하게 샅샅이 살피는가? 인간의 행위치고 이렇듯 신비롭고 진지한 것은 없다.

이 정밀한 관찰은 그들 사이에 앞으로 태어날 자식의 체격과 체질에 관련하여 종족의 영혼이 하는 것이며, 두 남녀의 애착과 욕정의 정도도 세밀한 관찰을 거쳐 결정된다. 그러나 최초의 사랑이 어느 정도 무르익은 다음에 그때까지 미처 느끼지 못한 면이 드러나 파탄에 이르는 경우도 있다.

이같이 종족의 영혼은 다음 세대의 인류에 대해 배려를 게을리 하지 않으며, 그 세대에 넘겨줄 소질에 대해 몰두하고 있다. 현재와 미래의 종족 전체의 막대한 이해관계에 비하면, 잠시 생존을 지속하는 개인의 이해는 문제될 수 없으며 사실 언제나 희생물이 되는 것이다. 종족의 영혼과 개체와의 관계는 불멸의 존재와 사멸하는 자와 같으며, 또 그 이해관계에는 무한과 유한이라는 큰 차이가 있다.

그러므로 종족의 영혼은 개체의 이익에 관계되는 일보다 월등히 중요한 일을 처리한다고 자부하며, 전쟁의 불바다 속에서건, 분주하게 사무를 집행하는 중이건, 페스트가 창궐하는 중이건, 또는 한적한 절 속이건 아랑곳하지 않고 태연히 자기 일을 수행한다.

나는 앞에서 사랑의 열정은 개체의 조건을 고려한 경우일수록 강하다고 말했다. 두 남녀가 서로 보충할 수 있는 신체적 소질을 소유하여 두 남녀의 결합으로 종족의 형태가 정상으로 복귀될 경우 이들은 저마다 누구보다도 상대가 지닌 소질을 요구하게 된다고 설명했다. 이 경우에 배타적인 욕정이 둘을 유인하여 서로 유일한 대상이 되게 하며, 동시에 종족의 특별한 사명을 대행하여 금방 초인간적인 고귀한 사랑으로 발전하게 한다. 그리고 이와 반대되는 이유에서 단순한 성적 본능은 유일한 상대에게만 쏠리는 게 아니고 다른 이성에게 한눈을 팔며, 다만 종족을 유지하려고만 할 뿐 특질 같은 것은 거들떠보지 않으므로 자연히 사랑이 비속해진다.

사랑이 어느 유일한 이성에게 쏠리게 되면 굉장한 힘과 열을 내어, 만일 사랑이 맺어지지 못하면 본인에게는 세계의 훌륭한 것들이 시들하게 보이고 나아가 목숨까지도 하찮게 생각되며 이 정열을 불태우기 위해 어떤 희생도 두렵지 않게 된다. 그 격정은 다른 무엇과도 견줄 수 없을 정도며, 때로 미치거나 자살까지 하게 만든다.

이처럼 대담한 정열을 발산하게 하는 원인은 앞에서 말한 일반적인 사랑의 원인과 달리 더 분별하기 어렵다. 다만 우리는 이 경우에 작용하는 요인이 체격뿐만 아니라 남성의 의지와 여성의 지력도 특수하게 적응하여 두 사람만이 전혀 새로운 개체를 낳을 수 있다는 데서 비롯된다는 것만을 알 수 있다. 이 경우 종족의 영혼이 원하는 것은 이런 새로운 개체를 존속시키는 것이다. 왜 그렇게 해야 하느냐는 물음에 대해서는 종족의 존속이라는 사실 속에 숨겨져 있으나, 우리의 사고는 거기까지 미치지 못한다고 답변할 수밖에 없다. 다시 말하면, 이 경우에 살려는 의지가 오직 이 두 사람을 부모로 두어야만 태어날 수 있는 독특한 개체 속에서 자신을 객관화하려고 하기 때문이다.

살려는 의지의 이런 형이상학적인 욕구는 우선 부모가 될 사람들의 마음을 목표로 하며, 의지의 작용이 마음속에 일어나면 당사자들은 오직 자신을 위해 사랑하고 있는 줄 여기면서 온갖 노력을 쏟는다. 그러나 그들이 하려는 일은 전적으로 형이상학적인 목적이다.

이같이 미래의 존재가 생존을 원하고 생존할 수 있는 유일한 기회를 찾는 원동력은 모든 생물의 원천인 살려는 의지에서 비롯된다. 이 형이상학적인 생존을 위한 욕구는 현상으로서 미래의 부모가 상대에게 품고 있는 강한 배타적인 연정으로 나타나며, 그들에게 환상을 불러일으켜 지상의 모든 선을 희생시켜서까지 서로 결합하게 한다.

그러나 실제 이득은 다른 이성과 결합했을 경우 손에 넣게 될 이득과 크게 다르지 않다. 그것은 지금까지 추구한 노력에 대한 보수이며 유일한 결과다. 그러므로 무엇보다 강렬한 이 정열도 인간의 다른 정열과 마찬가지로 향락이 끝나면 사라져버리며, 당사자들은 긴 탄식을 금치 못하게 한다.

그리고 이 정열은 여성이 자식을 낳을 수 없는 것이 확실할 때 사라져버리는데, 그것은 위에서 말한 형이상학적인 목적을 달성할 수 없기 때문이다. 그래서 불임 때문에 몇천만을 헤아리는 잉태할 씨앗이 날마다 소멸되고 있으며, 그 가운데서도 생명의 형이상학적인 욕구는 그 존재를 요구하고 있다.

그러나 살려는 의지는 무한한 공간과 시간 및 물질을 자유로이 사용할 수 있으며, 같은 시도가 끊임없이 되풀이되기 때문에 조금도 우려할 필요가 없다. 시대마다 시인들은 여러 가지 형식으로 사랑의 불길에 대해 묘사하려고 했으나 완전히 표현하지는 못했다. 그것은 언제나 속속들이 형상화할 수 없는 주제였다. 어떤 사람에게 여성을 손에 넣는 것을 더할 나위 없는 행복으로 여기게 하고, 그 뜻을 이루지 못하면 말할 수 없는 비애로 생각하게 한 이 욕정, 이 동경과 고뇌는 결코 한 개인의 허황된 욕구가 아니고 종족 영혼의 몸부림이다. 자기 의도를 실현하려는 종족의 영혼은 이것을 얻느냐 잃느냐는 중대한 고비가 되므로 거칠게 숨을 몰아쉬면서 대드는 것이다.

오직 종족만이 무한한 생명을 갖고 있다. 그리고 종족만이 그 어떤 만족과 근심과 괴로움도 감당할 수 있다. 그런데 이 만족과 괴로움은 생멸(生滅)하는 개체의 작은 가슴속에도 스며든다. 그래서 가슴이 미어지는 것 같고, 사랑의 무한한 기쁨과 즐거움과 고민을 어떻게 표현해야 할지 모를 지경이 되는 것도 무리가 아니다. 이 일은 모든 뛰어난 연애시의 주제가 되며 지상의 경험을 초월한 것으로 아름답게 미화된다. 페트라르카(1304~1374, 이탈리아 시인)에게 붓을 들게 한 일도 그것이요, 샹포르(1741~1794, 프랑스혁명 당시 사회평론가)나 베르테르며 야코포 오르티스 등이 소설의 주인공으로 등장하게 된 일도 그 때문이며, 이런 인물들은 사랑의 깊이를 무시하면 이해하기 어렵다.

개인에게 서로 무한한 가치를 인정하고 있는 것은 결코 뛰어난 지적 특질이나 객관적 또는 현실적인 뚜렷한 특질 때문이 아니라, 오히려 페트라르카의 경우처럼 연인끼리 상대를 정확히 알고 있지 못하기 때문이다. 이 경우오직 종족의 영혼만이 두 사람의 연인이 자신에게 어떤 가치가 있는지 알고있다. 그래서 그들이 어떻게 자기(종족의 영혼)의 목적 달성을 위해 봉사할수 있는지를 꿰뚫어본다. 따라서 대체로 강한 열정은 최초의 인상에서 시작된다.

극진히 사랑하는 사람을 경쟁자에게 빼앗기거나 죽으면, 참을 수 없이 심한 괴로움을 느끼게 된다. 그것은 이 괴로움이 초월적인 성질을 갖고 있기때문이다. 그것은 개체로서의 본인에게 작용하는 게 아니고 그의 영원한 본성, 다시 말해 종족의 영혼에 관련되어 있다. 개체로서 그는 이 경우 종족의영혼이 지닌 특수한 의도를 실현할 사명을 띠고 있다.

질투가 괴롭기 이를 데 없는 정념(情念)인 것도 이런 점에서 이해할 만하고, 또한 자기가 극진히 사랑하는 사람을 단념하는 일이 어떤 희생보다 크게여겨지는 것도 납득이 된다. 영웅은 일상적인 일로 비탄에 빠지는 것을 부끄럽게 여기지만, 사랑의 비애에 대해서는 비탄을 억누르지 못한다. 이 경우비탄에 빠지는 것은 본인 자신이 아니라 종족 자체이기 때문이다. 칼데론(1600~1681, (스페인의 희곡 작가))의 훌륭한 희곡 《위대한 제노비아》 제2막에 제노비와 데시우스가 등장하여 데시우스가 말한다.

"아, 하늘이여, 당신이 날 사랑한단 말이지요? 그렇다면 나는 백 번이라도 승리를 포기하겠소. 적진에서 도망쳐버리겠소."

여기서는 여러모로 이해타산적인 명예가 무시되고 그 대신 사랑, 즉 종족에 대한 이해가 결정적인 역할을 하게 된다. 명예와 의무, 그리고 충성은 지금까지 유혹이나 심지어 죽음의 협박에도 저항해 왔으나, 종족의 이해 앞에서는 고분고분 양보하고 굴복해 버린다.

이와 마찬가지로 생활에서도 이 사랑 앞에서는 어떤 성실함도 믿을 수 없다. 다른 면에서는 정직하고 의리있는 사람도 사랑에 대해서는 양심의 가책을 거들떠보지 않으며, 열띤 사랑, 즉 종족에 대한 이해에 사로잡히면 모든 사람의 멸시도 개의치 않고 심지어 간통까지 서슴지 않는다.

이 경우 자기에게는 개인적 이해관계에서 비롯되는 권리와는 전혀 다른 높은 특권이 부여되었음을 암암리에 의식하고 있는 듯 보이는데, 이것은 개인보다도 무한히 큰 종족의 이해관계에 매여 있기 때문이다.

이런 입장에서 보면 샹포르의 말을 주목할 만한 가치가 있다.

"두 남녀가 뜨겁게 사랑하는 것을 보면 나는 언제나 이런 생각이 든다. 그들 사이에 놓인 장애가 무엇이건(남편이건 부모건) 그들은 이미 자연의 이름으로 결합되어 법률과 사람의 힘이라는 테두리 밖에서 신성한 권리를 공유하고 있다."

이 점에 대하여 공부하는 사람이 있다면, 그리스도가 복음서에서 얼마나 너그러운 말로 간통한 여성에게 주위에 늘어선 사람들에게도 같은 죄가 있다고 말했는지를 상기해 보라. _{(요한복음 8})_{장 3~8} 그리고 《데카메론》^{(이탈리아 사람 보카치오가 쓴}^{단편소설집. 페스트를 피해} _{교외로 나간 열 사람이 날마다 10편씩 열흘} _{동안 계속한 100편의 이야기를 모은 것})의 대부분은 이런 견지에서 종족의 영혼이 개인의 권리와 이해를 일축해 버리고 빈정대는 풍자와 독설이라고 보아도 좋을 것이다. 종족의 영혼은 지위의 차이, 온갖 어려움, 사회적인 장애를 모조리 배격하고 유린하며, 인간이 이루어놓은 모든 제도를 지푸라기처럼 집어던지고, 오직 앞날의 인류를 탄생케 하는 데만 관심을 가진다. 연인 앞에서는, 위엄과 위력을 상실하고 비겁하기 이를 데 없는 사람까지도 사랑을 위해서 큰 용기를 보이는 것은, 사랑에 내포된 형이상학적인 사명으로부터 격려를 받기 때문이다.

우리는 연극이나 소설에서 젊은 남녀가 자기들의 사랑, 즉 종족의 이해관계를 무시하고 개인적 이해만을 염두에 두는 부모들의 방해를 극복해 나가는 장면을 읽으며, 얼마나 큰 흥미와 공감을 느끼는지 모른다. 사랑하는 쪽의 노력은 대체로 종족이 개인보다 중대한 의의와 생명을 지니고 있는 것과 마찬가지로, 사랑에 대항하는 힘보다 월등히 의의가 크고 고귀하며, 따라서 한층 더 떳떳하다.

그러므로 거의 모든 연극에서 기본적 주제로 택하고 있는 것은 종족의 영혼이 그 소망과 계획을 앞세우고 무대에 나타나 다른 등장인물을 위협하여 그들의 행복을 감춰버리는 모습이다. 줄거리는 대체로 종족의 영혼이 승리를 거두고 시 속의 약속대로 끝맺어 관객들에게 만족을 준다. 종족의 의도가 개인의 욕구보다 훨씬 중요하다는 것을 그들이 깨닫기 때문이다. 그래서 결말에 와서 두 연인이 승리를 즐기는 장면을 보고 마음을 놓는다.

그런데 이들은 이 경우에도 환상에 사로잡혀, 두 남녀가 그들의 행복을 획득했다고 믿고 있지만, 사실은 종족의 이익을 위해 부모들의 편견과 반대를 물리치고 자기들의 행복을 희생한 것이다. 하긴 어떤 희극에는 이런 줄거리를 거꾸로 꾸며, 종족의 목적을 대가로 지불하고 오직 개인의 행복을 누리는 것으로 끝나는 경우도 있다. 그렇지만 이런 희극을 구경한 관객들은 마치 종족의 영혼이 느끼는 것과 같은 괴로움을 느끼게 되며 개인에게 행복을 완전히 허용하는 데 대해 불만을 느끼게 된다.

이러한 희극의 보기로는 다음과 같은 유명한 작품들이 기억난다. 《16살 여왕》《이성적인 결혼》 등이 그것이다. 그리고 사랑을 다룬 비극에서는 으레 연인이 비참한 최후를 마치게 되어 있다. 종족의 도구가 되어 그 목적을 이룰 수 없었던 이들을 다룬 작품은 《로미오와 줄리엣》《탕크레드》《돈 카를로스》《발렌슈타인》《메시나의 신부》 등 얼마든지 들 수 있다.

사랑하는 모습은 대개 희극적이며, 때로 비극적으로 보이기도 한다. 이것은 어느 경우에도 결국 그들 종족의 영혼에 속하여 완전히 그 지배를 받으며, 그의 행동과 자기의 성격 사이에 균형을 이루지 못하기 때문이다.

사랑의 정열이 최고조에 이르면 상대에 대한 사모가 시적이 되어 숭고한 느낌을 주며, 그들이 완전한 사랑의 형이하학적인 목적을 느끼지 못할 정도로 초월적인 경향을 갖게 된다. 이 경우 그들은 종족의 영혼과 그 숭고한 목적에 이용되어, 그들을 부모로 삼아야만 탄생될 성질을 지닌 새로운 개체를 통해 다음 세대를 이루는 사업에 동참하고 있다. 요컨대 이들 두 사람이 결합되어야만 생존 의지가 성취되어 다음 세대에 새로운 개체를 탄생시킬 수 있다.

그래서 그는 자기가 초월적인 의의를 지닌 거대한 사업에 참여하고 있음을 암암리에 느끼고, 그 심정이 사물 이상으로, 즉 자신 이상으로 고양되어 육체적인 욕정도 육신을 초월한 듯한 모습을 보인다. 그러므로 사랑은 평범한 인간의 생애까지 시적인 삽화처럼 만들어, 그 당사자가 평범한 사람일 경우에는 사랑하기 전과 뒤의 말과 행동에 우스꽝스러울 만큼 차이가 두드러지게 나타난다. 종족의 이해를 염두에 두고 있는 의지가 개개인에게 부여하는 사명에는 베일이 씌워져, 개인은 연인을 손에 넣기만 하면 무한한 행복이 찾아오는 것으로 믿고 있다. 그리하여 정열이 커질수록 이 망상은 현혹적이 되어, 만일 소원을 이루지 못하면 당사자에게 있어 생존은 전혀 보람 없고 무의미한 것으로 보이며, 염세적인 생각이 앞서 죽음의 두려움도 압도하며, 커다란 불행에 빠진 나머지 스스로 자기 생명까지도 희생하게 된다.

이 경우에는 개인의 의지가 종족 의지 속에 숨어 있거나 개인의 의지가 종족 의지의 정체를 완전히 파악하여, 결국 자기는 이런 종족 의지의 대행자 구실을 할 수 없다는 생각에서 자기 의지로 그렇게 행동하는 것을 달갑게 여기지 않는다.

개체는 종족 의지가 일정한 대상에게 집중시키고 있는 무한한 의지를 받아들이기에는 너무나 작고 연약한 그릇이다. 그래서 자살 또는 때로 정사(情死)라는 결과를 가져올 뿐, 몇 사람의 경우 말고는 자연이 개인을 현혹시켜 자신의 절망 상태를 의식하지 못하게 한다. 이런 사실을 실제로 입증해 주는 사건이 해마다 신문에 발표되고 있다.

이렇듯 때때로 비극을 가져오는 것은 비단 뜻을 이루지 못한 사랑뿐만이 아니고 뜻을 이룬 사랑도 행복보다 불행을 초래하는 경우가 많다. 그 이유는 사랑이 요구하는 것은 사랑하는 당사자의 개인적 이익과 충돌하여 실생활이나 미래의 계획과 양립되지 않을 뿐 아니라 오히려 지금까지의 의도나 소망, 공상의 탑을 무너뜨리기 때문이다.

사랑은 개인의 사회 생활과 조화되지 않을 뿐더러 그 자신의 내면생활과 부합되지 않는 경우가 있게 된다. 이것은 그가 성관계를 제외하면 미워하고 멸시하고 염증을 일으킬 이성에게 매혹되어 있기 때문이다. 다만 그는 종족의 의지에 지배되어 상대의 결함에 눈감고 자신의 증오심을 묵살하여, 명심해야 할 일을 지나쳐버리거나 오인하여 정욕과 결합한다. 그가 그동안 현혹된 환상은 종족 의지가 만족되면 곧 사라져버리고, 그 결과 평생을 두고 귀찮은 반려자가 붙어 있게 되는 것이다.

그리고 이지적인 비범한 남성이 요부를 아내로 삼아, 대체 자기는 무엇 때문에 이런 여성을 택했을까 하고 이상하게 여기는 것도 이런 관점에서 설명할 수 있다. 옛날 사람들이 사랑의 신에게 눈이 먼 것도 이 때문이며, 또 남성이 미래의 아내가 될 연인의 기질이며 성격에 용납할 수 없는 결함이 있는 것을 잘 알면서도, 그 때문에 평생 골치를 앓게 되리라는 것을 예상하면서도 그녀를 단념할 용기를 내지 못하는 경우도 있다.

그 까닭을 깊이 생각해 보면, 이 경우에 그가 요구하는 것은 자기가 생각하듯 자신을 위한 상대가 아니라, 그 사랑에서 태어날 제3자를 위한 상대다. 사랑이 이처럼 개체의 이익을 잊기 때문에(그것은 장엄하고도 위대한 징표인데) 그런 숭고한 기풍을 보여 주며 시로 노래할 만한 가치를 갖고 있다. 사랑은 연인에 대한 심한 증오와 타협하는 경우도 있다. 플라톤은 그것을 '양에 대한 늑대의 사랑'이라고 비유하고 있다. 사랑에 빠진 개인은 아무리 애쓰고 결심해도 도저히 상대의 냉정한 충고를 받아들일 수 없다.

"나는 그 여성을 사랑하고 있지만 미워하기도 한다." ^(셰익스피어. 《신베린》 제3막)

이렇게 해서 연인에 대한 증오심에 불타 마침내 연인을 살해한 뒤 자기도 자살해 버리는 일도 있다. 이런 예는 신문에서 얼마든지 볼 수 있다. 괴테의 다음과 같은 시구는 그런 점에서 정당하다.

짓밟힌 사랑과 지옥불에 맹세하노니
나는 이보다 더 큰 저주를 알지 못하노라.

사랑에 빠진 남성이 열렬히 사랑하는 상대가 냉정하거나 자기를 괴로움에 시달리게 하면서 재미있어 할 경우 잔인하다고 생각하는 것은 당연하다. 남성은 곤충의 본능 같은 어떤 충동에 지배되어 이성의 소리를 무시하며 오직 자기의 목적을 추구하게 된다. 그래서 이루어질 가망도 없는 사랑 때문에 일생 무거운 사슬에 끌려다닌다. 쓸쓸한 숲 속에서 탄식하는 사람은 페트라르카 외에도 수없이 많다. 그러나 사랑의 괴로움과 아울러 시에 대한 천재성을 지닌 사람은 페트라르카뿐이었다. 괴테의 아름다운 시는 바로 그를 두고 노래한 것처럼 보인다.

　　남들은 번뇌 속에서 침묵을 지키고 있지만
　　하느님은 나에게 그것을 노래할 능력을 주었나니

　　종족의 영혼은 언제나 개인의 수호신과 겨루어 그 박해자가 되고, 다루기에 버거운 강적이 되며, 자기 뜻을 이루기 위해 개체의 행복을 가차없이 짓밟아버린다. 그리고 국민 전체의 행복이 이런 종족의 영혼에 의한 조작에 좌우되는 경우도 더러 있다. 셰익스피어는 《헨리 6세》의 제3부 3막 2장과 4장에서 그 예를 보여주고 있다. 사실 우리의 본성은 종족에 뿌리내리고 있기 때문에 개인에게 한층 더 큰 권한을 갖고 있으며, 종족의 안전이 개체의 안전보다 우위에 놓이는 것은 당연하다.

　　옛사람들은 이 진리를 알아차리고 있었다. 그들이 종족의 영혼을 의인화한 큐피드(사랑의 신)의 얼굴은 어린아이 같지만 적대적이고 잔인하며 사나운 신이요, 변덕스럽고 폭군 같은 악마이며, 또한 여러 신과 인간들의 지배자이다. 끔찍한 화살과 맹목, 날개 등이 그의 소지품이다. 날개는 변심을 상징하고, 대체로 사랑의 욕정이 충족되면 정체가 드러난다. 즉 사랑이란 종족에게 이득이 될 뿐이고 개체의 행복이라는 미망에 빠져 있기 때문에, 일단 종족을 위한 헌신이 끝나면 미망은 사라지고 지금까지 개인을 사로잡고 있던 종족의 영혼은 개체를 내버려두고 본래의 자유로운 상태로 돌아가게 되는 것이다.

　　내버려진 개체는 다시 본래의 보잘것없는 영역으로 떨어져 지금까지 엄청나게 영웅적이고 고귀한 노력을 계속해 자기가 받은 대가란 비천하고 감각적인 만족밖에 없었으며, 모든 기대는 사라져버리고 전에 비해 조금도 행복하지 않은 자신을 발견하며 새삼 놀라게 된다. 그리고 비로소 자기가 종족의 영혼을 맹목적으로 섬겨왔다는 사실을 깨닫게 된다. 아리아드네(이상의 여성)를 얻은 테세우스(아테네 왕)는 곧 그녀를 버렸다. 만일 페트라르카의 정열이 채워졌던들 둥지에 일단 알을 깐 새가 울지 않는 것처럼 그의 시는 나오지 않았을지도 모른다.

내가 말하는 사랑의 형이상학은 지금 사랑의 함정에 빠져 있는 사람들에게는 반감을 불러일으킬 것이다. 그러나 만일 사랑에 대해 이상적인 고찰을 한다면, 내가 여기서 설명한 근본 진리는 다른 어느 것보다도 사랑의 위력을 초월하게 한다. 그러나 옛날 희극 시인의 격언을 상기할 필요가 있다.

"무엇이든 맞장구치지 않으면 소리가 나지 않는다. 이른바 사랑에서 시작된 결론이란 당사자의 이익이 아닌 종족의 이익을 위한 것이다."

물론 개체로서 그들 남녀는 사실 자신의 행복을 위해 움직인다고 생각하고 있지만 진정한 목적은 그들과 관계가 없으며, 그들 사이에서 앞으로 태어날 새로운 개체를 만들어 종족 유지를 도모하려는 데 있다. 그들은 같은 충동에서 결합하여 되도록 잘 융화되어 나가려고 한다. 그러나 이같이 사랑의 핵심은 본능적인 미망에서 맺어진 부부도 성적인 관계 외의 모든 점에서 심한 부적응을 나타내게 되며, 이러한 부적응은 그런 미망이 소멸되는 것과 때를 같이하여 더욱 두드러지게 된다. 요컨대 사랑에서 시작된 결혼은 현 세계의 사람을 희생시켜 다음 세계의 행복을 도모하려는 것이므로 거의 불행으로 그치는 게 일반적이다.

스페인 속담에 이런 말이 있다.

"사랑에서 출발하여 결혼한 사람은 고통 속에 살기 마련이다."

이와 반대되는 절차를 거쳐 결혼하는 경우, 즉 부모의 선택으로 맺어진 관습적인 결혼을 하는 경우 고려되는 것은 그 결혼이 어떤 성질의 것이든 적어도 지속성을 지니며 문제가 저절로 소실되는 경우는 없다. 이런 결혼은 부부 사이의 행복을 위주로 하고 있으므로 아무래도 두 사람 사이에 태어나는 자식의 이익은 무시되어, 그 행복이 참된 것이냐가 의심스럽다.

그리고 애정보다 돈을 앞세워 결혼하는 여성은 종족보다 개체를 더욱 중시하며 살고 있으므로 자연의 이치에 거역하는 게 된다. 그러므로 사람들의 경멸을 사는 것은 당연하다. 또 반대로 부모의 권고를 뿌리치고 관습적인 통념을 따르지 않은 채, 젊고 부유한 남성 대신 오직 본능적인 애정에 따라 이성을 골라잡는 처녀는 종족을 위해 자기의 개인적인 행복을 희생시키는 것이다. 바로 이 때문에 그녀는 자연(종족)의 뜻을 좇아 움직이고, 부모는 개인적인 이기심에서 권하는 것이므로 그녀에게 찬사를 보내지 않을 수 없다.

이처럼 남녀가 결혼하는 상황에서 종족의 이익과 개인의 이익 가운데 한쪽이 희생되어야 한다는 것을 알 수 있다. 대부분의 결혼은 거의 그러하며, 관습과 정열이 손잡는 경우도 드물다. 대부분의 사람들이 육체적으로나 도덕적으로나 지능적으로 빈약하기 이를 데 없다. 그 이유 가운데 하나는 많은 결혼이 순수한 애정과 선택에 의해 맺어지지 않고, 여러 가지 외부적 조건과 우연한 동기에서 시작되기 때문이다.

관습적인 균형을 유지하고 어느 정도 애정이 지속되는 결혼은 종족의 영혼과 타협하여 이루어진 것이다. 행복한 결혼이란 세상이 다 아는 바와 같이 드물다. 그것은 결혼의 본질이 지금 존재하는 사람이 아니라 미래에 존재할 사람을 주요한 목적으로 삼고 있기 때문이다. 그러나 본래 우아한 감정을 갖고 세상에 태어나 사랑하는 사람들에게 어느 정도의 위안을 주기 위해 다음과 같은 점은 덧붙여 말하려 한다.

뜨거운 사랑은 때로는 전혀 기원을 달리하는 조건, 다시 말해 성격의 일치에서 오는 우정과 관련되기도 한다. 그러나 이 우정도 사랑이 성적인 만족을 얻어 사라져버린 뒤에 발생하는 것이 보통이다. 그리고 이런 우정이 성립되는 경로를 보면, 다음 세대를 위해 성적인 사랑의 본능이 일어나기 위해서는 두 남녀의 개체 속에 서로 보완하고 적응하는 육체나 덕, 지적인 특성이 있어야 한다. 이 특성은 개인으로서 그들 남녀에게도 서로 대립된 성격이나 정신적인 특질로 보충되어 마음의 융합이 이루어진다.

내가 여기서 말하는 사랑의 형이상학적 해석은 모두 나의 형이상학과 긴밀하게 관련되어 있다. 그것은 나의 형이상학에서 비롯된 것이다. 개체가 다음 세대를 위해 뚜렷한 애정을 불러일으킨다는 것은 이미 각 장에서 논술한 두 개의 진리를 입증한다.

그 하나는 인간의 본성이 불멸이며 미래의 세대 속에서 존속된다는 것이다. 다시 말해 사고나 의도에 의해서가 아니라, 인간의 본성에 깃든 가장 내면적인 충동과 경향에서 출발한다는 것이다.

만일 인간이 하루살이 같은 존재이며, 또 인류의 각 세대가 서로 분리되어 있고 그저 시간적으로 연속될 뿐이라면, 그처럼 활발하게 움직이는 애정이 개체로서의 인간을 이해할 수 없는 억센 힘으로 지배할 리 만무하다.

제2의 진리는 인간의 본성이 개체보다 종족 속에 더 많다는 것이다. 그러므로 모든 정사는 가벼운 애정에서 가장 뜨거운 정열에 이르기까지 모든 단계에서 언제나 종족의 품성에 바탕한다. 이것은 실제로 모든 사람에게 중대한 요건이 되어 있다. 다시 말해 그것이 성취되고 안 되고는 큰 영향을 주는 것으로, 거기에는 '마음의 일'이라는 적절한 명칭도 부여되어 있다.

일단 종족에 대한 이해(利害)가 강조되면 개체에게만 관련되는 이해는 다 거기에 순종하며, 때로는 희생이 되기도 한다. 이같이 인간은 자신에게도 종족이 더 중요하다는 것을 실제로 체험하게 되며, 자기가 개체 안에서보다 종족 가운데에서 더 많이 살고 있다는 것을 깨닫게 된다.

사랑에 빠진 자는 무엇 때문에 연인에게 완전히 얽매여 애인을 위해서라면 어떤 희생이라도 무릅쓰려고 하는가? 애인을 그리워하는 건 결국 그 사람 속에 깃든 영구불멸한 것이 있기 때문이다. 그밖의 것들은 오직 허망하게 생멸하는 일에만 관련되어 있다.

어떤 사람에 대한 열렬한 사모의 감정은 우리 본성이 불멸이라는 것을 입증한다. 이 사실은 우리에게 광명을 던져주는 것으로, 이를 요약해 말하면 다음과 같다. 성적 욕망에 의한 이성의 선택은 차츰 열기를 더하여 드디어 열렬한 사랑에 이르고, 이것은 앞으로 나타날 인류의 특수한 개성적인 소질이 종족 속에서 존속된다는 것을 입증한다.

그런데도 이 종족을 어떤 불완전하고 무의미한 것으로 여긴다면 잘못된 생각이다. 종족의 생명이 지속되는 것을 다만 앞으로 우리와 비슷한 인간이 존재하는 것에 지나지 않는다고 여겨 우리와 그들이 참으로 동일하다는 사실을 염두에 두지 않는 데서 비롯된다. 그리고 이런 사고방식은 외계의 사물에 대한 인식에서 출발하여 단지 직관에 의해 알게 되는 종족의 외면적인 형태만 볼 뿐, 그 내면적인 본성을 꿰뚫어보지 못하고 있다.

이 내재적인 본성이야말로 의식의 핵심이고 그 근저에 있으며 의식 자체보다 더욱 직접적인 것, 즉 개개의 원리에서 떠난 물자체(物自體)다. 개체가 시간적·공간적으로 어디에 흩어져 있더라도 영원히 동일한 것으로 존재한다. 그것은 또한 내가 다른 말로 '살려는 의지'라고 부르는 것이다. 즉 생명의 존속을 요구하며 죽음이 손대지 않고 남겨두는 힘이다.

있는 그대로의 현상으로는 그 자체를 개선할 수 없으며, 따라서 개체로서의 생존을 유지하면서 고뇌와 죽음을 면할 수 없다. 그런데 죽음과 고뇌에서 해탈하는 길은 생존 의지를 버리는 것이므로, 이 때문에 개체 속의 의지는 종족의 근원에서 벗어나 종족 속의 존재를 단절시킨다.

그러나 이처럼 자신을 버린 뒤의 생존의지가 어떤 상태에 이르는가에 대해서는 우리의 사고가 미치지 못하며, 또 거기에 대해 사실의 밑맡침도 발견되지 않는다. 우리로서는 이런 상태는 오직 살려는 의지로 되는 것과 안 되는 것이 다 자유로운 상태라고 할 수밖에 없다. 불교에서 말하는 열반은 이 뒷경우, 즉 살려는 의지를 원하지 않는 상태로 나타나고 있으며 이 점은 성질상 인간의 어떤 인식도 영원히 개입할 수 없다.

이와 같은 관점에서 인생의 여러 가지 어수선한 면을 바라보자. 사람들은 가난과 근심에 사로잡혀 있으면서도 끊임없이 자기 욕구를 충족시키려 하며, 수없이 나타나는 불행을 피하려고 무던히 애쓰고 있다. 그러나 그들이 기대할 수 있는 것은 오직 한동안 이런 고뇌에 가득 찬 비참하기 짝이 없는 개체로서의 생존을 유지해 나가는 데 그친다.

이러한 혼란 속에서 두 남녀가 서로 동경의 눈초리를 주고받는 것이다. 더욱이 그들 행동 하나하나는 무엇 때문에 그처럼 남들의 눈을 꺼리는가? 왜 그렇듯 두려워하면서 몰래 접촉하는가? 그것은 그들이 인류를 배반하는 반역자이기 때문이다. 다시 말하면 그들은 이 같은 비밀스러운 계획으로 성교가 이루어지지 않으면 단절되기 마련인 비극의 고통을 지속시키려고 하기 때문이다. 이런 인생의 고통은 조상과 마찬가지로 이번에는 그들 때문에 단절되지 못한다.

5. 여성에 대하여

〈여성의 품위〉라는 실러(독일 시인, 극작가, 역사가)의 시는 세밀하게 고찰해 씌어진 것으로, 대조와 역설에서도 충분히 감명을 주지만, 나로서는 여성을 진정으로 찬미한 것은 이보다도 존(프랑스 문학자)의 몇 마디 말에 잘 나타나 있다고 생각한다.

"세상에 여성이 없으면 우리는 생애의 처음에 도움을 받을 수 없고, 중간에 즐거움을 누릴 수 없으며, 마지막에 가서 위로를 얻을 수 없게 될 것이다."

바이런도 자신의 희곡 《사르다나팔루스》의 1막 2장에서 같은 의미의 말을 한결 감상적으로 표현하고 있다.

"인간의 생애는 여성의 가슴에서 시작된다. 당신이 세상에서 가장 처음 내뱉은 말은 여성의 입을 통해 배운 것이며, 당신이 세상에서 맨 처음 흘린 눈물은 여성이 손으로 닦아주었고, 당신이 세상에서 숨을 거두는 것은 한 여성 곁에서다. 남성은 자기를 지배한 자가 임종 때 옆에 앉아 있는 것을 꺼려 가까이하려고 하지 않는다."

1

여성이 정신적으로 위대한 일이나 육체적인 노동을 감당할 수 없다는 것은 그들의 몸집을 언뜻 보기만 해도 짐작할 수 있다. 여성은 삶의 죄과를 행동이 아닌 노고로 갚는다. 다시 말해 해산의 노고, 어린아이에 대한 걱정, 남편에게 순종하며 참을성있는 반려자가 되어 정다운 위로의 손길이 되어준다. 그렇다. 심한 고뇌와 기쁨과 즐거움과 노력 등은 여성의 타고난 재질과는 다른 것이며, 그들의 생애는 남성보다 한결 더 조용하고 인내심 있게 지나간다. 그러나 남녀의 일생은 근본적으로 보아 어느 쪽이 더 행복하거나 불행한 것은 아니다.

2

여성이 우리의 유년기에 없어서는 안 되며 보육자나 교육자로서 알맞은 것은 오직 그들이 어리석고 근시안적이기 때문이다. 그들은 한평생 큰 어린아이에 지나지 않는다. 그러므로 여성은 어린아이와 남성의 중간 존재이다. 그러므로 남성만이 참된 의미의 인간이라고 하겠다. 부인들의 모습을 좀 보라. 종일 어린아이와 함께 잘도 뛰놀며 노래를 부르고 있지 않은가. 만일 남성에게 종일 어린아이의 시중을 들라고 한다면 얼마나 할 수 있겠는가.

3

젊은 여성에게 화장을 하게 하는 것은 연극에서 불꽃 같은 무대 효과와 같아서 한동안 넘칠 듯한 아름다움과 매력을 느끼게 하지만, 그 대신 나머지 긴 생애에 좋지 않은 영향을 준다. 화장은 짧은 몇 해 동안 남성의 마음을 휘어잡아 그들이 불가항력에 사로잡히도록 만들고, 한평생 어떻게 해서든 성실하게 그녀의 시중을 들도록 마음먹게 하려는 것이다.

남성을 여기까지 불러들이기 위해서는 다만 이성적인 사려(思慮)를 요구하는 것만으로는 안 되며, 역시 성욕이라는 본능으로 유인해야 한다. 자연은 그밖의 모든 피조물과 마찬가지로 여성에게도 그 생존을 확보하는 데 필요한 무기며 도구를 마련해 주지만, 그것은 그녀들이 오직 사용할 필요가 있을 동안에만 제공된다. 우리는 여기서도 자연의 절약주의를 엿볼 수 있다. 마치 수캐미가 일단 교미를 끝내면 불필요한 존재가 되어 여왕개미가 알을 깔 때 불필요한 날개를 잃는 것같이, 여성도 두세 번 해산하게 되면 아름다움을 잃는 게 일반적인데, 이것은 다 같은 이유에서 비롯되는 현상이다.

이런 견해를 근거로 볼 때 젊은 여성은 가사나 사무적인 일을 마음속으로는 자기의 참된 일거리로 보지 않고 한낱 소꿉놀이 정도로 여기며, 사랑하는 남성을 발견해 내고 그에게 몸을 맡기거나 따르는 일들, 예를 들어 화장이나 무용 같은 것을 자기가 참으로 성심껏 해야 할 일로 여기는 것이다.

4

무엇이든 정도가 높고 완벽해질수록 서서히 성숙되는 법이다. 남성의 이성과 정신력이 성숙되는 것은 28살에 이를 무렵이지만, 여성은 18살쯤이다. 조숙한 여성의 이성은 명색만 이성일 뿐 사실은 매우 열등하다. 그러므로 여성은 한평생 어린아이에서 벗어날 수 없고, 언제나 눈 앞의 것만 보고 현재에 집착하며, 사물의 외면과 실상을 곧잘 오인하여 중대한 일보다 사소한 일에 얽매인다.

인간은 동물과 달리 현재에만 살고 있는 게 아니며 과거와 미래에도 관심을 갖고 걱정하며 애태우는데, 이것은 인간이 이성을 소유하고 있기 때문이다. 그런데 여성은 이성의 힘이 빈약하므로, 남성에 비하면 이 방면에 훨씬 열등하다. 여성은 정신적으로 근시안이어서 시야가 좁기 때문에, 여성들의 지성은 가까운 것은 예리하게 보지만 먼 것은 좀처럼 눈에 들어오지 않는다.

그러므로 눈 앞에 존재하지 않는 것, 즉 과거나 미래는 남성보다 여성에게 훨씬 영향을 미치지 않는다. 여성들이 때로는 미친 듯 낭비를 하는 것도 이 때문이다. 그녀들은 마음속으로 남성이 할 일은 돈을 버는 것이고, 여성이 할 일은 돈을 쓰는 것, 남편이 살아 있을 때는 물론 죽은 뒤에도 돈을 낭비하는 게 일이라고 생각한다.

남성이 가계를 위해 벌어들인 돈을 아내에게 맡기고 간섭하지 않으면, 여성들의 이런 사고방식을 북돋아주게 된다. 여성이 눈 앞의 이익만 탐한다는 사실은 매우 바람직하지 못한 결과를 가져온다.

그러나 여기서 오는 이득도 없지 않다. 여성들은 우리 남성들보다 한층 현재에 충실하여 견딜 만하기만 하면 곧잘 즐긴다. 그리고 그녀들이 지닌 고유한 명랑함은 골치아픈 일이 많은 남성의 마음을 맑게 하고, 때로 큰 위로가 되어주기도 한다. 그러므로 옛날의 게르만인들처럼 어려운 일을 아내와 의논하는 것은 결코 헛된 일이 아니다. 여성들은 우리와 전혀 다른 견해를 갖고 있으며, 언제나 목적을 이루기 위한 가장 가까운 길을 찾아내는데, 이것은 그녀들이 가까운 곳을 잘 보기 때문이다.

반대로 남성들은 먼 곳으로 자주 한눈팔기 때문에 발 아래 있는 것도 못보는 경우가 많아, 이럴 때에는 아내의 조언에 귀기울여 가깝고 단순한 길에 주목할 필요가 있다. 이런 관점에서 볼 때 여성은 남성보다 한결 담담한 마음을 가졌고 사물을 눈에 보이는 그대로 관찰할 줄밖에 모르지만, 남성은 정열에 빠지기 쉽고 현실을 확대해 보며 때로 공상의 날개를 펴기도 한다.

또한 여성은 남성보다 한층 많은 동정심을 지녀 인간애를 갖고 불행한 사람들을 측은히 여기지만, 정의·정직·성실 등의 덕성에 있어서는 남성보다 못하다는 것도 같은 이유에서 이해할 수 있다. 즉 여성들은 이성의 힘이 빈약하므로 현존하는 것, 직관할 수 있는 것, 직접 실재하는 것이 압도적으로 작용한다. 추상적인 사상, 일반적인 격언이나 결의, 과거와 미래에 관한 고찰, 현재 존재하지 않는 어떤 먼 데 있는 것에 대한 고찰 등에는 충분히 유념하지 못한다. 이런 관점에서 보면 여성은 간은 있으나 쓸개는 없는 생물에 비교할 수 있다.

이 점에 대해서는 《도덕의 기초에 대하여》에 관한 내 논문을 읽어주기 바란다. 여성의 성격에는 불의라는 근원적인 결함이 내포된 것을 알 수 있다. 이 결함은 주로 방금 언급한 바와 같이 그녀들의 이성이 빈약하여 깊이 생각하지 못하는 데서 오며, 또 한결 연약한 여성들은 자연히 힘보다 술책에 의존하기 때문이다. 여성들이 본능적으로 간사하고 언제나 거짓말을 잘하는 것도 이 때문이다. 자연은 사자에게 발톱과 이빨을 주고, 코끼리에게 상아를, 멧돼지에게 송곳니를, 황소에게 뿔을, 오징어에게 먹물을 준 것처럼 여성에게는 위장술이라는 무기를 주었다. 남성에게는 건강한 육체와 이성을 주고, 여성에게는 이것을 유일한 선물로 준 것이다. 그러므로 위장술은 여성이 타고난 성품이며, 어리석은 여성도 이 점에서는 영리한 남성 못지않다.

그러므로 여성들이 기회 있을 때마다 이 능력을 발휘하려 하는 것은 매우 자연스러운 일이다. 이것은 동물이 적의 공격을 받았을 경우 이빨이나 발톱을 쓰는 것과 다름없다. 여성들은 그렇게 하는 것을 일종의 권리로 여긴다. 그러므로 어디까지나 진실을 지키며 거짓을 일삼지 않는 여성은 거의 찾아볼 수 없다. 그 때문에 여성들은 남의 거짓을 쉽사리 알아차린다. 따라서 여성들 앞에서 위선이나 가장을 하는 것은 결코 현명한 일이 못 된다.

이 같은 여성의 근본적인 결함과 부수적인 결함에서 허위와 불신과 반역과 망상 등 여러 가지 악덕이 발생한다. 법원의 증언대에서 위증하는 사람은 남성보다 여성이 훨씬 더 많으므로, 여성에게 무슨 다짐을 하게 한다는 것부터가 고려해 볼 문제이다. 그리고 전혀 부족한 것 없는 귀부인이 상점에서 물건을 슬쩍 훔치는 사례는 옛부터 어느 나라에나 있어왔던 일이다.

5

자연은 인류를 번식시켜 그 올바른 형태를 유지하기 위해 젊고 건강한 남성을 도구로 사용하며, 자연의 이 같은 강력한 의지는 사랑을 요구하는 여성의 정열을 불러일으킨다. 이러한 법칙은 다른 어떤 법칙보다도 그 위력이 뛰어나다. 그러므로 이 법칙을 무시하고 자기의 권리와 이익을 내세우는 사람이 있으면, 이것이 화근이 되어 그가 어떤 말과 행동을 하더라도 그 권리와 이득은 여지없이 분쇄되고 만다.

여성이 품고 있는 무언의, 아니 무의식적이고 선천적으로 삼는 신조는 이렇게 말하기 때문이다.

"우리에게는 개체적인 생존에 대해 등한시하고, 자신이 종족의 운명 이상의 권리를 행사할 수 있다고 믿는 남성에게 타격을 줄 권리가 있다. 종족의 성격과 행복은 앞으로 우리에게서 태어날 다음 세대 인류를 통하여 실현되며, 그것은 우리 손에 달려 있다. 그것은 우리의 성실한 중개를 거쳐야 하므로 우리는 이 임무에만 성의를 다하면 된다."

그런데 여성은 이 신조를 추상적으로 아는 게 아니라 본능적으로 의식하고 있으므로, 기회만 오면 곧 행동으로 보여주게 된다. 그러므로 이렇게 행동으로 옮긴 뒤의 여성들은 우리가 상상하는 것보다 훨씬 태연한 마음을 갖고 있다. 그럴 수밖에 없는 것이 이 경우 여성들은 마음속으로 개체에 대한 의무는 버렸지만 종족에 대한 의무에는 그만큼 더욱 충실했으므로 종족의 권능은 개인보다 무한히 크다고 생각하고 있기 때문이다. 이 점에 관한 상세한 설명은《의지와 표상으로서의 세계》44장을 참조해 주기 바란다.

여성은 본질상 오직 종족의 번식을 위해 존재하여, 그 일생의 임무는 그것으로 끝난다. 그러므로 그녀들은 언제나 개체보다 종족 속에 살며 개체보다 종족에 더욱 충실하다. 이들의 이런 생활태도는 그 행동 전체에 일종의 무분별이라는 특색을 지니게 된다. 그리하여 남성과 여성이 결혼한 뒤 충돌이 일어나는 경우가 많은 게 일반적이다.

6

남성은 본래 중립적이고 여성은 적대적이다. 남성은 경쟁자에 대한 증오감이 단체에 한정되고, 여성은 여성들 전체에 파급되어 있으며 이것은 그녀들이 집안일을 돌보고 있는 데서 오는 현상이다. 여성들이 길에서 마주치면 마치 겔프당과 기벨린당(중세 이탈리아의 대립적인 두 정파. 겔프당은 교황을, 기벨린당은 독일황제를 지지했다)처럼 서로 적대시한다. 그녀들은 처음으로 남과 어울릴 때에도 남성들보다 속이 들여다보이는 가면을 쓰거나 빈말을 곧잘 한다. 그래서 두 여성이 인사를 나누는 모습을 보면 남성보다 우습기 짝이 없다. 남성은 자기보다 신분이 낮은 사람에게 대체로 얼마쯤 겸양과 인정을 섞어 말하지만 여성들은 그렇지 않다. 대부분의 귀부인들이 자기보다 신분이 낮은(그렇다고 하인은 아니다) 사람에게 거만하고 몰인정한 태도로 말하는 꼴은 차마 눈뜨고 볼 수 없을 지경이다.

여성들이 이런 태도를 취하는 것은 다음과 같은 이유에서이다. 즉 여성들에게는 지위의 차이가 남성보다 훨씬 유동적이고, 한결 빨리 변하며, 남성은 수십 가지 우열이라는 저울에 얹혀 있지만 그녀들은 오직 한 가지 점, 즉 어떤 남성의 사랑을 받고 있느냐 하는 차이밖에 없다. 또 한 가지는 여성들은 거의 집안일에 종사하여 남성들의 경우와는 비교도 되지 않을 만큼 서로 비슷한 처지에 있기 때문이다. 그러므로 그녀들은 신분의 차이를 더욱 내세우려는 경향이 있다.

7

키가 작고, 어깨가 좁고, 엉덩이가 크고, 다리는 짧은 이 여성이라는 족속을 아름답게 여기는 것은 오직 성욕 때문에 눈에 아지랑이가 낀 남자들의 몰지각함 때문이다. 여성의 아름다움은 하나에서 열까지 이 성욕의 충동 속에 깃들어 있다.

그러므로 여성은 아름답기보다 예술적이 못 된다고 말하는 편이 옳다. 음악·시·미술에 대해 여성들은 사실 아무 이해력도 감수성도 갖고 있지 않으며, 그녀들이 이해하는 체하거나 뭐라고 떠들어대는 것은 다만 남성의 사랑을 끌기 위한 원숭이 흉내에 지나지 않는다. 여성들이 객관적인 감정이입을 할 수 없는 것은 남성은 모든 사물을 이해하고 지배하려는 데 비해, 여성은 어떤 경우에도 다만 간접적인 지배, 즉 남성을 통하여 지배하려고 하기 때문이다.

여성들은 선천적으로 사물을 다만 남성을 손에 넣기 위한 수단으로 보고, 그밖의 일에 관심을 갖는 것은 겉보기에만 그렇게 보일 따름이다. 그것은 하나의 우회적인 수단이며, 애교를 파는 원숭이 흉내에 지나지 않는다. 루소는 말했다.

"여성은 대체로 어떤 예술도 사랑하지 않으며, 또 어떤 예술에도 익숙할 수 없고, 천재적인 소질은 전혀 갖고 있지 않다."(달랑베르에게 보내는 편지에서)

사물을 겉으로만 판단하는 사람이 아니라면 이런 사실을 벌써 꿰뚫어보고도 남을 것이다. 이것을 확인하려면, 음악회나 오페라나 연극 등을 구경할 때 여성들이 어디에 주의를 집중하는지 살펴보면 된다. 걸작의 가장 오묘한 대목이 연주될 때에도 그녀들은 아이들처럼 멍한 얼굴로 쉴새없이 지껄일 것이다.

그리스 사람들은 여성을 아예 극장에 들여보내지 않았다고 했는데, 만일 정말로 그랬다면 이치에 맞는 처사였다. 그녀들은 극장에서 공연되는 배우들의 대사 정도는 잘 분간할 수 있었을 것이다. 어쨌든 우리 시대에는 커다란 글씨로 이렇게 써붙이는 게 좋을 것이다.

"여성은 교회에서 침묵을 지킬 것."

"여성은 극장에서 입을 다물 것."

여성은 아무리 소양이 풍부하다 하더라도 미술에서 참으로 위대하고 독창적인 창작을 한 적이 없으며, 영원한 생명을 지닌 가치 있는 작품을 제작한 일도 없다는 사실을 염두에 둘 때, 여성에게는 도저히 기대할 만한 것이 없음을 알 수 있다.

여성들의 이런 현상이 특히 두드러지게 드러나보이는 것은 회화 방면이다. 회화의 기술면에서는 여성들에게도 남성과 같은 소질이 있어 열심히 공부하지만, 결코 명화라고 할 만한 그림을 그린 예가 없다. 여성들은 정신을 객관적으로 활용할 줄 모르는데다 그림에서는 무엇보다도 이것이 직접적으로 요구되기 때문이다. 그리고 여성들도 때때로 주관 속에 곧잘 묻혀 버리기 때문이다. 같은 이유로 여성들은 대체로 그림을 제대로 감상하는 눈을 전혀 갖고 있지 못하다고 해도 과언이 아니다. '자연은 비약하지 않는다'고 했기 때문이다. 몇몇 예외가 없지는 않지만, 그것이 일반적인 상황을 바꾸지는 못한다. 대체로 여성들은 근본적으로 다루기 어려운 속물들이다.

여성들은 남편의 신분과 지위를 내세우는 부당하기 짝이 없는 풍습에 젖어 있으며, 언제나 남성의 공명심을 자극하여 비열한 수단까지 곧잘 동원한다.

여성에게 이런 성격이 있어 앞장서 꼬리치기 때문에 결국 오늘날 세상이 이렇듯 악화된 것이다. 여성이 남편의 지위를 나눠 가진다는 사실에 대해 나폴레옹은 말했다.

"여성에게 훈장을 주어서는 안 된다."

그밖의 다른 점에 대해서는 샹포르의 말이 옳다고 본다.

"우리는 여성들의 약점과 어리석음을 알고 교제해야 하며, 결코 이성적인 인간으로 대해서는 안 된다. 여성과 남성들 사이에는 표면적으로만 공감이 존재하며, 정신과 영혼, 성격적으로 공감하는 일은 극히 드물다."

여성은 열등하고, 모든 점에서 남성보다 뒷자리에 앉아야 할 제2의 성이므로, 여성들의 약점은 너그럽게 받아줘야 한다. 하지만 철없이 여성을 존경한다는 것은 우스운 일이며, 그녀들 앞에서 우리 자신을 비굴하게 만드는 일이다. 자연은 인류를 절반으로 나눴으나, 그 경계선은 한가운데 있지 않다. 그리고 양극(兩極)에서의 음극과 양극의 차이는 질에만 있는 게 아니라 양에도 있다.

옛사람들과 동방사람들은 여성을 이렇게 보아왔다. 그러므로 여성들에 대한 차별도 우리보다 훨씬 명확했다. 그런데 우리에게도 기독교와 게르만적인 어리석음에서 피어난 커다란 꽃바구니 같은, 저 프랑스에 전해져 온 예절과 여성 숭배라는 악취미에 착각을 일으켜 결국 여성들은 그처럼 건방지고 철면피처럼 되어버렸다. 우리는 때때로 베나레스의 원숭이를 떠올린다. 사람들이 그 원숭이를 거룩한 짐승으로 받들기 때문에 놈은 신성불가침의 존재로 자부하여 멋대로 행세하려고 한다.

서양여성들 가운데서도 이른바 귀부인은 잘못된 지위에 있다. 옛사람들이 정당하게도 열등한 족속이라고 부른 여성은 결코 우리가 존경하거나 숭배할 대상이 못 된다. 그러므로 남성보다 얼굴을 높이 추켜들거나 남성과 동등한 권리를 가질 만한 자격이 없다. 잘못된 지위에서 비롯되는 고약한 결과는 보기만 해도 눈이 따가울 지경이다.

바람직한 것은 유럽에서도 인류라는 종족의 제2라는 숫자가 다시 자연스러운 위치에 돌아가는 일이다. 그러므로 전 아시아의 웃음거리이며 또 옛날의 그리스인이나 로마인들에게 보이면 폭소를 자아냈을 만한 저 귀부인이라는 요물 계급을 비판해야만 한다. 그렇게 되면 사회적·정치적으로 매우 좋은 결과를 가져오게 될 것이다. 그리고 그때는 살리족의 법전도 자연히 필요없게 될 것이다.

어쨌든 유럽의 판에 박힌 귀부인이라는 족속은 결코 허용해서 안 되며, 여성으로는 가정부인과 아가씨가 있으면 충분하다. 젊은 처녀들은 거만한 귀부인이 되기 위해서가 아니라 집안일을 돌보고 남편에게 순종하도록 가르쳐야 한다. 유럽에 귀부인이라는 게 있기 때문에 신분 낮은 여성들, 곧 대부분의 부인들은 동양여성들보다 훨씬 불행한 처지에 놓이게 된다. 바이런은 이렇게 말하고 있다.

"고대 그리스 시대 부인의 위치는 지금 생각해 보면 상당히 훌륭한 것이었다. 오늘날 여성들의 지위는 기사제도와 봉건제도의 야만스러운 풍속에서 비롯된 폐해로 인위적이고 부자연스럽다. 여성에게는 충분한 옷과 음식을 제공하고 가정을 잘 돌보도록 해야 하며, 사회에 내보내지 말아야 한다. 그리고 정치나 시에 손대지 못하게 하고 성실하게 종교 교육을 실시하여 단지 종교서적과 요리책이나 읽게 하면 된다. 음악·미술·무용, 그리고 때로는 간단한 원예나 논밭일도 시킬 만하다. 나는 에피루스에서 여성들이 도로청소를 훌륭히 해내고 있는 것을 본 적이 있다. 그러니 풀을 베거나 젖을 짜는 일쯤은 할 수 있을 것이다."

8

일부일처제가 실시되고 있는 유럽에서 남성이 결혼한다는 것은, 자신의 권리를 절반으로 줄이고 의무를 배로 만드는 일을 의미한다. 법률이 여성에게 남성과 동등한 권리를 인정해 준다면 미리 여성들에게 남성에 버금갈 만한 이성도 주어야 한다.

법률이 여성에게 권리나 명예를 인정하여 그녀들의 천성을 무시할수록 이 법률의 혜택을 받는 여성 수는 사실상 점점 줄어들어 대부분의 여성들은 그만큼 더 본래의 자연적인 권리를 상실하게 된다. 법률은 여성이 어느 모로 보나 남성과 동등하지 않은데도 완전히 동등하게 여겨 일부일처제와 혼인법으로, 여성에게 유리하지만 부자연스러운 지위를 부여한다. 결국 현명하고 사려깊은 남성이라면 결혼이라는 얼마쯤 불리한 약정에 희생되기를 주저할 것이다.

그러므로 일부다처제 국민들 사이에서는 여성들이 저마다 생활에 도움을 받고 있는데, 일부일처제를 실시하는 나라에서는 결혼한 여성의 수가 적고 나머지 많은 여성들은 생계를 이어가기 어려운 처지에 놓여 있다. 상류계급

규수들은 시들어빠진 노처녀로 하는 일 없이 허송세월하고, 하류층 처녀들은 고달픈 막노동을 하면서 살아가거나 매춘부가 되는 도리밖에 없다.

매춘부로서 삶의 보람도 즐거움도 느끼지 못하고 살아가는 여성들은 이러한 일부일처제 사회에서 남성의 성욕을 만족시키기 위한 도구가 되고 있다. 이들의 직업은 법적으로 공인되어 특수한 목적을 갖고 있다. 현재 남편을 가진 여성이나 앞으로 남편을 가지려고 하는 여성들이 그릇된 유혹에 빠지는 것을 방지하려는 데 목적이 있는 것이다.

런던만 해도 매춘부 수가 무려 8만에 이른다. 이 여성들은 일부일처제에 희생되어 더러운 수렁 속에 빠져 있으며, 일부일처제라는 제단에 바쳐진 제물이다. 이같이 비통하고 추악한 생활을 하는 이들은 거드름을 피우는 귀부인이라는 존재가 한쪽에 있는 한 없어지지 않을 것이다.

여성들을 위해서라면 차라리 일부다처제가 말썽이 덜할지 모른다. 특히 아내가 만성병이나 불임증에 걸려 있거나, 나이를 먹어 성적 매력이 없을 때, 남편이 두 번째 아내를 맞는 게 어째서 나쁜지 냉정히 생각해 보아도 이유를 알 수 없다. 모르몬교 (_{1830년 미국인 스미스(Joseph Smith)가 창시한 기독교 일파 가운데 하나. 모르몬 경을 경전으로 한다. 일부다처제를 채택했으나 1895년 이후 미국 법률로 금지됨})가 점점 많은 개종자를 양산해 내고 있는 것은 세상 남성들이 부자연스러운 일부일처제의 폐지를 원하고 있기 때문이 아니겠는가? 오늘날의 법률이 여성에게 부당한 권리를 부여하고 있는 것은 당치않은 의무를 짊어지게 하는 일이다. 여성들의 불행은 여기에서 비롯된다.

대부분의 남성들에게 신분이나 재물은 상당한 두통거리이며 구해도 좀처럼 손에 넣을 수 없는 무거운 짐이 된다. 그 때문에 달리 특수한 조건이 없는 한, 차라리 정식결혼을 단념하고 마음에 드는 여성을 택하여 결혼 이외의 조건으로 그녀와 자식을 부양하려는 경향이 있다. 이런 조건이 정당하고 합리적이며 또 현실에도 부합된다. 여성이 결혼에서 얻게 마련인 불공평한 권리를 내세우지 않고 그 조건을 승낙하더라도, 결혼이 사회조직의 토대가 되어 있는 한 불명예스러운 여성이 될 수밖에 없다. 따라서 그 여성은 암담하고 서글픈 나날을 보내기 마련이다. 이것은 결국 인간이 자기에 대한 타인의 시선을 매우 중요하게 여기기 때문이다. 만일 여성이 이 조건에 응하지 않는다면, 자기가 좋아하지 않는 사람을 남편으로 삼거나 노처녀로 시들어버릴 모험을 감수하는 수밖에 없다. 여성이 남성에게 매력 있게 보이는 기간이란 매우 짧기 때문이다.

우리의 일부일처제에서 볼 수 있는 이런 폐단에 대해 토마지우스 (1655~1728, 독일 철학자) 가 쓴 〈첩을 얻는 데 대하여〉라는 논문이 있는데 꽤 읽을 만하다. 거기 보면 모든 문명 국민에게는 옛날부터 루터의 종교개혁 당시에 이르기까지 축첩은 하나의 묵인된 풍습, 아니 어느 정도 공인된 관습으로 인정되어 전혀 불명예스럽게 여겨지지 않았다. 그런데 이것이 불명예스럽고 비공식인 악습으로 여겨지게 된 것은 루터의 종교개혁에 기인한다. 한편 이 종교개혁은 사제의 결혼을 인정했으나 가톨릭에서는 부정했다.

일부다처주의에 대해서는 논할 필요가 없다. 그것은 곳곳에서 실시되고 있으므로, 다만 어떻게 조절하느냐가 문제다. 대체 진정한 일부일처주의가 어디 있단 말인가. 우리는 누구나 적어도 어느 시기는, 그리고 대개는 한평생 사실 일부다처주의자가 되어 있다. 남성이 본래 많은 여성을 필요로 하고 요구하는 이상, 그가 자유로이 행동하여 자기가 책임지고 많은 첩을 먹여 살릴 수만 있다면 이의가 있을 리 없으며, 이 때문에 여성도 남성에게 종속되는 올바른 위치로 돌아간다. 또 유럽 문명과 기독교 및 독일적인 어리석음이 낳은 괴물인 귀부인이라는 족속이 남성의 존경과 숭배를 강요하고 있는 웃지 못할 희극은 자취를 감추고, 세상에는 다만 여성이 있을 뿐이며 오늘날 유럽에 우글거리는 불행한 여성들은 찾아볼 수 없게 될 것이다.

9

인도에서는 여성에게 독립이 허용되지 않고 아버지나 남편 또는 형제의 감시를 받는데, 이것은 《마누 법전》 5장 148절에서 유래된다. 인도에는 남편이 먼저 죽으면 아내가 그 유해와 함께 화장되는 풍습이 있다. 만약 이것을 비인도적이라고 한다면, 오늘날 유럽에서 찾아볼 수 있듯 남편이 자식을 위해 한평생 애써 벌어놓은 재산을 남편이 죽은 뒤 아내가 마구 써버리는 것도 비인도적인 처사라고 보지 않을 수 없다. 그러므로 그 중간을 취하는 게 바람직하다.

어머니의 사랑은 동물에게서도 마찬가지로 오직 본능적인 것이다. 그러므로 자식이 자라 육체적으로 독립하게 되면 습관과 인정에서 비롯되는 사랑이 나타나게 되는데, 실제로는 때로 드러나지 않는 경우도 있다. 이것은 어머니가 남편(자식의 아버지)을 사랑하지 않았을 경우에 특히 그렇다. 그러나 자식에 대한 아버지의 사랑은 전혀 다르다. 그것은 매우 견고하며 자기의 내면적 자아를 재인식하는 데서 비롯된다. 다시 말하면 그 사랑은 형이상학적인 원천에서 유래된다.

예로부터 거의 모든 나라에서 재산은 아들에게만 상속되어 왔다. 그런데 다만 유럽에서는 귀족사회를 제외하고는 이 일반적인 원칙이 준수되지 않고 있다. 남성이 오랜 동안 땀흘려 모은 재산이 나중에 여성 손으로 들어가게 되면, 여성은 자기의 빈약한 이성을 잘못 사용하여 금방 탕진해 버리거나 그밖의 여러 가지 방법으로 한꺼번에 낭비해 버리는데, 이것은 자주 볼 수 있는 기이하고 괴이한 일이다. 그러므로 반드시 여성의 상속권을 제한하여 이런 폐단을 막아야 한다.

내 견해로는 과부나 딸에게는 단지 재산을 담보로 한 이자를 종신연금으로 물려주는 데 그치고, 남성 상속자가 없을 경우가 아니면 부동산이나 기본 재산의 상속을 허용하지 않는 게 가장 좋은 제도라고 본다. 재산을 모은 사람은 남성이며 여성이 아니므로, 여성에게 무작정 재산을 물려주어야 할 아무 이유가 없다. 또 사실상 여성은 재산을 관리할 능력도 없다. 그리고 여성이 재산, 즉 자본금이나 가옥 또는 부동산을 상속받아 마음대로 처분하는 일은 결코 허용하지 말아야 한다.

여성에게는 언제나 후견인이 필요하다. 그러므로 어떤 경우에도 여성은 후견인이 될 수 없다. 여성의 허영심이 남성보다 적다 하더라도 오직 물질적인 면, 곧 자기 얼굴의 아름다움이나 금빛으로 번쩍이는 장식품, 그 밖의 값진 소지품 따위 겉치레에 쏠리는 경향이 있다. 그래서 여성의 허영은 사교생활이라는 넓은 범위에까지 확대되므로, 그녀의 빈약한 이성으로 더욱 낭비에 흐르기 쉽다. 그러므로 옛사람도 "여성은 선천적인 낭비가다"라고 말하고 있다.

반대로 남성의 허영심은 물질적인 우월을 원하기보다 지능이나 학식 또는 용기 같은 데 쏠리는 경우가 많다. 아리스토텔레스도 《정치학》 제2권 9장에서, 스파르타인이 여성에게 너무 많은 것을 허용했기 때문에 여성들은 남편으로부터 물려받은 유산을 재혼하는 혼수비용으로 썼으며, 방종과 자유가 허용되어 결국 국력이 크게 쇠퇴해져 끝내 나라의 멸망을 부추겼다고 쓰고 있다.

프랑스에서는 루이 13세^(1585~1643. 프랑스의 국력을 강성) 이후 점점 증대해지기 시작한 여성의 세력이 궁정과 정부를 날로 부패하게 만들어 최초의 혁명이 일어났고, 그뒤 계속해 혁명과 내란이 일어났다. 아무튼 여성에게 부당한 지위를 부여하는 것은(귀부인층이 가장 확실한 예인데) 분명 사회를 위태롭게 하는 근본적인 결함이며, 그 영향은 사회의 중심에서 비롯되어 모든 부분에 파급된다.

여성이 선천적으로 남성에게 복종하도록 되어 있다는 것은 비록 어떤 여성이 부자연스러운 위치에서 독립해 있어도 한 남성에게 의지하여 지도나 지배를 받고 있는 것을 보더라도 분명히 알 수 있다. 요컨대 여성에게는 주인이 필요하다. 젊어서 그 주인은 남성 애인이 되고, 늙으면 그 주인은 고해 신부가 된다.

6. 교육에 대하여

개념은 직관을 추상화해서 생기는 것이다. 이것은 인간이 지닌 지력의 성격에서 비롯되며, 직관은 개념보다 먼저 있다. 실제로 그 같은 과정을 밟는다고 하면, 사람들은 하나하나의 개념이 어느 직관에 해당되고, 어느 직관이 어떤 개념을 대표하는지 정확하게 알 수 있다. 우리는 이 직관과 개념에 대해 정확하게 알고 있기에 자신에게 닥치는 모든 일을 적절하게 처리할 수 있다. 이것을 '자연적인 교육'이라고 말할 수 있을 것이다.

반대로 '인위적인 교육'은 어떤 방법을 취하는가? 직관의 세계에 대하여 두뇌가 폭넓은 지식을 수용하기 전에 강의나 독서 등을 통하여 머릿속에 많은 개념을 잔뜩 주입한다. 이런 개념에 대해서는 경험이 거기에 해당되는 직관을 지적해 보여 주지만, 이 개념은 잘못 사용되어 사물과의 인과관계가 잘못 생각되고 판단되어 잘못 취급되기 쉽다. 요컨대 이런 교육은 비뚤어진 두뇌를 만들게 되어, 대부분의 젊은이들은 오랫동안 학습하고 독서해도 뜻밖에 고지식하고 뒤틀린 인간이 되어 세상에 나온다. 그래서 매사에 소심하거나 무모하게 고슴도치처럼 살아간다. 이 젊은이들은 머릿속에 가득 찬 개념을 적용하기 위해 애쓰지만, 언제나 거의 실패한다. 그것은 개념을 먼저 머리에 쑤셔넣은 데서 오는 폐단이다. 즉 정신능력의 자연스러운 발달과정을 역행하여 우선 개념을 머릿속에 넣은 다음 직관을 받아들이기 때문이다.

교육자들은 아동의 인식이나 판단 및 생각하는 힘을 기르려 하지 않고 다만 머릿속에 느닷없이 기존사상을 주입하는 데만 힘쓴다. 이 때문에 나중에는 개념의 그릇된 적용에서 비롯되는 판단을 오랜 경험으로 바로잡게 되지만, 이것도 성공적으로 이루어지는 경우가 드물다. 박식한 사람이 상식이 풍부한 경우는 매우 드물며, 오히려 무지한 사람들이 건전한 상식을 갖고 있는 경우가 많은 것은 이 때문이다.

경험은 세계에 대해 깊이 알려고 한다. 그러므로 이 지식을 올바른 출발점에서 받아들이는 것이 교육의 핵심이다. 그런데 이것은 앞서 말한 바와 같이 어떤 사물에 대해서나 직관을 개념에 앞세우고, 좁은 개념을 넓은 개념에 선행시켜, 교수법은 순서대로 개념을 배치해 나가야 한다. 만일 한 번이라도 이 순서를 어기면 불충분하고 불확실한 개념을 얻게 되고, 여기서 그릇된 개념이 파생되어, 나중에는 개인에게만 통용되는 비뚤어진 세계관이 형성된다. 그래서 사람들이 오랫동안, 아니 한평생 이런 세계관을 갖고 살아간다.

누구나 반성해 보면, 나이를 먹은 뒤에야 비로소 사물에 대한 정확하고 분명한 이해를 하게 된 경우를 상기할 것이다. 그러므로 그는 지금까지 세계에 관한 지식에 결함을 갖고 있었는데, 그것은 최초의 교육으로 사물에 대해 잘못된 개념을 갖게 되었기 때문이다. 교육은 타인을 교사로 하여 배우는 인위적인 경우도 있고, 자기의 경험을 토대로 배우는 자연적인 경우도 있다.

교육자는 우선 피교육자의 지식이 실제로 어떤 자연적인 순서를 밟아서 아는지 자세히 살피고, 이 순서에 따라 피교육자가 질서있게 사물에 대한 지식을 얻도록 해야 하며, 결코 머릿속에 그릇된 생각을 주입해서는 안 된다. 이 생각은 한번 주입되면 좀처럼 다시 버리기 어렵기 때문이다. 주의해야 할 중요한 일은 직관이 개념에 앞서게 해야 하는 것이며, 그 반대가 되어서는 안 된다.

실제에서는 교육적으로 해로운 반대현상이 이루어져, 아이들은 나면서부터 발로 걸어다니고 시는 처음부터 운율에 맞춰 짓는 것으로 생각하는 모양이다. 아이들의 머리가 아직 빈약한 직관밖에 갖지 못했을 때 선입관으로 굳어버릴 여러 개념이나 판단을 주입하기 때문에, 나중에 아이들은 직관과 경험으로 이것을 추출하려 하지 않고 오히려 그것을 직관이나 경험에 적응시키려 한다.

직관은 풍부하고 다양한 반면 추상적 개념은 생각을 바로 매듭짓기 때문에 간명하고 신속한 점에서도 직관은 개념을 따르지 못한다. 직관이 먼저 받아들인 개념을 바로잡으려면 상당히 오랜 시일이 걸리는 것은 물론, 전혀 시정할 수 없는 경우도 매우 많다. 직관이 스스로 개념과 충돌할 경우 특수한 것, 편견에서 비롯된 것으로 여겨 이를 인정하면 전부터 가졌던 개념이 폐물이 되는 게 두려워 외면해 버린다.

사람들은 대부분 일생 동안 그릇된 생각과 망상과 편견, 그리고 상상의 부산물이나 선입관을 갖고 있어 이것들은 때로 지렛대로도 움직일 수 없는 확고부동한 개념으로 굳어버린다. 이같이 어떤 사람이 모든 사물에 대하여 이미 만들어진 개념만 받아들여, 이 때문에 직관과 경험을 바탕으로 한 개념을 한 번도 끄집어내려고 하지 않는다면, 그의 지식은 얄팍하고 왜곡된 것이 된다. 오늘날 그 예를 얼마든지 찾아볼 수 있다.

그러므로 소년시절에 이런 잘못된 과정을 밟지 말고, 인식능력의 발달에 따르는 자연스러운 과정에 의한 교육을 받아야 한다. 어떤 개념도 직관을 통하지 않고 주입해서는 안 되며, 적어도 직관 없이 덮어놓고 받아들이게 해서는 안 된다.

이렇게 교육된 아동은 약간의 개념을 갖고 있을 뿐이지만, 모두 올바르고 기본적인 것이다. 그 아이는 사물을 남의 것이 아닌 자신의 척도로 측정할 줄 알며, 대다수 사람들처럼 학교교육의 대부분을 차지하는 망상이나 선입관 제거에 힘쓸 필요도 없다. 그 정신상태는 근본적이고 명석하여 선입관에 사로잡혀 자기 주관대로만 판단하는 일이 없게 된다.

아동이 인생에 대한 지식을 습득할 경우 중요한 것은 원전(原典)으로 직접 배우게 하며, 사본으로 배우게 해서는 안 된다는 것이다. 교육자는 그들에게 책을 읽히는 일을 서두르지 말고, 순서에 따라 사물과 인간의 관계를 차츰 알게 해야 한다. 무엇보다 중요한 것은 그들에게 사물을 올바로 이해하는 습관을 붙이는 일이다. 아이들이 언제나 개념을 세계에서 직접 끄집어내고, 현실에 근거하여 개념을 파악하도록 지도해야 한다.

그런데 관념을 그밖의 방면, 즉 책의 이론이나 소설이나 남의 이야기 등에서 빌려다 고정된 것으로 현실에 적용하면, 공허한 생각으로 가득 찬 머리는 눈 앞의 현실을 잘못 이해하거나, 자기의 망상에 따라 현실을 개조하려고 헛되이 노력한다. 그래서 여기서 오는 그릇된 이론으로 실천하려고 할 때 미궁에 빠지게 된다.

이렇게 일찍이 옮겨 심은 망상과 거기서 비롯되는 선입관은 해악을 초래한다. 그러므로 참된 세계와 인생이 우리에게 베푸는 교육은 주로 잘못된 것을 골라내는 데 주력하게 된다. 디오게네스(Diogenes(BC 412?~323?). 고대 그리스 철학자, 키니코스학파의 창시자)의 《고문선집》6권 7장에서 안티스테네스(Antisthenes(BC 445?~365?). 고대 그리스 철학자. 소크라테스의 제자. 세상 욕심을 떠난 덕만이 최상의 것이라며 거지처럼 살았음)는, 교육에서 무엇이 가장 필요한 것이냐고 묻는 물음에, "나쁜 것을 분간하여 잊어버리는 일이다"라고 대답했다.

일찍부터 머릿속에 주입된 오류는 대체로 없애기 어려우며, 판단력은 맨 나중에 성숙하므로 피교육자가 18살이 되기까지는 큰 오류를 품고 있을지도 모르는 모든 가르침, 즉 철학이며 종교며 그밖의 학문의 일반적인 견해로부터 멀리 하도록 해야 한다. 그 대신 수학처럼 그들이 잘못을 범할 우려가 없는 어학·박물학·역사 같은 과목을 가르치는 게 상책이다. 일반적으로, 어떤 나이에서나 그 시기의 두뇌가 완전히 습득할 수 있는 학문만 가르쳐야 한다.

청소년 시절은 재료나 사실을 수집해 하나하나의 특성을 근본으로 알아야 하는 시기므로, 사물에 대한 판단은 나중으로 미루고 최종 설명은 보류하는 게 바람직하다. 그러므로 이 시기의 피교육자는 지적 능력의 성숙과 경험에 선행해 일어나는 판단력은 잠재워두고, 여러 가지 선입견을 받아들이는 일이 없도록 조심해야 한다. 그렇게 하지 않으면 판단력은 끝내 균형을 이루지 못하고 만다.

기억력은 젊은 시절에 가장 정확하므로, 기억력 훈련은 이 시기가 가장 적합하다. 다만 교재에 면밀한 주의를 요하며 세심한 배려와 선택을 할 필요가 있다. 즉 젊은 시절에 분명히 기억해 둔 것은 일생 동안 남아 있기 때문에 이 귀중한 능력을 최대한 이용해야 한다.

우리 생애의 처음 22년 동안에 알게 된 사람들을 얼마나 생생하게 기억하며 그즈음 일어난 일들과 그동안 경험하고 듣고 배운 여러 가지 것들이 얼마나 깊은 인상을 남기는지 생각해 보면, 교육의 기초는 청소년 시절의 감수성과 고착성 위에 뿌리박고 있음을 알 수 있다. 우리는 예리한 이 성질의 소산인 깊은 인상을 규범과 법칙에 따라 조직적으로 선택하고 인도해야 한다.

인간에게는 이 청소년기가 매우 짧고 또 대체로 개인이 소유한 기억력은 한정된 능력밖에 발휘하지 못하므로, 사물의 가장 중요하고 필요한 면을 이 시기에 중점적으로 다루게 하고 그밖의 것들은 취급하지 말아야 한다.

이 선택은 각 전문분야의 가장 유능한 사람들에 의해 충분히 숙고되어야 하며, 그 결과가 반드시 좋아야 한다. 또한 이 선택에서 일반인은 근본적으로 개개인에게 알맞은 특유한 전문적 직업을 골라내야 하므로 여기에 필요한 일을 잘 알고 있어야 한다. 그리고 일반인에게 필요한 지식은 개개인의 환경을 잘 살펴 교양 정도에 따라 단계적으로, 등급별로 학과목을 편성하여 아래로는 필요한 기본적인 교과에서, 위로는 대학의 철학과에서 습득하는 학과목에 이르기까지 각각 등급을 나눠야 한다.

그리고 전문 분야의 지식은 저마다 참된 전문가에게 선택을 맡기는 것이 좋다. 이렇게 습득한 지식은 지적 교육에서 특별히 선정된 기준을 제공하게 된다. 물론 이 기준은 20년에 한 번쯤 개정할 필요가 있다. 이런 식으로 교육을 실시하면 청소년기의 기억력을 가장 이상적으로 활용할 수 있으며, 그 뒤의 판단력에 좋은 소재를 제공할 수 있다.

인식능력의 성숙, 다시 말해 개개인의 머릿속에서 인식능력이 발달하는 정도는 추상적 개념과 직관적 이해 사이에 이루어지는 정교한 관련에서 비롯된다. 이 경우 하나하나의 개념이 직·간접으로 개념에 오직 참된 가치를 부여하는 직관의 터전 위에 서게 되며, 인간은 현재 나타나고 있는 하나하나의 직관을 거기 적응하는 올바른 개념에 귀착시킬 수 있다.

그리고 이것이 이루어지는 것은 오직 경험을 쌓아 시간이 얼마큼 지난 뒤의 일이다. 다시 말해 우리의 직관적인 지식과 추상적인 지식은 저마다 따로 얻게 되는 게 일반적이며, 직관적인 지식은 자연적으로 얻어지고, 추상적인 지식은 타인의 가르침과 전달(그것이 옳고 그른 것은 별문제로 하고)을 통해 우리의 머리 속에 들어온다. 그러므로 청소년기에는 대체로 말로만 되어 있는 개념과 직관으로 얻는 참된 인식이 일치하는 경우는 매우 드물다.

그리고 이 둘(직관과 개념)은 시간이 경과함에 따라 점점 가까이 접근해 나중에는 합치된다. 인식이 성숙된 상태란 이 경우를 가리키는 것이다. 인식의 성숙은 개인의 능력 차이와는 관계가 없다. 이것은 추상적 인식과 직관적 인식의 연관이 문제가 아니라 그 둘의 강도가 다른 문제에서 기인하기 때문이다.

실천적이고 활동적인 사람에게 가장 요긴한 것은 세계가 참으로 어떠한 것이며 어떻게 움직이고 있는지에 대해 정확하고 근본적인 지식을 갖는 것이다. 이것은 다른 분야의 연구보다도 오랜 기간을 필요로 한다. 과학분야라면 청소년 시절에도 중요한 문제를 연구하여 배울 수 있지만, 세계에 관한 지식을 얻으려면 늘그막에 이르기까지 연구를 계속해야 하며, 이렇게 해도 잘 터득하지 못하는 게 보통이다. 청소년들은 이 지식에 관해서는 누구나 초보자다. 처음으로 가장 어려운 과목을 배우게 되는 셈이며, 나이 지긋한 사람도 많은 학습과정이 필요하다.

그런데 세계에 대한 지식 자체를 학습하는 것도 매우 어려운데 소설을 읽기 때문에 어려움은 더욱 커지게 된다. 소설은 현실에 있지 않은 사건이나 인간관계를 그린 것인데, 경솔한 판단을 내리기 쉬운 청소년들은 사실로 받아들여, 지금까지 지녀온 소극적인 무지와 무식 대신 허망한 가정(假定)이 심한 혼란을 초래하여 언제나 경험에 입각한 실제교육을 방해하기 때문에 올바른 가르침이 오히려 거짓으로 보인다.

지금까지 어둠 속에 놓여 있던 청소년들이 이제는 미궁 속에 빠져들게 되는데, 젊은 여성들에게는 이 폐단이 더욱 심하다. 여성들은 소설을 읽음으로써 인생에 대한 그릇된 견해가 주입되어 실제로 실현될 수 없는 기대를 갖게 되며, 이렇게 해서 인생의 첫발을 잘못 내디디면 대개 한평생 불행한 인생을 살게 된다.

그러므로 시간여유가 없거나 직업에 매여 소설을 모르고 청소년 시절을 보낸 사람은, 이 점에서 한결 유리한 입장에 서게 된다. 다만 몇몇 소설은 위에서 말한 비난에서 제외될 뿐더러 정반대 영향을 주는 것도 있다. 예컨대 르사주 (LeSage(1668~1747). 프랑스의 작가. 17세기 초엽의 사회상을 정확하고 상세하게 묘사한 작가로 유명함)의 《질 블라(Gil Blas)》나 그밖의 작품, 《웨이크필드의 목사(The Vicar of Wakefield)》, 그리고 부분적으로는 월터 스콧 (Scott, sir Walter(1771~1832). 영국 소설가·비평가·역사가. 영국 낭만파의 선구자)의 소설 등이다. 또한 세르반테스의 《돈키호테》 는 앞에서 말한 혼미상태를 풍자적으로 묘사한 작품으로 볼 수 있다.

7. 죽음이란

1

죽음은 영감을 받아들이는 정령(精靈), 철학을 주재하는 신……. 인간에 게 죽음이 없었던들 철학적 사색을 하는 일이 없었을 것이다. 삶과 죽음은 모두 생존에 속한다. 삶과 죽음은 서로 의지하여 하나가 다른 하나의 조건이 되어 인생의 모든 현상에 두 극단을 이루고 있다. 인도의 한 신화에서 이러 한 사실을 상징적으로 표현하고 있는데, 파괴의 신 시바 (Siva. 인도 신화의 파괴의 신. 과거·현재·미래를 투시하는 세 눈을 가졌다고 함. 불교에서는 대자재천(大自在天)으로 불림)는 죽은 자의 해골을 목걸이로 만들어 걸고 생식(生殖)을 나타내는 영감을 휴대하고 있다. 사랑은 죽음을 보충하며 그 둘은 서로 중화 하고 또 상극을 이룬다는 의미이다.

그리스인과 로마인은 죽은 자를 위해 값진 돌관을 마련하고 그 조각에 술 자리, 무도(舞蹈), 혼례, 사냥, 짐승들의 싸움이며 바커스 축제 (바커스 신을 모시는 제사. 바커스는 로마 신화에서 술의 신)의 소란 등 한마디로 말해 즐거움에 충만하고 활동적이며 긴장된 삶의 이모저모를 표현했다. 때로는 많은 남녀가 성적 쾌락에 빠진 장면이며 자타 르 신이 양(羊)과 교미하는 모습도 그리고 있다. 그들은 비통한 심정으로 매장하는 개인의 죽음과 자연의 영원불멸한 생명을 대조시켜 효과적으로 살 아남은 자들을 위안하려고 했다.

2

죽음은 성적 쾌락을 즐기는 성교를 통하여 결합된 매듭이 처참하게 풀리 고, 인간의 생존에 따르는 근본적인 미궁이 송두리째 파괴되는 커다란 환멸 이다.

대다수 사람들이 지닌 개성은 의의와 가치가 적고 측은하기 짝이 없어 죽음으로 인해 잃어버릴 것은 없다. 그들에게 어떤 참된 가치가 있다면, 그것은 공통된 인류의 특질이며, 이 특질은 개인의 죽음에 의해 침해되는 일이 없다. 영원한 생존은 인류가 분명 염원하는 것으로, 결코 개인에게 기대되지 않는다. 개체로서의 인간에게 영원한 생존이 주어지더라도 성질이 불변하고 지력이 높지 않아 이런 개체로 살아가는 것은 오히려 적막하고 단조로워, 삶에 염증을 느끼고 차라리 거기에서 벗어나기 위해 스스로 목숨을 끊고 허무를 택하게 될 것이다.

개체의 불멸을 원하는 것은 혼미를 영원히 지속시키려는 것과 마찬가지다. 그 이유는 개성은 또 다른 특수한 혼미와 과오, 다시 말해 존재해서는 안 되는 것으로, 삶의 진정한 목적은 우리가 거기서 해탈하는 데 있기 때문이다.

이에 대한 충분한 실증으로 대부분의 인간, 아니 모든 인간은 자기가 꿈꾸는 어떤 세계에 옮겨 살게 되더라도 결코 행복할 수 없게 되어 있다는 것이다. 만일 그것이 불행과 고난이 없는 세계라면 권태의 포로가 될 것이며, 이 권태에서 벗어날 수 있다면 그 정도에 따라 불행이나 고민에 빠지게 된다.

그러므로 인간이 행복을 누리게 하려면 더 좋은 세계로 그들을 옮기는 것으로는 충분하지 못하며, 반드시 그들을 송두리째 바꿔 지금의 인간이 아닌 전혀 다른 존재가 되어야 한다. 그렇게 되면 인간은 필연적으로 오늘날 살고 있는 모습과 다를 것이다. 또 죽음은 예비적 단계가 될 것이므로, 이런 견지에서 보면 죽음은 도덕적인 필요성이 있다고 보아야 한다. 또한 인간이 다른 세계로 옮겨진다는 것과 자신을 완전히 개조한다는 것은 근본적으로 같다.

죽음이란 개인적인 의식에 종말을 가져오는 것을 의미한다. 그러므로 이 의식이 죽은 뒤에도 다시 점화되어 끝없이 존속되리라는 소망은 부당한 것이다. 비록 그렇게 되더라도 영원히 지속되는 의식 내용은 무엇이겠는가? 빈약하고 하찮고 비속한 사고와 걱정 이외에 없을 것이다. 그러므로 개체의 의식은 죽음으로 일단락되어 영원히 끝을 보아야 한다. 모든 생활 기능의 움직임이 그치는 것은 그것을 유지해 나가고 있는 힘도 분명 부담을 덜어주는 것이라고 생각한다. 이렇게 생각할 때 비로소 죽은 자들의 얼굴에 깊은 안식이 깃들어 있는 까닭을 이해할 수 있을 것이다.

4

인간의 한 토막 꿈 같은 생애에 비하면, 그 앞뒤에 놓인 무수한 시간의 기나긴 밤은 얼마나 무한한 것일까? 가을에 곤충 세계를 살펴보면, 어떤 것은 오랜 동면을 대비하여 잠자리를 마련하고, 어떤 것은 그냥 한겨울을 지내고 봄이 돌아오면 먼저대로 재생되기 위해 껍질을 만든다. 하지만 대부분의 곤충은 죽음의 팔에 안겨 영원히 잠들기 위해 적당한 곳에 알을 낳는 것으로 만족하고, 이 알로 말미암아 다시 새로운 개체로 태어나려고 한다.

이것은 모두 자연이 주는 불멸의 가르침이 아니겠는가. 자연은 이렇게 해서 삶과 죽음 사이에 본질적으로 차이가 없다는 것, 그 어느 한쪽만이 삶을 위태롭게 하는 게 아님을 보여준다. 곤충이 애써 둥지나 알집, 구멍이나 굴을 만들어 봄이 되면 태어날 애벌레를 위해 먹이를 준비하고 안심하고 죽어가는 것은, 인간이 밤이 되면 다음 날을 위해 옷과 아침식사를 준비해 놓고 편히 잠드는 것과 비슷하다.

만일 곤충이 본성에 따라 늦가을에 사멸하는 것이, 잠자리에 드는 인간과 눈뜬 인간이 동일하듯, 봄이 되어 태어나는 애벌레와 같다면, 이런 죽음 뒤의 준비는 하지 않을 것이다.

5

여러분이 기르는 개를 보라. 얼마나 태연스럽게 살아가고 있는가. 그 개가 세상에 나오기 전 몇천만 마리의 개가 죽어갔지만 이 사실은 개에 대한 관념을 조금도 손상시킬 수 없고, 전혀 근심스럽게 만들지 않는다. 당신들의 개는 그처럼 무심히, 오늘이 개로서는 마지막 날인 듯 활기있게 살아가고 있다. 눈에는 그 개의 영원한 본체가 빛나고 있다.

그렇다면 몇천 년 동안에 걸쳐 죽음이 멸망시킨 것은 무엇이겠는가? 그것은 분명 개가 아니다. 개는 아무 손상도 입지 않고 당신 눈 앞에 앉아 있지 않은가? 다시 말해 죽음의 손에 멸망된 것은 형상뿐이다. 그리고 우리의 한정되고 빈약한 인식능력은 시간 속에서 그 그림자와 형상을 의식하고 있을 따름이다.

6

자기가 죽은 다음의 일에 대해 형이상학적인 위안을 받을 수 없는 사람도 물질이 연속한다는 사실을 생각해 보면, 그것으로 어느 정도의 위안을 느낄 수 있다. 그러나 사람들은 이렇게 중얼거릴지도 모른다.

"뭐라고? 한낱 티끌이나 물질 따위가 영속한다고? 인간의 영생이란 고작 이런 거란 말인가?"

"잠깐만, 당신들은 그 티끌에 대해 얼마나 알고 있는가? 티끌이 무엇인가? 그리고 티끌이 무엇을 할 수 있다고 보는가? 티끌을 무시하기 전에 티끌이 무엇인지 알아야지. 티끌이나 재 따위는 얼마 뒤 물에 녹아 결정(結晶)이 되기도 하고, 금속과 섞여 빛을 내기도 하며, 전광(電光)을 비추기도 하고, 자력(磁力)으로 위력을 나타내기도 하며…… 또는 식물이나 동물도 되고 나중에는 불가사의한 품 안에서 당신의 편협한 정신이 두려워하고 고민하는 인간의 생명까지도 탄생시킨다. 이 같은 물질의 존속은 과연 아무 의미도 없는 것일까?"

7

죽음과 삶이라는 유희보다 더 큰 승부가 어디 있겠는가? 우리 눈에는 모든 게 생사에 관련되어 있는 것으로 보이므로 극도로 긴장하여 불안한 마음으로 이 개개의 승부를 주시한다.

그러나 이와 반대로 결코 에누리가 없고 언제나 솔직하고 개방적인 자연은 여기에 대해 전혀 다른 의미를 가르쳐주고 있다. 다시 말해 자연은 개체의 삶과 죽음이 자기에게 조금도 관심이 없다는 것을 분명히 한다. 그 증거로 동물이나 인간의 생명을 사소한 우연의 농락에 맡겨 죽어가도 거들떠보지 않는다. 당신이 걷고 있는 길바닥을 기어가는 벌레를 보라. 당신의 발길이 무심히 한 발자국만 어긋나면 그 벌레의 생사가 결정된다. 또 나뭇가지에 느릿느릿 기어가는 달팽이를 보라. 재빨리 도망칠 수도, 몸을 막을 수도, 거처를 속일 수도, 숨을 사이도 없이 강적의 희생물이 된다. 그런가 하면 물고기는 우리가 손으로 움켜잡을 수 있는 개울에서 유유히 꼬리치며 헤엄치고 있지 않은가. 몸집이 둔하여 도망칠 수도 피할 수도 없는 두꺼비며, 높은 하늘에서 솔개가 노리는 것도 모르는 어린 새와 숲 속에서 늑대에게 발각된 산

양……. 이들 희생물은 연약하고 방어력도 없이 시시각각으로 닥쳐오는 위험을 눈 앞에 두고도 무심히 다니는 것이다.

이같이 자연은 정교한 피조물인 유기체로 하여금 대항할 힘이 없는 알몸인 채 버려두고 더 강한 자의 밥이 되게 할 뿐 아니라, 맹목적인 우발사건, 다시 말해 길을 지나가는 바보나 아이들의 희롱에 맡겨두고 있다. 거기서 자연은 이 생물들이 죽어 없어져도 자기는 아무 영향을 받지 않으며, 그 죽음은 자기에게 무의미할 뿐더러 삶이라는 원인도 죽음이라는 결과도 아랑곳하지 않는다고 분명하게 태도를 밝히고 있다.

이처럼 자연이라는 우주의 어머니는 아무 생각 없이 자기가 낳은 자식을 무수한 위험과 고난 앞에 놓이게 하는데, 그것은 결국 그들이 죽더라도 자기 품으로 돌아올 뿐이며, 그 죽음은 처음에 태어난 곳으로 돌아가는 유희, 다시 말해 조그마한 손장난에 지나지 않는 것을 알고 있기 때문이다.

그런데 지금 여기서 동물에 대하여 말한 것은 인간에게도 그대로 해당된다. 즉 자연의 위엄이 우리들 인간에게 미치고 있어 삶과 죽음은 자연에게 전혀 영향을 주지 않는다. 그러므로 우리도 그 때문에 상심할 필요는 없는 것이다. 우리도 자연의 일부이니까.

8

개체의 죽음에 대해 고찰했으니 이번에는 인류라는 종족에게로 눈을 돌려보자. 우리 앞에 가로놓인 아득한 미래를 바라보고 앞으로 나타날 많은 세대 속에 우리와는 풍속이며 습관이 다른 무수한 개인이 나타날 것을 생각해 보면, 자연히 다음과 같은 의문을 품게 된다.

"그들은 대체 어디서 오는가? 그리고 그들은 지금 어디에 있는가? 세계를 잉태하고 미래의 여러 세대를 숨겨두고 있는 허무의 태반(胎盤)……. 그 풍요한 원천은 어디 있는가?"

이 질문에 대해 다만 웃으며 이렇게 대답하면 된다.

"그것은 다만 실재가 있던 곳, 그리고 있을 수 있는 곳, 현재 속, 즉 현재가 거느리고 있는 사물 속이다. 그러니까 당신 속, 바보 같은 질문을 던지고 있는 당신 자신 속이기도 한 게 아니겠는가. 다만 당신은 자신의 본성을 잊어버리고 마치 가을에 나뭇잎이 말라 땅에 떨어지는 것을 보고 슬퍼하며, 봄이 되어 나무가 초록빛 새단장하는 것을 생각하며 위로삼지 않고 '그 나뭇잎은 내 것이 아니다. 내 것과는 다른 것이다' 하며 서글퍼하는 것과 다름없다."

아, 미련한 나뭇잎이여! 너는 어디로 가느냐? 그리고 다른 잎사귀들은 어디서 오는가? 네가 두려워하는 허무의 심연은 어디 있는가? 너는 차라리 자신이 나무 속에 숨어 끊임없이 작용하고 활동하는 힘 속에 깃들어 있다는 것을 인식하고, 이 힘은 나뭇잎이 계절에 따라 순환하듯 생사에 구애받지 않음을 깨달아야 할 것이다. 인간의 세대에 대해서도 똑같은 말을 할 수 있지 않을까?

8. 문예에 대하여

모든 욕망은 필요와 부족함과 가난과 고생에서 생긴다. 그래서 우리가 욕망을 충족시키면 가라앉힐 수 있다. 그런데 우리에게는 한 가지 욕망이 채워지고 난 후 또 충족을 느끼지 못하는 욕망이 얼마나 많은가! 게다가 욕망은 오래 계속되고 욕구는 끝없이 늘어나며 향락을 누리는 기간은 짧고 그 양은 적다. 그리고 욕망을 충족시켜 쾌락을 얻는다 해도 그 쾌락은 외형적 환상에 지나지 않으며, 다음에 제2의 쾌락이 대신 나타나면 욕망은 사라져 형태를 찾아볼 수 없고 쾌락은 환상에 지나지 않는다.

그러므로 이 세상에는 의지를 진정시켜 잠재우거나 계속해 붙잡아둘 힘은 아무 데도 없다. 우리가 운명으로부터 받을 수 있는 가장 큰 선물도 거지의 발 아래 던져준 동전과 마찬가지로 다만 오늘의 목숨에 풀칠을 하여 괴로운 삶을 내일까지 연장시키는 데 지나지 않는다.

이같이 욕망의 지배와 의지의 주권 아래 놓여 있는 한, 그리고 우리에게 떼 지어 달려드는 소망과 우리에게 덮쳐오는 공포에 사로잡혀 있는 한, 우리는 안식이나 행복을 손에 넣을 수 없다. 우리가 기대나 두려움에서 무엇을 열심히 추구하거나 기대하려고 하는 것은 근본적으로 생각하면 동일하다. 즉 의지의 욕구에서 비롯되는 걱정은 소망과 두려움의 여러 가지 형태로 나타나며, 언제나 우리의 존재를 괴롭히고 어지럽히지 않고는 못 배긴다. 그래서 인간은 의지의 노예가 되어 언제나 이손의 불수레에 매어 있으며, 다이나트의 밑빠진 독에 물을 넣고 탄탈로스처럼 끊임없이 갈등에 시달린다. (그리스 신화에 나오는 이야기)

그런데 우리는 자신의 내면적인 조화의 불가사의한 혜택으로 잠시나마 끊임없는 욕구의 소용돌이에서 벗어나, 우리 정신을 의지의 압박에서 구출하여 주의력을 의지의 대상에서 떠나게 할 수 있다. 그래서 욕구의 색채를 잃어버리고 사물을 탐욕의 대상이 아니라 몰아적(沒我的)인 관조의 대상으로 삼아, 자기의 이해관계에서 떠나 바라볼 수 있다. 이때 우리는 욕망으로 말미암아 그 대상을 추구할지라도 언제나 요동치는 마음에서 자연스럽게 안정되어 흡족한 화평을 얻는다.

에피쿠로스 (Epikouros (BC 342?~271?), 고대 그리스 철학자. 그의 실천철학은 올바른 인식에서 정신의 쾌락을 말한 쾌락주의)가 찬양한 최대의 선, 즉 여러 신의 최고 행복도 고통을 초월한 이런 상태를 가리키는 것이다. 우리는 그동안 의지의 무거운 압력에서 벗어나, 의욕이라는 강제적인 부역을 면하고 안식을 즐길 수 있으며, 이손의 불수레는 회전을 멈추게 된다. 이때 궁전 들창가에서 저물어가는 태양을 바라보거나 감옥의 철창에서 바라보거나 느낌은 마찬가지다. 마음의 조화를 이루고 순수한 사상이 의지를 능가하는 것은 어느 곳에서나 가능한 일이다.

이것을 실제로 입증하는 것은 네덜란드 화가들로, 그들은 지엽적인 사소한 사물도 객관적으로 바라볼 수 있다. 그들의 정신이 정의(情意)를 떠나 안식을 누릴 수 있다는 증거로, 그처럼 불후의 대작을 남긴 것을 들 수 있다. 그들의 그림을 바라보는 사람은 반드시 깊은 감명을 받으며, 작가의 고요하고 평화로운 심경과 보잘것없는 사물에 주목해 그만큼 섬세한 필치로 묘사하기까지의 그윽한 심경을 상기하게 된다. 자신을 돌이켜보고 평온한 마음으로 돌아간 화가와, 언제나 불안과 욕망 때문에 마음이 흐려지고 혼란을 일으키는 자신을 비교해 보면, 내가 여기서 말한 주장은 더욱 분명해진다.

인간과 인생의 모든 면을 초탈한 눈으로 보고 그것을 펜이나 화필로 그려 놓으면, 그것만으로도 흥미와 매력으로 가득 차 고상하고 심오하게 보인다. 그런데 인간으로는 언제까지나 이런 순수한 감흥 속에만 머물러 있을 수 없다. "악마라면 가능할 것이다"라는 말은 여기에도 해당된다. 괴테도 이런 의미에서 다음과 같이 노래하고 있다.

어지러운 인생도

그림에서는 아름다워 보이나니……

  나는 젊을 때 내 행위를 마치 남의 일처럼 하나하나 적어두려고 한 적이 있는데, 이것은 아마 자기 행위를 상세히 감상하며 즐기려는 마음에서 그랬던 것 같다.

  사물은 대체로 우리의 이해관계를 떠날수록 아름답다. 그러나 인생은 결코 아름다운 게 아니다. 아름다운 것은 시의 거울에 비쳐 반사된 인생의 그림일 뿐이며, 이 그림이 유난히 아름답게 보이는 것은 살아간다는 게 무엇인지 우리가 아직 미처 모르는 청년 시절의 일이다.

  날아든 영감을 붙잡아 시의 형태로 다듬어놓은 게 서정시이다. 참된 서정시인이 반사적으로 작품을 통해 보여주는 것은 인간의 완성된 모습과 깊은 내면세계이며, 과거와 현재와 미래의 세대에 속한 무수한 인간들이 수없이 되풀이하고 또 되풀이할 비슷한 환경에서 경험하는 느낌은 한 편의 참된 시 속에 생생하고 성실하게 묘사된다.

  시인은 세계적이고 보편적인 인간으로, 인간 마음속에 꿈틀거리는 것과 인간의 천성이 여러 환경 속에서 경험하는 것이 인간이라는 허망한 생물에게 몰려 발동하는 시의 소재가 되므로 그 범위는 자연 전체에 미치게 된다.

  그러므로 시인은 신비주의자처럼 거룩하고 깨끗한 대환희를 노래부를 수 있고, 안겔루스 질레지우스$^{(1624\sim1677.}_{독일\ 종교시인)}$나 아나크레온$^{(그리스}_{서정시인)}$이 될 수 있고, 자기의 천분과 정감에 따라 희극이나 비극을 쓸 수 있으며, 고매한 마음씨나 비속한 심정을 묘사할 수도 있다.

  시인은 인간의 거울이다. 그는 인간이 느낄 수 있는 것을 밝은 이미지로 묘사하게 된다. 그러므로 누구나 그에게 좀더 고상하다든가, 초탈하다든가, 또는 도덕적으로 올바르다거나 신앙을 가지라거나, 그밖에 이래라 저래라 해서 안 된다고 명령조의 주문을 할 수 없다.

  훌륭한 시가 모두 인간성의 몸서리치는 면이나 말할 수 없이 큰 고의, 우환, 악의 승리, 우발적 사건의 지배, 정당하고 순결한 자의 파멸에 관해 묘사하고 있는 것은 두드러지게 주목해야 할 사실이다. 이것은 세계의 기능과 존재의 실상이 무엇인지 뚜렷이 말해 주고 있다.

비극의 작품내용은 어떠한가? 거기에는 고귀한 인물이 오래고 힘겨운 투쟁과 수난 끝에 오늘에 이르기까지 애써 추구해 온 목적을 단념하거나 일부러 세상의 모든 즐거움을 단념하는 장면이 묘사되어 있다. 《칼데론》 속의 왕자, 《파우스트》의 그레트헨이 그랬다. 《햄릿》에서 햄릿의 친구인 호레이쇼는 자진해서 죽어가는 햄릿의 뒤를 따르려 했으나, 그의 최후를 후세에 전하여 그 이름을 더럽히지 않기 위해 고뇌로 가득한 이 세상에 잠시 머물러 있으려고 결심한다. 《오를레앙의 처녀》 무셀, 《메시나의 신부》의 주인공(모두 실러 극의 여주인공)도 같은 종류의 비극적인 인물들로, 그들은 모두 고뇌에 정화되어 그 속에 깃든 '살려는 의지'가 멸망하는 것을 기다렸다가 마침내 죽어간다. 비극의 진정한 의미는 주인공에게 나타나는 죄가 그만의 것으로 그치지 않고 유전되는 죄, 즉 존재 자체의 죄라는 견해 속에 나타나 있다.

비극의 성격과 목적은 우리를 체념하게 만들어 살려는 의지를 포기하게 하는 데 있지만, 희극은 우리에게 삶을 요구하게 하려고 한다. 희극도 물론 인생의 시적인 묘사와 마찬가지로 삶의 고뇌와 그 염세적인 처참한 모습도 보여주지만, 그것은 어디까지나 일시적인 해악일 뿐이고 마지막 환희에 융합되기 마련이며 희망과 성취와 승리의 교향악으로서 해소되게 마련이다.

세상에 아무리 불쾌한 일이 많더라도 언제나 재미있고 유쾌한 일들도 있어 웃음꽃을 피울 장면이 있다는 것을 분명히 그려보여, 독자나 관객들의 처지에서 즐거움을 북돋아주려고 한다. 요컨대 희극은 결과적으로 인생이란 대체로 살기 좋은 곳이며, 때로 매우 재미있고 우스운 것임을 보여준다. 그런데 그 즐거운 마지막에 이르러서는 도중에 미리 빠져나와 나중을 보지 말아야 한다. 반대로 거의 모든 비극은 결말에 가서 별일없이 원만하게 끝나게 되는 게 일반적이다.

서사시나 희곡을 쓰는 시인은 자기가 운명이며 따라서 운명과 마찬가지로 에누리가 없어야 한다는 것을 잊어서는 안 된다. 그는 또한 인간의 거울이므로 시나 희곡, 소설에 사악한 자나 때로는 이상한 성격 소유자, 즉 바보나 못난이, 정신박약자를 등장시키고, 한편으로는 이지적이고 신중한 인간, 때로는 선량하고 성실한 자를 등장시키며, 특별한 경우에는 고귀하고 관대한 인물도 등장시켜야 할 것이다. 호머의 시에는 선량하고 정직한 인물을 많이 볼 수 있지만 참으로 고귀하고 너그러운 사람은 전혀 없다. 그리고 셰익스피어의 희곡에는 이런 인물이 하나 둘 등장하지만, 그들의 고귀성은 초인적이라고 할 수 없다. 코델리아와 코라이어라는 두 사람이 이에 해당될 뿐, 그밖에는 거의 찾아볼 수 없으나 다른 부류의 인물들은 많다. 레싱의《민나 폰 바른헬름》에는 등장인물마다 매우 정직하고 너그러운 성격의 소유자로 묘사되어 있으며, 괴테의 모든 주인공을 한데 묶어도 포자 후작 같은 너그러운 성격을 찾아보기 힘들다.

어떤 사람의 행동이든 그 자체가 특별한 의미를 갖고 있으며, 하나하나의 행동을 통하여 관념이 여러모로 나타난다. 인생의 모든 현상 가운데 그림 소재가 되지 않는 것이 있다. 네덜란드파의 신묘한 그림에 대해 다만 그 뛰어난 기교만을 찬양하고, 그림이 대체로 가까운 일상생활의 정경을 묘사했으며 인생의 중대한 문제를 다루지 않았다 해서 기교밖에 볼 게 없다고 경시하는 사람들도 있으나, 이런 감상법은 잘못된 것이다. 그들은 어떤 행위의 내면적 의미와 외면적 의미가 서로 상관되어 있지 않으며, 때로는 둘 사이에 많은 차이가 있음을 잊고 있다. 행위의 외적 중대성은 현실에 미치는 영향과 그 결과에 따라 측정되는데, 그 내적 중요성은 인간성의 깊은 골짜기에 빛을 던지며, 인간생활의 특수한 면을 발굴하여 인간의 본성에 대한 깊은 진리를 깨닫게 하는 데 있다.

그러므로 예술에서는 행위의 내면적 의미가 중요하고, 역사에서는 외면적 의미가 중요하다. 이 둘은 서로 분리되어 있기도 결합되어 있기도 하지만, 사실은 독립된 것이다.

3

역사상 으뜸될 만한 행위도 그 자체만 보면 평범하고 무의미하게 생각되는 경우가 있으며, 반대로 하찮은 일상생활도 인간 내부에 충분한 빛을 던져 준다면 진실된 가치를 지니게 된다.

인간 행위는 대체로 그 목적과 결과가 어찌되든 본질적으로 동일하다. 몇 명의 장관들이 지도 위에 머리를 맞대고 그 영토나 주민들에 대하여 논쟁하는 것과, 한 서민이 선술집에서 화투나 골패의 승부를 가지고 언쟁하는 것은 본질상 동일한 행위이며, 마치 장기를 둘 때 금으로 된 포(包)를 쓰나 나무로 된 차(車)를 쓰나 마찬가지인 것과 같다.

음악은 결코 외부의 현상을 표현하는 게 아니다. 현상의 내면적인 본질, 즉 현상의 본체, 다시 말해 의지 자체를 표현하는 것이다. 따라서 특수하고 일정한 어떤 기쁨이나 괴로움, 두려움, 불안, 쾌락, 안식 등을 표현하는 게 아니라 오직 기쁨 자체, 슬픔과 고뇌와 두려움, 쾌락, 안식 자체를 표현하는 것이 음악이다. 다시 말해 음악은 모든 동기나 상태를 떠나 이 기쁨이나 괴로움의 추상적, 일반적인 본질만을 표현한다. 우리는 이렇게 표현된 추상적인 결정체 때문에 그것을 이해할 수 있다.

선율의 창조는 인간의 의지와 정감의 비밀스러운 정원을 찾아내는 일이며, 이것은 천재의 일이다. 천재의 활동은 다른 방면보다 음악 분야에 가장 뚜렷하게 나타나고, 지적인 면을 떠나 자유롭게 작용한다. 참된 영감이란 이 정신작용을 말하며 관념, 즉 사물에 관한 추상적 또는 구체적인 지식은 다른 예술의 경우에도 그렇지만 음악에서도 창작에 결코 도움이 되지 못한다.

작곡가는 세계의 내면적인 본성을 표현하며 자기의 이성으로는 알 수 없는 언어로 깊은 지혜를 드러낸다. 그것은 마치 몽유병자가 의식을 되찾았을 때에는 전혀 알지 못하던 일에 대해 곧잘 분명한 대답을 하는 것과 비슷하다.

음악은 말로 표현할 수 없는 일종의 내면적인 비밀을 전달하고, 우리에게 친근하면서도 좀처럼 가까이할 수 없는 한때의 낙원을 보내며, 그 선율은 우리가 알고는 있지만 명확하게 설명할 수 없는 것이다. 이것은 음악이 우리 가슴속에서 움직이고 있는 의지의 몸부림을 표현할 뿐, 우리의 안팎에 있는 여러 가지 사정이나 처지에 관해서는 아무 말도 하지 않고, 표현할 때 고뇌의 그림자도 비추지 않기 때문이다.

우리 마음속에는 두 가지 근본적인 것이 있다. 한쪽에는 기쁨과 즐거움, 다른 쪽에는 괴로움과 두려움이 있다. 여기에 따라 음악에도 2도 음정과 6도 음정이라는 두 개의 일반적인 악보가 있으며, 모든 악곡에는 그 둘 가운데 거의 하나가 부여되어 있다.

이 6도 음정에 표현되어 있는 음(音)은 고통을 표현하기 위한 것으로 그 비통한 소리는 부딪치거나 잘리거나 할 때의 육체적 감각하고도 다르며, 다만 관습으로서가 아니라 누구나 그 소리를 비통하게 듣는 것은 분명 일종의 불가사의하고도 놀라운 일이라고 하겠다. 이것을 보더라도 음악이 얼마나 인간과 사물의 내면에 깊이 파고드는지 알 수 있다. 참혹한 자연환경 속에서 살아가는 북극 지방의 국민, 그중에서도 특히 러시아 사람들은 교회의 찬송가에 주로 단조를 쓰고 있다. 이 음조의 빠른 템포는 프랑스 음악의 특징이며, 발에 맞지 않은 구두를 신고 춤추는 기분을 준다.

템포가 대단히 빠른 무용음악의 짤막하고 명쾌한 악상은 쉽사리 느낄 수 있는 일반 쾌락만 표현한 것처럼 들리지만, 이와 반대로 웅장한 악상의 굵직한 음량과 긴 곡절을 가진 장중하며 빠른 템포는 나중에야 도달할 수 있는 머나먼 목적을 향해 가는 위대한 노력을 표현하고 있다. 그리고 아다지오는 비열한 기쁨을 멸시하고 고귀한 노력을 하는 자의 고뇌를 나타내고 있다.

그러나 우리가 가장 경탄해 마지않는 것은 단조와 장조의 효과다. 반음만의 변화, 장조의 삼단음 대신 단조의 삼단음을 연주하면 곧바로 비통하고 불안한 기분을 일으키고, 거기에 장조가 나타나면 다시 본래의 고요한 기분으로 돌아가게 되는 것은 놀라운 일이다. 그리고 단조의 느린 곡조는 심한 고통으로 가슴을 쥐어뜯는 것 같은 슬픔을 나타내며, 또 단조의 무용 음악은 천박하고 배격해야 할 평범한 행복 안에 있는 어떤 매혹을 나타내어 엄청난 노력과 산고를 통해 얻을 수 있는 비속한 목적을 추구하는 것처럼 생각된다.

베토벤의 교향곡은 겉으로는 혼란을 일으키지만 그 밑바탕에는 놀랄 만한 균형을 이루고 있다. 아름다운 조화로 마무리되는 치열한 싸움, 조화롭지 못한 사물이 나타났다 사라지는 무수한 형체와 헤아릴 수 없는 불쾌한 소음을 통하여 끊임없이 공간을 가로지르는 이 세계의 본성을 완전하고도 충실하게 표현하고 있다. 또한 이 교향곡에는 인간의 정열과 격정, 기쁨과 슬픔, 사랑과 미움, 불안과 소망을 풍부한 뉘앙스를 섞어 추상적인 방법으로, 그 하나하나의 흑백을 가리지 않고 표현했다. 그것은 물질없는 형체, 영혼만이 가득한 하늘나라와 같은 느낌이다.

나는 오랫동안 음악의 본질에 대해 깊이 생각해 보았는데, 모든 즐거움 가운데에서 가장 미묘한 음악을 즐길 것을 권하고 싶다. 음악은 세계의 참된 본성을 직접적으로 진지하게 드러내 보여주므로 우리에게 이처럼 진지하게 직접적으로 작용하는 것도 없다.

　웅장하고 화려한 하모니는 정신의 목욕이라고 할 수 있다. 정신은 이렇듯 모든 때를 씻어버리고 사악하고 비열한 것들을 모조리 제거하게 된다. 이런 하모니는 인간을 한결 높은 데로 끌어올리고 고귀한 사상과 융합시키므로, 우리는 거기서 자기의 참된 가치와 의의, 자기가 가질 수 있는 모든 가치와 의의를 뚜렷이 느끼게 된다.

　나는 음악을 들으면 언제나 인간의 생애와 나 자신의 생애는 어떤 영원의 꿈이고, 선악과 그밖의 여러 가지 꿈이며, 개인의 죽음은 이 꿈에서 깨어나는 것이라 생각된다.

9. 문예 흥미에 대하여

　시, 특히 서사시나 희곡에는 미(美) 이외의 특질, 곧 '흥미'라는 것이 있다. 예술작품이 아름다운 건 그것이 인간의 이데아(Idea)를 뚜렷이 재현시켜 우리에게 이데아가 무엇인지 알게 하는 데 가치가 있다. 작품은 이 목적을 달성하기 위한 수단이며, 뚜렷한 개성을 지닌 인물을 등장시켜 여러 가지 사건을 전개시킴으로써 이들 등장인물이 저마다 성격상으로 독특한 기질을 드러내 그 내면 세계를 파헤쳐 보일 수 있는 특수한 입장이며 처지를 조성하게 된다. 인간의 여러 가지 이데아는 이런 묘사를 통하여 그 전체 내용을 분명히 알 수 있다.

　미는 대체로 인식할 수 있는 이데아의 고유한 특질로, 그 안에 이데아가 인식되는 한 무엇이든 아름답다. 아름답다는 것은 이데아가 뚜렷이 드러나 있다는 표시이기 때문이다. 그리고 미는 언제나 인식에 속하여 인식에만 호소하고 의지에는 호소하지 않는다. 그리고 미의 이해는 의지에 선행되어야 한다.

　한편 우리는 희곡이나 소설이 묘사된 사건이나 행위를 통해 공감을 불러일으키고 그 사건 당사자의 한 사람으로 느껴질 때, 이 소설이나 희곡을 재미있다고 한다. 이 경우 거기 묘사된 인물의 운명이 자신의 운명과 동일하게 느껴지기 때문에 우리는 긴장된 마음으로 사건을 기다려 정신없이 그 진행 과정을 주시하고, 위급한 경우라도 닥치면 가슴을 두근거린다.

그래서 최고조에 이르면 가슴을 죄다가 주인공이 갑자기 구출되기라도 하면 다시금 가슴 두근거리기 시작하여 끝까지 읽기 전에는 손에서 책을 놓기 어렵다. 주인공의 비운에 동정하며 마치 자기가 당하는 것처럼 밤새워 읽는다. 사실 이런 작품에서는 위안이나 즐거움이 아니라 현실의 삶이 가끔 우리에게 경험하게 하는 고통, 적어도 악몽에 사로잡혔을 때와 같은 고통을 느끼게 된다.

이런 고통에서 벗어나려면, 소설이나 희곡을 읽을 때 언제나 싸늘한 현실의 땅바닥에 눈을 돌려 작품을 통해 심한 괴로움을 받아 마음이 짓눌리는 듯싶을 때마다 바로 현실 속에 뛰어들어 작품의 환상을 몰아내는 수밖에 없다. 그렇게 하지 않으면 그 책을 다 읽을 때까지 초조해하고 괴로워해야 한다. 악몽 속의 기이한 괴물에 대한 두려움이 잠을 깨자마자 사라져버리는 경우처럼.

이 같은 시적인 묘사에 따라 움직이는 것은 분명 우리의 개체적인 의지며, 결코 순수한 종족의 의지는 아니다. 따라서 흥미있다는 말은 우리의 개체적인 의지에 공감을 강요하여 흥미를 일으키게 하는 것을 의미한다. 미가 흥미와 뚜렷이 구분되는 것은 이 점이며, 미는 인식, 특히 가장 순수한 인식에 속해 있지만 흥미는 의지에 작용한다. 따라서 미는 이데아를 터득하는 데서 비롯되며 이 터득은 '근거의 원리'를 떠나서도 가능하지만, 반대로 흥미는 언제나 사건의 진행과 갈등에서 비롯되며 여러 가지 형태의 '근거의 원리'를 통해 가능하게 된다.

이 둘의 근본적인 차이는 분명하다. 모든 예술, 따라서 희곡이나 소설의 참된 목적이 미에 있다는 것도 상세히 설명했으니, 이번에는 다음과 같은 의문에 대해 살펴보기로 하자. 즉 흥미는 문예의 제2목적이 될 수 있느냐, 아니면 미를 표현하기 위한 수단에 지나지 않느냐. 또는 미의 속성으로서 공존하여 미가 있는 곳에는 자연히 나타나게 되느냐, 또는 흥미는 적어도 미라는 중요한 목적과 합치될 수 있느냐, 아니면 미의 장애물이 되느냐를.

흥미는 희곡이나 소설 같은 작품에서만 느끼게 되며, 조형미술이나 음악이나 건축 등에는 나타나지 않는다. 이런 종류의 예술은 흥미와 관계 없으며, 단지 특수한 감상자가 개인적 흥미를 느끼는 경우가 있을 뿐이다. 예를 들면 어떤 상상화가 자기의 연인이나 원수의 얼굴을 닮았다든지, 어떤 건물이 자기 집이거나 자기가 갇혀 있는 감옥이든가, 또는 어떤 음악이 신혼 무용곡이라든가, 아니면 자기가 싸움터에서 쳐들어가는 행진곡이라든가 할 경우다. 이런 종류의 흥미는 예술의 본질이나 목적과는 관계가 없다. 아니, 예술의 본질에서 떠나 있다는 점에서 장애가 된다. 이것은 예술적인 흥미에 대하여 정도의 차이는 있으나 한결같이 적용된다.

이 흥미는 아름다운 표현에 대해 우리가 공감하는 것이 사실처럼 느껴지는 데서 비롯되며, 표현이 일시적으로 독자를 매혹시키는 것을 전제로 하고, 예술적인 매혹은 진실을 통해서만 작용한다. 즉 예술이 존귀한 것은 진실을 나타내기 때문이다. 묘사는 자연과 마찬가지로 진실해야 한다. 또 본질적인 특성을 강조하고, 묘사된 자기표현을 요약하여 우연히 가지게 된 중요하지 않은 것들을 제외함으로써 순수한 입장에서 이데아를 뚜렷이 나타낸다. 이렇게 묘사된 이데아를 진실로서, 자연 이상의 것으로 만들어야 한다. 이 경우에 진실이 사람을 매혹하므로 흥미는 진실을 통하여 미와 공존할 수 있다.

진실 자체는 시와 현실 사이에 분명한 구분을 해서 흥미를 감소시키지만, 현실도 얼마쯤 이상적이 될 수 있으므로 이러한 구분은 매혹을 없앨 수 없다. 조형미술은 그 수법상 어느 정도 매혹을 없앨 여지가 있다. 조각은 형체와 빛깔만 보여주고 시야나 운동을 보여주지 않으며, 그림은 어느 지점에서 본 일정한 넓이만 표현하여 그 주위에 싸늘한 현실이 연속된다.

그러므로 이 경우에 느끼는 매혹이나 실물을 대했을 때와 같은 공감과 흥미가 더해지지 않기 때문에, 의지는 침묵하고 표현된 미술만이 순수한 관조의 대상이 된다. 여기서 특히 주의해야 할 것은 열등한 조형미술은 이 한계를 벗어나 현실적인 매혹과 흥미를 느끼게 되어 순수한 예술적인 효과가 사라지고, 미를 나타내기 위한 하나의 방편, 즉 이데아의 인식을 전달하는 작용을 하지 못한다. 예를 들면 석고상 같은 것으로, 이것은 미술의 범주에서 제외되어야 한다. 정교하게 만들어진 작품은 사람을 완전히 매혹하는 힘을 발휘하므로 우리는 이 작품을 볼 때 실제의 인간을 대하는 것처럼 느끼며, 실제의 인간은 본래 의지의 대상, 즉 흥미로운 존재므로 이런 초상은 바로 우리의 의지에 작용하여 순수한 의식을 방해하며, 우리는 실제로 인간 앞에 있을 때처럼 경계심과 불안감을 갖고 그 앞에 나서게 된다. 그리고 우리의 의지는 활동을 개시하여 그것을 사랑할까, 미워할까, 또는 피할까, 대항할까 하는 태도를 취하려고 한다. 그러나 이 초상은 생명이 없으므로 결국 시체와 같은 불쾌한 인상을 주어 재미라는 목적은 이루었지만 예술적인 가치는 잃게 된다.

이것을 보더라도 흥미있다고 해서 다 미술작품이 될 수 없음을 알 수 있다. 이것은 다음과 같은 사실에서도 확인할 수 있다. 즉 시에서도 흥미로울 수 있는 것은 희극과 설화같은 종류뿐이며, 만일 흥미가 예술의 목적으로서 미 자체와 대등한 것이라면, 서정시는 사건으로 말미암은 흥미가 없으므로 희곡이나 소설보다 훨씬 하위에 속하겠지만 실제로는 그렇지 않다.

그럼, 두 번째 의문에 대해 생각해 보기로 하자. 만일 흥미가 미를 나타내기 위한 수단이라면 흥미있는 시는 또한 아름다워야 할 텐데, 사실은 그렇지 못하다. 어떤 소설이나 희곡이 재미있다는 점에서는 우리의 마음을 끌지만, 거기에는 예술로서의 미가 빠져 있으므로 읽고 나면 시간낭비를 했다는 사실이 부끄럽게 생각되는 경우가 많다. 이런 작품 가운데는 희곡이 많으며, 그 가운데 인간의 본성과 삶의 참된 모습에 관한 순수한 표현이 없고, 성격 묘사는 거짓이거나 잘못되어 인간의 천성에 어긋난 이상한 인물을 등장시키고 있다. 그러나 사건의 진행과 갈등이 복잡하게 뒤엉켜 주인공의 처지가 우리 마음을 끌므로 갈등이 해소되고 주인공이 안전지대로 들어가기까지 호기심이 가라앉지 않는다. 그리고 막과 막 사이의 이동이 기술적으로 꾸며져 다음 장면에 호기심을 갖게 되며, 결과를 예측할 수 없어 기대와 경이로움 사이에서 자못 초조해지며, 이런 재미에 어떤 이는 시간 가는 줄 모른다. 코체부 (Kotzebue, August von(1761~1819). 독일 극작가. 작품이 모두 통속적이었음)의 각본에는 이런 것이 많다.

대부분의 사람들은 순수한 인식이 아닌 심심풀이를 원하므로 이런 작품이 그들 비위에 맞다. 미는 인식에 속하므로 그 감수성은 지적 능력처럼 개인차가 심하다. 작품으로 묘사된 세계의 내면적 진실, 즉 인간의 본성에 알맞느냐는 점에 대해서는 이들이 알 바 아니며, 오직 표면적인 흥미만으로 족하기 때문에 인간의 진실을 드러내 보여 줘도 반응이 없다.

그러나 다음과 같은 점은 유의해야 한다. 흥미 본위의 묘사는 반복해 읽을수록 효과를 잃어 다음 장면에 대해 그리 기대를 갖지 않게 되며, 여러 번 되풀이해서 읽으면 독자나 관객들은 희곡 전체를 무미건조하고 보잘것없는 것으로 여기게 된다. 그러나 미에 가치를 둔 작품은 거듭 읽을수록 독자의 이해를 도와 더욱 많은 예술적 효과를 거두게 된다.

이상에서 말한 대로 대중적인 희곡의 부류에 속하는 게 통속소설이다. 이탈리아의 베니스나 나폴리 거리에는 모자를 벗어놓고 지나가는 사람을 모아 재미있는 이야기로 흥미를 돋운 다음, 최고조에 이르러 듣는 사람들이 열중하면 다음 이야기를 계속하기 전에 먼저 호주머니를 터는 일이 있다. 독일에는 이런 부류에 속하는 값싼 천재가 그렇게까지 직접적인 방법은 쓰지 않지만 출판사나 라이프치히 시장이나 대본점(貸本店)에 한몫 끼어 있으며, 이들의 차림새는 이탈리아 친구들처럼 남루하지는 않으나 그들의 상상은 소설이며 야담, 낭만적인 긴 장편 사화(史話) 등의 초라한 표지 속에 수록되어 있다.

대중들은 이 책을 사다가 잠옷바람으로 난롯가에 앉아 편하게 읽으며 즐기려 한다. 이런 싸구려 저작들 대부분이 전혀 미적인 가치가 없는 것은 잘 알려진 사실이지만, 흥미라는 특징이 있는 것은 부인할 수 없다. 그렇지 않다면 무엇 때문에 많은 사람들이 그런 책들을 읽으려고 하겠는가. 그러니 흥미가 필연적으로 미를 낳지 못한다는 것은 분명한 일이다. 그렇다고 해서 미가 저절로 흥미를 자아내느냐 하면 그렇지도 않다.

작품에서 등장인물의 뚜렷한 성격 묘사로 인생의 깊은 내면세계가 제시되고, 그것이 비범한 행위와 고뇌를 거쳐 표면화되어 세계와 인간의 본성이 분명히 드러나면 예술적인 아름다움을 지니게 된다. 그밖에 사건의 갈등을 일으키거나 복잡하게 구성하거나 갑자기 극적으로 해결지어 독자의 흥미를 끌려고 할 필요는 없다.

셰익스피어의 불후의 명작을 보아도, 거기에 흥미는 매우 적고 사건들이 줄기차게 진행되지 않는다. 《햄릿》은 중간에서 침체되고, 《베니스의 상인》은 이야기가 궤도에서 벗어나며, 《헨리 4세》에서는 흥미있는 대목이 직선적으로 이어지나 장면과 장면 사이가 잘 연결되어 있지 않다. 그래서 셰익스피어의 희곡은 많은 사람들에게 선풍적인 인기를 일으키지 못한다.

아리스토텔레스가 극의 요건 중에서 특히 주장한 행동의 통일은, 흥미에 관련된 것이지 미에 관련된 게 아니다. 일반적으로 이 요건은 근거의 원리에 준하여 생각해낸 것으로, 이데아와 미는 근거리의 원리 지배에서 벗어난 인식에서만 있을 수 있다. 그런 점으로 보더라도 흥미와 미의 구별은 분명하며, 흥미는 근거리 원리에 따르는 관찰에 예속되고 미는 언제나 이 원리에서 벗어나 있다. 아리스토텔레스의 통일설에 가장 맹렬히 반대한 작품으로는 만초니^{(Manzoni, Alessandro(1785~1873). 이탈리아 작가. 진리 탐구와 / 도덕적인 것을 예술의 주요 목표로 삼음. 대표작은 《약혼자》)}가 쓴 비극을 추천하고 싶다.

내가 지금 셰익스피어에 대하여 한 말은 괴테의 희곡에 대해서도 그대로 적용할 수 있다. 그의 《에그몬트》도 줄거리에서 갈등이라고는 전혀 찾아볼 수 없다. 그러므로 대다수 관객들의 비위에는 맞지 않을 것이며 《타소(Torquato Tasso)》와 《이피게니》에서는 더욱 그러하다.

그리스의 비극시인들도 흥미로 독자들을 끌려고 하지 않았다는 것은 그들이 걸작의 소재로 세상사람들에게 거의 이미 알려진 사건, 또는 전에 극으로 공연된 적 있는 사건을 택한 것을 보더라도 잘 알 수 있다. 그들은 미를 즐기는 데 예상치 않은 사건으로 관객들의 흥미를 끌거나 전대미문의 사건으로 흥미를 느끼게 하는 조미료 같은 것을 필요로 하지 않았던 것이다.

또 옛날의 걸작들을 보아도 흥미롭게 된 것은 극히 드물다. 호머는 세계와 인간의 전체성을 묘사하고 있지만, 사건에 갈등을 일으켜 우리의 흥미를 북돋거나 뜻밖의 미궁에 끌어들여 우리를 놀라게 하지 않고, 이야기의 줄거리는 지지부진해지기 일쑤며, 장면마다 침착하게 차례로 순서를 따라 빈틈없이 묘사하려고 했을 뿐 결코 흥미 본위로 쓰지 않았다. 그러므로 호머를 읽으면 격정적인 공감을 일으키는 게 아니라 순수한 인식의 입장에 서게 되며, 우리의 의지가 부추김 받지 않고 조용히 가라앉아 긴장을 느끼지 않으므로 언제나 천천히 읽어 내려갈 수 있다.

이런 경향은 단테의 경우 더욱 뚜렷이 나타나 있다. 그는 서사시가 아닌 서술시를 썼다. 또한 네 편의 뛰어난 소설 《돈키호테》《트리스트럼 샌디》

《누벨 엘로이즈》 그리고 괴테의 《빌헬름 마이스터의 수업시대》를 보아도 독자들의 흥미를 끄는 것을 주요 목적으로 삼고 있지 않다. 특히 《트리스트럼 샌디》의 주인공은 이야기의 마지막에 가서야 겨우 8살 된 어린아이로 되어 있다.

그렇다고 걸작은 으레 흥미없다고 단정할 수는 없다. 실러의 작품들은 굉장히 재미있으며 많은 애독자들을 갖고 있다. 소포클레스(Sophocles, BC 496 ? ~406, 고대 그리스 비극작가)의 《오이디푸스왕》과 산문적 걸작인 아리오스토(Ariosto, Lodovoc(1474~1533), 문예부흥기를 대표하는 이탈리아 시인)의 《광란의 오를란도》도 이에 속하며, 고도의 흥미와 미가 더불어 존재하는 예로 월터 스콧의 명작 《나의 영주 이야기(The tailes of my landlord)》 2편을 들 수 있다. 스콧의 이 작품은 참으로 재미있으며, 읽은 사람은 지금까지 내가 흥미의 효과에 대해 한 말을 잘 이해할 수 있을 것이다. 이 작품은 그처럼 재미있고, 또 전편이 매우 아름다우며 놀랄 만큼 진실하게 인생의 다채로운 모습을 보여준다. 또 등장인물들의 상반되는 여러 가지 성격이 정확하고도 충실하게 묘사되어 있다.

그러므로 흥미가 미와 공존할 수 있다는 것도 사실이다. 이것으로 제3의 의문은 풀린 셈이다. 그러나 미를 뚜렷이 나타내기 위해서는 그저 어느 정도의 흥미가 더해지면 충분할 뿐 예술의 목표로 삼을 것은 미(美)이지 결코 흥미일 수 없다. 본래 미는 두 가지 점에서 흥미와 대립된다. 첫째로, 미는 이데아의 인식에 의존하고 있으며, 이 인식은 그 대상에서 조기의 원리에 의해 나타나는 형상을 없애버리지만, 반대로 흥미는 주로 사건(현상) 속에 깃들어 있으며, 사건의 갈등은 조기의 원리에 따라 생긴다. 둘째로, 흥미는 우리의 의지에 의해 이루어지지만, 미는 언제나 의지에서 떠나 순수한 인식에서 비롯된다.

그러나 희곡이나 소설은 얼마쯤 흥미가 더해질 필요가 있다. 그것은 한편으로는 흥미가 사건 자체로부터 자연히 생기게 마련이며, 또 한편으로는 독자가 흥미라는 눈에 보이지 않는 실에 이끌려야 할 필요가 있기 때문이다. 그렇지 않을 경우에는 공감 없이 인식능력만으로 장면에서 장면, 정경에서 정경으로 옮아가는 가운데 싫증나 지쳐버린다.

사건의 줄거리가 있는 이상 독자는 공감을 느끼는 게 당연하며, 이 공감은 주의력을 집중시키는 길잡이가 되어 독자의 마음을 이끌며 작가가 그린 모든 장면을 샅샅이 구경시켜준다.

한 가지 조심해야 할 것은 흥미는 이 같은 역할을 담당할 수 있을 정도면 충분하다는 것이다. 흥미는 작가가 우리에게 이데아를 인식시키려고 묘사한 정경을 연결시켜 주는 역할, 다시 말해 실로 여러 가지 구슬을 꿰어 염주라는 전체의 형태를 이루면 그만이다.

그러므로 흥미가 정도를 넘으면 미는 침해된다. 흥미가 지나친 공감을 일으켜 작가가 하나하나의 장면에 필요 이상으로 세밀한 묘사를 하거나 등장인물에 대한 감회를 길게 늘어놓으면, 민망스러운 마음에서 사건을 빨리 전개시켜 주었으면 하고 작가에게 채찍질이라도 하고 싶어질 정도이다.

서사시나 희곡에서 미와 흥미가 함께 있으면, 흥미는 시계를 움직이게 하는 태엽과 같다고 하겠다. 태엽을 조절하지 않으면 시계는 곧 멈춰버린다. 한편 미는 사건의 경과를 떠나 내용에 대한 상세한 묘사나 관념과 친숙하게 하는 역할을 하므로 태엽의 동체(胴體)에 견줄 수 있다. 흥미는 시의 육체이고, 미는 시의 혼이다. 서사시와 희곡에서는 사건이나 행위에서 스스로 일어나는 흥미를 물질이라고 보고, 미를 형상이라고 볼 수 있다. 그러므로 미가 존재하기 위해서는 흥미가 필요하다.

10. 윤리에 대하여

덕은 천재와 마찬가지로 가르쳐서 되는 성질의 것이 아니며, 우리가 덕에 대해 생각하더라도 실제로 덕을 실천으로 옮기게 되는 건 아니다. 예술 기법과 마찬가지로 덕은 도구 역할밖에 하지 못한다. 도덕적 주장이나 윤리학의 덕스러운 인간과 고결한 인간 또는 성스러운 인간을 만들 수 있으리라고 믿는 것은, 미학이 시인이나 조각가, 화가, 음악가를 낳는다고 생각하는 것처럼 어리석은 일이다.

'인간의 행위는 세 가지 기본적인 토대 위에서 일어난다. 첫째는 자신의 이익을 바라는 이기심, 둘째로 남의 손실을 바라는 배타심, 셋째는 남의 행복과 이익을 바라는 동정심에서이다. 이것이 발전하면 고귀하고 너그러운 덕성이 길러진다. 그러므로 인간의 모든 행위는 이 세 가지 원천의 하

나 또는 둘로 결론지어 말할 수 있다.'

이기심

인간의 이기심은 실로 무섭다. 우리는 예의라는 것을 생각해 내어 마치 음부처럼 그 이기심을 숨겨두려고 하지만, 이기심은 언제나 껍질을 뚫고 나와 남이 새로 사귈 때마다 상대를 이용하여 자기의 무수한 계획 가운데 하나라도 이용하려는 본능을 드러낸다. 남을 대할 때 우리는 우선 상대가 자기에게 어떤 이득을 줄 수 있는지 생각한다. 만일 이득을 주지 못한다고 생각되면 곧 무가치한 사람으로 여겨 무시해 버린다. 뿐만 아니라 남도 이 같은 생각을 한다고 추측하여 남의 충고나 권고를 듣게 될 때 상대가 자기 이익을 염두에 두고 하는 말이라고 생각되면, 자기를 도구로 삼으려 한다고 단정하여 그의 말을 믿지 않는다. 또 그 말은 순수한 이성의 목소리가 아닌 무슨 꿍꿍이속에서 나온 것이라고 생각하게 된다.

이기심은 그 본질상 끝이 없다. 즉 인간은 자기 삶을 유지하고 구차함을 면하려는 절대적인 욕구를 가지고 기대할 수 있는 최대의 안락을 확보하려고 한다. 그리고 쾌락을 염두에 두고, 여러모로 머릿속에 그리며 온갖 향락을 누리려 한다. 만일 이 이기심과 욕구의 대상 사이에 어떤 장애가 생기면 불쾌감을 느끼거나 증오와 분노를 일으켜 그것을 없애려고 한다.

인간은 되도록 모든 일을 즐기고 모든 것을 소유하려고 하며, 만일 불가능하면 적어도 그것을 자기 지배 아래 두려고 한다.

'나에게 모든 것을 다오. 다른 사람은 아무것도 갖지 못해도 상관없다.'

이것이 인간의 표어이다. 인간의 이기심처럼 큰 것이 없다. 우주도 그것을 다 포용하지 못한다. 누구에게나 물어보라.

'만일 우주의 멸망과 당신의 멸망 중에서 하나를 택하라면 어느 쪽을 택하겠는가?'

어떤 대답이 돌아올지 듣지 않아도 뻔하다.

인간은 누구를 막론하고 세계의 중심에 자신을 놓고 모든 것을 자기와 결부시켜 생각한다. 작은 일에서 큰 일에 이르기까지, 심지어 국가의 파멸까지도 자기와의 이해관계에서 계산해 본다. 세상에 이처럼 뚜렷한 대조가 있을

까. 누구든지 자기의 이해관계를 우선 앞세우고 남의 입장은 돌아보지 않는
다. 대다수 사람들은 자기만이 참된 존재이고 남들은 단지 그림이나 초상 같
은 것으로 보고 있으니 얼마나 가소로운 일인가.

나는 거대한 이기심에 대해 과장하려다가 이런 생각을 하게 되었다.

'대다수 사람들은 남을 죽여 그 기름을 짜서 자기 장화를 닦는 일도 사양
하지 않는다.'

다만 나는 여기에 의문을 갖고 있다.

'다만 나는 여기에 의문을 갖고 있다.'

이기주의는 지능과 이성의 도움을 받아 이루어진 걸작이다. 그리고 개개
인의 이기주의 총화가 국가이며, 이 국가는 개인의 권리보다 훨씬 뛰어난 권
능의 손에 각 개인의 권리를 맡기고 있다. 국가의 유일한 권능은 개인에게
남의 권리도 존중하게 한다. 그 결과 거의 모든 개인에게 있는 무한한 이기
주의와 비뚤어진 마음과 일부 인간들의 포악성이 사슬에 매여 겉으로 드러
나지 않기 때문에 표면상 거짓에 불과한 평화가 유지된다.

그러나 국가의 이런 보호기능이 힘을 발휘하지 못하게 되면, 지금까지 여
러 번 있었던 바와 같이 인간의 그칠 줄 모르는 물욕, 비천한 탐욕, 위선,
불성실, 사악, 불의, 불신 등이 곧 활개를 치며 나타난다. 우리는 그런 광경
에 몸서리치며 비명을 지르고, 마치 처음 보는 무슨 괴물에게 습격이라도 당
한 것처럼 느낀다. 하지만 만일 법률의 제재가 없고 인간이 서로 체면을 소
중히 여길 필요가 없다면 그날그날의 인간생활은 방금 말한 바와 같은 사사
로운 욕심의 포로가 되어버릴 것은 당연한 일이다.

인간의 가슴속에는 무엇이 있는가? 인간의 윤리는 어느 정도의 가치가 있
는가? 그것을 알려면 유명한 소송사건이나 역사상의 무정부시대에 관하여
쓴 글을 읽는 것으로 충분하다. 우리 눈 앞을 오가는 수천수만의 인간들은
평화를 유지하려는 것처럼 보이지만 실제로는 호랑이며 늑대다. 다만 입에
두터운 마스크를 하고 있어 물어뜯지 않을 따름이다. 사회의 억압이 없어지
고 마스크를 벗어버리면 어떻게 되겠는가? 그 순간부터 나타날 무서운 광경
에 대해서는 누구나 쉽사리 상상하고도 남을 것이다. 이렇게 볼 때 우리의
종교나 양심이 다 선천적인 선이라는 게 어떤 토대 위에 서 있다 하더라도

여차하면 아무 소용이 없다는 것을 알 수 있다.

이렇게 되면 으레 자기만 내세우려는 이기적이고 비도덕적인 인간의 근성이 분명하게 드러나지만, 한편으로는 인간이 지닌 진실한 도덕적 권능도 위력을 나타내어 우리가 무엇을 할 것인가를 지시한다. 이 경우 인간의 도덕적인 성격에는 지력에 차이가 있는 것처럼 많은 개인차가 나타나며, 이 개인차는 윤리학 연구에서 소홀히 볼 수 없는 측면이다.

인간의 양심은 천성에서 생기는 것일까? 이것은 의심할 여지가 없다. 적어도 여기서 우리는 불순한 양심과 진정한 양심이 엇갈리는 것을 볼 수 있다. 우리가 행한 어떤 행위 때문에 고민하거나 후회하는 것은 다만 그 결과를 두려워하는 데 지나지 않는 경우가 많다.

법률은 때로 전제적이거나 쉽게 제정되기도 했다. 우리는 양심의 가책과 다름없는 심한 불안을 느낄 때가 있다. 그것은 마치 일부 유대인이 토요일에 담뱃불을 붙여 물고, '너희는 안식일에 집에서 어떤 불도 켜지 말라'는 모세의 율법을 어겼다며 괴로워하는 것과 같다.

유럽 사람들 사이에도 어떤 일에 체면(바보와 미치광이가 만든 법도인)을 지키지 못한 데 대해 마음에 무거운 부담을 느끼는 신사나 군인이 많다. 극단의 경우 대수롭지 않은 약속을 지키기 위해, 또는 체면이라는 법도에 어긋나서는 안 된다는 생각에서 권총자살을 하는 사람도 있다(내가 알고 있는 예만도 한두 건이 아니다). 이것은 자기가 한 일에 체면이라는 악마적인 딱지를 공연히 붙이기 때문인데, 이 단순한 인습의 명분만 잊어버리면, 그들은 얼마든지 약속을 어길 것이다.

일반적으로 말해 사람들이 당치 않은 일이나 부주의로 생긴 일, 자기의 의도나 계획에 반대되는 일, 관습에 어긋나는 일, 또는 경솔한 일, 치사한 일, 어리석은 일을 하게 되면 나중에 몰래 마음을 깨무는 벌레와 찔러대는 가시가 마음속에 나타나게 된다. 대다수 사람들이 끔찍하게 여기는 양심이 어떤 요소로 이루어져 있는지 안다면, 그들은 상당히 놀랄 것이다. 양심의 1/5은 타인에 대한 두려움, 1/5은 종교적 거리낌, 1/5은 선입관에서 오는 공포, 1/5은 허영에서 생기는 꺼림칙함, 1/5은 관습상의 불안에서 비롯된다. 영어의 'I can not afford to keep a conscience'(나는 양심을 지킬 여유가 없다)라는 말도 방금 말한 바와 같은 의미에서 비롯된 것이다.

추상적 원칙이나 이성은 도덕의 으뜸가는 본원이다. 기초가 되어 있지 않지만, 도덕적으로 살기 위해서는 반드시 필요한 것이다. 즉 원칙이나 이성은 도덕의 원천에서 흘러나온 것을 모아둔 저수지다. 그러므로 거기서 곧 도덕이 저절로 흘러나올 수는 없으며, 평소에는 저수지로 존재하고 필요에 따라 물을 길어내게 된다. 만일 원칙이 마련되어 있지 않으면, 인간의 부도덕한 본능은 외부에서 좋은 기회를 노려 반발하여 큰 힘을 발휘한다. 이 원칙을 잘 지키면 자기에게 다가오는 비도덕적인 동기를 물리칠 수 있다. 그러므로 이 원칙을 따르는 것이 자기를 지키는 길이다.

개인이나 국민의 일반적인 행위는 교리나 관습에 따라 상당히 변한다. 그러나 행위는 그 자체로 볼 때 공허한 현상에 지나지 않으며, 거기에는 다만 정신적 경향이 있을 뿐이다. 이 경향이 우리로 하여금 어떤 행위를 하게 하며, 여기에 도덕적 의의를 부여하게 된다. 이 정신적 경향은 누구에게나 동일하게 존속하며, 다만 겉으로 여러 가지 차이가 있을 뿐이다. 이를테면 고약한 마음씨를 가진 두 사람이 있는데, 한 사람은 한길에서 비참하게 쓰러져 죽고 다른 사람은 친척들에게 둘러싸여 고요히 세상떠날 수도 있다. 그리고 같은 사악이 어떤 국민에게는 만행과 살상 및 인육을 먹는 것으로 나타나고, 다른 국민에게는 궁정의 음모며 학대며 간계 등으로 그리 눈에 띄지 않게 나타나는 경우도 있지만, 근본적으로는 두 가지 모두 같은 행위이다.

또 우리는 모든 범죄를 막을 수 있는 안전한 국가나, 사후의 형벌이라는 신앙의 가르침을 생각할 수 있다. 이것은 정치적으로 보면 매우 바람직한 일이지만 도덕적으로는 전혀 기여하는 바가 없다. 이 경우에 의지가 아니라 행위만 사슬에 매여 있으며, 행위는 올바르다고 해도 의지는 사악한 채 그대로 있는 것이다.

동정(同情)

동정은 신비롭고 놀라운 것으로, 이성적인 눈으로 보면 인간과 인간 사이에 엄연히 경계가 있으나 동정의 눈으로 보면 이 경계선이 허물어져 나 아닌 남이 참된 의미의 '나'로 간주되며 자발적인 정의와 순수한 자선은 이 동정을 유일하고 진실한 토대로 삼고 있다.

동정은 인간 양심에 속한 부인할 수 없는 사실이며, 고유한 양심의 발로이다. 그러므로 외부에서 주입된 사상이나 어떤 관념, 종교 교리, 신화나 교육, 수양을 근원으로 하고 있지 않으며, 인간의 천성으로부터 직접 자발적으로 또한 한결같이 솟아나 시련을 견디고 어느 시대 어떤 나라에나 나타난다.

그러므로 우리는 누구에게나 동정이 있음을 확신하고 어디서나 분명한 기대를 갖고 거기에 호소하며 의지하려 한다. 동정의 신(神)에 기댄 자는 일찍이 한 번도 그 신이 이단의 신으로 보인 적 없었다. 만일 남을 동정할 줄 모르는 자가 있다면 그는 인간세계에서 멀리 떠나 사는 특별한 생물이다. 세상에서는 인도(人道)라는 말이 가끔 동정과 같은 의미로 사용되고 있다.

다만 종교적 신념에서 비롯된 선행이라면, 마땅히 자기가 받아야 하는 상벌이라는 생각에서 비롯된 것으로 순수한 도덕적 선행이 아니라고 할 수 있다. 이와 달리 동정이라는 도덕적인 원동력에 대해 생각해 보면 누구나 다음과 같은 사실을 부인할 수 없을 것이다. 어느 시대 어떤 국민에게나 인생의 모든 현실, 다시 말해 무정부 상태나 혁명과 전란 속의 크고 작은 모든 사건 속에서 날마다 시시때때로 동정은 놀라운 자비를 베풀어 무수한 불의와 부정을 미연에 방지하며, 인간에게 대가를 원하지 않고 여러 가지 선행을 하게 한다. 또 어떤 경우에도 우리는 동정이 다른 의도 없이 그 자체로 나타날 때 감동과 찬사를 아끼지 않으며, 순수한 도덕적 가치를 인식하게 된다.

누구나 선망과 동정이라는 두 가지 정반대되는 심정을 갖고 있다. 이것은 인간이 자기 입장과 남의 처지를 견주어보는 데서 생긴다. 그리고 비교가 인간의 개성에 어떤 반응을 일으키느냐에 따라 둘 가운데 어느 하나가 기본이 되며, 그것을 바탕으로 행동하게 된다.

선망은 자기와 타인 사이에 놓인 장벽을 높이고 견고히 할 뿐이지만, 동정은 그 장벽을 한층 낮게 만들고 투명하게 할 뿐 아니라 때로 그것을 뿌리째 뽑아버리기도 한다. 이렇게 되면 자타의 구별이 완전히 사라진다.

우리는 남과 어울리기 시작해 상대의 지능과 덕성을 알려고 할 때, 상대의 마음씨가 고약하고 분별력이 약하며 판단력이 불확실하다는 것을 알면 언제나 멸시하거나 혐오하게 된다.

그러나 오히려 상대의 고뇌와 불행과 괴로움과 근심 등을 생각해 주어야한다. 그렇게 되면 우리는 그와 가까워진 것을 느끼고 동정심이 생겨 그를 미워하고 무시하는 대신 측은히 여기고 사랑하게 된다. 복음서가 우리를 불러들이는 유일한 '사랑의 만찬회'는 이런 마음을 가리킨다.

어떤 사람의 사악함을 보고 분노를 느끼면 곧바로 관점을 돌려 그의 삶이 얼마나 참혹하고 고된지 생각해 보아야 하며, 그들의 참상과 고뇌를 목격하고 두려움을 느끼면 반대로 그의 사악함을 상기해 보라. 그렇게 되면 둘이 균형을 이루고 있음을 발견하고 거기에서 영원한 정의(情誼)가 이루어져 세상이 스스로 판결내리고 있음을 알게 될 것이다.

우리에게 피해를 입힌 자에 대한 분노가 아무리 정당하더라도 상대가 불행한 인간임을 상기하면 곧 마음이 부드러워지고 진정될 것이다. 불에는 물, 분노에는 동정을 베풀어야 한다. 어떤 가해자에게 참혹한 보복을 하고 싶으면 우선 앙갚음을 거두고, 상대가 고뇌에 시달리고 불행과 가난에 허덕이는 모습을 머릿속에 그리면서 '이것이 내가 하려던 보복'이라고 말하는 게 옳다. 그러면 보복의 결과가 너무 참혹함을 깨닫고 실제로 보복을 할 엄두가 나지 않을 것이며, 나중에 할 후회를 미리 막을 수 있다. 세상에서 분노의 불길을 끄는 방법은 이것뿐이다.

병신자식일수록 사랑스럽게 보이는 것이 부모 마음이다. 그 자식을 보면 언제나 동정을 금할 수 없기 때문이다.

도덕의 근원이 되는 이 동정은 짐승에게까지 호의와 자비의 손길을 뻗치게 된다.

나 이외의 다른 유럽 철학자들의 윤리학설을 보면, 동물에 대한 인간의 도덕적인 관계는 찾아보기 어렵다. 동물에게는 전혀 권리가 없다거나 동물에 대한 행동에는 윤리적 의미가 없다거나 인간이 동물에 대해 어떤 의무를 갖는 것은 있을 수 없다고 하는데, 이 같은 그릇된 주장은 몰인정하고 야만적인 서양의 태도로, 그 근원은 유대교에 있다.

동물에 대해 이런 견해를 가지고 유대화된 서양 사람들에게 상기시키고 싶은 것이 있다. 그들이 젖을 먹고 자랐듯 개도 그 어미의 젖을 먹고 자랐다는 것이다.

동물에 대해 자비심을 갖는 것은 선량한 성격과 긴밀한 관계를 갖고 있다. 동물을 학대하는 인간은 선량한 사람이 아니라고 단정해도 좋다.

모든 생물에 대하여 무한한 자비심을 갖는 사람은 선량한 사람임을 보증할 수 있으며, 이에 대해 양심을 운운할 필요는 전혀 없다. 적어도 이렇게 자비심이 많은 사람은 남을 해치는 일이 없고, 남의 권리를 침해하려고 하지 않으며 남에게 악을 행하지 않고, 누구나 용서하고 사랑하며, 그들을 힘껏 도와 모든 행위에 정당성과 인간애의 날인을 찍게 한다. 예를 들어 이렇게 말해 보라.

"저 사람은 도덕적인 사람이지만 동정심이 없다."

"저 사람은 흉악한 인간이지만 동정심은 많다."

사실 이 둘은 평행선을 이루고 있다. 인간은 서로 취미가 다르지만 내가 보기에 인도의 고대극 마지막 장면에 나오는 기도처럼 아름다운 말은 없을 것이다. 그것을 옮기면 이렇다.

"모든 사람들이 괴로움에서 벗어나게 되기를 비노라."

사리 (捨離)·금욕·해탈

혼미한 안개가 벗겨지고 자기와 타인을 차별하지 않게 된 사람은 남의 괴로움에 대해서도 자기의 괴로움과 같은 느낌을 갖게 되어 남을 헌신적으로 돕는다. 그들의 복리를 위해 자신의 희생도 주저하지 않는 경지까지 도달한 사람은 모든 생물 중에서 자신을 다시 인식하고, 뭇 생명체의 괴로움을 자신의 괴로움으로 간주하므로, 그에게는 전세계의 참상과 고뇌가 자기 것이 되어 어떤 사람의 고통도 남의 일이 될 수 없다. 자기가 목격하면서도 도와줄 힘이 부족하여 어떻게도 할 수 없는 괴로움과 등 뒤에서 들려오는 남들의 슬픔, 자기 가슴속에 떠오르는 모든 번민을 그는 자기 일처럼 여기고 자기가 희생당하는 것처럼 마음 아프게 느낀다.

자신의 운명 속에 계속해서 나타나는 선악과 행복과 불행을 무시하고 모든 이기심에서 벗어난 그에게는 개체로서의 혼미한 안개가 빤히 들여다보인다. 살아서 괴로움을 겪고 있는 사람들은 다 자기 인척이 되고, 사물의 본질, 끊임없는 유전, 헛된 노력, 마음의 불안, 그리고 사라지지 않는 괴로움을 통찰한다. 어디를 둘러보나 괴로움에 가득 찬 인간과 괴로워하는 동물, 끊임없이 열망하고 사라지는 삼라만상을 목격하고, 이기주의자가 자기에게만 집착하는 것처럼 그는 자신을 세계의 고뇌에 밀착시킨다.

세계를 이렇게 인식한 이상, 그가 어찌 욕심만 부려 자기를 내세우고 악착같이 삶에 집착할 수 있겠는가. 개체의 혼미함에 빠진 자나 이기심의 노예가 된 자는 사물 속에서 자신과 관련되는 면만을 눈여겨 본다. 거기서 새로운 욕망의 동기가 생기기 쉬운데, 반대로 사물의 본성을 투시하여 그 전체를 여실히 통찰하는 사람에게는 모든 욕심이 사라진다. 그는 생존의지가 개체의 영속을 도모하는 쾌락을 두려워해 자신을 여기서 멀리한다. 이 경지에 도달한 사람은 자발적으로 체념, 사리, 진리 속의 안주, 생존의지의 단절 등을 체득하게 된다.

악한 자는 생존의지와 욕심이 강하므로 언제나 몸과 마음을 찢는 듯한 깊은 고뇌에 사로잡히게 되어 쾌락의 원천이 고갈되어 버리면, 남의 불행을 보면서 욕심으로 인한 갈등을 면하려고 한다. 이와 반대로 방금 말한 욕구를 절대적으로 사리(포기)할 수 있는 사람은 외관상 아무리 빼앗기고, 또 어떤 기쁨이나 소유물이 없어지더라도 환희 속에서 전혀 다른 안위를 맛볼 수 있다.

그는 이미 어떤 불안과 초조도 느끼지 않고, 또 커다란 기쁨(이런 기쁨은 인간이 생존에 애착을 느끼고 있는 한, 삶에서는 얻을 수 없는 조건이며, 앞서 고민하게 되고 고민으로 그치게 마련이다)도 모르고 살면서 확고한 안식과 내면의 명랑성을 지닐 수 있다. 이것을 꿰뚫어 보는 사람은 누구든지 위대하고 올바른 유일한 세계로서 동경해 마지않는 최상의 경지, 즉 현자와 지자(知者)로서의 내부의 소리가 인도하는 경지에 있다.

충족된 욕망과 현실의 비참한 고뇌 속에서 쟁취한 행복은 거지가 손에 넣은 푼돈과 같다. 그는 푼돈으로 오늘을 보낼 뿐 내일은 다시 목마름에 시달리게 되는데, 욕구의 단절(사리)은 조상 대대의 부동산과 같은 것으로 그 소유자는 영원히 삶의 노고에서 벗어날 수 있다.

그림을 감상하고 삼매경에 빠지면 모든 탐욕에서 떠나 마치 세상의 무거운 대기 위에 떠 있는 것처럼 느낀다. 그래서 한동안은 우리가 경험할 수 있는 가장 행복한 시간이 계속되는데, 우리도 미의 몰아적인 관조에서처럼 잠시 동안이 아니라 영원히 자기의 생존의지를 진정시킨 사람, 다시 말해서 생존의지가 전혀 발동하지 않고 오직 마지막 희미한 불꽃을 피우며 남은 삶을 유지해 나가는 데 그치며, 늙어서 죽게 마련인 사람이 안주하고 있는 지상의 복된 경지가 어떤 것인지 상상할 수 있다.

이런 사람은 헛된 욕심에 반항하여 수많은 투쟁을 거쳐서 비로소 세상에서 진정한 승리자가 된 것이며, 무엇으로도 흐려질 수 없는 세계의 거울, 즉 참된 눈을 가진 자로서 살게 된다. 그리고 그는 눈에 띄는 허욕의 사슬, 즉 우리를 세상에 붙잡아 매고 욕구와 공포, 질투, 분노의 끊임없는 괴로움 속에서 죽음으로 모는 허욕의 사슬을 끊었으므로 이미 고민이나 유혹을 느끼지 않는다.

그는 얼굴에 조용히 미소를 띠면서 일찍이 자기를 괴롭히고 혼란에 빠지게 한 세상의 어지러운 환영을 몰아내고, 마치 승부가 끝난 장기판을 바라보듯, 또는 사육제 전날 밤에 기뻐서 미칠 듯 날뛰게 한 카니발의 가면이 이튿날 아침 여기저기에 흩어져 있는 것을 바라보듯 세상에 대해 무심하고 담담한 시선을 던질 따름이다.

눈앞에서는 삼라만상이 흡사 번쩍이다가 사라져 버리는 영상이요, 선잠을 잔 자의 가벼운 새벽꿈이요, 진리의 빛을 흡족히 받아 이미 흔들리지 않는 밤의 어둠처럼 흘러간다. 그의 생존 또한 담담한 꿈결처럼 사라져 버리므로 죽음은 삶에서 급격히 옮겨가는 과정일 수 없다.

구원에 있어서 불행과 가난이 얼마나 필요한가를 안다면, 남의 행복을 부러워할 것이 아니라 오히려 그 불행을 부러워해야 할 것이다. 그리고 같은 이유로 운명의 압력을 무시하려는 스토아주의가 혼령에 두터운 껍질을 씌워 삶의 괴로움에서 벗어남으로써 현실을 쉽사리 견뎌나가게 할 뿐 참된 영혼의 구제를 위한 길이 아니라는 것을 알 수 있다. 그것은 마음을 견고하게 만들 뿐이므로 이 스토아주의를 신봉하여 목석처럼 감응이 없는 사람은 도저히 삶의 고뇌를 물리칠 수 없다. 그리고 웬만한 스토아주의는 드물지 않고 오히려 허세, 다시 말해 도박에 지고도 억지로 웃는 얼굴을 한다. 설사 진정한 금욕 생활을 하더라도 그것은 고뇌를 느끼는 데 필요한 감수성과 예리한 감각, 상상력의 부족에서 오는 경우가 많다.

자살자의 대부분 역시 삶을 원하며, 단지 자기에게 주어진 조건에 절망하고 있을 뿐이다. 즉 그는 살려는 의지가 아니라 현재의 삶을 단념하는 것이 삶을 원하지 않을 수 없기 때문이며, 이 경우에 자기라는 생명의 한 현상을 단절시켜 살려는 자기 의지를 주장하는 것이다. 다시 말해 그가 벗어나려고 한 것은 생존 자체가 아니라 고뇌며, 이 고뇌는 오히려 의지를 설복시켜 그를 사리와 해탈로 인도하는 것이다.

그러므로 대개의 자살자는 고통이 많으나 완쾌될 수 있는 외과수술을 감당하지 못해 병을 기르고 있는 환자와 같다. 만일 그가 용기를 내어 고뇌를 견디었던들 의지를 완전히 없앨 수는 있을지언정 고뇌에서 벗어나기 위해, 즉 의지의 현상인 자기 육신을 멸하려고 하지는 않았을 것이다. 그러므로 살려는 의지 자체는 죽음으로는 조금도 방해받지 않고 존속된다.

세상사람들은 세계나 인간사회를 깊이 파고 들어갔을 뿐, 개별적 원리에서 혼미함을 간파하는 사람은 극히 드물며, 또 선량하고 박애정신이 충만한 자, 한 걸음 나아가서 세계의 온갖 고뇌를 재인식하여 살려는 의지까지도 포기하는 경지에 도달한 사람은 더욱 드물다. 이 최고의 경지에 가까이 다가선 사람에게는 자기 한 몸의 안락이나 그때그때 생존의지에 아부하는 즐거움, 희망의 유혹, 끊임없는 욕정은 사리에 정진하는 것을 방해하는 장애물이요, 또한 생존의지가 던지는 저주스러운 미끼다. 그러므로 우리를 유혹하는 무수한 사념과 탐욕은 옛날부터 악마로 의인화해 왔다.

우리의 생존의지가 자진해서 자신을 포기하려면, 그 전에 커다란 고뇌에 의해 좌절될 필요가 있다. 날이 갈수록 심해지는 여러 가지 고뇌를 통하여 힘껏 저항을 거듭한 후에 드디어 절망의 나락에 이르면, 인간은 갑자기 제정신으로 돌아와 자연히 세계 자체를 인식하게 되며, 영혼은 돌변해서 자기를 초월하고 모든 고뇌에서 벗어나 일찍이 보지도 듣지도 못한 높은 경지로 드높아지는 것이다.

그는 정화되고 성스러워지고 안식을 얻으며, 확고하게 행복한 삶과 일반

사람들이 접근하지 못할 세계에 도달하여 지금까지 자기가 몹시 바라던 것을 버리고 다가오는 죽음도 안정된 마음으로 맞아들이게 된다. 이때 해탈, 즉 생존의지의 포기는 고뇌의 불더미에서 푸른 전광처럼 갑자기 튀어나온다.

죄인이라고 생각되는 사람도 역시 괴로움 때문에 새 사람이 되는 경우가 있다. 그렇게 되면 그들은 과거의 잘못은 이미 마음의 짐이 되지 않고 얼른 죽어서 그 죄를 보상하려고 하며, 자기라는 하나의 가상체가 이미 자기와는 관계가 없는 것으로 여겨져 자기의 죄와 더불어 소멸되기를 원한다.

괴테는 《파우스트》에서 그레트헨의 입을 빌려 의지가 커다란 불행과 절망을 통하여 자기 단절에 도달하는 모습을 묘사하고 있는데, 그 솜씨가 매우 훌륭하다. 그레트헨의 이야기는 사리에 맞는 제2의 도전이라고 할 수 있는, 즉 온 세상의 고뇌를 관망하고 자신을 많은 사람과 동일시하여 고뇌를 몸에 짊어지는 것이 아니라, 고뇌를 맛보았기 때문에 해탈에 이르는 간접적인 길을 제시한 본보기가 되는 묘사다.

고뇌와 불행은 우리에게 살려는 의지가 자가당착에 빠져 있다는 것을 깨닫게 하며, 이 의지에서 비롯되는 모든 노력이 공허한 것임을 분명히 보여준다. 국왕이나 영웅, 그 밖에 기구한 생애를 보낸 사람들이 강한 정욕을 추구하여 파란 많은 세월을 보낸 후, 번뇌에서 해탈하고 깨달아 작자나 성직자나 은둔자가 되는 것은 이 때문이다.

그리고 진정한 의미의 심적 전환에 대해 쓴 모든 이야기도 이런 내용을 소재로 삼은 것이며, 예를 들면 '레이먼드 루레'에 관한 이야기가 그것이다. 그는 어느 날 오랫동안 연모해 온 한 아름다운 여인으로부터 처음으로 만나자는 기별을 받고 미칠 듯이 기뻐하며 그녀의 방에 뛰어들어갔다. 그랬더니 그녀는 웃옷을 벗고 보기 흉한 종양으로 덧난 가슴을 그에게 보여 주었다. 그는 마치 지옥이라도 엿본 듯 곧 마음을 돌려 마욜크 왕궁을 등지고 거친 황야에서 고독과 고행 속에 일생을 보냈다.

랑세가 한층 더 분발할 수 있었던 것도 레이먼드와 비슷하다. 그는 젊었을 때 온갖 향락에 빠졌으며, 나중에는 만바존의 귀부인을 정부로 삼았다. 그런데 하루는 약속된 시간에 그녀를 찾아갔더니 인기척이 없고 어두컴컴한 방안에는 여러 가지 물건들이 흩어져 있었다. 그때 난데없이 그의 발길에 채이는 것이 있었다. 그것은 바로 정부의 머리였다. 그녀가 갑자기 죽었으므로 사람들이 시체를 납으로 만든 관 속에 넣으려고 했는데, 들어가지 않자 머리는 베어서 내동댕이쳤던 것이다. 랑세는 이루 말할 수 없는 괴로움을 겪고 나서 1663년 당시에 트라피스트 교단이 본래의 가르침을 완전히 저버리고 있는 것을 통탄한 나머지 개혁에 나섰으며, 드디어 오늘날 우리가 찾아볼 수 있는 철저한 금욕 생활을 실천하게 했다. 이 교단은 현재 의지를 포기하는 실천도장이라고도 할 수 있으며, 거기 입단한 사람은 궁핍한 생활을 감수하며 생존의지를 끊기 위해 외부세계에서는 믿을 수 없을 정도로 엄격한 교리와 노동에 종사하고 있다.

그들의 수도원을 찾아갔던 사람은 수도사들이 단식과 추운 밤의 성행(聖行)과 기도, 노동으로 온몸이 여위어 가면서도 속세의 아들이며 죄인인 방문객의 무릎에 엎드려 그들의 복을 빌어주는 순수한 태도에 일종의 경외감까지 느끼게 된다고 전한다.

여러 교단 가운데서도 이 교단만은 많은 풍파를 잘 견디어 오늘에 이르기까지 순결한 모습을 보존하고 있는데, 이러한 지속성은 그 생명이 되어 있는 정신이 심오하고 진실하여 2차적인 교의에 매이지 않기 때문이다. 그런데 유의해야 할 것은 이런 교단이 쾌활하고 낙천적이며 유쾌한 국민성을 가진 프랑스인들 속에서 나왔다는 사실이다. 다른 종교는 타락해도 이 교단만은 그 영향을 받지 않고 있다. 그것은 그 뿌리가 어느 기성 교리보다도 한층 더 깊은 인간성에 닿아 있기 때문일 것이다.

우리는 마땅히 자신의 빈약한 성품과 좁은 소견, 그리고 여러 가지 선입견에서 벗어나 세계를 극복한 사람들, 즉 의지가 자신에 대해 충분한 인식에 도달하여 사물 속에서 자기를 재인식하고, 자발적으로 자기를 포기하고 남은 목숨이 붙어 있는 육신과 함께 사라져가는 것을 기다리는 사람들의 모습을 잘 보아야 한다. 그렇게 되면 우리는 불가항력적인 성욕의 발동과 욕구에서 두려움으로 전환되고, 즐거움에서 괴로움으로 옮아가며, 무엇으로도 만족을 느끼지 못하고 언제까지나 고개를 드는 욕구 대신 이지(理智)를 초월한 평온, 고요한 마음의 바다, 깊은 안식, 흔들리지 않는 확신, 혼령의 숭고한 명랑성 등을 찾아볼 수 있을 것이다.

생존의지에 얽매여 움직이는 사람은 사념과 허욕만을 삶의 보람으로 삼고 있으나, 생존의지의 구속에서 벗어난 사람의 심경은 그 얼굴에도 나타나 있다. 라파엘이나 코레로가 보여 주고 있는 존엄한 용모는 단지 그것만으로도 우리가 머리를 수그릴 만한 참된 복음이라고 하겠다. 요컨대 그들에게는 인식만 남아 있고 생존의지는 소멸되어 있다.

수도원 생활이나 그 밖의 고행을 일삼는 생활을 순수하고 진실하게 받아들이는 사람의 내면적인 정신과 의도는 그 장본인이 이 세상에서 살아가고 있는 자기보다 더 고귀한 존재가 될 만한 가치가 있다. 그것은 그것을 감당할 수 있다고 자부하고, 세상의 공허한 쾌락을 무시하고 배격함으로써 그런 확신을 지지하고 강화하려는 데서 오는 것이다. 이들은 죽는 날과 시간을 오직 해탈에 이르는 계기로 조용히 맞이하기 위해, 확신을 갖고 모든 의혹이나 유혹을 물리치고, 그날그날 조용히 살아가면서 종말을 기다린다.

조용한 신자의 생활은 첫째로 모든 욕심을 버리고, 둘째 고행, 즉 일정한 방법으로 이기적인 의지를 좌절시키며, 셋째 자신이 모든 사물 또는 우주의 근원과 동일한 존재라는 것을 깨닫는 신비가(神秘家)의 생활이다. 인간의 영혼에 일어나는 이 세 가지 성향은 긴밀한 관련을 갖고 있어 누구든지 그 하나를 터득하면 어떤 체험을 통해서나 스스로 특이한 삶을 영위하게 된다.

오늘날 이 가르침을 가장 놀라운 사실로 역설한 사람들은 시대적으로 상당히 거리가 있고, 국가나 종교를 달리하여도 그 정신에서 일치하며, 내면적인 체험을 전달하는 말에 한결같이 확신하고 반석같은 부동의 심증(心證)이 나타나 있다.

실제로 '모든 것이 이상적이다'("하나님이 그 지으신 모든 것을 보시니 / 보시기에 심히 좋았더라"(창 1장 31절))는 입장에 서는 유대교를 바라문교(불교 이전에 인도 바라문족을 중심으로 고대 인도의 경전인 베다 신앙을 근거로 / 발달한 종교. 우주의 본체 중심으로 희생을 주장하고 고행과 정결을 위주로 함)와 불교에 비교해 보면, 그 진정한 정신과 도덕적인 색채가 기독교와 밀접한 관계를 갖고 있는 것은 유대교가 아니라 바라문교와 불교다. 그런데 종교의 본질은 참된 정신과 도덕적인 행위에 있는 것이지 표면을 휘감고 있는 신화나 교의에 있는 것은 아니다.

구약성경에 나와 있는 '모든 것이 이상적이다'가 기독교에서 이단적인 세계관임은 의심할 여지가 없다. 즉 신약성경을 통독해 보면 세계는 가는 곳마다 우리에게 마땅치 못한 곳이며, 우리가 애착을 느낄 수 없는 곳이요, 악마의 지배 아래 있는 곳이다.

세계를 이와 같이 보는 것은 고행과 사리(捨離)와 현세 극복의 정신과 합치되며, 이 정신은 이웃 사람을 사랑하고 남의 부정을 용서하라는 가르침과 함께 기독교와 바라문교, 불교의 근본 특징이다. 따라서 이 세 종교 사이에는 긴밀한 관련이 있다. 다만 기독교에 대해서는 역사적인 여러 가지 사실을 제외하고 참된 내부 세계를 주시해야 할 것이다.

프로테스탄트는 금욕주의와 독신주의를 폐지한 것으로 기독교 정신에서 벗어났으며, 이런 견지에서 배교적(背敎的)인 태도라고 할 수 있다.

오늘날 신교(新敎)는 평범하고 합리적이고 근대적인 펠라기아니즘(AD 400년경의 영국 신학자 펠라기아너가 원죄설을 부인한 가르침)에 빠져 있으며, 그 교리를 대강 살펴보면 어떤 착한 할아버지가 세계를 만들어 그것을 보고 스스로 즐긴다는 데 지나지 않는다. 그리고 이 인심 좋은 할아버지는 인간이 자기의 신자가 되어 어떤 조건만 행하면 세상이 끝장난 다음 훨씬 더 좋은 세계로 옮겨 주는 모양인데, 그렇다면 거기 자리를 옮기는 징검다리에 지나지 않는 죽음은 어째서 그토록 두려운가? 이런 가르침은 마누라도 두고 문명에 젖은 안일주의의 신교 목사에게는 편리한 가르침이 될 수 있겠지만, 진정한 기독교는 아니다. 진정한 기독교의 가르침은 인간이 세상에 태어났다는 사실만으로도 무거운 죄과를 짊어지고 있다고 주장하며, 인간의 해탈은 쓰라린 희생, 욕심의 포기, 자아의 단절 등, 다시 말해 인간성의 전면적인 개조에 의해서만 이루어진다고 가르친다.

낙천주의의 근원을 생각해 보면, 세계의 유일한 제1원리인 살려는 의지가 만들어놓은 현상을 거울에 비춰 보고 자기의 모습에 현혹된 나머지 멋대로 떠들어대는 찬사에 지나지 않는 것이다. 그러므로 그것은 허망하기 짝이 없는 주장일 뿐 아니라 사람의 마음을 타락하게 만든다. 이 낙천주의는 인생을 이상적인 것으로 보고, 인생의 목적은 행복을 누리는 데 있다고 가르친다. 그래서 인간은 자기의 행복과 환락에 대하여 가장 적합한 청구권을 갖고 있다고 생각하며, 대다수의 사람들은 그것을 손에 넣지 못하면 자기는 고약한 운명의 농간 때문에 삶의 목적을 달성하지 못할 것이라고 생각한다.

참된 인생관에 따르면, 인간의 생존은 노고와 가난, 불행, 고뇌, 그리고 마침내 죽음을 맞이하는 것이 그 참모습이며, 바라문교나 불교, 또 진정한 기독교는 다 이렇게 보고 있다. 이런 견해만이 정당하다는 것은 이러한 해악이 살려는 의지를 포기함으로써 우리를 인도한다는 것을 보더라도 알 수 있다. 신약성경에는 이 세상을 '눈물의 골짜기'라고 표현하고 있고, 인생은 '영혼을 정화하는 고장'이라고 하며, 또한 기독교의 상징으로 되어 있는 것은 순교의 도구인 '십자가'다.

인도인의 윤리는 바라문경과 시편(詩篇)과 처세도와 격언 속에 여러 가지 형태로 주장되어 있는데, 특히 강조하는 것은 '나'를 버리고 이웃을 사랑하는 것, 인간뿐만 아니라 모든 생물을 사랑할 것, 자비를 위해서는 피땀을 흘려 얻은 하루하루의 소득까지도 내던질 것, 자기를 괴롭히는 자에게 끊임없는 온정과 인내를 베풀 것, 남이 자기를 해치더라도 호의와 사랑으로 대할 것, 남의 부정을 기꺼이 용서할 것, 모든 육식을 금할 것, 그리고 참되고 거룩한 경지에 도달하려는 자는 순결을 지켜 향락을 멀리할 것, 재물을 천시할 것, 집과 소유물은 버릴 것, 깊은 고독에 잠겨 정관(靜觀)과 깨달음과, 의지를 소멸하기 위한 꾸준한 고행으로 밤과 낮을 보내고, 결국에는 굶어 죽어 악어 밥이 되거나 히말라야 산정에서 몸을 던지거나, 또는 성행(聖行)을 마친 자로서 자신을 땅속에 생매장하거나 군중들의 환호와 무기를 들고 추는 춤과 찬가 속에 지나가는 거대한 꽃상여에 치어 죽는 것 등이다.

이 가르침은 4천 년 이상의 역사를 갖고 있는데, 오늘날에도 인도인 사이에는 권위를 갖고 살아남아 있다. 무수한 사람들 사이에 이처럼 오랫동안 실천해 온 관습과 이와 같이 큰 희생을 강요하는 가르침은 한갓 환상에 사로잡힌 몇몇 사람이 독단적으로 지어낸 것일 수 없고, 반드시 인류 본성 자체에 깊이 뿌리박고 있지 않으면 안 된다. 그리고 이런 경우도 유의하도록 하자. 즉 인도인 고행자의 전기와 기독교 금욕주의자의 전기를 견주어 보면, 거기에는 아주 공통된 심리상태를 엿볼 수 있어 우리를 놀라게 한다.

그들은 성스러운 행동과 내면 생활의 교의나 습관, 그리고 환경이 다른데도 놀라운 일치점을 보여주고 있다. 그리고 기독교의 신비설과 베다 철학은 모두 외부 행동과 신앙 생활이 완전히 거룩한 경지에 도달한 사람에게는 불필요한 것으로 보는 점도 일치한다.

모든 면이 다른 유럽인과 인도인 사이에 시대적으로 많은 간격이 있음에도 이 같은 일치가 이루어지고 있다는 것은, 양쪽의 고행주의와 금욕주의가 결코 평범한 낙천주의자들이 의기양양하게 주장하고 있는 그런 안이한 것이 아니며, 정신과 상식의 착각 때문이 아님을 입증하고 있다. 거기에는 인간 본성이 드러나 있기 때문이다.

이런 성자들과 같은 시대에 태어나 살아서 그 모습을 가까이하기를 바라는 것은 힘든 일이지만, 우리는 그들의 전기를 읽고 덕 있고 거룩한 승리자의 생활도 허망하기 그지없다는 암담한 생각을 버려야 할 것이다.

우리는 아이들이 어두운 밤을 무서워하는 것처럼 이 허무를 두려워한다. 그리고 고대 인도인들이 여러 가지 신화나 범(범(梵 Brahmam), 인도의 바라문교
에서의 우주의 최고 원리 또는 신)에의 귀의나 열반 등 무의미한 말을 빌려 이 두려움에서 벗어나려고 했는데, 우리가 올바른 인식을 갖고 있다면 다음과 같이 생각해야 할 것이다. 즉 살려는 인간의 의지가 완전히 단절된 후에 아직도 삶에 대한 의욕이 강한 사람들에게는 아무것도 존재하지 않는다. 따라서 그것은 허세임에 틀림없으나 의지가 의욕 대상이 되지 않고, 자신을 버리기에 이른 사람에게는 오히려 실재하고 있는 것처럼 그럴듯하게 보이는 세계, 모든 항성과 성운을 포함한 이 우주가 허무인 것이다.

11. 종교에 대하여

인간이 철학적인 사색을 통해 형이상학적으로 세계를 해석하려고 한 가장 큰 이유는 삶이 괴로움과 불행에 빠져 있을 뿐만 아니라 인간은 반드시 죽어야 한다는 사실을 인정하지 않을 수 없었기 때문이다. 만일 우리의 삶이 무한하고 괴로움이 없다면, 아무도 무엇 때문에 세계가 존재하며 어찌 이 지경이 되었느냐고 의문을 품지 않았을 것이고 인생의 모든 현상은 스스로 해명되었을 것이다. 우리가 철학적인 학설이나 종교에 많은 관심을 갖는 것도 이 때문이며, 이러한 관심은 주로 사후에 어떤 형태로든지 살아남을 수 있다는 가르침에 치우쳐 있다.

따라서 종교는 무엇보다도 신의 존재를 주장하며 그것을 증명하려고 힘쓰고 있다. 그런데 이것도 그 근원을 살펴보면, 신의 존재에 인간 불멸의 교리를 결부시켜, 신과 인간 불멸은 서로 떼어놓을 수 없는 긴밀한 관련이 있다고 주장하기 위해서이며, 여기서 특히 강조하려는 것은 인간의 불멸이다. 만일 어떤 다른 방법으로 인간의 영생이 확인된다면, 기성 종교의 신에 대한 뜨거운 신앙은 순식간에 식어버릴 것이다.

반대로 만일 영생이 불가능하다는 사실이 분명히 밝혀지면, 아무도 종교를 거들떠보지 않을 것이다. 그래서 대개 철저히 유물론적이거나 회의적인 세계관은 그 옳고 그름은 어찌되었든 간에 일반인에게 계속해서 감동을 주지 못할 것이다.

어느 시대나 건축미의 극치로서 세워진 사당이나 교회, 사원, 수도원 등은 인간이 형이상학적인 욕구를 갖고 있다는 것을 보여주는 증거물이며, 이 욕구는 물질적인 욕구에 뒤이어 나타나게 된다. 다만 형이상학적인 욕구는 물질적인 욕구보다 미약하여 어느 정도만 제공되면 만족하게 여긴다고 말해도 무방할 것 같다. 형이상학적인 욕구에는 매우 조잡한 인위적인 이야기나 천박한 신화만으로도 만족해하는 경우가 더러 있다. 인간의 정신발달이 어렸을 때부터 그런 조작된 이야기를 들려주면, 곧 자기 생존에 대한 충분한 설명이나 도덕적인 생활의 버팀목이 되는 것이다.

예를 들어 코란(Koran. 회교의 경전. 교조 마호메트가 말한 신화, 훈계 등을 모은 책으로 114장으로 되어 있음)의 경우를 생각해 보자. 그런 유치한 책이 하나의 종교를 낳고, 그 종교가 전세계에 퍼져 1200년 이래 수천만 명의 형이상학적인 욕구를 만족시키고, 이들의 도덕적인 이념이 되어 죽음도 불사하게 하는 것이다. 그래서 때때로 인간을 피비린내 나는 격전 속으로 몰아넣어 커다란 승리를 얻게 했는데, 사실상 그 경전에도 가장 비속하고 경박한 유신교(有神敎)의 주장이 들어 있을 뿐이다. 우리가 현재 읽고 있는 코란은 여러 번 번역해 개악된 면도 많이 있을 테지만, 나는 그 경전에서 어떤 의미에서나 가치 있다고 느낀 대목을 하나도 찾아볼 수 없었다. 이와 같은 사실은 인간의 형이상학적인 이해력이 그 욕구와 병행하지 않음을 입증하는 것이다.

인간은 세상에서 일어나고 있는 괴로움이나 걱정만으로도 모자라, 수백 가지 미신의 형태로 또 하나의 공상 세계를 형성하여 여러모로 심신을 고달프게 만들고 있다. 인간은 현실 세계가 조금이라도 휴식을 제공하면, 그 휴식을 즐기지 못하고 이 공상 세계를 위해 시간의 대부분과 최선의 정력을 소비한다. 이런 일이 어떻게 일어날 수 있는가? 우리는 우선 고대 인도인 다음에 그리스인과 로마인, 후대의 이탈리아인과 에스파냐인들의 생활 상태를 보면 그 이유를 알 수 있다. 그들은 온화한 기후와 기름진 땅의 혜택을 받아 평안히 살아가면서 현실에서 충분한 휴식을 취할 수 있었다. 그러나 이들은 자신들과 비슷한 모습을 한 악마나 신을 만들어 자기들을 성도(聖徒)로 자부하고, 언제나 거기 제물을 바치고 기도를 드리며, 사원을 훌륭하게 장식하고 자기의 소원을 빌고 문제를 해결하기 위해 엎드려 절했다. 그리고 성지순례를 하고, 그림을 바치고, 초상을 새기는 등 여러 가지 일이 생기게 된다.

  이런 행동에는 공상과 현실이 혼동되고 전자가 후자를 은폐하여 인생의 모든 일이 신의 조화로 보인다. 신비스러운 신과 만나기 위해 한나절이 소모되며, 항상 신에 의지하여 모든 소망을 걸고, 또 신을 섬김으로써 때때로 미묘한 영상을 일으켜 산사람을 상대하기보다 훨씬 더 즐거움을 누릴 수 있다.

  우리의 내면적인 불행으로 말미암아 마치 굶주림에 빠진 것처럼 의지할 곳과 도움과 위안을 필요로 한다는 사실이 이를 뒷받침하고 있다. 그리고 별안간 예상하지 않은 위험이 닥쳐오면 자기가 신봉하고 있는 영적인 세계를 우러러보고 귀한 시간과 소중한 정신을 부질없이 기도나 제물을 바치는 데 소비하면서, 그것만을 당면한 위안에 대한 응급 대책으로 간주하고 다른 일은 돌아보려고도 하지 않는다. 하긴 여기에는 미신에서 오는 이득도 있으므로 함부로 무시할 수는 없다.

  인간의 야수성을 조절하여 부정이나 횡포에서 벗어나게 하려면 무엇이 필요할까? 진리는 소용이 없다. 왜냐하면 사람들이 깨닫지 못하기 때문이다. 그렇다면 혼돈 또는 어떤 꾸며낸 이야기나 비유를 사용할 수밖에 없다. 그래서 이들에게 기성종교를 믿게 할 필요가 생기는 것이다.

  또한 기독교와 어느 정도의 차이는 있지만, 그 밖의 종교가 가르치고 주장하는 숭고한 윤리와 그 신도들이 실제로 하고 있는 행위를 비교해 보라. 그리고 정부나 국가의 권위가 죄악을 제지할 수 없다면, 이 윤리만으로 과연 어느 정도의 효과를 거둘 수 있는가를 생각해 보라. 또 만일 단 하루라도 모든 법률이 폐지된다면 얼마나 무서운 일이 벌어지겠는가를 생각해 보라. 그러면 누구나 모든 종교의 도덕적인 이념에 대한 감화가 사실상 매우 미약하다는 것을 실토하지 않을 수 없을 것이다. 이것은 분명히 신앙의 약점이 아닐 수 없다.

하긴 이론상으로는 신도가 경건한 상념에 잠겨 있는 한, 저마다 깊은 신앙을 갖고 있다고 볼 수 있다. 그러나 모든 신자에 대한 시금석은 행위다. 그러므로 그가 어떤 일을 실천에 옮겼을 경우에 큰 손실과 어려운 희생 때문에 자기의 신앙을 포기하지 않을 수 없다면, 그 신앙의 미약함을 분명히 밖에 드러내는 것이다. 어떤 사람이 이러저러한 죄악을 저지르려고 했다면 그는 벌써 온전한 의미에서 덕을 범한 것으로, 이때 그가 그 일을 실천할 수 없었던 것은 무엇보다도 사법권과 경찰권이 버티고 있다는 사실을 생각했기 때문이다. 그런데 그가 이것을 면할 수 있다고 생각하여 행동을 개시하려 해도 이번에는 자기 체면이 손상된다는 제2의 난관이 따르게 된다.

그가 만일 이 두 가지 어려움을 무사히 넘길 수 있다면 어떻게 될까? 그들의 종교적인 교리에 그 실천을 제지할 만한 힘이 있을까? 없다고 보는 편이 진실에 가까울 것이다. 눈앞에 두려움이 사라졌을 때, 단지 신앙에 의한 두려움이 악에 대한 유혹을 어떻게 물리칠 수 있단 말인가?

그리스 종교에 포함된 윤리는 점점 약해져 나중에는 맹세를 시켜야 될 정도로 위축되고 윤리나 교의로 공인된 것은 없어졌다. 그렇다고 해서 대부분의 그리스인들이 기독교 시대의 여러 나라 국민들에 비해 손색이 있었다고 볼 수는 없다.

기독교 윤리는 유럽의 다른 종교 윤리보다 우수하지만, 결코 유럽인들의 윤리가 그만큼 향상되었다거나 다른 민족들보다 실제로 우월하다고 볼 수는 없다. 만일 우월하다고 생각하는 사람이 있다면 그것은 잘못이다. 회교나 배화교도(拜火敎徒), 인도교도, 불교도 등을 살펴보아도 그들에게는 적어도 기독교 국민들과 같은 정도의 정직함과 성실, 관용, 온유함, 선량함, 자비,

극기 등을 찾아볼 수 있다.

한편 기독교 때문에 일어난 야만적인 참극을 열거하자면 긴 도표가 될 수 있다. 부정한 십자군, 아메리카 대륙과 아프리카에 침입하여 많은 원주민을 학살하고, 부당하게 그들의 정든 고향을 빼앗아 식민지로 만들고, 그들의 재물을 약탈했으며, 그것도 모자라 그들 일족을 사방에 흩어지게 만들어 죄수와 같은 노예 생활을 강요했다. 그리고 이교도에 대한 무자비한 박해, 하늘나라의 죄악인 종교재판소, '상팔레비'의 밤, 알브후의 1만 8천 명의 네덜란드인 처형사건 등 헤아릴 수 없이 많다. 이런 사건으로 미루어 보더라도 기독교가 다른 종교에 비해 훌륭하다고 보기는 어렵다.

가톨릭은 천국에 들어가기가 매우 어려워 그것을 구걸하려는 종교이다. 사제들은 이런 걸인들이 천국에 들어가는 중개 역할을 담당하고 있다. 신부 앞에서 고해를 한다는 것은 대단히 재미있는 발상이다. 왜냐하면 우리는 누구나 정의를 분명히 구별하여 훌륭하고 도덕적인 재판관이 될 수 있기 때문이며, 성자도 선을 사랑하고 악을 미워하는 한, 그런 역할을 할 수 있다. 그런데 여기 한 가지 조건이 있다. 즉 이 재판의 심문은 자신에 대한 것이 아니라 남에 대한 것이며, 자기는 다만 옳고 그름을 분간할 뿐, 재판 결과는 타인의 부담이 된다는 것이다. 그러므로 지나가는 아무나 붙잡고 시켜도 고해성사를 담당하는 사제로서 신의 대리 역할을 훌륭히 할 수 있다.

종교는 대중에게 많은 혜택을 주는 필수품이다. 그러므로 그것이 진리 인식을 배격하여 인류 발전을 가로막는 일이 있더라도 종교에 대한 비난은 되도록 삼가야 한다. 그러나 괴테나 셰익스피어와 같은 위대한 정신의 소유자에게 어떤 종교의 교리를 문자 그대로 믿을 것을 바란다면, 마치 거인에게 난쟁이의 구두를 신으라고 하는 것과 다름이 없다.

모든 기성 종교는 철학의 왕좌를 빼앗으려고 한다. 그래서 철학자는 종교를 하나의 필요악, 대다수 인간의 빈약하고 병적인 정신을 돕기 위한 지팡이로 보며 언제나 적대시하며 싸워야 한다.

근대 철학에서 문제삼는 신은 궁중 감독관의 실권 아래 놓인 미래의 프랑크 왕과 같은 존재다. 신이라는 말은 교권이나 정부에 매달려 손쉬운 영달을 꿈꾸는 속된 학자들에 의해 신에 대한 관념보다 자기들의 이익과 편의 때문에 보존되고 있다.

12. 정치에 대하여

국가란 무엇인가? 인간이라는 육식동물에게 해독을 끼치지 않고 육식동물과 같은 겉모양을 보여 주기 위한 구실에 지나지 않는다.

인간은 속을 들여다보면 결국 야수요 맹수다. 우리는 문명에 젖은 인간에 대해서만 알고 있지만, 그들도 기회만 있으면 야수성을 발휘하는 것을 보면 새삼 소름이 끼친다. 국법의 사슬이 풀려 무정부 상태가 돌발하면 인간이 무엇인가를 잘 드러낼 것이다.

인간의 사회 조직은 전제 정치와 무정부 상태의 두 극단, 즉 두 개의 대립된 해악 사이에 놓여 있으며, 그 한쪽에서 멀어질수록 다른 쪽에 가까워진다. 그렇다고 그 중간이 이상적이라고 생각하는 것은 잘못이다. 이 두 개의 해악은 결코 똑같이 위험하거나 부당한 것은 아니다. 전제 정치는 무정부 상태의 경우에 비하면 별로 두려워할 것이 못 된다.

전제 정치의 폐단은 한정되어 있으며 행동으로 옮겨져도 피해를 입는 사람은 백만 명에 한 명 정도다. 그러나 무정부 상태에서는 모든 백성들이 날마다 피해를 입게 마련이다. 그러므로 어떤 정치체제이든 무정부 상태보다 전제 정치로 기울어지는 편이, 다시 말해서 약간의 전제적인 가능성을 갖고 있는 편이 바람직하다.

국왕은 "우리는 하나님의 은총으로 말미암아"라고 말하는 대신에 "큰 악이 아니라 작은 악을 거느린다"라고 말해야 할 것이다. 국왕이 없으면 나라 일이 제대로 되지 않는다. 국왕은 건물이 쓰러지는 것을 막는 돌기둥이다.

어느 나라, 어느 시대를 막론하고 정치와 법률, 제도에 대해 불만의 소리가 높게 마련이다. 이것은 결국 인간의 생존에서 떼어놓을 수 없는 고뇌가 언제나 이 정치와 법률 및 제도의 결함에서 오는 것처럼 보이기 때문이다.

그런데 기독교 신화에 따르면 삶의 고뇌는 아담의 범죄 때문에 모든 후손들이 신의 저주를 받은 결과로 비롯된 것이라고 한다. 이 신앙을 공격의 발판으로 삼아 철면피한 허구의 극단을 주장하는 것이 소위 국민론자들이다. 이들은 기독교를 증오한 나머지 자기들을 낙천주의자로 자부하고, 이 세계는 자기 이외의 아무 목적도 없으며, 세계 자체가 본질적으로 잘 되어 행복의 이상향인데, 제도가 잘못되어 현실이 낙관주의에 위배되는 참상과 고뇌를 빚게 된다고 주장한다. 그러므로 만일 정부가 그 임무를 정당하게 수행한다면 지상에 천국이 실현되어 누구나 고생도 하지 않고 아무 걱정 없이 식성대로 배불리 먹고 생활을 즐길 수 있으리라는 것이다. 그들은 생존과 세계의 목적이 인류의 무궁한 발전에 있다고 하며, 이에 대해 그럴듯한 말들을 많이 하지만 이들이 말하는 발전이란 물욕(物慾)이 한층 더 만족을 누리는 것을 의미할 뿐이다.

인간이라는 족속은 본래 세상에 태어날 때부터 고뇌와 소멸이라는 운명을 짊어지고 있다. 그러므로 아무리 국가의 힘이나 인위적인 정치제도의 도움으로 부정과 노고가 제거되어 이 지구가 천국으로 변했다고 하더라도, 인간은 권태 때문에 처참하게 싸우거나 인구 과잉으로 기근이 일어나 전멸되고 말 것이다.

누구나 거울에 자기의 행동을 비춰 보면 거기에는 마음속에 숨어 있는 무서운 사욕이 다 드러날 테지만, 이것을 똑바로 보는 자는 극히 드물다. 그런데 당신네들은 진심으로 로베스피에르(Robespierre(1758~1794). 프랑스의 혁명가, 정치가. 자코뱅당의 지도자로서 왕정을 폐지, 1793년 공안위원회 의장으로 취임하여 공포정치를 하다가 1794년 쿠데타로 실각, 사형됨)나 마르크의 제왕, 길목의 암살자들만을 우리들 중에서 악인이라고 생각하는가? 그렇게 생각한다면 그것은 큰 잘못으로 안팎의 사정만 허락하면 이런 부류의 인간은 세상에 득실거릴 것이다.

보나파르트(여기서는 나폴레옹 1세를 가리킴)는 사실 대다수의 인간보다 포악하지는 않았다. 그가 갖고 있는 것은 남을 희생시키고 자기가 득을 보겠다는 일반 사람들에게 공통된 이기심에 지나지 않았다. 그가 보통 사람보다 다른 존재가 된 것은 자기의 의욕을 충족시키기 위한 더욱 강한 욕구와 지능, 이성 및 용기를 갖고 있었기 때문이다.

그에게는 이 모든 조건이 구비되어 있었으므로 다른 사람들이 마음속으로만 원하고 실천에 옮기지 못한 일을 실제로 행했을 뿐이다. 그러므로 날품팔이 일꾼이 타고난 고약한 마음으로 동료에게 해를 끼쳐 얼마간의 이득을 보았다면, 그 동료에게 준 손해가 아무리 사소한 것이라도 그가 나쁜 사람인 것은 보나파르트와 차이가 없다.

만일 여러분이 유토피아를 꿈꾼다면 나는 이렇게 충고하고 싶다. 즉 정치와 사회 문제의 유일한 해결 방법은 소수의 현명한 자와 고결한 자가 전제 정치를 해야 한다는 것이다. 이 소수의 인재들은 진실한 귀족계급이라고 볼 수 있으며, 이런 인재들을 세상에 배출시키려면 성품이 고귀한 남성과 지능이 우수한 여성을 결혼시키는 것이 가장 적절한 방법이다. 이것이 유토피아와 플라톤의 이상국을 세워 보기 위한 나의 제의다.

13. 사회에 대하여

세상에서 일어나는 모든 일들은 마치 고티에의 희곡을 보는 것 같다. 그의 희곡에는 어디에서나 본질적으로 동일한 인간이 같은 소원과 운명을 짊어지고 등장한다. 하나하나의 사건마다 동기와 상황이 다르지만 그 정신은 같으며, 어느 한 장면의 등장인물은 다른 장면에서 어떤 일이 일어났는지 전혀 모르고 있지만, 어쨌든 그들은 거기서 활동하고 있다.

그러므로 그의 희곡을 통하여 몇 번을 두고 어떤 행동을 하건 어떤 경험을 쌓든지 간에 판타론은 전보다 더 똑똑하지도 않고 너그럽지도 않고, 탈타그리아도 별로 정직하지 않고 브리게라도 용감하지 않으며, 코론비스도 선량해진 것이 없다.

우리의 문명 세계는 그저 하나의 커다란 명목에 지나지 않는다. 거기에는 장교가 있고 졸병이 있고 친구, 의사, 변호사, 목사, 철학자가 있고, 이밖에도 수없이 많은 직업이 있으나 그들의 직업이 그들을 대표하고 있지는 않다.

직업이란 하나의 가명에 지나지 않으며 거의 모든 직업에 돈벌이꾼들이 숨어 있다. 그들은 누구나 자기가 제일 잘난 듯이 보이려고 어떤 자는 변호사가 되어 정의와 권리의 가면을 쓰고, 어떤 사람은 성직자가 되어 종교의 가면을 쓰고 있다.

자선이니 뭐니 하는 가면 아래 남모르게 숨겨 둔 의도는 여러 가지지만, 철학이라는 가면 아래에도 으레 두셋은 숨겨져 있다. 다만 여성용 가면만은 얼마 되지 않아 그 대부분은 정조를 지키고 선량하고 얌전하고 상냥하다.

또 가면무도회의 도노미처럼 별다른 특징도 없이 사람들이 어디나 갖고 다니는 가면이 있다. 이를테면 의리, 예절, 그럴듯한 동정, 곧잘 히죽거리는 우정 등으로 앞에서 말한 바와 같이 그 가면 아래에는 날품팔이꾼, 장사꾼, 사기꾼 등이 숨어 있다.

이렇게 보면 가장 정직한 것이 상인이다. 이들만은 돈벌이라는 가면을 쓰지 않고 돌아다니며 사회적으로도 적절히 낮은 지위에 있다.

의사의 눈에는 어디에나 병자가 우글거리며 법관의 눈에는 곳곳이 악의 투성이요, 신학자의 눈에는 언제나 죄가 득실거리게 마련이다.

식물학자가 풀잎사귀 하나만 보아도 그 나무 전체를 알고, 퀴비에^{(Cuvier(1769~1832). 프랑스의 동물학자.}
(고생물학과 비교해부학의 창시자)라면 한 토막의 뼈만으로도 능히 그 동물 전체의 형체를 알 수 있는 것처럼, 인간의 행위도 그것이 마음속에서 나온 이상 그 하나만 보고도 어떤 성격의 인간인지 정확하게 짐작할 수 있다. 그러므로 그가 평소에 살아가는 것을 보고 그를 평가할 수 있다.

이런 관찰을 할 때는 상대편의 일상 생활에서 기회를 택해야 한다. 인간은 중대한 일을 당하면 자기를 굽히고 감추기 마련인데, 사소한 일에는 천성대로 자유롭게 행동한다. 만일 누가 조그마한 일에도 남의 존재를 전적으로 무시한 이기심을 드러내며 정의와 성실을 완전히 저버린 것이라고 생각되면, 충분히 담보를 잡지 않고는 한 푼도 빌려 주지 말아야 한다.

같은 이유에서 친구로 자청하는 사람도 어떤 사소한 일에나마 사악하고 위선적인 행동을 하거나 비열한 성격을 드러내면, 큰일을 당했을 때 그의 속임수에 넘어가지 않도록 당장 그와 절교하는 것이 상책이다. 또한 이 말은 하인에게도 해당된다고 본다. 아무튼 사기꾼에게 에워싸이기보다 혼자서 지내는 것이 얼마나 마음 편한지 모른다.

자기의 분노나 증오를 얼굴에 나타내는 것은 부질없고 위태롭고 어리석은 일이며, 저속하고 우스꽝스러운 일이기도 하다. 분노나 증오는 행동을 통해서 나타내야 한다. 진실로 독한 것은 냉혈동물뿐이다.

예절은 지혜로운 사람이 지키는 것이고 무례함은 어리석은 자가 하는 일이다. 함부로 무례한 짓을 해서 적을 만드는 것은 어리석은 일이며, 마치 자기 집에 불을 지르는 격이다. 예절은 일종의 부도수표이며 현찰로서의 가치가 없다는 것은 누구나 다 아는 일인데도 예절에 인색하다는 것은 우매한 짓이요, 반대로 지나친 예절은 상식이 풍부한 탓이다.

우리가 남을 신뢰하는 것은 오직 우리의 게으름과 이기심, 허영심에서 비롯되는 경우가 많다. 자기가 깊이 생각하거나 감시하거나 행동하는 것이 귀찮기 때문에 남을 의지하는 것은 나태심에서 비롯되며, 자기를 내세우기 위해 상대편을 신뢰하는 것은 이기심에서고, 자신을 과장하기 위해 이야기하는 것은 허영심에서다. 그런데 이 경우에 상대편이 과연 자기의 신뢰에 보답할 수 있는 위인인지 확인하지 않는 것은 이상하다고 생각될 만큼 잘못이다.

누구에게나 자기는 상대편과 언제 발길을 끊게 되어도 전혀 아쉬움을 느끼지 않는다는 것을 상대편에게 가끔 암시해 두는 것이 현명하다. 이렇게 하면 그들과 언제나 우애를 두텁게 할 수 있다. 그리고 대다수의 사람들에게도 이야기를 주고받는 가운데 때때로 상대편을 무시하는 듯한 암시를 주는 것도 하나의 방법이다. 그렇게 하면 그들은 당신과 우애를 유지하는 것을 소중히 생각하게 된다. 이탈리아 속담에 "남의 존경을 받는 사람은 남을 존경하지 않는다"는 말이 있다.

어떤 사람에게 이용가치가 많다고 생각되면, 이쪽에서 그런 내색을 하는 것은 그에게 죄를 범하는 일이기나 한 것처럼 숨겨 두어야 한다. 이렇게 숨기는 것은 끝까지 숨겨두지는 못하지만 그렇게 해야 할 이유가 있다. 개는 주인이 귀여워하면 주인을 우습게 아는데, 인간에게도 이런 경향이 있다.

우리의 유일한 친구인 개에게는 다른 동물에게서 찾아볼 수 없는 독특한 점이 있다. 바로 부드러운 표정으로 꼬리를 치는 모습이다. 이 개의 인사와 허리를 굽신거리거나 얼굴을 히죽거리면서 깍듯이 예절을 갖추는 체하는 인간의 인사를 견주어 보면 어떤 대조를 이루게 될까? 개의 동작에 나타난 우정과 성실은 적어도 그 순간만은 인간보다 몇천 갑절 순수하고 정직하다.

나는 개와 사귀기를 무척 좋아한다. 왜냐하면 개는 솔직하기 때문이다. 특히 내가 지금 기르고 있는 개는 유리알처럼 투명한 마음씨를 갖고 있다. 나로서는 세상에 개라도 있어야지 그렇지 않으면 도저히 살아갈 수가 없을 것이다.

어떤 사람이 친구들이 많다고 해서 그가 그만큼의 역량과 가치가 있기 때문이라고 생각한다면, 이것은 인간학에 대한 무지에서 비롯된 것이다. 도대체 인간이 남의 진가를 인정하는 데 따라 그에게 우정을 베푸는 것으로 생각하는가? 천만의 말씀이다. 인간도 개와 마찬가지로 별로 수고한 것도 없는데 이쪽에서 어루만져 주거나 먹다 남은 뼈다귀라도 던져주면 그를 따르게 마련이다. 그러므로 인간을 교묘히 다루는 자가 많은 친구를 두게 되며, 얼마나 열등하고 어리석은 자인지의 여부는 문제가 되지 않는다.

'남을 사랑하지 않고 미워하지도 않는다'는 것은 인간학의 전반부이고, '남에게 아무 말참견도 하지 않고 아무도 믿지 않는다'는 그 후반부이다. 이와 같은 신조가 필요한 세계라면 차라리 등지고 마는 것이 얼마나 유쾌한 일인가.

우리는 오랫동안 자기 적수나 반대당이던 자가 죽으면 거의 자기 친구의 죽음에 접했을 때처럼 유감스럽게 생각한다. 앞으로 아무리 빛나는 승리나 발전을 하더라도 그에게 자랑할 수 없기 때문이다.

허영심과 자만심이 다른 점은 자만심이 남보다 우월하다는 확신인 데 반해 허영심은 이런 확신을 남들에게 일으키려는 욕구이다. 거기에는 이렇게 해서 스스로 자기를 우월자로 자부하고 싶어하는 은밀한 기대도 섞여 있다.

자만심은 자기 가치에 대한 직접적인 확신에 의거해 있으나 허영심은 반대로 자기가 그런 확신을 얻기 위해 남에게 의지해서 남들이 그렇게 생각하게끔 하려고 한다.

허영심은 인간을 수다스럽게 만들고 자만심은 침묵하게 만든다. 그러나 허영심이 강한 사람은 다음과 같은 이치를 잘 분별해야 한다. 즉 그가 남들이 존중해 주길 바라는 것은 수다보다 계속적인 침묵으로 더 많이 얻을 수 있으며, 자기가 설사 큰소리를 칠 수 있는 경우라 하더라도 입을 다물어야 한다는 것이다.

거드름을 피우고 싶어하는 사람은 세속에 초연하지 않고 다만 그렇게 보일 뿐이지만, 그것은 다른 눈속임과 마찬가지로 언제까지나 그런 연극을 할 수는 없는 노릇이다. 참된 자만은 자기가 우월한 특성을 소유하고 있다는 확고하고 깊은 신념에서 비롯되는 것이다. 이 확신은 물론 사실과 다른 경우가 있으며 또 외부적으로 인습적인 특질에서 오는 경우도 있지만, 확실한 이상이기 때문에 자만이 손상되지는 않는다. 왜냐하면 자만은 자신의 확신에 따르며, 자신에 대해 아는 것과 마찬가지로 자기 멋대로의 기분에서 일어나는 것이 아니기 때문이다.

자만의 최악의 적이며 최대의 장애인 허영은 먼저 남을 찬양하는 것을 토대로 자기가 높은 평가를 얻으려는 반면에, 자만은 이 평가가 확정된 것이라고 간주하고 있다. 자만을 비난하고 공격하는 사람들이 많은데, 그들은 아마도 자신 속에 자부할 만한 것을 아무것도 갖고 있지 못하기 때문일 것이다.

세계에서 가장 고귀한 것은 인간 자신이다. 유럽에서 귀중하게 여기는 지위나 인도의 문벌은 인간과 인간 사이에서 벌어진 차이로, 자연이 덕성이나 지능이 개인차로 인정한 불가변적인 간격에 비하면 매우 작다.

그런데 인위적인 귀족계급에서와 마찬가지로 자연이 결정한 귀족계급에 대하여 살펴보아도 모든 평민에 대해 한 사람의 귀족으로 되어 있고, 백만인의 평민에 대해 한 사람의 왕자로 되어 있어 대다수의 인간은 비천한 민중에 지나지 않는다.

방금 말한 이유로, 자연이 정한 특권계급이나 귀족은 국가가 규정한 것과 마찬가지로 일반 대중 속에 어울리지 않고 고답적으로 살아가며, 지위가 높을수록 가까이 대하기가 힘들다.

사람들은 흔히 큰 인물의 넓은 도량을 찬양한다. 그런데 이러한 도량은 타인에 대한 심한 모멸감에서 비롯되는 것이 보통이다. 위대한 정신의 소유자는 이 모멸감이 충만해지면 주위 사람들을 자기와 동등하게 보지 않으며, 그들에게는 자신에 대해 능히 가질 수 있는 기대를 하지 않게 된다. 그래서 마치 우리가 다른 동물이 미련하고 분별력이 없는 것을 탓하지 않는 것처럼 세상의 저속한 사람들에게 큰 아량을 베푼다.

육체적인 미든 지적인 미든 간에 미에 대한 감수성이 있는 사람이라면 이 인간이라는 생물을 볼 때마다, 그들과 어울릴 때마다 언제나 추악, 평범, 비열, 부정, 어리석음, 흉악 등으로 이루어진 생물의 표본, 그나마 아주 새롭고 독특한 표본을 보는 듯한 느낌을 갖지 않을 수 없다.

처음 대하는 많은 사람들에게 에워싸여 있으면 테니에가 그린 〈성 안찬느의 유혹〉 또는 그와 비슷한 그림을 상기하게 된다. 이 대작을 보면 연달아 눈앞에 어른거리는 악마의 괴상한 얼굴을 바라보고는 천하의 흉악한 모습이 독창적으로 잘 그려져 있는 데 경탄하지 않을 수 없다.

천재는 한편으로는 저주받은 인간이라고 볼 수도 있다. 남들의 눈에 위대하고 놀라운 존재로 보일수록 그 장본인은 타인이 보잘것없는 가련한 인간으로 보이는 법이다. 그래서 다른 사람들은 이 굴욕적인 감정을 덮어 두려고 하지만, 그는 평생 존재하는 자기를 마치 고독 속에 유배된 자처럼 여겨야 한다.

그가 살아가는 주위에는 원숭이나 앵무새가 있을 뿐, 자기와 비슷한 자를 찾아볼 수 없다. 그래서 언제나 멀찌감치 바라보이는 저것이 인간이거니 하고 생각했는데, 나중에 보니 원숭이였다는 사실에 실망하고 한심스럽게 생각한다.

솔직히 말해서 나는 동물을 보면 금세 마음이 밝아지고 저절로 즐거워진다. 특히 개와 자유를 얻은 모든 동물, 즉 새나 곤충 같은 것을 보았을 때 그렇다.

그런데 이와는 달리 인간을 보면 으레 혐오를 느꼈다. 왜냐하면 다소 예외는 있겠지만 인간은 누구나 다 서투르고 흠이 많은 실패작, 다시 말해 추한 육체와 천한 욕정과 속된 야망, 온갖 어리석음과 사악으로 가득 차 있는 외모와 부자연스럽고 타락한 생활에서 오는 천박하고 난폭한 모습을 하고 있으니 말이다. 그래서 나는 되도록 그들과 마주치는 것을 피하고 자연의 품에서 동물들과 사이좋게 지내면서 즐거움을 나누고 싶다.

Aphorismen zur Lebensweisheit

삶의 예지

삶의 예지

1. 인간이란 무엇인가

아리스토텔레스는 《니코마코스 윤리학》 제1권 8장에서 인간의 귀중한 보물을 셋으로 분류했다. 외적인 보물과 마음의 보물, 육체의 보물이 그것이다. 나도 여기서 언젠가는 죽게 마련인 인간의 운명에 있어서 차이를 이 세 가지 기초적인 규정 위에 두고자 한다. 그러나 아리스토텔레스의 분류와는 세 가지라는 것만 공통될 뿐 아무 관련도 없다. 나의 세 가지 기본적인 분류는 다음과 같다.

1. 인간의 자아, 즉 가장 넓은 의미의 인격이다. 그러므로 그 가운데는 그 사람의 건강, 역량, 미모, 기질, 도덕적인 성격, 교양이 포함된다.

2. 인간이 소유하고 있는 것, 즉 일반적인 의미의 재화와 소유물을 말한다.

3. 인간이 표상(表象/의식 내용)하는 것, 즉 자기가 남의 표상 속에 나타나는 것, 다시 말해서 본래 자기는 남에게 어떻게 보이느냐 하는 것이다. 따라서 이것은 타인이 본 자기에 대한 견해 속에 이루어지며, 명예와 지위 및 명성 등이 포함된다.

첫 번째의 표제 아래 관찰되는 차이는 자연이 인간 사이에 둔 구별이다. 그러므로 그 차이 자체가 인간의 행복과 불행에서 나머지 두 표제에서 말한 차이보다 더욱 본질적이며, 따라서 훨씬 깊은 영향을 끼치게 될 것은 자명한 일이다.

인간이 아무리 그 지위나 출생이 뛰어나다 하더라도, 왕가의 집안에 태어났다고 하더라도, 또 많은 재산을 자랑하더라도 인격적으로 볼 때 참으로 우월한 점들, 즉 위대한 정신이나 탁월한 마음씨와 비교하면, 마치 무대 위의 왕자가 진짜 왕자와 어깨를 나란히 하고 있는 것과 같다.

에피쿠로스의 수제자인 메트로도로스는 일찍이 다음과 같은 글을 남기고 있다.

　행복의 원인은 물질에서 생기는 것보다 우리 자신으로부터 생기는 것이
더 크다. (알렉산드리아의 크레멘스 저, 《스트로마타》 제2권 21장 참조)

　인간의 안락과 모든 생활에 가장 중요한 것은 분명히 그 사람 자신 속에
있고 그 속에서 일어나는 것이다. 왜냐하면 무엇보다도 그 사람의 마음——
감각, 의욕, 생각의 총합——이 유쾌한지 불쾌한지가 여기서 비롯되며, 외
부의 모든 것은 결국 간접적으로 유쾌함이나 불쾌함에 영향을 줄 뿐이기 때
문이다.

　그러므로 외적인 사건이나 처지가 동일할지라도 사람에 따라서 전혀 다른
영향을 주며, 또 같은 환경에서도 사람들은 각각 다른 세계에 산다고 할 수
있다. 즉, 모든 사람들은 직접적으로는 그 독자적인 표상(의식)과 감정 및
의욕의 작용에 따라 행동하며, 외부 세계는 그것이 인간의 표상과 감정 및
의욕이 작용하는 데 원인이 될 경우에만 사람에게 영향을 줄 뿐이다.

　여러 사람들이 살고 있는 세계는 우선 그 사람이 그 세계를 어떻게 생각하
느냐에 의존한다. 또 그 사람이 가진 두뇌의 차이에 따라 그 세계를 규정짓
는 성격이 달라진다. 두뇌에 따라서 세계는 빈약하고 무미건조하거나 평범
한 것이 되기도 하고, 또는 풍부하고 흥미 있으며 의미심장한 것이 되기도
한다. 많은 사람들이 남이 체험한 것을 보고 그 체험을 부러워하는 일이 있
다. 그런데 실은 오히려 그 사람이 그와 같은 일을 해 나가는 동안에 그 체
험에 대하여 깊은 의미를 부여하는 이해력을 칭찬하고 부러워해야 한다. 사
건이 동일할지라도 정밀한 두뇌의 소유자에게는 흥미 있게 표현되지만, 천
박하고 평범한 두뇌의 소유자에게는 단지 세상에서 흔히 일어나는 한 장면
에 불과하게 된다. 이것을 가장 확실하게 입증하고 있는 것을 괴테나 바이런
의 많은 시에서 볼 수 있으며, 이것은 분명히 현실의 여러 가지 일에서 비롯
된다.

　그런데 어리석은 독자는 시인이 일상적인 일에서 이처럼 위대한 아름다운
작품을 만들어낼 수 있었던 뛰어난 공상력에 대하여 부러워하는 데까지는
이르지 못하면서, 모든 사람들로부터 이토록 인기를 얻게 된 것을 부러워하

는 정도가 고작이다. 그리고 그와 같은 이유에서 성격이 다혈질인 사람은 다만 갈등만을 보고, 점액질인 사람은 무의미만을, 신경질인 사람은 비극적인 광경만을 바라보게 되는 것이다.

이와 같은 일들은 모든 진실, 즉 모든 현실이 주관과 객관으로부터 마치 물 속에 있는 산소와 수소처럼, 필연적으로 밀접한 결합 상태로 성립되기 때문이다. 그러므로 객관적인 면은 같지만, 주관적인 면은 여러 가지로 달라진다. 그리고 이것은 반대의 경우에도 마찬가지여서 당면한 진실은 전혀 다른 것이 된다. 즉, 가장 선하고 아름다운 객관적인 면이라도, 주관적인 면이 둔하고 졸렬한 것이라면 거기에서 일어나는 진실과 현실은 어리석은 것이 되어 버린다.

이것은 아무리 경치가 아름다운 곳이라도 날씨가 나쁘거나 망가진 카메라로 그 경치를 찍어 내면 볼품이 없는 것과 같다. 더 쉽게 말하면, 사람들은 피부에 덮여 있는 것처럼 그 내부의 의식에 덮여 있으므로, 실제로는 본인 내부에서만 생활하고 있는 것이다.

그러므로 사람들은 외부에서는 구제하기 어려운 존재이다. 무대 위에서 한 사람은 왕후의 역할을 하고, 다른 사람은 고문관, 세 번째 사람은 노예, 또는 병사, 장군 등으로 분장한다고 하더라도, 그들이 다른 점은 다만 외적인 것에 있을 뿐이다. 그와 같은 현상에서 중심이 되는 내면을 생각하면 모든 배우에게 한결같은 공통점, 즉 재앙으로 인한 불운과 가난에 시달리는 한 가련한 희극 배우가 있을 뿐이다.

인생도 이와 마찬가지다. 지위와 재물의 구별이 그에게 연출할 역할을 배당해 주기는 하지만, 결코 이 배역에 따라 행복이나 쾌락으로 된 내적인 차이가 생기는 것은 아니다. 이 경우에도 사람들은 각자 개성에 따라 재앙과 노고에 시달리는 똑같이 가엾은 존재를 발견할 뿐이다.

이 재앙으로 인한 불운과 노고는 소재에서는 사람마다 다르더라도 그 형태, 즉 본체에서 보면 모든 사람들에게 비슷하다. 물론 여기에도 정도의 차이는 있지만 이 정도의 차이는 결코 지위와 재물, 즉 연출하는 역할에서 비롯된다고는 말할 수 없다. 다시 말해서 그와 같은 것들은 인간을 위해 존재하거나 생기는 것뿐이다. 의식 자체는 직접적으로 다만 인간의 의식 속에 존재하며, 의식에서 성상(性狀), 즉 사람의 성질과 행동이 가장 본질적인 것이며, 대개의 경우에 의식 속에 나타나는 모습보다 이 성상이 더욱 소중하다는 것은 분명하다. 예를 들어 어떤 어리석은 자의 둔한 의식에 나타난 호사나 향락 등은 세르반테스가 불쾌한 감옥 속에서 《돈키호테》를 쓸 때의 의식과 비교해 보면 볼품이 없다고 하겠다. 현실과 진실의 객관적인 면은 운명의 손에 있기에 변화하지만, 주관적인 면은 바로 우리들 자신이요, 본체적이므로 변화하지 않는다.

그러므로 인간의 생애는 외부 세계의 변화에도 불구하고 동일한 성격을 유지한다. 이를테면 하나의 주제에 근거하는 같은 계열의 변주와 비슷하다.

아무도 자기 개성에서 벗어날 수 없다. 그러므로 동물에게 인위적으로 어떤 환경을 만들어 주더라도, 자연이 그 동물적 본성에 대하여 어떠한 것도 고칠 수 없도록 비좁은 한계 안에 제한되어 있다. 마찬가지로 사랑하는 어떤 동물을 행복하게 해 주려는 노력도 바로 동물의 본성과 의식이 지닌, 지금 말한 바와 같은 한계 때문에 언제까지나 비좁은 울타리 속에 갇혀 있어야 하며, 인간도 사정은 마찬가지다. 즉, 인간에게 고유한 행복의 한도는 그의 개성으로 인해 미리 결정되어 있다. 특히 그가 지닌 정신력의 울타리가 고상한 향락에 대해 그가 갖는 성질을 단정짓는다.

이 정신력의 울타리가 비좁으면 외부 세계에서 오는 모든 도움도 그를 속된 졸장부로서의 인간적인 행복과 쾌락의 한도를 넘게 할 수는 없다. 그는 다만 관능적인 향락이나, 손쉽고 명랑한 가정생활이나, 저급한 사교나 비속한 심심풀이에 여념이 없을 따름이다. 그뿐만 아니라 교양도 대체로 그런 범위를 넓히기 위해 어느 정도는 이바지한다고 하더라도, 그다지 유용하지는 않다. 요컨대 가장 고상하고 다채로우며 지속적인 쾌락은(우리가 청년 시절에는 이에 대하여 잘못 생각했을지라도) 정신적인 쾌락이며, 이 정신적인 쾌락은 주로 정신력에 달려 있다.

위에서 말한 사실에서 우리의 행복이 얼마나 강하며, 그 행복은 우리의 자아와 개성에 종속되어 있다는 것이 분명해질 것이다. 그럼에도 거의 모든 사람들은 우리의 운명만을, 우리가 소유한 것이나 의식하는 것만을 계산하고 있다.

운명은 더욱 좋아질지 모르며, 또한 인간은 내면적인 풍요함에 따라 운명에 대해서는 그다지 많은 것을 요구하지 않아도 될 것이다. 그러나 끝까지 바보는 바보, 둔한 자는 둔한 자로 끝나며, 죽을 때까지도 기독교의 천국에서 다시 살아나고, 이슬람교의 천국에서 미녀들에게 에워싸이고 싶어한다. 괴테는 이렇게 노래했다.

> 평민, 농노, 통치자 할 것 없이 저마다 말하고 있다.
> 어느 때나 지상의 아들들의 가장 큰 행복은
> 마음속에서 우러날 뿐이라고.
>
> ──《서동시집》

　행복과 쾌락에서 주관적인 것이 객관적인 것과는 달리 훨씬 근원적이라는 것은, 아래로는 시장기가 최상의 요리사가 되고 노인은 청춘의 시절을 보내고 이제는 청춘의 여신을 평온한 마음으로 바라볼 수 있다는 사실에서, 또 위로는 천재나 성자의 생활에 이르기까지 모든 면에서 알 수 있다. 특히 건강은 외부의 보물보다도 우월하여, 거지도 건강하기만 하면 병든 왕자보다도 더 행복하다고 말할 수 있을 만큼 소중한 것이다.

　완전한 건강과 순조로운 환경에서 비롯되는 평안과 쾌활한 기질, 명랑하고 활기차며 정확한 분별력을 갖는 투철한 오성(悟性)과 온화하고 알맞은 의지와 선한 양식, 이런 것들은 지위나 재물로는 살 수 없는 것이다.

　결국 인간이 자기 자신을 위해 있는 것, 고독 속에서 자기의 반려가 되는 것, 아무도 자기에게 줄 수 없고 또 자기에게서 빼앗을 수 없는 것, 그것은 분명히 그가 소유하고 있는 것으로, 그가 타인의 눈에 비친 것(명예)보다 훨씬 근원적이다.

　정신이 풍요한 사람은 고독할 때에도 독자적인 사유와 상념으로 커다란 위안을 받지만, 반대로 어리석은 자는 사교나 연극, 등산, 오락 등을 바꿔가면서 향락을 취해도 권태를 몰아낼 수 없다. 그리고 선량하고 중용을 얻은 온유한 성격의 소유자는 가난하고 궁색한 생활 속에서도 만족하지만, 욕심이 많고 질투가 강하며 기질이 고약한 사람은 아무리 부유해도 만족하지 못한다. 또한 비범하고 정신적으로 뛰어난 개성을 한결같이 즐길 수 있는 사람은 일반 사람들이 추구하는 가장 좋은 향락도 평범한 것에 불과하며, 나아가서는 해롭고 거추장스러운 것이기도 하다. 그래서 호라티우스($\binom{BC\ 65\sim8,}{로마의\ 시인}$)는 노래하고 있다.

보석과 대리석, 상아, 튜레나^(이탈리아의 지방 이름. 조각으로 유명함)의 조각도, 그림도
은빛 바탕에 가에투리아^(옛날 사하라의 오아시스에 살고 있던 유목민으로, 붉은 물감이 유명함)의 주홍으로 물들인 의상도
갖기를 원치 않는 사람도 있나니……

소크라테스는 사치품이 놓인 상점을 바라보고, "우리에게는 쓸데없는 물건들이 왜 이렇게 많은 것일까" 하고 말했다.

인생의 행복에서 자아와 개성이야말로 최상의 것이며, 본원적인 것이다. 그것은 영속적이고, 어떤 환경에서도 유효하며, 다른 두 가지, 즉 자아와 개성과 같이 운명에 굴복하지도 않고 찢기거나 빼앗기는 일도 없다.

따라서 그 가치는 다른 두 가지 보물이 상대적인 것에 불과한 것과는 반대로 절대적인 것이라고 볼 수 있다.

이것으로 보아 인간이 외부 세계로부터 간섭을 받는 일은 일반적으로 생각하는 것보다 훨씬 적다는 결론이 나온다. 다만 만능의 '시간'만이 여기서도 그 권리를 행사한다. 시간에 대해서는 육체적·정신적 우월도 당해내지 못한다. 도덕적인 성격만이 '시간'에 좌우되지 않을 수 있다.

이 점에서 자아와 개성은 '시간'이 직접 이것을 빼앗아갈 수 없으므로 첫째 것보다 분명히 하나의 특징을 갖고 있다. 또 다른 장점은 이것이 객관적인 것 속에 놓여 있으므로 그 성질상 가까운 데 있으며, 모든 사람들에게 적어도 그것을 가질 수 있는 가능성이 주어져 있는 것이라고 하겠다. 그런데 주관적인 것은 내 힘이 미치는 곳이 아니라, 신의 법도에 따라 우리 속에 들어온 것으로 일생을 통하여 한결같이 일관된다. 그래서 이에 대하여 가차 없는 선고가 내려진다.

네가 태어난 날을 비추는 태양을
별들이 우러러보고
너는 무럭무럭 자라났다.
일찍이 너를 지배한 법도에 따라
너는 이렇게 될 수밖에 없었다.

너는 너 자신으로부터 벗어날 수 없다.
신관, 예언자, 모두 이렇게 말한 것을……
힘도 시간도 건드릴 수 없나니
운명이 짝지어 준 나를.

─괴테

이 점에 관하여 유일하게 우리 힘으로 할 수 있는 것은 주어진 개성을 되도록 유리하게 사용하여 이 개성에 알맞은 노력을 계속하는 것이다. 이 개성에 맞는 것은 힘써 완성하고 그 밖의 것은 피하며, 따라서 이 개성에 적합한 지위와 직업과 생활 방식을 택한다.

헤라클레스(그리스 신화의 영웅)를 닮은 비범한 육체의 힘을 가진 사람에게 앉아서 하는 세밀한 수공업에 전념하도록 하거나, 또는 전혀 다른, 그에게는 부족한 능력을 요구하는 학술 연구나, 그 밖에 두뇌를 쓰고 공이 드는 작품을 만드는 데 종사하도록 하여 뛰어난 힘을 내버려 두게 한다면, 그 사람은 한평생 자기의 불행을 통감하게 될 것이다.

그리고 지력이 뛰어난 사람이 지력이 필요 없는 평범한 직업을 갖거나, 또는 그의 능력에는 어울리지 않는 육체적인 노동을 함으로써 지력이 전혀 발달되지 못하고 활용되지도 못하게 되면, 앞의 경우보다 더 불행할 수밖에 없을 것이다. 다만 이 경우에, 특히 젊었을 때에는 자기가 갖지 않은 힘을 과시하지 말아야 하며 지나친 위험은 되도록 피해야 한다.

첫째 표제는 이와 같이 다른 두 표제 앞에 놓여 있으므로, 건강을 유지하고 기능을 완성시키려고 힘쓰는 편이 재물을 얻기 위해 힘쓰는 것보다 훨씬 현명한 일이라는 것을 알 수 있다.

그러나 필요에 따라 적당한 돈벌이를 하는 것까지 도외시해야 한다고는 오해하지 말기를 바란다. 너무 많은 재산은 우리의 행복에 거의 소용이 없다. 교양도 식견도 없고, 따라서 정신적인 일에 종사할 수 있는 흥미를 전혀 갖고 있지 않은 부자는 아무 행복도 맛보지 못하는 경우가 적지 않다. 결국 재물이 참되고 자연적인 요구의 만족을 초월하여 그 이상으로 할 수 있는 일은, 자신의 쾌감에 대하여 어느 정도 영향을 줄 수 있는 정도이며, 이 쾌감 마저도 막대한 재산을 유지하는 데 따르게 마련인 많은 걱정으로 어지럽혀지기 십상이다.

그러므로 인간의 자아가 인간의 소유물보다 우리의 행복에 기여하는 바가 많다는 것은 분명하다. 그런데 인간은 정신 수양을 하기보다는 재산을 모으기 위해 몇 배나 많은 수고를 한다.

우리는 소유하고 있는 재산을 더 모으기 위해 개미처럼 부지런히, 아침부터 저녁까지 고생하는 많은 사람들을 보게 된다. 그들은 재물을 얻는 수단에 관한 영역에만 한정된 비좁은 시야밖에는 모르며, 정신은 공허하므로 다른 일에 대해서는 무감각하다. 더구나 최고의 정신적인 향락은 그들과는 상관없는 세계이다.

그들은 순간적이며 관능적이고 짧은 시간에라도 많은 비용이 드는 쾌락에 가끔 마음대로 자신을 내맡기는 것으로 정신적 향락을 대신하려고 애쓴다.

따라서 그들은 생의 끝에 이르러서 운이 좋으면 그 일생의 성과로서 사실상 돈더미를 쌓아올리지만, 이것을 더욱 많이 늘리거나 낭비하도록 후계자에게 남길 뿐이다. 아무리 의젓한 풍채를 하고 살아가더라도, 이런 사람의 일생은 방울이 달린 모자를 쓰고 있는 광대처럼 어리석어서, 세상의 많은 사람들의 일생과 비슷하며 참으로 어리석기 짝이 없다.

인간의 자아는 우리의 생에서 가장 본질적인 것이라고 할 수 있다. 다만 이것은 곳곳에 있을 듯하면서도 찾아보면 드물다. 가난과 투쟁을 거쳐 온 많은 사람들은 결국 이 투쟁 속에서 싸우는 사람들과 마찬가지로 자기 자신을 불행하다고 생각하게 된다. 그 내면이 공허하고 의식이 둔해지고 정신이 빈약해져서 그와 비슷한 친구들과 함께 사교장으로 몰려가고 사교계는 이런 사람들로 이루어져 있다.

거기서는 저마다 오락과 대화를 원하지만, 그것이 관능적인 향락이나 여러 가지 위안을 얻는 가운데 결국은 방탕으로 흘러 버린다.

부유한 집에 태어난 자식들이 막대한 상속 재산을 때때로 믿기 어려울 정도로 단시일 내에 탕진하고마는 엄청난 낭비의 원인은, 지금 말한 정신의 빈곤에서 비롯된 권태다. 그는 부자로 태어나기는 했지만 정신적으로는 가난하다. 이 세상에 내던져진 부유한 청년은 모든 것을 오직 외부에서 얻으려고만 한다. 하지만 외부의 재물로써 내면생활의 결핍을 보충하려고 해도 되지 않기 때문에 이 세상에서 헛되이 죽어 가는데, 이것은 마치 젊은 여자가 발산하는 정기로 젊음을 되찾으려는 노인과 비슷하다. 그러므로 내적인 빈곤이 결국은 외적인 빈곤도 초래하게 된다.

인생의 다른 두 표제의 중요성에 관해서 나는 새삼스레 강조할 필요를 느끼지 못한다. 소유물의 가치에 대해서는, 오늘날 재차 말할 것도 없이 일반 사람들에게 잘 알려져 있다.

그리고 세 번째 표제는 두 번째 표제와 비교하면 다른 사람의 견해 안에서만 이루어지는 것으로 막연하게 에테르와 비슷하다. 명예, 즉 좋은 평판은 모든 사람이 손에 넣으려고 노력하는 것이지만, 지위는 국가에 봉사하는 인간에게만 국한된다. 명성의 경우는 소수의 사람에게 국한되며 더군다나 극히 소수의 사람들에게 주어질 뿐이다.

이 가운데서 명예는 평가하기 어려운 보물로 간주되고, 명성은 인간이 손에 넣을 수 있는 가장 귀중한 것으로, 이를테면 선택된 사람에게만 주는 금양모 훈장(오스트리아나 스페인의 최고 훈장)이라고 생각된다. 이와 반대로, 지위는 재물보다 나은 것이라 하여 어리석은 자만이 갖고 싶어한다.

이 두 가지 표제는 이른바 상호작용을 한다. 그런 점에서는 페트로니우스(BC 66년경의 로마의 저술가. 네로의 심복 신하)가 "부자는 인기가 있다"고 한 말이 옳으며, 또 반면에 다른 사람들의 호의가 재물의 소유를 돕는 것은 부인할 수 없는 사실이다.

2. 자아에 대하여

인간의 자아가 재물이나 명예보다도 행복에 훨씬 더 기여한다는 것은 이미 살펴봤다. 언제나 가장 소중한 것은 자아다. 인간의 개성은 시간과 장소를 불문하고 그 사람에게 따라다니며, 체험하는 것은 모두 개성에 따라 채색된다. 즉 모든 사물 속에, 그리고 모든 일에서 인간은 자신만을 향락하게 된다.

이것은 육체적인 향락에 대해서뿐만 아니라 정신적인 향락에 대해서도 해당된다. 그러므로 영어로 '자기 자신을 즐긴다(to enjoy one's self)'는 말은 매우 적절한 표현이며, 이 표현대로 하자면 '그는 파리에서 즐긴다'(He enjoys himself at Paris.)라고 말한다. 즉, '그는 파리를 즐긴다'고 말하지 않고, '그는 파리에서 즐긴다'고 말하는 것이다. 그런데 개성의 소질이 뒤떨어지면 모든 향락은 담즙을 바른 입 속의 값진 포도주처럼 제맛이 안 난다.

그러므로 중대한 불행은 예외로 하고, 좋든 언짢든 인간이 살아가는 동안에 만나게 되는 사건 자체보다도 그 사람이 그것을 어떻게 받아들이는가, 즉 어떻게 생각하느냐에 따라 그 사람의 감수성의 종류와 정도가 더욱 중요하다.

인간의 자아, 즉 인격과 그 가치는 그 사람의 행복과 안녕에 직접 영향을 주는 유일한 것이며, 그 밖의 영향은 간접적인 것에 불과하다.

간접적인 것의 작용이 무효가 되는 수는 있어도 인격의 작용은 그렇지 않다. 그 때문에 인격상의 우월함에 대해 질투하는 것은, 그것이 아무리 조심스럽게 숨겨져 있더라도 극복하기 어렵다. 그리고 의식의 성질이나 상태는 변화 없이 늘 그대로 있으며, 개성은 영속적·지속적으로 어느 순간에도 약간씩 작용한다. 다른 것은 이와 반대로 언제나 단지 일시적·우연적·경과적으로 작용하고, 어떤 변화에도 영향을 받는다.

그래서 아리스토텔레스는 《에우데모스 윤리학》제7권 2장에서, "자연(천성)은 신뢰할 수 있지만, 이 세상의 복되고 영화로운 삶은 미덥지 못하다"라고 했다. 우리가 스스로 초래한 불행보다도 바깥에서 비롯된 불행을 훨씬 침착하게 감당하는 것은 이 때문이다. 즉, 운명이 변경하는 일은 있어도 우리의 성질에는 변함이 없다.

그러므로 고귀한 성격이나 유능한 두뇌, 행복한 기질, 발랄한 관능 및 건강한 육체와 같은 주관적인 보물은 일반적으로 "건전한 신체에 깃드는 건전한 정신"^(유베나리스 《풍자시》 제10편 356)이라고 말하듯이 행복에 첫째가는 중요한 보물이다. 따라서 우리는 외적인 보물이나 세상의 명예를 얻는 것보다 이것들을 강화하고 유지하는 것을 더욱 명심해야 한다.

그런데 이것들 중에서 우리를 가장 행복하게 하는 것은 관능의 쾌활이며, 역시 이 선량한 특질은 그 자체로 보람을 얻게 된다. 언제나 명랑한 얼굴을 하고 있는 사람에게는 으레 그만한 이유가 있다. 즉, 그는 보이는 그대로 쾌활한 것이다.

이 특질은 다른 무엇으로도 바꿀 수 없으며, 이 특질만 있으면 다른 보물은 없어도 얼마든지 잘 살 수 있다. 만일 아름답고 부유하고 존경을 받는 경우, 본인이 행복한가의 여부는 다만 그 사람이 얼마나 쾌활한가에 달려 있으며, 반대로 사람이 쾌활하기만 하면, 노소를 막론하고 그가 날씬하거나 곱상하거나 가난뱅이거나 부자거나 관계 없이 행복한 것이다.

나는 청년 시절에 어느 옛글에서 "많이 웃는 사람은 행복하고, 많이 우는 사람은 불행하다"는 글을 읽은 적이 있다. 매우 소박한 이 말을 나는——그것이 단순한 진리이므로——잊을 수 없었다. 이것이야말로 자명한 진리라고 하겠다. 즉, 우리는 쾌활함이 찾아들 때에는 언제나 문과 창을 활짝 열고 맞아 들여야 한다. 그 방문이 언짢을 때란 없다.

쾌락을 불러들이기 위해 여러 가지 만족할 만한 이유를 따지거나, 진지한 사색이나 소중한 관심사가 방해받지나 않을까 해서 이것저것 염려할 필요는 없다. 여러모로 궁리한다고 해서 사정이 나아지리라고 단정할 수 없는 반면, 쾌락은 곧 이득을 준다. 쾌활함이야말로 행복에 지불되는 변함없는 금화며 그저 은행의 수표와 같은 것은 아니다.

이것은 내면의 쾌활함만이 직접 현 시점에서 인간을 행복하게 하기 때문이며, 그러므로 끝없는 두 시간, 즉 과거와 미래의 중간에 나눌 수 없는 현재의 형태를 갖추고 있는 진실한 본체(인간)에게는 쾌활함이 최고의 보물이다. 그러므로 우리는 다른 어떤 것을 얻으려는 노력보다 보물을 손에 넣어 더욱 가꾸는 것을 더 존중해야 한다. 그리고 쾌활함이 우리에게 이바지하는 바는 재물보다 적지 않고, 건강보다 많지 않다는 것도 의심할 여지가 없다.

비천한 노동에 종사하는 사람들, 특히 땅을 경작하는 농민들 속에서는 쾌활한 얼굴을 많이 볼 수 있지만, 부자나 높은 사람들은 곧잘 얼굴을 찌푸린다. 그러므로 우리는 무엇보다도 쾌활함이 꽃을 피울 수 있게 완전한 건강을 유지하도록 노력해야 한다.

그러기 위해서는 무절제와 방탕을 피하고, 불쾌한 감정이 격동되는 일을 삼가야 하며, 정신의 긴장이 지나치게 지속되지 않도록 날마다, 적어도 두 시간은 신선한 대기 속에서 경쾌한 운동을 하고, 때때로 냉수욕을 하며, 그 밖에 여러 가지 건강법을 지켜야 한다. 날마다 적당한 운동을 하지 않고 건강을 유지할 수는 없다. 모든 생활 기능을 알맞게 완수하기 위해서는 그런 생활 기능과 정신의 운동이 필요하다.

그러므로 아리스토텔레스가 "생명은 운동 가운데 있다"고 말한 것은 당연한 일이다. 생명은 운동 속에 이루어지며, 그 본체를 운동 속에 갖고 있다. 유기체(인간)의 내부에서는 곳곳에서 끊임없이 경쾌한 운동을 계속하고 있다. 심장은 복잡한 수축과 확장을 하면서 피로한 줄도 모르고 힘차게 고동치며, 그 28회의 맥박의 고동으로 모든 혈액을 크고 작은 순환기관에 흐르게 한다. 폐는 증기기관처럼 끊임없이 펌프 운동을 계속하며, 위장은 언제나 꿈틀거린다. 인체의 모든 선(腺)은 흡수와 분비작용을 그치지 않는다. 심지어 뇌수까지도 맥박과 호흡에 따르는 일종의 운동을 하고 있다.

그러므로 언제나 방안에 앉아서 살아가는 사람들에게 흔히 찾아 볼 수 있는 것처럼, 옥외에서 하는 운동을 거의 하지 않으면 외부의 정지와 내부의 운동 사이에 파멸적인 심한 부조화가 생기게 된다. 이것은 아무래도 지속적인 내부의 운동이 외부의 운동으로 어느 정도 지탱되기 때문일 것이다.

이 신체의 부조화는 우리가 어떤 격정에 사로잡혀 마음이 파도치고 있는데, 이것을 조금도 밖으로 나타내지 않으려고 할 때에 일어나는 정서의 부조화와 비슷하다. 나무도 성장하기 위해서는 바람에 흔들릴 필요가 있다. 여기에 해당하는 법칙이 "모든 운동은 빨라질수록 더욱 굉장하게 된다"라는 간결한 라틴어로 표현되어 있다.

우리의 행복이 쾌활한 기분에 얼마나 크게 좌우되고, 쾌활한 기분이 건강 상태에 의존하는 경우가 얼마나 많은가, 동일한 외적 상황 또는 사건이 우리가 건강하고 튼튼한 날에 주는 인상과, 병 때문에 불안한 기분으로 있을 때 주는 인상을 비교해 보면 잘 알 수 있다.

우리를 행복하게 하거나 불행하게 하는 것은 그 일의 객관적인 진실 자체가 아니라, 그 일이 우리에게 무엇인가, 즉 사물에 대해 우리가 하는 해석을 관장하는 주관적인 진실이다. 이것을 에픽테토스(50?~138?, 로마의 노예 출신 스토아 철학자. 《어록》 4권이 남아 있음)는 "인간을 움직이는 것은 사물이 아니라 사물에 대한 견해다"라고 말했다.

요컨대 우리 행복의 10분의 9까지는 건강에 의존한다. 건강해야만 모든 일이 향락의 원천이 될 수 있다. 건강하지 못하면 외부에 어떤 보물이 쌓여 있더라도 이것을 누릴 수 없다. 그리고 다른 주관적인 보물, 즉 정신·기질·취미의 특질은 병으로 인해 부실해지거나 크게 손상된다. 사람들이 만나면 우선 서로 건강 상태에 대하여 묻고, 또 무사태평하기를 비는 것도 당연하며 근거 없는 일이 아니다. 건강 상태는 이와 같이 인간의 행복에 소중한 것이다. 그러므로 건강을 희생시키는 것은(아무리 돈벌이, 승진, 면학, 명성을 얻는 일이 중요한 일이라도, 더구나 성적 쾌락이나 일시적인 향락을 위한 것은 말할 것도 없고) 가장 어리석은 일이다. 모든 것은 건강이 있은 다음의 일이다.

우리의 행복에서 이처럼 본질적인 쾌활함에 건강이 기여하는 바가 막대하지만, 쾌활은 건강에서만 오는 것은 아니다. 아주 건강한 사람에게도 우울한 기질이나 때로는 흐려진 기분이 따르는 경우가 있다.

결국 이것은 그 사람의 타고난 육체, 그러므로 변경할 수 없는 됨됨이와 특히 지력과 의지력 및 체력 사이에 불균형이 일어나는 데서 오는 것임이 틀림없다. 감수성이 크게 발달되면 기분이 변덕스러워, 주기적으로 지나치게 쾌활하거나 지속적으로 우울함이 일어나기 쉽다. 그런데 천재도 지나친 신경의 힘, 즉 과민성을 가졌기 때문에 아리스토텔레스가 "탁월한 모든 인물은 우울하다"고 주의를 환기시키고 있는 것은 타당한 일이며, "철학에서건, 또는 정치, 예술, 기술에서건, 어쨌든 남보다 뛰어난 사람들은 모두가 우울한 것으로 보인다"고 말하고 있다.

그리고 키케로(BC 106~43, 로마
의 웅변가, 정치가)는 이 아리스토텔레스의 말에 유의하여, 인용 문구가 많은 그의 《투스쿨라나눔 담론》 제1권 33장에서 "아리스토텔레스는 모든 천재는 우울한 성격의 소유자들이라고 했다"라고 서술했던 것이다. 근본적인 기분의 이런 타고난 차이를 주제로 하여 셰익스피어는 다음과 같이 교묘하게 묘사하고 있다.

> 자연은 기이한 자들을 만들어냈다. 옛날부터 어떤 자는 눈알을
> 굴리며 대수롭지 않은 일에도 앵무새처럼 곧잘 웃는다.
> 그런가 하면, 얼굴을 찌푸린 자들은 공연히 새침해서 웃기는커녕
> 흰 이빨도 보이지 않는다. 네스토르 왕(그리스 신화에 나오는 피로스 왕.
지략이 풍부하고 근엄한 영웅)이 싱글벙글
> 하여도.
>
> ——《베니스의 상인》 제1막 제1장

이 차이는 플라톤이 음기와 양기로 표현한 것에 해당한다. 이것은 사람마다 유쾌함과 불쾌함이 지닌 여러 가지 인상에 대해 각기 다른 감수성을 가지

고 있기 때문이며, 이 때문에 어떤 사람은 거의 실신할 정도의 사건도 다른 사람은 웃어넘길 수 있다. 특히 불쾌한 인상에 대한 감수성이 강할수록 유쾌한 인상에 대한 감수성이 약해지는 일이 흔히 있으며, 그 반대의 경우도 있다.

하나의 사건이 행복을 가져오느냐, 불행을 초래하느냐 하는 것은, 그러한 가능성이 비슷하여 예측할 수 없을 경우에 우울한 성격을 타고난 사람은 불행한 결과를 예상하고 화를 내거나 실망하면서 행복으로 끝나리라고는 생각도 하지 않는다. 하지만 명랑한 성격을 타고난 사람은 반대로 행복한 결과만을 예상하고 미리 기뻐하며, 불행한 결과가 오리라고는 생각지도 않는다. 이른바 음기를 지닌 사람은 열 가지 계획을 세워 아홉 가지의 성공을 거둬도, 이 아홉 개의 성공은 기뻐하지 않고 한 가지 실패에 대하여 안타까워한다. 그러나 양기를 지닌 사람은 열 가지 계획을 세워 아홉 가지가 실패로 돌아가도, 한 가지의 성공을 기뻐하며 스스로 위로를 하고 명랑한 얼굴이 된다. 사실 어떤 재앙도 가치가 전혀 없는 것은 아니다. 우울한 성격을 가진 사람은 명랑한 성격을 가진 사람보다 가상적인, 있을 수 없는 불운이나 고뇌를 많이 느끼지만 대신 사실상 불운이 훨씬 적은 경우도 있다. 왜냐하면 모든 것을 검게 보고 언제나 최악의 사태를 염려해서 예방 수단을 강구해 두려고 하기 때문에, 언제나 사물을 밝게 생각하고 쉽게 생각하는 사람이 가끔씩 하는 오류를 범하지 않게 되는 것이다.

그러나 신경 계통이나 소화기관의 질병이 타고난 어두운 성격을 만들 경우에는 이러한 우울은 한결 심해지고, 계속되는 불쾌감이 삶의 권태를 불러들여 마침내 자살에 이르는 경향도 생긴다.

이처럼 사소한 불쾌감도 자살의 한 계기가 된다. 게다가 우울의 정도가 최고조에 도달하면 불쾌한 일은커녕 기분이 언짢기만 해도 냉정히 생각하며 굳은 결심을 하고 자살을 한다.

그러므로 이미 감시를 받고 있는 병자는 주저하거나 번민하거나 두려워할 것 없이 현재의 자기에게 가장 자연스럽고 바람직하게 생각되는 진정한 수단(자살)을 취하려고 언제나 생각하고 있다가 감시의 눈을 피해 이를 감행하고야 만다.

이런 증상에 대해서는 에스퀴롤(1772~1840, 프랑스의 정신과 의사)이 쓴 《정신의 질환에 대하여》

에 상세히 서술되어 있다. 경우에 따라서는 건강한 사람이나 쾌활한 사람도, 피할 수 없는 고뇌나 닥쳐오는 불행한 죽음에 대한 두려움에 압도당하면 자살을 하려는 일도 있을 것이다. 다만 그 차이는 자살에 이르게 하는 원인이 크고 작은 데 있으며, 우울한 성질에 반비례한다. 우울한 성질이 작을수록 그 원인은 작아지며, 제로가 되기도 한다.

이와 반대로 명랑한 성질과 이를 뒷받침하는 건강이 좋을수록 그 원인 속에 훨씬 많은 것이 포함되어 있다. 그러므로 자살의 두 수단, 즉 타고난 우울한 성질이 병적으로 증가하는 데서 비롯되는 자살과 객관적인 이유에서 비롯되는 건강하고 명랑한 사람의 자살 사이에는 각각의 경우에 따라 무수한 단계가 있다.

건강과 어느 정도 비슷한 것은 미모다. 미모의 장점은 본래 우리가 행복해지는 데에 직접 기여하는 것이 아니라, 간접적으로 타인에 대한 인상에 도움이 될 뿐이지만, 그래도 남성들에게도 매우 중요한 것이다. 미모는 우리를 위해 먼저 사람의 환심을 사는 일종의 공개 추천장이 된다. 이것을 적절히 찬양한 것으로 다음과 같은 호머의 시가 있다.

신들의 이렇듯 푸짐한 선물을 가볍게 생각할 것이 아니다
그것을 주는 것은 신들의 손길, 아무나 마음대로 잡을 수 없나니
——《일리아드》 3의 65

일반적으로 인간의 행복을 위협하는 적은 고통과 권태라는 두 가지다. 그리고 이 둘 가운데 어느 하나에서 적당히 멀어지게 되면 그만큼 다른 하나가 가까이 다가온다. 또한 그 반대의 경우도 있어 우리의 일생은 거의 이 양자의 중간에서 때로는 강하게 진동하고, 때로는 약하게 진동하고 있는 격이라는 것은 주목할 만하다.

이것은 양자의 중복된 상반 관계, 즉 외적 또는 객관적인 상반 관계와 내적 또는 주관적인 상반 관계에서 이루어지는 데서 비롯된다. 왜냐하면 외적으로는 가난과 결핍이 고통을 일으키고, 반대로 안전과 과잉은 권태를 주기 때문이다.

그러므로 우리는 하층민이 가난, 즉 끊임없는 고통에 시달리고, 부유층은

반대로 권태로움에 빠져 있는 것을 목격하게 된다. 문명의 최저 단계를 보여 준 유목생활은 가난에서 시작된 것이지만, 여행은 권태에서 비롯되었다.

양자의 내적 또는 주관적인 상반 관계는 개인에게 한쪽에 대한 감수성이 다른 쪽에 대한 감수성과 정반대되는 데서 오는 것으로, 이것은 감수성이 그 사람의 정신력의 척도로 정해졌기 때문이다. 정신력이 발달하지 못한 것은 대체로 감각의 둔함이나 피자극성의 결핍과 결합되어 있으며, 이와 같은 결합에서 오는 성질은 어지간한 고통과 우울은 별로 느끼지 않게 한다.

이와 같이 정신적으로 성장하지 못했기 때문에 저 수없이 많은 사람들의 표정에 분명히 나타나는 내적인 공허가 생긴다. 이 공허는 외부 세계의 크고 작은 모든 일에 대해 주의하는 데서 오는 것이다. 이 공허함이 권태로움의 근본적인 이유이며, 이것이 정신과 기분을 움직일 만한 것이 없나 하고 언제나 외부의 자극을 갈망하고 있다.

그러므로 이 외부의 자극을 선택할 때 내부의 공허는 수단과 방법을 가리지 않는다. 이것은 그들의 위안이나 오락이 얼마나 공허하고 빈약한 것인가를 생각해 보아도 짐작할 수 있으며, 또한 그들의 사교나 대화의 성질과 내용을 살펴보거나, 또는 그들이 언제나 창문에서 바깥을 엿보는 것으로도 알 수 있다.

이 내부의 공허에서 사교나 심심풀이 놀이, 오락 및 사치에 대한 욕구가 생기며, 이 욕구가 사람들을 낭비하게 하고 서서히 역경으로 이끌어간다. 이 역경에 대하여 내적인 재산, 즉 풍요한 정신만큼 우리를 확실하게 보호해 주는 것은 없다. 이 내적인 재산이 풍부할수록 권태를 적게 느끼기 때문이다.

사유의 끊임없는 활동과 안팎에 일어나는 여러 가지 현상에 따라 언제나 새로워지는 작용, 사유의 결합을 계속해서 이동시키는 힘과 충동이(휴식의 순간은 별도로 하고) 뛰어난 두뇌를 권태의 영역 밖에 두기 때문이다.

그러나 한편 높은 지성은 고도의 감수성을 갖고 그 밑바탕에는 의지, 곧 커다란 정열을 지니게 된다. 그럼으로써 이 지성과 감수성, 의지의 결합에서 정서가 고양되고, 정신적인 고통, 나아가서는 육체적인 고통에 대해서도 예리해진 감수성과, 또 모든 장해에 대하여 더욱 초조해져서 이 모든 것을 높이기 위해 온갖 표상의 활동이 커다란 상상력에서 생겨나 크게 도움이 되는 것이다.

위에서 한 말은 매우 둔한 바보에서 비범한 천재에 이르기까지 넓은 간격을 메우고 있는 중간단계의 사람들에게 비교적 타당하다. 그래서 각자는 객관적으로나 주관적으로도 인생의 고뇌 한쪽에서 멀어질수록 다른 쪽에 가까워진다. 그러므로 그 사람의 자연적인 성향은 이 점에서 객관적인 것을 주관적인 것이 되게끔 적응하도록, 즉 그가 더 큰 감수성을 갖는 쪽의 고뇌에 대하여 더욱 효과적인 방어 수단을 강구하도록 힘쓰게 하는 것이다.

정신력이 풍부한 사람은 무엇보다도 고통이 없고 번민이 없으며, 마음이 안정되기를 힘쓴다. 그러므로 조용하고 호젓하며 되도록 방해받지 않는 생활을 위하여 남들과 안면이나 익히고 은퇴하는 편을 택할 것이며, 위대한 정신을 가진 사람은 고독까지 원할 것이다. 아무튼 인간은 자아가 풍부할수록 외부 세계에서 요구하는 것은 더 적어도 된다. 그리고 타인은 그에게 있어도 좋고 없어도 좋은 존재다. 위대한 정신의 소유자가 사교를 싫어하는 것은 이 때문이다.

사교의 질이 양에 의해 바뀐다면 넓은 세계에서도 살아갈 노력을 할 만하다. 그러나 유감스럽게도 100명의 바보를 한데 묶어도 존경할 만한 사람 하나의 몫을 할 수 없다. 또한 다른 극단에 속하는 사람은 이와 반대로 다급한 일이 사라지면 곧 오락이나 사교에서 쉽사리 만족을 느끼는데, 어찌 자신으로부터 이처럼 도피하고 싶어할까? 그것은 사람들을 자기 자신으로 돌아가게 하는 고독 속에서는 자기의 정체가 드러나기 때문이다.

고독 속에서 주홍빛 화려한 옷을 걸친 바보가, 자기의 가련한 개성에서 벗어날 수 없는 무거운 짐에 눌려 한숨을 내쉬고 있다. 그러나 타고난 천성이 풍부한 사람은 거친 환경도 자기의 사유로 화려하게 단장하거나 활기차게 만들어 버린다. 그러므로 세네카^{(BC 4? ~AD 65,}(로마의 스토아 철학자)가, "어리석은 사람은 생각의 권태로움에 시달린다."(도덕(서한))라고 말한 것은, 예수스 시라크^{(BC 200년경의 유대인.}(금언집《위경(僞經)》을 저술함)의 "어리석은 자의 생활은 죽음보다 못하다"는 격언과 함께 훌륭한 진리다.

이것으로 사람들은 정신적인 빈곤과 비속한 정도에 비례하여 사교적이라는 것을 알 수 있다. 즉, 인간은 이 세상에서 고독과 비속 중에서 어느 하나를 고를 수밖에 없다. 인간 중에서 가장 사교적인 것은 흑인이라고 하는데, 이것은 흑인이 지적으로 분명히 뒤떨어져 있기 때문이다. 프랑스 신문《르꼼멜스^(1837년 10월)(19일 게재)》의 북아프리카 통신에 따르면, 흑인들은 자유민이건 노예건,

코가 납작한 자신들의 검은 얼굴을 싫증도 느끼지 않고 바라보면서 좁은 방에 갇혀 있다는 것이다.

인간의 두뇌는 힘써 일하는 인간의 다른 육체에 비하면 식객이 아니면 불로소득자와 같은 존재지만, 그 사람이 노동의 결과로 자유로운 시간을 얻게 되면 자기 개성을 즐길 수 있게 해 준다.

그런데 대다수의 인간이 자유로운 시간에 얻는 것은 대체 무엇인가? 한가한 시간을 관능적인 향락이나 그 밖의 어리석은 일에 소비하다가, 나머지 시간은 우두커니 권태에 사로잡힌다. 그래서 그들은 소중한 시간을 심심풀이로 무의미하게 보내는 것이다. 이것이야말로 아리오스토(1474~1533, 이탈리아의 시인)가 "무지한 자들의 권태"라고 부른 것이리라.

일반 사람들은 어떻게 하면 '시간'을 보낼 것인가 하는 것만 생각하고 있는 모양이지만, 재능이 있는 사람이라면 이것을 이용할 줄 안다. 권태로운 두뇌가 이처럼 지독한 권태에 사로잡혀 시달림을 받는 것은, 그들의 지성이 자기 의지에 대한 동기의 매개자가 되어 있음에도 그 이상의 힘을 쓰지 못하기 때문이다.

그래서 당장 동기가 눈에 들어오지 않으면 의지는 멈추고, 지성은 활동을 중단한다. 지성도 의지도 스스로 활동하지 않기 때문이다.

그 결과가 인간에게 두려운 정체상태, 곧 권태다. 그래서 이 권태에 대항하기 위해 인간은 의지를 흥분시켜, 동기를 유발하는 역할을 하는 지성까지 움직이기 위해 작은 동기를 마음대로 의지 앞에 내던진다. 그러므로 이와 같은 동기가 참된 자연적인 동기에 대해 갖는 관계는 지폐와 은화의 관계와 같다. 이런 동기의 가치는 마음대로 정해진 것이기 때문이다. 가령 트럼프 같은 것은 지금 말한 것과 같은 목적으로 만들어졌으며, 이런 것이 없으면 모자라는 인간들은 무엇이건 닥치는 대로 심심풀이로 손으로 매만지거나 두드리거나 한다. 모든 나라에서, 여러 친구들과의 교제에서 주요 행사는 트럼프 놀이라고 할 수 있다. 담배도 그들에게는 사유를 대신하는 좋은 대용품이다. 그리고 이런 것이야말로 그들의 가치척도요, 모든 사상을 등지고 있다는 파산 선고이다. 즉, 그들은 교환할 만한 아무 사상도 갖고 있지 않기 때문에 트럼프나 교환하면서 돈내기를 하는 것이다.

아, 한심한 족속이여! 그러나 여기서도 불평하지 않도록, 나는 일반적으로 트럼프 놀이에서 하는 승부 겨루기를 옹호하기 위해 인용한 언론을 압박할 생각은 없다. 그 변론은 사람들이 트럼프의 승부에 따라 우연히 제공한 어떤 일에도 적절한 조치를 취할 수 있도록, 이 목적을 위해서는 승부를 겨룰 때에도 명랑한 얼굴을 하고, 태연한 태도를 취하는 습관을 갖고 있다. 이것을 교묘하게 이용하는 법을 배우는 이상, 트럼프 놀이는 세속적이고 직업적인 생활에 대한 일종의 예습으로 생각해도 무방하다.

그러나 이 때문에 트럼프 놀이는 한편 덕성을 파괴하는 데 영향을 준다. 이 승부의 정신은 온갖 방법, 여러 가지 수법과 책략을 사용해서 남의 소유물을 빼앗는다. 승부를 내려는 이러한 습성이 버릇이 되어 결국엔 실생활에도 영향을 주어 자기와 상대방 사이에서도 점점 이와 같이 행동하게 된다. 즉 그것이 법적으로 허용되어 있을 경우에는 타인이 손에 넣은 이득을 빼앗아가도 무방하다는 생각을 갖게 된다. 이에 대한 예증은 날마다의 시민생활이 우리에게 보여 주고 있다.

그것은 그렇고, 앞에서도 말한 바와 같이 자유로운 시간은 모든 사람들에게 자기의 참된 자아를 갖게 해 주었으므로, 생존의 꽃이요, 열매기도 하며, 자아가 풍부한 사람은 이 경우에 행복하다고 할 수 있다.

그런데 자유로운 시간이 있기 때문에 많은 사람들은 주체할 수 없이 권태로운 자신이 짐이 되는 인간이 될 수밖에 없다. 그러니 우리는 〈갈라디아서〉 4장 31절의 "그러므로 형제들이여, 우리는 계집종의 자녀가 아니라 자유로운 여자의 자녀니라"라고 말할 수 있는 것을 기쁘게 생각한다.

그리고 거의 요구하지 않거나 또는 전혀 수입품을 요구하지 않는 나라가 가장 행복한 것처럼, 자기 내면의 재물을 충분히 갖고 있어 자기 생활을 유지하기 위해 외부 세계로부터는 극히 적은 것만을 필요로 하거나, 또는 아무것도 필요로 하지 않는 사람이 가장 행복하다. 뭐니 뭐니 해도 거의 모든 수입품은 값이 비싸고 의존하도록 부추기고, 위험을 가져오며, 성가신 원인이되어 결국은 국산품의 나쁜 대용품에 지나지 않기 때문이다.

아마도 다른 사람들에게서는, 일반적으로 외부로부터 어떤 점으로나 많은 것을 기대할 수는 없다. 인간이 남에게 허용하는 부분은 좁은 범위에 국한되어 있기 때문에 결국 인간은 혼자일 수밖에 없다.

그렇다면 어떤 사람이 지금 홀로 있을 수 있느냐가 문제이다. 여기에 대해서 괴테는 《시와 진실》 제3권 474쪽에 "모든 사태에 직면하여 사람들은 결국 자기 자신으로 돌아가게 되어 있다"라고 말하고 있는데, 이것은 대체로 타당한 말이다. 또한 올리버 골드스미스(1728~1774, 영국 시인, 소설가, 극작가)가 다음과 같이 말한 것도 옳다.

낳아야 한다. 그리고 발견할 일이다, 우리의 행복은
자기 자신에게 여전히 맡겨져 있다. 어디 있든지 간에.
——《나그네》 431행 이하

그러므로 모든 사람은 자신에 대하여 가장 훌륭한 존재여야만 한다. 이렇게 될수록, 즉 인간이 향락을 자기 안에서 발견하는 일이 많을수록 그는 점점 행복하게 될 것이다. 아리스토텔레스는 《에우데모스 윤리학》 제7권 2장에서 "행복은 자기만족 가운데 있다"고 말하고 있는데, 이것을 독일어로 번역하면, '행복은 자기 자신에게 만족하는 사람에게 속한다'라고 할까. 이것이야말로 최고의 경구다. 즉, 행복과 향락의 외적인 원천은 그 성질상 매우 불안정하며, 종잡을 수 없고, 무상하며, 또한 우연에 지배되므로 유리한 처지에서도 자칫 중단될 우려가 있다. 사실상 이런 일은 이 원천이 언제나 가까이 있는 것이 아닌 이상, 아무래도 피할 수 없는 일이다.

그리고 노인이 되면 이런 원천은 거의 필연적으로 고갈된다. 역시 늙으면 연애·해학·여행이나 승마의 재미, 사교에 대한 취미가 사라지며, 뿐만 아니라 친구들이나 친척들도 함께 늙고 병들어가므로 자아를 전보다 훨씬 소중하게 생각하게 된다. 왜냐하면 자아야말로 제일 오래 남는 것이기 때문이다.

어쨌든 어떠한 연령층에서나 자아야말로 행복에 유일하고 오래도록 지속되는 원천이며, 또 변하지 않는 것이다. 왜냐하면 이 세상 어디를 가도 굉장한 것은 손에 넣을 수 없고, 가득 찬 것은 가난과 고통뿐이며, 여기서 겨우 벗어난 사람은 권태가 곳곳에서 기다리고 있기 때문이다. 그리고 언제나 악이 지배권을 장악하고, 어리석음이 큰 발언권을 갖고 있다. 운명은 참혹하고, 인간은 가련한 존재기 때문이다.

이런 세상에서 자아가 풍부한 사람은 12월의 싸늘한 밤, 눈과 얼음 속에서 즐거운 크리스마스를 맞이하며 방 안에 있는 사람과 비슷하다. 그러므로 뛰어난 개성과 풍부한 천성, 특히 고매한 정신을 소유하고 있다는 것은 지상에서 가장 행복한 운명이라고 하겠다. 그런데 그것이 어떤 사정에 따라 가장 빛나는 운명에는 어울리지 않을 수도 있다. 이에 대해서는, 스웨덴의 겨우 19세인 크리스티나 여왕 ^(1626~1689, 구스타프 2세의 딸, 6세에 즉위. 문학과 미술을 애호하여 많은 문학자, 철학자를 가까이 했음) 이 한 현명한 말이 있다.

당시에 데카르트 ^(1596~1650, 프랑스의 철학자) 는 20년 전부터 네덜란드에서 고독하게 살고 있었으며, 여왕에게는 다만 한 편의 논문과 구술에 의한 보고로 알려져 있었을 뿐이다. 바이에가 쓴 《데카르트전》 제7권 10장에 보면, 여왕은 "데카르트는 모든 사람들 중에 가장 행복한 사람으로, 그의 처지는 내가 부러울 만큼 가치 있게 생각된다"라고 말했다고 씌어 있다.

데카르트의 경우에도 분명히 그랬지만, 외적인 상황은 인간이 자신을 지탱하고 자기를 즐길 수 있는 정도는 되어야 한다.

〈전도서〉 7장 11절에는 "지혜는 유업(遺業)같이 아름답고, 햇빛을 보는 자에게 유익하도다"라고 가르치고 있다. 그래서 천성과 운명의 은총으로 이러한 행운을 갖게 된 자는 그 행복 내부의 원천이 언제까지나 메마르지 않도록 면밀하게 주의를 해야 한다.

이를 위해서는 자주 독립과 시간 여유를 가져야 한다. 그는 이것들을 기꺼이 절제와 검약으로 손에 넣을 것이며, 다른 사람들과는 달리 향락에서 외적 원천에 의존하지 않도록 정해져 있는 만큼 더욱 그렇게 할 것이다. 그러므로 그는 관직이나 돈, 또는 세상의 인기나 갈채를 바라지 않고, 세상 사람들의 한결같은 견해나 취미에 맞추기 위해 자신을 모독하는 일은 하지 않을 것이다.

그 경우에 그는 호라티우스가 마에케나스 ^(BC 74~8, 로마 황제 아우구스투스의 심복. 문예를 장려함) 에게 보낸 편지 속에서 말한 것처럼 할 것이다. ^(《서간집》 제1권 제7장) 외부로부터 얻으려고 하다가 내부의 것을 잃는 것, 다시 말해서 영광, 지위, 호사, 칭호, 명예 대신에 마음의 안정, 한가한 시간, 자주 독립의 전부나 대부분을 버리는 것은 어리석은 일이다. 그런데 괴테는 그렇게 해버렸다. 그러나 나의 수호신은 분명히 나를 다른 방향으로 이끌어 주었다.

여기서 탐구된 진리, 즉 행복의 주요한 원천은 자기 내부에서 솟아난다는 것은 아리스토텔레스가 《니코마코스 윤리학》 제1권 7장과 제7권 13~14장에 서술한 "모든 향락은 하나의 능동성, 즉 어떤 힘을 사용한다는 것을 전제로 하며, 그렇지 않으면 향락은 성립되지 않는다"고 한 것에서 입증할 수 있는 옳은 주장이다.

"인간의 행복은 자기의 뛰어난 능력을 거리낌 없이 행사할 수 있는 데서 이루어진다"는 아리스토텔레스의 가르침을 스토바에오스(AD 500년경의 그리스 저술가)는 소요학파(아리스토텔레스가 학원에서 제자들과 산책길(Peripatos)에서 강의한 데서 나온 명칭으로, 페리파토스(소요) 학파라고 함)의 윤리학에 대한 그의 해설(《윤리학 선집》제2권 7장 268~278쪽) 속에 되풀이하여 서술하고 있다.

그리고 "최대의 행복은 소망을 이룬 행위로 실력에서 생기는 작용이다" 또는 "모든 능숙함은 덕이다"라는 설명도 덧붙이고 있다. 그런데 자연이 인간에게 준 힘이 갖는 임무는, 모든 방면으로부터 인간을 압박하는 고난에 대한 투쟁이다.

그러나 일단 이 투쟁이 진정되면 할 일이 없게 된 힘은 인간에게 무거운 짐이 된다. 그렇게 되면 인간은 할 일 없는 힘을 상대로 놀아 주어야 한다. 다시 말해서 힘을 아무 목적도 없이 사용해야 한다. 그렇지 않으면 그는 곧 인간 고뇌의 또 다른 원천인 권태에 사로잡힌다. 그러므로 누구보다도 먼저 훌륭한 인간이나 부유한 사람들이 이 권태에 시달리게 된다. 그리고 그들의 비참한 모습은 이미 루크레티우스(BC 95~51, 로마의 시인. 발광하여 자살함)가 다음과 같이 노래했으며, 그 예를 오늘날 흔히 모든 도시에서 찾아볼 수 있다.

> 그는 때때로 저택을 버리고 바깥으로 나간다.
> 집안에 앉아 있기가 싫어서. 그러나 곧 되돌아온다.
> 밖에 나가도 기분이 개운치 않아서
> 말을 달려 재빨리 별장으로 간다.
> 불난 집에 불을 끄러 달려가듯이.
> 그러나 문지방을 들어서자 권태로운 하품을 한다.
> 때로는 깊은 잠에 빠져 자기를 잊으려고 하고
> 때로는 다시 수도(首都)로 급히 돌아간다.
>
> ——《자연에 대하여》제3권 1073

이 주인공도 청춘시절에는 육신의 힘이나 정욕으로 시달렸을 것이다. 그러나 만년에는 정신력만이 남아 있다. 그리고 그때가 되어야 이 힘도 없어지고, 이 힘이 없어지면 신음소리가 크게 들리게 마련이다.

그런데 의지는 소모되어 없어지지 않는 힘이기 때문에 그것은 이제 마음을 들쑤시는 것, 가령 사람들을 타락으로 이끄는 악덕이기도 한 많은 돈을 거는 도박 등으로 자극을 받는다. 그러나 대개 한가한 사람들은 주장하는 힘의 종류에 따라 움직이기 때문에 어떤 오락, 가령 마작, 장기, 사냥 또는 그림, 경마 또는 트럼프, 또는 시, 철학 등을 택할 것이다.

우리는 인간의 모든 힘이 나타나는 근원, 즉 세 가지 생리적인 기초가 되는 힘으로 거슬러 올라감으로써 이것을 조직적으로 살펴볼 수 있다. 그러므로 여기서는 이 힘을 이러한 무의미한 오락에서 관찰해 보면 곧 알 수 있다.

이런 오락에서 이 세 가지 힘은 세 가지 가능한 향락의 원천으로 나타나지만, 이 원천 속에서 사람들은 이 힘의 어느 것이 그의 내부에서 주관하고 있는가에 따라 자기에게 맞는 향락을 택할 것이다.

첫째는 재생산력을 기르기 위한 향락으로, 이것은 먹고 마시며 소화시키고, 쉬고 자는 일이다. 이 향락은 살아가기 위한 것으로, 모든 민족에게는 각기 다른 국민적인 기호가 있다.

둘째는 체력의 자극을 얻기 위한 향락으로, 이것은 산책, 여행, 달리기, 씨름, 무도, 검도, 승마, 사냥 및 투쟁과 전쟁 등이다.

셋째는 정신의 감수성에 관한 향락으로, 이것은 관찰, 사색, 감상, 묘사, 연주, 학습, 독서, 연구, 명상(철학) 등이다.

이와 같은 여러 가지 향락이 갖는 가치와 지속성에 대해서는 여러 관찰을 할 수 있다. 하지만 그것은 독자에게 맡기고자 한다.

그러나 언제나 자기 힘을 사용하는 것이 조건이 되어 있는 우리의 향락은, 몇 번이고 반복하는 동안에 이루어지는 행복이 향락을 제약하는 힘의 종류가 고상하면 할수록 더욱 커진다는 것을 알 수 있다. 동시에 이러한 정신적인 감수성이 뛰어나다는 것은 인간을 다른 동물과 뚜렷이 구별하는 점이다. 이 정신적인 감수성이 이 점에서 다른 두 가지 생리적인 기초가 되는 힘(같은 정도로, 또는 더 많이 여러 동물들 속에 있다)보다 더 우위에 있다는 것을 누구도 부정하지 못할 것이다.

우리의 인식 능력은 정신적인 감수성에 속하는 것이라는 점에서 뛰어나며 인식 가운데 이루어지는 향락, 이른바 정신적인 향락을 받아들이는 능력이 뒤따른다. 또한 그것이 훌륭할수록 더욱 큰 향락을 누릴 자격이 있다.

보통 평범한 사람에게 어떤 사물은 다만 그의 의욕을 북돋아 줄 뿐, 즉 그에 대하여 개인적인 이해관계가 있기 때문에 관심을 갖는 데 지나지 않는다. 그리고 저마다 의욕으로 지속적인 흥분을 느끼는 것은 적어도 혼합된 것, 즉 고통과 연관된 것이다. 이와 같은 의욕을 고의로 흥분시키는 수단(그것도 다만 순간적이고 가벼우며 뒤를 남기지 않는, 고통을 일으키다 그칠 정도의 작은 관심만 필요할 뿐이다), 따라서 의욕을 단지 자극하는 데 지나지 않는 수단이 트럼프다. 이것이 곳곳의 '상류사회'에 유행하고 있다.

뛰어난 정신력을 갖고 있는 사람은 이와 반대로 의지를 조금도 섞지 않고 단지 인식만으로 큰 관심을 갖는 능력을 가지고 있으며, 또한 이런 관심도 가질 필요가 있다. 그리고 이와 같은 관심은 고통과는 근본적으로 관계 없는 영역, 이를테면 '마음 편히 살아가는 신들'^(오디세이)의 분위기 속에 있다.

그러나 그 밖의 사람들이 힘을 기울이고 있는 것은 오직 개인의 안락함을 위한 사소한 이해관계와 여기서 비롯되는 보잘것없는 일이다. 그러므로 그와 같은 일이 중단되어 본래의 모습으로 돌아오면, 곧 감당할 수 없는 권태에 사로잡힌다. 꺼져 있는 듯한 정열의 불길이 아니고서는 이 권태를 막지 못한다. 이와 반대로 뛰어난 정신력을 지닌 사람은 사상이 풍부하여 언제나 새롭고 뜻있는 생활을 해 나간다. 그러므로 가치 있고 흥미 있는 여러 대상이 있으며, 이에 몰두하게 되면 그는 일을 슬기롭게 추진하여 자신 속에 고귀한 향락의 한 원천을 갖게 된다.

그에 대한 외부 세계의 자극으로서는 자연의 창작과 인간의 행동을 주시하는 일, 모든 시대와 나라를 통해 타고난 기품이 고귀한 사람들이 쌓아온 참으로 다채롭고 눈부신 업적이지만, 이런 것들은 그에게만 잘 이해되고 본래 그에게만 향락의 대상이 된다. 이와 같이 타고난 기품이 높은 사람들은 참으로 자기를 위해 살았으며, 자신을 진정으로 자기에게 바쳐 왔다. 다른 사람들은 다만 우연한 손님처럼 한두 가지 일을 반쯤 정도만 아는 것이 고작이다.

그런데 그는 이 모든 일에 따라 다른 사람들보다 훨씬 많은 욕구를 갖는다. 즉 배우고, 보고, 연구하고, 관찰하고, 연마하는 욕구이다. 따라서 그들은 자유로운 시간 여유를 가지려는 욕구를 갖는다. 그러나 마치 볼테르가

"참된 욕구가 있으면 참된 만족은 없다"라고 한 것처럼 참된 욕구를 갖는 것을 조건으로 하고, 다른 사람들(자연미와 예술미 및 모든 종류의 정신적인 창작이 주위에 쌓여 있어도, 그들에게는 다만 헤타이라(그리스의 여배우)에게 에워싸인 한 노인과 같은)에 대해서는 문이 닫혀 있는 여러 향락도 그에게는 개방되어 있다.

그는 자신의 개인적인 생활 외에 또다른 예지의 생활을 보내게 된다. 즉, 그에게는 점차 이것이 참된 목적이 되며, 다른 사람들에게는 기본적인 생활에서 오는 낡고 공허하고 때묻은 생존 자체가 목적이지만, 그에게는 수단에 불과한 것으로 간주된다. 그러므로 예지의 생활은 그를 자유롭게 움직이게 하며, 결국 견해와 인식에 따라 계속 커져 마치 제작 중에 있는 예술작품처럼 합해지고 부단히 상승되어 점차 원숙하게 되면서 완성된다.

이와 반대로 다른 사람들의 실생활은 단지 개인적인 쾌락만을 추구하여 깊이가 없다. 이런 생활은 참으로 가엾은 일이지만, 사람들은 그것을 자기의 독특한 목적으로 보고 있는데, 이것은 앞에서도 말한 바와 같이 예지가 있는 사람으로서는 단지 수단에 불과하다.

우리의 현실생활은 여러 정욕이 앞서지 않으면 권태롭고 무미건조한 것이지만, 정욕이 앞서면 그것이 곧 고통을 준다. 그러므로 우리의 분별력이 의지의 종이 될 때는 행복하기는커녕 언제나 고뇌가 따르게 되므로, 행복을 얻기 위해서는 반드시 보통 이상의 지력을 갖고 있어야 한다. 그렇게 되면 현실생활을 벗어난 지적인 생활이 시작되며, 전자의 경우처럼 고뇌가 따르지 않고 언제나 색다른 흥미와 즐거움으로 가득 차게 된다.

이와 같은 생활을 하기 위해서는 한가하여 지력이 잠시도 의지의 손에서 떠나서는 안 되며, 반드시 풍부한 지력이 필요하다. 이런 불변의 독립된 힘이 있어야만 의지를 떠나 순수한 정신을 활용할 수가 있다. 분명히 "지력 없이 주어진 시간 여유는 죽음이며, 살아 있는 인간의 무덤이다."(세네카《서간집》82)

그러나 여유가 많고 적음에 따라 현실생활과 동시에 누리게 되는 지적 생활에도 무수한 단계가 있는데, 그것은 단순한 곤충이나 조류, 광물, 화폐의 수집이나 시 창작과 철학의 가장 고귀한 작업에 이르기까지 다양하다. 이와 같은 지적 생활은, 권태에 대해서뿐만 아니라 그것이 타락시키는 결과에 대해서도 그 당사자를 보호하게 된다. 즉, 불량한 친구와의 교제에 대한 방파

제가 되고, 또 그 사람이 자기의 행복을 오직 현실 생활 속에서 구한다면 빠지기 쉬운 많은 위험과 불행 및 손실과 낭비도 막아준다.

가령, 나의 철학은 나에게 아무 이익도 가져다주지 않았지만, 많은 손실을 막아주는 역할을 했다.

일반 사람은 이와 반대로, 생활의 향락에 관해서 자기 이외의 사물, 즉 소유물, 신분, 아내와 자녀, 친구, 교제 등에 의지하도록 정해져 있어 그의 삶의 행복은 이런 것들로 유지된다. 그러므로 이것들을 잃거나 이것들에 기만이라도 당하면 그의 삶의 행복도 뒤집어지고 만다.

그의 중심이 자기 이외의 사물에 있기 때문에 그는 언제나 변화를 찾아, 여유가 되면 별장을 구입하거나 말을 사들이거나, 연회를 베풀거나, 여행을 하는 등 사치를 부리려고 할 것이다.

그는 정력이 소모된 사람이 진한 수프나 약품으로 건강과 양기를 기르려고 하는 것처럼 외부 세계에서 만족을 구하지만, 참된 원천은 자기의 생활력에 있다.

우리는 이야기를 극한으로 끌고 가는 폐단을 없애기 위해, 이들 곁에, 특히 뛰어난 소양을 지닌 것은 아니지만, 일반 사람의 기준보다는 나은 정신력을 가진 인물을 생각하지 않을 수 없다. 그 사람이 아마추어로서 미술을 공부하거나, 식물학, 광물학, 물리학, 천문학, 역사 등을 연구하면서 아무리 외적인 행복의 원천이 고갈되거나, 그를 재빨리 만족시켜 주지 않더라도 그는 이런 것들로 기운을 회복하며, 여기에서 향락의 주요 요소를 찾아내게 된다. 따라서 우리는 그의 중심이 이미 부분적으로 그 자신 속에 있게 되었다고 할 수 있다.

그러나 예술에서 아마추어는 참된 창작을 하기에는 아직 거리가 멀고, 또한 실용적인 과학은 표면적으로 나타나는 현재의 일에 치중하므로 그것만으로는 인간이 온전히 그 속에 몰입할 수 없다. 또 그의 존재가 남김없이 그런 것에서 충족될 수 있어 결국 그의 생존 자체가 다른 것에 대한 모든 미련까지 없앨 정도로 그것들과 친밀해질 수는 없다.

이런 일은 고귀한 정신의 절정에 있는 사람에게만 허용되어 있으므로, 이런 사람을 우리는 대개 천재라고 부른다. 요컨대 이 절정에 있는 사람만이 사물의 존재와 본질을 전체적으로, 또 절대적으로 자기의 주제로 삼는다. 그러므로 그는 이 존재와 본질을 자기의 개성적인 신념으로 깊이 파악하여 예술이나 시, 철학을 통하여 표현하려고 힘쓸 것이다. 따라서 이와 같은 종류의 인간만이 자신, 즉 그의 사유와 작품을 상대로 타자로부터 방해받지 않고 일을 하는 것을 절실히 요구하며, 고독을 기꺼이 받아들이고, 자유로운 시간을 최고의 보물로 하며, 다른 것은 없어도 된다. 아니, 있어도 대체로 거추장스러울 뿐이다.

그러므로 이런 사람에 대해서만 우리는 그의 중심이 자신 속에 있다고 할 수 있다. 이런 보기 드문 사람들이 뛰어난 성격을 갖고 있으면서도, 흔히 그렇듯이 친구나 가족이나 공동체 등에 대하여 세상에서 자주 볼 수 있는 친밀하고 깊은 관심을 보이지 않는 이유를 잘 알 수 있다. 그는 자신만 제대로 인식하면 모든 것을 체념할 수 있기 때문이다.

이런 사람들의 내부에는 자기를 고립시키는 요소가 다른 사람들보다 많으며, 다른 사람들에게서 결코 참된 만족을 느낄 수 없을 만큼 고립된 요소가 크게 작용한다. 그리고 그는 자기와 같은 것을 다른 사람들 속에서 찾아볼 수 없으며, 언제나 그는 이질적인 것을 사물과 사람들에게서 느낀다. 그렇기 때문에 사람들 사이에서 이방인 행세를 하고, 이들에 대해 생각할 때에도 제1인칭 복수(우리들)가 아니라 제3인칭 복수(그들)를 사용하는 데 익숙하여 자기를 더욱 고립시킨다.

이런 관점에서 보면, 자연이 지성을 풍부히 준 사람은 가장 행복하게 보인다. 뭐니 뭐니 해도 분명히 우리에게 주관적인 것은 객관적인 것보다 친밀하며, 객관적인 것의 작용은 그것이 어떤 종류의 것이건 간에 언제나 우선 주관적인 것에 의해 매개된다. 객관적인 것은 단지 부차적인 것에 불과하기 때문이다. 이것을 입증한 아름다운 시가 있다.

참된 보물은 마음속에 들어 있고,
그 밖의 것은 모두 노고의 씨앗으로 무익하다.

——루키아노스(AD 125~180, 그리스 시인)

이와 같이 내면이 풍부한 사람은 외부로부터 소극적인 선물, 즉 자유로운 시간 이외의 것은 원하지 않는다. 자유로운 시간은 정신적인 여러 가지 능력을 만들고 성장시켜 자기의 내면적인 보물을 즐길 수 있기 때문이다. 다시 말하면, 그의 일생을 통하여 날마다 매 순간마다 참으로 그 순간들이 자신의 것이 되기만을 원하는 것이다.

어떤 사람이 그 정신의 흔적을 인류에게 남기도록 되어 있다면, 그에게는 자기의 타고난 재능을 완전히 계발하여 자기 작품을 완성시킬 수 있느냐, 또는 그것이 방해받느냐 하는 단 하나의 행복과 불행이 있을 뿐이고, 그 밖의 것은 그에게 사소한 일이다. 우리는 모든 시대의 위대한 사상가들이 자유로운 시간에 지극히 높은 가치를 두고 있는 것을 보게 된다. 모든 사람들의 자유로운 시간은 그 본인과 같은 가치를 갖게 되기 때문이다.

아리스토텔레스는 《니코마코스 윤리학》 제10권 7장에서 "행복은 여유 있는 시간 속에 있다"라고 말하고, 디오게네스 라에르티오스($\binom{\text{BC 3세기경의 에피쿠}}{\text{로스학파의 철학자}}$)도 "소크라테스는 여유 있는 시간을 우리가 소유하는 것 중에서 가장 숭고한 것이라고 찬양했다"($\binom{《철학사》 제2권,}{5-21}$)라고 말하고 있다. 이것은 아리스토텔레스가, "철학적으로 사색하는 생활은 가장 행복한 생활이다"라고 《니코마코스 윤리학》 제10권 7~9장에서 단언하고 있는 것을 뒷받침하고 있다. 또한 그는 《정치학》 제4권 2장에서 "행복한 생활이란 활동에 방해를 받지 않고 일할 수 있는 생활이다"라고 말하고 있는데, 이것을 풀어서 번역하면 '어떤 종류의 것이든 자기의 탁월한 소질을 마음껏 발휘하는 것이 참된 행복이다'라는 이야기가 된다.

그러므로 이것은 괴테가 《빌헬름 마이스터의 수업시대》에서, "뛰어난 재능을 갖고 태어난 사람은 그 재능 속에서 자기의 가장 아름다운 존재를 찾아낸다"라고 한 말과 같다. 그러나 여유 있는 시간을 갖는다는 것은 보통 사람에게는 허용되지 않을 뿐더러, 평범한 천성을 타고난 사람과도 인연이 먼 것이다. 왜냐하면 그의 시간은 자기와 가족이 살아가는 데 필요한 것을 마련하는 데 소비하도록 자연에 따라 정해져 있기 때문이다.

그는 '가난'의 아들이지, 자유로운 예지의 아들이 아니다. 그러나 그에게는 여유 있는 시간이 여러모로 생겨난 목적, 즉 놀이나 심심풀이를 위한 오락이나 그 밖의 재미나 취미로 그 시간을 메울 만한 재력이 없으면, 그것이 오히려 무거운 짐이 되고 결국에는 비명을 지르게 될지도 모른다. 그리고 여유 있는 시간은 같은 이유로 그에게 위험하다. "여유 있는 시간에 평온한 마음을 갖기는 어려운 일이다"라는 격언은 당연한 말이다.

한편 견해를 달리해 보면, 보통 이상으로 뛰어난 지능은 부자연스러운 것이지만, 일단 그 지능을 소유한 사람의 행복을 위해서는 다른 사람에게는 거추장스럽고 때로 타락으로 이끌기도 하는 여유 있는 시간이 있어야 한다. 이것이 없으면 그는 멍에에 매인 천마(天馬)이며, 따라서 불행을 면하지 못할 것이다. 그러나 외적으로 여유 있는 시간과 내적인 지능이라는 양자가 손을 잡게 되면 커다란 행복을 가져온다. 그것은 어느 경우에나, 이처럼 우대를 받는 사람은 보다 풍족한 생활, 즉 인생의 고뇌가 비롯되는 가난과 권태라는 대조적인 원천, 더 상세히 말하자면 생존을 위해 불안한 일에 얽매이는 것과 아무것도 하지 않는 여유 있는 시간(이것이야말로 자유로운 생존 그 자체인)을 감당할 만한 능력이 있기 때문이다. 그래서 가난과 권태에서 벗어나지 못한 인간은 이 두 가지 재앙이 서로 조화되고 상쇄되는 데서 도피해야만 된다.

그러나 이 모든 일에 대하여 다른 방면에서 살펴보면, 위대한 정신은 신경의 작용을 많이 받기 때문에 여러 고통에 대하여 강한 감수성을 발휘한다. 그리고 그 근원인 동시에 반사작용이기도 한 열광적인 성질과 명석한 인식능력은 이로 인해 일어나게 된 모든 감정을 날카롭게 한다. 그런데 본래 인간은 쾌감보다는 불쾌감을 더 느끼게 마련이므로, 감정의 동요가 심할수록 불쾌감이 커진다. 그래서 천재는 그 소질이 뛰어날수록 자기 이외의 주위에서 찾아볼 수 있는 것은 적고, 보통 사람들에게 큰 즐거움을 주는 것일지라도 그에게는 시시해서 그들에게서 떠나 고독에 잠기게 된다. 그는 보통 사람들이 상상도 못할 행복과 쾌락을 느끼는 동시에, 한편 고독에서 오는 적막과 비애를 느끼게 된다. 이 경우에도 일반적으로 곳곳에서 통하고 있는 '상쇄의 법칙'이 힘을 갖고 있는 것으로 보인다. 왜냐하면 정신적으로 가장 어리석은 자가 결국은 제일 행복하다는 것을 되풀이해서(허세가 없는 것도 아니지만) 주장하게 되니 말이다.

그러나 아무도 그런 사람의 그와 같은 행복을 부러워하지는 않는다. 이에 대해 정확한 구별을 하려고 할 때, 소포클레스(BC 496~406. 그리스의 시인. 〈안티고네〉 〈아아크스〉등 7편의 시가 남아 있다) 역시 정반대되는 말을 하고 있다. 그래서 나는 독자들에게 최종결정을 맡기려고 한다.

행복의 첫째 조건은 역시 지혜이다.
　　　　　　　　　　　　　　　　——〈안티고네〉 1328

아무 생각 없이 사는 것이 가장 행복한 생활이다.
　　　　　　　　　　　　　　　　——〈아이아스〉 550

또한 구약성서의 철학자들은 견해가 일치하지 않는다.

어리석은 자의 삶은 죽음보다 더 비참하다.
　　　　　　　　　　　　　　　　——〈잠언〉 22장 12절

지혜가 많으면 고뇌가 많고, 지식이 더하면 우환이 많다.
　　　　　　　　　　　　　　　　——〈전도서〉 1장 18절

　이 경우에 아무래도 부연하지 않을 수 없는 것은, 지력이 보통 수준으로 아무런 정신적인 욕구도 갖고 있지 않은 사람은 본래 독일어에만 있는 고유한 표현으로 '필리스터(philister. 속물)'라 불린다. 이러한 표현은 대학생활에서 비롯되었다. 대학생은 자기를 무젠(뮤즈 학예의 신)의 아들이라고 부르고, 그것은 나중에 보다 숭고한 의미를 지니게 되었으나 옛날부터 사용해 오던 것과 비슷한 의미에서 시인을 '무젠존'이라고 부르게 되었으며, 이와 대립되는 의미에서 대학교육을 받지 않은 사람, 또는 시인이 아닌 사람을 이와 같이 '필리스터'라고 부른다. 왜냐하면 이런 사람은 세련되지 않은 사람이기 때문이다.
　우리는 '필리스터'의 정의를, '실재 아닌 실재를 대상으로 언제나 열심히 일하는 사람'이라고 말해도 좋을 것이다. 그러나 이와 같은 초경험적 정의는 이 논문에서 규정한 통속적인 입장에는 적용되지 않을 것이며, 아마 독자들에게도 충분히 이해되지 않을 것이다. 이와 반대로 처음에 내린 '정신적인 욕구를 전혀 갖고 있지 않은 사람'이라는 정의는 상세한 이야기를 할 때 한결 편리할 것이며, 또 사물의 본질, 즉 필리스터의 특징을 나타내는 모든 성질의 핵심을 잘 보여준다.
　다시 말하면 '필리스터'는 정신적인 욕구가 없는 인간이다. 여기서 여러 문제가 제기된다. 첫째는 그 사람 자신에 관한 일이며, 앞에서 지적한 '참된 욕구가 없으면 진정한 만족은 없다'는 원칙에 따라 그 사람은 정신적인 즐거움이 무엇인지 모르고 있다고 할 수 있다. 이런 사람의 생활은 지식이나 지혜를 갈망하는 데서 고무되는 일이 없으며, 더구나 이 갈망과 비슷한 미적인 갈망으로 활기를 얻게 되는 것도 아니다.

그러나 이와 같은 종류의 향락이 세상에 성행하거나 권력으로 강요하면 어떤 현상이 일어날까? 이것을 강압적인 고역으로 보고 되도록 재빨리 없애려고 할 것이다. 그들에게 실제의 향락은 관능적인 것뿐이며, 이것으로 그들은 그럭저럭 지탱해 나가고 있다. 그러므로 굴 조개를 먹거나 샴페인을 마시는 것이 그들에게는 최고의 생활이며, 육체적인 쾌락에 도움이 되는 것을 손에 넣는 것이 그들이 사는 목적이다. 이 목적을 위해 부지런히 돌아다니며 그것으로 충분히 행복할 수 있는 것이다. 그러나 그런 것이 미리 주어지면 그들은 필연적으로 권태에 빠진다. 그래서 이 권태에 대항하여 여러 가지 궁리를 한다. 무도회, 극장, 사교, 트럼프, 도박, 승마, 여색, 음주, 여행 등.

그러나 이 모든 것도 정신적인 욕구의 결핍이 정신적인 향락을 불가능하게 만들어 버릴 경우에는 권태에 충분히 대항할 수 없게 된다. 그러므로 필리스터에게는 동물의 고지식하고 아둔하고 무미건조하며 일종의 참고 견디어 나가는 진지함이 특징이 된다. 아무것도 그를 기쁘게 해주지 않으며, 아무것도 그를 흥분시켜 주지 않고, 아무것도 그의 관심을 불러일으키지 않는다. 요컨대 관능적인 향락은 곧 다 없어지게 마련이므로, 이런 세속적인 사람들로만 이루어진 친구들과의 교제는 마침내 권태에 사로잡혀 나중에는 트럼프에도 싫증이 나게 된다.

그래서 결국 그들에게는 나름의 허영심을 자극하는 향락만이 남게 된다. 이 향락은 재물이나 지위 또는 권력으로 남을 능가해 남들보다 존경받는 데서 이루어진다. 그렇지 않으면 적어도 같은 의미에서 뛰어난 사람들과 교제하여, 그들이 내뿜는 아름다운 빛 속에서 낮잠을 자는 데서 이루어진다(이것을 영어로 'a snob'이라고 한다. 윗사람에게 아첨하고 아랫사람에게 으스대는 속인을 가리킨다).

위에서 말한 속인들의 특성에서, 타인에 관한 그들의 태도를 살펴보기로 하자. 그들은 정신적인 욕구를 갖고 있지 않고 다만 물질적인 욕구를 갖고 있을 뿐이므로, 전자가 아니라 후자를 충족시켜 주는 지위에 있는 사람을 구하고 있다. 다른 사람들에게서 정신적인 것은 별로 요구하지 않는다. 오히려 정신적인 능력을 대하게 되면, 그것은 그들의 반항 의지라기보다 증오심을 자극할 것이다.

그들은 그때 열등의식에 사로잡힐 뿐더러, 정신적인 능력에 대해 보이지 않는 질투를 하게 된다. 그리고 이 질투를 교묘히 숨기려고 하기 때문에 때때로 이런 심정이 결국 마음속에서 분노를 키우기도 한다.

그렇게 되면 벌써 정신적인 면에서 상대방을 평가하여 경의를 표시하지 않고, 오히려 그를 평가하면서 주로 지위나 재물 또는 권력을 얻으려고 한다. 이런 것들이 그의 눈에는 유일한 참된 장점이며, 이 장점으로 우월감을 느끼기를 원한다. 왜냐하면 그가 정신적인 욕구를 갖고 있지 않은 인간이기 때문이다.

모든 세속적인 사람들의 고뇌는 관념적인 그에게는 아무 위안도 주지 않고, 권태에서 벗어나기 위해 언제나 현실에 있는 사물을 원하지 않을 수 없게 하는 데 있다. 현실적인 것은 한편으로는 곧 다 사라져 즐거움 대신에 피로를 가져다주며, 또 한편으로는 여러 가지 재앙을 초래한다. 관념적·이상적인 것은 이와 반대로 무궁무진할 뿐만 아니라, 그 자체에 죄도 해도 없다.

우리의 행복에 기여하는 개인적인 성질에 관한 관찰에서, 나는 우선 형이상학의 성질을 검토해 보았다. 그러나 거기서 도덕적인 우위가 어떻게 직접적으로 행복에 기여하는가에 대해서는, 전에 내가 쓴 도덕의 기초에 관한 현상 논문의 제22절 275쪽에 서술해 두었으니 참고하기 바란다.

3. 재산에 대하여

행복론의 위대한 교사인 에피쿠로스는 인간 욕구를 세 가지 항목으로 나누었는데, 이는 아주 뚜렷하고 적절한 구분이다.

첫째 항목은 자연적이고, 없어서는 안 될 욕구이다. 이것이 만족되지 못할 때에는 고통이 일어난다. 따라서 의식주가 이 항목에 포함되어 있고 만족되기가 쉬운 것이다. 둘째 항목은 자연적이기는 하지만 없어도 무방한 욕구로,

성욕이 바로 그것이다(라에르티오스의 보고서에는 에피쿠로스가 이에 대해 언급하지 않았다고 기록되어 있다. 그러나 나는 주로 그의 학설을 충분히 수정하고 정리하여 여기에 재현시켜 소개한다). 이것을 만족시키기는 약간 힘이 든다. 셋째 항목은 자연적인 것도 필수적인 것도 아닌 욕구다. 즉 사치, 낭비, 화려, 영달을 바라는 것으로, 이는 한이 없고 이것을 만족시키는 것은 아주 곤란하다(디오게네스 라에르티오스와 키케로 著《한계에 대해서》를 참고하라).

소유에 관한 우리들의 이성적 욕망의 한계를 규정하는 일은 불가능한 것은 아니나 힘든 일이다. 이 소유에 대한 사람들의 만족은 절대량이 아니라 상대적인 양, 즉 그의 욕구와 그 소유와의 관계에 의거하고 있기 때문이다. 그러므로 그 소유 하나만 떼놓고 보면 분모 없는 분수의 분자 같아서 아무런 의미도 없다. 어떤 사람은 그 재산을 가지고 싶어하지도 않고 없어도 무방하며 그것 없이도 만족해 할 수 있다. 그렇지만 그보다 백 배나 많은 것을 소유하고 있는 다른 사람은 그가 바라는 하나만이라도 가지지 못하면 그 때문에 불행하다고 느낀다. 이 점에 있어서 사람은 각기 가능한 한 도달할 수 있는 수평선을 가지고 있다. 각자의 욕구는 이 범위 내에서 움직인다. 이 한계 내부에 가지기를 원하는 어떤 대상이 있고 이것을 획득할 희망이 있으면 행복을 느끼지만, 어떤 장애로 이 희망이 박탈당하면 사람은 불행함을 느낀다. 그러나 이 한계 밖에 있는 것은 사람에게 전혀 작용하지 않기 때문에 부자의 많은 재산도 가난한 사람을 괴롭히지 않는다. 다른 한편으로 부자도 가지고 싶은 것이 있을 때에는 그가 이미 소유하고 있는 많은 것을 통해 위로받지 못하는 것이다(부귀는 바닷물과 같아서 마시면 마실수록 갈증을 더 느낀다. 명성도 마찬가지다).

재산과 안녕이 사라지고 최초의 고통도 극복하게 되면, 그 후에는 우리의 기분도 이전으로 돌아가는데, 이는 운명이 우리의 소유량을 적게 했기 때문에 우리도 역시 스스로 자기 욕망의 양을 적게 하기 때문이다. 불행한 경우에 처한 상태에서 참으로 고통스러운 것은 자기의 욕구를 줄이는 것이다. 그러나 일단 욕구를 줄이면 아픔도 점점 적어져서, 마지막에는 전혀 아픔을 느끼지 않게 되어 상처도 아물어 버린다.

그와 반대로 행복한 경우에는 우리 욕망의 압축기가 튀어오름과 동시에 욕구가 확대된다. 이때 기쁨을 느낀다. 허나 기쁨은 그 작업이 끝나면 없어져 더 지속되지 않는다. 욕망의 확대된 척도에 익숙해지면, 우리는 그에 상응하는 소유에는 관심이 없게 된다. 이 진리를 호메로스의 《오디세이》는 다음과 같이 말하고 있다.

> 신들이 인간에게 행복과 아리따운 청춘을 주는 한,
> 인간은 반항하고 자기에겐 불행이 절대 오지 않는다고 망상한다.
> 그러나 거룩한 신들이 인간을 징계하려고 시련을 주면,
> 그는 이 괴로움을 초조와 절망을 갖고 참는다. 그것은 신이 하늘에서 우리에게 보내 주는 나날이 변하듯,
> 대지에 사는 사람들의 마음도 변하기 때문이다.

우리 불만의 원천은 욕망의 양을 크게 하려고 되풀이해도 그것을 방해하는 다른 것이 움직이지 않고 버티고 있는 데 있다.

인간처럼 이토록 가난하고 갖은 욕구로 이루어져 있는 종족에게는 재산이 무엇보다 존중되고 숭배되며, 권력마저 재산을 만드는 수단이라 생각되어도 이상할 게 없다. 돈을 벌기 위해선 다른 모든 것이 제쳐지고 묵살되어도 놀랄 것이 없다. 예를 들면 철학 교수가 철학을 도매금으로 팔아넘기는 판이다.

사람의 소망이 오로지 돈에만 향해 있고 다른 무엇보다 돈을 사랑하면, 사람들은 흔히 비난을 받는다. 그러나 지칠 줄 모르는 프로테우스처럼 그토록 변하기 쉬운 소망과 갖가지 욕구의 대상도 돈이면 만족되는 것이니, 이 돈을 우리가 좋아하는 것은 당연한 일이며 불가피한 일이다. 즉 다른 재산은 단지 한 가지 소망, 한 가지 욕구를 만족시키는 데 불과하기 때문이다. 음식은 배가 고픈 사람에게만, 포도주는 건강한 사람에게만, 약은 병자에게만, 가죽은 겨울에만, 여자는 젊은이에게만 좋은 것처럼, 이 모든 것들은 단지 '일정한 목적을 위한 재산'이다. 즉 상대적으로 좋은 것이다. 그러나 돈은 절대적인 보배로서 단 한 가지의 욕망에 대해 구체적으로 충족시켜 줄 뿐만 아니라 모든 욕구를 충족시켜 준다.

현재 가지고 있는 재산은 일어날 수 있는 많은 재난이나 불행에 대한 방비책으로 보아야지, 이 세상의 향락을 얻기 위한 것이거나 즐거움을 누릴 의무

가 있는 것이라고 생각해서는 안 된다. 집에서 물려받은 재산이 없는 사람은 그것이 어떤 종류의 것이든지 간에 자신의 재능으로 많은 돈을 벌게 되면, 자신의 재능은 영속적인 자본이고 그 재능으로 획득된 것은 이자라는 망상에 빠지기 쉽다. 그래서 그들은 획득된 것의 일부를 고정 자본을 축적하기 위해 저축하지 않고 버는 대로 쓰는 것이다. 그러나 그의 재능 자체가, 예를 들면 대개의 미술가들이 그런 것처럼 일시적인 것으로 다 써 버리거나, 또는 그들의 재능이 특별한 경우나 호경기 아래서만 통용되어서 그 사정이 끝나면 돈벌이가 정지되어 대개 빈곤에 빠지고 만다. 그러나 수공업자는 앞에 말한 것처럼 계속해서 견디어 나갈 것이다.

왜냐하면 그들의 일에 대한 재능은 쉽사리 사라지는 것이 아니며, 직공들의 손을 빌려 보충되기도 하고, 그들의 제품은 사람들의 욕구의 대상품으로서 언제나 판로를 발견할 수 있기 때문이다. 그러므로 '수공업자는 황금의 모체를 가지고 있다'는 격언은 옳은 말이다. 그러나 예술가나 각종 대가들에게는 그렇지 않다. 그 때문에 그들의 작품은 비싼 값으로 팔린다. 그들이 획득하는 것은 자기의 자본이 되어야 하는데, 그들은 그것을 잘못 생각하여 이자로 보기 때문에 어쩔 수 없이 파멸하고 만다.

이와는 반대로 재산을 상속받아 가지고 있는 사람은 적어도 어느 것이 자본이요, 어느 것이 이자인지를 올바로 알고 있기 때문에 자본을 안전하게 확보하려고 어떤 경우에도 그것에 손을 대지 않는다. 가능하면 적어도 이자의 8분의 1을 앞으로 다가올 불경기에 대비하여 따로 둔다. 그래서 그들은 대개 계속 부유하게 살아간다. 상인들에게는 이 말이 모두 들어맞는다고 할 수는 없다. 상인에게는 금전 그 자체가 다음 벌이를 위한 수단으로서 마치 공작 기계와 같은 것이므로, 그들은 금전을 스스로 얻었을 경우에도 그것을 이용하여 보존하려 하고 증식시키려고 한다. 때문에 어떤 계급에 속하는 사람이라도 상인 계급만큼 재산이 확고한 자리를 차지할 수는 없다.

그러나 일반적으로는 과거에 실제로 가난과 부족으로 고생한 경험이 있는 사람들은 이런 고생을 그저 뜬소문으로 알고 있는 사람들과 비교가 안 될 정도로 고생을 무서워하지 않고, 그래서 한층 더 낭비하기가 쉽다. 혹 어떤 종류의 행운에 의해서나 어떤 특수한 재능으로 비교적 빨리 빈곤에서 헤어나 부유해진 사람이라도, 대개는 이 전자의 예에 속한다. 이와 반대로 부유한 상태로 태어나 부유한 가운데 산 다른 사람들은 보통 빈곤했던 사람과 비교해 보면 보다 더 미래를 고려하고 그 때문에 한층 경제적이다. 이런 것을 보아 멀리서 쳐다보는 사람이 생각하는 것처럼 가난이 그렇게 나쁜 것도 아니라고 할 수 있다. 그러나 이렇게 말할 수 있는 진정한 이유는 오히려 다음과 같은 것이 아닐까. 즉 물려받은 재산이 있는 집에 태어난 사람에게는 재산은 없어서는 안 되는 것, 공기처럼 이것만이 생활을 생활답게 하게 하는 요소라고 생각하는 결과, 그는 재산을 자신의 생명같이 지키고, 따라서 질서를 사랑하고 조심성 있게 절약한다. 이와 달리 나면서부터 가난한 사람은 빈곤이 자연스러운 상태라고 생각하고 있으므로, 그 후 어떤 방법으로 우연히 손에 재산이 들어와도 단지 향락과 낭비에 필요한 여분의 것으로 여기게 된다. 그래서 재산이 다시 없어졌을 때에도 여전히 돈 없이 살아갈 수 있으며, 재산에 대한 근심에서 벗어나 다행이라고 생각하는 것이다. 이는 셰익스피어가 말한 '말을 탄 거지는 말이 죽을 때까지 달린다'(《헨리 6세》 제3부 제1막 제4장)는 격언이 확실하게 증명한다.

그런 사람들은 절반은 운명에 대해서, 또 절반은 자신을 가난에서 구해 준 자기의 수완에 대해 견고하고 과대한 자신감을 머릿속뿐만 아니라 마음속에 지니고 있기 때문에, 부유하게 태어난 사람과는 달리 가난의 깊이가 끝없다는 것을 개의치도 않고, 오히려 밑바닥에 부딪치면 되떠올라 오리라고 생각한다. 이런 인간의 특성에서, 처녀 시절에 가난했던 여성이 많은 지참금을 가지고 시집 온 여자와 비교해 볼 때, 가끔 심할 정도로 요구가 많고 낭비벽이 강하다고 할 수 있다. 대개의 경우 부잣집 딸은 재산을 가지고 왔을 뿐만 아니라 가난한 집 딸보다 재산의 유지에 대해서도 훨씬 많은 노력, 아니 유전적 본능도 가지고 온다. 누구든지 내 말에 반대하고자 하는 사람은 그 논거를 아리오스토의 첫 풍자시 속에서 찾아 내면 된다. 그러나 존슨 박사는 내 의견과 같다. '부잣집에서 태어난 여성은 돈을 취급하는 법에 익숙해 있어 현명하게 쓰지만, 결혼한 뒤에 비로소 돈을 자유롭게 쓰게 된 여성은 쓰는 데만 만족을 느끼게 되어 터무니없이 낭비하게 된다.' 어떤 경우에나 나는 가난한 집 딸과 결혼한 사람에게는 그 아내에게 이자만을 상속시키고, 특히 아이들의 재산이 그녀의 손에 들어가지 않도록 조심하라고 권고해 두고 싶다.

여기서 나는 나중에 번 재산과 상속받은 재산의 유지에 대한 주의를 권고

했지만, 부적당한 말을 썼다고 생각하지는 않는다. 왜냐하면 나면서부터 많은 것을 소유하고 있다는 것, 비록 나 개인에 대해서만이고 가족을 계산에 넣지 않는다 해도 진정으로 독립해 있어서 일하지 않고 편히 살 수 있다는 것이야말로 이루 비길 데 없는 특전이요, 인생에 붙어다니는 가난과 괴로움으로부터의 의무 면제이며, '대지의 아들'인 자연적 운명인 일반의 강제노동으로부터 해방되는 것이기 때문이다.

　이러한 운명의 은총 아래서만 사람은 진정한 자유인으로 태어났다고 할 수 있다. 그래야만 사람은 진정으로 자기의 시간과 힘의 주인이며, 매일 아침 '오늘은 내 것이다'라고 말할 수가 있다. 그러므로 천 탈레르(금화)의 연금을 받는 사람과 십만 탈레르를 받는 사람과의 차이는, 천 탈레르를 받는 사람과 아무것도 못 가진 사람과의 차이와 비교하면 훨씬 적은 것이다. 나면서부터 지닌 재산은 가장 고귀한 정신력이 부여되어 있어서 영리에 흐르지 않으려고 노력하는 사람의 손에 들어가서만이 그 최고의 가치를 발휘할 수가 있다. 그런 사람은 운명에게서 이중의 혜택을 받은 것이 되고, 그제야 천재에 알맞은 생활을 할 수가 있다. 그래서 그는 딴 사람이 도저히 수행할 수 없었던 일을 해내고, 인류 전체에 이익이 되고 다시 인류 전체의 명예가 될 것을 창조함으로써, 인류에게 그가 입은 바를 백 배로 불려서 환원하게 되는 것이다. 또 어떤 사람은 그런 혜택받은 상황을 이용하여 자선 사업을 해서 인류에 공헌할 수도 있을 것이다. 하지만 어떤 학문을 철저하게 연구해서 학문을 발전시킬 수 있는 가능성을 개척하려는 일을 한 번도 해보지 않거나 또는 시험적으로 어느 정도라도 해 보지 않은 사람이 있다면, 이런 사람은 부모에게서 물려받은 재산이 있으면서도 불쌍한 게으름뱅이라고 할 수 있다. 이런 사람은 행복할 수 없다. 이런 자는 가난에서 벗어남과 동시에 불행의 다른 극단인 권태에 빠져 버리고 만다. 거기서 권태가 그를 괴롭힐 것이다. 오히려 가난해서 그가 일을 해야 했다면 훨씬 행복했을 정도로 말이다. 이 권태는 자칫하면 그를 극단으로 달리게 하여 이런 사람에게 어울리지 않는 특권인 재산을 빼앗아 간다. 실제로 수많은 사람들이 그를 억누르는 권태를 일시적으로나마 가볍게 하려고 돈이 있으면 지출해 버리고, 그 때문에 빈곤하게 된다.

　그렇지만 관리가 되어 출세하려는 것이 목적이라면 사정은 완전히 달라진다. 그렇게 되려면 호의, 친구 그리고 연고를 얻어 계급에서 계급에로 가장 높은 지위에까지 올라가야 한다. 이런 경우 전혀 돈 한 푼 없이 세상에 나서는 것이 결국에 가서는 차라리 낫다고 할 수도 있다. 특히 귀족 출신이 아니라 약간의 재능이 있는 사람에게는, 알거지인 것이 그 청빈으로 인해 참으로 이득을 가져오기도 하고, 그것이 바람직하기도 하다. 대체로 모든 사람이 찾고 좋아하는 것은 그 자신보다 상대가 열등한 것이기 때문이다.

이것은 단순한 오락에서도 그렇거니와 근무에 있어서는 더욱 그러하다. 알거지 신세는 어느 모로 보나 확연하고 철저한 열등감과 무의미함과 무가치함을 스스로 인정하고 권력이 요구하는 정도를 쉽게 이행할 수 있다. 그런 사람은 항상 변함없이 되풀이해서 지칠 지경으로 허리를 굽히는데, 그 인사로 말하면 족히 90도는 숙이는 것이다. 그 사람은 항상 참고 항상 웃는 얼굴이다. 그 사람은 자기 공로가 전혀 무가치하다는 것을 인정한다. 그 사람은 그의 상관이나 다른 세력가들의 문학적 졸작을 걸작이라 말하고 공공연히 큰소리로 또는 대문자 인쇄로 찬양한다. 그는 구걸을 하여 얻을 수 있는 기술을 습득하고 있다. 따라서 이들만이 괴테가 다음 글로 말한 것을 우리에게 확실하게 해 준다.

비천함은
아무도 한탄할 것이 못 된다.
누가 너에게 그것을 일러 주더라도
그것이야말로 강점이다.

——《서동시집》

이와는 반대로 나면서부터 살기에 족하도록 가지고 있는 사람은 대개 버릇없이 행동한다. 그는 머리를 쳐들고 걷는 것이 습관이 되어 앞에 말한 기술은 전혀 습득하지 않았다. 게다가 그는 자기의 뛰어난 재능을 믿고 학문을 연구하게 되면서, 세상의 세력 있는 무리들이 평범하고 비열하다는 것을 곧 깨닫고, 자기의 재능이 세상에서 용납되지 않음을 알게 된다. 그래서 상관들에게 의분을 느끼며 불손한 태도를 취하게 된다. 이렇게 되면 세상에서 출세할 수는 없다. 결국 그는 교만한 볼테르가 "우리가 단지 이틀밖에 살지 못한다 해도 이 이틀을 아니꼬운 놈들에게 허리를 굽히며 지낼 수는 없다"고 말한 기분이 될지도 모른다. 덧붙여 말하면 서글프게도 세상에는 이 '아니꼬운 놈들'이 진력이 날 만큼 많이 있다.

 집에 소유한 것이 없으면 실천력도 방해받아
 높이 일어서기가 힘든 법이다.

 이 말은 세상 경륜에 익숙한 사람보다 예능에 뛰어난 경력을 가진 예술가에게 더 들어맞는다.
 나는 사람이 소유하고 있는 것 중에 아내와 아들을 고려에 넣지 않았는데, 아내가 있는 사람은 도리어 처자에게 소유당하게 마련이기 때문이다. 친구역시 이 계산에 넣지 않은 것은, 친구가 있는 사람은 그만큼 다른 친구의 소유물이 되게 마련이기 때문이다.

4. 명예에 대하여

 남의 견해, 즉 다른 사람들의 생각 속에 나타나는 우리의 존재는 그저 생각해 보아도 그것이 우리의 행복에 본질적인 것이 못 됨을 곧 알게 된다. 그러나 우리는 타고난 천성이 지닌 약점으로 인해서 일반적으로 그것을 너무높이 평가하고 있다. 그러므로 누구나 자기가 남에게 호감을 사고 있다는 낌새를 알아차리거나, 자기의 허영심을 자극해 주면 마음속으로 커다란 기쁨을 느낀다. 마치 고양이가 자기 등을 쓰다듬어 주면 목청을 꾸르륵거리는 것처럼, 칭찬을 들은 사람은(그의 헛된 자부심의 범위 내에 속하기만 하면, 그칭찬이 분명히 거짓말이라는 것을 알 수 있어도) 으레 달콤한 기쁨을 느끼게 마련이다.
 그리고 사람들은 참된 불행이나 행복, 다시 말해 지금까지 줄곧 이야기해온 그 두 원천이 실은 보잘것없었다는 것을 모르는 사람들이 보내는 갈채에 위로를 얻는다. 이와 반대로, 어떤 의미에서나 그 정도를 불문하고 조금이라도자기 허영심이 손상되거나 모욕받거나, 또는 무시당하거나 멸시를 받으면,

영락없이 격분하거나 때로는 커다란 비애를 느끼게 되는 것을 보면 놀라울 정도이다.

명예욕이라는 것이 사람들의 이와 같은 성질에서 비롯되고 있는 이상, 이 성질은 많은 사람들을 고상하게 하는 도덕의 대용품으로서 유용할 것이다. 그런데 이 성질은 인간의 참된 행복, 무엇보다도 행복에 없어서는 안 되는 마음의 평정과 자유의 확보에 이바지하기보다 오히려 이를 방해하는 경우가 많다.

그러므로 이 성질을 제한하여, 이런 것의 가치를 충분히 살펴보고 평가하여 남의 생각에 대해 방금 말한 바와 같은 예리한 감수성, 즉 남의 호의를 받을 경우나 괴로움을 당할 경우에도 그 감수성을 되도록 억제할 필요가 있다. 이 두 가지 경우는 자기가 아닌 것, 남의 견해의 노예가 되어 꼼짝 못하게 된다.

> 명예욕이 강한 자를 지배하는 것은
> 이렇듯 경솔하고 사소한 일이다.
>
> ——호라티우스 《서한집》 2의 1, 179

그러므로 자기 안에 자신을 위해 있는 것의 가치를 남들의 눈에 비친 데 불과한 것과 비교하여 정당하게 평가하는 것은, 우리가 행복해지는 데에 많은 기여를 하게 될 것이다.

전자에게는 우리가 자기 시간을 메우는 전부, 즉 우리가 살펴본 '인간의 자아'와 '인간의 소유'라는 두 가지가 전부 포함되어 있다. 왜냐하면 이 모든 것이 그 작용 영역을 갖는 곳이 바로 자기 의식이기 때문이다.

이와 반대로 우리가 남을 위해 있는 것의 장소는 자기가 아닌 것의 의식이다. 그것이 표상과 이에 따르는 개념이 되고, 우리는 표상 속에서 남의 의식 속에 나타나 그 개념이 표상에 적용되는 것이다. *

---

* 최고의 지위에 올라서 모든 영광과 호사와 권력을 가지고 위풍을 떨치던 사람들도 고백하게 될 것이다. '우리의 행복은 오로지 우리 자신 이외의 곳에 존재한다'라고. 이 행복이 있는 곳은 남의 두뇌다.

그래서 어떤 개념이 따르는 표상은 우리에게 직접 존재하는 것이 아니라 단지 간접적으로, 즉 우리에 대한 다른 사람들의 견해에 따라 결정된다. 그리고 남의 견해도 근원을 따지면, 그것이 어떤 존재(이로써 우리의 자아가 변할지도 모르는)에 영향을 주는 데서 겨우 관찰될 뿐이다. 그 밖에 자기가 아닌 어떤 것에 일어나는 일은 우리가 대다수 사람들의 두뇌(그 사상이 천박하여 보잘것없으며, 개념이 좁고 정조(情操)가 비천하며, 견해가 변덕스럽고 오류를 많이 범하는 등)를 잘 알게 된다면, 그리고 사람들이 그를 두려워할 필요가 없고 그 비난이 본인의 귀에 들어가지 않으리라고 믿게 되면, 기회 있을 때마다 그를 얼마나 경멸할 것인가를 자신의 경험에서 배운다면, 특히 가장 위대한 인간에 대하여 어리석기 짝이 없는 자가 의젓한 어투로 평하는 것을 듣고 나면, 그런 것은 우리에게 아무래도 상관없다고 생각될 것이다. 그럼으로써 우리는 사람들의 비평에 큰 가치를 두는 사람은, 그들에게 지나친 경의를 표시하고 있다는 것을 알아차리게 된다.

어쨌든 자기의 행복을 이미 말한 첫 번째와 두 번째 표제에서 찾지 않고 이 세 번째 속에서, 다시 말해 참된 자아 속에서가 아니라 자기 아닌 남의 표상 속에서 찾는 사람은 믿음직스럽지 못한 것에 의존해 있다고 하겠다. 즉, 우리 존재의 터전, 따라서 행복의 토대는 우리의 동물적인 천성이다.

그러므로 우리의 복리를 위해서는 건강이 가장 본질적이며, 다음은 우리의 생명을 유지하기 위한 수단, 즉 생계를 걱정하지 않을 정도의 지출이다. 명예, 영광, 지위, 명성 같은 것은 사람들이 아무리 많은 가치를 인정하더라도, 앞에서 말한 본질적인 것과는 비교도 되지 않으며, 또 그 대용도 될 수 없다. 오히려 이런 것들은 경우에 따라 건강과 생명의 유지를 위해 아낌없이 내던져야 한다.

인간은 우선 자기 피부의 내부에서 살고 있으며, 남의 견해 속에서 살아가는 것이 아니라는 것, 따라서 건강, 기질, 능력, 수입, 처자, 친구, 집 등에서 오는 현실적이고 개인적인 처지는 남들이 우리에게서 끄집어내는 견해보다도 우리의 행복을 위해서 백 배나 더 중요하다는 단순한 견해에 빨리 도달한다면, 그야말로 우리의 행복에 이바지하는 바가 클 것이다.

이것에 반대하는 망상이 우리를 불행하게 만든다. '명예는 생명을 초월한다'고 핏대를 올리면서 외치는 것은, 자기의 생존이나 행복은 있으나마나 하고, 자기에 대한 제3자의 견해만이 가장 소중하다는 것을 의미한다. 아마도 이 말은 인간사회에서 우리의 출세와 오랜 생존에서의 명예, 즉 우리에 대한 남들의 견해가 가끔 필요하다는 평범한 진리에 근거를 둔 과장이라고 보아도 무방할 것이다. 이에 대해 나는 다시 상세히 이야기하려고 한다.

그런데 인간이 일생을 통하여 끊임없이 분발하고, 몇 번이나 모험과 고난을 거치면서 손에 넣기 위해 지칠 줄 모르고 노력하는 것이 바로 이 평가를 받으려는 것이다. 다시 말해서 관직이나 청호, 훈장뿐만 아니라, 재물이나 과학 및 예술까지도 결국은 그 때문에 힘을 기울이는 것으로, 다른 사람들로부터 더욱 큰 존경을 받으려는 것이 그 최종 목적임을 안다면, 이것은 유감스럽게도 인간이 얼마나 어리석은가를 보여 줄 뿐이다.

> 그대가 나는 것을 남이 몰라준다면,
> 그것이 무슨 가치가 있겠는가.
>
> ──페르시우스 《풍자시》 1의 27

다른 사람들의 견해를 너무 높이 평가하는 것은 흔히 볼 수 있는 망상이다. 이 망상이 우리의 천성에 뿌리박고 있거나, 또는 사회와 문명의 결과로 생긴 것이나 간에, 아무튼 이 망상은 우리의 행위에 큰 영향을 주고 우리의 행복에 나쁜 작용을 한다.

우리는 이 영향을 작게는 '남들이 그것을 뭐라고 말할 것인가?' 하고 두려워하는 노예적인 걱정들에서, 크게는 빌기리우스의 단검이 그 딸의 심장을 찌르게 하거나 (로마인으로, 입법자 크라우리우스가 자기 딸을 첩으로 삼으려고 하자, 딸의 정조와 명예를 건지기 위해 그의 단검으로 딸이 자살케 함), 사후의 명예를 위해 태연히 재물과 건강을 희생하거나, 나아가서는 생명까지도 내던지는 등, 인간을 잘못 인도하기에 이르는 흔적을 더듬어 볼 수 있다. 하긴 이 망상이 뭇 사람들을 지배하거나, 적어도 지도해야 하는 자에게는 좋은 미끼가 되므로, 인간을 복종하게 하는 여러 가지 방법으로 명예욕을 왕성하게 하는 것이 주요 과제로 되어 있다.

그러나 우리가 지금 여기서 문제 삼고 있는 인간의 행복이라는 관점에서 본다면 사정은 아주 다르다. 그리고 사람들에게 남의 견해를 너무 높이 평가하지 않도록 권고해야 한다. 그런데 일상적인 경험이 가르쳐 주는 바와 같이 우리는 남들의 견해를 중요시하고, 자기에 대한 남들의 평가는 중요하게 생각한다. 자신의 의식 속에 나타나 직접 자기를 위해 존재하는 것보다도 남들의 견해가 자기에게 더욱 중요한 역할을 한다고 여기기 때문에 자연적인 질서가 뒤집어진다. 자기에게 남의 견해가 자기 존재의 현실적인 한 부분이며 자기 자신의 것이 단지 관념적인 부분에 불과한 것으로 간주한다면, 다시 말해서 그들이 파생적인 것, 즉 부차적인 것을 중요시하여 남의 머릿속에 있는 자기 본체의 그림자에게 본체보다도 더 관심을 쏟는다면, 다시 말해 우리에게 직접적으로는 존재하지 않는 것을 이처럼 존중한다면, 이것이야말로 그 노력과 내용의 허망함을 표시하기 위해 말하는 어리석은 허영심이라고 하겠다. 위에서 말한 바와 같은 어리석음은 탐욕과 마찬가지로, 수단을 위해 목적을 저버린 것이다.

아닌 게 아니라 우리가 다른 사람들의 견해에 대하여 인정하는 가치와 이 견해에 대해 우리가 끊임없이 마음을 쓰는 것은 대체로 거의 모든 목적의 추구를 뛰어넘고 있으며, 일반적으로 널리 퍼져 있는 타고난 광기의 일종이 아닐까 의심스러울 정도이다.

우리가 행하는 모든 일에는 남들의 견해가 먼저 고려된다. 좀더 정확하게 검토해 보면, 우리가 일찍이 느낀 비애와 염려의 거의 절반은 남들의 견해에 대한 걱정에서 일어난 것임을 알 수 있다. 즉, 이 생각은 모두 병적으로 민감하기 때문에 때때로 크게 상처를 입은 자기감정과 허영심과 자부심, 그리고 호화로움과 허세에서 비롯된다.

이러한 다른 사람들의 생각에 대한 고려와 허영심이 없다면 오늘날의 사치는 거의 10분의 1로 줄어들 것이다. 모든 과시와 체면 및 영예는 그 종류와 범위도 다양하지만, 모두가 그 고려와 허영심에서 생긴 것이다.

그것들은 대체로 엄청난 희생을 요구하고 있다. 그것은 어린이에게도 찾아볼 수 있으며, 모든 연령층에 걸쳐서, 심지어는 만년에도 강하게 나타난다. 만년 무렵에는 관능적인 향락을 즐길 능력이 고갈되어, 허영심과 교만이 날로 탐욕과 결탁해 주권을 행사한다.

이런 경향이 가장 현저하게 나타나는 것은 프랑스인으로, 이는 하나의 풍토적인 현상이라고도 할 수 있으며, 때때로 몰염치한 명예욕, 가소로운 국민의 허영심 및 터무니없는 과장으로 나타난다.

그러므로 그들의 노력 자체가 허영에 차서 여러 국민들의 웃음거리가 되었으며, 이른바 '대국민'이라는 말이 모욕적인 대명사가 되었다. 지금 여기에, 남들의 견해에 대한 엄청난 배려가 불러오는 불합리한 점을 더 정확하게 설명하기 위해, 인간의 천성 속에 뿌리를 박고 있는 가장 큰 어리석음의 예, 다시 말해 환경과 거기에 어울리는 성격이 인상 깊은 효과를 거두는 보기 드물게 안성맞춤인 예를 하나 들어 보자. 이상한 동기로 일어난 강도 사건이다. 이 예는 1846년 3월 31일의 〈타임스〉지에 실려 있었다. 복수하기 위해 주인을 죽인 직공 토머스 윅스가 사형에 처해진 내용이 상세히 보고되었는데, 그 일부는 이러하다.

　처형이 확정된 날 아침에 성스러운 형무소 전속 사제보(司祭補)는 정해진 시간에 그의 옆으로 다가갔다. 윅스는 사제보의 훈계에 전혀 관심을 보이지 않고 태연스러운 태도를 취했다. 다만, 하나 그의 마음에 걸린 것은 자신의 수치스러운 최후를 지켜보는 대중 앞에서 어떻게 해서든지 담대한 태도를 과시하는 것이었다. 그런데 이것은 뜻대로 되었다. 형무소에 세워진 교수대를 향해 걸어가는 도중에 뜰 가운데를 지나가면서, 그는 "도드 박사가 말한 굉장한 비밀을 나는 곧 알게 되었다"고 말하면서 팔이 결박되어 있긴 했지만 유유히 교수대의 사다리를 밟고 올라갔다. 그는 교수대 위에서 구경꾼들을 돌아보고 경례를 했다. 이 경례로 그곳에 모인 군중들은 우레 같은 박수를 그에게 보냈다.

이것이야말로 무서운 죽음 그 뒤에 있는 영원을 목격하면서도 모여든 구경꾼들과 그들의 머리에 남겨 주는 인상 이외에는 아무 관심도 보이지 않은 명예욕의 훌륭한 표본이 아닌가! 마찬가지로 같은 해에 프랑스에서 국왕을 살해하려고 한 죄로 처형된 르콩트가 심문 도중에 가장 불쾌하게 느낀 것은 정장을 하고 상원에 나갈 수 없었던 일이다. 그는 처형 때에 수염을 말끔히 깎는 것이 허용되지 않아 몹시 화를 냈다.

이런 일은 옛날에도 마찬가지였다. 마테오 알레만(1547~1614, 스페인의 소설가)이 그의 유명한 작품 《구스만 데 알파라체》의 머리말에서, 현혹된 많은 범죄자들이 주로 자기 영혼의 구제를 위해 보내야 할 마지막 몇 시간을 교수대 위에서 낭독할 간단한 고별사를 짓고 이를 외는 데 허비한다고 말한 데서도 알아차릴 수 있다.

그런데 이와 같은 경향은 오늘날에도 얼마든지 찾아볼 수 있다. 무슨 일에서나 참된 실례는 그 사실을 입증한다. 우리의 모든 걱정이나 비애, 분노, 불안, 공포, 노력 등은 아마도 그 대부분이 본래 남들의 견해에서 비롯되지만, 그것은 모두 저 사형수의 경우와 마찬가지로 도리에서 벗어나는 일이며, 또 이에 못지않게 우리의 질투나 증오는 거의 다 위에서 말한 근거에서 비롯된다.

우리의 행복은 주로 안정된 기분과 흐뭇한 만족감에서 비롯된다. 그러므로 타인 중심의 허영심을 누르고 감소시키는 것이 행복을 증진시키는 중요한 방법이다. 이 허영심을 철저히 줄이면 아마도 50분의 1 정도로 줄어들 것이다. 그럼으로써 그만큼 자기를 괴롭히는 가시를 몸에서 뽑아 버리게 되겠지만, 그것은 결코 쉬운 일이 아니다. 선천적인 병폐와 관계되는 것을 없앤다는 것은 쉽지 않다.

타키투스(55~120, 이탈리아의 역사가)는, "현자도 더러운 명예욕에서 좀처럼 벗어나지 못한다"(역사 제4권 6장 참조)라고 했다. 이 일반적인 어리석음에서 벗어나기 위해서는 그 어리석음을 어리석음으로 인식하고, 이 목적을 위해서는 인간의 머릿속에 있는 의견의 대부분이 얼마나 잘못되고 이치에 어긋난 망상이며, 또 얼마나 터무니없는 것인가를 알아야 한다.

그러므로 그 견해는 전혀 거들떠볼 가치가 없다. 남의 견해가 우리에게 참된 영향을 주는 일이 실제로 적고, 또 그 대부분은 호의가 없다. 거의 모든 사람들이 자신에 관하여 말하는 것을 모조리 듣거나, 자기에 관하여 어떤 어투로 이야기하는지 듣는다면, 화가 치밀어 어쩔 줄 모를 것이라는 사실을 알아야 한다. 그뿐만 아니라 명예 자체도 다만 간접적으로 가치를 갖고 있을 뿐이며, 직접적인 가치를 갖고 있지 않다는 것을 잊어서는 안 된다. 이와 같이 하는 것이 그 어리석음에서 벗어나는 유일한 수단이 된다. 명예에 관한 일반적인 어리석음에 대해 이와 같이 슬기롭게 다시 생각해 보면, 마음의 평정을 얻어 한결 유쾌해지는 동시에, 더욱 견실하고 분명한 행동과 의젓하고 자연스러운 태도를 취하게 될 것이다.

은둔 생활이 우리 마음에 미치는 유익한 영향은, 이와 같은 생활이 남들의 눈에 보이는 생활과, 남들이 가질지도 모르는 인상을 염두에 두어야 하는 데에서 우리를 해방시키고, 이로 인해 우리를 우리 자신으로 돌아오게 하는 데 있다. 마찬가지로 순수한 관념적 노력은 치명적인 어리석음이 우리를 이끌고 가는 허다한 불행에서 벗어나게 할 수 있을 것이며, 견실한 것에 대해 보다 많은 주의를 기울이는 것도 가능하게 해주고, 그 진정한 맛을 더욱 잘 음미하게 할 수 있을 것이다. 그러나 세상에서 흔히 말하는 것처럼, "좋은 일은 하기 어려운 것이다"라고 솔론은 말했다.

위에서 말한, 우리의 어리석음에서 주로 세 가지가 자라나게 된다. 즉 명예욕, 허영심, 자존심이 그것이다. 뒤의 두 가지의 차이는, 자존심은 어느 각도에서 본 자기의 우월한 가치에 관하여 이미 확립된 신념이지만, 이와는 달리 허영심은 남들의 마음속에 이와 같은 신념을 불러일으키려는 것으로, 대체로 남들의 신념을 자기의 신념으로 삼을 수 있다는 숨은 소망에서 온다. 또한 자존심은 내부에서 우러나는 직접적인 자기 존중이지만, 허영심은 이와 같은 존중을 외부로부터, 즉 간접으로 침묵을 지키게 한다. 그런데 허영심이 많은 사람은 그가 얻으려고 하는 남들이 보는 자신에 대한 좋은 인상이, 설사 자기에게 자랑거리가 있더라도 이것을 입 밖에 내기보다는 침묵을 지키는 편이 훨씬 남들에게 좋은 인상을 주어 존경을 받게 된다는 것을 알아야 한다. 자존심은 그것을 원하는 자에게는 없으며, 고작해야 그런 사람은 자존심이 있는 체할 뿐, 결국엔 들통이 나서 자존심을 구기게 된다. 즉, 우수한 재능과 독자적인 가치에 대한 내적인 확고한 신념만이 사람에게 참된 자존심을 갖게 하는 것이다. 그러나 이 확신도 잘못된 것일지도 모르며, 외면적이고 흔히 있는 장점에 불과한 경우도 있을 것이다. 어쨌든 확신이나 장점이 진실한 것이기만 하면 자존심을 손상하게 하지는 않을 것이다. 요컨대 자존심은 확신 위에 서 있는 것이므로, 모든 인식과 마찬가지로 우리가 생각하는 그대로 되지는 않는다.

자존심의 가장 큰 장애물이 되는 제일 고약한 적은 허영심이다. 허영심이란 처음부터 남들의 갈채 속에서 허세를 부리려고 하기 때문에 남들에게 아첨하게 되는데, 스스로 확신을 갖고 자기를 높이 평가하여 양보하지 않는 것이야말로 자존심의 전제 조건이 되는 것이다.

그런데 자존심은 자칫하면 거만하다고 비난을 받거나, 야유를 받는 수도 있다. 이런 일은 주로 자랑거리를 전혀 갖고 있지 않은 사람들이 당하게 된다고 생각된다. 거의 모든 사람들에게서 찾아 볼 수 있는 몰염치에 대항하기 위해 어떤 장점을 갖고 있는 사람들은, 이 장점을 잊지 않기 위해 자랑까지는 하지 않더라도 염두에 두는 게 좋다. 그러면 저들은 당연한 것으로 간주해 버리고 만다. 그러므로 나는 그 장점이 고귀한 것에 속하는 사람들, 즉 진실하고 순결한 인격에서 우러나는 장점을 갖고 있는 사람들에게 위에서 말한 것을 명심하기를 바라고 싶다. 최고의 인격적인 우월은 훈장이나 칭호와는 달라서, 언제나 감각적인 작용으로 제3자에게 보여 줄 수 있으므로 그 당사자는 진지한 태도를 취해야 한다. 그렇게 하지 않으면 미네르바의 신〔賢者〕에게 돼지〔愚者〕가 선교하는 꼴을 보게 된다. 아라비아의 속담에, "노예에게 농담을 걸면, 그는 그대에게 금세 꼬리를 칠 것이다"라는 말이 있지만, "그대의 공로로 얻은 것이라면 자랑하라"고 한 호라티우스의 말은 부정할 수 없다.

그러므로 흔히 찬양되는 '겸양의 미덕'은 사실 대부분의 소인들이 자기네 편의를 위해 내세우는 것으로, 자기를 낮추어 이런 무리들과 동등한 자가 되는 것이 겸손이고 보면 모든 인간을 같은 계열로 생각하는 데는 편리하겠지만, 그렇게 되면 세상은 완전히 소인들의 독무대가 되어 버린다.

그런데 자존심 중에서 가장 값싼 것은 국민적인 자존심이다. 왜냐하면 이 자존심에 사로잡힌 사람에게는, 자기가 내세울 만한 개인적인 특질이 없다는 것을 무의식중에 폭로하고 있기 때문이다. 그러므로 국민적인 자존심은 수백만 사람들의 공동소유로 되어있는 것이 아니겠는가. 가치 있는 인간적인 장점을 갖춘 자는 자기 나라 국민의 단점을 언제나 분명히 인식하게 마련이지만, 스스로 자랑할 만한 것이 전혀 없는 불쌍하고 어리석은 자들은 자기가 속한 국민성을 자랑하는 최후 수단을 취한다. 그리고 그는 이것으로 생기를 얻는다. 그러면서 그 국민의 단점이나 어리석음을 두둔하는 것이다. 그러므로 가령 영국 국민의 어리석은 품격을 떨어뜨리는 굳어버린 맹신에 대하여 비평과 비난을 한다면, 영국 사람 50명 가운데 한 사람밖에 찬성하는 자를 발견하지 못할 것이다. 그러나 이 한 사람이야말로 뛰어난 인물이라고 할 수 있다.

독일인들은 국민적인 자존심에 얽매어 있지 않다. 다른 나라 사람들로부터 국민성에 거짓이나 허식이 없다는 말을 듣는 것은, 자기 나라 자랑을 하는 병에 걸려 있지 않기 때문이다. 그런데 근래에 독일당과 민주당이 생기면서 국민들에게 아부하며 가소로운 방법으로 국민적인 자부심을 고취시키고 있는데, 이런 무리들은 예외에 속한다. 하긴 독일 사람이 화약을 발명했다고 하지만, 나는 이런 견해에 찬성할 수 없다. 리히텐베르크(1742~1799, 독일의 물리학자이며, 괴팅겐 대학의 교수)는 다음과 같이 말했다.

독일인이 아닌 자가 국적을 속이려고 할 때에는 대체로 프랑스인이나 영국인이라고 말하고, 좀처럼 독일인이라고 하지 않는 것은 어찌된 일인가?

아무튼 인간의 개성은 국민성보다도 훨씬 중요하며, 어떤 인간을 대할 때에 개성은 국민성에 비하여 천 배나 더 중요시할 만한 가치가 있다.

국민성이란 다수에 대하여 말하는 것이므로, 솔직히 말해서 명예로운 일이라고 해서 칭찬할 만한 것은 그리 많지 않을 것이다. 오히려 인간의 편협함, 불합리, 흉악함이야말로 여러 나라에서 다양한 형태로 나타나는 것으로, 이것을 가리켜 국민성이라고 한다. 우리는 이것들 가운데서 어느 하나로 혐오감을 느껴 다른 것을 칭찬하지만, 곧 이에 관해서도 마찬가지로 혐오하게 된다. 각 국민들은 서로 다른 국민을 비웃는데, 이것은 일리가 있다.

이 장(章)에서 논하는 대상, 즉 우리가 세상에 표상하는 것, 다시 말해서 다른 사람들의 눈 속에 비치고 있는 것은, 이미 말한 바와 같이 명예와 지위 및 명성으로 나눠서 생각할 수 있다.

지위는 대중이나 속인의 눈에는 매우 중요한 것으로 국가의 운영에도 효과가 크지만, 우리의 목적인 행복의 요건으로는 몇 마디 말로 간단히 마무리를 지을 수 있다.

그것은 인습적인, 다시 말하면 사실은 외형적인 가치다. 그 작용은 표면상의 존경이요, 일반 대중에 대한 희극임에 틀림없다. 훈장은 대중의 견해에 영합하는 수표로, 그 가치는 발행인의 신용 정도에 따라 다르다. 훈장이 금전으로 지불하는 보수의 대용으로서 국가를 위해 막대한 돈을 절약하는 방도의 하나라는 것에 대해 구태여 설명하지 않더라도, 높은 식견과 공정한 입장에서 주어진다면 이것은 목적에 부합되는 제도다. 왜냐하면 대중은 눈과 귀를 갖고 있지만, 그 이상의 것은 갖고 있지 않으며, 더구나 판단력에 이르면 피가 잘 돌지 않기 때문에 매우 둔하며, 기억력은 있는지 없는지조차 분간할 수 없을 정도다.

훈장에 대하여 그들은 대부분 이해하지 못하고 있다. 이해하노라고 해도 그것이 발표되었을 때 갈채를 보내는 것이 고작이고 곧 잊어버리고 만다. 나는 많은 대중을 향해 십자 훈장이나 성형(星形) 훈장으로 '이 사람은 당신들과 다르다. 그에게는 공로가 있다!' 하고 외치는 것이 필요하다고 생각한다. 그러나 공정하지 못하고 무비판적이며 정도를 지나친 훈장 수여는 그 가치를 잃어버리고 만다.

그러므로 왕후는 훈장을 줄 때, 상인이 수표에 도장을 찍을 때처럼 조심해야 한다. 십자 훈장의 명분인 '공적을 위해'라는 말은 부질없는 말이다. 모든 훈장은 '공적을 위해' 주어져야만 한다. 이것은 두말할 필요가 없다.

명예는 지위보다 설명하기가 훨씬 까다롭고 어려운 일이다. 무엇보다도 이에 대하여 정의를 내려야겠다.

'명예는 외적인 양심이며, 양심은 내적인 명예다' 하고 내가 말한다면, 대부분의 사람들은 찬성할 것이다. 그러나 이것으로는 의미가 통하는 근본적인 설명이 될 수 없으며, 다만 재치 있는 설명 정도에 그친다. 그래서 한 번 더 이를 고쳐 말하면, '명예는 객관적으로는 우리의 가치에 대한 남들의 견해며, 주관적으로는 그 견해에 대한 우리의 두려움이다'라고 할 수 있다. 이렇게 말하면 명예는 결코 순수하게 도덕적인 것은 아닐지라도 매우 효과적인 작용을 하게 된다. 하긴 이것은 명예로운 사람에 국한된 이야기지만 말이다.

명예와 치욕에 대한 깨끗한 인간 감정의 기반과 기원, 그리고 명예에 대하여 인정되고 있는 높은 가치의 기반과 기원은 다음과 같은 데 있다. 즉, 인간이 자기 혼자만으로 할 수 있는 일이란 매우 보잘것없으며, 이를테면 섬에 홀로 내던져진 로빈슨과 처지가 같다. 남들과 협동해야만 비로소 많은 일을 할 수 있다.

그의 의식이 어느 정도 발달하기 시작할 때, 이와 같은 관계를 자연스레 알 수 있다. 그리하여 사회의 일원, 다시 말해서 유능한 동료로서 공동생활을 하게 되어, 이 때문에 협동체의 이익에 참여할 자격이 있다는 인정을 받으려는 노력을 하게 된다.

그래서 어느 장소에 가나, 그는 처음에 모든 사람이 그에게 요구하고 또 기대하는 일을 해냄으로써 이와 같은 사회의 일원이 된다. 그러면서 그는 자기가 참된 자부심에서 이런 존재가 되는 것이 이때에 매우 중요한 것이 아니라, 남의 견해 속에서 그런 존재가 될 필요가 있다는 것을 알게 된다. 그래서 그는 남들에게 좋은 인상을 주려고 애쓰며, 또 남의 견해를 높이 평가하게 된다. 거의 일종의 본능이라고 할 수 있는 이와 같은 자발적인 태도가 명예심 또는 수치심이다. 이 감정은 자기에게 죄가 없다는 것을 알고 있을 경우에도 어떤 동기로 갑자기 남의 호의를 잃었거나, 일시적이나마 짊어진 의무 이행을 소홀히 한 것이 남에게 알려지면 곧 얼굴을 붉히는 것으로 우리에게 명예심이나 수치심이 있다는 것을 드러낸다.

그러나 한편 이 감정으로 다른 사람들에게 호감을 주었다는 확증을 얻게 되거나 호감을 주는 일이 되풀이되면, 삶에 대한 그의 의욕은 한결 커진다. 이런 확증은 역시 그에게 힘이 되어 인생의 재앙에 대해 자기 힘과는 비교도 되지 않는 큰 방어벽이 된다.

여러 가지 대인관계에서 타인이 그에게 신뢰감, 즉 호감을 갖는 관계에서 여러 종류의 명예가 생겨나게 된다. 이 관계는 우선 나와 너 사이에서 이루어지고, 다음에 서로 의무를 수행하게 되며, 가장 국한된 것으로는 성적 관계를 이룬다. 그래서 각자 개인으로서 명예와 관직의 명예 및 성적 명예로 구분되고, 이것이 다시 각각 몇 가지로 분류된다.

개인의 명예는 그 범위가 가장 넓다. 이것은 우리가 모든 종류의 권리를 어디까지나 존중하고, 사람들도 우리의 이익에 대하여 부정하며, 법률적으로 금지되는 수단을 취해서는 안 된다는 것이 기본적인 전제다. 이 명예를 지키는 것이 평화로운 사회생활을 해 나가는 유일한 조건이 된다. 그러므로 평화로운 사회생활에 크게 위배되는 행위를 한 번이라도 하게 되면, 여러 가지 형벌을 받는데, 단 그 형벌이 공정하게 실시된다는 전제 아래에서 자신이 가지고 있던 명예는 잃게 된다.

그리고 이 명예는 근본적으로 도덕적인 성격은 변하지 않는다는 신념에서 비롯된다. 이 성격의 불변성으로 단 한 번이라도 잘못된 행위를 하게 되면,

비슷한 여건에서는 앞으로의 행위도 같은 도덕적인 성격을 갖게 되리라는 것을 보장하게 된다. 이것은 영어의 '성격(character)'이라는 말이 명성이나 체면 또는 명예라는 뜻도 되는 것을 보아도 알 수 있다.

그러므로 잃어버린 명예는 중상이나 착각에서 비롯된 것이 아니라면 회복될 수 없다. 이로 인해 중상과 비방, 나아가서는 모욕에 대해서까지 법으로 다스리는 것이다. 즉, 모욕은 단순한 욕설이라 하더라도 일종의 중상이다. 이에 대해서는 '욕설은 단순한 중상이다'라는 그리스어가 잘 나타내준다. 이 말은 어떤 책에도 씌어 있지 않다. 물론 욕설을 퍼붓는 사람은 이 때문에 그가 타인에 대하여 어떤 사실도 밝히지 못하고 있다는 것을 스스로 보여 준다. 그렇지 않고, 만일 사실이나 진상을 제시할 수 있다면 그걸 전제로 제시하고, 최종 판단은 안심하고 청중에게 맡겨버린다. 그런데 대신 그는 결론만 내리고 전제는 빼 버린다. 그리고 그는 이렇게 하는 것이 재치 있는 간편한 방법이나 되는 양 알아주기를 기대하고 있는 것이다.

개인적인 명예는 결국 국민의 위치에서 얻은 것이지만, 그 효용은 모든 지위에 있는 사람들에게 적용되며, 최고의 지위에 있는 자라고 해서 제외될 수 없다. 어떤 사람도 개인적인 명예 없이는 살기 어렵고, 이는 누구에게나 진실한 일이므로 가볍게 생각해서는 안 된다. 일단 신임과 신용을 잃은 사람은 아무리 좋은 일을 해도, 또 그가 아무리 훌륭하게 되어도 영원히 믿지 못할 사람이 되어 버린다. 그러므로 그 쓰라린 결과는 반드시 나타나게 마련이다.

명예는 어떤 의미에서는 소극적인 성격을 갖고 있으며, 적극적인 성격을 갖는 명성과 대립된다. 명예는 개인이 지닌 뛰어난 성격으로 얻어지는 것이 아니라, 일반적으로 누구나 갖고 있어야 하는 성격, 다시 말해서 개인에게 반드시 필요하다고 인정되는 성격으로 얻게 된다. 명예는 일반적인 것을 나타내지만, 명성은 특수한 것을 나타낸다. 명성은 뛰어난 일인자로서 손에 넣어야 하지만 명예는 다만 잃지 않도록 조심하면 된다. 명성이 없다는 것은 세상에 알려져 있지 않다는 소극적인 결과를 가져온다. 하지만 명예가 없다는 것은 하나의 수치로서 적극적인 결과를 가져온다. 그러나 명예의 소극성을 수동성으로 잘못 생각해서는 안 되며, 오히려 명예는 매우 능동적인 성격을 갖고 있다고 보아야 한다. 명예는 주체성에서 출발한다. 그리고 그 주체성의 행위에서 비롯되는 것으로, 남의 행동이나 외부의 사정으로 얻어지는 것이 아니라 일종의 내적인 특성이다. 이것이 참된 명예와 기사적 명예 또는 가짜 명예와의 차이다. 명예에 관한 외부로부터의 공격은 오직 중상에 의한 것이며, 유일한 대항 수단은 중상을 공박하는 동시에, 이것을 적당한 방법으로 공개하여 중상하는 자의 정체를 폭로하는 일이다.

연장자를 존경하는 근거로 젊은 사람들의 명예는 다만 하나의 가정으로서 인정될 뿐이고, 아직 시험을 끝내지 않고 있어 일종의 신용에 불과하지만, 연장자의 명예는 지금까지 지내온 생애를 통하여 명예를 유지해 오고 있기 때문이다. 연장자라는 사실이나 풍부한 경험만으로는(경험이란 보다 상세한 사회의 지식이다) 도저히 이런 존경을 받을 만한 이유가 되지 못하며, 나이 많음이 그저 나이 많음에 그친다면 연장자는 심신이 쇠퇴했다는 이유로 젊은이들의 위로는 받을 수 있어도 존경을 받을 만한 가치는 없어진다. 그럼에도 백발에 대한 어떤 종류의 존경심이 인간에게는 선천적인 것, 또는 본능적인 것으로 되어 있는데, 이것은 참으로 이상한 일이다. 그런데 무엇보다도 분명히 늙었다는 증거가 되는 주름살이 결코 이런 존경심을 일으키지 않는 것도 이상한 일이며, 누구든지 '존경할 만한 주름살'이라고 하지 않고, 반드시 '존경할 만한 백발'이라고 말하는 것이 보통이다.

명예의 가치는 간접적인 것에 불과하다. 왜냐하면 이미 이 장(章) 처음에서 말한 바와 같이, 우리 자신에 대한 다른 사람의 견해는 그것이 우리에 대한 그들의 행위를 결정하거나 결정할 수 있을 경우에만 가치를 갖게 된다. 이것은 우리가 사람들과 함께, 또는 사람들 속에서 생활하는 데 가치가 있다. 요컨대 우리는 생명과 재산을 오직 사회 덕택에 안전하게 보장받는다. 또한 모든 기업이 타인을 필요로 하고, 타인도 우리와 협력하기 위해서는 우리에 대한 신뢰심을 가져야 하므로, 우리를 보는 그들의 견해는 언제나 간접적이기는 하지만 우리에게 높은 가치를 가진다.

그러나 나는 타인의 견해에서 그 이상의 직접적인 가치를 인정할 수는 없다. 이와 비슷한 말을 키케로도 하고 있다.

"좋은 평판에 대하여 크리시포스(BC 280~207, 그리스의 스토아 철학자)도 디오게네스와 마찬가지로 좋은 평판을 이용할 경우 이외에는 이것을 위해 손가락 하나도 움직여서는 안 된다고 말하고 있지만, 이런 견해에 나도 전적으로 동의한다."
(《전집》 제3권, 제17장)

마찬가지로 엘베시우스 $\binom{1715\sim1771,\ \text{프랑스의 철학자. 저서 《정신에 대하여》는}}{\text{유물론적·무신론적 경향 때문에 국회에서 소각을 당함}}$ 는 이 진리에 관한 상세한 해설을 그의 걸작 《정신에 대하여》$\binom{\text{제3권}}{13\text{장}}$ 에서 서술하고 있는데, 결론에서, "우리는 명예를 위해 명예를 사랑하지 않고, 주로 명예가 가져오는 효용 때문에 사랑한다"고 하였다. 그러나 수단은 목적 이상의 가치를 갖고 있는 것이 아니므로, "명예는 생명을 초월한다"는 말은 전에도 말한 것처럼 하나의 과장이다. 개인적인 명예에 대해서는 이 정도로 해 둔다.

직위에 있어서 명예는, 어떤 관직에 있는 사람이 거기에 필요한 여건을 실제로 소유하고 있어 모든 경우에 그 관직상의 의무를 잘 이행하고 있다는 남들의 일반적 견해에 근거를 두고 있다. 국가에서 어떤 사람이 차지한 임무의 범위가 넓고 중요할수록, 다시 말해 그의 지위가 높고 세도가 당당할수록 그를 그 지위에 적응시키기 위한 지적인 여러 가지 능력과 도덕적인 성격에 관한 평가가 더욱 중대해진다. 그러므로 그는 점점 큰 명예를 지니게 되며, 그 표시가 그에 대한 칭호나 훈장 등이다. 따라서 많은 사람들이 종속적인 위치에서 그를 받들게 된다.

이와 마찬가지 기준에 따라 일반적으로 계급도 명예의 정도를 결정한다. 물론 이 정도는 계급의 중요성을 인식하는 대중의 능력에 따라 좌우되지만, 사람들은 특수한 의무를 갖고 이를 수행하는 자에게는 일반 국민보다 많은 명예가 주어지는 것을 인정하는 것이 보통이다. 개인의 명예는 주로 소극적인 성질에서 비롯되기 때문이다.

직위에서의 명예는 관직을 갖고 있는 사람이 그 동료와 후계자들을 위해 직위 자체의 위엄을 지킬 것이 요구된다. 직위에 걸맞은 위엄은 그가 우선 의무를 착실히 수행하는 것과, 더욱이 그가 그 직위에 있는 한 관직 자체에 대하여, 또는 자신에 대한 여러 가지 공격, 다시 말해서 그가 그 직위를 잘 감당하지 못하거나, 직위 자체가 사람들의 이득이 되지 않는다는 뒷공론을 그대로 방치해 두지 않고 법률에 따른 징벌을 가하는 동시에, 이와 같은 공격의 부당함을 입증하는 데서 지켜지는 것이다.

직위에서의 명예 다음가는 것은 국가의 고용인, 의사, 변호사, 모든 공인된 교사, 그리고 대학 출신의 학사나 박사 학위 소지자, 요컨대 공식적인 통고로 정신적인 부류의 업무에 종사할 자격이 주어지고, 같은 이유에서 이 일을 맡고 있는 사람들의 명예다. 한마디로 모든 공적인 의무를 지닌 사람들의 명예다.

그러므로 여기에는 참된 군인의 명예도 포함된다. 이 명예는 조국을 방위하는 것을 의무로 알고 있는 사람이 이에 필요한 여러 가지 성질, 즉 무엇보다도 용기와 실력을 실제로 갖고 있으며, 죽기까지 조국을 방위하고 일단 서약한 군기를 무슨 일이든지 절대로 버리지 않고자 결의를 굳게 하는 데 있다. 나는 여기서 직위에서의 명예를 훨씬 넓은 의미로 보고 있다. 직위의 명예라면 보통 관직 자체에 대한 시민들의 존중을 의미한다.

성적인 명예를 이해하려면 여러 가지 원칙을 훨씬 상세히 검토할 것과 이여러 원칙을 근본적으로 확립하는 것이 필요하다. 이 두 가지를 검토함으로써 명예는 결국 공공의 이익을 위한 관심에서 비롯되었다는 것이 입증될 것이다.

성적 명예는 그 자연적인 성질에서 여자의 명예와 남자의 명예로 구분되지만, 양자에 대해 살펴보면 각각 잘 이해된 하나의 연대정신이다. 그리고 여자의 명예는 그중에서도 특히 중요하다. 왜냐하면 여자의 삶에서는 성적인 관계가 중요한 위치를 차지하기 때문이다.

여자의 명예는 처녀에게는 아직 한 사람의 남자와도 접촉이 없었다는 것, 아내에 대해서 말하면, 그녀와 결혼한 남편 이외에는 몸을 맡긴 일이 없다는 것이다. 이것은 다음과 같은 이유에서 중요성을 갖는다. 즉, 여성은 남성으로부터 모든 것, 그야말로 바라는 것과 필요한 것 모두를 기대하기 때문이라고 하겠다.

남자가 여자에게 우선적으로 그리고 직접적으로 기대하는 것은 오직 하나뿐이다. 그러므로 남성이 여성으로부터 그 유일한 것을 얻어내기 위해서는 여자가 바라고 기대하는 것에 대한 배려와, 남녀의 결합에서 생기는 자식에 대한 배려를 해야만 한다. 여기에 여성 전체의 복리가 달려 있다.

이 복리를 실현하기 위해서는 아무래도 여성이 일치해서 연대 정신을 발휘해야 한다. 그럼으로써 여성은 한 덩어리가 되어 공동의 적인 남성에게 대항한다.

남성은 본래 체력과 정신이 뛰어나 이 세상의 재물을 소유하고 있다. 그런데 남성의 소유를 매개로 하여 여성이 그 재물을 차지하기 위해서는 여성은 남성을 적으로 삼아 이를 정복해서 빼앗아야 한다. 이 싸움에서 종말에 이르기까지는, 남성에 대하여 결혼 전에 동침하는 것을 완강히 거절하는 것이 여성들에게 명예로운 원칙으로 되어 있다. 이 원칙에 따라 남성들은 여성에게 일종의 항복을 함으로써 결혼을 강요당하며, 결혼으로 모든 여성이 남자의 부양을 받게 된다.

이 목적에는 앞에서 말한 원칙이 엄격히 준수되어야만 도달할 수 있다. 그러므로 모든 여성은 참된 연대 정신을 가지고 모든 성원들 사이에서 그 원칙이 잘 유지되는지 감시한다. 따라서 결혼 전에 동침을 함으로써 모든 여성에 대하여 배신행위를 한 여성은, 그런 행위가 일반화되면 모든 여성의 복리가 파괴될 것이므로 같은 여성들로부터 추방되어 치욕을 면치 못한다. 이 여성은 명예를 잃게 되는 것이다. 그리고 부인들은 이 여성과 교제하기를 꺼린다. 그녀는 마치 보균자처럼 외면당한다.

간통한 아내도 같은 운명에 놓이게 된다. 간통한 아내는 남편과 맺은 조약을 지키지 않았으며, 이런 일이 발생하면 남자들은 조약 맺기를 꺼리게 된다.

그런데 이 조약이야말로 모든 여성들에게 있어 안위의 기본이 된다. 간통한 아내는 그 행위 때문에 조약을 위반하고 파렴치한 사기로 성적 명예와 함께 국민적 명예도 상실한다. 그러므로 세상에서 흔히 '타락한 여자'라는 말을 써도 '타락한 아내'라는 말은 쓰지 않는다. 그리고 여자를 유혹한 사람은 그 소녀와 결혼함으로써 그녀의 명예를 회복시켜 줄 수 있다. 그러나 간통한 남자는 그 여자가 이혼을 당한 후에 그 여자와 결혼해도 그녀의 명예를 회복시켜 주지는 못한다.

사람들이 이와 같은 이해타산으로 뒷받침되는 연대정신(효과도 있고 불가결하기는 하지만)을 여성의 명예의 근본으로 인정한다면, 여성에게 매우 중요하고 상대적으로 커다란 가치를 연대정신에 부여할 수 있을 것이다. 하지만 그렇다고 절대적인, 즉 생명과 그 목적을 초월하여 생명 자체를 내걸고 지켜야 할 만큼 중요하다고 할 수는 없다.

그러므로 사람들은 루크레티아(로마의 타르키니우스 콜라티누스의 아내. BC 550년, 섹수투스 타르키니우스에게 강간을 당하여 자살함. 이것이 로마왕국 붕괴의 한 원인이 됨)나 빌기리우스가 지나친 긴장으로 비극적인 경솔한 결과를 가져온 행위를 인정하지 못할 것이다. 그리고 에밀리아 갈로티(독일 레싱의 비극(1772). 고대 로마의 비극 빌기리아의 사건을 소재로 다룬《함부르크 희곡론》. 에밀리아는 여주인공의 이름. 폭군에게 무참히 능욕당하게 된 미모의 딸을 그 부친이 척살하여 정조를 구해 주는 이야기가 중심이 되어 있다)의 종말에는 다소 불쾌감을 금치 못할 것이다. 이로 인해 관객들은 불쾌한 기분으로 극장을 나서게 된다.

이와 반대로 성적 명예를 거역하기는 하지만, 《에그몬트》의 클레르헨 (《에그몬트》는 괴테의 희곡(1787). 클레르헨은 그 여주인공으로 순정의 처녀. 주인공 에그몬트의 정부로 본처는 아니었지만, 에그몬트의 사형집행에 앞서 독을 마시고 자살함)에게는 동정을 금할 수 없다. 이것은 여성에게 명예의 원칙이 너무 강조되어 있으므로, 다른 일도 극단으로 치닫게 되어 수단을 위해 목적을 저버린 것이다. 즉, 이와 같은 과장으로 성적 명예에 대하여 절대적인 가치가 위조되었지만, 이 명예는 다른 명예와 비교하여 상대적인 가치를 갖고 있다는 데는 변함이 없다. 아니, 단지 인습적인 가치밖에 갖고 있지 않다고 말해도 무방하다. 왜냐하면 토마지우스(1655~1728, 독일의 철학자이며 법학자)의 《첩을 얻는 데 대하여》를 읽으면, 세계 여러 나라에서 루터의 종교 개혁에 이르기까지 축첩이 법률적으로 허용되었으며, 이러한 처지에서는 첩을 거느리는 것도 명예였다.

바빌론의 뮤리타신(앗시리아인이 아프로디테(비너스)를 부른 이름. 바빌론의 부녀자들은 누구나 한평생 한 번은 반드시 여신의 신전 경내에 앉아서 '뮤리타신의 이름으로 그대의 축복을 비노라'라고 말하면서 은화를 무릎 위에 던지는 남자에게 몸을 맡겨야만 했다. 《헤로도토스》 제1권 199절)에 대해서는 여기서 언급하는 것을 미루기로 한다. 그리고 분명히 결혼이라는 외적인 형식을 취할 수 없는 시민의 사정도 있다. 특히 이혼이 허락되지 않는 가톨릭 국가들의 경우가 그렇다.

그러나 통치자인 귀족들로서는 곳곳에 이와 같은 사정이 있으며, 내가 생각하기에 귀족들은 억지로 결혼을 하느니 차라리 첩을 거느리는 편이 한결 도덕적인 행동이라고 생각한다. 이런 외부 사정을 무시한 결혼은 결국 누구든지 양보하는 것을 삼가야 하는 두 계급, 즉 부녀자들과 사제들에 대한 특별 면허나 마찬가지다.

그리고 모든 남자가 자기들이 선택한 여자와 결혼할 수 있는데, 오직 왕은 이와 같은 권리를 박탈당하고 있다는 것도 염두에 둘 필요가 있다. 즉, 가엾게도 왕의 결혼은 국가에 속하며 국시, 다시 말해 국가의 이익에 따라서 결정되는 것이다.

그러나 왕도 인간이며, 때문에 마음이 가는 대로 하고 싶을 것이다. 그러므로 왕이 첩을 두는 것을 방해하거나 비난하는 것은 잘못이요, 국민으로서 도리에 어긋나는 편견이라고 하겠다. 첩은 정치에 개입할 수 없다. 그녀의 입장에서 보더라도 이런 첩의 신세란 성적 명예를 놓고 볼 때, 예외에 속하며 일반적인 관례에서 벗어나 있다. 그녀는 오직 한 남자, 즉 그 남자가 그녀를 사랑하고, 그녀도 그를 사랑하지만 결혼은 도저히 할 수 없는 남자에게 몸을 맡겼을 뿐이다. 그리고 일반 여성들이 갖고 있는 명예의 원칙에 대하여 지불하는 피비린내 나는 희생, 즉 자녀 살해와 어머니들의 자살은 이 명예 원칙의 기원이 자연스럽지 못하다는 것을 입증하고 있다. 물론 비합법적으로 몸을 맡긴 여성은 이 때문에 같은 여성들에게 일종의 배신행위를 한 것이 되지만, 이런 믿음과 의리는 암암리에 인정되고 있을 뿐이고, 무슨 서약 같은 것을 한 것은 아니다.

그리고 흔히 이 경우, 자신의 이익이 이 때문에 가장 피해를 입게 되므로, 그녀의 어리석음은 그녀가 저지른 잘못과는 비교도 되지 않을 만큼 심하다고 하겠다.

남자의 성적 명예는 여성의 성적 명예와 대립되는 연대정신으로서 의미를 갖게 된다. 이 연대정신은 상대방에게는 매우 유리한 조약인 혼인을 맺은 남성들이, 그 후 계속해서 자기가 이 약속을 엄수하게 되는가를 주시해야 한다. 즉, 이 계약마저 되는 대로 적당히 팽개쳐 두고 굳게 지키지 않으면, 남성은 모든 것을 다 상대방에게 제공하면서 그 대가로 손에 넣은 유일한 것, 즉 아내의 독점도 보장되지 않는 억울한 일을 당하지 않기 위해서다. 즉 남성의 명예는, 그가 아내의 간통에 복수하여 적어도 그녀와 이혼하고, 그녀에게 벌을 내릴 것을 요구하고 있다. 아내의 불의를 그가 알고 있으면서도 간통을 처벌하지 않는다면, 그는 같은 남성들로부터 치욕을 면치 못할 것이다.

그러나 이 치욕은 성적 명예를 상실한 것 때문에 부인이 당하는 치욕만큼 끈질기게 오래 지속되는 것이 아니라, 단지 약간 눈에 띄는 오점에 지나지 않는다. 왜냐하면 남성에게는 더 많은 다른 중요한 일들이 있으므로 성적인 관계는 그들에게는 부차적이기 때문이다.

근대의 위대한 두 극작가들이 각각 두 차례씩 남성의 명예를 그들의 주제로 삼았다. 즉, 셰익스피어는 《오셀로》와 《겨울 이야기》에서, 칼데론은 《명예를 고치는 의사》와 《은밀한 모욕에는 은밀한 복수를》에서 다루었다.

어쨌든 이 명예는 부인에 대한 처벌은 요구하지만 그 정부를 처벌할 것은 요구하지 않는다. 정부를 처벌하는 것은 불필요한 일이기 때문이다. 이것으로 이 명예가 남성들의 연대정신, 앞서 말한 기원으로부터 생겼다는 것을 입증할 수 있다.

내가 지금까지 여러 종류에 걸쳐, 그리고 여러 원칙에 대하여 생각해 온 명예는 모든 민족과 온갖 시대에 널리 해당되는 것이다. 그러나 부인들의 명예에 대해서는 그 원칙이 약간 지역적으로, 그리고 일시적으로 바뀌는 경우도 있다.

그런데 보편적이고 어디에나 타당한 것과는 전혀 다른 명예가 있다. 이에 대해서는 그리스인이나 로마인도 생각해 본 적이 없으며, 중국인이나 힌두교도 및 이슬람교도들도 아직 모르고 있다. 이 특이한 명예는 중세에 생겨 기독교를 신봉하는 유럽에서만 널리 퍼진 것이며, 그나마 이 지역에서도 주민들의 극히 일부, 즉 사회의 상류층과 이들과 경쟁해서 지지 않으려는 일부 사람들 사이에서만 뿌리를 내렸던 것이다. 이것이 기사적인 명예 또는 이른바 체면이라는 것이다.

이 명예의 원칙은 지금까지 말해 온 명예의 원칙과는 전혀 다른 것으로서, 전의 것이 '명예를 지닌 인간'을 만드는 것과는 달리, 이번 것은 '명예를 탐내는 인간'을 만들므로 이 둘은 부분적으로 대립된다. 그래서 나는 기사적인 법전이나 그 거울로서 여기에 그 여러 원칙에 대하여 서술하려고 한다.

(1) 이 명예는 우리의 가치에 대한 다른 사람들의 견해 속에 만들어진 것이 아니라, 이와 같은 견해를 표현하는 데서 성립될 뿐이다. 그러므로 발표된 견해가 근거를 갖고 있는 것인가의 여부는 둘째 치고, 이런 견해가 존재하는가의 여부도 이제는 관계가 없다.

그러므로 우리가 몹시 경멸하더라도 그것을 큰소리로 떠들어대는 자가 없는 동안은 조금도 명예가 손상되지 않는다. 그러나 반대로 우리의 성질과 행위로 다른 사람들이 우리를 존경하도록 하려고 해도(역시 존경한다는 것은 그들의 마음대로 되는 일이 아니므로), 누가(설사 그가 보잘것없는 어리석은 자라고 하더라도) 우리를 경멸하는 말을 입 밖에 낸다면 그때 우리의 명예는 곧 훼손되며, 상처받은 명예가 회복되지 않으면 언제까지나 상실된 채 그대로 있는 것이다. 이런 말은 하지 않아도 무방할지 모르지만, 이 명예는 어차피 다른 사람들의 견해 속에 있는 것이 아니라, 그 견해를 드러내는 데 있다. 그 증거로는 비난이 철회될 수 있고, 또 필요하다면 사과를 할 수도 있으며, 그렇게 하면 비난을 하지 않은 것과 같게 된다는 것이다.

이 경우에 비난을 가하게 한 견해에 변화가 왔는가, 그리고 어째서 철회나 사과를 해야만 했는가의 여부는 아무런 의미도 없다. 다만 그 견해를 발표한 것을 취소하기만 하면 모든 것이 원만하게 된다. 그러므로 여기서 바랄 것은 자기의 가치에 의해 존경받는 것이 아니라 애써 존경을 빼앗는 것이다.

(2) 이 명예는 그의 행동에 따른 것이 아니라 남들의 반응, 다시 말해서 남의 견해에 근거한 것이다. 이것은 앞에서 말한 바와 같이, 일반적으로 타당한 원칙에 따른 명예는 다만 본인이 말하고 행동한 것과 관련되지만, 기사적인 명예는 반대로 남들의 언행에 의존하는 것이다.

그리고 누가 공격하면 공격을 받은 사람은 지금부터 말하려고 하는 명예회복의 절차에 따라 자기 손으로 되찾지 않으면, 그 명예를 영원히 잃어버리게 된다. 그러나 이 절차는 아무래도 그 생명, 자유, 재산, 마음의 평정 등에 위험이 닥칠 것을 각오해야 한다. 그러므로 어떤 남자의 행위가 성실하고 고귀하며, 심성이 순결하고, 두뇌가 대단히 뛰어나 있다고 하더라도, 그를 비방하는 것이 다른 사람(이 사람은 그저 지금까지 이 명예의 법칙을 어긴 일이 없으면 되고, 그 외에는 보잘것없는 인간 쓰레기건 어리석기 짝이 없는 짐승 같은 자이건, 게으름뱅이, 도박꾼, 빚쟁이라도 무방하다)의 마음에 들기만 하면 곧 명예를 잃게 된다.

그리고 이와 같은 일을 즐기는 자는 대개 앞에서 말한 부류의 인간일 것이다. 그리고 세네카가, "경멸해도 싼 놈팡이일수록 그 헛바닥이 고약하다"(《영혼의 평정에 대하여》 제11권)라고 한 것도 적절한 표현이다. 그뿐만 아니라 이런 인간이야말로 처음에 말한 바와 같은 사람을 만나면 감정이 상하는 모양이다. 됨됨이가 상반된 사람은 서로 미워하게 마련이며, 볼품없는 자가 뛰어난 사람을 은근히 경멸하는 것은 흔한 일이다. 이와 비슷하게 괴테는 이렇게 말하고 있다.

대적하는 자에게 그대는 무어라고 중얼거리는가?
그대와 같이 성품이 뛰어난 자는
영원히 그들의 눈에 난 가시로다.
어찌 이들이 그대의 벗이 되랴!

——《서동시집》

마지막으로 말한 부류의 사람들이야말로 이 명예의 원칙에 크게 감사해야 한다는 것은 분명하다. 왜냐하면 이 원칙이 있기 때문에 어느 면으로 보나 그들이 상상도 못할 사람들과 어깨를 나란히 할 수 있기 때문이다.

그러므로 이런 사람이 비방했다면, 다시 말해서 타인의 비열한 성질을 비방했다면, 이것이 객관적으로 진실하고 근거 있는 비판이나 법적인 효력을 가진 고시(告示)처럼 통용된다. 그리고 곧 피로 씻기라도 하지 않으면 오랫동안 바르고 유효한 것으로 남게 된다. 다시 말해서, 비방을 받은 사람은 비방한 사람(그가 아무리 보잘것없는 사람이라고 하더라도)으로부터 입은 손상이 그대로 남게 된다. 즉, 그는 이 비방을 '감수하는' 것이다.

그렇게 되면, '명예를 위한 자'는 그를 끝까지 경멸할 것이며, 그를 보균자처럼 피할 것이다. 가령 입장이 허용된 어떤 모임에 그가 참석하려고 한다면, 큰소리로 공공연히 거절당할 것이다. 이러한 근본 견해의 근원을 우리는 다음과 같은 일에서 되돌릴 수 있다고 확신한다. 베히테르($\frac{1797\sim1880,}{독일의 법학자}$)가 쓴 《독일 역사》(1844)에 따르면, 중세에는 15세기에 이르기까지 형사 재판을 할 때 원고가 유죄를 입증하는 것이 아니라, 피고가 무죄를 입증해야만 했다. 무죄를 입증하는 것은 남을 비웃고 헐뜯어 말하는 선서로 할 수 있었으나, 이 때문에 그는 선서 보증인을 세워야만 했으며, 이들은 그가 절대 위증을 하지 않음을 확신한다고 선서했다.

그러나 그가 선서 보증인을 세우지 못하거나 원고가 그의 보증인들을 인정하지 않을 경우에는 신이 심판을 했는데, 그것은 대개의 경우 결투였다. 그렇게 되면 피고는 '명예를 더럽힌 자'이므로 결투로 불명예를 씻어 버려야 하는 것이다.

우리는 여기서 명예를 더럽힌 것과, 오늘날도 여전히 '명예를 탐내는 자'들 사이에 행해지고 있는 개념의 기원을 찾아볼 수 있다. 다만 여기서는 선서가 생략되어 있을 뿐이다.

그리고 '명예를 탐내는 자'가 거짓말쟁이라는 비난을 받으면, 반드시 '피의 복수'를 했다. 그러나 거짓말은 인간이 예사로 하는 습성이라는 것을 감안할 때 당치 않은 일이지만, 영국 같은 나라에서는 이것이 뿌리 깊은 미신적인 습성이 되어 있다. 실제로 거짓말쟁이라는 비난을 받고 상대방을 죽여 버리려고 위협하는 자들이 한평생 거짓말을 전혀 하지 않았을까?

요컨대 중세의 형사 소송에서 가장 간단한 형식은, 피고가 원고에게 '거짓말쟁이'라고 말하면 곧 '신의 심판'이 선고되었다고 간주하는 것이다. 그러므로 기사적인 명예의 법전에 따르면, 거짓말에 대한 비난에는 즉시 무기를 드는 소송이 제기되었는데, 이것은 위에서 말한 일에서 유래된 것이다.

비방에 관해서는 이 정도에서 마치기로 하자. 비방보다도 더 악질적인 것이 있는데, 이것은 내가 기사적인 명예의 법전 속에 들려고만 해도 '명예를 위한 자'들의 용서를 구해야 할 정도이다. 이것은 이 세상에서 가장 흉악하여 죽거나 지옥에 떨어지는 것보다도 악질적인 것으로, 생각만 해도 소름이 끼치고 머리칼이 쭈뼛 서게 마련이다. 그것은 생각만 해도 몸서리쳐지는 판결, 즉 죄수나 어떤 사람에게 뺨을 후려갈기거나 주먹질을 하는 일이다. 이것이야말로 언어도단이며, 다른 명예 훼손은 유혈로 회복될 수 있어도, 이것만은 근본적으로 명예를 회복하기 위해 상대방에게 완전히 치명적인 타격을 주지 않고는 배기지 못할 만큼, 그렇게 하지 않으면 명예가 땅에 떨어져 버릴 정도로 중대한 일이다.

(3) 이 명예는 인간의 참된 자아나 도덕적인 성격 및 학구적인 고뇌와는 전혀 관계가 없는 일이다. 아니, 명예가 손상되거나 현재 상실되어 가고 있다고 해도, 빨리 해치우기만 하면 유일한 만병통치약인 결투로 곧 완전히 회복될 수 있다.

그런데 명예 훼손자가 기사적인 명예의 법전을 신봉하고 있는 계급 출신이 아니라면, 그리고 그가 이미 한 번 이 법전을 어긴 행위를 한 적이 있다면, 특히 명예 훼손 행위를 한 것이라면 물론이지만, 그렇지 않고 단지 말로만 한 일이라고 하더라도, 무장하고 있다면 고작해야 한 시간도 못 되는 사이에 상대방을 찔러 죽임으로써 확실하게 만회할 수 있으며, 이것으로 명예는 회복된다.

게다가 일어날 불쾌한 일들에 대한 우려에서 피하려고 생각하거나, 모독한 사람이 기사적 명예의 법도에 따를지 분명하지 않을 경우에는 미봉책을 사용하는 '특권'이 있다.

이 방법은 상대편이 사나울수록 더 거칠게 나가려는 것으로, 욕설을 퍼부어 주는 것으로 직성이 풀리지 않으면 닥치는 대로 후려갈기는 것이다. 그러나 여기에는 명예를 구제하는 점증법(漸增法)이 있다. 즉, 귀뿌리를 얻어맞으면 지팡이로 때리고, 지팡이로 얻어맞으면 이번에는 상대방의 얼굴에 침을 내뱉는 것을 확실한 보복 수단이라고 어떤 사람은 권장한다. 만일 이 방법으로도 목적을 달성하지 못할 경우에는 단호히 유혈 수단을 취해야 하는데, 이와 같은 임시방편은 본래 다음과 같은 원리에서 나온 것이다.

(4) 욕을 먹는 것이 치욕인 동시에 욕을 하는 것은 명예다. 가령 상대방이 진리와 권리 및 이성을 소유하고 있다고 하더라도 역시 욕설을 퍼붓는다. 그러면 그가 명예를 회복하기까지는 진리도 권리도 이성도 침묵을 지키게 된다.

그것도 권리나 이성 때문이 아니라 사격이나 검으로 찔러서 회복하는 것이다. 이렇게 되면 폭력이 명예를 위해서는 다른 무엇보다도 유리한 특징을 이루며, 가장 주먹이 센 자가 언제나 사회 정의를 유지하게 된다. 여기에 어떤 제재를 가할 수는 없을까? 어떤 사람이 어리석은 행동과 무례한 행위를 저질러도 이것은 폭력이라는 수단에 의해 말살되고 곧 정당성을 갖게 된다.

그래서 어떤 사람이 토론이나 대화에서 우리보다 정확한 전문 지식이나 참된 진리, 또는 건전한 판단이나 풍부한 이해력을 보여 주거나 일반적으로 우리를 무색하게 하는 정신적인 우월을 보여 줄 경우에, 그들은 폭력을 휘둘러 자기들의 보잘것없음을 해소하고, 오히려 자기들을 뛰어난 자로 만들어 버릴 수도 있다. 즉, 폭력은 모든 논증을 누르고 정신적인 우월을 짓밟아 버리는 것이다.

그러므로 여기에 상대편이 걸려들지 않거나, 이른바 '특권'을 써서 더 사납게 보복을 하지 않는 한 그들은 승리자가 되며, 따라서 명예는 그들의 것이 된다. 그래서 진리나 지식, 이해력, 정신, 기지 등은 미친 듯이 날뛰는 폭력으로 인해 꽁무니를 빼지 않을 수 없게 된다. 그럼으로써 '명예를 존중하는 자들'은 누가 그들과 다른 의견을 발표하거나, 그들이 좀더 명확한 논증을 하게 되면 곧 폭행에 호소하려고 한다.

그리고 만일 상대방을 비꼬아 줄 만한 어떤 반증이 발견되지 않으면, 그들은 이와 같은 역할을 하는 보다 손쉬운 폭력을 써서 승리를 자랑하게 될 것이다.

이 명예의 원칙이 사회 기능을 높이는 데 도움이 된다고 칭찬까지 받는데, 무슨 권리로 그러는지 이제 짐작이 갈 것이다. 또한 이 원칙은 다음에 말하는 모든 법전의 참된 근본 원칙이자 정신에 입각하고 있다.

(5) 논쟁에서 이 명예에 관해서 누구나 고발을 할 수 있는 최고의 법정은

육체적인 폭력, 즉 야수성이 난무하는 법정이다. 모든 폭력은 정신력이나 도덕적인 정의에 의한 투쟁을 불완전한 것으로 보고, 그 대신 육체적인 힘의 투쟁을 가져오므로 진정한 야수성을 고발한다.

이 투쟁은 프랭클린이 도구를 만드는 동물이라고 규정한 인류가 독특한 무기를 사용하는 결투로서 행해지며, 그 결과 취소할 수 없는 판결이 내려진다.

이 근본 원리는 누구나 아는 바와 같이, 한마디로 말하면 '주먹의 권리'라고 하겠다. 이것은 '광기'와 비슷한 표현으로, 양자가 다 풍자적인 의미를 갖고 있다. 그러므로 이를 모방한다면 기사적인 명예는 '주먹의 명예'라고 해야 할 것이다.

(6) 우리는 앞에서 개인의 명예가 나와 너의 소유, 인정된 의무, 또는 약속을 존중한다는 점에서 훌륭한 것임을 인정했다. 그러나 반대로 기사적인 명예는 이 점에서 매우 방자하다. 기사적인 명예는 오직 명예에 관한 한마디 말, 다시 말하면 '명예를 위해'라는 말만 소중히 여기는 것이다. 그러니까 다른 말은 다 무시해 버린다. 그리고 이 '명예를 위해' 다짜고짜 '결투'라는 공공연한 방법으로 상대방을 물리치면 그만인 것이다. 또한 무조건 갚아야 하는 부채는 오직 하나뿐인데, 그것은 바로 도박에서 번 돈이다. 그러므로 이 돈에 대해서는 '명예로운 차용금'이라는 명칭으로 부를 수가 있다. 그 밖의 다른 빚은 채권자가 유대인이건 기독교인이건 얼마든지 떼먹을 수 있다. 그런 것은 기사적인 명예를 조금도 손상시키지 않는다.

이 기묘하고 거칠며 가소로운 명예의 원리가 인간의 천성에서, 아니면 대인관계의 건전한 견해에서 생긴 것일까? 이에 대해서는 사리를 공정하게 판단하는 사람이라면 누구나 알게 될 것이다. 그리고 이것은 그 통용 범위가 매우 제한되어 있는 것으로도 입증할 수 있다. 그 통용 범위는 주로 유럽인에 한정된다. 그것도 아마 중세기 이후의 일이고 그나마 귀족이나 군인, 그리고 이런 자들과 겨루는 자들에게서만 찾아볼 수 있는 일이다. 즉, 그리스인이나 로마인, 고대와 교양 있는 아시아의 여러 민족은 이 명예와 원칙 같은 것은 전혀 모르고 있다. 이들은 내가 처음에 분류한 그런 명예밖에는 모르는 것이다.

그러므로 이들은 자기 행위에 대하여 책임을 지며, 자기에게 누가 쓸데없는 말을 지껄여대도 별로 개의치 않는다. 이들은 누가 뭐라고 했다고 해서, 설사 본인의 명예가 손상되는 일이 있더라도 결코 남의 명예를 짓밟는 일은 없다. 이들에게는 한 대 맞는다는 것은 말이나 노새에게 한 번 채인 정도로 생각될 뿐이다. 하긴 형편에 따라서는 화를 내고 곧 덤벼들지도 모른다. 하지만 그것은 명예와는 아무 상관도 없으며, 주먹질을 하거나 욕설을 퍼붓는 일은 있어도 결투에까지 갔다는 이야기는 어느 책에도 씌어 있지 않다.

이들은 용기나 희생정신에서는 기독교를 신봉하는 유럽 여러 민족에게 뒤떨어지지 않는다. 그리스인과 로마인들은 훌륭한 용사라고 볼 수 있지만, 체면에 대해서는 아는 것이 별로 없었다. 그들은 결투를 국민들 중에서 고귀한 자들이 하는 일이 아니라 가난뱅이 검투사들, 자포자기에 빠진 노예들, 사형선고를 받은 죄인들이 하는 일로 생각하고, 그것도 민중의 오락을 위해서 야수들과 교대로 하거나 격분한 나머지 하였던 것이다. 기독교가 전해지면서 검투사의 경기는 금지되었다. 그러나 그 대신 기독교 시대가 되자 신의 심판이라는 명목으로 결투가 일어났다. 전자가 일반 사람들의 구경거리, 오락물로 이용된 잔인한 희생이었다면, 후자는 편견에서 비롯된 잔인한 희생으로, 그 차이점은 죄인, 노예, 포로가 아니라 자유인이나 고귀한 사람들이 희생이 되었다는 것이다.

고대인들이 그와 같은 편견은 전혀 없었다는 것은 우리에게 전해진 많은 문헌으로 입증되어 있다. 예컨대 어떤 미개인의 추장이 로마의 장군 마리우스($\binom{BC\ 156\sim86,}{로마의\ 장군}$)에게 결투를 신청했을 때, 이 용사는 이렇게 대답하였다.

"사는 게 싫증났다면, 스스로 목을 조르는 편이 좋을 것이다."

그리고 그는 추장에게 상대가 될 만한 늙은 검객을 보냈다. $\binom{프라인슈\ 증보\ 《리비}{우스》\ 제68권\ 12절}$

플루타르코스($\binom{46?\sim120?,}{그리스의\ 저술가}$)의 저서 《테미스토클레스》 제11장에도 함대사령장관인 스파르타의 장군 에우리비아데스($\binom{BC\ 480,\ 스파르타의\ 장군,\ 크세르크세스}{전쟁에서\ 그리스\ 함대의\ 사령장관이\ 됨}$)가 아테네의 장군 테미스토클레스($\binom{BC\ 514\sim449,\ 아테네의\ 장군,\ 페르시아}{전쟁이\ 일어나자\ 해군을\ 지휘,\ 국난을\ 이겨냄}$)와 논쟁을 하다가 때리려고 지팡이를 쳐들었다는 이야기가 씌어 있지만, 테미스토클레스가 이때 검을 빼들었다는 기록은 없다. 오히려 그는 "나를 때려도 좋지만, 내 말은 들어다오!" 하고 말했다.

만일 이 글을 '명예를 위한 자'가 읽는다면, 이 경우 아테네의 장교단이 테미스토클레스와 같은 사람은 앞으로 섬기고 싶지 않다고 선언했다는 말이 없는 것에 관해 불쾌하고 유감스럽게 생각할 것이다. 어느 프랑스의 주술가는 이렇게 정직하게 말하고 있다.

만일 사람들이 데모스테네스(BC 384~322,
그리스의 대웅변가)를 '명예를 아는 사람'이라고 한다면 웃음거리가 될 것이다. 키케로도 '명예를 탐내는 사람'은 아니었다. (루아, 《세 뒤랑을 위한 문학
의 밤》 1828, 제2권 300쪽)

그리고 플라톤이 쓴 《법률》(제9권 마지막 6쪽 및 제
11권 131쪽, 비폰틴 판) 속의 폭행에 관한 부분을 보면, 폭행을 당했다고 해서 명예 운운하는 일은 없었다. 소크라테스는 그가 몇 번이고 토론한 결과, 가끔 폭행을 당하기는 했지만 조용히 참았다. 한번은 발길로 차이기까지 했지만 끈기 있게 참는 것을 보고 놀라는 사람에게 그는 이렇게 말했다.

"내가 노새에게 채였다고 해서 고발할 수는 없지 않나?"(디오게네스 라에르
티오스》 제2권 21장)

"그렇지만 그 사나이는 당신에게 욕설을 퍼부어 창피를 주지 않았습니까?"

"천만에, 그가 한 말은 나에게 해당되지 않네."(《서동시집》
36쪽)

스토바에오스(《사화집(詞華集)》
제1권 317~330쪽)는 고대인이 명예 훼손, 즉 모욕과 구타를 어떻게 생각했는가에 대하여 잘 이해할 수 있도록 후세에 무소니우스의 긴 글을 남겨 놓았다. 이에 따르면 그들은 법률상의 제재 이외의 어떤 보복도 인정하지 않았으며, 현명한 남자들이 모욕을 당했다고 하더라도 역시 사정은 마찬가지였다.

고대인들은 누구에게 뺨을 얻어맞더라도 법률상의 징벌 이외의 어떤 복수도 하지 않았다고, 플라톤은 《고르기아스》에 분명히 기록하고 있다. 그리고 거기에는 이에 대한 소크라테스의 견해도 실려 있다.

마찬가지의 일이 게르리우스(2세기경의
로마의 저술가)가 쓴 양심적인 루키우스 베라티우스라는 사나이에 대해 기록한 보고에서도 분명히 드러난다. 이 사나이는 길에서 만난 로마 시민에게 아무 까닭도 없이 뺨을 후려갈기면서 행패를 부렸다. 이것은 계획적인 일로서, 그는 이에 관한 항의를 미리 막고자 동전자루를 맨 노예를 데리고 다녔다. 그리고 이 노예가 이와 같이 봉변을 당한 사람들에게 즉시 법정 위자료 25아스를 주었다.

유명한 견유학자(犬儒學者) 크라테스(테베의 크라테스라고 부르며, BC 4세기 후반의 그리스 철학가, 디오게네스의 문하생. 많은 재산을 시에 기부하고 걸식생활을 함)는 음악가 니코드로모스에게 뺨을 얻어맞고 얼굴이 퉁퉁 부어 피가 날 지경이었다. 그래서 그는 얼굴에 '니코드로모스의 소행'이라고 쓴 딱지를 붙여 놓았다. 그래서 아테네 시민들이 가정의 수호신처럼 존경하는 사람(아파레이우스《명문선(名文選)》26쪽)에게 이와 같은 만행을 한 음악가는 치욕을 받게 되었다.(《디오게네스 라에르티오스》제6권 89절)

시노페의 디오게네스가 술 취한 아테네 청년에게 배를 얻어맞은 것에 대하여 메레시포스(BC 4~5세기경의 그리스 철학자. 디오게네스의 친구)에게 '이런 것은 자기에게는 보잘것없는 일'이라는 의미의 편지를 적어 보냈다는 것이 그의 저서에서 알려졌다.(《디오게네스 라에르티오스》제4권 33절의 카소본의 주)

그리고 세네카는 《현자의 변하지 않는 마음에 대하여》 제10장에서 마지막 장에 걸쳐 모욕에 대하여 상세히 고찰하고 있다. '현자는 모욕을 개의치 않는다'는 것을 설명하기 위해서였다. 제14장에서 그는 다음과 같이 말하고 있다.

현자는 주먹으로 얻어맞으면 어떻게 행동할까? 그는 카토(대(大)카토는 BC 234~149, 소(小)카토는 BC 95~46. 소카토는 대카토의 증손자로 둘 다 로마의 정치가)가 입을 얻어맞았을 때와 마찬가지로 '화를 내지 않고, 용서도 하지 않고, 일어난 일, 바로 모욕을 당한 것을 부인한' 것처럼 할 것이다.

그러고 보니, 역시 고대인들은 기사적인 명예의 원칙에 대하여 전혀 모르고 있었다는 것을 알 수 있다. 그들은 모든 면에서 기사와 같이 마음씨가 비뚤어진 사납고 비천한 행동은 상상도 못했다.

그들은 설사 뺨을 얻어맞았다고 하더라도 그것으로 끝이었다. 즉 자그마한 육체적인 손상 이외는 아무것도 아니라고 생각하는 것이다.

그러나 근대인에게는 얻어맞은 것이 파탄을 가져오기도 하고 비극의 주제로도 되었다.

가령 코르네유(1606~1684, 프랑스의 극시인. 회극 《르 시드(1636)》에는 주인공 로드리고의 부친이 로드리고 애인의 부친에게 모욕을 당한 것이 묘사됨)의 《르 시드》나, 근대 독일의 시민적인 비극 《환경의 힘》(이것은 '편견의 힘'이라고 하는 것이 좋을 것이다)의 경우가 그렇다. 하물며 만일 파리의 국회에서 한 번이라도 뺨을 얻어맞는 일이 생긴다면, 틀림없이 그 소문이 전 유럽에 파란을 일으킬 것이다.

그러나 앞에서 말한 고전적인 회상이나 옛 문헌의 인용 예에 불쾌감을 느끼는 것처럼 보이는 '명예를 탐내는 자들'에게, 나는 해독제로서 디드로의 주인공 데그랑의 이야기를 읽을 것을 권하고자 한다. 이것은 근대적이고 기사적이며 명예 보존에 관한 좋은 예다. 이것을 읽고 기뻐하거나 감동하는 것이 좋을 것이다.

내가 많은 예를 인용했으므로 충분히 이해할 것이다. 기사적인 명예의 원칙은 결코 타고난 인간의 본성에 근거를 두고 있는 것이 아니다. 그러므로 이것은 인위적인 원칙이며 그 기원을 발견하는 것은 어려운 일이 아니다. 이것은 분명히 두뇌보다도 주먹이 더 성숙하여, 성직자들이 이성을 사슬로 얽어매고 있었던 시대, 다시 말해서 찬양된 중세와 기사제도의 시대가 낳은 자식이다. 즉, 그 무렵의 사람들은 사랑하는 신에게 신세를 지고 판결까지도 받았던 것이다. 따라서 까다로운 소송사건은 신의 판단, 또는 판결에 따라 재판을 받았다.

이와 같은 단죄법은 약간의 예외를 제외하면 결투를 하는 것이었으며, 이것은 자신들 사이에서만 있었던 일이 아니라, 시민들 사이에서도 행해졌다. 셰익스피어의 《헨리 6세》(제2부 제2막 제3장 토마스 호너와 그/제자 피터가 결투하는 장면이 나온다)에서 이런 예를 볼 수 있다. 그리고 법정 선고가 있은 후에도 여전히 상급심으로서 결투, 즉 신의 판결에 호소할 수 있었다.

이 때문에 실제로는 육체적인 힘과 숙련, 즉 동물의 본성이 이성 대신에 재판관의 의리를 차지한 것으로, 인간이 한 일보다 인간이 당하는 일에 있어 옳고 그름을 판정했으며, 이것은 오늘날에도 통용되고 있는 기사적인 명예 원칙 그대로이다.

결투 제도가 이와 같은 기원을 갖는다는 데 대하여 의문이 있는 사람은 메링겐이 쓴 《결투의 역사》(1849)를 읽는 것이 좋을 것이다. 아닌 게 아니라 오늘날에도 기사적인 명예 원칙을 준수하는 사람들(이들은 주지하는 바와 같이 교양이 높고 사려가 깊다고 할 수 없는 자들이다) 사이에는 결투의 결과를, 이 결투의 원인이 된 투쟁에 대한 신의 판결이라고 진실로 믿고 있는 사람이 더러 있다. 이것은 분명히 인습에 매인 의견에 따른 것이다.

기사적인 명예 원칙의 기원에 대해서는 덮어두고라도, 그 경향은 우선 존경에 대한 외면적인 표시를 육체적인 폭력의 위험에 따라서 강요하려는 데 나타나 있다. 이것은 마치 손으로 온도계의 공을 데워 수은이 오르게 해서 자기 방이 따뜻하다는 것을 사람들에게 인정하게 하려는 것과 비슷하다. 좀 더 상세히 말하면 그 핵심은 다음과 같다. 개인적인 명예는 타인과의 평화로운 교제를 위한 것으로, 우리가 남의 권리를 무조건 존중하기 때문에 우리를 신용할 수 있다는 견해 속에 성립된다. 하지만 기사적인 명예는 우리가 자신의 권리를 무조건 수호하려고 하기 때문에 우리를 두렵게 생각하는 다른 사람의 견해에서 성립된다.

신용을 얻기보다는 두려움을 받는 편이 더 중요하다는 원칙은, 각자 자신을 보호하고 자기 권리를 직접 수호해야 하는 자연 상태에서 우리가 살아간다면, 인간의 정의는 별로 신뢰할 것이 없을 것이므로 그다지 잘못되었다고는 할 수 없을 것이다.

그러나 국가의 인격과 우리 재산을 보호하고 있는 문명 상태에서 이 원칙은 이미 통용되지 않고, 주먹이 힘을 쓰던 시대의 유물로 남아 있는 성벽이나 망루처럼 잘 경작된 밭이나 번창한 거리, 또는 철로 사이에 버려진 채 썩고 있다. 그럴 수밖에 없지만, 이 원칙을 고집하는 기사적인 명예는 무의미한 모욕이나 조소거리에 지나지 않는 것으로서, 국가에서 가벼운 벌을 내리거나 또는 '법률은 사소한 일을 돌보지 않는다'는 원칙에 따라 인격에 해를 가하는 데 그친다.

그런데 기사적인 명예는 자기 인격의 가치를 인간의 천성과 성질 및 운명에 적합하지 않을 정도로 과대평가하여, 이 가치를 신성한 것으로 끌어올리고, 여기에 가하는 사소한 모욕을 인정할 수 없어 모욕한 자를 처벌할 것을 요구하고 있다. 분명히 이것은 지나친 교만과 터무니없는 자부심 때문에 생긴 일이다. 이것은 인간이 본래 어떤 존재인지 전혀 잊고 있으면서, 인간에 대하여 무조건 침범하지 말고 비난하지 말기를 요구하는 것이다. 그나마 이런 일을 폭력으로 수행하려고 생각하고, '나를 모욕하거나 때린 자는 죽어 마땅하다'는 원칙을 내세우려는 사람들은 그 이유만으로도 국가에서 추방되는 것이 마땅하다. *

그래서 이 주제넘은 교만이 그릇됨을 미화하기 위해 여러 구실을 만들고 있다. 여기서 두 사람의 대담한 적수가 조금도 양보하려고 하지 않고, 극히 가벼운 말다툼에서 주먹다짐으로 발전하여 결국에는 살인도 무릅쓰게 되는 것이다.

그러므로 아예 중간단계를 뛰어넘고 무기에 호소하는 것이 깨끗하다는 생각에서, 이 경우에 특수한 절차와 규정이 생기게 되었다. 이것이야말로 세계에서 가장 진지한 광대놀음이지만, 어리석은 명예의 전당으로 우뚝 서 있다.

그런데 이것은 원칙 자체가 잘못되어 있다. 그다지 중요하지 않은 사건에서는(중요한 사건은 언제나 재판소에 일임하고 있다) 두 사람의 적수 가운데서 한 사람이라도 영리한 사람이라면 분명히 양보한다. 그리고 단순한 타인의 견해는 신경쓰지 않는다.

이 분명한 오류의 증거는, 민중 또는 기사적인 명예의 원칙을 신봉하지 않고 있는 거의 모든 계급에 속하는 사람들에 의해 제공되고 있다. 이들에게 있어 살인은 명예 원칙을 따르는 전체 시민의 천분의 일에 불과한 소수 집단에서보다 백 배나 드문 것이다. 또한 구타도 극히 보기 어렵다.

다음에 사회의 미풍양속은 그 최후의 버팀목으로서 결투를 불러들이는 명예 원칙에 의존하며, 결투는 난폭과 불법의 발생을 막는다는 말들을 하고 있다. 그러나 아테네, 코린트, 로마에서도 분명히 훌륭한 사회와 미풍양속을

---

* 기사적인 명예는 교만과 정신박약이 낳은 아들이다. 이 명예와 반대되는 진리를 칼데론의 희곡 《불변의 원리》가 날카롭게 "이것은 아담의 유산이다"라는 말로 표현하고 있다. 기독교 이전의 먼 옛날에, 유럽 이외의 다른 대륙에서도 이 기사적인 명예의 원칙을 모르고 사는데도, 기독교 신도들에게만 극도의 겸손을 의무로 부과하는 최상의 교만이라고 볼 수 있는 것이 존재한다는 것은 매우 이상한 일이다.

그러나 이것은 기독교 탓이 아니라, 오히려 봉건제도로 인해 생겼다. 봉건제도에서 귀족들은 각자 자기를 작은 왕으로 간주하여, 자기를 뛰어넘는 인간적인 심판자를 인정하지 않고 자기의 신성불가침을 중요시하도록 힘써 왔다. 그러므로 인격에 대한 침범은 설사 구타나 욕설이라고 하더라도 모조리 사형에 처해 마땅한 범죄로 생각했다. 그러므로 명예를 위한 결투는 본래 귀족들만 하는 일이었지만, 세월이 흐름에 따라 사관들도 하게 되고, 이어서 다른 상류층에 속하는 자들도 남에게 질세라 보조를 같이 했다. 결투는 신의 재판에서 비롯된 것이지만, 이 재판은 명예의 원칙에 따르는 것이 아니고 그 결과에 치중하는 것이다. 인간을 심판자로 인정하지 않는 자가 신을 심판자로 내세워 고발한다. 신의 재판 자체는 기독교 특유의 것이 아니라, 힌두교도들 사이에도 커다란 의미를 갖고 있으며, 또 먼 옛날부터 있어 온 흔적이 남아 있다.

발견할 수 있다. 거기에는 기사적인 명예라는 허수아비가 그 배후에 숨어 있지는 않았다. 물론 현대와 같이 부인들이 모임에서 윗자리를 차지하고 있지도 않았다. 부녀자가 윗자리를 차지하면 그 경박한 아이 같은 성격 때문에 충실한 대화를 나눌 수 없다. 그리고 분명히 우리 상류 사회에서는 개인적인 용기가 다른 성질보다 사람들로부터 존중받게 된다.

그런데 이 용기는 본래 하찮은 하사관이 가질 법한 덕으로, 이 점에서 동물이 우리보다 나을 정도이다. 그러므로 '사자처럼 용감하다'고 말하지 않는가.

지금까지 주장해 온 것을 뒤집어보면 이렇게 말할 수도 있다. 즉, 기사적인 명예의 원칙은 크게는 부정직과 사악함의 피난처가 되고, 작게는 불법과 몰염치와 난폭함의 안전한 피난처가 된다. 왜냐하면 매우 고약한 부덕함도 묵묵히 참을 수 있기 때문이다. 누구나 질책하거나 해서 목을 내거는 일 따위에는 흥미를 가질 수 없다.

정치적·경제적으로 참된 신의와 성실성이 결여된 국민들에게만 결투가 성행하며, 피에 굶주려 진지하게 이에 임한다는 것을 우리는 알 수 있다. 이런 국민이 사교에 얼마나 신의를 지키며 진실하게 대하는가. 이 점에 대해서는 경험자에게 묻는 것이 좋을 것이다.

그리고 그들은 본래 점잖은 태도와 사교적인 교양을 등한시하는 것으로 알려져 있다. 그러므로 그들이 내세우는 구실이 모두 확실한 것은 아니다. 여기에서 분명히 말할 수 있는 것은, 모든 적대행위에 대하여 적의로 보복하고 경멸이나 미움을 받으면 화를 내거나 불평하는 것은 인간의 자연스런 감정이라는 것이다.

이에 대해서는 이미 키케로가 말한 적이 있다. "모욕에 어떤 가시가 돋쳐 있으면 조심성 있고 선량한 사람들도 참기 어렵다"는 것이다. 이것은 사실이며 몇몇 경건한 종교를 제외하고는 세상 어디에서나 욕설이나 주먹질을 태연스럽게 받아들이는 사람은 좀처럼 볼 수 없다.

그러나 자연은 사건 자체에 어울리는 보복 이상의 엄청난 일은 시키지 않는 법이다. 더구나 허위나 어리석음이나 비겁함을 비난받았다고 해서 죽음으로 보복하거나 보복시키는 일은 없다. 고대 독일에서 '뺨을 얻어맞으면 칼을 빼들라'는 속담이 있었으나, 이것도 혐오스러운 기사적인 미신에 불과한 것이다. 모욕에 대한 보복 또는 복수는 분노의 소행으로, 결코 기사적인 명예 원칙이 지시하는 명예나 의무 탓은 아니다. 오히려 어떤 비난을 받았다는 것은 그만큼 어딘가 허점이 있었기 때문이며, 이것이 아프게 느껴지는 것은 당연하다. 매우 부드러운 야유도 급소를 찌르면, 아무 근거 없는 일로 지독한 벌을 받는 것보다 훨씬 큰 타격을 받는 것은 엄연한 사실이다.

그러므로 비난당할 까닭이 없다고 느끼고 있는 사람은 이 비난을 태연스럽게 귀 밖으로 흘릴 수 있으며 거들떠보지 않게 될 것이다. 그런데 명예 원칙은 인간을 자극해서 가지고 있지도 않은 과민성을 나타내라고 지시하거나, 그에게 타격도 주지 않은 모욕에 대하여 피로써 보복할 것을 요구한다. 그럴 수도 있는 것이, 자신의 가치에 대하여 신념이 박약한 사람은 자기의 가치를 공박하는 발언은 무작정 억제하기 위해 입을 다물게 하려고 애쓰니 말이다. 즉 욕설을 들었을 경우, 본래 자신이 없어 그렇게 할 수 없으면 총명과 교양이 그것을 위장하고 분노를 감추도록 할 것이 뻔하다.

그러므로 처음부터 기사적인 명예 원칙의 미신에 얽매어 있지 않으면 누구든지, 저주를 퍼붓거나 하여 타인의 명예에서 무엇인가 앗아가거나 자신의 명예에 무엇을 회복할 수 있다고 잘못 생각하는 사람은 없을 것이다. 그리고 명예 회복을 위한 결투 신청에 응해, 당연히 쏘아 버리겠다는 결의를 하여 부정과 야비한 수단과 폭력이 난무하는 일은 없을 것이다. 뿐만 아니라 비방이나 욕설의 경쟁에서는 패배자가 승리자라는 생각이 일반 통념이 될 것이다.

빈센초 몬티(1754~1820, 이탈리아의 시인)는 "욕설은 교회의 행렬과 같은 것으로, 반드시 출발한 지점에 되돌아온다"고 말했다. 그렇게 하지 않으면 사람들이 자기의 권리를 관찰하기 위해 난폭한 행동을 하는 일은 오늘날과 같이 빈번히 일어나지 않을 것이다. 그리고 그렇게 되면 식견과 이해력은 지금과는 전혀 다른 모습으로 나타나게 된다. 지금은 이 식견과 이해력이 단지 얼굴을 내밀었을 뿐, 편협하고 어리석은 견해를 무장시키거나 격분하게 해서 식견과 이해력이 이 견해를 건드리지나 않을까 하여 겁을 집어먹게 된다. 이 견해가 고개를 쳐들면, 식견과 이해력은 그 편협과 어리석음을 상대로 노름을 해야 할 처지가 되므로. 그러나 정말 이렇게 된다면, 사회에서는 정신적으로 우월한 자가 최고 위치에 오르게 될 것이다. 그런데 오늘날은 육체적인 우월함과 기만적인 용기가 최고 위치를 차지하고 있는 실정이다.

한마디 더 덧붙이자면, 오늘날처럼 뛰어난 사람을 사회에서 물러나게 하는 원인이 하나라도 줄어든다면, 참된 미풍양속이 나타난 훌륭한 사회가 될 것임이 틀림없다. 참으로 훌륭한 사회의 형태로 옛날 아테네나 코린트, 또는 로마에 세워진 그런 사회의 모델을 보고 싶어하는 사람에게, 나는 크세노폰 $\left(\substack{\text{BC 430? ~350?, 그리스의}\\\text{장군이며 역사가, 철학가}}\right)$ 의 《향연》을 읽기를 권한다.

그런데 기사적인 법전의 마지막 해명은 아마도 다음과 같을 것이다. '이봐! 도와 줘! 아무래도 주먹다짐을 하게 될 테니까!' 이에 대하여 나는 간단히 대답하려고 한다. 그 법전을 신봉하지 않는 자들 1000명 중에서 999명은 가끔 주먹다짐을 할 것이다. 그러나 그 법전의 신봉자들이 한 번 때릴 적마다 한 사람씩은 죽을 지경에 이르게 될 것이다. 나는 그에 대하여 좀더 상세히 생각해 보고자 한다.

나는 주먹질이 사람을 크게 놀라게 하고 두렵게 한다는 사회 일부의 확신에 대하여, 인간의 동물적인 천성이나 이성적인 천성 속에 유지되어야 하고, 또는 적어도 수긍할 수 있는, 또는 단지 공론 속에 성립될 뿐만 아니라 분명한 개념으로 대체될 수 있는 근거를 발견하려고 생각을 더듬어 보았으나, 역시 헛수고에 그치고 말았다.

주먹질은 모든 사람이 타인에게 줄 수 있는 작은 육체적인 해악이며, 이것으로써 그가 상대방보다 강했거나 슬기로웠거나, 아니면 상대방이 해이하다는 것을 입증하는 데 그치는 것이다. 더 세밀히 따져봐야 이 외에 더 나오지 않는다.

그리고 나는 모든 재앙 중에서 인간의 손에 의한 구타가 가장 큰 것이라고 생각하는 기사가 그것보다 10배나 심한 발길질을 자기 말에게서 당해도, 아픔을 꿋꿋이 참고 아무렇지도 않게 생각하리라는 것을 잘 알고 있다. 그래서 나는 그 원인은 인간의 손에 있다고 생각한다.

하지만 나는 기사가 전투 중에 인간의 손으로 단검에 찔려도, 이것은 사소한 일이며 입 밖에 낼 가치도 없는 것이라고 말하리라는 것도 알고 있다. 나는 이런 이야기도 들었다. 즉, 검으로 일격을 당한 것은 몽둥이로 얻어맞은 것 같은 불쾌감은 느끼지 않는다는 것이다. 그러므로 최근까지 사관후보생들은 검으로 얻어맞는 일은 있어도 몽둥이로 얻어맞는 일은 없었다고 한다.

오히려 기사가 검으로 얻어맞는 것은(기사가 되는 의식에서도 검으로 어깨를 얻어맞는다) 최상의 명예로 간주했다.

여기서 내가 주장하는 심리학적, 도덕적인 근거는 결론에 이른다. 뿌리 깊은 미신으로 사람들이 남에게 그럴싸하게 믿게 하는 것은 많다. 이것도 그 속에 포함시켜야 할 또 하나의 예라고 하겠다.

중국에서는 참대나무 회초리로 때리는 것이 시민적인 형벌로 자주 시행되었으며 관리들에게도 이 태형이 가해졌다는 사실은 내가 한 말을 입증하고 있다. 그리고 이 사실은 인간의 천성이(높은 교양에 도달한 사람의 천성까지도) 중국에서는 기사적인 명예에서 주장하는 것과는 전혀 다르다는 것을 보여 주고 있다. *

그리고 인간의 천성을 보면, 회초리로 때리는 것이 인간에게 자연스러운 일이라는 것은, 맹수가 물어뜯는 것이 당연하고, 뿔을 가진 짐승이 들이받는 것이 자연스러운 일과 마찬가지다.

그러므로 보기 드문 일이기는 하지만, 어떤 사람이 남을 깨물었다는 말을 들을 경우에 우리는 불쾌한 생각을 하게 된다. 반대로 어떤 사람이 때리거나 맞는다는 것은 부자연스러운 일이지만, 흔히 있을 수 있는 일이다. 또한 어느 정도 높은 교양을 갖고 있으면, 서로 자제해서 구타를 하지 않으려 하는 것을 쉽사리 설명할 수 있다.

그러므로 주먹다짐은 말이 안 되는 것이요, 그 결과 살인과 죽음을 부른다는 것은 어떤 국민에게, 또는 어떤 계급에서 의무처럼 생각되는 것은 잔인성의 소치다. 세상에는 재앙이 너무나 많으며, 또한 이런 재앙을 일으킬 수 있는 가상적인 재해로 그 수를 늘리려고 하는 것이 과연 옳은가, 옳지 않은가. 그런데 어리석고 흉악한 미신이 이것을 감히 행하고 있다. 이에 대하여 나는 잠자코 있을 수 없다. 그것은 정부와 입법부가 시민사회 및 군부에서 모든 태형을 강제적으로 폐지시킴으로써, 이 미신에 부채질을 하고 있다.

---

* 엉덩이를 20~30번쯤 몽둥이로 얻어맞는 것은 중국인들에게는 흔히 있는 일이다. 이것은 큰 관리의 어버이다운 훈계로 전혀 모욕적인 의미를 갖고 있지 않으며, 오히려 감사하게 받아들이는 것이었다.　　　——《계몽과 호기(好奇)의 서한》

그들은 인간의 법도를 위해 행동하고 있는 줄로 아는 모양이지만, 실은 이렇게 함으로써 그들은 이미 많은 희생을 낸 자연에 위배된 무모한 망상이 확립되는 것을 도와주고 있으며, 바로 그 이유와 반대되는 일을 하고 있는 것이다.

가장 무거운 범죄는 예외로 치고, 모든 범죄에서 사람들이 먼저 생각하며, 따라서 자연스럽다고 할 수 있는 형벌은 태형이다. 이론적으로 설명해 줘도 알아듣지 못하는 자에게는 회초리로 때리는 것이 상책이다. 더구나 당사자가 무일푼인 가난뱅이라면 벌금을 물릴 수도 없고, 또한 그 자유를 구속하는 벌을 내리는 것보다 적당한 태형을 가하는 것이 쉬울 것이다.

이에 반대할 까닭이 전혀 없는데도 이 경우에 '인류의 존엄'이라는 이유를 들어 반대하는 것은, 분명한 개념에서가 아니라 앞에서 말한 미신에 기초하고 있다고 하겠다. 그리고 이 미신이 그런 행동의 근원이 되어 있다는, 참으로 우스꽝스러운 증거가 있다. 이것은 옛날에 있었던 이야기가 아니다.

여러 나라들이 군대에서 태형을 가하던 것을 영창의 구류로 바꾸었다. 이것은 육체적인 고통을 주는 점에서는 둘 다 비슷하지만, 영창에 갇히는 편이 명예를 손상하지 않아도 되므로 품위를 떨어뜨리지 않게 된다는 것이다.

앞에서 말한 미신을 이렇게 해서 촉진시키므로, 한편으로는 몇몇 법률로 결투를 시정하려고 힘쓰지만 오히려 그 존재에 구실을 주어 역시 기사적인 명예를 존중하며, 결국엔 결투를 조장하게 되었다. *

그러므로 매우 거칠었던 중세의 여러 시대에서 19세기에 흘러들어온 폭력의 단편인 결투가, 이 세기에서도 여전히 공공연한 악덕으로 활개를 치고 있지만, 이제 치욕을 당하여 추방될 때가 올 것이다. 오늘날에도 합법적으로 개나 닭을 싸우게 하는 것은 용납되지 않고 있다. 적어도 영국에서는 이런 싸움은 처벌을 받는다. 하물며 인간의 탈을 쓰고, 의지를 거슬러 죽을지도 모르는 싸움을 건다는 건 있을 수 없는 일이다. 이와 같은 시도를 하는 것은 도리에 어긋나는 기사적인 명예라는 원칙의 미신 때문이며, 극히 사소한 원인으로 검투사들처럼 싸우는 의무를 갖게 하는, 저 명예 원칙의 옹호자와 관리인 때문이다. 그러므로 나는 우리 독일의 언어를 싫어하는 사람들에게, 결투에 대해 'Duell'이라는 말 대신에 '기사 사냥(Ritterhetze)'이라는 말을 쓸 것을 제안한다. 'Duell'은 라틴어인 'duellum(두 사람 사이의 싸움)'에서 나온 것이 아니라 스페인어의 'duelo($^{고민, 한탄,}_{괴로움}$)'에서 파생된 말이 아니겠는가. 건방지다고 말할지 모르지만, 아무튼 이 어리석은 짓을 저지르는 외고집은 실로 웃음거리밖에 되지 않는다. 특히 마땅찮은 것은 원칙과 사리에 어긋나는 그 법전이 폭력의 권리만 인정하고 다른 어떤 권리도 인정하려 들지 않는 한, 국가를 세워 이 나라의 신성한 과격 재판(독일 중세의 비밀 종교 재판)을 공개함으로써 이 국가에 예속된 모든 계급을 억압한다. 그리고 이 과격 재판의 법정에 극히 일반적인 이유 때문에 상대방과 자신에 관해 죽느냐 사느냐의 판결을 내리기 위해 각자 죄수를 감시하는 이로 동지를 부른다. 물론 이것은 아무리 흉악한 자라도 어느 계급에 속해 있기만 하면, 최고의 인물(이런 인물이기 때문에 저들에게 자연히 미움을 받지 않을 수 없지만)을 숨어서 위협하고 끝내는 살해할 수도 있는 잠복 장소가 된다.

오늘날은 사법과 경찰이 조직되어 있어 어떠한 악당도 큰 길에서 우리를 향해 '돈이냐, 목숨이냐?' 하고 큰소리를 지를 수 없게 되었다. 그러므로 악당이라 하더라도 평화로운 사교장에서 우리를 향해 '명예냐, 목숨이냐?' 하고 외칠 수 없을 만큼 상식이 발달해도 무방하다.

---

* 여러 나라 정부에서는 표면상으로는 결투를 억압하려고 한다. 또 이것은 대학 같은 데서는 누구나 인정하고 있는 바와 같이, 쉽게 실천될 것 같으면서도 좀처럼 성공을 거둘 것 같지 않은데, 그 진정한 이유는 이렇다. 국가에는 무관이건 문관이건 노동에 대하여 돈만으로 충분히 보수를 제공할 만한 재원이 없으므로 그들에 대한 보수의 부족된 부분을 명예로 보충하려고 한다. 이 명예는 칭호, 제복, 훈장 등으로 표시된다.
그런데 그들의 노동에서 얻은 관념적인 보상이 값비싼 시중 가격으로 환산되려면 온갖 방법으로 명예심을 함양시켜 어떤 형태로나 과장되어 있어야 한다. 그러나 이 목적에는 시민적인 명예로는 부족하다. 이것은 벌써 시민들이 저마다 갖고 있기 때문이다. 그래서 기사적인 명예를 조장하여, 앞에서 말한 것처럼 확립하려고 한다. 영국에서는 무관이나 문관의 봉급이 대륙에 비해 훨씬 많으므로 지금 말한 것과 같은 장려책은 필요 없다. 그래서 이 나라에서는 최근 20년 동안에 결투는 거의 없어져 버렸다. 지금도 간혹 결투를 하는 일이 있기는 하지만, 어리석은 일이라고 남들의 비웃음을 살 뿐이다. 많은 귀족이나 제독, 장군들을 회원으로 갖고 있는 위대한 '반결투협회(反決鬪協會)'가 여기에 많은 공헌을 하였다. 그러나 모로크신($^{〈구약성서〉에 나오는 바빌론의 신, 페니키아}_{인이 어린 자식을 제물로 바쳤다고 한다}$)은 제물이 없으면 지탱되지 못할 것이다.

그리고 어느 정도 높은 계급에 속하는 사람들의 가슴을 억누르는 것이 없어져야 한다. 왜냐하면 모든 사람들이, 누군지 모르는 제3자가 짓궂게 거칠고, 난폭하고, 어리석고 또 악의에 찬 언동을 해온다면, 언제나 신체와 생명으로 대응하지 않으면 안 되기 때문이다.

세상 물정에 어두운 두 사람의 정열적인 젊은이가 언쟁을 벌였다 해서, 그 결과 피를 흘리고 건강을 해쳐 때로는 생명까지 잃어야 한다는 것은 하늘을 향해 통곡해야 할 비참한 일이요, 또 부끄러운 일이다. 그 국가의 폭정이 얼마나 심하고, 또 미신의 힘이 얼마나 강대한가를 알 수 있는 예로서, 모욕한 사람의 지위가 너무 높거나 낮거나 또는 부당한 사정으로 손상된 기사적인 명예를 회복하는 것이 불가능하게 되자, 절망한 나머지 스스로 목숨을 끊고 비극적인 결과를 초래한 일까지 있었다.

그릇된 일이나 도리에 어긋나는 일은 대개의 경우 나중에 성공을 했다 하더라도 분명히 모순을 일으켜 정체를 드러내는 것처럼, 여기서도 이 모순이 결국 극단적인 자가당착의 형태로 나타난다. 즉, 사관에게는 결투가 금지되어 있지만, 실제로는 그가 만일의 경우에 결투를 행하지 않으면 파면이 되는 것이다.

나는 일단 이 문제에 대하여 언급한 이상, 솔직하게 서술하려고 한다. 인간은 적과 같은 무기로 싸워 상대방을 공공연히 죽이는 것과, 숨어서 몰래 죽이는 것과의 차이를 중요시하고, 이 둘을 구분하고 있다. 하지만 이 차이를 세밀하게, 그리고 선입견에 사로잡히지 않고 생각해 본다면, 앞에서도 말한 바와 같이 이는 한 국가가 강자의 권리, 즉 폭력의 권리밖에 인정하지 않고, 이 폭력의 권리를 신의 판결로까지 높여 법전의 기초로 삼은 데서 비롯되는 것이다. 그러나 공공연히 싸웠다고 하더라도 어떤 사람이 상대방과 비교하여 강자이며 무능하다는 것 이외에 아무것도 입증하지 못한다. 공개적인 싸움이 이루어진다는 이유로 이 싸움을 긍정하게 하려는 생각은, 다시 말해 강자의 권리가 사실상 오직 하나의 권리라는 것을 전제하고 있다. 그러나 실제로는 상대방의 방어태도가 서툴기 때문이며, 어떤 사람에게 그를 죽일 수 있는 가능성이 주어진다. 하지만 그를 죽일 권리가 주어진 것은 아니다.

그를 죽일 권리가 주어졌다면, 다시 말해서 자기가 도덕적으로 인정을 받는다면, 그것은 자기가 그 사람에게서 생명을 빼앗을 때 따르는 여러 동기에 근거를 둔다고 말할 수밖에 없다. 그런데 이 여러 가지 동기가 실제로 충분히 존재한다고 인정한다면, 그때에는 자기와 그와의 사격술이나 검술의 우열에 따라 살인을 하느냐의 여부를 놓고 망설일 필요는 조금도 없지 않은가? 더구나 이 경우에 어떤 방법으로 자기가 그의 생명을 빼앗는가, 등 뒤에서 기습을 할 것인가, 정면에서 덤벼들 것인가 하는 것은 어떻게 해도 무방하다. 요컨대 도덕적으로 본다면 살인에서 간사한 꾀를 쓰는 교활한 권리보다 강자의 권리가 반드시 훨씬 우위에 있다고 볼 수 없다. 여기서는 폭력의 권리와 두뇌의 권리는 동등한 위치에 있다. 그러므로 검투나 결투에서, 폭력과 두뇌의 권리를 함께 사용해도 무방하다. 만일 내가 어떤 사람의 생명을 빼앗는 것이 도덕적으로 인정받고 있다고 믿는다면, 새삼 그가 나보다 검술이나 사격술이 뛰어난 것 같다고 의심하면서도 될 대로 되라고 방임해 버리는 것은 어리석은 일이라고 생각한다.

그의 사격술이나 검술이 나보다 뛰어날 때에는 나에게 치명상을 입히거나 목숨까지도 빼앗길지도 모른다. "모욕은 결투가 아니라 암살로 복수해야 한다"는 루소(1712~1778, 프랑
스의 천재 사상가)의 의견은 이를 조심스럽게 암시하고 있다.

그러나 이 경우 그는 거짓말을 했다는 남의 공격을 상대를 암살할 만한 일이라고 인정할 만큼 기사적인 미신에 사로잡혀 있다. 한편 그는 모든 사람이, 아니 자신이 이 비난받을 만한 일을 수없이 하고 있다는 것을 알고 있을 것이다. 같은 무기로 공개적인 싸움을 함으로써 자신을 모욕한 사람을 살해하는 것을 정당화할 수 있다고 생각하는 편견은, 분명히 폭력의 권리를 참된 권리라고 생각하고 결투를 신의 판결로 믿고 있는 것이다.

이와 반대로 분노에 불타 자기를 모욕하는 자를 발견하는 대로 단도로 찌르는 이탈리아인의 수법은 변함이 없으며 자연스러운 일이다. 이 이탈리아인은 결투하는 자와 비교하면 한결 사리를 분간할 줄 알고 따라서 질이 그렇게 고약하다고 할 수는 없다.

하지만 결투에서는 내가 적을 죽이려고 할 경우에 적도 나를 죽이려고 애쓴다는 이유로, 자기 행위가 인정된다고 주장하려는 사람이 있다면, 그 도전으로 상대를 정당방위의 위치에 두려는 것은 결국 살인에 대한 그럴듯한 구실을 찾으려는 것밖에 되지 않는다. 그렇다면 차라리 사람들이 서로 합의하여 자기 생명을 이 승부에 내건 이상, '자진해서 한 일에 손해란 있을 수 없다'라는 원칙에 따라 변명을 하는 것도 무방하다고 하는 사람이 있을지 모른다. 그러나 이 추론에 대하여 '자진해서 하는 자'란 있을 수 없다. 왜냐하면 기사적인 명예의 원칙과 반이성적인 법전의 독단적인 결정이야말로 두 결투자들의 쌍방 또는 적어도 한쪽을, 이 피비린내 나는 과격한 종교 재판의 법정에 끌어낸 것이 아니냐 하는 반박이 성립되기 때문이다.

나는 기사적인 명예에 대해 상세히 서술했다. 이것은 좋은 의도에서 한 일이다. 뭐니 뭐니 해도 이 세상에 있는 도덕적·지성적인 괴물을 퇴치하는 유일한 헤라클레스는 철학이기 때문이다.

근대 사회는 주로 두 가지로 고대 사회에 비해 뒤쳐지는데, 그 두 가지가 있어 근세에는 쓰라리고, 어둡고, 고약한 색채를 주었는데 비해, 고대는 그런 색채에 물들지 않음으로써 생명의 아침처럼 명랑하고 의젓한 모습으로서 있기 때문이다.

이 두 가지란, 기사적인 명예 원칙과 성병이다. 이 얼마나 짝이 잘 맞는 형제인가! '투쟁과 애정'에 독을 담은 것이다. 성병은 얼른 봐서는 알 수 없을 만큼 광범위하게 영향을 주고 있다. 그 영향은 결코 육체적인 것에 그치지 않고 정신적인 것이기도 하다.

사랑의 신이 가진 화살통에 독 묻은 화살이 담긴 후로 이성 관계에 이질적이고 적의에 찬, 그리고 악마적인 요소가 들어간 결과, 음침하고 두려운 불신이라는 관념이 이 관계에 찬물을 끼얹게 되었다.

그리고 모든 협동체의 기초 의식에서 이 같은 변화의 간접적인 영향은 많든 적든 다른 사교 관계에도 미치는 것이다. 그러나 여기서 이것을 설명하려면 내용상 너무 벗어날 우려가 있다.

이 영향과 아주 유사한 것에(그나마 종류가 아주 다른 것이지만) 기사적인 명예 원칙, 즉 어처구니없는 미치광이에 의한 영향이 있다. 이 명예 원칙은 옛날 사람들과는 상관없는 것이지만, 현재 사회는 이것이 있기 때문에 딱딱하고 숨 막히는 불안정한 것이 되고, 아무렇지 않은 발언도 일일이 검토하고 되씹어 보지 않고서는 못 배기게 되었다. 아니, 이 정도로 그치는 것이 아니다. 그 원칙이야말로 고전시대의 미노타우로스(크레타 섬의 왕 미노스가 바다의 신 포세이돈에게 봉납하기 위해 황소가 바다에서 나타날 것을 빌었는데, 그 소의 장려미(壯麗美)를 사랑한 왕비가 소와 교접하여 반인반우(牛人牛牛)의 괴물 미노타우로스를 낳았다. 왕은 이것을 미궁에 유폐하고, 자기가 정복한 아테네에서 공물로써 해마다 괴물의 먹이로 7명씩의 젊은 남녀를 제공했다.)와는 달리, 유럽의 모든 국가에서 해마다 지체 높은 집안의 아들들을 공물로 바쳐야 하는 보편적인 미노타우로스인 것이다.

그러므로 이제야 이 괴물에 대하여, 내가 여기서 하는 것처럼 대담한 공격을 해야 할 때다. 원컨대 근대의 이 두 괴물을 19세기를 넘기기 전에 씨를 말리기를!

우리는 성병에 관해서는 의사들이 예방약을 사용하여 모조리 없애줄 것이라는 소망을 버리지 않는다. 그러나 그 유령을, 개념을 바로잡아 퇴치하는 것은 철학자의 일이다. 왜냐하면 그것을 법률로 시정하려고 한 각국 정부는 아직 성공할 기미가 보이지 않으며, 특히 앞서 말한 방법만으로는 겨우 그 재앙의 근원을 공격하는 데 지나지 않기 때문이다. 그래도 결투제도의 폐지에 관하여 각국 정부가 진지하고, 그들의 노력으로 거둔 약간의 성과가 참으로 그들의 무능 때문이라면, 한 가지 법률을 제안하려고 한다.

나는 성공을 확신하며 그것은 피비린내 나는 단두대나 종신금고와 같은 것에 도움을 요청하지 않아도 되는 것이다. 게다가 이것은 작고, 극히 가벼운 같은 종류의 병에 유효한 약제이다. 즉, 다른 사람에게 결투를 제의하거나 이에 응하는 자는 중국식으로 대낮에 수위장 앞에서 열두 차례의 태형을, 결투 중개자와 입회자는 각각 여섯 차례의 태형을 받는 것이다.

실제로 일어난 결투의 결과를 위해서는 일반 형법상의 절차를 취할 일이다. 기사적인 생각을 갖고 있는 사람은 내게 항의할지도 모른다. 이와 같은 징벌을 집행한 후에는 '명예를 존중하는 많은 사람들'이 권총 자살을 할 우려가 있다고 말이다. 그럼 나는 이렇게 대답할 것이다. '그런 어리석은 자는 다른 사람을 사살하기보다는 자기를 사살하는 편이 훨씬 낫다'라고.

결투제의 폐지에 관하여 각 정부가 열심히 노력하지 않는다는 것을 나는 알고 있다. 문관의 봉급은 물론이고, 무관의 봉급도(최고의 지위를 제외하고는) 그들의 업무에 훨씬 못 미치는 처지에 있다. 그러므로 나머지 반을 그들의 명예로 지불하는 것이다. 명예는 우선 칭호와 훈장으로 표시된다. 좀더 넓은 의미에서는 계급적인 명예로 대표되고 있다. 이 계급적인 명예에 있어서 결투야말로 가장 유용한 것이다. 그러므로 결투는 이미 오래전부터 각 대학은 물론이고 예비학교까지 두고 있는 형편이다. 그럼으로써 결투의 희생자들은 그들의 피로써 봉급의 미달 액수를 충당하게 된다.

나는 여기서 한 걸음 나아가서 국민적인 명예에 대하여 언급하고자 한다.

이 명예는 여러 민족 협동체의 일부로서의 어떤 민족 전체의 명예다. 이 협동체에서는 힘의 법정 이외에는 법정이 없다. 따라서 이 협동체의 각 구성원은 자기 권리를 스스로 보호해야 하므로, 어떤 국민의 명예는 다만 그것이 믿을 만하다는 견해 속에 성립될 뿐이며, 두려운 것이라는 견해에서도 이루어진다. 그러므로 이 명예는 그 권리를 침해하는 자를 방치해서는 안 된다. 국민적인 명예는 시민적인 명예 및 기사적인 명예를 합쳐서 하나로 만든 것이라고 할 수 있다.

명성은 인간이 표상하는 것, 다시 말해 세상 사람들의 눈에 비친 것, 지금까지 이야기해 온 것에서 이루어진다. 이제 우리는 이 명성에 대하여 생각해 보기로 하자.

명성과 명예는 쌍둥이다. 그러나 디오스쿠로이^(제우스의
자식들) 중에서 폴리데우케스는 불사신이었으나 또 하나의 카스토르는 죽어야 했던 것처럼, 명성은 불사신의 형이요, 명예는 결국 죽어야 하는 아우이다. 물론 이것은 다만 명성 중에도 최고의 것, 참되고 순수한 명성만 해당된다. 세상에는 여러 가지 아지랑이처럼 수명이 짧은 것도 있으니 하는 말이다.

그래서 좀더 생각해 보면, 명예는 단지 같은 처지에 있는 사람들이라면 누구에게나 요구하는 성질의 것이지만, 명성은 누구에게서나 요구할 수 없는 독특한 것이다. 또한 명예는 모든 사람들이 버젓이 자기 자신에게도 갖춰져 있다고 말해도 무방하지만, 명성은 누구나 자신에게 부여할 수는 없는 것이다. 우리의 명예는 소문이 전달되는 범위에 한정되는 반면, 명성은 소문을 넘어서 명성 그 자체로 멀리 퍼지게 된다. 명예는 모든 사람이 요구할 수 있으나, 명성은 특수한 사람에게만 국한된다. 요컨대 명성은 뛰어난 업적으로만 얻어지는 것이다. 그리고 이 업적은 행위나 작품이다.

그러므로 명성을 얻는 일에는 두 가지가 있다고 하겠다. 행위나 작품의 길이 그것이다. 행위의 길에는 주로 위대한 심정이 자격을 부여하고, 작품의 길에는 위대한 두뇌가 자격을 부여한다. 쌍방의 길에는 각각 득실이 있다. 주요한 차이는 행위는 사라지고, 작품은 머물러 있다는 것이다.

가장 고귀한 행위도 일시적인 영향을 주는 데 그치지만, 천재의 작품은 그와 반대로 오래 남아 모든 시대를 통틀어 세상에 이득을 주고 사람들의 마음을 높은 데로 이끌어 주는 역할을 한다. 행위에 대해서는 추억이 남지만, 추억은 점점 쇠퇴하여 자칫하면 왜곡되고 점점 무관심해진다. 그러므로 역사가 그것을 수용해서 화석과 같은 형태로 만들어 후세에 전하지 않으면 하나둘씩 사라져 버릴 것이다. 그러나 작품은 그 자체가 불사신이며, 특히 글로 된 작품은 모든 시대를 거쳐서 남게 마련이다. 알렉산더 대왕은 그 이름과 기억이 전해지고 있지만, 플라톤이나 아리스토텔레스, 호머, 호라티우스는 그 자신이 지금도 살아남아 있는 것처럼 직접 사람들에게 이야기를 걸어온다. 《베다》(인도의성전)는 《우파니샤드》와 함께 지금도 살아남아 있지만, 그 시대에 일어난 행위에 대해서는 아무 소식도 전해지고 있지 않다. *

행위의 또 하나의 단점은 그것이 기회에 좌우되므로 기회가 우선 행위에 가능성을 주어야 한다는 것이다. 동시에 행위의 명성은 비단 그 내적인 가치에 따라 나타날 뿐 아니라, 행위에 무게와 빛을 주는 여러 사정에 따른다고 할 수 있다. 그리고 전쟁에서와 같이 행위가 완전히 개인적일 경우에는 명성은 소수 목격자의 진술이 있어야 하는데, 그 목격자는 언제나 존재하는 것이 아니며, 또 있다고 하더라도 언제나 공평하다고 볼 수는 없다.

이와는 달리 행위에는 장점도 있어, 그것이 현실적인 것으로써 일반적으로 사람들의 비판 능력의 범위 안에 있고, 따라서 자료가 올바로 비판되기만 하면 곧 인정받게 된다. 다만 여러 행위의 동기가 훨씬 나중에야 정당하게 인정받거나 평가되는 경우도 있다. 우리가 하나하나의 행동을 이해하기 위

---

* 그러므로 오늘날 유행하고 있지만 작품의 명성을 행위로 칭찬하려는 것은 그릇된 생각이며 서투른 아첨이다. 역사 작품은 본래 고귀한 것이다. 행위는 단지 어떤 동기에서 비롯한 행동에 불과하다. 그러므로 그것은 하나하나 사라져 버리며, 또한 세계의 일반적이고 근원적인 요소인 의지에 종속되는 것이다. 그러나 위대하고 아름다운 작품은 보편적인 의미를 갖고 있으므로 영속성이 있으며, 순수한 이 의지의 세계에서 향기롭게 피어오르는 예지에서 싹튼 것이다.

행위의 명성이 지닌 장점은 금세 폭발적으로 나타나 명성이 대단하면 가끔 유럽 전체에 알려지기도 한다. 그러나 작품의 명성은 서서히 인정된다. 그러므로 처음에는 조용해도 이윽고 점점 그 명성이 높아져 100년이 지난 후에 정체가 완전히 드러나는 경우도 있다. 그렇게 되면 작품이 존속되는 한, 명성도 오래 지속되어 때로는 몇천 년에 이르기도 한다. 이와 반대로 행위의 명성은 최초의 폭발적인 인기가 사라지면 점점 쇠퇴하여, 기억하는 사람도 차츰 줄다가 나중에는 다만 역사 속에 유령처럼 남아 있을 뿐이다.

해서는 행위의 동기를 이해해야 하기 때문이다.

그러나 작품의 경우는 사정이 다르다. 작품은 어떤 기회에 제작된 것이 아니라 단지 작가 자신과 관계가 있다. 그리고 작품은 그것이 세상에 남아 있는 한, 그 자체 그대로의 모습을 영원히 지니고 있다.

그런데 작품은 비판하기 어려우며 이런 어려움은 작품이 훌륭할수록 더욱 커지는 경향이 있다. 게다가 훌륭한 자격을 갖춘 비판자는 좀처럼 보기 힘들며 공정한 선의의 비판자도 흔치 않다. 작품의 명성은 한 차례의 조사나 심사로 결정되지 않아 흔히 항소심을 거치게 된다.

이렇듯 행위에서는 추억만이 후세에, 그것도 그 시대에 전해진 대로 전해지지만, 작품은 이와 반대로 그 자체가 후세에까지, 때로는 유실된 일부로 되어 있는 경우도 있지만, 있는 그대로의 모습으로 남아 있다. 그리고 여기에는 자료의 왜곡도 없고, 그 작품이 제작된 당시 환경의 불리한 영향도 후세에 와서는 사라져 버린다. 오히려 시간이야말로 차츰 소수나마 참된 자격을 가진 비평가들을 배출해 준다. 이 비평가들은 그 자신이 이미 뛰어난 인물이고 예외적이며 비범한 인물인 작가를 심판하게 된다. 이런 비평가들이 뒤를 이어 작품에 유력한 투표를 하게 된다.

그래서 때로는 몇백 년 후에 가서야 비로소 작품에 정당한 평가를 내리는 경우도 있지만, 이때는 이제 어떤 후세 사람도 뒤집을 수 없이 완벽하게 올바른 판결이 내려지는 것이다.

작품의 명성은 이와 같이 확실한 것으로, 아무도 가로막을 수 없다. 그러나 작가가 살아있는 동안에 얻은 명성은 외부적인 사정과 우연에 의한 것으로, 이런 경향은 작품이 훌륭하고 난해할수록 있을 수 없는 일이다. 이에 대하여 세네카는 《서간집》(79)에서 매우 간결하게 말하고 있다.

공적에 언제나 명성이 따르는 것은 육체에 그림자가 따르는 것과 같다. 그런데 그 그림자도 때로는 앞서기도 하고 때로는 뒤에서 따라오기도 한다.

그는 이렇게 말하고 나서 다음과 같이 덧붙이고 있다.

그대와 같은 시대에 사는 모든 사람들에게 질투가 침묵을 명할 경우에도, 적의를 편견 없이 평가하는 사람이 나타날 것이다.

여기서 아울러 해야 할 추론이 있다. 그것은 비열하고 흉악한 것을 두둔하고 선량한 것을 대중에게 은폐하기 위해, 악의에 찬 침묵과 묵살로써 공적을 억압하는 기술이 벌써 세네카 시대의 인간 찌꺼기들 사이에 흔히 사용되어 왔으며, 이것은 마치 우리 시대의 저들과 비슷한 것으로, 양자가 다 질투가 입을 틀어막고 있었던 것으로 생각된다.

흔히 명성이 지속되는 시간이 길수록 더디 나타나는 것은, 마치 우수한 모든 것이 서서히 성장하는 것과 흡사하다. 죽은 후에 얻으려는 명성은 참나무가 씨앗에서 서서히 자라는 것과 같고, 가볍고 일시적인 명성은 1년생으로 재빨리 자라는 나무와 같으며, 거짓 명성에 이르러서는 금세 우거지는 잡초와 같다고 할 수 있는데, 이 잡초는 베어서 내버려지게 마련이다.

이와 같은 경향은 본래 먼 훗날을 내다볼수록, 다시 말해서 그 사람이 참으로 인류에게 공헌하는 바가 클수록 본인의 당대에는 더욱 인정을 받지 못하는 법이다. 그것은 그가 제작한 것이 그 시대를 위해서가 아니라, 다시 말해 그 작품이 전적으로 당대에 속하는 것이 아니라 인류에게 속한다는 의미에서만 당대에도 속하는 데 불과하며, 그 시대에 국한된 색채로 칠해져 있지도 않기 때문이다.

그러므로 자칫하면 그 시대는 그의 존재를 모르고 지나가 버린다. 아니, 오히려 그 시대는 짧은 기간의 여러 가지 사건이나 어느 순간적인 기분에 영합하는, 따라서 온전히 그 시대에 속하여 당대와 함께 살다가 죽어가는 사람들을 존중하는 경향이 짙다. 그러므로 예술사나 문학사는 모두 인간 정신의 최고 업적들이 흔히 환영받지 못하고, 훨씬 뛰어난 정신의 소유자들이 나타나기까지 오랫동안 불우한 가운데 묻혀 있었다는 것을 가르쳐 주고 있다.

이들은 그 최고의 업적으로 명성을 얻고, 그 명성에서 얻은 권위로 후세에까지 자기를 지켜 나간다. 이것은 누구나 자기와 동질적인 것만을 이해하고 평가할 뿐이기 때문에 일어나는 현상이다. 즉 평범한 사람에게는 평범한 일이, 저열한 사람에게는 저열한 일이, 그리고 머리가 명석하지 못한 사람에게는 혼돈이, 모자라는 사람에게는 무의미한 일이 각각 동질적인 것으로 일어난다.

그러므로 각자에게 제일 마음에 드는 것은, 자신이 제작한 것이라는 말이 된다. 바로 그것이 그와 가장 동질적인 것이기 때문이다. 그래서 옛날의 전설적인 인물인 에피카르모스(그리스의 희극 시인)도 이렇게 노래하고 있다.

>　조금도 놀랄 건 없다. 나는 내 생각을 말하고,
>　그들은 자기 자신이 제 마음에 들어 의기양양한 것뿐이다.
>　그들은 자기가 실로 훌륭하게 보이는 것이다.
>　개에게는 개가,
>　그야말로 제일 아름다운 것…… 역시 그렇다, 소에게는 소가,
>　노새에게는 노새가, 돼지에게는 돼지가.

　팔의 힘이 아무리 강해도 흐늘흐늘한 물체를 집어던지게 되면, 멀리 날아가서 심하게 부딪칠 정도의 운동을 일으킬 수 없다. 이것은 이 물체의 질량이 외부의 힘을 받아들이기에 부족하기 때문이다. 그리고 쓸데없이 가까운 곳에 떨어져 버리는 것처럼, 위대한 사상이나 천재의 걸작은 이를 이해할 만한 사람을 만나지 못하고 편협하고 빈약하거나 비틀린 사람들만 대하게 되면 이와 비슷한 비운에 빠져 버린다.
　이런 일을 한탄이나 하듯, 모든 시대의 현자들은 이구동성으로 같은 말을 되풀이하고 있다. 가령 예수스 시라크는, "어리석은 자와 이야기하는 사람은 잠든 자와 이야기하는 것과 같다. 그가 이야기를 마치면 '뭐라고 했지요?' 하고 반문한다"고 말했다.(위경(僞經) 2818) 그리고 햄릿은, "독설도 어리석은 자의 귓속에서는 잠잔다"고 하였다. 또한 괴테는 이렇게 말했다.

>　아무리 현명한 말도 멸시와 조소를 받을 것이다.
>　그 말을 듣는 자의 귀가 멍들어 있으므로.

　그리고 다시,

>　그대 애쓴 보람도 없이
>　상대방은 아무 반응도 없네.

……바람직한 일 한두 가지 아니거늘!
　　질퍽한 땅에 돌을 던진들
　　파문을 그릴 리가 없고……

리히텐베르크는 물었다.
"두뇌와 책이 부딪쳐서 동시에 공허한 소리를 내면, 그 소리는 언제나 두
뇌에서 나오는 것으로 알면 되지 않을까?"
이어서 그는 말을 이었다.
"그런 저작은 거울이다. 원숭이가 들여다보는데, 사도(使徒)가 나타나 보
일 리 없지."
　　또한 여기에 대한 겔레르트$\binom{1715\sim1769,\ 독일의}{철학자,\ 시인\ 겸\ 평론가}$의 아름답고 비통한 한탄은 자주
상기할 만한 가치가 있다.

　　자칫 훌륭한 선물이
　　들어있는 경우가 극히 드물고,
　　거의 모든 사람들은
　　추한 것을 아름답게 본다.
　　이런 폐단은 날마다 볼 수 있으나
　　이 흑사병을 어떻게 막을 수 있으랴?
　　나는 의아하게 생각한다. 이런 재앙이
　　세상에서 없었던 적이 있었던가를.
　　설사 세상에 그 길이 있다고 하더라도
　　그것은 어렵기 한량없으리.
　　어리석은 자들이 다 현명해지기를 바란들
　　그것은 있을 수 없는 일.
　　저들은 사물의 가치를 모르나니
　　눈으로 볼 뿐, 마음으로 보지 못하며
　　저들이 찬양하는 것이 있어도
　　좋고 나쁨을 분간 못하니 어찌하랴.

인간의 이와 같은 지적인 무능 때문에 결국 괴테가 말한 것처럼 뛰어난 것은 좀처럼 알아보지 못하며, 그것을 올바로 인식하거나 평가하는 일은 드물다. 다른 분야에서도 그렇지만 여기서도 이 무능에 다시 인간의 도덕적인 열등성까지 곁들이게 된다. 더욱이 그것은 질투로 나타난다. 어떤 사람은 얻은 명성으로 남들에게 돋보이기 때문이다. 다시 말해 다른 사람들은 그 아래 처지게 되는 것이다. 즉 각각의 뛰어난 공적은 그것을 갖고 있지 않은 사람을 발판으로 해서 명성을 얻는 것이다.

우리가 어떤 사람에게 명예를 줄 때
스스로 자기 품위가 떨어지게 마련이거늘.

——《서동시집》

이 시구가 말하고자 하는 것은 뛰어난 것이 나타나면 곧 평범한 많은 사람들은 그것을 인정하지 않으려고 하며, 가능하면 그것을 짓밟아 버리려고 단결하고 결탁한다는 것이다. 그들이 몰래 주고받는 말인즉 '타도 공적!'이다. 그리고 자기 공적으로 이미 명성을 얻은 사람들도 새로 명성을 얻는 자가 나타나는 것을 반가워하지 않는다. 이 새로운 명성이 가진 눈부신 빛 때문에 그의 명성이 가려지기 때문이다. 괴테는 이렇게 노래했다.

사람들이 내가 태어나기를 바랄 때까지
내가 머뭇거리고 있었던들
아직도 나는 세상의 햇빛을 보지 못했을 것이다.
각자 자기를 돋보이기 위함이니,
나를 거부하려는 사람들이
나에게 무엇을 하였는지,
당신도 자주 보아서 아는 바이니…….

명예는 대체로 공정한 심판자를 발견하므로, 어떤 질투도 이를 위협하지 못한다. 그뿐만 아니라 명예는 모든 사람들에게 미리 신용으로 주어지는 것이지만, 명성은 질투 같은 것은 개의치 말고 쟁취해야 하며, 호의적이지 않은 심판자들의 법정이 월계관을 씌워주지 않을 수 없게 해야 한다. 명예는 우리가 모든 사람들과 함께 소유할 수 있고, 또 소유하려고 하지만, 명성은 이것을 소유할 수 있는 사람들에게서 각자 삭감을 당하거나 저해되기 때문이다.

저술로 명성을 얻는 어려움은, 독자층의 수에 반비례한다. 그 이유는 곧 알 수 있을 것이다. 그러므로 그 어려움은 오락물 저술에서는 줄어들지만, 교훈을 위주로 하는 저술에서는 한층 증가된다. 그중에서 제일 어려운 것이 철학적인 저술이다.

철학적인 저술이 제시하는 교훈은 한편으로는 신빙성이 적어 보이고, 한편으로는 물질적인 혜택을 가져오지 못하며, 또 이런 책은 제일 먼저 잔소리가 많은 경쟁자들로 구성된 독자층에서 나타나기 때문이다.

앞서 말한 여러 가지 저해 요인에서 분명히 알 수 있는 것은, 명성을 얻는 데 장해가 되는 책을 쓰는 사람들이 책 자체에 대한 애정이나 자기만족에서 펜을 드는 것이 아니라 주로 명성을 얻기 위해 쓴다면, 인류는 불멸의 저술을 거의 갖지 못하거나 전혀 갖지 못할 것이다. 그뿐만 아니라 선과 정의를 고무시키고 악을 기피해야 하는 사람은 대중 및 그들과 맞장구를 치는 비판에 항거하고, 그들을 경멸하게 마련이다. 명성은 그것을 구하는 자를 멀리하고 등한시하는 자의 뒤를 쫓는다는 견해, 특히 오소리우스(1506~1580, 포르투갈의 철학자)가 《명성에 대하여》 속에서 주장한 경고는 정당한데, 그것은 이에 입각한 것이다. 명성을 구하는 사람은 동시대 사람들의 취미에 영합하기 때문에 오히려 명성을 잃게 되고, 명성을 거들떠보지 않는 사람은 명성에 거역하기 때문에 오히려 참된 명성을 얻게 된다.

명성을 얻는 것은 매우 어려운 일이지만, 명성을 유지하는 것은 쉬운 일이다. 이 점에서도 명성과 명예는 대조적이다. 명예는 신용 때문에 모든 사람에게 주어지며, 이 경우에 이들은 이것을 유지하기만 하면 된다. 그러나 여기에 바로 어려운 문제가 있다. 왜냐하면 명예는 한 번이라도 비루한 행위가 있으면 사라져 버리기 때문이다.

그러나 명성은 반대로 원래 소멸되는 것이 아니다. 왜냐하면 일단 명성을 얻은 행위나 작품은 언제나 그대로 남아 있으며, 그 명성에 새로운 명성이 더해지지 않더라도 그 행위자 또는 작가에게 밀착되어 있기 때문이다. 그런데 만일 명성이 실제로 소멸되었고 본인이 살아 있을 동안에 상실되었다면, 그것은 진정한 의미의 명성이 아니다. 다시 말해서 가치 없는 명성이었기에 순간적으로 뒤집어썼다고 할 수 있다. 그것이 헤겔(1770~1831, 독일의 철학자)이 갖고 있던 명성은 아니라고 하더라도, 리히텐베르크가 명예에 부여한 정의와 같은 것이기 때문이다. 그는 다음과 같이 말했다.

　편파적인 대학 졸업 사정회의에서 고취되고, 텅 빈 두뇌의 소유자들이 갈채를 보내는 명성은, 후세에 사탕발림으로 세운 건물이나 이미 사라진 유행의 화려하지만 속이 빈 누각이다. 낡아빠진 궤변으로 가득 찬 집 문을 두들겼을 때에, 모든 방이 비어 있는 것을 발견하고, '어서 오십시오!' 하고 자신 있게 말할 수 있는 최소한의 사상도 찾아볼 수 없었다면, 후세 사람들은 얼마나 씁쓸하게 웃을 것인가?

　명성은 본래 어떤 사람을 다른 사람들과 비교하는 데서 생기는 것이다. 그러므로 명성은 본질상 상대적인 것이며, 따라서 상대적인 가치를 갖고 있을 뿐이다. 즉 다른 사람들이 모두 유명해지면, 명성은 결국 사라지게 마련이다. 절대적인 가치를 갖고 있는 것은 어떤 처지에서나 영구불변하는 것, 직접 자신으로서 지니고 있는 실체이다. 그러므로 위대한 마음가짐이나 뛰어난 두뇌의 가치와 행복은 이 절대적인 가치 속에 있다. 즉, 명성이 가치로 충만한 것이 아니라 그것에 의해 인간이 명성을 얻는 것이 가치로 충만해 있는 것이다. 이와 같은 가치로 충만한 것이 사물의 실체이며, 명성은 이에 따르는 현상에 지나지 않는다.

　그러므로 이 명성은 유명한 사람들에게 주로 외면적 상징으로 작용하며, 사람들은 이것을 자기 자신에게 독특한 높은 가치의 보증이라고 생각한다. 따라서 광선이 어떤 물체에 반사하지 않으면 볼 수 없는 것과 마찬가지로, 모든 우수성도 명성으로 비로소 확인할 수 있는 것이다.

　그러나 명성이라고 해서 반드시 다 근거가 있다고 할 수는 없다. 세상에는 공적이 없는 명성도 있고, 명성이 없는 공적도 있다. 그러므로 "몇몇 사람은 유명하고, 다른 사람들은 유명해질 만한 가치가 있다"고 한 레싱의 말은 옳다.

그리고 어떤 사람이 가치가 있고 없음이 그가 남의 눈에 어떻게 보이느냐에 따라서 결정되는 것이라면 그야말로 하찮은 것일 것이다. 마찬가지로 비참한 존재가 영웅이나 천재가 만들어지는 생명이었다면, 만일 그들 생명의 가치가 명성에, 즉 타인의 박수갈채 속에 성립된다면 말이다. 그러나 그런 실체는 자신 속에서 자기를 위해 살고 또 존재하는 것이다. 그것이 어떤 성질과 형태의 것이건, 참된 자아는 그가 가장 우선적으로 추구하는 것으로서 이것은 자신을 위하는 길이기도 하다. 만일 그것이 자기에게 그다지 가치 없는 것이라면, 다른 사람에 대해서도 보잘것없는 것이다.

이와 반대로 남의 머릿속에 들어있는 그의 본체의 영상은 이차적인 것, 유도된 것, 그리고 우연에 맡겨진 것으로, 간접적으로만 본체에 다시 작용하는 데 불과하다. 그리고 대중의 두뇌는 참된 행복이 머물기에는 너무나 빈약한 무대다. 오히려 거기서는 어떤 환영과 같은 행복이 발견될 뿐이다.

그러나 일반적인 명성의 그 전당에는 얼마나 많은 놈팡이들이 득실거리는 것인가! 장군들과 대신들, 의사, 요술쟁이, 무용가, 백만장자, 유대인들……. 그렇다, 이들의 장점은 정직하게 평가되는 정신적인 장점보다도, 특히 고귀한 종류의 장점보다도 훨씬 많은 '존경'을 찾아볼 수 있다.

그런데 정신적인 고귀한 장점은 대다수 사람들에게서는 '여론에 의한 존경'을 받을 뿐이다. 그러나 행복론적인 견지에서 명성은 우리의 자랑과 허영심을 위해서는 매우 귀중한 음식임에 틀림이 없다.

그런데 자랑이나 허영심은 대다수의 인간이 숨겨놓고 있기는 하지만, 넘칠 정도로 많이 갖고 있다. 그리고 아마도 그것은 명성을 얻을 만한 자격을 갖추고 그 가치를 시험하여, 승인을 얻을 수 있는 기회가 찾아올 때까지 대체로 오랜 세월을, 자기 가치에 대하여 불안정한 의식을 가지고 사는 사람들의 마음속에 강하게 작용하는 법이다. 그들은 그 시기가 찾아올 때까지는 어떤 은밀한 부정(不正)에 시달리는 듯한 심정을 가지고 있을 것이다. *

---

* 우리의 최대 만족은 칭찬을 받는 데서 얻을 수 있지만, 칭찬하는 자는 모든 이유가 갖춰져 있더라도 좀처럼 남을 칭찬하기를 달가워하지 않는다. 그러므로 뭐니 뭐니 해도 자기 자신을 정당하게 칭찬하는 데 성공한 사람이야말로 가장 행복한 자다. 다만 이런 사람도 다른 사람의 견해에 매혹되어서는 안 된다.

그러나 이 장의 처음에 설명한 대로, 대개의 경우 인간이 자기에 대한 타인의 견해에 치중한 가치는 전혀 균형이 잡히지 않고 비합리적인 일이다. 홉스($\frac{1588~1679,}{영국의 철학자}$)가 이에 대하여 어느 정도 정당하게 강조하고 있다.

> 모든 마음의 즐거움과 쾌락은 사람들이 자기를 타인과 비교하여 스스로 위대하다고 생각할 수 있는 데서 비롯된다. ($\frac{《시민론》}{제1권 제5장}$)

이 말은 사람들이 일반적으로 명성에 두는 높은 가치와, 언젠가는 명성을 얻으려는 소망을 위해 바치는 희생을 설명해 주고 있다.

> 명성은 마음을 자극하여 쾌락을 비웃고
> 괴로운 나날을 살아 나가게 하는 박차.
> (그러나 고귀한 심정의 약점인 것을)

마찬가지로,

> 기어오르기가 얼마나 어려운가.
> 저 높은 곳에 자랑스러운 명성이 빛나네…….

끝으로, 이 때문에 모든 국민 가운데서 가장 허영을 좋아하는 국민이 언제나 '허영'을 입 밖에 내고, 이것을 주저 없이 위대한 행위나 작품에 대한 주요 요인으로 간주하는 것을 분명히 알 수 있다.

명성은 분명히 이차적인 것이며, 공적의 단순한 반응, 영상, 그림자 또는 상징에 지나지 않는다. 어떤 경우에도 칭찬받는 자는 칭찬 자체와 비교하면 더 많은 가치를 갖고 있을 터이므로, 인간을 참으로 행복하게 하는 것은 명성 속에 존재할 수 없으며, 명성을 얻게 되는 것, 즉 공적 안에, 좀더 상세히 말하면 공적이 생길 수 있는 여러 가지 능력(이것이 도덕적인 것이건, 예지적인 것이건) 속에 존재할 수 있다. 인간은 자신을 위해 최선을 다하며, 그 최선의 것이 다른 사람들의 머리에 어떻게 반영되며, 또 그가 남의 견해 속에서 어떻게 생각되고 있는가는 이차적인 일로서, 그에게는 단지 부수적인 흥미가 있을 뿐이다.

그러므로 명성을 얻지 않은 채 명성을 얻기에 부족함이 없는 인물이 가장 소중한 것을 소유하고 있는 사람이며, 그에게 어떤 무엇이 결여되어 있더라도 그 소중한 것을 소유하고 있기 때문에 체념할 수 있다. 즉 어떤 사람이 분별 없고 때때로 기만당한 대중으로부터 위대한 인물로 생각되는 것은 부러운 일이 아니며, 그가 참으로 위대한 인물이 되는 것이야말로 그를 부러워할 만한 가치가 있는 인간으로 만든다.

그리고 최고의 행복이란 후세 사람들이 그에 대해 이야기하는 것이 아니라, 그의 안에 수천 년을 통해 보존되고, 아직도 생각해 볼 만한 가치가 있는 견해를 얻을 수 있는 그릇을 가진 것이다. 또한 이 행복은 그들에게서 빼앗을 수 없다. 이것이야말로 '우리를 위한 것'이며, 앞서 서술한 다른 것은 '우리를 위하지 않는 것'이다. 이 말을 뒤집으면, 칭찬 자체가 소중한 것이라면 칭찬받는 것은 그만한 가치가 없다는 것이다.

이 행복은 사상 속에 성립되어 있었던 것이다. 그 사상을 고찰하는 것이 무한한 미래에 걸쳐 가장 고귀한 정신을 소유한 사람들의 사명이며, 또한 즐거움도 된다. 즉, 사후의 명성이 지닌 가치는 이 명성에 해당되는 것 속에 있으며, 또한 그 명성에 해당된다는 것 자체가 그에게 가져오는 보수이기도 하다.

그런데 사후에 명성을 얻은 작품이 그렇다면, 때로는 생전에 같은 시대 사람들로부터도 명성을 얻고 있었느냐 하는 것은 우연한 일에 불과하므로 그다지 의미를 갖지 못한다. 아무튼 인간은 대체로 자기의 판단은 갖고 있지 않으며, 특히 고귀하고 난해한 업적에 대해서는 평가할 수 있는 능력이 없다. 따라서 이 경우에 그들은 언제나 타인의 권위를 추종하며, 높은 명성은 100명의 찬미자 중에서 99명까지는 그저 타인의 권위를 추종하게 따른 결과다.

그러므로 동시대 사람들의 요란한 칭찬도 생각이 깊은 사람에게는 약간의 가치를 갖고 있을 뿐이다. 이것은 그들이 큰 갈채 속에서 언제나 소수의 목소리만을 듣고 있기 때문이며, 이 소수의 목소리까지도 그 말의 바람결에 크게 좌우되기 때문이다. 청중은 몇몇을 제외하고는 귀머거리며, 그나마 서로 자기들의 결함을 감추려고 한 사람의 두 손이 움직이자 곧 열심히 박수를 치는 자들만으로 이루어져 있다. 이 사실을 알고 있다면 이런 청중의 갈채가 있었다고 해서 명인이나 대가로 자타가 공인하는 자로서 거기 동조할 수 있겠는가? 더구나 그 박수를 인도한 사람이 서투른 바이올리니스트에게 터무니없는 갈채를 보내려고 미리 매수해 두는 일이 비일비재한 것을 알고 있으면서 말이다. 이것으로써 같은 시대의 명성이 사후의 명성으로 이어지는 일이 드문 이유를 알 수 있을 것이다.

그러므로 달랑베르^(1717~1783, 프랑스의 수학자이며 철학자)는 문단에서 얻는 명성을 사원에 비유하여 이와 같이 아름답게 묘사하고 있다.

사원 속에는 죽은 훌륭한 사람들이 살고 있다. 그러나 그들은 살아 있는 동안에는 들어갈 수 없었다. 하긴 그밖에 산 사람이 두어 명 있기는 하지만, 이들은 죽으면 반드시 쫓겨날 것 같다.

여담일지 모르지만 여기 몇 마디 서술하고 싶은 것은, 어떤 사람을 위해 살아 있을 동안 덕을 기리는 비를 세우는 것은, 그에 대하여 후세에는 신뢰할 수 없다고 말하는 것과 마찬가지다. 그러나 어떤 사람이 살아 있는 동안에 사후에 떨치게 되리라고 생각하는 명성을 받게 되더라도, 아직 노령에 이르기 전에 명성을 얻는 것은 드문 일일 것이다. 아마도 이런 관례를 깨뜨리는 일은 예술가나 시인들에게는 있을지 모르지만, 철학자에게는 매우 드문 일이다.

이 관례의 증거가 되는 것으로, 자기 작품으로 유명해진 사람들의 초상화가 있다. 대개의 경우 이와 같은 초상화는 그들의 이름이 세상에 알려진 뒤에 그린 것으로, 나이 먹은 백발의 모습을 띠는 것이 보통이다. 철학자들의 경우에는 더욱 그렇다.

행복론적으로 생각하면, 이렇게 되는 것은 당연한 일이다. 명성과 청춘이 한꺼번에 찾아들면, 인간에게는 지나친 복이다. 보통 우리의 생애는 자기의 보물을 여간 알뜰히 꾸려나가지 않으면 유지할 수 없을 정도로 짧다. 청춘은 그 자체가 보물로 가득 차 있으므로, 그것으로 족하다. 그러나 늙어서 겨울나무처럼 모든 향락도 기쁨도 고갈되어 버렸을 때에는, 명성의 나무가 겨우 한여름의 상록수처럼 자라는 데 적절한 시기다. 이것은 또한 여름에 자라서 겨울에만 보는 늦배〔冬梨〕의 열매와 비교할 수도 있다. 늙으면 청춘 시절에 낼 수 있는 모든 힘의 성과를 여러 작품으로 완성하는 것 이외에 더 아름다운 위로는 있을 수 없다. 그 작품은 함께 나이를 먹는 일이 없다.

그런데 여기서 과학에서 사람들이 명성을 얻는 다양한 과정을 좀 상세히 관찰하려고 한다. 우선 이런 법칙을 세우기로 하자. 즉, 과학으로 얻을 수 있는 명성으로 나타나는 지정적인 우월은 언제나 자료에서 새로운 체계의 형태로 표시된다.

이 자료에는 여러 가지가 있는데, 그 체계화로 얻어지는 명성은 자료 자체가 일반적으로 알려져 있을수록, 그리고 모든 사람들에게 알기 쉬울수록 더욱 커지고 널리 알려질 것이다. 가령 자료가 2, 3의 수 또는 곡선에 관한 것이거나, 어떤 특수한 물리학적·동물학적·식물학적, 그리고 해부학적인 사실에 관한 것이거나, 고대 저술가들의 몇몇 잘못된 곳, 또는 반쯤 소멸되었거나 알려져 있지 않은 문자가 적힌 비명(碑銘)에 관한 것이거나, 역사에 알려져 있지 않은 여러 가지 잘못이 있었다면, 그 자료를 바로잡는 데서 얻는 명성이 자료 자체를 알고 있는 사람들 외에는 별로 알려지지 않을 것이다. 그리고 자료를 알고 있는 사람들이란, 얼마 되지 않는 소수로 은퇴했지만, 특히 자기들 전문 분야의 명성을 부러워하는 자들이다.

그러나 이와는 달리 전 인류가 알고 있는 자료, 가령 인간의 이해력 또는 정의(情意)의 본질적이고 보편적인 여러 가지 성질, 또는 여러 가지 자연의 힘으로, 그 작용의 현상이 우리의 눈앞에 있는 것, 또는 누구나 알고 있는 일반 자연의 운행이라면 분명히 요점을 파악하여 체계를 세움으로써, 그런 현상을 밝힌 데서 오는 명성은 시간이 흐름에 따라 확대되고, 개화된 거의 모든 인류에게 미칠 것이다. 아무튼 자료가 누구나 알기 쉬운 것이라면, 그 체계화된 것도 대개는 누구나 알기 쉬운 것이기 때문이다.

그러나 이 경우에 명성은 다만 어려움을 극복한 것에 부합되는 것이리라. 즉, 자료가 일반적으로 알려져 있는 만큼 이것을 새롭고 정당한 방법으로 체계를 세운다는 것은 그만큼 어려운 일이며, 또 이런 일에 대해서는 이미 많은 사람들이 탐구해서 이런 자료들의 온갖 체계화를 잘 이루어 놓았기 때문이다.

그러나 대중에게 알려져 있지 않은 자료로서 힘에 겨운 길을 더듬어야만

하는 것이라면, 보다 새로운 체계를 세울 수 있는 여지가 있다. 이런 것이라면 다만 정직한 이해력과 건전한 판단력, 즉 적당한 정신적 우수성을 갖고 일을 해 나가면 새롭고 올바른 체계를 세울 수 있는 행운을 차지하기는 쉽다.

그러나 이렇게 해서 얻은 명성에는 자료가 알려져 있는 범위와 거의 같은 한계가 있을 것이다. 그리고 이런 종류의 문제 해결은 자료의 지식을 얻는 데도 반드시 많은 연구와 노력이 필요하다. 그런데 앞에서 말한 종류의 자료로 가장 높고 또 넓은 명성을 얻을 수 있는데도, 그 자료는 손쉽게 손에 넣을 수 있다. 그러나 이 나중 것은 힘은 덜 들지만, 그만큼 훨씬 많은 재능, 아니 천재성을 필요로 한다. 그리고 가치와 가치 평가에 관해서는 어떠한 노력으로 이룬 작품이나 연구도 재능과 천재와는 비교가 되지 않는다. 위에서 말한 것으로 추론할 수 있는 것은, 자기가 정통한 이해와 올바른 판단을 갖고 있다는 것은 인정하지만, 최고의 정신력을 타고난 것에 대하여 자신이 없는 사람은 많은 연구와 번거로운 노력을 싫어해서는 안 된다는 것이다.

사람은 많은 연구와 부단한 노력에 의해서만 배우고 알게 될 뿐 아니라, 일반 사람들에게 알려진 자료를 갖고 있는 많은 사람들보다 뛰어나게 되기 때문에, 새로 창조할 줄 모르는 노력가들이 도달할 수 있는 지점보다 훨씬 먼 곳까지 깊이 탐구할 수 있다. 이런 영역에서는 경쟁자의 수가 무척 줄어들게 되므로, 조금만 우수한 머리를 갖고 있으면 결국 자료의 새로운 체계를 올바로 세울 수 있는 기회를 찾아낼 것이다. 그가 발견한 공적은 입증하기 어려운 것이 될 테지만, 이와 같은 전문지식의 소유자들인 그의 동료들로부터 얻은 명성은 일반 대중에게는 멀리서 바라보일 뿐이다.

그런데 여기서 암시되는 길을 끝까지 더듬어 가려고 생각한다면, 자료를 얻기가 무척 어렵기 때문에, 그 자료를 체계화하지 않더라도 자료만으로도 명성의 기반을 만들 수 있는 지점이 나타난다. 거의 아무도 찾아간 일이 없는 먼 나라들의 여행 같은 것도 이런 이유로 하는 것이다. 즉, 이때 그는 구경한 것만으로도 유명해질 수 있지만, 생각한 적도 없는 그런 것으로는 유명해지기가 어렵다.

이 길의 또 하나의 장점은 생각한 것보다 본 것이 남에게 전하기 쉽고 이해도 쉽게 하게 된다는 것이다. 그러므로 생각한 것보다도 본 것에 대해서는 훨씬 많은 독자를 얻게 될 것이다. 이미 아스무스($^{1740~1815,}_{독일의 시인}$)는 이렇게 말했다.

누구든지 여행을 하면 이야깃거리가 생길 것이다.

그러나 이런 일로 유명해진 사람들과 개인적으로 가까워졌을 때, 가끔 생각나는 호라티우스의 말이 있다.

바다를 건너가는 사람은
하늘은 바꾸지만, 마음은 바꾸지 못한다.

——《서한집》

다른 각도에서 보면, 보편과 전체에 관한 위대한, 따라서 매우 어려운 여러 가지 문제를 해결하는 데 그 사람이 아니면 안 되는 그런 고귀한 여러 능력이 부여된 두뇌를 가진 사람은 시야를 되도록 여러 방면으로 돌려 널리, 그리고 고루 확대해 나가는 것이 상책이다. 이런 사람에게는 극히 소수의 사람밖에 모르는 어느 하나의 영역에만 너무 깊이 파고드는 것은 권하고 싶지 않다. 다시 말해서, 어떤 특수한 과학 분야에 깊이 들어가거나 세밀한 학술 연구에 종사하는 일은 시키고 싶지 않다. 왜냐하면 그는 경쟁자들의 혼잡을 피하여 손에 넣기 어려운 대상에 구애받을 필요 없이, 오히려 모든 사람의 눈앞에 존재하는 것이 그에게 새롭고 중요한 참된 체계를 이루는 소재가 되므로, 그의 공적은 자료를 잘 이해하는 모든 사람들, 즉 인류 대부분의 사람들로부터 존경을 받을 수 있기 때문이다. 시인이나 철학자들이 얻은 명성과 물리학자나 화학자, 광물학자, 동물학자, 언어학자, 역사학자들이 얻게 되는 명성의 차이는 여기서 비롯된다.

5. 권고와 잠언

나는 이제까지 서술이 완벽해야겠다는 입장에서 이야기해온 것은 아니다. 이 장에서 더욱 그럴지 모르겠다. 그렇지 않으면, 멀리는 테오그니스(BC 550년경의 그리스 시인 시구 약 1400행이 현존)나 솔로몬 왕(옛 유대의 3대 임금. 구약〈전도서〉의 저자)에서, 가까이는 라로슈푸코에 이르기까지 모든 시대의 사상가들이 지어낸 많은(그중에는 상당히 무게가 있는 것도 들어 있는) 처세훈을 그저 되풀이하는 것이 될 수 있으며, 평범한 주장으로 그칠지 모르기 때문이다. 그렇게 완벽을 기하기는커녕 계통적으로 안배하지도 못할 테니 완벽히 하는 것은 단념하는 수밖에 없다. 독자들을 지루하게 만들고 싶지 않기 때문이다.

나는 생각나는 것, 전할 만한 가치가 있는 것, 그리고 내가 기억하는 한 아직 아무도 말하지 않은 것만을 말하려고 한다. 즉 행복이라는 넓은 영역에서 이미 다른 사람들이 말해 온 것을 보충하겠다.

그러나 이 문제에 대한 견해나 충고는 각양각색이므로 어느 정도 순서를 정하기 위해 이것을 일반적인 것, 자기 자신에 대한 우리의 태도, 다른 사람에 대한 우리의 태도, 시대와 운명에 대한 우리의 태도로 구분해서 이야기하려고 한다.

1. 일반적인 것

1

내가 처세의 최고 기준이라고 생각하는 것은 아리스토텔레스가 《니코마코스 윤리학》($^{제7권}_{12장}$)에서 말한, "현자는 슬픔이 없기를 요구하되 기쁨을 원하지 않는다"라는 명제다(라틴어 번역은 '참으로 지각 있는 사람이 원하는 것은 즐거운 일이 아니라 고통이 없는 일이다'). 차라리 이 구절은 독일어로 이렇게 번역해 두기로 하자. '이성이 있는 사람은 고통이 없기를 바라되 향락은 원하지 않는다.' 이 구절의 의미는 모든 향락과 행복은 소극적인 것이지만, 고통은 적극적인 것이라는 뜻이다.

이 명제의 해설과 증명은 나의 저서 《의지와 표상으로서의 세계》($^{제1권}_{58절}$)에 서술되어 있다. 그러나 나는 여기서는 매일 관찰할 수 있는 사실에 대하여 이야기하려고 한다.

몸은 건강해도 작은 상처나 통증이 있으면 몸 전체의 건강은 도외시되고, 끊임없이 작은 상처에만 정신이 쏠려 기분이 좋지 않게 된다.

이와 마찬가지로, 모든 일이 우리의 뜻대로 행해지더라도 한 가지 일이 의도에 어긋날 경우, 아무리 그것이 하찮은 것이라도 우리의 신경을 계속 자극한다. 즉, 우리는 안 되는 일은 몇 번이고 생각해 보지만, 뜻대로 되어가는 다른 소중한 일에 대해서는 별로 신경을 쓰지 않는다.

이 두 가지의 경우, 상처를 받은 것은 의지다. 자세히 말하면, 앞의 경우에는 신체로 객관화된 의지이고, 뒤의 경우는 인간의 노력으로 객관화된 의지다. 의지의 만족은 언제나 소극적으로 작용할 뿐이기 때문에 직접 느끼는 일은 없다. 기껏해야 성찰을 거쳐 의식으로 떠오를 따름이다.

이와 반대로, 의지의 억제는 적극적인 것이므로 자기 자신에게 뚜렷이 의식된다. 모든 향락은 단지 억제를 제지하거나 억제로부터 벗어나는 것이므로 오래 지식지는 못한다.

앞에서 찬미한 아리스토텔레스의 교훈도 여기에 기초하고 있다. 그것은 우리의 목표를 인생의 여러 가지 향락이나 기쁨에 두지 않고, 살아가는 동안에 무수하게 만나는 재앙에서 될 수 있는 대로 몸을 피하라는 것이다. 이 길이 정당한 것이 아니라면 볼테르의 "행복은 꿈에 지나지 않으며 고통은 현실이다"라는 말은 사실인 것 같지만 실제로는 거짓말이라는 이야기가 된다.

그러므로 행복론적으로 반성해 보고 자기 생애를 결산하려고 하는 사람은 스스로 인생을 즐기는 기쁨의 가짓수에 의해서가 아니라, 무사히 넘긴 재앙의 가짓수에 의해 계산서를 작성해야 할 것이다. 즉, 행복론의 '행복하게 산다'는 말 자체가 가지는 의미는 '불행을 줄이고', '그럭저럭 살아간다'는 뜻을 가질 뿐이라는 가르침에서 시작해야 한다.

인생은 향락을 누리기 위한 것이 아니라 극복하고 헤쳐나가기 위해 있는 것이다. 이 사실은 여러 나라 말로 해석할 수 있다. 라틴어로는 '세상에 태어난 이상 죽을 때까지 살아야 한다', 이탈리아어로는 '인생을 적당히 즐겼으면 도망칠 일이다', 독일어로는 '인간은 세상을 이겨나가도록 힘써야 한다' 또는 '그는 세상을 잘 뚫고 나갈 것이다'라고 말하고 있다.

그렇다. 일생의 활동이 끝났다는 의미에서 늙은이의 마음은 홀가분하다. 가장 행복한 사람은 정신적으로나 육체적으로 심한 고통을 받지 않고 살아온 사람이다. 엄청난 기쁨이나 최대의 향락을 누린 사람을 행복하다고 할 수 없다는 뜻이다. 향락으로 인생의 행복을 측정하려고 생각하는 사람은 잘못된 것이다. 향락은 소극적인 것이기 때문에 향락 이상이 될 수 없다. 그러므로 인간이 향락으로 행복하게 된다고 생각하는 것은 질투가 자기를 처벌하기 위해 품은 망상에 지나지 않는다.

고통 없는 상태에 권태까지 깃들지 않은 생활을 하게 된다면 이 세상의 행복에 도달했다고 할 수 있다. 그러나 그 밖의 것은 모두 망상이다.

그러므로 사람들은 고통을 참으면서까지 향락을 사들이려고 해서는 안 된다. 만일 그렇게 한다면 소극적인 것, 환상과 같은 것을 사들이기 위해 적극적인 것, 실제적인 것을 지불하는 것이 된다.

이와 반대로 고통에서 벗어나기 위해 향락을 희생한다면 그는 이득을 보고 있는 것이다.

이 두 가지의 경우에, 고통이 향락의 뒤에 오는 것인지, 그 전에 오는 것인지는 별로 중요하지 않다. 이 괴로운 무대인 세상을 아주 즐거운 무대로 바꾸려고 하거나 되도록 고통을 없애려고 생각하는 대신에 향락과 기쁨을 탐닉하려고 하는 것은 본말이 전도된 것이다. 하지만 많은 사람들이 그런 일을 예사로 하고 있다.

이와 비교하여 지나치게 우울한 눈으로 세상을 일종의 지옥으로 생각하고, 무작정 지옥 속에 하나의 견고한 방을 마련할 궁리만 하는 사람은 아직도 미혹에 덜 빠져 있는 편이다. 어리석은 자는 인생의 향락을 찾아 헤매다가 결국 실망하게 된다. 현명한 사람은 재난을 피하는 법이다. 물론 현명한 사람이라도 재난을 잘못 피하는 경우가 있겠지만, 그것은 그 운명 때문이지 결코 그가 어리석어서가 아니다. 그가 아무리 재난을 잘 피했다 하더라도 그 재난은 분명 존재하기 때문이다. 설사 그가 재난을 너무 일찍부터 피해 향락을 누릴 필요가 전혀 없을 정도로 희생했다 하더라도 아무것도 잃은 것은 없다. 향락은 모두 악몽과 같은 것으로, 향락 자체에 권태를 느꼈다고 마땅찮게 생각하는 것은 쓸데없고 우스꽝스러운 일이다.

이 진리를 낙천주의에 억눌려 제대로 보지 못하는 것은 많은 불행의 근원이 된다. 왜냐하면 고뇌에서 벗어나 있는 동안 안정을 잃은 소망이, 전혀 있지도 않는 행복의 그림자를 우리 눈에 띄게 하여, 이 그림자를 뒤쫓도록 유혹하기 때문이다.

이로 인해 우리는 부정할 수 없이 현실의 고통을 느끼게 된다. 그래서 우리는 고통 없는 상태를 이미 상실한 천국처럼 생각하고 한탄하면서 부질없이, 현재 일어난 것을 일어나지 않은 것으로 할 수만 있다면, 하고 소망한다.

그것은 가장 진실한 행복인 고통이 없는 상태에서 악마가 끊임없이 소망이라는 여러 가지 환상으로 우리를 유혹하는 것과 같다. 젊은이들은 잘 생각해 보지도 않고 이 세상이 향락을 위해 있는 것이라고 믿고, 향락은 적극적인 행복의 주거지라고 믿으며, 그 행복을 놓치는 것은 자기를 지배하는 능력이 없는 사람이라고 생각한다.

젊은이들을 이렇게 생각하게 한 것은 소설이나 시, 그리고 곳곳에서 찾아볼 수 있는 그릇된 신념이다(나는 이 그릇된 신념에 대해서 나중에 한 번 더 이야기하고자 한다). 그들은 적극적인 행복을 추구하는데 그 행복은 적극적인 향락으로 이루어져야 한다고 생각하고 있다. 그리고 젊은이들은 위험을 무릅쓰고 결판을 내리려고 한다.

이와 같은 행복 추구는 전혀 있지도 않는 가공의 목적을 노리므로 결국 실재하는 적극적인 불행을 초래하게 된다. 그리고 이것은 고통과 고뇌, 질병, 손실, 근심, 가난, 치욕 등의 결과로 나타난다. 나중에야 환멸에서 깨어나지만 이미 때는 늦은 것이다.

그러므로 이런 결과를 초래하기 전에 고뇌를 피하는 방법, 즉 가난이나 병, 그 밖의 모든 곤경을 멀리하는 방향으로 생활계획을 세워 밀고 나가면 어떤 성과를 거두게 될 것이다. 일을 많이 성취하고 싶으면 적극적인 행복을 추구하는 방향으로 생활계획을 세움으로써 방해받지 않도록 힘써야 한다.

이와 비슷한 말을 괴테는 언제나 남의 행복을 위해 힘쓰는 미틀러의 입을 빌려 《친화력》에서 이렇게 말하고 있다.

재앙을 당하지 않으려는 사람은, 평소에 자기가 무엇을 원해야 하는지 알고 있다. 자기가 갖고 있는 것보다 더 좋은 것을 바라는 사람은 눈뜬 장님이다.

그리고 이 말은 '더 좋은 것은, 참으로 좋은 것의 적이다'라는 프랑스의 속담을 연상하게 한다.

여기서 나의 저서 《의지와 표상으로서의 세계》(제2권 16장)에 서술한 것처럼, 견유주의의 근본 사상을 엿볼 수 있다. 견유학파에게 모든 향락을 버리게 한 원인은 많든 적든 이 향락과 결부되어 있는 고통에 관한 사상이다. 이 고통을 피하는 편이 그들로서는 향락을 얻는 것보다 더욱 중요한 일로 생각되었다.

그들은 향락의 소극성과 고통의 적극성을 깊이 인식하고 있었다. 그래서 철두철미하게 재난을 회피하기 위해 모든 것을 바치고, 나아가 향락을 완전히 포기할 필요가 있다고 생각했다. 그들은 향락 속에 우리를 고통에 빠뜨리는 함정이 있다는 것을 잘 알고 있었던 것이다.

실러가 말한 바와 같이, 우리는 물론 저마다 아르카디아(그리스 펠레폰네소스 반도 중앙에 있는 땅, 마음 편히 살고 있는 신들이 모여드는 곳, 풍속이 순박한 유목민의 평화로운 땅, 실러의 《세냠》 머리말에 "우리도 또 아르카디아에서 태어나다"라고 쓰여 있다) 태생이다. 다시 말하면 우리는 행복과 향락의 청구권을 충분히 갖고 이 세상에 태어났다. 그리고 이 청구권을 관철하려는 어리석은 기대를 가슴에 품고 있다. 그러나 운명은 우리의 모든 것을 허사로 만들어 버리고는 '우리의 것은 하나도 없다, 모두가 그의 것이다'라고 가르쳐 준다. 우리가 가진 모든 소유와 소득, 아내와 자식, 팔다리, 눈과 귀, 아니 얼굴 한복판의 코조차 우리 것이 아니라 운명의 것이다.

행복과 향락은 다만 멀리서만 보일 뿐 가까이 다가가면 사라져 버리는 아지랑이 같은 것이다. 그렇지만 고뇌와 고통은 현실성을 가지고 직접 자신을 드러낸다. 그리고 이것이야말로 착각도 아니고 허망한 것도 아님을 가르쳐 준다. 이 가르침이 몸에 배면 우리는 행복과 향락을 추구하는 것을 단념하고, 오히려 고통과 고뇌의 길을 막으려고 애쓴다.

그래서 우리는 이 세상에서 제일 좋은 것은 고통 없는 평온하고 견딜 만한 생활임을 알고, 이런 생활태도를 더욱 분명히 익히기 위해 이에 따르는 여러 가지 요구도 제한하게 된다. 심한 불행에 빠지지 않으려면 엄청난 행복을 바라지 않는 것이 가장 확실한 병법이기 때문이다.

괴테의 청년시절 친구인 멜크(1741~1791, 괴테의 친구, 저술가. 후에 자살함)는 이것을 인정하고 다음과 같이 말했다.

우리가 꿈꾸는 최상의 행복에 대한 비천하고 터무니없는 소망은 세상의 모든 것을 희생시킨다. 그러나 이런 소망을 버리고 자기가 현재 소유하고 있는 것 이외에는 아무것도 바라지 않는 사람은 그럭저럭 살아갈 수 있다.
——《멜크와의 왕복 서한집》 p. 100

우리는 향락, 소유, 지위, 명예 등에 대한 자기의 청구권을 적당히 요구하는 것이 상책이라는 것을 알아야 한다. 행복과 부귀영화, 향락에 대한 노력이나 분투는 커다란 불행을 초래하기 때문이다. 매우 불행하기는 쉬운 일이지만, 크게 행복하기는 어려운 일일 뿐만 아니라 전혀 불가능하다는 이유만으로도 앞서 말한 생활 태도는 현명하고 유리하다. 그래서 처세의 지혜에 뛰어난 시인은 다음과 같이 노래하고 있다.

절도를 황금보다 더 소중히 여기고 분수를 지키는 사람은
궁전의 화려한 생활을 부러워하지 않는다.
높은 소나무 가지는 바람에 흔들리는 일이 많고
우뚝 솟은 성곽의 높은 탑은 무너지기 쉽고
제일 높은 산은 벼락을 먼저 맞는다.
　　　　　　　　　　　　　　　　　——호라티우스《송가》2, 10의 5

그러나 내 철학의 가르침을 충분히 체득하고, 우리의 존재가 오히려 없는 편이 나으며, 그것을 부정하고 거부하는 것이 가장 큰 지혜임을 알게 된 사람은, 어떤 사물이나 상태에 처해도 큰 기대를 걸지 않는다. 그리고 이 세상에 있는 것은 하나도 애써 손에 넣으려 하지 않으며, 또 자기가 어떤 것을 잘못 손에 넣었다고 하더라도 크게 한탄하는 일도 없을 것이다. 오히려 그는 플라톤이 "인간의 일은 무엇이건 크게 애쓸 만한 것이 못 된다"(《국가론》 제10권 604)라고 말한 것이나, 다음 시구의 취지를 잘 이해하고 있을 것이다.

그대 세상을 잃었다 해도
한탄하지 마라, 이는 아무것도 아니니
그대 세상을 손에 넣었다 해도
기뻐하지 마라, 이는 아무것도 아니니
괴로움도 기쁨도 언젠가는 사라지게 마련이거늘
세상을 다만 스쳐서 지나가라, 이는 아무것도 아니니
　　　　　　　　　　　　　　——안바리 도헤이리 (12세기의 페르시아 시인)

그런데 이 유일한 견해에 도달하는 길을 가로막는 것은 전에도 말한 바와

같이 세상의 위선이다. 그러므로 그 진상을 젊은이들에게 미리 폭로할 필요가 있다.

세상은 무대 장치와 같이 겉모습은 화려하게 보이지만 사물의 본체가 빠져 있다. 가령 돛대에 깃발을 올리고 꽃다발로 장식한 선박, 축포의 발사, 조명 장식, 북과 나팔, 환호와 아우성 등 모두가 기쁨의 간판이요, 겉치레요, 상형문자다. 진정한 기쁨은 거기서 찾기 어렵다. 즉, 기쁨이 축제에 참석하는 것을 가로막고 있는 것이다. 기쁨이 참석할 경우에는 보통 초대를 받지 않아도 미리 알리지 않고, 자발적으로 으스대지도 않으며 몰래 침입하는 경우도 있다. 또한 기쁨은 때때로 보잘것없는 시시한 기회에, 극히 평범한 상황에서 야단스럽지도 않고 떠들썩하지 않은 경우에 나타난다. 기쁨은 오스트레일리아의 황금처럼 대체로 매우 작은 알맹이에 불과하지만 드물게는 커다란 덩어리로 발견되기도 한다.

이와 반대로 그 목적은 단지, 지금 여기 기쁨이 와 있다고 남에게 믿게 하는 데 있다. 즉 타인의 머릿속에 그렇게 보이게 하려는 것이다. 슬픈 일이나 기쁜 일에 관한 것도 마찬가지다. 저 느릿느릿한 긴 장례행렬이 얼마나 울적하고 슬프게 다가오고 있는가! 뒤따르는 마차의 행렬은 끝이 없다. 그러나 속을 들여다보라! 이 마차들은 모두가 텅 비어 있다. 그리고 고인은 실상 도시 안의 마부들을 모조리 무덤까지 함께 데리고 가는 것뿐이다. 이것이야말로 세상 친구 사이의 정과 존경이 무엇인가를 여실히 말해 주는 한 폭의 그림 아니겠는가! 이것이 처세의 허위와 공허와 위선이다.

이와 비슷한 또 다른 경우는 엄청난 대접을 받고 있는 예복 차림의 초청객들이다. 그들은 고급 사교의 간판이며, 초대되어 온 손님 중에 그들을 빼고는 대개는 의리와 번뇌와 권태다. 즉, 많은 귀빈이 득실거리는 곳에는 으레 무뢰한들이 끼게 되어 있다. 그들 가슴에 번쩍거리는 훈장이 달려 있어도 말이다. 참으로 훌륭한 모임이란, 어디서나 대부분 조촐한 법이다. 그러므로 호화판으로 떠들썩한 축제나 향연은 반드시 어떤 공허를 느끼게 마련이며 내적인 부조화가 노출되기 쉽다. 이것은 우리가 생활에서 바라는 것과 분명히 다르며, 그 모순이 한결 두드러지게 드러난다.

그러나 겉으로 대단한 작용을 하는 것처럼 보이고자 한다. 샹포르는 다음과 같이 말한다.

사교계나 서클, 모임, 요컨대 사람들이 사회라 부르는 것은 아무 재미도 없는 시시한 연극이고 서투른 오페라로, 무대장치, 의상, 배경 등으로 겨우 지탱하고 있을 뿐이다.

마찬가지로 아카데미나 철학 강좌는 지혜의 간판, 겉모습뿐이며, 지혜는 대개 거기에 없으므로 딴 데서 찾아야 한다. 교회의 은은한 종소리, 사제의 복장, 경건한 몸가짐, 괴상한 행사 등은 신앙의 간판으로 거짓 의식에 지나지 않는다.

그러니 이 세상의 거의 모든 것은 속 빈 호두와 같다. 알맹이는 드물며, 그것이 껍질 속에 들어 있는 경우는 더욱 드물다. 이것은 전혀 다른 장소에서 찾아야 하며, 대부분 우연히 발견된다.

2

어떤 사람의 됨됨이를 그가 누리는 행복의 정도에 의해 평가하려고 한다면, 그에게 만족감을 주는 것을 살펴볼 것이 아니라 그를 슬프게 하는 것이 무엇인가를 살펴보아야 한다. 그를 슬프게 하는 것이 가치가 없는 것일수록 그 사람은 더욱 행복할 테니까. 그러나 사소한 일에 대하여 민감하게 되려면 무사태평한 생활이 필요하다. 불행할 때에는 사소한 일은 머리에 전혀 떠오르지 않는 법이다.

3

인간은 생활해 가는 데 필요한 여러 가지 요구에 의해 자기의 행복을 넓은 토대 위에 세우는 것을 경계해야 한다. 그와 같은 토대 위에 세운 행복은 무너지기 쉬우며, 이런 행복은 훨씬 많은 재앙을 가져올 뿐만 아니라 이 재앙을 미리 방지할 수도 없기 때문이다.

행복이라는 건물은 다른 모든 건물이 견고하게 넓은 토대 위에 서는 것과는 반대다. 그러므로 자기의 요구를 되도록 낮추는 것이 큰 불행을 모면하는 가장 확실한 길이다.

생활 방식이 어떻든 우리 생활에 규모가 큰 계획을 세우는 것은 자주 볼 수 있는 어리석은 일 중의 하나이다. 이런 계획은 오랫동안 살 것이라는 생각에서 나오는 것이다. 그리고 그들이 설사 그처럼 장수하더라도 커다란 계획에 비해 삶은 너무나 짧다. 이런 계획들을 다 실천에 옮기려면 예상했던 것보다 훨씬 많은 시간을 필요로 하기 때문이다. 그리고 그와 같은 계획은 다른 사람들에게서 찾아볼 수 있는 것처럼 실패와 장해에 몇 번이고 거듭 부딪쳐야 하기 때문에 목표를 달성하는 경우는 극히 드물다.

설사 모든 일이 성취되더라도 세월이 흘러 우리 몸에 일어나는 여러 가지 변화로 예상을 뒤엎는 일이 비일비재하다. 자신이 세운 계획을 이루거나 향락을 누리기 위해서라도 일생을 통해 우리의 능력이 지속되지 않는다는 것을 계산에 넣어야 한다.

때때로 그 계획이 완성되어도 우리에게 적합하지 않은 것을 손에 넣으려고 노력하거나, 어떤 작품 준비를 위해 여러 해를 소비하여, 작품을 완성할 힘을 어느새 상실하고 마는 경우도 일어난다.

그러므로 오랜 모험의 결과 얻은 재물로 우리는 향락을 누리지 못하게 되고, 결국 우리는 남을 위해 일한 것이 된다. 또 우리가 오랫동안 동분서주하여 애써 도달한 지위를 유지할 만한 정력이 없어지는 경우도 가끔 있다. 일은 우리에게 더디게 이루어지게 마련이다. 또는 반대로 우리가 일에 더디게 좇아갔다고도 할 수 있다.

이것은 특히 여러 가지 업적, 또는 작품 제작에 관한 일을 할 경우며, 시대의 취미가 변하고 새 세대가 자라 그런 일에는 아무도 관심을 보이지 않고, 다른 사람들은 더 가까운 길을 택해 우리를 앞질러 가는 경우에도 해당된다.

호라티우스는 지금까지 말해 온 모든 것을 염두에 두고 있었던 모양이다.

어찌 백년대계로 하여
그대는 터무니없이 피곤하게 하는가?

——《송가》 2, 11의 11

이러한 오류를 되풀이하는 이유는 정신의 눈에 항상 따라오는 착각 때문이다. 이 착각으로 인해 삶은 입구에서 보면 끝이 없는 것 같지만, 종점에서 보면 매우 짧게 보인다. 물론 이 착각에도 장점이 있다. 만일 이 착각이 없었다면 위대한 일은 전혀 성취되지 않았을 것이다.

우리가 살아가는 동안 사물을 멀리서 바라보았을 때와 가까이서 보았을 때 모습이 다르게 보이는 법이다. 특히 그런 일은 우리의 소망에서 잘 나타난다. 우리가 탐구한 것과 전혀 다른 무엇, 때로는 더 좋은 것을 발견하는 경우도 있고, 탐구한 것을 처음부터 가망이 없다고 판단하여 포기하고 다른 길을 택해 목적을 이루는 경우도 있다. 특히 우리가 향락, 행복, 기쁨 등을 찾은 장소에서 교훈, 통찰, 인식이 얻어지는 일이 가끔 있다. 또 우리가 찾던 일시적인 거짓 보물 대신 영속적이고 참된 보물이 있을 때도 있다. 이것이야말로 《빌헬름 마이스터의 수업시대》의 밑바닥에 깔려있는 일관된 사상이다. 이 소설은 교양소설이며, 월터 스코트(1771~1832, 영국 소설가. '낭만의 왕'이라고 불린다)도 이 점을 지적하였다. 다른 소설들이 윤리적으로 인간의 천성을 오직 의지의 측면에서만 파악하는 것과 비교하여 좀 더 고상한 소설이라고 할 수 있다.

이와 동시에 그로테스크하지만 의미심장하고 뜻있는 상형문자라고 할 수 있는 《마적(魔笛)》(1791년 시카네더가 텍스트를 만들고 모차르트가 작곡한 가극)에도 앞에서 말한 것 같은 근본 사상이 대담한 필치로 상징되어 나타난다. 다만 절정 부분을 왕자 타미노가 밤의 왕녀 타미나에 대한 사랑으로 인해 덕이 높은 성자가 되어 '지혜의 성전'에 오르고, 그와 대조적인 인물인 사냥꾼 파파게노가 파파게나를 손에 넣도록 하는 편이 좋았을 것이다.

요컨대 세속을 벗어난 고결한 천성의 소유자들은 일찌감치 위에서 말한 운명의 가르침을 이해하고 묵묵히 이를 지켜나간다. 그들은 이 세상에서 얻을 수 있는 것은 예지며 결코 행복이 아니라는 것을 깨닫고 만족을 누리는 것을 유일한 낙으로 삼는다. 그리고 예지를 위해서라면 희망도 기꺼이 버린다. 페트라르카(1304~1374, 이탈리아의 시인. 르네상스의 대표적 문학자)처럼 이보다 더 큰 즐거움을 원하지 않는 것이다.

배우기를 기뻐하고, 여기에 정신이 팔려 다른 것에는 관심이 없다.

그들은 한 걸음 나아가 자기들의 욕구를 충족하는 것은 다만 겉으로 드러나는 유희에 지나지 않으며, 본심으로는 오직 지혜만을 기대한다. 그래서 그들은 현실적인 관심을 버리고 객관적으로, 천재적인 숭고한 모습을 갖추게 된다. 옛날의 연금술사가 금덩어리를 찾아다니다가 화약과 도자기, 약품과 자연 법칙까지도 발견했듯이 우리도 쾌락 대신에 지혜를, 행복 대신에 진리를 얻기도 한다.

2. 자기 자신에 대한 태도

4

어떤 건물을 세우려고 일을 하는 일꾼들이 전체 계획은 알지도 못하고 또 언제나 의식하고 있지 않는 것과 마찬가지로, 인간도 자기의 생활을 하루하루 이어 나가면서 인생의 전모와 그 성격을 모르며, 언제나 의식하고 있는 것은 아니다.

인생이 가치 있고 의의 있다고 생각하며 계획대로 사는 개성적 존재일수록 인생의 설계도를 때로는 한눈에 바라볼 필요가 있다.

이를 위해서는 물론 그가 손댄 일에 대하여 '자기 자신을 알라'는 격언 그대로, 비록 사소한 것일지라도 다른 모든 것은 덮어 두고 자기가 가장 바라는 것이 무엇인지, 다시 말해서 자기 행복에서 가장 본질적인 것이 무엇인지를 알아야 한다. 그 뒤 제2, 제3의 것이 무엇인지를 알고, 또한 자기의 직업과 역할, 그리고 이 세상과 자기 자신이 어떤 관계에 있는지 알 필요가 있다. 이것은 매우 중요한 일이다. 인생의 설계도를 한눈에 바라본다는 것은 무엇보다도 그를 굳세게 하고 분발시키며, 활기를 불어넣어 곁길로 가는 것을 막아줄 것이다.

여행하는 사람이 어떤 높은 곳에 이르렀을 때 비로소 지나온 길을, 그 모든 우여곡절을 통틀어 한눈에 훑어보는 것처럼, 우리는 자기 생애의 어느 한 시기나 전 생애의 맨 끝에 가서 우리가 행한 행위와 업적, 작품 등과 관련해 정밀한 인과관계와 연결하여 가치까지 인식하게 된다. 무슨 일에 전념하고 있는 동안 우리는 언제나 동기의 영향으로 우리의 성격이나 능력에 따라, 하나에서 열까지 필연성에 의해 행동한다.

우리는 모든 순간에, 우리에게 정당하고 적당하다고 생각되는 일을 할 따름이다. 그렇게 하여 무슨 일을 이룩함으로써 비로소 그것이 무엇에 의해, 어떻게 이루어졌는지 확실해진다.

우리가 위대한 행위를 하거나 훌륭한 작품을 제작하면서도 그와 같은 것으로 의식하지 않고, 단지 우리가 당면한 목적에 부합되고, 그때그때 우리 의도에 적합한 것, 다시 말해서 현재 올바르고 당연한 것으로 의식할 뿐이다. 이것이 하나의 완전한 형태를 갖추게 되면, 그 후에 우리의 성격과 여러 가지 능력이 드러나게 된다. 이것을 하나하나 생각해 보면, 우리는 마치 어떤 영감에 의해, 수호신에 이끌려 수백 가지 곁길에서 유일한 정도를 걸어온 것처럼 생각된다.

5

인생의 지혜에서 중요한 점은 우리 관심의 일부는 현재에, 나머지 일부는 미래에 쏟는 비율을 올바로 유지해 한쪽을 위하여 다른 쪽을 희생시키지 않는 것이다. 대부분의 사람들은 현재에만 치중해 사는 경박한 자들이다. 그런 가 하면 그 나머지 사람들은 지나치게 미래를 위해 살기 때문에 걱정과 불안에서 헤어나지 못한다. 올바른 중용을 유지하며 살아가는 사람은 매우 보기 드물다.

언제나 미래를 내다보고, 행복은 앞날에만 있는 것으로 생각하여 현재를 돌보지도 않고 즐기지도 않는 사람은 혼자서 원대한 계획 아래 현명하다고 자부한다. 하지만 실은 이탈리아의 노새와 비슷한 족속들이다. 이탈리아에서는 마른 풀 한 다발을 노새의 머리 앞에 매어 두는데, 노새는 이것만 쳐다보며 한 발짝만 더 나가면 낚아챌 줄 알고 발길을 재촉한다.

그런데 이와 같은 사람들은 자기 생애에 대한 근본적인 태도와 처세의 방도를 그르친 것으로, 언제나 헛된 희망과 기대 속에서 일생을 마친다. 그러므로 우리는 장래를 위한 여러 가지 계획이나 걱정으로 마음을 빼앗기지 말아야 하며, 그렇다고 해서 과거를 돌아보고 추억에만 사로잡혀서도 안 되며, 현재만이 분명한 사실이라는 것을 잊어서는 안 된다. 현재와는 달리, 미래는 대개 우리가 예상한 것과는 다른 결과를 쉽게 가져오기 때문이다. 그뿐만 아니라 과거도 우리가 회상하는 것과는 다르다. 먼 거리는 육안으로 볼 때 사물을 축소해서 보여 주지만, 사유할 때는 오히려 이를 확대해서 보여 주기 때문이다.

현재만이 유일한 진실이며 현실이다. 현재는 사실로 가득 차 있는 '시간'이며, 우리의 존재는 현재 속에 한정되어 있다. 우리는 현재에 대하여 언제나 쾌활한 마음으로 맞아들여야 한다. 마땅히 견딜 만하고 직접적으로 느끼는 불쾌나 고통에서 벗어난 '시간'은 그 가치를 충분히 인정하여 이를 즐겨야 한다. 과거에 대한 후회나 미래에 대한 걱정으로 모처럼의 평안한 현재를 우울하게 만들어서는 안 된다. 우리가 마땅히 환영해야 할 현재를 푸대접하거나 후회나 걱정으로 인해 따분하게 만드는 것은 못난 짓이며, 걱정이나 후회하는 시간은 얼마든지 짧아도 무방하다. 즉, 지나간 일에 대해서는 다음과 같이 해야 할 것이다.

지난 일은 지난 일이므로
지난 일로 내버려 두라

——호머 《일리아드》 16의 60

또 미래의 일에 대해서는 다음과 같이 생각해야 한다.

그러나 그것은 신의 마음에 달려 있나니

그러나 현재에 관해서는 "하루를 일생으로 간주하여"(세네카) 그 유일한 현실인 '시간'을 되도록 즐겁게 보내도록 해야 한다.

우리를 불안하게 만들 권리를 갖고 있는 것은, 오는 것도 확실하고 오는 때도 정확한 것으로 보이는 미래의 재앙뿐이다. 그러나 그와 같은 재앙은 극히 적다. 대개의 재앙은 있을 수 있다거나, 기껏해야 있을 것 같다거나, 또는 분명히 오긴 올 것 같은데 언제 올지 분명하지 않다는 정도에 불과하다.

그러나 사람들이 이 두 가지에 신경을 쓰면 이미 마음 편한 순간은 없다. 그러므로 확실하지 않은, 또는 정해져 있지 않은 재앙에 의해 우리가 마음의 평안을 잃는 일이 없도록 해야 한다. 일어날 가능성이 있는 재앙에 대해서는 절대로 오지 않는다고 생각하고, 분명히 일어날 재앙에 대해서는 빈틈없는 대책을 세워야 한다.

사람들은 공포에서 멀리 벗어날수록 기대나 욕망 등으로 불안이 늘어갈 뿐이다. 애창된 괴테의 시구 "나는 이제 내 일에 대해 전혀 구속을 받지 않는다"의 본래 뜻은, 인간이 모든 욕망에서 벗어나 벌거숭이로 돌아와야 비로소 인간다운 행복의 기초가 되는 정신의 안정을 누릴 자격을 얻게 된다는 뜻이다. 이 같은 정신의 안정이야말로 우선은 현재를, 결국에는 전 생애를 즐길 수 있다는 것을 깨닫게 하는 데 필요한 것이다.

이 목적을 위해 우리는 언제나, 오늘 하루는 오직 한 번 뿐이고 결코 다시 오지 않는 것임을 명심해야 한다. 그런데 우리는 오늘이라는 시간이 내일 또 오는 것으로 잘못 생각하고 있다. 그러나 내일도 오직 한 번밖에 오지 않는 또 다른 하루다.

우리는 각각의 하루가 일생 동안 쌓아가는 생애의 일부임을 잊어버린다. 오히려 여러 개체가 일반 개념 아래에 포섭되듯이, 모든 나날이 한 생애 속에 포함되는 것으로 간주해 버린다. 마찬가지로 건강한 날도, 병에 걸렸거나 우수에 사로잡혔을 때도, 잃어버린 낙원이나 떠나간 친구를 그리워하듯 추억을 그리워하고 있다면 현재를 좀더 가치 있는 것으로 생각하고 현재를 즐기도록 해야 한다.

그럼에도 불구하고 우리는 자신이 가진 아름다운 나날을 느끼지 못하고 낭비해 버린다. 그리고 달갑지 않은 나날이 닥쳐왔을 때에야 겨우 전과 같은 날이 돌아와 줬으면 하고 바란다.

우리는 명랑하고 즐거운 시간을 찌푸린 얼굴로 즐기지도 않고 헛되이 보내다가 나중에 우울한 시간이 찾아오면 쓸모없는 추억에 잠겨 사라진 시간을 되돌아보며 한탄하게 된다. 이런 일을 하는 대신 우리는 각자 무사한 현재가, 아무리 일상적인 평범한 것이라도 결코 냉대하여 무심히 보내는 일이 없어야 하며, 결코 불안하고 초조한 마음으로 이를 푸대접하지 말고 존중해야 한다. 현재는 시시각각 과거 속으로 사라져 그 속에서 언제나 불멸의 후광을 발산한다. 그것도 대개는 일이 여의치 않을 때 기억의 베일이 걷히면서, 부질없이 추억의 대상이 되어 우리 앞에 나타나는 것이다.

6

인간은 활동 범위를 제한하는 데서 행복을 얻을 수 있다. 우리의 시야나 활동 무대 및 접촉 범위가 좁을수록 우리는 더 행복할 수 있다. 그리고 그것이 넓을수록 우리는 더욱 괴로워하고 번거로워진다. 역시 그것들은 걱정과 욕구와 불안을 증가시키거나 확대하기 때문이다. 장님도 우리가 생각하는 것처럼 그렇게까지 불행하지 않다는 것은, 그들의 얼굴이 부드럽고 쾌활에 가까운 침착성을 보여주는 것만으로도 알 수 있다.

인생의 전반보다 후반이 더욱 서글퍼지는 것도 대체로 이 때문이다. 살아 갈수록 우리의 소망과 범위는 점점 확대된다. 어릴 적에는 가장 가까운 환경과 좁은 범위의 관계를 맺고 있지만, 청년기에 이르면 한결 확대되고 장년기에는 우리 인생의 전체를 포괄하여 때로는 가장 먼 인간관계, 국가나 민족에까지 확대된다. 노년기에 이르면 자손이나 후손까지 포함하게 된다. 그럼에도 불구하고 정신적인 제한까지도 포함한 모든 제한은 우리가 행복해지는 데에 효력이 있다. 고뇌가 적극성을 띠는 반면 행복은 소극적인 것으로 의지의 흥분이 작을수록 고뇌도 작기 때문이다.

우리의 활동 범위를 제한하는 것은 의지를 흥분시키는 외부적 계기를 감소시키는 것이 되며, 정신 활동을 제한하면 그 내적 요인을 감소시킨다. 다만 이런 내적인 제한은 권태의 문을 열어제치는 결과를 가져온다.

권태는 수많은 고뇌의 원천이 된다. 우리는 이것을 추방하기 위해 온갖 방법을 강구하여 여러 가지 공상, 사치, 도박, 음주 등으로 기분 전환을 꾀한다. 한가할 때 우리는 마음의 평정을 누리기 쉽지 않다. 내적인 제한과는 달리 외부적인 제한은 인간의 행복에 필요 불가결한 것이다. 이것은 행복한 인생을 묘사하려는 유일한 시의 형태인 목가가 사람들을 극히 조용하고 아늑한 상황과 환경에 놓아두고 표현하는 것만 보아도 충분히 알 수 있다. 우리가 자연미가 있는 풍속화를 보고 쾌감을 느끼는 것은, 단순한 생활이 행복의 요건이라는 것을 직감하기 때문이다.

그러므로 우리의 다양한 관계를 되도록 단순하게 하고, 생활방식을 한 가지 형식으로 하는 것이 인간을 행복하게 만든다. 간소하고 단순한 생활 자체는 삶에 무거운 짐을 덜 느끼게 하기 때문이다. 이런 생활은 강물처럼 파도도 일지 않고 소용돌이도 치지 않으면서 조용히 흘러간다.

7

우리의 행복과 불행은 결국 마음이 무엇으로 가득 차 있는가, 그리고 그 마음이 무엇에 의해 움직이고 있는가에 달려 있다. 우리의 생활은 동요와 고생의 연속이요, 성공과 실패의 교차에 지나지 않으므로 순수한 지적인 생활은 인간을 행복하게 만들어 줄 것이다. 다만 이 지적인 생활을 감당하고 즐기려면 뛰어난 정신적인 소양이 있어야 한다. 그리고 유의해야 할 것은 외부적인 활동이 우리의 학구적인 사색에 필요한 마음의 안정과 집중을 방해하며, 다른 각도에서 볼 때 정신적인 일을 계속한다는 것은 인간을 현실 생활의 번거로움에 대처하는 데 무능한 자로 만들기도 한다는 점이다. 그래서 현실적인 일을 활발히 해 나가야 할 처지에 놓이게 되면, 잠시 내면생활은 중단하는 것이 상책이다.

8

완벽하게 사려분별하면서, 자기 경험에 의해 이 경험이 내포하고 있는 모든 교훈을 끄집어내기 위해서는 몇 번이고 다시 생각해 보고, 지금까지 체험하고 경험할 때 느끼고 깨달은 것을 생각해 보아야 한다. 또한 그 당시 판단과 지금의 것을 비교하고, 자기의 계획과 노력을 그 성과와 여기서 비롯되는 만족과 비교해 볼 필요가 있다. 이것은 경험이 각자에게 들려주는 개인적인 과외수업의 복습이다.

자기 경험을 본문이라고 본다면, 반성과 지식은 이에 대한 주석서이다. 경험이 적고 반성과 지식이 많은 것은, 그 책의 페이지마다 두 줄의 본문에 40행씩이나 주석을 달아 놓은 것과 같다. 이와는 달리 많은 경험을 하고서도 반성과 지식이 부족한 것은, 주석을 달지 않고 많은 난해한 본문을 그대로 둔 비폰틴판(版)의 책과 같은 것이다.

피타고라스^(BC 582? ~BC 493, 그리스의 철학자이며 수학자)의 가르침인 "인간은 밤마다 잠자기 전에, 그날 중에 한 일을 한 번 반성해야 한다"는 말도, 내가 앞에서 말한 것과 같은 의도이다. 직업이나 오락으로 혼잡을 이룬 생활을 하면서 한 번도 자기의 과거를 반성하거나 깊이 생각해 보지 않고 그날그날을 보내며, 생명의 수레에서 계속 쾌락을 찾아 헤매는 사람은 사려와 분별이 모자라기 쉽다.

그의 심정은 혼미하고 사상은 혼란을 일으켜, 이야기에 일관된 논리가 서지 않고 단편적으로 두서가 없게 된다. 이러한 경향은 외부에서 오는 불안이나 동요가 심하고, 그의 내면적이고 정신 활동이 적을수록 더욱 심하다.

상당한 시간이 흐른 뒤 우리에게 영향을 주었던 여러 가지 사정이나 처지를 다시 그때의 기분이나 감정으로 느낄 수 없다 하더라도, 그 당시 상황에 의해 겪은 일을 상기할 수 있다는 것에 유의할 필요가 있다. 즉, 이러한 경험은 그 원인에서 온 결과요, 표현이요, 또한 척도이기도 하다. 그러므로 그때그때 일을 기록하여 잘 남겨 두어야 한다. 이를 위해서는 일기가 가장 효과가 있다.

9

자기 자신에게 만족하고 자기 안에 모든 것을 소유하여, "나는 내 전 재산을 내 몸 가까이에 갖고 다닌다. 나의 지력은 최상의 소유물이다"^(키케로 《패러독스》
제1권 제1장 8절) 라고 할 수 있는 것은 우리의 행복에 있어 가장 중요한 자격이다. 그러므로 아리스토텔레스의 "행복은 만족하는 자의 것이다"^(《에우데모스 윤리학》
제7장 2절)라는 말을 늘 명심해야 할 것이다. (이것은 내가 이 논문의 첫머리에 인용한 샹포르의 말이 간접적으로 표현한 것과 근본적으로 동일한 사상이다) 사람들이 의지할 수 있는 것은 오직 자기 자신뿐이며, 그 밖의 어느 누구도 아니다. 또한 사회가 주는 고뇌와 손실, 위험과 번거로움은 수없이 많고 피할 수도 없다.

행복에 도달하는 길로서, 상류층의 방종처럼 거꾸로 된 것은 없다. 그것은 우리의 가엾은 존재를 기쁨과 즐거움과 만족으로 바꾸려고 하지만, 그때 느끼는 환멸을 막을 도리가 없으며, 그런 생활에 반드시 따르는 상호 기만도 피할 수 없다. *

모든 사교에는 우선 서로간의 타협과 조절이 필요한데, 이것은 어쩔 수 없는 일이다. 그러므로 사교의 범위가 넓을수록 무미건조하게 된다.

사람들은 혼자 있을 때에 온전히 자기 자신일 수가 있다. 그것은 사람들은 혼자 있을 때에 자유로우며, 고독을 사랑하지 않는 사람은 자유도 사랑하지 않는다는 말이다. 강요는 모든 사교에서 뗄 수 없는 것이며, 여러 가지 희생을 요구한다. 이 희생은 본인의 개성이 뛰어날수록 더욱 참기가 어려워진다.

모든 사람들은 자신의 자아의 가치에 비례하여 고독을 기피하거나 견디어 나가며, 드문 일이기는 하지만 때로는 고독을 사랑하게 된다.

---

* 우리의 몸뚱이가 옷으로 싸여 있는 것처럼 우리의 정신은 거짓으로 싸여 있다. 우리의 이야기나 행위, 모든 행동은 거짓에 가깝다. 사람들이 이 덮개를 통하여 겨우 우리의 진정한 의도를 추측할 수 있는 것은, 마치 옷을 통하여 신체의 모습을 추측할 수 있는 것과 같다.

고독하며 비참한 인간은 자신의 초라함을 어렴풋이 느끼지만, 위대한 정신의 소유자는 자기 자신의 위대성을 그대로 느낀다. 결국 모든 사람은 자신의 수준에서 느끼는 것이다.

누구나 자연의 계급표에서 높은 지위를 차지할수록 사회에서 더욱 고립되게 되는데, 이것은 본질적으로 불가피한 일이다. 그리고 이때 만일 육체적인 고독이 정신적인 고독에 합치된다면 그로서는 고마운 일이 아닐 수 없다. 그렇지 못할 경우에는 이질적인 사람들에게 에워싸여 계속해서 적대적으로 자신의 자아를 빼앗기지만 그 대신 보상받는 것은 하나도 없다. 그뿐 아니라 자연은 인간에게 도덕적으로나 지성적으로 각각 큰 차별을 두었으나, 사회는 이 차별을 무시하고 모든 사람이 평등하다고 간주하며, 자연이 만든 계급표와는 정반대로 배치된 신분과 계급의 인공적인 차별과 계층을 조성한다.

이 배열로 인해 자연이 낮은 계층에 둔 대다수의 사람들이 매우 높은 지위를 차지하게 되거나, 자연이 가장 고위층에 둔 매우 적은 몇몇 사람들이 큰 손해를 보게 된다. 그러므로 이들은 사회에서 은퇴하는 것이 습성화되어, 사회의 인원이 증가하면 곧 어느 사회에서나 평범한 사람들이 득세하게 된다.

위대한 정신을 소유한 사람들이 사회를 싫어하는 것은 다른 사람들의 능력이 고르지 않고, 사회적 업적이 불평등함에도 불구하고 권리는 평등한 데서 비롯된다. 이른바 상류층의 모든 우월을 인정하면서도 정신적인 우월만은 인정하려고 하지 않으며, 그들의 안목으로 보면 정신적 우월 운운하는 것은 불평분자에 불과한 것이다. 사회는 우리에게 어리석고, 터무니없고, 반대되고, 아둔한 것에 대해 무한한 인내를 요구하고 있다. 인격적으로 우월한 자가 오히려 열등한 자들에게 용서를 빌어야만 하는 형편이며, 그것이 싫으면 숨어 사는 수밖에 없다. 그렇지 않으면 정신적인 우월은 이를 내세울 만한 것이 못 되더라도, 단지 그것이 존재한다는 것만으로 이런 사회의 감정을 해친다.

그러므로 사람들이 이른바 상류 사회라고 부르는 사회는 우리가 칭찬할 수도 없고, 더구나 사랑할 수도 없는 사람들을 우리들에게 받아들이기를 요구한다. 또한 우리 자신이 자기의 천성에 따라 생존하는 것까지도 허용하지 않고 오히려 남들과 보조를 맞추기 위해 자기의 키를 낮추거나, 또는 스스로 병신인 체하지 않으면 배겨낼 수 없게 만든다.

그리하여 천재적인 발언이나 사상도 천재들의 사회에서는 허용되지만, 일반 사회에서는 처음부터 배격된다. 이런 사회에서 환심을 사려면 역시 평범하고 어리석어야 하는 것이다. 따라서 이런 사회에서 우리는 자기를 남들과 비슷하게 보이기 위해 대담하게 자기를 부정하고, 자신의 4분의 3쯤은 버려야 한다. 그렇게 하면 우리는 다른 사람들에게 환영을 받게 된다. 누구든지 정신적으로 뛰어나면 그는 이 사회에서 손해를 더 보게 마련이다. 세상 사람들은 지불 능력이 없다. 다시 말해서 그들은 사교에서 권태와 번거로움과 불쾌와 그리고 천재에게 강요하는 자기 부정에 대하여 보상할 만한 것을 하나도 갖고 있지 않다. 이런 사정으로 대부분의 사교계는 고독을 팔고 여기에 얼굴을 드러낸 사람은 결국 재미를 보게 되는 것이다.

　사회는 진정한 우월의 보상을 위해 그릇되고 인습적이며 멋대로의 기준에 의해, 전통적으로 상류사회에 널리 퍼져 있는 변덕스러운 우월을 내세우고 있다. 이 우월은 예절이 바르다거나, 기품이 고상하다거나, 유행을 따르고 있다거나 하는 것이다. 그러나 이런 우월이 진정한 우월과 갈등을 빚어내면, 스스로의 약점을 대뜸 드러내 버린다. 이런 상류계급의 바람이 거세면 건전한 상식은 후퇴하게 마련이다.

　대체로 모든 사람들은 자기 자신에게만 완전히 공명(共鳴)하는 법이며, 자기 친구나 애인에게도 그렇지 못하다. 개성과 기분의 차이는 언제나 사소한 것이라도 불협화음을 내기 때문이다. 이 세상에서 최고로 중요한 참된 마음의 평화와 완전한 평정은 고독 속에서만, 그리고 지속되는 기분으로서는 현역에서 은퇴한 뒤의 한가함 속에서만 찾아볼 수 있다. 결국 그 사람의 자아가 위대하고 풍부할수록 이 빈약한 지상에서 발견할 수 있는 최고의 행복을 누리게 되는 것이다.

　또 한 가지 특별히 말하고 싶은 것은, 우정과 연애와 결혼이 인간을 아무리 긴밀히 결합하더라도 모든 사람들은 결국 자기 자신을 상대해서만 정직할 수 있다는 것이다. 인간은 객관적 또는 주관적인 조건에 따라 다른 사람들과 접촉할 필요가 적을수록 그만큼 다행이다. 고독한 생활에 따르는 모든 손실은 미리 손을 써서 대책을 강구할 수 있으나, 사회는 매우 음험하여 오락이나 여론, 사교적인 향락의 그늘에 때때로 커다란 불치의 재앙을 숨기고 있다. 젊은이들은 중요한 연구 과제로 고독을 견디는 법을 배워야 한다. 이것은 행복과 마음의 평화를 이루게 하는 근본이 되기 때문이다.

이와 같은 사항으로부터 오직 자기만을 의지하고, 자기 자신이 모든 것 중의 모든 것일 수 있는 사람이야말로 행복과 마음의 평화를 가장 많이 누릴 수 있다'는 것을 추론할 수가 있다. 키케로는 또 이렇게 말했다.

> 오직 자기를 의지하고, 자기 자신 속에 모든 것을 소유한 사람이 완전히 행복하지 못하다는 것은 있을 수 없는 일이다.
>
> ——《패러독스》 제2권

인간이 자신에게 충실할수록 다른 사람들은 그만큼 가치가 작아 보인다. 완전히 만족을 누리는 감정은 내적으로 부유한 자가 타인과 교제하거나, 이 교제가 요구하는 큰 희생을 거부한다. 이 희생은 자기 부정까지도 요구하기 때문이다.

이와 반대로 일반 사람들은 너무나 사교적이고 타협적이다. 물론 이런 사람들은 자기 자신에 대하여 참는 것보다 다른 사람들에 대하여 참는 것이 쉬운 일이다.

한마디 덧붙이고 싶은 것은, 실제로 훌륭한 사람은 세상에서 존경을 받지 못하고, 세상에서 존경을 받는 사람은 실제로 아무 쓸모도 없다는 것이다. 훌륭한 사람들이 은퇴하여 사는 것이 이것을 입증해 주고 있다.

자기의 정당한 주장과 견해를 갖고 있는 사람은 오직 자기의 자유를 수호하거나, 또는 자유를 확대하기 위해 필요할 경우 자기 요구를 줄인다. 그래도 그는 세상과 동떨어져 살 수는 없다. 생활을 되도록 간단히 해 나간다면, 그는 처세의 지혜까지 가진 사람이라 하겠다.

다른 각도에서 보면, 인간을 사교적으로 만드는 것은 그들에게 고독을 참아 나가거나 고독 속에 자기를 가두어 나갈 만한 능력이 없는 데서 비롯된다. 내면적인 공허와 권태는 그들을 사교로 몰아넣을 뿐더러, 낯선 땅으로 여행을 떠나게 한다. 그들의 정신에는 스스로 자기에게 운동을 일으킬 만한 힘이 없으므로 술로 그 힘을 얻으려고 하며, 결국 많은 사람들이 주정뱅이가 되어 버린다. 그들은 외부로부터 끊임없이 흥분을, 그것도 매우 강렬한 흥분을 필요로 한다. 이 흥분이 없으면 그들의 정신은 그 자체의 무게에 짓눌려

무감각 속에 빠지게 마련이다. *

마찬가지로 이렇게도 말할 수 있을 것이다. 그들은 다만 인류라는 이념의 한 조그마한 단편에 지나지 않으므로 각자 어느 정도까지 하나의 완전한 의식이 생기려면 타인에 의해 여러 가지를 보충할 필요가 있다. 그런데 한 사람의 온전한 인간은 탁월한 인간이며, 자기 자신만으로도 통일이 되어 있어 아무런 단편적인 것도 나타나지 않기 때문에 자기 자신만으로도 충분히 족하다.

이런 의미에서 일반 사회를 러시아의 단음 악기 호른에 비교할 수가 있다. 이 음악에서 호른은 단지 한 가지 음을 낼 뿐이며, 모든 호른을 정확하게 결합시켜야만 화음이 이루어지고 비로소 음악이 연주된다.

일반 사람들의 감각기관과 정신은 이와 같이 단음의 호른처럼 단조롭기 때문에 그들 대부분은 어떤 다른 사상을 생각해낼 만한 능력이 없다. 따라서 언제나 한 가지 사상만 갖게 되고 같은 사상을 갖게 된다.

이것으로 그들이 권태를 느껴 못 견디는 까닭을 알 수 있으며, 그들이 그토록 사교적이고 즐겨 떼를 지어 살아가는 사교성도 설명할 수 있다. 그들은 자신의 본성이 단순하기 때문에 각자 자기 자신이 짐스러워 견디지 못하는 것이다. 어리석은 자들은 권태에 시달린다. 그들은 모여들어 단체를 만들지 않고서는 아무것도 하지 못한다.

---

* 누구나 다 아는 바와 같이 재앙은 사람들이 협동하여 참는 데서 줄어든다. 사람들은 권태를 이 재앙 속에 넣고 있는 모양이다. 따라서 권태 때문에 사람들은 협동하여 모여든다. 생명에 관한 애착이 본질적으로 죽음에 대한 공포에 불과한 것처럼, 인간의 사교 본능도 그 근본은 직접적인 본능이 아니다. 즉, 사교를 사랑하기 때문이 아니라 고독이 무섭기 때문이다. 아무튼 사교에서 요구되는 것은, 남들의 호의를 얻고 눈앞에 있어 줄 뿐만 아니라 자기의식의 단조로움을 느끼게 마련인 고독의 쓸쓸함과 갑갑증 때문이다. 이런 것들에서 벗어나기 위해 사람들은 고약한 사회에서도 번거로운 일이나 모든 사회에 반드시 따라오는 강제도 감수하고 있다. 이와 반대로, 이 모든 일에 대한 혐오가 더 크면 그 결과 고독의 습관과 그 직접적인 인상에 대한 단편으로 인해 고독이 벌써 앞에서 말한 작용을 일으키지 않는다. 그렇게 되면 사람들은 사교에 열을 올리지 않고 즐거운 기분으로 계속 혼자 살아갈 수 있다. 이것이야말로 사교에 대한 요구가 본질적인 것이 아니며, 다른 각도에서 보면 인간은 고독의 여러 가지 특질에 익숙해질 수 있다는 이유다.

이와 반대로 정신력이 풍부한 사람은 자기 연주회를 혼자서 개최하는 명수다. 그는 피아노와 비교할 수 있는데, 피아노가 합주악기인 것처럼, 모든 사람들이 공동작업으로 간신히 해 나가는 것을 그는 하나의 작은 세계로, 하나의 의식에 통일하여 표현한다. 그는 피아노처럼 교향악의 부분이 아니라 독주와 고독에 적합하다. 다른 사람들과 함께 공동 작업을 해야 할 경우에, 그는 피아노에 반주가 따르는 주역으로 움직일 뿐이다. 또 성악의 경우라면, 피아노처럼 멜로디를 주도할 것이다.

그런데 사교를 즐기는 사람들은 질적으로 모자라는 것을 양적으로 보충해야 한다고 주장할지도 모른다. 이런 사람들은 정신력이 무한한 사람과 어울릴 수 있으면 그것으로 족할 테지만, 보통 수준의 사람밖에 찾아볼 수 없으면 많은 사람들과 어울려 공동 작업을 하려고 하기 때문에 사람들이 많은 편이 좋다고 생각하게 된다.

인간의 내적인 공허에 대해서는 논의를 그만하고, 인간의 추태에 대하여 몇 마디 덧붙이고 싶다. 어떤 이상적인 목적을 세우고 어느 정도 우수한 자들이 모여 하나의 단체를 조직할 경우, 그 결말은 거의 언제나 해충처럼 많은 집단을 이룬다. 그리고 곳곳에서 당초의 욕구를 충족시키면서 자기의 권태를, 그리고 사정이 달라지면 자기의 결함도 보충하려는 생각에서 언제나 집단에 들어가려고 대기하는 사람들이 있다. 그들은 처음에 두세 사람씩 침투하다가 나중에는 떼를 지어 몰려와 일을 망쳐 놓거나, 아니면 처음 계획과는 전혀 반대되는 것으로 만들어 버릴 정도로 변모시켜 놓는다.

그리고 사교성이란, 인간이 몹시 추울 때 몸을 비벼 온기를 더하는 것처럼 인간이 서로 정신적인 체온을 따뜻이 나누는 일이라고 할 수 있다. 그러나 스스로 많은 온기를 갖고 있는 사람은 그럴 필요를 느끼지 않는 법이다. 이런 내용을 담은 이야기가 내 책 《부록과 보충》(제2권의 마지막 장)에 실려 있다.

위에서 말해 온 결론으로 보면, 사람들의 사교성은 그의 지적인 가치와 거의 반비례한다고 말할 수 있다. '저 사람은 사교성이 전혀 없다'고 한다면, 그 말만으로는 '저 사람은 위대한 특질을 갖춘 인물'이라고 할 수 있다.

지적으로 훌륭한 사람에게 고독은 이중의 이득을 가져온다. 첫째는 자기 자신과 함께 있을 수 있다는 것이고, 둘째는 타인과 함께 있지 않아도 된다는 것이다. 그런데 두 번째가 중요하다. 모든 교제가 얼마나 많은 강제와 번거로움, 또한 위험까지도 따르는가를 잘 생각해 보면 곧 알 수 있다.

"우리의 고뇌는 모두가 혼자서 있을 수 없다는 데서 오는 것이다"라고 라 브뤼에르($\substack{1645\sim1696, \\ 프랑스의 비평가}$)는 말했다.

사교성은 우리에게 대다수가 도덕적으로 고약하고 지적으로 둔하거나, 아 니면 마음이 비뚤어진 자들과 접촉을 갖게 하므로, 위험하다기보다 타락시 키는 경향을 갖고 있다. 비사교적인 인간이란, 사교를 필요로 하지 않는 사 람을 가리킨다. 즉, 사교를 필요로 하지 않을 정도로 많은 것을 자기 자신 속에 갖고 있다는 것은 그만큼 커다란 행복이다.

우리가 겪는 고뇌의 대부분은 사교에서 비롯된다. 행복의 가장 본질적인 요소를 이루는 것 중에서 건강 다음에 속하는 마음의 평정은 모두가 사교에 의해 침해되고, 고독을 유지하지 않으면 간직할 수 없다. 마음의 평정을 누 려 행복을 얻기 위해 견유파의 사람들은 모두 소유를 단념했지만, 이와 마찬 가지 이유에서 사교를 단념하는 사람은 가장 현명한 선택을 했다고 할 수 있 다. 베르나르당 드 상 피에르($\substack{1737\sim1814, \\ 프랑스의 저술가}$)는 이렇게 말하고 있다.

음식을 절제하면 건강을 되찾을 수 있고, 되도록 사람을 만나지 않으면 마음의 평정을 얻을 수 있다.

그러므로 시간을 내어 고독을 가까이하고, 다시 고독을 사랑하게 된 사람 은 금광을 얻은 것과 다름없는 이득을 본 셈이다. 그러나 이것이 모든 사람 들에게 다 가능한 일은 아니다. 본래 가난이 제거되면 권태가 사람에게 모여 들기 때문이다. 이 가난과 권태가 없으면 아마도 사람들은 혼자서 살아갈 수 있을 것이다. 고독은 누구에게나 고유한 자부심을 만족시켜 주지만, 일단 세 상에 발을 들여놓으면 그 고독은 점차 타격을 받아 세상일의 치다꺼리에 눌 리고 짓밟혀 버린다. 이런 의미에서도 고독은 사람들에게 자연스러운 상태 이며, 사람을 최초의 아담으로 돌아가게 한다. 그리고 원시적이고 천성에 맞 는 행복을 누리게 한다.

그런데 아담에게는 부모가 있었다. 인간은 세상에 태어났을 때부터 혼자 가 아니며, 부모와 형제자매가 있다. 이것만으로도 이미 공동체 속에 들어 있다고 할 수 있다. 이것으로 미루어보더라도 고독에 대한 애착은 원시적인 마음의 움직임으로 존재하는 것이 아니라 경험과 성찰의 결과로 비롯된 것이라고 하겠다.

고독에 대한 애착은 자기 정신력이 발전하는 정도에 따르는 한편, 연령의 증가에도 보조를 맞추게 된다. 사람의 사교적인 본능은 그 사람의 연령에 반비례하게 된다. 꼬마 아이는 불과 2, 3분만 혼자 두어도 불안을 느껴 고함을 지른다. 어린이로서는 혼자 있는 것이 큰 고행이다.

젊은이들은 곧잘 단체를 만들지만, 그들 중에서도 좀 고상하고 뛰어난 사람들은 일찌감치 고독을 요구하기도 한다. 그러나 종일 집에서 혼자 지낸다는 것은 매우 어려운 모양이다. 장년들은 고독하게 사는 것이 한결 쉬워지며, 상당히 오랫동안 혼자 있을 수 있고, 나이가 듦에 따라 더욱 그렇다. 노인층에 이르면 이미 사라진 세대에서 혼자 남게 되었을 뿐만 아니라 생활의 향락에 대해서도 나이를 너무 먹어 무감각하게 되었기 때문에, 고독에서 고유의 세계를 찾기 시작한다.

개개인의 경우, 고독으로 이르는 속도가 그들의 지적 가치의 척도에 따라 규정된다. 이 경향은 앞에서도 말한 바와 같이, 자연적이고 직접적인 요구에 의해 일어난 것이 아니라, 오히려 지금까지 얻은 경험과 이에 대한 반성의 결과에 지나지 않는다. 이것은 분명히 대다수 사람들이 도덕적 및 지적으로 가련한 처지에 있음을 통찰한 결과이다.

이와 같은 처지에 따르는 최악의 상태는, 개인 중에서 그의 도덕적 및 지적 불완전성을 공모하고 협조해서 인간의 사고를 혐오스러운 것, 아니 감당하기 어려운 것으로 만드는 온갖 불쾌한 현상이 일어나는 것이다.

이 세상에서는 참으로 많은 일들이 고약하기 짝이 없으나, 그중에서도 가장 심한 것은 언제나 사회다. 그래서 사교를 좋아하는 프랑스인 볼테르까지도, "이 세상은 어디나 이야기할 가치조차 없는 것들로 가득 차 있다"고 말했다. 고독을 무척 사랑한 페트라르카(Petrarca. 1304~ 1374, 이탈리아 시인)도 다음과 같이 노래했다.

> 나는 언제나 혼자 살기를 바란다…….
> (시냇물과 들과 숲이 잘 알고 있듯이)
> 하늘에 이르는 길을 잘못 내디딘, 거짓에 충만한
> 고약한 자들의 무리에서 벗어나기 위해.

그는 저서 《고독한 생활에 대하여》 속에서 이에 대해 상세히 언급하고 있다. 이 책은 짐머만 (1728~1795, 스위스의 의사이며, 또한 저술가) 의 고독에 대한 유명한 저서 《고독에 대한 고찰》의 표본이었던 것 같다. 샹포르는 비사교성이 이차적이고도 간접적으로 발생한다는 것을 그다운 풍자적인 방법으로 표현하고 있다.

세상 사람은 고독하게 살아가는 사람을 가리켜 사교를 즐기지 않는다고 한다. 그것은 저녁 때 본래 숲 (프랑스의 드 라 세 어느 현(縣)에 있는 숲. 이 숲에서는 옛날, 유명한 사람들이 암살당했고, 그 후 오랫동안 도둑의 소굴이었다. "그것은 본래 숲이다"라는 말은 그곳이 도둑의 소굴 이라는 것과 같은 뜻이다) 을 즐겨 배회하지 않는다고 해서 산책을 좋아하지 않는 모양이라고 생각하는 것과 같다.

온유한 기독교도인 안겔루스 질레지우스 (1624~1677, 독일의 종교시인) 도 그의 독특한 신비적인 어투로 같은 말을 하고 있다.

혜롯은 나의 적, 요셉은 나의 지혜
신은 그에게 꿈속에 나타나 위험을 알린다.
베들레헴은 인간의 세상, 이집트는 고독의 세계,
도망가라, 나의 영혼이여! 그렇지 않으면 목숨을 잃으리라.

조르다노 부르노 (1548~1600, 이탈리아 르네상스 시대의 철학자) 도 같은 내용의 견해를 말하고 있다.

지상에서 천국의 생활을 즐기려고 한 많은 사람들은, "나는 홀로 멀리 떨어진 들에서 살리라" (시편 55 ; 7) 하고 이구동성으로 말하였다.

같은 뜻의 말을 페르시아인 사디는 《굴리스탄》 속에서 다음과 같이 고백하고 있다.

나는 다마스커스에 있는 친구에게 진절머리가 나서, 동물들과 어울려 살기 위해 예루살렘 근처의 황야로 은퇴하였다.

프로메테우스 (그리스 신화에 나오는 문화적인 영웅. 흙을 빚어 인간을 만들고 하늘에서 불을 훔쳐다가 인간에게 주었다) 가 좋은 흙으로 빚어 만든 사람들도 역시 같은 의미의 말을 하였다. 프로메테우스가 만든 사람들이 세상 사람들과 교제하여 아무 기쁨도 만족도 얻지 못한 것은 당연한 일이다. 그들이 세상 사람들과 교제하려면 자기 안에 깃들어 있는 가장 보잘것없는 부분, 즉 사소한 세속적인 일에 대한 부분을 매개로 하는 수밖에 없으며, 세상 사람들은 자기들을 그들과 같은 수준으로 끌어올릴 수 없으므로 사람들이 바라는 것은 오직 그들을 자기들의 수준으로 끌어내리는 일이다. 그러니 이런 교제에서 무슨 즐거움을 얻을 수 있겠는가. 고독하게 살려는 마음을 갖는 것은 일종의 귀족적인 감정이다. 모든 인간의 찌꺼기들은 사교적이다. 가련한 일이다!

이와 반대로 어떤 사람이 조금이라도 고귀한 편에 속한다는 것은, 처음에 그가 다른 사람들과 교제해도 만족을 얻을 수 없고, 점점 사교보다도 고독을 택하게 되었으며, 특별한 경우를 제외하고는 이 세상에서 고독과 비속의 어느 하나를 택하는 수밖에 도리가 없다고 생각하는 데서 알 수 있다. 안겔루스 질레지우스는 기독교적인 온유함과 애정을 갖고 있으면서도 이렇게 말했다.

고독은 괴로운 일이다. 결코 천하게 살지는 말아라.
그러면 그대는 언제까지나 광야에서 혼자 사는 것과 다름 없으리라.

위대한 정신의 소유자, 인류의 참된 교육자인 그들이 다른 사람들과 자주 협조하는 일에 별로 마음이 내키지 않는 것은, 교육학자들이 주위에서 떠들어대는 아이들과 섞이지 않으려는 것과 같다.

이 위대한 사람들은 그 밖의 사람들이 미혹의 바다에 떠 있는 것을 진리 쪽으로 인도하고, 그들을 사납고 비속한 어둠의 나락에서 빛을 향해 끌어올리기 위하여 이 세상에 태어났다. 그래서 이들은 당연히 다른 사람들 사이에서 살아야 하지만, 본래 그들의 상대가 아니므로 청년시절부터 자기가 다른 사람들과 크게 다르다는 것을 자각한다. 처음에는 서서히 인식하다가 나이가 들수록 분명히 인식되어 다른 사람들과 자연스레 육체적으로 멀어진다. 그리고 나중에는 일반 사회의 비속을 떠난 사람이 아니면 접근해 오는 것을 꺼려한다.

지금까지 이야기해 온 것들을 살펴보면, 고독에 대한 애착은 직접적인 본능으로 나타나는 것이 아니라 간접적으로, 주로 어느 정도 고귀한 정신을 지닌 사람이 자연스러운 사교적인 본능을 극복하면서, 이따금씩 메피스토펠레스(괴테의 《파우스트》에 나오는 악마)다운 유혹도 뿌리치는 가운데 서서히 발달되는 것을 알 수 있다.

슬픔에 잠기는 일은 이제 그만하라.
그것은 우리의 목숨을 독수리처럼 파먹는다.
아무리 고약한 친구라도 그대에게 가르쳐 주리라.
그대도 인간다운 인간이라는 것을.

——괴테 《파우스트》 제1부

고독은 모든 탁월한 자들의 운명이지만, 그들도 때로는 이 고독을 탄식하기도 할 것이다. 그래도 두 가지 재앙 중에서 나은 편이라는 생각에 이것을 택할 것이다.

그러나 나이가 들수록 이렇게 하기가 점점 쉬워진다. 그리고 곧 당연한 것으로 생각하게 된다. 60대가 되면 고독을 그리워하는 충동이 본능적인 것이 되어 버린다. 이 무렵에는 모든 일이 고독에 대한 충동을 촉구하도록 협조한다.

사교에 대한 강한 충동이 되는 이성에 대한 매력은 늙어 성욕이 없어지면서 점점 사교적인 충동을 고스란히 흡수하여 자기만족의 기초가 된다. 그는 착각과 어리석은 일에서 돌아왔으며, 능동적인 생활을 끝내고 아무 기대도 없게 되었다. 따라서 어떤 계획도 하지 않게 되고, 자기가 속해 있던 세대는 이미 생기를 잃어버렸으며, 얼른 이해가 가지 않는 세대 속에서 객관적으로나 본질적으로 고립된다.

이렇게 되면 시간의 흐름이 한결 빨라지지만, 정신적으로는 그도 시간을 이용하려고 한다. 그의 머리가 그럴 힘을 갖고 있기만 한다면 지금까지 공부해 온 많은 지식과 경험, 원숙한 사상 등이 여러 가지 연구를 전보다 더욱 흥미 있게 하고 또한 손쉽게 해 준다. 따라서 그는 전에 안개 속에서 가물거리며 정체를 분간할 수 없던 수많은 일에 정통하여 여러 가지 성과를 올리며 자신의 모든 장점을 피부로 느끼게 된다.

오랜 경험에 의해 인간을 전체로 바라보면 아무리 친밀한 사이가 되어도 아무 소득이 없으므로 인간에게 별로 기대하지 않는다. 그것은 그가 극히 드문 행운을 만난 경우를 제외하면 인간에게서 결함투성이인 모습밖에는 찾아볼 수 없다는 것을 잘 알고 있기 때문이다.

그는 사람을 잘못 보는 실수를 범하지 않으며, 사람을 보는 순간 그가 어떤 사람인지 짐작이 가서, 이 사람이라면 좀더 가까이 하고 싶다는 생각을 하는 일도 드물 것이다. 끝으로 그가 고독을 청춘의 여자친구 정도로 여기는 경지에 이르면 고립된 생활에 익숙하여 자기를 친구로 삼는 습관이 생기며, 그것이 제2의 천성이 된다.

그렇게 되면, 전에 사교 충동과 싸우지 않고서는 가질 수 없었던 고독과의 애착이 지금은 아주 자연스럽고 단순한 것이 되어, 고독 속에 있는 것이 곧 물고기가 물 속에서 사는 것과 같게 된다. 이때 다른 사람들과는 전혀 다른, 홀로 우뚝 솟은 개성은 그의 고독에 의해 분명히 청년시절에는 압박감을 느껴 온 감정이 노년기에 와서 한결 가볍게 느껴지는 것을 알 수 있을 것이다.

물론 이와 같은 늙은이의 특권은 사람들의 지적인 역량에 따라 누리게 된다. 이 특권은 남들보다 뛰어난 두뇌의 소유자가 누리게 되지만, 누구나 약간의 특권을 가질 수 있다. 아주 빈약하고 비속한 천성밖에 갖고 있지 못한 사람들은 늙어서도 여전히 사교적일 테지만, 그들이 환영받지 못하는 사회에서는 짐스러운 존재로, 전에는 아쉬워했으나 지금은 그들의 존재를 겨우 허용하는 데 불과하게 될 것이다.

우리의 연령과 사교성의 정도 사이에 성립되는 반비례적인 관계와 함께 목적론적인 측면도 볼 수 있다. 인간은 젊을수록 각자 나름대로 배울 것이 많아 자연은 모든 사람들이 동료와의 교제를 통해서 서로 배우도록 하였다. 이런 견지에서 보면, 인간 사회는 하나의 커다란 벨 랑카스터 교육원 ^(18세기 초에 실시되었던 교육법으로, 진보적인 학생이 교사의 감독 아래 뒤처진 학생을 가르친다. 벨과 랑카스터가 그 교육법의 선구자다)이라고도 할 수 있을 것이다. 책과 학교는 인공적인 자연 계획에서 벗어난 교수법이므로, 사람은 젊을수록 더욱 부지런히 자연의 학교를 찾는 것이 합당한 일이다.

호라티우스는 "모든 부분이 다 행복한 경우는 없다"고 말했으며, 또 "매듭이 없는 연꽃은 없다"는 인도의 속담처럼, 고독에 그와 같은 장점이 있다고 하더라도 사소한 단점과 어려움도 있다. 그러나 이것은 사교의 단점이나 결함과 비교해 보면 극히 사소한 것이다. 자기에게 그 자격만 있다면, 사람들과 어울리느니 혼자서 지내는 편이 한결 마음이 홀가분하다는 것을 알 수 있을 것이다.

그러나 그 단점 가운데 잘 느끼지 못하는 것이 하나 있다. 계속해서 집안에만 갇혀 있으면 우리의 육체가 외부의 여러 가지 영향에 매우 민감하게 된다. 가령 찬바람이 한 번만 불어도 곧 감기에 걸리게 되는 것처럼, 오랫동안 은퇴해서 고독한 생활을 계속하면 우리 마음도 민감해져서 보잘것없는 일이나 말, 또는 단순한 표정만으로도 불안을 느끼고, 감정이 상하거나 혹은 기분을 망치게 된다. 그러나 평소에 혼잡한 가운데서 살아가는 사람은 이런 것은 아무렇지도 않다.

고독의 적막감을 오랫동안 감당할 수 없는 사람에게 충고하고 싶은 것은, 젊을 때 인간에 대하여 반드시 느끼게 되는 불만감이 때때로 고독에 몰아 넣어도, 자기 고독의 일부를 가지고 사회에 들어가는 습관을 가지라는 것이다.

그렇게 하면 그는 사회에서도 어느 정도 고독을 즐길 수 있으며, 그가 생각하고 있는 것을 남들에게 전하지 않고, 또 남들의 말을 곧이곧대로 받아들이지 않는다. 그래서 도덕적으로나 지적으로 남의 말에 별로 많은 기대를 하지 않으며, 남들의 견해에 대해 무관심한 태도를 취하게 된다. 이런 무관심이야말로 언제나 찬양할 만한 너그러움을 기르는 데 가장 확실한 방법이 된다.

그는 남들과 어울려 있는 중에도 사회에 완전히 묻혀 있지 않고 오히려 사회를 상대로 객관적인 입장에서 행동할 수 있다. 또한 고독은 그로 하여금 사회와의 접촉을 긴밀히 하지 않도록 해서 그를 보호하기 때문에 때가 묻지 않고 훼손되는 일도 없게 될 것이다.

그리고 이런 울타리를 치고 있다고 할 수 있는 사교방법에 관하여, 읽을 만한 극적인 묘사는 모라틴^(1760~1828, 스페인의 극작가)의 희극 작품 《신작희극》에서 볼 수 있다. 그중에서도 특히 제1막 2장과 3장 속에 들어 있는 돈 페드로의 성격이 압권이다.

이런 의미에서 사회를 모닥불로 비교할 수도 있을 것이다. 현명한 사람은 적당한 거리를 두고 불을 쬐며 바보처럼 손을 불에 데는 일이 없지만, 어리석은 자는 손을 데고 나서 고독이라는 찬 방에 가 불이 자기에게 화상을 입힌 것을 원망한다.

10

질투는 인간의 자연스러운 감정이지만, 이것은 하나의 악덕이요, 불행이다.

인간이 질투를 한다는 것은 스스로를 얼마나 불행하게 느끼고 있는가를 말해 주며, 타인의 행위를 끊임없이 주목하고 있는 것은 얼마나 권태에 사로잡혀 있는가를 보여 주는 것이다.

그러므로 우리는 질투를 행복의 적으로 돌리고, 하나의 악마로 간주하여 질투를 없애도록 궁리해야 한다. 이에 대하여 세네카는 우리에게 이렇게 말하고 있다.

우리는 자기 것을 남의 것과 비교하지 말고 생활을 즐기도록 하자. 남들이 한결 행복하게 살고 있다고 해서 괴로워한다면 절대로 행복할 수 없다.
——《분노에 대하여》 제3권 제30장

얼마나 많은 사람들이 그대보다 더 잘살고 있으며, 또 얼마나 많은 사람들이 그대보다 못살고 있는가를 생각해 보라.
——《서한집》 제15장

우리는 자기보다 잘사는 사람보다 못사는 사람을 더 주목해야 한다. 그리고 어떤 재앙이 일어났을 때 우리에게 가장 큰 위로를 주는 것은(설사 질투와 같은 원천에서 비롯된 것이라고 하더라도) 우리보다 더한 고통을 당하고 있는 '불행한 동료들'과 어울리는 일이다.

질투의 능동적인 면에 대해서는 이 정도로 언급해 두고, 수동적인 면에 대해 생각해 보자. 어떤 증오도 질투만큼 누그러뜨리기 어려운 것은 없다. 우리는 질투를 불러일으키는 일이 있어서는 안 되며 이에 따르는 위험한(다른 여러 가지 취미와 마찬가지로) 결과를 고려하여 질투를 없애야 한다.

귀족에는 세 종류가 있다. 첫째 출생과 위계에 의한 귀족, 둘째 돈에 의한 귀족, 셋째 정신적인 귀족이 그것이다. 이중에서 마지막 귀족이야말로 가장 고귀한 것으로, 시간적인 여유만 갖게 되면 어떻게 해서든지 그럴듯한 일을 성취하여 사람들의 인정을 받게 될 것이다.

일찍이 프리드리히 대왕은 "뛰어난 정신의 소유자는 군주와 같은 자리에 앉아야 한다"고 말했다. 이 말은 그의 궁내대신에게 한 말이다. 궁내대신이 다른 대신이나 장군들은 자신과 같은 식탁에서 식사를 하는 반면, 볼테르는 왕후와 왕자들의 전용식탁에 앉도록 명한 것에 대해 불평했기 때문이다.

이 세 귀족들은 모두 질투가 심한 무리들에게 에워싸여 있다. 그리고 질투가 심한 무리들은 귀족들에게 은근히 화를 품고 있기 때문에 '너희들도 우리와 조금도 다를 게 없다'는 것을 알려 주려고 한다.

그러나 바로 이 노력이야말로 그와 반대되는 것을 그들이 확신하고 있음을 보여 준다. 질투를 받는 자가 이에 대항하는 방법은, 그들과의 접촉을 되도록 피하는 일이다. 만일 이 방법이 별로 효과가 없을 경우에는 오늘날 여러 곳에서 행해지고 있는 것과 같이 어디까지나 냉정한 태도로 상대방의 태도를 묵살해 버리면 될 것이다. 그러나 위에서 말한 세 가지 귀족들은 대체로 서로간에 잘 어울려 질투 같은 것은 모르고 지낼 수 있을 것이다. 이것은 서로간에 남의 장점을 앞세워 균형을 취할 수 있기 때문이다.

11

어떤 계획을 실천에 옮기기 전에 충분히 검토해야 한다. 모든 것을 철저히 심사숙고한 뒤에도 인간에게 있을 수 있는 작은 실수로 인해 언제나 예측할 수 없는 일이 일어나기 쉬우며, 자칫 잘못하면 모든 계산이 틀어지게 되는 일도 있다는 것을 알아야 한다.

이는 저울 한쪽에는 희망을 올려놓고 다른 쪽에는 경계심을 올려놓는 것과 같아, 일을 시작할 때 '평지풍파를 일으키지 말라!'는 가르침을 살릴 수 있을 것이다.

그러나 일단 결단을 내리고 모든 일이 어느 정도의 궤도에 올라 이제는 성과만을 기다리는 상황이 되었을 때는 이미 지난 일을 돌이켜 보거나 앞으로 생길 위험에 대해 걱정해서는 안 된다. 오히려 그때에는 모든 일을 완전히 자연스럽게 흘러가도록 놔두고, 자기는 적절한 시기에 충분히 생각하여 최선을 다했다고 확신하며 마음을 진정시키면 된다.

이에 대하여 이탈리아의 속담은 좋은 충고를 해준다.

'당나귀에게 안장을 얹은 후에는 쏜살같이 달려라.'

이것을 괴테는 '안장을 잘 얹은 다음에는 마음놓고 달려라'고 번역하고 있다. 덧붙여 말하지만, 괴테가 '격언'이라는 표제로 발표한 교훈적인 잠언집의 대부분은 이탈리아 격언의 번역이다. 그런데도 나쁜 결과를 초래한다면 그것은 인간의 일에 우연과 잘못이 작용하는 것을 막을 수 없기 때문이다.

누구보다도 현명했던 소크라테스까지도 자기 자신의 개인적인 일에 대하여 정의를 수호하고, 실수를 피하기 위해서는 자신에게 경고를 아끼지 않는 다이모니온(수호신)을 필요로 했다. 이것은 인간의 이해력이 우연과 착오를 미연에 방지하기에는 부족하다는 것을 입증해 주고 있다.

어느 교황이 다음과 같이 말했다고 한다. "우리가 당하는 모든 불행에 대해서 적어도 어느 의미에서는 우리가 책임을 져야 한다." 이 말은 물론 경우에 따라서 부합되지만 모든 경우에 다 해당된다고 할 수는 없다. 대체로 사람들은 자기의 불행을 되도록 숨기려고 노력하며, 그것이 여의치 않으면 만족스러운 얼굴을 한다. 그들은 괴로워할 때 무슨 잘못이라도 저지른 듯이 보이는 것을 염려하는 것이다.

12

이미 변경할 수 없게 된 불행한 사고를 냈을 경우, 이렇게 되지 않을 수도 있었다거나 미리 방지할 수 있었을 텐데 하고 자꾸 후회해서는 안 된다. 이런 생각은 고통을 조장하며, 결국에는 자학에 빠지게 되므로 차라리 다윗 왕^(이스라엘의 왕,
시편의 저자)처럼 할 일이다. 왕은 자식이 병으로 누워 있는 동안에는 여호와께 기도와 애원으로 성가시게 했으나, 자식이 죽어 버리자 거문고를 튕기며 이에 대해 생각도 하지 않았다고 한다. 이와 같이 손쉽게 체념할 수 없는 사람은 자기에게 일어나는 모든 일은 필연적이며, 피할 수 없다는 대진리를 자각함으로써 숙명론적인 입장을 취하는 것이 제일 좋다.

그러나 이와 같은 방법 역시 일방적인 것이다. 그것은 불행할 경우에 우리 마음을 한결 가볍게 하거나 진정시키는 역할을 한다. 그러나 우리의 태만이나 무모한 행위가 적어도 어느 정도 불행에 대하여 책임이 있다면, 어떻게 했으면 그것을 방지할 수 있었을까, 하고 괴로워하며 돌이켜 생각해 보는 것은 앞날을 위한 유익한 자기반성이 된다. 더구나 분명히 드러난 과실에 관해서 우리는 변호하거나 은폐, 또는 과소평가해서는 안 된다. 앞으로 이런 과실을 피하기 위해서도 스스로 이를 고백하고, 그 과실의 크기를 분명히 눈앞에 그려보도록 노력해야만 한다. 이 경우에 사람들이 자기 자신을 못마땅하게 여기는 괴로움을 각오해야 한다. '매를 맞지 않는 사람은 배울 수 없다'는 교훈을 기억하자.

13

기쁨과 한탄에 관한 모든 일에 우리는 공상을 억제해야 한다. 가장 중요한 것은 공중누각을 쌓아서는 안 된다는 것이다. 그것은 곧 한숨을 쉬면서 후회하게 된다. 그리고 우리는 생기지 않을 수 없는 불행한 일을 떠올리며 불안을 느끼는 일이 없도록 조심해야 한다. 이런 불행한 장면이 완전히 공상의 산물이거나 억지로 조작한 것일 경우, 우리는 이런 꿈에서 깨었을 때 모든 것이 다만 속임수에 지나지 않는 것을 곧 알게 될 것이다. 이것이 현실이고 보다 나은 것이라면 기쁨은 더욱 커질 것이며, 설사 있을 수 있더라도 매우 멀리 떨어져 있는 불행한 경우를 미리 생각할 것 없다는 경고를 즐거운 현실에서 깨달을 수도 있다.

그런데 우리의 공상이 이런 불행만을 상대로 하는 경우란 좀처럼 없으며, 한가로운 때의 심심풀이로 화려한 공중누각을 쌓는 것이 보통이다. 이 어둡고 불행한 꿈의 소재는 설사 현실성이 희박하다고 하더라도 어느 정도는 사실상 우리를 위협하고 있는 불행한 사건이다. 그리고 공상이 더욱 확대되어 그 가능성을 한결 가까이 앞당겨 매우 두려운 것으로 그려보는 것이다. 우리는 이와 같은 꿈을 눈뜨고 있을 때에도 화려한 꿈처럼 뿌리칠 수 없다. 화려한 꿈은 현실을 금세 지워 버리고, 겨우 연약한 희망만 가능성의 호주머니 속에 남겨 놓는 정도에 그친다. 그러나 우리가 어두운 상상에 쏠려 버리면 공상은 좀처럼 물리칠 수 없는 여러 가지 형상을 우리에게 거듭 안겨 준다. 요컨대 일의 가능성은 일반적으로 확립되어 있으며, 우리는 언제나 그 정도를 분명히 측정할 수 없다.

따라서 가능성은 개연성이 되기 쉽고 우리는 자기 자신을 공포의 손에 내주고 만다. 우리는 자기의 기쁨과 한탄에 관한 것을 이성과 판단력으로 고찰해야 하며, 좀더 분명한 개념을 가지고 대처해야 할 것이다. 이 경우 공상을 연극에 참여시켜서는 안 된다. 공상에는 판단력이 없으며 마음을 무익하게, 때로는 가혹하게 동요시키는 환상을 눈앞에 보여준다.

이런 원칙은 특히 밤에 엄격히 성찰해야 한다. 어둠이 우리를 두렵게 해서 곳곳에 무서운 모습을 보이는 것처럼 사상의 어둠도 이와 마찬가지로 작용을 하며, 모든 불확실성이 불안을 일으키기 때문이다. 그러므로 밤에 마음이 해이하여 이해나 판단의 힘이 주관적인 어둠으로 덮이고, 지성은 피로하고 사물의 근본을 통찰하지 못하면 우리의 사고 대상도 그것이 특히 우리 개인적인 일에 관계될 경우 자칫하면 위험하고 무서운 모습으로 나타난다.

이것은 밤에 침상에 누워 정신이 느슨해진 상태에서 이미 판단력을 완전히 상실하고 공상만이 머리에 떠오를 때 가장 많이 일어나는 일이다. 그것은 밤이 자기의 검은빛으로 모든 사물과 인간을 덮어 버리기 때문이다. 그래서 잠들기 전에, 또는 밤중에 눈을 떴을 때 우리 생각은 대체로 꿈속에서와 마찬가지로 사물을 크게 왜곡하거나 전도시키게 된다. 특히 개인적인 문제에 관계될 때에는 보통 음산하고 무서운 모습을 나타내기도 한다.

그러나 아침이 되면 무서운 모든 형상들은 꿈결처럼 고스란히 사라져 버린다. 스페인의 속담으로 이런 현상을 '밤은 먹물, 낮은 흰빛'이라고 말한다.

밤에 등불을 켜도 이해력은 대낮처럼 분명하게 느껴지지 않으므로 밤 시간은 불쾌한 사건을 성찰하기에는 특히 적합하지 않으며, 아침이 제일 적합한 시간이다.

아침이 정신노동은 물론 육체노동에도 적합하다. 아침은 그날의 청년시절과 같으며, 쾌활하고 신선하며 경쾌하여 자기 자신을 힘차게 느껴 많은 기대를 갖게 한다. 우리는 이 아침 시간을 늦잠으로 단축시켜서는 안 된다. 지저분한 일이나 잡담으로 낭비해서도 안 될 뿐만 아니라 아침을 생명의 정수로 신성하게 생각해야 한다.

한편 밤은 하루의 노년기이므로 저녁에는 머리가 멍청해지고 입을 잘못 놀려 경솔해지기 쉽다. 하루하루가 짤막한 한 생애인 것이다. 날마다 아침에 눈을 떠 잠자리에서 일어나는 것이 그날의 탄생이며, 신선한 아침마다 짧은 청년시기를 거쳐 잠자리에 들어 잠들면 그날은 죽어 버린다.

그리고 대체로 건강, 수면, 영양, 온도, 날씨, 그 밖의 외부적인 일들이 우리 기분에 큰 영향을 주고, 이 기분이 우리가 가진 사상에 커다란 작용을 한다. 어떤 사건에 대한 우리의 견해와 마찬가지로, 어떤 일에 대한 우리가 지닌 능력도 '때'와 '장소'에 크게 지배를 받는다.

　　즐거운 기분은 꼭 붙잡아 둘 일이다.
　　그것은 자주 우리를 찾아들지 않으니.

──괴테, 〈일반적인 고백〉

객관적인 여러 가지 고안이나 독창적인 사상 같은 것도 그 실현 가능성을 걱정하거나, 언제 뜻을 이룰 것인가 하고 기다리고만 있을 것이 아니다. 개인적인 일을 깊이 생각할 경우에도 미리 정한 기한에 언제나 잘 되어 간다고만 볼 수 없다. 적당한 시기가 따로 있는 법이니 때가 되면 우리도 깊이 생각하게 되어 적합한 과정을 더듬어 나가게 된다.

나는 앞에서 공상을 억누를 것을 권했다. 여기에 덧붙이고 싶은 것은 우리가 당한 불법 행위나 감정이 상하는 일, 손실, 모욕, 배척, 능욕 등을 상기하거나 마음속에 그려보는 것은 금물이라는 것이다. 그렇게 하면 오랫동안 진정되어 있었던 불만이나 분노가 그 밖의 온갖 혐오스러운 격정을 새삼스럽게 불러일으켜 우리의 마음을 오염시킨다.

신플라톤파의 프로클로스(410~485, 그리스의 철학자)가 아름다운 비유로 말한 바와 같이, 어느 곳에나 고귀하고 뛰어난 인물 곁에는 많은 비천한 인간들이 모여 있는 것처럼 인간들 중에서(가장 고귀한 인물들 중에도) 소질로 보면 인간적이라기보다도 동물적인 비속한 인간이 존재한다.

이 비천한 인간을 들끓게 해서는 안 되며 창밖으로 얼굴을 내놓게 해서도 안 된다. 그런데 이 비천한 인간을 선동하는 것은 앞에서 말한 공상의 농간이다. 극히 사소하고 기분 나쁜 일(그것이 인간에게서 일어났건, 사건에서 일어났건)도 자꾸 생각하면 역겨운 색채를 띠거나 차츰 팽창되어 결국에는 하나의 괴물처럼 부풀어 올라서 사람을 깜짝 놀라게 하기도 한다. 모든 불쾌한 일은 되도록 가볍게 간주하여 자유롭게 놓아 두는 것이 좋다.

작은 물체도 눈 가까이 가져오면 우리의 시야가 좁아져서 세계를 뒤덮어

삶의 예지　349

버리는 것처럼, 우리 주위의 인간과 사물들은 매우 보잘것없는 것일지라도 집중력과 사상을 필요 이상으로 혹사시켜 소중한 사상이나 문제를 압박한다. 이런 일이 없도록 노력해야 한다.

14

우리는 자기가 소유하고 있지 않은 것을 보면, '이것이 내 것이라면 얼마나 좋을까!' 하는 생각이 들어 초라한 자기를 의식하게 된다. 그런데 우리는 이런 생각 대신에 자기가 소유한 것에 대해, '이것이 내 것이었다면 얼마나 따분할까!' 하고 생각해 볼 필요가 있다. 또한 우리는 자기가 소유하고 있는 것에 대해, 만일 그것을 잃어버렸다면 얼마나 애석할까, 하고 가끔 생각해 볼 필요가 있다. 재산, 친구, 애인, 아내, 자식, 말, 개 등 무엇이든지 무방하다. 대개 이런 것들은 없어진 이후에야 비로소 그 진가를 알게 된다.

어쨌든 앞에서 권고한 사물의 관찰 방법에 의하면, 첫째로 사물을 소유하고 있는 것이 전보다 더 우리를 기쁘게 할 것이고, 둘째로 우리는 모든 방법을 강구하여 잃어버리지 않도록 예방할 것이다. 즉, 재산을 함부로 낭비하지 않고, 친구의 마음을 상하게 하지 않으며, 아내의 정조를 시험해 보지 않도록 하고, 아이들의 건강관리에 유의하도록 할 것이다. 우리는 때때로 일이 잘 되어 가리라는 생각에서 현재의 어두운 구석을 밝게 하려고 힘쓰거나 여러 가지 망상적인 희망에 가슴이 부풀기도 한다. 하지만 그 어느 것이나 환멸을 품고 있으며 그것이 냉혹한 현실에 부딪쳐 깨어지면, 반드시 이 환멸이 나타나게 마련이다. 아니, 오히려 여러 가지 가능성을 사고의 대상으로 삼는 편이 나을지도 모른다.

그렇게 하면 한편으로는 그것을 예방하는 수단도 되고, 다른 한편으로는 그것이 사실로 나타나지 않았을 경우 유쾌한 환희를 불러일으키게 될 것이다. 우리가 어떤 불안을 뚫고 지나갔을 때에는 반드시 쾌활하게 되기 때문이다. 이런 일보다도 더욱 바람직한 것은 우리가 만나게 될지도 모르는 큰 불행을 가끔 스스로 상기하는 것으로, 이렇게 하면 나중에 사실상 훨씬 작은 불행이 닥쳤을 때 전에 생각만 했을 뿐 일어나지 않고 지나간 불행을 돌이켜 봄으로써 훨씬 쉽게 참아 나갈 수 있을 것이다. 그러나 그렇다고 해서 앞에서 말한 충고를 소홀히 해도 좋다는 말은 아니다.

우리가 당하는 사건이나 일은 아주 고립되어 두서없이, 또 상호 관련도 없이 커다란 대조를 이루거나, 사건이라는 것 이외에는 어떤 공통점도 없이 나타나거나 뒤섞여 급히 지나가 버린다. 이에 대해 우리가 사고하고 걱정하는 것은 각각의 사건에 대응하려고 하기 때문에 아무래도 산만해질 수밖에 없다. 우리가 한 가지 일을 처리할 때는 나머지 일은 전혀 구애받지 말고 그것을 다른 모든 일에서 추론하여 독립시켜서 적당한 시기에 노력하거나 즐기거나 감당해 나가도록 해야 한다. 우리는 각자 자기 사상의 서랍을 몇 개 갖고 있어야 하는데, 그 하나를 여는 동안 다른 것은 모두 닫아 두어야 한다는 뜻이다.

이렇게 하면 우리는 마음을 무겁게 짓누르던 걱정으로부터 여러 가지 사소한 즐거움을 잃어버리는 일도 없고, 그것으로 우리 마음의 평정을 잃는 일도 없이 하나의 집착이 다른 집착을 몰아내지도 않고, 한 가지 중대한 일에 대한 큰 걱정으로 많은 사소한 걱정을 등한시하지 않게 되어 여러 모로 이득이 된다.

특히 훌륭한 고찰을 할 수 있는 능력을 가진 사람은 그 정신을 개인적인 사건이나 사소한 걱정으로 빼앗기고, 높고 고상한 일로 통하는 길이 막히는 일이 있어서는 안 된다. 그렇게 하지 않으면 그야말로 "삶을 위해 삶의 목적을 버리는"^(유베나리스《풍자시》
제8권 83장) 것이 되어 버린다. 물론 우리는 자신의 이런 경향에 대해서도 자제가 필요하지만, 이런 자제를 해도 사람들은 외부로부터의 많은 강요를 참아야 한다. 또한 이런 강요는 누구나 다 당하는 일이다. 그러나 자신에 대한 적절한 작은 강요가 나중에 외부에서 오는 많은 강요를 예방해 준다. 마치 중심 가까이에서 절단된 원주의 한 부분은 원둘레 가장자리에서 절단된 원주의 작은 부분보다 훨씬 크다는 것과 마찬가지다.

우리는 무엇에 의해서도 자기 강요만큼 외부의 강요를 슬기롭게 벗어나지는 못한다. 이에 대하여 세네카는 "만일 모든 일을 그대에게 복종케 하려고 하면, 우선 그대 자신을 이성에 복종케 하라"^(서한집
37)는 말로 표현하고 있다.

그리고 우리는 자기 강요라면 언제나 자기 권한 안에 있으며, 극단의 경우 그것이 자기의 가장 아픈 부분과 부딪히는 경우에는 어느 정도 자기 강요를 완화할 수 있지만, 외부 세계로부터 받은 강요는 무자비하기 짝이 없다. 그러므로 이것을 자기 강요로 굳게 다져 두는 것이 현명한 방법이라고 하겠다.

16

자기 혼자서는 모든 소망 중에서 극히 작은 한 부분밖에 손에 넣을 수 없다. 하지만 많은 재앙은 모든 사람들이 당하게 마련이라는 것을 언제나 잊지 말고 우리의 소망에 하나의 목표를 세워 욕구를 억제하고 분노를 막아야 한다. '그대들은 절제하고, 참고 나가라.' 이것이 하나의 법도이다. 이를 무시하면 재물도 권세도 자신에 대한 우리의 비참한 감정을 억제하지 못한다. 이를 주제로 해서 호라티우스는 이렇게 노래했다.

> 모든 일을 손쉽게 처리하는 방법은
> 현자의 글을 읽고 석학에게서 배우는 것.
> 탐욕도, 불안도, 무익한 기대도
> 그대를 이제 괴롭히지 않으리니……

──《서한집》1 ; 18의 96

17

"생명은 운동에서 비롯된다"는 아리스토텔레스의 말은 옳다. 우리의 육체적인 생명이 단지 끊임없는 운동에 의해 이루어지는 것처럼 우리의 내적인, 정신적인 생명도 계속 일을 할 것과 행위 또는 사고에 의해 어떤 목적을 갖고 일할 것을 요구하고 있다.

이것은 일이 없고 지각이 없는 사람들이 손으로 혹은 가까이에 있는 어떤 도구로 물건을 두드리며 북을 치는 듯한 소리를 내는 것으로도 입증된다. 우리의 생존은 본질적으로 휴식 없는 존재이며, 아무 일도 하지 않으면 참지 못하고 곧 권태를 느끼게 된다.

이 충동을 만족시키기 위해서는 이를 잘 통제해야 한다. 즉, 활동을 계속할 것, 무엇이든지 할 것, 가능하면 어떤 것이든지 만들 것, 적어도 무엇이든 배우는 것이 인간의 행복에 필수적이다. 인간의 힘은 쓰기를 요구하고 그 성과를 알아보고자 한다.

그러나 이 중에 최대의 만족을 주는 것은 무엇이든지 만드는 것이다. 하나의 바구니건 한 권의 책이건 그것을 완성하는 일이다. 하나의 작품이 그의 손에서 하루하루 자라나 드디어 완성된 것을 바라볼 때 그를 직접적으로 행복하게 해준다.

하나의 예술품이나 저작, 아니면 단순한 공예작품이라도 상관없다. 물론 그 작품이 고귀한 것이라면 그만큼 더욱 고급 향락을 누릴 수 있다.

이런 견지에서 보면, 가장 행복한 사람은 소질이 풍부한 사람들로, 이들이야말로 의의 있는 위대한 작품을 창조할 수 있는 힘을 자각하고 있다. 따라서 훨씬 고상한 흥미가 이들의 온몸에 퍼져 다른 사람들에게서는 찾아볼 수 없는 일종의 흥취를 느끼게 한다.

이들에 비하면 다른 사람들의 생존은 무미건조하기 짝이 없다. 천재적인 소질을 타고난 사람은, 인생과 세계가 모든 사람들에게 공통된 실질적인 흥미 이외에 제2의 더욱 고차원의 관심을 갖게 한다. 이 관심은 이들의 작품에 대한 소재를 모아준다. 개인적인 가난만 면하면 한평생 이런 소재의 수집에 열중한다.

이들의 지성은 이중적인데, 한편은 다른 사람들과 마찬가지로 일반적 관계를 파악하는 지성이고, 다른 한편은 사물을 객관적으로 파악하는 지성이다. 그래서 다른 사람들은 배우 노릇을 하고 있는데, 이들은 배우인 동시에 관객이기도 한 이중생활을 하게 된다.

모든 사람들은 능력의 정도에 따라서 행동해야 한다. 또 무슨 일을 하든지 계획적인 행동이나 노동의 결핍이 우리에게 얼마나 큰 해악을 끼치는가는, 오랫동안 여행이라도 떠났을 때 도중에 갑자기 느끼게 되는 것을 보면 알 수 있다. 이 경우, 자연적인 요소로부터 떠난 것처럼 본래 일정한 일거리가 주어져 있지 않아 때때로 커다란 불행을 느끼게 된다. 향락이 계속되고 평온한 상태가 와도 인간은 참기 어려운 것이다.

무엇보다도 애써 저항과 싸워 나가는 것은 두더지가 흙을 파는 것처럼 인간에게 중요한 일이다. 장해를 극복해 나가는 것은 온전한 향락이며 이 장해는 행동의 경우처럼 물질적인 것이라도 무방하고, 학습이나 연구의 경우처럼 정신적인 것이라도 무방하다. 장해와 싸워서 승리하는 것이 인간을 행복하게 한다. 그래서 그런 기회가 없으면 사람들은 스스로 그런 기회를 만든다. 사람들의 개성에 따라 각각 사냥을 하거나 공을 치거나, 무의식적으로 싸움을 하거나 음모를 꾸미거나, 또는 사기나 그 밖의 여러 가지 고약한 일에 가담할 테지만, 이것들은 다만 무사태평한 상태에서 벗어나기 위한 것이다. '한가할 때 마음의 평정을 유지하기는 어렵다.'

18

우리는 공상적인 환상을 노력의 목표로 삼아서는 안 된다. 우리는 이 경우에 분명한 개념을 갖고 있어야 한다. 그러나 흔히 이와 반대되는 일들을 많이 찾아볼 수 있다. 엄밀히 검토해 보면, 우리가 어떤 결심을 할 때 마지막으로 어떤 결론을 내리는 것은 개념과 판단력이 아니라 이 둘 중에서 어느 한쪽을 대신하여 나타내는 공상적인 환상이다. 볼테르가 쓴 소설인지, 디드로가 쓴 것인지 잘 모르겠으나, 주인공은 청년이 헤라클레스(그리스 신화에 나오는 영웅)처럼 선량한 생애와 안락한 생애의 갈림길에 서게 되면, 그의 눈에 덕이 왼손에는 담배 재떨이를 쥐고 오른손에는 담배를 매만지며 도덕강의를 하는 늙은 가정교사의 모습으로 보이는 반면에, 부덕은 어머니를 모시고 있는 시녀의 모습으로 보였다고 쓰고 있다.

특히 청년시절에는 행복의 목표가 환상적으로 우리 눈앞에 떠오르기 때문에 자칫하면 반생을, 경우에 따라서는 일생을 변치 않고 고정되는 경우도 있다. 이런 환상은 본래 사람을 놀려대는 유령이다. 즉, 우리가 거기 손이 닿았을 때에는 벌써 사라져 버리는 것이다. 우리는 그것이 우리에게 약속한 것을 전혀 이루어주지 않는다는 것을 경험하게 된다. 우리는 가정적, 시민적, 사교적, 자연적인 모든 생활에서 여러모로 명예와 존경을 얻을 것을 꿈꾸고 있다. '모든 광기에는 각각 버릇이 있다.' 애인에 대한 환상까지도 자칫하면 이런 종류의 것이 된다.

우리가 이와 같이 되는 것은 자연스러운 일이다. 왜냐하면 실생활의 모든 것은 직접적이므로 인간의 의지에 대하여 영향을 주지만, 관념이나 추상적인 사상은 현실을 나타내는 개개의 것이 아니고 다만 일반적인 것, 따라서 인간의 의지에 대해서도 간접적으로 작용할 뿐이기 때문이다.

그러나 그 약속을 지켜 우리를 기만하지 않는 것은 전자가 아니라 후자, 즉 관념과 사상뿐이다. 지혜로운 사람이라면 이것만을 신뢰해야 한다. 하긴 추상적인 문장에 실례나 주석을 달 필요가 있는 것처럼 때로는 관념이나 사

상도 어떤 환영의 도움을 받을 필요가 있지만, 그것은 다만 약간의 소금을
치는 정도에 그친다.

19

앞에서 말한 일반적인 가르침은 '인간은 어디서나 현실적이어야 하며, 직
관적인 인상을 통괄하는 지배자가 되어야 한다'는 것이다.

이와 같은 인상은 단지 생각에 그치는 것이나 알고만 있는 것과 비교하면
강력하게 작용한다. 그것은 실질적인 부분이나 내용에 의해서가 아니라(이
런 것은 대체로 극히 빈약하다), 그 직관성과 직접성이라는 형식에 기인한
다. 이 형식이 마음에 스며들면 마음의 안정을 어지럽혀 계획을 흔들어 놓기
도 한다. 역시 현재 있는 것, 직관되는 것은 언제나 위력과 압박을 느끼게
하는데, 사상이나 관념이 이를 하나하나 생각하려면 상당한 시간과 마음의
여유가 필요하기 때문이다. 따라서 사람은 순간마다 있는 그대로 파악할 수
는 없다.

우리가 잘 생각하여 단념해 버린 놀이 같은 것도 눈앞에 보게 되면 자극을
받는 것처럼, 전혀 부당하다고 생각되는 비판도 그것을 들으면 불쾌하고, 또
무시해 버려도 될 모욕을 당하면 화가 나는 법이다. 마찬가지로 신뢰를 주는
인상에는 거부할 여러 가지 이유를 갖고 있어도 좀처럼 이를 물리치기 어렵
다.

이 모든 일에 인간의 본성이 지닌 원시적이고도 비이성적인 성질이 나타
나 있는 것이다. 이런 인상에 쉽게 굴복하는 것은 여자들이며, 남자들도 이
런 인상에 흔들리지 않을 만큼 훌륭한 이성을 갖춘 사람은 드물다. 그래서
우리가 이 인상을 전적으로 누를 수 없을 경우에는 어느 하나의 인상을 이와
반대되는 인상에 의해 중화시키는 것이 가장 좋은 방법이다. 가령 모욕을 당
한 인상은 우리가 존경하는 사람들을 방문하는 것으로, 위협하는 인상은 그
것을 지워 버리는 현상을 사실상 관찰함으로써 중화시키는 것이다. 라이프
니치 (^{1646~1716,}
독일 철학자)는 다음과 같이 말한다.

저 이탈리아인은 고문을 받는 동안에 결심을 굳혀, 만일 자기가 고백하
면 오르게 될 교수대의 환상을 한순간도 상상에서 떼어놓지 않음으로써

삶의 예지 355

고문의 고통을 견딜 수 있었다.

——《새로운 에세이》 제1권 제2장 11절

이로 인해 그는 때때로 "나는 너를 바라보고 있다"고 외쳤는데, 나중에 와서 그는 왜 이런 말을 했는가 하는 배경을 설명했다.

우리를 에워싼 모든 사람들이 다른 의견을 갖고 행동할 때, 우리는 그들의 오류를 믿으면서도 그들의 견해에 동요를 일으키지 않고 대범한 마음을 간직하기란 매우 어려운 일이다. 역적이 두려워서 피신을 다니는 왕자에게 신뢰할 만한 신하 두 사람이 표시하는 충성이야말로 왕자의 마음을 든든하게 하지만 그것마저 없어지면 자기 자신의 존재까지도 의심하게 된다.

20

나는 이 책의 제2장에서 이미 우리의 행복에 건강이 가장 중요한 가치를 지니고 있다는 말을 했지만, 여기서 잠시 건강 유지에 관한 일반적인 가르침이 되는 기준을 들어 보고자 한다.

인간은 건강할 때 몸 전체의 각 부분을 적당히 움직여 안 좋은 환경에 저항할 수 있는 습관을 길러 자신을 단련시켜야만 한다. 그리고 전체건 일부건 어떤 병적인 증상이 나타나면 빨리 적당한 치료를 해야 한다. 온갖 수단을 다 기울여 병든 부분을 잘 보살펴야만 한다. 병들었거나 쇠약한 부분은 단련시킬 수 없으니까.

근육은 쓸수록 강해지지만 그 반대로 신경은 오히려 약해진다. 누구나 적당히 근육을 움직이되, 신경은 되도록 쓰지 말아야 한다. 눈은 너무 밝은 빛, 특히 반사를 피해야 하며 어두운 곳에서 일을 하지 않아야 된다. 그리고 작은 것을 계속해서 관찰하는 일이 없도록 조심해야 한다. 마찬가지로 귀도 아주 강한 음에는 조심해야 하고, 특히 뇌는 너무 억지로 계속해서 쓰거나 부당하게 혹사시켜서는 안 된다.

소화하는 동안은 두뇌를 쉬게 하는 것이 좋다. 두뇌로 사상을 만들어 내는 것과 같은 생명력이 위와 내장에서 음식을 소화시키기 위해 열심히 일하고 있기 때문이다. 심한 근육노동을 하고 있는 동안은 물론 그 뒤에도 두뇌를 쉬게 해야 한다. 운동 신경에 있어서 상황이나 지각 신경에서의 상황이 마찬가지며, 우리가 상한 팔다리에서 느끼는 아픔을 받는 장소는 뇌에 있는 것처럼 걸어다니거나 일을 하는 것도 본래는 팔이나 다리가 아니라 뇌, 자세히 말하면 연수(延髓)와 척수(脊髓)를 거쳐, 팔다리의 신경을 흥분시켜 이로 인해 사지를 움직이기 때문이다.

우리가 다리나 팔에 느끼는 피로감도 실은 뇌 속에 있다. 운동이 자기 마음대로인 것, 다시 말해서 그 운동이 뇌에서 출발하는 근육만이 피로하고 자기 의지와 상관없이 움직이는 근육, 가령 심장과 같은 것은 피로하지 않다. 우리가 심한 근육 활동과 정신적인 긴장을 동시에 하고 있을 경우에도 뇌수가 분명히 장해를 받는다. 산책을 시작할 때나 또는 가까운 거리를 걸어가는 도중에 가끔 정신 활동이 높아지는 것을 느끼는 것은 이와 모순되는 일이 아니다. 이 경우에는 앞에서 말한 뇌의 피로가 아직 나타나지 않는다. 이런 가벼운 근육 활동으로 증가된 호흡은 동맥을 통해 산소와 잘 결합한 피를 머리 속에 보내기 때문이다. 그러나 특히 뇌에는 그 휴식에 필요한 만큼 충분한 수면을 취하게 하는 것이 좋다. * 수면이 육체에 미치는 작용은 시계에 태엽을 감는 것과 마찬가지기 때문이다. (《의지와 표상으로서의》 세계》 제2권 참조)

수면량은 뇌가 발달되어 있을수록, 그리고 활동적일수록 더욱 커질 것이다. 그러나 적당량을 넘는 것은 단지 시간의 손실에 지나지 않는다. 그렇게 되면 수면시간은 늘어나지만 그 밀도가 엷어지기 때문이다. (《의지와 표상으로서의》 세계》 제2권 참조)

우리의 사고는 뇌의 유기적인 작용임에 틀림이 없다. 노력과 휴식에 관해서는 다른 유기적인 활동과 비슷한 상태에 있다는 것을 알아야 한다. 지나친 노력이 눈을 해치는 것처럼 뇌도 마찬가지로 해를 입는다.

---

* 수면은 죽음의 일부다. 우리는 수면을 이자로 선불하고 하루 동안 살기 위해 소비한 생명을 되찾아 오곤 한다. 수면은 죽음에서 꿔온 행위이다. 그것은 생명을 유지하기 위해 죽음에서 꿔오는 것이다. 다시 말해서 수면은 죽음에 지불하는 이자이며, 죽음 자체는 원금의 지불이다. 이자의 지급 방법이 정확하고 규칙적일수록 원금 지불은 더욱 천천히 청구해 올 것이다.

"뇌가 생각을 하는 것은 위장이 소화하는 것과 같다"는 말은 사실이다. 어떤 비물질적이고 단순하게 사고하는 지칠 줄 모르는 영혼이 뇌 속에 그저 숙소를 빌리고 있을 뿐 아무것도 필요로 하지 않는다는 망상이 있다. 이 망상은 분명히 많은 사람들을 어리석은 행동으로 몰아넣어 정신을 헛되이 소모하게 만들었다. 일찍이 프리드리히 대왕이 수면을 취하지 않으려고 한 것이 좋은 예이다.

철학 교수들은 그들의 교리 문답 같은 엉터리 철학인 이 해로운 망상을 강매할 생각은 하지 말아야 한다.

우리는 자기의 정신력을 어디까지나 생리적인 작용으로 보고, 정신력을 아껴서 사용하고 육체적인 병이나 통증, 부조화가 정신에 장해를 준다는 것을 알아야 한다.

이에 대하여 가장 잘 논술한 것은 카바니스($^{1757\sim1808,}_{프랑스의 철학자}$)가 쓴 《인간의 육체와 정신에 관한 보고 연구》다. 여기서 말한 충고를 소홀히 하여 많은 위대한 사상가나 학자들이 늙어서 어린이처럼 되고, 끝내는 망상에 잘 빠져드는 정신병이 되는 일이 때때로 일어났다. 가령 이 세기에서 인기 있는 영국 시인 월터 스코트, 워즈워스($^{1770\sim1850,}_{영국의 낭만파 시인}$), 사우디($^{1774\sim1843,}_{영국의 역사가}$) 등 많은 사람들이 늙어서, 아니 아직 60대인데도 일찌감치 정신이 둔화되어 무능해지고, 나아가서는 백치가 될 정도로 비참하게 된 것은 분명 저마다 비싼 보수에 유혹되어 저술을 장삿속으로 썼기 때문이다. 한마디로 돈 때문에 글을 썼기 때문이라고 할 수 있다.

이런 일들은 자연에 위배된다. 천마(天馬) 페가소스에 멍에를 얹어 혹사하거나 시의 여신 뮤즈를 채찍질하여 달리는 사람은 사랑의 여신 베누스에게 강제로 봉사한 사람과 마찬가지로 속죄를 하게 마련이다. 심지어 칸트($^{1724\sim1804, 독일의 대철학자. 쇼펜하우어가 "칸트는 만년에 어리석음으로 되돌아갔다"고 말한 것은 칸트가 《실천이성비판》 속에 신학적}_{도덕률의 지고선의 정언명법을 채택하여 그 결과로서 도덕신학을 수립한 오류 및 《순수이성비판》 제2판에 있어서 개악을 지적하는 것이다}$)까지도 만년에 유명하게 된 후로 일을 너무 많이 했기 때문에 그의 생애 최후의 4년 동안 유년기로 다시 돌아가고 말았다. 너무 많은 정신 노동은 1년 내내 모두 우리의 육체, 나아가서는 정신상태에 각기 독특하고 직접적인 영향을 준다.

3. 타인에 대한 우리의 태도

이 세상을 살아가려면 많은 조심과 아량이 필요하다. 조심은 손해와 손실로부터, 아량은 충돌과 분쟁으로부터 미리 보호하게 해 준다.

인간들 속에서 살아가야 하는 자는 어떤 개성이건 일단 자연으로부터 주어진 것인 이상 설사 그것이 고약하고 보잘것없더라도, 또는 괴상한 것이라도 절대로 배격해서는 안 된다. 오히려 이런 사람들을 형이상학적인 원리에 따라 있는 그대로 있게 한 불변한 것으로 인정해야 하며, 극단의 경우에는 "이런 사람도 세상에는 있어야 한다"^(괴테 《파우스트》 제1부,
메피스토펠레스의 말)고 생각해야 할 것이다. 만일 그렇지 않고 이와 다른 태도를 취한다면 그 사람이 나쁜 것이며 타인의 숨통을 끊는 처사로 비난받아 마땅하다. 인간은 본래의 개성, 다시 말해서 도덕적인 성격, 인식 능력, 기질, 용모 등은 아무도 바꿀 수 없기 때문이다.

우리가 어떤 사람의 본질을 무작정 공박하면 그는 우리 가운데 있는 적을 물리치려고만 할 것이다. 그것은 우리가 그에게 바꿀 수 없는 그의 본질이 바뀐다는 조건하에서만 생존의 권리를 허용하려고 하기 때문이다. 따라서 우리가 인간 가운데서 살아가기 위해서는, 우리 모든 인간에게 주어진 개성이 어떤 상태에 있든지 그 개성을 포함해 그 사람을 인정해야 하며, 그 개성의 종류와 성질을 있는 그대로 두고 이를 주로 이용하도록 해야 한다. 그리고 그 개성의 변화를 바라거나 있는 그대로의 개성을 무작정 나쁘다고 경멸해서는 안 된다. * 이것이 바로 '살기도 하고 살리기도 한다'는 속담의 참된 의미이다.

그러나 이 과제는 정당하지만 결코 쉬운 일이 아니다. 여러 가지 개성을 가진 자들과 언제나 상종하지 않고 지내는 사람은 행복하다고 할 수 있다. 어쨌든 우리가 사람에게 시달리면서도 참는 법을 배우기 위해서는 무생물을 상대로 자기 인내력을 기르는 것이 좋다. 무생물은 기계적으로, 또는 그 밖의 물리적인 필연성에 따라 우리가 하는 행위에 대하여 완강하게 저

＊ 많은 사람들을 상대할 때에 '나는 그의 개성을 바꾸려고 하지 않고 이용하려고 생각한다'고 생각하는 것이 가장 현명한 방법이다.

항한다. 이것을 상대로 수련을 쌓는 기회는 얼마든지 있다.

이렇게 해서 얻게 된 인내를 점점 다른 사람들에게 적용하는 법을 배워야 한다. 우리를 방해하려는 자들도 무생물이 작용하는 필연성과 같은 그들의 천성에서 비롯되었으므로 필연적으로 그렇게 하지 않을 수 없다. 그들의 태도에 대하여 화를 내는 것은 마치 길에 널려 있는 돌멩이에게 불평을 하는 것과 같다. 이것은 어리석은 짓이라고 생각하는 습관을 기를 필요가 있다.

22

사람들과 이야기를 나누다 보면 서로의 정신과 감정의 동질성, 이질성을 쉽게 알아차릴 수 있다. 이것은 참으로 놀라운 일이다. 이 동질성과 이질성이 아무리 작은 것이라도 알 수 있다. 설사 이야기가 아무렇지 않은 내용이라도 크게 이질적인 사람들 사이에서는 하나에서 열까지 다른 사람의 비위를 거스르며, 말이 많으면 끝내 분통을 터뜨리게 될 것이다.

반면 동질적인 사람들이라면 모든 것이 곧 어느 정도의 공감을 일으킬 것이다. 이 공감이 클 경우 완전한 화음이 되어 합류한다. 이것으로 보아 평범한 사람들이 왜 그토록 사교적이고, 곳곳에서 손쉽게 좋은 친구들을 사귀게 되는가를 설명할 수가 있다.

그러나 비범한 사람들은 이것이 반대로 나타나며 그가 탁월할수록 더욱 뚜렷이 드러난다. 다른 사람들 속에 자신과 동질적인 부분이라도 발견되면 아무리 사소한 것이라도 그들의 고립된 생애에서 때때로 기쁨을 제공해 준다. 참으로 위대한 사상가는 솔개와 같은 높이에 혼자서 둥지를 튼다. 앞에서 말한 것처럼, 어떻게 해서 비슷한 사람들끼리 마치 자력으로 서로 끄는 것처럼 신속히 만나는지 이해할 수 있을 것이다. 비슷한 영혼은 멀리서도 서로 인사를 한다. 물론 우리는 저급한 마음을 가진 사람이나 태어날 때부터 빈약한 사람들에 대해 이런 일을 관찰할 기회가 자주 있다. 그러나 이런 사람들은 수없이 많고, 반대로 뛰어난 천성을 지닌 사람들은 보기 드물다.

어떤 목적을 달성하려는 단체 내부에 두 사람의 악당이 있다면, 그들은 군대 휘장을 달고 있는 것처럼 서로 이용하거나 배신을 위해 결합할 것이다. 이와 마찬가지로 여기 가담한 두 사람의 바보를 제외하고는 분명히 지각도 있고 사려도 깊은 사람들로 형성된 커다란 사회(있을 수 없는 일이지만)에서 이 두 사람만은 서로 뜻이 맞는 것을 느끼게 될 것이다. 그리고 그들은 서로 이해할 수 있는 상대를 만난 것을 진심으로 기뻐할 것이다. 특히 도덕적으로나 지적으로 뒤떨어지는 두 사람이 한눈에 정들어 가까이 하고, 마치 예전부터 알던 사이나 되는 것처럼 시시덕거리며, 서로 수작을 하는 것을 보면 놀라지 않을 수 없다. 그것은 참으로 불교의 윤회설처럼 이미 출생하기 전부터 맺은 인연이 있었다고 생각될 정도다.

그런데 아무리 뜻이 맞아도 그들을 서로 떼어놓고, 그들 사이에 한때나마 불화를 일으키는 것은 기분의 차이다. 이 기분은 모든 사람들의 지위, 직업, 환경, 신체 상태 등에 따라 거의 언제나 다르다.

마음이 아주 잘 맞는 사람들 사이에서도 불협화음이 일어나는 경우가 있다. 이런 장애를 제거하기 위해 끊임없이 필요한 수정을 가하여 언제나 한결같은 온정을 유지하는 것은 수준 높은 교양이 있어야만 비로소 가능한 일이다.

사교적인 모임에 기분을 일치시키는 일이 얼마나 많은 성과를 올리는가는, 인원이 많은 집회에서 어떤 객관적인 것(그것이 어떤 위험한 일이건, 어떤 희망이건, 또는 어떤 보고 사항이나 보기 드문 구경거리, 연극, 음악, 그 밖의 무엇이든지)이 모든 사람들에게 동시에 작용하기만 하면 곧 그 모임은 즐거워지며 서로 금방 친밀감을 갖게 되는 것으로도 짐작할 수 있다. 이 객관적인 것이 개인적인 흥미를 능가하여 다른 사람들과 기분의 통일을 자아내기 때문이다. 이와 같은 객관적인 효과가 작으면 흔히 주관적인 효과가 중요시된다. 보통 술이 좋은 분위기를 조성하는 수단으로 사용되는 것도 그 때문이다. 차나 커피도 이런 효과가 있다.

그러나 순간적인 기분의 차이가 이와 같이 모든 협동체에 때때로 생기는 부조화에서 부분적이나마 설명될 수 있는 것은, 모든 사람들이 이 기분과 이와 비슷한 영향(일시적이나마 뒤흔들어 놓는)에서 해방된 기억 속에 자기 자신을 이상화하거나 나아가서는 때때로 신성화하여 묘사한다는 것이다.

기억은 사진의 암상자 속의 집광렌즈와 같은 작용을 하며, 모든 것을 끌

어모아 그 본체를 훨씬 아름답게 나타낸다. 이렇게 이상적으로 보이는 것
은 '부재(不在)'에서 온다. 회상을 이상화하려면 오랜 시일이 필요하지만,
그것이 어느 정도 이루어지면 상대방이 잠깐 눈에 보이지 않아도 가능하
다. 그러므로 친지나 친구는 되도록 오래간만에 만나는 것이 현명하다고
하겠다. 그렇게 하면 다시 만났을 경우에 이 '회상의 이상화'를 즐길 수
있기 때문이다.

23

아무도 자기를 뛰어넘어 세계를 인정하지 못한다. 즉, 모든 사람은 자기
기준에서 남을 평가하며, 자기의 지능 정도에 따라 남을 이해할 뿐이다.
이 지능이 아주 저급하면 아무리 정신적으로 뛰어난 사람이라도 그에게
아무 영향도 주지 못한다. 이와 같은 천성의 소유자는 뛰어난 사람의 개성
중에서 제일 저급한 것, 다시 말해 모든 약점과 기질 및 성격적인 결함밖
에는 인정하지 않으며 그 이상의 것은 전혀 알지 못할 것이다. 그러므로
이 천부를 지닌 사람도 그에게는 보잘것없는 존재가 되어 버릴 것이다. 그
에게 한결 높은 정신 능력은 마치 소경이 색채를 대할 때 색채의 가치와
마찬가지다.

요컨대 모든 사상은 사상을 갖고 있지 않은 사람에게는 없는 거나 마찬
가지며, 모든 평가는 평가자의 인식 범위에 의한 상대방의 가치에서 비롯
된다. 누구나 어떤 사람과 이야기할 때 그 사람과 같은 수준으로 내려가게
되는데, 그때 그가 상대방보다 나은 면은 모두 숨겨질 뿐더러, 필요한 자
기 부정도 상대방은 분명히 알지 못한다.

그러므로 누구나 상대방이 얼마나 저열한 생각을 하고 있으며 빈약한
천성을 갖고 있는가, 얼마나 많은 사람들이 철저하게 비속한가를 생각한
다면, 자기를 격하시키지 않고 그들과 이야기할 수 없다는 것을 알게 될
것이다. 그래서 '자기를 비속하게 한다'는 표현이 지닌 본래의 의미를 깊
이 이해할 것이다. 그리고 자기 천성이 숨기고 있는 치부를 매개로 해서만
연결될 수 있는 모든 사교를 피할 것이다. 또한 어리석은 자나 바보에 대
하여 자기 오성(悟性)을 분명히 보여 주려면 오직 하나의 길밖에 없다는
것을 짐작하게 될 것이다. 그것은 그들과 이야기를 나누지 않는다는 것이

다. 이렇게 되면 많은 사람들과의 사교를 위해 때때로 무도회에 나왔다가 절름발이를 만나게 된 무용가와 같은 심정이 될 것이다. 그는 대체 누구와 춤을 추어야 할까?

24

무엇을 기다리지 않고 있을 때, 다시 말해서 용무가 없어서 앉아 있을 때 지팡이나 나이프, 스푼, 그 밖에 가까이 있는 어떤 것으로든 박자에 맞춰 소리를 내거나 만지작거리지 않는 사람이야말로 백 사람 중에 한 사람 있을까 말까 한 존경할 만한 사람이라고 하겠다. 아마도 그는 무엇인가 생각하고 있을 것이다. 그런데 많은 사람들은 머리로 생각하는 역할을 눈으로 대신한다. 그렇지 않으면 그들은 무슨 소리를 내어 자기의 존재를 의식하려고 한다. 담배를 피우는 것도 이 때문이다. 그들은 역시 자기 주위에서 끊임없이 일어나는 모든 일에 대해 오직 눈과 귀만 가지고 있을 뿐이다.

25

라로슈푸코가 "같은 사람을 존경하는 동시에 뜨겁게 사랑하기는 어렵다"고 말한 것은 옳은 말이다. 우리는 사람들로부터 사랑과 존경의 두 가지 중에서 어느 하나를 택해야 한다.

인간이 사랑하는 방법은 여러 가지지만 언제나 이기적이다. 그뿐만 아니라 남의 사랑을 받고 있는 까닭이 언제나 우리가 자랑스럽게 생각하고 있는 것이라고 할 수는 없다. 주로 인간은 다른 사람의 정신과 얻으려는 요구를 겸손하게 가지고 있으면 있을수록 다른 사람으로부터 사랑을 받는다. 이런 저자세는 진지해야 하며, 단지 경멸에서 비롯된 너그러움이어서는 안 된다.

이 경우에 엘베시우스(1715~1771, 프랑스 철학자)의 "우리를 기쁘게 하는 데 필요한 소질의 정도는, 우리가 갖고 있는 소질의 정도를 헤아리는 정확한 척도가 된다"는 적절한 말을 상기한다면 이러한 전제에서 결론을 내릴 수 있다.

같은 사람이라도 존경에 관해서는 사정이 달라진다. 존경은 타인의 의지에 거슬러 강요되는 것이며, 대체로 은폐되어 있는 경우가 많다. 그래서 타인으로부터 존경받는 것은 우리에게 다른 무엇보다도 큰 만족을 준다.

존경받는 것은 우리의 가치와 관련되기도 한다. 그러나 인간의 사랑에 그대로 해당되지는 않는다. 다시 말해 사랑은 주관적이고 존경은 객관적이다. 물론 우리로서는 사랑이 존경보다 더 유용한 것이다.

26

인간은 대개 주관적이다. 인간에게 흥미 있는 것은 오직 하나, 그들 자신뿐이고 그 밖에는 아무 흥미도 느끼지 못한다. 그러므로 무슨 말을 하건 우선 인간은 자기 자신부터 생각한다. 자신에게 어떤 관계만 있으면 그것이 무슨 일이든지 관심을 갖게 되며, 이야기 가운데서 어떤 제3의 대상에 대해서는 전혀 이해하지 못한다. 또 자신의 흥미나 허영심이 거역하기만 하면 아무리 근거 있는 이야기라도 그들에게는 아무 가치도 없게 된다.

인간은 기분이 산만하기 쉽고 감정이 크게 상하여 모욕을 느끼거나 화를 내기 쉽다. 어떤 이야기든 객관적으로 말하면서도 상대방에게 소중하고 민감한 것은 역시 오직 하나, 자아에 관한 것뿐이며 그 밖의 것은 별로 관심이 없다.

인간은 남의 진실하고 정당한 이야기나 아름답고 재치 있는 이야기에 대해서는 아무 감각도 감정도 갖고 있지 않다. 다만 자신의 하찮은 허영심이 상할 경우에는 대수롭지 않은 이야기라도 자신에게 가장 소중한 자아에 불리한 것이라면 예리한 감수성을 발휘하는 법이다.

인간은 무의식중에 화 주머니를 슬쩍 건드리기만 해도 곧 비명을 지르는 강아지와 견줄 만하다. 또는 옆에 있는 사람들을 조심스럽게 하는 상처받기 쉬운 병자와 같다. 심한 사람은 그들과 주고받은 이야기 가운데 분명히 나타나 있는, 그러니까 충분히 감춰져 있지 않은 정신과 오성을(설사 그 당시에는 숨겨져 있더라도) 그대로 일종의 모욕으로 느끼게 된다. 그리고 나중에 그 모욕에 대한 복수를 당하게 되면 무경험자는 왜 자기가 그들의 원한과 증오를 갖게 되었을까 하고 아무리 깊이 생각해 보아도 알 수 없는 경우도 생긴다.

그들은 아첨을 받거나 농락을 당하기 쉽다. 그들의 판단은 대개 사들인 것으로, 단지 당파나 계급을 위한 하나의 수작에 불과하며, 결코 객관적인 공정한 비판이 아니다. 이것은 그들의 의지가 인식을 능가하고, 빈약한 지성은 완전히 의지의 노예가 되어 한순간도 의지에서 해방되어 있지 않기 때문이다.

인간은 그 주관성에 따라서 모든 일을 자기와 관련시켜 모든 사상으로부터 곧장 자기 자신으로 돌아온다.

이 가련한 주관성을 입증할 수 있는 것이 점성술이다. 이것은 엄청나게 많은 천체의 운행을 비참한 자아에 연결시키며, 하늘의 혜성까지도 지상의 싸움이나 무뢰한의 출입과 연결시킨다. 이는 어느 시대에나, 그러니까 아주 먼 옛날에도 있었던 일이다. (스토바에오스 《시선》 제1권
22장 9절 478쪽 참조)

27

사람들 사이에서, 또는 사회 전체 속에서 흔히 말하고 또 문학에 씌어 있는 부조리에 대해 사람들은 절망을 하거나 이것으로 일은 끝났다고 생각해서는 안 된다. 일은 나중에 가서 재검토되고, 숙고와 논의를 거친 후에 비로소 올바른 판단이 내려진다. 그래서 적당한 기간이 지나면 곧 알아차릴 수 있는 일을 겨우 이해하게 됐다고 깨닫고 위안을 해야 한다. 물론 그 동안은 참아야 한다. 기만당한 사람들 속에서도 올바른 식견을 갖춘 사람은, 모든 도시의 탑시계가 잘못되어 있는데 혼자만 정확한 시간을 알고 있는 것과 같다. 하지만 그것이 그에게 무슨 소용이 있겠는가? 세상의 모든 사람들이 잘못된 시간을 나타내고 있는 시계를 표준으로 삼고 있기 때문에 자기 시계가 정확한 시간을 가리키고 있다는 것을 알고 있는 사람까지도 어쩔 도리가 없다.

28

인간은 누구나 너그럽게 대하면 어린아이처럼 버릇이 없어진다. 그래서 누구에게든지 지나치게 관대하거나 다정해서는 안 된다. 인간은 대개 돈을 빌려달라는 것을 거절하여 친구를 잃은 일은 없지만 오히려 돈을 빌려준 것이 화근이 되어 친구를 잃는 경우가 종종 있다. 그리고 존경하여 받들거나 냉정한 태도를 취하여 친구를 잃는 경우도 종종 있다. 더구나 자기는 상대방에게 필요한 존재라는 것을 보여 주면 으레 교만하게 되고 나를 괄시하지 못하리라는 생각을 하여 파탄을 일으킨다. 그러므로 우리는 친밀한 교제를 지속하기란 흔치 않다는 것을 아는 사람을 만나야 한다. 흉금을 털어놓고 교제할 만한 사람은 흔치 않기 때문에, 특히 저열한 사람들과 허물없이 사귀다가 자기 위신이 추락하지 않도록 조심해야만 한다. 한 걸음 나아가서 사람들에게 가끔, '나에게는 너 같은 사람은 없어도 무방하다'는 인식을 하게 할 필요가 있다. 그렇게 되면 오히려 우의가 두텁게 된다. 일반 사람들과 교제할 때에는 오히려 경멸하는 태도를 취하는 것이 좋다. 그렇게 되면 그들은 그 우정을 한층 더 값지게 생각할 것이다. '존경하지 않는 사람은 존경받게 된다'는 교묘한 이탈리아의 속담이 입증하는 것이다. 그러므로 어떤 사람이 자기에게 소중하더라도 마치 죄를 숨기듯이 숨겨 두어야 한다. 그것은 절대로 즐거운 일은 될 수 없지만 현명한 일이다. 친절하게 대하면 버릇없이 굴지 않는 개〔犬〕가 없는 것처럼 인간의 경우도 마찬가지다.

29

고결한 성격이나 천재적인 기질을 가진 사람들은, 특히 젊었을 적 인간을 식별하는 눈과 처세술이 서툴러 곧잘 남에게 속아 넘어가고, 그렇지 않으면 농락을 당하게 마련이다. 반대로 저속한 사람들은 세상 물정을 훨씬 빨리 알게 된다. 그것은 자기들 기준에서 판단하기 때문에 그렇지만, 고상한 사람들은 그 이상의 것을 기준으로 하여 판단을 내리기 때문이다. 천재적인 사람은 범속한 사람의 사유나 행위를 자기를 기준으로 하기 때문에 계산 착오가 생기게 마련이다.

더구나 이러한 사람들은 타인의 교훈과 자기의 경험에서 인간과 세상의 참된 모습을 귀납적으로 알게 된다. 즉, 인간의 6분의 5는 선천적으로 보잘것없는 존재이며, 태어나면서부터 도덕적으로나 지성적인 범주에서 벗어나게 되어 있다. 따라서 될 수 있는 대로 그들과 교제하지 않는 것이 훨씬 유리하다는 것을 깨우쳐 주더라도, 그들이 빈약하고 가련한 존재임을 분명하고 확실하게 인식하지 못할 것이다. 그들이 생존하는 한 끊임없이 이러한 신념을 확대하고 보다 견고하게 갖추어 나가지 않으면 안 된다. 그러는 동안에는 때때로 오산을 하며 손해를 보게 될 것이다.

그가 받은 교훈을 진실하게 받아들인 후에도 알지 못하는 사람들의 사회에 들어가 보면, 그들은 모두 이야기하는 것으로나 풍채로 보아서는 제법 의젓하고 분별력이 있어 보인다. 솔직하고 정직하고 존경할 만하여 덕스럽게 보이고 현명하고 영리하게까지 보이지만, 때때로 놀라운 사실에 부딪치게 될 것이다. 그러나 이러한 일에 흔들려서는 안 된다.

이러한 사실은 자연의 원리가 통속적인 소설이나 희곡의 인물과는 다르기 때문이다. 통속적인 소설가들은 악당이나 바보들을 묘사하는 데 있어서 서투르고 슬기롭지 못하게 작품을 다루어 나간다. 언뜻 보기에는 악당의 배후에는 언제나 작자가 도사리고 앉아 그들의 취향이나 말과 행동을 책하고, '이것은 악당입니다. 이것은 바보입니다. 그의 말을 듣지 마십시오' 하고 타이르는 것을 발견하게 된다. 그러나 셰익스피어, 괴테와 같은 훌륭한 작품 속에서는 모든 인물이(설사 그가 악마로 나타나더라도) 작품 속에서는 언제나 진실성을 지니고 있다. 이것은 어디까지나 작품 속의 인물이 객관적으로 취급되어 있기 때문이다. 그리하여 우리는 그 인물에 흥미를 갖게 되고 그 인물이 악당이거나 바보거나 마음속으로 동정을 하게 된다. 이러한 인물은 자연이 만든 악한이나 바보처럼 인간이라는 커다란 개념 속에서 창조되고 개성이 뚜렷하게 묘사되었으며 언행이 매우 자연스럽게 나타나는 것이다.

악마는 뿔이 있고 바보는 방울을 달고서 세상을 유유히 활보한다고 생각하는 사람은 언제나 그들의 먹이가 되며 노리개가 될 것이다. 게다가 사람들은 사교적인 면에 있어서 달이나 꼽추처럼 언제나 그 일부분만을 남에게 보여준다. 모든 사람들은 마치 희극배우와 같은 표정으로 자기의 인상을 전혀 다르게 만드는 소질을 선천적으로 지니고 있다. 이러한 가면은 본래 그의 개성을 헤아리고 있으므로 그에게는 적합하며 그 기만술은 교묘한 것이다. 그러므로 기회만 있으면 언제나 이 가면을 쓰고 상대방을 기만하려고 한다. '어떠한 개도 꼬리를 치지 않을 정도로 나쁘지는 않다'는 이탈리아의 속담을 상기하여 이 가면이나 가장 행렬에서 보는 것과 같이 그 이상의 것으로 생각해서는 안 된다.

어떠한 경우에도 인간은 초면인 사람에게 너무 호의를 보이지 않도록 주의를 해야 한다. 그렇게 하지 않으면 인간은 대부분의 경우 기대에 어긋나게 마련이며, 수치를 당하거나 아니면 손해를 보게 될 것이다. 이 경우 더욱 조심해야 할 것은, 인간이란 사소한 일에 대해서는 조심하지 않기 때문에 그 성격이 적나라하게 드러난다는 것이다. 인간은 사소한 행동을 통해 다른 사람의 생각은 전혀 하지 않는 철저한 이기주의를 분명히 드러낸다. 이러한 이기주의는 나중에 큰일을 할 때에도 나타난다. 가령 가면을 쓰더라도 그 본성은 숨길 수 없다. 그러므로 사람들은 이러한 기회를 놓쳐서는 안 된다. 어떤 사람이 일상생활에 '법률은 사소한 일을 문책하지 않는다'는 말을 적용할 수 있는 사소한 일에서 파렴치한 행동을 하고, 그 행동이 다른 사람에게 손해를 입힌다는 것을 염두에 두지 않고 오직 자기의 이익이나 편의만을 취한다면, 또 그가 모든 사람들을 위해 있는 공적인 것을 혼자서 독점한다면, 그의 마음속에는 정의감이 없다고 할 수 있다.

법률이나 권력이 그의 손을 결박하지 않는다면 그는 큰일을 수행할 때에도 불의와 부정을 얼마든지 저지를 것이다. 우리는 그와 같은 사람들은 문전에 얼씬도 못하게 해야 한다. 의리를 저버리는 사람은 나라의 법률도 어길 것이며, 자기 신상에 위험이 닥치지 않는다면 어떠한 잘못도 저지를 것이다. *

동료나, 또는 사귀고 있는 사람이 불쾌하게 굴거나 귀찮게 군다면, 우리는 자신에게 물어보아야 한다. 이와 비슷한 일을 다시 몇 번이고 기꺼이 받아들이지 않으면 안 될 정도로 상대방이 우리에게 쓸모가 있는 존재인가 아닌가를 확인해야 하니까. 만일 쓸모가 있을 경우에는 여러 말을 필요로 하지 않겠지만, 경고를 해 주거나 아니면 따끔하게 한번 맛을 보여주라. 그와 반대로 부정적일 경우에는 절교를 하고, 상대방이 하인일 경우에는 그를 해고하는 것이 좋다. 그렇지 않으면 기회가 있을 때마다 번번이 되풀이하게 마련이다. 가령 상대방이 다시는 그런 짓을 하지 않겠다고 엄숙하게 맹세를 하면 사람은 모든 일을 잊어버리는 수가 많지만, 사람의 본성은 어디로 가지 않기 때문에 상대방의 성격은 고쳐지지 않는다. 그는 결코 자기의 본성을 고치지 못하기 때문에 같은 짓을 할 수 있다.

---

* 인간은 대부분의 경우, 선이 악보다도 월등하다면 공포심을 목표로 삼기보다 정의, 공정, 감사, 성실, 사랑 또는 동정을 목표로 하는 것이 훨씬 더 현명하다. 그러나 사실은 이와 반대이므로 상반된 태도를 취하는 것이 훨씬 더 실속이 있다.

나의 〈의지의 자유에 대하여〉라는 현상 논문을 읽고 이러한 망상에서 벗어나 주길 바란다. 절교한 사람과 다시 교제한다는 것은 기회를 보아 가면을 쓰고, 상대방에게 은근히 없어서는 안 될 존재처럼 요긴하게 보여줌으로써 처음 절교하게 된 계기와 같은 과거의 버릇을 되풀이하기 때문에 좋지 못하다. 해고한 하인을 다시 불러들이는 것도 마찬가지다. 그러나 일단 이해관계가 달라지면 누구나 그 근본적인 성격과는 달리 생각과 언행이 변한다. 그리고 누구나 환경이 달라지면 이전과 같은 행동을 하리라고 보지 않아도 된다. 우리는 그들이 이해관계의 변화에 따라 태도를 달리 한다는 것을 명심해서 그들을 대해야 한다.

따라서 우리가 어떤 사람을 그 자리에 그대로 머물러 있게 하려고 생각하여 그의 행동을 알고 싶어도 당사자의 말이나 서약을 믿을 수는 없다. 우리는 그가 유임하지 않을 수 없는 경우를 참고하여 그의 성격이 환경에 적응할 수 있도록 계획을 세워야 한다.

일반적으로 인간은 매우 가련한 존재라는 생각을 확고하게 갖는 것이 바람직하다. 그것을 알기 위해서는 문학작품에 묘사되어 있는 인간의 행동을 실생활에 나타나는 인간 행동으로 해석하거나 반대로 생각하면 배우는 바가 많다. 이것은 자기 자신에 대해서뿐만 아니라 타인에 대해서도 오류를 범하지 않기 위해 유용하다.

그러나 인생에서나 문학에서 우리가 경험하게 되는 못나고 어리석은 행동으로 인해 번번이 혐오를 느끼거나 분노를 일으켜서는 안 된다. 오히려 우리는 이와 같은 것 속에서, 인류의 성격을 연구하는 데에 새로운 공헌을 할 수 있다는 것을 인정하고 이를 깊이 인식해야 할 것이다.

그렇게 되면 우리는 광물학자가 특색 있는 광물 표본을 관찰할 때와 거의 비슷한 태도로 이 특징을 관찰하게 될 것이다. 물론 예외는 있다. 그리고 파악할 수 없을 만큼의 예외도 있으며, 개성의 차이에 따라서는 매우 크다고 할 수 있다.

그러나 옛날부터 전해 오고 있는 것처럼 전체적으로 보아 고약하기 짝이 없는 무자비한 세상에서는 야만인이 서로 물어뜯고 있으며 문명인들은 기만을 일삼고 있는데, 이것을 가리켜 인생이라고 말한다.

국가는 안팎으로 영향을 주는 인위적인 기구와 그 권력 수단으로 인간의 끊임없는 불의를 억제하는 울타리를 만들기 위해 예방조치를 한다. 우리는 역사에서 모든 제왕들이 자기의 지위가 확립되고 나라가 어느 정도 번영하기만 하면 군대를 이끌고 도둑 떼처럼 이웃나라를 침략하기 위해 국력을 이용한 것을 볼 수 있지 않은가. 그리고 거의 모든 전쟁은 본질적으로 약탈 행위가 아닌가.

고대의 초기에도, 그리고 중세에도 패자는 승자의 노예가 되었다. 다시 말해서 결국 패자는 승자를 위해 일해야만 했다. 또한 군대에 세금을 바치는 사람들도 같은 처지에 있었다. 그들은 노동에서 얻은 수익을 바쳤으니까. 볼테르는 "어떠한 전쟁도 다 도둑질이다"라고 말했는데, 독일인들은 언제나 이 말을 명심해야 한다.

30

아무리 선량한 성격이라도 방치해 두어서는 안 된다. 모든 성격은 원칙에 따라 관리할 필요가 있다. 그러나 이 점을 너무 중요시하여 우리가 타고난 본성이 아니라 오직 이성적인 사고에서 비롯되는 완전히 후천적인 성격을 만들려고 하면 그야말로 아래의 말을 금방 입증하게 될 것이다.

천성을 억지로 쫓아내 보라.
그것은 언제나 곧 제자리로 되돌아 올 것이다.

이렇게 되면 사람들은 타인에 대한 태도에 관해 하나의 규범을 쉽사리 찾아낼 수 있으며, 또 어떤 이상적인 규범을 찾아내어 그것을 적절히 발표할 수도 있다. 하지만 일단 실천에 옮기게 되면 이상하게 이와 배치되는 일을 곧잘 저지르게 된다.

그러나 우리는 이로 인해 실망하거나, 실제 생활에서 자기의 행동을 추상적인 규범이나 법도에 의해 인도할 수 없다고 생각하거나 멋대로 행동하는 것이 제일이라고 생각해서는 안 된다. 오히려 그것을 실제 생활에 대한 이론적인 규정이나 지시로 생각하고, 무엇보다도 규범 자체를 이해하고, 다음에는 이것을 생활에 응용하도록 노력해야 한다. 규범을 이해하는 것은 이성의 힘으로 할 수 있지만, 생활에 응용하는 것은 훈련에 의해 점차로 길들이는 수밖에 없다. 선생이 학생에게 악기에서는 운지법을 가르치고, 검술에서는 장검 사용법을 가르친다고 하자. 학생은 열심히 하려고는 하지만 배운 대로 되지 않는다. 그러나 훈련을 거듭하면서 쓰러지고 일어나고 하는 동안에 차츰 익숙해진다.

라틴어로 글을 쓰거나 이야기하기 위해 문법 규칙을 배울 경우에도 이와 마찬가지다. 교양 없는 자가 관리가 되거나, 신경질이 심한 자가 사교가가 되거나, 대범한 자가 소심하게 되는가 하면, 고귀한 자가 익살꾼이 되는 것도 같은 이치다.

이와 같은 오랜 습관에 의해 얻은 자기 훈련은 언제나 외부로부터 강요되는 것이다. 그리고 이 강제에 대항하는 것을 자연은 결코 중지하고 있지 않으며, 가끔 뜻하지 않은 때에는 이 강제를 물리치는 경우도 있다. 그 이유는 추상적인 법칙에 의한 모든 행위와 천성에서 비롯되는 행위의 관계는, 마치 형태나 움직임이 서로 상관없는 재료로 만들어진 시계와 같은 인위적인 제작품과, 형태나 재료가 서로 융합되어 하나가 된 산 유기체의 관계와 같기 때문이다.

그러므로 후천적으로 얻은 성격을 선천적인 성격에 비추어 나폴레옹이 "부자연스러운 것은 불완전하다"고 한 말이 정당함을 알 수 있다. 이 말은 육체적 및 정신적인 모든 일에 타당한 하나의 규범으로서, 이 규범에서 벗어나는 것은 내가 알기로는 오직 하나뿐이다. 그것은 광물학자들에게 알려진 천연 수정이 인공 모조품만 못하다는 것이다.

그러므로 우리는 무엇보다도 허식을 경계해야 한다. 허식은 언제나 경멸을 불러일으킨다. 첫째는 거짓으로서이며, 거짓은 두려움에서 비롯되는 것이므로 그 자체가 비겁한 것이다. 둘째는 자기 자신에 대한 탄핵선고로서이며, 이것은 자기가 아닌 것, 즉 자기를 더 과장해 돋보이려는 것이다.

어떤 하나의 특질을 내세워 자랑삼는 것은, 그가 그 특질을 가지고 있지 않다는 것을 스스로 고백하는 것이다. 그것이 용기건 학식이건, 또는 정신, 기지, 여자에 대한 인기, 재산, 고귀한 신분, 그 밖의 무엇이건 간에 그것 하나를 자랑한다면, 그에게 그 특질이 결여되어 있으리라고 추측할 수 있다. 반대로 어떤 특질을 완전히 소유하고 있는 사람은 그것을 내세우거나 자랑하고 싶은 생각이 없을 것이므로, 그는 자신이 가진 특질에 대하여 담담한 심정으로 있을 수 있다. '쩔렁쩔렁 소리를 내는 말굽쇠는 못이 하나 빠져 있다'는 스페인의 속담은 이를 가리킨다.

앞에도 말한 바와 같이 누구나 무조건 자기 자신을 다 드러내 놓아서는 안 된다. 우리의 천성이 지닌 흉악하고 잔인한 것은 숨겨 두어야 하기 때문이다. 그러나 이것은 단지 소극적으로 자기 결함을 은폐하는 것을 시인할 뿐이지 적극적으로 가장하는 것을 시인하는 것은 아니다.

그리고 어떤 사람이 가장하는 것이 무엇인지는 몰라도, 가장하고 있다는 것은 곧 상대방이 알아차리게 된다는 것을 알아야 한다. 끝으로 가장은 결코 오래 가지 못하며, 언젠가는 탄로난다는 것을 분명히 말해 두고자 한다. "아무도 오랫동안 가면을 쓰고 있을 수는 없다. 위장은 곧 자기의 자연으로 돌아가는 법이다."^{(세네카 《관용에 대하여》} _{제1권 제1장})

31

인간은 자기의 몸무게를 의식하지 못하고 지탱하고 있지만 다른 물체를 움직이려고 하면 그 무게를 느끼는 것처럼, 자기의 결점이나 부덕은 의식하지 못하고 남의 것은 눈에 띄게 마련이다.

그러나 그 대신 모든 사람들은 타인 속에 하나의 거울을 갖고 있어 그 거울 속에 자기의 온갖 부덕과 결함, 무례 및 고약한 성질 등을 분명히 찾아볼 수 있다. 그런데 거의 누구나 거울을 향해 짖어대는 개와 같은 짓을 곧잘 한다. 개는 거울 속에서 자기 자신을 보고 있다는 것을 모르고, 그것이 다른 개인 줄 알고 짖어대는 것이다.

남의 결함을 들추는 것은 자기 자신을 탓하는 것도 된다. 다른 사람들의 행동을 자기 혼자만이 조심스럽게, 그리고 날카롭게 비판하는 취미와 습성을 갖고 있는 사람들은 간접적으로 자신의 결함을 시정할 수도 있다. 왜냐하면 자기가 이처럼 자주 엄격하게 비난하는 일이라면, 자기 스스로도 이를 피하려는 정의감과 긍지와 허영심까지도 충분히 지니게 될 테니 말이다.

관대한 사람은 이와는 반대로 "우리는 서로 눈을 감아 준다"^{(호라티우스} _{《시론(Ars Poetica)》)}는 일이 일어나고 있다. 마태복음에는 "남의 눈에 들어 있는 티끌은 보면서 자기 눈에 들어있는 대들보는 보지 못하는가" 하고 적절하게 가르치고 있는데, 인간의 눈은 본래 외부의 사물은 잘 보지만 자기 자신은 잘 볼 수 없도록 되어 있다. 따라서 자기 결점을 돌이켜보기 위해서는 남이 갖고 있는 결점을 찾아내어 비난하는 것이 적절한 수단이 될 수 있다. 우리는 자기 자신의 결함을 시정하기 위해 하나의 결함을 가질 필요가 있다.

문체와 철자법에 관해서도 이 원칙이 그대로 적용된다. 그릇된 문체가 유행할 때 이를 비난하기는커녕 오히려 감탄하는 사람은 반드시 그것을 모방하게 될 것이다. 독일에서 나쁜 문장이 판을 치고 있는 것도 이 때문이다. 독일 사람들이 매우 관대하다는 것은 누구나 다 알고 있다. '우리는 서로 눈을 감아 준다'는 것이 그들의 표어다.

32

조금이라도 고귀한 성품을 지닌 사람은 젊었을 때 사람이 서로 어울려 지내는 것은 관념적인 것, 다시 말해서 성격이나 사고방식, 취미, 지능 등이 비슷하기 때문이라고 생각하고 있지만, 후년에 가서는 그것이 현실적인 것, 어떤 물질적인 이해타산에 의해 지탱되고 있다는 것을 깨닫게 된다. 이 이해타산이 인간의 모든 결합의 기초를 이루고 있다. 대부분의 인간은 다른 문제에 대해서는 하나의 개념조차 갖고 있지 않다. 모든 사람들은 그 관직과 직업, 국적, 가문에 따라서, 일반적으로 인습이 그에게 준 지위와 역할에 의해 평가되며, 이 인습에 의해 마치 공장 제품을 대하듯 한다.

그가 인간으로서의 인격적인 특질에 따라 자신을 위해 존재하는 것은, 때때로 마음이 내키면 예외적으로 화제에 오를 뿐이며, 그나마도 모든 사람들에게 그런 여건이 갖추어졌을 때뿐이다. 그러므로 대개 그런 이야기는 거의 모든 사람들의 입에 오르지 않고, 문제되지 않는다.

개인적인 특질의 가치가 높을수록 그에게는 사회구조가 더욱 마음에 들지 않게 되므로 자연히 세상을 등지게 마련이다. 한편으로 생각해 보면 세상 사람들이 인격적인 가치보다 이해관계에 치중하는 것도 부득이한 일이다. 왜냐하면 고뇌와 결함에 가득 찬 이 세상에서는 언제나 이것부터 없앨 대책을 마련하는 것이 급선무이기 때문이다.

33

세상에서 은화 대신 지폐를 사용하는 것처럼 참된 존경과 우정 대신에 이를 되도록 그럴듯하게 가장하는 외모와 시늉이 곧잘 통용된다. 하기는 과연 참된 존경과 우정을 바칠 만한 사람이 있느냐는 것도 의문이다. 어쨌든 나로서는 이런 맹랑한 언동이나 시늉보다는 차라리 충실한 개 한 마리가 꼬리를 쳐 주는 편이 훨씬 가치 있다고 생각된다.

만약 이 세상에 진정으로 깨끗한 우정이 있다면 그것은 친구의 행복과 불행에 대하여 전혀 사심을 섞지 않은 순수하고 객관적인 동정이 앞서야만 한다. 이와 같은 동정은 친구와 자기가 일심동체라는 관점에서 비롯되어야 한다. 참된 우정은 모든 인간이 지니고 있는 선천적인 것이지만, 이러한 일체감은 인간성 속의 이기심과 완전히 배치된다. 따라서 참된 우정이란 모든 사물과 마찬가지로, 옛말에 나오는 커다란 바다뱀처럼 지어낸 이야기가 아닌지 모르겠다.

세상에는 분명히 여러 가지 이기적인 동기에서 출발한 것이기는 하지만, 그래도 진실하고 순수한 우정도 어느 정도 섞여 있기 때문에, 이 불완전한 세계에서 어느 정도 정당한 권리를 갖고, 우정이라고 불러도 무방할 정도로 고귀하다고 볼 수 있는 여러 가지 교제가 존재한다. 이와 같은 교제는 평소에 가까이 지내는 것보다 훨씬 차원이 높다. 우리가 평소 가깝게 지낸다고 하더라도 만일 자기가 알고 지내는 사람들의 대부분이, 자기가 없는 데서 자기에 대하여 무엇이라고 말하는가를 귀로 분명히 들을 수 있다면 이미 그들과 한마디도 나누고 싶지 않을 것이다.

우리가 친구의 성실성을 시험해 보려면 진정한 도움과 많은 희생을 요구하거나 방금 자기가 겪은 불행을 상대방에게 알릴 때 보면 알 수 있다. 이때 친구의 표정에서 진실하고 순수한 비탄의 빛이 나타나는가, 아니면 평소와 다름없는 냉정한 태도를 취하는가, 혹은 또 다른 표정을 짓는가에 따라 그 우정의 정도를 알 수 있다.

라로슈푸코는 "인간은 가장 가까운 친구의 불행에 대해서도 일종의 기쁨을 느낀다"고 말하고 있다.

친구들은 보통 얼굴을 찌푸리며 일종의 교활하고 만족스러운 미소를 거의 금치 못할 것이다. 친구에게 자기가 최근에 겪은 큰 불행에 대하여 이야기하거나 또는 자기의 개인적인 약점을 솔직히 말할 때처럼 그를 즐겁게 하는 일은 없다. 이것은 참으로 이상한 일이다.

모든 우정은 서로 멀어져 있거나 오랫동안 소식이 끊기면 손상되게 마련이다. 우리가 만나지 않고 있는 사람은 설사 가장 사랑하는 친구라고 하더라도 세월이 흐르는 동안 점점 식어져 멀어지고, 우정이란 하나의 추상적인 개념이 되어 버린다. 그들에 대한 관심은 점점 줄어들어, 이성적이라기보다는 전설적인 것이 되어 버린다. 진심에서 우러나는 동정은 우리가 눈으로 목격할 수 있는 것에 한정된다. 이것은 상대방이 다만 귀여운 동물에 지나지 않을 경우에도 마찬가지다. 그만큼 인간의 천성은 감각적인 것이다. 다음과 같은 괴테의 말은 잊을 수 없다.

현재는 매력 있는 여신이다.

——괴테 《타소》 4막 4장

친구는 서로간에 '성실'을 내세운다. 그러나 참으로 성실한 것은 친구가 아니라 적이다. 그러므로 자기를 알려면, 적의 비난을 쓴 약으로 이용해야 한다. 궁할 때 돌봐주는 친구는 드문 것일까? 그러나 사실은 정반대이다. 누가 당신의 친구가 되면, 그는 그때 벌써 역경에 놓여, 돈을 빌리기 위해 당신에게 손을 내밀 것이다.

34

만일 정신력과 분별력을 남에게 보여주는 것이 세상 사람들의 호감을 얻는 방법의 하나라고 잘못 생각하는 사람이 있다면, 이는 아직도 어린아이에 불과하다. 대부분의 사람들은 남의 재능을 목격하면 오히려 원한을 느끼게 된다. 증오나 원한은 그 재능에 대하여 트집을 잡을수록, 그리고 애써 그것을 묵살하려고 할수록 심해지고 열렬해진다. 좀더 상세히 말하면, 어떤 사람이 자기와 이야기하는 상대방이 훌륭한 정신을 가진 사람으로 생각되면, 상대방도 자기의 정신수준이 낮고 좁다는 것을 알아차리고 있을 것이라고 지레짐작한다. 이와 같은 약식 삼단논법이 그로 하여금 증오와 원한과 분노를 일으키게 하는 것이다.

그러므로 그라시안(1545~1658, 스페인의 종교가)이 "남에게 호감을 사는 유일한 방법은 가장 어리석은 짐승의 가죽을 쓰는 일이다"라고 말한 것은 정당하다. 정신과 지능을 자랑하는 것은 다른 사람들의 입장에서 보면, 그들의 무능과 어리석음을 멸시하는 간접적인 방법이기 때문이다. 그리고 비속한 자질을 갖고 있는 사람은 자기와 반대되는 면을 보면 반항심을 일으키게 되는데, 그 마음은 질투에서 온다. 그들의 허영심을 충족시키는 것은 사람들에게 더없는 즐거움이며, 이와 같은 즐거움은 그들 자신을 다른 사람들과 비교하는 데서 얻을 수 있기 때문이다. 인간이 자랑할 수 있는 훌륭한 점은 정신 이외에는 없으며, 이것으로 인간이 동물들보다 뛰어나다고 할 수 있다.

그러므로 정신면에서 두드러진 자기의 우월을 남에게, 더구나 사람들 앞에서 보여 주는 것은 대담하기 짝이 없는 일이다. 이때 상대방은 반드시 보복을 하려고 들며, 그 보복을 모욕이라는 수단으로 감행하려고 한다.

이쯤 되면 그는 지성의 영역에서 벗어나 의지의 영역으로 들어간다. 우리가 의지의 영역에서 대립되었을 경우에 우리의 모든 입장은 평등하게 된다. 사회에서는 지위나 돈으로 언제나 존경받을 것을 기대해도 무방하지만, 정신적인 우월만은 기대해서는 안 된다. 운이 좋을 경우에는 이것이 무시될 정도에서 그치지만, 그렇지 않으면 뻔뻔스러운 일로 간주되거나, 또는 그 소유자가 부당한 방법으로 손에 넣은 것을 자랑한다고 생각하게 된다. 그래서 다른 방법으로 어떤 모욕을 주려고 모든 사람들이 몰래 방법을 세우고 그 기회를 기다리고 있다. 그러므로 아무리 겸손한 태도로 정신적인 우월을 보여준 데 대하여 용서를 구하더라도 소용이 없다.

사디는 《굴리스탄(Gulistan)》에서, "무지한 자들이 지혜로운 사람에 대해 느끼는 반감은, 지혜로운 사람이 무지한 사람에 대해 느끼는 혐오보다 훨씬 크다는 것을 알아야 한다"고 말했다. 한편 정신이 저급한 사람은 일종의 추천장이 될 수 있다. 몸이 따뜻하면 쾌감을 느끼는 것처럼 정신이 우월하면 쾌감을 느끼게 된다. 그러므로 난롯가나 햇살을 그리워하듯 본능적으로 쾌감을 약속하는 대상에 가까이 다가간다.

이와 같은 대상은 남자의 경우는 정신적인 면에서, 여자의 경우는 아름다움이라는 면에서 자기보다 떨어지는 사람이다. 물론 많은 사람들에 대하여 자기가 모자란다는 것을 그대로 입증해 보이는 것도 쉬운 일은 아니다. 꽤 예쁜 처녀가 진심으로 호감을 갖고 추남을 맞아들이는 것을 보라. 육체적인 미는 남자에게는 그다지 문제가 되지 않는다. 인간은 자기보다 훌륭한 사람

곁에 있는 것보다, 자기보다 못한 사람 곁에 있는 편이 훨씬 기분이 좋다. 그러므로 남자들 사이에서는 어리석고 무식한 여자가, 여자들 사이에서는 추한 남자가 대체로 호감을 사는 것이다. 그들은 늘 선량한 사람이라는 평판을 듣기도 한다. 사람들은 자기가 좋아하는 상대방을 위해 어떤 구실을 필요로 하기 때문이다.

이런 이유로 정신적으로 우월한 사람은 고립되는 경향이 있다. 이와 같은 특질은 남에게 외면을 당하고 또 미움도 받는다. 그리고 이에 대한 구실로서 갖가지 결점이 씌워지기 마련이다. *

여자들 사이에서는 미가 이와 같은 현상을 일으켜서, 뛰어날 정도로 아름다운 처녀는 여자친구도 없고 함께 걸어가 주는 여자도 없다. 이런 미인은 귀부인의 말상대자가 되길 원해도 고용될 가망이 없는 줄 알고 미리 단념하는 것이 좋다. 왜냐하면 그녀와 면접을 하자마자 귀부인은 자기를 위해서나 자기 딸을 위해서도 이런 미인을 곁에 두는 것을 꺼리기 때문이다.

반대로 지위나 신분이 높으면 사정은 달라진다. 개인적으로 뛰어나면 상대방은 열등감을 느끼는 것과는 달리 마치 '좋은 옷이 날개'가 되는 것처럼 그 후광은 반사적으로 열등한 자를 돋보이게 하기 때문이다.

35

우리가 남을 신임한다는 것은 대체로 우리 자신의 태만과 사욕과 허영이 그 원인이라고 하겠다. 우리가 스스로 살펴보거나 감시하지 않고 남을 신뢰한다면 그것은 태만이다. 우리의 이기심은 무언가 직면한 문제에 대해 이야기하고 싶어서 그것을 다른 사람에게 털어놓을 때 나타난다. 또 우리가 다른

---

* 세상에서 출세를 하려면 친구와 동지가 귀중한 수단이 된다. 그런데 본래 뛰어난 자는 교만하기 때문에 무능한 자들에게는 자기 능력을 감추거나 부정해야 하는 대신에, 이들에게 아첨할 수는 없게 되어 있다. 그러나 자기 능력이 보잘것없다는 의식은 반대로 겸손과 친절과 아부 및 열등한 자에 대한 존경심도 갖게 하므로 친구들과 보호자를 손쉽게 얻을 수 있다. 이것은 단지 관리 사회에만 적용되는 것이 아니라 명예나 지위나 현직, 나아가서는 학문사회에서의 명성에도 해당된다. 따라서 여러 대학에서도 언제나 평범한 자가 윗자리를 차지하고 실력이 있는 자들은 이들보다 한결 처지거나 또는 배척당하게 마련이다. 이런 현상은 어디서나 찾아볼 수 있다.

사람에게 털어놓는 것이 우리가 자랑하는 거라면 그것은 허영심이다. 그럼에도 불구하고 우리는 남에게 자신에 대한 믿음을 존중할 것을 요구한다.

불신에 대하여 우리는 반드시 분개하지 않아도 좋다. 왜냐하면 불신 속에는 공정성이 극히 적은 데 대한 정직한 고백이 깃들어 있으며, 본래 공정성은 극히 보기 드문 것으로, 그 존재까지도 의심스러울 정도기 때문이다.

36

나는 중국 사람들이 가장 중요한 덕으로 간주하는 '예의'에 대해서는 이미 《윤리학》(p. 201) 속에서 그 근거를 밝혔지만, 또 다른 근거를 지금부터 이야기하려고 한다. 예의는 무언의 약속이며, 도덕적 및 지적으로 무능하거나 무기력함을 무시하고 이것을 드러내지 않기 위한 암암리의 합의다.

예의를 지키는 것은 현명한 일이며, 무례는 어리석은 일이다. 무례한 짓을 자행하여 적을 만드는 것은 자기 집에 불을 지르는 것과 다름없는 어리석은 짓이다. 예절은 도박장의 칩으로서, 실질적인 가치가 없는 가짜 돈이나 마찬가지다. 따라서 이런 돈을 아낀다는 것은 무지의 소치며, 반대로 돈을 마구 뿌리며 다니는 것이 지혜로운 일이다.

프랑스, 영국, 이탈리아와 같은 나라 사람들은 편지를 끝낼 때, '그대의 가장 충실한 종'이라고 쓰지만, 독일 사람은 '종'이라는 말을 쓰지 않는다. 그것은 허황된 말이기 때문이다. 예절을 지나치게 지켜 오히려 손해를 보는 사람이 있다면 이는 금화를 대신 지불하는 격이다. 양초는 본래 연하여 조금만 열을 가하면 부드러워지므로, 마음대로 여러 가지 형태를 만들 수 있는 것처럼 인간 역시 강직하며 적의를 품은 사람까지도 약간의 예의와 친절을 베풀면 부드럽고 온화한 인간으로 만들 수 있다. 이와 같은 인간에 대한 예의의 효과는 양초에 대한 열의 효과와 같다.

예의는 대다수의 사람들이 존경할 만한 존재가 못 되는데도 우리가 모든 사람들에게 존경을 표시할 것을, 또 우리가 그들에게 조금도 관심을 갖고 있지 않으면서도 그들에게 큰 관심을 갖고 있는 체할 것을 요구한다. 따라서 예의는 어려운 과제가 아닐 수 없다. 예의와 긍지를 일치시키면 그야말로 걸작이 될 것이다.

본래 모욕은 존경하지 않는다는 표시지만, 우리는 모욕을 받을 때 한편으로는 자기의 높은 가치나 품격에 대하여 부당한 자부심을 갖지 않는다. 그리고 다른 한편으로 사람들이 마음속으로 타인에 대해 품거나 생각하는 것을 헤아려 보면 그다지 화를 낼 것도 없으리라. 사람들이 자기에 대한 약간의 비난에 대해 느끼는 민감성과, 그들이 숨어서 욕하는 소리 사이에는 얼마나 큰 차이가 있는 것인가!

일반적인 예의는 이빨을 드러내놓고 웃는 가면에 지나지 않는다는 것을 우리는 알아야 한다. 그렇게 되면 가면이 벗겨져 땅에 떨어지는 경우가 있을지라도 법석을 떨 필요가 없다. 그러나 어떤 자가 예절을 무시하고 무례한 행동을 하면 그것은 곧 자기 옷을 벗어 버리고 알몸으로 나선 것과 같다. 이 얼마나 꼴불견인가!

37

우리는 남을 본보기로 삼고 행동해서는 안 된다. 왜냐하면 나와 남은 환경과 처지와 사정이 같지 않으며 성격도 달라 행동이 다양하게 나타나기 때문이다. 그래서 '두 사람이 같은 얼굴을 하고 있어도 결코 같다고 할 수 없다'고 말하는 것이다.

우리는 납득이 갈 때까지 스스로 깊이 생각하고, 반성하고 나서 자기 성격에 따라 행동해야 한다. 그리고 실천적인 방면에서도 결코 독창성을 잃어서는 안 된다. 자기 행위와 자기 자신이 분리되는 결과를 가져오지 않기 위해서다.

38

남의 견해를 반박하지 마라. 그가 믿고 있는 모든 부조리를 완전히 그에게 납득시키려고 하면, 므두셀라(구약에 나오는 인물로, 969세까지 생존했음)만큼 오래 살더라도 그 목적을 달성하지 못할 것이다.

또한 남하고 이야기할 때 아무리 호의라 하더라도 상대방의 잘못을 지적해서는 안 된다. 남의 감정을 상하게 하기는 쉽지만, 잘못을 바로잡기는 매우 어려운 일이기 때문이다.

어떤 사람들이 나누는 이야기를 들을 때, 차마 들을 수 없을 정도로 이치에 닿지 않더라도 제3자인 우리는 개입할 필요가 없다. 단지 그들이 서투른 연극을 하고 있는 것으로 생각하면 된다. 세상에 진리나 교훈을 전하려는 사람이 그 임무를 무난하게 마쳤다면 그것은 하나의 요행이며, 오해와 푸대접과 반항, 그리고 학대를 받게 마련이다.

39

자기 견해를 남에게 납득시키려면, 괜히 열을 올리지 말고 끝까지 냉정한 태도로 이야기해야 한다. 열의나 열중은 의지에서 비롯되며, 지성의 본질은 냉정한 데 있다. 따라서 자기 견해를 이야기할 때 감정이 생겨나면 듣는 사람은 그 말을 지성보다 의지 때문에 일어난 일이라고 생각한다. 물론 인간에게 기본적인 것은 의지며 지성은 이차적이고 부수적인 것이므로, 그들은 참된 견해가 의지를 흥분시키는 줄 모르고 흥분된 의지에서 그릇된 견해를 말하는 것으로 안다.

40

자기를 자랑하는 것은 그럴 만한 이유가 있더라도 삼가야 한다. 왜냐하면 인간은 허영심이 넘치는 반면에 참된 값어치는 알아보기 어려운 것이 보통이다. 그러므로 조금이라도 자기를 내세우면 사람들은 그것을 곧 허영으로 간주하고, 거기에는 남의 비웃음을 산다는 것을 통찰할 만한 지성이 결여되어 있다고 생각한다.

그러나 프란시스 베이컨은 남을 비난하는 것과 마찬가지로 자기 자랑에 대해서도 '언제나 어떤 취할 점이 있다'고 해서 적당한 자화자찬을 권장하고 있는데, 이것도 전혀 틀린 견해는 아니다.

41

남이 거짓말을 하는 것 같으면 그것을 정말로 여기는 듯한 태도를 취하라. 그렇게 하면 상대방은 신이 나서 더욱 떠벌릴 것이며, 드디어 정체를 드러낼 것이다.

이와 반대로 상대방이 숨기려고 하는 진실을 일부 발설했을 때에는 이를 믿지 않는 듯한 태도를 취하라. 그렇게 하여 상대방이 당신의 태도에 이끌려 모든 비밀을 털어놓는 것을 기다려 보라.

  자기의 사사로운 일은 비밀로 하고, 친한 사람에게도 그들이 객관적으로 인정할 수 있는 '자기'만을 보여 주고 그 밖의 것은 어디까지나 덮어두는 것이 바람직하다. 왜냐하면 그들에게 자기의 사사로운 비밀을 알려 주면 나중에 뜻하지 않은 피해를 받을 염려가 있기 때문이다. 남들에게 자기의 분별력을 표시할 때 말보다 침묵으로 나타내는 것이 훨씬 나을 때가 있다. 전자는 허영에 속하고 후자는 지혜에 속하기 때문이다. 그러나 우리는 흔히 전자가 갖다 주는 일시적인 만족을 택하고, 후자에게 얻을 수 있는 이득을 저버리는 수가 많다.

  이런 경우를 원기왕성한 사람에게서 흔히 찾아볼 수 있는데, 가끔 혼자 큰소리로 고함을 질러서 직성을 푸는 일은 삼가야 한다. 이런 일을 자주 되풀이하면 버릇이 되어 생각과 말이 사이좋게 손을 잡고 남과 이야기할 때 자기의 견해를 있는 그대로 나타내게 된다. 그러나 현명한 이성은 우리의 견해와 이야기 사이에는 넓은 간격을 두어야 한다고 명령하고 있다.

  우리는 다른 사람이 우리에 관한 일을 조금도 의심하지 않는데 그는 도저히 믿어주지 않을 것이라고 생각하는 경우가 있다. 이런 기미를 그들에게 보이면, 그들은 벌써 어떤 일이든지 믿어 주지 않게 된다. 그러나 우리는 늘 남들이 그런 기미를 알 리가 없다고 멋대로 생각하고 마냥 지껄이는 경우가 있다. 그것은 마치 우리가 높은 곳에 서 있기 때문에 현기증을 일으키고, 거기 그대로 서 있을 수 없어서 시달림을 당하느니 차라리 아래로 뛰어내리는 것이 낫다는 생각에서 몸을 던지는 것과 마찬가지다. 이 망상이야말로 현기증이라는 것이다.

  다른 입장에서 되풀이해 말하면, 다른 방면에 매우 둔한 자가 남의 사사로운 일에 대해서는 뛰어난 대수학자처럼 하나의 숫자만 가지고 아무리 복잡한 문제라도 척척 풀어낸다는 것을 알아야 한다.

  그러므로 그들에게 과거의 어떤 일에 대하여 말할 경우, 당사자에게 관계되는 일은 물론이고 시간이나 장소, 사소한 관계자의 이름과 그 밖의 아무리 보잘것없는 간접적인 일이라도 비밀에 부쳐야 한다. 만일 그렇게 하지 않으면 그들에게 계산의 죄를 제공하게 되어, 그들은 모든 것을 알아내게 될 것이다. 이때 그들은 호기심이 강하게 작용하므로, 지력이 의지의 도움을 받아 어려운 해답도 곧잘 풀어낼 수 있다. 사람들은 보편적인 진리에 대해서는 무감각하고 무관심하지만, 개인의 사사로운 일에 대해서는 캐고 따지기를 잘한다.

옛날부터 처세에 관한 가르침에서 과묵함을 지키라고 강조한 것은 이 때문이다. 여기서는 특히 인상적이면서도 세상에는 흔히 알려지지 않은 아라비아의 격언을 두세 가지 소개하고자 한다.

'그대의 적에게 알려서는 안 되는 것은 그대의 친구에게도 이야기하지 마라.'

'내가 자신의 비밀을 입 밖에 내지 않으면 비밀은 나의 노예가 되지만, 입 밖에 내면 나의 주인이 된다.'

'침묵의 나무에는 평화의 열매가 열린다.'

43

남에게 사기를 당한 돈은 가장 유용하게 쓴 것이다. 왜냐하면 우리는 그 대가로 '조심성'을 얻었기 때문이다.

44

되도록 어떤 사람에게나 노여워해서는 안 된다. 그러나 각자의 행위는 세밀히 관찰하여 기억해 두어야 한다. 적어도 당신에게 관계되는 점에 대해서는, 그들이 지니고 있는 가치를 따진 후에 인간의 성격은 불변한다는 점에 유의하여 그들의 진가에 맞는 언행을 취해야 한다. 상대방의 고약한 성격을 파악하고 나서 곧 잊어버리는 것은 마치 애써 모은 돈을 창 밖으로 내던지는 것과 같다. 누구나 이런 점에 유의하면 남을 무조건 신뢰하여 경솔하게 교제하는 데서 오는 위험을 막을 수 있다.

이 '사랑하지도 말고 미워하지도 마라'는 것이 처세에 관한 지혜에서 반쪽을 나타내고, '아무것도 말하지 말고 아무것도 믿지 마라'는 말은 다른 반쪽을 나타낸다. 물론 인간은 이런 교훈이나, 이제부터 말하는 교훈을 필요로 하는 세계에는 등을 돌리고 싶을 것이다.

분노나 증오를 얼굴에 나타내는 것은 무익하고, 위험하며, 어리석고 웃음 거리가 되는 일이다. 그러므로 분노나 증오를 행위로 나타내는 것 이외에는 결코 표시해서는 안 된다. 사람들이 말이나 얼굴에 분노나 증오를 나타내기 를 완전히 피할 수 있다면 그만큼 행위로 더욱 완전하게 표시할 수 있다. 냉 혈 동물만이 독이 있는 것이다.

46

'격한 어조로 말하지 마라'는 오랜 처세의 가르침은 해야 할 말만 요령 있 게 하고 그 해석은 남에게 맡기라는 뜻이다. 일반 사람들은 이해력이 부족하 므로, 그 자리를 떠난 뒤에야 해석을 내릴 수 있다.

이와는 반대로 '격한 어조로 말하는 것'은 감정에 호소하는 것이 되므로, 그때 모든 것은 반대의 결과를 낳는다. 대부분의 사람들은 점잖은 태도로 조 용히 말하면, 무례한 말이라도 당장 눈앞에서는 화를 내지 않는다.

4. 시대와 운명에 대한 우리의 태도

인간의 생활은 여러 형태를 취하지만 언제나 같은 요소로 되어 있으므로 본질적으로는 언제나 마찬가지다. 즉, 오두막이건 궁궐이건 수도원이건, 또 는 군대에서 생활하더라도 다를 것이 없다.

거기서는 모험도 있고 행복 또는 불행한 일, 그 밖의 여러 가지 일들이 일 어날 테지만, 여러 가지 모양으로 만든 과자의 재료가 같은 밀가루로 되어 있는 것처럼 A의 경험과 B의 경험은 본인들이 생각하고 있는 것처럼 그렇게 차이가 많은 것은 아니다.

모든 행운과 액운은 본질상 한결같이 인간의 운명이 지닌 거세고 잔잔한 파도에 지나지 않는다. 만화경의 원통을 돌리면 그 속에 들어 있는 렌즈 때 문에 여러 가지 색다른 그림이 나타나지만 실은 우리가 같은 그림을 보고 있 는 것처럼, 인생의 모든 관계도 이와 다를 것이 없다.

48

세상에는 세 가지 지배적인 힘이 있다고 어느 옛사람이 말하고 있다. 그것은 지혜와 힘과 행운이다. 나는 마지막에 열거한 행운이 가장 많은 일을 할 수 있는 능력을 가지고 있다고 생각한다. 인생은 배의 항로와 비교할 수 있다. 운명이 바람의 역할을 하여 우리를 재빨리 멀리 운반해 가기도 하고, 때로는 멀리서 되돌려 보내기도 하는데, 이에 대한 우리의 노력이나 분투는 별로 힘을 쓰지 못한다. 이때 이 노력이나 분투가 노 역할을 하여, 많은 시간을 허비하면서 오랫동안 애쓴 나머지 얼마간 전진했다고 생각하면, 갑자기 회오리바람이 일어나 우리가 지금까지 전진해 온 거리만큼 후퇴시킨다.

그러나 순풍이 불어올 경우에는 우리를 계속 전진하게 하므로 우리는 노를 저어나갈 필요도 없다. 행운의 이와 같은 힘을 스페인의 격언은 매우 훌륭히 표현하고 있다.

'그대의 자식에게 행운을 주어 바다에 내던지라.'

그러나 운명의 일면은 악의에 가득 차 있으므로 이것은 신뢰해서는 안 된다. 한편 이 행운만은 참된 은인이요 또한 설교자라는 것도 잊어서는 안 된다. 즉, 운명이라는 인생의 제왕은 우리에게 여러 가지 은총을 베풀어 주는 동시에 우리를 학대하고 우리가 가진 것을 빼앗아 간다. 운명이 가져다주는 것에 대하여 우리는 본래 아무런 청구권도 갖고 있지 않다. 그것은 인간의 참된 가치나 공로에 의한 것이 아니며 오직 운명의 호의와 은총으로 주어진 것이다. 그러므로 우리는 앞으로도 자기의 공로가 아닌 이러한 은총을 받을 것이라는 즐거운 기대를 갖게 된다. 이 운명이야말로 많은 은총과 교훈을 아울러 지닌 우리의 제왕이자 스승으로, 그 사랑과 은총에 비하면 우리의 공적은 참으로 보잘것없는 것이다.

우리는 방황과 탈선으로 가득 찬 지난날을 돌아보고 놓쳐 버린 많은 행복과 닥쳐올 불행을 생각하며 자기의 불찰을 타박하지만, 그것은 당치 않은 일이다. 지난날에 일어난 모든 일은 결코 우리 자신만의 책임이 아니기 때문이다.

우리 생애는 외부의 현실적인 조건과 우리 자신이라는 두 가지 원인에서 비롯된 결과로, 양자는 언제나 밀접한 관계를 갖고 서로 영향을 주어 변화를 일으킨다. 그런데 이 양자에 대해 우리가 가진 타고난 능력은 매우 보잘것없어 시간적으로 조금만 떠나 있으면 외부의 현실적인 조건은 물론 자기 자신이 굳게 한 결의도 예측할 수 없게 되며, 겨우 현재의 결의와 조건을 헤아릴 수 있을 뿐이다.

그러므로 어떤 목적을 향해 똑바로 나아갈 수 없고 다만 그 방향을 대충 짐작해 노를 잡아 나갈 뿐이므로, 몇 번이고 돛을 바꾸어 달며 뱃길을 변경해야 한다. 결국 우리가 할 수 있는 것은 오직 현재의 처지를 바라보고 자기가 뜻하는 목적에 접근할 수 있도록 하는 것뿐이다. 대체로 외부의 조건과 우리의 결심은 다른 방향으로 움직이는 힘이요, 우리의 생애는 거기서 그어지는 하나의 대각선이다. 그러므로 테렌티우스($\binom{BC~195?~\sim159?,}{로마의~희극~시인}$)는 이렇게 말하고 있다.

"인생은 주사위놀이 같은 것으로, 만일 자기가 바라는 주사위가 손에 들어오지 않더라도 우연히 가져다 준 주사위를 이용해야 한다."

그는 트리크트락이라는 일종의 주사위놀이를 생각했던 모양이다. 간단히 말하면, 주사위를 뒤섞는 것은 운명이고 승부를 하는 것은 우리 자신이라고 할 수 있다.

우리가 할 수 있는 현실적인 관찰을 말한다면 다음과 같은 비유가 가장 적절하지 않을까? 인생은 장기와 같은 것으로, 우리는 어떤 계획을 세우기는 하지만 장기의 경우에는 상대방의 수법에 의해, 그리고 인생에서는 운명에 의해 많은 영향과 변화를 일으키게 되기 때문에 본래의 계획대로 되지 않는 법이다.

또한 인간의 생존에는 이보다 더 뿌리 깊은 것이 있다. 그것은 우리가 자기 자신이 보고 있던 것보다 훨씬 어리석은 자라는, 평범하지만 너무나 자주 입증되는 진리다. 이것이 인생을 크게 지배하지만, 이 점에 대하여 현명한 견해를 가지려면 많은 경험과 성찰을 거쳐야 한다.

인간의 내부에는 두뇌보다도 훨씬 현명한 무엇이 있다. 우리는 사는 동안에 어떤 난관이나 큰일을 당하면, 자기가 무엇을 해야 좋을지 분명히 알고 행동하는 것이 아니라 마음속 깊숙이 숨어 있는 충동에 의하여 행동하게 된다. 이 충동은 일종의 본능이라고도 할 수 있는 힘으로, 인간의 가장 깊은 곳에서 나타난다.

우리는 이와 같은 근본적인 원동력을 의식할 수는 없다. 그리고 '한 가지 사건은 반드시 모든 사람에게 적용되는 것은 아니다'라는 것을 잊어버리기 쉽다. 그래서 빌려 온 관념이나 일반적인 법칙, 또는 타인의 예에 의해 자기의 과거를 평가하려고 든다. 그리고 그 생애가 끝날 무렵, 자기가 걸어온 발자취에 대해 객관적인 입장에서 관찰해 보면 비로소 모든 근본 원인을 분명히 알 수 있다. 그러므로 노인의 건전한 판단만이 자기 생애를 올바로 비판할 자격을 갖는다.

인간의 내면적인 자아에는 일종의 신비로운 묵시가 있어, 우리는 잘 의식하지 못하지만 이것이 본능적인 충동을 인도하는 것으로 보인다. 이와 같은 내면적인 자아의 묵시가 예언으로 작용하기 때문에 인간의 생애에는 일정한 질서, 마치 희곡에서와 같은 통일이 주어져 있으며, 이런 질서나 통일은 자주 동요되거나 방황하고, 변덕을 부리기 쉬운 두뇌의 의식을 우리 삶에 줄 수 없다.

가령 어떤 위대한 사업을 하도록 숙명적으로 태어난 사람은 이 사실을 어렸을 때부터 마음속에 느끼고, 마치 꿀벌이 집을 짓는 것처럼 이 일을 위해 힘쓴다. 그것은 모든 사람들에게는 발타자르 그라시안이 위대한 진실이라고 말한 것, 즉 그것 없이는 누구나 멸망하는 자기 자신의 본능적인 위대한 보호자다. 추상적인 여러 가지 원칙에 따라서 행동하는 것은 어려운 일이며 많은 훈련을 거쳐서 비로소 성공을 거두게 되지만, 이 경우에도 번번이 그렇게 된다고만 보장할 수 없으며, 또한 그 원칙도 충분하다고 할 수는 없다.

이와 반대로 모든 사람들은 이 세상에 태어나면서부터 어느 정도 구체적인 여러 가지 원칙을 갖고 있다. 이 원칙은 그의 모든 사유와 가정과 의지의 성과며, 그의 핏줄에도 스며 있다. 그는 이 원칙을 추상적으로는 알지 못하지만, 그 생애를 돌이켜볼 때 비로소 눈에 보이지 않는 실처럼 이 원칙에 따라왔다는 것을 깨닫게 된다. 그리고 이 여러 가지 원칙은 그 성질에 의해 그를 행복하게 할 수도 있고 불행하게 할 수도 있다.

49

인간은 언제나 시간의 효과와 사물의 변천을 살피고 현재 일어나고 있는 모든 일에 대해 그와 정반대의 경우를 예상할 필요가 있다. 즉, 행복할 때에는 불행을 예상하고, 우애가 있을 때는 반목을, 좋은 날씨에는 나쁜 날씨를,

사랑 가운데 미움을, 신뢰와 고백에 대해서는 배신과 회한 등, 다시 말해서 언제나 그 반대의 경우를 분명히 머릿속에 그려 두어야 한다.

그렇게 하면 우리는 언제나 생각이 깊어져 좀처럼 속지 않게 된다. 이것은 처세술의 영원한 원천이 되어 줄 것이다. 우리는 이것으로 시간의 작용도 미리 알 수 있다.

그러나 경험은 어떠한 인식에 있어서나 사물의 무상함과 추이의 올바른 평가에 꼭 필요한 것이라고는 할 수 없다. 눈앞에 일어나고 있는 모든 현상이 지속되는 한 필연적인 것이며, 충분한 이유를 갖고 있다. 각각의 해와 달과 날은 마치 이제야 존재 이유를 가지려고 하는 것처럼 보이는 동시에 모든 것이 영원히 존속되는 듯이 생각된다. 그러나 어떠한 상태도 그런 보장을 받을 수는 없으며, 유일하고도 영원한 현상은 오직 변화뿐이다. 현자란 겉으로의 모습에 현혹되지 않고 변화가 일어날 시간과 장소를 재빨리 예측할 수 있는 사람이다. 거의 모든 사람들이 언제나 사물의 일시적인 상태나 과정을 그대로 존속되는 것으로 생각하는 것은 그들이 효과만을 인정하고 원인을 이해하지 못하기 때문이다.

50

평범한 사람과 현명한 사람의 차이는 일상생활에서 찾아볼 수 있다. 앞으로 닥쳐올 위험에 대하여 미리 생각하거나 그 정도를 예측하는 경우에, 보통 사람은 언제나 전에 일어난 그와 비슷한 사건과 비교하여 검토해 볼 뿐이지만, 현자는 스페인 속담처럼 '일 년이 되도록 일어나지 않은 일이 불과 1분 사이에 일어난다'는 것을 명심한다. 이러한 차이는 매우 자연스러운 것으로, 앞으로 일어날지도 모르는 일을 미리 내다보려면 지혜가 필요하지만, 이미 일어난 일을 뒤돌아 보는 데는 단지 감각만으로도 충분하다.

우리의 격언은 이래야 하지 않을까. '악마들에게 제물을 바쳐라!'

이 의미는 어떤 불행이 닥쳐올 듯한 대문을 꼭 닫아 두기 위해서는 어느 정도의 수고와 시간과 불편, 번거로움, 돈 또는 인내 등을 싫어해서는 안 된다는 것이다. 이 제물이 클수록 불행은 작아지고 멀리 사라져 좀처럼 닥쳐올 듯이 보이지 않는다. 이와 같은 법칙이 가장 두드러지게 나타난 예가 보험료다. 이것은 모든 사람들이 악마의 제단에 바치는 제물이다.

51

우리는 우리에게 무슨 일이 일어나더라도 지나치게 기뻐하거나 슬퍼해서는 안 된다. 모든 사물은 끊임없이 변화하므로 언제 정반대의 현상이 나타날지 모른다. 행복과 불행 또는 반가운 일과 혐오스러운 일에 대한 우리의 판단이 확실하지 못하여, 전에 자기가 한탄한 것도 나중에 돌이켜 생각해 보면 오히려 큰 경사일 수도 있고, 전에 무척 기뻐했던 일이 나중에는 두통거리가 되는 경우가 얼마든지 있기 때문이다. 셰익스피어도 이에 대하여 다음과 같이 아름답게 표현하고 있다.

나는 몇 번이고, 큰 기쁨과 슬픔을 낱낱이 맛보았으므로, 그 어느 쪽에 대해서도 처음부터 담담한 마음으로 맞이한다.

——《끝이 좋으면 모두 좋아》 3막 2장

불행에 대하여 참으로 침묵을 지킬 수 있는 사람은 이 세상에 불행과 화근이 얼마나 많으며, 또 그것이 얼마나 끔찍한 일인가를 잘 알고 있다. 이런 사람은 현재 당하고 있는 재앙은 얼마든지 있을 수 있고, 또 생길 수 있는 재앙 가운데서 극히 적은 부분이라고 생각한다. 이것은 바로 스토아적인 사고방식이다. 이에 따르면, 인간은 결코 인간 조건을 잊어서는 안 되며, 인간 존재가 얼마나 비통한 운명에 놓여 있으며, 세상에 나타나는 재앙이 얼마나 많은가를 언제나 염두에 두어야 한다.

이와 같은 신조를 철저히 간직하려면 자기 주위를 한 번 돌아보면 충분하다. 그때 곳곳에서 목격할 수 있는 것은 이른바 생존이란 비참하고 허망하여 아무 보람도 없는 고난뿐이라는 것을 알 수 있다. 우리는 차라리 이와 같은 인생에 대하여 소극적으로 대처하고 되도록 자기 욕망을 제한하여 모든 사물이 불완전하고 여의치 못한 것을 참아야 한다. 즉, 모든 재앙을 침착하게 예방하거나 인내하여 생존의 요소는 수없이 많은 재앙에 불과하다는 것을 명심해야 한다.

그렇다고 우리는 우울해지거나, 베리즈포드(1764~1840, 영국의 수필가)처럼 시시각각으로 닥쳐오는 인생의 참사에 대하여 슬픔에 잠기고 얼굴을 찌푸리거나, '벼룩에 물렸다고 해서 신에게 도움을 청해서는' 안 된다. 우리는 어디까지나 지각

있는 사람이므로 설사 액운이 인간에게서나 또는 어떤 일에서 일어나더라도 이를 예방하기 위해 세밀한 주의를 기울이는 동시에 동화에 나오는 영리한 여우처럼 크고 작은 모든 재앙을 조심스럽게 피하도록 해야 한다.

대체로 모든 불행을 미리 예상해서 각오하고 있으면, 실제로 불행이 닥쳤을 때 한결 견디기가 쉽다. 재난을 있을 수 있는 일로 생각하면 그 재앙의 정도를 헤아리게 되어, 적어도 그것을 유한한 것으로 간주할 수 있다. 따라서 그것으로부터 실제 이상의 영향을 받지 않는다.

그러나 이와 같은 예상을 전혀 하지 않고 있다가 갑자기 당하면, 놀라움과 두려움이 앞서기 때문에, 그 재난이 갖고 있는 실제의 크기를 헤아릴 수 없어 실제보다 훨씬 엄청나게 생각되므로 견디기가 한결 어렵게 된다. 이처럼 모든 재난에 어려움을 주는 것은 그 재난의 정체를 분명히 파악하지 못하기 때문이다. 앞에서 말한 바와 같이 우리가 어떤 불행한 일을 예상하면, 그것이 실제로 닥쳐왔을 경우 어떻게 해야겠다는 방법도 아울러 생각해 두기 때문에, 거기에 대한 예비적인 경험을 마음속으로 하고 있어 괴로움을 한결 덜 수 있다.

그러나 불행한 사건을 냉정하게 잘 참아 나가게 하는 것은 내가 〈의지의 자유〉에 대한 논문에서 설명한 것처럼, 모든 사건은 크고 작고 간에 필연적으로 일어난다고 생각하는 일이다. 불가피한 일에 대해서는 쉽사리 체념하는 것이 인간의 일반적인 모습이므로 위에서 말한 진리를 확신하면 우연히 당하는 일도, 일반적인 법칙에서 일어나는 일(물리적인 형상)이나 예측할 수 있는 일(자연 현상)처럼 사람의 힘을 능가하는 필연적인 결과로 생각할 수 있다. 이것을 확신하는 사람은 우선 자기 힘으로 할 수 있는 일만 하고, 그 뒤에 자기가 당해야 할 고뇌를 의지적으로 참아 나갈 것이다.

시시각각으로 우리를 시달리게 하는 여러 가지 사소한 불행은 오히려 우리를 단련시키고, 나중에 큰 재앙을 슬기롭게 감당해 나가도록 하는 예비훈련이라고 보아야 한다. 우리가 매일 겪는 번거로운 일이나 대인관계에서 일어나는 여러 가지 마찰과 충돌, 무례, 욕설 등에 대해서는, 불사신인 지그프리트(독일과 북유럽의 오랜 전설에 나오는 유명한 영웅)가 되어야 한다. 다시 말해서 이런 일은 전혀 대수롭지 않게 알아야 한다. 그것을 마음속에 담아 두고 고민할 것이 아니라 모든 것을 상종하지 말고, 마치 길가에 널려 있는 조약돌처럼 발길로 차버리고 개의치 말아야 한다.

52

운명이란 자기 자신이 어리석은 데서 오는 경우가 많다. 호머도 《일리아드》에서, 메티스(그리스 신화에 나오는 바다의 신 오케아누스의 딸. 《일리아드》 속에서 총명의 덕을 주장한다)가 총명하고 신중하게 생각하기를 권고하는 놀라운 대목(제23장 313행 이하)은 아무리 명심해도 지나치지 않을 것이다. 왜냐하면 사악한 행동은 저세상에 가서 비로소 처벌을 받지만 어리석은 행동은 이 세상에서 처벌을 받기 때문이다. 하기는 가끔 용서를 받는 경우도 있지만.

화가 난 듯한 눈을 갖고 있는 자보다 오히려 현명한 듯한 눈을 가지고 있는 사람이 사납고 위험한 인물이다. 이것은 인간의 두뇌가 사자의 발톱보다 훨씬 무서운 무기인 것과 마찬가지다. 처세에 정통한 사람은 결코 우유부단하지 않고, 경거망동하지 않는다.

53

행복을 얻는 데는 지혜 다음에 용기가 소중하다. 우리는 그 어느 것도 스스로 얻을 수 없으며, 지혜는 어머니로부터 유전되고 용기는 아버지에게서 유전된다. 이렇게 얻어진 지혜와 용기는 결심과 훈련으로 증가시킬 수 있다. 운명의 주사위가 사정없이 굴러가는 이 세상에서는, 운명과 인간에 대하여 든든한 갑옷을 입고 언제나 강철 같은 굳은 마음을 지니고 있어야 한다. 인생은 역시 하나의 싸움이며, 한 발짝 앞으로 나갈 때마다 싸워야 하기 때문이다. 볼테르는, "이 세상에서 성공을 거두려면 죽을 때까지 칼을 손에서 놓지 말아야 한다"고 했는데, 이것은 타당한 말이다. 그러므로 위태로운 먹구름이 덮쳐 오거나 구름이 지평선에 나타나기만 해도 벌써 위축되거나 겁을 내고 비명을 지르는 것은 그야말로 비겁한 짓이다. 차라리 우리가 내걸 표어는 다음과 같아야 한다.

불행에 꺾이지 마라. 오히려 대담하게 불행에 도전해 나가라.
—베르길리우스 《아에네이스》 6의 95

위험한 일을 할 때에도 한 가닥 희망이 엿보이면 곧 행운이 돌아올지도 모른다. 그 경우에는 하늘의 한 모퉁이에 파란 여백만 있어도 날씨가 갤 가망이 보여 실망할 필요가 없는 것처럼 끝까지 싸워 나가야 하며 결코 실망해서는 안 된다. 우리는 오히려 이렇게 외쳐야 할 것이다.

지구가 파멸해 산산조각이 나더라도 의로운 자는 결코 놀라지 않는다.
——호라티우스 《송가》 3 ; 3의 8

인생 자체는 결코 비겁해지거나 두려워해질 정도로 고약하지는 않다. 하물며 우리의 재산쯤이야.

그러므로 굳세게 살아나가라. 역경을 향해 용감하게 대결하라.

그러나 용기도 지나치면 만용이 된다는 것을 알아야 한다. 우리가 이 세상을 살아가는 데는 어느 정도의 공포심은 필요하지만, 지나친 공포는 비겁함을 가져온다. 이런 점에 대해서는 프란시스 베이컨도 공포에 대한 어원적인 해석에서 적절히 해명하고 있다. 그는 이 말을 인격화된 자연으로서의 판(Pan : 그리스 신화에 나오는 삼림과 목축과 사냥의 신으로, 갑자기 사람에게 공포심을 일으킨다)이라는 신의 이름에서 비롯되었다고 하며, 이렇게 주장하였다.

자연이 모든 생물에 공포심을 준 것은 그들로 하여금 삶을 유지하고 육신을 보호하도록 모든 위험에서 미리 몸을 피하려는 것이다. 그러나 자연도 그 정도를 적당히 조화시킬 수 없어, 목적에 필요한 공포 속에 언제나 어리석은 공포를 혼동한다. 그러므로 우리가 모든 생물의 마음속을 들여다볼 수 있다면 그들은 특히 인류에게 두려움을 느끼기 쉬운 약점이 있다는 것을 알게 될 것이다.
——《고대인의 지혜에 대하여》 6권

그리고 이 공포의 특징은 그 동기를 분명히 의식하지 않고 있기 때문에 실제로 존재하는 동기보다 어떤 가상적인 동기로 인해 더욱 큰 두려움을 느끼게 되며, 나아가서는 두려움 자체가 두려움의 동기가 되는 경우도 있다.

6. 나이에 대하여

볼테르는 이렇게 말하고 있다.

> 그 나이에 해당된 재능을 갖지 못한 사람은
> 그 나이에 해당된 불행을 맛보게 된다.

우리는 일생 동안 다만 '현재'만을 가질 뿐이며, 그 밖에는 아무것도 가질 수 없다. 생애의 초기에는 긴 미래를 내다보고 말년에는 긴 과거를 뒤돌아보게 된다. 그런데 인간의 성격은 변하지 않지만 성질은 어느 정도 변화를 가져오므로, 나이의 차이에 따라 '현재'에도 여러 가지 형태가 있다.

인간은 생애의 처음 4분의 1이 가장 행복한 시기다. 그러므로 이때가 언제나 그리운 낙원으로 추억된다. 유년기에는 남과 교제를 거의 하지 않고 사교 욕구도 극히 작으며 의지가 흥분하는 일도 매우 드물다. 따라서 그 본성의 대부분이 인식에 몰두하고 있다.

사람의 두뇌는 일곱 살쯤 되면 상당히 커지며, 지능도 그 무렵부터 발달하기 시작하여 외부 세계를 인식하려고 한다. 인식의 대상인 외부 세계는 매우 신선한 느낌을 준다. 모든 것이 생기발랄해 보이기 때문에 유년시절은 그대로 하나의 아름다운 서사시가 된다. 사실 모든 시와 예술의 본질은 플라톤이 말한 바와 같이 이데아(사물의 실체)를 붙잡는 일, 다시 말해서 개체를 통하여 보편적인 것을 직관하는 일이다.

각각의 사물은 그 종류 전체를 대표하는 것으로 표현되며, 하나의 경우가 다른 천 가지 예에도 해당된다. 물론 유년시절에는 언제나 눈앞에 나타나는 개체나 사건이 자기를 즐겁게 해 줄 때에만 관심을 갖지만, 그 근본에서는 색다르고 중요한 경험을 한다. 그들의 눈에는 인생 자체, 다시 말해 인생이 말년처럼 반복에 의해 인상이 흐려지지 않고 언제나 새롭고 선명하게 나타난다. 그래서 겉으로는 어린아이의 생활을 하고 있지만 그 이면에서는 무의식적으로 각각의 사실과 사건을 통하여 본질과 생활의 여러 형태와 현상의 근본 유형을 파악하려고 한다.

스피노자가 말한 바와 같이 우리는 모든 사물과 사람들을 "영원한 모습으로" 보는 것이다. 우리가 젊을수록 자기의 개체나 종족 전체를 대표하는 것으로 간주하게 마련이다. 이와 같은 느낌은 나이가 듦에 따라 차츰 감소된다. 유년기와 노년기에 사물에 대한 인상에 큰 차이가 있는 것은 이 때문이다.

유년기의 경험과 지식은 나중에도 모든 경험·지식의 원형이 되고 기둥과 범주가 되어, 나중에 얻는 모든 경험과 지식을 그 속에 포함시킨다. 그러므로 세계관의 기초 및 그 깊이와 무게가 결정되는 것도 유년기며, 이것은 그 뒤에 계속해서 발달되어 완성되어 가지만, 중요한 점에서는 결코 변하지 않는다.

이와 같이 아이들이 외부 세계를 객관적으로 관찰하는 것은 그들의 의지가 아직 충분한 힘을 발휘하지 못하기 때문이다. 그들의 삶에는 의지적인 요소보다 인식적인 요소가 훨씬 더 많다. 아이들이 대체로 진지하고 관조적인 눈초리를 하고 있는 것은 이 때문이며, 라파엘로는 이 눈초리를 천사들, 특히 성 시스티나의 마돈나 천사를 통해 잘 묘사하고 있다.

유년시절이 우리에게 즐겁고 아름답게 회상되는 것은 고뇌로 충만한 의지의 생활에서 떠나 있기 때문이다. 전에도 말한 바와 같이 외부의 사물에 대한 직관적인 인식에서 비롯되는 유년시절의 체험은 매우 중요한 의미와 지속적인 효과를 갖고 있는데도 불구하고, 교육은 이들에게 추상적인 관념을 주입하려고 한다. 하지만 이런 관념으로는 인간의 마음과 정신을 기를 수 없다. 우리에게 가장 중요한 것, 즉 지식의 근원이 되고 알맹이가 되는 것은 직관적인 인식에서 얻어진다. 그런데 이러한 직관적인 인식은 오직 우리 자신의 힘으로 얻어지며, 어떤 방법으로도 외부에서 주입될 수는 없다.

우리의 지적인 가치는 도덕적인 가치와 마찬가지로 결코 외부에서 주어질 성질의 것이 아니다. 그것은 우리 자신의 본성에서 비롯되며, 페스탈로치 교육법으로도 선천적으로 타고난 백치를 똑똑하게 만들 수는 없다. 따라서 이런 자는 바보로 태어나 바보로 죽을 수밖에 없는 것이다.

또한 유년시절의 환경과 체험이 언제나 우리의 기억에 생생하게 남아 있는 것은 그 무렵에는 외부 세계가 선명하게 드러나 하나하나의 사물이 대표적으로 보이며, 직관적으로 인식되기 때문이다. 유년시절에는 환경에 전적으로 몰입하여 눈앞에 나타나는 사물을 그 종류 가운데서 유익한 실재로 인식한다. 그러나 사람들은 차츰 나이를 먹으면서 인식보다도 의지의 힘에 의해 움직이므로 외부의 사물은 대부분 고뇌를 안겨 준다. 요컨대 모든 사물은 인식의 눈으로 보면 매우 선량하고 아름답지만, 의지의 눈으로 보면 무척 사나운 것으로 나타난다. 그런데 후자보다는 전자의 편에 속하는 것이 유년시절의 특징이다.

이 무렵의 인간은 사물의 아름다운 일면만을 알고 두려운 점을 모르며, 우리 자각에 나타나는 모든 사물에 순수한 그 사물 자체 또는 예술에 묘사된 것과 흡사하여 매우 선량하고 아름답게 보인다. 그러므로 온 세계가 에덴동산처럼 생각되기 때문에 누구나 한 번쯤은 으레 행운아가 될 수 있다. 그러나 이 시절을 벗어나면 차츰 인식보다 의지가 생활의 중심이 되어 생활의 대상으로서 선과 미를 의욕의 대상으로 삼는다. 즉, 사물과 의지의 여러 가지 반작용이 일어나 괴로운 운명에 시달리면서 '삶의 난동' 속에 빠져 들어간다.

그래서 우리는 거기서 사물과 또 다른 일면, 즉 의욕의 대상으로서 무서움을 알게 되며, 의욕적인 생활에 따르는 모든 장해와 근원을 체험하고 인생에 대한 아름다운 꿈이 깨어진다. 그리고 아름다운 환상을 즐기던 시절은 이미 지나갔다고 한탄하여 회한에 잠기게 되는데, 이런 실망은 나이가 들어 늙어갈수록 더욱 심해진다. 유년시절의 인생은 먼 데서 바라본 극장의 장식물과 같지만, 노년기의 인생은 그 장식물을 가까이서 목격하는 것과 같다.

이 밖에 유년시절에 평온과 축복을 가져오는 것이 한 가지 더 있다. 그것은 마치 봄에는 모든 나무 잎사귀가 다 초록빛으로 보이는 것처럼 미래의 영웅이나 학자, 농부, 시골사람 할 것 없이 서로 조용히 친밀한 사이가 되어 독특한 사회를 이루고 있다. 그러나 세월이 지나감에 따라 개인차가 심해지고, 그 차이는 중심에서 원주까지 점점 멀어져 가는 원의 반지름처럼 점점 더 커진다.

우리 생애의 후반기보다 전반기가 더욱 이상적으로 보이고 후반기가 대체로 불쾌하고 불행하게 생각되는 것은, 우리가 생애의 초기에 행복의 실재를 믿고 이를 손에 넣을 것이라는 기대에서 있는 힘을 다 기울였지만, 오히려 그것이 실망과 재앙의 근원이 되어 버렸기 때문이다. 다시 말해서 이와 같은 노력의 결과는 언제나 되풀이되는 실패와 실망, 그리고 이에 따르는 불만이다. 젊은이들에게는 꿈같은 행복의 그림자가 여러모로 눈앞에 어른거리지만 이것은 결코 실제로 존재하지 않으며, 따라서 손에 넣을 수 없는 성질의 것이다.

모든 청년들이 자신의 처지나 환경에 대하여 불만을 느끼는 것은 결국 인생 자체가 공허하고 비참한 데 원인이 있다. 청년들은 그것을 처지나 환경 탓으로 본다. 그들은 나중에 꿈에서 깨어나야 비로소 인생은 결코 만족을 얻을 수 있는 것이 못 된다는 사실을 알고 이것을 자기 처지나 입장의 탓으로 돌리지만, 이것은 잘못된 것이다. 그들이 만일 올바른 교육을 받아 이 세상에서 여러 가지 행복과 만족을 손에 넣을 수 있다는 청년시절의 공통된 망상에서 떠날 수 있다면, 얼마나 바람직한 일이겠는가.

그러나 그들은 실제로 이와 정반대의 방향을 더듬게 된다. 이것은 그들이 인생의 참된 모습을 알기 전에 시나 소설에 묘사된 인생과 친숙해졌기 때문이다. 즉, 그들의 눈에는 문학에 표현된 인생이 매우 아름다워 보이기 때문에 자기도 한번 그처럼 실제로 해 보고 싶은 생각이 간절해진다. 그래서 자기 생애를 하나의 소설처럼 실현해 보려고 하는데, 이것은 무지개를 붙잡으려는 것과 마찬가지므로 결국 꿈에서 깨어나게 된다.

인간의 전반기 특징이 이와 같이 행복에 대한 충족될 수 없는 동경이라면, 후반기의 특징은 불행에 대한 두려움이다. 후반기에 오면, 정도의 차이는 있지만 누구나 행복은 하나의 망상이요, 고통만이 실재한다는 사실을 깨닫게 되기 때문이다. 그러므로 적어도 상식이 있고 분별력을 가진 사람이라면 나이가 들어 늙어갈수록 행복보다는 차라리 견디어 나가기 쉬운 상태를 원하며, 근심과 걱정이 없는 처지를 원하게 된다. 나는 젊어서는 대문 소리가 나면, '무슨 좋은 일이 있으려나?' 하고 기뻐했지만, 나이를 먹고 나서부터는 대문 소리가 들리면, '무슨 귀찮은 일이 생기려나?' 하고 불안을 느끼게 된다.

본래 천재적인 사람은 평범한 사람들과는 달리 타고난 자질의 정도에 따라서 고독에 이르게 되지만, 다음과 같은 두 가지 정반대의 감정을 느끼게 된다. 즉, 젊었을 때는 가끔 자신이 '세상 사람들에게서 버림을 받고 있다'고 느끼고, 늙어서는 '세상 사람들과 담을 쌓고 있다'고 느끼게 된다. 전자는 불쾌한 느낌이고 후자는 즐거운 느낌이다. 결국 전자는 인간 세계를 모르는 데서 오는 것이고 후자는 인간 사후가 어떻다는 것을 아는 데서 비롯된다. 그래서 인생의 후반은 악보의 후반처럼 전반에 비하면 애쓴 보람은 어느정도 덜 느끼지만, 침착성은 훨씬 커진다.

이것은 일반적으로 인간은 젊었을 때에는 이 세상에서 굉장한 행복이나 향락을 차지할 것으로 보이나 다만 그것을 찾아내기가 어렵다고 생각한다. 하지만 늙으면 인생에서는 아무것도 얻을 수 없다는 것을 알기 때문에 이를 완전히 단념하고 그럭저럭 참을 만한 현재를 즐기면서 사소한 일에도 기쁨을 느끼게 된다.

성년에 도달한 사람이 세상을 살아가는 동안에 몸소 겪은 체험에서 얻은 것은, 첫째로 편견이 없다는 것이다. 그는 처음부터 사물을 간단하게 보이는 그대로 받아들인다. 그런데 유년시절이나 청년시절에는 자기가 지어낸 망상이나, 다른 데서 받은 편견이나 공상 등에 의해 이루어진 환영으로 세계의 참된 모습을 뒤덮거나 일그러뜨린다. 어쨌든 경험이 첫 과제로서 해야 할 일은, 청년시대를 거치는 동안에 몸에 배인 망상이나 그릇된 개념에서 우리를 해방시키는 일이다. 젊은이가 이와 같은 망상이나 착각에 빠지지 않도록 경계하는 것은 소극적인 일 같지만 이것이야말로 최상의 교육이 아니겠는가?

우리는 이를 위해 아이들의 시야를 처음에는 좁히고 되도록 제한하여, 이 범위 내에서 주로 명백하고 정확한 여러 가지 개념만을 가르쳐 주어야 한다. 그래서 아이가 그 개념에 포함된 의미를 정확히 안 다음 조심스럽게 그 시야를 넓혀가되, 애매하거나 설익었거나 또는 곡해를 하는 일이 없도록 유의해야 한다. 이렇게 하면 사물이나 인간과의 관계에 대한 그들이 가진 개념은 여전히 제한되어 단순하지만 그 대신 명백하고 정확할 것이며, 그 개념은 언제나 확대될 뿐 시정할 필요는 없게 된다. 이처럼 청년시절까지 줄곧 나갈 일이다. 그 방법으로는 특히 소설 따위를 읽지 못하게 하고 적당한 전기물을 읽히는 것이 바람직하다. 예를 들면, 《프랭클린 전기》라든가 칼 필립 모리츠 (1757~1793, 독일의 저술가. 《안톤 라이저》는 소설의 형식을 취한 저자의 자서전이다) 의 《안톤 라이저》와 같은 것이 적당하다.

젊었을 때에는 인생에서 중요한 사건이나 큰 공로를 세운 인물은 북을 치고 나팔을 불며 화려하게 등장할 것이라고 생각하지만, 늙어서 돌이켜 관찰해 보면 그러한 것은 모두가 조용히 뒷문을 통해 몰래 나타난다는 것을 알 수 있다.

인생이란 수를 놓은 옷감에 비유할 수 있다. 생애의 전반기에는 누구나 그 표면을 보고 후반기에는 그 이면을 보게 마련이다. 이면은 표면보다 아름답지는 못하지만 배우는 바가 상당히 많다. 이면을 봄으로써 바느질 자국과 꿰맨 흔적 같은 것을 분명히 알 수 있기 때문이다.

정신적으로 뛰어난 사람이 능력을 충분히 인정받으려면 가장 높은 단계에 도달한 사람이라도 40세를 넘어야만 한다. 하긴 정신적인 우월이 때때로 연령의 성숙과 경험의 결실을 능가하는 일이 있지만, 결코 이런 것들의 대용이 될 수는 없기 때문이다. 따라서 보통 사람도 능히 연령에서 오는 이런 자연적인 우월로 인해 젊은 청년들을 눈 아래 내려다볼 수 있다. 그러나 이것은 어디까지나 단지 인물에 대해서이며 작품에 대해서 하는 말은 아니다.

어느 면에서나 뛰어난 자는 자연으로부터 약속받은 것밖에 지니지 못한 인류의 6분의 5의 부류에는 속하지 않는 사람으로, 나이가 40세를 넘으면 어느 정도 인간에 대한 혐오를 느끼지 않을 수 없다. 그는 자기를 표준으로 하여 다른 사람들을 헤아려 보고는 가끔 기대에 어긋나는 것을 경험한다. 그리고 다른 사람들이 두뇌나 감수성 면이나 그 밖의 어느 면으로 보더라도 자기보다는 뒤떨어져 있으며, 자기와는 비교도 되지 않는다는 것을 알아차리고 다른 사람들과의 교제를 회피한다. 누구나 자기의 내적인 가치 정도에 따라 고독, 즉 자기 자신과의 교섭을 사랑하기도 싫어하기도 하는데, 이러한 인간 혐오에 대해서는 칸트도 《판단력 비판》 제1부 29장에 대한 일반적인 주석에서 취급하고 있다.

어떤 젊은이가 매우 조숙하여 곧 인간의 행위나 활동 요령을 알아차리고 기다렸다는 듯이 활개를 치고 돌아다닌다면, 그것은 지성의 관점에서나 도덕상의 관점에서나 상서롭지 않은 징후로 잔재주의 표현이다. 이와 반대로 처세 방면에 서투르고 둔하고 졸렬하여 번번이 실수만 저지르는 자는 오히려 한층 더 고귀한 천성을 지니고 있다고 인정해도 무방하다.

청년시절에 쾌활하고 원기 왕성한 것은 아직 산을 오르고 있는 중이기 때문이며, 산 저쪽 기슭에 있는 죽음이 눈에 보이지 않는 데서 오는 것이다.

그러나 산꼭대기를 넘어서면 그때 비로소 그저 말로만 들어서 알고 있던 죽음을 실제로 바라보게 된다. 동시에 생활력이 줄어들기 시작하므로 원기도 사그라진다. 이렇게 되면 벌써 일종의 엄숙한 비애가 젊은이다운 객기를 물리치고 얼굴에도 그 그림자를 드러낸다. 젊은이는 누가 뭐라고 하더라도 생명은 무한하다고 생각하며 살아가지만, 나이가 들면서 차츰 시간을 아끼게 된다. 왜냐하면 만년에 이르면 하루하루가 마치 교수대로 향하는 사형수와 비슷한 느낌이 들기 때문이다.

젊은이의 입장에서 보면 인생이란 하나의 끝없이 긴 미래로 보이며, 노인의 입장에서 보면 극히 짧은 과거에 지나지 않는다. 인생이 대단히 짧다는 것을 알려면 장수한 노인이 되어야 한다. 인생의 모든 사물은 나이가 들수록 점점 작아 보인다. 청년시절에는 그처럼 크게 보이던 인생이 꿈과 같이 덧없고, 다만 급격한 현상의 무의미한 교체로 생각되어 허무와 무상이 뚜렷이 들여다보이고 또 마음에 스며든다.

청년시절에는 시간이 가는 것이 무척 더디다. 그러므로 일생의 4분의 1은 행복한 시기고 또 가장 길게 생각되는 부분이며, 그 동안에 기억하는 일들은 어느 시기의 기억보다 훨씬 많다. 자기의 생애에 대하여 이야기를 할 때 누구나 그 4분의 1에 해당하는 부분에 관해서는 그 밖의 4분 3을 합친 것보다 더 많은 이야기를 할 수 있다. 이 기간은 계절에 있어서 봄과 마찬가지로, 인생에서도 해가 너무 길어 지루하게 생각될 정도지만, 인생의 가을에 접어들면 낮이 무척 짧아지는 대신에 맑은 날씨가 계속된다.

노년기에는 왜 과거의 생애가 그처럼 짧게 보이는 것일까? 그것은 조금도 소중할 것 없는 대부분의 불쾌한 일들이 기억에서 사라지고, 극히 작은 부분만 남아있기 때문에 그 내용이 빈약해지고 길이도 짧아지는 데서 오는 것이다.

인간의 지능이 완전하지 못한 것처럼 기억도 불완전하여 일단 습득한 것도 거듭 연습하지 않거나 과거의 일도 몇 번씩 상기해 보지 않으면 어느새 망각의 연못에 잠겨버린다. 그러나 별로 중요하지 않은 일, 특히 불쾌한 일은 되도록 다시 생각하지 않는 것이 인간의 보편적인 행동이므로 이것들을 기억에 남겨 두지 않게 되며, 나이를 먹을수록 '소중하지 않은 일'은 더욱 많아지게 된다. 다시 말해서 젊었을 때 소중하게 생각되던 여러 가지 일들이 자주 반복되면 나중에는 '소중하지 않은 일'이 되어 버리므로, 우리는 젊었을 때의 일을 장년 이후의 일보다 더 분명히 떠올릴 수 있다.

이와 같이 나이를 먹을수록 중요한 일이 적어지므로 좀처럼 추억거리가 생기지 않는다. 앞에서도 말했지만, 반복해서 생각하는 것이 기억을 새롭게 하는 유일한 방법인데, 늙으면 웬만한 일은 다 잊어버리며 흔적도 없이 사라진다. 또한 우리는 불쾌한 일은 되도록 덮어두려고 하며, 그것이 자기 자존심이나 허영심을 손상할 경우에는 더욱 그렇다. 이것은 불행이나 고뇌는 어느 정도 우리 자신의 불찰임을 입증하는 것이다.

이렇게 해서 불쾌한 일은 거의 잊어버리게 되며, 거기에 별로 소중하지 않은 일까지 제외되면 기억은 매우 빈약해진다. 다시 말하면, 경험을 쌓을수록 기억은 오히려 짧아진다. 마치 항구를 떠난 배 위에서 바라보면 바다 위에 있는 모든 사물이 점점 작아지면서 나중에는 분간하지 못하게 되듯이, 우리의 생애에 일어났다가 사라진 모든 행위와 사건도 나이를 먹어감에 따라 점점 희미하게 된다.

노인이 되면 과거가 꿈결처럼 느껴지는 경우가 있다. 그것은 우리가 언제나 동일한 현재, 영원히 지속되는 '지금'이라는 시간의 한순간만을 갖고 있기 때문이다. 또한 우리 자신의 실체인 참된 자아는 결코 시간 속에 있지 않고 현재만이 자기가 외부 세계와 접촉하는 유일한 구체적인 현실이기 때문이다.

이와는 달리 우리는 젊었을 때 눈앞에 놓인 생애를 거의 무한히 긴 것으로 착각한다. 이것은 우리가 그 실현을 위해서는 아무리 장수를 누린다고 해도 부족할 정도로 여러 가지 희망을 갖고 있기 때문이며, 또한 장래의 생활 척도로서 자기가 지내온 추억의 소재가 언제나 풍부하여 길게 생각되는 그 짧은 세월을 염두에 두고 있기 때문이다. 그리고 이 무렵에는 새롭다는 것이 모든 것을 의미 깊게 생각하게 하므로, 그것은 나중까지 추억으로 살아남아 있기 때문에 짧은 세월이 길게 생각되는 것이다.

어느 과거로 한 번 다시 돌아갔으면 하고 생각하는 때가 간혹 있지만 이것은 오직 그 무렵의 시간으로 되돌아가려고 하는 것으로, 시간이 공간의 가면을 쓰고 우리를 기만하는 것이다. 다시 그 고장을 찾아가 본들 젊은 시절과 같은 인상은 받을 수 없고, 오직 '시간의 속임수'를 깨닫게 될 뿐이다.

건강한 사람으로 오래 살려면 두 가지 길이 있다. 이것은 두 개의 램프로 비유해 설명할 수 있을 것이다. 기름은 적지만 심지가 가늘어 오래 탈 수 있는 경우와, 심지가 굵지만 기름이 많이 들어 있어 오래 탈 수 있는 경우가 그것이다. 이 경우에 기름은 생명력이며 심지는 생명력을 소모하는 것으로, 그 방법에는 여러 가지가 있다.

　생명력, 즉 체력으로 말하자면 우리는 36세까지는 그 이자로 살아가는 사람과 같아서 오늘 소모한 체력은 내일이면 회복된다. 그러나 이 무렵을 고비로 그 후로는 자기 자본을 갉아먹기 시작하는 자본가가 된다. 처음에는 사태의 변화가 거의 눈에 뜨이지 않아 지출의 대부분은 자연히 원상복구가 되어 이 무렵의 손실은 대수롭게 여겨지지 않는다. 그러나 이 손실이 점점 늘어가면 눈에 띄게 된다. 그것은 날마다 팽창하여 점점 뿌리를 깊이 박고, 오늘이라는 하루가 돌아올 때마다 어제보다 가난해진다. 그 동안에 그 감퇴는 물체의 낙하처럼 더욱 속도를 내고 나중에는 아무것도 남지 않게 된다. 이처럼 생명력과 재산이 날로 줄어든다면 그보다 더 딱한 일은 없을 것이다. 나이가 들수록 소유에 대하여 애착을 가지는 것은 이 때문이다.

　그런데 우리가 성년에 도달하고 나서 몇 해까지는 생명력에 관해 말하자면 이자 중에서 얼마간은 자본에 보태는 사람과 같다. 그렇게 하면 지출한 금액이 다시 자연히 충당될 뿐더러 자본도 늘어간다. 오, 행복한 청춘! 오, 서글픈 늙은이……. 어쨌든 인간은 청춘의 힘을 소중히 간수해야 한다.

　아리스토텔레스는 올림픽 경기에서 우승한 자들 가운데, 젊어서 한 번 우승하고, 장년이 되어서도 다시 우승한 사람은 불과 두어 사람이라고 지적하고 있다. (《정치론》의 종편(終篇)) 이것은 준비 훈련을 하느라고 체력을 미리 혹사했기 때문에 장년기에는 체력이 부족하게 된 것이다.

　이것은 육체의 힘보다 정신력에 더 해당된다. 그러므로 조숙한 천재나 신동은 아이로서는 놀라운 일이지만, 나중에는 극히 평범한 두뇌의 소유자가 되어 버리는 것이다. 많은 학자들이 만년에 정신이 위축되어 무능력하게 되어 버리는 것도 대개 그리스어나 라틴어를 배우느라고 어렸을 때부터 머리를 너무 혹사했기 때문이다.

　사람들은 노년기에 접어들면서 여러 가지 경험을 하게 되어 깨닫는 바도 많고, 나이에 따라 단련을 쌓게 되므로 성격은 원만해지고 언행은 한결 부드러워질 수 있다. 특히 프랑스 사람들이 그렇다. 그것은 성격 자체에서 찾아볼 수 있는 청년다운 면, 장년다운 면, 노인다운 면이 각각 연령의 시기와 보조를 맞추어 영향을 주고 있기 때문이다.

우리가 배를 탔을 경우 기슭에 있는 물체가 점점 뒤로 나아가 작아지는 것으로 배가 바다를 가르며 나아가고 있다는 것을 알 수 있는 것처럼 자기가 나이를 먹어가는 것은 자기보다 어리게 생각되는 사람들의 나이가 점점 많아지는 것으로 알 수 있다.

인간의 모든 관찰과 행위와 체험 등이 정신에 미치는 영향은 나이를 먹을수록 희박하게 된다. 따라서 우리가 충분한 자의식을 가지고 살아가는 것은 청년시절뿐이며, 노년기가 되면 의식적인 생활의 절반은 잃어버린다고 볼 수 있다. 즉, 인간의 생존의식은 나이를 먹을수록 희미해진다. 마치 아무리 훌륭한 미술품이라도 몇천 번이나 보는 동안에 감흥이 점점 없어지는 것과 같다. 따라서 나이가 들수록 모든 사물은 차츰 의식의 표면을 스쳐갈 뿐 별로 이렇다 할 인상을 남기지 않는다. 다만 눈앞에 닥친 필요에 따라 움직일 뿐 나중에는 자기가 무슨 일을 했는지도 잘 모르게 된다. 그래서 의식이 감퇴함에 따라 세월도 빨리 흘러가게 된다.

그러나 유년시절에는 그렇지 않다. 모든 사물과 사건이 신기하기만 하여 모조리 의식 속에 떠오르므로, 하루가 매우 길게 생각된다. 이와 비슷한 일을 여행에서도 체험할 수 있다. 여행을 떠난 후 한 달 동안은 가정생활의 넉 달 동안보다 더 길게 생각되지만, 같은 사물을 몇 번씩 자주 대하는 동안에 차츰 지적인 능력이 둔해지므로 모든 사물들이 머릿속에 별로 인상을 남기지 않고 흘러가며, 생활도 점점 무의미하게 되고 시간이 무척 짧게 느껴진다. 흔히 노인들의 하루가 아이들의 한 시간보다도 더 짧게 생각되는 것은 이 때문이다.

이와 같이 일생 동안 흘러가는 시간은 마치 아래로 떨어지는 공과 같이 가속도의 운동을 한다. 또 회전하는 원판은 중심에서 먼 거리에 있을수록 속도가 빨라지는 것처럼 우리는 나이가 들수록 시간이 빨리 지나가는 것을 느낀다. 그래서 실제로 체감하는 1년의 길이는 1년을 분자로 하고, 자기의 나이를 분모로 했을 경우의 숫자와 정비례한다. 가령 5분의 1(다섯 살의 경우)로 된 1년이 50분의 1(쉰 살의 경우)에 해당하는 1년보다 10배나 길게 생각되는 것이다. 이와 같은 차이는 때로는 생애의 모든 면에 중대한 영향을 끼치며, 유년시절은 연수가 짧지만 생애의 가장 긴 시기이며, 경험과 기억이 가장 풍부하다.

한편 인간이 일생 동안에 느끼는 권태는 나이에 반비례한다. 아이들은 언제나 유희와 놀이 등으로 시간을 충당할 필요가 있으므로, 한가해지면 곧 심한 권태를 느끼게 마련이다. 청년 때에도 권태에 곧잘 빠져 아무것도 하지 않는 것을 싫어하지만, 장년기에 이르면 차츰 권태를 덜 느끼다가 노년에 접어들면 세월에 가속도가 붙어 빨리 사라지므로 권태를 거의 느끼지 않는다.

노년기에 나타나는 하나의 특징은 정욕의 감퇴다. 이때가 되면 사람들은 정욕으로 인해 번뇌와 고통을 느끼지 않는다. 건강만 유지되면 삶의 무거운 짐은 한결 적어지고 또 가벼워진다. 아주 늙어 버리기 전 몇 해 동안이 생애의 가장 좋은 때라고 하는 것은 이 때문이며, 몸과 마음의 안정을 얻고 있다는 점에서는 사실 그렇게 말할 수도 있다.

그러나 생애의 초기는 외부의 모든 사물이 강한 인상을 주며 의식 속에 선명히 떠오르므로 수확이 제일 많은 시절이다. 인간의 가장 근본적인 지식은 오직 직관에 의한 의식에서 얻을 수 있는 것이지 추리나 사유에 의해 얻을 수 있는 것은 아니다. 그것은 논리를 거쳐서가 아니라 실제 인상에서 비롯되어야 한다. 그러므로 외부에서 받아들이는 인상이 강하고 선명하면 사물의 이치를 스스로 알 수 있다. 청년시절을 잘 활용하면 큰 효과를 거둘 수 있는 것은 이 때문이다. 이 시기가 지나 나이가 들면 인간은 벌써 하나의 원숙한 존재로서 외부 세계에 좌우되기보다 그 외부 세계와 타인에게 직접 어떠한 작용을 하게 된다. 그러니까 장년기 이후는 활동과 실천의 시대라면, 청년시절은 그 토대가 되는 관찰과 인식에 적합한 시대다.

청년시절에는 직관이 중심이 되고 노년기에는 사색이 중심이 된다. 그러므로 청년시절은 시를 쓰는 데 적합한 시기요, 노년시절은 철학을 하기에 적합한 시기이다. 실천에 있어서도 청년시절에는 직관한 것과 그 인상에 의해 결심을 하지만, 노년기에는 주로 사색에 의해 결심을 한다. 노년기에는 여러모로 식견이 풍부하여 이것이 여러 개념으로 포섭됨으로써 직접적인 관찰보다 개념이 권위와 가치를 갖게 되지만, 감각적인 인상은 자주 되풀이되기 때문에 종전처럼 큰 영향을 주지 못한다. 그러나 청년시절에는 특히 감정이 풍부하고 상상력이 뛰어난 두뇌를 가진 자는 사물의 외관과 그 인상에 좌우되는 경우가 많으므로 인생 자체도 흔히 표면적인 그림으로 보인다. 그래서 그들은 자기의 참된 의사를 따르기보다 세상 사람들이 자기를 어떻게 보느냐 하는 데 관심이 크다. 그들이 용모나 의복에 상당히 신경을 쓰는 것은 이 때문이다.

인간의 정신력이 최고도에 이르는 것은 청년시절에서 늦어도 35세 전후까지며, 그 후부터는 점점 줄어든다. 그 대신 장년기나 노년기의 정신생활에는 다른 특징이 따른다. 이 무렵에는 경험과 지식이 풍부하여 모든 사물을 여러 모로 고찰하고 탐구해서 상호 연관성을 찾아내고, 이에 대한 종합적인 정확한 지식에 의해 그 진상을 알아낸다. 그리고 모든 개념이 경험에 의해 밑받침되었으므로 그 지식이 더욱 확고해지고, 청년시절의 여러 가지 수확이 늘어나 진정한 의미에서 소유하게 된다. 그리고 모든 지식이 원숙해지고 정밀하게 된다.

이와는 달리 청년시절의 지식은 단편적이고 미숙하다. 인생에 있어서 성숙하고 정확한 개념은 오직 노년에 이른 자에게만 주어지는 특전으로, 그들은 능히 인생의 참된 모습을 달관할 수 있다. 그들은 젊은이들처럼 인생을 그 입구에서 멀리 바라보지 않고 출구에서 오랜 체험을 통하여 한눈으로 바라본 후 허망함을 깨닫게 된다. 그러나 젊은이들은 언제나 세상에 어떤 근사한 일이 기다리고 있으리라는 망상에 사로잡힌다.

한편 청년기에는 구체성이 뛰어나므로 자기가 알고 있는 조그마한 지식으로도 많은 것을 창조해 낼 수 있다. 그러나 노년기에는 사물을 분별하고 해명하여 그 진상의 뿌리를 캐내는 데 특기가 있다.

그리고 정신력이 뛰어난 천재가 후세에 공헌할 수 있는 독창적인 지식과 아이디어를 제시하는 것은 청년시절의 일이며, 이것을 자유로이 구사하여 작품으로 완성하는 것은 50세 전후의 일이다. 요컨대 청년시절은 한평생 소유할 모든 지식의 뿌리가 되고, 장년기 이후에는 그 가지와 잎사귀가 되어 열매를 맺는다.

가장 빈약한 시대도 바로 그 전 시대나 그 이전의 여러 시대보다는 훨씬 현명하다고 생각되는 것처럼, 인간 생애에 있어서 각각의 세대도 마찬가지로 생각되지만 이것은 잘못된 생각이다. 육체적으로 성장해 나갈 무렵에는 정신력이나 지능이 날로 증가하므로, '오늘'은 언제나 경멸하는 눈초리로 '어제'를 내려다보는 버릇이 있다. 이 버릇이 습관이 되면 정신력이 저하되어, '오늘'은 오히려 존경심을 갖고 '어제'를 바라보아야 할 시기에도 우리는 자칫하면 자기의 젊은 날 업적과 식견을 과소평가하는 경향이 있다.

　인간의 정신력을 성격이나 덕성처럼 선천적으로 타고난 것이라고 할 수는 없으며, 적어도 전자가 후자와 같이 고정되어 있지 않고 많은 변화를 일으키는 것은 사실이다. 이와 같은 변화는 대체로 규칙적으로 일어나는데, 이것은 정신력이 하나의 생리적인 소질이며, 또한 경험에서 오는 소득이기 때문이다. 정신력은 차츰 발달되어 절정에 이르면 점차로 줄어들다가 나중에는 전혀 활동을 하지 못하게 된다. 그리고 그 토대가 되어 있는 사고와 인식의 내용이나 경험과 지식 및 여러 가지 판단 같은 것도 다 정신력이 왕성하여 절정에 도달하면, 그 후부터는 서서히 감퇴되다가 결정적인 시기에 이르면 그 기능을 거의 잃어버리게 된다. 인간은 이처럼 변화하지 않는 성격과 변화하는 정신력의 두 가지 면으로 되어 있으므로, 나이를 먹어감에 따라 안팎으로 여러 변화를 일으키는 것이다. 결국 생애의 전반기 40년은 본문이고, 나중 40년은 이에 대한 주석이라고 비유해 말할 수 있다. 우리는 이 주석으로 본문의 진정한 의미와 관련성 및 전반적인 대의를 분명히 알 수 있다.

　인생의 마지막에 이르면 마치 가장무도회의 마지막 장면을 보는 것처럼 인물이나 사물, 그 밖의 모든 것이 정체를 드러내므로 자기가 지금까지 접촉해 온 많은 사람들의 진정한 모습과 성격도 분명히 알게 된다. 누구나 그 행위는 결과에 따라 헤아리게 되며, 모든 사업과 작품은 시일이 지나감에 따라 정당한 평가를 받게 되어 여러 가지 환영은 무너져 버린다.

　이렇게 되기 위해 시간이 필요하다. 신기한 것은 인간이 자기 자신이나 그 목표, 또는 세상의 다른 사람들과 자기의 관계에 대하여 생애가 끝날 무렵에야 겨우 올바로 인식하고 이해도 한다는 것이다. 우리는 자기 자신에 대하여 종전에 생각했던 것과는 달리 한결 열등시하는 경우도 있고, 반대로 높이 평가하기도 한다. 이것은 사람들이 세상을 잘 모르고 인식의 목표를 너무 높은 데 두고, 인생이 저열하다는 데 대하여 지금까지 뚜렷한 인식을 갖고 있지 못한 데서 비롯된다. 즉, 인간은 자기 수준에서 사물을 경험하는 것이다.

　우리는 흔히 청년기를 인생의 행복한 시절이라고 말하고, 노년기를 불행한 시기라고 생각한다. 이것은 여러 가지 정열이 인간을 행복하게 만드는 것이라면 타당한 견해라고 하겠다. 그러나 청년은 정열에 의해 약간의 기쁨과 많은 괴로움을 겪게 마련이다. 그러다가 노년에 이르면 정열이 가라앉고 사물을 관조하는 경향을 띠는데, 이것은 지식이 의지에서 떠나 권위를 갖게 되기 때문이다. 이와 같은 순수한 지식에는 고뇌가 조금도 따르지 않으므로 이 지식이 인간 내면생활의 중심이 되면 더 큰 행복을 얻을 수 있다. 더구나 모든 쾌락은 소극적인 반면에 고통은 적극적인 것이라는 사실을 생각하면 정욕은 결코 우리를 행복하게 할 수 없는 것으로, 노년기에 이르러 많은 쾌락을 잃어버리게 되었다고 해서 한탄하는 것은 부당한 일이다.

인간의 모든 쾌락은 욕망이라는 정신의 결함을 보충해 줄 뿐이다. 그러므로 이 욕망이 없어지면 동시에 쾌락도 자취를 감추지만, 이것은 마치 식사를 마친 직후에는 식욕이 나지 않고 잠을 자면 졸리지 않는 것처럼 조금도 비관할 일이 아니다. 플라톤이 《국가론》의 서론에서 "노년기는 우리를 언제나 들뜨게 만든 성욕에서 드디어 벗어날 수 있었다는 점만 가지고도 행복할 수 있다"고 말한 것은 옳다. 성욕이 빚어내는 여러 가지 공상과 감정의 격동에 시달려 누구나 광적인 추태를 부리기 쉽다. 그러므로 우리가 참으로 이성을 가진 인간이 되는 것은 성욕을 느끼지 않는 상태로 들어간 후의 일이다. 청년시절에는 일종의 우울과 비애를 느끼게 마련이지만, 노년기에 이르면 깨끗하고 산뜻한 취미가 따르게 된다. 청년시절에는 악마와 같은 성욕의 노예가 되어 대가 없는 고역에 종사하게 마련이다. 따라서 이 성욕은 인간을 언제나 들볶으며 한시도 자유를 주지 않고 해악과 불행을 가져오는 직·간접적인 중요한 원인이 된다. 그러나 노년기에 이르면 오래 묶여 있던 사슬에서 풀려나 자유롭게 활보할 수 있는 사람처럼 큰 해방의 기쁨을 맛볼 수 있다.

한편 성욕이 끊어지면 생명의 핵심을 잃어 형체만 남게 되는 결과를 가져온다. 그것은 일종의 희극(처음에는 인간이 등장했다가 나중에는 같은 옷을 입은 자동인형이 나타나는 미치광이 연극)과 같은 것이다. 어쨌든 청년기는 불안한 시기요, 노년기는 편안한 시기다. 어느 쪽이 더 행복한지 이것으로 구분할 수 있다.

어린아이가 눈앞에 보이는 여러 가지 물건을 잡으려고 손을 한사코 내미는 것은 그런 물건이 여러 모양으로 어린아이의 감각을 자극하여 욕심을 자극하기 때문이다. 그런데 청년은 이런 의욕적인 충동을 아이들보다 심하게 느끼기 때문에 외부 세계의 다양한 형체에 이끌려 실제 이상의 가치를 부여한다. 그리고 이를 손에 넣기 위해 허망한 동경을 품지만, 이와 같은 동경은 마음의 평안을 앗아가 행복은 있을 수 없다.

노년기에 이르면 이와는 달리 마음이 진정되어 있다. 이것은 한편으로는 핏줄이 한결 싸늘해지고 감각의 자극이 줄어들었기 때문이며, 또 한편으로는 경험이 사물의 가치와 향락의 내막을 알아차렸기 때문이다. 그래서 이전에 사물에 대한 진정한 견해를 뒤엎거나 뒤틀던 환각이나 망상, 또는 편견에서 점차 벗어나게 된다. 이제는 모든 것을 한결 올바르게, 그리고 분명하게 인식하고 모든 것을 사실 그대로 해석하며, 이 세상 모든 사물의 공허함을 통찰하고 있다. 이것이야말로 노인에게, 심지어 평범한 능력의 소유자에게까지 어느 정도 현명한 태도를 지니게 하며, 이것이 젊은이와 다른 특징을 이룬다.

그리하여 노인은 마음의 평정을 얻게 되는 것이며, 이 평정이야말로 행복의 중심을 이루는 것이다. 청년들은 세상에 놀라운 이득이 많아서 그것을 손에 넣을 수 있다고 생각하지만, 노인은 〈전도서〉의 "헛되고 헛되도다. 모두가 헛되도다"는 말을 확신하기에, 모든 호두가 언뜻 보면 금빛으로 번쩍거리지만 속은 비어 있다는 것을 알아차린다. 인간은 만년에 와서야 비로소 "무슨 일에나 놀라지 않는다"는 호라티우스의 경지에 도달하게 된다. 다시 말하면 모든 사물이 공허하며 겉보기에 아무리 화려해도 속은 비어 있다는 확신에 도달하므로 망상은 사라지게 된다. 그는 벌써 궁궐이나 오두막이나, 그 어디라도 행복이 깃들어 있다고는 꿈에도 생각하지 않는다. 그래서 정신적으로나 육체적으로 별로 큰 걱정이 없는 사람이 행복하다는 것을 깨닫는 동시에 부자건 가난뱅이건, 고귀한 자와 천한 자를 막론하고 차별하지 않으며, 마음의 평안을 얻어 세상의 모든 꿈결 같은 일에 대하여 냉정한 미소를 머금고 내려다보게 된다.

그리고 혼돈 속에서 깨어나, 인간이 아무리 장식하고 분장하여도 그 표면적인 찬란한 빛을 통하여 인생의 보잘것없는 모습이 들여다보인다. 또, 본바탕에는 차이가 없으며, 그 진가는 오직 고통이 없다는 것으로 측정해야 한다. 그리고 쾌락이나 영화나 사치가 있고 없음에 따라 결정할 것이 아니고 다만 고통이 없는 것으로 인생이 평가되어야 한다는 것을 깨닫게 된다.

노인들의 특징은 망상에서 깨어난다는 것이다. 지금까지 삶에 매력을 주고 행위에 자극을 주던 환영은 사라지고, 세상에서 겉보기의 공허함을 깨닫게 된다. 그래서 바라던 사물이나 탐내던 향락의 배후에는 극히 보잘것없는 것밖에 있지 않다는 것을 경험하고, 우리의 존재가 커다란 빈곤과 공허에 지나지 않았다는 견해를 갖게 된다. 70세가 되어 비로소 인간은 〈전도서〉의 첫머리에 나오는 구절을 이해하게 된다. 그러나 이것도 노인들에게 어느 정도 불쾌감을 주는 것이다.

사람들은 흔히 노인의 운명은 병과 권태라고 한다. 병은 노인에게 결코 본질적인 것이 아니며, 특히 그 사람이 장수하게끔 건장한 몸으로 태어나면 병은 별로 걸리지 않는다. 권태에 대해서는 이미 왜 노년기가 청년기보다 권태에 사로잡히지 않는가에 대해 그 이유를 말해 두었다. 나이를 먹으면 분명히 고독에 잠기기 쉽지만, 그렇다고 고독에 반드시 권태가 따른다고 할 수는 없다. 권태는 단지 감성적, 사교적 향락밖에는 알지 못하고, 자기 정신을 풍부하게 할 줄도 모르며, 그 힘을 발전시키는 것을 게을리하는 사람들만 말할 수 있는 일이다. 물론 늙으면 정신력도 감퇴되지만, 힘이 아직 많이 남아 있으면 권태를 극복하기에 부족함이 없을 것이다.

그리고 이것도 앞에서 말했지만, 경험이나 지식·수련·성찰 등에 의해 올바른 식견이 증가되며, 판단은 날카로워지고, 사리가 분명해지며, 모든 사물에 대하여 총괄적으로 객관화하게 된다. 그렇게 되면 축적된 여러 가지 인식을 언제나 새롭게 종합하여 이 인식을 증가시킴으로써, 내면의 교양은 모든 점에서 여전히 성장하고 정신을 활동시키며, 이를 만끽할 수 있다.

그리고 이미 말한 바와 같이, 늙으면 시간이 빨리 지나가므로 이것이 권태를 방지해 준다. 체력은 이득을 위해 사용하지 않으면 감퇴하더라도 별로 곤란을 느끼지 않는다.

노년에 이르러 가난한 것은 큰 불행이다. 가난이 해결되고 건강이 남으면 노년은 일생 중에 가장 견디기 쉬운 시기가 될 것이다. 마음 편하고 안정을 도모하는 것이 소원이므로 노인은 전보다도 돈을 아끼지만 이는 돈이 감퇴되어 가는 힘을 보상해 주기 때문이다. 사랑의 신으로부터 추방되면 바커스 (그리스 신화에 나오는 술의 신)의 곁에서 화풀이라도 하고 싶을 것이다. 또한 노년에 이르면 구경을 하거나 여행을 해서 배우려는 욕구 대신에 가르치거나 이야기하려는 욕구가 생긴다.

노인에게 연구나 음악·연극 등에 대한 취미는 일반적으로 외부 세계에 대하여 어느 정도 감수성이 남아 있으면 이것도 하나의 행복이며, 몇몇 사람들에게는 고령에 이르기까지 지속된다. 자아는 노년기에 가장 유용하다. 물론 어리석은 대부분의 사람들은 웬만큼 나이를 먹으면 점점 자동인형이 되어 외부에서 어떤 자극을 주어도 전혀 새로운 인상을 받지 못한다. 이런 노인과 이야기를 나누는 것은 모래 위에 글자를 쓰는 것과 같은 것으로, 주어진 인상은 곧 사라져 버린다. 이런 노인은 그야말로 산 송장에 지나지 않는다. 고령에서 맞이하는 제2의 유아기의 도래를 자연은 이때 생기는 '제3의 이빨'로 상징하려고 하는 듯이 보인다.

나이가 많이 들어 모든 힘이 서서히 사라져 버리는 것은 분명히 서글픈 일이지만, 그것은 피할 수 없는 일이다. 만일 힘이 서서히 사라져 버리지 않는다면 죽는 것이 너무나 괴로울 테니 이것은 죽음을 맞이하는 준비다. 그러므로 고령자에게 주는 최대의 선물은 잠자는 듯한 죽음이다. 병에 의해서가 아니고, 경련도 일으키지 않고, 아무 감각도 느끼지 않는 평안한 죽음으로 이 부분에 대해서는 나의 주저 제2권에 말해 두었다.

베다의 《우파니샤드》에는 자연적인 수명을 100세로 정했는데, 당연하다고 생각한다. 나는 90세를 지난 사람만이 잠자는 듯한 죽음을 맞이할 수 있다고 생각한다. 앓지도 않고 졸도나 경련, 기침 소리 같은 것도 내지 않고, 얼굴빛이 창백해지는 일도 없이 조용히 앉아서 식사를 마치고 죽을 수 있다. 아니, 죽는 것이 아니라 다만 사는 것을 그만두게 되는 것이다. 그 이전의 나이면 병으로, 즉 앞질러 죽는 것이다.

인간의 일생은 본래 길지도 짧지도 않다. 길다거나 짧다고 말하는 것은 다른 시간을 측정하는 척도에서 하는 말이다.

젊은이와 노인의 차이는 젊은이는 언제나 삶을 바라보고, 노인은 죽음을 바라보는 데 있다. 즉, 젊은이가 짧은 과거와 긴 미래를 갖고 있는데 비해 노인은 그 반대라는 데 있다. 늙으면 오직 죽음을 기다릴 뿐이지만, 젊었을 때에는 인생을 기다리고 있다. 그런데 양자 중에서 어느 쪽이 더 위태로울까? 전체적으로 볼 때 인생은 이제부터 시작하기보다 끝내버린 쪽이 낫지 않을까? 이것은 의문이 아닐 수 없다. 어쨌든 너무 오래 살려고 하는 것은 터무니없는 소원이다. 스페인에는 '목숨이 길면 재앙도 많다'는 속담이 있을 정도다.

인간의 일생이 점성술에서 말하는 것처럼 각자의 별에 의해 예견되어 있는 것은 아니겠지만, 연령층에 따라 유성이 짝을 이루어 그 일생을 지배한다면, 10대는 수성이 지배한다. 이 시기에는 수성처럼 가장 비좁은 권내에서 재빠르고 경쾌하게 운동한다. 그는 사소한 일에 얽매이지만 이 민첩하고 떠들썩한 신의 지배로 많은 학문을 손쉽게 해치운다. 20대가 되면 금성이 지배하게 되어 연애와 여자들이 그를 차지해 버린다. 30대에는 화성이 지배하여 인간은 사납고 억세고 대담하고 호전적이며 집념이 강해진다. 40대는 네개의 작은 유성이 지배하므로 그의 생활은 폭이 넓어지고 의리를 지키게 된다. 즉, 케레스(그리스 신화에 나오는 여신, 곡물과 농업의/신, 화성과 목성 사이의 작은 유성의 하나)의 힘으로 유리하고 유용한 것에 지배를 받는다. 그는 또한 베스타(로마 신화에 나오는/화로의 여신)의 힘으로 한 세대를 갖고, 팔라스(소유성의 이름, 그리스/신화에서 미네르바의 별명)의 힘으로 그가 알아야 하는 것을 배우게 된다. 그리고 그의 아내 유노(제3유성의 이름, 로마/신화에서 주피터의 아내)는 가정의 여주인으로 지배한다.

50대가 되면 목성이 지배한다. 그는 벌써 상당히 오래 산 것이므로 자기 세대에 우월을 느낀다. 그는 자기의 역량을 충분히 즐기면서, 경험이나 지식이 풍부하므로 그를 에워싼 모든 사람에 대하여 권위를 갖는다. 그러므로 그는 벌써 명령받기를 원하지 않고 스스로 명령하려고 한다. 지금 그는 자기 영역의 지도자 또는 지배자로서 가장 적합하다. 이는 목성이 자오선의 정점에 도달하는 것과 같다.

60대가 되면 토성이 지배하여 그 몸가짐에 무게가 있고, 느리고 둔하여 강인해진다.

아, 노인은 죽은 자처럼 느릿느릿 답답하고 창백하고 둔중하다.
——셰익스피어 《로미오와 줄리엣》 제2막 5장

마지막으로 천왕성이 지배하며 이 별에 이끌려 하늘나라로 올라간다. 나는 여기에 해왕성은 넣지 않기로 한다. 나는 이 별을 본명대로 에로스(사랑)라고 부를 수 없으니 말이다. 사랑과 죽음 사이에는 일종의 신비스러운 관계가 있듯 인생의 종말은 출발점에 연결되어야 할 것이다. 죽음은 삶의 커다란 근원이며, 이집트의 아멘테스(이집트의 신, 신들의 왕자, 우주의 창조주)도 빼앗는 자인 동시에 주는 자로 되어 있다. 모든 사람들은 죽음의 나라에서 파견되고, 살아있는 모든 것들은 그곳이 고향이다. 우리가 여기서 이 모든 일이 일어나는 비밀을 꿰뚫는 능력을 갖고 있기만 하면, 모든 것은 분명히 드러날 것이다.

Hand-Orakel und Kunst der Weltklugheit

세상을 보는 방법

제1장 사람들과 사귀는 방법

1 사랑받고 싶으면 먼저 사랑하라

세상사람들에게 칭찬받는 것은 훌륭한 일이다. 그러나 더 중요한 것은 사람들에게 사랑받는 일이다. 사랑받는 것은 타고난 행운이기도 하지만 자신의 노력이 더욱 절실히 요구되는 일이다. 행운으로 사랑받게 되었다 해도 그 사랑을 끝까지 지켜 결실을 맺으려면 끊임없이 노력해야 한다. 특출한 재능만으로는 부족하다. 내가 얼마나 베푸느냐에 따라 상대의 호감도 바뀌기 마련이다. 사람들에게 마음을 다해 친절을 베풀어라. 말 한마디에도 정성을 다하고 평소의 언행에 주의를 기울여라. 사랑받고 싶다면 먼저 사랑을 실천할 줄 알아야 한다.

2 모든 일을 자기 뜻대로 하려 들지 마라

이쪽이 추구하는 것을 저쪽은 싫어한다. 그러나 제대로 알고 보면 둘 다 어리석은 경우가 많다. 그들은 자기들이 선택한 대로 모든 일을 좋거나 나쁘게 본다. 모든 일을 자기 위주로 생각하는 일은 어리석다. 사람들은 저마다 의견과 취향이 다르다. 또 어떤 잘못이라도 그것을 감싸주는 사람이 있게 마련이다. 그러니 세상 일이 몇몇 사람 마음에 들지 않는다고 너무 실망하여 용기를 잃지 않아도 된다. 그것을 인정하는 다른 사람들이 반드시 있는 법이다. 또 칭찬에 너무 들뜨지 마라. 똑같은 성과라도 이를 인정하지 않는 사람들이 있는 법이다. 명망있는 사람들 가운데 자격있는 실력자들이 주는 칭찬이야말로 진실로 만족스러운 찬사이다. 사람은 어떤 한 사람의 칭찬이나, 한 때 유행하거나 한 시대에 국한된 찬사에 만족하며 살아서는 안된다.

3 유리 같은 마음으로는 사람을 사귀기 어렵다

쉽게 상처받는 사람은 인간관계를 잘 풀어나갈 수 없다. 친구도 생기지 않고, 사소한 일에 금방 마음이 흔들려 자신의 흐트러진 모습을 남에게 들키고 만다. 이런 사람은 무슨 일이 생기면 쉽게 분노를 드러내 주위 사람들을 질리게 한다. 그들의 마음은 유리처럼 깨지기 쉽다. 그래서 상처를 입히게 될까봐 농담이든 진담이든 아무도 이야기를 걸지 않는다.

그런 사람들은 지나가는 말에도 쉽게 화내고 아무것도 아닌 일에 분노한다. 그러므로 상대는 언제나 조마조마한 마음으로 이야기하고, 그들이 상처받기 쉽다는 사실을 늘 염두에 두어야 한다. 조금이라도 냉정한 행동을 보이면 그들의 분노가 폭발하기 때문이다.

이러한 사람은 언제나 자신만 생각하고, 자기가 좋아하는 것만 추구하며, 자기 명예만 중요하다는 얕은 생각에 얽매여 있다. 자신을 위해서라면 다른 것은 어떻게 되든 상관하지 않는다.

4 깨어 있는 지혜로 사물을 바라보라

인간의 삶은 인간적 사악함과의 투쟁이다. 지혜는 자기가 바라는 대로 술수를 부려 인간을 움직인다. 지혜는 그것이 사칭하는 것을 속임수로 삼을 뿐 결코 목표로 삼지 않으며, 일부러 허세를 부리지만 실제로 나중에는 뭔가 생각지도 않았던 속셈을 드러낸다. 지혜는 늘 자신을 숨기며 게임한다. 적의 관심을 다른 데로 돌리려 음모를 꾸미고, 돌아서서는 아무도 생각지 못했던 것을 통해 승리를 쟁취한다. 그러기 위해 미리 예리한 통찰력으로 신중히 계획하고 교묘하게 염탐한다.

지혜는 사람들이 알려주는 것을 반대로 파악하고 일부러 거짓표정을 짓기도 한다. 첫 번째 암시는 그대로 보내고 두 번째, 세 번째 암시를 기다린다. 이제 가식적인 표정에 익숙해진 지혜는 더욱 치밀하게 꾸미고, 심지어 진실 자체를 이용하여 속이려 한다. 또 술책을 바꾸고 게임도 바꾸어 실체를 허상처럼 보이게도 한다.

그러나 깨어 있는 지혜는 늘 주위를 살피고 그 예리한 눈빛을 반짝이며 빛속에 감춰진 암흑을 주시한다. 그리하여 솔직하게 보이면 보일수록 더욱 기만적이었던 그 의도를 남김 없이 밝혀낸다. 이처럼 사악한 암흑의 지배자는 사물을 꿰뚫는 밝은 태양빛과 맞서 싸운다.

5 다른 사람의 가치를 인정하라

누구에게나 남들보다 뛰어난 면이 있는 법이다. 사람들이 지닌 하나하나의 장점을 알아간다면 그것이 무엇이든 자신의 몫을 다하게 된다.

현명한 사람은 상대가 누구든 존경심을 가지고 대한다. 어떤 사람에게서든 장점을 발견하기 때문이다. 또 현명한 사람은 어떤 일이든 완벽하게 처리한다는 것이 얼마나 어려운지 잘 알고 있다. 그러나 어리석은 사람은 누구든 경멸한다. 무지해서가 아니라 사람의 약점을 발견하고 그것을 즐기는 성격탓이다.

6 친지들의 결점에도 익숙해지는 게 현명하다

우리 주위에는 함께 살 수 없을 만큼 성격이 좋지 못한 사람들이 있다. 그러나 그들 없이 우리도 살 수 없다. 그러니 마치 추한 얼굴에 익숙해지듯 그들의 결점에도 익숙해지는 게 현명하다. 그들과 함께 사는 게 즐겁지 않더라도 그들에게 의존할 수밖에 없다면 그들을 피할 도리가 없다. 익숙해지면 아무리 끔찍한 상황이 닥쳐도 분별심을 잃지 않게 된다. 처음에는 그 결점들을 견딜 수 없지만 점점 익숙해져갈 것이다. 그들에 대한 의존도가 적어지면 그때 그들과 멀어져라.

7 상대의 결점을 올바르게 파악하라

늘 사물을 정확히 보는 눈을 길러, 교묘한 말과 정중한 태도로 자신의 속셈을 숨기려는 상대의 정체를 파악해야 한다.

나쁜 사람이 가짜 금관을 진짜인 듯 쓰고 있더라도 쇠붙이에 금칠한 왕관은 감출 수 없다. 비겁한 사람이 아무리 고귀한 척해도 그의 비열함은 적나라하게 드러난다. 검은 속셈을 품은 사람은 지위가 높아졌다 해도 비열한 속성은 버리지 않는다. 위대하다고 칭송받는 사람에게도 결점은 있다. 그러나 그는 결코 결점 때문에 칭송받는 게 아니다. 사람들은 이 점을 생각하지 않는다. 그래서 그저 위대한 사람이 하는 대로만 따라하면 모든 게 잘될 거라고 생각하고 나쁜 점까지도 배우려고 한다. 그러나 위대한 사람이 하면 눈감아줄 수 있는 일도 평범한 사람이 하면 미움받는다.

갖고 싶은 마음이 없다면, 사람들은 그것을 손에 넣으려 애태우지 않으며 그것이 없어도 만족한다. 반대로 다른 사람들보다 가진 것이 백 배쯤 많은 사람일지라도 자신이 갖고 싶은 단 한 가지 물건이 없으면 불행하다고 생각한다. 이렇듯 누구에게나 그 시선이 다 다를 수 있는 한계, 즉 나름대로 고유하게 볼 수 있는 범위가 있다.

무엇인가 갖고 싶다는 욕구는 자신이 볼 수 있는 범위 안에서 생긴다. 따라서 부유한 사람들의 막대한 재산은 가난한 사람들의 마음을 들쑤셔놓지 않는다. 다른 한편 일이 뜻대로 되지 않는 부자들은 자기들이 지닌 많은 재산에서 위안을 얻지 못한다. 부(富)는 바닷물과 같아서 마시면 마실수록 목이 마르기 때문이다.

명성도 부와 마찬가지다. 부와 안락함을 잃더라도, 처음 한동안의 고통을 견디어낸 다음에는 부유해지기 전과 크게 다르지 않은 습관적 생활로 돌아간다. 운명 때문에 가진 것이 줄면, 우리도 스스로 요구사항을 줄이게 된다.

반대로 행운이 닥치면 우리의 욕심은 팽팽하게 부풀고 요구사항이 늘어난다. 이때 우리는 기쁨을 느끼지만 곧 이미 늘어나버린 자신의 요구사항들에 익숙해지며, 그 요구에 부응하는 소유물을 갖는 일에도 무덤덤해진다.

욕구를 억누를 수 있는 요소들이 잠자는 동안, 우리는 욕구를 극대화하려고 끊임없이 새로운 시도를 감행한다. 이 끝없는 시도가 바로 불만의 원천인 것이다.

8 자신에 대한 이야기를 삼가라

스스로를 칭찬하는 것은 허영심이며, 남들 앞에서 자신을 나무라는 것은 어리석다. 말하는 이에게서 어리석음이 드러나면 듣는 사람은 힘들다. 일상적인 교제에서도 피해야 할 일이며, 높은 지위에서 말하거나 대중 앞에서 연설할 때는 더욱 조심해야 한다. 말하는 사람이 어리석음을 조금만 드러내도 사람들은 그를 정말 어리석게 여긴다. 또 같은 자리에 참석한 사람들에 대해 말하는 것도 피하라. 아무리 현명한 자도 그 자리의 사람들에 대해 이러쿵저러쿵 말하면 아첨꾼이나 불평가 둘 중의 하나로 비친다.

9 남의 호의를 소중히 여기라

훌륭한 후원자의 큰 신뢰를 작은 일에 함부로 써버리지 마라. 남의 호의를 낭비하는 것이다. 하찮은 목적을 위해 큰 것을 마구 써버린다면 나중에 무엇이 남겠는가? 후원해 주는 이만큼 자신에게 가치있는 사람도 없다. 남의 호의를 소중히 하라. 호의는 세상을 세우기도 하고 멸망하게도 한다. 호의는 지혜로운 정신을 주기도 하고 빼앗기도 한다. 많은 재산을 갖기보다 능력있는 사람의 신뢰를 얻는 것이 더 중요하다.

10 사람들에게 호감주는 사람이 되도록 노력하라

일을 마치고 물러나는 자에 대해 사람들은 대개 안타까워하지 않는다. 당신을 간절히 원해 다시 돌아와주기 바란다면 이는 큰 행운이다. 남들에게서 깊은 호감을 얻는 사람은 흔치 않다. 특히 사려깊은 사람들의 호의를 얻는다면 더 큰 행운이다.

사람들의 사랑을 받는 가장 확실한 길은 자신의 재능을 마음껏 발휘하여 뛰어나게 보이는 것이다. 행동으로 마음을 끄는 일도 대단하다. 이 모든 것을 통해 당신의 장점을 없어서는 안될 것으로 만들 수 있다. 사람들을 만족시키는 일은 그들이 당신을 다시 원하게 하는 가장 확실한 방법이다. 그러면 당신이 필요로 하지 않아도 직위가 당신을 필요로 하게 된다. 당신의 후계자가 서툴러 당신이 돋보이는 것은 영예가 아니다. 이는 사람들이 당신을 원하는 게 아니라 그 후계자를 싫어하는 것일 뿐이기 때문이다.

11 다른 사람이 암시하는 말의 의미를 파악하라

사람들이 암시하는 말의 참뜻을 파악해 행동하는 것이 대인관계를 푸는 열쇠이다. 사람들은 돌려 말하면서 상대의 지능을 시험하거나 마음속을 들여다 보려고 한다. 듣는 사람의 기분이 어떨지는 생각하지 않고 악의에 찬 암시를 하거나 강하고 독기서린 질투의 말을 넌지시 던지기도 한다.

이것은 눈에 보이지 않는 화근의 불씨가 되어 사람들의 호의와 존경을 받는 사람을 순식간에 망쳐놓고 만다. 비꼬는 말 한마디에 상처받아 마음이 쇠락해지는 사람도 있다. 명예로운 사람을 높은 권력의 자리에서 끌어내린 사람들은 대중의 원성과 통렬한 욕설을 들어도 꿈쩍하지 않는다.

반대로 호의로 가득한 암시도 있다. 이것은 다른 사람의 명예를 지켜주는 충실한 역할을 한다. 그러나 이러한 호의적인 암시를 받는 데도 악의에서 나온 암시를 받을 때와 마찬가지로 기술이 필요하다. 주의깊게 기다리고 준비하여 신중하게 받아들여야 한다. 적을 아는 게 최선의 방어이다. 암시의 공격이 날아오는 것을 미리 알 수 있다면 되받아칠 수 있다.

12 사람의 울림을 들어라

현명한 이의 주의력은 조심스러운 이의 자제력을 뛰어넘는다. 다른 사람을 헤아리려면 먼저 자신이 지혜로워야 한다. 나뭇잎과 암석의 성질을 아는 것보다 사람의 마음과 성격을 파악하는 게 더 필요하고 중요하다. 금속의 울림에서 그 성질을 짐작하듯 그 사람의 말에서 품성의 울림을 들어라. 말로도 그 사람의 올바름을 알 수 있지만 그의 행동으로는 더 많은 것을 알 수 있다.

13 반발심을 일으키지 않도록 지혜롭게 행동하라

반발심은 참기 어렵다. 반발심이 생기지 않도록 온갖 지혜를 짜내라. 모든 일을 어렵게 만들고 반발심을 드러내는 것은 예리한 정신에서 나올지도 모른다. 그러나 무분별한 고집이라는 비난을 때로 면치 못할 것이다. 그런 사람들은 가볍고 유쾌한 오락에서도 작은 싸움을 큰 전쟁으로 만들고, 가까운 친구들을 자신과 관계없는 타인들보다 더 먼 적으로 만든다. 사람들이 호의를 많이 보이는 곳에서는 눈앞에 발견한 약점들을 길게 늘어놓지 마라. 맛있는 음식이 검게 탔을 때 그 맛이 더욱 쓰듯, 어떤 일도 반박당할 때 그 뒷맛

이 가장 쓰다.

14 나쁜 소문이 나지 않도록 주의하라

대중이란 머리가 몇천 개 달린 괴물이다. 사방으로 굴리는 눈에 적의가 숨어 있고, 수많은 입에서 중상모략하는 말들이 튀어나온다. 때로는 소문 하나 때문에 명성에 금이 간다. 소문이 마치 꼬리표처럼 따라붙기 시작하면 명예 회복은 불가능하다.

사람들 눈에 띄기 쉬운 약점이며 엉뚱한 결점은 대중에게 좋은 화젯거리가 된다. 그 사람을 이러쿵저러쿵 평가하기에 이보다 좋은 재료는 없을 것이다. 어떤 때는 질투로 적개심을 가진 누군가가 그러한 약점을 교묘하게 이용해 사실과 다른 소문을 내기도 한다. 세상에는 다른 사람을 좋지 않게 말하는 사람도 더러 있는 법이다. 이러쿵저러쿵 입방아찧어 거짓말을 꾸며내지 않고 농담 한마디로 좋은 평판을 받는 사람의 명예를 실추시켜버리는 사람도 있다.

나쁜 평가는 눈 깜짝할 새 퍼져나간다. 좋지 않은 소문일수록 사람들은 쉽게 믿어버리므로 소문을 되돌리는 일은 거의 불가능하다. 비열한 사람들의 경박한 행동 가운데 하나는 언제나 눈에 불을 켜고 사람들을 지켜보는 것이다. 그러므로 나쁜 소문이 나지 않도록 미리 막는 것이 나중에 오명을 뒤집어쓰는 것보다 한층 현명한 일이다.

15 상대의 속마음을 탐색하라

상대의 속마음을 연구하라. 사람에게 속는 것은 매우 쉬우면서도 나쁜 일이다. 품질나쁜 상품을 사기보다 차라리 가격에 속아 좋은 품질의 상품을 비싸게 사는 것이 더 낫다. 마찬가지로 사람을 알려면 그 내면을 들여다볼 줄 알아야 한다. 그 감정의 깊이를 가늠하고 성품과 기질을 알아차릴 수 있어야 한다. 몇몇 사람과 사귀더라도 제대로 된 사람과 교제하는 게 낫다. 그러려면 사람의 속모습을 끊임없이 탐색해야 한다.

16 변명 대신 행동으로 말하라

변명은 잠자던 불신을 일깨운다. 현명한 사람은 다른 사람이 의심하고 있다는 사실을 알아도 모르는 척한다. 변명은 불쾌한 일을 애써 만드는 것과 같다. 그보다 자신의 행위로 정직하게 보이고 증명하여 그러한 의심을 없애라.

17 남을 따분하게 하지 마라

언제나 같은 소재로 이야기하거나 자기 자랑만 늘어놓는 것은 피하라. 간결한 말이나 심오하지 않더라도 뼈있는 말을 하면 뜻밖에 좋은 결과를 얻을 수 있다. 그러나 간결하다 못해 지나치게 가벼운 이야기를 하면 오히려 역효과가 날 수 있다. 상황에 맞는 정확한 판단력으로 간결한 이야기를 해야 보다 많은 것을 얻는다. 좋은 말일수록 간결한 법이다. 시시한 이야기도 간결하게 말하면 그리 나쁜 대화는 아니다. 여러 가지 화젯거리를 섞어 이야기하기보다 중요한 요점만 간추려 간단히 이야기하는 것이 더 큰 효과를 낳는다.

사람의 마음을 감동시키는 것보다 세상을 시끌벅적하게 만드는 일에 더 재주있는 사람들도 있다. 이러한 사람들의 이야기는 거추장스러운 말들로 꾸며져 있고 아무 쓸모없으므로 귀담아듣는 사람이 없다.

사려깊은 사람은 자신의 이야기로 상대를 질리게 하지 않도록 주의를 기울인다. 상대가 성공한 사람이라면 더 세심한 주의를 기울여야 할 것이다. 그들은 상당히 바쁘므로 그들의 기분을 상하게 하는 일은 세상사람들에게 미움받는 것보다 훨씬 더 해롭다. 그러므로 대화에 능숙해지고 싶으면 무엇이든 짧고 간결하게 말하라.

18 자극하지 말며, 자극에 흔들리지도 마라

모든 일에 뛰어들어 휘젓고 다녀 자신도 남들도 놀라게 하는 사람들이 있다. 이들은 바로 어리석음의 표본이다. 그런 사람들은 어디에나 있고 그들에게서 벗어나기도 어렵다. 그런 사람들은 날마다 온갖 문제에 부딪치고, 늘 기분이 상해 있으며, 쉽게 자극받고, 모든 것을 저주한다. 그들은 스스로 아무것도 못하면서 남들을 험담한다. 그런 이들이 당신을 자극하더라도 무시하고 자신의 현명함이 흔들리지 않도록 언행을 조심하라.

19 성가신 사람일수록 예의를 다하라

오만한 사람, 고집스러운 사람, 어리석은 사람들에게는 더욱 예의를 갖추어 대하라. 어디에나 있는 그런 사람들과는 충돌하지 않는 게 좋다. 오딧세이의 지혜를 본받아라. 그런 사람들이 하는 일은 못본 체하는 게 지혜롭다. 복잡한 미로에서도 벗어나는 길이 있듯 이런 경우일수록 더욱 정중하게 예의를 지키면 성가신 일을 피할 수 있다.

20 선입견을 갖지 마라

첫인상에 빠지지 마라. 사람들은 처음 소식만 믿고 그 다음 소식에는 관심을 갖지 않는다. 거짓은 진실보다 앞서므로 우리가 받은 첫인상은 틀리기 쉽고, 뒤따르는 진실에 관심을 쏟을 여지가 없어진다. 첫인상으로 우리의 육안뿐 아니라 오성의 눈도 멀게 하면 안된다. 이는 나약한 정신 때문이며, 그것이 알려지면 치명적이다. 나쁜 사람들의 사악한 의도에 기회를 주게 되기 때문이다. 사악한 마음을 가진 이들은 쉽게 믿는 사람들을 자기 편으로 끌어들이려 늘 부산하다. 첫인상에 집착하는 건 능력부족을 드러내는 것이며, 이는 현명한 분별력이 아닌 과도한 열정에서 나온다. 언제나 두 번째, 세 번째 가능성에 마음의 문을 열어놓아라. 알렉산더 대왕도 첫 전령이 오고 난 뒤, 다음 전령을 기다리며 귀를 열어두었다.

21 명성으로 자신을 지켜라

명성을 얻기는 어렵다. 명성은 뛰어난 능력을 지닌 자만이 얻을 수 있는 특권이다. 범상함이 흔한 만큼 뛰어남은 드물다. 그러나 한 번 얻은 명성을 지키기는 어렵지 않다. 명성은 인간을 구속하지만 더 큰 효과를 발휘한다. 명성은 그 근원과 영역이 고귀하여 숭배받을 정도에 이르면 우리에게 위엄을 준다. 그러나 현실에 바탕한 명성만이 영원불멸함을 기억하라.

22 사물을 똑바로 보라

주위를 둘러본다고 제대로 다 보는 것은 아니다. 눈 앞에 일어난 일을 뒤늦게 깨달았을 때는 후회밖에 남지 않는다. 어떤 사람들은 더 이상 볼 것이 없게 되어서야 비로소 보기 시작하여, 자신뿐 아니라 가정도 망쳐버린다. 의지없는 사람에게 이해를 심어주기는 힘들다. 이해하지 못하는 사람에게 의지를 심어주기는 더욱 어렵다. 제대로 보려 하지 않고 제대로 볼 줄도 모르는 사람은 다른 사람들의 놀림과 비웃음의 대상이 될 따름이다. 그들이 제대로 못보는 것은 제대로 듣지 않기 때문이다. 세상에는 그런 어리석은 사람을 어둠 속에 둔 채 이용하려는 무리들이 많다. 그러나 이런 어리석은 사람들에게 의지하는 것이야말로 더 불행한 사람들이 아닌가.

23 자기 이야기에 도취되지 마라

자기 이야기에 감동하는 사람이 아무도 없는데 혼자 열에 들떠 이야기한다면 어떻게 될까? 자기 도취는 경멸을 불러올 뿐이다. 스스로를 치켜세우면 그 자만이 쌓이고 쌓여 언젠가 자신에게 되돌아온다. 또한 자기 이야기에 스스로 도취되면 일이 제대로 진행될 리 없다. 혼잣말하는 사람은 멍청하지만, 사람들 앞에서 혼잣말하며 그 말에 자신이 먼저 감탄하는 사람은 천하의 바보이다.

대화할 때 '그렇지 않나요?' 또는 '그렇지요?' 하면서 습관적으로 상대의 동의를 구하는 사람이 있다. 이는 판단에 자신이 없어 상대의 동의와 칭찬을 이끌어내려는 것이다.

허영심이 강한 사람도 마치 메아리와 이야기하듯 상대의 확실한 동의를 원한다. 이러한 사람이 잠시라도 자신감을 잃은 것같이 보일 때 맞장구를 쳐주는 일은 일시적인 구조에 지나지 않는다.

24 남들 생각을 아는 게 중요하다

다른 사람들이 무엇을 마음에 들어하는지 생각해 보라. 그렇지 않으면 그들을 기쁘게 해주지 못하고 늘 곤혹이 따른다. 같은 것이라도 어떤 사람에게는 아첨이 되고 어떤 사람에게는 모욕이 될 수 있다. 이것은 취향의 차이를 대수롭지 않게 여기기 때문이다. 취향을 알지 못하고 계속 교제하면 상대를 지루하게 만든다. 때로는 어떤 사람을 기쁘게 해주려고 든 비용보다 그를 불쾌하게 했기 때문에 생긴 손해가 더 크다. 남들이 원하는 게 무엇인지 찾기를 게을리하면 당신은 기대했던 감사도 선물도 모두 잃어버릴 것이다. 남들의 생각을 아는 것은 그들과 더불어 살아가야 하는 인생에서 아주 중요한 일이다. 이를 알지 못하면 상대를 만족시키기 어렵다. 그래서 질책을 칭찬으로 잘못 알아듣고 혹독한 대가를 치르는 사람도 있다. 또 현란한 화술로 남을 즐겁게 해주려다 오히려 남의 기분을 그르치는 사람도 있다.

25 소문을 퍼뜨리지 마라

소문쟁이가 되지 마라. 저명한 사람을 공격하는 일로 유명해지지 마라. 지저분한 소문은 위트도 아무것도 아니다. 그런 소문을 전해 들으면 상대는 즐거워하기는커녕 오히려 혐오의 눈길로 바라볼 것이다. 험담을 들은 사람은 복수하기 위해 당신 이야기를 하고 다니기 시작할 것이다. 그러면 끝내 당신의 무력한 패배로 끝난다.

남들의 불행을 즐거워하는 습성도, 남들의 실패에 대해 이런저런 비평을 하는 것도 그만두어라. 남의 소문을 퍼뜨리는 사람은 반드시 남들의 혐오를 받게 된다. 유명한 사람이 그런 사람과 친한 사이가 되는 경우가 있다. 그 경우는 좀 재미있는 사람이라고 여겨 관심을 보이는 것뿐이다. 분별력을 갖춘 인간이 존경심을 보이는 것과는 전혀 다르다. 남을 헐뜯는 사람은 반드시 그보다 더 심한 험담을 듣게 된다.

26 소박함과 단순함으로 자신을 감싸라

어떤 때는 어리석은 듯 꾸며야 할 때가 있다. 현명한 사람도 가끔 이 방법을 쓴다. 어리석은 체하면 사람들의 질투를 누르고 호감을 살 수 있기 때문이다. 실제로 어리석지 않더라도 어리석은 체하면 된다. 아무것도 모르는 듯 보이는 사람이 뜻밖에 가장 뛰어난 지식을 갖고 있을 수도 있다. 우둔한 사람들 앞에서 현명한 체하는 것이나 현명한 사람들 앞에서 우둔한 체하는 것은 그리 도움이 되지 않는다. 상대가 누구든 적당한 말로 이야기하라. 어리석은 체하는 사람이 우둔한 게 아니고, 어리석어 고통받는 자가 참으로 우둔한 것이다. 단순히 어리석은 체하지 않고 교묘하게 어리석음을 가장하는 사람이야말로 진짜 어리석은 사람이다. 그의 영리함 때문에 어리석음이 지나치게 과장되기 때문이다. 사람들의 호의를 얻는 가장 좋은 방법은 동물들이 털로 자신을 덮듯 소박함과 단순함으로 자신을 감싸는 것이다.

행복과 고통, 희망과 두려움을 좌우하는 것에 대해 환상을 갖지 말아야 한다. 환상 속에서 어떤 행운과 그 뒷일을 생생하게 그려보고 눈을 돌리면, 현실은 한층 비참하게 느껴질 것이다. 허공에 지어올린 누각처럼 언젠가는 그로 말미암은 실망 때문에 값비싼 대가를 치른다. 어떤 불행한 사태를 마음 속에 그려보는 일은 한층 더 나쁜 결과를 부른다. 음울한 환상은 그 주제를 멀리서 취하고 완전히 자유롭게 다룰 때만 해롭지 않다. 꿈에서 깨어나자 모든 게 허구임을 깨닫게 되는 환상은 언젠가 일어날지 모를 불행에 대한 경각심을 일깨운다. 그러나 환상이 이처럼 쓸모있는 면이 있다 할지라도, 우리는 늘 그러한 주제만 다루도록 길들여져 있지 못하다.

우선 환상은 쓸모없이 화려한 누각들만 허공에 쌓아올리곤 한다. 그러다가 실제로 어떤 불행이 우리를 위협하기 시작하면, 환상은 가끔 그 불행을 생생하게 그려내는 데 몰두하곤 한다. 그 과정에서 환상은 불행을 실제보다 확대시키고 가까이 끌어당겨 더 끔찍하게 만든다.

우리에게는 환상이 어느 정도 가능한지 잴 수 있는 잣대가 없다. 우리는 환상을 우리에게 가까운 곳으로 끌어온다. 환상은 우리 바로 앞에 자리잡고 있다. 환상의 일반적인 가능성은 확고하다. 그리하여 그 가능성은 우리에게 개연성이 되어 마침내 우리는 크나큰 불안에 시달리게 된다. 우리의 행복과 고통을 좌우하는 일이라면 냉정하고 깊이있게 생각해야 한다. 오직 '개념적'으로, 또 '추상적'으로 판단해야 한다.

행복과 고통을 좌우하는 일에 환상이 다가가게 해서는 안된다. 환상은 판단을 내릴 수 없기 때문이다. 환상은 우리 앞에 하나의 형상을 드리운다. 이 형상은 우리의 기분을 한층 더 무익한 쪽으로, 동시에 대개 고통스러운 방향으로 밀고 간다. 그러므로 환상을 억누르라.

27 절제할 줄 아는 사람이 되라

아무리 뛰어난 것에도 결함이 있게 마련이다. 이것저것 너무 많이 하다 보면 잘못 쓰이기 때문이다. 누구에게나 잘 하려는 노력은 결국 모든 이들을 견디지 못하게 한다. 아무 쓸모도 없는 것 또한 큰 불행이지만, 모든 일에 쓸모있는 사람이 되려면 그보다 더 큰 불행을 맞게 된다. 그런 사람들은 너무 많은 것을 얻으려고 한 결과 많은 것을 잃게 되고, 처음에 그를 원했던 모든 이들을 등지게 되므로 그들의 미움을 받게 된다. 팔방미인은 모든 능력을 소진하여 끝내 존중은커녕 천한 사람이라는 멸시를 받게 된다. 그러한 극단을 피하는 유일한 방책은 영광을 누릴 때 절제할 줄 아는 태도이다. 완전함에도 지나침이 있으니 그것을 표현할 때는 부디 중도를 지켜라. 자기표현을 아끼면 더 높은 평판이 당신 앞에 놓이리라.

28 다른 사람을 지나치게 칭찬하는 것은 자신의 평판을 떨어뜨린다

무턱대고 남을 칭찬하는 것은 현명하지 못하다. 그것은 진실을 배반하는 행위이며, 사람들로부터 판단력을 의심받게 된다. 과장된 칭찬은 칭찬의 가치를 떨어뜨리며, 칭찬한 사람의 식견이 부족함을 드러낸다.

칭찬은 사람들의 호기심을 불러일으키고 뭔가 기대하도록 부추긴다. 하지만 이런 일은 나중에 가서 흔히 심하게 부풀려진 것이었음을 알게 되고, 동시에 자신의 기대가 배신당한 기분이 들게 한다. 그러면 사람들은 칭찬받은 사람이나 칭찬한 사람을 무참히 비난하게 된다.

진정 뛰어난 사람은 거의 드물므로 지나치게 높은 평가를 하는 것은 삼가는 게 좋다. 과장된 칭찬 역시 거짓말의 한 종류다. 그러므로 지나친 칭찬을 하는 사람은 식견이 부족함을 스스로 인정하는 것과 같고 심한 경우 지능지수까지 의심받게 된다.

29 자신만의 의견을 가져라

사람들은 늘 마지막에 들은 것만 옳다고 생각한다. 그들은 흥분하면 극단적으로 행동할 수 있다. 그들과는 결코 오래 교제할 수 없다. 그들의 마음을 얻는다 해도 그들은 곧 당신을 떠나고 말 것이다. 그들의 감정과 욕구는 왁스와 같아서 맨 마지막에 온 사람이 그 위에 직인을 찍으면 이전의 직인은 지워지고 만다. 그들은 신뢰할 수도, 함께 동맹을 맺을 수도 없다. 누구나 그들에게 다가가 마음대로 그들의 색깔을 바꿔놓을 수 있기 때문이다. 그들은 평생 어린아이와 같다. 자신만의 의견이 없으니 늘 비판과 사랑, 의지, 소망 사이를 헤맨다.

30 지나치게 친절한 사람을 경계하라

누구에게나 친절하게 대하는 사람은 남을 속이려는 생각을 갖고 있는 법이다. 묘약을 쓰지 않고도 사람들을 마법에 홀리게 만들어버린다. 모자를 쓰고 우아하게 고개를 살짝 움직여 인사만 해도 어리석은 사람은 금방 매료당한다. 그들의 예의바른 태도에 허영심이 자극되고 마는 것이다.

이러한 사람들은 누구에게나 무조건 상냥하게 대한다. 비록 빚을 졌더라도 교묘하게 구슬러 어느덧 빚을 갚지도 않고 흐지부지 넘어간다. 어떤 일이든 쉽게 약속하지만 끝까지 실행하는 경우는 없다. 그들의 약속은 어리석은 사람의 눈을 속이는 미끼에 지나지 않는다.

진실한 예의는 경의의 표현이지만 거짓된 예의는 인간을 속이기 위한 책략일 뿐이다. 지나친 친절 속에는 존경심이 아닌 무언가 다른 꿍꿍이가 있다. 그것은 상대의 인격이 아닌 재산에 고개숙이고 그것을 갖고 싶어하는 사람의 계략에 지나지 않는다. 그들은 사람의 위대한 인격을 존경하는 게 아니라 물질적 보상을 기대하고 있는 것이다.

31 상대의 단점에 익숙해져라

용모가 추한 사람도 자주 보면 익숙해지게 마련이다. 그런 사람에게 의지해야 할 경우가 생긴다면 자신의 사정이 허락하는 한에서만 교제하는 것이 좋다.

함께 사는 게 정말 지옥으로 여겨질 만큼 불쾌한 사람과 생활해야 하는 경우도 있다. 이러한 사람에게 익숙해지기란 매우 힘든 일이지만, 추한 용모에 익숙해지듯 언젠가는 익숙해진다. 일단 익숙해지면 그들이 어떤 심한 짓을 해도 당황하지 않게 된다. 처음 만났을 때는 당혹스러울지도 모르지만 불쾌감은 조금씩 사라지는 법이다. 조심스레 그와 지내다 보면 불쾌한 일이 벌어질 것을 예감할 수도 있다. 또 실제로 그러한 일이 일어나더라도 시간이 흐르면서 차츰 견딜 수 있는 힘이 생길 것이다.

32 반대만 하는 사람이 되지 마라

사사건건 반대하는 사람은 어리석고 귀찮은 사람으로 낙인찍히게 된다. 어떤 일에 대해서나 반대할 근거를 찾아내는 것은 영리한 사람만이 지닌 재능이라고 할 수도 있지만, 고집센 사람은 어리석은 사람과 같다.

반대만 고집하는 사람은 즐거운 이야기를 나누는 자리도 험악한 논쟁장소로 바꿔버린다. 그렇게 되면 직접 사귀어본 적 없는 사람들까지도 그에게 거리를 두고, 친한 친구나 지인을 적으로 만들어 버리기 쉽다. 유쾌하게 환담을 나누고 있는데 굳이 반대해 언쟁을 유도하는 일만큼 사람의 감정을 망치는 것도 없다.

반대만 일삼는 사람은 이따금 생의 즐거운 순간들을 망쳐 버린다. 이러한 사람을 대하면 불쾌하고 증오스럽기까지 하다. 그는 아무도 못말리는 아둔한 사람일 뿐이다.

33 타인의 호의는 당신의 일을 순조롭게 한다

사랑과 호감을 얻어라. 다른 사람의 마음에 들어 당신에게 좋은 감정을 갖게 해야 한다. 어떤 사람들은 자신의 가치만 과신한 나머지 다른 사람의 호의를 무시한다. 그러나 경험있는 자는 타인이 베푸는 호의의 도움없이 일을 이루기란 쉽지 않다는 것을 잘 안다. 다른 사람들의 호의를 얻으면 모든 일이 쉽고 완전해진다. 언제나 용기·솔직·학식·지혜 같은 훌륭한 재능이 미리 준비되어 있는 게 아니다. 그러한 것들은 물론 타고나는 일로 취급된다. 그러나 호의는 당신이 추한 잘못을 범해도 그것을 눈여겨 보려 하지 않는다. 호의는 서로 화합하는 마음에서 생겨난다. 화합이란 대부분의 경우 기질·민족·친척·조국·직위 같은 비물질적인 것에서 생겨난다. 그러나 정신적 화합은 한 차원 더 높은 것이다. 그것은 재능·책임·명성·공적 같은 데에서 솟아난다.

삶의 지혜는 대부분 현재와 미래에 대한 주의와 관심이 알맞은 균형상태를 이룰 때만 얻을 수 있다. 경박한 많은 사람들은 지나치게 현재 속에 파묻혀 산다. 불안과 근심에 시달리는 사람들은 지나치게 미래에만 매달려 산다. 그 사이에서 균형을 유지하는 사람들은 적다. 끊임없이 무엇인가 추구하며 미래 속에 사는 사람은 늘 앞을 보며 살아간다. 그들은 진정한 행복을 가져다줄 무엇인가를 향해 조마조마한 심정으로 서둘러 앞으로 달려가는 것이다.

그들은 현재를 즐기지 않는다. 현재는 그들의 관심을 끌지 못한 채 그 곁을 지나쳐갈 따름이다. 이처럼 그들은 죽을 때까지 미래를 향해 줄곧 '잠정적'인 상태로만 살아간다.

현재의 평온함이 불확실한 불행, 또는 확실하다 해도 언제 닥칠지 모르는 불행으로 깨뜨려져서는 안된다. 틀림없이 겪게 될 불행, 그리고 언제 겪을지 분명한 불행은 매우 적다. 불행은 대부분 가능성으로만 존재한다. 아마도 그렇게 되기 쉬우리라고 생각될 뿐이다. 틀림없이 겪을 수밖에 없는 나쁜 일들도 있기는 하다. 이를테면 죽음은 피할 수 없다. 하지만 그런 일들도 언제 일어날 것인지는 확실치 않다.

우리가 이 같은 일들 때문에 마음이 흔들린다면, 우리는 잠시도 평온한 순간을 갖지 못하게 된다. 일어날지 안 일어날지 불확실하거나 언제 생길지 불분명한 불행 때문에 평생 마음의 평화를 잃어서는 안된다. 이를 위해 우리는 그런 불행이 결코 일어나지 않으리라거나 적어도 지금 일어날 리는 없다고 생각하는 데 익숙해져야 한다.

34 심한 비난은 삼가라

세상에는 성격이 비뚤어진 사람이 많다. 어떤 이들은 다른 사람이 하는 일이며 업적을 무조건 비난한다. 그것은 흥분해서 격정적으로 퍼부어대는 비난이 아니라 성격에서 나오는 것이다. 이미 저지른 일에 대해 꾸짖고, 이제부터 시작하려는 일에도 비난의 혀끝을 뾰족이 세워 누구든 구석으로 몰아붙인다. 이런 행동은 단순히 잔인할 뿐 아니라 야비하기까지 하다.

이런 이들은 다른 사람의 잘못을 과장해 비판한다. 침소봉대(針小棒大)라는 말처럼 바늘만한 작은 허물을 몽둥이만큼 크게 과장한다. 그리하여 마치 그 몽둥이로 사람을 흠씬 두들겨패는 것같이 비난공세를 퍼붓는다. 이러한 사람들이 늘 주위에서 감시하고 있다면 어떤 낙원도 하루아침에 지옥으로 바뀔 것이다.

반대로 선량한 사람들은 무엇이든 너그러운 마음으로 대할 줄 안다. 다른 사람이 나쁜 짓을 저질러도, 악의가 없었다든가 작은 부주의로 생긴 실수라며 감싸준다.

35 정직성을 잃지 마라

바르고 정직한 거래를 찾아보기 힘들어졌다. 진실이 거짓으로 여겨진다. 훌륭한 친구는 드물고, 최고의 봉사를 하고도 최저의 대가밖에 받지 못한다. 이것이 오늘날 세상의 관습이 되었다. 지금은 모든 나라들이 앞다투어 악독한 거래에 매달리고 있다. 어떤 민족은 배신을, 어떤 민족은 계약위반을, 어떤 민족은 밀거래를 하는 데 조금도 주저하지 않는다. 그들은 서로 죽이며 짐승이 되어간다. 이런 나라들의 잘못된 행동이 우리에게 선례가 되어서는 안된다. 이것을 경고 표지로 받아들여야 한다. 그런 비열하고 악한 일들을 보고 있으면 우리의 정직성이 흔들릴 수 있다. 그러나 성실하고 지혜로운 사람은 남들이 어떤지보다 자신이 누구인가를 잊지 않는다. 인간에게서 절망스러움을 보더라도, 마지막 보루인 정직성을 잃지 않는다면 사람은 인간성을 지켜나갈 수 있다.

36 분별있게 행동하라

존경받고 싶으면 분별있게 행동하라. 능력을 과시하는 행동은 오히려 역

효과를 불러오기 쉽다. 참된 자기 실력을 발휘하는 것이 정직하게 명성을 얻는 길이며, 인간성 고무만이 명성을 얻는 지름길이다.

정직과 성실만으로는 충분하지 않다. 너무 정직하고 성실한 사람은 하찮게 보여 평판을 잃을 수도 있다. 무엇이든 중용을 지키는 것이 중요하다. 인간성을 갈고 닦아 고양시키는 노력을 게을리하지 않는 한편 자신의 진가를 사람들에게 알리는 기술 또한 필요하다.

37 남에게 신세지고 그 노예가 되지 마라

당신이 남에게 무슨 신세를 지게 되면 어느덧 당신은 그의 노예가 되고 만다. 어떤 사람들은 운좋게 태어나면서부터 남들보다 더 많은 재산을 갖고, 어떤 사람들은 태어나면서부터 줄곧 남들 신세만 진다. 많이 소유한 사람은 남에게 주기 쉽고, 없는 사람은 남에게서 받기 쉽다. 재산과 영향력을 지닌 자가 보여줄 수 있는 가장 훌륭한 점은 남들에게 좋은 일을 하는 것이다. 그러나 남에게서 받는 어떤 선물보다 자유가 훨씬 값진 것을 명심하라.

38 지나치게 사랑받는 것은 좋지 않다

존경과 사랑은 서로 다르다. 영원히 존경받는 사람으로 남고 싶다면 지나친 사랑을 경계해야 한다. 증오만큼 사랑도 사람의 자유를 빼앗아간다. 사랑과 존경은 서로 융합되는 법이 없다. 사랑을 너무 경계해서도 안되지만 지나치게 사랑받는 것도 좋지 않다. 정으로 친숙해지면 격이 허물어지기 쉬워 존경하는 마음을 잊고 만다. 그러므로 사랑만 받아서는 안되며 존경받도록 해야만 한다.

39 흥분상태에서 행동을 조심하라

열정과 흥분에 휩싸여 행동하고 결정하면 제대로 일을 해내지 못하고 망치기 쉽다. 또한 자신을 조절하지 못하는 사람은 자신을 위해 행동할 수 없다. 흥분은 늘 이성을 무기력하게 만들기 때문이다. 당신이 흥분해 있을 때는 자신을 위해 이성적이고 침착하며 객관적인 중개자를 내세워라. 연극에서도 관객은 침착하고 객관적이어서 연기자보다 더 많은 것을 본다. 당신이 흥분에 빠진 것을 깨달았을 때는 재빨리 뒤로 한 발 물러서라. 그리고 끓는 피를 차게 식혀라. 분노와 흥분에 휩싸인 한순간의 무분별한 행동이 평생을 후회와 고통의 세월로 만들 수도 있다.

40 인간적 약점을 드러내지 마라

아무리 뛰어난 사람이라도 그에게 여느 인간들과 같은 점이 있음을 알게 되면 더 이상 그를 신성하게 생각하지 않는다. 아무리 대단한 세력과 위엄을 지닌 사람도 인간적 약점을 보이면 순식간에 천상에서 인간 세계로 추락하게 된다. 당신의 평판을 가장 나쁘게 하는 것은 경솔함이다. 뒤로 신중하게 물러서 있는 사람이 언제나 보통 이상의 뛰어난 인물로 대우받으며, 경솔하게 앞으로 나서 약점을 보이는 사람은 늘 보통 이하의 속물로 경멸당한다.

41 때로는 사람을 시험해 보라

낯선 사람을 분석하려면 뛰어난 지성이 필요하다. 뛰어난 분별력을 가진 이만이 사람의 심리를 읽는다. 사람의 심성과 성품을 아는 일은 인생에서 많은 지식을 갖추는 것보다 중요하다. 소리를 들어보면 그 쇠의 재질을 알 수 있듯, 말을 들어보면 그 사람의 됨됨이를 알게 된다. 말도 사람의 됨됨이를 나타내지만, 행동은 더 많은 것을 드러낸다. 사람을 시험하는 데는 신중한 관찰, 예민한 통찰, 명민한 결단이 필요하다. 당신이 시험해 보고 싶은 사람의 입장이 되어보면 가장 공정하고 올바르게 판단내릴 수 있다.

42 아무에게나 도움받지 않도록 하라

모든 사람에게서 혜택을 받으려고 해서는 안된다. 그렇게 되면 혜택을 준 세상 모든 사람의 노예가 되어버린다.

세상에는 행운을 타고난 사람이 있다. 선행을 베풀 수 있는 사람들이 바로 그들이다. 자유란 참으로 소중하며 잃어서는 안되는 것이다. 다른 사람에게 의지하며 살아가는 사람보다 남에게 의지할 곳이 되어주고 남이 기댈 만한 사람이 더 큰 기쁨을 발견한다. 실력있는 사람이 유리한 이유는 선행을 베풀 능력을 갖고 있기 때문이다.

혜택받은 사람들이 갖는 큰 착각 가운데 하나는 자신이 선택받은 존재라고 생각하는 것이다. 그러나 혜택을 베푸는 사람들은 대부분 누구에게나 똑같이 은혜를 베푼다.

43 인간미는 인간에 대한 신비감을 감소시킨다

지나치게 인간적으로 행동하면 오히려 인간으로서의 매력이 감소된다. 남들이 당신을 인간으로 보게 되면 당신을 신성시하던 눈길이 사라진다. 그것은 명성을 깎아먹는 가장 큰 경솔이다.

44 언제나 사람들이 보고 있다고 생각하라

사람들이 자신을 관심있게 지켜보고 있다고 생각하는 이는 생각이 깊다. 그는 사방에 눈이 달려 있어 나쁜 행동은 언제나 폭로될 위험이 있음을 안다. 그래서 혼자 있을 때도 마치 온 세상이 자기를 주시하고 있는 듯 행동한다. 어차피 진실이 언젠가 만천하에 드러나게 된다면, 현명한 사람은 당장 세상사람들 앞에 자기 행동을 보여 그들을 증인으로 삼는다. 세상 모든 사람들이 보지는 못하더라도 가까운 이웃이 그의 행동을 보고 계속 소문을 퍼뜨릴 것이기 때문이다.

45 상대가 생각을 거꾸로 표현하면 거꾸로 대응하라

상대가 자신의 생각을 거꾸로 표현하고 있을 때를 주의하라. 좋지 않은 술수를 부릴 때도 그 말들을 모두 반대로 해석해야 할 때가 있다. 그들의 '예'는 '아니오'이며, 그들의 '아니오'는 '예'인 것이다. 그들이 어떤 단점을 지적한다면 이 점이야말로 그들이 소중하게 생각하는 것이다. 그들이 그것을 가지고 싶어 반대로 말하는 것이다. 칭찬받는 모든 일이 반드시 좋은 것만은 아니다. 많은 이들은 좋은 것을 칭찬하지 않으려고 나쁜 것을 좋다고 하기 때문이다. 그러나 무엇이나 나쁘지 않게 말하는 사람은 무엇이나 좋게 생각하지 않는 사람이라고 여기라. 그러므로 비방하지 않는 사람이라고 해서 그를 믿어서는 안된다.

46 비밀이 실수로 드러났을 때

남이 거짓말하고 있다는 생각이 들면 그것을 진실로 받아들이는 듯한 태도를 취해라. 그러면 상대는 더욱 신나서 더 큰 거짓말을 떠벌리게 되고, 결국 스스로 가면을 벗어버리게 된다. 반대로 비밀이 실수로 드러났을 경우에는 불신하는 태도를 취해라. 그러면 상대는 마침내 모든 비밀을 털어놓고 말 것이다.

47 남의 흉을 보지 마라

'좋은 말이 아니면 남의 말을 하지 마라'는 옛속담은 오늘날 특히 가슴에 와닿는다. 규모와 상관없이 어느 조직에서든 나쁜 소문은 매우 잘 퍼진다.

그러므로 만일 당신이 남의 흉을 본다면 그 말은 눈 깜작할 새 본인에게까지 전달된다. 또 우리 앞에서 남의 말을 하는 사람은 반드시 다른 사람들에게도 우리 말을 한다.

따라서 남의 흉을 결코 보지 말 것이며, 남의 흉을 보는 자리에 끼지도 마라. 그리고 중요한 일들에만 전념하는 사람들과 시간을 보내라. 그러면 한순간의 실수로 나온 말 때문에 얼굴붉히며 사과할 일은 없어질 것이다.

48 비밀을 털어놓으면 비밀의 노예가 된다

개인적인 비밀은 깊이 숨겨야 한다. 아무리 친한 친구라도 객관적인 자기 모습만 보여주는 게 좋다. 주관적인 입장에서는 친구도 역시 남이기 때문이다. 만일 우리가 친한 친구라고 해서 모든 비밀을 말한다면 나중에 뜻하지 않은 피해를 입을 우려가 있다. 옛부터 과묵함을 처세술의 근본으로 삼은 것은 그 때문이다. 아라비아의 격언을 보면 생활의 지혜가 담겨 있다.

'적에게 알려서 안될 일은 친구에게도 알리지 마라. 비밀을 지키면 비밀의 주인이 되지만 비밀을 고백하면 비밀의 노예가 된다. 평화의 열매는 침묵의 나무에서 열리는 법이다.'

49 말뿐인 사람과 실천하는 사람을 구분하라

말만 내세우는 사람과 행동으로 실천하는 사람을 구별하는 확실한 방법은 무엇일까. 그것은 자신의 인간성을 평가해 주는 친구들과 자신의 지위를 보고 끌려오는 사람을 구분하는 것이다.

특별히 나쁜 행동을 하는 것은 아니지만 좋지 못한 말을 하고 다니는 사람은 나쁜 짓을 한 사람과 다를 바 없다. 그러나 이런 말조차 하지 않고 몰래 악행을 저지르는 이는 더 나쁜 사람이다. 그러므로 허황된 말이나 예의상 하는 말을 진심으로 받아들이면서 살아갈 필요는 없다.

말이 앞서는 사람은 거울에 비친 먹이로 새를 잡으려는 고약한 심보를 가진, 말 그대로 덫 같은 존재라고 할 수 있다. 허황된 말에 귀기울이고 만족하는 사람은 허영심이 강한 사람일 뿐이다. 말이 가치를 잃지 않기 위해서는 반드시 그 말에 행동이 뒤따라야 한다.

실속없는 말만 하는 사람은 열매없는 나무와 같다. 그러므로 열매를 맺어 이익을 가져오는 나무와 그늘만 만들 줄 아는 나무의 차이를 구분할 줄 알아야 한다.

50 길들여지는 게 뛰어난 사람

인간은 다른 동물들보다 무언가 배우고 길들여지는 일에 뛰어나다. 이슬람교도들은 날마다 5번씩 메카를 향해 기도하도록 가르침을 받아 실천한다. 가톨릭은 성호를 긋도록 가르친다. 종교는 대체로 가르치고 길들이는 면에서 뛰어나다.

이것은 한마디로 사고능력을 훈련시킨다. 이 같은 훈련은 아무리 빨리 시작해도 빠르지 않다. 아무리 나쁜 일이나 좋은 일도 6살 안팎에서 주입시키면 머리에 정확하게 입력된다. 대부분의 동물들이 새끼를 교육시켜 길들이는 것같이 사람도 어려서부터 가르치고 길들여야 그 목적을 이루게 된다.

51 비밀은 서로를 완전히 소유할 수 없게 한다

아내, 자식, 친척, 친구 또는 매우 깊은 호의가 오가는 사이라 할지라도 우리는 서로를 완전히 소유할 수 없다. 완전히 신뢰하는 것과 좋아하는 것은 다르다. 이것이 서로를 소유하는 일을 어렵게 한다. 친구도 자신만의 비밀이 있는 법이며, 아들에게도 아버지에게 말할 수 없는 일이 있다. 그러니 모든 것을 알게 하거나 모든 것을 감추려면 그때그때 사람을 가려서 상대하라.

제2장 나를 만들어가는 방법

52 실속없는 인간이 되지 마라

내면이 깊어질수록 진정한 인간으로 거듭난다. 다이아몬드의 광채가 보석 속의 결정구조로 생기듯 인간도 외모가 아닌 내면이 풍성해야 빛난다.

외모만 가꾸는 사람은 자금이 바닥나 공사가 중단된 집과 같다. 현관은 궁전처럼 크고 으리으리하지만 집 안에는 파다 만 초라하고 작은 동굴 하나가 있을 뿐이다.

이러한 인간과 사귀면, 그가 아무리 정중하게 대해줘도 마음이 편하지 않다. 평범하게 첫인사를 마치고 나면 더 이상 할 말이 없다. 처음에는 시칠리아의 종마가 좋다느니 하며 이쪽저쪽 사람들과 밝게 이야기를 나누다가도 금방 수도승처럼 침묵을 지키고 우두커니 앉아 있게 되는 것이다. 화제가 마르지 않는 샘처럼 지속되지 못하는 사람들과의 이야기는 곧 바짝 메마른 황무지가 되고 만다.

53 당신 모습을 솔직하게 비춰줄 거울을 지닌 이에게 마음을 열어라

사귀기 까다로운 사람이 되지 마라. 어떤 충고를 받지 않아도 될 만큼 완벽한 사람은 없다. 누구와도 어울리지 않으려는 사람은 아무도 말릴 수 없는 고집불통이다. 자신이 아무리 뛰어나다 해도 우정어린 충고를 받아들일 여유가 있어야 한다. 제왕의 권력조차도 그것을 물리쳐서는 안된다. 모든 것에 마음의 문을 닫아버리는 구제하기 어려운 이들이 있다. 아무도 감히 그들과 섞이려고 하지 않아, 결국 그들은 자멸하고 만다. 마음의 문을 열면 도움받을 길이 열린다.

친구에게 당신을 충고하고 질책할 수 있는 자유를 주어야 한다. 그러면 친구의 신의와 분별에 대해 당신은 만족하고, 그는 권위를 얻게 된다. 그러나 아무에게나 마음의 문을 열어서는 안된다. 당신의 모습을 솔직하게 비춰줄 거울을 지닌 사람에게만 마음을 열어라. 억지로 당신을 변화시키려 하지 않고, 또 당신의 변화에서 이익을 취할 생각도 없는 현명한 친구만이 당신의 가장 좋은 거울이 되어준다는 사실을 알아야 한다. 그 진실한 거울에 비춰보면서 당신은 잘못된 길을 가려던 자신의 모습을 발견하고 스스로 가다듬어 비로소 바른 길을 찾게 된다.

54 단점은 연인이 아니다

완전무결해 보이는 사람에게도 단점은 있기 마련이다. 그러나 아무리 단점을 피할 수 없는 게 인간의 운명이라도 그것을 자기 생의 반려자로 삼거나 애인처럼 소중히 여길 필요는 없다.

총명한 사람의 경우 지성에 관련된 단점이 더 두드러져 보이기 쉽다. 그 사람이 자신의 단점을 모르고 있기 때문이 아니라 그것에 애착을 갖고 있기 때문이다. 즉 단점을 단점이라고 인정하지 않을 뿐더러 그것을 사랑하기조차 하는 이중의 실수를 범하고 있다.

이러한 단점은 잘생긴 얼굴에 난 사마귀와도 같은 것이다. 다른 사람이 불쾌하게 여기는 것을 자신만 매력이라고 생각한다. 아무리 애착을 갖고 있더라도 하루빨리 그 착각에서 깨어나 그런 단점을 없애도록 노력해야 한다. 그래서 한층 멋지고 나은 자신이 되어야 한다. 사람들은 남의 단점은 금방 찾아낸다. 그리하여 뛰어난 솜씨에 대한 칭찬은 미루고 단점만 지적해 낸다. 그렇게 되면 그 사람이 지닌 다른 재능은 색이 바래어 가치가 떨어져 보일 것이다.

55 매력을 지니도록 노력하라

무슨 일을 하든 고상하고 자유로운 매력을 풍기는 사람이 되라. 이는 재능에는 생명, 말에는 호흡, 행동에는 영혼, 명예에는 영예와 같은 것이다. 그밖의 완전함은 우리 천성에 붙는 장식이다. 완전함을 더 완벽하게 꾸며주는 고상함과 자유로움은 생각에서도 드러난다. 이는 자연의 선물이며 교육의 산물이 아니다. 건전한 생각에 깃든 고상한 매력은 민첩하고 대담하기까지 하다. 이것이 있을 때 당혹스러운 상황도 쉽게 돌파할 수 있고, 행위는 완벽하게 마무리될 수 있다. 이것이 없으면 모든 아름다움은 죽은 것에 지나지 않으며, 모든 우아함은 서툰 것에 지나지 않는다. 이것은 용기, 신중, 위엄을 능가한다. 이 매력은 어려운 상황을 더 빨리 극복하여 원하는 일을 성취하게 해주며, 모든 난처한 일에서 품위와 명예를 유지하며 빠져나오게 하는 섬세한 지름길이다.

56 자신을 지키는 것은 존중받는 자신이다

스스로 비천하게 굴지 마라. 자신의 행실이 본보기가 되어야 한다. 외적 규정이 아닌 자신의 엄격한 판단에 따라 행동해야 한다. 올바르지 못한 것은 외부의 엄격한 권위가 아닌 자기 판단이 두려워 포기하는 자기 자신이다. 누구도 아닌 바로 자신을 두려워하라.

57 밝은 성격도 재능

밝은 성격은 약점이 아니라 하나의 재능이다. 여기에 재치라는 양념을 얹으면 더욱 절묘하다. 교양있는 사람은 품위있게 행동하고 유머를 섞은 말로 세상사람들에게서 더욱 사랑받는다. 당연한 일이지만 그들은 분별을 중요시하고 결코 예의를 잊는 법이 없다.

농담을 적절히 할 줄 알면 쉽게 어려움을 뛰어넘기도 한다. 또 때로는 다른 사람들이 심각하게 생각하고 있는 일도 농담처럼 가볍게 받아들이는 게 좋다. 이러한 태도는 사람들에게 좋은 느낌으로 다가가 알 수 없는 매력이 되어 그들의 마음을 끌게 된다.

58 긍정적인 것을 보라

불평하지 마라. 모든 것을 악으로 몰아가는 음울한 심성을 가진 이들이 있다. 그들은 다른 사람들의 모든 행동을 저주한다. 이는 통찰과 인식을 통해서가 아니라 단지 비열한 감정에서 나오는 것이다. 그것은 눈 속의 티끌을 대들보로 과장해 비난하는 것과 같다. 불평하는 자는 맡은 일마다 천국을 지옥으로 바꾸고, 더욱이 비열한 열정으로 모든 것을 극단으로 몰아붙인다. 반대로 고귀한 심성을 지닌 자는 모든 일을 긍정적으로 보려 한다. 일부러 잘못을 눈감아주고 의도는 좋았다고 말해줌으로써 모든 일에 용서할 줄 안다.

59 성숙함은 진지함과 권위를 보장한다

성숙한 몸가짐은 당신이 지닌 모든 능력에 위엄을 주며 남들의 존경을 받게 한다. 한 사람의 평온함은 그 영혼의 일면을 드러나게 한다. 이는 경박하고 힘없는 바보에게서는 볼 수 없으며 조용한 권위를 지닌 자에게서만 느낄 수 있다. 조용한 권위는 완성된 자만이 지닌다. 사람은 성숙한 만큼 완전해지기 때문이다. 사람은 아이이기를 멈출 때 진지함과 권위를 갖추게 된다.

60 네 자신을 먼저 알아라

자기 자신을 먼저 알아라. 자신을 먼저 알지 않고는 자기의 주인이 될 수 없다. 얼굴을 비춰볼 거울은 있으나 마음을 비춰볼 거울은 없다. 자신의 신중한 성찰을 거울로 삼아라. 바깥의 모습이 잊혀졌을 때 마음의 심상을 생각하고 그에 의지하라. 무슨 일을 하기 전에 먼저 자기 능력과 분별력과 성향을 파악하라. 거래에 들어가기 전에 자기 용기를 시험하라. 약속하기 전에 줄 수 있는지 계산하라. 자신의 깊이가 어느 정도인지 늘 확인하고, 모든 일을 감당해야 하는 정신을 명료하게 유지하라.

61 총명한 말은 명석한 두뇌, 올바른 행동은 고결한 마음의 증거다

말과 행동이 일치해야 비로소 인간은 진가를 발휘한다. 도리에 맞는 말을 하고 존경받을 수 있는 행동을 하라. 총명한 말은 명석한 두뇌, 올바른 행동은 고결한 마음을 보여준다. 이 두 가지야말로 진정한 인간성을 보여주는 증거다.

남을 칭찬하는 사람이 되지 말고 남에게 칭찬받는 사람이 되어라. 말로 하기는 쉽지만 실제로 행동에 옮기는 것은 어렵다. 행위는 인생의 실천이고, 말은 인생을 꾸며주는 장식이다. 훌륭한 행위는 언제나 사람들 기억에 남지만 말만 뛰어난 사람은 금방 잊혀지고 만다.

훌륭한 행동은 깊은 생각을 거듭한 끝에 생겨난다. 총명하게 말할 줄 아는 동시에 고결한 행동을 해야 한다.

62 상상력을 다스릴 줄 알아라

상상력은 당신의 행복을 마음대로 조종할 수 있다. 때로는 견제하고 가끔

씩 북돋우며 상상력을 다스려라. 상상력은 그저 바라보는 것으로 만족하지 못하고 폭군처럼 권력을 휘두르기도 한다. 때로 당신 인생에 파고들어 마구 휘저으며, 심지어 당신 존재를 완전히 사로잡아버린다. 어리석게도 상상력에 빠지면 기쁨이며 슬픔 속으로 내몰리기도 한다. 어떤 사람들에게 상상력은 늘 고통만 주고 조롱하며 그들을 단두대에 세운다. 어떤 사람들에게는 가벼운 현기증을 일으키게 하며 끝없는 도취와 행복의 환각 속에 빠뜨린다. 이는 자신을 신중하게 다스리지 못할 때 생기는 재앙이다.

63 결점을 감춰라

결점을 없애려 애쓰는 것, 이는 완벽에 이르기 위해 꼭 필요한 조건이다. 육체적·정신적으로 전혀 잘못을 저지르지 않는 사람은 거의 없다. 사람들은 결점을 쉽게 고칠 수 있는데도 그 결점을 포기하지 못한다. 당신의 명성을 해치는 결점도 마찬가지다. 당신에게 적의를 품은 타인은 당신의 성품이 아무리 훌륭해도 작은 티끌 하나 붙어 있으면 곧 발견해내어 좀처럼 잊어버리지 않는다. 그는 끈질기게 그것을 지적한다. 작은 구름 한 조각이 태양을 온통 가릴 수 있는 것이다. 그런 결점을 장식으로 보이게 할 수 있다면, 이는 최고의 솜씨이다. 일찍이 시저는 자신의 타고난 결점을 월계관으로 감추려 애썼다.

64 내면의 소리를 들어라

심장과 머리는 서로 다른 한쪽이 없으면 행복이 반으로 줄어든다. 인간에게 머리를 지배하는 이성만 있어서는 부족하며 마음속에 깃든 감성이 필요하다. 이성과 감성은 행동을 지배하는 두 축이다. 둘이 서로 조화를 이루지 못하면 직업, 가치관, 인간관계에서 실패한다. 신분과 관직에 매이고, 땅을 소유하고, 사람들과 바삐 교제하느라 자신의 사명을 그르치는 데서 어리석은 자의 불행은 시작된다. 이성이 성급하게 밖에서 명예를 취하려 할 때 감성은 조용히 내면의 소리를 듣는다. 당신이 진정으로 원하는 것은 당신 마음속에 있기 때문이다. 천국의 기쁨도, 지옥의 고통도 당신 마음속에 있음을 잊지 마라.

65 열정을 다스려라

열정은 위대한 정신의 산물이다. 뛰어난 열정은 사람들을 감동시킨다. 우리가 살고 있는 현실은 열정이 발휘되지 않으면 금방 지루해지고 퇴색해 버린다. 그러나 열정이 우리 삶을 다스리기 시작하면 고통스러워진다. 그러므로 자신과 자신의 열정을 다스릴 줄 아는 것이 가장 큰 힘이다. 그것은 자유의지의 승리다. 사람이 열정의 지배를 받더라도 그가 하는 일까지 지배받아서는 안된다. 지도자일수록 더욱 그렇다. 불쾌한 일을 피해 지름길을 택해 명망을 얻는 것이야말로 가장 현명한 방법이다. 열정에 사로잡히지 마라.

66 장점을 키워라

자신의 특출한 능력이 무엇인지를 알아라. 가장 뛰어난 재능이 무엇인지 발견하면 온힘을 다해 이를 가꾸고 길러라. 누구나 자신의 가장 큰 장점을 알면 어떤 분야에서든 뛰어난 사람이 될 수 있다. 어떤 사람은 이성이 뛰어나고 어떤 사람은 용기가 뛰어나다. 그러나 사람들은 대부분 타고난 재능을 아무렇게나 내버려둔다. 남들이 원하는 대로 따르다 보면 제대로 장점을 빛내지 못한다. 잘못된 길을 가고 있다고 깨달았을 때 시간은 이미 당신을 떠나가버렸다. 자신의 작은 장점이라도 제때 알고 키우면 누구나 어떤 분야에서든 뛰어난 인재가 될 것이다.

67 방종한 성격은 의지와 인식을 뒤틀리게 한다

일시적인 비루한 생각에 자신을 내맡기지 마라. 기이한 인상에 빠지지 않는 자가 위대하다. 자신을 자세히 관찰하면 지혜를 얻을 수 있다. 자기 개선의 출발은 자기 인식에 있다. 조화로운 마음을 갖지 못한 이상한 사람들도 있다. 그들은 언제나 변덕스러우며 좋아하는 것도 계속해서 바뀐다. 이러한 방종한 성격은 의지만 상하게 하는 게 아니라 분별력마저 흐트러뜨린다. 의지와 인식이 그 때문에 뒤틀리는 것이다.

68 나날이 조금씩 새로워져라

자기 모습을 조금씩 바꾸어가라. 사람은 어디서나 똑같은 모습을 남에게 보여서는 안되고, 누구에게나 자기 힘을 똑같이 드러내서도 안된다. 사람들에게 맞추어 자기 모습을 바꾸어라. 꼭 필요할 때 당신의 능력을 보여라. 지식도, 성취한 어떤 것도 한꺼번에 써버려서는 안된다. 가진 것을 한꺼번에 다 펼쳐보이지 마라. 그러면 내일 당신을 보고 아무도 경탄하지 않을 것이다. 오직 뛰어난 매사냥꾼만이 한 마리 새를 잡기 위해 한꺼번에 모든 새들을 날려보내는 대담성을 발휘한다. 그런 능력을 가진 사람은 거의 없다. 날마다 새로운 것을 조금씩 보여주는 자만이 사람들의 기대를 오래 간직하고 자기 능력의 한계를 감출 수 있다.

69 스스로 인격을 높이기 위해 노력하라

성격은 7년마다 바뀐다는 말이 있다. 이 변화의 고비마다 스스로 식견을 높이기 위해 노력하라. 태어난 지 7년이 지나면 인간에게는 이성이 갖추어진다. 이렇게 7년씩 지날 때마다 새로운 미덕을 몸에 익히게 된다. 세월에 따른 자연스러운 성장과 함께 스스로의 노력으로 인격을 높여가도록 하라. 다른 인간들도 똑같이 성장하고 있는 인격임을 깨닫고 따뜻한 시선으로 지켜봐주어라. 많은 사람들이 이렇게 자신의 행동을 바르게 고치고 높은 지위에 올라 자신의 천직과 만나게 된다.

이 변화는 조금씩 일어나며, 아무리 큰 변화를 겪는다 해도 되돌아보지 않으면 그 변화를 깨달을 수 없다. 인간은 20살에 공작이 되고, 30살에 사자가 되며, 40살에는 낙타, 50살에는 뱀, 60살에 개, 70살에 원숭이, 그리고 80살에는 무(無)로 돌아간다.

70 모든 일에 으뜸이 되려 하지 마라

모든 일에 뛰어나려 하지 마라. 어디서나 우등생이 되려 하지 마라. 모든 일에 뛰어난 사람의 결점은, 너무 많은 장점을 이용하려다 잘못 사용하는 일이다. 사람들은 그런 노력을 싫어한다. 어떤 일에도 쓸모없는 것은 불행하지만 모든 일에 쓸모있기를 바라는 것은 더 큰 불행이다. 그것을 추구하는 자는 너무 많은 것을 얻으므로 마침내는 모두 잃게 된다. 승리만 추구하는 자는 처음에 경탄받았던 것처럼 끝에 가서는 경멸받는다. 횃불이 밝게 타오를수록 빨리 사그라지는 것과 마찬가지다. 명성이 드높을 때 분수를 지켜라. 완벽함 자체에도 지나침이 있으니 이를 표현할 때는 자제하라. 자신을 표현하는 데 인색할수록 그 가치는 더욱 커진다.

71 예리한 관찰력과 판단력을 가져라

예리한 관찰력과 판단력을 지닌 사람은 사물에 지배당하지 않는다. 그는 사람을 한 번 보면 곧바로 이해하고 가장 깊은 본질까지도 꿰뚫어 본다. 그는 예리하게 관찰하여 단순한 암시만으로도 깊디깊은 내면의 모습을 이해한다. 그는 그것을 날카롭게 바라보고 철저하게 파악하며 올바르게 판단한다. 모든 것을 드러내고 주시하고 파악하며 이해한다.

72 입을 조심하라

말은 야수다. 한 번 우리를 탈출하면 다시 집어넣기 어렵다. 또 말은 마음의 맥이다. 현명한 사람은 맥을 짚어 건강을 가늠하고, 진지한 사람은 상대의 말을 듣고 마음을 추측한다.

말을 조심하지 않는 사람일수록 입이 가벼운 경우가 많다. 총명한 사람은 언쟁을 피하고, 상황에 따라 타협하며, 마음써서 하찮은 말을 하지 않으려 노력한다. 현명한 사람이란 신중한 사람이다.

73 자신을 도와라

큰 위험에 맞닥뜨렸을 때 강한 심장처럼 좋은 것은 없다. 이 심장이 약해지면 옆의 다른 기관들이 그것을 도와야 한다. 자의식과 용기는 최고의 친구이다. 이것들이 자신을 도울 줄 알면 어려움이 줄어든다. 사람은 누구나 어려움에 처한다. 자기 운명에 굴복해서는 안된다. 한 번 굴복하면 운명은 더욱 견디기 힘들어진다. 많은 사람들은 재난을 당하면 자신을 잘 다스리지 못하게 된다. 게다가 참고 견딜 줄 모르면 그 재난은 곱절이 되어 더욱 힘겨워진다. 지혜는 모든 것을 정복해 나갈 수 있다.

74 마음이야말로 참 예언자이다

자기 마음의 소리를 들어라. 자기 마음의 능력이 확인되었을 때는 기꺼이 마음의 소리에 귀기울여라. 마음은 가끔 무엇이 가장 중요한지를 미리 알려준다. 마음은 자신과 가장 가까운 진실한 예언자다. 많은 사람들은 자기 마음에 귀기울이기를 두려워하므로 파멸하고 만다. 두려움은 아무 도움도 주지 못하므로 구제할 방법을 강구해야 한다. 사람은 본디 참되고 성실한 마음을 갖고 태어난다. 마음은 불행이 다가올 때면 미리 준비하라고 자신에게 경고한다. 불행을 무릅쓰고 나아가는 것은 지혜가 아니다. 굳건한 마음은 불행을 이기는 가장 훌륭한 무기다.

75 고고함을 버리고 사람들과 발맞춰 걸어라

혼자 고상하게 사느니 사람들과 함께 걸어나가라. 주위 사람들이 모두 미쳤다면 같이 미치는 게 마음 편하다. 자기 혼자 세상에 정면으로 맞서는 사람은 남들에게 이상한 사람으로 보이기 쉽다. 중요한 것은 세상의 흐름에 맞추어 물흐르듯 사는 것이다. 그러므로 때로는 지혜가 없거나 또는 그런 척하는 이가 가장 지혜로운 사람이다.

신에 버금갈 만큼 뛰어난 인간이나 야만인이 아니고는 결코 혼자서 살아갈 수 없다. 또 혼자만 어리석은 사람이라고 손가락질 받기보다는 대중과 더불어 총명하게 살아가는 편이 현명한 행동이다.

이 세상에는 현자처럼 고고하게 살아가는 듯 보이지만 알고 보면 엉뚱한 망상에 사로잡힌 바보 같은 사람이 많다.

76 진실을 말해야 될 때와 침묵해야 할 때가 있다

진실처럼 조심해야 할 것은 없다. 이는 심장의 피를 뽑아내는 것과 마찬가지여서 다 뽑아내면 생명을 잃듯 진실을 다 밝혀버리면 명망을 완전히 잃을 수도 있다. 진실을 적당히 하고 침묵할 줄도 아는 게 중요하다. 단 한 번의 거짓말 때문에 흠잡을 데 없던 명성을 한순간에 잃을 수도 있다. 사기가 범죄라면 사기꾼은 더 나쁘다. 하지만 때로는 자신을 위해, 때로는 다른 사람들 때문에 모든 진실을 털어놓을 수는 없다. 그러므로 상황에 따라 진실을 적당히 말하거나 아니면 침묵해야 할 때가 있다. 어쩔 수 없이 입을 열어야 한다면 결코 거짓을 말하지 마라.

77 기다림은 가치있다

성급함을 다스리며 정열을 잠재울 줄 알 때 비로소 인내의 위대한 정신이 나타난다. 무엇보다 자신의 주인이 되라. 그러면 다른 것도 지배하게 된다. 길고 긴 시간을 거쳐야만 당신은 사물의 중심에 이를 수 있다. 여기 위대한 말이 있다.

'시간과 나는, 또 다른 시간 그리고 또 다른 나와 겨루고 있다.'

78 작은 의례나 형식에 매이지 마라

소탈하게 진심으로 행동하라. 제왕조차도 너무 의례적인 형식에만 치중하면 우스꽝스럽다. 모든 일에 형식만 차리는 자는 성가시다. 형식적인 것은 과장되기 쉽다. 수많은 사람들이, 심지어 한 나라의 국민 모두가 이런 버릇을 갖는 경우가 있다. 어리석은 자의 옷은 갖가지 의례적이고 형식적인 것들로 장식된다. 의례적인 것에만 가치를 두는 사람은 자신의 기반이 약함을 증명하는 것이나 다름없다. 의례를 지키는 것도 좋지만 반드시 거창하게 의례를 따를 필요는 없다. 고결한 사람일수록 어떤 의례나 형식에 얽매이지 않고 빼어난 미덕을 지닌다. 의례는 진심에서 우러나와야 한다. 사소한 의례나 형식에 얽매이면 스스로 하찮은 존재임을 인정하는 사람이 된다.

79 화만 내는 사람이 되지 마라

화부터 먼저 내는 성미급한 사람은 자신을 위험에 빠뜨릴 뿐 아니라 다른 사람에게도 해로운 영향을 끼친다. 말과 행동으로 자기 위신을 해치고 남의 체면도 손상시킨다.

이런 사람은 어디에나 존재한다. 그와 원만하게 살아나가는 일은 결코 쉬운 일이 아니다. 이런 사람은 하루 종일 다른 사람을 기분나쁘게 만드는 것만으로 기분이 풀리지 않는다. 눈에 보이고 귀에 들리는 모든 것에 화내며 사람들이 하는 말 하나하나를 문제삼는다. 또 모든 일을 나쁜 쪽으로만 생각하며 반대를 일삼는다. 이렇듯 사람들을 괴롭고 지치게 만들며 단 한 번도 만족을 느끼지 못하며 남을 헐뜯기만 할 뿐이다.

불평불만에 가득찬 사람들이 사는 나라가 차츰 많아지고, 그런 나라들에는 이런 괴물들만 우글거리게 될 것이다.

80 매력의 힘을 이용하라

마력 같은 매력을 지녀라. 사람의 마음을 사로잡는 이 힘을 갖고 있으면 모든 일이 한층 쉬워진다. 매력이 있으면 우선 남의 호감을 얻고 나중에 이익도 얻는다. 자신이 지닌 매력을 알맞은 때 이용하라. 아무리 뛰어난 능력을 보인다 해도 남들이 호감을 보이지 않으면 성공에 이르지 못한다. 오직 사람들의 호감만이 당신에게 찬사를 보내기 때문이다. 누구에게나 천성적으로 타고난 매력이 있다. 매력은 남을 지배하는 효과적인 도구이며 노력으로 더 멋있게 자신을 가꿀 수도 있다.

81 때를 놓치지 마라

자신의 참신성을 이용하라. 새로움과 참신함을 가진 사람은 동시에 두 가지 장점을 지닌다. 하나는, 다른 사람들에게서 좋은 평을 얻는 일이다. 평범함에 싫증난 사람들은 새로운 것을 기쁘게 받아들인다. 이미 있는 뛰어난 것보다 특출하지 않아도 새롭기 때문에 그들의 취향이 상쾌해지고 활기를 띤다. 다른 하나는, 새로움은 처음에는 과감히 나서거나 실수해도 용서를 받는다. 기존의 것이라면 용서받지 못할 일이라도 용서받을 수 있다. 대신 새로움에 대한 찬사는 그 수명이 짧다는 것을 알아라. 사람들의 열광이 사라지면 그들의 관심은 쉽게 식어버린다. 2, 3일 뒤면 그들은 이미 더이상 존경심을 보이지 않으며 나흘째가 되면 당신에게서 또 다른 새로움을 요구한다. 그러므로 처음 거둔 찬사의 열매를 아무렇게나 내동댕이치지 말고 잘 이용하라. 찬사가 바람처럼 사라지기 전에 재빨리 당신이 목적한 것을 붙들어라. 모든 일에 때가 있음을 명심하라. 그리고 그 때도 순식간에 사라진다는 사실을.

82 경솔한 사람은 멸시당한다

경솔함은 명성을 얻는 데 가장 큰 걸림돌이다. 신중한 사람은 여느 사람이 갖지 못한 덕을 갖추고 있다. 이에 비해 경솔한 사람은 보통 이하이다.

경솔한 행위만큼 품위를 떨어뜨리는 것도 없다. 경솔한 사람과 존경받는 사람은 극과 극에 놓여 있다. 경솔한 사람은 내면이 허술한 경우가 많다. 나이가 많은 경우라면 더욱 그러하다. 나이가 들면 인간은 자연스레 분별을 지녀야 하는 법이다.

83 친절하고 다정한 태도를 가져라

날카로운 화살은 몸을 찌르지만 악의에 찬 말은 마음을 찌른다. 1000냥 빚도 갚고 아무리 불가능한 일도 해결할 수 있을 정도로 말의 힘은 대단하다. 말 한 마디로 사람을 죽일 수도 있다. 언제나 입에 설탕을 발라 달콤한 말을 만들어내라. 당신의 적에게조차 달콤하게 들리도록 하라. 남들의 호감을 사는 중요한 방법은 평화롭고 친절하며 긍정적인 자세로 남들과 대화하고 교류하는 일이다. 활짝 웃는 다정한 얼굴만으로도 당신은 상대에게 많은 것을 말할 수 있다.

84 자신의 결점을 찾아 물리쳐라

자신의 결점이 무엇인지 파악하라. 어떤 이들은 한두 가지 결점만 고치면 충분히 훌륭한 일을 많이 해낼 수 있다. 그러나 결점을 고치지 못하면 완벽한 경지에 이를 수 없다. 그들이 나아갈 길을 방해하는 건 의외로 사소한 것들이다. 또 어떤 사람들은 진지함이 부족하다. 그것은 아무리 큰 능력을 가졌다 해도 아무 쓸모없게 만들 수 있다. 어떤 사람에게는 친절이 부족하고, 어떤 사람에게는 행동력이나 절제가 부족하다. 또 어떤 사람은 전문지식이 부족하다. 누구나 자신을 조금만 살피면 이런 결점들을 쉽게 찾을 수 있다. 선천적으로 타고난 것에 주의를 기울이면 거기에서 제2의 천성을 만들 수 있는 길도 보인다. 신중함, 자제력, 훈련이 천성을 만드는 길이다.

85 자신의 가장 큰 단점을 깨달아라

재능에는 단점이 따르게 마련이다. 단점을 고치지 않고 포기해 버리면 그것은 점점 악화되어 마치 폭군처럼 당신 머리 위에 군림하기 시작한다. 단점을 극복하는 첫걸음은 우선 그 정체를 확실히 깨닫는 것이다. 가장 큰 단점을 찾아내 그것을 제거하기 위해 노력하라. 자신의 단점을 비난하는 사람에게 굴복하지 않을 정도가 될 만큼 자신의 단점에 관심을 기울어야 한다. 자신에 대해 깊이 성찰하여 자신을 다스려라. 가장 큰 단점만 극복하면 남은 단점들은 차츰 사라지게 될 것이다.

86 심성이 고귀해야 한다

어진 영혼과 고상한 정신이 아름답게 나타나면 사람의 성격은 찬란하게 빛난다. 모든 사람이 이 고귀한 심성을 지닌 것은 아니다. 고귀한 심성은 위대한 정신을 전제로 하기 때문이다. 심성이 고귀한 자에게 가장 중요한 점은 적에 대해 나쁘지 않게 하는 것과 그보다 월등히 뛰어나게 행동하는 것이다. 적에게 복수할 때도 그의 모습은 돋보인다. 그는 승리했을 때 복수의 기회를 피하는 게 아니라 뜻밖의 관용을 베풂으로써 그 기회를 더 잘 이용한다. 그럴 때 그는 온갖 방법으로 자신의 심성을 아름답게 치장한다. 그는 승리도 그 어느 것도 자랑하지 않는다. 공을 세워도 그의 고귀함이 이를 감추는 것이다.

87 남의 관심을 끌려고 유별나게 행동하지 마라

유별난 사람인 척하지 말고 경솔한 행동으로 유별나게 보이지도 마라. 괴상한 행동으로 남의 눈에 띄는 사람이 있다. 제정신이 아닌 것 같은 그의 행동이 그렇다. 이는 뛰어난 게 아니라 다른 사람과의 교제를 방해하는 결점이다. 외모가 특히 추해서 알려지는 사람이 있듯 태도가 유난히 추해서 알려지는 사람도 있다. 남의 이목을 끌기 위해 유별나고 괴상한 태도나 행동을 보이는 것은 오히려 남들의 비웃음과 악의를 부르기 쉽다.

88 신중하지 못한 마음은 개봉된 편지와 같다

말수가 적은 것은 재능있는 사람이라는 표시다. 마음속 깊은 곳에 자신만의 비밀을 감춰두는 장소를 마련해 두어야 한다. 그 넓은 마음속의 한 자그마한 곳에 중요한 일을 감춰두어라. 침묵은 자제심에서 태어난다. 과묵한 사람만이 진정한 승리자다.

마음속의 것을 있는 그대로 밝히는 사람은 말한 그대로 되돌려받게 된다. 즉 비밀을 털어놓은 상대가 많을수록 부담은 무거워진다. 절도를 지키지 않는 사람은 분별력이 생기지 않는다. 비밀을 파헤치려는 사람에 대해 침묵은 가장 강력한 무기다. 그러한 사람들은 상대의 말을 하나하나 붙잡고 비밀을 푸는 단서로 삼으려 하기 때문이다. 또한 아무리 철저한 사람이라도 비밀을 털어놓게 하기 위해 통렬하게 비꼬기도 한다.

하려고 마음먹은 일은 결코 입 밖에 내어서 안되며, 비록 말했더라도 말한 그대로 행동해서는 안된다.

89 자신을 다스리는 법을 터득하라

누구나 남의 말이나 행동에 대해 분노 같은 감정적인 반응을 보일 때가 있다. 그런 반응을 보인 뒤에는 대개 후회하며 다시는 그런 식으로 행동하지 않겠다고 다짐하게 된다.

따라서 다음에 또 화가 치밀면, 자신의 동의 없이는 세상 누구도 자신을 화나게 만들거나 감정적인 반응을 보이게 만들 수 없다는 사실을 상기하라.

특히 자신을 다스리는 법을 터득한 이들은 리더가 될 수 있는 사람들이다. 그들은 자신을 다스릴 수 있음을 증명해 보였으므로 다른 사람들을 다스리는 자리에 오른다. 그들은 바로 덕성을 지닌 인격자들이다.

90 스스로에게 만족하는 자는 현명하다

지혜로운 사람은 스스로에게 만족한다. 자신의 모든 것에 만족해했던 디오게네스는 죽었을 때 모든 것을 가지고 있었다. 당신이 온세계를 가질 만한 인물이 된다면 혼자서도 능히 삶을 누리는 게 가능하다. 당신보다 더 나은 지성과 감식력을 가진 자가 없는데 무엇이 아쉬워지겠는가? 사람이 오직 자신에게만 의존할 수 있다면 이는 최고의 존재와 같은 지상 최대의 행복이 아닌가.

91 인간적 완성을 향하여 노력하라

태어날 때부터 완벽한 인간은 없다. 하루하루 인격을 닦아나가라. 이를 목표로 노력을 거듭하면 재능은 더욱 밝게 빛나고 명성은 나날이 높아질 것이다. 고상한 취미와 명석한 두뇌, 명확한 의지와 원숙한 판단력, 이것은 완성된 인간임을 보여주는 지표이다. 끊임없이 뭔가 부족하여 완성의 경지에 오르지 못한 사람도 있고, 오랜 세월 끝에 자기를 만들어낸 사람도 있다.

자신을 완성시켜 나아가는 사람의 말 속에는 예지가 넘치고 행동은 분별력이 있다. 때문에 그는 걸출한 사람들 사이에서 환영받고 많은 이들에게 친구가 되어달라는 요청을 받으며 인재로 발탁될 것이다.

92 최대의 적이면서 최고의 친구인 자신

이따금 자신의 최대 적은 바로 자신임을 느껴본 적이 있을 것이다. 이같이 우리는 아무리 노력해도 일이 제대로 풀리지 않을 때 모두 자신 탓이라 생각할 때가 있다.

그러나 우리는 자신에게 최대의 적이 될 수 있는 것같이 최고의 친구도 될수 있다. 최대의 적이 최고의 친구로 바뀌는 기적은 자신의 실패나 성공이 바로 자신에게 달려 있음을 깨닫는 순간 이루어진다.

이 최고의 친구는 있는 그대로인 자신을 받아들이고, 자신이 되고 싶어하는 그런 사람이 되고자 필요한 행동들을 취할 정신적인 성숙을 이루는 과정에서 발견할 수 있다.

또 자신을 객관적으로 분석한다면 장점들은 더욱 키우고 약점들은 보충할 수 있다. 그런 과정 속에서 자신의 성공에 방해되는 사람은 오직 자신뿐임을 깨닫게 될 것이다.

제3장 일에서 성공하는 방법

93 통찰력과 올바른 의도를 가져라

깊은 통찰력과 올바른 의도, 이 두 가지를 갖추면 모든 일이 잘되어 나갈 것이다. 아무리 뛰어난 사람도 그 의도가 나쁘면 결과는 언제나 통제할 수 없는 괴물과도 같아서 실패하고 만다. 나쁜 의도는 완전성 속으로 독소처럼 침투해 파괴한다. 사악한 의도가 지식과 결합하면 더욱 교묘하게 우리를 파멸로 이끈다. 분별없는 지식은 사악한 의도보다 훨씬 어리석다.

94 업무에 따라 필요한 게 달라진다

자신이 맡은 업무에서 무엇이 필요한지 제대로 파악하라. 업무가 바뀌면 필요한 것 또한 달라진다. 그 차이를 알기 위해서는 지식과 통찰력이 필요하다.

어떤 업무에서는 용기가 필요하고, 어떤 업무에서는 치밀함이 요구된다. 가장 간단한 일은 정직하게 하면 되는 일이고, 가장 어려운 일은 뛰어난 기술이 없으면 불가능한 일이다. 앞것은 타고난 능력만으로도 능히 할 수 있는 일이지만, 뒷것은 모든 면에서 집중력과 주의력이 요구된다.

윗자리에서 부하를 지휘하는 것은 매우 힘든 일이다. 부하들이 아둔한 사람들뿐일 때는 더욱 괴롭다. 머리 나쁜 사람들에게 일을 시키려면 보통사람 이상의 머리를 쓰지 않으면 안된다. 무엇보다 참기 어려운 것은 혼자서 하루 종일 똑같은 업무를 되풀이하면서 아침부터 밤까지 일해야 해결되는 일이다. 이것에 비하면 싫증나지 않는 일은 훨씬 좋은 일에 속한다.

가치있고 내용이 자주 바뀌며 언제나 새로운 기분으로 일할 수 있는 업무라면 정말 더할 나위 없이 좋다. 또 많은 이들이 하나가 되어 완성해내는 일이나 개인의 뛰어난 기술로 이루어지는 일은 사람들의 존경을 받는다. 반대로 최악의 일이란 다른 이들보다 곱절로 땀흘려 힘들게 일해야 하며 현재로 끝나는 고생이 아니고 앞으로도 나날이 어려움이 커져가는 일이다.

95 사물의 진실을 파악하라

사물의 내면을 들여다보라. 대부분의 사물은 그 안과 겉이 몰라보게 다르다. 그 표면뿐 아니라 내면을 꿰뚫어볼 수 있다면 그 사물에 대해 가졌던 착각이 사라진다. 착각은 그 자체가 피상적이므로 언제나 맨먼저 표면에서 사람들을 사로잡는다. 참되고 옳은 것은 뒤로 물러나 자신을 숨기고 참으며 기다린다. 당신은 시간이 지나야 비로소 많은 것을 제대로 볼 수 있다. 사물의 본질을 파악하기 위해서는 시간과 통찰이 필요하다.

96 모르는 것을 시작할 때는 가장 확실한 길을 선택하라

확실한 방법을 취하면 독창적이지는 않지만 견실하다는 평가를 얻을 수 있다. 모든 것에 정통한 사람은 위험을 무릅쓰고 자신의 꿈을 좇을 수 있다. 그러나 아무것도 모르는 채 위험에 뛰어드는 일은 파멸의 길로 나아가는 것과 같다.

무엇이든 올바른 길을 밟아가는 게 좋다. 여러 번 시험에 빠지고 수많은 시련을 거쳐 닦아진 길은 틀림이 없다. 사람들이 많이 다니는 길로 가는 게 좋다. 지식이 있고 없음에 관계없이 사람들과 다른 행동을 하기보다는 확실한 길을 택하는 쪽이 더 안전하다.

97 남들의 관심과 의욕이 모아졌을 때 계획을 실현하라

자신의 계획을 실현하기 위해 다른 이들도 그 같은 계획을 세우게끔 하라. 이것은 목표에 이르기 위한 훌륭한 전략이다. 그 일을 실행할 때 얻을 장점을 미리 알려 다른 사람들의 선의를 모아라. 그것은 사람들을 사업으로 끌어들일 수 있는 훌륭한 미끼가 된다. 다른 사람들의 관심과 열정을 충분히 끌어모으면 자신이 세운 계획을 최대한 힘껏 추진하라. 그러나 반대할 가능성이 있는 까다로운 사람들 앞에서는 그 계획을 곧 거둬야 한다. 기반이 무너질 위험이 있기 때문이다. 또한 처음부터 늘 '아니오'라고 반대하는 사람들 앞에서는 계획을 입에 올리지도 말아야 한다. 이처럼 무언가를 얻기 위해 간접적 수단을 사용하여 일을 진행시키는 것도 인생을 사는 데 필요한 수많은 처세술 가운데 하나이다.

98 신속 정확한 정보는 스스로 얻어내야만 한다

사람들은 세상 정보를 들으며 살아간다. 직접 눈으로 보는 것보다 남의 말을 신뢰하며 정보를 얻는다. 그러나 우리 귀는 진리가 들어오기에는 작고, 거짓말이 들어오기에는 큰 문이다. 진실은 대부분 눈으로 보며 귀에 들리는 경우는 드물기 때문이다. 진리가 왜곡되지 않고 사실 그 자체로 우리에게 와 닿는 경우는 거의 없다. 먼 길을 돌아서 올 때는 더욱 그렇다. 진리는 가는 곳마다 늘 사람들의 감정에 의해 오염된다. 열정은 진리가 거쳐가는 모든 것을 때로는 아름답게, 때로는 추하게 물들인다. 열정은 언제나 어떤 인상을 주려고 하니 칭찬하는 사람보다 비난하는 자에게 더욱 조심스레 귀기울여라. 사실을 전하는 사람의 의도가 무엇인지 읽고, 그보다 한 발 앞서 가기 위해 힘써라. 정보는 언제나 어떤 목적을 지니며, 그것을 전하는 자도 늘 또 다른 목적이 있다. 가장 빠르고 정확한 정보는 직접 그 현장을 확인했을 때 얻을 수 있다.

99 분별력을 중요시하라

기억력보다는 분별력을 중시하라. 어떤 일에서는 기억력만으로 충분하지만, 어떤 일에서는 분별력이 더 중요하다. 많은 이들이 때맞춰 다가온 일을 놓쳐 버린다. 그 이유는 그 일이 그들 눈에 보이지 않기 때문이다. 모든 게 지나가고 나서야 그들은 친구의 도움으로 그 흔적만 둘러보게 될 뿐이다. 가장 훌륭한 정신적 능력의 하나는 눈앞에 있는 것 가운데 무엇이 시급하게 해결해야 할 일인지를 아는 능력이다. 그것을 몰라서 성공할 수도 있을 많은 것들을 놓쳐버린다. 그 능력을 가진 자는 빛을 전하고, 그것을 필요로 하는 자는 구하라. 앞의 경우는 신중하게, 뒤의 경우는 주의깊게 능력을 얻도록 하라. 좌우명은 오직 다음 말뿐이다. 무언가를 깨닫기 위해서는 이같이 섬세한 정신이 있어야 한다. 자신의 의욕을 보이고, 더 많은 게 요구된다면 나아가라. 지금 아무것도 없다면, 그 무언가를 찾도록 하라. 부지런히 노력하라. 대부분의 것들은 시도조차 없었기에 무의미한 것으로 남는다.

100 어리석은 자의 무모함을 경계하라

어리석은 사람은 언제나 느닷없이 불손한 말을 내뱉는다. 그들은 무모하기 때문에 모든 일에 생각없이 덤빈다. 이 단순한 무모함은 그들이 마음의 준비를 할 겨를조차 빼앗고, 나중에 실패해도 치욕의 감정조차 느끼지 못하게 만든다. 모든 무모함은 때로 요행히 그냥 넘어가더라도 끝내 인생의 지혜에 의해 파멸 선고를 받는다. 어리석은 자의 눈은 지평선과 늘 가까이 있다. 덫이 있을까 의심스러운 장소에서는 신중히 발을 내디뎌야 한다. 서두르지 말고 지혜로 더듬으며 앞으로 나아가라. 주의력이 차츰 발판을 확보할 때까지. 오늘날 인간관계에서는 커다란 함정들이 가끔 나타난다. 걸음을 내딛을 때마다 추락을 피해갈 수 있는 지혜라는 도구를 잘 사용해야 한다.

101 결단은 빠르게 하라

결단내리지 않고 머뭇거리는 것보다 솜씨는 좀 떨어지더라도 일단 실행하는 게 피해가 적다. 재료는 가공할 때보다 방치해 둘 때 더 상하기 쉬운 법이다.

좀처럼 결심하지 못하고 다른 사람의 조언을 필요로 하는 사람이 있다. 어떻게 하면 좋을지 알 수 없어 헤매는 것이라기보다 방법은 알지만 실행력이 부족하기 때문이라고 할 수 있다. 위험을 예측하는 것은 하나의 재능이지만 위험을 피할 방법을 찾아내는 것은 더욱 뛰어난 능력이다.

세상에는 또 어떤 것도 개의치 않고 생각대로 밀고 나가는 정확한 판단력과 결단력을 두루 갖춘 사람이 있다. 그들은 높은 지위에 오르도록 타고난 사람이며 명석한 두뇌를 발휘해 손쉽게 성공을 움켜잡는다. 말하기 무섭게 곧바로 계획을 실행에 옮기는 동시에 시간 여유가 남을 정도로 빠르게 끝내버린다. 이리하여 그들은 자신이 타고난 행운을 확신하고 더욱 자신감에 가득차 적극적이고 과감하게 추진해 나가는 것이다.

우리가 살아가며 겪는 일들은 자잘하게 찢겨진 조각들이다. 그 조각들은 서로 관련 없이 날카로운 대조를 이룬다. 그것들은 우리가 겪어야 할 일이라는 점 말고는 어떤 공통점도 없지만 우리 삶에 등장하여 뒤죽박죽 진행된다. 그러므로 그것들에 걸맞게 우리의 생각이나 염려도 단편적이어야 한다. 다시 말해 우리는 외면해야 한다는 뜻이다. 우리가 어떤 한 가지 일을 겪고 있다면, 나머지 다른 일들에는 개의하지 말고 오직 그 한 가지 일에 대해서만 깊이 생각하고 걱정하고 만끽하고 또 참아낼 수 있어야 한다. 마치 우리의 사유에 서랍들이 달려 있어 하나를 열 때는 다른 것을 모두 닫아놓는 식이어야 한다. 이렇게 하면 아무리 큰 걱정거리라도 현재의 작은 즐거움을 무너뜨리거나 휴식을 방해하지 못한다. 한 가지 생각이 다른 생각들을 짓누르는 일도 없다. 이를테면 순간마다 필요한 온갖 자질구레한 염려들을 한 가지 큰 근심이 방해하는 일도 없게 될 것이다.

이를 위해서는 본디 여러 모로 쓸모있는 '자기 억제'를 활용해야 한다. 다음과 같은 생각은 우리가 자신을 억제하는 데 도움이 된다.

'모든 사람은 외부로부터 오는 다양하고 강력한 강제를 감수해야만 한다. 강제와 억압이 없는 삶이란 없다. 그러나 자기 자신을 적절한 때 조금만 억제한다면, 나중에 겪어야 할 많은 외적인 강제들을 예방할 수 있다.'

자기 억제만큼 외부에서 오는 강제를 효과적으로 피하게 해주는 것은 없다.

모든 것을 너에게 복종시키고 싶거든 너 자신이 이성에 복종하라.

세네카 《도덕 서한》

우리는 자기 억제를 조절할 수 있다. 그러므로 극단적인 경우 또는 우리 본성의 가장 민감한 부분에 저촉되는 경우 자기 억제를 중단할 수 있다. 그러나 외부의 강제는 냉혹하고 가차없고 무자비하다. 자기 억제를 통해 외부의 강제를 미연에 막을 수 있다는 것은 유쾌한 일이다.

102 자신의 과실과 동반자살하지 마라

자신의 실수에 얽매여 행동을 주저하는 사람이 있다. 이러한 사람들은 잘못된 일을 하면서도 그것을 끝까지 해내야만 자신의 성실함이 증명되리라 생각하고 있다. 속으로는 자신의 잘못을 이미 알면서도 주위 사람들에게 자신의 행위를 변명한다. 처음에는 어리석은 행동을 해도 가벼운 부주의로 끝날지 모른다. 그러나 어리석은 행동을 되풀이하다 보면 정말 어리석은 사람이 되어버린다.

부주의하게 맺은 약속이나 잘못 내린 결단이 먼 미래까지 자신을 얽매이게 한다면 곤란하다. 그런데도 끝까지 어리석은 생각을 버리지 못하고 자기에게 유리한 통찰을 고집해 무리하게 일을 추진하는 사람이 있다. 이것은 자신의 어리석음과 함께 바다에 뛰어들어 죽음을 택하는 것과 같다.

103 시작과 끝을 함께 생각하라

기쁨의 문을 지나 행운의 신전으로 들어섰지만, 결국 비탄의 문으로 나오게 될지도 모른다. 그 반대 경우도 있을 수 있다. 끝맺음이 어떻게 될지 생각하고, 들어설 때 맞아준 열렬한 갈채보다 나올 때 얼마나 행복할지를 고려하라. 행복하게 시작한 사람의 운명은 끝이 불행하기 쉽다. 들어설 때 받는 갈채는 대단한 게 못된다. 그것은 누구나 받을 수 있다. 물러나올 때 받는 갈채야말로 진정 대단한 것이다. 한 번 받았던 갈채가 다시 되풀이되는 것은 드문 일이고, 행운이 문 앞까지 따라와 배웅하는 자의 수는 얼마 되지 않으며, 등장하는 자는 환영받지만 퇴장하는 자는 경멸당하기 쉽기 때문이다.

104 수를 읽히지 마라

일하는 방법을 늘 바꾸어라. 그러면 주위사람들, 특히 경쟁자는 완전히 동요되어 마음을 뺏길 것이다. 그들은 눈에 불을 켜고 호기심을 드러내보이며 더 나아가서는 존경심마저 보일 것이다. 늘 생각하는 대로 같은 방식으로 실행하면 선두를 놓치고 뒤처진다. 한 방향으로 날아가는 새가 이쪽저쪽으로 방향을 바꾸며 날아가는 새보다 총에 맞기 쉽다.

그러나 의도를 숨기고 행동하는 것도 여러 번 하다 보면 주의가 필요하다. 같은 수법을 두세 번 사용하면 바로 다음 수법이 드러나고 말기 때문이다.

악의란 틈만 나면 덮치려고 만반의 준비를 하여 기다리고 있다. 그러므로 더욱 교묘한 방법을 쓰지 않으면 안된다. 체스에서 고수란 대국자가 읽은 수의 다음 수까지 예상하는 사람이다. 적이 예상한 대로 말을 옮기는 일이 결코 있어서는 안된다.

105 재능이 많을수록 뽐내지 마라

뛰어날수록 겸손하게 행동하고, 재능이 많을수록 뽐내지 마라. 재능을 뽐내면 세상사람들의 불쾌감과 혐오감을 자아낼 뿐이다. 더욱이 뽐내는 당사자도 늘 긴장해야 하므로 고문이나 다름없다. 자연스러움이 인위적으로 꾸민 것보다 사람의 마음에 더 와닿는다. 부자연스러움은 무능한 것으로 간주되기 쉽다. 일을 잘 처리하는 사람일수록 자신이 천성적으로 일을 완벽하게 잘하는 것처럼 보이게 하려고 얼마나 수고스러웠는지를 감춘다. 그러나 자연스럽게 보이려고 일부러 신경써서 꾸미는 것은 소용없다. 지혜로운 사람은 자신의 장점을 결코 알리지 않는다. 그가 그것에 신경쓰지 않을 때 다른 사람들이 그의 장점을 존중하게 된다. 완벽성을 지녔는데도 스스로 부족하다고 생각하는 사람이야말로 더욱 더 훌륭하다.

106 늘 사람들의 기대주가 되라

늘 사람들 마음에 기대를 심어주어라. 뛰어난 역량을 발휘하면 사람들의 기대는 높아지고, 눈부시게 활약하면 더욱 훌륭한 일을 해낼 수 있으리라는 기대를 한몸에 받게 될 것이다. 사람들의 기대를 유지시키는 비결은 힘과 지식을 적절히 조절해 사용하면서 성공을 향해 조금씩 나아가는 것이다.

107 숭고한 야망을 가져라

미래를 내다보는 숭고한 야망은 영웅에게 으뜸으로 필요한 조건이다. 야망은 모든 위대한 일을 위해 그에게 박차를 가한다. 야망은 어느 누구의 마음속에 있더라도 고개를 쳐들고 최선을 다해 노력한다. 더 나은 취향을 갖게 하고, 마음을 고상하게 만들며, 생각을 드높이고, 감정을 섬세하게 만든다. 이따금 야망이 어떤 무거운 짐을 지게 되면 그것은 오히려 폭발하여 찬란히 빛나며, 아무리 가혹한 운명이 노력을 헛되게 해도 야망은 질투심에 젖어 더욱 굳건한 의지로 되돌아온다. 야망은 모든 것으로 향하는 길을 펼쳐준다. 야망 속에서는 고귀함, 대범함, 모든 영웅적 성품의 원천을 찾을 수 있다.

108 중대한 결심을 내릴 때는 신중히 해라

필요할 때는 결심을 바꿔라. 중요한 결심을 할 때는 잠을 푹 자두어라. 그러면 판단이나 제안을 고칠 시간을 벌 수 있다. 결심이 확실하게 서지 않을 때는 마음속에서 판단이 내려질 때까지 기다리는 게 좋다. 서둘러 결정된 것보다 확실하고 신중한 고민 끝에 내린 결정이 더욱 가치 있다. 가장 오래 기다린 것이 가장 많이 칭송받는다. 남에게 무엇을 거절해야 한다면 언제 어떻게 '아니오'라고 말할지 때가 무르익기를 기다려라. 상대가 그 말을 기분좋게 들을 수 있도록 하라. 사람들이 빨리 결정내리라고 압력을 줄수록 오히려 결심을 늦추는 게 좋다. 하지만 그것이 단지 사람들의 관심을 잠시 다른 데로 돌리려는 일시적인 방패막이여서는 안된다.

109 자기 일을 결코 평범한 것으로 알리지 마라

자기가 하는 일을 돋보이게 해야 할 때가 있다. 남들이 자신의 가치를 저절로 알아주기를 기대하지 마라. 자신이 직접 분명하게 사람들 앞에 그 가치를 드러내야 한다. 내적 가치만으로는 충분하지 않다. 사람들은 사물의 핵심을 건드리거나 내면을 들여다보려 하지 않는다. 사람들은 대개 남들이 가는 것을 보고 함께 그쪽으로 따라간다.

때로 자신의 일을 멋지게 포장하여 사람들의 칭찬과 존경을 받는 것도 뛰어난 솜씨이다. 칭찬하면서 사람들은 자신도 대리만족을 느낀다. 그러나 거드름을 피우거나 과장하는 것은 금물이다. 또 자기가 칭찬하는 일은 현명한 사람들만 할 수 있다고 밝히는 것도 자극이 된다. 사람들은 자신을 그런 사람으로 여기기 때문이다. 반대로 자기 일을 결코 하찮거나 평범한 것으로 알리지 마라. 그렇게 되면 당신은 부담을 덜기보다 경멸의 대상이 될 수도 있다. 사람들은 흔치 않은 것을 바란다. 새로울수록 매력적으로 보이기 때문이다.

110 보다 뛰어나지 않으면 큰 일은 시도하지 마라

눈에 띄게 남과 실력차가 벌어지는 일에는 뛰어들지 마라. 만일 그것을 피할 수 없다면 앞사람을 능가할 만큼 뛰어나야 한다. 그에게 가까스로 견줄 만큼 되기 위해 당신의 실력은 그의 배가 되어야 한다. 능력있는 앞사람은 긴 그림자를 드리워 그 그늘에서 벗어나기 쉽지 않다. 우리 뒷사람이 우리를 존경하게 만드는 게 좋은 일이듯 앞사람이 우리를 능가하지 못하도록 마음 쓰는 것도 현명한 일이다. 뛰어난 선각자를 따라잡기는 어렵다. 지난 것은 늘 더 좋아보이기 때문이다. 또 앞사람과 똑같이 되기도 어렵다. 그가 먼저 기득권을 갖고 있기 때문이다.

111 성공 여부가 불확실한 일은 미리 시험해 보라

불가능해 보이는 일이라도 한번 시험해 보라. 바람의 방향을 알기 위해 공중에 지푸라기를 날려보라. 성공 여부가 불확실한 일은 미리 시험해 보라. 시험 결과에 따라 그 일을 진지하게 착수하거나 완전히 포기할 수 있다. 현명한 자라면 이런 시도를 통해 다른 사람들의 의도와 취향을 미리 헤아려 자신이 서 있는 기반이 확실한지 아니면 위태로운지 진단할 수 있게 된다. 자기 쪽에서 작은 소문을 흘리는 것도 한 가지 방법이다.

112 불가피한 상황에서의 적절한 행동은 이름을 드높인다.

어쩔 수 없는 행동을 해야 할 때 이를 좋은 기회로 이용하라. 물에 빠진 사람이 익사 위기를 벗어나듯, 피할 수 없는 상황에서의 행동으로 갑자기 이름을 날리게 되는 경우가 있다. 위험스러운 일은 이름을 높일 수 있는 기회가 된다. 고귀한 자는 자신의 명예를 걸고 내기하여 몇 배의 효과를 거둔다. 이러한 삶의 규칙을 알고 지혜를 발휘한 이사벨라 여왕은 수많은 걸출한 인물들을 배출할 수 있었다.

113 자기 자랑은 그만, 자신의 일에 매진하라

일도 제대로 하지 않으면서 자신에 대해 자랑만 늘어놓는 사람이 있다. 무슨 일이든 요령이 필요하다는 둥, 온갖 잘난 체하면서도 좀처럼 일에 뛰어들지는 않는다. 칭찬을 얻기 위해서라면 자신의 신념을 배반하는 일도 서슴지 않아 사람들의 비웃음을 받는다. 허영심 강한 사람은 남들을 불쾌하게 만들 뿐이다. 그리고 허영심은 사람들의 조롱거리만 될 뿐이다.

무슨 일이든 자신의 공으로 돌리고 싶어하며 작은 개미처럼 열심히 명예를 쌓아가는 사람도 있다. 아무리 뛰어난 재능을 타고 났더라도 그것을 하찮게 여기면 아무 소용이 없다. 일을 훌륭하게 수행해낸 것으로 만족하고, 나머지 이런저런 평가는 다른 사람들에게 맡겨두어도 된다.

위대한 업적을 이루어도 입을 다물어야 하는 법이다. 자신의 공적을 떠벌리고 돌아다니지 마라. 자신의 업적을 자랑스럽게 떠들어대는 사람은 남의 반감을 사게 되어 오명을 뒤집어쓰게 된다.

114 자신의 능력과 힘을 아껴라

모든 일에 늘 여분을 남겨두어라. 그래야 자신의 지위를 굳건히 지킬 수 있다. 자신의 능력과 힘을 한꺼번에 다 사용해서는 안된다. 한 바구니에 달걀을 모두 넣고 힘주어 한 번에 흔들지 마라. 마찬가지로 지식에서도 늘 배후에 다른 지식을 저장해 두어야 한다. 나쁜 결과가 닥칠 수도 있다면 그것을 고려해 빠져나갈 무엇을 마련해 두어야 한다. 구원병은 공격병보다 더 많은 일을 한다. 구원병은 예기치 않게 등장하여 사람들에게 믿음을 심어주고 굳건함을 보여준다. 당신이 가진 것을 사용할 때는 신중을 기하라. 힘을 절반만 사용하면 비록 패배하더라도 모든 것을 잃지는 않는다. 그래서 '절반이 전부보다 낫다'는 역설적인 인생의 지혜가 통하는 법이다.

115 자기 의견만 고집하지 마라

너무 확신에 차서 자기 의견만 고집하지 마라. 어리석은 자는 무언가를 확신하고 있으며, 무엇을 지나치게 확신하는 자는 모두 어리석다. 겉보기에 자신의 판단이 확실히 옳더라도 양보하는 것이 더 나을 때가 있다. 당신이 옳은 까닭을 다른 사람들이 모두 알고 있어서 당신이 양보해도 손해가 크지 않다면 경쟁자를 향해 아량을 베푸는 것도 나쁘지 않다. 양보해서 얻는 게 고집부려 얻는 것보다 더 낫다. 아무리 자기 견해를 확신하더라도 완고한 주장만 내세우다가는 승리하기보다 잃는 경우가 더 많다. 그것으로 그는 진실이 아닌 자기 고집만 옹호하기 때문이다. 좀처럼 확신시키기 어려운 고집불통이 있는가 하면 무슨 일에든 철저히 확신하는 망상적인 고집쟁이도 있다. 이들 모두 너무도 어리석다. 의지는 고집부릴 수 있지만 분별력은 고집세우면 안된다. 그것이 진실이라고 확신하더라도 폭력을 사용해야 한다면 진실을 지키는 것을 그만두어라. 그러나 당신이 물러남으로써 오히려 심각한 어려움에 처할 수 있는 상황이라면 법정이더라도 양보해서는 안된다.

116 현명한 자는 섣부른 행동을 하지 않는다

주제넘지 않은 현명한 자가 되어 자신의 자리를 마련하라. 높은 명성을 얻게 되는 참된 길은 공적을 쌓는 것이며, 근면함이야말로 진정한 가치의 근거가 된다. 그것이 명성을 얻는 지름길이다. 흠잡을 데 없는 완전함만으로는 충분하지 않다. 애써 일만 하는 것도 그렇다. 그렇게 얻은 명성이란 흙탕물이라도 한 번 뒤집어쓰면 욕지기를 느끼게 한다.

117 뛰어난 인물들을 살피고 자기 능력을 판단하라

이 시대의 뛰어난 인물들을 살펴라. 위대한 장군, 뛰어난 웅변가, 참된 철학자, 여러 나라의 훌륭한 통치자들을 살펴라. 평범한 것은 흔하고 가치도 떨어진다. 반대로 뛰어나고 위대한 것은 완전성을 요구하므로 모든 면에서 드물다. 희소가치를 지닌 것, 진귀한 발견과 발명만이 세기를 넘어 진정한 명성을 유지한다. 그 명성이 고귀할수록 최정상에 도달하기는 더 어렵다. 수많은 사람들이 시저며 알렉산더 대왕을 본받아 '위대한 인물'이 되려고 애쓴다. 그러나 그들의 행적은 그 시대의 변화 속에 일어난 한 가닥의 미풍일 뿐 사라지고 나면 무상하다. 자기 시대의 뛰어난 인물들의 행적을 되새기고 자기 능력을 가늠해보는 것은 중요한 일이다.

118 결과에 신경쓰라

좋은 결과가 중요하다. 천상에는 기쁨, 지옥에는 고통만이 가득하며 그 중간인 세상에는 두 가지 모두 있다. 운명은 늘 바뀌게 마련이며 영원한 행복도 영원한 불행도 없다. 이 세상은 무(無)이다. 그 자체로는 아무 가치도 없으며, 오직 우리 마음속에 간직한 천상과 더불어 생각할 때만 가치있다. 운명의 뒤바뀜이 피할 수 없는 일임을 알고 평온한 마음을 유지하는 사람이 진정으로 지혜로운 자다. 현명한 사람은 새로운 것에 관심을 두지 않는다. 우리의 삶은 마치 연극과 같다. 막이 오르면 갈등이 얽히고설키며 발전되어 나간다. 그러다가 그 뒤얽힘이 서서히 해결된다. 우리의 인생도 막이 내릴 때 좋은 결과로 끝나도록 힘써라.

119 실수를 되풀이하지 마라

하나의 실수에서 다른 실수를 또 낳지 마라. 한 가지 어리석음을 고치려고 네 가지 다른 어리석은 짓을 저지르거나, 한 가지 실수를 보상하려고 더 많은 실수를 저지르는 경우가 종종 있다. 실수를 방어하는 것은 나쁜 일이다. 그러나 실수를 감추지 못하는 일은 실수보다 더 나쁘다. 실수는 분별있는 사람도 저지를 수 있다. 특히 시간이 없어서 충분히 생각하지 못할 때 그렇다. 그러나 같은 실수를 두 번 저질러서는 안된다. 많은 사람들은 한 가지 실수를 만회하려다 또 다른 실수를, 때로는 더 많은 실수를 저지른다. 그러므로 나쁜 일을 방어하려는 것은 그 나쁜 일 자체보다 더 위험하다. 실수를 저질렀으면 차라리 그대로 내버려두라. 그 실수의 파장이 사라질 때까지.

120 스스로 물러날 때를 알라

인생에서는 물러날 때를 아는 게 중요하다. 어떻게 되든 계속 일하는 것은 귀중한 시간을 갉아먹을 뿐이다. 그런 일로 눈코 뜰 새 없이 바쁜 것보다는 차라리 아무것도 하지 않는 게 훨씬 낫다.

다른 사람 일에 간섭하지 않는 것만으로는 분별있는 사람이라고 할 수 없다. 자신의 일에 다른 사람이 참견하지 못하도록 할 줄 알아야 분별있는 사람이다. 또한 자기 일에 소홀해진다면 다른 사람과 관계를 맺지 마라. 친구의 호의에 지나치게 기대는 것은 좋지 않고 친구가 자진해서 주지 않는 이상 무언가를 바라서도 안된다. 무엇이든 도가 지나친 것은 좋지 않다. 특히 사람을 사귀는 일에서는 더욱 그러하다. 사리를 분별하여 일정한 선을 지키는 행동을 하면 상대는 언제나 호의를 갖고 대해 줄 것이며 존경심도 변치 않을 것이다.

예의는 중요하다. 예의있게 행동한다고 해서 결코 해로운 법은 없다. 그러므로 언제나 예의있게 행동할 수 있는 자유를 확보해 두어야 한다. 또한 자신의 양심을 배반하는 행동은 결코 하지 말아야 한다.

121 '천천히'와 '빠르게'

모든 지혜를 부지런히 동원해 행동하라. 머릿속으로 충분히 숙고한 것이라면 주저하지 말고 바로 실행에 옮겨라.

어리석은 사람은 급히 서두르는 버릇 때문에 장해물이 있어도 그대로 돌진하는 무모한 행동을 저지르곤 한다. 그러나 현명한 사람은 주저하다가 실패하는 경우가 많다. 어리석은 사람은 결코 멈추는 법이 없고, 현명한 사람은 무슨 일이든 일단 멈추고 본다. 판단은 정확했지만 늑장부리다 능률이 떨어져 성공하지 못한다.

신속함은 행운의 어머니다. 결코 내일로 미루지 않는 것이 성공의 열쇠다. '천천히'와 '빠르게'를 좌우명으로 삼으라.

122 직위가 높을수록 성품도 높아져야 한다

직위가 높은 사람은 자신의 직위보다 훨씬 더 뛰어난 성품을 지녀야 한다. 사람은 포용력이 커질수록 그의 직위도 높아진다. 반대로 마음이 좁은 사람은 쉽게 책임과 명성을 잃어버리고 비탄에 빠진다. 위대한 아우구스투스 황제도 훌륭한 군주가 되기보다 훌륭한 인간이 되는 것을 더 명예롭게 여겼다. 더불어 고귀한 정신과 자신감이 따른다면 더할 나위 없이 좋다. 높고 책임이 큰 직위에 있을수록 사람은 더 많은 포용력, 자신감, 뛰어난 분별력을 갖추도록 힘써라.

123 지혜로운 자가 되라

모든 일에서 예리한 분별력을 지녀라. 행동하고 말할 때 가장 중요시해야 할 원칙이다. 지위가 높아질수록 한 줌의 지혜가 백 파운드의 재치보다 더 중요하다. 지혜만 있다면 갈채받지 않고도 안전하게 걸을 수 있다. 지혜로우면 명성을 얻을 수 있다. 지혜로운 자라면 자기 판단이 성공의 귀감이 되는 것으로 만족하라.

124 한 번의 기회에 모든 것을 걸지 마라

주사위를 던지기 전에 다시 한 번 생각하라. 한 번 안 좋은 수가 나오면 돌이킬 수 없는 손실을 입게 된다. 누구나 한 번은 실수한다. 맨 처음은 특히 그렇다. 사람의 머리와 몸은 늘 컨디션이 좋다고 할 수 없고, 생각대로 일이 잘 풀려나가는 날만 계속되는 것도 아니다.

반드시 두 번째 기회를 준비해 두는 것이 좋다. 그러면 처음에 실패하더라도 딛고 일어설 수 있다. 만약 처음에 잘된다면 두 번 다시 하지 않아도 좋다. 무엇이든 방법을 바꿔 다시 한 번 도전해 볼 수 있는 기회를 마련해 두는 게 좋다. 성공하느냐 못하느냐는 주위의 모든 상황에 의해 결정된다. 행운이 가져다주는 성공은 극히 드물다.

125 어리석은 사람은 뒤로 미루고, 현명한 사람은 바로 처리한다

현명한 사람은 때를 놓치기 전에 행동하고, 어리석은 사람은 언제나 뒤늦게 움직인다. 이미 시기를 놓쳐 당황한 상태에서 일을 시작하는 사람은 그만큼 손해다. 일을 뒤로 미루었다가 나중에 시작하다 보면 자기 의도와 정반대 결과가 나올 것이다. 똑똑히 알아두어야 할 일은 소홀히 여기면서, 사소한 일은 가장 중요히 여기게 될 것이다. 오른쪽으로 가야 할 때 왼쪽으로 가고, 왼쪽에서 봐야 할 일은 오른쪽에서 보게 될 것이다.

일을 성공적으로 해내기 위한 가장 좋은 방법은 일찌감치 여유있게 시작하는 것이다. 그렇지 않으면 즐겁게 할 일도 의무감에 쫓겨 하게 된다. 현명한 사람은 자신이 해결해야 할 일을 빨리 찾아내어 즐기면서 일하므로 나날이 평판도 높아질 것이다.

126 과정보다 결과

세상에는 순조롭게 목표를 이루려는 사람보다 올바른 과정을 밟아가려고 노력하는 사람이 많이 있다. 그러나 아무리 열심히 해도 실패자라는 오명을 받게 되면 그것으로 모든 게 끝날 것이다.

패자와 달리 승자는 변명을 늘어놓을 필요가 없다. 세상사람들이 주목하는 것은 성공뿐이며 그 동안의 과정에는 관심도 없다. 일단 목표를 이루면 평판에 손상이 생길 염려가 없다. 수단이 만족스럽지 못해도 결과만 좋으면 모든 게 황금처럼 빛나며 불만은 곧 사라지게 된다. 그러므로 좋은 결과를 내기 위해 필요하면 기존의 방법과 다른 수단을 취해 보는 것도 하나의 방법이다.

127 성공이 의심되면 시작도 하지 마라

깊이 생각하고 또 생각해 보아도 안전하지 않다면 결코 시작하지 마라. 실패하지 않을까 하는 걱정은 옆에서 지켜보는 사람 눈에 뚜렷이 드러나 보인다. 하물며 보고 있는 사람이 동료가 아닌 적이라면 더 말할 필요도 없다.

열정에 빠졌을 때 판단이 흔들리는 사람은 열정이 식으면 어리석은 사람으로 보일 뿐이다. 뭔가 거리끼는 점이 있다고 생각하면서도 일을 시작하는 것은 위험천만하다. 차라리 아무 일도 하지 않는 게 안전하리라.

생각있는 사람이라면 성공 확률이 적은 일에 결코 관심을 두지 않는다. 아주 작은 일까지 이성적으로 구석구석 파악할 수 있을 때 비로소 일을 시작한다. 이성적인 순간 경계심이 들면서 위험을 느끼는데 과연 잘 풀릴 것인가. 충분히 생각을 거듭하고 틀림없음을 확신하면서 시작한 일도 잘 풀리지 않는 경우가 있다. 성공 가능성이 의심되고 무모하게 여겨지는 일이라면 어떤 기대도 걸지 마라.

128 한 번 시작한 일은 끝까지 완수하라

무슨 일이든 무조건 시작해 놓고 끝까지 못하는 사람이 있다. 이런 사람은 변덕스러운 성격 때문에 무엇을 하든 오래가지 못한다. 중간까지 아무리 훌륭하게 일을 진행시켜도 마지막까지 완수하지 못하면 칭찬받을 수 없다.

이러한 사람은 일의 결말을 짓기도 전에 이미 다 끝낸 기분이 된다. 그러므로 한 번 시작한 일을 끝까지 완수하지 못하는 것은 이랬다저랬다 하는 성격 탓이며 무모하게도 불가능한 일에 손댔기 때문이라고 할 수 있다.

시작할 가치가 있는 일이라면 반드시 끝까지 해내야 할 가치도 있을 것이다. 이룰 가치가 없는 일이라면 대체 왜 시작한 것인가. 현명한 사람은 단지 목표를 좇을 뿐 아니라 그것을 끝까지 완수하는 법이다.

129 사람들을 친근하게 대하라

느낌좋은 사람이라는 평가를 받도록 하라. 특히 다른 사람들보다 직책이 높은 사람은 말할 것도 없다. 정상에 오른 사람이 이렇게 행동한다면 모든 부하에게 존경받을 수 있다. 다른 누구보다도 사람들을 즐겁게 해줄 수 있다는 것은 관리자가 가진 특권 가운데 하나다. 스스럼없이 다정하게 대할 수 있는 사람이 바로 친구이다.

세상에는 남들을 일부러 불쾌하게 만드는 게 아닐까 생각되는 사람도 있다. 그들은 단순히 까다로워서가 아니라 일부러 남을 괴롭히는 것이다. 그런 사람들을 상대로 진솔한 이야기를 하려고 한들 냉담한 표정만 지을 게 뻔하다.

130 상대에게 관심을 기울이고 북돋아 주어라

공로를 세운 사람에게 칭찬을 아끼지 않는 것이 사람을 쓰는 비결이다. 단순히 공로를 인정하고 보상해 줄 뿐 아니라 관심을 기울이고 치켜세워 주어야 한다. 이것은 도량큰 사람만이 가능한 일이다. 공로있는 사람에게는 시기를 불문하고 보상해 주는 게 좋다. 그러면 감사하는 마음이 두 배가 될 것이다.

일에 대한 보수도 빨리 주는 게 좋다. 일을 맡기기 전에 보수를 지불하는 것도 일에 대한 의무감을 생기게 해준다. 그 의무감이 나중에는 감사로 바뀌게 마련이다. 이것은 감정의 교묘한 전환이라고 할 수 있다. 빌린 돈을 갚을 때도 빨리 갚으면 빌려준 쪽이 오히려 감사하는 마음을 갖게 된다. 단 이 방법은 교육을 잘 받은 사람에게만 통한다. 비열한 성품을 가진 사람에게 보수를 일찍 지불하면 열심히 일하기는커녕 태만을 부리기 일쑤이다.

131 부도덕과 불행의 가시를 품고 있는 질투

질투는 인간의 자연스러운 본능 가운데 하나지만 부도덕과 불행의 가시를 품고 있다. 그래서 옛부터 질투는 우리들의 행복을 가로막는 적이며 죄악이었다.

우리는 되도록 질투라는 본능을 우리 인격에서 잡초처럼 뿌리뽑아야 한다. 세네카는 '자신의 소유에 만족하고 이를 즐기려면 남들과 비교하지 마라. 자기보다 잘살고 더 많이 가진 자를 부러워하고 배아파하는 사람은 결코 행복할 수 없다'고 말하면서, 행복하려면 '자기보다 못한 자가 얼마나 많은지 생각하라'고 충고했다.

우리는 언제나 위보다 아래를 보고 살아야 하며 자기보다 행복하다고 여기는 사람이 보기에만 그런 것인지, 실제로는 불행을 감추고 사는지도 의심해야 한다. 사람이 자신을 위로하는 가장 빠른 방법은 자기보다 불행한 사람을 보는 것이다.

132 부정적인 마음은 결코 성공을 이루지 못한다.

부정적인 마음은 행복이나 물질적인 성공을 끌어들이지 못하고, 그 반대의 것들을 끌어들인다. 다시 말해 일의 결점만 보는 게 꼭 나쁜 것만은 아니라고 아무리 스스로 합리화해도 부정적인 사고는 결국 부정적인 결과를 낳는다. 즉 우리의 마음은 긍정적인 생각들을 물리적인 현실로 바꿔놓으려고 끊임없이 노력하는 것과 마찬가지로 부정적인 생각들을 부정적인 결과물로 바꿔놓으려는 노력도 게을리 하지 않는다.

133 부하를 신중히 고르라

보잘것없는 도구를 가졌으면서도 솜씨가 뛰어난 사람으로 보이기 원하는 사람이 있다. 이러한 자기만족은 위험하기 이를 데 없으며 신세를 망치기 딱 좋다.

수상이 훌륭하여 군주의 명예가 손상된 예는 없었다. 그뿐 아니라 성공의 명예는 윗사람에게 돌아간다. 실패했을 때의 비난이 책임자에게 돌아가는 것과 마찬가지다. 명성은 늘 윗사람 몫이다. 군주가 좋은 부하를 많이 거느렸다느니 부하가 실수했다는 말을 언급하는 사람은 결코 없다. 다만 군주의 기량이 좋았다거나 나빴다고 평가할 뿐이다. 그러므로 도구와 부하를 자세히 살펴보고 신중히 골라야 한다.

134 능력은 노력을 통해 결실맺는다

출세하기 위해서는 노력과 능력이 필요하다. 능력이 있고 꾸준히 노력하는 사람은 자연스럽게 두각을 드러낸다. 평범하지만 노력하는 사람은, 뛰어나지만 꾀부리는 사람보다 더 훌륭한 업적을 세울 수 있다. 노력을 통해 얻은 것은 더 크고 명성까지 불러온다. 성공에는 소질과 기량이 필요하다. 하지만 노력하지 않는다면 성공의 열매는 거둘 수 없다.

제4장 우정을 기르는 지혜

135 친구란 기쁨을 늘려주고 불행은 함께 나누는 존재

가까이 두어 고마운 친구가 있는가 하면 멀리에서 사귀는 게 좋은 친구도 있다. 대화 상대로는 알맞지 않은 친구라도 편지 친구로는 좋은 사람도 있을 것이다. 가까이 지내면 참기 어려운 단점도 멀리 떨어져 있으면 그리 마음쓰이지 않게 된다.

친구와 사귈 때는 즐거움만 바라서는 안된다. 친구한테 무언가 얻으려고 안달하지 마라. 한 사람의 친구는 다른 무엇보다도 소중한 가치가 있다. 훌륭한 우정에는 반드시 세 가지 특질이 있다. 바로 조화와 선과 진실이다.

좋은 친구들에게 둘러싸인 사람은 많지 않다. 친구를 골라 사귀는 방법을 모르면 진정한 친구를 얻기 힘들다. 새로운 친구를 사귀기보다 우정을 오래 유지하는 방법을 아는 것이 더 중요하다. 우정을 오래 유지하는 사람을 친구로 삼아라. 지금은 깊이 사귀지 않는 친구도 언젠가는 오래된 친구가 될 날이 올 거라고 생각하면 마음이 편해질 것이다.

가장 좋은 친구란 풍부한 인생경험을 갖고 수많은 고난과 즐거움을 함께 겪어온 사람이다. 친구가 없는 인생은 풀 한 포기 나지 않는 황무지와도 같다. 친구가 있다면 기쁨은 늘어나고 불행은 함께 나눌 수 있다. 불행이 닥쳐올 때도 우정은 소중한 버팀목이 되어 상냥하게 마음을 위로해 줄 것이다.

136 성공하기 위해서는 뛰어난 사람들과 어울려라

배울 점이 많은 사람과 사귀어라. 그러한 친구와 사귀는 것은 지식을 쌓는 배움터가 된다. 친구와 교제하면서 그에게서 세련된 교양을 배워 몸과 마음에 익히는 것이 좋다. 친구를 스승으로 삼으면 교제를 즐기면서 유익한 지식을 배우게 된다. 그러므로 지식인과 사귀는 것을 즐겨라.

자기를 무의미한 존재로 만드는 사람과는 사귀지 마라. 그런 사람은 당신의 인생에 그리 도움이 되지 않는다. 장점을 많이 지닌 사람은 다른 이들의 존경을 받을 수밖에 없다. 그런 사람이 주연을 맡게 되면 당신은 조연밖에 맡을 수 없다. 달은 태양이 자리를 비웠을 때 별들 사이에서 빛나지만 태양이 다시 모습을 드러내면 그 그늘 속에 가려 보이지 않는다. 그러니 당신보다 뛰어난 사람과 어울리지 말고 당신을 돋보이게 만드는 사람과 어울려라. 운명의 베를 짜는 여신 파블라도 이 지혜를 알고 있었다. 초라한 옷을 입은 시녀들 때문에 그녀는 군신(軍神) 마르스 앞에서 아름다움을 드러낼 수 있었다. 자신의 명망을 희생해 가면서까지 남에게 영예를 주지는 말아야 한다. 나쁜 친구들과 어울려 자신을 위험에 빠뜨려서도 안된다. 당신이 젊거나 아직 무언가를 이루어가는 과정에 있다면 뛰어난 사람들과 함께 하라. 하지만 이미 성공했다면 평범한 사람들과 함께 서는 것이 낫다.

137 좋은 인생은 좋은 친구에 달려 있다

자신이 사귈 사람이 분별있는 사람인지 아닌지 또는 운좋은 사람인지 아닌지를 확실히 파악한 다음에 사귈지 말지 결정하라. 의지가 강하고 총명한 사람이라도 그것이 확실히 보증되는 사람이어야 한다. 성공한 인생을 사느냐 마느냐는 좋은 친구가 있느냐 없느냐에 달려 있다. 그런데도 그런 것에 특별히 주의를 기울이는 사람은 없다. 사람과 사람이 친구가 되는 것은 공연한 참견이 발단이 되기도 하지만 대부분 우연에서 시작되기 때문이다.

사람은 그 주변 친구에 따라 평가받는다. 현명한 사람이 어리석은 사람과 친해진다는 것은 있을 수 없는 일이다. 함께 떠들썩하게 즐기는 것만으로는 친구가 될 수 없다. 그 사람의 재능을 충분히 알고 있는 것은 아니지만 유머 감각만을 인정해 사귀는 경우도 있다.

올바른 우정이 있는가 하면 그렇지 못한 우정도 있다. 뒤의 경우는 쾌락을 추구하기 위한 우정이고, 앞의 경우는 인생의 풍부한 결실을 거두게 하고 그 성공을 기약하는 우정이다. 도리를 아는 친구의 날카로운 비판이 선량함을 가득 채워 전해주는 다른 사람들의 말보다 훨씬 귀하다. 그러므로 친구는 흘러가는 우연에 맡기지 말고 신중히 선택해야 한다. 사려깊은 친구는 슬픔을 쫓아내고 어리석은 친구는 비애를 불러온다. 또 영원히 우정을 간직하고 싶다면 친구가 유복해지기를 바라서는 안된다.

138 진정한 우정은 다이아몬드처럼 단단하고 오래간다

사귐에서도 우정에서도 약해지지 마라. 어떤 사귐과 우정은 아주 쉽게 깨어져 그 성분에 결함이 있음을 드러낸다. 그것들은 끈기도 없고 잘못된 감정과 반감으로 가득차 있다. 그런 사람들은 눈동자보다 더 연약한 마음을 지녀 결코 건드려서는 안된다. 농담도 진담도 견디지 못하고 사소한 일도 끝까지 참지 못하고 기분 상해 한다. 그들과 교제하는 사람은 극도로 주의해야 한다. 늘 그들의 연약한 감정에 신경쓰고 표정도 살펴야 한다. 조금만 나쁜 일이 생겨도 불쾌감을 드러내는 그들은 대부분 아주 괴짜다. 자기 기분의 노예가 되어 모든 것을 내팽개치기도 하며 스스로 환상에 빠져 자기 명예를 우상처럼 숭배한다.

한편 진심으로 우정을 중시하는 사람은 건강하고 굳건한 정신을 지니고 있다. 쓸데없이 민감하게 굴어 자신과 상대를 힘들게 하지 않는다. 진정한 우정을 지닌 사람의 감정은 다이아몬드처럼 단단하고 오래간다.

139 절도있는 사람과 사귀어라

절도를 지키는 사람에게 호감을 가져라. 또 그들에게서 호감을 받도록 하라. 절도를 중시하는 태도는 서로의 의견이 대립하는 경우라도 공정한 판단을 내려줄 게 틀림없다. 이러한 사람은 자신이 옳다고 생각하는 대로 행동하기 때문이다. 마음이 비천한 사람을 이기기 위해 에너지를 낭비하느니 고결한 사람과 싸우는 게 훨씬 유익하다. 야비한 사람과 상대하게 되면 결코 잘될 수 없다. 그들은 처음부터 공정하게 행동해야 한다는 의무감은 조금도 갖고 있지 않다. 그렇기 때문에 이러한 사람들 사이에서는 진정한 우정이 자라날 수 없다.

이런 사람들은 아무리 훌륭하게 말해도 단지 말일 뿐이다. 명예를 중요시여기며 하는 말이 아니기 때문이다. 명예심 없는 인간과는 상대도 하지 않는게 좋다. 명예를 하찮게 여기는 사람은 미덕도 중요시하지 않기 때문이다. 명예심이야말로 고결한 인간이라는 훈장과도 같다.

밝고 명랑한 마음만큼 확실하게 보답을 주는 것은 없다. 밝고 명랑한 마음은 그 자체가 하나의 보답이기 때문이다. 밝고 명랑한 마음만큼 다른 정신적 자산을 대신하고도 남을 만한 것은 없다. 어떤 사람이 부유하고 명망 있으며 젊고 아름답다고 하자. 그가 얼마나 행복한지 알기 위해서는 그가 과연 '밝고 명랑한지' 따져봐야 할 것이다. 반대로 어떤 사람이 명랑하다면, 그가 젊은지 늙은지 가난한지 부유한지 전혀 문제되지 않는다. 그는 그저 행복한 것이다. 그러므로 명랑함이 우리를 찾아오려 한다면, 우리는 언제나 대문을 활짝 열어 맞이해야 한다.

우리는 밝고 명랑함을 받아들여도 좋을지 가끔 고민하곤 한다. 그러나 우리가 받아들이기 곤란할 때 명랑함이 찾아오는 법은 결코 없다. 우리는 명랑해지기 전에 우선 명랑해도 괜찮은지부터 깊이 생각한다. 또한 명랑함 때문에 진지한 생각이며 무거운 근심에 대한 우리의 집중력이 흐트러지지 않을까 조심한다. 그러나 그렇게 행동해서 무엇을 얻을 수 있을지는 분명치 않다.

하지만 밝고 명랑한 마음은 가장 확실한 소득이다. 또 명랑함은 오직 현재를 위해서만 가치있다. 따라서 밝고 명랑함은 현재를 과거와 미래라는 두 가지 시간으로 나누지 않는 사람에게는 최고의 자산이다. 명랑한 마음은 무엇을 주고라도 얻을 가치가 있는 자산이며, 동시에 무엇과도 바꿀 수 없는 자산이다. 우리는 다른 어떤 자산보다도 이 자산을 먼저 가지려는 마음을 품어야 한다.

140 어리석은 사람과는 사귀지 마라

어리석은 사람과 사귀어 공연한 화를 초래하지 마라. 어리석은 사람이 분별하지 못하는 것은 어리석기 때문이다. 상대가 어리석은 줄 알면서도 사귀는 것은 더욱 멍청한 사람이다. 어리석은 사람과는 가볍게 사귀어도 위험하다. 만일 그 사람을 믿게 된다면 큰 곤경에 빠지고 말 것이다.

어리석은 사람도 처음에는 주의하고 조심하지만 결국은 바보 같은 짓을 하고 만다. 세상의 평판이 좋지 않은 사람과 사귀면 자신의 명성에 해를 끼칠 뿐이다. 어리석은 사람에게는 반드시 불운한 일이 닥친다. 그것이 그들의 숙명이다. 멍청하고 운이 없다는 것, 이 두 가지 불행은 그들 주위에 엉겨붙어 결코 떨어지지 않는다. 어리석은 사람과 사귀면 그 불행을 스스로에게 불러들이는 꼴이 된다.

어리석은 사람에게도 장점이 하나 있기는 하다. 현명한 사람은 어리석은 사람에게 아무 도움이 안되지만, 어리석은 사람은 현명한 사람에게 깨우침을 주는 교사 역할을 하기도 한다.

141 불행을 혼자서만 감당하려 하지 마라

어려움을 함께 할 사람을 구하라. 그러면 위험에 맞닥뜨려도 혼자가 아니고, 사람들의 증오도 혼자 감당하지 않아도 된다. 높은 지위에 있을 때 얻은 성공과 영예를 혼자 힘으로 감당할 수 있을 거라고 생각하는 사람들도 있다. 그러다 나중에 실패하게 되면 이런 사람은 공적인 불만까지 몽땅 혼자 짊어지는 수가 있다. 그럴 때 곁에서 그들의 책임을 용서하거나 비난을 함께 감수하려는 사람은 아무도 없게 된다.

불행을 혼자서만 감당하려 하지 마라. 곁에서 당신의 고통을 함께 나누어 지고 당신의 잘못을 용서할 수 있는 친구를 찾아라. 가혹한 운명도 매정한 대중도 두 사람을 한꺼번에 공격하기는 어려울 것이다. 성공과 행복뿐 아니라 불행과 무거운 짐도 함께 나눌 친구를 만들어라. 불행은 혼자 서 있는 사람에게 두 배의 무게로 내리치기 때문이다.

142 남들의 조언에 귀기울여라

다가가기 어려운 사람으로 보이지 마라. 인간은 완전무결하지 못하므로 다른 사람의 충고가 필요할 때가 있다. 남의 말에 귀기울이지 않는 것은 어리석은 사람뿐이다. 남의 도움은 받지 않더라도 친구가 진심으로 충고해 주는 말은 고맙게 들어야 한다. 정상의 자리에 오른 사람도 즐거이 남의 가르침을 청해야 한다.

다가가기 어려운 사람은 정작 중요할 때 곤란에 빠지게 된다. 궁지에 몰려도 도와줄 사람이 없어 파멸의 길로 뛰어들게 되는 것이다. 무슨 일이 있어도 자기를 굽히지 않는 사람이라도 친구를 받아들일 문 하나쯤은 열어두어야 한다. 그 문에서 구원의 손길이 뻗어나오게 된다. 거리낌없이 질책하고 충고해 줄 수 있는 사람이 필요하다. 친구와 서로 신뢰하는 관계를 만들어야 한다.

그것은 상대의 성실함을 인정하고 그의 지성을 높이 평가하고 있다는 증거이기도 하다. 아무에게나 믿음을 주고 그러한 관계를 맺지 않는 것은 너무도 당연하다. 그러나 마음속으로는 친구를 거울삼아, 언제나 주의하고 자신을 있는 그대로 보도록 해야 한다. 그 거울에 비친 자신을 제대로 본다면 실수를 저지르지 않게 될 것이다.

143 무턱대고 남에게 기대지 마라

특별한 경우가 아니면 소중한 친구의 힘을 빌리지 마라. 사소한 일에 사람들의 친절을 바라거나 친구관계를 이용하는 것은 삼가야 한다. 진정한 위기에 닥쳤을 때를 대비해 사람들의 호의를 소중히 간직해 두어라. 하찮은 일도 쉽게 의지하면 상대의 호의가 차츰 엷어져갈 것이다.

자신을 염려해 주는 친구의 호의만큼 귀중한 것도 없다. 자기 혼자 궁리해서 제대로 된 생각이 떠오르지 않는 일도 친구에게 상담하면 좋은 지혜가 나온다. 현명한 사람은 그 됨됨이로 호감을 사고 명성을 통해 많은 것을 손에 넣는다. 그러나 운명의 신은 가끔 현명한 사람을 질투해 어려움에 빠뜨린다. 정작 중요한 순간에는 아무리 가진 게 많아도 아무 도움이 되지 않는다. 그러므로 누군가가 호의를 갖고 다가올 때 그 사람의 마음을 확실히 붙잡아 두는 것이 좋다.

무엇인가를 위해 노력할 때, 그 나아갈 길을 이끌어주는 지향점은 '상상한 형상'이 아닌 '개념'이어야 한다. 그러나 현실은 대체로 그렇지 못하다. 특히 소년시절에 세운 행복은 몇 가지 형상이 뒤섞여 고정된다. 그 모습은 우리 눈 앞에서 아른거리며 때로는 반평생쯤, 심지어 일생 동안 사라지지 않는다. 그러나 그것은 사실 우리를 우롱하는 환영일 뿐이다. 그 환영은 어떤 경우 그것이 있는 곳에 도달하는 순간 무의미해져버리기 때문이다.

우리는 그것이 자기가 맺은 약속 따위에 아랑곳하지 않음을 알게 된다. 가정생활, 도시생활, 전원생활 또는 주거환경, 주변환경 등 어느 것에 관한 형상이든 모두 그런 식의 환영일 뿐이다. '모든 어릿광대는 저마다 자기만의 지팡이를 갖고 있다.' (궁중 어릿광대의 지팡이는 꼭대기에 두건을 씌운 머리가 있고 여러 개의 방울이 달렸으며, 광기의 상징이다.)

연인의 형상도 곧잘 그렇게 되곤 한다. 왜냐하면 직관적인 것은 본디 직접적으로 얻어질 뿐 아니라, 개념보다 더 직접적으로 우리 의지에 영향을 미치기 때문이다. 개념은 추상적인 생각으로 개별적·세부적이 아닌 보편적인 것만 제공해 준다. 또한 개념은 의지와도 간접적인 관계만 맺고 있다. 한편 개념은 약속을 잘 지킨다. 개념은 변함없이 우리를 이끌며 영향을 미친다. 물론 개념도 언제나 몇 가지 형상에 따라 해석되고 설명될 필요는 있다.

144 지나치게 사랑하지도, 미워하지도 마라

친구와 사귈 때는 그 친구가 가장 이기기 힘든 적이 될 경우까지도 생각해 두어야 한다. 앞으로 이 같은 일이 일어나지 마라는 법은 없으니 미리 마음의 준비를 해두어라.

우정을 배반한 사람을 증오해 그가 싸움을 걸어오는 일이 없도록 주의하라. 또 적에게는 화해의 문을 늘 열어두는 게 좋다. 너그러운 행동은 화해를 할 수 있는 확실한 길이다. 너무 일찍 복수해 나중에 후회하는 사람들이 많다. 때로 복수의 기쁨은 쓰디쓴 고통으로 바뀐다. 상대에게 아픔을 주었을 때의 만족감이 곧 격렬한 고통으로 되돌아오기도 한다.

145 상대를 주의깊게 살펴 그에 맞추어라

상대에게 맞추어라. 이것은 프로테우스(그리스 신화에서 변신과 예언 능력을 갖춘 바다의 신)가 가진 지혜였다. 학자를 만나면 학자같이, 성인을 만나면 성인같이 행동하라. 이것이 사람 마음을 사로잡는 비결이다. 사람은 누구나 자신과 닮은 사람에게 호감을 갖기 때문이다.

주의깊게 살펴서 그 사람의 기질을 알아내어 그것에 자신을 맞추어나가야 한다. 상대가 차분한 사람이든 명랑한 사람이든 상황을 잘 판단하여 자신을 바꿔 적절한 행동을 취하라. 다른 사람의 도움이 필요한 사람은 특히 더 그래야 한다.

146 여러 사람의 취향을 존중하라

사람들의 취향을 진지하게 여겨라. 많은 사람에게 인정받는 것은 훌륭하고 좋은 일이다. 그 까닭은 알 수 없어도 사람들은 이를 즐긴다. 사람에게서 홀로 떨어져 있는 사람은 늘 의심받고 우스꽝스럽다. 게다가 남들에게 미움받기 쉽다. 자기 홀로 남들을 중상하는 자는, 그가 비난하는 대상에게 해를 끼치는 게 아니라 그 자신의 판단에 대해 사람들이 의심하게 될 뿐이다. 그런 이는 자신의 나쁜 취향에 빠진 채 고립되어버린다. 나쁜 취향은 대개 무지에서 나온다. 좋은 것을 찾아내지 못하는 사람은 자신의 무능력을 감추기 위해 사물을 무조건 깎아내린다. 그럴 때는 차라리 침묵을 지켜라. 모든 사람들이 하는 말은 사람들의 말 그대로 그 가치를 지니고 있거나, 사람들이 그렇게 되기를 바라기 때문이다.

147 사람을 대할 때는 진중하게 하라

사람을 대할 때는 무게있게 행동하라. 행동에 기품이 느껴지도록 해야만 한다. 성공해서 일류가 되고 싶다면 작은 일에 얽매이지 말고 침착해야 한다.

사람과 대화할 때 아주 작은 일까지 세세하게 따질 필요는 없다. 특히 유쾌하지 않은 이야기를 할 때 더욱 그렇다. 확실치 않은 부분을 확인하고 싶다면 아무렇지도 않게 무심히 물어보는 게 좋다. 마음을 열고 이야기하는데 갑자기 청문회처럼 날카로운 질문을 하는 것은 좋지 않다. 사소한 부분에 구애받지 않고 당당하고 예의바르게 행동해야 한다. 이것이 일류 유명인사가 지닌 품격이다.

사람을 능숙하게 다루는 비결은 무관심한 척하는 것이다. 즉 무슨 문제가 발생해도 대부분 너그럽게 넘어가주는 게 좋다. 이것은 상대가 친구나 아는 사람일 때는 물론이고 적일 경우도 마찬가지다. 사람들은 무슨 일에나 세세하게 따지는 사람을 좋아하지 않는다. 이런 버릇이 성격이 되면 귀찮은 존재로 여겨지게 될 것이다. 인간됨됨이는 태도에 나타나게 마련이다. 저마다 자신이 가진 도량의 크기며 능력에 걸맞은 행동을 하게 된다.

148 상대에게 속마음까지 드러낼 필요는 없다

상대에게 모든 것을 숨김없이 털어놓을 필요는 없다. 피를 나눈 가족이나 친구들 사이에서도 마찬가지다. 큰 은혜를 입은 사람에게도 모든 것을 속속들이 드러낼 필요는 없다. 호감을 갖는 것과 자신의 속마음을 드러내는 것은 전혀 다른 문제다.

아무리 친한 친구 사이라도 예의가 있다. 상대와 아무리 친해져도 지켜야 할 예의가 있다. 누구나 친한 친구에게도 밝힐 수 없는 비밀 한두 개쯤은 있다. 아무리 아들이라도 아버지에게 털어놓을 수 없는 비밀이 있는 법이다.

어떤 사람한테는 가르쳐주고 어떤 사람한테는 감추고, 어떤 사람한테는 비밀로 하고 어떤 사람한테는 털어놓기보다 차라리 누구에게도 고백하지 않고 모두 숨기는 편이 낫다. 그 비밀을 털어놓을지 말지는 상대가 어떻게 하느냐에 달려 있다.

149 흠집 대신 장점을 찾아라

우리는 다른 사람들의 결점은 잘 보면서 자기 결점을 모르고 지내는 경우가 많다. 또한 친구나 가족이나 회사 동료들을 비판할 때는 객관적이 되지만, 자신의 결점에 대해서는 솔직해지기 어렵다. 따라서 우리 모두 똑같이 결점과 부족함을 지닌 인간임을 인정해야만 다른 사람들을 있는 그대로 받아들이고, 대가를 바라지 않는 관용이라는 훌륭한 성품을 기를 수 있다.

물론 '흠집잡기'를 '장점찾기'로 바꾸는 건 결코 쉽지 않은 일이다. 그러나 남을 비난하지 않고 언제나 칭찬하는 사람이 된다면 모두들 당신을 친구로 삼고 싶어할 것이다.

150 이 세상에서 가장 귀한 선물인 진정한 친구

진정한 친구는 값으로 따질 수 없는 귀한 선물이다. 자신이 가슴에 지닌 희망과 꿈, 가장 은밀한 비밀들을 털어놓아도 여전히 자기를 존중해주는 친구, 그런 친구는 소중히 간직해야 한다.

그런데 세상에는 이기적인 목적으로 친구를 찾는 사람들이 너무 많다. 그런 사람들은 상대에게 전혀 무언가를 해주려고 하지 않는다. 참된 우정은 서로 주고받는 것이며 서로 공평하게 이득을 보아야 한다.

따라서 친구로부터 진정으로 존중받으려 노력하면 우정은 당연히 얻어진다. 그리고 남들이 자신을 존중해주면 자신은 자기가 대접받고 싶은 대로 남들을 대접해야 한다는 책임감을 더욱 강하게 의식해야 한다.

151 이미 인생을 망친 사람들과 어울리지 마라

부정적인 생각을 지닌 사람들이 모인 집단에서 한 개인이 지속적으로 긍정적인 영향력을 행사하는 것은 사실상 불가능하다. 대개 그 반대 경우가 성립된다.

부정적인 사람들과 하루 종일 시간을 보내면 긍정적이고 생산적인 자세를 계속 유지할 수 없게 된다. 자기 인생을 망쳐버리고 자신의 불행을 남의 탓으로 돌리는 이들은 당신의 인생이 성공하도록 도울 수 있는 사람이 결코 못 된다.

그러므로 친구를 신중하게 고르고, 자신의 일이며 회사 또는 어떤 개인에 대한 불평을 삼가라. 그리고 인생계획이 뚜렷이 서 있는 긍정적이고 야심적인 사람들과 어울려라. 그들의 낙관주의가 당신에게도 금방 옮아갈 것이다.

152 지나친 친밀감은 경멸을 부른다

지나치게 허물없이 친해지는 것은 좋지 않다. 상대에게 격의없이 대하는 행동도 좋지 않다. 별은 사람 곁으로 다가오는 법이 없으므로 언제나 그 빛을 잃지 않는다. 뛰어난 사람에게는 그에 어울리는 위엄이 따르지만, 지나친 친밀감은 경멸을 부른다. 늘 얼굴을 맞대고 있다 보면 존경하는 마음을 품기 어렵다. 자주 이야기를 나누다보면 상대가 신중하게 감추어둔 결점이 차츰 눈에 들어오기 때문이다.

누구와도 격의없이 친해지는 것을 삼가라. 상대가 윗사람이면 위엄을 잃을 위험이 있고, 아랫사람이면 위엄이 손상된다. 더욱이 아둔하고 예의없는 사람에게는 결코 마음 편한 상대가 되지 말아야 한다. 아무리 은혜를 베풀어 주어도 고마워하기는커녕 오히려 당연하게 여기기 때문이다. 예의가 빠진 친밀함은 어리석고 못났다는 증거다.

153 상대의 어리석음을 감쌀 줄 알아라

어리석은 짓을 저지르는 자가 어리석은 게 아니다. 자신이 저지른 어리석음을 덮을 줄 모르는 자가 더 어리석다. 때로는 장점도 감춰야 할 일이 생기는데, 당신의 어리석음이야 말해서 무엇하겠는가. 사람은 모두 잘못을 저지르지만 그 차이는 존재한다. 영리한 자는 과실을 숨기고 어리석은 자는 아직 저지르지도 않은 일을 먼저 떠벌린다. 당신의 명성은 당신의 행동이 아니라 얼마나 조심하는가에 달려 있다. 새로운 부당함을 하소연하거나, 다른 사람에게 도움과 위안을 얻으려다가는 오히려 그들의 경멸을 사기 쉽다. 하소연은 남의 불행을 보고 기뻐하는 사람들의 마음을 자극하기 때문이다.

지혜로운 자는 자기에게 찾아온 불행이며 과실에 대해 입을 다문다. 오직 자기가 얻은 행복과 성공에 대해서만 말한다. 이것으로 그는 친구들에게 존경받고 적들은 침묵하게 만든다. 한 사람에게서 얻은 호의를 다른 사람에게 자랑하여 그가 비슷한 행동을 하게 유도하는 것도 뛰어난 능력이다. 자리에 없는 사람들에게 감사하고 있음을 드러냄으로써 함께 있는 사람들도 그런 감사를 받고 싶어하는 마음이 들게 만들 수 있다. 그것은 어떤 사람들에게서 얻은 명망을 다른 사람들에게 파는 것과 같다.

154 무엇이든 좋은 면을 보려고 노력하라

무엇에서든 장점을 발견해낼 수 있는 능력은 취향이 고상한 사람들에게만 주어지는 행운이다. 벌은 달콤한 꿀을 찾아 날아다니고, 독사는 괴로운 독을 갖고 먹이를 찾아헤맨다. 사람의 취향도 마찬가지다. 좋은 면만 보는 사람이 있는가 하면, 나쁜 쪽으로 눈이 가는 사람도 있다. 무엇이든 반드시 좋은 점을 갖고 있다. 책의 경우 특히 그러하다. 책에는 사람이 머릿속으로 상상해낼 수 있는 온갖 선량한 것들이 적혀 있기 때문이다.

세상에는 불행한 성격을 가진 사람이 있다. 이들은 뛰어난 자질을 산더미처럼 갖춘 사람이 지닌 티끌 같은 약점을 발견해 조롱거리로 삼는다. 그리 중요하지도 않은 약점을 찾아 크게 부풀린다. 그들은 조그만 실수나 판단착오 같은 하찮은 실수를 보고 눈에 불을 밝히며 흠을 들춰내지 못해 안달한다. 하지만 이렇듯 남의 오점이며 결점을 들춰내는 것은 결국 그들 마음에 짐이 되어 견딜 수 없는 고통으로 괴로움만 겪게 할 뿐이다.

그 고통은 어리석음에 내려진 벌이다. 하지만 그들이 아무리 괴로워한다 해도 과연 자신이 저지른 행동이 옳은지 그른지 구분할 분별력이 있는지 의심스럽다. 이런 사람들이 행복할 리 없다. 쓰디쓴 독을 찾아다니고 머릿속에는 하찮은 남의 실수만 가득차 있으니 당연한 것 아닌가. 하지만 취향이 고상한 사람들은 행복하다. 결점투성이 인간을 봐도 운명의 여신이 내려준 몇 가지 장점을 재빨리 발견하는 사람이 진정 행복하다.

제5장 경쟁자를 이기는 방법

155 비열한 수법을 써서 상대를 공격하지 마라

고결한 태도로 적을 상대하면 세상사람들의 칭찬을 받는다. 싸움에서 단지 권력만 쟁취할 것이 아니라 자신이 뛰어난 사람이라는 인상을 남들에게 심어주어야 한다. 만약 야비한 방법으로 싸워서 상대를 무찔렀다면 그것은 승리가 아니라 이미 패배한 거나 마찬가지다.

고귀한 기상이 있는 사람은 금지된 무기를 사용하지 않는다. 친구와 절교해 서로 적이 되었을 때 익히 잘 알고 있는 사실 등을 무기로 상대를 공격해서는 안된다. 우정이 증오심으로 끝났다 해도 과거에 자신에게 주었던 신뢰를 악용하지 마라. 조금이라도 신뢰를 배신하는 행동을 하게 되면 평판이 떨어지는 법이다.

고결한 사람은 털끝만큼도 야비한 면이 있어서는 안된다. 고귀한 사람은 자신의 양심이 비열한 방법을 쓰는 것을 용서치 못한다. 이 세상에서 고귀함과 관대함과 성실이라는 미덕들이 사라진다 해도 자신의 마음속에는 그것이 남아 있다고 자부할 만한 당당한 인간이 되어라.

156 적을 충분히 이용하라

칼도 다룰 줄 알아야 한다. 위험한 칼날을 잡으면 상처입지만 손잡이를 붙잡으면 위험에서 지켜주는 무기가 된다. 어떤 상황에서든 유리한 쪽과 불리한 쪽이 있게 마련이다. 적을 잘 다루어라. 지혜로운 자에게는 적의 도움이, 어리석은 자가 받는 친구의 도움보다 더 낫다. 때로는 친구의 호의가 있다해도 감히 넘을 엄두를 낼 수 없는 험난한 산도 적의 악의가 평탄하게 해 줄수 있다.

증오보다 더 위험한 것은 아첨이다. 증오는 오점을 씻어내려 하나 아첨은 그것을 은폐하기 때문이다. 지혜로운 자는 남의 원망에서 배울 점을 찾는다.

이는 호의보다 더 충실하다. 강력한 역풍은 맥빠진 순풍보다 낫다. 적의 덕택에 행운을 얻은 사람들도 많다. 지혜로운 자는 자기 곁의 경쟁자와 적들의 동태를 주시한다. 그리하여 누구든 자신의 잘못을 지적하지 못하게 예방하거나 이를 듣고 곧바로 개선한다.

157 모욕을 피하고 신뢰를 얻어라

누가 모욕하거든 되도록 빠른 시일 안에 그것을 찬사로 바꾸어라. 모욕을 피하는 일은 복수하는 것보다 더 지혜롭다. 경쟁자가 될 만한 사람에게서 신뢰를 이끌어내는 것은 대단한 지혜이다. 그에게 호의를 베풀면 시간이 흐를수록 비난이 줄어들고 감사의 말이 흘러나오는 큰 효과를 볼 것이다.

158 싸움을 피하라

경쟁자와 서로 다투면 평판이 나빠진다. 경쟁자는 금방 상대의 약점을 찾아내 그것으로 신용을 깎아내리려 한다. 정정당당히 싸우는 사람은 거의 없다. 관대한 사람들이 너그럽게 봐주는 약점도 경쟁자는 결코 놓치는 법이 없다. 매우 평판이 높았던 사람도 경쟁자가 생기면서 그 명예를 잃게 된 예가 아주 많이 있다.

심한 적의를 가진 사람은 세상이 이미 잊어버린 옛상처를 도려내 악취 풍기는 과거를 파헤친다. 약점을 폭로하는 게 도화선이 되어 마침내 자신의 위치가 급상승하게 되면, 경쟁자는 쓸 수 있는 모든 방법을 동원함은 물론 이용해서는 안되는 비열한 방법까지 계속 끄집어낼 것이다. 그런 짓은 남의 감정만 상하게 할 뿐 아무것도 얻는 게 없는 경우가 허다하다. 하지만 그들은 보복했다는 야비한 만족감만으로 충분하다.

남과 싸워 상대에게 복수심을 갖게 한다면 그들은 모두 잊어버린 옛상처를 다시 후벼팔 것이다. 그러나 사람들에게 호감을 준다면 다툼이 없을 것이며 명성도 무사할 것이다.

159 질투와 적의를 이겨내라

질투심을 드러내는 사람은 차갑게 대해도 소용없다. 차라리 아무 말 없이 너그럽게 행동하는 것이 더 낫다. 남이 자신을 헐뜯으면 반대로 그 사람을 칭찬하라. 그러면 사람들은 더욱 목소리 높여 칭찬해 줄 것이다. 보복하기 위해서라면 더욱 분발하여 노력해 우수한 업적을 남기는 게 위인의 이름에 부끄럽지 않은 방법일 것이다. 그렇게 해서 질투하는 사람들을 응징하고 고통을 안겨주어라.

남의 불행을 바라는 인간은 상대가 성공을 거둘 때마다 분해서 이를 갈며 괴로워할 것이다. 상대의 영광이 경쟁자에게는 지옥이다. 상대에게 자신의 성공을 보여줌으로써 독이 되게 하는 게 가장 교묘한 벌이다. 질투가 심한 사람은 남의 성공에 죽을 듯이 괴로워한다. 경쟁자가 사람들에게 갈채받을 때마다 죽음에 버금가는 고통을 느끼는 것이다.

질투심에 불타는 사람은 경쟁자가 불후의 명성을 얻으면 영원한 벌로 고통당하게 된다. 상대는 영광에 둘러싸여 불멸의 생명을 얻고, 자신에게는 불멸의 벌만이 내려올 뿐이다. 그의 명성이 만천하에 울려퍼지면 그를 질투하는 사람은 고뇌의 교수대에 오르는 계단을 밟기 시작할 것이다.

160 사자털을 걸치지 못할 것 같으면 여우털이라도 걸쳐라

제왕 같은 위엄과 명성을 얻지 못할 것 같으면 작은 위신과 평판이라도 얻도록 하라. 자기 계획을 끝까지 관철하는 사람은 결코 명성을 잃지 않는다. 힘으로 안되면 요령껏 해야 한다. 이 방법이 안되면 저 방법을 택하라. 용기 있게 큰 길을 갈 수 없을 것 같으면 술책을 사용하는 사잇길이라도 가라. 인류 역사에서는 힘보다 술책이 더 많은 것을 이룩해 왔다. 용기보다 기민함이 더 많은 것을 정복해 왔다. 그러나 어떤 일을 결국 이룰 수 없으면 차라리 그 일을 경멸하라. 이는 이길 수 없는 곳에서 자존심을 상하지 않고 조용히 물러날 수 있는 또 하나의 처세술이다.

161 최후에 승리하는 자가 승자다

마지막이 늘 공정하지는 않다. 극도로 파렴치한 자들이 최후의 승리를 거두기도 한다. 그들의 생각과 의지가 세력을 얻는 것이다. 그들이 자신의 봉인을 찍고 나면 이전의 승자는 쉽게 잊혀진다. 최초의 승자는 다시금 쉽게 패배할 수 있으므로 결코 승자가 아니다. 누구나 최초의 승자를 끌어들이려 하지만 신뢰란 쓸모없는 것이며, 최후에 승리하지 못한 자는 평생 실패한 자로 남는다.

162 고집부리느라 일을 그르치지 마라

때로 상대에게 선수를 빼앗겨 우위를 놓치더라도 열세한 쪽에 붙는 것은 좋지 못하다. 질게 뻔한 싸움에 뛰어들면 치욕스러운 꼴만 당한다. 말싸움을 붙인다 해도 고양이 앞의 쥐다. 적이 경쟁자를 제치고 유리한 고지를 차지한 사실 하나만으로도 능력을 무시할 수 없기 때문이다.

세력이 떨어지는 쪽에 서서 끝까지 적에게 맞서려는 사람은 어리석다는 비난을 피할 수 없다. 고집스러운 말도 위험하지만 완고하게 자신의 주장을 고집하는 행동은 더 위험하다. 말보다 행동이 위험을 불러오기 쉽기 때문이다. 완고한 사람은 대부분 굉장히 무지하므로 옳은 말에도 아무 거리낌 없이 반박하면서 이익을 따져보지도 않고 싸움을 건다.

사려깊은 사람은 결코 감정에 휩쓸리지 않고 늘 이치에 맞는 쪽에 선다. 그들은 사태가 어떻게 되리라는 것을 미리 예측하거나 또는 도중에 깨닫고 자신의 입장을 바꾼다. 적이 어리석을 경우 경쟁자가 가만히 있어도 알아서 방침을 바꾸는 일도 있다. 그러면 입장이 바뀌어 적의 세력이 열세에 몰린다. 그때 경쟁자는 적을 끌어내려 자신이 우세한 위치에 선다. 어리석은 적은 열세한 세력 쪽에 붙어 경쟁자에게 계속 대항하여 오로지 치욕만 맛보게 될 것이다.

163 보잘것없는 적이 되지 마라

분별있는 사람도 어쩔 수 없이 다른 이의 적이 되는 경우가 있다. 그러나 보잘것없는 적은 되지 마라. 누구나 자신의 본디 모습대로 행동해야 하며, 사람들이 바라는 모습으로 행동하지 말아야 한다. 경쟁자와 대결할 때에도 관대한 자가 찬사를 얻는다. 우월한 힘만으로 싸우지 말고 기지를 발휘하여 승리를 거두라. 비열한 승리는 영예로운 일이 아니라 곧 패배이다. 정직한 사람은 사용이 금지된 무기를 쓰지 않는다. 우정이 끝났다 하여 곧 증오를 품는 일도 금지된 무기를 사용하는 것과 마찬가지다. 이미 주어진 신뢰를 복수에 써서는 안된다. 배신 냄새를 풍기는 모든 것은 이름을 더럽힌다. 사려 깊은 사람들에게서는 비열함의 흔적을 찾을 수 없다. 아량, 관대, 충정이 세상에서 사라지더라도 그것을 우리 가슴속에서 다시 찾아낼 수 있다면 그것만으로도 충분히 영예롭다.

164 신중하게 겨루라

무슨 일이든 무턱대고 덤벼드는 자와는 겨루지 마라. 그런 사람과 겨루면 심한 출혈이 뒤따른다. 상대는 수치심도, 두려움도 없이 닥쳐온다. 그는 모든 게 끝장나 더 이상 잃을 것도, 희망도 없는 최악의 상태에 놓여 있기 때문이다. 그러므로 아무것도 두려워하지 않고 무슨 일이든 악귀처럼 달려든다. 그런 사람과 경쟁하는 것은 매우 위험한 일이다. 그런 끔찍한 위험에 자신의 더없이 소중한 평판을 내맡겨서는 안된다. 좋은 평판을 얻는 데는 여러 해가 걸리지만 눈 깜짝할 새 잃을 수도 있다. 의무감과 명예심이 있는 사람은 많은 것을 잃기 매우 쉬우니 위신을 지켜라. 자기 위신과 다른 사람의 위신을 더불어 생각하라. 일에 신중하게 관계하고 착수할 때 주의하라. 싸움이 시작될 때 잃은 것은 승리하더라도 다시 찾을 수 없는 법이다. 적당한 때 물러나 자신의 명망을 안전하게 지킬 준비를 하는 것이 좋다.

165 미래에 적이 될 만한 사람을 자기 편으로 만들어두어라

남들이 비방하기 전에 선수를 쳐서 적의를 호의로 바꿔라. 모욕당하고 나서 보복하려 하지 말고 처음부터 모욕당하지 않도록 애쓰는 게 현명하다. 장래에 적이 될 법한 사람을 동료로 만들어두는 것은 유능한 사람만이 할 수 있는 일이다. 내버려두면 명성을 위협하기 쉬운 사람을 자기 명성의 수호자로 만들어버리는 것이다.

그러기 위해서는 남에게 은혜를 베풀어 모멸을 감사로 바꾸는 기술을 터득해야 한다. 슬픔을 기쁨으로 바꾸는 기술이야말로 좀더 나은 인생을 살아가게 해준다. 적의를 가진 사람이 가장 믿을 만한 친구가 되도록 마음을 기울여 노력해야 할 것이다.

166 전체를 파악하라

모호한 실마리로 전체를 파악하는 법을 배우라. 한때는 말을 잘하는 것이 최고의 기술이었다. 그러나 이제는 그것으로 충분하지 않다. 특히 속아넘어

가지 않기 위해서는 미루어 짐작할 줄 알아야 한다. 마음속 깊은 곳의 생각을 알아차리고 뜻한 바를 아는 사람들이 있다. 우리가 알려고 열망하는 진실은 언제나 절반만 말로 드러난다. 주의깊은 이만이 진실을 완전히 알 수 있다. 신중한 자는 소망에 속지 않고, 자기 믿음의 고삐를 당길 줄 알며, 원하지 않는 일에서도 자신의 믿음에 박차를 가할 줄 안다.

167 상대의 예상을 뒤집어라

어리석은 사람은 현자가 예언하는 대로 행동하지 않는다. 자신에게 무슨 이익이 있을지 모르기 때문이다. 마찬가지로 현자도 사람들이 예상하는 대로 행동하지 않는다. 적이 자신의 의도를 파악해 뭔가 술책을 만들어낼지도 모르므로 본심을 숨기는 것이다.

모든 일은 여러 방면으로 겉과 속을 잘 살펴보아야 한다. 어느 한 부분만 보지 말고 전체를 정확히 파악해야 한다. 상대가 당연히 할 만한 행동을 예상하기보다 할지도 모를 가능성있는 일을 곰곰이 생각해 보아야 한다.

168 상대의 의도를 꿰뚫어보라

교활함에 맞서는 최고의 수단은 신중함이다. 자기의 문제에서 발뺌하기 위해 다른 사람에게 일을 떠넘기는 사람들이 있다. 교활한 책략의 냄새를 맡으려면 민감한 후각이 있어야 한다. 남들의 문제를 선뜻 떠맡아서는 안된다. 그들의 의도를 꿰뚫어보라. 그것을 눈치채지 못하면 상대의 간계를 알 길이 없어 발을 내디딜 때마다 더 깊은 함정에 빠진다. 그것은 불 속에서 자신의 손을 데며 다른 사람에게 이익이 되는 것을 꺼내는 일과 같다.

169 사람의 마음을 파악하라

사람들의 마음을 알도록 힘써라. 원인과 동기를 제대로 알면 결과도 미루어 짐작할 수 있다. 먼저 원인과 동기를 파악하라. 마음이 우울한 자는 늘 불행을 예견하며, 마음이 악한 자는 범죄를 내다본다. 그들에게는 언제나 최악의 것만 눈앞에 있어, 현재의 좋은 것들을 몰라보고 다가올지도 모르는 재앙의 가능성만 생각하는 것이다. 열정적인 자는 늘 실제와 동떨어진 이상한 말을 지껄인다. 그들의 입을 통해 말해지는 것은 이성이 아니라 열정이다.

이들은 열정이나 변덕에 따라 말하며 진실에서는 멀리 떨어져 있다. 늘 웃는 자는 바보이며, 결코 웃지 않는 자는 음흉한 자임을 알라.

170 남에게 부탁받을 때는 한꺼번에 요구를 들어주지 마라

현명한 사람은 고마운 사람이 되기보다 남들에게 꼭 필요한 사람이 되고 싶어한다. 사람들이 고맙게 여기는 행동을 하는 것은 그리 어려운 일이 아니다. 그러나 사람들의 기대를 충족시켜 주는 일은 훨씬 어렵고 소중하다. 기대심리는 오래 지속되지만 감사하는 마음은 금방 잊혀지기 때문이다.

이 세상에는 고마운 사람보다 꼭 필요한 사람이 더 큰 이익을 차지한다. 우물물을 마셔 갈증이 가시면 우물에 등을 돌리고 가버린다. 황금빛 과즙을 짜낸 오렌지는 쓸모없어져 버려진다. 더 이상 필요 없어지면 정중한 태도와 존경심은 오간 데 없이 사라지고 완전히 표정을 바꾸기 마련이다. 그러므로 상대의 요구를 한꺼번에 들어주지 말고 그 의존관계를 유지하라. 이것이 내가 경험을 통해 깨달은 가장 큰 교훈이다. 이렇게 하면 때로 왕이 된 기분마저 누릴 수 있을 것이다.

그러나 자신이 상대에게 꼭 필요한 사람이라고 해서 지위를 남용하는 것은 좋지 않다. 자신을 필요로 하는 사람을 돕지 않아 인생을 망치게 하거나 자신의 이익만 생각한 나머지 남을 불행에 빠뜨리는 일은 결코 좋지 않다.

171 놀림을 참아라. 하지만 놀리지는 마라

상대의 농담을 가볍게 받아넘기는 것도 일종의 예의이다. 반대로 다른 사람을 놀리다 뜻밖의 문제에 휘말려들게 되기도 한다.

사람들이 모인 잔치에서 처음부터 끝까지 불쾌한 얼굴을 하고 있는 사람은 구제불능에다 귀찮은 존재다. 악의없는 농담처럼 즐거운 것도 없고, 농담을 이해하고 즐기는 것은 뛰어난 인간이 될 수 있다는 증거다. 그러므로 놀림거리가 되었다고 화내는 사람은 사람들에게 또 다른 놀림거리를 제공하는 것이나 같다.

하지만 때로 농담을 멈추고 화제를 다른 곳으로 옮겨야 할 때도 있다. 농담 한마디가 심각한 문제로 떠오르는 순간이 바로 그때다. 농담만큼 세심한 주의와 기술을 필요로 하는 것도 드물다. 농담을 하기 위해서는 미리 상대가 어느 정도 농담을 받아주는 사람인지 잘 알아두어야만 한다.

172 상대를 너무 과대평가하지 마라

상대를 집어삼킬 만한 담력을 가져라. 사람을 보는 시각을 바꾸어라. 상대를 실제보다 부풀려 생각해 지레 겁먹을 필요는 없다. 기죽어 상대에 대한 상상을 지나치게 키우지 마라.

알기 전에는 거물이라고 여겼던 사람도 한두 번 이야기를 나눠보면 의외로 시시한 인물임을 알게 되어 실망하는 경우도 많다. 인간은 누구나 한계가 있는 법이다. '그랬더라면……' '그렇게 되었다면……' 하는 후회와 한탄의 말을 하지 않는 사람은 없다.

지위가 높은 사람은 그에 어울리는 위엄을 갖추고 있지만 눈에 보이는 것처럼 뛰어난 능력을 갖춘 사람은 거의 없다 해도 과언이 아니다. 높은 지위의 사람은 운명을 다스리는 신의 장난으로 대부분 뛰어난 재능을 갖고 있지 못하기 때문이다.

상상은 언제나 한 발 앞서 머릿속에 과장된 상념들을 그린다. 현실에 있는 것과 더불어 현실에 있을 수 있는 것까지 상상하기 시작한다. 그러나 사람은 실제로 경험해 보고 이성적인 판단으로 상상이 만든 생각들을 차츰 수정해 나가야만 한다.

어리석은 사람은 대담하면 안되고, 현명한 사람은 겁이 많으면 안된다. 어리석고 단순한 사람에게 힘을 실어주는 게 자신감이라면, 현명하고 용기있는 사람에게 자신감은 무엇보다도 강력한 힘이 되어줄 것이다.

173 남보다 앞서가야 길을 개척할 수 있다

다른 모든 조건이 같다면 맨먼저 시작한 사람의 우위야말로 흔들림 없이 견고하다. 자기보다 앞서 시작한 사람이 없다면 그 분야에서 일인자가 되어 명성을 얻고 싶어하는 사람도 많을 것이다. 맨처음 개척한 사람만이 영광을 누리며, 그 뒤를 이은 나머지 사람들에게 남은 방법이란 소송을 일으키는 일 뿐이다. 아무리 죽을 힘을 다해 노력해도 뒤따르는 사람들에게는 모방자라는 오명이 붙어다닌다.

뛰어난 지능을 지닌 비범한 사람은 늘 무언가 새로운 방법을 생각해내어 이름을 떨친다. 그러나 그들이 모험할 때는 깊이 생각하고 잘 분별하여 안전하게 일을 추진한다. 현명한 사람은 새로움을 무기로 위대한 사람의 명부에 자신의 이름을 올려놓을 공간을 확보해 간다. 그러나 일류 그룹에서 이인자가 되는 것으로 만족하느니 차라리 이류 그룹에서 일인자가 되겠다고 생각하는 사람도 있다.

174 기술의 핵심은 자신만 알고 있어라

뛰어난 스승이 제자에게 기술을 전수할 때도 이것을 지켜야 한다. 사람은 어느 분야에서는 늘 남보다 뛰어나 대가로 남아야 한다. 그러므로 남에게 기술을 전할 때도 신경써야 한다. 결코 자신이 지닌 지식을 밑바닥까지 모조리 알려줘서는 안된다. 최고의 지식은 마지막까지 자신만이 지녀야 한다. 그렇게 함으로써 자신의 명성을 지키면서 남들이 그에게 의존하는 마음을 유지시킬 수 있다. 남들의 마음을 사려고 할 때나 그들을 가르칠 때도 그 규칙을 꼭 지켜야 한다. 늘 경탄하게 만들고 늘 완벽함을 지녀라. 모든 일에 여분을 두는 것은 인생의 큰 처세술이다. 다른 사람을 이기고, 더 높은 지위에 있고 싶다면 꼭 필요하다.

175 지나치게 성공에 집착하지 마라

노력을 줄이고 인생을 즐겨라. 쉬지 않고 노력하는 것이 중요하다고 말하는 사람들이 있다. 그러나 할 일 없이 보내는 게 분주한 것보다 낫다. 우리가 가장 많이 가진 것이 시간이다. 돈도, 집도 가지지 못한 사람에게도 시간은 주어져 있다. 인생의 귀중한 시간을 무미건조한 일에만 매달려 허비하는 것은 불행하다. 성공에 지나치게 빠지지 마라. 그렇지 않으면 당신의 인생은 황폐해지고 당신의 정신은 숨조차 쉬지 못하게 된다. 현실을 살아가는 데 필요한 지식을 갖추고 사람들과의 관계를 돈독하게 하는 것도 인생을 즐기는 한 방식이다. 아무것도 모른다는 사고방식으로 고립되어 사는 것은 제대로 사는 인생이라고 볼 수 없다.

제6장 사람들에게 사랑받는 방법

176 분노는 조심스럽게 묶어두어라

분노를 다스리는 습관을 몸에 익혀라. 늘 마음속을 들여다보며 분노가 일어나지 않는지 응시하고 확인하라. 지혜로운 사람은 어떤 일이 있어도 이것을 잊지 않는다. 피가 거꾸로 솟구치는 일이 있을 때는 자신이 화나 흥분해 있음을 자각하는 게 중요하다. 그리고 기분을 진정시켜 감정이 폭발하지 않도록 강하게 자제해야 한다.

이러한 노력을 습관화하면 분노는 금방 가라앉을 것이다. 울컥 화가 치밀 때는 이를 억누르는 방법을 알아야 바로 기분을 가라앉힐 수 있다. 일단 분노를 터뜨리고 나면 가라앉히기 매우 어렵다. 노발대발하면서도 이성적인 행동을 할 수 있다면 그의 분별력은 역사에 남을 일이다.

인간은 격정에 휘둘리면 이성을 잃기 쉽다. 그러나 언제나 마음을 다스리면, 분노에 휩쓸려 자신을 망각할 일도 없고, 상식에 어긋나는 행동도 하지 않을 것이다. 격정에 몸을 맡기지 말고 신중하게 억눌러라. '말(馬) 위에 성자 없다'는 에스파냐 속담이 있다. 신중하게 분노를 억누르는 사람은 날뛰는 말 위에서도 정신을 똑바로 차린 처음이자 마지막 사람이 될 것이다.

177 남을 미워하는 것은 결국 자신을 미워하는 것이다

미움받지 말고 반감도 불러일으키지 마라. 미움은 초대하지 않아도 저절로 오는 불청객과 같다. 많은 사람들은 이유도 모른 채 공연히 서로를 싫어하며 친절보다 악의가 앞선다. 그들은 현명한 사람을 두려워하고 고약한 혀를 가진 사람을 싫어하며 건방진 사람을 혐오하고 비웃는 사람을 피하며 별난 사람은 무시하려 든다. 때로 모든 사람들을 적으로 만들고 나서야 만족하는 사람들이 있다. 한번 미움이 뿌리내리면 오명(汚名)처럼 없애기 힘들다. 미움은 치료하기 힘들 뿐 아니라 전염되는 병과 같다. 그러니 다른 사람의 미움을 피하고 존중받으려면 먼저 남을 존중해야 한다. 행복해지고 싶으면 남을 먼저 생각하라. 남을 미워하는 것은 단지 그의 모습을 빌려 자신 안에 있는 무엇인가를 미워하고 있는 것과 같다. 자신 안에 들어 있지 않는 것은 결코 당신을 흥분시키지 못하는 법이다. 그러므로 남을 미워하는 일은 결국 자신을 미워하는 것이다.

178 의견이 충돌될 때는 대화하라

의견은 신중하게 말하라. 누구나 자신의 의견을 최우선이라고 생각한다. 자기의 정당성을 주장하기 위해서라면 온갖 근거를 모조리 꺼내 늘어놓는다. 인간은 대부분 감정에 따라 판단이 심하게 달라지는 경우가 많다. 두 사람이 서로의 뿔을 부딪치면서 자기만 옳다고 주장하며 한 치의 양보도 하지 않는 광경은 흔한 일이다.

그러나 도리가 하나면 진실도 하나다. 서로 의견이 충돌될 때는 지혜를 짜내 진지하게 대화하는 게 좋다. 때로는 지금까지와 반대 입장을 취하여 신중하게 의견을 바꾸어보라. 상대의 관점에 서서 자신의 동기를 검토해 보는 것도 필요하다. 그러면 터무니없이 상대를 비난하거나 무턱대고 자신을 정당화하는 일도 없어질 것이다.

179 예의는 호의를 얻는 마법약이다

예의를 지켜라. 그것만으로 호감을 얻는 데 충분하다. 예의는 교양에서 나오며, 모든 사람의 호의를 얻을 수 있는 묘약이다. 반대로 무례함은 사람들의 경멸과 반감을 산다. 무례함이 자만에서 오면 혐오스럽고, 조악함에서 오면 경멸스러우며, 무지에서 오면 유감스럽다. 너무 간소한 예의보다는 예의가 지나친 게 차라리 낫다. 그러나 모든 사람에게 똑같은 예의를 보여서는 안된다. 특히 적에게는 자신의 가치를 나타내기 위해 의무적으로 예의를 지켜라. 이는 돈드는 일 없이 많은 도움이 된다. 다른 사람을 존중하는 사람은 자신도 존중받는다. 예의와 명예가 지닌 장점은, 바로 그것을 남에게 드러낼 때 드러내는 그 사람에게로 되돌아간다는 사실이다. 그러므로 예의에 관해서는 한껏 관대해져라.

가장 심각하고 흔히 저지르는 어리석음은 '삶을 위해 많은 준비를 하는 것'이다. 어떤 방식으로 준비하든 마찬가지다. 이런 준비를 시작하며 사람들은 완벽한 삶이 가능하다고 여긴다. 하지만 완벽한 삶에 이르는 사람은 극소수에 지나지 않는다.

사람이 아무리 오래 산다 해도 그 계획에 비하면 삶은 너무나 짧다. 그런 계획을 실행하는 데는 짐작보다 훨씬 많은 시간이 걸리기 때문이다.

또 그런 계획은 모든 인간사가 그렇듯 자주 좌절을 겪고 장벽에 부딪쳐 목표한 대로 잘 이루어지지 않는다. 그리고 모든 게 이루어진다 할지라도, 사람들은 미처 생각지 못한 결말을 맞이한다. 사람은 세월의 흐름에 따라 변하기 마련이고 무엇인가를 하거나 즐길 수 있는 능력도 전과 달라지게 된다. 따라서 온 생애를 바쳐 정성을 기울여 얻은 것을 노년에 이르러 즐기지 못하게 된다. 또는 그토록 어렵게 다다른 지위인데 감당할 처지가 못되는 것이다. 요컨대 그런 것들은 너무 늦게 사람을 찾아온다. 아니면 반대로 뭔가 특별한 일을 해서 특별한 성과를 거두려 했을 때는, 사람이 그 목표에 너무 늦게 도달한다. 시대의 취향과 기호는 이미 달라졌으며, 새로운 세대는 관심을 나타내지 않고 다른 이들은 더 빠른 길로 앞질러 와 있다.

무엇을 위해 너는 네 정신을 힘들게 하는가?
영원한 계획을 따르기에 네 정신은 너무도 미약하건만.
호라티우스 《카르미나》

이러한 잦은 실책은 자연스러운 착각에서 생긴다. 출발점에서는 삶이 무한히 길어보이고, 종착점에서는 말할 수 없이 짧아보인다. 물론 이러한 착각에도 장점은 있다. 이런 착각이 없다면, 위대한 일은 거의 이루어지지 않을 것이기 때문이다.

180 진실을 말할 때는 말을 신중히 골라서 하라

진실은 어떻게 다루느냐에 따라 단 것도 쓴 것도 된다. 진실은 위험한 것이며 올바른 마음을 가진 사람은 진실을 말하지 않고 견딜 수 없다. 진실을 전하기 위해서는 굉장한 기술이 필요하다. 사람의 심리에 통찰한 명의는 쓰디쓴 진실을 달콤하게 만들 줄 아는 기술을 터득한 자이다. 진실을 있는 그대로 말해 상대의 거짓을 가차없이 파헤친다면 진실은 괴로운 것에 지나지 않는다.

사람들에게 진실을 알릴 때는 신중히 말을 고르고 예의를 잊지 않기 바란다. 똑같은 진실이라도 말하는 방법에 따라 기분좋은 보고도 되고, 귀청이 찢어질 듯한 소음이 되기도 한다.

남에게 충고할 때는 과거의 사례를 인용해 진실을 깨닫게 해주는 것도 한 방법이다. 상대가 영리하면 넌지시 던진 말에서 진실을 깨닫는 경우도 있다.

정상에 오른 사람에게 괴로운 진실을 전할 때는 특히 주의해야 한다. 그들의 잘못을 깨닫게 하기 위해서는 달콤한 옷을 입혀 진실을 받아들이기 쉽게 만들어줄 필요가 있다.

181 알기 쉽게 이야기하라

확실히 알도록 이야기하라. 좋은 생각을 갖고 있으면서도 표현방법이 서툰 사람이 있다. 아무리 좋은 의견이나 뛰어난 제안을 생각하고 있어도 명쾌하게 이야기하지 않아 빛을 보지 못하고 묻혀진다.

남들 이야기는 열심히 듣지만 자기 의견을 똑바로 말하지 못하는 사람도 있다. 그런가 하면 깊이 생각해 보지 않은 일까지 떠들어대는 사람도 있다. 좀더 나은 인생을 살아가기 위해서는 강인한 의지도 중요하지만, 명석한 두뇌로 잘 말하는 것 역시 그에 못지 않은 중요한 재능이다.

182 국민성의 결함을 고치거나 은폐하라

국민성의 결함을 부정하라. 아무리 교양수준이 높은 국민에게도 나름의 결함은 얼마든지 있게 마련이다. 이웃나라는 이 결점을 꼬투리잡아 자신들에게 올 비난을 막거나 위안을 얻으려 한다. 자기 국민성의 결함을 고치거나 최소한 그것을 은폐할 수 있다면 찬양할 만한 일이다. 그러면 뛰어난 인물이라는 평판을 얻을 수 있다. 최소한 그런 수완을 발휘할 거라는 기대만 받아도 높은 평가가 뒤따른다. 가정, 지위, 직업, 나이에 따라 저지르는 과실의 경우도 마찬가지다.

183 부탁하는 데도 요령이 있어야 한다

남에게 무언가 부탁하는 것. 어떤 사람에게는 굉장히 어렵고, 또 어떤 사람에게는 매우 쉽다. 남에게 무언가 부탁받으면 도저히 거절하지 못하는 사람이 있다. 이러한 사람을 상대할 때는 아무 수고도 필요없다. 그런가 하면 무슨 부탁에든 반사적으로 '아니오'라고 말하는 사람도 있다. 이러한 상대를 대할 때야말로 기술이 필요하다.

그들에게 무언가 부탁하려면 시기를 잘 선택해야 한다. 상대가 피로하지 않고 기분도 좋아 보일 때를 이용해 부탁하는 것이 좋다. 그러나 만일 상대가 이 의도를 파악한다 해도 경계심을 가져서는 안된다. 기쁜 일이 있는 날은 누구나 친절해지는 법이다. 밖으로 넘쳐흐르는 기쁨을 다른 사람에게도 느끼게 해주고 싶다는 기분이 들기 때문이다.

누군가 부탁했는데 거절당하는 것을 봤다면 그날은 포기하는 게 좋다. 한번 거절하면 다른 것도 주저없이 거절해 버리기 때문이다. 또 슬픔에 잠긴 사람에게 부탁하는 것도 소용없는 일이다.

먼저 상대의 부탁을 들어주고 그것을 방패삼아 부탁을 들어주게 만들 수도 있다. 그러나 상대의 성품이 야비하고 전혀 은혜를 갚을 줄 모르는 사람이라면 아무 소용 없다.

184 자기와 관련된 중요하고 책임질 일에만 마음을 써라

평화롭게 지내는 자가 오래 산다. 평화로운 사람은 스스럼 없이 살 뿐 아니라 잘 극복하며 산다. 평화롭게 살고 싶으면 보고, 듣고, 자기와 상관 없는 일에 침묵지키며 살면 된다. 무언가 해야겠다면 집 앞의 마당이나 쓸어라. 낮에 싸움이 없으면 밤에 조용히 잘 수 있다. 조용히 사는 것이 걱정 없이 오래 사는 길이며 평화의 결실이다. 자기와 상관없는 일에 아무 신경 쓰지 않으면 모든 것을 얻을 수 있다. 모든 일에 마음쓰는 것처럼 바보스러운 짓은 없다. 자기와 상관있고, 자기에게 중요하고, 자기가 책임질 일에만 마음을 써라.

185 외국에 나가 성공해야만 하는 경우도 있다

더 나은 지위를 위해 떠날 수밖에 없는 자도 있다. 재능이 있는 자에게 조국이 언제나 관대하지는 않다. 그들이 자란 조국이라는 땅에는 시기심이 가득하기 때문이다. 그리고 사람들은 그 싹이 이룬 위대함보다는 처음의 불완전성을 더 잘 기억해낸다. 모든 낯선 것은, 멀리서 왔거나 완성된 상태로 등장했으므로 존경받는다. 한때 구석에서 멸시받다가 이제는 세상의 영예를 얻어 고향과 외국으로부터 칭송받는 사람들을 보게 된다. 고향 사람들은 그가 멀리 있어서, 외국인은 그가 멀리서 왔으므로 존경하는 것이다. 정원의 나무처럼 늘 보아온 돌덩이가 어느 날 갑자기 제단 위의 조각상으로 알맞다고 생각할 사람은 없을 것이다.

186 사람은 말로 행동을 산다

늘 친절하게 대하고 관심을 보여라. 사람들은 대부분 실제 그들의 모습대로 또는 하고 싶은 대로 말하며 행동하지 않고 남들이 원하는 대로 한다. 다른 사람들과의 교제는 우리가 생각하는 것보다 중요하다. 우리가 지닌 것의 대부분과 가장 좋은 것은 남들의 의사에 달려 있다. 어떤 사람들은 스스로 정의와 이성을 지닌 것으로 만족한다.

그러나 다른 사람들의 도움 없이는 이것도 무용지물이다. 남에게 보이는 친절과 관심은 돈이 안 들면서도 많은 도움이 된다. 사람은 말로 행동을 산다. 세상이라는 이 거대한 집 안에서 전혀 쓸모 없는 건 아무것도 없다. 아무리 가치 없는 물건이라도 아쉬울 때가 있는 법이다. 사람들과의 교제는 많고 다양할수록 좋다. 언젠가 그 가운데 가장 하찮은 관계도 당신에게 도움이 될 수 있다.

187 은혜는 조금씩 자주 베풀어라

도움주는 방법을 터득하라. 은혜는 한 번에 조금씩 자주 베풀어라. 그러나 상대가 갚을 수 없는 은혜는 베풀지 마라. 남에게 무조건 친절을 베푸는 것은 진정한 친절이 아니다. 그것은 은혜를 파는 짓이다. 그렇게 하면 상대는 감사하는 마음이 줄어든다. 호의를 고맙게 생각하지만 되갚을 수 없어 절교하는 경우도 있다. 친구가 부담느낄 정도로 도움을 주면 친구를 잃게 된다. 보답할 마음을 잃으면 절교하게 되고 서로 적이 될 것이다.

신은 자신의 신상을 만든 조각가를 만나고 싶어하지 않고, 도움받은 사람은 은인을 만나고 싶어하지 않는 법이다. 선물로 상대를 기쁘게 해주고 싶다면, 상대가 갖고 싶어하고 부담갖지 않을 만한 것을 주어야 한다.

188 대화를 나누면 그 사람됨을 알 수 있다

사람들과 능숙하게 이야기하라. 대화의 기술은 그 사람의 됨됨이를 측정하는 척도다.

인간의 활동 가운데 대화만큼 사리분별력이 요구되는 것도 없다. 사람은 늘 다른 누군가와 대화하기 때문이다. 대화를 얼마나 잘 이끄느냐에 따라 성공과 실패가 판가름나기도 한다. 편지는 머릿속으로 생각한 것을 기록한 일종의 대화로 신중하게 써야 한다. 그러나 사람과 대화할 때는 그보다 더욱 신중해야 한다. 분별있는 사람인지 아닌지 그 자리에서 바로 평가내려지기 때문이다. 대화의 기술에 능한 사람은 상대의 말 하나하나에서 그 사람이 품은 참뜻을 재빨리 알아낸다. 옛날 어느 현자는 '입을 열기만 하면 그 사람의 됨됨이를 알 수 있다'고 했다.

편안한 옷을 입듯 대화도 특별히 뭔가 의식하지 않고 솔직히 툭 털어놓는 게 좋다고 생각하는 사람도 있다. 친구 사이의 대화라면 그렇게 하는 것도 나쁘지 않다. 그러나 지위있는 사람들의 모임에서는 좀더 신중히 대화해야만 한다. 많은 사람들 앞에 자신이 지닌 도량의 크기가 낱낱이 드러나기 때문이다.

사람들과 능숙히 대화하고 싶다면 상대의 성격이며 수준에 맞춰 이야기해야 한다. 상대의 말꼬리를 잡고 늘어지지 마라. 까다로운 문법주의자로 여겨질 뿐이다. 사람들 말 한 마디 한 마디를 꼬투리잡아 비난하면 누구나 멀리할 것이며 상대하고 싶지 않은 존재가 되어버릴 것이다. 사람과 대화할 때는 신중하게 골라 말하는 게 중요하다.

189 '아니오'는 예의바르게

사람이 하는 말을 무엇이든 다 받아들일 수는 없다. 그런데 '아니오'라고 하는 것도 부탁을 들어주는 일만큼 중요하다. 특히 그가 아랫사람을 거느린 간부라면 더욱 그렇다. 문제는 말하는 방법이다. 어떤 사람의 거절은 다른 사람이 '예'라고 말한 것보다 고맙게 느껴질 때조차 있다. 거절도 잘 말하면 무뚝뚝할 때보다도 기분좋게 들리기 때문이다.

언제나 '아니오'만 말해서 상대의 환멸을 사는 사람이 많다. 그들에게는 언제나 '아니오'라는 말이 맨먼저 떠오르는 것이다. 이러한 사람은 나중에 상대의 부탁을 들어주더라도 이미 상대에게 불쾌감을 주었기 때문에 좋은 사람이라는 인상을 주지 못한다.

다른 사람의 부탁을 한마디로 딱잘라 거절하지 마라. 실망의 씨앗은 조금씩 없애가는 게 좋다. 결코 하나부터 열까지 모조리 거절하지는 말아야 한다. 그러면 누구나 이제 다시는 부탁할 마음이 사라질 것이다. 늘 마지막 희망의 여지 한 조각쯤은 남겨두고 쓰디쓴 거절이라도 부드럽게 말하라. 호감을 표현할 수 없는 만큼 예의바르게 행동하고 정중하게 말해야 한다.

'아니오'도, '예'도 짧은 단어 하나에 지나지 않지만 깊이 생각한 뒤에 사용해야 한다.

190 궁지에 몰렸을 때는 임기응변으로 빠져나가라

대충 얼버무리는 것도 궁지에서 빠져나가는 하나의 방법이다. 적절한 농담은 복잡한 미로에서도 빠져나가게 해준다. 웃음짓게 함으로써 곤란한 상황을 피할 수 있는 것이다.

이 최후의 방법 덕분에 위대한 명장 곤자르 코르도바(*위대한 지휘자로 불리는 에스파냐 장군. 무어인과의 전쟁, 이탈리아 남부에서의 전쟁에서 세운 공훈으로 이름을 떨쳤다*)도 용기를 갖고 전쟁을 치를 수 있었다. 상대가 거절했을 때도 친근하게 말할 줄 안다면 곤란한 화제를 자연스럽게 피할 수 있을 것이다.

191 거짓말은 결국 손해를 본다. 진실 또한 모두 말하지 마라

거짓말을 하면 결국 손해보게 된다. 그러나 진실을 완전히 밝히는 것도 좋지 않다. 진실만큼 다루기 힘든 것도 없다. 자칫 실수했다가는 심장이 터질 듯한 고통을 겪을 수도 있다. 진실을 이야기하거나 감추는 데는 저마다 알맞은 기술이 필요하다.

한 번이라도 거짓말을 하면 정직하다는 평판을 잃고 만다. 사람들은 속아 넘어간 사람에게도 잘못이 있다고 생각한다. 그러나 속인 사람은 신의가 부족한 인간이라고 여길 것이며, 그 사람의 명예도 당연히 끝나버린다.

진실은 완전히 밝힐 수 있는 게 아니다. 자신을 위해서 침묵을 지켜야 할 때라든지 남을 위해 잠자코 입다물고 있어야 할 때가 있다.

192 인기있는 사람을 적대시하지 마라

인기있는 사람에게 혼자서 적이 되지 마라. 많은 사람들을 즐겁게 하고, 이유는 뚜렷하지 않더라도 누구나 그의 가치를 인정한다면 무언가 분명 좋은 점이 있을 것이다.

남과 다른 행동을 하면 반드시 미움받게 된다. 게다가 분위기에 맞지 않는 행동을 하면 바보취급만 당할 뿐이다. 대중의 인기를 받는 사람을 경멸하면 도리어 자신이 경멸당하게 된다. 그뿐 아니라 취미가 고약하다며 아무도 상대해 주지 않을 것이다.

좋은 것을 분별할 눈이 없는 사람이라면 감수성이 둔감한 것을 남들이 눈치채지 못하도록 애써라. 무엇이든 무턱대고 욕하지 마라. 취미가 고약한 것은 무지하기 때문인 경우가 많다. 누구나 좋아하는 것은 명백히 좋은 것이다. 아니면 조금이라도 좋은 것일 가능성이 높다.

193 명성높은 사람은 아무 곳에나 함부로 참여하지 않는다

자리에 참석하지 않음으로써 존경을 얻어라. 자리에 참석하면 명성이 작아지고 참석하지 않으면 명성이 커진다. 자리에 없으면 사자로 여기다가도 눈앞에 나타나면 아주 쉬운 상대로 보일 때가 있다. 상상력은 실제의 얼굴보다 더 아름답게 꾸며준다. 착각은 귀로 들어가 눈으로 빠져나온다. 명성의 장막 속에 조용히 잠겨 있는 사람이 명성을 유지한다.

자신이 지나온 길을 돌이켜볼 때 아깝게 놓쳐버린 여러 번의 행운과 스스로 불러왔던 여러 번의 불행을 떠올린다면, 그것이 '미로를 헤매듯 잘못 거쳐온 삶의 행로'(괴테, 《파우스트》 1부, 헌사)임을 알게 될 것이다. 그럴 때 우리는 자칫 자신을 지나치게 질책하기 쉽다.

　　삶은 결코 순수한 우리 자신의 작품이 아니다. 삶은 두 가지 요인, 즉 일련의 사건과 우리가 내린 결정의 산물이다. 게다가 두 요인에 대한 우리의 시각은 제한되어 있다. 우리가 어떤 결정을 내릴 것인지 일찌감치 예측하기는 불가능하다. 앞으로 어떤 일이 일어날 것인지 예견하기는 더욱 불가능하다. 우리가 아는 것은 그저 눈 앞의 사건과 현재의 결정에 지나지 않는다.

　　따라서 목표가 아직 멀리 있는 한, 우리는 그 목표를 향해 똑바로 나아가지 못한다. 단지 짐작으로 대충 방향을 잡을 뿐이다. 우리가 내린 결정이 목표점에 더 가까이 데려가주기를 바라면서, 주어진 상황에 따라 순간순간 결정내릴 뿐이다. 그러므로 주어진 상황과 우리의 기본 의도는 서로 다른 방향으로 주어지는 두 가지 힘에 비유할 수 있다. 그리고 여기에서 생겨나는 대각선이 바로 삶의 궤적이다.

194 사람들은 겉모습을 보고 판단한다

내면을 갈고 닦는 동시에 겉모습에도 정성을 기울여라. 세상사람들은 사물의 본질이 아닌 눈에 보이는 모습을 그대로 받아들인다.

뛰어난 능력의 소유자가 겉모습도 인상적으로 보이기 위해 애쓴다면 세상사람들의 평가는 더욱 높아질 것이다. 눈에 보이지 않는 건 이 세상에 존재하지 않는 것이나 마찬가지다. 사리 분별력이 있는 사람이라도 그에 걸맞은 얼굴을 하고 있지 않으면 존중받지 못한다. 세상에는 식견있는 사람보다 겉모습에 완전히 넘어가는 사람이 훨씬 더 많다.

기만이 판치는 이 세상에서는 모든 것을 겉모습만으로 판단받게 된다. 그러나 겉모습이 멋지다고 속까지 훌륭한 사람은 사실 거의 없다. 그러므로 아무리 재능을 갖춘 사람일지라도 시대에 따라 그것을 남들 눈에 띄게 할 궁리를 하지 않으면 안된다. 그렇지 않으면 세상에서 인정받는 사람이 될 기회조차 놓치고 말 것이다.

195 사소한 일에 참견하지 마라

중요한 사람이 되고 싶다면 자신을 소중히 여겨야 한다. 함부로 사람들 앞에 나서지 말고 자신을 아껴라. 주제넘게 결코 먼저 나서지 마라. 다른 사람들이 원해서 나가는 사람은 환영받는다. 그러나 부르지도 않았는데 얼굴을 내밀어서도 안되고, 오라고 부탁하지도 않았는데 나가서는 더욱 안된다.

자신이 주도권을 쥐지 않으면 만족하지 못하는 사람은 실패하면 미움받고 성공해도 호의적으로 보는 사람이 없다. 오지랖이 넓은 사람은 조롱의 대상이 된다. 쓸데없이 참견하면 엉뚱한 소동에 휘말려들 뿐이다.

196 지배자는 자비로워야 호감을 받는다

대중의 호감을 사라. 위정자의 명망은 자비로움을 통해 얻어진다. 그리고 지배자가 자애를 보이면 여느 사람들도 호감을 보인다. 이것이 바로 다른 이들보다 더 많은 선행을 하도록 최고의 권력이 위정자에게 준 유일한 장점이다.

197 기분좋은 말은 사람 마음을 사로잡는다

비단 같은 말은 사람의 마음을 부드럽게 사로잡는다. 빠른 화살은 사람의 몸에 박히고 험한 말은 사람의 마음에 박힌다.

말은 공기와 같다. 사람의 마음을 사로잡는 기술에 능한 사람은 상대에게 공기 같은 말을 팔고 그 마음을 받는다. 말로 대부분의 마음을 살 수 있으며, 말만이 사람을 궁지에서 구해 준다.

상대가 몹시 열중해 있거나 들뜬 마음으로 이야기들을 때는 말을 이용해 상대를 마음대로 조종할 수 있다. 우두머리의 상냥한 말 한마디는 특히 부하의 마음을 움직이는 힘을 갖는다.

입 주위에서 늘 좋은 향기를 풍기게 하고, 적조차 듣기 좋아할 말로 꾸미는 게 좋다. 사람들에게 사랑받을 수 있는 단 하나의 방법은 기분좋은 말로 온화하고 사랑스럽게 상대를 대하는 것이다.

198 자기 분야에서 제왕답게 행동하라

나름의 위엄을 지녀라. 당신이 제왕이 아니더라도 당신의 모든 행동은 자기 분야에서 제왕다워야 한다. 당신의 행동을 제왕처럼 숭고하게 하라. 당신 생각을 제왕의 태도로 드높게 하라. 그리고 당신이 하는 모든 일에서 비록 권력은 얻지 못하더라도 제왕같이 공적을 쌓아라. 진정 제왕다움은 흠없는 도덕성이다. 그리고 위대함을 추구하는 사람은 다른 이의 위대함을 시기하지 말아야 한다.

199 상대의 장점을 발견해 칭찬하라

사람들의 장점을 찾아 칭찬하라. 그러면 취미가 고상하며 수준높은 사람이라는 평가를 받게 될 것이다.

사람들은 인정받고 싶어한다. 어떤 사람에게서 한번 장점을 발견하면 다른 사람이 가진 장점도 금방 발견할 수 있게 된다. 이렇듯 보는 안목을 키워, 사람들의 장점을 놓치지 않도록 하라. 사람을 칭찬하는 것은 멋진 화젯거리다. 사람들이 많이 모인 자리에서 사람들의 장점을 이야기하면 그 장소에 있는 사람들도 처신을 똑바로 하기 위해 노력할 것이다. 이것은 사람들을 예의바르게 만드는 좋은 방법이다.

그러나 이와 정반대로 행동하는 사람도 있다. 이런 사람은 언제나 남의 단점을 들추고 그 자리에 없는 사람을 험담해 같이 있는 사람의 환심을 사려고 한다. 이런 이야기가 통하는 것은 속임수에 속아넘어가는 경솔한 사람뿐이다. 남을 험담하는 사람은 다른 곳에 가서도 똑같은 이야기를 하는 법이다. 그 험담의 대상이 자신이 아니라고 누가 장담할 수 있는가.

또 어떤 이는 다른 사람이 세운 과거의 뛰어난 업적보다 최근의 시시한 일만 들추어 이야기한다. 이것은 상대를 진심으로 존경하는 게 아니고 겉치레로 아첨하는 것일 뿐이다. 사리분별력이 있는 사람은 남들이 아무리 칭찬하고 아첨해도 속지 않고 상대의 흑심을 알아차린다. 또한 아첨꾼들은 어떤 사람 앞에서도 똑같은 방법으로 아부한다는 것을 기억해 두라.

200 알기 쉬운 지식으로 사람들을 대하라

환영받는 지식을 갖추어라. 사려깊은 사람들은 우아하고 품위있게 많은 책을 읽으며 시대를 풍미하는 모든 것에 대한 적절한 지식이 있다. 더욱이 그것은 평범한 방식이 아닌 교양있는 방식으로 이루어진다. 사려깊은 사람들은 재치있는 언변과 고상한 행동을 미리 준비해 알맞은 때 사용할 줄 안다. 좋은 충고는 진지한 가르침보다 재치있는 말 한마디로 더 잘 전달된다. 대학의 학문이 아무리 자유정신에 바탕하고 있다 할지라도 많은 이들에게는 어려운 학문보다 알기 쉬운 교훈이 더 많은 도움을 주었다.

201 자기 능력의 한계를 밝히지 마라

모든 이의 존경을 받으려면 자신의 지식과 능력을 모두 헤아릴 수 없게 하라. 지혜로운 자는 자신을 드러내더라도 모든 것을 헤아릴 수는 없게 한다. 그 누구도 자기 능력의 한계를 모르게 하라. 실망할 위험성이 있기 때문이다. 재능이 어느 정도인지 정확히 알게 하기보다 추측과 의심을 갖게 하는 것이 더 큰 숭배를 불러일으킨다.

202 누구에게나 사랑받도록 힘써라

누구에게서나 호감받는 인간이 되어라. 세상에는 자신의 판단으로 행동하지 않고 남에게 휘둘려 살아가는 사람이 많다. 사람의 견해도 마찬가지다. 좋지 않은 이야기를 들으면 금방 믿어버린다. 믿을 수 없는 이야기라도 상대에게 안 좋은 소문일수록 진짜로 여기는 경향이 있기 때문이다.

이 세상에서의 성공과 명성은 사람들 존경을 받느냐 못받느냐로 결정된다. 올바른 행동만 하면 된다고 여기는 사람도 있지만 그것만으로는 부족하다. 사람들의 호감도 얻어야 한다. 상대를 기쁘게 하기 위해서는 특별한 수완이 필요없지만 그것을 통해 얻는 것은 매우 크다. 사람들의 친절도 말로 살 수 있다.

세계라는 집에 있는 도구 가운데 쓸모없는 물건은 하나도 없다. 어떤 물건이든 1년에 한 번쯤은 필요해질 때가 있어, 때로 생각지 못한 도움을 줄 수가 있는 것이다. 남의 소문을 떠들어대는 험담꾼의 말 속에도 결국 인간의 주관적인 감정이 들어가 있는 것이다.

203 남들에게 지나친 기대를 심어주지 마라

일을 시작할 때는 남들이 자기에게 지나친 기대를 걸지 않도록 조심하라. 상대가 지나치게 기대하면 그만큼 실망도 크기 쉽다.

상상한 대로 되지 않는 게 바로 현실이다. 머릿속으로는 잘 되리라고 여겨진 일도 실제로 시작하면 어려움투성이다. 상상에 소망이 보태지면 현실과 동떨어진 기대심이라는 게 생긴다. 그러면 현실에서 아무리 좋은 결과가 나와도 사람들의 기대를 만족시키지 못했다는 찜찜한 기분이 된다. 훌륭히 마무리지은 일도 기대가 어긋났다고 생각하면 실망하게 되고, 더욱이 칭찬받기란 하늘의 별따기이다.

이렇듯 현실과 기대의 차이를 만들어내는 것이 바로 희망이다. 온갖 지식을 동원해 희망에 제동을 걸어라. 그러면 기대한 이상의 기쁨을 얻게 되리라. 처음에는 사람들의 호기심을 자극하는 정도로만 시작하는 게 좋다. 사람들의 기대를 결코 부추기지 마라. 기대한 이상의 좋은 결과가 현실에 일어나면 사람들은 환호할 것이다.

그러나 나쁜 일에서도 이 방법이 그대로 적용되는 것은 아니다. 재난이 닥쳤을 때는 최악의 사태를 예상해 두라. 그러면 최악의 사태가 현실로 닥쳐도 정신차릴 수 있고, 죽음 같은 재앙도 견딜 수 있게 된다.

심각한 불행에 빠지지 않기 위한 가장 확실한 방법은 굉장히 행복해지기를 바라지 않는 것이다. 즐거움, 재산, 지위, 명예 등에 대한 자신의 욕구를 완전히 절제할 수 있도록 낮추는 것이다. 이렇게 해야 하는 이유는 행복을 향한 노력이 큰 불행을 불러오기 때문이다. 몹시 불행해지기는 너무도 쉬운 반면, 굉장히 행복해지기는 거의 불가능하기 때문이다. 따라서 앞서 말한 원칙은 현명하고 쓸모 있는 조언이다. 특히 행복을 자신에게 필요한 수많은 물품들로 만든 하나의 넓은 토대 위에 세워올리려고 하지 말아야 한다. 그런 토대 위에 세워진 것이야말로 가장 쉽게 무너지기 때문이다. 이런 면에서 볼 때 행복이라는 건축물은 넓은 토대 위에 세워질 때 더욱 안전한 다른 건축물들과 반대된다. 행복을 위해 필요한 온갖 수단에 대한 요구를 줄이는 것은 크나큰 불행을 피하기 위한 가장 믿음직한 수단이다. 모든 긍정적인 행복은 허상이지만, 고통은 현실이기 때문이다.

　　황금 같은 중용을 택하는 사람은 이렇게 머무른다.
　　썩어가는 더럽고 좁고 지저분한 집에서 멀리 안전하게,
　　시샘받는 화려한 궁성에서 멀리 겸허하게,
　　장대한 소나무 우듬지가 폭풍에 휩싸여 격렬하게 흔들리고
　　홀로 우뚝 치솟은 탑이 무게를 못이겨 무너지며
　　산꼭대기에 번개가 떨어지는 법이니.

호라티우스, 《카르미나》

204 늘 새로운 모습을 보여라

큰 성공도 시간이 흐르면 과거가 되고 명성도 더불어 몰락한다. 무슨 일이든 익숙해지면 감탄하는 마음은 희미해진다. 아무리 큰 성공을 거둔 사람도 나이를 먹으면 새로운 얼굴이라는 이유만으로 별다른 능력없는 신인에게 자리를 내주게 된다.

그러므로 용기·지성·행운 그밖의 모든 것에서 늘 새로운 자신으로 거듭나도록 하라. 반짝이는 재능의 빛을 되찾아 마치 태양같이 끊임없는 새로운 모습을 드러내 자신의 새로운 자리를 만들어가라. 재능을 있는 힘껏 분출하지 않으면 안타까움의 목소리가 높아질 것이다. 그러나 다시 한 번 힘껏 재능을 발휘한다면 박수갈채가 쏟아질 것이다.

205 재능은 조금씩 내보여라

무슨 일이든 작은 여유 하나쯤 남겨두어라. 그러면 예측하지 못한 사태가 닥쳐도 재빨리 대처할 수 있고 마음놓고 기댈 만한 사람으로 보일 것이다. 늘 온힘을 다하면서 재능을 모두 발휘하지는 마라. 지식이 있더라도 조금만 내비치고 모든 것을 다 보여주지 않는 게 좋다. 그러면 세상의 평판이 나날이 높아질 것이다.

궁지에 몰릴 경우를 대비해 늘 얼마쯤 여유를 남겨두라. 적극적이고 과감하게 공격하기보다 적당한 시점에서 자신을 돋보일 수 있는 사람이 비로소 존경받는다.

생각깊은 사람은 늘 안전한 길을 택한다. 이런 의미에서 본다면 '힘을 절반만 쓰는 사람이 온힘을 다해 질주하는 사람보다 의지가 있다'는 말도 일리 있는 소리이다.

206 남의 잘못을 들추지 마라

다른 사람의 잘못에 관심을 갖는 것은 자신 또한 잘못이 있다는 증거다. 어떤 이들은 다른 사람들의 잘못으로 자신의 잘못을 덮거나 씻어내려 한다. 아니면 그것으로 위안을 삼는다. 하지만 이것은 자신의 무지에 대한 위로일 뿐이다. 남의 흙탕물 속에 뛰어들면 자기 몸도 더러워진다. 남의 잘못을 들춰낸다고 해서 자신의 잘못이 적어지는 것은 아니다. 잘못이 전혀 없는 사람

은 없다. 유명하지 않은 사람들의 잘못은 잘 알려지지도 않는다. 그러나 유
명한 사람들은 잘못의 그림자도 길다. 인생에서 많은 것을 성취한 사람이라
면 분명 잘못도 저질렀으리라.

현명한 사람이라면 남의 잘못을 기록하고 들추지 않는다. 남의 잘못에 민
감한 사람은 겉보기에는 좋게 보일지 모르지만, 속은 잔인하고 비천한 사람
임에 틀림없다.

207 재능있는 사람은 평범하게 보이도록 애써라

자기 재능을 세상사람들에게 크게 과시하는 것처럼 어리석은 짓은 없다.
많은 사람들은 남의 재능을 겉으로는 칭찬하고 격려하는 것처럼 보여도 속
으로는 시기와 질투심에 사로잡힌다. 특히 똑같은 일로 경쟁관계에 있는 사
람들로부터는 증오며 원한을 사게 된다. 뛰어난 재능은 과시하는 순간 공격
의 표적이 된다는 사실을 잊어서는 안된다.

따라서 재능이 뛰어난 사람이 맨먼저 해야 할 일은 자신의 안전을 위해 재
능을 감추는 가면을 쓰는 일이다. 재능이 뛰어난 사람은 자신이 남들과 똑같
이 평범하게 보이도록 애써야 한다. 잘난 체하는 사람들이 미움받는 것은 그
렇게 하지 않기 때문이다.

그러므로 권력과 재력이 있는 사람은 남들의 부러움과 존경의 대상이 되
지만 재능이 뛰어난 사람이 그에 알맞은 존경을 받는 일은 거의 없다. 아마
그런 사람들은 성인 군자들 사회에 살아야 제대로 존경받을 것이다.

제7장 행운을 불러들이는 지혜

208 행운의 별을 찾아라

아무리 운없는 사람이라도 행운을 부르는 자기만의 별 하나쯤은 있기 마련이다. 현재 운이 따르지 않는 사람은 아직 어느 것이 자기 별인지 모르는 탓이다.

무슨 까닭인지 모르게 윗사람과 유력자에게 실력을 인정받고 융숭한 대접을 받는 사람이 있다. 행운의 별이 그를 인도하고 있는 것이다. 이렇듯 행운의 별이 이끌어주면 그 다음은 노력하며 운을 키워가기만 하면 된다.

능력의 차이가 없는 사람들 사이에도 일해 보면 행운이 따르는 사람이 있고, 그렇지 않은 사람도 있다. 그것은 행운의 여신이 내키는 대로 운명의 카드를 마구 내던지기 때문이다.

내 행운은 어디에 있으며, 내가 어디로 가고 있는지 잘 살펴보라. 인생의 승패는 바로 거기에 달려 있다. 행운의 별을 놓치지 마라. 자기 별이 아닌 엉뚱한 별을 쫓거나, 행운의 별에서 등돌리는 행동은 하지 말아야 한다.

209 시간으로 자기를 길들이라

기다릴 줄 알아야 한다. 성급한 열정에 빠지지 않고 서두르지 않을 때 비로소 참을 수 있는 마음가짐이 겉으로 드러난다. 현명해지기 위해서는 자신을 먼저 다스려야 한다.

그러면 다른 사람들이 그를 인정해줄 것이다. 사람들에게도 시간을 넉넉하게 주어라. 기회가 오기까지는 오랜 시간 기다려야 할 것이다. 참고 기다리다 보면 계절은 숨어 있던 것을 무르익게 하고 완성의 기쁨을 맛보게 한다. 시간의 버팀목은 헤라클레스의 쇠곤봉보다 더 강하다. 신은 채찍이 아닌 시간으로 인간을 길들인다.

'시간과 나는, 또 다른 시간 그리고 또 다른 나와 겨루고 있다'는 위대한 말을 상기하라. 시간이야말로 인생을 함께 하는 최고의 친구다. 행운의 여신은 기다린 자에게 맨먼저 포상을 내린다.

210 모든 행운을 소화할 수 있는 위장을 지녀라

진수성찬이 차려져 있어도 위장이 강하지 않으면 먹을 수 없다. 마찬가지로 어떤 행운이 찾아와도 그것을 충분히 살릴 힘이 없을 경우에는 놓쳐버리게 된다.

현명한 사람은 어떤 큰 행운이 찾아와도 남김없이 소화할 커다란 위를 가지고 있다. 재능많은 인간이라면 언제 어느 때 행운이 와도 당황하지 않고 그 기회를 모두 이용할 능력이 있을 것이다.

맛있는 음식들을 눈앞에 두고도 받아들일 만한 위가 없어 썩히는 경우가 있다. 마찬가지로 높은 지위에 오를 행운이 찾아와도, 그런 지위에 대해 한 번도 생각지 않은 사람이나 그런 지위에 익숙하지 않은 사람은 모처럼의 기회를 그냥 놓쳐버리고 만다.

또 어리석은 사람은 공명심에 눈이 멀어 옳지 못한 판단을 내리고, 무엇을 하든 허둥지둥 당황할 것이다. 그들은 높은 지위에 오르게 된다는 생각만으로 머릿속이 어지럽고, 그 행운을 제대로 받아들일 그릇이 되지 못하므로 흥분한다.

뛰어난 능력이 있는 사람들이여, 부디 행운을 받아들일 여유를 잃지 말고 그릇이 작아보이는 행동은 하지 않도록 주의하라.

211 단 하루도 소중히 여기라

단 하루도 태만하게 보내지 마라. 운명은 우리를 놀리듯 장난친다. 운명은 알아차리지 못하는 사이에 우연으로 꾸민 큰일을 저지른다. 그러므로 언제나 머리와 지혜와 용기와 아름다움을 지녀라. 걱정없는 어느 날 우리의 명망이 추락할 수도 있기 때문이다. 또한 적의를 품은 운명은 우리가 부주의할 때 엄격한 시험을 받게 한다. 운명의 간계는 이날을 놓치지 않는다. 운명은 전혀 예기치 못한 날을 골라 우리의 가치를 시험한다.

212 행운이 다가와도, 불운이 닥쳐도 냉정함을 잃지 마라

냉정함을 잃지 마라. 이것이 가능한 사람이야말로 정신적으로 성숙한 참된 인간이라고 할 수 있다. 무슨 일에도 흔들림없는 냉철한 사람은 감정에 휩쓸리지 않기 때문이다.

희로애락의 변화가 심한 사람은 마음이 불안정하며, 그 격정의 도가 지나치면 판단력을 잃는 병의 원인이 된다. 이 병이 입으로까지 퍼지면 그 사람의 명성도 위험해진다.

끝까지 감정을 다스려라. 그러면 어떤 행운이나 불운이 닥쳐도 침착하지 못하다고 비난하는 사람은 없을 것이다. 뿐만 아니라 그 초연한 태도를 누구나 입에 침이 마르도록 칭찬할 것이다.

213 행운은 영원하지 않다

승리했을 때 행운으로부터 떠나라. 명성있는 도박사들은 모두 그렇게 한다. 멋진 후퇴는 대담한 공격만큼 가치있다. 당신이 충분할 만큼 행했고 결실을 얻었다면 이제 안전을 찾아가라. 오래 지속되는 행운은 늘 의심스럽다. 중단된 행운이 더 안전하며, 그 맛도 더 달콤하다. 행운은 은총이 너무 커지면 짧게 지속됨으로써 균형을 유지한다.

214 불행한 사람은 피하고, 운좋은 사람과 가까워져라

불운은 대부분 어리석은 행동에서 초래된다. 불운만큼 전염성이 강한 것도 없다. 아무리 하찮은 불행일지라도 그 문조차 열지 않도록 하라. 그 뒤에 더욱 커다란 불행이 숨어 있기 때문이다.

승부의 비결은 어느 카드를 버려야 하는지 아는 데 있다. 승리한 사람이 보여주는 가장 약한 카드가, 진 사람이 방금 내놓은 최강의 카드보다 승패를 결정하는 힘을 지니고 있다.

어떻게 해야 할지 몰라 헤맬 때는 현명한 사람이나 신중한 사람과 가까워져라. 그런 사람에게는 늦든 빠르든 언젠가 행운이 찾아오기 때문이다.

215 행운이 찾아왔을 때야말로 불행을 대비할 때다

여름 동안 겨울에 닥칠 일을 대비해 두어라. 그것이 가장 현명한 방법이다. 마찬가지로 행운이 찾아왔을 때 불행을 대비해 두어라.

운이 좋을 때는 사람들이 호감을 갖고 대해 주며 우정도 쉽게 쌓을 수 있다. 장마에 대비하려면 둑을 쌓아야 하는 법이다. 역경에 처했을 때는 원하는 것을 좀처럼 가질 수 없다. 그뿐 아니라 수중에 아무것도 남아있지 않다.

여느 때 자신을 사랑해 주는 친구들이며 감사의 뜻을 잊지 않는 사람들을 소중히 여겨라. 지금 당장은 그리 도움되지 않을지 모르지만 언젠가는 그들의 고마움을 새삼 깨달을 날이 오게 된다.

야비한 사람은 운이 좋을 때도 친구가 없다. 사람들을 친구로 인정하지 않기 때문이다. 그가 역경에 빠져 친구가 필요해질 때면 이번에는 사람들이 그를 친구로 인정하지 않을 것이다.

216 무언가 시작할 때는 자신의 운을 살펴라

어떤 일을 새로 시작할 때는 자신의 성격과 체질보다 운을 확인해 두는 게 더 중요하다.

40살이 되어서도 히포크라테스(고대 그리스 의학자)에게 건강하게 해달라고 부탁하는 것은 바보 같은 짓이며, 세네카(고대 로마 철학자)에게 지혜를 빌려 머리를 숙이는 것은 어리석은 짓이다. 정말 중요한 행동은 스스로 운명의 여신을 다루는 기술을 몸에 익히는 것이다. 때로는 운명의 여신이 좀처럼 모습을 나타내지 않아 마냥 기다리기도 하고, 때로는 행운을 가져다주어 마음껏 이용하기도 한다. 그 여신의 변덕스러운 행동까지는 알 수 없더라도 최대한 잘 다루려 노력하라.

운명의 여신이 조금이라도 눈길을 준다면 주저하지 말고 대담하게 돌진하라. 여신은 겁없는 용사를 사랑한다. 요염한 여인이 젊은 남자를 사랑하는 것과 마찬가지다. 운이 없는 것을 깨달으면 그저 가만히 있는 수밖에 도리없다. 더 큰 실패를 되풀이하지 않도록 얌전히 있어야 한다. 운명의 여신을 자유자재로 다룰 수 있게 된다면 성공에 쉽게 다가설 수 있다.

217 행복과 명예를 둘 다 얻고 싶다

행복은 덧없지만 명예는 불멸이다. 행복은 살아 있는 동안 누리는 것이고, 명예는 그 뒤에 찾아오는 것이다. 행복은 갈망의 반대이고, 명예는 망각의 반대이다. 소망의 대상인 행복은 조장되기도 한다. 명예는 획득하는 것이다.

명예를 바라는 것은 그 가치 때문이다. 명예의 여신 파마(Fama)는 거인족들의 자매였다. 명예의 여신은 끊임없이 비범함, 기괴함, 기적, 그리고 혐오나 갈채의 대상을 추구한다.

제8장 행복한 삶을 위한 방법

218 세상의 훌륭한 것들과 만나라

폭넓은 흥미를 갖고 추구한 지식이 깊어질수록 인생의 기쁨은 늘어난다. 인생을 잘 살아가는 비결은 이 세상의 굉장한 것들을 음미하는 기술에 있다.

인간에게는 자연계의 모든 요소가 들어 있다. 조물주가 인간을 그렇게 만든 것이다. 인간은 심미안을 높이고 지성을 키워 최선을 다해 이 세상의 모든 것을 충분히 음미하기 위해 노력해야 한다.

219 미덕에 몸을 맡기고 살면 죽지 않는다

오래 살고 싶은가? 그렇다면 착하게 살아야 한다. 수명을 단축시키는 것은 두 가지이다. 바로 어리석음과 방종이다. 어리석음은 생명을 지킬 지혜가 없고, 방종은 그럴 의지가 없다. 미덕은 자신에게 보답하고, 악덕은 자신에게 벌을 준다. 악덕에 빠지면 인생은 금방 끝나버리지만 미덕에 몸을 맡기면 쉽게 죽지 않는다. 정신이 건강해야 몸도 건강해진다. 진정으로 선한 삶은 마음은 물론 몸도 건강하게 만든다.

220 인생에서 의지할 것들을 두 배로 갖춰라

인생에 필요한 것들을 두 배로 가져라. 그러면 생활 또한 두 배의 가치를 갖는다. 한 가지 일에만 매달리거나 한 가지 수단만 믿어서는 안된다. 아무리 뛰어난 일이 있어도 그 일에만 빠져서는 안된다. 사람은 모든 것, 특히 성공 조건, 강한 의지, 만족 등을 두 배로 준비해야 한다. 영원히 사라지지 않는 달도 그 모습을 자주 바꾸고, 인간의 연약한 이해에 의존해야 하는 인생 속에서 사물의 모습은 얼마나 더 자주 바뀌는가. 그러니 이처럼 허물어지기 쉬운 인생을 잘 이끌어가려면 우리는 사는 데 필요한 것을 두 배로 저장해 두어야 한다. 자연이 우리 육체 가운데 위험에 드러난 가장 중요한 팔과

다리를 둘씩 주었듯, 우리는 인생에서 의지할 것들을 두 배로 준비하는 여유를 지녀야 한다.

221 어리석은 행동은 못본 척하라

어리석은 행동은 못본 척하라. 총명한 사람일수록 사람보는 눈이 엄격해진다. 지식이 늘수록 인내심은 줄어들기 때문이다. 따라서 학식높은 사람에게 인정받는 사람은 그리 흔하지 않다.

그리스 철학자 에픽테토스는 말하고 있다. '살아가는 데 가장 중요한 것은 인내심이다. 이것을 알면 인생의 지혜 가운데 절반은 가진 셈이다.'

어리석은 행동을 못본 척하기 위해서는 굉장한 참을성이 필요하다. 어쩔 수 없이 신세져야 하는 사람이 심한 고통을 주는 경우도 있을 것이다. 이때야말로 진정 참을성을 기를 수 있는 절호의 기회다. 참을성은 사람에게 보기 드문 평안을 가져다준다. 그 안락함은 인생 최고의 행복이다.

222 역설은 왜곡된 판단에서 나온다

진부해지지 않으려고 역설적이 되지 마라. 남들과 같아지기 싫어 과장하거나 역설적으로 행동하는 사람들이 많다. 진부함과 역설적인 것 둘 다 너무 극단적이다. 처세훈에 맞지 않는 모든 모험은 충동적인 행동에 가깝다.

역설은 매우 교활하다. 역설은 처음에는 새롭고 자극적이어서 호감을 얻지만 그 속임수가 사라지고 실체가 드러나면 신뢰를 잃고 허무해진다. 나라에 그런 일이 있으면 국가를 파멸시킨다. 별난 사람이 되지 마라. 뛰어난 실력을 갖추고 진정한 업적을 이루지 못하는 사람들, 감히 무언가 하지 못하는 사람들이 역설적이 되어버리곤 한다. 어리석은 사람은 그것을 동경하지만, 현명한 이들은 경계한다. 역설은 왜곡된 판단에서 비롯된다. 그러므로 이따금 그 근거가 옳더라도 불확실하기 때문에 인생의 중대사에는 큰 위험이 되기도 한다.

223 대중의 인기를 노리지 마라

저속함을 모두 없애라. 우선 취향에서 저속한 요소를 없애는 게 마땅함은 말할 필요도 없다. 진정 현명한 사람은 대중의 인기를 얻으려는 생각을 결코

하지 않는다. 현명한 사람은 대중의 갈채만을 바라지 않는다. 하지만 세상에
는 사람들의 인기를 모아 우쭐해 마지 않는 카멜레온(현영심의 상징인 카멜레온은 공기만 마시)
같은 인간도 있다. 이러한 부류의 사람은 아폴론의 고요한 한숨보다 많은 사
람들이 모인 곳의 후텁지근한 열기를 더 사랑한다. 또 지식에서도 저속함을
피해야 한다. 세상에서 흔히 말하는 '기적'에 감동하지 마라. 그것은 어차피
허풍일 뿐이다. 대중은 평범하고 어리석은 것에는 청찬의 박수를 보내지만
정직한 충고는 전혀 달가워하지 않기 때문이다.

224 죽은 사자의 갈기는 토끼도 가지고 논다

대담하고 신중하게 행동하라. 상대가 죽은 사자처럼 굴면 토끼도 그 갈기
를 가지고 놀 것이다. 용기는 소홀히 할 수 없는 감정이다. 한 번 용기가 꺾
이면 두 번, 세 번 다시 꺾이게 된다. 어차피 똑같은 곤란을 극복해야 한다
면 차라리 처음부터 해결해 두는 게 낫다.

정신은 육체보다 대담하다. 정신은 대담하게 칼을 들고 있다. 그 칼은 사
리분별이라는 칼집에 넣어두어 특별한 경우에 대비하는 것이 좋다. 그 칼로
자신을 지켜야 한다. 나약한 정신은 허약한 육체보다 더 커다란 해를 부른
다. 뛰어난 자질을 타고났으면서도 용기가 없어 시체 같은 삶을 살거나 권태
에 빠져버린 사람이 의외로 많다.

달콤한 꿀은 벌의 날카로운 침과 함께 있다. 그것은 사려깊은 자연이 교묘
하게 고안해낸 것이다. 인간 육체에도 신경과 뼈가 있다. 정신 또한 단순히
물렁물렁하기만 해서는 안된다.

225 자랑할 만한 사람을 끌어모아라

자신의 주위에 뛰어난 인간을 끌어모아라. 뛰어난 친구가 주는 혜택은 놀
랄 만큼 크다. 습관이며 취미며 지식까지 모르는 사이에 조금씩 영향받아 어
느새 자신의 것이 되어버린다. 성급한 사람이 반대로 침착한 사람과 친해지
듯 자신의 성격과 정반대되는 사람을 친구로 사귀는 게 좋다. 그러면 특별한
노력을 기울이지 않고도 온건하고 절도를 지킬 줄 아는 사람이 될 것이다.

상대에게 자신을 맞춰가는 게 중요하다. 정반대되는 성격이 나타나게 되
면 이 세상에 아름다움이 생기고 질서가 유지되면서 자연계를 비롯한 인간

사회도 조화로워진다.

친구나 부하를 고를 때도 이 충고를 잘 기억해 두고 판단하기 바란다. 양 극단의 사람이 교류를 하다보면 사리 분별을 구분할 줄 아는 중용의 미덕이 몸에 배게 된다.

226 우리보다 나은 자를 혐오하지 마라

혐오감을 억누르라. 마음의 흐름은 때로 혐오감을 품을 때가 있다. 심지어 상대의 성격을 잘 알지도 못하면서, 이 타고난 비천한 감정은 때로 아주 훌륭한 사람을 대상으로 삼으려 한다. 지혜는 이 감정을 다스린다. 왜냐하면 마음속에서 우리보다 현명한 자를 싫어하는 것보다 더 나쁜 일은 없기 때문이다.

227 지성, 판단력, 기품있는 취미가 인생에 결실을 가져다준다

인생에서 큰 결실을 맺게 해주는 세 가지가 있다. 이 세 가지를 갖춘 사람이야말로 진정 훌륭한 인간이다. 이 세 가지는 풍부한 지성, 투철한 판단력, 그리고 그 사람에게 어울리는 기품있는 취미다.

상상력이 풍부한 것도 뛰어난 재능이지만 이성적인 판단을 하고 사물을 식별할 수 있는 식견을 갖추는 것도 훌륭한 재능이다. 지성은 날카로워야 한다. 조그만 일에도 생각이 복잡해지면 곤란하다. 지혜없이 근성만으로는 아무것도 되지 않는다.

20대에는 의지, 30대에는 지성, 40대에는 양식이 인간을 지배한다. 시커면 어둠 속에서 산고양이의 눈이 빛을 내는 것처럼 지혜로운 사람은 세상을 이성의 빛으로 밝힌다. 한 치 앞도 보이지 않는 어둠 속에서야말로 그들은 찬란한 이성의 빛을 내뿜는다. 어떤 상황에서도 가장 알맞은 생각을 해낼 줄 아는 이러한 사람은 계속 뛰어난 아이디어를 떠올리게 된다. 그 정도의 기지를 타고났다면 행복이라고밖에 달리 말할 수 없다. 여기에 풍부한 취미가 인생의 색채를 더욱 풍요해지게 할 것이다.

변함없이 가장 중요한 행복론의 진리는 사람에게는 '소유'나 '명성'보다 '존재'가 훨씬 더 중요하다는 사실이다.

　　가장 큰 행복은 인격이다.

괴테, 《서동시집》

사람이 언제 어느 때고 진실로 즐기는 것은 오직 자기 자신뿐이다. 자기 자신이 그리 가치 있는 존재가 아니라면, 온갖 즐거운 일도 단지 분노로 물든 입 안의 값진 포도주 같을 뿐이다.

행복의 가장 큰 적이 고통과 권태라면, 자연은 이 두 적에게 맞설 두 가지 방어수단을 인간에게 주었다. (육체적일 때보다는 정신적일 때가 훨씬 더 많은) 고통에 맞서기 위한 '명랑함'과 권태에 맞서기 위한 '정신'이 바로 그것이다. 그런데도 이 두 가지는 서로 가깝지 않으며, 극단적인 경우에는 양립하는 게 불가능하다. 정신은 정서적 우울과 친숙하다(고 아리스토텔레스는 말했다).

　　모든 천재적 인간은 우울하다.

키케로, 《투스쿨룸 논쟁》

지나치게 명랑한 기분은 천박한 정신의 산물이다. 일반적으로 고통과 권태 가운데 어느 한 가지에 잘 맞설 수 있는 성격일수록 다른 한 가지에 대해서는 그만큼 더 약하다.

인간의 삶이 고통과 권태로부터 늘 자유로울 수는 없다. 그러므로 어떤 사람에게 다가온 큰 불행이 그의 성격상 잘 맞설 수 있는 것이라면, 이것은 운명의 각별한 은총이다. 명랑한 사람에게 고통이 가해지거나 심오한 정신을 지닌 사람에게 허무한 여가가 주어지는 것은 다행스럽다. 하지만 그 반대일 때도 있다. 이렇게 되면 정신은 고통을 배가시킨다. 또 명랑하지만 천박한 정신을 지닌 사람은 고독과 한가한 공허를 참으로 견디기 힘들다.

228 자신만을 위해, 또는 타인만을 위해 살지 마라

자신만을 위해, 또는 타인만을 위해 살지 마라. 그런 삶은 모두 어리석으며, 괴로운 인생으로 가는 지름길이 될 것이다.

자기밖에 모르는 사람은 무엇이든 자기 것으로 만들고 싶어한다. 아무리 하찮은 것도 양보하는 법이 없다. 그리고 자신의 쾌적한 생활을 위해서라면 그 어떤 것도 놓치지 않으려 한다. 이런 인간은 남에게 사랑받을 수 없다. 이들은 단지 자신만의 행운만을 바라며 근거없는 안심에 젖어 있는 것이다.

때로는 남을 위해 최선을 다해 보는 것도 좋다. 그러면 사람들도 친절을 베풀어올 것이다. 공무원으로 일하고 있다면 일반 시민의 하인이 되어야 한다. 이들은 이 무거운 짐을 지든가 공무원직을 포기하든가 둘 중 하나를 선택해야 한다. 로마 황제 하드리아누스도 어떤 노파로부터 이런 가르침을 받았다.

또 사람들 가운데 타인만을 위해 살아가는 사람도 있다. 이 어리석은 사람은 늘 도에 지나친 행동을 하기 쉽다. 지나친 행동도 이 정도까지 되면 불행이라고밖에 할 수 없을 것이다. 이들에게는 하루는 고사하고 단 한 시간도 자신을 위해 보낼 시간이 없다. 오로지 타인만을 위해 봉사하는 것이다.

지식에서도 마찬가지다. 타인에게 도움되는 지식이라면 무엇이든 알지만, 자신에게 필요한 것은 아무것도 모르는 사람도 있다. 그러나 대부분의 사람들이 누군가에게 다가가는 것은 결코 상대를 위해서가 아니라 자신의 이익을 위해서다. 그들의 관심사는 오로지 상대가 자신에게 얼마나 도움이 되느냐는 것뿐이다.

229 일류에게 인정받아라

어떤 것이든 보는 시각에 따라 좋아보이거나 나빠보인다. 어떤 사람이 추구하며 좇는 것도 다른 사람에게는 방해물에 지나지 않는 것일 수 있다. 모든 것을 자기 혼자만의 생각으로 평가하는 사람은 어리석다. 진정 훌륭한 것이라면 그 가치를 인정해 주는 사람이 단 한 명 뿐일 리 없다.

사람 얼굴이 모두 다르듯 취미도 천차만별이다. 어떤 사람 눈에는 결점투성이로 보이는 것도 반드시 그 가치를 인정해 주는 사람이 있다. 그러므로 자신이 해낸 일을 몇몇 사람들에게 인정받지 못한다 해도 낙담해 자신의 생각까지 바꿀 필요는 없다. 그것을 높이 평가해 줄 사람이 세상 어딘가에 반드시 있다. 반대로 사람들에게 좋은 평가를 받았는데 다른 한편에서 비난의 화살이 쏟아질 수도 있다.

결국 세상에 진정으로 받아들여지느냐 마느냐의 기준은 명성높은 사람들에게 인정받느냐 못받느냐에 달려 있다. 명성높은 사람은 어떤 종류의 일에 대해서도 알맞은 대응법을 잘 알고 있기 때문이다. 사람이란 결코 한 가지 생각만 고수하고 하나의 습관대로만 행동하며 하나의 시대 풍조만 따라 살아가는 존재는 아닌 것이다.

230 목표로 삼을 위인 한 사람을 정하라

세상에는 모범될 만한 위인이 많이 있다. 그들은 내가 명성을 얻기 위해 필요한 살아 있는 교과서이다. 저마다 자기 전문분야의 일인자를 선택하는 것도 좋다. 그리고 그 사람을 본받으려 노력하되 한 걸음 더 나아가 추월하려 노력하라.

알렉산더 대왕이 아킬레우스의 무덤 앞에서 눈물을 흘린 것은 추모하기 위해서가 아니라 그와는 다른 자신의 처지에 대한 자각 때문이었다. 그 자신은 아킬레우스와 달리 지금껏 살아 있으면서도 명성을 얻지 못했기 때문이다(플루타르크 《영웅전》에 따르면 아킬레우스는 호메로스에 의해 불후의 명성을 얻게 되었는데 알렉산더 대왕은 그것을 부러워하여 그 무덤 앞에서 울었다고 한다).

다른 사람의 명성이 트럼펫 음색처럼 높이 울려퍼지는 것을 듣는 것만큼 야심을 불타게 하는 일도 없다. 그 드높은 명성의 울림을 듣고 나면 어느덧 질투심도 사라지고 높은 기상을 향해 나아가는 자신을 발견하게 된다.

231 재앙은 또 다른 재앙을 부른다

작은 재앙이라고 결코 가볍게 생각하면 안된다. 행운이 혼자 찾아오지 않듯 재앙도 역시 홀로 오지 않는다. 행복과 불행은 꼭 짝지어 온다. 작은 재앙은 큰 재앙을 데려온다. 한번 불행을 맞은 자는 모든 게 낭패로 돌아간다. 그 자신도, 그의 말도, 그의 성공도. 그러므로 불행이 잠자고 있을 때는 결코 불행을 건드리면 안된다. 그 불행 속으로 조금만 발을 내디디면 늪처럼 끝없이 빠져들게 된다. 행복이 한번 오면 다른 행복이 이어지듯 재앙도 한번 오면 또 다른 재앙이 한꺼번에 몰려온다. 사람들은 행복한 자는 가까이 하지만 불행한 자는 피하려 한다. 그러니 불행해지지 않으려면 아무리 작은 재앙이라도 미리 막아라. 하늘이 우리에게 내려준 일에 인내를 갖고 기다려라. 이것이 이 지상에서 우리에게 일어나는 일에 지혜를 갖고 대처하는 방법이다.

232 행복할 때는 불행할 때를 생각하라

행복할 때는 남들의 호감을 쉽게 얻고 주위에 늘 우정이 넘친다. 겨울에 먹을 식량을 풍성한 여름에 저장하는 것은 지혜롭고 힘도 덜 든다. 이처럼 행복할 때 불행할 때를 위해 준비하는 게 현명하다. 그때를 위해 지금 친구를 만들고 사람들에게 은혜를 베풀어라. 지금은 그 가치를 알 수 없어도 언젠가는 귀하게 여겨지리라. 어리석은 사람은 행복할 때 친구를 만들지 않는다. 지혜로운 자는 아무리 하찮은 친구라도 소홀하게 여기지 않는다. 당신이 행복할 때 친구를 홀대하면 당신이 불행할 때 친구가 당신을 모른 척한다.

233 숭고함을 가져라

배짱으로 숭고함을 가져라. 위대한 사람은 소심하게 행동하지 않는다. 일할 때 너무 작은 것에 매달리지 말아야 한다. 불쾌한 일에서는 특히 그렇다. 모든 일에 그때그때 주의하는 건 좋지만 일부러 모든 것을 따지려드는 건 좋지 않다. 여느 때 관대함과 고상함을 보여라. 사람들과 지낼 때 한 번쯤 눈감아줄 줄 아는 것도 중요하다. 친척과 친구, 특히 적들과 함께 있을 때는 대부분의 일을 못본 체 지나쳐라. 틈만 나면 자잘한 일에 관여하는 것은 어리석은 짓이다.

234 생각할 때는 소수파, 말할 때는 다수파로

흐름에 거슬러 노를 저어서는 진실을 발견할 수 없을 뿐 아니라, 위험하기까지 하다. 그렇게 한 사람은 소크라테스뿐이다.

사람들과 의견이 다르다는 것, 그 하나만으로도 사람들은 충분히 모욕적이라고 생각할 수 있다. 의견이 다르다는 것은 다른 사람들의 판단을 비난하는 게 되기도 하기 때문이다. 그러면 분노에 차서 호통치는 사람이 많아진다. 비난받는 사람들을 감싸주기 위해, 아니면 그들을 칭찬했던 사람들의 입장을 생각해서일 것이다.

그러나 진실은 소수파에게 있다. 이 세상은 기만으로 가득차 저속한 악마와 그리 차이가 없다. 남들 앞에서 하는 말만 듣고는 누가 현명한 사람인지 가려낼 수 없다. 현명한 사람도 속으로 비난하면서도 어리석은 대중 앞에서는 그 본심을 감추고 남들과 똑같은 말만 하기 때문이다.

어리석은 사람은 자신의 의견이 비판당해도 상대에게 이의를 제기하려 하지 않는다. 비난해야 마땅함을 금방 깨닫더라도 사람들 앞에서 좀처럼 비난하려 하지 않는 것이다. 생각하는 것은 자유다. 생각은 방해할 수 없고 방해해서도 안된다. 그러므로 현명한 사람은 입을 다물고 생각을 깊이 감추어둔다. 그들이 속에 감추어둔 생각을 드러내는 것은 세상을 깊이 이해하는 소수의 사람들과 대화할 때 뿐이다.

235 어리석음의 함정을 피하라

세상 모든 사람들이 저지르는 어리석은 행동은 거의 습관화되어 그것이 어리석다는 것을 아는 사람이 거의 없다. 무지한 사람이 단 한 명이라면 반항할 수도 있다. 하지만 세상사람들이 모두 무지하면 거스르지 않는 게 좋다.

무지한 사람은 큰 행운에 둘러싸여도 행복한 것을 모른다. 그리고 다른 사람에 비해 지성이 떨어져도 전혀 불행하다고 느끼지 않는다. 자신의 행복을 모르고 만족하지 못하는 사람이 남의 행복을 부러워하는 것이다. 오늘이 되면 어제의 일을 그리워하고, 오늘 안으로는 도저히 손에 닿지 않는 것만 좇는다. 이런 사람들은 무엇이든 옛날 일을 더 좋게 생각하고 멀리 있는 것이 더 귀중하다고 생각한다.

무엇을 봐도 시시하게 여기고 무시하는 사람은, 그 무엇에서도 기쁨을 발견하지 못하고 비탄을 외치는 사람과 똑같이 어리석은 사람이다.

236 어리석은 짓을 되풀이하지 마라

하나의 잘못을 저지르면 그것을 되돌리려다가 더욱 많은 잘못을 저지르게 되는 경우가 있다. 거짓말도 한 번 하면 그것을 감추기 위해 더 큰 거짓말을 하게 된다. 어리석은 행동도 이와 같다. 어리석은 행동을 인정하지 않고 자신의 행위를 정당화시키려 하면 더 심한 어려움을 겪게 된다. 그러나 자신의 어리석은 잘못을 감추는 기술을 모르면 더 큰 재난을 부르게 된다.

현명한 사람도 한 번은 잘못을 저지르는 경우가 있다. 그러나 그는 두 번 다시 그 잘못을 되풀이하지 않는다. 잘못을 저지르더라도 곧 자기 잘못을 인정하고 그 원인을 찾아내 되풀이하지 않기 때문이다.

237 자신을 알면 모든 결점이 고쳐진다

하찮은 점만 개선하면 많은 것을 해낼 수 있는 사람들이 있다. 진지함이 부족하여 큰 능력을 발휘하지 못하는 사람이 있는가 하면 친절함이 부족한 사람도 있다. 어떤 이들은 실천력이 약하고, 또 어떤 이들은 자제력이 모자란다. 이 모든 결점은 자기 자신을 알게 되면 쉽게 고칠 수 있다. 선천적인 것에 주의를 기울이면 제2의 천성을 만들어낼 수 있다.

238 미래의 희망을 남겨두어라

욕심이 없으면 행복하다. 그러나 미래의 희망이 없다는 점에서는 불행하다. 육체는 늘 숨쉬고, 정신은 끊임없이 무언가 뒤쫓는다. 모든 것을 손에 넣고 나면, 무엇을 봐도 설레지 않고 불만만 가득해진다. 그래서 지식을 쌓을 때조차 또다시 배울 것이 남아 있어서 그에 대한 호기심을 충족시켜 줄 필요가 있다.

사람은 희망 때문에 살아간다. 닥치는 대로 손에 넣고 행복을 탐식해 모조리 먹어치우면 남는 것은 죽음밖에 없다. 다른 사람의 공적을 보상할 때도 상대를 한 번에 완전히 만족시켜서는 안된다. 희망이 없어졌을 때가 가장 무서운 것이다. 행복이 있기 때문에 불행도 존재한다. 공포는 욕망이 없어졌을 때 생긴다.

활동한다는 것, 즉 무엇인가 추진하거나 적어도 무엇인가 배운다는 것은 행복의 필수조건이다. 그렇듯 인간은 자신의 힘을 활동하는 데 쓰려고 한다. 그리고 이 활동이 얼마나 성공적인지 어떤 식으로든 확인하고 싶어한다(그럼으로써 자기의 욕구가 자신의 힘으로 충족될 수 있다는 점이 증명되기 때문일 것이다). 이런 이유로 장기간 즐거움을 찾아 여행하는 사람은 가끔 자신이 몹시 불행하다고 느낀다. 스스로 힘들게 노력하고 저항에 맞서 싸우는 것은 인간 본성의 가장 본질적인 욕구이다. 만약 무엇인가를 조용히 즐기고 있을 때라면 움직이지 않고 가만히 있는 것만으로도 만족할지 모른다. 그러나 사실 인간은 가만히 있는 게 거의 불가능하다. 게다가 어떤 장애를 극복한다는 것은 인간에게 존재하는 가장 큰 즐거움이다.

인간에게 그보다 나은 것은 없다. 어떤 행동이나 활동을 할 때 부딪히는 순수하게 물질적인 장애라도 좋고, 무엇인가 배우거나 연구할 때 맞닥뜨리는 정신적인 장애라도 좋다. 장애와 투쟁하고 극복하는 것은 무엇에도 비할 수 없는 즐거움이다. 장애와 맞설 기회를 얻지 못하면, 인간은 자기가 할 수 있는 방식으로 그 기회를 스스로 마련한다. 그럴 때면 인간의 본성은 무의식중에 싸움을 걸거나 음모를 꾀하거나 사기를 치거나 다른 나쁜 일을 하도록 인간을 충동질한다. 이런 충동은 어떤 장애를 불러일으키는 그때그때 상황에 따라 다르다. 빌보케 놀이(하인리히 3세 시대 프랑스에 널리 보급된 공잡기놀이)도 한 가지 예가 된다.

239 불굴의 용기를 가져라

괴로운 상황에 빠졌을 때 용감한 마음만큼 의지되는 것도 없다. 용기가 부족한 사람은 마음을 단련하기 위해 노력해야 한다. 용기가 넘치고 자신감있는 사람은 어떤 고난도 잘 견딘다. 결코 운명에 굴복해서는 안된다. 그렇지 않으면 불운이 불운을 불러 더욱 견뎌내기 어려운 운명에 휘둘리게 된다.

고난의 정점에 부딪쳐도 가만히 팔짱만 끼고 속수무책인 사람이 있다. 그는 고통을 이기는 방법을 모르기 때문에 한층 더 쓰디쓴 고통을 맛본다. 그러나 자신을 잘 아는 사람은 깊이 생각해 약점을 극복하고, 분별있는 사람은 무엇에도 굴하지 않으며 나아가 운명의 별조차 바꾸고 만다.

240 문제가 발생했을 때 자연스레 가라앉기를 기다려라

바다가 사나워졌을 때는 가까이 다가가지 않는 게 현명하다. 마찬가지로 친구나 지인이나 세상사람들의 마음이 마구 흔들릴 때는 그냥 내버려두는 것이 가장 좋다. 다양한 사람들과 더불어 살다 보면 감정의 엇갈림 때문에 소란이 생기는 게 당연하다. 그러한 폭풍우를 만났을 때는 안전한 항구로 몸을 피해 파도가 가라앉기를 기다리는 게 가장 좋다.

사태를 가라앉히려고 서투르게 개입했다가는 오히려 험한 재난을 당하기 십상이다. 일이 진행되는 대로 맡겨두고 사람들 마음이 올바른 방향으로 향하기를 기다려라. 현명한 의사는 언제 치료해야 하는지, 또는 하지 말아야 할지 잘 알고 있다. 때로는 아무 치료도 하지 않고 내버려두는 게 환자의 병을 낫게 할 때도 있다. 마찬가지로 두 손 들고 항복하는 것이 흥분한 사람들의 마음을 다독이는 효과적인 수단이 되기도 한다.

시간의 흐름에 잠시 맡겨두면 마침내 소란도 가라앉게 된다. 흐르는 물을 흐려놓는 것은 쉽다. 그러나 다시 맑은 물로 되돌려놓는 일은 인간의 능력을 넘어서는 것이다. 그대로 내버려두는 수밖에 없다. 소동이 일어났을 때는 자세한 사정을 가릴 것 없이 내버려두고 자연스레 가라앉기를 기다리는 것이 가장 좋은 해결책이다.

241 하찮은 일로 소란을 일으키지 마라

무슨 일이 일어나든 전혀 신경쓰지 않는 사람이 있는가 하면 아주 조그만

일에도 깊이 생각하는 사람이 있다. 앞의 경우는 어떤 일이든 아주 중요한 듯 말하고, 언제나 지나치리 만큼 진지하게 깊이 생각한다. 너무 깊이 생각한 나머지 결국 다른 사람과 논쟁하여 처치가 곤란할 정도로 문제를 복잡하게 만든다.

심각하게 고민하지 않으면 안될 정도로 중대하고 번거로운 문제는 세상에 그리 많지 않다. 내버려둬도 좋을 문제를 심각하게 고민하는 것은 우스꽝스러울 뿐이다. 때로 문제될 만한 일이 발생하더라도 내버려두는 동안 다룰 만한 가치가 없어져버리는 경우가 자주 있다.

반대로 하찮은 일에 계속 신경쓰다가 큰 문제로 발전하는 경우도 있다. 이러한 문제는 이른 시기에 빨리 발견하면 간단히 해결된다. 시간이 흐를수록 곤란해져버리기 때문이다. 때로는 문제를 해결하려고 쓴 방책이 도리어 새로운 문제를 불러일으키기도 한다. 손대지 말고 내버려두어라. 인생에는 이 방법으로 해결되는 문제들도 꽤 많이 있다.

242 위험을 피하는 것은 용기있는 행위다

위험한 다리는 건너지 마라. 모든 일의 양극단 사이에는 커다란 간격이 있다. 그 사이에서는 그리 간단하게 진로를 수정할 수 없다. 그러므로 현명한 사람은 중용의 입장을 고집한다. 무릇 현명한 사람은 신중히 생각을 거듭한 끝에 행동하는 법이다. 위험을 극복하는 것보다 몸을 피하는 게 쉽기 때문이다.

궁지에 몰렸을 때는 올바른 판단을 할 수 있을지 없을지 의심스러워진다. 그러므로 위험에는 결코 다가가지 않는 게 좋다. 한번 재난이 닥치면 더욱 큰 재난이 연달아 덮쳐와 결국 끝내 파멸의 늪에 빠지게 된다.

세상에는 앞을 내다보지 못하는 인간이 있다. 그들은 곧 위험을 스스로 불러온다. 뿐만 아니라 다른 사람까지도 어려움에 빠뜨린다. 그러나 도리를 분별해 행동하는 사람은 상황을 잘 파악하여 위험을 극복하기보다 피하는 게 현명한 행동이라는 판단을 내린다. 재난에 빠진 무모하고 어리석은 한 사람 때문에 더 이상 희생자를 늘게 해서는 안된다고 생각하기 때문이다.

243 깊이 생각하라

깊은 생각을 통해 이룩되는 것이야말로 진실하다. 생각을 깊게 오래 해도 결과가 좋다면 늦은 게 아니며 오히려 빠른 것이다. 즉석에서 행해진 일은 다시 즉석에서 파기될 수도 있다. 영원히 지속되는 것이 만들어지기 위해서는 영원을 필요로 한다. 지성과 철저한 준비는 불멸의 작품을 만든다. 가치가 큰 것은 그 대가도 크다.

244 시대 흐름에 맞추어 살아가라

지식도 그 시대에 맞는 게 있음을 알아야 한다. 만일 지식이 존중받지 못하는 시대라면 무지한 척하는 게 가장 좋다. 사고방식이 바뀌면 가치관도 달라지게 마련이다. 오늘날에는 옛 사고방식이 통하지 않는다. 현대에 맞는 가치관을 몸에 익혀라. 현재 무엇이 우세한지를 잘 파악하라. 어떤 일을 시작하든 이것이 가장 중요하다.

먼저 시대의 흐름에 자신을 맞추고 세상사람들이 인정하는 가치관을 따르라. 그런 다음 자신의 목표를 향해 나아가야 한다. 현명한 사람은 아무리 옛 방법이나 사고방식이 마음에 들어도 정신에 새로운 현대의 옷을 입혀주어야 한다. 그것이 시대에 맞는 옷을 입는 일이다. 이것을 지키며 살아간다면 실패는 벗어날 것이다.

그러나 여기에도 한 가지 예외가 있다. 바로 인간의 덕이다. 인간은 어떤 시대에도 도덕적으로 살아야 한다. 그러나 진실을 말한다든가 약속을 지키는 것과 같은 대부분의 옛 미덕이 지금에 와서는 시대에 뒤처지는 게 되었다.

높은 덕을 지닌 사람은 언제나 세상사람들에게도 사랑받는다. 그러나 지금 사람들은 그것이 오래된 과거의 추억 속에만 존재하는 거라고 생각하고 있다. 제대로 덕을 지키는 사람이 과연 현대에도 존재할까? 만에 하나 있다 하더라도 그런 사람은 매우 드물 것이다. 더욱이 그들을 본받으려는 사람은 아무리 찾아봐도 없다. 덕있는 사람이 드물고 악덕만이 만연한 오늘날 같은 시대에 대해 탄식이 흘러나온다.

현명한 사람은 시대가 비록 자신의 의지와 맞지 않더라도 자기가 처한 현실에서 최선을 다해 살아가는 수밖에 없다. 다만 바라는 게 있다면, 뜻하는 대로 살지 못하고 주어진 인생을 살아갈 수밖에 없는 그들이, 부디 남은 인생을 기쁘게 받아들여 주었으면 하는 것뿐이다.

245 자기 만족은 어리석은 자의 행복

자신에게 불만을 느끼며 살아가는 것은 좋지 않다. 그러면 무슨 일을 해도 자신감을 갖지 못하게 될 것이다. 그렇다 해서 지나치게 자신에게 만족하는 것 또한 좋지 못하다. 이것은 어리석다는 증거다.

자기 만족은 무지에서 생겨난다. 그것은 어리석은 자의 행복이다. 그 자신은 즐거울지 몰라도 세상의 평판은 떨어지게 된다. 다른 인간이 가진 미덕이나 뛰어난 능력, 위대한 성공의 가치를 모르기 때문에 자신이 평범하고 보잘 것없는 인간일지라도 만족하는 것이다.

자신에게 너무 만족하지 않도록 주의하는 게 좋다. 그러면 그 덕분에 좀더 나은 결과가 생길 수도 있고, 일이 잘 풀리지 않을 때도 위로받을 수 있다. 실패했을 때의 일들을 미리 예상해 두면 실제로 실패가 닥칠 때 크게 당황하지 않고 대처할 수 있다.

호메로스조차도 깜빡 조는 어처구니없는 실수를 하곤 했었다. 알렉산더 대왕도 자신의 지위 때문에, 자기가 만든 책략에 스스로 발이 묶인 경우가 있다. 일의 성사 여부는 그때그때 상황에 따라 다르다. 잘 풀려서 성공하는 경우가 있는가 하면 실패로 끝나는 경우도 있다.

그러나 어리석은 사람은 결과가 어떻든 신경쓰지 않는다. 언제나 자신에게 만족하고 있기 때문이다. 이러한 인간은 마음속에 공허한 자기 만족의 꽃을 피우고, 그 꽃에서 또 새로운 자기 만족의 씨앗을 만들어 계속 심어나간다.

246 상상력은 축복과 행운을 준다

상상력을 잘 관리하라. 상상력을 어떻게 다스리느냐에 따라 때로 행복과 불행이 바뀐다. 심지어 우리의 지성까지도 상상력의 지배를 받는다. 상상력은 그저 바라보는 것만으로는 만족하지 않고 폭군 같은 힘으로 우리를 흔들기도 한다. 끊임없이 움직이며 우리의 존재가 완전히 몰입하게까지 한다. 그리하여 우리의 존재를 기쁨으로 채우기도 하고 우리로 하여금 어리석음을 통감하게 하여 슬픔에 몰아넣기도 한다. 상상력은 우리에게 만족도 주고 불만족만 주기도 한다. 어떤 이들에게 상상력은 고통만 주며 바보를 우롱하는 악마처럼 붙어다닌다. 그러나 다른 이들에게 상상력은 즐거운 혼란 속에서도 축복과 행운을 느끼게 해준다.

247 멀리서 본 숲처럼 아름다운 행복

인간의 행복은 아름다운 나무들이 우거져 있는 숲과 같다. 이 숲을 멀리서 보면 놀라울 만큼 아름답지만 가까이 다가가거나 그 안으로 들어가면 조금 전의 아름다움은 어느덧 사라지고, 아까의 그 아름다움이 도대체 어디 있는지 몰라 나무들 사이에 멍하니 서 있게 된다. 우리들이 다른 사람의 명예나 재산, 행복을 부러워하는 것도 그와 마찬가지다.

248 악착스럽게 사는 대신 지식을 얻으려 노력하라

자신에게 맞지 않는 일을 하느니 차라리 여가를 충분히 즐기는 게 낫다.

사람이 자기 것으로 여길 만한 건 시간밖에 없다. 시간은 누구에게나 공평하게 주어졌다. 인생은 귀중한 것이다. 그 소중한 시간을 기계적이고 변화없는 일을 하며 낭비하는 것도 어리석고, 자신이 감당하지 못할 일에 매달려 악전고투하는 것도 바보스러운 짓이다. 일은 무거운 짐이 되면 안되고, 그 때문에 괴로워해서는 더욱 안된다. 그렇게 되면 인생이 허무해지고 정신도 병들어 살아가는 일조차도 고통스러워질 것이다.

이런 사고방식은 지식에도 적용할 수 있다. 무리하게 지식을 주입시키는 것은 좋지 않다고 생각하는 사람도 있다. 그렇지만 인간은 지혜가 없으면 살아갈 수 없다는 사실 또한 지나쳐서는 안된다.

249 무정부 상태보다는 독재정치가 낫다

인간을 연구해보면 야생의 맹수와 똑같은 속성을 지녔음을 알 수 있다. 인간의 잔인함은 야수보다 소름끼칠 만큼 위악적이다. 전쟁이 터지거나 국가의 법질서가 무너졌을 때, 또는 무정부 상태의 폭동이 돌발적으로 발생했을 때 인간은 자신이 짐승보다 못하다는 사실을 스스로 드러낸다.

인간의 사회조직 체계는 독재정치와 무정부 상태의 두 극단적 대립이 초래하는 해악 사이에 있으며, 어느 한쪽에서 멀어질수록 다른 쪽에 가까워진다.

그렇다 해서 그 중간상태가 가장 이상적이라고 생각하는 것은 잘못이다.

그렇다면 그런 야수들을 다스리는 통치자는 어떻게 해야 하는가? 한마디로 더 지능적이고 더 야성적인 수단을 갖추지 않으면 안된다.

모든 정치체제는 무정부 상태보다는 독재정치, 즉 국민을 일정한 상태로 억압하는 쪽으로 기울어지는 편이 훨씬 낫다. 즉 정치란 무정부 상태로 방치해 두기보다는 좀더 강압적이고 독재적인 상태가 국민들 모두에게 더 유익하다는 뜻이다.

250 자신의 목표를 정하고 날마다 거기에 이르는 길을 생각하라

내일, 그리고 그 다음의 일을 오늘 미리 생각해 두어라. 생각하는 시간을 갖는 것이 장래를 위한 배려이다. 미리 주의하면 닥쳐올지도 모르는 불운을 막을 수 있고, 대비해놓으면 다가올 재난에 당할 일도 없다. 장래의 불안에 대비해 미리 생각해두는 것을 아깝게 생각하지 마라. 지혜를 짜내 위기를 미리 방지하도록 해야만 한다.

어려움에 맞닥뜨렸을 때는 거듭 깊이 생각해야 한다. 베개가 생각지도 못한 말없는 예언자가 될 수도 있음을 잊지 마라. 어려움에 놓여 좋은 생각이 나지 않을 때는 뒤척이지 말고 빨리 베개를 베고 자는 게 좋다. 그러면 좋은 생각이 떠오르는 경우도 있다. 행동만 앞세우고 생각은 나중으로 미루는 사람이 있다. 이들은 나중에 결과에 대한 책임을 지지 않으려고 변명거리만 찾게 될 것이다.

그런가 하면 일하기 전이나 또 하고 나서도 아무 생각도 하지 않는 사람이 있다. 사람이란 자신의 목표를 향해 나아가며 거기에 이르기 위해 날마다 생각하면서 살아가야 한다. 앞서 계획하여 장래에 대해 미리 구상해 두는 것은 더 나은 인생을 살기 위한 바람직한 준비이다.

제9장 책략으로 살아남는 방법

251 지혜로움을 길러라

인간의 삶이란 사악함과의 투쟁이기도 하다. 지혜롭다는 것은 당신 뜻대로 책략을 쓸 수 있다는 의미이다. 지혜가 행하는 것은 뜻한 바 그대로가 아니라 그저 속이기 위한 것이다. 지혜는 노련하게 허세를 부리지만 나중에 보면 예기치 않았던 것을 이루며, 끊임없이 자신의 책략을 은폐하려 든다. 어쩌다 지혜가 뜻한 바를 내보이는 경우는 일시적으로 적의 주의를 다른 곳으로 따돌릴 때이다. 그러나 곧 다시 돌아서서는 누구도 예측하지 못했던 승리를 거둔다. 그에 앞서 지혜는 주의하면서 앞날의 일을 예리하게 살피고 치밀하게 생각을 거듭한다.

지혜로운 자는 언제나 사람들이 보여주는 것의 이면을 알면서도 짐짓 모르는 표정을 짓는다. 적이 뜻하는 바를 처음으로 보여줄 때는 언제나 그냥 흘려보내고 두 번째, 세 번째 것을 기다려라. 연기는 기교를 더 하고 한층 높은 단계에 이른다. 심지어는 진실을 드러내어 속이려고까지 한다. 술책을 감추기 위해 연기 방식이 달라진다. 그리하여 실제의 것이 위장되어 드러난다. 이때 기만은 완전한 정직함을 바탕으로 한다. 그러나 깨어 있는 지혜는 관조할 줄 알며 날카로운 눈매로 빛 안에 숨겨진 어둠을 통찰한다. 지혜는 솔직하게 보일수록 더 기만적이었던 그 의도의 암호를 풀어낸다. 바로 그러한 방식으로 피톤의 간계는 모든 것을 꿰뚫는 아폴론의 빛에 대항하는 것이다.

252 때로는 뱀의 지혜로, 때로는 비둘기의 선량함으로 대처하라

좋은 사람만큼 속기 쉬운 이도 없다. 거짓말을 하지 않는 사람은 남이 하는 말을 그대로 잘 믿는다. 그리고 남을 속여본 적이 없는 사람은 상대를 무작정 덮어놓고 신용한다. 따라서 쉽게 속아넘어가는 사람은 어리석어서라기보다 마음이 선량하여 거짓과 기만에 둔감한 탓도 있다.

위험을 미리 감지하는 뛰어난 능력이 있는 사람에는 두 가지 유형이 있다. 바로 직접 모든 것을 체험한 사람과, 남의 경험을 보거나 들어서 많이 배운 사람이다. 궁지에서 벗어날 수 있는 지혜도 필요하지만 위험을 미리 헤아리는 신중함도 몸에 배어 있어야 한다. 너무 지나치게 선량한 것도 문제다. 좋은 사람이라는 평판은 때로 남들에게 나쁜 마음을 불러일으켜 그들을 악인으로 만들 수도 있기 때문이다.

뱀의 지혜와 비둘기의 순진함을 잘 조화시키도록 하라. 그렇다고 악의에 찬 괴물이 되어서는 안된다. 청탁을 적절하게 받아들일 줄 아는 그런 인간이 되라.

253 눈물을 감춰라

사람들의 적의로부터 내 몸을 지키려면 눈물을 드러내지 마라. 이것은 남들보다 위에 서려고 하는 사람이 취할 현명한 태도가 아니다. 실패의 책임을 다른 사람에게 떠넘겨, 그 인간이 뒤에서 험담을 늘어놓게 만들 수 있는 능력은 어지간한 사람이 아니면 해낼 수 없다. 적이 인정할 정도로 아주 뛰어난 수완을 가진 사람밖에는 할 수 없는 일이다.

무엇이든 다 잘 할 수도 없고, 모든 사람을 다 만족시킬 수도 없다. 그렇다면 나를 대신하여 제물이 되어줄 희생양을 찾아두는 게 현명하다. 남들의 비난을 받을 만큼 야심찬 인물이 있다면 이런 역할로 안성맞춤일 것이다.

254 기회에 따라 맞춰 살아라

상황에 맞추어 현실적으로 생각하고 행동하라. 오직 할 수 있는 것만 바라라. 그리고 할 수 있을 때 추진하라. 시간과 기회가 언제나 우리 앞에서 기다리는 것은 아니다. 계획해 놓은 원칙대로만 인생을 살지 마라. 고결한 목적 추구가 아닌 한 자신의 의지를 어떤 상황에서는 반드시 어떻게 해야만 한다는 식으로 고정시켜 놓지 마라. 인생을 살다보면 상황은 늘 바뀌게 마련이다. 오늘 내버린 오물을 내일 마셔야 될지도 모른다. 현명한 사람은 바람이 불어오는 방향에 따라 배의 키와 돛을 바꾸어 나아가지만 자신의 목적지에서 잠시도 눈을 떼지 않는다.

255 상대가 내치기 전에 내가 먼저 돌아서라

팔짱낀 무기력한 자세로 지는 해처럼 초라한 모습은 결코 보이지 마라. 마지막 순간에도 변함없이 승리 속에서 당당히 막을 내리도록 하라.

때로는 태양조차도 구름 속으로 몸을 숨기면서 지는 모습을 감추려고 한다. 그런 날은 태양이 이미 졌는지 아직 떠 있는지 아리송하지 않던가? 비극적인 최후를 장식하지 않으려면 초라한 모습은 남에게 보이지 말고 감추어라.

사람들이 모두 등돌릴 때까지 기다려서는 안된다. 그런 짓을 하고 있으면 산송장 취급을 받을 뿐 아니라, 평생을 쌓아온 명성도 죽음과 함께 사라져버릴 것이다. 생각이 깊은 사람은 경주마를 언제 은퇴시킬지 잘 알고 있다. 죽을 때까지 말을 달리게 하다가 경기 도중에 쓰러지는 사태가 생긴다면 웃음거리밖에 안된다.

256 속마음을 숨기는 사람을 조심하라

빈틈없는 사람은 남의 넋을 홀리며 그 틈에 공격한다. 불의의 습격에 휘청거리면 깨끗이 당할 수밖에 없다. 그런 이들은 바라는 것을 손에 넣기 위해 속마음을 꼭꼭 숨긴 채 정상에 서겠다는 욕망을 얼버무리면서 천진한 얼굴로 있는 법이다. 아무도 그 속셈을 알아채지 못한다면 그의 목표는 아주 쉽게 이루어진다.

비밀스러운 욕망을 품는 사람들이 있는 한 경계를 게을리해서는 안된다. 상대의 의도가 보이지 않는다면 한층 조심해야 한다. 하나하나 작은 것까지 주의해 상대의 계략을 들여다보도록 하라. 목표를 향해 쉴새없이 이것저것 획책하는 상대의 움직임을 치켜뜬 눈으로 빼놓지 말고 지켜보라. 그가 내뱉는 첫 마디는 결코 본심이 아니고, 진짜 목표는 다른 데 있다. 그리고 가끔은 사람들을 기만하는 일에 너무 핏발을 세우다가 자기가 판 함정에 떨어져 스스로 멸망을 초래하는 경우도 있다.

상대가 양보해 올 경우에도 긴장을 늦춰서는 안된다. 상대의 계략쯤 훤히 꿰뚫고 있다는 태도를 취하는 것도 상대를 손들게 하는 좋은 수단이 될 것이다.

257 속임수를 들키지 마라

약삭빠르되 이를 잘못 쓰지 마라. 약삭빠름에 우쭐해서는 안되며 이를 남에게 보여서도 안된다. 모든 기교는 감추어져야 한다. 그렇지 않으면 의심받는다. 특히 예방책을 꾸밀 때 밝혀지면 미움받게 된다. 속임수는 쓸모가 많다. 쓸모가 많은 만큼 이것이 밝혀지면 의심은 두 배가 된다. 속임수가 드러나면 불신이 초래되고 마음이 상하여 복수를 불러오고 마침내 어느 누구도 생각지 못할 재앙이 뒤따른다.

258 뜻한 바가 드러나지 않게 하라

뜻한 바를 이루기 위해 다른 이의 일에 가담하라. 이것은 목표에 이르기 위한 훌륭한 방책이다. 이미 존재하는 장점이 다른 이의 의지를 움직이는 미끼가 되기 때문이다. 남들이 자신의 뜻을 알아채선 안 되지만 그들을 이끌 계획은 있어야 한다. 자신의 뜻을 알아차릴 가능성이 있는 사람들은 피하라. 그리하여 자신이 뜻한 바가 드러나지 않게 하라. 일이 실패했을 때 그대에게 복수할 수 있는 사람은 더욱 피하라.

259 좋은 술은 맛만 보게 하라

좋은 술은 맛만 보게 하는 정도로 그쳐야 한다. 욕구가 강해질수록 감사하는 마음도 커지므로 갈증과 마찬가지로 욕구는 조금 채워주는 정도가 적당하며 완전히 만족시켜서는 안된다.

좋은 것은 적을수록 그 가치가 높아진다. 만약 맛을 충분히 본 사람이라면 두 번째부터는 그리 기쁜 얼굴을 하지 않게 될 것이다. 바라는 만큼 다 주는 것은 위험하다. 다시 없을 멋진 것이라도 이제 두 번 다시 돌아보지 않을 테니까.

사람을 기쁘게 하려면 한 가지 꼭 지켜야 하는 게 있다. 상대의 욕구를 자극해 언제까지나 채워주지 않는 것이다. 쾌락에 싫증난 사람보다 갈망에 몸을 뒤트는 사람에게서 훨씬 더 많은 것을 얻을 수 있기 때문이다. 게다가 기다리게 할수록 상대의 기쁨도 더 커지는 법이다.

260 어리석은 자와 관계하지 마라

무례하고 고집세며 허영심이 강한 어리석은 사람들을 경계하라. 세상은 어리석은 사람들로 넘치지만, 그런 이들과의 관계는 무조건 피하는 게 분별 있는 사람이 취할 올바른 행동이다.

사리분별의 거울에 비춰 나날이 결의를 새롭게 하고, 어리석은 자들의 공격으로부터 몸을 피하도록 노력하라. 늘 앞날을 예측하고 쓸데없는 사건에 휘말려 명성에 치명상을 입지 않도록 주의하라. 사리분별로 무장하고 있으면 어리석은 자들의 공격으로부터 몸을 지킬 수 있다.

인간관계라는 바다에는 뾰족한 암초들이 헤아릴 수 없이 많이 숨어 있다. 따라서 명성이 언제 암초에 부딪쳐 좌초될지 아무도 모르는 일이다. 이 바다를 안전하게 건너려면 오딧세우스의 지혜를 본받아 쉴새없이 진로를 바꿔야 한다. 순간순간 절묘하게 위험을 피해가야 하는 것이다. 특히 어리석은 사람에 대해서는 관대하고 예의바르게 행동할 필요가 전혀 없다. 이것이 궁지를 벗어나기 위한 가장 빠른 지름길이다.

261 악의 구렁텅이로 떨어질 인간을 조심하라

선행은 이 세상에서 자취를 감추고, 은혜를 입어도 보답하려는 사람이 드물며, 예의를 차리던 인간들도 거의 사라지고 말았다. 요즘 세상은 고결한 사람이 가장 손해보는 시대이며, 이런 풍조는 온 세계로 확대되고 있다. 전 국민이 하나같이 남을 짓밟고 올라서려는 나라마저 생겼을 정도이다.

누가 반역할까 두렵고, 누군가가 배신할까 걱정되고, 또 다른 누군가가 자기를 속이지 않을까 전전긍긍해야 하는 시대가 된 것이다. 인간들의 악랄한 행동을 눈여겨 보자. 그것을 흉내내라는 게 아니라 내 몸을 스스로 지키기 위해 보라는 뜻이다. 자기 혼자서는 악에 물들지 않을 사람이라도 파멸적인 상대의 행동에 어이없이 휘말려 몸을 망치는 경우도 생기기 때문이다.

고결한 인간은 결코 자기 본연의 모습을 잊지 않는다. 세상사람들의 신랄한 행동이 그에게는 도리어 훌륭한 경고가 되기 때문이다.

262 상대의 성격을 파악하여 본심을 꿰뚫어라

상대의 성격을 파악하라. 원인을 알면 결과를 헤아릴 수 있다. 그리고 그 결과를 보면 동기 또한 짐작할 수 있다.

음습한 인간은 불행한 장래만 그리면서 시련만 상상할 것이다. 그들의 머리에는 최악의 사태밖에 떠오르지 않으므로 좋은 면이 있어도 돌아볼 생각을 못하고 오로지 비관적인 결과만 예측할 따름이다. 감정에 좌우되기 쉬운 사람은 사물을 있는 그대로 옮길 줄 모른다. 희로애락이 여과되지 않고 그대로 말에 담기므로 이성적인 대화가 불가능하고 감상에 빠져 말하기 때문에 진실과도 당연히 동떨어지게 마련이다.

상대의 얼굴에서 그 됨됨이를 읽고, 마음속에 적힌 글자를 풀이하도록 노력하라. 때를 가리지 않고 웃고 있는 인간이라면 어리석을 수밖에 없고, 결코 웃음을 보이지 않는 인간 또한 완전히 신용할 수 없다. 잠시도 가만 있지 못하고 질문을 퍼붓는 이도 조심해야 한다. 그는 당신이 대답할 수 없을 때까지 끈질기게 물어볼 것이며, 공연히 트집잡기 위한 게 아니면 당신이 하는 일에 의심을 품고 있다는 증거이다.

263 갖고 싶은 물건은 남에게 양보하는 척하라

처음에는 양보하는 척하는 게 중요하다. 그러면 상대도 내가 하는 말에 관심을 보이게 마련이다. 상대의 이익을 최우선으로 생각하는 듯 꾸미면서 실제로는 어떻게 하면 내게 이익이 될지 그 방법을 궁리하라는 말이다.

남이 무슨 부탁을 하면 영문도 모르면서 얼떨결에 받아들이지 않도록 하라. 위험한 일은 단호하게 거절해야 한다. 또 무슨 일이건 처음에 무조건 '아니오'라고 대답하는 인간에게는 신중하게 이야기를 진행시켜야 한다. 아마 속마음은 일단 숨기는 편이 현명할 것이다. 그러면 상대는 '예'라고 말해도 그리 귀찮은 일이 없을 거라고 판단하게 된다. 특히 자기 이야기에 상대가 난처함을 나타낼 거라고 짐작되는 경우에는 결코 자기 본심을 털어놓지 말아야 한다. 반대로 누군가가 나에게 부탁해올 때 어떤 다른 의도가 숨어 있는 것처럼 느껴지면 상대의 참뜻을 빠짐없이 파악하도록 해야 할 것이다.

264 인간의 욕망을 디딤돌로 내 목적을 달성하라

물질이 모자라면 욕망이 싹튼다. 그때야말로 남을 자기 마음대로 부릴 수 있는 좋은 기회이다. 물질이 부족해도 난처할 건 없다고 철학자들은 말한다.

하지만 정치가는 궁핍이야말로 모든 것을 결정짓는다고 한다. 아마도 정치가들 말이 더 옳을 것이다.

인간의 욕망을 디딤돌로 목적을 달성하는 사람이 있다. 상대에게 무엇이 부족하고 필요한지 알아내어 몹시 갖고 싶어하는 물건을 눈앞에 흔들어대며 그 욕망에 부채질하는 것이다. 가진 자는 만족해 있으므로 미끼를 보고도 달려들지 않는다. 그렇지만 없는 사람은 결핍감이 크기 때문에 이용가치가 많다. 게다가 갖고 싶은데 좀처럼 손에 들어오지 않는다면 그 욕망은 점점 더 부풀어오를 게 분명하다.

자기 목적을 이루기 위해서는 상대가 바란다고 덥석 주지 말고 늘 자기에게 의지하도록 길들이는 것이 더 현명하다.

265 좋은 역할은 스스로, 미움받는 역할은 남에게

좋은 일은 자기가 하고 미움받을 일은 남에게 시키면 사람들의 호의는 당신에게 돌아오고 적의는 다른 사람에게 돌아간다. 지위있는 사람은 다른 사람들의 호의를 받기보다 스스로 선행을 베풀고 싶어한다.

남을 괴롭히면 양심의 가책과 동정심 때문에 자기도 괴로워진다. 남에게 상을 줄 때는 자기 손으로 직접 하고, 남에게 벌을 내릴 때는 다른 사람의 손을 빌려라.

불만에 가득찬 사람은 짜증과 분노로 악담을 쏟아부을 상대가 필요하다. 분노를 주체하지 못하는 사람은 광견병에 걸린 개나 다름없다. 누가 자기에게 상처를 주었는지도 모르는 채 눈에 보이는 아무에게나 달겨들어 물어뜯게 마련이니까. 따라서 우연히 그 자리에 있었던 불행한 사람은 아무 잘못도 없이 억울하게 그 모든 험한 일을 감당해야 하는 게 현실이다.

266 사람들은 난해한 이야기를 좋아한다

너무 쉬운 말을 써서는 안된다. 세상사람들은 대개 자기가 이미 알고 있는 것은 그리 대단할 게 없다고 생각하므로 들어도 이해가 안되는 이야기를 높이 보는 경향이 있다. 따라서 난해한 이야기가 높은 평가를 받는 것은 정한 이치다. 누가 들어도 알 만한 이야기를 한다면 아무도 그를 위대하게 생각하지 않을 것이다.

사람들의 존경을 받기 위해서는 상대보다 훨씬 현명하고 분별있는 것처럼 보여야 한다. 단지 거기에도 절도가 필요하다. 지식인은 진실로 총명한 사람을 귀하게 여기지만, 일반 대중은 고상하게 보인다는 것만으로 벌써 존경하게 마련이다. 상대가 아무리 생각해도 잘 알 수 없는 말을 해라. 이해하기 쉬운 말로 이야기하는 것은 상대에게 벌써 비판할 여지를 주는 셈이 된다.

이유를 물으면 대답을 못하면서 무작정 남을 칭찬하는 사람들이 세상에는 많다. 그들은 뭔지 모를 소리를 하므로 존경하고, 남이 칭찬하는 말을 들었으니 자기도 덩달아 칭찬하는 그런 류의 사람들이다.

267 골치아픈 일에 휩쓸리지 않도록 신중히 행동하라

고통의 씨앗을 건드리지 마라. 고뇌의 씨앗이 될 만한 것은 피하는 게 현명하고, 그것이 몸을 위해서도 좋다. 신중하게 행동하면 머리아픈 일이 생길 리 없다. 신중함이야말로 행운과 만족을 낳는 여신 루키나(출산을 관장하는 로마신화의 여신. 유노와 디아나의 별칭)이다. 듣기만 해도 속이 메슥거릴 소식은 달리 선택의 여지가 없다면 몰라도 결코 남에게 전해서는 안되고, 또 그런 이야기를 듣지 않도록 늘 주의해야 한다.

세상에는 허울좋은 빈말만 들으려는 사람도 있고 너절한 소문에만 촉각을 곤두세우는 사람도 있다. 그런가 하면 독을 마시지 않으면 하루도 견딜 수 없었던 미트리다테스 왕(소아시아 고대국가 폰투스의 왕. 적이 독을 넣을까 두려워 면역을 키우려고 날마다 독을 먹었음)처럼 '불쾌'라는 이름의 약을 날마다 한 번씩 복용하지 않으면 살 수 없는 인간도 존재한다.

안전을 지키기 위해서는 아무리 친한 사람일지라도 그를 위한다며 일생동안 자기를 따라다닐 두통거리를 결코 떠안아서는 안된다. 어떤 문제가 생기면 잠시 조언하는 정도로만 그칠 뿐 결코 위험을 감수하지 않을 인간에게 쓸데없이 자기 행복마저 희생하며 최선을 다할 필요는 전혀 없으니까.

상대를 기쁘게 하려고 할수록 자신이 재난에 빠질 위험이 있는 경우에는 다음의 교훈을 되새겨보면 도움될 것이다.

'뒷날 아무 희망도 없이 비탄에 젖어 있기보다는 지금 한순간 타인을 슬프게 하는 것이 훨씬 낫다.'

268 상대의 장단에 맞춰 얼빠진 당나귀 가죽을 뒤집어써라

아무것도 모르는 척하는 게 진실로 최고의 지혜가 될 경우가 있다. 무지가 더 좋다는 말이 아니라, 무지한 척하는 게 중요하다는 뜻이다.

지혜란 어리석은 사람에게 전혀 도움이 되지 않을 뿐 아니라, 미치광이도 정상인의 말을 귀담아들을 줄 모르는 법이다. 그러므로 어떤 경우에도 상대의 수준에 맞춰 이야기할 필요가 있다. 어리석은 사람에게는 어리석은 이야기를 하면 된다.

어리석음을 가장하는 자는 진짜 바보가 아니다. 어리석은 시늉을 할 정도로 두뇌가 있는 사람이라면 결코 바보라고 부를 수 없을 뿐 아니라 진짜 어리석은 사람은 그런 지혜조차 갖고 있지 못하다. 그런 바보에게 칭찬받고 싶을 때는 얼빠진 당나귀 가죽이라도 한 장 뒤집어쓰면 끝날 일이다.

269 아무것도 잃을 게 없는 사람과는 다툴 필요가 없다

이미 모든 것을 잃어버려 수치심조차 사라져버린 사람은 싸움 앞에서 주저하지 않는다. 더 이상 잃어버릴 게 없기 때문에 남들 눈도 전혀 의식하지 않은 채 무례한 행동을 하면서 저돌적으로 덤벼든다.

이런 인간에게 걸려 명성을 더럽히지 않도록 하라. 오랜 세월 동안 차근차근 쌓아온 명성이 그러한 하찮은 일로 한 번에 쓰러질 수 있기 때문이다.

한번 구설수에 휘말리게 되면 지금까지 흘린 귀중한 땀방울이 모두 허망하게 날아간다. 도리와 분수를 아는 인간은 그런 짓이 얼마나 위험한지 잘 알고 있다. 그는 자신의 어떤 행동이 명성을 흠집내는지 잘 알고 있어 늘 분별있게 행동한다. 특히 성급하게 전진하지 않음으로써 늘 여유롭게 몸을 사릴 수 있다.

그런 싸움에 몸을 맡겨 진흙탕 속에 뒹굴게 되면 얼마나 많은 것을 잃을지는 불보듯 뻔하다.

270 반론하는 자는 상대하지 마라

어떤 사람이 사사건건 반론해 온다면 우선 그가 빈틈없이 치밀하게 행동하는지 아니면 그냥 타고난 반골인지 잘 살펴보라.

남들에게 지적받는 것은 상대가 반드시 완고하기 때문이라고만 단언할 수 없다. 때로는 나를 함정에 빠뜨리려는 경우도 있기 때문이다. 그러므로 조심스럽게 태도를 살펴본 다음 완고한 그를 상대로 논쟁을 벌이는 일도, 함정에 빠져 발목을 잡히는 일도 없도록 행동하라.

남의 비밀을 파헤치려는 스파이들만큼 주의해야 할 이들도 없다. 마음의 문을 복제한 열쇠를 들고 있는 그 같은 인간들에 대해서는, 열쇠 구멍 너머로 다시 한번 신중하게 자물쇠를 채운 뒤 접촉해야 뒤탈이 없다.

271 책략은 은밀하게 진행하라

비밀스러운 책략을 꾸미더라도 결코 나쁜 곳에 이용해서는 안된다. 더욱이 남들이 눈치채는 일이 생기면 결코 안된다. 너무 부자연스러우면 꾸민 티가 나서 의심받기 쉬우므로 은밀히 남몰래 진행해야 한다. 책략을 꾸밀 때 비밀리에 하지 않으면 도리어 미움을 받게 될 것이다.

이 세상은 기만으로 가득차 있으므로 보호막을 단단히 쳐야 한다. 남들이 결코 눈치채지 못하도록 경계심을 곤두세우고 있어야 한다. 그렇지 않으면 상대의 신뢰를 잃게 될 것이다. 이쪽이 경계하고 있다는 것을 알게 되면 상대도 기분이 나빠져 복수심을 일으키기 쉬우므로 뜻밖의 후환을 가져올 염려가 있다.

'인생의 전반기'는 인생의 후반기에 비해 많은 장점이 있다. 그럼에도 이 전반기를 불행하게 만드는 것이 있다. 언젠가 반드시 행복하게 될 거라는 전제 아래 행복을 추구하는 게 바로 그것이다. 이런 삶이 만들어내는 것은 지속적으로 속임당하는 희망과 불만이다. 우리가 꿈꾸는 불확실한 행복의 기만적 형상들은 우리가 멋대로 골라 덧씌운 이런저런 겉모습을 하고 우리 눈 앞에 어른거린다. 그리고 우리는 쓸데없이 그 원형을 찾아 헤매는 것이다.

　'인생의 후반기'에는 그때까지 한 번도 완전하게 채워진 적이 없는 행복에 대한 동경이 사라지는 대신 불행에 대한 걱정이 시작된다. 불행을 피하기 위한 방안을 찾는 것은 객관적으로 가능하다. 그러므로 우리는 전반기 내내 시달리던 지병, 즉 언젠가는 행복해질 거라는 전제로부터 치유된다. 이제는 되도록 덜 고통스럽고 평온한 삶을 추구할 뿐이다. 이것은 어느 정도 이루어질 수 있는 것에 대한 열망이다. 그러므로 우리는 전반기보다 확실히 더 만족스러운 상태에 다다를 수 있다. 이러한 만족은 인생 후반기의 부족함과 아쉬움을 메우고 남을 만큼 넉넉하다.

272 책략가로 소문나지 않도록 하라

요즘 시대가 책략을 꾸며대지 않으면 살아남을 수 없는 것은 사실이다. 그렇지만 교활하다는 평보다는 분별있는 사람으로 평가받는 편이 훨씬 유리하다.

인간이라면 누구나 공평하게 다루어지기 원하겠지만 자기도 남에게 공평하게 대했느냐고 묻는다면 아마 자신하기 힘들 것이다. 성실하려고 애쓰다 우직하게 보이거나, 눈치가 너무 빨라 교활하게 보이는 것도 모두 바람직하지 못하다. 사람들이 음험한 인간이라고 꺼리는 것보다는 총명한 인간으로 존경받는 게 훨씬 낫다. 성실한 사람은 모두에게 사랑받지만, 또 그만큼 남에게 속을 확률도 높아진다.

책략을 성공시키는 가장 큰 비책은 남들이 결코 눈치채지 못하게 하는 것이다. 책략을 좋아한다는 게 알려지면 걸핏하면 속일 거라고 오해받기 쉽다. 황금시대에는 겉과 속이 같은 인간이 환영받지만, 철의 시대를 살아남는 것은 등 뒤에 비수를 감춘 사람들이다. 유능한 인간으로 평가받는 것은 명예로운 일일 뿐더러 자신감도 강해진다. 그러나 교활한 인간이라는 평판이 붙게 되면 속이지 않을까 늘 의심받게 된다.

273 지혜로운 사람을 얻으라

권력자들의 행운은 뛰어난 통찰력을 지닌 사람들과 어울릴 기회가 많은 데 있다. 지혜롭고 통찰력있는 사람들은 권력자들을 위험한 무지와 곳곳에 도사린 어려움에서 지켜준다. 권력자들이 지혜로운 사람들을 신하로 맞을 수 있다면 그야말로 금상첨화이다. 그러니 지혜로운 사람을 이용하는 법을 배워라. 자연의 힘이 보통사람보다 우월하게 만든 자를 신하로 만든다면, 더할 나위 없이 좋은 일이다. 지식은 길고 인생은 짧다. 지혜를 얻기 위해 많은 사람에게 배우는 것은 매우 현명한 일이다. 모임에서 자신이 직접 여러 사람을 위해 많은 말을 할 수 있으면, 다른 사람의 도움으로 자신이 명예를 얻는 것과 같다. 다른 사람들에게 도움되는 지혜로운 사람들은 교훈을 모아 그 지식의 핵심을 우리에게 알려준다. 그러므로 그 사람들을 부하로 삼을 형편이 안될 때는 벗으로 삼아 도움을 구하라.

274 나설 때와 나서지 않을 때를 구분하라

좋은 일에는 직접 나서고, 나쁜 일은 다른 사람을 통해 간접적으로 처리하라. 좋은 일로는 사람들의 호의를 얻고, 나쁜 일로는 반감을 피해갈 수 있다. 훌륭한 사람은 자기에게 좋은 일이 생길 때보다 스스로 좋은 일을 했을 때 더 큰 기쁨을 느낀다. 이는 그의 고결한 성품에 주어진 행복한 선물이다. 반대로 다른 사람을 고통스럽게 한다면 자신에 대한 연민이며 질책으로 그 고통을 감수해야 한다. 그러니 좋은 일은 직접 베풀고, 나쁜 일은 간접적으로 남을 통해서 하라. 그러면 당신에게 올 화를 얼마쯤 누그러뜨릴 수 있다.

분노한 군중은 마치 성난 개떼와 같다. 개들은 자기들이 겪는 고통의 원인도 알지 못하고 눈 앞의 대상에게만 달려든다. 그 대상은 아무 영문도 모른 채 앞으로 나선 탓에 화를 입기 마련이다. 나쁜 일을 대신해 줄 사람을 잘 고르면 당신의 위신이 깎이지 않을 수 있다. 그러나 당신의 일을 대신한 자에 대한 충분한 보상을 잊지 마라. 적절히 보상하면 그는 기꺼이 당신을 대신할 것이다. 사람들이 그에게 한 보복이 사실은 그 자신을 향한 보복이 아니라는 것을 알기 때문에.

275 상대의 술책을 파악하라

뛰어난 협상자들은 상대를 공략하기 전에 먼저 그의 의지를 마비시킨다. 만일 이 술책에 속아넘어가면 그에게 굴복하는 수밖에 없다. 그들은 의도하는 것을 얻기 위해 자기들의 속셈을 감춘다. 처음에는 당신이 받아들일 제안만 내세우고 협상의 마지막에 가서야 속셈을 드러낸다. 이를 경계하지 않으면 그 수법에 휘말리게 된다. 진짜 의도를 숨긴 채 접근하는 자에게 주의하라. 그리고 그가 진짜 의도를 관철하려고 앞에 내세우는 흉계를 조심하라. 하나는 진짜고 하나는 가짜다. 그들은 다른 일에 관심을 보이는 척하다가 갑자기 민첩하게 몸을 돌려 과녁의 중심을 맞춘다. 그런 자에게 당하지 않도록 신중히 행동하라. 그의 의도가 깊이 숨겨져 있을수록 당신은 깨어 있어야 한다. 무엇을 양보하고 무엇을 양보하지 않을 것인지 미리 생각하라. 그리고 때로는 자신이 그의 술책을 눈치채고 있음을 상대에게 넌지시 암시하는 것도 적절한 대응법이다.

276 험담을 피하라

당신이 험담꾼이라는 인상을 주지 마라. 험담하는 사람은 남의 명예를 더럽히는 사람이라는 나쁜 평판을 듣기 쉽다. 남을 교활하게 희생시키려 하지 마라. 그것은 혐오스러운 짓이다. 많은 사람들은 적에 대해 험담하여 복수하려 한다. 여럿이 험담하면 상대는 굴복하게 된다. 그러나 남을 험담하는 자는 결국 언젠가 남들의 험담거리가 된다. 나쁜 것이 사람들의 기쁨이 되거나 관심의 대상이 되어서는 안된다. 만일 누가 그런 험담꾼에게 관심을 보인다 해도 그의 지혜를 존중해서가 아니라 그의 악취미에 재미를 느껴서일 것이다. 남을 중상하는 자는 영원히 미움을 받게 된다. 나쁜 말을 하는 사람은 결국 그 자신이 더 나쁜 말을 듣게 되기 때문이다.

277 쉽게 사람을 믿고 가볍게 사랑하는 것을 경계하라

이 세상은 거짓과 허위로 가득차 있다. 그러므로 분별없이 사람을 믿지 말아야 한다. 앞을 내다보지 않고 판단을 내리면 나중에 귀찮은 문제가 생기게 된다. 그러면 그것에 휘둘려 마침내 지쳐 쓰러질 것이다.

그렇다고 상대가 말하는 것이 진짜인지 아닌지 미심쩍어하거나 노골적으로 의심하는 것도 곤란하다. 상대를 거짓말쟁이로 취급하거나 사기꾼이라고 비난하는 것은 상대에게 상처를 줄 수 있으며 모욕적인 행동이다. 때로는 그것만으로 끝나지 않고 더 큰 불이익을 가져올 수도 있다. 다른 사람의 말을 의심하는 것은, 의심하는 사람 본인도 거짓말을 한 적이 있다는 것을 암시하기 때문이다.

거짓말쟁이는 두 가지 고통을 맛보게 된다. 하나는 다른 사람을 믿지 못하는 것이고, 또 하나는 누군가에게 신뢰받지 못한다는 것이다. 현명한 사람은 무슨 말을 들어도 곧바로 판단내리지 않는다. 키케로(로마의 정치가, 웅변가, 저술가)는 가볍게 남을 사랑하지 마라고 역설했다.

사람들은 말뿐 아니라 행동과 몸짓으로도 거짓말을 한다. 행동과 몸짓이 하는 거짓말은 말보다 더 큰 재앙을 불러온다.

278 상대의 말에 반론을 제기해 본심을 알아내라

상대의 화를 돋우기 위해서는 상대의 말에 반론을 제기하는 게 가장 좋다.

흥분한 상대는 저도 모르게 본심을 말해 버린다. 이렇게 하면 상대의 본심을 알 수 있다.

보통사람들은 자신이 한 말이 반박당하면 이성을 잃고 흥분하기 쉽다. 사람들이 자신의 말을 믿지 않으면 저도 모르게 비밀로 감춰둔 사실까지 말해 버리는 것이다. 남들에게 결코 속마음을 확실히 드러내 보이지 않는 사람에게는 이 방법을 사용해 마음의 문을 열게 하는 것도 좋다. 상대의 진심이나 생각을 교묘하게 이끌어내는 전술이다.

애매하게 말끝을 흐리거나 뚜렷이 말하지 않는 상대를 날카롭게 물고 늘어지면 상대는 마음속 깊이 감춰둔 비밀을 조금씩 털어놓기 시작한다. 교묘하게 놓은 덫에 완전히 걸려들어 본심을 드러내게 되는 것이다.

한편 사려깊은 사람은 신중히 입을 다문다. 그러면 오히려 상대가 불안해져 먼저 말을 꺼내게 된다. 상대의 본심을 헤아릴 수 없을 때는 이것도 하나의 방법이다.

어떻게 해서든 꼭 알아내고 싶은 게 있으면 일부러 의심하는 척해 보라. 그러면 어떤 사람이든 곧 속내를 드러내게 될 것이다. 아무리 비밀로 꽁꽁 감춰둔 일이라도 이 방법을 쓰면 반드시 밝혀지게 된다. 학교에서도 우수한 학생일수록 교사의 말에 곧잘 반론을 제기한다. 그러면 교사는 자신의 정당함을 증명하기 위해 더 열심히 설명하려고 할 것이다.

상대의 말에 신중히 반론을 제기해 보자. 그러면 상대는 반론의 여지를 없애기 위해 알기 쉽게 자세히 설명해 줄 것이다.

제10장 생활을 풍요롭게 하는 방법

279 어느 시대에나 지혜는 필요하다

보기 드문 능력을 지닌 사람이 그 힘을 발휘할 수 있을지 없을지는 태어난 시대에 달렸다. 그들이 모두 자기에게 어울리는 시대에 태어난다고는 단언할 수 없으며, 비록 그렇더라도 그 이점을 살릴 수 있는 사람 또한 그리 많지 않다. 다른 시대에 태어났으면 그 힘을 충분히 살릴 수 있었을 텐데 싶은 사람들이 가끔 우리 눈에 띈다. 아무리 뛰어난 능력이라도 어떤 시대에나 늘 통하는 것은 아니기 때문에 생기는 안타까움인 셈이다.

어떤 일이든 다 때가 있고, 아무리 뛰어난 능력에도 유행이란 것이 있기 마련이다. 그러나 오직 지혜만은 다르다. 지혜에는 영원한 생명이 있다. 만일 지금이 지혜가 필요한 시대가 아니라고 한다면 다른 시대 역시 마찬가지일 것이다.

280 지혜가 있으면 사람들에게 나눠주고, 없으면 얻어라

머릿속으로 기억시키기보다는 인식시키는 것이 더 중요하다. 기억력에 의지하기보다는 지성적으로 대처하는 편이 어떤 일이건 훨씬 더 바람직한 결과를 가져온다.

때로는 내가 상대로 하여금 인식하도록 해야 할 것이며, 또 때로는 그들에게 앞날에 대해 상담하는 것이 좋다. 이제 실행만 하면 되는데도 때를 알지 못하여 기회를 놓치는 사람들도 적지 않다. 이럴 때 친구가 지금이 바로 결행할 기회라고 한 마디 조언해 주는 것도 좋지 않겠는가?

당장 급한 문제가 무엇인지 곧바로 판단할 수 있는 것은 뛰어난 재능이다. 이런 능력이 모자라 성공해야 마땅한 사람이 엉뚱하게 꽃을 못피우고 시들어버린다.

지혜있는 사람은 모자란 사람들에게 그것을 나눠주고, 지혜가 모자란 사람은 있는 사람에게 도움을 청하라. 지혜를 주는 사람은 신중하게, 얻는 사람은 겸손하게 행하라. 또 노골적으로 말하지 말고 얼마쯤 힌트만 줄 정도에서 그치는 게 바람직할 것이다. 특히 조언을 주는 사람의 이해가 걸린 문제라면 더욱 마음써야 한다.

상황을 잘 판단하여 빙 돌려 모호하게 말해 어려움이 생길 것 같으면 허심탄회하게 대화하는 방법도 좋을 것이다. 이번에는 단번에 '아니오'라는 대답을 듣더라도 다음번에는 이런저런 방법을 동원하여 '예'라는 대답을 이끌어낼 수 있다. 이런 경우에 원하는 바를 이룰 수 없는 것은 해보려는 의지가 부족하기 때문이다.

281 필요 이상으로 쌓은 지식 때문에 교활해지면 안된다

지혜를 갖추는 게 중요하다. 그러나 필요 이상으로 지식이 많은 사람은 교활해지기 쉬우며 일을 그르치게 된다. 안정된 진리가 더 신뢰감을 준다. 지성을 갖추는 것은 좋으나 수다쟁이는 되지 마라. 지나친 논쟁은 싸움이나 마찬가지다. 꼭 필요한 것 말고는 더 생각하지 않는 착실한 두뇌가 더 좋은 법이다.

282 다른 사람의 지혜를 빌려라

잘 모르는 일은 아는 사람한테 물어보라. 살아가는 데는 자기 것이든 남의 것이든 지혜가 필요하다. 그렇지만 세상에는 스스로 아는 게 없다는 자각조차 없는 사람이 가득하고, 아무것도 모르는 주제에 모르는 게 없다는 그럴싸한 얼굴로 돌아다니는 사람도 많이 있다.

바보에게는 약이 없다. 무지한 사람은 스스로를 알지 못하므로 자기에게 무엇이 부족한지 아예 관심조차 없다. 또는 모든 지혜를 다 통달한 것은 아니지만 이미 현자로서 이름을 남겼다고 생각하는 사람도 있다.

사리분별을 통달한 현자란 결코 흔하지 않다. 비록 있다 하더라도 그 가르침을 우러러볼 자가 없어 오히려 걸리적거리는 짐스러운 존재처럼 다루어지고 있다. 남에게 조언을 구한다 해서 자기 위엄이 사라지는 것도 아니고, 가진 재능에 의심의 눈길을 돌리는 사람 역시 없을 것이다. 오히려 높은 평가를 받을 수도 있다. 불운에 맞서 새로운 길을 개척하려 할 때는 이치에 통달한 사람의 지혜를 빌리는 게 바람직하다.

283 지혜는 눈, 용기는 손이 되라

지혜와 용기가 자동차 바퀴처럼 제자리를 잡아야만 큰일도 할 수 있다. 지혜와 용기는 모두 불멸의 것이므로 인간들에게 영원히 사라지지 않는 영광을 가져다준다. 인간의 기량은 지혜에 달렸다. 지혜가 있으면 불가능이 없다.

평범한 사람들은 머리 위를 나는 파리도 쫓을 수 없다. 지혜는 눈이 되고 용기는 손이 될 것이다. 용기 없고 지혜만 있어서는 아무 도움도 되지 않는다.

284 우아함을 잃지 않도록 하라

인간은 야만인으로 태어나 교육을 통해 야성에서 벗어난다. 교육은 인간을 만들며 교육받을수록 인간다워진다. 그 때문에 그리스는 다른 모든 세계를 야만이라 부를 수 있었다. 지식보다 더 많은 일을 이루는 것은 없다. 그러나 우아하지 않은 지식은 조잡하고 거칠다.

지식만이 아니라 의지와 말도 우아해야 한다. 우아하게 생각과 말과 몸을 가꾸며 내적으로나 외적으로 모두 고상한 사람들이 있다. 정신의 재능이 열매라면 우아함은 나무껍질과 같다. 그러나 너무 거칠어 자신이 지닌 뛰어남조차 참을 수 없는 야만성으로 바꾸어버리는 사람들도 있다.

285 세련되고 고양된 지식을 쌓아라

풍부한 지식을 쌓아라. 현명한 사람은 세련되고 고양된 지식을 축적하여 무장하고 있다. 그것은 저속한 소문 등이 아니라 오늘날 실제로 일어나고 있는 갖가지 일들에 관한 지식이다.

그들은 재치있는 말로 자기 생각을 돋보이게 하고, 세련된 몸짓으로 좋은 인상을 심어준다. 게다가 그 모든 것들이 순식간에 임기응변식으로 행해진다. 남에게 충고할 때도 신랄하게 설교하기보다는 농담을 섞어 부드럽게 말하는 경우가 더 많다. 7개 교양과목(중세 유럽의 학교에서 가르친 교과목. 문법, 수사학, 논리학, 산술, 지리, 천문, 음악.)이 제아무리 식견을 높여준다 하더라도 사람과의 대화를 통하여 얻는 지식이 때로는 훨씬 더 도움되는 경우도 드물지 않기 때문이다.

286 재능은 지성과 품성으로 꽃피운다

재능은 지성과 품성이라는 양 끝에서 자아올려져 꽃을 피운다. 둘 가운데 어느 한쪽이 없어도 성공은 기약할 수 없다. 높은 지성을 가지는 것만으로는 불충분하고 거기에 어울리는 품성도 함께 갖추지 않으면 안된다. 어리석은 자는 스스로를 둘러싼 상황, 입장, 교우관계를 소홀히 하여 끊임없이 새로운 문제를 만들어낸다.

287 생활에 필요한 실용 지식을 익혀라

실용적인 지식을 익혀두라. 단지 생각만 하는 것으로는 불충분하다. 실제로 행동하라.

지식인만큼 속기 쉬운 이들도 없다. 그들은 놀랍도록 박식하지만 정작 일상생활에 필요한 것은 하나도 모른다. 고상한 사색만 하고 있으면 세상 돌아가는 일에 어두워진다. 세상사람들이 잘 알고 있고 생활하는 데 반드시 필요한 지식이 없으므로, 천박한 일반 대중들은 경악을 금치 못하고 현인을 무식하다고 조롱한다.

그러므로 현인이라고 불리는 사람들도 속거나 멸시받지 않을 정도의 실용적인 지식은 익혀두어야 한다. 사무적인 일이라든지 사소한 일들을 처리하는 방법이 그것이다. 그것들이 인생에 그리 중요한 일은 아닐지라도 생활해 나가는 데 반드시 필요한 지식이다.

실제로 도움이 안되는 지식은 없어도 상관없지만, 오늘날에는 살아가는 기술을 아는 사람만이 진정한 지식인으로 불린다.

288 예외없이 적용될 규칙을 세우지 마라

상황에 적응하며 살라. 우리의 행위와 생각을 포함한 모든 것은 상황에 따라 조정되어야 한다. 할 수 있을 때 하라. 시간과 기회는 기다려주지 않는다. 예외없이 누구에게나 적용될 규칙을 세워놓고 살지 마라. 그것이 미덕을 위한 것일지라도 마찬가지다. 자신의 의지에, 남과 같은 천편일률적 사고방식을 부여하지 마라. 오늘 당신이 버리는 물을 내일 다시 마시게 될지도 모르는 일이다.

289 냉정하게 생각하고 우아하게 표현하라

임신은 쉽게 하나 출산은 어렵게 하는 이들이 있다. 명확하고 생동감 넘치는 표현은 냉철하고 민활한 정신에서 나온다. 명철함 없이는 정신의 산물인 생각과 판단이 제대로 세상에 나올 수 없다. 의지가 결단한 것은 이성을 통해 입 밖으로 나타난다. 이해력이 뛰어나 머릿속으로는 많은 것을 이해하여 담았지만 주둥이가 좁은 주전자처럼 입 밖으로 내놓는 것은 조금밖에 없는 사람들이 있다. 또 어떤 사람들은 자기가 생각한 것보다 더 많이 말한다. 둘 다 나름대로 장점이 있다. 명철한 판단력을 가진 두뇌는 명확하게 표현함으로써 찬사를 받는다. 그러나 가끔씩 분명하지 못한 표현도 사람들이 이해하지 못해 존경받는 경우가 있다. 그러니 존경받고 싶으면 모든 일을 너무 명확히 하려 들지 않는 게 좋다.

290 미리 은혜를 베풀어라

미리 호의를 베풀어 나중에 보답받는 것은 현명한 사람들이 가끔 쓰는 방법이다. 먼저 호의를 베풀면 두 가지 큰 이점이 있다. 첫째, 미리 베푼 은혜는 받은 사람을 더욱 감동시키므로 많은 공적을 쌓을 수 있다. 또 어차피 나중에 지불할 것을 미리 은혜로 베풀면 받은 사람에게 마음의 채무가 되어 그 마음을 사로잡을 수 있다. 이는 채무를 은혜로, 채권자를 채무자로 바꾸는 훌륭한 방법이다. 하지만 명예심이 있는 사람에게만 쓸 수 있는 방법이다. 비열하고 책임감과 의리가 없는 자에게 은혜를 미리 베풀면, 그에게는 이 은혜가 과거의 상처가 될 뿐 미래를 보고 나아가는 힘이 되지 않는다.

291 어리석은 거래를 중단하라

남에게서 받은 은혜를 마치 자기가 베푼 것처럼 보이게 하는 재주를 가진 사람들이 있다. 또 자기가 얻은 이익을 마치 남의 이익처럼 보이고, 마치 자기가 남을 위해 봉사한 것처럼 교묘하게 위장하는 사람들도 있다. 그들은 또 남이 자기에게 베푼 호의를 당연한 의무처럼 받아들인다. 그들은 칭찬 한마디로 가장 훌륭하고 중요한 것을 얻는다. 그들은 찬사와 호의로 다른 사람을 기분좋게 만들고 그들에게 책임감을 지운다. 그리하여 영예와 이익을 함께 얻는다. 이는 대단한 수완이다. 그러나 더 훌륭한 수완은 이런 교묘한 술책을 알아차리고, 똑같은 방식으로 상대에게 되갚아주는 것이다. 그런 수완은 저마다 자기 몫으로 되돌아가게 만든다.

그러나 인생에서 가장 큰 지혜는 이런 어리석은 거래를 그만두고 자기에게 맞는 영예를 돌려주는 일이다.

292 독창적인 생각을 소중히 하라

독창적인 생각을 표현하고 말할 줄 아는 이는 정신력이 뛰어난 사람이다. 전혀 반박하지 않는 사람만을 소중하게 여겨서는 안된다. 그런 사람은 당신을 사랑하는 게 아니라 자신밖에 모르는 사람이다. 남들의 아첨에 속지 마라. 아첨은 당신에게 도움이 되기보다 값비싼 대가를 치러야 한다. 때로는 뛰어난 점을 질책하는 사람들의 지적을 영예롭게 생각하는 게 좋다. 반대로 당신의 일이 모든 사람들 마음에 든다면 이는 서글프기도 한다. 그 일이 쓸모없을 수도 있다는 뜻이다. 진실로 뛰어나고 필요한 일은 소수의 사람들에게만 해당되기 때문이다.

293 사람들의 반감을 사는 행동은 하지 마라

사람들에게 미움받는 행동은 되도록 하지 마라. 사람들의 반감을 사서 좋을 게 없다. 아무것도 하지 않았는데 사람들에게 미움받을 때가 있다. 특별한 이유 없이 남을 미워하는 사람이 세상에는 널려 있다. 미워하는 까닭이 무엇인지 그들 자신도 잘 모른다. 선량한 마음은 잘 전해지지 않으나 적개심은 이상하게도 금방 느껴진다. 욕망에 눈이 먼 사람이 그 대가를 치르는 경우는 흔히 있다. 하지만 복수심에 불타는 사람의 경우는 그 대가가 더 빠르고 확실히 신변을 덮쳐 커다란 재난을 부른다.

남들에게 일부러 값비싼 대가를 치르고 미움을 사는 사람도 있다. 이러한 인간은 남을 불쾌하게 만들고 싶다는 생각을 한다. 그리고 사람들이 싫어할 만한 생각이 떠오르도록 한다. 사람들의 증오를 한번 사면 오명과 마찬가지로 씻을 수 없게 된다. 이런 이들은 건전한 상식을 가진 사람을 두려워하고, 남을 헐뜯는 사람을 경멸하고, 위인은 모멸하며, 익살꾼들은 기피한다. 그러나 그들도 뛰어난 사람들에게는 때로 경의를 표한다.

사람들에게 존중받고 싶으면 먼저 상대를 존중해 주어야 하는 법이다. 또한 상대에게 대우받고 싶다면 배려하는 마음을 갖고 상대를 대해야 한다.

294 꼭 필요한 것만 소유하라

모든 것을 다 가져야 할 필요는 없다. 남의 것을 사용할 때, 사람들은 새로운 기분을 느낄 수도 있다. 무엇을 소유하면 누구나 첫날은 그 주인이 되었다는 사실에 큰 기쁨을 느낀다. 그러나 그 즐거움은 곧 남들 몫이 된다. 무엇이든 그것을 갖지 못하고 갈망할 때 가장 큰 매력이 있다. 어떤 것을 가지면 그에 대한 즐거움은 곧 줄어들고 싫증이 늘어난다. 그것을 남들에게 빌려주든 그냥 간직하든, 당신은 친구보다 적을 더 많이 만들게 된다. 그러니 당신이 자주 사용하는 것만 소유하라. 첫째는 날마다 꼭 사용하므로 싫증을 느끼지 않을 것이고, 둘째는 남들에게 빌려줄 필요가 없어 사람들의 미움을 살 걱정도 없다.

295 제때 일하라

지혜로운 사람은 어리석은 사람이 마지막에 하는 일을 맨먼저 한다. 양쪽 모두 같은 일을 해도 하는 때가 서로 다르다. 한쪽이 제때 못하는 일을 다른 쪽은 제때 할 따름이다. 한번 판단력이 어긋나면 매번 일이 뒤바뀌지며 끝까지 시행착오를 되풀이한다. 머리로 해야 할 일을 발로 하고, 오른쪽에서 해야 할 일을 왼쪽에서 하게 된다. 그가 하는 모든 행동은 미숙하다. 그의 판단력을 올바르게 되돌리는 유일한 방법은, 그가 언젠가는 마쳐야 할 일을 미리 하도록 강요하는 일이다. 그리하여 그가 스스로 그 일을 마치고 명예를 얻도록 도와야 한다.

296 과장은 거짓에 가깝고, 진실과 멀다

결코 과장하지 마라. 최상급 표현을 사용해 말하지 않는 원칙을 명심하라. 그래야만 진리에 흠집내지 않고 우리의 분별력도 지킬 수 있다. 칭찬은 호기심을 일깨우고 욕망을 자극한다. 하지만 으레 그러하듯 나중에는 가치와 대가가 서로 어긋나버린다. 그리하여 배반당한 기대는 그 허위를 적으로 삼으며, 찬양한 자와 찬양받는 자 모두를 하찮게 여겨 복수한다. 과장은 거짓말과 가까운 사이다. 과장 때문에 사람들은 건전한 감식력으로 얻은 중요한 명성을 잃게 되고, 그보다 더 중요한 분별력도 잃게 된다.

297 늘 새롭게 하라

자신의 광채를 새롭게 하라. 이는 불사조의 특권이다. 아무리 특출한 능력도 시간이 지나면 무디어지고 더불어 명성도 빛이 바래기 마련이다. 뛰어난 게 낡으면 평범해지며 새로운 것의 빛에 가려질 수 있다. 그러므로 용기·재능·행운 등 모든 것을 늘 새롭게 하라. 새롭고 놀라운 일을 지니고 등장하여 태양처럼 다시 솟아오르라. 자기 무대 위의 광채도 늘 새롭게 하라. 과거 당신이 보인 승리에 대한 사람들의 열망이, 때로는 새로이 등장한 당신의 위력을 찬양하게 하라.

298 생활에 쫓기지 마라

나날의 생활에 쫓겨 악착같이 살지 마라. 앞을 내다보며 분별있는 삶을 살도록 하라. 휴양없는 인생만큼 괴로운 것도 없다. 그것은 여관에 묵지 않으며 오랜 여행을 하는 것과 같다.

다양한 지식은 인생에 기쁨을 가져다준다. 훌륭한 인생을 살기 위해서는 우선 책을 통해 지난 시대의 사람들과 대화하는 게 좋다. 사람은 지성을 키우고 자신을 알아가기 위해 태어난 것이다. 책은 인간을 진정한 인간으로 만들어주는 성실한 길잡이이다. 그 다음으로 해야 할 일은 동시대를 함께 살아가는 사람들과 대화하는 것이다. 책을 통해 이 세상에 살아 있는 모든 것들에 관심을 기울여라. 마지막으로 해야 할 일은 자신과의 대화다. 철학적인 사색에 빠지는 것은 이 세상에서 가장 큰 기쁨이다.

299 절제는 삶에 기쁨을 준다

서두르지 말고 중용을 지키며 인생의 기쁨을 즐겨라. 모든 일을 적절하게 나누어 처리할 줄 알면 인생을 즐길 수 있다. 인생에서 행운이 찾아오는 시간은 결코 오래 지속되지 않는다. 많은 사람들은 행운이 찾아와도 알맞게 이용하지 못하고 헛되이 보내는 경우가 많다. 그리고 행운이 사라져버린 뒤 아쉬워한다. 그런 사람들은 아직 인생의 기쁨이 찾아오지도 않았는데 성급하게 행동하여 미래를 망쳐버린다. 그들은 평생 할 일을 하루에 모두 끝내려고 한다. 그들은 성급하여 모든 것을 쉽게 끝장내려고 한다.

절제는 인생을 기쁘게 한다. 지식을 쌓을 때도 도를 넘지 마라. 배우는 것이 배우지 않느니만 못하다면 배움을 그만두는 게 낫다. 우리의 삶은 기쁜 날보다 그렇지 않은 날이 더 많다. 그러므로 일은 빨리 하되 기쁨은 오래 즐기는 것이 좋다. 일이 끝난 것은 보기 좋으나 기쁨도 끝났다면 무슨 의미 있는가!

후회조차도 성급하게 하지 마라. 당신이 오늘 무언가 후회하고 있다면 내일까지 시간을 두고 기다려라. 그때도 여전히 당신이 후회하게 되는지를 살펴라.

300 사랑하지도 미워하지도 마라

어떤 사람의 일면인 흉악한 성격을 파악한 뒤 그 사실을 잊어버리는 것은 마치 애써 모은 돈을 창 밖에 내던지는 것과 다름없다. 남의 성격을 파악한 뒤에는 경계하는 의미에서 기억해두면 터무니없이 남을 믿어 입는 손해를 피할 수 있다. 사랑하지도 미워하지도 마라. 이것이 지혜의 절반에 해당된다. 아무것도 말하지 말고 믿지 마라. 그것이 지혜의 나머지 절반이다. 그러나 이런 명언을 지켜야 하는 이 세상에 산다는 게 얼마나 어처구니없는 일인가.

301 명상에 잠긴 사람은 행복하다

움직이지 않고 깊은 명상에 잠겨 있는 사람은 존경받을 만하다. 보통사람들은 할 일이 없으면 다리를 흔들거나 손으로 책상을 두드리거나 숟가락을 만지작거리거나 지팡이를 쓰다듬거나 한다.

사람들은 좀처럼 가만히 있지 못한다. 사람들은 대부분 생각에 잠기기보다 무엇인가 보고 듣거나 외부의 자극을 받지 않으면 잠시도 견디지 못한다. 이것은 자신이 살아 있는 존재라고 느끼려 하기 때문이다. 담배를 피우는 것도 그 때문이다.

302 아무리 현명한 사람들도 더러운 명예욕에 약하다

우리들의 행복은 주로 안정된 기분과 흐뭇한 만족감을 뜻한다. 지금의 기분이나 상태가 좀더 지속되기를 바라는 마음의 상태가 행복이다.

그러나 남의 눈을 의식하는 순간 안정된 기분은 깨지고 불만이 드러난다. 우리가 행복을 유지하기 위해서는 남을 의식하는 허영심을 버려야 한다. 그것이 나 자신의 행복을 키우는 방법이다.

만일·우리가 이 허영심을 줄이면 현재의 불행은 50분의 1쯤으로 줄어들 것이다. 허영심을 없애면 우리들의 육체를 괴롭히는 가시가 뽑혀지는 셈이지만 그것은 선천적인 고질병이어서 여간 버리기 쉽지 않다.

로마제국의 역사가 타키투스는 '아무리 현명한 사람도 더러운 명예욕에서 좀처럼 벗어나지 못한다'고 말했다.

이처럼 인간의 허영심이란 불행을 자극하는 허망하고 그릇되고 불합리한 것임이 분명하다. 그런데도 사람들은 허영심의 노예에서 벗어나지 못하고 그것을 중요히 여기며 얼마나 큰 불행을 겪고 있는지 깨달아야 한다.

303 슬픔의 눈물을 흘려본 사람이 기쁨의 눈물도 흘릴 수 있다

행복할 때 인간은 자신이 행복한 것을 느끼지 못하고 불행해져야 그때 행복했었음을 깨닫는다. 그렇다면 자신에게 현재의 행복이란 없고, 과거의 기억으로만 행복이 존재한다는 말이다. 향락과 쾌락도 강할수록 점점 느껴지지 않으며 습관이 되면 없는 것과 똑같아진다. 그러다가 쾌락의 습관조차 끝나면 괴로움만 남게 된다. 권태는 시간을 느리게 만들고, 쾌락은 시간관념조차 없애버린다.

그렇다면 우리는 이런 결론에 도달할 수 있다. 타는 듯한 갈증을 겪어 봐야 물이 나를 살리고 있는 것을 깨닫듯 고통스러운 병고는 건강의 중요성을 깨닫게 해주고, 늙음은 젊음의 소중함을 일깨워주고, 심한 구속은 자유의 소중함을 알려준다는 것이다.

그렇다면 우리가 지금까지 그토록 싫어하고 피해왔던 불행들이란, 행복을 느끼기 위해 반드시 필요한 필수조건이 된다. 죽음 직전에 살아나야만 삶의 기쁨을 가장 크게 맛볼 수 있다면 우리는 모든 불행과 고통을 어찌 마다할 수 있겠는가.

304 향락은 욕망을 달래는 도구에 지나지 않는 것

사람들은 흔히 청년기를 인생에서 가장 행복한 시기로 여기고 노년기는 비애의 시기로 생각한다. 만일 행복을 격동과 감동으로만 본다면 그 말이 맞을지 모른다. 하지만 청년기에는 바로 그 격동과 감동 때문에 기쁨보다 고통에 더 많이 시달린다.

그러나 노년기에는 그러한 격렬한 감동이 가라앉고, 청년기에 그토록 감격적으로 받아들인 일들도 명상적인 색채를 띠며 다가온다. 노년기에는 인식이 자유롭기 때문이다.

인식 그 자체에는 고통이 없다. 물론 감동이나 감격 그 자체가 인간을 행복하게 하는 것은 아니다. 노년기가 되어 향락을 누릴 기회가 거의 없다고 해서 슬퍼할 필요는 없다. 향락이나 고통은 같은 성질의 형태로, 향락은 소극적이고 고통은 적극적이라는 차이밖에 없기 때문이다. 그것을 이해하면 소극적인 향락에 대해 집착할 이유가 없게 된다.

모든 향락은 욕망을 달래는 데 지나지 않아 욕망이 소멸하면 향락도 사라진다. 마치 식사 뒤에 식욕이 없어지거나, 깊은 잠에서 깨어나면 더 이상 졸음이 오지 않는 이치와 같아 향락의 기회가 없다고 탄식할 이유는 없다.

305 우리가 죽음으로 무엇을 잃는단 말인가?

삶과 죽음은 서로 의지하여 삶이 죽음이 되고 죽음이 삶의 조건이 되어 인간 생애에 양극을 이루며 공존해 왔다. 그렇다면 우리는 죽음을 어떻게 볼 것인가. 복잡하게 생각할 것 없다. 생물학적 정의를 간단히 내려보라.

나는 본디 이 세상에 없었던 존재였다. 저마다 태어난 날짜를 헤아려 보면 생일 이전에 자신은 이 세상에 없었다는 것을 확신할 수 있다. 우리는 이 세상에 없었던 상태를 죽음이라고 말하지 않는다. 그러나 태어나면서 비로소 죽음을 앞두게 된다. 따라서 죽음이란 삶을 전제로 존재한다는 명백한 진리가 성립된다. 남녀간의 사랑은 인류의 종족 유지를 위해 꼭 필요한 본능이다. 따라서 인간은 사랑과 쾌락이라는 생식행위의 결과로 태어난 결과물이다. 바로 그 생식행위의 결과 하나의 존재로 매듭이 만들어졌고, 그 매듭은 뒷날 죽음이라는 커다란 환멸에 의해 풀리며 본디 상태로 돌아간다.

삶은 죽음을 통해 본디 상태로 되돌아간다. 위대한 생명이 한낱 죽음의 소멸로 끝나고 말다니 참으로 허망하다는 뜻으로 보면 삶은 별 의미 없고 인간은 참으로 불쌍한 존재에 지나지 않는다. 하지만 다시 생각해 보면 불쌍할 이유도 없다.

우리는 본디 없었는데 잠시 존재하다가 다시 없는 상태로 돌아가는 것이므로 사실상 잃는 게 없다. 생각해 보라. 우리가 죽음으로 무엇을 잃는단 말인가.

Die Welt als Wille und Vorstellung
의지와 표상으로서의 세계

「의지와 표상으로서의 세계」를 읽는 이들에게
권기철

'세계는 나의 표상이다'라는 문장으로 이 저서는 시작된다.

이 문장은 무슨 뜻인가? 우리는 이 세계에 살며 온갖 것을 인식한다. 그 세계는 모두 '표상'이라고 쇼펜하우어는 말한다. 그러면 표상이란 무슨 뜻인가? 표상이란 눈앞에서 보듯이 마음속으로 생각하고 그려보는 일, 심상, 상상, 관념 등의 뜻이다. 즉, 우리가 무언가를 보고 그것을 상상하는 일이다. 그것을 할 수 있는 것은 인간뿐이라고 한다. 이를테면 인간은 태양 자체를 직접적으로 알지 못한다. 눈으로 빛을 보고서야 태양을 인식할 수 있다. 그때 생겨나는 인식이 태양의 '표상'이다.

주목할 것은 '나의 표상'으로 정해져 있다는 것이다. 내가 인식하는 태양이나 땅은 '나의 표상'이다. '세계는 나의 표상이다'는 이렇게 해석된다. 즉, 세계는 표상으로서 존재한다. 이것이 선천적 진리이다.

여기에 또 하나의 진리가 첨가된다. 내가 태양을 볼 때에는 시간·공간·인과성에 바탕을 두고 있다. 그때 나는 그곳에 어떠한 이유로 가서 태양을 보는 것이다. 이것을 '충족 이유율'이라고 한다. 충족 이유율이란 쇼펜하우어가 칸트를 뛰어넘으려고 세운 사고 방법의 기본이다.

이때 공통되는 원리가 숨어 있다. 그것은 '주관과 객관의 분열'이다. 이는 태양이나 땅이 주관과 관계에 있어서 객관에 지나지 않으며, 보는 것(주관)이 있고, 보이는 세계(객관)가 있다는, 즉 '객관은 표상에 지나지 않는다'라는 진리이다. 나라는 주관이 태양이라는 객관을 보았을 때, 태양이라는 표상이 생긴다. 만물은 단지 주관에 대하여 존재하는 객관일 뿐이며, 세계는 표상이다라는 것은 '주관과 객관의 분열'이다.

그렇다면 주관이란 무엇인가? 모든 것을 인식하며 그 누구에게도 인식되지 않는 것, 이것이 주관이다. 이 주관은 현상하는 모든 것, 즉 태양, 땅, 그 밖의 온갖 존재라는 객관을 성립시킨다. 그때 우리 자신의 몸도 표상이며 보이는 객관이 된다. 또 이때 주관은 인식되는 것이 아니기 때문에 시간·공간이라는 형식에서도 벗어나 단지 주관으로서 존재한다. 또 다수성이나 단일성에서도 벗어나 있는 것이다.

이렇게 보면 표상이 성립하기 위한 두 측면이 있다. 하나는 '보이는 대상=객관'이다. 객관은 공간과 시간, 다수성의 형식에 얽매여 있다. 또 하나는 주관이다. 주관은 공간과 시간 안에는 없으며, 나눌 수도 없다. 그런데 객관과 주관은 나눌 수 없다. 주객 양면이 불리일체(不離一體)인 것이다. 즉, 주관이 존재하는 것은 객관이 있을 때이다. 나라는 주관이 있는 것은 태양, 땅 등 대상, 즉 객관이 있기 때문이다. 이때 주관과 객관도 공간·시간·인과성이라는 '충족 이유율'에 매여 있다. 어디에서, 언제, 어떤 이유로 태양을 보았는가——하는 식이다.

주관과 객관의 관계를 일상적인 말로 하자면 '주관=나'이며 '객관=너'이다. 내가 없으면 너도 없고 네가 없으면 나도 없다는 것이다.

그런데 우리의 인식에는 일상적으로 흔히 사용하는 '직관'과 '추상'이 있다. 추상의 경우 '태양과 같은'이라고 할 때, 그것은 태양의 '개념'을 나타낸다. 개념을 추상하는 능력을 갖고 있는 것은 인간뿐이다. 이 개념을 추상하는 능력을 쇼펜하우어는 '이성'이라고 명명했다.

그러면 '직관적 표상'이란 무엇인가? 그것은 육안으로 보이는 세계의 총체이며 경험할 수 있는 전부이다. 그리고 그것들은 시간과 공간 속에 있는 표상이다. 이것은 선천적으로 직관에 의해 인식된다.

그러면 시간은 무엇인가? 그것은 한순간 한순간 그 앞에 있는 시간을 죽이는 형식으로 존재한다. 현재는 과거와 미래 사이에 과거를 죽이는, 범위도 지속성도 갖지 않는 경계선이다. 그것은 헤라클레이토스의 '만물은 유전한다', '끊임없이 생성하지만 마지막에는 존재하지 않는 것'과 통한다. 결국 시간이란 '계속'이며, 계속이 시간의 본질이다.

마찬가지로 공간은 '위치'이다. 또 물질이란 '물질의 움직임(작용·영향·활동)'이다. 물질은 움직이는 것으로서 시간과 공간을 채우고 있다.

물질이 직관을 생기게 한다. 물질이 존재하는 것은 직관 안에서뿐이다. 사과를 보면 사과라고 직관하고, 바나나를 보면 바나나라고 직관한다. 이와 같이 사과나 바나나라는 표상을 직관하여 파악한다. 사과나 바나나가 직관에 작용한 결과, 사과나 바나나라는 표상이 생겨난다.

시간과 공간은 '동시존재'한다. '시간만' 또는 '공간만'이란 있을 수 없다. 공간만 있다면 세계는 고정된 채 변화란 일어나지 않을 것이다. 또 시간만 있다면 모든 것이 무상하고 신속하게 흘러갈 뿐이다. 따라서 시간과 공간의 결합에 의해서 비로소 물질이 발생한다.

한편 사과의 경우도 인과성에 매어 있다. 사과가 떨어질 때 그 일을 인식하는 것은 '오성'이다. 오성이란 인과성을 인식하는 유일한 기능이다. 이렇게 보면 원인과 결과에 나타나는 모든 물질, 바꿔 말하면 현실 전체는 오성에 대응하고 오성을 수단으로 하며 오성 속에 존재하고 있다.

이 오성이 결과에서 원인으로 옮겨갈 때 직관과 같은 세계가 나타난다. 사과가 떨어질 때 결과와 원인을 오성으로 파악하고 오성이 주는 데이터에서 직관이 생겨난다. 이때 직관은 단순히 감각적인 것이 아니라 지적인 것이며 결과에서 원인을 오성적으로 인식하는 것이다.

이것에서 다음과 같은 말을 할 수 있다. 즉, 사람이 직관에 의해 표상으로서 알게 되는 것은 객관의 작용이며, 인과성이자 오성에 의한 것이다.

이 오성의 결여가 '우둔'이다. 우둔이란 인과율의 응용에 둔감하다는 것이다.

한편 코끼리는 작은 다리가 자기의 몸무게를 지탱할 수 없다고 생각하면 (오성으로 파악한다) 건너려고 하지 않는다. 이것은 본능에서 나오는 것이다. 본능은 오성과도, 이성과도 다르지만 오성과 이성을 합친 것에 가깝다. 여기에서 오성과 이성의 차이를 정리하면 다음과 같다.

· 이성에 의해 바르게 인식된 것—진리/대립(현혹)하는 것—오류
· 오성에 의해 바르게 인식된 것—실재/대립(현혹)하는 것—가상

가상의 예로, 물에 잠긴 막대기가 꺾여 보이는 것을 들 수 있다. 막대기는 꺾인 것이 아님을 이성을 통해 알고 있더라도 여전히 꺾인 막대기라는 가상이 남으며 우리는 여전히 그렇게 보고 마는 것이다.

이리하여 다음 결론이 나온다. 오성은 이성으로부터 완전히 구별되어 있다. 이성이 할 수 있는 것은 아는 일뿐이다. 직관하는 것은 오성만의 작용이며, 이성의 영향은 받지 않는다. 이처럼 표상은 서로 대립하는 객관과 주관을 전제로 하며, 시간·공간·인과성에 종속되며, 오성에 속하는 직관에 의해 파악된다. 세계는 이렇게 해서 나의 '표상'이 된다.

우리는 이 직관적인 '표상'에 의존해 있으며, 세계는 나의 표상으로서 나와 대립하여 존재하고 있다. 그러나 이대로는 우리의 운동이나 행동을 설명할 수 없다. 나라는 주관에게 있어 표상은 아무 관계도 없다.

이 표상의 뜻을 인식하고 자기 자신의 현상을 푸는 열쇠가 '의지'이다. 의지가 자신의 본질, 행위, 운동의 뜻을 알게 해 준다. 의지란 '생각하는 것만으로는 안 된다, 몸을 움직여야 한다'는 말처럼 몸의 활동을 나타낸다.

육체의 움직임은 두 가지로 나눠 볼 수 있다. 자기의 의지로 움직이는 자의적인 운동과 의지와는 관계없이 움직이는 부자의적인 운동이다. 자의적인 운동은 '동기'에 바탕을 둔 운동이며, 부자의적인 운동은 '자극'에 의해 생기는 운동이다. 미래를 바꾸려고 하는 의지의 결정을 '결의'라고 부른다. 결의가 아직 '의도'인 경우에는 이성 안에 머문 추상이다. '의욕'과 '행위'는 반성하고 있을 때에는 구별되나 현실로 결정이 났을 때는 구별되지 않는다. 따라서 의지에 어긋났을 때는 고통스럽고, 의지에 따랐을 때는 쾌감을 느낀다. 이렇게 육체와 의지는 하나이다. 따라서 의지에 대해 인식하는 일은 육체에 대한 인식과 분리할 수 없다. 육체를 인식하는 것은 객관의 현상을 인식하는 일이다. 즉, 시간 안에서 육체를 인식하고 우리의 의지를 인식하게 된다는 것이다. 이리하여 행위를 했을 때' 나의 의지라는 주관과 육체라는 객관이 분열에서 풀려나 합치한다. 이 합치를 가장 높은 의미의 '기적'이라고 명명한다. 이 '의지와 육체의 일치'는 매우 독자적인 인식을 가져다준다. '나의 몸은 나의 의지이다'라고 바꾸어 말할 수 있다는 것이다.

이때 육체는 이미 인식주관(認識主觀)의 단순한 표상이 아니다. 자기 육체는 의지로서 나타난다. 육체야말로 세계 속에서 단 하나의 현실적인 개체이며 의지의 표현이다. 이 의지는 맨 먼저 육체의 자의적 운동에서 볼 수 있다. 테니스에서 공을 친다는 의지는 발, 허리, 어깨 등의 수의근을 움직여 라켓으로 강하게 공을 치는 자세를 만든다. 공을 치는 모습은 의지가 겉으로 드러나는 자세다. 그리고 친다는 의지가 달성되었을 때에는 쾌감이 생겨난다. 의지에 반하여 잘못 쳤을 경우에는 불쾌감이 생긴다. 의지로부터 쾌·불쾌라는 육체적인 자극이 생긴 것이다.

육체의 성장과 유지에 대한 것은 생리학 분야이지만, 이것도 동기와 행동, 원인과 결과라는 구조 속에서 설명할 수 있다. 이리하여 육체를 성립시키는 것은 의지의 현상이며 의지가 눈에 보이는 모양을 가리키는 것이다. 즉, 치아, 목, 장은 객관화된 굶주림이다. 이처럼 육체는 의지의 표현이다. 인간의 일반적인 자태는 인간의 일반적인 의지에 대응하며, 개인의 자태는 그 사람의 의지나 성격에 대응한다.

쇼펜하우어는 이와 같은 '의지'를 식물이 성장하는 힘이나 광물의 결정이 형성될 때의 힘, 자석을 북극으로 향하게 만드는 힘과 본질적으로 같은 것이라 인정하고, 그것을 '의지'에 의한 것이라고 말했다. 그리하여 '의지'만이 칸트가 말하는 '물자체(物自體)=본체(本體)'가 된다. 의지가 '물자체'인 이상, 모든 표상이나 모든 객관은 의지의 현상이므로 의지는 눈에 보이게 되는 것이다. 이리하여 세계의 내면은 '의지'이며, 만물의 원인은 '의지'이다. 이를테면 의지 자체가 '절대적 근원'이며, 만물을 낳는다. 따라서 의지에는 그 이상의 근거는 없다.

쇼펜하우어는 '의지'라는 말을 더 확장하여, 우리가 사용하는 인식에 인도된 의지, 동기에 따라가는 의지라는 뜻을 훨씬 넘어섰다. '물자체로서의 의지=내면'의 본질을 골라내어 자연계의 매우 약하고 희미한 의지까지도 '의지의 확장'을 나타낸다. 이리하여 단계적으로 식물의 성장이나 결정을 만드는 수정 같은 광물의 힘도 '의지'로 간주한다.

이러한 견해의 결과로서 개체는 이미 의지의 현상으로 일찍이 한정되어 있었고, 행동에는 자유가 없다고 주장한다. 일생의 처음부터 죽을 때까지, 비록 싫은 것일지라도 일단 맡은 역할(절대적 근원인 의지가 명령한 것)은 끝까지 연기하지 않으면 안 된다. 바꿔 말하면 하나하나의 개체는 자신의 본성에 적합한 형태로 현실에 있는 것이며, 그외로는 있을 수 없다. 즉, 의지에 바탕을 둔 개인적인 자유를 인정하지 않는다.

그는 의지가 인식에 바탕을 두지 않는 것을 동물의 본능으로 설명한다. 본능에 바탕을 둔 '거미의 거미줄 치기' 등은 동기나 인식이 없는, 목적 없는 의지에 의한 활동이라는 것이다. 이런 목적 없는 의지의 움직임은 인간에게도 있다. 소화, 분비, 성장 등이 그것이다. 육체 안에서 일어나는 것은 철두철미 의지의 현상이다. 그러나 이것들은 인식에 바탕을 둔 동기에 의한 것이 아닌, '자극'이라는 원인에 의한 것이다. '동기'와 '원인'의 중간이 '자극'이다. 예를 들어 식물의 액즙이 상승하는 것, 갑자기 눈을 감는 것, 음경이 발기하는 것 등의 원인은 자극이다.

나아가 쇼펜하우어는 무기적 세계의 의지에 주목하고 있다. 물이 아래로 흐르려는 강렬한 충동, 쇠가 자석에 달라붙는 현상, 전기의 양극이 결합할 때의 격렬함 등은 인간의 소망과 닮아 있다고 그는 말한다.

이리하여 세계의 근저에서 '의지'를 보려고 한 쇼펜하우어는 플라톤의 이데아의 인식에 접근한다.

이데아라는 '변함 없는 형상'을 인식하는 소수의 사람들은 '본래 의지에 봉사하기 위해서만 존재하는 인식'을 자유롭고 순수하게 하여 '세계의 본질을 비추는 거울'을 만드는데, 여기에서 예술이 탄생한다(제3권, 759쪽)라고 미적인 관조 속에서 깨달음을 찾고자 했다. 또한 미적인 관조 속에서 깨달음을 찾은 사람은 '의지의 진정제', 즉 체념이 일어나며 '참된 체념'으로 고통이 '덕과 성스러운 경지'에 다가가 '해탈'에 이른다(제4권, 990쪽)고 의지를 조용히 가라앉혀 동양적 해탈 속에서 구원을 찾고 있다.

의지와 표상으로서의 세계

제1권 표상으로서의 세계에 대한 제1고찰 : 충족 이유율에 따른 표상, 경험과 학문의 목적

1. 세계와 나

'세계는 나의 표상이다.' 이것은 살아서 인식하고 있는 모든 존재에 해당하는 진리다. 그러나 이 진리를 반성하고 추상화할 수 있는 것은 오직 인간뿐이며, 인간이 실제로 그렇게 의식할 때에 인간의 철학적인 사유가 가능하다. 이렇게 보면 인간이 태양을 알고 대지를 아는 것이 아니라, 단지 태양을 보는 눈이 있고, 대지를 느끼는 손이 있음에 불과하다. 인간을 에워싸고 있는 세계는 표상으로서만 존재할 뿐이라는 것이다. 다시 말해서 세계는 자기 자신과 전혀 다른 존재인 인간이라고 하는 표상자와 관계함으로써만 존재한다. 만약 선험적 진리라는 것을 말할 수 있다면, 이것이야말로 그 진리다.

왜냐하면 이 진리는 시간, 공간, 인과와 같은 다른 모든 형식보다 한층더 보편적이며, 생각할 수 있는 모든 경험의 형식을 표현한 것이기 때문이다. 더구나 이러한 형식은 이미 이 진리를 전제로 하고 있다. 우리는 이 형식들을 충족 이유율이 특수하고 다양한 형태를 취한 것으로 인식한다. 하지만 이 형식은 각각 여러 표상의 특수한 일부분에 지나지 않는다. 반면에 객관과 주관으로 나누어지는 것은 그 모든 부분의 공통된 형식이며, 이 부분은 표상이란 것이 추상적이든 직관적이든, 순수한 것이든 경험적인 것이든 간에 일반적으로 생각할 수 있는 것이기 위해 없어서는 안 되는 유일한 형식이기 때문이다. 따라서 이 진리처럼 확실하고 다른 모든 진리에 의존하지 않으며, 또 증명을 필요로 하지도 않는 것은 없으며, 인식에 의해 존재하는 모든 것, 즉 이 세계는 주관과의 관계에 있어서 존재하는 객관에 불과하며, 직관하는 자의 직관, 한마디로 말해 표상이라고 하는 것이다. 물론 이 진리는 현재에도 과거에도 미래에도, 먼 것에도 그리고 가까운 것에도 적용된다. 왜냐하면 이 진리는 이 모든 것을 구별해 주는 유일한 시간과 공간 그 자체에도 해당되기 때문이다. 이 세계에 속하는 것과 속할 수 있는 모든 것은 주관에 의해 필연적으로 이러한 제약을 받는 것이며, 그래서 주관에 의해서만 존재하는 것이다. 세계는 표상이다.

이 진리는 결코 새로운 것이 아니다. 이것은 이미 데카르트의 출발점이 된 회의적 고찰 속에도 있었다. 그러나 이 진리를 결정적으로 말한 최초의 사람은 버클리다. 그의 다른 학설은 존속할 수 없었지만, 이 진리를 말한 것으로 말미암아 그는 철학에 불멸의 공적을 세웠다. 부록(칸트 철학에 대한 비판)에서 자세히 논했지만, 칸트의 첫 번째 오류는 이 원리를 무시한 것이다. 이와 반대로 이 근본 진리는 인도의 현자들이 이미 인식했던 것으로, 비야사(Vyasa, 인도의 전설적 성자)의 설이라고 하는 베단타(Vedanta) 철학(우파니샤드에 근거하여 일원론을 주장하는 철학)의 근본 원리로서 나타나 있다. 윌리엄 존스(Sir William Jones(1746~1794). 영국의 동양학자로서 고대 인도 연구의 창시자의 한 사람)는 이 사실을 그의 마지막 논문 〈아시아 연구 : 아시아인들의 철학에 대하여(On the philosophy of the Asiatics ; Asiatic researches)〉, 4권 164쪽에서 다음과 같이 입증하고 있다.

베단타학파의 근본 교리는 물질의 존재, 즉 그 고체성·불가입성·연장의 부정에 있는 것이 아니라 물질에 관한 일반의 관념을 바로잡는 데 있고, 물질이란 것이 마음의 지각에 의존하지 않는 본질을 갖고 있는 것이 아니라 존재와 피지각과는 교환할 수 있는 명사라는 것을 주장하는 데 있다.

이 말은 경험적 실재성과 선험적 관념성과의 양립을 충분히 드러내고 있는 것이다.

따라서 우리는 이 제1권에서 세계를 지금 언급한 측면에서만, 즉 세계가 표상인 경우만을 고찰하겠다. 그러나 이 고찰이 비록 진실성을 갖고 있을지라도 일방적인 고찰이며, 따라서 임의적인 추상에 의해 나왔다고 하는 사실로 인해, 누구든지 세계를 단지 자신의 표상으로 가정할 경우에는 내적인 저항감을 느끼게 될 것임을 짐작할 수 있다. 그러나 또 한편으론 누구도 결코 이 가정을 피할 수 없다. 그리고 이 고찰의 일방성은 다음 권의 다른 진리를 통해서 보완될 것이다. 그것은 제1권에서 출발점으로 하는 진리만큼 직접적으로 확실한 것은 아니며, 거기에 도달하려면 더 깊은 연구와 어려운 추상과 서로 다른 것을 구분하고 같은 것을 일치시킴으로써 비로소 가능한 것이다. 이 진리는 대단히 중요하며, 위험한 것은 아니라도 의심을 품게 하는 것임에는 틀림없다. 그 진리란 바로 '세계는 나의 의지다'라는 것이며, 누구든 이렇게 말할 수 있고 또 말하지 않을 수 없다.

그러나 이 진리에 도달하기까지는 이 제1권에서 눈을 다른 데로 돌리지 말고 여기서 출발점으로 하고 있는 세계의 측면, 즉 인식할 수 있는 측면을 고찰하는 것이 필요하다. 따라서 현존하는 모든 객관을, 자신의 육체까지도 기꺼이 표상으로만 보고, 단순한 표상이라고 부를 필요가 있다. 여기에서 도외시한 것은 후에 아마 명백하게 이해되겠지만, 유일하게 세계의 다른 일면을 이루고 있는 의지다. 왜냐하면 세계는 한편으로는 확실히 '표상'이긴 하지만, 또 한편으로는 철저하게 '의지'이기도 한 까닭이다. 이 두 가지 가운데 어느 것도 아니고 객관 자체라고 하는 실재는 꿈에 나타나는 괴물이며 (칸트의 물자체도 유감스럽지만 실재로 변질되고 말았다), 그러한 가정은 철학에 있어서 사람을 현혹하는 것이다.

2. 주관과 객관

모든 것을 인식하면서 어떠한 것에 의해서도 인식되지 않는 것이 '주관 (Subjekt)'이다. 따라서 주관은 세계의 담당자며, 모든 현상과 객관에 널리 관통하며 언제나 그 전제적인 조건이다. 왜냐하면 모든 존재하는 것은 주관에 의해서만 존재하기 때문이다. 모든 사람은 그러한 주관으로서 자기 자신을 발견하지만, 그것은 그들이 인식하는 한에서만 그런 것이고, 인식의 대상인 경우에는 그렇지 않다. 따라서 우리 육체는 이미 객관이기 때문에 우리는 육체 그 자체를 이러한 입장에서 표상이라 부른다. 왜냐하면 육체는 모든 객관 중의 객관이며, 비록 직접적 객관이라고는 하더라도, 역시 객관의 법칙에 지배되고 있기 때문이다. * 육체는 직관의 모든 대상과 마찬가지로 다수성을 일으키는 모든 인식의 형식, 즉 시간과 공간 속에 있다. 그러나 모든 것을 인식하면서도 어떤 것에 의해서도 결코 인식되지 않는 주관은 이들 형식 속

＊〈충족 이유율에 대하여〉제2판 22장

에는 없고, 오히려 이들 형식의 전제가 된다. 그러므로 주관에는 다수성도, 그 반대인 단일성도 없다. 우리는 결코 주관을 인식하지는 못한다. 오히려 주관이란, 인식이 행해질 경우 인식을 행하는 바로 그것이다.

따라서 표상으로서의 세계는 우리가 지금 고찰하는 관점에서만 말한다면, 본질적이고 필연적이며 불가분한 두 가지 측면을 가지고 있다. 그 하나의 측면은 '객관(Objekt)'이며, 그 형식은 공간과 시간이며, 이것들에 의해 다수성이 생긴다. 그런데 다른 측면인 주관은 공간과 시간 속에 존재하지 않는다. 왜냐하면 주관은 표상 작용을 하는 모든 존재 속에 전체로서 분리되지 않은 채 존재하고 있기 때문이다. 따라서 이들 가운데 단 한 사람일지라도 현존하는 수백만의 사람들과 마찬가지로 완전히 객관과 더불어 표상으로서 이 세계를 보완하는 것이다. 그리고 그중 단 하나라도 소멸해 버리면 표상으로서의 세계는 이미 존재하지 않을 것이다. 그러므로 이 두 가지 면은 사상에 있어서도 떼어놓을 수 없다. 그도 그럴 것이, 이 두 가지 면의 어떤 쪽도 다른 한쪽으로 말미암아서만, 또 다른 한쪽에 대해서만 의미와 존재를 갖고 있으며, 그것과 생멸을 같이하기 때문이다. 이 양면은 직접 서로 경계를 이루고 있어서, 객관이 시작되는 곳이 곧 주관이 끝나는 곳이다. 이 경계가 서로 공존한다는 것은, 모든 객관의 본질적이고 보편적인 형식들인 시간, 공간, 인과성은 객관 그 자체에 대한 인식 없이도 주관에서 나온 것으로 간주되고 또 완전히 인식될 수 있다는 것, 즉 선험적으로 우리 의식에 존재한다는 칸트의 말을 생각해 보면 더욱 분명해진다. 이것을 발견한 것이 칸트의 중요한 공적이며 또 위대한 공적이다.

그래서 나는 계속 다음과 같이 주장한다. 즉, 이유율은 우리에게 선험적으로 인식되는 이 모든 객관 형식을 공통으로 표현한 것이며, 따라서 우리가 순수하게 선험적으로 알고 있는 모든 것이 이 원리의 내용과 그 결과에서 생기는 것이다. 그러므로 이유율 속에는 원래 선험적으로 확실한 우리의 모든 인식이 표현되어 있다. 충족 이유율에 관한 논문 속에서 이미 언급했지만, 가능한 모든 객관은 충족 이유율에 지배되고 있다. 즉, 한편으로는 규정되고, 또 한편으로는 규정하면서 다른 여러 객관과 어떤 필연적인 관계를 맺고 있다. 이것을 다시 확대하여 모든 객관의 전 존재가 객관이고 표상일 뿐 그 밖의 아무것도 아닌 한, 지금 말한 바와 같은 객관 상호간의 필연적인 관계에 완전히 환원되어 이 관계에 있어서만 존재하며, 따라서 이것은 완전히 상대적인 것이다. 거기서 곧 여러 객관자가 존재하게 된다. 그리고 그 논문에선 여러 객관이 그 가능성에 따라 분류되는 여러 종류에 따라 충족 이유율이 일반적으로 나타내는 필연적인 관계는 여러 가지 다른 형태를 취해서 나타나며, 또한 이로 인해 여러 종류의 올바른 구분도 확립된다는 것을 이미 언급했다.

나는 이 책에서 그 논문에서 언급한 모든 것을 언제나 알려진 사실로, 그리고 독자의 마음에 분명히 남아 있는 것으로 전제하고 시작한다. 왜냐하면 그것들이 이미 그 논문에서 언급되어 있지 않다면, 마땅히 이 책에서 언급해야 하기 때문이다.

3. 충족 이유율의 한 형태인 시간

우리가 하는 모든 표상 사이의 주요 구별은 직관적인 것과 추상적인 것과의 구별이다. 추상적인 것은 여러 표상 중에서 단 하나의 부류를 이루고 있을 뿐이며, 이것이 바로 개념이다. 그리고 개념은 지상에서는 인간만의 소유물이며, 이 개념을 가질 수 있는 능력이 인간을 다른 동물로부터 구별시키는 것인데, 이것은 옛날부터 '이성'이라고 불려 왔다. * 나는 다음에 이들 추상적 표상만을 따로 고찰하기로 하고, 지금은 우선 '직관적 표상(intuitiven Vorstellung)'만을 문제 삼기로 한다.

직관적 표상은 가시적인 세계 전체, 즉 경험 전체와 경험의 가능성이 갖는 여러 제약을 포괄한다. 바로 이러한 제약들과 경험의 여러 형식들, 즉 경험의 지각에 있어서 가장 보편적인 것, 경험의 모든 현상과 똑같이 고유한 것은 시간과 공간이다. 이것은 그 내용에서 떼어내도 그것만으로도 추상적으로 생각해 낼 수 있을 뿐만 아니라 직접적으로 직관할 수도 있다. 또한 이 직관은 반복함으로써 경험으로부터 차용한 환영과 같은 것이 아니고, 경험으로부터 독립해 있다. 따라서 오히려 선험적인 직관이 인식하는 것과 같은

---

* 칸트는 이 이성이란 개념을 혼동했다. 이것에 대해서는 이 책의 부록인 〈칸트 철학에 대한 비판〉과 나의 《윤리학의 근본 문제》 중에서, '도덕의 기초' 제6장 148~154쪽(제1판)을 참고하기 바란다.

공간과 시간의 특성은 모든 가능한 경험에 대해 법칙으로서 타당하고, 경험은 어떠한 경우에도 이 법칙에 따른 결과를 드러내기 때문에 경험 쪽이 직관에 의존하는 것으로 생각하지 않으면 안 된다.

이러한 것들은 앞서도 말했지만 칸트의 아주 중대한 발견이다. 그러므로 나는 충족 이유율에 관한 논문에서 시간과 공간이 순수하고 내용이 없는 것으로 직관되는 한, 독립적으로 존재하는 특별한 표상으로 간주한다. 칸트에 의해 발견된 직관의 그와 같은 보편적인 형식들의 성질은 아주 중요하다. 이 형식들은 그것만으로도 경험에서 독립하여 직관될 수 있고, 또 그 모든 합법칙성에 의해 인식되는 것이며, 수학의 확실성은 이 합법칙성에 기인한다. 그러나 이 직관 형식의 특성으로서 이에 못지않게 주의해야 할 것은, 경험을 인과 관계의 법칙과 동기 유발의 법칙으로 규정하고 사유를 판단의 기초가 되는 법칙으로 규정하는 충족 이유율이 여기에 아주 독특한 형태로 나타난다는 것이다. 나는 이것을 '존재의 근거(Grund des Seins)'라고 부르고 있으며, 이것은 시간에서는 각 순간의 연속이고, 공간에서는 끝없이 서로 규정하는 각 부분의 위치이다.

이 책의 서론에 해당하는 논문인 〈충족 이유율에 대하여〉를 읽고 충족 이유율은 그 형태가 아무리 다르다 해도 내용은 같다는 것을 분명히 안 사람은, 이 원리의 가장 깊은 본질을 통찰하기 위해서 원리의 여러 형태 가운데 가장 단순한 형태를 인식하는 것이 정말로 중요하다고 다시 확신할 것이다. 그리고 시간을 가장 단순한 형태로 인식한다. 시간에 있어 각 순간은 오직 선행하는 순간, 즉 그 순간의 앞 순간을 없앤 후에만 존재하며, 그 순간 자체도 마찬가지로 곧 없어져 버리는 것이다. 과거도 미래도 그 내용의 연속은 별도로 해도 마치 꿈과 같이 헛된 것이고, 현재는 이 둘 사이에 있는 넓이도 존속성도 없는 경계에 불과한 것이다. 이와 마찬가지로 우리는 충족 이유율의 다른 모든 형태에서도 이와 같은 공허함을 다시 인식할 것이다. 그리고 시간과 마찬가지로 공간도, 또 공간과 마찬가지로 시간과 공간 속에 동시에 존재하는 모든 것, 즉 원인과 동기에서 생기는 모든 것은 상대적인 현존을 가지고 있을 뿐이며, 이와 같은 성질은 그것과 동일한 형태로만 존재하는 다른 것에 의해, 또 그러한 다른 것 때문에 존재한다는 것을 알게 될 것이다. 그러한 견해의 근본은 옛날부터 있었다.

헤라클레이토스는 이러한 견해를 이야기하며 사물의 영원한 유동을 탄식했고, 플라톤은 그 대상을 언제나 생성될 뿐 결코 존재하지 않는 것이라고 경시했다. 스피노자는 그러한 것을 존재하고 영속하는 유일한 실체의 단순한 우연성이라고 불렀다. 그리고 칸트는 이렇게 인식된 것을 물자체에 대한 단순한 현상으로 간주했고, 마지막으로 오랜 옛날 인도인의 지혜는 다음과 같이 말해 주고 있다.

그것은 '마야(māyā. 베단타 학파의 술어로 환(幻) 또는 화상(化像)의 뜻. 현상 세계는 진제(眞諦)의 입장에서 보면 마야다)'다. 인간의 눈을 덮고 이것을 통해 세계를 보게 하는 거짓된 베일이다. 이 세계는 있다고 할 수도 없고 또 없다고도 할 수 없다. 왜냐하면 이 세계는 꿈과 같은 것으로, 방랑자가 멀리서 보물로 생각하는 모래 위에 반짝이는 햇빛과 같으며, 또 그가 뱀이라고 생각하고 던져 버리는 새끼줄과도 같은 것이기 때문이다.

이러한 비유는 《베다》나 《푸라나》의 곳곳에서 수없이 되풀이되고 있다. 이들 모든 사람이 생각하고 또 문제로 삼은 것을 우리는 지금 여기서 고찰하고 있는 것이다. 말하자면 충족 이유율에 따른 표상으로서의 세계이다.

4. 물질의 인과성을 인식하는 오성
순수하게 시간 속에 나타나며, 모든 셈과 계산의 기초가 되는 충족 이유율의 형태를 인식한 사람은 이것으로 시간의 본질을 인식한 것이다. 시간은 바로 충족 이유율의 이러한 형태에 불과하며, 그 밖의 특성은 갖고 있지 않다. 연속이란 충족 이유율이 시간 속에 나타난 형태이며, 연속은 시간의 본질이다. 또한 순수하게 직관된 공간 속에서만 작용하고 있는 충족 이유율을 인식한 사람은, 바로 이것으로서 공간의 본질을 남김없이 다 탐구한 것이다. 공간이란 완전히 여러 부분의 상호 규정 가능성에 불과한 것이며, 이 가능성은 '위치(Lage)'라고 불리기 때문이다. 이 위치를 자세히 고찰하고, 이것을 적절히 응용하기 위해 여기서 생기는 여러 결과를 추상적인 개념 속에 받아들인 것이 기하학의 내용이다.

그런데 이것과 마찬가지로 이러한 형식(시간과 공간)의 내용, 그 피지각성, 즉 물질을 지배하고 있는 충족 이유율의 형태, 나아가서 인과 관계의 법칙을 인식한 사람은 바로 이것으로써 물질의 본질을 인식한 것이다. 물질이란 완전히 인과성에 불과한 것이며, 이것은 누구나 생각해 보면 직접적으로 알 수 있는 것이기 때문이다. 말하자면 물질이라는 존재는 물질의 작용이며, 작용 이외의 물질의 존재는 생각할 수조차 없다. 작용하는 것으로서만 물질은 공간을 채우고, 시간을 채운다. 그 자체가 물질인 직접적인 객관에 대한 물질의 작용은 직관을 제약하는 것이며, 이 직관 속에서만 물질은 존재한다. 물질의 객관이 각기 다른 객관에게 미치는 작용의 결과는, 이제 작용을 받은 객관이 이때까지와는 다른 방법으로 직접적인 객관에 작용하는 경우에 있어서만 인식되고 존재한다. 따라서 원인과 결과는 물질의 본질이며, 물질이라는 존재는 물질의 작용이다. (여기에 대한 상세한 것은 〈충족 이유율에 대한 고찰〉 제21장, p. 77) 따라서 독일어로 모든 물질적인 것의 총체를 '현실성(Wirklichkeit)'이라고 한 것은 정말 적절한 것이며, 이 말은 실재성(Realität)이라는 말보다 훨씬 특징을 잘 나타내고 있다. 물질이 작용하는 것은 언제나 물질에 대해서다. 그러므로 물질의 존재와 본질은 물질 일부가 다른 부분에 일으키는 규칙적인 변화에 불과하고, 따라서 완전히 상대적이며, 마치 시간 및 공간과 마찬가지로 물질의 한계 안에서만 작용하는 관계에 따른다.

그런데 시간과 공간은 모두 독립하여 물질 없이도 직관적으로 표상할 수 있지만, 물질은 시간과 공간 없이는 표상할 수 없다. 물질로부터 떼어낼 수 없는 형상은 '공간'을 전제로 하며, 물질이라는 존재 전체의 본질을 이루고 있는 물질의 작용은 언제나 어떤 변화, 즉 '시간'의 규정에 관계되어 있기 때문이다. 그러나 시간과 공간은 각기 독립하여 물질의 전제가 되는 것이 아니고, 둘이 하나가 되어 물질의 본질을 이룬다. 물질의 본질은 이미 말한 바 있는 작용, 즉 인과 관계 속에 존재하고 있기 때문이다. 다시 말해 생각해 낼 수 있는 무수한 현상과 상태는 서로 제한하지 않고 무한한 공간 안에 서로 이웃하여 있거나, 서로 방해하는 일 없이 무한한 시간 속에 차례로 생겨난다. 그렇다면 물질 상호간의 어떤 필연적인 관계나 이 관계에 따라 물질을 규정하는 법칙 같은 것은 필요 없고, 있다 하더라도 응용할 수 없을 것이다. 그러므로 아무리 공간 속에 함께 존재하고 시간 속에서 변화한다 하더라도, 이 두 가지 형식이 각기 독립하여 다른 것과의 연관 없이 존립하며 경과하는 한, 그때까지 인과 관계는 전혀 존재하지 않을 것이다. 또한 인과 관계야말로 물질의 고유한 본질을 이루고 있기 때문에 물질도 존재하지 않을 것이다.

그런데 변화의 본질은 여러 가지 상태의 단순한 변화에 있는 것이 아니고, 오히려 공간 속의 '동일 장소'에 '하나'의 상태가 있고 다음에 '다른' 상태가 존재하는 것에 있다. 또 '일정한' 같은 시간에 '여기에' 이 상태가 존재하고 '저기에' 저 상태가 존재하는데, 인과 관계의 법칙은 이것을 통해서만 그 의의와 필연성을 얻는다. 시간과 공간 사이의 이와 같은 상호 제한만이 변화가 따라야 하는 규칙에 의의와 필연성을 준다. 따라서 인과 관계의 법칙에 의해 규정되는 것은 단순히 시간에 있어서 여러 상태들의 연속이 아니라 일정한 공간을 참작한 계속이며, 일정한 장소에서 여러 상태들의 존재가 아니라 일정한 시간과 장소에 있어서 여러 상태의 존재다. 따라서 변화, 즉 인과율에 의해 생기는 변화는 공간의 일정한 부분과 시간의 일정한 부분에서 동시에 하나가 되어 관계한다. 그러므로 인과 관계는 공간을 시간과 결합시킨다.

우리는 물질의 본질적 작용이 인과 관계에 존재하는 것을 알게 되었다. 따라서 물질 속에는 공간과 시간이 결합되어 있어야만 한다. 즉, 물질은 둘이 아무리 서로 상반될지라도 시간의 특성과 공간의 특성을 동시에 갖고 있어야 한다. 그리고 물질은 그 속에서 둘 중 어느 하나만으로는 독립적일 수 없는 것을 결합해야 한다. 즉, 시간의 불안정한 흐름과 공간의 고정적이고 변하지 않는 지속성을 결합시켜야 하는데, 물질은 그 무한한 가분성(可分性)을 이 둘 다에게서 얻고 있다. 그러므로 우리는 물질에 의해서 '동시 존재'라는 것이 최초로 발생한다는 것을 알게 되는데, 이 동시 존재는 함께 존재한다는 것을 모르는 단순한 시간에도, 과거·미래·현재도 모르는 단순한 공간에도 있을 수 없다. 그러나 여러 가지 형태의 '동시 존재'가 실제로 현실의 본질을 이루고 있는데, 이것은 동시 존재에 의해 최초로 '지속'이 가능해지며, 지속하는 것과 동시에 존재하는 것의 변화를 보고 비로소 지속이라는 것이 인식되기 때문이다. 그러나 변화 속에서 지속이라는 것에 의해서만 변화는 실체를 얻는다. 즉, 물질*은 변하지 않으면서 성질과 형식만 변한다는 '변화'의 특징을 얻는다. 단순한 공간 속에서라면, 세계는 고정되어 움직이

＊물질과 실체가 동일하다는 것은 부록에 상세하게 논술되어 있다.

지 않을 것이고, 거기에는 아무런 계기도, 아무런 변화도, 아무런 작용도 없을 것이다. 그리고 작용이 없으면 물질의 표상도 없어져 버린다. 또한 단순한 시간 속에서라면 모든 것은 무상할 것이다. 거기에는 아무런 고정된 것도 없고 함께 존재하는 것도 없어서, 아무런 동시도 없으며, 아무런 지속도 없다. 말하자면 거기에는 아무런 물질도 없는 것이다. 시간과 공간의 결합에 의해 비로소 물질이 생긴다. 말하자면 동시 존재와 지속을 통한 가능성, 그리고 이 지속에 의해 여러 상태가 변화하면서도 실체는 불변한다는 가능성이 생긴다. *

시간과 공간과의 결합이 물질의 본질이기 때문에 물질은 철저하게 이 둘의 특색을 구비하고 있다. 물질은 그 근원이 공간에 있으며, 부분적으로는 물질과 불가분인 그 형식을 통해(특히 변화는 시간에만 속하는 것이며 시간에서 홀로 독립해서는 아무것도 영속하는 것이 없기 때문에), 또 물질의 불변(실체)을 통해 나타나 있기 때문에, 물질의 불변이라는 선험적 확실성은 완전히 공간의 선험적 확실성에서 추론할 수 있다. **

그러나 물질의 근원이 시간에 있을 경우, 물질은 반드시 그 성질(우연성)과 함께 나타나는데, 이 성질은 언제나 인과 관계이며, 다른 물질에 대한 작용, 즉 변화(하나의 시간 개념)이다. 그러나 이 작용의 합법칙성은 언제나 공간과 시간에 동시에 관련되는데, 바로 이것을 통해서만 의의를 가진다. '이 시간', '이 장소'에 어떤 상태가 생기지 않으면 안 되는가 하는 것이, 인과 관계의 법칙이 유일하게 대상으로 하는 규정이다. 이렇게 우리가 선험적으로 의식하고 있는 인식의 형식으로써 물질의 근본적인 모든 규정을 끌어내는 것에 의거하여, 우리는 물질에 선험적인 어떤 특성들을 부여하게 된다. 그 특성들이란 공간의 충실, 불가입성, 작용성이며, 다음으로 연장성, 무한한 가분성, 고정성, 즉 불변성(不變性), 마지막으로 가동성(可動性)이다. 이와 반대로 동력은 어떠한 물질에도 예외 없이 있는 것이지만, 후천적인 인

---

* 칸트는 물질이 "공간 속에서 가동적인 것"이라고 말하고 있지만, 그 근거도 여기에 있다. 왜냐하면 운동은 공간과 시간의 결합을 통해 비로소 성립되는 것이기 때문이다.

** 칸트가 주장하듯이, 시간에 대한 인식에서 나오는 것은 아니다. 이것은 부록에 자세히 논술해 두었다.

식으로 보아야 한다. '칸트'는 《자연과학의 형이상학적 원리》 71쪽(로젠크란츠판, p. 372)에서, 동력을 선험적으로 인식할 수 있는 것으로 논술하고 있기는 하다.

그런데 객관은 주관에 대해서만, 즉 주관의 표상으로서만 존재한다. 이와 마찬가지로 아무리 특수한 종류의 표상이라도 인식 능력이라 불리는 주관 속의 바로 그러한 특수한 규정에 대해서만 존재한다. 공허한 형식으로서 시간과 공간과의 주관적 상관 개념을 칸트는 순수한 감성(Sinnlichkeit)이라고 불렀다. 이 표상은 칸트가 창시한 것이므로 그대로 두려고 한다. 물론 감성은 물질을 전제하기 때문에, 이 말은 사실 적절하지 못하다. 물질 또는 인과 관계(둘이 동일하기 때문에)의 주관적 상관 개념은 오성이며, 오성은 그 밖의 아무것도 아니다. 인과 관계를 인식하는 것이 오성의 유일한 기능이며 힘이다. 그리고 이것은 많은 것을 포괄하는 하나의 커다란 힘이며 다방면에 응용되지만, 어떠한 형태로 나타나든지 동일한 힘이다. 이와 반대로 모든 인과 관계, 또 모든 물질, 그리고 모든 현실성은 오성에 대해, 오성에 의해, 그리고 오성에 있어서만 존재한다. 최초의 가장 단순하고 끊임없이 현존하는 현실 세계에 대한 직관인 것이다. 이 직관은 결과에서 원인을 인식하는 것이므로 모든 직관은 지적인 작용이다. 그런데도 만약 어떤 결과가 직접 인식되지 않아서 출발점으로는 아무 소용이 없는 것이라면, 직관은 성립되지 않는다. 그러나 이것은 동물의 육체에 대한 작용이다.

이러한 관점에서 볼 때 동물의 육체는 주관의 '직접적 객관'이다. 그 밖의 모든 객관에 대한 직관은 동물의 육체를 통해 매개되고 있다. 모든 동물의 육체가 경험하는 변화들은 직접적으로 인식되는, 말하자면 감각되는 것이다. 그리고 이러한 결과가 그 원인에 관계되어 있기 때문에 원인을 하나의 '객관'으로 직관하기에 이른다. 이 관계는 추상적 개념들 속에서 이루어지는 추리가 아니고, 반성으로 행해지는 것도 아니며, 자의로 행해지는 것도 아니고, 직접적, 필연적으로, 그리고 확실하게 행해지는 것이다. 이 관계는 '순수 오성'의 인식 방법이며, 이것이 없으면 직관은 성립되지 않고, 남는 것이라곤 직접적인 객관의 여러 변화에 관한 둔한 식물적인 의식에 불과하다. 이 직접적 객관의 여러 변화가 고통 또는 쾌락으로서 의지에 대해 어떤 의의도 갖고 있지 않으면, 무의미하게 꼬리를 물고 뒤따르는 것에 불과하다. 그러나 태양의 출현과 더불어 세계가 시야에 들어오는 것과 같이, 오성은 그 유일하고 단순한 기능으로 막연하고 무의미한 감각을 단번에 직관으로 변하게 한다. 눈, 귀, 손이 감각하는 것은 직관이 아니고, 단순한 재료이다. 오성이 이 결과로부터 원인으로 옮겨감으로써 비로소 세계가 공간을 점유하는 직관으로서 형상은 변하지만, 물질적으로는 항상 변함없이 나타난다. 왜냐하면 오성은 공간과 시간을 물질, 즉 작용성이라는 표상에서 결합하기 때문이다. 표상으로서의 이 같은 세계는 오성을 통해서만 존재하는 것과 마찬가지로 오성을 위해서만 존재한다.

나는 이미 〈시각과 색채에 대하여〉라는 내 논문의 제1장에서 감각 기관이 제공하는 재료에서 오성이 직관을 만든다는 것, 동일한 객관에서 여러 가지 감관이 받는 인상들을 비교함으로써 어린아이는 직관을 얻는다는 것, 이렇게 생각하면 비로소 많은 감관 현상이 해명된다는 것, 즉 두 개의 눈으로 보는데 하나로 보인다든지, 사시로 보거나 다른 거리에 앞뒤로 서 있는 대상을 동시에 보는 경우 두 개로 보인다는 것, 감각 기관의 갑작스런 변화로 생기게 되는 모든 환각 등을 설명했다. 그러나 이러한 중요한 문제를 〈충족 이유율에 대하여〉라는 논문의 제21장에서 더 자세하고 철저하게 다루었다. 거기에서 언급한 것은 모두 불가피하게 여기에도 적용되기 때문에, 여기서 다시 한 번 엄밀하게 논술되어야 할 것이다. 그러나 나로서는 내가 쓴 것을 다시 논하는 것이 무척 괴로운 일이고, 또 그 논문에서 논술한 것보다 더 잘 표현할 수도 없기에, 여기서 되풀이해서 언급하는 것은 그만두고, 그 논문을 참고해 줄 것을 바라면서, 이것 또한 이미 알려진 사실로 전제한다.

어린아이나 선천적 장님이 수술을 받고 볼 수 있게 되는 것, 두 눈이 느낀 것을 하나로 보는 것, 감각 기관이 그 보통의 위치에서 벗어난 경우에는 사물이 이중으로 보이거나 두 개로 느껴지는 것, 대상의 상이 눈 속에서는 거꾸로 서 있는데 똑바로 서 있는 것으로 보이는 것, 눈 내부의 기능이나 눈의 작용 중 분극적인 분할에 지나지 않는 색채가 외적 대상으로 옮겨지는 것, 그리고 마지막으로 입체 거울, 이 모든 것이 직관은 단순히 감각적인 것이 아니라 지적인 것, 말하자면 '오성이 결과에서 원인을 순수하게 인식한다'는 것에 대한 부정할 수 없는 확고한 증거이다.

따라서 직관은 인과 법칙을 전제로 하고 있으며, 모든 직관, 따라서 모든 경험은 그 첫째의 가능성에 의해서 이 인과 법칙에 대한 인식에 의존하고 있다. 그와 반대로 인과 법칙에 대한 인식은 경험에 의존하는 것은 아니다. 이 후자가 흄의 회의론인데, 이것은 여기서 처음으로 논박된 셈이다. 왜냐하면 인과성에 대한 인식이 어떠한 경험에도 의존하지 않는다는 것, 즉 그것의 선험성은 모든 경험이 인과성에 대한 인식에 의존한다는 것으로서만 설명될 수 있기 때문이다. 그리고 이것은 다시 여기서 말한 것과 같이, 조금 전에 언급한 논문의 여러 곳에서 보여 준 방법으로, 모든 경험이 속해 있는 영역 내에 있는 인과성의 인식이 일반적으로 직관 속에 포함되어 있고, 따라서 경험에 대해 완전히 선험적으로 성장하고 있으며, 경험의 제약으로 전제되는 것이지 경험을 전제로 하는 것은 아니라는 것을 증명함으로써 비로소 설명할 수 있다. 그러나 칸트가 시도한 방법으로는 설명할 수 없는 것으로, 나는 그것을 〈충족 이유율에 대하여〉라는 논문의 제23장에서 비판했다.

5. 외부 세계의 실재성에 관한 논쟁

그러나 직관이 인과성의 인식에 의해 매개된다는 이유 때문에, 객관과 주관 사이에 원인과 결과의 관계가 있다고 오해해서는 안 된다. 오히려 그러한 인과 관계는 언제나 직접적인 객관과 간접적인 객관 사이에서, 즉 언제나 객관들 사이에서만 생기는 것이다. 객관과 주관 사이에 인과 관계가 있다는 그릇된 전제에 서기 때문에 외부 세계의 실재성에 대한 어리석은 논쟁이 벌어진다. 이 논쟁에서 독단론과 회의론이 대립된다. 독단론은 실재론으로, 또 어떤 때는 관념론으로 등장한다. 실재론은 객관을 원인으로 하며, 그 결과는 주관 속에 둔다. 피히테의 관념론은 객관을 주관의 작용이라고 하고 있다. 그런데 주관과 객관 사이에는 충족 이유율에 근거한 아무런 관계도 존재하지 않기 때문에, 이 두 주장은 어느 쪽도 증명될 수 없어서 회의론이 이 양쪽을 공격하여 우세를 보였던 것이다.

인과성의 법칙은 직관이나 경험에 선행하며, 따라서 흄이 말한 것처럼 직관이나 경험에서 얻어지는 것은 아니다. 객관과 주관은 이미 제1제약으로서 모든 경험에 선행하며, 충족 이유율 일반에 선행한다. 이것은 충족 이유율이 모든 객관의 형식이며 객관의 일반적인 형상에 지나지 않지만, 객관은 반드시 주관을 전제로 하기 때문이다. 따라서 이 둘 사이의 근거와 귀결과의 관계는 성립될 수 없다. 충족 이유율에 대한 논문에서 나는 바로 이것을 분명히 하려고 했는데, 이 논문은 충족 이유율의 내용을 모든 객관의 본질적인 형식으로서, 즉 모든 객관의 일반적인 방식으로서 객관 그 자체로 돌아갈 것이라고 설명했다. 그러나 객관은 그런 것으로서 주관을 필연적인 상관 개념으로서 전제하고 있다. 따라서 주관은 언제나 충족 이유율의 타당한 범위 밖에 있다. 외부 세계의 실재성에 대한 논쟁은 충족 이유율의 타당성을 주관에까지 잘못 적용하여 생긴 것이다. 이러한 오해에서 출발했기 때문에 논쟁 자체가 결코 해명될 수 없었다.

한편 실재론적 독단론은 표상을 객관의 결과로 보고, 사실 하나의 것임에 틀림없는 표상과 객관을 둘로 나누고, 표상과는 전혀 다른 원인, 즉 주관에서 독립된 객관 자체를 표현하는 것인데, 이것은 도저히 생각할 수 없는 것이다. 왜냐하면 객관은 반드시 주관을 전제로 하며, 주관의 표상에 불과하기 때문이다. 이와 반대로 회의론은 독단론과 같은 그릇된 전제에 의거하여, 표상은 언제나 결과일 뿐이고 결코 원인은 아니라는, 즉 결코 객관의 '존재'가 아니라 항상 객관의 '작용'만을 알 수 있을 뿐이라고 주장한다. 그러나 객관의 작용은 객관의 존재와는 전혀 비슷하지 않을 것이고, 어쩌면 완전히 잘못된 생각일지도 모른다. 왜냐하면 인과성의 법칙은 경험을 기초로 하여 상정되는 것으로서, 그 경험의 실재성은 오히려 다시 인과성의 법칙에 근거를 두지 않으면 안 되기 때문이다.

이들 두 설에 대해서는 우선 객관과 표상이 동일하다는 것을 가르쳐야 한다. 그런 다음 직관적인 객관의 존재는 바로 그 '작용'이라는 것, 즉 이 작용이야말로 사물의 현실성이며, 주관의 표상 밖에서 객관의 현존을 요구하거나 사물의 작용과는 다른 현실적인 사물의 존재를 요구한다는 것은 완전히 무의미하고 모순된 일이라는 것, 따라서 직관된 객관의 작용 방식을 인식한다면, 그 밖에 인식할 만한 것이 객관에서는 아무것도 없기 때문에, 그것이 객관, 즉 표상인 한 객관 자체는 완전히 구명된 셈이라는 것을 가르쳐야 한다. 그러므로 그 한도 내에서는 순전히 인과성으로 나타나는 공간과 시간 속에 직관된 세계는 실재하고 있으며, 완전히 나타나 있는 그대로의 것이며, 오로지 표상으로서 아무런 밑받침 없이 인과성 법칙에 의해 연관성을 가지며 나타난다. 이것이 세계의 경험적 실재성이다.

그러나 한편 인과성은 오성 속에만 있고 오성에 의해서만 존재한다. 따라서 그 현실적인, 즉 작용하는 세계 전체는 그 자체로서는 항상 오성에 제약을 받고 있고, 오성 없이는 아무것도 아니다. 그러나 이런 이유에서만이 아니라 일반적으로 주관 없이 객관을 생각하는 것은 모순 속에 빠지기 쉽기 때문에, 외부 세계가 주관에서 독립하여 실재한다고 풀이하는 독단론자에 대해 우리는 그러한 외부 세계의 실재를 정면으로 부정해야 한다. 객관세계 전체는 어디까지나 주관에 제약을 받고 있다. 즉, 세계는 선험적 관념성을 갖고 있다. 그러나 그렇다고 해서 세계가 허위인 것은 아니며 가상인 것도 아니다. 세계는 있는 그대로의 것이며, 표상으로서 나타나는 것으로, 그 공통적인 유대가 충족 이유율이다. 세계는 그런 것으로서, 건전한 오성에게는 그 가장 내면적인 의의까지도 이해될 수 있고, 또 건전한 오성에게 충분히 이해될 수 있는 말로 설명하고 있다. 세계의 실재성에 대해 논평하는 것은 궤변으로 비뚤어진 정신을 소유한 사람만이 생각할 수 있는 것으로, 언제나 충족 이유율을 부당하게 적용하기 때문에 그러한 일이 생긴다. 충족 이유율은 어떠한 종류건 모든 표상을 서로 결합시켜 주지만, 결코 표상을 주관과 결합시키거나 주관도 객관도 아닌 객관의 근거에 불과한 것과 결합시키는 일은 없다. 여러 객관만이 근거가 될 수 있고, 그것은 반드시 또 다른 객관에서 유래하고 있기 때문에, 그러한 주관도 객관도 아닌 객관의 근거라고 하는 것은 무의미한 개념이다.

외부 세계의 실재성을 이렇게 문제 삼는 근원을 더 자세히 살펴보면, 충족 이유율이 타당한 영역 밖의 것까지에 잘못 응용되고 있다는 것 외에, 특히 이 원리의 여러 형태들이 혼동되어 있다. 즉, 충족 이유율이 개념이나 추상적 표상과의 관련 속에서만 갖는 형태는, 직관적인 표상인 실재적 객관에 옮겨져서 생성의 근거밖에는 가질 수 없는 객관에 의해 인식의 근거가 요구되는 것이다. 충족 이유율이 개념을 결합하여 판단으로 된 추상적 표상을 지배하는 경우에는 말할 것도 없이, 판단이 판단 이외의 그 무엇, 즉 항상 거슬러 올라가 추구되어야 하는 판단의 인식 근거와 관계를 가짐으로써만 판단의 가치를 얻고 그 타당성을 얻어, 여기서 진리라고 불리는 판단의 참된 존재를 얻는 방법으로 행해진다. 그런데 실재적 객관, 즉 직관적 표상을 지배하는 경우, 충족 이유율은 '인식'의 충족 이유율로서가 아니라 '생성'의 충족 이유율로서, 즉 인과 법칙으로 지배하는 것인데, 이러한 판단은 어느 것이나 그 객관이 '생성되었다는' 것, 즉 결과로서 어떤 원인에서 생겼다는 것에 의해 이미 그 객관에 대한 책임을 다한 것이다. 따라서 이 경우 인식 근거를 요구하는 것은 아무런 타당성이나 의미가 없으며, 그것은 전혀 다른 종류의 객관에 대하여 할 일이다. 그러므로 직관적 세계는 거기에 있는 한, 고찰자의 마음에 아무런 망설임이나 의혹도 일으키지 않는다. 이 세계에는 오류도 없고 진리도 없다. 오류나 진리는 추상이나 반성의 영역에 사로잡혀 있는 것이다. 그러나 여기서 세계는 감각과 오성에게 개방되어 있으며, 있는 그대로의 것으로 법칙에 따라 인과의 고리에 매여 전개되는 직관적 표상으로 소박한 진리성을 갖고 나타난다.

외부 세계의 실재성 문제를 여기까지 고찰해 보면, 이 문제는 이성이 길을 헤매다 자신을 오해하기에 이르러 생겼다는 것을 알게 된다. 그리고 그러한 경우 이 문제는 그 내용을 해명함으로써만 풀린다. 이 문제는 충족 이유율의 본질이나 객관과 주관과의 관계나 감각적 직관 본래의 성질을 탐구해 보면 틀림없이 해소된다. 왜냐하면 그것을 알면 이 문제에는 이제 아무런 의미도 없기 때문이다. 그러나 이 문제에는 지금까지 논술한 것과 같은 완전히 사변적인 기원과는 전혀 다른 또 하나의 기원이 있다. 그것은 아무리 이 문제가 사변적인 목적으로 제기된다 하더라도 사실은 경험적인 기원이며, 그런 의미에서 이 문제는 앞서의 사변적인 의미에서보다 훨씬 알기 쉬운 뜻을 갖고 있다. 그 의미란 다음과 같다.

우리에게는 꿈이라는 것이 있다. 어쩌면 인생이란 모두 하나의 꿈이 아닐까? 좀더 분명히 말하면, 꿈과 현실, 환영과 실재적 객관을 구별하는 확실한 표준이 있는 것일까? 꿈속에서의 직관은 현실의 직관보다 선명도, 명확도가 떨어진다고 하는 이유는 고려할 가치가 없다. 왜냐하면 아직까지 아무도 이 둘을 비교해 본 사람은 없었고, 다만 꿈의 '기억'과 현재의 현실을 비교할 수 있었을 뿐이기 때문이다. 칸트는 이 문제를 "인과 관계의 법칙에 의한 표상 상호간의 연관이 있는지 없는지에 따라 실생활과 꿈이 구별된다"라는 말로 해결하고 있다. 그러나 꿈에 있어서도 개개의 표상은 현실에서와 마찬가지로 모든 형태로 나타난 충족 이유율에 의해 연결되어 있다. 그리고 이 연결은 실생활과 꿈과의 사이, 낱낱의 꿈들 사이에서 깨질 뿐이다. 그러므로 칸트의 해답은 다음과 같은 내용에 지나지 않는다. 즉, '긴' 꿈(실생활)에는 그 자체 속에 충족 이유율에 따라 보편적인 연관이 있지만, '짧은' 꿈에는 그것이 없다. 물론 하나하나의 짧은 꿈들 속에는 그와 같은 연관이 있다. 따라서 짧은 꿈과 긴 꿈과의 사이에는 연락이 단절되어 있으며 여기서 짧은 꿈과 긴 꿈이 구별된다. 그러나 무엇을 꿈꾸었는지, 정말 그것이 일어났는지를 표준에 따라 조사해 보는 것은 극히 어려운 것이며 거의 불가능한 일이기도 하다. 우리가 체험한 모든 사상과 현재의 순간 사이에 하나하나 인과의 연관을 찾는다는 것은 도저히 불가능한 일이지만, 그렇다고 해서 우리가 체험한 모든 사상을 꿈이라고 설명할 수는 없다. 따라서 실제 생활에서 꿈과 현실을 구별하려면, 일반적으로 말한 표준에 따라 조사하지는 않는다. 꿈과 현실을 구별하기 위한 유일하고 확실한 표준은 사실상 깨어 있을 때의 경험적인 표준밖에는 없고, 실제로 이 표준에 의해 꿈에서 본 사상과 깨어 있을 때의 사상 사이의 인과 관계가 명확하고 뚜렷하게 갈라진다.

홉스가 《리바이어던》의 제2장에서 언급한 것은 이것에 대한 탁월한 예증이다. 즉, 우리가 자신도 모르게 옷을 입은 채 자는 경우, 특히 어떤 목적이나 계획이 우리의 모든 생각을 사로잡아서 깨어 있을 때처럼 꿈속에서도 줄곧 그것에 몰두하여 있을 때엔, 꿈을 꾼 후에 흔히 현실로 착각하는 일이 종종 있다는 것이다. 이러한 경우 깨어 있는 것이나 자고 있는 것의 구별은 명확하지 못하며, 꿈이 현실과 융합하여 현실과 혼합된다. 그럴 때면 또 칸트의 표준이 여기에 응용될 수도 있다. 흔히 있는 일이지만, 꿈이 현재와의 인과 관계나 관련이 없다는 것을 아무리 해도 알아낼 수 없는 경우, 어떤 사건이 꿈이었는지 혹은 실제로 일어난 것인지 하는 것은 영원히 구별되지 않은 채 놓아둘 수밖에 없다. 이런 점에 있어서 실생활과 꿈과의 친근성이 실제로 우리에게 대단히 실감나게 다가온다. 게다가 이 친근성은 예로부터 많은 위대한 사람들에게 인정되었고 또 언급되었기 때문에, 우리도 그것을 떳떳하게 보증할 수 있는 것이다. 《베다》나 《푸라나》는 마야의 직물이라 불리는 현실계에 대한 모든 인식을 꿈과 유사한 것 이상으로는 인식하지 않고 있으며, 이런 표현이 자주 나온다. 플라톤은 한 걸음 더 나아가 평범한 사람은 꿈속에서 살고 있는 것에 불과하지만, 철학자는 깨어 있도록 노력해야 한다고 자주 말했다. 핀다로스(2. 135쪽 참조)는 "인간은 그림자의 꿈"이라고 말했고, 소포클레스는 다음과 같이 말했다.

> 진실로 우리들 삶을 타고난 자들은,
> 덧없는 환상의 그림자에 불과한 것임을 나는 안다.
>
> ——《아이아스》 125

또한 셰익스피어가 아주 탁월한 표현을 했다.

> 우리는 꿈의 재료와도 같은 것,
> 보잘것없는 우리네 인생은 잠에 싸여 있다.
>
> ——《템페스트》 4막 1장

마지막으로 칼데론은 이와 같은 견해에 완전히 매혹되어 형이상학적인 희곡《인생은 꿈》에서 이것을 표현해 보려 했다.

이상과 같이 여러 시인들의 구절을 인용해 보았지만, 이번에는 내 생각을 비유로 나타내 보려 한다. 실생활과 꿈은 같은 책의 페이지와도 같은 것이다. 연관성이 있는 생활을 현실 생활이라고 한다. 그러나 그때그때의 독서 시간(낮)이 끝나고 휴식 시간이 되어, 이번에는 가벼운 기분으로 페이지를 뒤지면서 두서도 연관도 없이 여기저기를 펼쳐 보는 일이 있다. 이미 읽은 페이지도 있고 아직 읽지 않은 페이지도 있는데, 어쨌든 같은 책의 페이지인 것이다. 이렇게 해서 띄엄띄엄 읽은 페이지는 물론 일관된 통독과는 관련이 없다. 그러나 일관된 독서라 해도, 여기저기 띄엄띄엄 읽는 것과 같이 즉석에서 시작되어 끝나는 것이며, 따라서 전체를 하나의 큰 페이지로 볼 수 있을 뿐이라고 생각해 보면, 여기저기를 띄엄띄엄 읽는 것도 통독에 비해 그렇게 뒤떨어지는 것만도 아니다.

이렇게 개개의 꿈과 현실 생활과의 차이는 현실 생활을 줄곧 꿰뚫고 있는 경험의 연관에 꿈이 참여하지 않는다는 점에 있다. 그리고 깨어 있다는 것은 이러한 구별을 나타내는 것이지만, 경험의 연관 그 자체는 이미 현실 생활에 그 형식으로 속해 있고, 꿈도 또한 그 속에 이에 대한 연관을 갖고 있다. 만약 판단을 이 둘 밖의 다른 곳에 둔다면, 이 둘의 본질에는 특정한 구별이 없다는 것을 알 수 있다. 그리고 시인들이 인생은 긴 꿈이라고 한 말을 인정하지 않을 수 없게 된다.

이처럼 완전히 그 자체로서 존재하는 경험적인 기원에서 나와서, 외부 세계의 실재성에 관한 문제의 사변적인 기원으로 되돌아가 보면, 우리는 이 기원이 무엇보다도 충족 이유율을 잘못 응용했다는 것, 즉 주관과 객관 사이에도 이것을 응용했고, 다음으로 이 원리의 형태를 혼동했다는 것, 즉 인식의 충족 이유율이 생성의 충족 이유율의 영역으로 옮겨졌다는 것을 알게 된다. 그러나 그럼에도 불구하고 이 문제에 참된 내용이 없고, 또 그 깊숙한 곳에 뭔가 올바른 사상과 의미가 가장 본래적인 기원에서 존재하지 않는다면, 이 문제가 이처럼 언제까지나 철학자들의 주의를 끌 수는 없었을 것이다. 따라서 그러한 본래적인 기원이 있다면, 거기서부터 그 기원이 우선 반성되고 표현되기 위하여 자기로서도 알 수 없는 그릇된 형태와 물음에 빠지게 되었다고 생각해야 한다. 내 생각으로는 틀림없이 그렇다. 그리고 이 문제는 적절하게 표현되지는 못했지만, 나는 가장 내면적인 의미의 순수한 표현으로 다음과 같이 말하겠다. 즉, 직관적 세계는 나의 표상이 아닌 다른 무엇이겠는가? 직관적 세계는 확실히 표상으로 의식되지만, 내가 이중으로 의식하고 있는 내 자신의 육체와 마찬가지로 한편으로는 '표상'이고, 또 다른 한편으로는 '의지'인가? 이 문제를 더 분명히 밝히고 긍정하는 것이 제2권의 내용이 되겠지만, 이 문제에 생기는 여러 결론은 이 책의 다음 부분에서 취급해 보려고 한다.

6. 오성의 성질

우리는 지금 이 제1권에서 모든 것을 표상으로서, 주관에 대한 객관으로서 고찰한다. 그리고 각 개인에게 있어서 세계에 대한 직관의 출발점이 되는 자신의 육체까지도 실재하는 다른 모든 객관처럼 인식할 수 있다고 하는 측면에서만 본다. 따라서 육체는 우리에게는 하나의 표상에 불과하다. 사람의 의식이 다른 모든 객관을 단지 표상하는 것이라는 설명에는 이미 반대했지만, 자신의 육체가 단순한 표상에 불과하다고 한다면 더한층 반발할 것이다. 이것은 누구에게나 물자체가 그 자신의 육체로 나타나는 한 직접적으로 알려져 있고, 다른 여러 직관 대상 속에 객관화되어 있는 한 간접적으로만 알려져 있다는 데에서 유래된 것이다. 그러나 우리의 연구를 진행해 가다 보면, 이렇게 추상화하거나 일방적인 고찰 방법을 취하거나 필연적으로 서로 의존하여 성립되어 있는 것을 무리하게 분리하게도 된다. 그러므로 위에서 말한 것과 같은 저항감은 이제부터 하게 될 여러 고찰이 현재의 일방성을 보충하여 세계의 본질을 완전하게 인식할 수 있게 될 것이라고 기대함으로써 당분간 억누르고 진정시켜야 한다.

여기서 육체는 우리에게 직접적인 객관, 즉 주관적 인식의 출발점이 되는 표상이다. 즉, 이 표상 자체는 직접적으로 인식된 여러 변화와 더불어 인과 관계의 법칙을 응용하기 전에 나타나서 이 법칙을 응용하기 위한 재료를 제공한다. 이미 언급한 바와 같이 물질의 모든 본질은 그 작용에 있다. 그러나 결과와 원인은 오성에 대해서만 존재하고, 오성은 결과와 원인과의 주관적 상대 개념에 불과하다. 그러나 오성은 그 출발점이 되는 어떤 다른 것이 없으면 결코 응용될 수 없다. 이 다른 것이 감관적 감각, 즉 육체의 변화에 대한 직접적인 의식이며, 이 의식에 의해 육체는 직접적인 객관이 된다. 따라서 우리는 직관적 세계가 인식되는 가능성에 두 가지 조건이 있는 것을 알 수 있다.

첫째 조건은 '이것을 객관적으로 표현하면' 물체가 서로 작용하고, 상대방에게 서로 여러 가지 변화를 일으킬 수 있는 능력이다. 모든 물체가 갖는 이러한 일반적인 특성이 없으면, 동물의 감성을 갖고도 직관은 도저히 얻지 못한다. 그런데 이 같은 첫째 조건을 '주관적으로 표현하려면' 다음과 같이 말하게 된다. 오성은 무엇보다 직관을 가능하게 한다. 왜냐하면 인과 관계의 법칙이나 결과와 원인의 가능성은 오성에서만 생기고 오성에 대해서만 타당한 것이며, 따라서 오성에 대해서만, 또 오성에 의해서만 직관적 세계가 존재하기 때문이다.

둘째 조건은 동물의 육체적 감성이다. 혹은 특정한 물체를 주관의 직접적인 객관으로 인식하는 특성이다. 여러 감각 기관이 특히 적절한 외부로부터 작용을 받아 생기는 단순한 변화는 그 작용이 고통이나 쾌감을 일으키지 않고, 의지에 대해 직접적인 의의를 갖지 않고 동시에 지각되는 한, 즉 '인식'에 대해서만 현존하는 한 표상이라 불려야 한다. 따라서 그러한 경우, 나는 육체는 직접적으로 '인식'된다고 말하고 '직접적인 객관'이라 말한다. 단, 이 경우 객관이란 개념은 본래의 의미로 해석해서는 안 된다. 왜냐하면 오성의 응용에 선행하는 단순한 감성적 감각인 육체의 이와 같은 직접적 인식에 의해서, 육체는 본래 '객관'으로 존재하는 것이 아니고 여기에 작용을 끼치는 물체로 존재하기 때문이다. 그 이유는 본래적인 객관에 대한 인식, 즉 공간 가운데에서 직관할 수 있는 표상의 인식이란 오성에 의해, 또 오성에 대해서만 있으며, 따라서 오성의 응용에 앞서는 것이 아니라 그 응용을 거친 후에 비로소 존재하기 때문이다.

육체는 객관으로서, 공간 가운데 직관할 수 있는 표상으로서 다른 모든 객관과 마찬가지로 인과 관계의 법칙을 육체 일부에서 다른 부분에 끼치는 영향에 적용함으로써, 즉 눈이 육체를 보고 손이 육체를 만지는 방법을 통해 비로소 간접적으로 인식되는 것이다. 따라서 우리는 단순한 일반적인 감정만으로는 자기 육체의 모습을 모르며, 인식에 의해서만, 표상에 있어서만, 즉 두뇌 속에서만 자기 육체가 사지를 가진 것, 유기적인 것으로 나타난다. 태어나면서부터 장님인 사람은 이 표상을 촉각이 주는 여러 가지 재료를 가지고 비로소 서서히 얻게 된다. 손이 없는 장님이라면 자기의 모습을 절대로 알 수 없거나, 기껏 다른 물체가 자기에게 끼치는 작용을 통하여 자기의 모습을 추정하고 구성하는 길밖에 없을 것이다. 따라서 육체를 직접적인 객관이라고 부르는 경우엔 이러한 제한을 붙여 이해할 수는 있다.

하여튼 이상과 같이 동물적 육체는 모든 것을 인식하고, 그런 까닭에 어떤 것에 의해서도 인식되지 않는 주관에 대해 직접적인 객관, 즉 세계에 대한 직관의 출발점이다. 그러므로 '인식한다는 것', 인식하는 것이 조건이 되어 동기를 바탕으로 하여 운동한다는 것은 자극에 의해 운동하는 것이 식물의 성질인 것처럼, 근본적인 '동물성의 특성'이다. 그런데 무기물은 가장 좁은 의미에서 본래의 원인에 의해 일어난 이동밖에 할 수 없다. 이런 모든 것에 대해 나는 〈충족 이유율에 대하여〉라는 논문의 제20장, 〈윤리학〉의 제1논문의 제3장 및 〈시각과 색채에 대하여〉 제1장에 자세하게 서술하였으므로 그것들을 참고해 주기 바란다.

위에서 말한 것에서 동물은 가장 불완전한 것이라 해도 오성을 갖고 있다는 것이 분명해진다. 왜냐하면 동물은 모두 객관을 인식하고, 이 인식이 동기가 되어 동물의 운동을 규정하기 때문이다. 오성은 모든 동물과 인간에게 같은 것이며, 도처에서 동일하고 단순한 형태를 갖고 있다. 즉, 인과 관계에 대한 인식, 결과에서 원인으로의 이행, 그리고 원인에서 결과로의 이행이다. 그러나 오성의 예민성 정도나 인식 범위의 넓이는 각양각색이다. 직접적인 객관과 간접적인 객관 사이의 인과 관계를 인식하는 것에 불과한 가장 낮은 정도, 즉 육체가 받는 영향에서 그 원인에 이행함으로써 이 원인을 공간 속의 객관으로 직관할 수 있는 정도에서, 더 높은 정도로 올라가 단순히 간접적인 여러 객관 사이의 인과적 연관을 인식하기에 이르며, 이것이 자연의 여러 원인과 결과 사이의 복잡한 연관을 이해하기에 이른다.

이러한 고도의 인식도 역시 오성에 속하는 것이지 이성에 속하는 것은 아니다. 이성의 추상적인 개념은 그렇게 직접적으로 이해된 것을 받아들이고 고정하고 결합시키는 데에만 쓰일 뿐 오성적인 이해를 만들어내는 데에는 쓸모가 없다. 어떠한 자연의 힘이나 자연 법칙도, 또 그것들이 나타나는 어떠한 경우도 우선 오성에 의해 직접 인식되고 직관적으로 파악된 후에 비로소 추상적으로 이성에 대하여 반성적인 의식 속에 들어갈 수 있다. R. 후크가 동력의 법칙을 발견하여 많은 형상을 이 하나의 법칙에 환원한 것도, 또 뉴턴의 여러 계산이 이것을 확증한 것도 오성에 의한 직관적, 직접적 파악이었다. 또 라부아지에가 산소와 자연에 있어서 산소의 중요한 역할을 발견한 것도, 괴테가 물체의 색채 발생 방법을 발견한 것도 같은 것이다. 이들 발견은 모두 결과에서 원인으로 올바르게 직접 소급한 것에 불과하다. 또한 이렇게 하면 곧 같은 종류의 모든 원인 속에 나타나는 자연의 힘이 동일하다는 것이 인식된다. 그리고 이 모든 통찰은 모두 오성의 동일하고 유일한 기능이 그 정도를 달리하여 나타난 데 불과하며, 이 기능에 의해 동물도 자신의 육체에 영향을 끼치는 원인을 공간 속의 객관으로 직관하게 되는 것이다. 따라서 그러한 모든 대발견도 모두 직관이나 오성의 발견과 마찬가지로 직접적인 통찰이며, 또 그러한 것으로서 순간의 작용, 통찰, 착상이지, 추상적인 추리의 긴 연속에서 생기는 것은 아니다.

이와 반대로 추리의 연속은 직접적인 오성 인식을 분리하여 추상적인 여러 개념으로 만들어서 이성을 위해 그 인식을 고정시킨다. 다시 말해 그 인식을 다른 사람에게 이해시키는 데에 도움을 준다. 간접적으로 인식되는 여러 객관의 인과 관계를 파악하는 경우 오성은 예민하게 작용하는데, 이 예민성은 자연과학에 응용될 뿐만 아니라(자연과학의 발견은 모두 이 오성의 예민성 덕분이다) 실생활에도 응용되는 것으로, 이 예민성을 실생활에서는 '현명'이라고 부른다. 그런데 자연과학에 응용될 경우에는 명석, 투철, 총명 등으로 부르는 쪽이 낫다. 엄밀히 말해 '현명함'이란 것은 오로지 의지에 쓸모 있는 오성을 가리킨다. 그러나 이 개념들의 한계를 결코 정확하게 정할 수는 없다. 왜냐하면 공간 속의 객관을 직관하는 경우, 이미 동물에서도 언제나 작용하는 오성의 동일한 기능이 가장 예민하게 작용하여, 어떤 경우에는 여러 자연 현상 속에 주어진 결과에서 미지의 원인을 탐구하여 자연 법칙으로서의 일반 법칙을 생각하기 위한 재료를 이성에 제공한다. 또 어떤 경우에는 이미 알고 있는 원인을 응용하여 목적하는 결과가 생기도록 하여 복잡하고 가치 있는 기계를 발명하며, 어떤 경우엔 이를 동기화하는 데에 응용하거나, 교묘한 간계나 음모를 간파하여 이것을 수포로 돌리거나, 스스로 여러 동기와 이들 어떤 동기에나 쉽게 감동하는 사람을 적당히 배치한다. 그들을 지레와 바퀴로 기계를 움직이듯 마음대로 움직여 자신의 목적을 달성할 수 있기 때문이다.

오성의 결여는 본래의 의미로는 '우둔'이라 불린다. 이것은 '인과 관계의 법칙을 응용하는 데 둔감하다는 것', 즉 원인과 결과나 동기와 행위의 연쇄를 직접 파악할 수 없다는 것이다. 우둔한 자는 자연 현상이 그대로 나타나는 경우, 또는 어떤 의도에 지배되는 경우, 즉 기계로 쓸모 있게 만들어 놓은 경우에도 그 현상의 연관을 모른다. 따라서 그러한 사람은 마법이나 기적을 믿게 마련이다. 우둔한 자는 다른 여러 사람들이 외관상 서로 관계없는 것처럼 보이지만 사실은 연락을 취하면서 행동하고 있다는 것을 알아차리지 못한다. 그러므로 그는 속임수에 걸리거나 음모에 빠져들기 쉽다. 그는 타인이 주는 충언이나 말이나 행동 뒤에 숨은 동기를 알아차리지 못한다. 여하간 그에게 없는 것은 단지 하나, 인과 관계의 법칙을 응용하는 예민하고 신속하며 경쾌한 오성의 힘이다.

우둔에 대해 내가 이때까지 만난 최대의 예, 그리고 이제부터 고찰하는 데에 아주 크게 참고가 될 실례는 정신 병원에 있던 열한 살쯤 되는 백치 소년이다. 그는 듣기도 하고 말하기도 했으니 이성은 갖고 있었지만, 오성에 있어서는 어떤 종류의 동물보다도 뒤떨어져 있었다. 그는 내가 갈 때마다 내

목에 걸려 있던 안경알 속에 방의 창과 그 너머에 있는 나무 끝이 반사되어 비치는 것을 보고는, 그때마다 대단히 놀라서 기뻐하며 싫증도 안 내고 이상히 여기며 바라보았다. 그는 반사라는 이 직접적인 인과 관계를 오성으로 이해할 수 없었던 것이다.

인간에게 오성의 예민도가 각각인 것처럼, 여러 종류의 동물에서는 더 큰 차이가 있다. 그러나 어떤 동물도, 식물에 가장 가까운 동물이라도 직접적인 객관에 나타난 결과로부터 원인이 되는 간접적인 객관에까지 이행할 수 있는 오성, 즉 어떤 객관을 직관하고 파악할 수 있을 만큼의 오성은 충분히 가지고 있다. 왜냐하면 이 직관이야말로 그들을 동물답게 만드는 것이며 그들에게 동기에 따라 운동하는 가능성을 주고, 나아가서 먹을 것을 찾는다든가, 적어도 먹이를 손에 쥐게 하는 가능성을 주기 때문이다. 이와 달리 식물은 자극에 따라 운동할 뿐이며, 자극의 직접적인 영향을 기다려야만 하고, 그렇지 못하면 쇠약해진다. 자극의 뒤를 쫓는다든지 자극을 잡을 수는 없다. 동물의 완전한 총명성에는 우리를 놀라게 하는 것이 많다. 가령 개, 코끼리, 원숭이, 여우가 그런데, 뷔퐁은 여우의 영리함을 정말로 잘 묘사했다. 이 지극히 영리한 동물을 보면, 우리는 오성이 이성의 도움 없이, 즉 개념에 있어서 추상적인 인식의 도움 없이 얼마 만한 것을 할 수 있을까 하는 것을 상당히 정밀하게 조사할 수 있다. 인간 자신만으로는 오성의 능력을 알 수 없다. 그도 그럴 것이, 인간에게는 오성과 이성이 서로 돕고 있기 때문이다. 따라서 우리는 때때로 동물의 오성 발현이 우리의 기대 이상일 때도 있고 기대 이하일 때도 있음을 안다.

유럽을 여행하는 동안 많은 다리를 건너가 본 일이 있는 코끼리가 보통 때와 마찬가지로 사람과 말이 줄을 지어 지나가는 다리에 이르자, 그 다리의 구조가 자기의 체중에는 너무 약하다는 생각이 들어서 그 다리를 건너려 하지 않았다는 이야기가 있는데, 이와 같은 코끼리의 총명함에는 정말 놀라지 않을 수 없다. 그런가 하면 영리한 오랑우탄이 불을 발견하고 그 불을 쬐면서 몸을 따뜻하게 하지만, 나무를 태워서 이 불길이 꺼지지 않게 하지 않는 것을 보면 이상하다. 이것은 이미 사고가 필요하다는 증거며, 사고는 추상적인 개념 없이는 성립되지 않는다. 인과에 대한 인식이 일반적인 오성의 형식으로서 선험적이라고 할 만큼 동물에 내재하고 있다는 것은, 이 인식이 동물에게도 우리 인간에게와 마찬가지로 외부 세계의 모든 직관적인 인식의 선행 조건이라고 할 수 있다. 그러나 특별한 예증을 원한다면, 아주 어린 강아지까지도 아무리 하고 싶어도 책상에서 잘 뛰어내리려 하지 않는 것만 보아도 알 수 있다. 그 작은 강아지가 이러한 특별한 경우를 경험을 통해 알지는 못하고 있지만, 자기 체중의 효과를 알고 있기 때문이다.

동물의 오성을 평가하는 데 있어서 본능이 드러나는 것을 오성이라 생각하는 일이 없도록 주의해야 한다. 본능은 오성이나 이성과는 전혀 다른 특성이지만, 이 둘이 공통으로 작용하는 것과 매우 비슷하게 작용한다. 그러나 그것에 대해서는 여기서 논술하지 않기로 한다. 그것은 제2권에서 자연의 조화, 즉 목적론이라고 하는 것을 고찰할 때에 논할 것이다. 그리고 부록 제27장은 특히 이를 논하기 위해 쓴 것이다.

'오성'의 결핍을 '우둔'이라고 한다. '이성'을 실제적인 사물에 응용하는 능력의 결핍은 후에 '어리석은 행동'으로 인식될 것이다. 또 '비판력' 결핍은 '무지'로 인식되고, 마지막으로 '기억'이 일부 혹은 전부 결핍된 것은 '광기'로 인식될 것이다. 따라서 이 모든 것을 각기 그 장에서 논하겠다. '이성'에 의해 옳게 인식된 것이 '진리'며 이는 충족 이유를 가진 추상적 판단이다. (〈충족 이유율에 대하여〉제29장 이하) 오성에 의해 옳게 인식된 것이 '실재', 즉 직접적인 객관에 나타나는 결과로부터 그 원인에 옳게 이행하는 것이다. '진리'에 대해서는 '오류'가 이성의 미망으로서 대립하며, '실재'에 대해서는 '가상'이 오성의 미망으로서 대립한다. 이 모든 것에 대한 자세한 논술은 〈시각과 색채에 대하여〉라는 내 논문의 제1장을 참고해 주기 바란다.

'가상'은 동일한 결과가 하나는 아주 빈번하게 작용하고, 또 하나는 아주 드물게만 작용하는 두 개의 전혀 다른 원인에 의해 일어날 수 있는 경우에 나타난다. 오성은 결과가 완전히 동일하기 때문에 이 경우에는 어느 쪽 원인이 작용했는가를 구별할 재료가 없어서, 언제나 더 일반적인 원인을 전제로 한다. 그리고 오성의 작용은 반성적이지도 추리적이지도 않으며, 직접적인 매개가 없기 때문에 그런 그릇된 원인이 직관된 객관으로 우리 앞에 나타나는데, 이것이 바로 그릇된 가상이다. 감각 기관에 이상이 초래되었을 때 어떻게 해서 사물이 이중으로 보이는가 하는 것은 앞에서 이미 언급했고, 그래서 직관은 오성에 의해서만, 또 오성에 대해서만 존재한다고 하는 증명을 했다. 또한 물 속에 넣은 막대기가 굴절되어 보이는 것도, 볼록거울에 비치는 상이 표면이 볼록한 경우에는 표면에서 어느 정도 뒤로 보이고, 표면이 오목한 경우에는 훨씬 앞으로 보이는 것도 또한 오성의 미망, 즉 가상의 실례다. 또 달이 중천에 있을 때보다 지평에 가까울 때가 크게 보이는 것도 가상인데, 이것은 시각에 의한 것이 아니라 오성에 의한 것이다. 왜냐하면 측미계(測微計)가 증명하는 것처럼 눈은 달을 지평선에서보다 중천에서 더 넓은 시각에서 포착하기 때문이다. 달과 모든 별이 지평 가까이에서 약한 빛을 내는 원인을 지상의 모든 사물을 공기의 원근법으로 측정하듯이, 그것이 원거리에 있기 때문이라고 생각하는 것은 오성이다. 그렇기 때문에 지평 가까이의 달을 중천에 있는 것보다도 훨씬 크다고 보거나 창공이 지평 가까이에서는 더 확대되어 있다고, 즉 평평하다고 보는 것이다.

이처럼 공기의 원근법을 잘못 응용하여 측정하면, 산 정상이 투명한 공기를 통해서만 보이는 높은 산을 실제보다 더 가까이에 있는 것으로 보게 되어 그 높이를 과소평가하게 된다. 가령 살랑 시내에서 몽블랑을 바라볼 때가 그렇다. 그리고 착각하기 쉬운 이 모든 가상은 직접적인 직관 속에 나타나는데, 이 직관은 이성의 어떤 논증에 의해서도 물리칠 수는 없다. 이성의 논증은 단지 오류, 즉 충족 이유를 갖지 않는 판단을 거기에 대립하는 참된 판단으로 피할 수 있을 뿐이다. 말하자면 지평 가까이에서는 달과 별의 빛이 중천에 있을 때보다 흐린 것은 거리가 멀기 때문이 아니라 지평 가까이에 불투명한 습기가 있기 때문이라는 것을 추상적으로 인식하는 데 불과하다. 그러나 아무리 추상적으로 인식해도 위에서 말한 모든 사례에서 가상은 여전히 남아 있게 된다. 왜냐하면 오성은 인간에게만 있는 인식 능력인 이성과는 현저하게 다르며, 그것만으로 보면 인간도 비이성적이기 때문이다. 이성은 언제나 '인식할' 수 있을 뿐이다. 직관은 오성만의 작용이며 이성의 영향은 받지 않는다.

7. 주관과 객관으로 나누어지는 표상

지금까지 고찰해 온 것에 대하여 그 다음의 것을 덧붙여 말해야겠다. 지금까지의 고찰에 있어서 우리의 출발점이 되었던 것은 객관도 주관도 아닌, 이 둘을 이미 포함하고 또 전제로 하는 '표상'이었다. 그 이유는 객관과 주관 사이의 나누어짐은 표상에 있어 최초의 가장 보편적이고 본질적인 형식이기 때문이다. 그래서 나는 우선 이 형식을 고찰하고, 다음으로(이 경우, 주로 그 예비적인 논문을 읽으라고 지시하긴 했지만) 이 형식에 종속하는 여러 형식, 즉 '객관'에만 속하는 시간, 공간 및 인과 관계를 고찰했다. 그러나 이것들의 형식은 객관 '그 자체'의 본질적인 것이지만, 그 객관은 또한 주관 '그 자체'의 본질적인 것이다. 따라서 이 형식들은 주관에서 발견될 수 있다. 즉 선험적으로 인식될 수 있는 한에 있어서 이들 형식은 객관과 주관과의 공통된 경계라고 보아야 할 것이다. 그러나 예비 논문에서 자세히 설명했던 것처럼, 이들 형식은 모두 하나의 공통된 표현, 즉 충족 이유율로 환원할 수 있다.

그런데 이러한 방법은 나의 고찰법을 이제까지 시도한 철학들의 방법과 전혀 다르게 만든다. 이제까지의 철학은 모두 객관을 출발점으로 하거나 주관을 출발점으로 하였다. 따라서 한편을 다른 한편에서 설명하려 했고, 또한 충족 이유율로 이것을 설명하려 했다. 하지만 나는 반대로 충족 이유율의 지배를 객관에만 국한하고, 객관과 주관과의 관계에는 적용하지 않는다. 최근에 생겨서 일반에 알려진 동일 철학(Indentitäts-Philosophie)은 객관이나 주관을 본래적인 최초의 출발점으로 하지 않고 제3의 것, 즉 이성 직관에 따라 인식되는 절대자, 바로 객관도 주관도 아닌 그 양자가 합치된 것을 출발점으로 하고 있다. 그러한 점에서 지금 언급한 대립에 동일 철학은 포함되어 있지 않다고 간주할 수 있다. 나에게는 이성 직관 같은 것은 완전히 결여되어 있기 때문에, 그런 대단한 동일이나 절대자 같은 것은 감히 말하지 않겠다. 그러나 모든 사람에게, 또 문외한인 우리에게도 분명히 제시된 이성 직관과 같은 조서를 기초로 하여, 그런 철학은 위에서 말한 두 가지 오류의 대립에서 벗어날 수 없다고 말하지 않을 수 없다. 그러한 철학은 사고되지 않고 그저 지적 작용으로 직관되거나 자기 자신 속에 침잠함으로써 경험되는 주관과 객관의 동일을 출발점으로 한다고 하면서도, 역시 두 가지의 대립적인 오류를 피하지 못한다. 오히려 그 철학 자체가 두 부문으로 갈라짐으로써 둘의 오류를 자기 속에 일치시키고 있기 때문이다.

그 두 부문의 하나는 선험적 관념론이고, 다른 하나는 자연철학이다. 선험적 관념론은 피히테의 자아설인데, 이것은 충족 이유율에 따라 객관을 주관에서 만들어 내거나 주관으로 엮어내게 하는 것이다. 자연철학은 이와 같은 방법으로 객관에서 서서히 주관이 생기게 하는 것인데, 이것은 구성이라고 하는 방법의 응용에 의한 것이다. 나는 여기에 대해 잘은 모르지만, 이 방법이 충족 이유율이 여러 가지 형태를 취하고 나타난 진보의 하나라는 것은 명백하다. 그러한 구성이 내포하고 있는 깊은 예지를 나는 단념한다. 이성 직관 같은 것을 전혀 갖고 있지 않은 나로서는 이 직관을 전제로 한 그런 모든 강의는 이해할 수 없는 일곱 개의 봉인을 한 책으로밖에 생각할 수 없다. 또 사실 그렇기 때문에 좀 이상한 말이지만, 그런 깊은 예지의 가르침을 듣고 있으면 나는 언제나 무섭고 또한 무척 지루한 허튼소리로밖에 생각되지 않는다.

객관에서 출발한 여러 학설은 언제나 직관의 세계와 그 질서를 문제로 삼아 왔다. 그러나 이들 학설이 출발점으로 취급한 객관은 반드시 이 직관의 세계만은 아니며, 그 근본 요소인 물질도 아니다. 오히려 예비 논문에서 제시한, 가능한 네 가지 종류의 객관에 따라 이들 학설을 분류할 수는 있다. 첫째, 즉 실재 세계에서 출발한 사람으로는 탈레스, 이오니아학파 철학자들, 데모크리토스, 에피쿠로스, 조르다노 브루노($^{1548\sim1600,}_{\text{이탈리아 철학자}}$) 및 프랑스의 유물론자들이 있다. 둘째, 추상적인 개념에서 출발한 이는 스피노자(단순히 추상적이고 그 정의에 있어서만 존재하는 실체라고 하는 개념에서 출발한다), 그리고 고대에는 엘레아학파 철학자들이다. 셋째, 시간, 수에서 출발한 이는 피타고라스학파의 철학자들과 《역경(易經)》에 나타난 중국 철학이다. 마지막으로 넷째, 인식에 의해 발달된 의지 활동에서 출발한 이들은 세계의 바깥에 있는 인격적인 한 존재자의 의지적 행동에 의해 세계가 무에서 창조되었다고 주장하는 스콜라학파 사람들이다.

객관적인 방법은 본래의 유물론으로 나타날 때 가장 일관성 있고 또 가장 광범위하게 수행된다. 유물론은 물질과 더불어 시간과 공간도 절대적으로 존재하는 것으로 보며, 주관과의 관계 속에서만 모든 것이 존재하는데, 이 관계는 놓치고 만다. 또한 유물론은 인과성의 법칙을 안내자로 하여 이것을 그 스스로 존립하는 사물의 질서, 즉 영원한 진리로 생각하고, 이에 의거하여 전진하려고 한다. 따라서 오성에 있어서만, 또 오성에 대해서만 인과성이 존재하는데, 이 오성도 놓치고 만다. 그런데 유물론은 물질 최초의 가장 단순한 상태를 발견하려고 하면, 다음으로는 단순히 기계적인 구조에서 화학적 현상, 양극성, 식물성, 동물성으로 올라가, 그 단순한 상태에서 다른 모든 상태를 설명하려고 한다. 그리고 이것이 잘되어 간다면, 이 연쇄의 마지막 단계는 인식 작용인 동물의 감성이 되는데, 그것은 이제 물질의 단순한 하나의 변용, 즉 인과성에 의해 초래된 상태로 나타나게 된다.

만약 우리가 직관적 표상을 갖고 여기까지 유물론의 뒤를 따라왔다고 한다면, 유물론과 더불어 그 정점에 이르러 올림포스 신들의 억누를 수 없는 웃음을 사게 될 것이다. 왜냐하면 우리는 꿈에서 깨어난 것처럼, 유물론이 애써 만들어 놓은 최후의 결과인 인식 작용이 이미 최초의 출발점인 단순한 물질에서 필수적인 조건으로 전제되어 있었다는 것, 또 유물론과 더불어 물질을 사유한다고 생각했지만 실제로는 물질을 표상하는 주관, 물질을 보는 눈, 물질에 닿는 손, 물질을 인식하는 오성을 사유하고 있었을 뿐이라는 것을 알게 될 것이기 때문이다. 따라서 뜻밖에 당치도 않은 선결 문제에 대한 요구(petitio principii)라는 것이 드러난다. 왜냐하면 마지막의 고리는 최초의 고리가 이미 의지하고 있었던 바탕이며, 연쇄는 원이라는 것을 알았기 때문이다. 그리고 유물론자는 말을 타고 헤엄을 치면서 양쪽 다리로 말을 누르고 앞으로 늘어뜨린 머리카락을 휘어잡고 자기 몸을 끌어올리려고 하는 저 뮌히하우젠 남작과도 같다.

따라서 유물론의 근본적인 불합리성은 유물론이 '객관적인 것'을 출발점으로 하여 '객관적인 것'을 궁극적인 설명 원리로 한다는 데에 있으며, 아무리 그 객관적인 것이 추상적으로만 '사유'되는 물질이거나 이미 형식 속으로 들어간 경험적으로 주어진 물질, 즉 화학적 원소나 가까운 화합물과 같은 '질료'라 해도 불합리하기는 마찬가지다. 유물론은 이러한 물질을 그 자체로서 절대적으로 실재하는 것으로 간주하고, 이 물질로부터 이들 유기적인 자연이나 마지막으로 주관적인 인식까지도 나타나게 하고, 그것으로 인해 이러한 자연과 주관을 완전하게 설명한다. 그런데 실제로 모든 객관적인 것은 이미 주관적인 인식과 그 인식의 여러 형식에 의해 여러 가지로 제약되어 있고, 그것들을 전제로 하고 있다. 따라서 주관을 없애고 생각하면 완전히 없어지는 것이다.

또한 유물론은 우리에게 직접적으로 주어진 것을 간접적으로 주어진 것에서 설명하려는 시도다. 모든 객관적인 것, 연장을 가진 것, 작용하는 것, 즉 모든 물질적인 것을 유물론은 그 자신의 설명을 위한 확고한 기초라고 생각하므로, 이것에 환원하면, 특히 이 환원이 충격과 반충격에 귀착된다면 괜찮다. 그런데 되풀이해 말하지만 이 모든 것은 극히 간접적이고 제약적인 방법으로 주어진 것이며, 따라서 상대적으로 존재하는 것일 뿐이다. 왜냐하면 이것들은 뇌수의 조직과 제작을 거쳐 시간, 공간 및 인과라는 형식 속으로 들어가게 되며, 이들 형식에 의해 비로소 공간 속에 연장되고 시간 속에 작용하는 것으로 나타나기 때문이다. 그런데 유물론은 이렇게 주어진 것에서 직접적으로 주어진 것, 즉 표상(그 속에 앞서 말한 모든 것이 존재한다)까지도 설명하고, 마지막에는 의지까지도 설명하려고 한다. 하지만 원인을 실마리로 하여 합법칙적으로 나타나는 모든 근본적인 힘은 사실은 의지로부터 설명된다. 따라서 인식은 물질의 변용이라는 주장에는 모든 물질이 주관적인 인식의 변용, 즉 주관의 표상이라고 하는 주장이 언제나 정당성을 갖고 대립된다. 그렇지만 모든 자연과학의 목적과 이상은 근본적으로 철저하게 완성된 유물론이다. 그런데 우리가 여기서 유물론을 명백히 불가능한 것으로 인식하는 것은 또 하나의 다른 진리로 이것이 확인되기 때문이다. 그 진리란 우리가 앞으로 고찰해가면서 분명해질 것인데, 그것은 내가 충족 이유율에 근거한 체계적 인식으로 이해하고 있는 본래적인 의미의 과학이 모두 궁극적인 목적을 달성할 수 없고, 충분한 설명을 할 수도 없다는 것이다. 왜냐하면 그러한 과학은 세계의 가장 심오한 본질에는 접촉하지 못하고, 표상을 넘어서지도 못하며, 오히려 궁극적으로는 하나의 표상과 다른 표상과의 관계를 가르치는 데 불과하기 때문이다.

어떠한 학문도 반드시 두 개의 근본 재료에서 출발한다. 그 하나는 원칙으로서 항상 특수한 형태를 취한 충족 이유율이며, 또 다른 하나는 과제로서 학문이 갖는 특수한 대상이다. 예를 들면 기하학은 공간을 과제로 가지며, 공간에 있어서 존재의 근거를 보조 수단(organon)으로 갖는다. 수학은 시간을 과제로 하며, 시간에 있어서 존재 근거를 수단으로 갖고, 논리학은 개념의 재결합 그 자체를 과제로 하고, 인식의 근거를 수단으로 가지며, 역사는 집단을 이룬 인간이 행한 여러 업적을 과제로 하고, 동기의 법칙을 수단으로 가진다. 그런데 자연과학은 물질을 과제로 하고 인과성 법칙을 수단으로 가진다. 따라서 자연과학의 목적과 목표는 인과성의 실마리를 따라서 물질의 모든 가능한 상태들을 서로 환원시키며, 마지막에는 하나의 상태로 환원시키고, 다음에는 또 상호간에 이끌어내고, 마지막으로는 하나의 상태에서 끌어내는 데에 있다. 그래서 물질에서는 두 개의 상태가 양극으로 대립한다. 즉, 물질이 최소한으로 주관의 직접적인 객관이 되는 상태와 물질이 최대한으로 주관의 직접적인 객관으로 되는 상태다. 즉, 하나는 죽어 있는 거친 물질인 제1원소며, 다른 것은 인간의 유기체이다.

자연과학은 이 제1의 것을 화학으로서 찾고, 제2의 것을 생리학으로서 찾는다. 그러나 지금까지 이 양극에 도달하지는 못했고, 양극 사이에서 약간의 것이 얻어진 것에 불과하다. 앞으로의 전망도 거의 절망적이다. 화학자들은 물질의 질적 분할은 양적 분할의 경우처럼 무한히 되지 않을 것이라는 전제 아래 현재 60가지나 되는 원소의 수를 점점 줄이려고 하고 있다. 만약 원소가 두 개로 된다고 하면, 화학자들은 그것을 하나의 원소로 환원하려고 할 것이다. 왜냐하면 동질성의 법칙을 거슬러 올라가면 물질 최초의 화학적 상태를 전제하게 되는 것이며, 그러한 상태는 다른 모든 상태, 즉 물질 그 자체의 본질적인 것이 아니고, 우연적인 형식과 성질에 불과한 여러 상태에 앞서 있으며, 물질 그 자체에만 귀속하는 것이기 때문이다. 그런데 한편으로 이 물질 최초의 상태는 여기에 작용하는 제2의 상태가 아직 존재하지 않았기 때문에 어떻게 해서 화학적인 변화가 가능했을까 하는 것은 알 수 없다. 그래서 에피쿠로스가 역학 부분에서 어떻게 하나의 원자가 처음으로 그 근원적인 운동 방향에서 왔는가를 설명하지 않으면 안 되었을 때에 마주쳤던 것과 같이 화학 부문에서도 난관에 부딪힌 것이다. 사실 이것은 자연히 발전해 온 것으로 회피할 수도 해결할 수도 없는 모순이며, 아마 화학적인 '이율배반'이라 불릴 수 있을지 모른다. 이러한 모순이 자연과학 최초의 한쪽에 있는 것처럼 다른 쪽에도 이에 상응하는 모순이 나타난다. 자연과학이 이 같은 다른 한쪽의 극에 도달하는 것 또한 거의 불가능하다. 왜냐하면 화학적인 것은 역학적인 것으로, 유기적인 것은 화학적인 것이나 전기적인 것으로 환원될 수 없다는 것이 점차 분명해졌기 때문이다.

그러나 오늘날, 이 옛날부터의 미궁에 발을 들여놓은 사람들은 모든 선인들과 같이 곧 남몰래 부끄러워하면서 되돌아간다. 이것에 대해서는 제2권에서 자세하게 논할 생각이다. 여기서 조금 관련해서 언급한 어려움은 본래의 영역에 있는 자연과학에 대립되는 것이다. 또한 자연과학은 철학으로 생각한다면 유물론일 것이다. 그런데 유물론은 우리가 본 것처럼 이미 그 발생 시초부터 가슴에 죽음의 신을 품고 있다. 왜냐하면 유물론은 주관과 인식의 형식들을 뛰어넘고 있지만, 이 형식들은 유물론이 출발점으로 삼으려고 하는 가장 거친 물질이나 유물론의 도달점이 되려고 하는 유기체에도 역시 전제되어 있기 때문이다. 그래서 '주관 없는 객관은 없다'라는 것은 모든 유물론을 불가능하게 만드는 명제이다. 태양이나 유성은 이것을 보는 눈이나 이것을 인식하는 오성이 없으면 말로는 표현할 수 있을지 모르지만, 그러한 말은 표상에 있어서는 한 개의 철목(鐵木, sideroxylon), 즉 지나친 모순인 것이다.

한편 인과성의 법칙을 따라가거나 이 법칙에 따라 자연을 고찰하고 연구해 가면, 더 높은 유기적 인식을 가진 물질 상태는 모두 시간적으로 더 거친 물질 상태 이후에 비로소 생겼다는 것을 가정하지 않을 수 없게 된다. 즉, 동물은 인간 이전에, 물고기는 땅의 동물 이전에, 식물은 또 그보다 이전에, 무기물은 모든 유기물 이전에 존재하고 경험된다고 가정해야 한다. 따라서 원시적인 덩어리가 장기간 여러 가지 변화를 거쳐 온 후에 비로소 최초의 눈이 열릴 수 있었다고 가정하는 것이다. 그리고 그 최초로 열린 눈은 곤충의 눈이었을지도 모르지만, 세계의 현존재는 역시 이 최초의 눈에 의존하며, 이 눈은 인식을 매개하는 데 필수적이다. 전세계는 인식에 대해서만, 또 인식에 있어서만 존재하며, 인식 없이는 생각할 수조차 없다. 왜냐하면 세계는 오직 표상일 뿐이며, 표상으로서, 그 존재를 떠받치는 것으로서 주관적인 인식을 필요로 하기 때문이다. 그뿐 아니라 물질이 무수한 변화를 겪고 여러 가지 형식을 거쳐 올라가서, 결국 인식하는 능력을 가진 최초의 동물이 나타나기까지의 긴 시간은 의식의 동일성에서만 생각할 수 있다. 시간이란 표상에 관한 의식의 연속이고, 인식하기 위한 의식의 형식이며, 이것을 떠나서는 모든 의의를 잃어버린다. 그래서 인과성은 한편 최초로 나타난 인식 능력이 있는 동물이 아무리 불완전한 것이라 하더라도 세계의 모든 존재는 필연적으로 이것에 의존한다는 것을 알게 된다. 또 다른 한편으로 이 최초의 인식 능력이 있는 동물은 그것에 선행하는 긴 인과의 연쇄에 역시 필연적으로 완전히 의존하고 있고, 그 동물 자체도 그 연쇄의 일환으로 나타난다는 것을 알게 된다. 우리는 실제로 서로 모순되는 두 견해의 어느 쪽도 같은 필연성을 가지고 인정하게 되지만, 이것들은 우리의 인식 능력에 있는 '이율배반'이라 불리고, 자연과학의 저 한쪽 극에서 발견된 이율배반의 상대를 이루는 것으로 간주하여도 좋을 것이다.

그런데 칸트는 네 가지 이율배반을 설명하고 있지만, 나는 이 책의 부록 〈칸트 철학 비판〉에서 이것이 근거 없는 기만임을 증명하려고 한다. 그러나 여기서 우리 앞에 필연적으로 생기는 모순에 대한 해결은 칸트의 말을 빌리면, 시간, 공간, 인과성이 물자체에 귀속되는 것이 아니라 물자체의 현상에 귀속되는 것이며, 시간, 공간, 인과성은 이 현상의 형식이라는 데에서 발견된다. 이것을 나의 말로 한다면 객관적 세계, 즉 표상으로서의 세계는 세계의 유일한 면이 아니고 단지 일면, 즉 세계의 표면적인 것일 뿐이다. 또 세계에는 이것과는 전혀 다른 면이 있는데, 이것이 세계의 가장 내면적인 본질과 핵심인 물자체이다. 우리는 이것을 세계의 가장 직접적인 객관화라고 하는 점에서 의지라 부르고 제2권에서 고찰하려고 한다.

그러나 우리가 여기서 고찰하고 있는 표상만으로서의 세계는 두말할 것도 없이 최초의 눈이 열렸을 때에야 비로소 시작된다. 이러한 인식의 매개 없이 세계는 존재하지 못한다. 따라서 그 이전에는 세계는 존재하지도 않았던 것이다. 또 그러한 눈이 없다면, 즉 인식 밖에서는 그 이전이라는 것도 시간이라는 것도 없다. 그렇기 때문에 시간에 시작이 있는 것이 아니고, 모든 시작이란 시간 속에 있는 것이다. 그러나 시간은 사물이 인식되기 위한 가장 보편적인 형식이며, 모든 현상은 인과성의 유대에 의하여 이 형식에 적용되는 것이기 때문에, 최초의 인식과 동시에 시간도 또한 성립되며, 이와 더불어 그 전후에 무한히 연장된 시간도 성립된다. 그리고 이 최초의 현재를 충족시키는 현상은 동시에 인과적으로 결합된 것으로서, 또 한없이 과거에까지 미치는 일련의 현상에 의존하는 것으로서 인식되어야 하며, 과거는 이 최초의 현재에 제약됨과 아울러 또한 최초의 현재는 이 과거에 제약되어 있다. 따라서 최초의 현재도, 그것이 유래된 과거도 함께 주관적인 인식에 의존하고 있고, 주관적인 인식 없이는 무다. 그러나 최초의 현재는 최초로서, 즉 과거를 모체로 하지 않는 시간의 시초로서는 나타나지 않는다는 것 또한 필연적이다. 오히려 최초의 현재는 시간에 있어서 존재 근거에 따라 과거의 연속으로 나타나고, 현재를 충족시키는 현상은 인과성의 법칙에 따라 과거를 충족시키는 이전 상태들의 결과로 나타난다. 신화적인 해석을 즐기는 사람이라면 거인족 중에서 가장 나이가 어린 크로노스가 탄생한 것을 가지고, 지금 언급한 시초가 없는 시간이 나타나기 시작하는 순간에 대한 표현으로 생각할 수도 있을 것이다. 크로노스는 자기의 아버지를 거세해 버리기 때문에, 천지의 잡다한 산물은 없어지고, 그 대신 신과 인간의 종족들이 그 자리를 차지한다.

나는 객관에서 출발하는 여러 철학 체계 가운데서 가장 철저한 학설인 유물론을 따라서 이러한 설명에 도달했다. 하지만 이 설명은 주관과 객관이 지양될 수 없는 대립 관계에 있음에도 서로 불가분의 의존 관계에 있다는 것을 명백하게 하는 데에 필요하다. 이것을 인식하면 세계의 가장 내면적인 본질인 사물 자체를 이제는 표상의 두 요소인 주관과 객관의 어느 쪽에서도 찾지 않고, 오히려 표상과는 전혀 다른 요소, 즉 근본적이고 본질적이며 또한 해소되지 않는 대립이 끼어 있지 않은 요소에서 찾기에 이른다.

지금까지 논술한 객관에서 출발하여 객관에서 주관을 생기게 하려는 입장에는, 주관에서 출발하여 주관에서 객관을 나오게 하려는 입장이 대립하게 된다. 그런데 여태까지의 모든 철학에는 객관에서 출발하는 것이 많고 또 일반적이었지만, 주관에서 출발하는 데에는 단지 하나의 실례가 있을 뿐이다. 그것은 새로운 실례, 즉 요한 고틀리프 피히테의 가상 철학(Schein−Philosophie)이다. 따라서 피히테는 이런 점에서 주의를 끌지만, 그의 학설 자체엔 참된 가치와 내적 실질이 거의 없다. 대체로 그는 속임수에 불과한 데에도 아주 엄숙한 얼굴을 하고 침착한 어조와 열렬한 태도를 취하며, 약한 상대인 것을 알면 웅변조의 논쟁으로 변론을 하여 훌륭하게 보일 수 있었고 상당한 인물로 생각되었다. 그러나 어떠한 외부의 영향에도 좌우되지 않고 자기의 목적인 진리만을 확고히 바라보는 참다운 진지성은 사정에 따라 이리저리로 변하는 종류의 다른 철학자와 마찬가지로 피히테에게도 없었다. 물론 그도 별 도리가 없었다. 말하자면 철학자란 언제나 난국에 부딪치며 이것을 뚫고 나아가려고 함으로써 철학자가 되는 것이다. 이 난국이란 곧 플라톤의 경이($\theta\alpha\upsilon\mu\alpha\zeta\varepsilon\iota\nu$)이며, 그는 이것을 대단한 철학적인 정서($\mu\alpha\lambda\alpha$

-$\psi\iota\lambda o\sigma o\psi\iota\kappa o\nu\ \pi a\theta s$)라고 했다. 그런데 사이비 철학자와 진정한 철학자 사이의 구별은, 진정한 철학자에게는 이 난국이 세계 그 자체를 바라보는 데서 생기는 데 비해 사이비 철학자에게는 책, 즉 현존하는 학설에서 생긴다는 데에 있다. 피히테의 경우도 이 후자에 속한다. 왜냐하면 그는 단지 칸트의 물자체에 관여함으로써 철학자가 되었을 뿐이기 때문이다. 만약 그가 칸트의 물자체를 몰랐더라면, 대단한 수사학적인 재능을 갖고 있기 때문에, 아마 전혀 다른 면에서 더 훌륭하게 성공했을 것이다. 그러나 적어도 그가 그를 철학자로 만든 책의 의미, 즉 《순수이성비판》을 깊이 연구했다면, 그 중요한 학설의 정신이 다음과 같다는 것을 이해했을 것이다.

충족 이유율은 모든 스콜라 철학이 말하는 것처럼 영원한 진리가 아니고, 세계 이전에, 세계 이외에, 또 세계 이상으로 무제약적인 타당성을 갖고 있는 것이 아니고, 공간 또는 시간의 필연적 연관으로 나타나거나 인과 관계의 법칙이나 인식 근거의 법칙으로 나타나는 것이어서, 상대적이며 제약된 현상에 있어서만 타당한 것이다. 따라서 세계의 내적 본질인 물자체가 결코 충족 이유율을 실마리로 하여 발견되는 것이 아니고, 이 원리에 인도되어 도달한 것은 모두 그 자신도 의존적, 상대적인 현상에 불과하며 물자체는 아니다. 더욱이 충족 이유율은 주관에는 관계하지 않는 객관들의 형식에 불과하기 때문에, 객관들은 물자체가 아니다. 객관과 더불어 주관이 있고 주관과 더불어 객관이 있기 때문에, 단순히 근거에 대한 귀결로서 객관을 주관에, 또는 주관을 객관에 첨가할 수는 없다. 그런데 피히테는 이것을 조금도 고려하지 않았다. 이 문제에 있어서 그의 유일한 관심사는 '주관에서 출발한다'는 것인데, 이것은 칸트가 기존 철학이 객관을 출발점으로 하여 객관을 물자체로 한 것이 거짓이라는 것을 나타내기 위해 택했던 것이다.

그런데 피히테는 이와 같이 주관에서 출발하는 것을 아주 중요한 것으로 생각하고, 모든 모방자들이 그러하듯 이 점에 있어서 자기는 칸트보다 낫고 그를 능가한 것처럼 생각했다. 이제까지의 독단론이 바로 정반대의 방향에서 오류를 범했고, 그 때문에 칸트의 비판이 생기게 된 오류를 되풀이한 것이다. 그러나 본질적으로는 변한 것이 없고, 지금까지의 근본적인 오류, 즉 객관과 주관과의 관계를 근거로 결과를 보는 가정은 여전히 남아 있다. 따라서 충족 이유율은 지금까지 조금도 변하지 않고 무제약적 타당성을 가지고 있으며, 물자체는 이때까지 객관 속에 있었던 대신, 이번에는 인식의 주관 속으로 옮겨진 셈이다. 그러나 이 주관과 객관의 완전한 상대성은 물자체 또는 세계의 내적 본질인 주관과 객관의 어느 것에서도 찾을 수 없고, 상대적으로만 존재하는 이러한 것들 밖에서 찾아야만 한다는 것을 나타내지만, 이 상대성은 여전히 인식되어 있지 않은 상태다. 마치 칸트가 이 세상에 없었던 것처럼, 충족 이유율은 피히테에게 스콜라 철학자들에게서와 마찬가지의 것, 즉 영원한 진리인 것이다. 고대인들이 신들을 지배하는 것으로 영원한 운명이 있었던 것처럼, 스콜라 철학자들이 신을 지배하는 것으로는 영원한 진리, 즉 형이상학적·수학적·초논리적인 여러 진리가 있고, 어떤 오성들에게는 도덕률의 타당성까지도 신을 지배하는 것이었다.

이러한 진리는 아무것에도 의존하지 않으며, 신도 세계와 마찬가지로 이러한 진리의 필요성에 의해 존재하는 것이다. 따라서 피히테에게 있어서는 그러한 영원한 진리로서의 충족 이유율에 의거하여 자아가 세계 혹은 비아 ^(피히테 철학에서 매우 중요한 개념으로, 자아의 대상으로서 존재하는 모든 세계와 자연을 말한다)의 근거며, 바로 자아의 귀결이며 자아의 결과인 객관의 근거다. 그러므로 그는 충족 이유율을 더 이상 시험하거나 검토하는 일이 없도록 조심했던 것이다. 그러나 피히테가 거미가 실을 내듯 자아에서 비아를 내는 데 있어서 그 실마리로 삼은 충족 이유율의 형태를 보고, 나는 그것이 공간의 충족 이유율임을 알 수 있었다. 왜냐하면 피히테가 애써 생각을 집중하여 자아에서 비아를 산출한 연역은 이때까지 씌어진 책 중에서 가장 무의미하고, 또 그 때문에 가장 지루한 책의 내용을 이룬 것이지만, 그런데도 이 연역의 원리에 관련되어 있는 것만은 의미와 가치를 지니기 때문이다. 그 밖의 점에서는 언급할 가치가 없는 피히테 철학은 먼 옛날의 유물론과 대립되었던 것이 세월이 지나간 후에 우리에게 나타났다는 것으로서만, 즉 옛날의 유물론이 철저하게 객관에서 출발한 데 대해 피히테 철학은 철저하게 주관에서 출발한다는 점에서만 의미가 있다. 단순한 객관이라도 그것을 설정함과 동시에 주관도 설정된다는 것을 유물론이 간과했듯이, 피히테는 객관 없이 주관은 생각할 수 없기 때문에 주관(그가 그것을 무엇이라 부르든)과 함께 객관이 설정된다는 것을 간과했을 뿐만 아니라, 다음의 사항들도 간과했다. 즉 모든 선험적 도출, 그리고 논증은 하나의 필연성에 근거를 두고 있고, 모든 필연성은 오로지 충족 이유율에 기초를 두고 있다. 왜냐하면 필연적이라는 것과 주어진 근거의 귀결로 생긴다는 것은 상관 개념*이기 때문이다. 그런데 충족 이유율은 객관 그 자체의 보편적인 형식에 지나지 않으며, 따라서 이미 객관을 전제하고 있지만 객관보다 앞선다. 그리고 객관 이외의 타당한 것으로서 새롭게 객관을 가지고 나온다든지 충족 이유율의 입법에 따라 객관을 생기게 할 수는 없다. 따라서 주관에서 출발하는 것도 앞서 말한 것처럼 객관에서 출발하는 것과 같이 오류를 범하고 있다. 말하자면 최초에 이끌어 내려고 하는 것, 즉 그 출발점의 필연적인 상관자를 미리 가정하고 있다는 것이다.

우리의 방법은 이들 서로 대립되는 두 가지 오류와는 다른 것이다. 우리는 객관에서도 주관에서도 출발하지 않고, 의식의 제1사실로서의 '표상'에서 출발한다. 표상의 가장 본질적인 근본 형식은 객관과 주관과의 나누어짐이며, 또한 그 객관 형식은 여러 형태로서 나타나는 충족 이유율이다. 이들 형태들은 제각기 고유한 종류의 표상을 지배하기 때문에, 이미 언급한 것처럼 그 형태의 원리를 인식하면 모든 종류의 표상의 본질도 동시에 인식된다. 즉, 이 모든 종류(표상으로 된)는 바로 그 형태를 취한 원리에 불과한 것이다. 따라서 예를 들면, 시간 자체는 시간이라는 형태를 취한 충족 이유율, 즉 위치에 불과하며, 물질은 인과성에 불과하며, 개념은(다음에 곧 나타나게 되지만) 인식 근거에 대한 관계에 불과하다. 이와 같이 표상으로 본 세계는 그 가장 보편적인 형식(주관과 객관)에서 보거나 이 형식에 종속한 형식(충족 이유율)에서 보아도 철저하게 상대적이다. 이는 이미 말한 바와 같이 우리에게 세계의 가장 심오한 본질을 '표상과 전혀 다른' 세계의 측면에서 구하게 하며, 그 측면은 제2권에서 모든 생물의 표상과 마찬가지로 확실한 사실 속에 직접적으로 증명될 것이다.

그러나 그 전에 먼저 인간만이 소유하는 표상의 종류를 고찰하지 않으면 안 된다. 그 표상들의 재료는 개념이며, 그 주관적 상관자가 '이성(Vernunft)'이다. 이것은 지금까지 고찰하여 온 표상의 주관적 상관자가 모든 동물에게까지 주어져 있는 오성과 감성과 같은 것이다. **

---

* 여기에 대해서는 《충족 이유율의 네 가지 근거에 대하여》의 제2판 49장 참조.

** 이상의 처음 7장은 후에 다시 보완한 제1권의 처음 4장에 속한다.

8. 인간과 동물의 차이와 인간의 이성

직접적인 태양 광선이 달빛이 되듯, 우리는 직관적이고 직접적으로 자신을 대표하고 보증하는 표상에서 반성(Reflexion)으로, 이성의 추상적이고 논증적인 개념으로 이행하지만, 그러한 이성의 개념은 그 모든 내용을 오로지 직관적인 인식과 그것과의 관계 속에서만 얻는다. 우리가 순수하게 직관적인 태도를 취하는 한 모든 것은 명백하고 견고하며 확실하다. 거기에는 물음도 없고 의문도 없고 잘못도 없기 때문이다. 우리는 그 이상으로 나아가려 하지도 않고, 또 나아갈 수도 없으며, 직관 속에서 평정을 얻고 현재에 만족한다. 직관은 그 자신 속에 안주한다. 따라서 순수한 예술 작품처럼 순전히 직관에서 비롯되고 언제까지나 직관에 충실한 것은 결코 거짓일 수 없으며, 또 시간의 흐름에 따라 부정되는 것도 아니다. 왜냐하면 거기에 있는 것은 의견이 아니라 사물(Sache) 자체이기 때문이다.

그러나 추상적인 인식과 이성이 생기면, 이론적인 면에서는 의혹과 오류가 나타나고, 실제적인 면에서는 불안과 후회가 나타난다. 직관적 표상에 있어서는 '가상'이 한동안 현실을 일그러뜨리지만, 추상적인 표상에 있어서는 '오류'가 수천 년 동안 행해지는 일이 있으며, 여러 민족 전체에 그 오류의 강철 같은 멍에를 씌워 인류의 가장 숭고한 활동을 억압하고, 오류의 노예인 미혹된 자들을 부려서 잘 미혹되지 않는 사람들에게까지 족쇄를 채우기도 한다. 모든 시대의 현자들이 오류와 싸워 온 적이며, 그들이 이 적에게서 쟁취한 것만이 인류의 소유가 되었다. 그래서 오류가 있는 영역에 발을 들여놓을 때에는 무엇보다 이 오류에 대해 주의해 두는 것이 좋다. 진리의 이익은 간접적인 것이어서 예기치 않은 데에서 생기는 일도 있기 때문에, 이익이 없는 것처럼 보이더라도 진리를 탐구하며 나아가야 한다고들 말하고 있지만, 나는 여기에 덧붙여 이렇게 말하고 싶다. 즉, 어떠한 오류든 그 내부에 독이 들어 있기 때문에, 모든 오류의 피해는 아주 간접적이며 예기치도 않은 때에 발생하는 일이 있으므로, 피해가 없는 것처럼 보이더라도 진리 탐구의 노력과 마찬가지로 오류를 발견하고 이것을 근절하도록 노력하지 않으면 안 된다. 인간이 지상의 주인이 된 것이 정신과 인식의 덕이라고 한다면, 해가 되지 않는 오류란 있을 수 없을 뿐만 아니라 귀중하고 성스러운 오류 또한 있을 수 없다. 오류에 대한 고귀하고 괴로운 싸움에서 어떠한 문제를 위하여 자기의 힘과 생명을 바치는 사람들을 위로하기 위하여, 여기서 나는 다음과 같이 덧붙여 말하지 않을 수 없다. 물론 진리가 아직 나타나지 않은 동안은 올빼미나 박쥐가 밤중에 배회하듯이 오류가 횡행할지 모르지만, 이미 인식되고 완전하게 말로 표현된 진리가 다시 없어지고, 지나간 오류가 아무런 방해도 받지 않고 세력을 펼칠 수 있다고 기대할 바에야 차라리 올빼미와 박쥐가 태양을 다시 동쪽으로 쫓아 버리는 것을 기대하는 편이 나을 것이다. 이것이 진리의 힘이며, 진리의 승리는 얻기 어렵고 힘든 것이지만, 일단 그것을 획득하면 다시는 빼앗기는 일이 없다.

앞서 고찰해 온 여러 표상은 그 구성으로 보아서 객관에서는 시간과 공간과 물질로 환원되며, 주관에서는 순수 감성과 오성(즉 인과성의 인식)으로 환원된 것이다. 이 밖에도 땅 위에 살고 있는 모든 생물 가운데서 인간에게만 별도의 인식 능력이 나타났다. 이것은 아주 새로운 의식인데, 이 의식이 '반성(Reflexion)'이라고 불리는 것은 적절하고, 또 그 의미를 올바르게 나타내는 것이라 할 수 있다. 왜냐하면 이 의식은 실제로 직관적 인식의 반영물이자 파생체이긴 하지만, 직관적 인식과는 완전히 다른 본성과 성질을 갖추고 있고, 직관적 인식의 여러 형식을 모르며, 모든 객관을 지배하는 충족 이유율도 여기서는 전혀 다른 형태를 취하기 때문이다. 직관보다 더 고도의 힘을 가진 이 새로운 의식은 직관적인 것이 비직관적인 이성의 개념에 추상적으로 반사된 것이다. 또 인간의 의식을 동물의 의식에서 완전히 구별함으로써 지상에서의 인간 행동을 이성이 없는 동물의 행동과 다르도록 인간에게 사유하게 하는 유일한 것이다.

인간은 힘에서나 괴로움에 있어서 동물을 능가한다. 동물은 현재에만 살지만, 인간은 현재와 더불어 미래와 과거에도 산다. 동물은 눈앞의 욕구만을 충족시키지만, 인간은 적절한 조치를 취하여 미래를, 그뿐만 아니라 자기가 살아서 체험할 수 없는 시간까지도 배려한다. 동물은 완전히 순간적인 인상과 직관적인 동기의 영향을 받지만, 인간은 현재와는 관계 없이 추상적인 개념에 영향을 받는다. 따라서 인간은 환경이나 순간의 우연한 인상을 고려하지 않고, 숙고한 계획을 수행하거나 원칙에 따라 행동한다. 따라서 인간은 침착하게 자기의 죽음에 대해 인위적인 조치를 강구할 수도 있고, 자신을 불가해한 것으로 가장한다든가 비밀을 무덤에까지 갖고 갈 수도 있으며, 여러 가지 동기 중에서 현실적인 선택까지 하기에 이른다. 그도 그럴 것이 의식 속에 나란히 존재하는 이들 동기 중에서 어떤 동기가 다른 동기를 배제한다는 것을 인식하고, 의지 위에 있는 그들 동기의 힘들을 서로 비교하는 것은 추상적으로만 가능하기 때문이다. 따라서 우세한 동기에 의하여 사건을 결정하기 때문에 그것은 숙고를 거친 의지의 결정이며, 확실한 표시로서 의지의 성향을 드러내는 것이다. 이와 반대로 동물은 현재의 인상으로 규정된다. 현재의 강압에 대한 공포에 의해서만 동물의 욕망은 제어되고, 결국 그 공포가 습관이 되며, 그 습관으로 동물을 규정하기에 이른다. 이것이 훈련이다.

동물은 감각하고 직관한다. 인간은 그 밖에 '사유하고 인식한다.' 이 둘은 다 '욕구한다.' 동물은 자기의 감각이나 기분을 몸짓과 음성으로 전달한다. 인간은 언어로 자기의 생각을 타인에게 전하거나 감추기도 한다. 언어는 인간 이성의 최초의 소산이며, 필수적인 도구다. 그래서 그리스어와 이탈리아어에서 언어와 이성은 같은 단어인 '$\delta\lambda o\gamma o\varsigma$'·'il discorso'로 표현된다. 이성(Vernunft)은 청취(Vernehmen)에서 유래한 말이지만, 그것은 듣는다는 말의 동의어가 아니고, 언어에 의해 전해진 사상을 인지하는 것을 의미한다. 이성은 언어의 도움을 받는 것만으로도 아주 중요한 일을 성취하는 것이다. 말하자면, 몇몇 오성이 일치하여 행동하는 것, 수천 사람이 계획에 따라서 공동작업을 하여 문명을 이루고 국가를 세우는 것, 나아가서 학문, 즉 이전의 경험을 보존하는 것, 공통된 것을 하나의 개념으로 요약하는 것, 진리를 전달하는 것, 오류, 사상, 시, 교리, 미신들을 보급시키는 것도 모두 언어 때문이라는 것이다. 동물은 죽음이 임박해서야 죽음을 알지만, 인간은 시시각각 죽음으로 가까이 가고 있음을 의식하고 있다. 이 때문에 모든 삶에는 끊임없는 파멸의 성격이 있다는 것을 아직 깨닫지 못한 사람도 가끔 삶을 불안하게 여긴다. 주로 이러한 이유에서 인간은 철학이나 종교를 갖는다. 그러나 우리가 인간의 행위에 있어서 무엇보다 귀중히 여기는 것, 즉 스스로 나서서 의로운 일을 하고 고결한 마음씨를 갖는 것이 철학이나 종교의 결과인지 아닌지는 알 수 없는 일이다. 여러 학파에 속한 철학자들의 이상하고 진기한 의견들이나 여러 종교 사제들의 이상하고 때로는 잔인하기까지 한 여러 예식은 확실히 철학과 종교 특유의 소산이며, 이 방면에서 이성의 산물이다.

참으로 다양하고 광범한 이 모든 현상은 하나의 공통된 원리, 즉 인간이 동물보다 뛰어나게 가지고 있는 특수한 정신력에서 나오고 있다는 것은 모든 시대와 국가의 일치된 견해다. 또 이 정신력은 '이성(Vernunft)', 'ό λογος', 'το λογιστικον', 'το λογιμον', 'ratio'라고 불리고 있다. 사람들은 이성이 인간의 다른 능력들이나 성질들과 대립되는 경우, 이 정신력의 발현을 인식하고 무엇이 이성적이고 무엇이 비이성적인가를 식별하는 법을 잘 알고 있다. 또 마지막에는 아무리 영리한 동물일지라도 동물은 이성이 없기 때문에 결코 기대할 것이 없다는 것도 잘 알고 있다.

모든 시대의 철학자들은 대체로 이러한 이성의 일반적인 인식에 대해 의견을 같이하고 있을 뿐만 아니라 정서와 격정의 억제, 추론하고 일반적인 원리를 정립하는 능력, 또 모든 경험 이전의 것들까지 확실히 아는 능력과 기타의 것들을 정립하는 능력과 같은 특히 중요한 이성의 발현 몇 가지를 강조하고 있다. 그런데도 이성의 진정한 본질에 대한 설명은 각기 다르고, 정밀하게 규정되어 있지도 않고 장황하며, 통일도 중심도 없고, 한쪽의 현상을 강조하는가 하면 또 다른 쪽의 현상을 강조하기 때문에, 흔히들 서로 다르다. 더구나 이성과 계시와의 대립에서 출발하는 사람이 많은데, 이러한 대립은 철학에는 아주 생소한 것이며 혼란을 증대시킬 뿐이다. 다양한 이성의 현상 가운데에 있는 하나의 단순한 기능이 재인식될 수가 있고, 이러한 모든 현상은 이 기능으로 설명될 수 있다. 따라서 이것이야말로 이성의 진정한 내적 본질을 이루고 있는 것이다. 그런데 과거의 철학자들은 한 사람도 이성의 이러한 여러 가지 현상들에 그러한 단순한 기능을 부여한 사람이 없다는 것은 놀랄 만한 일이다. 물론 탁월한 로크는 《인간오성론(*Essay on Human Understanding*)》의 제2권 11장 10절과 11절에서 추상적이고 보편적인 개념이 인간을 동물로부터 구별하는 특성이라고 아주 정확하게 말했고, 라이프니츠도 《인간오성신론(*Nouveaux essais sur l'entendement humain*)》의 제2권 11장 10절과 11절에서 로크의 이 견해에 전적으로 동의하면서 이것을 되풀이하고 있다. 그러나 로크는 제4권 17장 2, 3절에서 이성을 근본적으로 설명하는 데에는 이성의 단순한 근본 특성을 완전히 잊어버리고, 이성의 단편적이고 파생적인 여러 현상에 대해 갈팡질팡하면서 일정하지 않은 불완전한 설명을 하기에 이른다. 라이프니츠도 저서 중 이에 해당하는 곳에서 대체로 로크와 같은 태도를 취하고 있지만, 그 혼란과 명확하지 못한 점은 로크의 경우보다 심하다.

칸트가 얼마나 이성의 본질에 대한 개념을 심하게 혼란시켰고 그르쳤는가에 대해서 나는 부록에서 자세하게 논했다. 그러나 칸트 이래 세상에 나온 많은 철학서를 이러한 관점에서 상세하게 조사해 보려고 하면, 군주들의 잘못이 국민 전체에 의해 속죄되는 것처럼, 대사상가들의 과실은 그 시대 전체에, 더 나아가서 수세기에 걸쳐 그 해로운 영향을 점차 더 증대시키고 전파하여 마지막엔 엄청난 결과를 야기시킨다는 것을 알게 될 것이다. 이 모든 것은 버클리가 말한 것처럼 "생각하는 사람은 적지만 의견을 내려는 사람은 많다"는 사실에서 생기는 것이다.

오성은 단지 '하나의' 기능, 즉 원인과 결과와의 관계에 대한 직접적인 인식을 가질 뿐이다. 그리고 현실 세계에 대한 직관, 현명, 총명, 그리고 발명의 재능과 같은 것은 아무리 그 응용이 다양하다 하더라도 분명히 이 유일한 기능이 나타난 것에 불과하다. 이와 마찬가지로 이성도 또한 '하나의' 기능, 즉 개념을 형성하는 기능을 가질 뿐이다. 그리고 앞서 언급한 것과 같은 인간의 삶이 동물의 삶에서 구별되는 모든 현상은 아주 쉽게 이 유일한 기능에 의해 설명된다. 어느 곳, 어느 때에도 이성적 또는 비이성적이라고 부르는 것은 단지 이 기능을 응용하느냐 하지 않느냐를 의미하는 것이다. *

9. 개념과 논리학

개념이란 지금까지 고찰해 온 직관적인 표상과는 다르게 인간 정신에만 존재하는 일종의 특수한 부문을 형성하고 있다. 그래서 개념의 본질에 대한 직관적이고 아주 명확한 인식을 얻는다는 것은 불가능하며, 그 인식도 또한 추상적이고 논증적인 데 불과하다. 따라서 우리가 경험으로 실재하는 외부 세계가 직관적 표상에 불과하다는 것을 이해하는 한, 개념들이 경험으로 증명하거나 직관적 객관처럼 우리 눈앞이나 현상 속에 떠오르도록 요구한다는 것은 불합리한 일이다. 개념은 사유할 수 있을 뿐이고 직관할 수 있는 것이 아니며, 개념에 의해 인간이 만들어 내는 결과만이 본래 철학의 대상이다. 그러한 결과들이 곧 언어며, 신중하고 계획적인 행동이며, 학문이며, 또한

＊이 절은 〈충족 이유율에 대하여〉 제2판의 26·27장을 비교해 보아야 할 것이다.

이들 모든 것에서 초래되는 것이다.

분명히 말이란 외적 철학의 대상으로서는 임의적인 기호를 가장 빨리, 그리고 가장 섬세한 뉘앙스를 가지고 전달하는 지극히 완전한 전신기(電信機)다. 그러나 이 기호란 무엇을 의미하는가? 그 해석은 어떻게 이루어지는가? 다른 사람이 말하는 동안, 우리는 그의 말을 곧 상상 속에서 그림으로 바꿔놓고, 이것이 차례로 부가되는 말과 그 문법적인 어형 변화에 따라 번개와 같은 속도로 우리 눈앞에 지나가면서 움직이고 연결되고 형성되고 묘사되는 것일까? 만약 그렇다면, 다른 사람의 말을 듣거나 책을 읽을 때, 우리 머릿속은 얼마나 소란스러울 것인가! 그러나 그런 일은 없다. 말의 의미는 직접적으로 파악되고, 정확하고 분명하게 파악되며, 일반적으로 환상과 뒤섞이지 않는다.

이성은 이성을 향해서 말하고, 자기 영역 안에 머무는 것이다. 그리고 이성이 전달하고 받아들이는 것은 추상적 개념이고, 비직관적 표상이며, 이것들은 일단 형성되면 비교적 소수더라도 현실적 세계의 모든 무수한 객관들을 포괄하고 포함하며 대표한다. 동물이 인간과 마찬가지로 언어의 기관과 직관적 표상도 갖고 있으면서도 말하고 들을 수 없는 것은 이 점에 있어서만 설명될 수 있다. 그러나 언어는 이성을 주관적 상관자로 갖는 독특한 표상이기 때문에, 동물에게는 아무런 의미도 가치도 없다. 그래서 우리가 이성에 귀착시키는 다른 현상들이나 인간을 동물로부터 구별하는 모든 것과 마찬가지로, 언어는 유일하고 단순한 것이면서도 인간의 근원이 되는 것이다. 말하자면, 개념인 이것은 직관적이 아니라 추상적인 것이며, 시간과 공간 속에 있는 개별적인 표상이 아니라 보편적인 것이다. 개별적인 경우에만 우리는 개념에서 직관으로 이행하거나 환상을 '개념의' '직관적' 대표로 만들지만, 환상은 결코 개념에 적합한 것은 아니다. 개념의 대표에 대해서는 충족 이유율에 관한 논문의 28장에서 이미 논했기 때문에 여기서 같은 것을 되풀이하지 않기로 한다. 거기서 내가 언급한 것과 흄이 그의 《철학 논문집(*Philosophical Essays*)》의 제12장(p. 244)에서 말한 것, 또 헤르더가 그의 《메타비평(*Metakritik*)》(그 밖의 점에서는 좋은 책이 못 되지만)의 제1부 274페이지에서 언급한 것을 참고해 주기 바란다. 공상과 이성의 결합으로 가능하게 된 플라톤의 이데아는 이 책 제3권의 주제를 이루고 있다.

개념은 직관적 표상과는 근본적으로 다른 것이지만, 직관적 표상에 대해 표상 없이는 개념도 성립하지 않는다는 필연적인 관계를 맺고 있다. 따라서 이 관계는 개념의 본질과 존재를 이루고 있다. 반성이란 원형이 되는 직관 세계에 대한 필연적인 모사와 반복이다. 물론 완전히 이질적인 재료에 의한 일종의 독특한 모사긴 하지만, 개념은 표상의 표상이라고 해야만 적절할 것이다. 충족 이유율은 개념의 경우에도 역시 독백적 형태를 갖는다. 그리고 어떠한 종류의 표상을 지배하는 형태는 언제나 그들의 표상이 표상인 한, 이 종류의 본질을 남김없이 소모시키기 때문에, 우리가 알고 있듯이 시간은 철저하게 연속에 불과한 것이고 공간은 철저하게 위치에 불과한 것이며, 물질은 철저하게 인과성에 불과한 것이다. 이와 마찬가지로 개념, 즉 일종의 추상적 표상의 모든 본질은 오로지 관계에 있는 것이고, 이것은 충족 이유율이 개념 속에서 나타내는 것이다. 이것은 인식 근거에 대한 관계기 때문에, 추상적 표상은 그 본질을 오로지 그 인식 근거인 다른 표상에 대한 관계 속에서만 갖고 있다. 물론 그 인식 근거인 다른 표상은 개념 내지는 추상적 표상일 때가 있고, 또 이 개념도 같이 추상적인 인식 근거를 가질 때도 있다. 그러나 그렇게 하여 한없이 소급하는 것이 아니고, 인식 근거의 계열은 직관적 인식에 그 근거를 갖고 있는 개념으로 끝나게 된다. 왜냐하면 반성의 세계는 그 인식 근거로서 직관의 세계를 기본으로 하고 있기 때문이다. 따라서 추상적 표상의 종류는 다른 표상들과는 다른 점을 갖고 있다. 왜냐하면 다른 표상에 있어서 충족 이유율은 항상 '같은' 종류의 다른 표상과의 관계를 요구하지만, 추상적 표상에 있어서는 항상 '다른' 종류에서 생긴 표상과의 관계를 요구하기 때문이다.

지금 언급한 것과 같이 직접으로는 아니고 다른 하나 또는 여러 개념의 매개에 의해서만 직관적 인식과 관계를 가지는 개념은 특히 추상적 개념 (abstracta)이라 불리고, 이에 대해 그 근거를 직접적인 직관적 세계에 갖는 개념은 구체적 개념(concreta)이라 불리어 왔다. 그러나 구체적 개념이란 명칭은 그것으로 표현되는 개념엔 그리 적합하지 않다. 왜냐하면 이 개념 역시 추상적인 개념이지 직관적 표상이 아니기 때문이다. 그러나 추상적 개념 혹은 구체적 개념이라는 호칭은 그것이 의미하는 구별을 극히 막연하게 의식하고 사용한 데 불과하지만, 여기서 설명하는 데 있어서는 그대로 사용해도 괜찮다. 첫째 종류의 예, 즉 뚜렷한 의미로서의 추상적 개념은 '관계, 덕, 연구, 시원' 등과 같은 개념이며, 둘째 종류의 예, 즉 부적당하지만 구체적 개념이라 불리는 것은 '사람, 돌, 말' 등의 개념이다. 너무 상징적이기 때문에 농담조의 비유가 될지도 모르지만, 둘째 종류의 개념을 반성이라는 건물의 위층이라 부르고 첫째 종류의 개념을 아래층이라 부르면, 아주 적절할 것이다.

하나의 개념은 많은 것을 포함하고 있다. 즉, 많은 직관적 표상이나 추상적인 표상은 그 개념에 대한 인식 근거로서의 관계를 가지고 있다. 즉, 그 개념에 의해 사유된다. 이것은 일반적으로 말하고 있는 것처럼 개념의 본질적인 특색은 아니고, 파생적이고 부차적인 특성이며, 존재할 가능성은 언제나 있는 것이지만, 반드시 실제로 존재한다고는 할 수 없다. 그러한 특성은 개념이 표상에 대한 표상이라는 것, 그 본질은 오로지 다른 표상에 대한 관계 속에 있다는 데에서 생기는 것이다. 그러나 개념은 표상 그 자체는 아니며, 또한 이 표상은 대개 전혀 다른 종류의 표상에 속한다. 말하자면 직관적이기 때문에 이 표상은 시간적이고 공간적이며 그 밖의 여러 규정, 그리고 개념 속에서는 전혀 사유되지 않는 많은 관계를 가질 때가 있다. 따라서 본질적이지 않은 점에서 서로 다른 여러 표상을 동일 개념으로 사유할 수 있다. 즉, 동일 개념 밑에 포괄할 수 있다. 그러나 개념이 이렇게 많은 사물에 적용되는 것은 개념의 본질적 특성이 아니고 우연적 특성에 불과한 것이다. 따라서 개념에는 오직 하나의 실재적인 객관을 사유하게 하며, 추상적이고 보편적이긴 하지만 개별적인 직관적 표상이 아닌 것도 있을 수 있다. 예를 들면, 어떤 사람이 단순히 지리학에서 배워서 알고 있는 어떤 특정 도시에 대한 개념이 그렇다. 이 개념에 의하여 하나의 도시를 사유한다고 하더라도, 어떤 점에서는 다르지만 이 개념에 적합한 여러 도시가 있을 수 있다. 그것은 하나의 개념이 여러 객관에서 추상되었기 때문에 보편성을 갖고 있는 것이 아니고, 반대로 개체를 규정하지 않는 것이 이성의 추상적 표상으로서 개념의 본질을 이룩하는 것이기 때문에, 여러 가지 사물을 동일한 개념으로 사유할 수 있다.

이상 언급한 것에서 확실해진 것은 모든 개념은 추상적이고 직관적인 것이 아니며, 따라서 일반적으로 규정된 표상은 아니다. 때문에 개념에 상응하는 것이 단지 하나의 실제적 객관에 불과한 경우에도 범위나 구역이라고 하는 것을 가지고 있다. 그런데 우리는 일반적으로 각 개념의 범위와 다른 여러 개념의 범위 사이엔 어떤 공통적인 부분이 있다는 것, 즉 어느 정도는 다른 여러 개념에서 사유하는 것과 동일한 것을 사유하고, 또 이들 여러 개념에도 어느 정도는 먼저의 개념에서 사유한 것과 동일한 것을 사유한다는 것을 알아야 한다. 물론 그것들이 실제로 서로 다른 개념이라면, 각 개념은 적어도 두 개념 중 어느 쪽은 다른 쪽이 갖고 있지 않은 무엇을 내포하고 있다. 모든 주어는 그 술어에 대해 이러한 관계를 갖는다. 이 관계를 인식하는 것이 '판단'이다. 이러한 범위를 공간적인 도형으로 설명하는 것은 아주 좋은 착상이다. 처음으로 이러한 착상을 한 사람은 고트프리트 플로쿠에트였는데, 그는 이것을 위해 정방형을 사용하였다. 플로쿠에트 뒤에는 람베르트 _(1728~1777, 독일)
(수학자·수학자)가 단순한 선을 사용하고, 이것을 상하에 배치했다. 원은 오일러 _(1707~1783, 스위스)
(수학자·물리학자)가 비로소 완성했다. 나는 개념의 여러 관계와 개념의 공간적 도형 사이의 이런 정밀한 유사성이 결국 무엇에 근거를 두고 있는지를 설명할 수가 없다. 그러나 여러 개념의 관계가 그 가능성이라는 점에서도, 즉 선험적으로 이러한 도형에 의해 직관적으로 설명된다는 것은 논리학에는 아주 유리한 상황이다. 그것은 다음과 같은 방법이다.

①두 개념의 범위가 서로 똑같은 경우, 가령 필연성의 개념과 주어진 근거에서 생기는 귀결의 개념, 되새김질 동물과 쌍제(雙蹄)류 동물의 개념, 또 척추동물과 적혈동물과의 개념(그러나 여기에 대해선 환형동물 때문에 좀 이론의 여지가 있을는지 모르지만) 등이 있다. 이것들이 상관 개념이다. 그런 경우 하나의 원에 의해 이들 개념이 표시되고, 이 원은 두 개념을 의미한다.

②한 개념의 범위가 다른 개념의 범위를 완전히 포괄하는 경우.

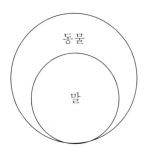

③한 범위가 두 개 또는 여러 개의 범위를 포괄하고, 이것들이 서로를 배제하면서 동시에 그 하나의 범위를 채우는 경우.

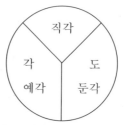

④두 개의 범위가 각기 다른 범위의 일부를 포괄하는 경우.

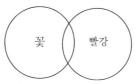

⑤두 개의 범위가 그것보다 큰 제3의 범위에 포함돼 있으면서, 이 범위의 전부를 채우지 않고 있는 경우.

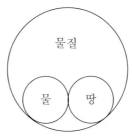

다섯 번째 경우는 각 범위에 직접적인 공통성을 갖지 않는 모든 개념에 적용된다. 왜냐하면 제3의 범위는 대단히 광범위할 때가 많지만, 두 개념을 포괄할 것이기 때문이다.

모든 개념의 결합은 이상의 여러 경우로 분류할 수 있다. 그리고 판단이나 그 위치 바꿈, 질과 위치의 바꿈, 교호 작용, 선언(選言)(이것은 ③의 도형에 따라서) 등의 설은 모두 이것에서 도출된다. 마찬가지로 칸트가 오성의 범주를 기초로 한 판단의 여러 특성도 이것에서 도출되지만, 가언적(假言的)인 형태는 예외며, 이것은 이미 단순한 개념과 개념의 결합은 아니며, 판단과 판단의 결합이다. 그리고 사물이나 현상의 모양이나 상태의 예외에 대해서는 범주를 기초로 하고 있는 판단의 모든 특성에 대해 설명하는 것과 마찬가지로 부록에서 상세하게 설명한다. 위에서 말한 여러 가지 개념의 가능한 결합에 대해서는 또 여러 모양으로 결합될 수 있다는 것, 가령 ④의 도형이 ②의 도형과 결합될 수 있다는 것을 덧붙여 말해 둔다. 하나의 범위가 다른 범위의 전부 또는 일부를 포함하고, 그것이 제3의 범위로 완전히 포괄되는 경우에만, 이들 범위가 서로 모여 ①의 도형에서의 추리를 나타낸다. 즉, 하나의 개념이 다른 개념 속에 전부 또는 일부 포함되어 있고, 동시에 이 개념을 포함하는 제3의 개념에도 포함되어 있다는 것, 또는 그 반대, 즉 부정을 인식시키는 판단의 결합인 것이다. 부정의 경우를 도형으로 나타내면, 물론 결합된 두 범위는 제3의 범위에 없다고 할 수밖에 없다. 이와 같이 많은 범위들이 포함되면, 긴 추리의 연쇄가 이루어진다. 이러한 개념의 도식은 이미 여러 가지 교과서에 제법 상세하게 논술되어 있지만, 이것은 판단론이나 모든 삼단 논법의 기초가 될 수 있는 것이고, 그래서 이 두 가지에 대한 논술은 아주 쉽고 간단하게 된다. 왜냐하면 모든 판단이나 삼단 논법의 근원이 이 도식에서 이해되고 도출되며 설명되기 때문이다.

그러나 실제로 논리학에는 전혀 도움이 되지 않고, 철학에는 단지 이론적인 흥미를 줄 뿐이므로, 이들 규칙을 기억해 둘 필요는 없다. 왜냐하면 논리학과 이성적 사유와의 관계는 음표의 저음과 음악과의 관계와 같고, 또 윤리학과 덕 또는 미학과 미술과의 관계와 같은 것이기 때문이다. 그래서 아직 미학을 연구하여 예술가가 된 사람이나 윤리학을 연구하여 고상한 성품을 얻은 사람이 없었다는 것, 라모^(J.P. Rameau.
1683~1764)보다 훨씬 전에 훌륭한 작곡이 이루어지고 있었고, 불협화음을 식별하기 위해서 음표의 저음을 두루 알고 있을 필요도 없다는 것을 생각해야 한다. 마찬가지로 거짓 추리에 미혹되지 않기 위해 반드시 논리학을 알 필요는 없다. 그렇다고는 하더라도 음악 작곡을 평가하는 데에는 그렇게 큰 도움이 되지 못할지라도 실제로 작곡을 하는 데에는 음표의 저음이 필요하다는 것이 인정되어야 한다. 그리고 정도는 덜하지만, 미학이나 윤리학에서도 소극적이긴 하지만 실천에 어느 정도의 도움은 될 것이며, 따라서 그것들이 실제적인 가치가 전혀 없다고 말할 수는 없다. 그러나 논리학에서는 미학이나 윤리학에서와는 달리 인과 관계조차 용인될 수가 없다. 논리학은 말하자면 각자가 구체적으로 알고 있는 것에 대한 추상적인 인식에 불과하다. 따라서 잘못된 추론에 동의하지 않기 위하여 논리학을 필요로 하는 것도 아니고, 올바른 추리를 하기 위하여 논리학의 규칙을 받아들이는 것이 아니다. 논리학에 정통한 학자도 실제로 사유할 경우에는 논리의 규칙을 완전히 무시한다. 이것은 다음의 것으로 분명해진다.

모든 학문은 어떤 대상과 관련된 보편적이고 추상적인 진리, 법칙과 규칙의 체계에서 성립한다. 그래서 이러한 대상 속에 후에 나타나는 하나하나의 사례가 결정적으로 타당한가는 그때그때 보편적인 지식에 비추어 규정된다. 왜냐하면 보편적인 것을 이렇게 응용하는 것은 새로 나타나는 하나하나의 사례를 처음부터 독립시켜서 연구하는 것보다 훨씬 쉽기 때문이다. 즉 일단 얻은 보편적이고 추상적인 인식은 언제나 개별적인 사례의 경험적인 연구보다 손쉽게 다룰 수 있다. 그러나 논리학은 그 반대다. 논리학은 이성의 내성에 의해 모든 내용을 추상하여 인식하고, 규칙의 형태로 표현된 이성의 사용 방법에 관한 보편적인 지식이다. 이성으로서는 이러한 사용 방법이 필요하며 본질적인 것이다. 따라서 이성은 자신 이외에 의지할 것이 없는 경우에는 반드시 이 방법을 따른다. 각기 특별한 경우에 이성이 그 본질에 따라 진행하게 하는 것은 이 진행에서 추상으로부터 생기는 이성에 대한 지식을 외부에서 주어진 다른 법칙이란 형태로 이성에 부과하는 것보다 쉽고 확실하다. 그것이 쉬운 이유는 다른 학문의 보편적인 규칙이 개별적인 사례를 독립적으로 연구하는 것보다 쉬운 것이긴 해도, 우리 속에 있는 사유하는 작용 그 자체가 이성이기 때문에, 이성을 사용할 경우에 필요한 이성의 진행은 언제나 거기에서 추상된 보편적인 규칙보다 쉽기 때문이다. 그것이 확실한 이유는 그러한 추상적인 지식 또는 그 응용 가운데에는 이성의 본질이나 본성에 위배되는 이성의 진행보다 더 큰 오류가 생기기 쉽기 때문이다. 따라서 다른 학문에서는 개별적인 사례들의 진리성을 규칙에 비추어 검토하지만, 논리학에서는 반대로 규칙을 항상 개별적인 사례에 따라 검토해야 하는 이상한 일이 생긴다. 그리고 가장 숙달된 논리학자까지도 어떤 사례가 규칙에 표현된 것과 다르다는 것을 알아차리면, 언제나 실제 자기가 행한 추리 속에서 잘못된 것을 발견하려고는 하지 않고, 오히려 규칙 속에서 그릇된 것을 발견하려고 할 것이다. 그래서 논리학을 실제로 응용한다는 것은 개별적인 경우, 우리가 직접 확실하게 의식하고 있는 것을 애써 보편적인 규칙에서 도출하려고 하는 것을 의미한다. 그것은 마치 운동할 때는 우선 역학에, 그리고 음식물을 소화할 때는 생리학에 기대려는 것과 같다.

논리학을 실제적인 목적에 사용하려고 배우는 것은 비버를 훈련시켜 그 집을 짓게 하는 것과 같다. 이렇게 실제적인 이익은 없다고 하더라도 논리학은 이성의 조직과 활동의 특수한 지식으로 철학적인 흥미를 갖고 있기 때문에 보존되어야 한다. 논리학은 독립하여 존재하며 그 자체로 완성된 완전하고 완결된 학과이며, 그것만으로 다른 것에서 독립하여 학문적으로 취급되고, 대학에서 가르치기에 마땅한 것이다. 그러나 그 본래의 가치는 철학과의 관련 속에서의 인식, 더욱이 이성적, 추상적인 인식을 고찰하는 데에서 생기는 것이다. 따라서 논리학 강의는 실용적인 학문의 형태를 취해서는 안 되며, 판단을 옳게 환위, 추리하기 위하여, 단지 나열된 규칙을 포함해야 할 뿐만 아니라 이성과 개념의 본질을 인식하고, 인식의 충족 이유율을 자세하게 고찰하도록 방향을 잡아야 할 것이다. 왜냐하면 논리학은 충족 이유율의 단순한 해석에 불과한 것이며, 판단에 진리성을 부여하는 근거가 경험적, 형이상학적인 것이 아니라 논리적, 초논리적일 경우에만 사용해야 하기 때문이다. 그렇기 때문에 인식의 충족 이유율 이외에 이것과 유사한 사유의 세 가지 원리, 혹은 초논리적 진리의 판단이 거론되어야 하며, 이것에서 서서히 이성의 모든 기술이 생긴다. 본래의 사유, 즉 판단과 추리의 본질은 개념의 여러 범위의 결합에서 생겨나는 공간적인 도식에 따라 위에서 언급한 방식으로 설명되는 것이며, 이 도식에서 판단과 추리의 모든 규칙이 구성을 통하여 도출된다.

논리학이 실제로 도움이 되는 것은 논쟁을 하는 경우, 그릇된 상대방의 결점을 지적하는 것보다는 오히려 그 결점, 상대방의 고의적인 궤변을 술어로 지적할 때뿐이다. 논리학의 실제적인 경향은 이렇게 억제되어 있고, 철학과의 연관에 있어서는 그저 철학의 한 부분으로 취급되고 있다. 그런데도 논리학에 대한 지식은 지금보다 더 적어서는 안 된다. 왜냐하면 현대는 야만적인 상태에 머무르는 것을 원하지 않고, 무지 몽매한 대중과 동일하게 취급되는 것을 원하지 않는 자는 누구나 사변적인 철학을 배웠기 때문이다. 그리고 그 것은 이 19세기가 철학의 세기라는 이유 때문이기도 하다. 철학의 세기란 것은 19세기가 철학을 갖고 있다거나 철학이 19세기에 있어서 우세하다고 하는 의미가 아니라, 오히려 이 세기가 철학에 대한 준비가 되어 있고, 그래서 철학을 필요로 한다는 의미다. 이것은 고도로 발달된 교양의 표시이며, 여러 시대의 문화 등급에 있어서 견고한 시점이기도 한 것이다.

이렇게 논리학은 실제로 도움이 되지 않는다고는 하더라도, 처음에는 실제로 사용하기 위해 발생했다는 것은 부인할 수 없다. 나는 논리학의 발생을 다음과 같이 설명하고자 한다. 엘레아학파, 그리고 메가라학파(유클리데스가 창설한 학파로, 소크라테스의 윤리학과 엘레아학파의 존재론을 결합시킴)와 소피스트들 사이에서 논쟁을 점점 더 즐기게 되고, 그것이 심해져서 습관이 되고, 거의 모든 논쟁이 결국은 혼란에 빠지게 되었다. 그때문에 그들은 결국 지침이 될 만한 어떤 조직적인 방법의 필요성을 느끼고, 이 방법을 위하여 학문적인 변증법을 강구하기에 이르렀던 것이다. 논쟁에 있어 무엇보다도 알아 두어야 할 것은 논쟁하는 두 파가 논쟁의 기점이 되는 어떤 명제에 대해서는 의견이 일치해야 한다는 것이었다. 조직적인 방법의 시작은 이렇게 공동으로 승인한 여러 명제를 정식으로 그러한 것이라고 밝히고, 탐구의 전제로 세우는 일이었다. 그러나 이들 명제는 처음에는 연구의 재료에만 관련된 것이었다. 그리고 결국 공동으로 승인한 진리로 소급하여 거기에서 자기 주장을 끌어내려는 방법 속에 어떤 형식과 법칙을 지켰다는 것을 알게 되었고, 이들 형식과 법칙에는 미리 의견이 일치하지 않아도 결코 논쟁의 여지가 없었던 것이다. 여기에서 이들 형식이나 법칙이 이성의 고유하고, 이성의 본질에 입각한 방식임에 틀림없다는 것, 즉 연구 방식을 알게 된 것이다. 그런데 이 방식에 대한 의혹이나 의견의 불일치가 없음에도 불구하고, 무슨 일이건 현학적으로 체계를 세우려고 하는 사람은 다음과 같은 것을 생각하기에 이르렀다. 모든 논쟁에 이와 같은 방식, 즉 이성적으로 합법적인 방식이 추상적인 명제로 표현되고, 앞에서 말한 것처럼 연구의 재료에 대해 공동으로 승인된 여러 명제와 마찬가지로 연구의 선두에 서고, 이것이 논쟁의 확고한 규범이 되어, 항상 그 규범에서 이 규범을 인용하게 된다면 훌륭하게 보일 것이며, 체계적인 변증법의 완성이라 할 수 있을 것이다. 이와 같이 지금까지 묵묵히 동조하면서 추종하여 온 것, 또는 본능적으로 진행해 온 것을 이번에는 의식적으로 법칙으로 승인하고 형식적으로 나타내려고 하였다. 여기에서 점차로 논리적 원칙에 대하여 완성도를 높이는 여러 가지로 다른 표현들을 발견하게 되었다. 말하자면 모순율, 충족 이유율, 배중률

(排中律), 총체 혹은 전무(全無)에 관한 원리($\substack{\text{dictum de omni} \\ \text{et nullo}}$), 나아가 삼단 논법의 특수 규칙들, 가령 '특칭(特稱)이나 부정만으로는 결론을 얻을 수 없다'는 것들이 그것이다.

그러나 이것은 서서히 아주 힘을 들여 이룩한 것이고, 아리스토텔레스 이전에는 모든 것이 불완전한 상태였다는 것을 플라톤의 대화법에서 논리적인 진리가 명백해질 때에 사용하는 졸렬하고 장황한 방법에서도 알 수 있다. 또 섹스투스 엠피리쿠스($\substack{\text{Sextus Empircus, BC 200년} \\ \text{경의 그리스 철학자}}$)는 가장 쉽고 단순한 논리적 원칙들에 대한 메가라학파 학자들이 행한 논쟁이나 그들이 그것을 명백히 하기 위해 힘들여 사용한 방법을 우리에게 보고해 주고 있는데, 여기에서는 더 잘 알 수 있다. (섹스투스 엠피리쿠스,《수학자에 대한 반론》, 제8권, p. 112 이하) 그러나 아리스토텔레스는 그러한 재료를 수집, 정리, 정정하여 비길 데 없이 완전한 것으로 만들었다. 이와 같이 그리스 문화의 발걸음이 어떻게 아리스토텔레스의 작업을 준비하였고, 어떻게 그것을 이끌어 내었는가를 생각한다면, 윌리엄 존스가 우리에게 알려 준 페르시아 작가들의 소신을 믿는 마음이 생기지는 않을 것이다. 이러한 소신에 편견을 가지고 있는 존스는 칼리스테네스($\substack{\text{Kalisthenes(B. C. 360?~328?).} \ \text{아리스토텔레스의 조카이며 후계자.} \\ \text{철학과 역사를 연구하였고, 알렉산더 대왕의 동방 원정에 종군하였다.}}$)가 인도 사람들이 완성한 논리학을 발견하고 이것을 숙부 아리스토텔레스에게 보냈다는 것이다. (《아시아 연구》, 제4권, p. 163) 황량한 중세에 실제적인 지식이 전혀 없어서 여러 가지 방식들과 말만을 일삼던 스콜라 철학자들은 서로 논쟁에 열중해 있었기 때문에, 이러한 사람들에게 아리스토텔레스의 논리학이 환영받을 수밖에 없었다는 것, 그것도 아라비아어로 씌어진 훼손된 것까지 요구되었고, 결국 모든 지식의 중심이 되었다는 것은 쉽게 납득이 가기도 한다. 그 이후 논리학의 명성은 추락했지만 그래도 오늘날에 이르기까지 독립적으로 존재하고, 실제적이고 필요한 학문이라는 신용을 유지해 왔다. 또한 현대에는 본래 그 기초를 논리학에 둔 칸트 철학이 또다시 논리학에 대한 새로운 관심을 왕성하게 했는데, 논리학은 이 점에 있어서, 즉 이성의 본질을 인식하기 위한 수단으로서 그와 같은 관심을 끌 가치가 있는 것이다.

옳고 엄밀한 추리는 개념 범위의 관계를 정확하게 고찰함으로써, 그리고 하나의 범위가 별개의 범위 속에 정확하게 포함되고, 이것이 또 그대로 제3범위 속에 포함돼 있고, 또한 제1범위도 제3범위 속에 교대로 포함된 것으로 인정되는 경우에만 성립한다. 하지만 반대로 '설득술'의 기초는 개념 범위의 관계를 아주 표면적으로 고찰하고, 그 후에는 자기의 생각대로 이 관계를 규정하는 데에 있다. 즉, 설득술을 행하는 사람은 주로 고찰의 대상이 되는 한 개념의 범위 중 한 부분만 다른 범위 속에 있고, 다른 부분은 완전히 제1범위 속에 있다고 말하기도 하고, 또는 완전히 제2범위 속에 있다고 말하기도 한다. 가령 '정열'을 문제로 삼을 때, 그들은 이것을 제멋대로 세계에서 최대의 힘, 가장 강한 동인(動因)이라는 개념에 포함시킬 수도 있고, 불합리라는 개념에 포함시킬 수도 있으며, 나아가 이 개념을 무력함, 즉 연약함이라는 개념에 포함시킬 수도 있다. 이와 같은 방법을 계속하여 문제로 부각되는 어떤 개념에도 적용시킬 수 있다. 대개의 경우 하나의 개념 범위는 다른 여러 개념 범위와 공통된 부분을 갖고 있으며, 이들 범위는 모두 최초의 개념 영역의 한 부분을 자기의 영역 안에 내포하고 또한 그 밖의 것도 포괄하고 있다.

그런데 그들은 여러 개념 범위 속에서 그들이 최초의 개념을 포함시키려고 하는 범위만을 문제로 삼고, 그 밖의 범위는 무시하거나 감추어 둔다. 설득술이나 절묘한 궤변이라고 하는 것은 모두 본래의 이러한 계략에 근거를 두고 있다. 그도 그럴 것이 허위, 은폐, 양도논법(兩刀論法, Cornutus)과 같은 논리적 궤변은 실제로 적용시키기엔 좋지 않기 때문이다. 지금까지의 모든 궤변이나 설득의 본질이 이러한 가능성의 궁극적인 근거가 되어 그 근거가 개념의 고유한 성질 속에서, 즉 이성의 인식 방법 속에서 입증되었다는 것을 나는 들은 일이 없다. 때문에 내 강론이 여기에 이른 것을 기회삼아 쉽게 이해될지는 모르지만, 다음과 같은 표로 이 사태를 설명해 보겠다. 이 표로 내가 나타내려고 하는 것은 여러 개념 범위가 어떻게 서로 얽히며 그로 인해 한 개념에서 다른 개념으로 마음대로 이행해 가는가 하는 것이다. 단지 나는 독자가 이 표에 잘못 빠져들어 이러한 대단치 않은 부수적인 연구에 당연히 가질 만한 가치 이상이 있다고 생각하지 말기를 바랄 뿐이다. 나는 설명의 실례로서 '여행'이라는 개념을 택했다.

그 범위는 다른 네 개의 개념 영역에 관계하고 있고, 설득자는 마음대로 이 네 개의 개념 중 어느 것으로든지 이행할 수 있다. 또 이 네 개의 개념은 다른 여러 범위에 관계하고, 그 가운데 몇 개는 동시에 두 개 내지 여러 개

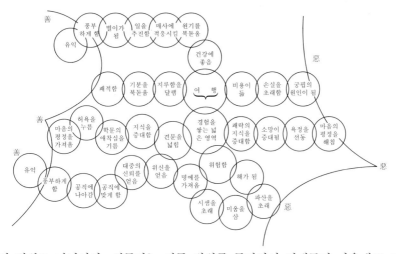

의 범위로 나뉘어서, 설득자는 이들 범위를 통과하여 언제든지 마음대로 그것이 유일한 길인 것처럼 자신의 길을 택하여, 결국은 자기 마음대로 선이나 악에 도달한다. 여러 범위를 추구함에 있어서 언제나 중심(주어진 주개념)에서 주변으로 방향이 유지되어야 하며, 그 반대 방향을 취해서는 안 된다. 이러한 궤변의 표현 양식은 듣는 사람의 약점이 어디에 있는가에 따라 계속적인 연설이 되기도 하고, 엄밀한 추리의 형식을 취하기도 한다. 대개 학문적인 증명, 특히 철학적인 증명의 성질은 요컨대 이것과 크게 다를 것이 없다. 만약 그렇지 않다고 하면, 다른 근원을 갖고 있는 오류 때문에 잘못 가정된 채 논증되고 증명된 여러 시대의 많은 일들이 뒤에 근본적으로 잘못된 것으로 밝혀지게 된다. 가령 라이프니츠-볼프 철학, 프톨레마이오스 (고대 그리스 천문학자·지리학자)의 천문학, 슈탈(1660~1734, 독일 화학자)의 화학, 뉴턴의 색채론 등이 그러한 것들이다.

10. 이성의 추상적 인식인 지식

이 모든 것들을 통하여 확실성에는 어떻게 도달하고, '판단의 기초'는 어떻게 이루어지며, 또 우리가 언어 및 신중한 행위와 더불어 이성에 의해 부여된 제3의 큰 장점이라고 자랑하는 '지식'과 학문의 본질은 어디에 있는가 하는 문제들이 생겨난다.

이성은 여성적인 성질을 갖고 있다. 즉 이성은 받아들인 것만을 줄 수 있을 뿐이다. 이성이 갖고 있는 것은 내용 없는 조작의 형식뿐이다. 완전히 순수한 이성의 인식으로는 내가 초논리적 진리라고 열거한 네 가지 원칙 외엔 아무것도 없다. 즉 동일률, 모순율, 배중률 및 인식의 충족 이유율이 그것이다. 왜냐하면 논리학에서 이 이외의 어느 것도 여러 개념 범위의 관계와 결합을 전제로 하지 않는 것이 없으므로 이미 순수한 이성의 인식이 아니기 때문이다. 개념이란 일반적으로 그것에 선행하는 직관적인 표상 다음에 비로소 생기는 것이며, 이 표상과의 관계가 개념의 모든 본질을 이루고 있다. 따라서 개념은 이미 표상을 전제로 하고 있다. 그런데 이 전제는 개념의 특정한 내용에는 관계하지 않고 일반적으로 개념의 존재에만 관계하기 때문에, 논리학은 대체로 순수한 이성학으로 간주된다. 다른 모든 학문에서 이성은 그 내용을 직관적인 표상에서 얻는다. 수학에서는 모든 경험에 선행하여 직관적으로 의식된 공간과 시간의 관계에서 이성의 내용을 얻고, 순수 자연과학, 즉 경험에 선행하여 자연의 경과에 대해 알고 있는 사물에 있어서 학문의 내용은 순수 오성에서 생긴다. 말하자면 인과 법칙의 선험적 인식과 이 법칙의 공간 및 시간에 있어 순수 직관과의 결합에서 얻을 수 있다. 다른 모든 학문에 있어서 지금 언급한 것에서 전용하지 않는 것은 모두 경험에서 얻는다.

지식이란 대체로 그러한 판단을 자기의 정신력 속에서 마음대로 재현할 수 있다는 것이고, 이들 판단은 그 밖의 어떤 것 속에 그 인식의 충족 이유를 갖는다. 말하자면 '참되다는' 것이다. 그래서 추상적 인식만이 지식이다. 따라서 '지식'은 이성에 의해 제약되어 있다. 우리는 동물이 직관적 인식을 갖고 거기에 대해 기억도 하고, 따라서 상상한다는 것으로써 동물이 꿈을 꾼다는 것을 증명할 수 있지만, 엄밀히 말해서 무엇을 '안다'고 말할 수는 없는 것이다. 우리는 동물에게 의식이 있다는 것을 인정한다. 그리고 의식 (Bewuβtsein)이란 개념은 지식(Wissen)이란 말에서 나온 것이지만, 그것이 어떤 종류든 일반적인 표상의 개념과 일치된다. 우리는 또한 식물에게는 생명이 있다는 것을 인정하지만, 의식이 있다고는 인정하지 않는다. 따라서 '지식'이란 모든 다른 방법으로 인식된 것을 이성의 개념 속에 고정시켜 놓은 추상적 의식이다.

11. 감정

이러한 관점에서 볼 때 지식의 정반대는 감정이다. 그래서 여기에서 감정에 관한 논리적 탐구를 추가하지 않을 수 없다. '감정(Gefühl)'이란 말이 나타내는 개념은 완전히 소극적인 내용, 즉 의식 속에 현존하는 것은 개념이 아니고 이성의 추상적 인식도 아니라는 내용을 갖고 있다. 다시 말해 추상적 인식 이외의 것은 무엇이든 '감정'이란 개념에 속하며, 따라서 아주 넓은 범위의 이 감정이란 개념은 이질적인 여러 사물까지 포함하고 있다. 이 모든 사물들이 추상적 개념이 아니라는 소극적인 점만을 가지고 있다는 것을 인식하지 못하는 한 그것들이 어떻게 총괄되는지는 알 수 없다. 그도 그럴 것이 아주 다르거나 적대되는 요소도 감정이란 개념 속에서는 서로 평화롭게 공존하고 있기 때문이다. 예를 들면 종교적인 감정, 관능적인 감정, 도덕적인 감정, 촉감이나 고통의 감정, 색채, 음향, 음향의 조화와 부조화에 대한 감정, 증오, 혐오, 자기만족, 명예, 치욕, 정(正)·부정(不正)의 감정, 진리에 대한 감정, 미적 감정, 힘, 연약, 건강, 애정의 감정 등이 그런 것이다. 이것들 사이에는 추상적인 이성 인식이 아니라는 소극적인 공통점 이외에는 공통점이 하나도 없다. 그러나 이것이 가장 현저하게 나타나는 것은 공간적인 관계에 대한 선험적이고 직관적인 인식과 순수 오성의 선험적 인식이 감정이란 개념으로 표시되는 경우와, 일반적으로 우리가 먼저 직관적으로 의식하지만 아직 추상적 개념으로 형성되지 못한 모든 인식과 진리들이 '느낀다고' 표현되는 경우들이다.

이것을 해명하기 위하여 최근에 나온 여러 저서 가운데서 그 실례를 들어 보겠다. 이것들은 내 설명에 대한 확실한 증거가 될 것이다. 나는 유클리드의 어떤 독일어 번역 서론에 다음과 같이 씌어 있는 것을 읽은 기억이 있다. 기하학을 배우는 초보자에겐 우선 모든 도형을 그리게 하고 증명에 착수하는 것이 좋은데, 그렇게 하면 그들은 증명으로 완전히 지식을 얻기 전에 이미 기하학적 진리를 '느끼기' 때문이라는 것이다. 마찬가지로 슐라이어마허(F. Schleiermacher)의 《도덕론 비판》에는 논리적 감정, 수학적 감정(p. 339)과 두 공식의 공통점 및 차이점(p. 342)이 언급되어 있고, 테네만의 《철학사》(제1권, p. 361)에는 "사람들은 이 궤변이 옳지 않다는 것을 느꼈지만 그 오류를 발견할 수는 없었다"고 씌어 있다. '감정'이란 개념을 옳은 관점에서 고찰하지 않고, 본질적이고 유일하며 소극적인 특징을 인식하지 않는 한, 그 범위가 너무 넓기 때문에 내용이 아주 빈약하고, 소극적이고 완전히 일방적으로 규정되어 있어 쉴 새 없이 오해와 논쟁을 야기하는 원인이 된다. 우리는 독일어로 여기에 상당히 가까운 의미의 '감각(Empfindung)'이란 말을 갖고 있는데, 이 말은 한 단계 아래에 있는 종류의 말로 육체적 감정을 나타내는 데에 사용하면 좋을 것이다.

그런데 감정이란 개념이 다른 개념에 비해 균형이 잡히지 않은 까닭은 의심할 여지없이 다음과 같은 사정 때문이다. 말로 표현되는 것은 개념뿐이지만, 모든 개념은 이성에 대해서만 존재하고 이성에서만 비롯되는 것이다. 따라서 개념을 사용한다는 것은 이미 어떤 일방적인 입장에 선다는 뜻이나 마찬가지다. 그러나 이러한 관점에서 보면, 더 가까운 것은 명백하게 보이고 적극적인 것으로 설정되며, 더 먼 것은 곧 소극적인 것으로밖에 생각되지 않는다. 그래서 어떤 국민이든 다른 국민을 외국인이라고 부르고, 그리스인은 다른 국민을 야만인이라고 부르며, 영국인은 영국이나 영국의 것이 아닌 것을 대륙 또는 대륙적인 것이라고 부르고, 신자는 다른 사람들을 이단자 또는 이교도라고 부르며, 귀족은 다른 사람을 평민이라 부르고, 학자들은 다른 사람들을 속인이라 부른다. 이러한 일방성은 오만에서 생기는 설익은 무지며, 이상하게 들릴지 몰라도 이성이 자초한 잘못이다. 왜냐하면 이성은 '자기의' 표상 방법에 속하지 않는, 즉 '추상적 개념'이 아닌 의지의 모든 변화를 '감정'이라는 하나의 개념에 포함시키기 때문이다. 이성에게는 이성이 수행하는 방법이 근본적인 자기 인식으로 명백해지지 않기 때문에, 지금까지 이성은 특별한 감정 능력까지 설정하여 그 이론을 구성한 결과, 위에서 언급한 바와 같은 일방성이나 무지가 생겨나게 되고, 그리하여 이성의 영역에 있는 많은 혼란과 오해가 나타나게 된다.

12. 이성의 기능

나는 방금 '지식'의 정반대로서 감정이란 개념을 구명했지만, 지식은 이미 언급한 것처럼 모든 추상적 인식, 즉 이성 인식이다. 그런데 이성은 언제나 다른 방법으로 받아들인 것을 다시 인식 앞에 가져오는 것이기 때문에, 이성은 본래 인식의 작용을 확대하는 것이 아니라 이 작용에 다른 형태를 부여하는 데 불과하다. 말하자면 이성은 직관적, 구체적으로 인식된 것을 추상적, 보편적으로 인식시키는 것이다. 이렇게 말하면 얼핏 아무 일도 아닌 것처럼 생각되지만, 사실은 대단히 중요한 것이다. 왜냐하면 인식한 것을 확실하게 보존하고 전달하여 실제적인 문제에 이것을 광범위하고 확실하게 응용하는 것은 모두 이 인식이 지식, 즉 추상적 인식으로 되어 있기 때문이다. 직관적 인식은 언제나 개별적인 경우에만 적용되고 가까운 것에만 미치며, 거기에만 머문다. 왜냐하면 감정과 오성은 본래 특정한 시간에 '하나의' 객관만을 파악할 수 있기 때문이다. 그래서 영속적이며 복잡하고 계획적인 행위는 원리로부터, 즉 추상적 지식에서 출발하고 또 이에 의해 인도되어야 한다. 따라서 오성이 원인과 결과의 관계에 대해 갖고 있는 인식은 물론 그 자체로서 추상적으로 사유되는 것보다 훨씬 완전하고 깊으며 철저하다. 지레, 도르래, 톱니바퀴의 움직임, 둥근 천장의 안정 같은 것들은 오성만으로 직관적, 직접적으로 완전하게 인식된다.

그러나 지금 언급한 직관적인 인식은 직접적으로 현존하는 것에만 미칠 뿐이라는 특성 때문에, 단순히 오성만으로는 기계를 만들거나 집을 세우는 데엔 충분하지 않다. 오히려 이러한 경우에는 이성이 나타나서 직관 대신 추상적인 개념을 정립하여 활동의 기준으로 삼아야 한다. 기준인 이들 개념이 정당하면, 일은 성공을 거둘 것이다. 또한 우리는 순수 직관 속에서 포물선, 쌍곡선, 나선의 본질 및 법칙성을 완전하게 인식한다. 그러나 이 인식을 확실하게 실제로 응용하려면, 이 인식은 추상적 인식이 되어 있어야 하며, 이 경우 이 인식은 물론 직관성을 잃고 대신 추상적 인식의 확실성과 현실성을 얻는다. 따라서 어떠한 미분학도 본래 우리의 곡선에 관한 지식을 조금도 더해 주지는 못하며, 곡선에 대한 단순한 순수 직관 속에 이미 내포된 것 이상은 아무것도 내포하고 있지 않다. 그러나 미분학은 인식 방법을 변경하여 직관적 인식을 추상적 인식으로 변하게 하며, 이것을 응용하는 데에는 아주 효과가 크다.

여기서 우리 인식 능력이 가진 또 하나의 특성이 문제되는데, 이것은 직관적 인식과 추상적 인식과의 구별이 완전히 명확하게 되지 않았을 때까지는 알아차릴 수 없다. 그 특성이란, 공간의 여러 관계는 직접적으로, 또 스스로 추상적 인식에 옮겨지지 못하고 시간적인 양, 즉 수가 거기에 적절하다는 것이다. 수는 여기에 정밀하게 상응하는 추상적인 여러 개념으로 표현할 수 있지만, 공간적인 양은 그렇게 할 수 없다. 1000이라는 개념과 10이라는 개념은 두 개의 시간적인 양이 직관에서는 다른 것과 마찬가지로 다르다. 즉, 우리는 1000이라는 수를 생각하는 경우 10의 특정한 배수라 생각하지만, 시간에 있어서의 직관에 대해서는 그 수를 마음대로 나눌 수 있다. 셀 수 있다는 것이다. 그러나 1마일이란 추상적 개념과 1피트라는 추상적 개념 사이에는 두 개념에 대한 직관적 표상이 없고, 또 수의 도움도 없다면, 그 양 자체에 상응하는 차별은 절대로 존재하지 않는다. 이 둘에 있어서는 일반적으로 공간적인 양이 생각될 뿐이고, 만약 이 둘을 확실하게 구별하려면 철저하게 공간적인 직관의 도움을 받든지, 즉 추상적 인식의 영역을 버리든지, 또는 이 구별을 '수'로 생각해야 한다. 그리고 공간적 관계를 추상적으로 인식하려면, 먼저 공간적 관계를 시간적 관계, 즉 수로 바꾸어 놓아야 한다. 그러므로 기하학이 아니라 산술만이 일반적인 크기의 학문, 즉 수학이며, 기하학이 다른 것에 전달되고 엄밀하게 규정되며 실제 문제에 응용될 수 있기 위해서는 산술로 변경되어야 한다.

물론 공간적 관계 자체가 추상적으로 생각되는 것도 있다. 예를 들면 '사인(sine)은 각도에 비례해서 크게 된다'는 것이다. 그러나 이 비례의 크기를 표시하기 위해서는 수가 필요하다. 그 필요성, 즉 3차원의 공간 관계를 추상적으로 인식하려고 하면, 다시 말해 단순히 직시할 뿐만 아니라 '알려고' 하면, 그 공간을 1차원밖에 갖지 않는 시간에 옮겨 놓아야 한다는 이 필요성이야말로 수학을 어렵게 만드는 것이다. 이것은 곡선에 대한 직관과 곡선의 해석적 계산을 비교하거나 삼각함수의 대수표(對數表)를 이것에 의해 표시되는 삼각형 각 부분의 변화하는 여러 관계에 대한 직관과 비교해 보면, 아주 잘 알 수 있다. 이 경우 직관은 한번 보고 완전하고 정확하게 파악할 수 있는 것이다. 이를테면 사인이 커짐에 따라 코사인(cosine)은 감소되고 한 각의 코사인은 다른 각의 사인이라는 것, 즉 두 개의 각이 증감에 있어 반비례한다는 것 등이다. 그런데 이것을 추상적으로 표현하려면 얼마나 복잡한 수를 사용하고, 얼마나 힘에 겨운 계산을 해야 하는지 모른다. 즉, 시간이 1차원을 가지고 공간의 3차원을 얼마나 힘들여 재현해야 하는지 모른다고 말할 수 있다. 그러나 이것은 우리가 응용을 위해 공간의 관계를 추상적인 개념에 넣으려고 생각하는 경우엔 필연적인 것이었다. 공간의 관계는 직접적으로는 추상적 개념에 들어가지 못하고, 시간적인 크기, 즉 수의 매개를 거쳐야 하며 수로서만 추상적 인식에 직접 결합된다. 또 주의해야 할 것은 공간은 직관에 적합하며, 3차원이기 때문에 복잡한 관계에서도 쉽게 개관할 수는 있지만, 추상적 인식에서는 멀어진다는 것이다. 이와 반대로 시간은 쉽게 추상적 개념으로 들어가지만, 직관에 줄 수 있는 것은 거의 없다. 수를 단지 그 고유한 요소, 즉 시간에 있어서만 직관하고 공간의 도움을 받지 않는다면 10에 도달하기도 어렵다. 그 이상에는 겨우 수의 추상적 개념이 있을 뿐이고 수의 직관적 인식은 없다. 그런데 우리는 모든 수사와 모든 대수 기호에 엄밀하게 규정된 추상 개념을 결합시킨다.

아울러 여기 말해 두고 싶은 것은 직관적으로 인식된 것으로 완전히 만족하는 감정은 적다는 것이다. 이 감정들이 찾는 것은 존재의 근거와 귀결을 공간에서 직관적으로 설명하는 것이고, 유클리드적 증명, 또는 공간적 문제의 산술적 해결이란 것은 그들의 마음을 끌지 못한다. 반대로 또 다른 사람들은 응용이나 전달에만 유익한 추상적 개념을 요구한다. 이 사람들은 추상적인 원칙, 공식, 긴 연결 추리와 계산으로 된 증명에 대한 인내력과 기억력을 가지고 있는데, 이 추리나 계산의 기호는 복잡한 추상 작용을 내포하고 있다. 이러한 사람들은 규정성을 찾고, 앞서 말한 사람들은 직관성을 찾는다. 둘의 차이는 현저한 것이다.

지식, 즉 추상적 인식의 최대 가치는 그것이 전달될 수 있다는 것, 고정시켜 보존될 가능성이 있다는 것이다. 이것이 있기 때문에 추상적 인식은 실용에 있어 대단히 중요하다. 자연적인 물체의 변화와 운동의 인과적 연관을 오성으로 직접적, 직관적으로 인식하고 그러한 인식에 아주 만족하는 사람이 있을지 모르지만, 이것을 타인에게 전달하려면 그 인식이 개념으로 고정된 후라야 가능하다. 직관적인 인식은 사람이 그 실행을 순전히 혼자서 수행하려고 하는 경우, 그리고 그 직관적 인식이 아직 생생한 동안에 무언가 행할 수 있는 행동을 하려고 하는 경우는 실용화하기 위해서라는 이유만으로 충분하다. 그렇지만 타인의 도움을 필요로 한다거나, 같은 행위라도 각기 다른 시기에 행할 필요가 있는 경우, 따라서 숙고를 거친 계획을 필요로 하는 경우는 직관적 인식으로는 충분하지 않다. 가령 당구의 명수라면, 탄성체 상호 충동의 법칙에 대한 인식을 오성 속에서 직접적 직관에 의해 얻고, 그것으로써 족하다. 그런데 그 법칙에 관한 참된 지식, 즉 추상적 수학을 가진 사람은 역학자뿐이다. 기계를 조립하는 데에도 그 발명자가 혼자서 조립을 행한다면, 단지 직관적인 오성 수학으로 충분하다. 이것은 마치 숙련공이 학문적인 지식이 조금도 없어도 훌륭히 조립할 수 있는 일이 종종 있는 것과 마찬가지다. 반대로 몇 사람들이 여러 기회에 공동으로 작업함으로써 기계를 조작하거나 기계를 만들거나 집을 세우는 경우, 이 진행을 지도하는 사람은 추상적인 계획을 세워 두어야 한다. 그리고 이성의 도움을 통해서만 이러한 협동 작업이 가능하다.

그런데 이상하게도 오직 혼자서 연속적인 동작으로 무엇을 하려고 할 경우에는 지식, 이성의 응용, 반성 같은 것이 그의 직관적 수학에 의한 활동에 방해가 되는 수도 있다. 예를 들면 당구, 검도, 악기의 조율, 노래를 할 때가 그러한데, 이런 경우에는 직관적 인식이 활동을 직접 지도해야 하며, 반성이 개입하면 주의가 분열되어 사람을 혼란시키기 때문에 활동이 정확하지 않게 된다. 그래서 그다지 사고하는 습관이 없는 야만인이나 미개인은 사색적인 유럽인들이 도저히 따라갈 수 없는 정확성과 속도를 가지고 여러 가지 육체적 운동을 하고, 동물과 싸우고, 활을 쏜다. 유럽인들이 그들을 도저히 당할 수 없는 것은 깊은 생각으로 인해 마음이 동요하고 주저되기 때문이다. 왜냐하면 유럽인들은 옳은 장소 또는 옳은 시점을 잘못된 양 극단의 같은 거리에서 찾으려고 하지만, 자연인은 옳은 길에서 벗어나지 않을까를 염려하지 않고 직접 옳은 지점을 맞히기 때문이다. 이와 같이 내가 면도날을 피부에 댈 때의 각도를 몇 도 몇 분이라는 식으로 추상적으로 표시할 수 있어도, 이 각도를 직관적으로 알고 있지 않으면, 즉 요령을 알고 있지 않으면 아무 소용이 없다.

이와 마찬가지로 인상을 이해하는 경우에도 이성을 응용하는 것은 방해가 된다. 이것 역시 직접 오성으로써 행해야 한다. 표정, 즉 용모의 의미는 '느껴질' 뿐이고, 추상적 개념에는 들어가지 않는다고들 말한다. 누구나 직접 직관적으로 타인의 인상을 판단하고 감정을 판단할 힘을 갖고 있지만, 그중에서도 어떤 사람은 다른 사람보다도 더 명확하게 '사상의 표식'(signatura rerum)을 인식한다. 그러나 가르친다거나 배우기 위한 추상적인 인간학과 같은 것은 만들어지지 않는다. 그도 그럴 것이, 인상의 섬세한 차이는 아주 미묘한 것이며, 개념은 그렇게 미묘한 점까지는 미치지 못하기 때문이다. 따라서 추상적인 지식과 개념과의 관계는 모자이크의 그림과 반 데어 베르프 (Adriaen van der Werff(1659~1722). 네덜란드의 바로크풍의 화가. 성서와 신화를 소재로 한 그림을 많이 그렸음) 또는 데네르 (Balthasar Denner(1685~1749). 독일의 초상화가) 그림과의 관계와 같다. 모자이크가 아무리 교묘하게 되어 있어도 그것은 역시 돌(石)로 경계가 되어 있기 때문에 하나의 색깔에서 다른 색깔로 그리 매끄럽게 옮겨 갈 수 없는 것과 같다. 이와 같이 개념들도 각기 엄밀한 한계가 있기 때문에, 그것을 자세한 규정으로 섬세하게 나누어 줄 수 있을지 모르지만, 직관적인 것의 섬세한 변용을 달성할 수는 없다. 이 직관적인 것이 내가 여기 택한 인상학의 예에서 가장 중요한 점이다. *

개념에는 이와 같은 성질이 있기 때문에 모자이크 그림의 돌과 비슷하며, 그렇기 때문에 직관은 언제나 개념에 점진적으로 접근하는 선에 불과하다. 또한 개념의 그러한 성질 때문에 개념이 예술에서는 아무런 소용이 없다. 가수나 명연주가 반성을 통하여 연주하려 한다면, 그는 죽은 것이나 마찬가지다. 이것은 작곡가에게도, 화가나 시인에게도 해당되는 것이며, 개념이라는 것은 예술에 대해서는 아무런 효용도 갖지 못하는 것이다. 예술에서 기술적인 부분은 개념으로 지도할 수 있을지 모르지만, 개념의 본령은 학문이다. 우리는 제3권에서 모든 순수 예술은 직관적 인식에서 나오며, 결코 개념에서 나오지 않는 이유를 연구할 것이다. 사람의 행동이라는 점이나 교제에서 개인적으로 호감이 간다는 점에서도 개념은 소극적으로 작용하고, 이기심이나 짐승 같은 성질을 거칠게 폭발시키는 것을 억제할 뿐이다. 예의에 맞는

---

* 나는 인상학은 아주 일반적인 몇 가지 규칙만을 제공할 뿐이고 그 이상의 확실성을 보여 줄 수는 없다고 생각한다. 예를 들면, 이마와 눈에서는 지적인 요소가 판단되고 입과 얼굴의 아래쪽에서는 도덕심과 의지가 판단되어야 한다. 이마와 눈은 서로를 밝혀 주기 때문에 어느 한쪽만으로는 반밖에 알 수 없다. 천재는 모두 이마가 넓고 아름답게 튀어나와 있지만, 이마가 그렇다고 다 천재인 것은 아니다. 총명하게 보이면서 용모가 추하면 추할수록 그 사람의 정신은 더욱 총명한 것으로 생각되고, 우둔하게 보이면서 용모가 아름다우면 그 사람은 더욱 우둔한 것으로 생각된다. 그도 그럴 것이 아름다움이란 인간의 전형(典型)에 알맞은 것으로, 그 자체로서 정신적인 명석함을 나타내고, 추함은 그 반대이기 때문이다.

태도는 사실 개념의 덕분이라 할 수 있지만, 우아한 태도, 매력 있는 태도, 매혹적인 태도, 친절이나 호의 같은 것을 개념에서 나온 것이라고 할 수는 없다. 그렇지 않다면, '계획적이라는 것을 느끼게 되는 순간 싫어하는 법이다.' 모든 허위는 반성(Reflexion)의 짓이지만, 그것은 아무 장애도 받지 않고 오랫동안 지속될 수는 없다. 세네카는 그의 책《자비론(De Clementia)》속에서 "누구나 가면을 오래 쓰고 있을 순 없다"고 말하고 있다. 가면은 대개 벗겨지고 목적을 이루지 못한다. 과격하게 행동하고 신속하고 단호한 조치를 취해야만 하는 절박한 생활에서는 물론 이성이 필요하다. 그러나 이성이 우세해져서, 그로 인해 옳은 일을 직관적으로 순수하게 오성적으로 발견하고, 동시에 이것을 휘어잡는 것이 방해받고 혼란에 빠져서 결단을 내리지 못하면, 만사는 엉망진창이 되고 만다.

마지막으로 '덕'이나 '신성'도 반성에서 나오는 것이 아니라 의지의 내적 깊이와 인식에 대한 의지의 관계에서 나오는 것이다. 이에 대해서는 이 책의 다른 부분에서 다루어야 할 일이기에, 여기서는 다음의 것만을 언급하려고 한다. 즉 논리적인 문제에 관한 가르침은 모든 국민의 이성에 대해서 동일한 것일 수 있지만, 행동은 각 개인에게 각기 다르며, 그 반대도 또한 마찬가지다. 행동은 일반적으로 말하는 것처럼 '감정'에 의해 행해지는 것이며, 개념에 의해, 즉 윤리적인 내용을 따라 행해지는 것은 아니다. 교의(敎義)는 한가한 이성이 이것저것 생각해서 만들어 내는 것이지만, 행동은 결국 교의와는 관계없이 독자적인 길을 걷는다. 그리고 대개는 추상적인 준칙에 따라서가 아니고, 말로 표현할 수 없는 준칙에 따라서며, 이 말로 표현할 수 없는 준칙을 표현할 수 있는 것이 인격 그 자체이다. 따라서 여러 민족의 종교적 가르침이 아무리 여러 가지로 다르다 해도, 누구의 마음에도 선행을 한 경우에는 말할 수 없는 만족이 따르는 것이며, 악행을 하게 되면 한없이 공포가 따라온다. 어떠한 조소도 이 만족을 뒤흔들 수 없으며, 고해 신부의 어떠한 사죄도 이 공포에서 구해 줄 수는 없다. 그렇다고 해서 덕 있는 생활을 하는 데 이성의 응용이 필요하다는 것이 부인되어서는 안 된다. 단지 이성은 덕이 있는 생활의 원천은 아니며, 이 경우 이성의 기능은 종속적인 기능, 즉 찰나의 약점에 항거하여 행동을 시종일관되게 하기 위해서 일단 정한 결심을 관찰하고 준칙을 고수하는 것이다. 예술에서도 이성은 중요한 점에서는 아무것도 할 수 없지만, 그 완성을 돕고 있다. 즉 예술의 수호신은 항상 작가의 뜻대로 해 주지는 않지만, 작품이 완성되었을 때 각 부분에 걸쳐 토대가 있는 하나의 전체가 되지 않으면 안 되기 때문에, 거기에 이성의 도움이 필요하게 되는 것이다.

13. 기지와 어리석음

이렇게 이성을 사용할 때의 장점과 단점을 모두 고찰해 보면, 다음의 것을 명백히 하는 데에 도움이 될 것이다. 즉, 추상적인 지식은 직관적 표상의 반영이어서 거기에 기반을 두고 있지만, 그렇다고 해서 추상적 지식이 곳곳에서 직관적 표상을 대신할 정도로 이 둘이 일치되지는 않고, 오히려 엄밀하게는 조금도 일치하지 않는다. 따라서 우리가 이미 알고 있는 바와 같이, 인간의 여러 작업 중의 대부분은 이성과 숙고를 거쳐 잘 정돈하여 처리한 것을 통해서만 성취되는 것인데, 그중에서는 이것들을 사용하지 않는 것이 더 잘 성취되는 것도 있다. 직관적 인식과 추상적 인식과의 모순은 마치 모자이크와 그림의 경우처럼, 추상적 인식이 직관적 인식과 흡사할 뿐 일치하는 일은 없기 때문에 대단히 특이한 현상의 원인이 된다. 이 현상은 이성과 마찬가지로 오직 인간의 본성에만 있는 고유한 것이며, 이것에 대하여 지금까지 여러 번 추구되어 온 설명들은 모두 불충분한 것이다.

나는 이러한 특이한 현상에서 '웃음'이 나온다고 생각한다. 웃음의 기원에 대하여 여기서 논하는 것이 본론의 진행에 방해가 된다고 하더라도 어쩔 수 없는 일이다. '웃음'이라는 것은 언제나 어떤 개념과 그것에 의해 어떤 관계 속에서 실재하는 객관과의 모습을 갑자기 알아차렸을 때에 생기는 것이다. 그리고 웃음도 이 모순의 표현에 불과하다. 이 모순은 흔히 두 개 또는 그이상의 실재적 객관들이 '하나의' 개념에 의해 사고되고, 그 개념의 동일성이 이들 객관에 옮겨지는데, 그 다음에 그 밖의 점들에 있어서는 이 객관들과 개념이 전혀 다르기 때문에 개념이 오직 일면만으로 이들 객관과 상응하고 있다는 것이 확실하게 드러남으로써 생기는 것이다. 그와 같이 자주 오직 하나의 실재적 객관이 어떤 점에서는 올바르게 그 개념에 포괄되어 있다 하더라도, 그 개념과의 모순이 갑자기 느껴질 때가 있다. 그런데 한편으로 그러한 현실적인 것을 개념에 포함시키는 것이 옳으면 옳을수록, 그리고 다른 한편으로 그 부적합성이 크고 현저할수록, 이 대립에서 생기는 우스꽝스러운 것의 효과는 더 크다. 따라서 웃음은 모두 역설적이며 예기치 않은 추론을 기회로 하여 생긴다. 이 경우 그 추론은 말로 표현되든 행위로 표현되든 마찬가지다. 간단하지만 이것이 우스꽝스러운 것에 대한 올바른 설명이다.

나는 여기서 우스꽝스러운 것의 실례를 들어 여러 가지 일화를 길게 이야기하여 내 설명을 해설하지는 않겠다. 왜냐하면 내 설명은 아주 간단하고 이해하기 쉽기에 그러한 해설을 필요로 하지 않으며, 또 이 설명에 대한 예증으로 독자의 기억에 있는 우스꽝스러운 것을 들어 보면, 다같이 도움이 될 것이기 때문이다. 그러나 우스꽝스러움은 두 가지 종류로 나뉘고, 이 두 가지 종류는 앞서 말한 설명에서 생기는 것이다. 하지만 이렇게 두 가지 종류로 나눔으로써 우리의 설명은 확증되고 해설도 된다. 이를테면 인식 속에 두 개 또는 그 이상의 서로 다른 실재적 객관, 즉 직관적 표상이 생긴 경우, 이들 객관은 이것을 포괄하는 한 개념의 통일성에 의해 고의로 동일시된 것인데, 이런 종류의 우스꽝스러움을 '기지'라 한다. 그런데 또 한 가지는 이와 반대로 개념이 먼저 인식 속에 존재하고 있다. 이 개념에서 실재로 옮기고 실재에 대한 작용, 즉 행동에 옮기는 경우 이들 객관은 다른 점에서는 아주 다르지만 그 한 개념 속에 사유되고 있기 때문에 같은 방법으로 보여지고 취급되는 동안, 행동하는 자가 갑자기 이 다른 점의 현저한 차이를 알아차리고 놀랐을 때 생긴다. 이런 종류의 우스꽝스러움이 '어리석음'이다.

따라서 모든 우스꽝스러움은 객관의 불일치에서 개념의 동일성으로 옮겨지느냐, 개념의 동일성에서 객관의 불일치로 옮겨지느냐에 따라 기지의 착상이 되거나 어리석은 행위가 되는 것이다. 기지는 언제나 고의적인 것이지만, 어리석음은 언제나 무의식적으로 외부에서 강요되는 것이다. 그런데 이 출발점을 역전하는 것처럼 보이게 하고, 기지를 어리석음처럼 위장하는 것이 궁중 어릿광대나 익살꾼의 기술이다. 그들은 여러 객관의 차이를 충분히 의식하고 있으면서, 숨겨진 기지로써 이들 객관을 하나의 개념으로 통일시켜 놓은 후, 이 개념에서 출발하여 다시 객관의 차이를 발견하고, 미리 그들 자신이 준비해 둔 뜻밖의 놀람을 내보이는 것이다. 이상에서 말한 우스꽝스러움에 관한 간단하지만 충분한 이론에서, 분명한 것은 지금 말한 익살꾼의 경우는 그만두고라도 기지는 언제나 말로 표현해야 하지만, 어리석음은 대개 행위로 표현한다는 것이다. 물론 어리석음이 실재로 행동하는 것이 아니고 오직 그 의도만을 나타내는 경우에는 말로 표현하는 경우도 있고, 또 단순히 판단이나 의견으로 나타내는 일도 있다.

'옹졸함(Pedanterie)'도 또한 어리석음에 속한다. 옹졸함은 자신의 오성을 신뢰하지 않기 때문에, 오성에 의지하지 않아서 직접 인식의 핵심을 얻을 수 없다. 그래서 오성을 완전히 이성의 후원 아래에 두고, 어떤 경우든 이성을 사용한다. 이를테면 언제나 일반적인 개념, 규칙, 준칙 등에서 출발하여 생활과 예술에서도, 또한 윤리적인 선행에서까지도 여기에 꼭 매달리려고 하는 그런 태도에서 생긴다. 형식, 관습, 표현과 어법 등에 구애받는 옹졸함 특유의 태도는 여기에서 오는 것이며, 이것들이 사태의 본질을 대신하고 있다. 그런데 그 개념과 실재 사이의 모순을 알게 되는 것이다. 즉 개념이 개별적인 사태에 어째서 맞지 않는가, 또 개념의 보편성과 고정된 규정성이 현실의 섬세한 뉘앙스와 다양한 변용에 어째서 들어맞을 수 없는가를 알게 된다. 그래서 옹졸한 사람은 자기가 갖고 있는 보편적인 준칙을 가짐으로써 언제나 실생활에서 실패하며, 분명하지 못하고 재미없고 아무런 쓸모도 없게 되는 것이다. 또 예술에는 개념이 효과가 없기 때문에, 옹졸한 사람이 만드는 예술 작품은 생기가 없고 딱딱하고 부자연스럽다. 윤리적인 문제에서도 옳은 행위나 거룩한 행위를 하려는 의도가 반드시 추상적인 준칙에 따라서 실행되는 것은 아니다. 그도 그럴 것이, 대개의 경우 상황은 한없이 섬세한 차이를 가지고 있기 때문에, 각 개인의 오성에 따라 직접 옳은 것을 선택하는 것이 필요하게 되기 때문이다. 단지 추상적인 준칙을 응용해서는 반쯤만 들어맞기 때문에, 오히려 그릇된 결과를 초래하는 일이 있고, 또 그러한 추상적인 준칙은 행위자의 개인적 성격과는 거리가 먼 것이다. 또 이 성격은 완전히 무시할 수도 없는 것이기 때문에, 그러한 준칙의 적용은 실현이 불가능한 것이다. 그래서 곧 모순이 드러나게 된다.

'칸트'는 행위의 도덕적 가치의 조건으로서 그 행위가 조금도 어떤 경향이나 순간적인 흥분을 동반하지 않고 순수하게 이성적이고 추상적인 준칙에서 생긴 것이 아니면 안 된다고 하지만, 그런 점에서 칸트는 도덕적인 옹졸함의 계기를 만들었다는 비난을 면할 수는 없다. 〈양심의 불안(Gewissensskrupel)〉이라고 이름을 붙인 실러의 격언적 단시가 말해 주는 것도 이러한 비난이다.

특히 정치적 문제에서 공론가, 이론가, 학자라고 말하면, 그것은 옹졸한 사람이라는 뜻이며, 사물을 추상적으로 알고는 있지만 구체적으로는 알지 못하는 사람들이다. 추상이라는 것은 자세한 규정들을 무시하고 사유하는 것이다. 그런데 사실은 이 규정들이 중요한 것이다.

또한 이 학설을 보완하기 위해서 기지의 나쁜 종류인 말장난, 즉 프랑스어로 'calembour'와 영어의 'pun'에 대해 언급하려 한다. 여기에는 음담(Zote)을 주로 사용하는 언어의 이중성도 이용된다. 기지는 판이한 두 개의 실재적 객관을 무리하게 하나의 개념 속에 넣어 두는 것이지만, 언어의 멋은 두 개의 다른 개념을, 우연을 이용하여 하나의 말 속에 넣는 것이다. 이 경우에도 기지와 똑같은 대조가 생기지만, 이것은 사물의 본질에서 나온 것이 아니라 우연에서 온 것이기 때문에 기지의 경우보다 훨씬 둔하고 피상적이다. 기지에 있어서 개념은 동일하고 실재하는 것은 다르지만, 말장난에서는 개념이 다르고 실재하는 것이 동일한 것이며, 여기에 언어의 본뜻이 들어 있다. 말장난과 기지의 관계는 거꾸로 된 원추형 포물선과 아래로 향한 원추형 포물선의 관계와 같은 것이라고 하면, 좀 지나치게 과장된 비유일지 모른다. 그러나 언어의 오해 또는 착오는 자기도 모르는 사이에 나오는 익살(calembour)이며, 오해와 익살의 관계는 마치 어리석음과 기지의 관계와도 같다. 그래서 귀가 먼 사람도 흔히 어리석은 사람과 마찬가지로 웃음거리를 제공하게 되고, 또 서투른 희극 작가는 사람을 웃기기 위해 어리석은 사람을 이용하지 않고, 귀가 먼 사람을 이용한다.

나는 여기서 웃음을 정신적인 면에서만 고찰했지만, 육체적인 면에 대해서는 추가적으로 보완한 논문의 초판 제2편 6장 96절 134쪽에서 이에 관해 설명했으니 참고해 주기 바란다.

14. 과학의 형식

이러한 다양한 고찰을 통하여 한편으로는 이성의 인식 방법, 지식, 개념들 사이의 차이와 관계, 다른 한편으로는 순수 감정적이며 수학적인 직관과 오성에 의한 이해의 차이와 관계가 명백하게 밝혀졌으면 좋겠다. 또 이들 두 종류의 인식 방법의 특이한 관계를 고찰하는 데 있어서 거의 불가피하게 감정과 웃음에 대한 삽화처럼 논술했지만, 이제 나는 이전 상태로 되돌아가 이성이 언어와 분별 있는 행동과 더불어 인간에게 준 제3의 특권인 과학에 대한 논술을 계속하려 한다. 여기서 우리가 해야 할 과학에 대한 일반적 고찰의 일부는 그 형식, 또 일부는 그 판단의 기초, 나머지는 그 실질에 관한 것이다.

우리는 이 때까지 순수 논리학의 기초는 예외로 하고 그 밖의 모든 지식의 근원은 이성에 있는 것이 아니라, 다른 것에서 먼저 직관적 인식으로써 획득하여 추상적인 인식 방법으로 옮겨 감으로써 이성 속에 지식을 축적한 것이라는 것을 알았다. 모든 '지식(Wissen)', 즉 추상적인 의식에까지 옮아간 인식과 본래의 '과학(Wissenschaft)'의 관계는 부분과 전체의 관계와 같다. 모든 사람은 개별적인 사상을 경험하고 고찰함으로써 여러 가지 사물에 관한 지식을 얻지만, 어떤 대상에 관해 완전히 추상적인 인식을 얻는 것을 자기 임무로 하는 사람만이 과학에 대한 노력을 한다. 이런 종류의 대상을 선별하는 것은 개념에 의해서만 가능하다. 따라서 모든 과학의 시초에는 어떤 하나의 개념이 있으며, 이 개념에 의하여 모든 사물의 전체로부터 그 과학이 이에 관해 완전한 추상적 인식을 얻으려고 기대하는 부분이 사유되는 것이다. 예를 들면 공간 관계의 개념, 무기물 상호 작용의 개념, 또는 동식물의 성질과 상태 또는 지구 표면의 연속적인 변화의 개념, 또는 인류 전체의 변화 개념, 또는 언어의 구조 개념 등이다. 만약 과학이 그 대상에 대한 지식을 얻는 데에 이러한 개념으로 사고된 모든 사물을 하나하나 연구하여 점차로 전체를 인식하기에 이르려고 한다면, 어떠한 인간의 기억도 여기에서는 힘들 것이며, 또 완전성의 확증도 얻을 수 없을 것이다. 따라서 과학은 먼저 언급한 것과 같은 여러 개념 범위의 특성을 이용하여 이것을 서로 포괄시키고, 그 과학 대상의 개념 내부에 존재하는 더 넓은 범위로 나아간다. 말하자면 과학은 이들 개념 범위의 상호 관계를 규정함으로써 그 속에서 사유된 모든 것이 일반적으로 규정된 것이며, 이렇게 점점 좁은 개념 범위를 선별함으로써 이것들은 점점 정밀하게 규정된다는 것이다. 이렇게 하면 어떤 과학이 그 대상을 완전히 포섭하는 것이 가능해진다.

과학이 인식에 이르는 이 길, 즉 보편적인 것에서 특수한 것으로의 길, 이것이 과학이 보편 지식과 다른 점이다. 따라서 체계적 형식이 과학의 본질적이고 특수한 특징이다. 각 과학의 보편적인 개념 범위의 결합, 즉 그 과학의 최고 원리에 대한 지식은 그 과학을 습득하는 데에 없어서는 안 되는 조건이다. 이 최고 원리에서 출발하여 어디까지 특수원리로 갈 것인가 하는 것은 원하는 대로이며, 그 때문에 학식의 깊이가 더해지는 것이 아니라 범위가 넓어지는 것이다. 다른 모든 원리의 기초가 되는 상위 원리의 수는 여러 가지 과학으로 말미암아 다르며, 어떤 학문에서는 상하 종속 관계를 이루고 있다. 그리고 다른 어떤 학문에서는 병렬의 관계를 이루고 있다. 그러한 점에서 전자는 판단력을, 후자는 기억을 필요로 한다. 스콜라 철학자들도 이미 알고 있는 바지만, 추리하는 것은 두 개의 전제를 필요로 하기 때문에, 어떠한 과학도 단 하나의 궁극적인 대전제에서 출발하는 것은 불가능하며, 여러 개의 전제, 적어도 두 개의 전제를 가져야만 한다. 본래의 분류적 과학, 즉 동물학이나 식물학, 그리고 모든 무기적인 작용을 소수의 근본력에 환원시키려는 점에서는 물리학이나 화학도 대부분 상하종속의 관계를 가지고 있다.

반대로 역사는 본래 종속 관계를 가지고 있지 않다. 왜냐하면 역사에 있어서 보편적 원리는 오직 주요 시대의 개관에 있는 것이지만, 이들 주요 시대에서는 특수한 사건이 도출되지 않으며, 특수한 사건은 그 주요 시대에서는 시간상 종속할 뿐 개념상으로는 병렬하는 것이기 때문이다. 따라서 엄밀한 의미에서 역사는 지식이지만 과학은 아니다. 수학에서는 물론 유클리드적으로 취급하면 여러 공리(公理)는 저마다 증명이 불가능한 대전제이며, 모든 증명은 여기에 단계적으로 엄밀하게 종속해 있다. 그러나 이러한 취급은 수학 본래의 것은 아니다. 실제로 정리(定理)들은 각기 하나의 새로운 공간적 구조를 이루고 있고, 그 구조는 먼저의 모든 정리와는 관계가 없으며, 또 본래 그것들과는 아무런 관계없이 그 자체로서, 즉 공간의 순수 직관으로 인식된다. 이러한 공간의 순수 직관에서는 복잡한 구조까지도 마치 공리와 마찬가지로 명백한 것이다. 이에 대한 자세한 논술은 뒤로 미루기로 한다.

좌우간 수학적 원리는 언제나 개개의 무수한 사례에 타당한 보편적 진리며, 단순한 원리에서 거기에 기초를 둔 복잡한 원리로 단계적으로 진행하는 방법이 수학의 본질을 이루고 있다. 따라서 수학은 어느 점으로 보나 과학이다. 하나의 과학 자체의 완전성, 즉 형식상의 완전성은 될 수 있는 대로 모든 원리의 종속적인 관계가 많고 병렬적인 관계는 적은 데에 있다. 따라서 과학 일반에 통하는 재능이라는 것은 여러 개념 범위를 그 여러 규정에 따라

상하의 종속적인 관계에 두는 능력이다. 그것은 플라톤이 여러 번 권고한 것처럼 단지 보편적인 원리와, 그 밑의 한없이 다양한 모든 원리가 거기에 직접 병렬되어 있다 하여 과학이 성립되기 때문이 아니고, 보편적인 원리에서 특수한 원리에 이르기까지 여러 중간 개념을 거쳐 점점 작은 규정으로 이루어지는 구분을 통하여 조금씩 나아가기 때문이다. 칸트의 표현을 빌리면, 이것이 동질성의 법칙과 특수성의 법칙을 동시에 충족시키는 것이다. 그런데 이것이 본래의 과학적 완전성을 이룬다고 하면, 과학의 목적은 확실성이 큰 것에 있는 것이 아니라는 것이 명백해진다. 왜냐하면 확실성이라면 지리멸렬한 인식까지도 이것을 갖고 있기 때문이다. 따라서 과학의 목적은 확실성이 아니라 지식의 형식에 의해 지식을 쉽게 하고, 이것으로 지식의 완전성에 대한 가능성을 주는 것이다. 따라서 인식의 과학성은 더 큰 확실성에 있다는 의견은 지배적이지만 그릇된 것이다.

여기에서 나온 주장으로 수학과 논리학은 그 완전한 선험성 때문에 논박의 여지가 없는 인식의 확실성을 가지고 있다고 하여, 그것들만이 본래적인 의미의 과학이라고 하는 것은 잘못된 것이다. 수학이나 논리학이 확실하다는 장점은 부인할 수 없지만, 그렇다고 해서 이 장점이 수학과 논리학의 과학성에 대한 충분조건이 되는 것은 아니다. 과학성은 정확성에 있는 것이 아니고, 보편적인 원리에서 특수한 원리로 단계적으로 내려가는 방법을 기초로 한 인식의 체계적인 형식에 있는 것이다. 이렇게 보편자에서 특수자로 나아가는 과학 고유의 인식 방법은 필연적으로 과학의 많은 것이 선행 원리에서 도출되어 증명으로 기초를 얻도록 하는 것이다. 그리고 이것으로부터 증명된 것만이 완전히 참된 것이고 모든 진리는 증명을 필요로 한다는 예전부터 내려 온 오류가 발생한다. 그러나 실제로는 오히려 그 반대며, 모든 증명은 궁극적으로 그 증명의 기초가 되고, 또한 그 증명에 있어 기초가 되는 증명할 수 없는 진리를 필요로 한다. 따라서 물이 솟는 샘에서 나오는 물이 수도에서 나오는 물보다 나은 것처럼, 직접 기초한 진리가 증명으로 기초를 얻은 진리보다 나은 것이다. 수학의 기초가 되는 순수한 선험적 직관과 그 밖에 과학의 기초가 되는 경험적인 후천적 직관이 모든 진리의 원천이며 모든 과학의 기초다. (논리학은 이성의 법칙을 직관적으로는 아니지만, 직접 아는 것에 기반을 두고 성립하는 것이기 때문에, 이 경우 논리학만은 역시 예

외다.)

증명을 거친 판단도 아니요, 그 판단의 증명도 아니며, 직관에서 직접 이
끌어 낸 판단, 모든 증명 대신 직관에 기반을 둔 판단이야말로 우주의 태양
에 비견할 만한 과학의 태양이다. 왜냐하면 모든 빛은 이러한 판단에서 나왔
고, 다른 여러 판단은 이 빛의 반사에 불과하기 때문이다. 직관에 의해 최초
로 판단의 진리를 직접 기초 짓고 과학의 그와 같은 기초를 실재하는 무수한
사물 속에 끌어내는 것, 이것이 '판단력(Urteilskraft)'의 작업이다. 판단력이
란 직관적으로 인식된 것을 올바르고 정확하게 추상적 의식 속에 옮기는 데
있으며, 따라서 오성과 이성과의 매개물이다. 특히 뛰어나고 강한 판단을 가
진 개인만이 과학을 실제로 진보시킬 수 있지만, 누구나 건전한 이성만을 가
지고 있으면 명제에서 연역, 증명, 추론할 수가 있다. 그런데 직관적으로 인
식한 것을 반성에 상응하는 개념에 옮겨 고정시켜서, 한편으로는 실재하는
많은 객관의 공통점을 '하나의' 개념으로 사유하고, 또 한편으로는 이들 객
관의 서로 다른 여러 점을 그것과 같은 수의 개념으로 사유한다. 그리고 다
른 점은 부분적으로 일치하는 것이 있더라도 역시 다른 것으로, 동일한 것은
부분적으로 다른 곳이 있더라도 동일한 것으로 인식하고 사유한다. 이 모든
것을 그때그때마다 작용하고 있는 목적과 고려에 따라 행하는 것이 '판단력'
이다. 이 판단력이 결여된 것이 '단순함'이다. 단순한 사람은 어떤 점에서
동일한 것의 부분적이거나 상대적인 차이를 잘 못 보게 되며, 상대적이고 부
분적인 차이가 있는 것의 동일성을 잘 못 보게 된다. 칸트는 판단력을 반성
적인 것과 포괄적인 것으로 분류하고 있지만, 이렇게 판단력을 설명하는 데
에도 칸트의 분류를 적용할 수 있다. 즉 직관적 개념으로 이행하는 것이 반
성적 판단력이고, 개념에서 직관적 객관으로 이행하는 것이 포괄적 판단력
이며, 어떠한 경우에도 오성의 직관적 인식과 이성의 반성적 인식 사이를 항
상 매개하는 것이다.

무조건 추리만으로 나오는 진리라는 것은 있을 수 없다. 진리에 추리로서
기초를 주는 필연성은 언제나 상대적이고 주관적인 것에 불과하다. 물론 증
명은 추리기 때문에 새로운 하나의 진리에 대해서는 새로 증명을 구해야 하
는 것이 아니고 직접적인 명증(Evidenz)을 구해야 한다. 이 직접적인 명증이
없는 경우에만 우선 증명이 되어야 한다. 어떤 과학이든 철저하게 증명될 수

있는 것은 아니다. 건물이 공중에 떠 있을 수 없는 것처럼 과학의 증명은 모두 거슬러 올라가면 직관적인 것에 따라서 이미 증명할 수 없는 것에 귀착하게 된다. 왜냐하면 반성의 세계 전체는 직관의 세계에 기반을 두고 거기에 뿌리를 박고 있기 때문이다. 모든 궁극적이고 근원적인 '명증'은 '직관적'이다. 그것은 이미 명증이라는 말로도 알 수 있다. 따라서 명증은 경험적인 것이 아니면, 가능한 경험의 모든 제약을 선험적으로 직관하는 것에 기반을 두고 있다. 그래서 명증은 두 가지 중 어떤 경우에도 내재적인 인식을 제공할 뿐, 초월적인 인식을 제공하지는 못한다.

　모든 개념은 직관적인 표상에 대해 이렇게 극히 간접적인 관계를 가짐으로써만 그 가치와 존재를 보존한다. 개념에 적용할 수 있는 것은 이들 개념을 조립하여 이루어진 여러 판단에도 적용할 수 있으며, 모든 과학에도 적용할 수 있다. 따라서 추리에 의해 발견되고 증명에 의해 전달되는 모든 진리를 증명과 추리에 의하지 않고 직접 인식하는 것은 어떤 방법으로든 가능하게 마련이다. 복잡한 수학적인 명제에 도달하려면 우리는 오직 추리를 실마리로 하기 때문에, 이와 같은 경우에 증명이나 추리에 의지하지 않고 직접 인식한다는 것은 확실히 곤란한 것이다. 이를테면 피타고라스의 정리에서 생기는 결론에 의해 모든 호에 대한 현이나 접선을 계산하는 경우가 그런 것이다. 그러나 이러한 진리까지도 본질적으로 오직 추상적인 원리에만 기반을 두고 있는 것이 아니고, 진리의 근저에 있는 공간적 관계나 순수 직관에 의해 선험적으로 명백히 할 수 있는 것이며, 그 진리를 추상적으로 언급해도 직접 논거를 갖고 있는 것이 된다. 그러나 수학의 증명에 관해서는 이제부터 자세하게 논할 것이다.

　세상에서 흔히 과학이라는 것은 철저하고 확실한 전제에서 나온 옳은 추리에 의거한 것이다. 그러므로 무조건 참된 것이라고 당당하게 말하고 있다. 그러나 순수하게 논리적인 추리의 연쇄로 얻어지는 것은 아무리 그 전제가 참되다고 해도, 그 전제 속에 이미 존재하고 있는 것의 명료화나 상세한 풀이 이상은 아니다. 따라서 함축적으로 이해된 것을 설명해 내보이는 것에 불과하다. 이와 같은 것으로 칭찬받는 학문은 수학적인 것, 특히 천문학이다. 그런데 천문학의 확실성은 천문학에는 선험적인 것이 있다는 것, 따라서 틀림없는 공간에 대한 직관이 존재한다는 것이며, 이 공간적 관계는 선험적 확정성을 부여하는 필연성(존재 근거)을 가지고 하나에서 다른 것으로 추론된다. 따라서 서로 확실하게 도출된다는 것에서 유래한 이들 수학적 규정에 대하여 천문학에는 중력이라는 유일한 자연의 힘이 있지만, 이것은 질량과 거리의 제곱에 정확하게 비례해서 작용하는 것이다.

마지막으로 관성의 법칙이 있지만, 이것은 인과 법칙에서 생기기 때문에 선험적으로 확실하며, 또한 그 밖에 이 질량에는 각각 결정적으로 주어진 운동이라는 경험적인 여건이 있다. 이것이 천문학의 재료이며, 이들 재료는 그 단순성과 확실성 때문에 확실한 결과를 내는 기반이 되고, 또 대상이 크고 중요하기 때문에 지극히 재미있는 결과를 가져오는 기반이 된다. 예를 들면, 만약 내가 어떤 유성의 질량과 유성과 위성과의 거리를 알면 케플러의 제2 법칙에 의해 나는 이 위성의 주기를 확실히 추정할 수가 있다. 그런데 이 법칙의 근거는 '이 정도의 거리와 함께 이 정도의 속도가 있어야 위성을 유성에 붙들어 놓음과 동시에 유성 속에 떨어지지 않게 할 수 있다'는 데에 있다. 따라서 그러한 기하학적인 기초에서 어떤 선험적 직관에 의하여, 또 어떤 자연 법칙을 응용하여 훨씬 앞날의 결론을 추리해 낼 수 있는 것이다. 그것은 이들 추리가 '하나의' 직관적 이해에서 다른 직관적 이해의 단순한 다리인 까닭이지만, 단순한 순수 추리와 오직 논리적 방법만으로는 앞날의 결론을 내놓을 수는 없다.

그러나 천문학에서 가장 근본적인 진리의 근원은 사실 귀납이다. 즉, 많은 직관 속에 주어진 것을 정리하여 직접 기초한 옳은 판단으로 만드는 것이다. 이 판단에서 후에 가설이 만들어지며, 가설이 경험에 의해 완전성으로 다가가는 귀납으로서 확증되면, 최초의 판단이 증명된다. 가령 여러 유성이 운행하고 있는 것처럼 보이는 것은 경험으로 알고 있다. 이 유성 궤도의 공간적 관련에 대해서 많은 가설이 있었지만, 결국 옳은 가설이 발견되었고 다음에는 그 운행을 지배하는 법칙(케플러의 법칙)이 발견되었으며, 마지막에는 그 운행의 원인(만유인력)도 발견되었다. 주어진 모든 사례가 가설과 일치하고, 또 그 가설에서 나온 결론, 즉 귀납과 일치한다는 것이 경험으로 인식되었기 때문에 이 가설들은 모두 확실성을 얻게 되었다. 가설을 발견하는 것은 주어진 사실을 올바르게 파악하고 그것을 적당히 표현하는 판단력의 작업이지만, 귀납, 즉 여러 가지 직관이 그 가설의 진리성을 확정하는 것이다.

그러나 만약 우리가 우주를 자유로이 뛰어다닐 수 있고, 또 망원경과 같은 눈이 있다고 하면, 오직 하나의 경험적인 직관에 의해 이 가설의 진리성이 직접 기반을 얻는 일도 있을 것이다. 따라서 이 경우 추리는 인식의 본질적이고 유일한 원천이 아니고, 사실은 응급수단에 불과한 것이다.

마지막으로, 우리는 제3의 다른 실례를 들어 보려 하는데, 그것은 이른바 형이상학적 진리, 즉 칸트가 자연과학의 형이상학적 기초 속에서 열거한 진리의 명증성은 증명에 의한 것이 아니라는 것이다. 우리는 선험적으로 확실한 것은 직접 인식한다. 그것은 모든 인식의 형식으로서 최대의 필요성을 가지고 우리에게 의식된다. 이를테면 물질이라는 것은 항존하는 것, 즉 발생할 수도 소멸할 수도 없다는 것을 우리는 소극적인 진리로서 알고 있다. 왜냐하면 우리가 갖고 있는 공간과 시간에 대한 순수 직관이 운동의 가능성을 주고, 오성이 인과의 법칙에서 형상과 질료의 가능성을 주지만, 물질이 발생하고 소멸하는 것을 표상할 만한 형식은 우리에게 없기 때문이다. 따라서 이 진리는 어떤 시대, 어떤 곳, 어떤 사람에게도 자명한 것이며, 또 진지하게 의심받는 일도 없다. 그런데 만약 이 진리의 인식 근거가 칸트가 행한 것처럼, 바늘 끝을 걸어가는 것과 같이 어려운 증명이라면, 이렇게 명백하지는 않을 것이다. 뿐만 아니라 나는(부록에서 언급한 것처럼) 칸트의 증명을 잘못된 것으로 간주하고, 물질의 항존은 시간이 아니라 공간이 경험의 가능성에 관계하는 점에서 연역되어야 할 것이라고 상술했다. 이런 의미에서 형이상학적이라고 불리는 모든 진리, 즉 필연적이고 보편적인 인식 형식의 추상적인 표현의 참된 기반은 추상적인 원리 속에는 존재하지 않고, 표상 형식에 관한 필연적이고 반대를 받지 않는 선험적인 표현에 의해 알려지는 직접적인 의식에만 존재한다. 그럼에도 형이상학적인 진리를 증명하려고 하는 것은 조금도 의심할 여지가 없는 진리 속에서 증명해야 할 진리가 이미 부분으로서 혹은 전제로서 포함되어 있다는 것을 입증하는 것밖에 달리 방법이 없다. 가령 내가 앞에서 보여 준 것처럼 모든 경험적 직관은 이미 인과 법칙의 응용을 내포하고 있고, 인과 법칙에 대한 인식은 모든 경험의 조건이며, 따라서 흄이 주장한 것처럼 경험에 의해 주어지거나 제약될 수는 없다. 대체로 연구하려는 사람들에게, 증명은 논쟁하려는 사람들에게서와 같이 가치 있는 것은 아니다. 논쟁하는 사람들은 직접적인 기초로 식견을 완강히 부인한다.

그러나 진리만은 어느 면에서 보든지 처음부터 끝까지 한결같다. 따라서 그런 사람들에게는 그들이 다른 형태로 직접 부인하는 것을 어떤 '특정한' 형태로는 간접적으로 용인하고 있다는 것, 즉 부인된 것과 용인된 것 사이에 있는 논리적으로 필연적인 연관을 보여 주어야 한다.

그 밖에도 과학적인 형식은 특수한 모든 것을 보편적인 것에 종속시키고, 그렇게 하여 점점 위로 올라가는 것이지만, 이러한 형식의 당연한 결과로서, 많은 명제의 진리는 논리적으로만 기초를 이룬다는 것, 즉 다른 명제에 의존함으로써 동시에 증명으로 나타나는 추리에 의해 기초를 이루는 것이다. 그러나 이 형식은 모두 인식을 쉽게 하는 수단이지 더 큰 확실성을 얻기 위한 수단은 아니라는 것을 잊어서는 안 된다. 어떤 동물의 성질을 그것이 속하는 종(種)에서 다시 올라가서 속(屬)과 과(科), 목(目), 문(門)에서 인식하는 것은 그때그때 주어진 동물을 그것만 독립시켜 연구하는 것보다 쉽다. 그러나 추리로 이끌어 낸 모든 명제의 진리성은 언제나 진리가 아니고 직관을 기초로 하는 어떤 진리에 제약되며, 결국은 거기에 의존하고 있는 것이다. 만약 그러한 직관을 기초로 하는 진리가 추리에 의한 연역과 언제나 같은 것처럼 명백하다고 한다면, 무슨 일이 있어도 직관을 기초로 하는 진리를 택해야 할 것이다. 왜냐하면 개념에서 연역이 되는 것은 모두 앞서 말한 것처럼 여러 범위가 다양하게 뒤섞여 있기 때문에, 또 여러 가지의 오류를 일으키기 쉽다. 여러 가지 그릇된 학설이나 궤변이 이런 종류의 실례가 될 것이다. 물론 추리는 형식상으로는 아주 확실한 것이지만, 그 자료, 즉 개념에 따라서는 불확실하다.

한편 이들 개념 범위는 정확하게 규정되어 있지 않은 것이 더러 있지만, 다른 한편으로는 서로 다양하게 교차되어 있어 하나의 범위가 많은 다른 범위 안에 포함되는 일이 있어서 이미 언급한 것처럼 마음대로 그 범위에서 이들 범위 속 임의의 범위로 옮긴다거나 거기에서 다음으로 옮기는 것이 가능하다. 이것을 다른 말로 한다면, 소개념도 대개념도 여러 가지 개념에 종속시킬 수 있으며, 이 개념 속에서 마음대로 대개념과 소개념을 끌어내면, 결론은 이에 따라 달라진다. 따라서 어떠한 경우에도 직관적인 명증성이 증명을 거친 진리보다 훨씬 훌륭하며, 증명을 거친 진리는 직접적인 명증성의 근원이 아주 먼 경우에만 용인되어야 하는 것이므로, 이것이 증명을 거친 진리와 같은 가까운 거리에 있는 경우나 더 가까운 거리에 있는 경우에는 한층 더 용인되어서는 안 된다. 그러므로 우리가 앞에서 보아 온 것처럼 실제로 논리학에 있어서는 직접적인 인식이 개별적인 경우에 연역된 과학적 인식보다 우리에게 가까이 존재하고 있기 때문에, 우리의 사유를 오로지 사유 법칙의 직접적인 인식에 따라 운용하고 논리학은 이용하지 않은 채 놓아두는 것이다.

15. 진리의 기초와 오류의 가능성

우리의 신념은 직관이 모든 명증의 제1 원천이며, 여기에 직접 또는 간접으로 관계를 갖는 것이 절대적인 진리라는 것이다. 또 개념에 의한 매개에는 많은 착각이 따라다니기 때문에, 이 절대적인 진리에 가장 가까운 길이 언제나 가장 확실한 길이다. 그런데 확신을 갖고 되풀이하여 말하지만, 유클리드에 의해 과학으로 확립되고 오늘에 이르기까지 그대로 남아 있는 '수학'을 보면, 수학이 걸어가고 있는 길이 이상한 것이고 전도된 것이라고 생각하지 않을 수 없다. 우리들이 원하는 것은 모든 논리적인 기초를 직접적인 기초로 환원하는 데에 있다. 그런데 수학은 도처에서 수학 특유의 직관적인 명증을 제마음대로 물리치고 여기에 논리적 명증을 대치시키고 있다. 이것은 지팡이에 의지하여 걷기 위해 스스로 다리를 절단하는 것과 같다. 또는 괴테의 《감상주의의 승리(*Triumph der Empfindsamkeit*)》에 나오는 왕자가 현실의 아름다운 자연을 외면하고는 자연을 모방한 무대 장치를 보고 기뻐하는 것과 같다고 하겠다.

나는 여기서 내가 〈충족 이유율에 대하여〉 6장에서 언급한 것을 생각하지 않을 수 없다. 그리고 그것이 독자의 기억에 완전히 새롭게 그려질 것을 전제로 하고 싶다. 나는 논리적으로 주어지는 수학적 진리의 단순한 인식 근거와 공간 및 시간의 각 부분이 직관적으로만 인식될 수 있는 직접적인 연관인 존재의 근거 사이의 차이를 새삼 설명하지 않고, 여기 언급한 소견을 앞에서 말한 것과 결부시키는데, 이 연관을 통찰해야만 참된 만족과 근본적인 지식이 얻어진다. 그런데 단순한 인식 근거는 언제나 표면에 머물고 그것이 '그렇다'는 지식은 줄 수 있지만 '어째서 그런가'라는 지식은 줄 수 없다.

유클리드는 이러한 인식 근거의 길을 취했기 때문에 확실히 과학의 손실을 초래했다. 왜냐하면 그는 처음에 꼭 한번은 삼각형에 있어서 각과 변이 서로 규정하며, 서로 근거와 귀결의 관계에 있어 그것은 충족 이유율이 단순히 공간 속에서 갖는 형식을 따르는 것이며, 이 형식이 다른 경우와 마찬가지로 그 경우에도 하나의 삼각형이 그런 것은 다른 삼각형이 그런 것에 기인한다는 필연성을 확실히 표시해야 했다. 그런데도 그는 삼각형을 근본적으로 통찰하지 않고 삼각형에 관하여 임의로 선택한 2, 3의 단편적인 정리를 들고, 모순율에 따라 논리적으로 행해진 번거로운 증명에 의하여 이들 정리에 이론적인 인식 근거를 주고 있다. 따라서 거기에서 얻어지는 것은 이들 공간의 관계에 대한 인식이 아니라 이들 관계 속에서 임의로 알려진 두세 개의 결과에 지나지 않는다. 그리고 마치 정밀한 기계의 여러 가지 작용을 보면서 그 내부의 연관과 장치는 보지 못하는 것과 같다. '유클리드가 증명하고 있는 것은 모두 그와 같은 것이다'라고 하는 것은 모순율에 의해 꼭 용인되어야 한다. 그러나 어째서 그런가 하는 것은 모른다. 그래서 요술을 보고 난 후처럼 뭔가 불쾌한 기분이 든다. 그리고 실제로 유클리드의 증명은 요술과 흡사한 것이 있다. 진리는 거의 언제나 뒷문으로 들어오며, 우연히 부수적인 사정에서 생긴다. 간접적인 논증은 흔히 모든 문을 차례로 닫고 하나만을 열어 두기 때문에, 할 수 없이 거기로 들어가게 마련이다. 피타고라스의 정리와 마찬가지로 이유를 모르고도 선을 긋는 일이 이따금 있다. 그리고 후에 그것이 억지로 학습자의 동의를 얻기 위한 함정이었다는 것을 알게 되지만, 그렇게 되면 학습자는 내적 연관이란 점에서는 전혀 납득이 가지 않는 것도 용인하지 않으면 안 된다. 이렇게 해서 유클리드를 모두 학습해도 공간적인 관계의 법칙에 대한 근본적인 통찰을 못하고, 그 대신 그 법칙의 몇몇 결론을 암기하는 것에 불과하게 된다. 이러한 근본적으로 경험적이고 비과학적인 인식은 병과 이 병에 대한 약을 알고 있어도 둘 사이의 관계를 모르는 의사의 인식과 같은 것이다. 이 모든 것은 어떤 종류의 인식에 고유한 확증과 명증의 방법을 변덕스럽게 거절하고, 그 대신 그 인식의 본질과 관계없는 방법을 무리하게 도입한 결과다. 그런데 유클리드가 이것을 완수한 방법은 상당한 찬사를 받고 있으며, 이 찬사는 사실 수세기를 두고 유클리드에게 바쳐지고 또 널리 퍼져 있기 때문에, 이와 같은 수학적 취급 방법이 모든 과학적 설명의 모범이라고 하여 다른 과학도 여기에 따라 재건하려고까지 했다. 그러나 후에는 이유도 모르고 이 방법을 탈피한 사람도 있었다. 우리가 보는 바로는 수학에서 유클리드의 방법은 정말 심하게 뒤바뀌고 거꾸로 된 상태라고 생각된다.

그런데 인생에 대한 과실이든, 학문에 대한 과실이든 고의로, 그리고 조직적으로 행해져서 세상의 찬동을 얻은 과실의 근거는 항상 그 시대에 행해지는 철학 속에 존재한다는 것이 확인된다. 엘레아학파들은 비로소 직관한 것 ($\varphi\alpha\iota\nu o\mu\varepsilon\nu o\nu$)과 사유한 것($\nu o o\nu\mu\varepsilon\nu o\nu$)*과의 차이뿐만 아니라 그 모순까지도 발견하여, 이 차이나 모순을 그들 철학설이나 궤변에 여러 가지로 이용했다. 그 후에 그들의 뒤를 따른 것은 메가라학파, 변증학파, 궤변학파, 신아카데미아 학파, 회의학파들이지만, 이 사람들은 세상 사람들의 주의를 가상, 즉 감각, 혹은 감각의 재료를 바꾸어 직관으로 만드는 오성의 착각을 향하게 했다. 그 가상, 즉 착각 때문에 가끔 이성이 확실하게 실재하지 않은 것으로 간주하는 것이 보이곤 하는데, 가령 물 속에서 막대기가 꺾인 것처럼 보이는 것이 그 예다. 그래서 사람들은 감각적 직관이 반드시 믿을 만한 것은 아니라는 것을 인식하고, 서둘러 이성적이고 논리적인 사고만이 진리의 기초가 된다고 추론했다. 물론 플라톤($^{파르메니}_{데스)에서}$), 메가라학파, 피론, 신아카데미아 학파들은 여러 실례에 따라, 후에 섹스투스 엠피리쿠스가 한 것과 같은 방법으로 추리나 개념도 오류를 범하는 일이 있고, 논리를 펼 때 무의식적으로 오류에 빠지거나 궤변에 빠지는 일까지 있어서, 이것들은 오히려 감각적 직관에서 생기는 가상보다 훨씬 생기기 쉽고 또 훨씬 해결하기 어려운 것이라는 것을 보여 주었다. 그 속에서 경험론에 대립하여 생긴 합리론이 우세해져서 유클리드는 이 합리론에 따라 수학을 만들어 갔다. 즉 공리만은 할 수 없이 직관적 명증에 기초를 두지만, 그 밖의 모든 것은 추리에 기반을 두기로 했다. 그의 방법은 수세기 동안 지배적이었으며, 선험적 순수직관이 경험적 직관에서 구별되지 않은 한 그냥 그대로 유지되어야만 했다. 물론

유클리드의 주석자인 프로클로스는 이미 그 구별을 완전히 인식한 것 같다. 그것은 케플러가 그의 저서인 《세계의 조화(De Harmonia Mundi)》에서

---

* 칸트는 이 그리스어를 잘못 사용하고 있다. 여기에 관해서는 부록에서 비난했지만, 여기서는 생각하지 않겠다.

프로클로스의 이 문제를 중요시하지 않고, 다른 문제와 고립시켜 제창했기 때문에 세상 사람들의 주의를 끌지 못하고 일반에게 보급되지도 못했다.

그로부터 2000년 후에야 나온 칸트의 학설은 유럽 여러 나라의 모든 지식과 사유와 행동에 커다란 변혁을 일으킬 만큼 영향을 미쳤고, 수학에도 영향을 미쳤다. 우리는 이 위대한 철학자로부터 공간과 시간의 직관이 경험적인 직관과는 전혀 다르며, 감관에 대한 인상과는 관계없이 이 인상에 제약받는 것이 아니고 이 인상을 제약한다는 것, 즉 선험적이어서 착각에 빠지는 일이 없다는 것을 배우게 되었다. 그리고 난 후에 비로소 유클리드가 하는 것과 같은 수학의 논리적 취급 방법이 쓸데없는 조심이며, 건강한 다리를 위한 지팡이며, 마치 여행자가 밤중에 밝게 보이는 견고한 도로를 강이라고 생각하고, 그 도로를 걸어가지 않도록 조심하고는 쉴 새 없이 그 옆의 울퉁불퉁한 땅을 걸어가면서 강에 떨어지지 않았다고 만족해하는 것과 같다는 것을 알 수 있다.

이제야 우리는 확실히 다음과 같이 주장할 수 있다. 즉 하나의 도형을 직관하는 경우, 우리에게 필연적이라고 생각되는 것은 종이 위에 불완전하게 그려진 도형에서 오는 것이 아니고, 또 그때 우리가 사유하는 선험적인 개념에서 오는 것도 아니며, 우리가 선험적으로 의식하고 있는 모든 인식의 형식에서 직접 오는 것이다. 이 형식은 충족 이유율이긴 하지만 여기서는 직관의 형식, 즉 공간에 있어서 존재의 충족 이유율이다. 그러나 이 원리의 명증성과 타당성은 인식 근거의 논리적 확실성과 같으며 똑같이 직관적인 것이다. 따라서 우리는 단순히 논리적 확실성을 얻기 위해 수학의 고유한 영역을 떠나 그것과 조금도 관계가 없는 개념의 영역에서 수학을 확인할 필요도 없고, 또 해서도 안 된다. 만약 우리가 수학 고유의 지반에 머물러서 이로운 점을 얻는다면, 그것은 수학에서 무엇이 '그렇다'고 하는 지식이 '왜' 그런가 하는 것과 같은 것이다. 유클리드의 방법에서는 양자를 분리하여 전자만을 인식시키지만, 후자에 대해서는 모른다. 그런데 아리스토텔레스는 《분석론 후편 (*Analyt. post*)》에서 다음과 같이 말하고 있다.

"사물이 그렇게 있다는 것과 왜 그렇게 있는가 하는 것을 동시에 가르치는 지식은 이것을 따로 가르치는 지식보다 더 정밀하며 우수하다."

왜냐하면 우리는 물리학에서 어떤 것이 그렇게 있다고 하는 인식이 '왜'

그렇게 있는가 하는 인식과 하나가 된 경우에만 만족할 수 있기 때문이다. 즉 수은이 토리첼리 관 속에서 760㎜ 높이에서 멈춘다는 것은 공기의 압력에 의해 그렇게 된다는 지식이 첨부되지 않으면 그릇된 지식이다. 그러나 수학에서 원 속에서 서로 교차하는 두 개의 현이 만드는 활꼴은 언제나 같은 직사각형을 이룬다고 하는 원의 숨은 성질(qualitas occulta)로 우리는 만족할 수 있을 것인가? 그렇다고 하는 것을 유클리드는 제3권의 제35정리에서 증명하고 있지만, 그 이유는 밝히지 않고 있다. 피타고라스 정리는 우리에게 직각 삼각형의 숨은 성질을 알려 준다. 유클리드의 거만하고 교활한 증명은 우리가 그 이유를 묻는 경우에는 아무 소용이 없다. 그리고 증명에 도움이 되기 위해 이미 알려진 간단한 도형을 한 번 보면, 그 증명보다 훨씬 그 문제를 잘 알 수 있고, 그 필연성과 또 그 성질이 직각에 의존하고 있는 것에 관한 내심의 확고한 신념이 생긴다.

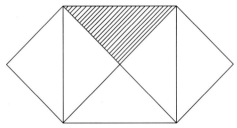

이 경우에도 직각을 사이에 둔 두 변이 같지 않아도 그러한 직관적인 확신이 생긴다. 그것은 대체로 모든 가능한 기하학적인 진리의 경우와 마찬가지며, 그 이유는 그런 진리의 발견은 언제나 이렇게 직관된 필연성에서 나온 것이며, 증명은 후에야 비로소 생각해 낸 것이기 때문이라는 데 있다. 따라서 기하학적 진리의 필연성을 직관적으로 인식하려면, 그것을 발견했을 때의 사유 과정을 분석하기만 하면 된다. 내가 수학 강의를 위해 바라는 것은 대체로 분석적인 방법이며, 유클리드가 사용한 것과 같은 종합적인 방법은 아니다. 물론 복잡한 수학적인 진리의 경우에는 이 분석적인 방법이 곤란하겠지만, 그것이 극복될 수 없는 것은 아니다. 독일에는 이미 여기저기서 수학 강의의 방법을 변경하여 이 분석적인 방법을 따르려고 하고 있다. 이것을 더 대담하게 한 것이 노르트하우젠 고등학교의 수학 및 물리학 교사인 코자크 씨이며, 그는 1852년 4월 6일의 학교 시험 과목에 기하학을 나의 원리에 따라 취급하여 응용했다.

수학의 방법을 개량하기 위해서는 증명을 거친 진리가 직관적으로 인식된 진리보다 어떤 점에서 우수하다거나, 모순율에 의거한 논리적인 진리가 명증하므로 공간의 순수 직관도 포함한 형이상학적 진리보다 어떤 점에서 우수하다고 하는 편견을 버려야 한다.

가장 확실하고 어떤 경우에도 설명할 수 없는 것은 '충족 이유율'의 내용이다. 왜냐하면 충족 이유율은 여러 가지 형태를 취하고 나타나지만, 우리의 모든 표상과 인식의 보편적인 형식을 표시하는 것이기 때문이다. 모든 설명은 이 원리에 환원하는 것이며, 이 원리 일반에 의해 표시된 여러 표상 사이의 연관을 개별적인 경우를 통하여 입증하는 것이다. 따라서 이것은 모든 설명의 원리이며, 그런 이유로 그 자체는 설명할 수도 없고 또 설명할 필요도 없다. 왜냐하면 어떠한 설명이든 이미 이 원리를 전제로 하고 있고, 이 원리에 의해서만 의미를 얻기 때문이다. 이 원리가 나타내는 여러 형태에 우열의 차이는 없다. 이 원리는 존재, 또는 생성, 또는 행위, 또는 인식의 충족 이유율로서 똑같이 확실하고 논증이 불가능한 것이다. 근거와 귀결과의 관계는 이 원리가 어떤 형태로 나타나도 필연적이다. 이 관계는 일반적으로 필연성 개념의 근원이기도 하며, 또 유일한 의미이기도 하다. 근거가 주어지는 경우 귀결의 필연성이 있다는 것밖에는 어떠한 필연성도 없고, 또 귀결의 필연성을 동반하지 않는 근거도 없다. 따라서 전제 속에 주어진 인식 근거에서 결론이라고 하는 귀결이 생기는 것이 확실한 것처럼, 공간에서의 존재 근거는 공간에서의 귀결을 제약하는 것처럼 확실하다.

만약 내가 이 둘의 관계를 직관적으로 인식한다면, 이 확실성은 논리적인 것의 확실성과 같은 정도다. 그러나 기하학적 정리는 모두 12공리의 하나와 같이 그런 관계의 표현이다. 즉 기하학적 정리는 형이상학적 진리며 모순율과 마찬가지로 직접적으로 확실하지만, 모순율은 하나의 초논리적인 진리며 모든 논리적 논증의 보편적 기초다. 어떤 종류의 정리로서 표현된 공간적 관계의 직관적으로 나타난 필연성을 부인하는 사람은, 같은 권리를 가지고 공리를 부인할 수 있고, 또 같은 권리를 가지고 전제로부터 나온 추리의 결론을 부인하고, 나아가서 모순율 그 자체까지도 부인할 수 있다. 왜냐하면 이들 모두의 관계는 똑같이 증명되지 않고, 직접적으로 명증하고, 선험적으로 인식할 수 있기 때문이다. 따라서 직관적으로 인식할 수 있는 공간 관계의 필연성을 새삼 논리적인 증명으로 모순율에서 연역하려고 하는 것은, 한 지방의 진짜 영주에게 다른 영주가 진짜 영주의 영지를 새삼스레 봉토로 주려고 하는 것과 같다. 그런데 유클리드가 한 것이 이런 것이다. 그는 단지 그 공리만은 할 수 없이 직접적인 명증에 기반을 두고 있지만, 여기에 따르는 기하학적 진리는 모두 논리적으로 증명한다. 말하자면, 공리들을 전제로 하여 공리 속에서 행한 가정이나 이전의 정리와의 일치에서, 또는 그 정리의 반대가 가정이나 공리나 이전의 정리들 또는 그 정리 자체와 모순된다는 것에서 증명된다는 것이다. 그러나 공리 그 자체는 다른 모든 기하학적 정리에 비해 직접적인 명증성이 많은 것이 아니고, 내용이 적기 때문에 더 간단하다는 것뿐이다.

범인을 신문할 경우, 그의 진술을 조서로 작성하고 그 진술과의 일치를 기초로 하여 진실성을 판단한다. 그러나 이것은 단순한 응급조치에 지나지 않으며, 만약 그 범인이 진술한 것에 대한 진실성을 다른 관계와 분리하여 직접 음미할 수만 있다면, 그것으로 만족할 수는 없다. 특히 그는 처음부터 일관되게 거짓말을 했을지 모르기 때문에 더한층 그렇다. 그런데 유클리드가 공간을 연구했을 때의 방법은 앞서 말한 바로 그러한 방법이었다. 물론 그가 출발점으로 삼았던 전제는 옳다. 자연은 곳곳에서 일관되게 있고, 그 근본 형식, 즉 공간에 있어서도 일관하고 있음에 틀림없다. 또 그런 까닭에 공간의 각 부분은 서로 근거와 귀결의 관계에 있으므로 어떠한 공간적 규정도 다른 규정과 모순되는 것을 제외하고는 다른 것은 있을 수 없다. 그러나 이것은 사실 번거롭고 불만스러운 우회로이며, 간접적인 인식을 확실한 직접적 인식보다 우세하다고 하고, 또 어떤 것이 '있다'는 인식을 '왜' 그것이 있는가 하는 인식과 '구별하여' 과학에 커다란 손실을 초래하게 한다. 또 마지막으로는 학습자에게 공간에 대한 법칙들을 이해시키지 않을 뿐만 아니라 사물의 근거와 그 내용 사이의 연관을 연구하는 습관을 없애고, 그 대신 오직 '그것이 그렇게 있다'고 하는 역사적인 지식으로 만족하도록 인도한다. 이 방법은 통찰력을 연마하는 데 적합하다고 칭찬받고 있지만, 그것은 학생들이 추리를 하는 데, 즉 모순율을 응용하는 데 사용하는 것으로, 모든 자료들이 일치되는 것인지 비교하기 위해 자신의 기억을 동원하려고 노력하는 데에 적합할 뿐이다.

그런데 이상하게도 이 증명법은 기하학에만 응용되고 산술에는 응용되지 않았다. 산술에서 진리는 오직 직관에 의해 알려지는데, 그 직관이란 산술에서는 단지 셈한다는 것뿐이다. 수에 대한 직관은 '오직 시간'에만 있으며, 따라서 기하학의 도형처럼 감각적인 도식에 의해서 대표될 수 없기 때문에, 직관은 단지 경험적이며 가상에 사로잡혀 있을 것이라는 의혹은 없어졌다. 이러한 의혹이 있기 때문에 논리적인 증명법이 기하학에 도입되었던 것이다. 시간은 1차원만 갖고 있기 때문에, 셈한다는 것은 산술의 유일한 계산이며, 다른 모든 계산은 여기에 환원되어야 한다. 그리고 셈한다는 것은 선험적 직관에 불과하며, 산술에서 이것은 참작하는 데에 조금도 주저하지 않는다. 또 이것에 의해서만 그 밖의 것과 모든 계산과 방정식이 최종적으로 확정된다. 사람들은 가령 $\frac{(7+9) \times 8 - 2}{3} = 42$를 증명하지 않고 시간에 있어서 순수 직관에 의거하여 계산한다. 그러므로 셈하는 것에 의해 모든 개별적인 정리는 모두 공리로 된다. 그러므로 기하학에서는 증명만 있고 산술과 대수의 모든 내용은 그와 달리 계산을 간단하게 하는 방법뿐이다. 원래 시간에 있어서 수에 대해 우리가 갖고 있는 직관은 위에서 언급한 것처럼 10 정도까지만 해당된다. 그 이상이 되면 이미 수의 추상적인 개념을 말로 고정하여 이것을 직관 대신 사용해야 한다. 그러므로 직관은 이제 실제로 행해지는 것이 아니고 일정한 기호로 표시되는 데 불과하다. 그러나 아무리 그렇다고 해도 큰 수를 항상 작은 수로 대표시키는 수의 질서라고 하는 중요한 수단에 의해 모든 계산의 직관적인 명증이 가능하게 된다. 극히 추상적인 도움을 받는 경우도 그렇다. 그러한 경우에는 단지 수뿐만 아니라 일정하지 않은 양과 계산 전체가 추상적으로만 사유되고, 이런 의미에서 $\sqrt{r^{-b}}$처럼 기호로 표시한다. 따라서 이렇게 되면 계산을 하는 것이 아니라 그것을 예시할 뿐이다.

기하학에서도 산술과 마찬가지의 권리와 확실성을 가지고 진리를 오직 선험적인 순수 직관 위에 세울 수가 있을 것이다. 실제로 기하학에 명증성을 주고, 각 개인의 의식에 기하학 정리의 확실성이 의존하고 있는 것은 항상 '존재의 충족 이유율'에 따라 직관적으로 인식된 이 필연성이며, 결코 거만한 논리적 증명이 아니다. 논리적 증명은 언제나 문제와는 거리가 멀고 대개는 곧 잊어버리지만, 그것으로 확신이 손상되는 것은 아니며, 또 완전히 없어져 버려도 그것으로 기하학의 명증성이 감소되는 것도 아니다. 왜냐하면 기하학적 명증성은 논리적 증명과는 전혀 관계가 없으며, 증명은 언제나 이미 다른 종류의 인식에 의해 완전한 확신이 있는 것만을 증명하기 때문이다. 그러한 면에서 논리적 증명은 이미 다른 사람에 의해 살해된 적에게 다시 일격을 가하고, 그 적을 죽인 것은 자기라고 말하면서 뽐내는 비겁한 병사와 같다. *

이에 따라 모든 명증성의 모범이 되고 상징이 된 수학의 명증성은 그 본질상 증명에 기반을 둔 것이 아니고 직접적인 직관에 기반을 둔 것이다. 따라서 이 경우에도 다른 모든 경우와 마찬가지로 이 직관이 모든 진리의 최종적인 근거요 원천이라는 것은 이제 의문의 여지가 없을 것이다. 그러나 수학의 기초가 되고 있는 직관은 다른 어떠한 직관보다, 즉 경험적인 직관보다 훨씬 우수하다. 즉 수학의 기초가 되고 있는 직관은 선험적이며, 따라서 언제나 부분적으로 또 연속적으로 오는 경험에 의존하지 않기 때문에 모든 것이 똑같이 직관 가까이에 있고, 임의로 근거에서 출발할 수도, 귀결에서 출발할 수도 있다. 그러한 직관에서는 귀결이 근거에서 인식되기 때문에 전혀 오류가 생기지 않는다. 이러한 인식만이 필연성을 갖고 있다. 가령 삼각형의 두 변의 등식은 각의 등식에 의해 기초를 얻은 것으로 인식된다.

그런데 모든 경험적인 직관이나 경험의 대부분은 이와는 반대로 귀결에서 근거로 나아가는 것이며, 이런 종류의 인식은 오류가 없다고 할 수 없다. 왜냐하면 필연성은 근거가 주어지고 있는 한 귀결에만 있는 것이며, 여러 가지로 다른 근거에서 동일한 귀결이 생기는 일도 있어서, 귀결에서 근거를 인식한 경우에는 필연성이 없기 때문이다. 이런 종류의 인식은 언제나 귀납적인

---

* 스피노자는 기하학적 방법(more geometrico)을 취하는 것을 자랑으로 여겼지만, 사실은 자신이 의식하고 있던 것 이상으로 기하학적 방법을 사용했다. 왜냐하면 그는 세계의 본질에 대한 직접적이고 직관적인 파악으로 확실하고 결정적으로 된 것을 이것과는 상관없이 논리적으로 증명하려 하기 때문이다. 그러나 그가 의도적으로 확실하게 한 결론은 그가 자기 마음대로 만든 개념들(실체, 자기 원인 등)을 출발점으로 하여 얻을 수 있고, 개념의 범위가 본질적으로 광범위하게 펼쳐 있어서 임의로 할 수 있는 해석을 가하면서 증명함으로써만 얻을 수 있다. 따라서 그의 학설 중에서 참되고 우수한 것들은 기하학에서와 마찬가지로 증명을 완전히 떠나서도 참되고 우수한 것이다.

것에 불과하다. 이를테면 하나의 근거를 지시하는 많은 귀결에서 그 근거가 확실한 것으로 가정되는 것이다. 그런데 모든 사례가 완전히 수집된다는 것은 있을 수 없기 때문에, 이 경우에는 진리도 무조건 확실하다고 말할 수는 없다. 감각적 직관에 의해 얻은 모든 인식이나 대개의 경험을 갖는 진리는 이런 종류의 것뿐이다. 어떤 감각이 자극을 받으면 오성 추리가 행해져 결과에서 원인을 추론하는 것이 된다. 그러나 기초된 것으로부터 그 기초를 추론하는 것은, 확실한 것이 아니기 때문에 그릇된 가상이 착각으로 생기는 수가 있을 것이고, 또 전에 말한 것처럼 실제로 생기는 일이 종종 있다. 약간의 감각 또는 오감 전부가 같은 원인을 지시하는 자극을 받았을 경우, 가상의 가능성은 가장 적게 되는 것이지만 전혀 없는 것은 아니다. 왜냐하면 어떤 경우, 가령 위조 화폐 같은 것은 그것으로 감관 전부가 기만당하기 때문이다. 이런 경우 자연과학은 이 순수한(칸트에 따르면 형이상학적인) 부분을 무시하고 있다. 자연과학에서도 결과에서 원인이 인식된다. 따라서 모든 자연과학은 가설에 기초를 두고 있지만, 가설이라는 것은 종종 옳지 못한 것이며 점점 더 옳은 가설에 자리를 양보하고 있다.

특정한 의도 아래에서 행해지는 실험의 경우에 한해서 인식이 원인에서 결과로 확실한 길을 걸어간다. 그러나 실험 자체는 가설의 귀결 밑에서 비로소 계획된다. 그래서 자연과학의 어떠한 부분도, 가령 물리학, 천문학, 생리학만 하더라도 수학, 논리학처럼 한번에 발견될 수는 없었고, 어떠한 것이 성립될 때까지는 수백 년간의 경험을 수집하고 비교할 필요가 있었으며, 또 지금도 그럴 필요가 있다. 경험적인 확증을 거듭함으로써 가설의 기초가 되고 있는 귀납이 점점 완전하게 되고, 따라서 실제로 확실한 입장으로 간주되기에 이른다. 그리고 그것은 그 근원인 가설에 장해가 되는 것으로 보이지만, 직선과 곡선의 상이점이 기하학에 응용되는 경우나, 또 사실상 얻어질 수 없는 대수의 완전한 정확성을 산술에 응용하는 경우보다는 장해가 적은 것으로 생각된다. 왜냐하면 원의 넓이를 구하는 방법과 대수가 조금씩 무한히 정당성에 접근하도록 하는 귀납, 즉 귀결에서 근거를 추정하는 인식은 여러 번의 경험에 의하여 수학적 명증, 즉 근거에서 귀결을 추정하는 인식으로 무한히 접근한다고 말할 수는 없지만 착각이 있기는 있다. 가령 귀납 추리도 무수한 경우에서 모든 경우, 즉 본래는 그 모든 경우가 기초가 되어 있는 마지막 근거를 추정하는 추리다. 그래서 이런 종류의 추리로는 모든 사람의 심장이 왼쪽에 있다고 하는 추리보다 확실한 것처럼 생각된다. 그러나 극히 드물지만 특별한 예외로 오른쪽에 심장이 있는 사람이 있다. 이렇듯 감각적 직관과 경험 과학은 같은 종류의 명증성을 갖는다.

수학, 자연과학, 논리학이 선험적 인식으로서 감각적 직관이나 경험 과학에 비교하여 우수한 것은 오직 모든 선험적 기초가 되는 인식 형식이 완전히, 또 동시에 주어지기 때문에, 수학, 순수 자연과학, 논리학에서는 언제나 근거에서 귀결로 나아갈 수 있지만, 감각적 직관이나 경험 과학에서는 대개 귀결에서 근거로만 나아간다. 그러나 그 자체로서는 인과성의 법칙이나 경험적 인식으로 인도하는 생성의 충족 이유율의 여러 가지 다른 형태와 마찬가지로 확실한 것이다. 개념에서 하는 논리적 증명, 혹은 추리는 선험적 직관에 의한 인식과 마찬가지로 근거에서 귀결을 추정한다고 하는 장점을 가지고 있으며, 이 때문에 논리적 증명 내지 추리는 그 자체로서, 즉 형식적으로는 틀림없는 것이다. 그래서 증명이란 것이 일반에게 아주 존중되기에 이르렀다. 그러나 그들 추리가 틀림없다는 것은 상대적인 것이다. 즉 이들 추리는 과학의 상위 원리에 포괄될 뿐이지만, 그것은 단순히 증명되는 것이 아니라 직관에 의거하지 않으면 안 되는 것이다. 이 직관은 상술한 것과 같은 아주 소수의 선험적 과학에서는 순수 직관이지만, 그 밖의 경험적 과학에서는 언제나 경험적인 것이며, 귀납에 의해서만 보편적인 것으로까지 옮아 있다. 따라서 경험 과학에서는 개별적인 것이 보편적인 것에서 증명된다고 해도 보편적인 것은 그 진리성을 개별적인 것에서 얻은 데 불과하며, 수집된 화물 창고에 불과하며, 자기 자신이 물건을 생산하는 대지는 아니다.

진리의 기초에 대해서는 이 정도로만 해 두기로 한다. '오류'의 기원과 가능성에 대해서는, 비둘기장에서 잘못하여 다른 집 비둘기를 잡는 것과 마찬가지라고 한 플라톤의 비유적인 해명 이래(《테아이테토스(Theaitetos)》 p. 167 이하) 많은 설명이 시도되었다. '칸트'는 대각선 운동의 비유를 사용해 오류의 기원에 관해 정확하지 않은 막연한 설명을 하고 있지만(그것은 《순수이성비판》(초판, p. 294, 제5판, p. 350)에 있다) 진리란 하나의 판단의 인식 근거에 대한 관계기 때문에, 판단하는 사람이 그와 같은 근거를 갖고 있다고 실제로 믿을 수 있는데도 갖고 있지 않다고 하는 것이 어떻게 있을 수 있는 것인가? 다시 말해 어떻게 오류, 즉 이성의 미망이 가능한가 하는 것은 확실히 문제가 된다. 이것은 그 가능성을 앞서 설명한 가상, 즉 오성이 미망에 빠질 가능성과 유사하다. 내 생각으로는 이것은 지금 여기서 말하면 그 설명이 되는 것이다. 하지만 '모든 오류는 귀결에서 근거로 거슬러 올라가는 추리'에서 발생하는 것이며, 또한 그 귀결이 그 해당 근거에서 생긴 것이지 다른 근거에서 생길 리 없다는 것을 알고 있는 경우에는 타당하지만, 그 밖의 경우에는 타당하지 않은 추리다. 오류를 범하는 사람은 하나의 귀결에 그 귀결이 전혀 가질 수 없는 근거를 설정한다. 이 경우 그에게는 오성이 실제로 부족하다. 말하자면 원인과 결과와의 결합을 직접 인식할 능력이 부족하다는 증거이다.

또한 더 빈번한 경우이긴 하지만, 오류를 범하는 사람이 귀결에 어떤 근거를 규정하는 경우, 물론 그 근거는 가능하지만, 귀결에서 근거로 거슬러 올라가는 그의 추리 전체에 첨가하여, 그 해당 귀결은 '항상' 그가 진술한 근거에서만 생긴다고 간주하는 것이다. 그렇게 볼 수 있는 것은 그가 완전한 귀납을 행한 후에 비로소 가능하지만, 그는 그렇게 하지 않고 오직 전제만 하고 있다. 따라서 그 '항상'이라는 것은 지나치게 광범한 개념이며, 그 대신 '가끔'이라든가 또는 '대체로'라고 말하기만 하면 별 지장이 없을 것이다. 이렇게 하면 결론은 미결정의 것으로 되며, 그러한 결론으로서는 잘못이 없다. 그런데 오류를 범하는 사람이 상술한 것과 같은 방법으로 추론하는 것은 조급한 탓이 아니면 가능성에 관한 지식이 제한되어 있어서, 그 때문에 행해야 할 귀납의 필연성을 알지 못하기 때문이다. 따라서 오류는 가상과 유사하다. 둘 다 귀결에서 근거로의 추리인데, 가상은 언제나 인과성의 법칙에 따라서, 또 단순한 오성, 즉 직접적인 직관에 의해서 행해지지만, 오류는 충족이유율의 모든 형식에 따라서 이성, 즉 본래적인 사유에 따라 행해진다. 그러나 가상과 마찬가지로 인과성의 법칙에 따라 행해지는 경우도 종종 있으며, 다음에 말하는 세 가지 실례는 이를 증명한다.

이것들은 오류의 세 가지 유형으로 대표적인 것이라 할 수 있다. ①감각의 가상(오성의 미망)에 기인하는 오류(이성의 미망), 가령 그림을 부조(浮彫)로 보고 실제로 그렇게 생각하는 경우, 이것은 다음과 같은 전제에서 생기는 추리에 의한다. 즉 '암회색이 군데군데 여러 가지 짙은 것과 연한 것을 나타내 점점 희게 변하는 경우, 항상 그 원인은 빛이 볼록한 곳과 오목한 곳에 달리 비치기 때문이다.' 그러므로 ② '내 금고 속의 돈이 없어졌을 경우, 그 원인은 '항상' 하인이 진짜 열쇠를 갖고 있는 것이다.' 그러므로 ③ '프리즘에 의해 분산된, 즉 위 또는 아래로 옮겨진 일광의 분광이 그 때까지는 둥글고 희게 보였는데, 지금은 길고 색이 섞여 보이는 경우, 그 원인은 반드시 빛깔 속에는 여러 가지 색과 동시에 여러 가지로 분산되는 동질의 광선이 포함되어 있어서, 이 광선이 여러 굴절성에 의해 갈라져 지금은 길고 여러 가지 색이 있는 어떤 상을 나타내는 것이다. 그러므로…… 자, 마시자!' 이러한 추론은 잘못 보편화된 가정적 귀결에 대해 하나의 근거를 가정하려 하는 데에서 생기는 것으로, 전제에서는 추론이지만 어떤 오류로 인해 이러한 추론에 귀착할 수는 없다. 이것은 계산 착오는 아니다. 계산 착오는 본래적인 오류라고 할 수 없는 단순한 과실이다. 즉 수의 개념이 지시하는 계산은 계수라는 순수 직관이 아닌 다른 직관에 의한 것이다.

과학 일반의 '내용'을 말한다면, 그것은 본래 언제나 충족 이유율에 따라, 또 이 원리에 의해 비로소 타당하고 의미를 갖는 이유 탐구를 길잡이로 한, 세계의 현상들 사이의 상호 관계다. 이를 표시하는 것이 '설명(Erklärung)'이다. 따라서 설명은 두 개의 표상을 이 표상들이 속해 있는 부분을 지배하고 있는 충족 이유율 형태의 상호 관계에서 나타내는 것 이상으로 보여 줄 수는 없다. 설명이 여기까지 진행되면 그 이상은 '왜'라고 질문할 수도 없다. 왜냐하면 거기에 표시된 관계는 오직 그것뿐이며, 그 밖에는 표상할 수 없는 것, 즉 그 관계는 모든 인식의 형식이기 때문이다. 그래서 사람들은 왜 2+2=4인가 하고 질문하지 않으며, 왜 삼각형의 각이 같으면 변도 같은가 하고 묻지 않고, 또 왜 전제가 옳으면 결론도 옳은가 하고 묻지도 않는다. 그 이상 '왜' 하고 물을 수 없는 관계에까지 거슬러 올라가지 않는 설명은 모두 어떤 숨겨진 성질을 상정하여 거기에 머무른다. 그런데 근원적인 자연의 힘은 모두 이런 종류의 숨겨진 성질이다. 어떠한 자연과학적인 설명도 결국은 이러한 자연의 힘, 즉 어떤 컴컴한 곳에 머물러 있어야만 한다. 그래서 자연과학적 설명은 한 인간의 내적 본질과 마찬가지로 돌의 내적 본질에까지도 설명을 가하지 말고 방치해 두어야 한다. 돌이 나타내는 중력, 응집력, 화학적 성질 등을 해명할 수도 없고 또 인간의 인식이나 행동을 해명할 수도 없다. 예를 들면, 중력은 하나의 숨겨진 성질이다. 왜냐하면 중력은 없는 것으로 생각할 수도 있는 것이며, 인식의 형식에서 하나의 필연적인 것으로 나오는 것이 아니기 때문이다. 반대로 관성의 법칙은 필연적인 것으로 인과 법칙에서 생긴다. 따라서 인과 법칙에 환원하면 충분한 설명이 된다.

어떻게 해서도 설명이 될 수 없는 것, 즉 충족 이유율이 표시하는 관계에 환원할 수 없는 것이 두 가지 있다. 그 하나는 네 개의 형태를 취해 나타나는 충족 이유율이다. 이것은 모든 설명의 근본이며 이 원리에 관련하여 비로소 설명이 의미를 갖기 때문이다. 다른 하나는 충족 이유율이 도달할 수 없는 것이지만, 근원적인 것이 모든 현상으로 되어 생기는 것이다. 말하자면 물자체이며, 순전히 충족 이유율에 의한 인식은 아니다. 그런데 이 물자체에 대해서 여기서는 전혀 모르는 것으로 놓아두지 않으면 안 되겠다. 왜냐하면 우리는 제2권에서 과학의 가능한 업적들에 대한 이 고찰을 다시 취급할 작정인데, 물자체는 그 후에야 이해될 수 있기 때문이다. 그런데 자연과학이나 다른 과학으로서는 물자체를 설명할 수 없을 뿐만 아니라 그 설명의 근본인 충족 이유율까지도 이 점을 넘어설 수는 없어서 사물을 그대로 놔둔다. 하지만 거기서 철학이 사물을 다시 취급하여 자연과학과는 전혀 다른 철학적인 방법으로 고찰한다. 〈충족 이유율에 대하여〉의 제51장에서 나는 여러 가지 과학에서 충족 이유율의 어떠한 형태가 주된 지도 원리로 되어 있는가를 나타냈다. 사실 이것이 과학의 가장 적절한 분류가 될 것이라고 생각한다. 그런데 그 지도 원리를 다룬 설명은 항상 상대적인 것에 불과하다. 그것은 사물들의 상호 관계는 설명하지만, 이미 그 설명의 전제가 되고 있는 어떤 것은 설명하지 않은 채 놓아 둔다. 예를 들면, 수학에서 공간과 시간이 그렇고, 역학, 물리학, 화학에서는 질료, 성질, 근원적인 힘, 자연 법칙이 그렇다. 식물학과 동물학에서는 종의 차이성과 생명이 그렇고, 역사에 있어서는 인류와 그 독특한 사고와 의욕이 그렇다. 모든 과학에서 충족 이유율은 그때그때마다 적용될 형태를 취해 왔다.

'철학'은 독자적인 특성을 가지고 있어서, 철학에는 모든 것이 이미 알고 있는 것이라 전제되지 않고, 낯설고 문제가 되는 것이다. 그리고 현상들의 관계뿐만 아니라 현상 그 자체도 문제가 되고, 다른 과학들이 모든 것을 거기에 환원시키고 만족하고 있는 충족 이유율 그 자체도 문제로 삼는다. 철학은 이렇게 충족 이유율에 환원해도 얻는 것이 없을 것이다. 이 환원 계열의 일부는 다른 부분과 마찬가지로 철학에서는 미지의 것이고, 또 그 종류의 연관 자체도 철학에서는 마찬가지로 문제다. 왜냐하면 과학이 전제하고 설명의 근거로 삼고 한계로서 설정하는 것이야말로 철학 본래의 문제이며, 그런 점에서 과학이 끝나는 곳에서 철학이 시작되기 때문이다. 증명이란 알려진 명제에서 미지의 명제를 끌어내는 것이기 때문에, 철학의 기초가 될 수 없다. 그러나 철학에는 모든 것이 똑같이 미지의 것이고 생소한 것이다. 최초로 이 세계와 그 모든 현상을 있게 한 원리라는 것은 존재하지 않는다. 따라서 철학은 스피노자가 원했던 것처럼 고정된 원리에서 논증적으로 연역될 수는 없다. 또한 가장 보편적인 지식이기 때문에, 그 지식의 중요한 원리는 그 이상으로 보편적인 다른 지식에서 연역될 수 없다. 모순율은 단지 개념들의 일치를 확립할 뿐이지 그 스스로 개념을 만드는 것은 아니다. 또 충족 이유율은 현상들의 결합은 설명하지만, 현상 그 자체를 설명하지는 않는다. 따라서 철학이 세계 전체의 동력원인이나 목적원인을 찾는 것을 목표로 할 수는 없다.

적어도 나의 철학은 세계의 '유래와 목적'을 찾는 것이 아니라 오직 세계의 '본질'을 찾는 것이다. 그런데 여기서 '왜'는 '무엇'에 종속하고 있다. 왜냐하면 '왜'라는 것은 세계 현상의 형식, 즉 충족 이유율에 의해서만 생기며, 그런 점에서만 의미와 타당성을 갖기 때문에, 그 자신도 이미 세계에 속한다. 물론 세계가 무엇이냐 하는 것은 누구나 인식한다고 말할 수도 있다. 왜냐하면 누구나 인식의 주관이며, 그 표상이 세계이기 때문이다. 이것은 그런 점에서 참될지 모른다. 그러나 그 인식은 직관적인 인식이며 구체적인 것이다. 이 인식을 추상적으로 재현하고, 연속적으로 변천하는 직관이나 일반적으로 감정이라고 하는 광범한 개념이 포함하고 있는 추상적이고 명백한 지식으로서가 아니라, 소극적으로 표현되는 것을 이러한 추상적인 지식, 항구적 지식으로 높이는 것, 이것이 철학의 임무다. 따라서 철학은 세계 전체의 본질을 그 전체와 각 부분에 대해서도 추상적으로 확실하게 말한 것이어야 한다. 그러나 한없이 많은 개별적인 판단에 휩쓸리지 않으려면, 철학은 추상화를 통하여 모든 개별적인 것을 보편적인 것에서 사유하고, 또 개별적인 것이 갖는 여러 가지 차이까지도 보편적인 것에서 사유해야 한다. 그러므로 철학은 세계 일반의 다양한 모든 것을 그 본질에 따라 얼마 안 되는 추상적인 개념에 총괄하여 지식으로 인도하기 위해, 혹은 분리하거나 결합하곤 할 것이다.

그러나 철학이 세계의 본질을 어떤 일정한 개념들로 규정하면, 그 개념으로 보편적인 것과 순수하게 개별적인 것도 인식되어야 하며, 양자의 인식은 밀접하게 연결되어야 한다. 따라서 철학을 하는 능력은 플라톤이 말한 것처럼, 많은 것 속에서 하나를 인식하고, 하나 속에서 많은 것을 인식하는 데 있다. 따라서 철학은 극히 보편적인 판단의 총체다. 이 판단의 인식 근거는 아무것도 제외하지 않는 세계의 전체성이다. 즉 인간의 의식에 나타나는 모든 것이다. 철학은 '추상적 개념 속에 세계를 완전히 반복한 것, 말하자면 반영한 것'이며, 이것은 본질적으로 동일한 것을 결합하여 '하나의' 개념으로 하거나 서로 다른 것을 구별하여 다른 개념으로 함으로써만 가능하다. 이 임무는 이미 베이컨이 철학에 부여한 것으로, 그는 다음과 같이 말하고 있다.

"요컨대 참된 철학이란 세계 그 자체의 소리를 가장 충실하게 재현하는 것, 말하자면 세계가 구술한 것을 베낀 것이며, 그 세계의 모사나 반영에 불과하다. 따라서 이쪽에서는 자기의 아무것도 첨가하지 않고 오직 그것을 반복하고 반향하는 것이다."(《학문의 진보》, L, 2, c. 13)

그러나 우리는 이것을 베이컨이 당시 생각해 낸 것보다도 한층 넓은 의미로 생각한다.

세계의 모든 면이나 부분은 하나의 전체를 이루고 서로 일치하는 점을 갖고 있기에, 이 일치는 앞에서 말한 것처럼 세계의 추상적인 모사에도 재현되어야 한다. 따라서 여러 가지 판단의 총체에서는 하나의 판단이 항상 교호적으로만 다른 판단에서 도출될 수 있다. 그러기 위해서는 이들 판단이 우선 존재해야 하고, 직접적으로 미리 세계의 구체적인 인식에 의해 기초가 주어진 것으로 제시되어야 한다. 모든 직접적인 기초는 간접적인 기초보다 확실하기 때문에, 이상의 것은 더 한층 필요하다. 이 판단들은 판단 상호간의 조화로 통합되어 '하나의' 사상이라는 통일을 얻기에 이르며, 이 조화는 그 공통의 인식 근거인 직관적인 세계의 조화와 통일에서 생기는 것이다. 그러므로 이 조화는 판단에 기초를 부여하기 위한 제1의 것으로서는 사용되지 않고, 단지 판단의 진리성을 강화하기 위해 부가될 뿐이다. 이러한 과제 자체는 그것이 해결된 후에야 완전히 명백해질 수가 있다.

16. 칸트의 실천 이성과 스토아학파의 윤리학

이제까지 우리는 이성을 인간이 지닌 특별한 인식력으로, 또 이 인식력에 의해 일어난 인간성의 특유한 여러 가지 업적과 현상을 만드는 것으로 고찰해 왔다. 하지만 그 밖에도 아직 인간의 행동을 지도하는 것으로서, '실천적'이라 할 수 있는 이성에 대해 언급할 것이 남아 있다. 그러나 여기서는 대부분 다른 데, 즉 이 책의 부록에서 논술했다. 거기에서 칸트는 이른바 그의 실천 이성을 모든 덕의 직접적인 원천이라고 하고 절대적인, 즉 하늘에서 떨어진 '당위의' 자리라 하고 있지만, 나는 그러한 실천 이성의 존재를 논박했다. 나는 후에 칸트의 도덕 원리에 대한 상세하고도 근본적인 반박을 《논리학의 근본 문제》에서 논술했다. 그러므로 여기서는 단지 이성이 행위에 대해 현실적으로 어떠한 영향을 끼치는가 하는 것에 관해 조금 언급하는 데 그치겠다.

이미 언급했지만, 이성을 고찰함에 있어 처음에는 인간의 행동이 동물의 행동과는 현저하게 다르다. 또한 이 차이는 결국 의식 안에 있는 추상적 개념의 존재를 확인시키는 결과가 된다. 추상적 개념이 우리 인간의 전 존재에 끼치는 영향은 아주 깊고 또 중대하기 때문에, 인간과 동물과의 관계는 말하자면 눈이 있는 동물과 눈이 없는 동물(일종의 유충, 벌레, 그리고 식물성 동물)과의 관계만큼 다르다. 즉 눈이 없는 동물은 촉각에 의해 공간 속에서 자기들에게 직접 가까이 있는 것, 자기들에게 닿는 것만을 인식하지만, 눈이 있는 동물은 원근의 넓은 시야에 보이는 것을 인식한다. 마찬가지로 이성이 없는 동물은 시간 속에서 직접 마주 대하고 있는 직관적인 표상, 즉 실재적 표상에 대해서만 인식한다. 그런데 우리 인간은 추상적 인식 덕분에 좁은 현실적인 현존 외에도 과거와 미래 전체, 또한 넓은 가능성의 영역을 포괄한다. 즉 우리는 현재와 현실을 훨씬 넘어서 자유롭게 모든 방면으로 인생을 전망한다. 따라서 눈이 공간이나 감각적 인식에 대하여 갖는 가치는 이성이 시간과 내적 인식에 대해 갖는 가치와도 같다. 그러나 대상에 대한 가시성은 감지할 수 있는 것을 우리에게 알려 줄 때에만 그 가치와 의미를 갖기 때문에, 추상적 인식의 모든 가치는 언제나 그것의 직관적 인식에 대한 관계 속에 존재한다.

그러므로 당연히 자연인은 추상적 개념, 즉 그저 사유한 것보다는 직접적으로 또 직관적으로 인식한 것에 더 중점을 두는 것이다. 자연인은 논리적 인식보다도 경험적 인식을 중요시한다. 그런데 실천보다는 오히려 말로 생활하는 사람, 현실 세계를 경험한다기보다는 오히려 문서나 책을 통해 세계를 보는 사람, 그리고 그 결과 현학자가 되고 단지 문자만을 사랑하는 사람이 된 이들은 자연인과는 반대되는 생각을 가지고 있다. 여기에서 어떻게 라이프니츠나 볼프, 그리고 그 모든 후계자들이 혼란의 극치인 던스 스코터스의 선례를 따라 직관적 인식을 혼란스런 추상적 인식에 불과하다고 말했는가를 알 수 있다. 그런데 스피노자의 명예를 위해 여기에 다음을 언급해 두겠다. 그는 이상의 사람들과는 반대로 모든 일반 개념은 직관적으로 인식한 것들의 혼란에서 생긴다고 말했다. (《윤리학》, 제2부, 정리 40 비고 1) 수학에서 수학 고유의 명증성을 배격하고 오로지 논리적 명증성만을 인정하는 것, 일반적으로 추상적이 아닌 인식을 감정이라는 이름으로 포괄하여 이것을 경시하는 것, 마지막으로 칸트의 윤리학이 사정을 인식하는 데 직접 작용하여 올바름과 선을 행하게 하는 순수한 선 의지를 단순한 감정과 감동이라고 하여 가치도 효과도 없는 것이라고 하고, 추상적인 준칙에 있어 생긴 행위에만 도덕적 가치를 인정하려고 하는 것은 모두 이상과 같이 그릇된 심정에서 나온 것이다.

인간은 이성을 갖고 있으므로 동물과는 달라서 인생 전체를 모든 면에서 전망할 수가 있는데, 이 전망은 또 인생행로의 기하학적이고 색이 없고, 추상적인 축도에 비교할 수 있다. 인간과 동물과의 관계는 마치 해도, 나침반, 사분의(四分儀) 등으로 자기 항로를 알고 대양의 위치를 정확하게 아는 선장과, 파도와 하늘만을 보고 있는 무지한 선원의 관계와 같다. 그러므로 인간이 구체적인 생활 외에 제2의 추상적인 생활도 하고 있다는 것은 일단은 고려해 볼 가치가 있는 것, 아니 놀랄 만한 사실이기도 하다. 구체적인 생활에 있어서 인간은 현실의 모든 폭풍우와 눈앞의 영향에 몸을 내맡기고 있다. 즉 동물과 마찬가지로 노력하고 고생하고 죽지 않으면 안 된다. 그러나 인간의 이성적인 생각을 통해 나타나는 추상적인 생활은 첫째 구체적인 생활, 즉 인간이 살고 있는 세계의 고요한 영상이며, 지금 언급한 축도다. 이 조용한 숙고의 경지에서는 구체적인 생활에서 인간의 마음을 완전히 점령하고 강렬하게 움직이는 일들이 당장은 관계없는 일처럼 보인다. 이 경지에 있는 동안은 인간은 단순한 방관자고 관찰자다. 이렇게 인간이 반성의 경지로 후퇴하는 것은 마치 배우가 자기 역할을 끝내고 다시 등장하기까지의 사이에 구경꾼들 틈에 앉아 거기에서 무대에서 무슨 일이 일어나든, 설사 그것이 자기의 죽음(희곡에 있어서)의 준비라 할지라도, 태연히 보다가 다시 무대에서 자기 역할을 하고, 모든 것을 감수하는 것과 똑같다. 동물의 생각 없음과는 아주 다른 인간의 침착함은 이러한 인간의 이중생활에서 생기는 것이며, 이 침착함을 갖고 인간은 어떤 경우에는 미리 숙고하거나 단호하게 결심하고, 또 할 수 없다고 인식한 다음에는 자기에게 가장 중요한 일이나 가끔은 가장 무서운 일까지도 냉혹하게 일어나게 놔두거나 스스로 이 일을 완수한다. 즉 자살, 사형, 결투, 생명을 위태롭게 하는 여러 가지 모험, 또 일반적으로 인간이 갖고 있는 모든 동물적인 본성이 반항하는 일들이다.

여기에서 사람들은 이성이 어느 정도까지 동물적인 본성을 지배할 수 있는가를 알고, 강자에 대해 "참으로 당신의 마음은 철과도 같다!"(《일리아드》, 제24서, 521행)고 외친다. 이 경우 우리는 이성이 '실천적으로' 나타난다고 말할 수 있다. 즉 행위가 이성에 의해 인도되는 경우, 동기가 추상적인 개념인 경우, 직관적이고 개별적인 표상이나 동물을 인도하는 순간적인 인상 같은 것이 결정적인 요소가 되지 않는 경우에도 언제나 '실천 이성'이 나타난다. 그러나 이것은 행동의 윤리적 가치와는 완전히 다르고 또 관계도 없다. 이성적으로 행동한다는 것과 덕이 있게 행동한다는 것은 전혀 별개의 것이다. 이성은 큰 선의와 일치할 때도 있고, 큰 악의와 일치하는 일도 있는데, 그 어느 쪽이든 이성이 가담함으로써 큰 효과가 생긴다. 이성은 귀중한 목적과 나쁜 목적, 현명한 준칙과 무지한 준칙, 어쨌든 간에 이것들을 조직적이고 논리적인 일관성을 갖고 실행하는 데 똑같이 도움이 되며, 이 성질은 이성의 여성적이고 피동적이며 보존적인, 그리고 스스로 생산하지 않는 성질을 수반하는 것이다. 이 모든 것을 나는 부록에서 상세히 실례를 들어 설명했다. 거기서 언급한 것은 사실 여기서 논해야 할 것이지만, 칸트의 실천 이성에 대한 논박이기 때문에, 거기에 넣지 않을 수 없었다. 그러므로 나는 여기서 다시 그 부록의 여러 곳을 참고해 줄 것을 희망하는 바다.

참되고 순수한 의미에서 '실천 이성'의 가장 완전한 발전, 즉 인간이 이성을 사용하기만 하면 도달할 수 있는 정점, 그리고 여기에 도달하면 인간과 동물과의 차이가 가장 명백하게 나타나는 정점은 '스토아학파의 현자'에서 이상적으로 풀이되고 있다. 왜냐하면 스토아학파의 윤리학은 원래 본질적으로 덕론은 아니고 정신의 평정에 의해 행복을 얻으려는 것을 목표로 삼는 이성적 생활의 지표에 불과하기 때문이다. 이 경우 유덕한 행위가 나타나는 것은 우연에 지나지 않으며, 수단이지 목적으로서가 아니다. 그러므로 스토아학파의 윤리학은 그 모든 본질과 관점에서 볼 때 베다, 플라톤, 그리스도교, 칸트 등의 학설처럼 직접적으로 덕을 강요하는 여러 윤리학과는 근본적으로 다르다. 스토아학파에게 윤리학의 목적은 행복이다. "목적은 행복에 있다" 고 스토바에오스는 스토아학파의 해설에서 말하고 있다. (《스토바에오스 선집》, 제2권, 7장, p. 114, 138) 그렇지만 스토아학파의 윤리학은 행복이란 마음의 평화와 정신의 평정 속에서만 발견되며, 이 정신의 평정 속에서만 달성할 수 있다는 것을 확인하고 있다. 그렇다면 덕이 최고의 선이라고 하는 말은 이것을 의미하는 것이다.

그런데 목적은 수단 때문에 점점 잊혀지고, 자기 행복에 대한 관심과는 전혀 다른 관심을 나타내는 방법으로 덕이 권장되어 행복과는 확실히 모순을 일으키는 것이지만, 이것은 어떠한 학설에서도 직접적으로 인식된 진리, 혹은 흔히 말하듯 직접적으로 느낀 진리가 추론에 압력을 가하면서 올바른 길에 들어가게 하기 위해 사용하는 모순적 귀결의 하나다. 가령 스피노자의 윤리학에서도 분명히 볼 수 있는 것으로, 이기주의적으로 각자의 이익을 추구하면서 명백한 궤변으로 순수한 덕론을 끄집어내고 있다. 내가 스토아학파의 윤리학 정신을 이해한 것에 의하면, 그 근원은 다음과 같은 사상에서 나오고 있다. 이성은 인간의 커다란 특권이며, 간접적으로 계획적인 행동과 거기에서 생기는 결과에 의해 인생과 그 무거운 짐을 현저하게 가볍게 하는 것이지만, 이 이성은 또 직접적으로, 즉 단순한 인식에 의해 인생을 괴롭히고 있는 모든 종류의 고뇌로부터 인간을 완전히 구출할 수는 없을까 하고 생각하는 사상이다. 이성을 부여받은 인간이 이성으로 무한한 사물이나 상태를 포괄하고 전망하면서도 현존에 의해 아주 잠시 동안, 불안한 인생의 수십 년 사이에 일어나는 사건으로 심한 고통을 받는다거나 격한 욕구나 도피에서 생기는 큰 불안과 고뇌에 몸을 맡겨야 한다는 것은 이성의 장점에 어울리지 않는다고 생각했다. 그리고 이성을 적절하게 사용하면, 인간은 틀림없이 이러한 고뇌를 초월하고 불사신이 될 수 있다고 생각했다. 그러므로 안티스테네스는 "이성과 목을 맬 밧줄, 이 둘 중의 하나를 택하라"(플루타르코스, 《스토아학파의 모순에 대하여》, 제14장)고 말했다. 그 의미는 인생에는 실로 많은 괴로운 일과 번거로운 것이 있기 때문에 사상을 정돈하여 이것들을 초월하거나, 인생을 버리는 것 중의 하나를 택하지 않으면 안 된다는 말이다. 결핍이나 고뇌는 직접 또는 사물을 가지고 있지 않은 상태에서 생기는 것이 아니고, 사물을 가지고 싶다는 생각이 있지만 가지고 있지 않다는 데에서 생기는 것이다. 따라서 이 가지고 싶다는 생각이야말로 가지고 있지 않은 상태에서 결핍을 느끼게 하고 고통을 일으키게 하는 유일하고 필연적인 조건이다. "가난함이 고통을 가져오는 것이 아니라 욕망이 고통을 가져온다."(에픽테토스, 《단편》, 제25)

그뿐만 아니라 희망을 낳고 키우는 것은 기대나 요구라는 것이 경험을 통해 알려졌다. 그러므로 우리를 불안하게 하고 괴롭히는 것은 많은 사람, 또는 모든 사람에게 공통된 피할 수 없는 악도 아니고, 도저히 수중에 넣을 수 없는 재물도 아니며, 인간이 피할 수 있는 것이나 수중에 넣을 수 있는 것들이 조금이라도 많으냐 적으냐 하는 문제이다. 또 절대적으로 수중에 넣을 수 없는 것을 수중에 넣었을 때나 절대적으로 피하기 힘든 것을 피할 때만 우리 마음이 평안해지는 것은 아니고, 상대적으로 수중에 넣기 힘든 것을 손에 넣고 상대적으로 피하기 어려운 것을 피할 때도 우리의 마음은 아주 평안해진다. 그러므로 우리의 개성에 이미 깃들어 있는 악과 그 개성이 단념해야만 하는 재물과는 상관 없이 고찰할 수 있다. 그리고 인간에게는 이러한 특성이 있기 때문에, 어떠한 희망도 만약 그것을 기르는 기대가 없다면 곧 소멸하고 더 이상 고통도 생기지 않는다.

이 모든 것에서 알 수 있는 것은 행복은 오직 우리의 요구와 우리가 얻는 것 사이의 관계에 바탕을 두고 있는 것에 불과하다는 사실이다. 이 관계는 둘 다의 양을 감소하는 것으로도 다른 쪽의 양을 증대하는 것으로도 할 수 있다. 마찬가지로 모든 고통은 본래 우리가 요망하고 기대하는 것과 실제로 우리에게 주어지는 것과의 불균형에서 생긴다. 그런데 이 불균형은 확실히 인식에 존재하고 있는 데 지나지 않으며, 더 높은 식견이 생기면 그것으로 말미암아 없어지는 것이다. 그러므로 크리시포스는 "본성에서 일어나는 것에 관한 경험에 따라 살아야 한다"(《스토바에오스 선집》, 제2권, 제7장, p. 134)고 했는데, 그 의미는 세계 속에 있는 사물에 대한 적절한 지식을 가지고 생활해야 한다는 것을 뜻한다. 사람이 어떤 일로 마음의 평정을 잃고 불행을 당해 실신하고 화를 내고 기가 꺾이는 일이 종종 있다. 그것은 사물이 자기의 기대대로 되지 않는 것을 알게 되었다는 것을 나타낸다. 즉 그가 오류에 사로잡혀 있다는 것, 세상과 인간을 몰랐다는 것, 무생물은 우연에 의해, 생물은 반대로 목적이나 악의에 의해, 어떠한 개인의 의지도 매사에 방해받고 있다는 것을 몰랐다는 것을 나타낸다. 따라서 그의 인생은 이러한 상태를 일반적으로 알기 위해 그의 이성을 사용하지 않았거나, 대체로 알고 있어도 하나하나에 관해 자세하게 재인식하지 않아서 이에 놀라 마음의 평정을 잃는 경우 판단력이 부족했거나 어느 한쪽이다. *

따라서 큰 기쁨이라는 것도 오류와 망상이다. 왜냐하면 희망이 성취된 만족은 결코 영속하는 것이 아니며, 소유와 행복이라는 것은 모두 우연에서 시간을 정하지 않고 빌려온 것이며, 따라서 다음 시간에는 다시 돌려보내 줄 것을 요구받을지 모르기 때문이다. 그러므로 모든 고통은 이러한 망상의 소멸에 기반을 두고 있다. 따라서 고통도 망상도 불완전한 인식에서 생긴다. 그러므로 현자에게는 고통도 항상 멀리 떨어져 있고 마음의 평정을 방해하는 일도 일어나지 않는다.

스토아학파의 이 정신과 목적에 따라 에픽테토스는 우리가 좌우할 수 있는 것과 좌우할 수 없는 것을 충분히 고려하여 구별했다. 그리고 우리가 좌우할 수 없는 것은 절대로 기대해서는 안 되며, 이것으로 말미암아 모든 고통, 고뇌, 불안 등을 모면할 수 있다는 신념에서 출발하고, 또 이것을 지혜의 핵심으로 하여 쉴 새 없이 이에 마음을 집중한다. 그런데 우리가 좌우할 수 있는 것은 의지뿐이다. 그리고 이 의지에서 서서히 덕론에 옮겨 간다. 즉 우리가 좌우할 수 없는 외부 세계가 행복과 불행을 규정한다고 하면, 우리

---

* "일반적인 개념을 개별적인 것에 적용할 수 없다는 것이 모든 인간 악의 원인이므로"
(에픽테토스의 《논문집》, 제3권, 26장)

자신이 마음속으로 만족하는가 안 하는가 하는 것은 우리 의지에서 생긴다고 하는 것을 알기 때문이다.

그러나 선과 악이라는 명칭은 행복과 불행에 부쳐야 하는 것인가, 또는 만족과 불만족에 부쳐야 하는 것일까 하는 것이 후에 문제가 되었다. 이것은 원래 어떻게 해석하든 관계없는 것이었다. 그런데 스토아학파 사람들은 이 문제에 관하여 페리파토스학파(소요학파(逍遙學派)) 사람들이나 에피쿠로스학파 사람들과 끊임없이 논쟁하여, 비교할 수 없는 두 개의 양을 무리하게 비교하거나 거기서 생기는 대립적이고 모순적 언설을 서로 가하면서 논쟁했다. 키케로의 《역설(Paradoxa)》은 스토아학파측에서 한 이러한 흥미로운 말을 집대성한 것을 제공하고 있다.

스토아학파의 창시자인 제논은 원래 이것과는 좀 다른 길을 취한 듯하다. 그의 출발점은 다음과 같은 것이었다.

"최고선, 즉 복지와 정신의 평정을 얻기 위해서는 자기 자신과 합치하여 생활해야 한다."(일치하여 사는 것, 즉 하나의 로고스에 따라 사는 것. 《스토바에오스 선집》 윤리학, 제2권, 7장, p. 132)

마찬가지로 덕은 일생을 통하여 자기가 영혼에 일치하는 데 있다.(같은 책 p. 104) 그런데 이것은 철저하게 '이성적으로' 자기규정을 하고, 변화하는 여러 인상과 일시적인 기분에 의해서가 아니라 개념에 의해 자기규정을 함으로써만 가능한 것이다. 그런데 우리가 좌우할 수 있는 것은 우리 행동의 준칙뿐이며, 성과나 외부 사정은 어찌할 수가 없기 때문에, 언제나 시종일관하기 위해서는 성과나 외부 사정을 목적으로 하지 않고, 행동의 준칙만을 목적으로 하지 않으면 안 되었다. 그러기 위해서도 또한 덕론이 소개된다.

그러나 제논의 제자들에게도 자기와 일치된 생활을 한다는 제논의 도덕 원리는 이미 너무 형식적이고 내용이 없는 것으로 생각되었다. 그래서 그들은 이 도덕 원리에 실천적인 내용을 부가하여 다음과 같이 하였다. "자연과 일치되어 생활한다." 이것은 스토바에오스가 위에서 말한 책에서 보고한 바에 의하면, 우선 클레안테스에 의해 부가된 것으로, 개념 범위가 넓고 표현이 일정하지 않기 때문에 아주 모호한 것이 되어 버렸다. 왜냐하면 클레안테스는 일반적인 본질 전체를 의미했으나, 크리시포스는 특히 인간의 본질을 의미했기 때문이다.(《디오게네스 라에르티오스》, 7의 89) 후에 이 인간의 본성에만 적합한 것을 덕이라고 했고, 동물의 본성에 적합한 것은 동물 본능의 만족이라 하여, 다시 무리하게 덕론으로 향하게 되어, 싫든 좋든 윤리학은 자연학에 의해 기초를 얻게 되었다. 왜냐하면 스토아학파 사람들은 어떠한 경우에도 원리의 통일을 지향했기 때문이다. 그들에게는 신과 세계는 결코 두 개의 다른 것이 아니었다.

스토아학파의 윤리학은 전체적으로 볼 때 실제로 인간의 커다란 특권이 이성을 중요시하고 행복을 가져오는 목적을 위해 이용하려는 중대하고 존경할 만한 시도다.

어떻게 하면 평안하게 일생을 보낼 수 있을까,
채울 수 없는 욕망이 언제나 너를 혼란에 빠뜨려 괴롭히지 않도록, 별로 이익이 되지 않은 일에 대해 두려워하지 말고 희망을 갖지도 말라.
——호라티우스, 《서간집》, 18의 97

말하자면 그것은 지침을 통해 어떤 사람들의 생활에도 있는 고통을 초월하게 하며, 바로 이 일로 하여 인간에게 품위를 최고도로 향유하게 하려는 것이다. 하지만 이 품위야말로 동물과는 반대로 이성의 존재자로서 가져야 하는 것이며, 품위는 이런 의미에서만 문제가 될 수 있고 다른 의미에서는 문제로 삼을 것이 아니다.

이렇게 스토아학파의 윤리학에 대한 나의 견해를 피력한 것은 이성이란 무엇이며 이성은 무엇을 할 수 있는가를 설명할 때 언급하지 않을 수 없었던 것이다. 그런데 물론 이 목적은 이성을 사용함으로써, 그리고 단지 이성적인 윤리에 의해 어느 정도는 달성할 수 있다. 경험이 가르치는 바로는 대개 실제적 철학자라 불리는 순전히 이성적인 사람들이(그들은 이론적인 철학자가 실생활을 개념 속에 이입하는 데 반해 개념을 실생활에 이입하기 때문에, 실제적인 철학자로 불리는 것은 당연하지만) 아마도 가장 행복한 사람들일 것이다. 그러나 이것으로는 아직 완전한 것을 성취하고 실제로 올바르게 사용된 이성이 우리를 인생의 모든 무거운 짐과 고뇌에서 해방시켜 주고 복지를 얻게 하는 데는 도저히 미치지 못한다. 오히려 고뇌 없는 인생을 갖는 것은 완전히 모순된 일이고, 이 모순은 보통 잘 사용되는 '복된 생활(seeliges

Leben)'이라는 말 속에도 포함되어 있다. 이것은 내가 이제부터 말하는 바를 마지막까지 이해해 주는 사람에게는 명백해질 것이다.

이 모순은 순수 이성의 윤리학에서도 이미 다음과 같이 나타나 있다. 즉 스토아학파 사람들은 그 행복한 생활 지침(이것이야말로 스토아학파의 변함 없는 윤리이기 때문에)의 하나로서 자살을 권하지 않으면 안 되었다. (이것은 동양의 전제 군주가 갖고 있는 호화스러운 장식이나 도구 속에는 독이 든 귀중한 병이 있는 것과 같다.) 자살을 권하는 것은 어떤 원리나 추리를 가지고 철학적으로 생각해도 없앨 수 없는 육체적인 고통이 강렬하고 고칠 수 없는 것이면, 유일한 목적인 복지가 소용없게 되고, 고뇌를 벗는 길은 죽음밖에 없는 경우기 때문이다. 그리고 이러한 경우에는 다른 모든 약을 복용하는 것과 마찬가지로 대수롭지 않게 죽을 수 있다. 여기에서 스토아학파의 윤리학과 앞서 언급한 다른 모든 윤리학의 대립이 확실해진다.

다른 윤리학에서는 고뇌가 아무리 강렬하더라도 덕을 그 자체로, 또한 직접적인 목적으로 하여 고뇌를 피하기 위해 생명을 끊는 것을 원하지 않는다. 물론 이들 윤리학들은 모두 자살을 비난하기 위한 참된 근거를 명백하게 말한 것은 없고, 하나같이 힘들여 여러 가지 그럴듯한 근거를 긁어모았을 뿐이다. 그 참된 근거는 우리의 고찰 순서상 제4권에서 논할 작정이다. 그러나 위에서 말한 대립은 본래 하나의 특별한 행복주의에 지나지 않는 스토아학파와 방금 언급한 윤리학 사이의 근본 원리에 존재하는 본질적인 차이를 나타내고 확증하는 것에 불과하다. 물론 이 둘은 결과에 있어서는 가끔 일치하고, 비슷한 것으로 보일 때가 있다.

그런데 위에서 말한 스토아학파의 윤리학에 있어 그 근본사상에 내재하는 내적 모순은 다음과 같은 사실에도 잘 나타나 있다. 즉 스토아학파에서 윤리학의 이상인 스토아적 현자는 그들 자신의 설명으로도 결코 생명과 내면적인 시적 진실성을 얻지 못하고, 나무로 만든 굳어 버린 모형 인간이어서 우리가 어쩔 수 없는 것이며, 그런 인간은 자기 지혜의 향방을 모르고, 그가 갖고 있는 완전한 평안, 만족, 복지는 인간의 본성에는 맞지 않는 것이어서 우리는 그것을 직관적으로 표상할 수 없다. 인도의 지혜 속에서 우리가 보았고, 또 실제로 탄생했던 세계의 극복자들이나 자진하여 속죄하는 자들, 또는 그리스도교의 구세주, 깊은 생명이 가득 찬 시적 진실과 최고의 가치를 가지면서 완전한 덕과 신성, 그리고 숭고함을 구비하고, 최고의 고뇌 상태 속에서 우리 앞에 서 있는 탁월한 인물, 이와 같은 사람들을 스토아의 현자들과 비교해 보면, 얼마나 다르게 보이는지 모른다.

제2권 의지로서의 세계에 대한 제1고찰 : 의지의 객관화

17. 직관적 표상의 의의

이제까지 우리는 표상을 단지 표상으로서, 즉 일반적인 형식을 따라서 고찰했다. '추상적 표상'인 개념도 '객관적 표상'과의 관계를 통하여 비로소 그 실질과 의의를 얻는다. 이것 없이는 가치도 내용도 없기 때문에, 그러한 점에서 우리는 추상적 표상의 실질도 알게 되었다. 따라서 우리는 전적으로 직관적 표상을 참고로 하여 그 내용, 상세한 규정, 또 그것이 우리 눈앞에 나타나는 형태들에 대한 지식을 얻으려고 한다. 특히 우리에게 중요한 것은 직관적 표상에 대한 본래의 의의를 파악하는 것이다. 그 의의는 대개 느껴질 뿐이지만, 만일 이 의의가 없다면 직관적 표상에 의한 여러 형상은 틀림없이 우리에게는 낯설고 무의미한 것이며, 우리 앞을 슬쩍 지나가 버릴 것이다. 하지만 우리의 모든 것을 바쳐서 얻을 만한 흥미를 갖고 있는 의의가 있어서, 이해를 바라며 우리에게 직접 말을 걸어 오는 것이다.

우리의 눈길을 수학, 자연 과학, 철학에 돌리면, 이것들은 모두 우리가 소망하고 있는 어떤 것을 해명해 줄 것이라는 희망을 갖게 한다. 그중에서 우선 철학을 보면, 철학이 많은 머리를 가진 괴물이며, 그 머리들이 각기 다른 말을 한다는 것을 알게 된다. 물론 지금 말한 것, 즉 직관적 표상의 의의에 대해서는 이 머리들이 모두 의견을 달리하고 있는 것은 아니다. 회의론자나 관념론자를 제외하면, 다른 사람들은 대체로 표상의 '근거'로 되어 있는 '객관'에 대해서는 상당히 일치된 의견을 가지고 있다. 그리고 이 객관은 본래 그 전 존재와 본질이 표상과는 다르지만, 하나의 달걀이 다른 달걀과 흡사한 것처럼 모든 점에서 흡사하다. 그러나 많이 닮았다는 것만으론 우리에게 도움이 되지 않는다. 왜냐하면 우리가 이러한 '객관을 표상'과 구별하는 것은 불가능하며, 모든 객관은 언제나 영원히 하나의 '주관'을 전제하고 있어서, 결국 표상임에는 변함이 없고 우리는 객관과 표상이 동일한 것임을 알기 때문이다. 우리는 객관적인 존재가 객관과 주관으로 분리되는 가장 보편적인 형식에 속한다는 것을 알고 있다. 뿐만 아니라 이 경우에 우리가 참고로 하는 '충족 이유율'은 우리에게는 객관과 마찬가지로 표상의 형식에 불과하다. 그것은 어떤 표상과 다른 표상과의 합법적인 결합이며, 유한의, 또는 무한의 모든 표상과 아직 표상이 될 수 없는 것과의 결합은 아니다. 그런데 회의론자나 관념론자에 관해서는 제1권에서 외부 세계의 실재성에 관한 논쟁을 구명하면서 언급했다.

이제 우리가 극히 일반적으로, 단순히 형식적으로밖에 알지 못하는 '직관적 표상'에 대한 더 자세한 지식을 얻기 위해 수학에 눈을 돌려 보면, 수학은 이 직관적 표상에 대해서 시간과 공간을 말한다. 다시 말하면 수학은 이 직관적 표상이 양을 갖고 있다는 한도 내에서만 우리에게 말해 줄 뿐이다. 수학은 수량과 용량은 아주 정밀하게 나타낼 것이다. 그러나 수량이나 용량은 언제나 상대적인 것, 즉 어떤 표상과 다른 표상과의 비교, 그리고 위에서 말한 것처럼 크기에 관한 일방적인 고려만 하는 것이므로, 이것들도 우리가 역점을 두고 찾는 지식은 아니다.

마지막으로, 많은 분야로 갈라진 광범한 자연 과학의 영역에 눈을 돌리면, 우리는 그것들을 우선 크게 둘로 구분할 수 있다. 자연 과학은 내가 '형태학(Morphologie)'이라 부르는 형태에 관한 기술과 '원인학(Ätiologie)'이라고 부르는 변화에 대한 설명으로 나뉜다. 형태학은 불변의 형식을 고찰하고, 원인학은 변화하는 물질을 하나의 형식에서 다른 형식으로 이행하는 법칙에 따라 고찰한다. 형태학은 문학적으로는 뜻이 좀 다르지만, 그 모든 범위에 걸쳐 '자연의 역사'라고 부른다. 그리고 특히 식물학이나 동물학으로서 개체가 끊임없이 변천해도 변하지 않고 유기적인, 그러므로 일정한 여러 형태를 우리에게 가르쳐 주는 이들 형태가 대부분의 직관적 표상의 내용을 형성하고 있다. 이것들은 형태학에 의해 분류, 구분, 통일되고, 자연적인 조직이나 인위적인 조직에 의해 질서화, 개념화되며, 그로 말미암아 이들 모든 형태를 개관하고 아는 것이 가능하게 된다. 또 전체적으로도 부분적으로도 모든 형태를 통해 한없는 뉘앙스를 갖는 유사성이 있음을 알 수 있다(unité de plan ; 구상의 통일). 이것이 있기 때문에 모든 형태는 극히 다양한 변화에 부합하면서 개별적인 형태가 갖고 있지 않은 근본이념을 나타내는 것이다. 물질이 이행하여 여러 형태로 된다는 것, 즉 여러 개체가 발생한다는 것은 그 고찰의 주요 부분을 형성하는 것이 아니다. 어떠한 개체도 그것과 동등한 개체의 생식에 의해 생기며, 생식은 대단히 신비스러운 것으로 오늘날까지 명백하게 인식되지 않기 때문이다. 그런데 이 생식에 대해서 알려져 있는 작은 일들은 생리학에서 설명되어야 하는 것인데, 생리학은 이미 원인학적인 자연 과학에 속하는 것이다. 대체로 형태학에 속하는 광물학까지도 원인학적 자연 과학이 되는 경향을 갖고 있다. 특히 광물학이 지질학으로 되는 경우에는 더욱 그렇다. 그런데 도처에서 인과의 인식을 주제로 하는 자연 과학의 여러 부문은 모두 본래는 원인학이다. 그러한 부문들의 과학은 확실한 법칙에 따라 물질의 '어떤' 상태에서 필연적으로 다른 상태가 생긴다는 것을 가르치고, 또 일정한 변화가 필연적으로 다른 변화의 조건이 되기도 하며, 그것을 야기하기도 한다는 것을 가르치는데, 이것을 나타내는 것을 '설명(Erklärung)'이라고 한다. 주로 여기에 속하는 것은 역학, 물리학, 화학, 생리학이다.

그런데 이 과학들의 가르침에 귀를 기울여 보면, 곧 우리가 주로 찾고 있는 지식은 원인학이나 형태학에선 거의 찾아볼 수 없음을 알게 된다. 형태학은 우리 눈앞에 무수하고 끝없이 다양한, 그리고 지극히 명백한 친족적 유사성을 통해 친근한 형태들을 보여 주지만, 이것은 우리에게 있어서는 표상이며, 이러한 방법으로 나타나는 한 영원히 낯선 것으로 머물고 만다. 그리고 이렇게만 고찰한다면, 그것은 이해할 수 없는 상형 문자처럼 우리 앞에 존재하는 표상이다. 반대로 원인학은 인과 법칙에 따라 물질의 일정한 상태가 다른 상태를 초래함을 가르쳐 주고, 동시에 이 상태를 설명하여 그 의무를 다한다. 그런데 원인학도 결국은 상태들이 공간과 시간 속에 나타날 때 따르는 법칙인 질서를 알려 주고, 모든 사례에 관하여 어떤 현상이 이때 이 장소에서 필연적으로 생기지 않으면 안 되는가 하는 것을 가르치는 데 불과하다. 즉 원인학은 어떤 법칙에 따라 갖가지 상태에, 그것들이 시간과 공간에서 점령해야 하는 위치를 정해 주는 것이다. 그 법칙의 일정한 내용은 경험으로 가르쳐진 것이지만, 그 보편적인 형식과 필연성은 경험과는 관계없이 우리가 의식하고 있는 것이다.

그러나 이것만으로는 그 현상들 속에 있는 어떤 현상의 내적 본질에 대해서 조금도 설명을 얻지 못한다. 이 내적 본질은 '자연의 힘(Naturkraft)'이라 불리고 원인학에서 설명하는 영역 밖에 존재하기 때문에, 원인학적 설명은 자연의 힘이 일으키는 불변의 항존성을, 원인학에서 이미 알려진 조건들이 현존할 때마다 '자연 법칙(Naturgesetz)'이라 부르는 것이다. 그러나 이 자연 법칙과 조건들이 일정한 장소와 일정한 시간에 이렇게 나타난다는 것, 이러한 것들이 원인학이 알고 있고 또한 알 수 있는 것이다. 스스로 나타나는 그 힘 자체, 즉 그들 법칙에 따라 생기는 현상들의 내적 본질은 가장 단순한 현상이든 가장 복잡한 현상이든 똑같이 원인학에서는 영원히 비밀이며 완전히 낯선 것이고 미지의 것이다. 왜냐하면 원인학에서 지금까지 가장 완전하게 그 목적을 달성한 것은 역학이고 가장 불완전한 것은 생리학인데, 돌이 그 내적 본성에 따라 땅 위에 떨어지거나 어떤 물체가 그 내적 본성에 따라 다른 물체에 충돌할 때 작용하는 힘은, 동물을 운동시키고 생장하게 하는 힘과 마찬가지로 미지의 것이며 신비스러운 것이기 때문이다. 역학은 물질, 중력, 불가입성, 충돌에 의한 운동의 전달성, 강성(剛性) 등을 해명할 수 없는 것으로 전제하여 이것들을 자연력이라 부르고, 어떤 조건 아래 이것들이 필연적이고 규칙적으로 나타나는 것을 자연 법칙이라 부른다. 그리고 나서 역학은 그 설명을 시작하는데, 그것은 개별적인 힘들이 어떻게, 언제, 어디서 나타나는가 하는 것을 충실하고 수학적인 정밀성을 가지고 기술하며, 또 역학이 취급하는 모든 현상을 이러한 여러 가지 자연의 힘에 환원하는 것이다. 물리학, 화학, 생리학도 각자의 영역에서 이와 같은 일을 하지만, 다만 이들 과학은 역학보다는 전제가 훨씬 많고 그 성과는 훨씬 작다는 차이가 있다. 따라서 모든 자연에 관해 아무리 완전한 원인학적인 설명이 행해진다 해도 결국 그것은 설명이 불가능한 여러 힘의 목록이며, 이들 힘의 여러 현상이 시간과 공간 속에 나타나는 것을 계기로 하여 차례로 장소를 점령하는 데에 관한 규칙을 확실하게 나타내는 데 불과할 것이다.

그러나 원인학적인 설명에 따르는 법칙은 거기까지도 이르지 못하기 때문에, 그 설명은 이렇게 나타나는 힘들의 내적 본질을 설명하지 않은 채 방치하고, 현상과 현상 질서에 대한 설명만으로 만족하지 않으면 안 될 것이다. 그 점에서 이 설명은 대리석의 단면에도 비교할 수 있는 것으로, 계속적으로 늘어선 여러 가지 줄무늬는 알 수 있지만, 이 줄무늬가 대리석 내부를 어떻게 통과하여 표면에 나타나게 됐는지는 모르는 것과 마찬가지다. 또는 기발한 생각이어서 오히려 우습게 생각할 비유일지 모르지만, 아무리 모든 자연에 관한 원인학이 완전하게 구명되어도, 철학적인 연구가는 여전히 다음과 같은 생각을 가질 것임에 틀림없다. 즉, 누군가가 이유도 모르는 채 자기가 전혀 알지도 못하는 사람들 속에 들어가 그 사람들이 차례로 다른 사람을 자기의 친구나 종형제라고 소개해 주어서 모든 사람과 알게 되었다. 하지만 자신은 소개될 때마다 기쁘다는 뜻을 확실히 나타내면서도 '도대체 나는 어떻게 해서 이런 알 수 없는 사람들 가운데에 끼이게 되었는가?'라는 의문이 입 밖에 나오려고 하는 것과 마찬가지다.

따라서 원인학도 우리가 단지 표상으로 알고 있는 현상들에 관해서는 우리가 희망하고 있는 지식 이상의 해명은 해 주지 못한다. 왜냐하면 아무리 현상에 대한 설명을 다한다 해도, 이 현상들은 여전히 단순한 표상이며, 완전히 낯선 것으로 우리 앞에 존재하는 것이며, 우리는 이러한 단순한 표상의 의미를 이해할 수 없기 때문이다. 인과적으로 연결하더라도 현상은 공간과 시간 속에 나타나는 법칙과 그 상대적인 질서를 나타낼 뿐이며, 이렇게 해서 나타나는 것의 본질을 상세하게 우리에게 알려 주지는 않는다. 그뿐만 아니라 '인과성'의 법칙은 어떤 일정한 표상이나 객관에 대해서만 타당한 것이며, 이 법칙은 이 표상과 객관을 전제로 해서만 의미를 갖는다. 또한 인과성의 법칙은 이들 객관과 마찬가지로 항상 주관과 관계를 가짐으로써만, 즉 조건부로 존재한다. 따라서 칸트가 우리에게 가르쳐 준 바와 같이, 인과성의 법칙은 주관에서 출발하는 선험적으로도, 객관에서 출발하는 후천적으로도 똑같이 인식되는 것이다.

그런데 우리가 탐구를 계속하는 것은, 우리가 가지고 있는 표상이 이러이러한 것이고, 이러이러한 법칙에 따라 연관성을 가지고 있으며, 이들 법칙을 보편적으로 나타내면 항상 '충족 이유율'이 된다고 하는 것을 아는 것만으로는 만족할 수 없기 때문이다. 우리는 그 표상의 의미를 알고 싶어서 다음과 같이 묻게 된다. '이 세계는 표상 이상의 아무것도 아니란 말인가? 어떠한 경우에도 세계는 실체가 없는 꿈이나 유령과 같은 환영처럼 우리 옆을 슬쩍 지나가는 것으로 우리가 주목할 만한 대상이 아니란 말인가? 그렇지 않으면 세계는 뭔가 다른 것, 그 이상의 무엇이란 말인가? 그렇다면 그것들은 무엇이란 말인가?' 이렇게 질문하는 것은 표상과는 그 본질에 있어서 근본적으로 다른 것이어야 하며, 또한 표상의 형식이나 표상의 법칙과는 전혀 관계가 없는 것이어야 한다는 것을 말할 수 있다. 그러므로 표상에서 출발하며 표상의 법칙이 돕는 것으로는 찾고 있는 것에 도달할 수 없다. 이 표상의 법칙들은 객관과 표상을 서로 결합시키는 것에 불과한데, 이것이 곧 충족 이유율의 형태다.

여기서 우리는 '외부'에서는 사물의 본질에 결코 도달할 수 없다는 것을 알았다. 외부로부터는 아무리 탐구를 하여도 형상이나 명칭을 얻는 데 불과하다. 이것은 마치 성의 주위를 돌고 찾아보아도 입구를 발견하지 못하고 임시로 그 정면을 스케치해 두는 것과 같다. 그리고 이것은 또한 나 이전의 모든 철학자들이 걸어 온 길이다.

18. 육체와 의지의 관계

단지 내 앞에 '표상'으로서만 존재하고 있는 세계의 의미를 탐구하거나 인식 주관의 단순한 표상으로서의 세계에서 표상 이외의 것일 수도 있는 것으로 옮겨 가는 것은 실제로 탐구자 자신이 순수하게 인식만을 하는 주관(몸은 없이 날개만 가진 천사의 머리)이라고 한다면 절대로 불가능하다. 그러나 탐구자는 그러한 세계에 뿌리를 내리고 있는, 말하자면 세계 속의 '개체'로서 존재하고 있다. 즉, 그의 인식 작용은 표상으로 본 전세계를 제약하는 담당자긴 하지만, 철저하게 육체에 매개되어 있으며, 육체의 감정적인 움직임이 앞서 말한 바와 같이 오성에게는 세계를 직관하는 출발점이 되는 것이다. 이 육체는 순전히 인식만 하는 주관 자체에는 다른 표상과 마찬가지로 하나의 표상이며, 여러 객관들 중의 한 객관이다. 그러한 점에서 볼 때, 육체의 운동이나 행동도 주관에게는 다른 모든 직관적인 객관의 변화들처럼 알려져 있을 뿐이다.

따라서 이들 운동이나 행동의 의미가 완전히 다른 방법으로 해명되지 않는다면, 다른 직관적 객관의 변화와 마찬가지로 낯설고 이해할 수 없는 것이다. 그렇지 않으면 탐구자는 자기의 행위를, 마치 다른 객관들의 변화가 원인·자극·동기 등에 따라 생기는 것처럼 주어진 동기를 따라서 자연 법칙과 같은 항존성을 가지고 나타나는 것으로 알게 될 것이다. 그러나 그는 이들 동기의 영향을 그 동기의 원인과 그에게 나타나는 다른 모든 결과의 연결보다 더 자세하게 이해하지는 못할 것이다. 그래서 그는 자기 육체의 표출과 동작이 갖는 이해할 수 없는 내적 본질을 힘·성질·성격 등 임의의 이름을 붙일는지 모르지만, 그 본질에 대해서 그 이상의 통찰을 할 수는 없다. 그러나 이것들이 모든 본질은 아니다. 오히려 개체로서 나타나는 인식의 주관에 수수께끼의 말이 주어져 있으며, 이 말이 바로 '의지'라는 것이다. 오직 이 말만이 탐구자에게 그 자신의 현상을 푸는 열쇠를 주고, 의미를 계시하고, 그의 본질, 행위, 운동의 내적 동기를 보여 준다. '인식 주관'은 육체와 동일하기 때문에 개체로서 나타나지만, 이 인식 주관에서 육체는 전혀 다른 두 가지 방법으로 주어진다. 첫째, 오성에 호소하는 '직관'의 표상으로서, 여러 객관 중의 객관으로서, 또 이들 '객관'의 법칙에 지배되는 것으로 주어진다. 그러나 동시에 전혀 다른 방법, 즉 누구에게나 직접 알려진 것으로 주어지고 있는데, 이것을 '의지'라는 말로 표현할 수 있다.

의지의 참된 행동은 필연적으로 육체의 운동이기도 하다. 그가 실제로 행동하려고 할 경우에는 동시에 그것이 육체의 운동으로 나타난다는 것을 지각하게 된다. 의지 행위와 육체의 동작은 인과의 유대로 결합되고 객관적으로 인식된 서로 다른 상태가 아니고, 원인과 결과라고 하는 관계에 있는 것도 아니며, 그들은 동일한 것으로 단지 전혀 다른 두 가지 방법으로 주어질 따름이다. 즉 하나는 순전히 직접적으로 주어지고, 또 하나는 오성에 대해 직관 속에 주어지는 것이다. 육체의 동작은 의지의 객관화된 행위, 즉 직관 속에 나타난 행위에 불과하다. 또한 이것은 육체의 모든 운동에도 해당되고 동기에 의해서만 생기는 운동뿐만 아니라 자극에 의해 생기는 자기도 모르는 운동에도 해당된다. 그것뿐만 아니라 모든 육체는 의지가 객관화된 것, 즉 표상으로 된 의지에 불과하다는 것을 알게 된다.

이 모든 것들은 이제부터 논하는 가운데 명백해질 것이다. 그러므로 나는 육체를 제1권 및 〈충족 이유율에 대하여〉에서는 고의로 일방적으로 취한 입장(표상의 입장)에 따라 '직접적 객관'이라고 불렀지만, 여기서는 다른 생각에서 '의지의 객관성'이라고 부르기도 한다. 또 어떤 의미에서 의지는 육체의 선험적 인식이고, 의지의 후천적 인식이라고 말할 수도 있다. 미래에 관계하는 의지의 결정은 언젠가 원하게 될 것에 관한 이성의 단순한 고려에 불과한 것이지, 본래의 의지 행위는 아니다. 단지 실행이 결의에 결정적으로 날인하는 것이고, 결의는 그때까지는 언제나 변경할 수 있는 의도이며, 이성 속에 추상적으로 존재하고 있는 것에 불과하다. 의지와 행동은 반성에 있어서만 다르며, 현실적으로는 동일하다. 참되고 순수한 직접적 의지 행위는 모두 그대로 직접적으로 외부에 나타나는 육체 행위이다. 그리고 여기에 따라서 한편으로 육체에 끼치는 작용은 모두 직접적인, 또한 의지에 대한 작용이다. 그 작용을, 그 자체로서 의지에 거슬리는 경우에는 고통이라 부르고, 의지에 맞는 경우에는 유쾌 또는 쾌락이라 부른다. 양자의 단계적인 차별은 다양하다. 그러나 고통과 쾌락을 표상이라고 부르는 것은 부당하다. 고통이나 쾌락은 결코 표상이 아니고, 의지의 현상으로서 육체에 있어서는 의지의 직접적인 감응이다. 즉 육체가 받는 인상의 강요된 순간적인 의욕 내지 반의욕이다. 이러한 인상들은 직접적인 단순한 표상으로 간주되기 때문에, 위에서 말한 것에서 제외되는 것은 육체에 대한 어떤 소수의 인상뿐이며, 이들 인상은 의지를 자극하지 않고, 또 이들 인상에 의해서만 육체는 인식의 직접 객관이 된다. 왜냐하면 육체는 오성의 직관으로서는 이미 다른 객관과 마찬가지로 간접 객관이기 때문이다.

말하자면 여기서 고려되고 있는 것은 시각·청각·촉각 등의 순수하게 객관적인 감각의 감응이다. 물론 이들 기관이 그 고유하고 독특하고 자연적인 방법으로 촉발되는 한, 그 방향은 이들 육체에 갖는 날카롭고 특별하게 변화된 감수성에 대한 극히 작은 자극이기 때문에, 그것으로서 의지가 촉발되는 일이 없이 의지의 어떠한 자극에도 방해받지 않고 직관을 성립시키는 자료를 오성에 제공하는 것에 지나지 않는다. 그러나 이들 감각 기관들의 한층 강한 감응 또는 다른 종류의 감응은 모두 고통을 동반하는 것, 즉 의지에 반대되는 것이어서 이 기관들도 또 의지의 객관성에 속하고 있다. 여러 가지 인상들이 오성의 자료가 되는 데 족할 정도의 강도를 갖고 있으면 좋을 것이지만, 그것이 한층 강도를 증가시키고 의지를 움직여서, 이를테면 고통이나 쾌락을 느끼게 하는 데서 신경쇠약이 생긴다. 물론 고통도 정도를 거듭하면 부분적으로 둔한 곳도 확실하지 않은 곳도 있기 때문에, 단순히 낱낱의 음향이나 강렬한 빛을 고통으로 느끼게 할 뿐만 아니라 명백하게 인식되지는 않지만, 일반적으로 병적인 우울증을 일으키게 된다. 특히 육체와 의지와의 일치는 의지의 모든 강렬하고 과도한 움직임, 즉 모든 정서가 직접 육체와 그 내부 기관을 진동하여 육체의 여러 생명 기능의 진행을 저해하는 것을 보아도 알 수 있다. 이것에 관해서는 《자연에 있어서의 의지에 대하여》(제2판, p. 27, 제3판, p. 28)에 특히 상세하게 논술하였다.

결국 내가 내 의지에 대해 갖는 인식은 직접적인 인식이지만 내 육체에 관한 인식과는 분리할 수 없는 것이다. 나는 내 의지를 전체나 통일로서 인식하지 않고, 그 본질에 따라서 인식하지 않으며, 오히려 그 개별적인 행위에서만 인식한다. 즉 모든 객관과 마찬가지로 육체에 현상하는 형식인 시간에서 인식하는 것이다. 그러므로 육체는 내 의지를 인식하기 위한 제약이다. 따라서 내 육체가 없으면 나는 원래 이 의지를 표상할 수 없다. 물론 〈충족이유율에 대하여〉에서는 의지나 의지 작용의 주체는 여러 표상, 또는 객관 중의 특별한 것으로 정해져 있긴 하지만, 거기서도 이미 우리는 이 객관이 주관과 일치하는, 즉 완전한 객관을 지양하는 것을 알고 있었기에, 우리는 이 일치를 기적이라 불렀다. 이 책 전체는 말하자면 이 기적에 대한 설명이다. 내가 '의지'를 본래적인 객관으로 인식하는 한, 나는 내 의지를 육체로서 인식한다. 그렇다면 나는 또 한 번 〈충족 이유율에 대하여〉에서 열거한 첫 번째 종류의 표상, 즉 실재적 객관에 머무르게 된다. 우리는 이제부터 논술을 진전시켜 가면서 점점 이들 첫 번째 종류의 표상이 그 논문에 열거한 네 번째 종류의 표상, 즉 본래 객관으로서는 좀처럼 주관에 대립하지 않는 표상에 이르러 해명되고 해석된다는 것을 알게 될 것이고, 이 네 번째 종류의 표상을 지배하는 동기의 법칙에서 첫 번째 종류의 표상에 적용되는 인과 법칙과 이에 따라 생기는 것과의 내적 본질을 이해하는 것을 배우지 않으면 안 된다는 것을 알게 될 것이다.

지금 언급한 의지와 육체의 일치는 여기서 처음으로 이루어졌고, 계속 논하면서 더 자주 나타나고 증명될 것이다. 다시 말해서 직접적 인식이나 구체적 인식으로부터 이성의 지식에까지 옮아가거나 추상적 인식까지 높아진다는 것이다. 그런데 일치는 그 본질상 결코 증명될 수 없다. 말하자면 일치가 가장 직접적인 인식이기 때문에, 간접적 인식으로서 다른 직접적 인식에서 연역될 수는 없다. 만일 우리가 이 일치를 그러한 가장 직접적인 인식으로 파악하고 확고하게 하지 않으면, 그것을 간접적으로 연역된 인식으로 다시 확보한다는 것은 기대할 수 없다. 이 일치는 아주 독특한 인식이다. 그러므로 나는 〈충족 이유율에 대하여〉의 제29장 이하에서 모든 진리를 네 종류, 즉 논리적, 경험적, 형이상학적, 초논리적 진리로 분류했지만, 이 일치는 본래 이 네 종류의 진리와 마찬가지로 어떤 추상적 표상의 다른 표상에 대한 관계도 아니고, 직관적인 또는 추상적인 표상 작용의 필연적인 형식에 대한 관계도 아니다. 직관적 표상인 육체가 완전히 표상이 아니고 표상과는 전혀 다른 것, 즉 의지에 대해 갖는 상대 관계에 대한 어떤 판단의 관계이기 때문이다. 그러므로 나는 이 진리를 특히 강조하여 그것을 뛰어난 '철학적 진리'라고 부르고 싶다. 이 진리의 표현은 여러 가지로 응용될 수 있다. 즉 나의 육체와 의지는 동일한 것이라든가, 내가 직관적 표상으로 내 육체라고 부르는 것은 내가 그것을 전혀 다른 비길 데 없는 방법으로 의식하고 있는 한에서는 나의 의지라 부른다라든가, 또는 내 육체는 내 의지의 객관성이라든가, 또는 내 육체가 나의 표상이라는 것은 별도로 하고 내 육체는 내 의지에 불과한 것이다 등.

19. 의지이자 표상인 육체

앞에서 우리는 내키지는 않았지만, 우리의 육체를 직관적 세계 속에 있는 다른 객관과 마찬가지로 인식 주관의 단순한 표상이라고 설명했기 때문에, 모든 사람들의 의식 속에서 자신의 육체에 대한 표상을 볼 때 그것과 흡사한 다른 표상들과 구별한다는 것이 밝혀졌다. 말하자면 육체는 다른 표상과는 전혀 다른 방법으로 의식 속에 나타나는 것으로, 이것이 '의지'라는 말로 표현된다. 우리가 자기의 육체에 관해 갖고 있는 이러한 이중적인 인식은 우리에게 육체에 관해, 동기에 따른 육체의 작용이나 운동에 관해, 또 육체가 외부로부터의 영향을 통하여 받는 것에 관해, 그 밖에 육체 '그 자체'의 본질에 관해 표상으로서 육체는 아니고, 다른 실재적인 객관의 본질, 작용, 수동에 대하여 직접 갖고 있지 않은 해명을 주는 것이다.

육체에 대한 이런 특별한 관계를 제외하고 고찰한다면, 육체도 다른 표상과 마찬가지로 하나의 표상에 불과하지만, 인식 주관은 바로 이 특별한 관계에 있기 때문에 개체다. 그런데 '인식 주관'을 '개체'로 만드는 이 관계는 바로 인식 주관과 그 주관의 모든 표상 중 오직 하나의 표상 사이에만 존재한다. 따라서 인식 주관은 이 유일한 표상을 오직 하나의 표상으로 의식하고 있을 뿐만 아니라 동시에 전혀 다른 방법, 즉 하나의 의지로서 의식하고 있다. 만일 인식 주관이 그러한 특별한 관계, 즉 동일한 육체라는 것을 이중으로 인식하고 완전히 다르게 인식한다는 사실을 도외시한다면, 동일한 것, 즉 육체는 다른 모든 표상과 마찬가지로 하나의 표상이다. 이것을 확인하기 위해서 인식 개체는 다음 중 어느 한 가지를 가정하지 않으면 안 된다. 즉 유일한 표상이 다른 모든 표상과 다른 까닭은 개체의 인식이 유일한 표상에 대하여 이중의 관계에 있다고 하는 점에 있다. 이 '유일한' 직관적 객관을 통찰하는 경우에는 개체에게 동시에 두 개의 길이 열려 있지만, 이것은 육체라는 유일한 객관이 다른 객관과 다르다는 것으로 설명해서는 안 된다. 개체의 인식이 육체라고 하는 객관에 대해서만은 다른 객관과는 다른 관계에 있다고 설명해야 한다. 다른 하나는 유일한 이 객관이 본질적으로 다른 객관과 다르며, 모든 객관 중에서 이것만 의지인 동시에 표상이고, 다른 객관은 단지 표상, 즉 단순한 환영이라는 것이다.

따라서 인식하는 개체의 육체야말로 세계 안에서 단 하나의 현실적인 개체며, 주관의 오직 하나뿐인 직접 객관이다. 다른 객관들을 단순한 '표상'으로 본다면, 인식 주관의 육체와 똑같다. 다시 말해 육체와 마찬가지로, 표상 그 자체로서만 존재하는 공간을 채우고, 또 육체와 마찬가지로 공간에서 작용한다. 이것은 원래 표상에 대해 선험적으로 확실한 인과성의 법칙으로 증명할 수 있다는 것이 명확하게 해준다. 이 법칙은 원인을 갖고 있지 않은 결과라는 것을 인정하지 않는다. 그러나 결과로부터 어떤 원인 일반이 유추될 뿐이며 하나의 동일한 원인이 유추되는 것이 아니라는 것을 도외시한다면, 여전히 단순한 표상의 범위에 머물러 있기 때문에, 인과성의 법칙은 그러한 표상에 대해서만 타당하고 이 표상의 범위를 초월할 수는 없는 일이다. 그러나 개체가 표상으로서만 알고 있는 객관이라 해도, 개체 자신의 육체와 마찬가지로 의지의 표현인가 아닌가 하는 것은 이미 제1권에서 언급한 것처럼 외부 세계의 실재성에 대한 문제의 본래 의미다. 그것을 부인하는 것이 '이론적 이기주의'며, 이 이론적 이기주의는 그렇게 함으로써 자기 자신의 개체 이외의 모든 현상을 환영이라고 간주하며, 실천적 이기주의는 같은 일을 실천적인 점에서 하는 것이다. 즉 자기만을 실제 인격으로 보고 다른 모든 인격을 단순한 환영이라 보며, 그렇게 취급한다. 원래 이론적 이기주의는 증명으로 논박할 수 없지만, 철학에서는 확실히 회의적 궤변으로서만, 즉 그럴듯한 것으로만 사용했다. 그런데 이것을 진정한 확신이라고 믿는 사람은 정신 병원에 가지 않으면 발견할 수 없을 것이다. 그러나 정신 병원에서는 그러한 확신으로서 이기주의에 대해서는 증명할 필요가 없고 치료할 필요도 없다. 그러므로 우리는 더 이상 그러한 이기주의에는 관여하지 않고, 그것이 끊임없이 이론을 일삼는 회의론의 마지막 보루에 불과하다고 본다. 그래서 개체성에 얽매이고 또 그런 사실로 제약되어 있는 우리의 인식은 필연적으로 각 개인은 오직 하나의 것이지만 다른 모든 것을 인식할 수 있으며, 이러한 제약이 있기 때문에 진정한 객관에 대한 요구가 생긴다는 사실을 추론한다. 그래서 객관으로써 인식의 한계를 확장하려고 하는 우리는 이 점에서 우리에게 대립되는 이론적 이기주의의 회의적인 논증을 하나의 작은 국경 요새로 볼 것이다. 그것은 물론 영원히 함락되지 않는 요새임에는 틀림없지만, 그 수비병들은 절대로 요새로부터 나와 이쪽으로 쳐들어오지 않기 때문에, 우리는 그곳을 통과하여 아무 위험도 받지 않고 빠져 나갈 수 있다.

이렇게 해서 우리 육체의 본질과 작용에 관해 우리가 갖고 있는, 완전히 다른 방법으로 주어진 이중의 인식은 지금까지의 설명으로 명백해졌다. 따라서 우리는 이 인식을 모든 자연 현상의 본질을 푸는 열쇠로 사용할 것이다. 그리고 우리 자신의 육체가 아닌 모든 객관, 따라서 이중의 방법으로 주어진 객관이 아니고 오직 표상으로서만이 우리의 의식에 주어져 있는 객관을 우리의 육체를 본보기로 하여 평가할 것이다. 따라서 우리는 이들 모든 객관이 한편으로는 우리 육체와 마찬가지로 표상이며, 표상으로서는 육체와 같은 종류의 것이지만, 또 한편으로 이 객관의 존재들을 주관의 표상으로서 제외하는 경우에도 역시 남는 것은 우리 자신에 근거하여 '의지'라고 부르는 것과 같은 것임에 틀림없다고 생각할 것이다. 도대체 우리는 육체 이외의 물체계(物體界)에 어떤 종류의 존재나 실재를 귀속시켜야 하는가? 또 우리가 물체계를 구성한 요소를 어디에서 취해야 할 것인가? 우리는 의지와 표상밖에는 아무것도 모르며, 아무것도 생각할 수 없다. 만일 우리가 직접적으로 우리 표상 속에서만 존재하고 있는 물자체에 우리가 아는 최대의 실재성을 부여하려 하면, 우리는 각자의 육체가 갖고 있는 실재성을 그 물체계에 부여하는 것이 된다. 왜냐하면 모든 사람에게는 자기 육체가 가장 실재적인 것이기 때문이다. 그러나 우리가 이 육체와 그 동작을 분석해 보면, 육체가 우리 표상이라는 것을 제외하고는 의지 이외의 아무것과도 만나는 것이 없다. 육체의 실재성은 이것으로 끝이 난다. 따라서 우리는 물체계에 부여하기 위한 다른 종류의 실재성을 아무 데서도 발견할 수 없다. 만일 물체계가 단지 우리의 표상 이상의 것이어야 한다면, 물체계는 표상 밖의 것, 즉 물체계 그 자체로서 가장 내적인 본질에 따라 우리 자신 속에서 직접 의지로 발견되는 것이라고 말할 수밖에 없다. 내가 '그 가장 내적인 본질에 따라'라고 말한 것은 의지에서가 아니라 여러 가지 정도를 달리한 의지의 표현에 속하는 것을 의지와 구별하는 것을 체득하기 위해서는 의지의 본질을 가장 먼저 배워 알아야 하기 때문이다. 가령 인식을 수반하고 있는 것이라든지 동기에 의해 규정된 상태가 인식에 의해 제약되어 있는 것 등이 그러한 현상이다. 이것은 이제부터 앞으로 명백하게 될 것이지만, 의지의 본질에 속하는 것이 아니고, 동물이나 인간으로서 의지의 명백한 현상에 속해 있을 뿐이다. 그러므로 만일 내가 돌을 땅에 떨어뜨리는 힘이 본질적으로 모든 표상 이외에는 의지라고 말한다고 해도, 인간에게는 의지가 동기를 인식하고 나타나기 때문에, 돌도 그렇게 인식된 동기에 따라 운동한다는 바보 같은 생각이 이 명제에 내포되어 있다고는 생각하지 않을 것이다. * 이제 우리는 지금까지 일반적으로 논술한 것을 상세하고 명확하게 입증하고 기초를 부여하며 그 모든 범위에 걸쳐 이것을 전개하려고 한다.

20. 욕망의 표현인 육체

자기 육체의 본질로서, 이 육체를 육체답게 하는 것으로서 육체가 직관의 객체, 즉 '표상'이라는 것을 제외하면, 이미 언급한 것처럼 '의지'는 제일 먼저 육체의 임의운동 속에서 나타난다. 결국 임의운동은 개별적인 의지 행위가 가시적으로 나타난 것에 불과하며, 의지 행위에 직접적으로 관련하여 동시에 완전하게 생기는 것이다. 즉 임의운동과 의지행위는 동일한 것이며, 다

---

* 프랜시스 베이컨이, 물체의 기계적이고 물리적인 운동은 이 물체들에 대해 선행하는 지각에 의해서만 생긴다고 말한 것이 진리를 예감할 수 있게 하기 때문에 그 명맥을 유지해 오기는 했지만, 우리는 여기에 동의할 수 없다. 또 케플러는 그의 논문 〈De Planeta Martis〉에서 유성들이 그 타원의 궤도를 한 치도 벗어남 없이 운행속도도 규칙적으로 유지되고, 유성 궤도의 평면 삼각형 크기는 유성이 그 삼각형의 저변을 진행하는 시간에 비례하지만, 이것을 위해 유성이 인식을 가지고 있어야 한다고 주장한다. 그러나 이 또한 우리는 동의할 수 없다.

른 점은 의지행위가 이행하여 인식할 수 있는 형식을 취하여 표상이 되었다
는 것뿐이다.

그런데 의지의 이러한 행위는 자기 이외에 동기 속에서도 근거를 가지고
있다. 그러나 동기는 내가 '이' 시간에 '이' 장소에서 '이' 상황 아래 의지하
는 것을 규정할 뿐이고, 그 이상으로 내가 일반적으로 의지한다고 하는 '것'
과 또 내가 일반적으로 의지하는 '것', 즉 나의 모든 의지 작용 전체를 특징
짓는 준칙을 규정하는 일은 없다. 그러므로 나의 의지 작용의 본질은 동기로
서는 설명할 수 없는 것이며, 동기는 오직 주어진 시점에서 의지 작용의 발
견을 규정하는 것에 그치며, 내 의지가 따로 나타나는 기회가 될 뿐이다.

그런데 나의 의지 자체는 동기를 이루는 법칙의 범위 밖에 존재하고, 단지
각각의 시점에서 의지의 나타남이 필연적으로 이 법칙에 의해 규정되고 있
을 뿐이다. 나의 경험적 성격을 전제할 때에만 동기는 행동의 충분한 설명
근거가 된다. 그러나 만약 이 성격을 도외시하고 왜 내가 이것을 하고자 하
고 저것은 하고 싶어하지 않는가라고 묻는다면, 여기에 대해 답변할 수가 없
다. 왜냐하면 의지의 현상은 충족 이유율에 지배되고 있지만, 의지 그 자체
는 지배받고 있지 않기 때문이며, 의지는 그러한 뜻에서 '근거가 없는' 것이
라고 보아도 좋다. 이 경우, 나는 일부는 칸트의 경험적 성격과 예지적 성격
에 관한 설과 내가 《윤리학의 근본 문제》(초판, p. 48~58 그리고 p. 178 이
하, 재판, p. 174 이하)에서 이에 대해 논술한 것 등을 전제로 하고, 다른
부분은 제4권에서 상세히 논할 작정이다. 지금 당장 주의해 두어야 할 것은
어떤 현상이 다른 현상에 의해 근거가 된다는 것과, 행위의 본질이 그 자신
의 근거를 갖고 있지 않은 의지라는 것은 모순되지 않는다는 것뿐이다. 왜냐
하면 충족 이유율은 아무리 어떠한 형태를 갖더라도 인식 형식에 지나지 않
으며, 이 원리의 타당성은 표상이나 현상, 즉 의지가 가시적으로 된 것에만
미칠 뿐이고, 가시적이 되는 의지 그 자체에는 미치지 못하기 때문이다.

그런데 만일 내 육체의 움직임이 모두 의지의 행위와 표현이며, 이 의지의
행위에 있어서 주어진 동기 아래에서는 내 '의지'라는 일반으로서, 또 전체
로서 내 성격이 재현된다고 하면, 모든 동작의 불가결한 조건도 전제도 또한
의지의 표현이어야 한다. 왜냐하면 의지의 현상은 직접적이고 의지에 의존
하지 않는 것, 따라서 의지에는 단지 우연적인 것에 지나지 않는 것이고, 의

지의 현상 자체를 우연적인 것으로 만드는 것에 의존할 수 없다. 없어서는 안 될 조건은 모든 육체 그 자체다. 따라서 육체는 이미 의지의 나타남이어야 한다. 그리고 내 육체의 의지 전체, 즉 예지적 성격(이것이 시간에서 나타난 것이 나의 경험적 성격이지만)에 대한 관계는 육체 하나하나의 동작과 의지 하나하나에 대한 동작과의 관계와 같은 것이다. 그러므로 육체는 가시적으로 된 나의 의지에 지나지 않으며, 의지는 직관적인 객관이며, 제1급의 표상에 한해 육체는 나의 의지 그 자체가 되어야 한다.

이 사실의 확증으로서 이미 열거되어 있는 것은 나의 육체에 대한 작용이 모두 직접적으로 나의 의지까지도 촉발하고, 여기에 관해 고통 또는 쾌락을, 낮은 정도로는 쾌감 또는 불쾌감을 일으킨다고 하는 것, 또 반대로 의지의 격한 움직임, 즉 감동과 격정은 육체에 충격을 주어 육체 기능의 진행을 저해한다는 것이다. 원래 내 육체의 발생에 관해서는 지극히 불완전한 것이지만, 원인학적으로 해명되고, 그 발달과 유지에 관하여서는 대체적으로 완전히 해명되었다. 이것을 생리학이라고 하지만 생리학도 그 문제를 설명하는 데 있어서는 동기가 행위를 설명하는 정도밖에 하고 있지 않다. 그러므로 개별적인 행위의 근거를 동기를 통해 얻고, 이 동기에서 행위의 필연적인 결과가 생긴다고 생각하는 것은 행위가 일반적으로, 또 그 본질상 그 자체로서 근거가 없는 의지의 나타남에 지나지 않는다고 보는 것과 모순되지 않는다. 마찬가지로 육체의 기능들을 생리학적으로 설명하는 것도, 이 육체의 전 존재와 그 기능들의 전 계열은 같은 육체의 외적인 동작 속에 각기 동기에 따라 나타나는 의지의 객관화에 지나지 않는다는 철학적인 진리를 방해하는 것은 아니다. 무릇 생리학도 바로 이들 외적인 동작, 즉 직접적이고 임의적인 운동을 생물체의 원인에 환원하려고 하기 때문이며, 가령 근육운동은 체액의 유입이라고 하는 것으로 설명한다. ('라일'은 그의 《생리학적 기록집》, 제6권, p. 153에서 "밧줄이 젖으면 오그라드는 것처럼"이라고 말하고 있다.)

그러나 아무리 근본적인 설명을 했다고 해도, 그것으로 모든 임의운동(동물 기능)이 의지 행위의 나타남이라는 직접적이고 확실한 진리를 결코 사라지게 하지는 않을 것이다. 또한 마찬가지로 생리학이 식물적 생명(자연적 생활 기능)을 아무리 잘 설명하더라도, 그것 때문에 이렇게 발전해 가는 동물적 생명 전체가 '의지'의 나타남이라고 하는 진리는 결코 사라지지 않는다. 두말할 것도 없이 이미 논한 것처럼, 대체로 원인학적인 설명이란 것도 모두 개별적인 현상의 시간과 공간에서 필연적으로 정해진 위치를 나타내고, 일정한 규칙에 따라 그 현상이 그 위치에 필연적으로 나타난다는 것을 보여 줄 뿐 그 이상을 알려주지는 않는다.

그런데 각 현상의 내적 본질은 이러한 방법으로는 영원히 구명할 수 없고, 원인학적 설명으로 전제되어 힘이나 자연 법칙이라거나 또는 행위가 문제로 되는 경우에는 성격이나 의지 때문이라고 말할 수 있을 뿐이다. 개별적인 행위는 모두 일정한 성격이라는 것을 전제로 한다면, 행위는 반드시 주어진 동기에 따라 생기며, 또 동물의 육체적 성장, 양육 과정 및 여러 가지 변화는 필연적으로 작용하는 원인(자극)에 따라 행해진다. 그렇지만 일련의 행위는 개별적인 행위까지도, 또 행위의 조건도 행위를 수행하는 모든 육체 자체도, 또한 그 육체를 성립하게 한 과정도 의지가 나타난 것에 지나지 않으며, 의지가 가시적으로 나타난 것, 즉 '의지의 객관화'에 지나지 않는다. 인간이나 동물의 육체가 각기 그들의 의지에 적합한 것은 여기에 기반을 두고 있으며, 이 적합성은 의도적으로 만든 어떤 도구가 그것을 만든 사람의 의지와 일치하는 것을 훨씬 능가한다. 그래서 육체의 합목적성, 즉 목적론적인 설명 가능성으로 보이는 것이다. 그러므로 육체의 부분들은 의지를 실현시키는 주요 욕망과 완전히 상응해야 하며, 욕망의 가시적인 표현이어야 한다. 즉 치아, 목구멍, 장기는 객관화된 굶주림이며, 생식기는 객관화된 성욕이며, 물건을 잡는 손이나 빠른 다리는 그것들로 표현되는, 이미 어느 정도 간접적으로 된 의지의 노력과 상응한다. 일반적인 인간 형태가 일반적인 인간 의지와 상응하는 것처럼, 개인적으로 변용된 의지, 즉 개개인의 성격에는 개인적인 체형이 상응한다. 그러므로 이 체형은 전체나 각 부분에 있어서도 특질을 갖고 있으며, 그 성격을 잘 나타내고 있다. 이미 파르메니데스가 아리스토텔레스가 인용한 다음과 같은 시구(《형이상학》, 5)에서 이것을 말하고 있는 것은 주목할 만한 일이다.

자유롭게 움직이는 사지가 혼합되어 구성된 것처럼, 인간의 정신에도 그와 같은 것이 나타난다. 사지를 구성하는 것이 그렇게 생각하기 때문이다. 즉 개인에게도 또 인간 전체로서도 사지의 본성이 그렇게 생각하는 것이다. 왜냐하면 혼합하여 있는 것 중에 더 많이 존재하는 것을 생각하기 때문이다. *

21. 의지의 객관화인 표상

이제 이 모든 고찰들에서 독자들은 추상적으로, 따라서 명백하고 확실하게 모든 사람이 직접적으로 구체적인 것, 즉 느낌으로서 소유하고 있는 인식을 얻게 되었다. 이것은 각자의 행위와 그 행위의 영속적인 기초인 육체에 의해 표상으로서 나타나는 자기 현상의 본질인 자신의 의지이며, 이 '의지'는 그 사람의 의지 가운데 가장 직접적인 것을 형성하는 것이다. 이러한 직접적인 의지는 '객관과 주관'이 대립되는 표상의 형식을 취하면서 완전히 나타나는 일이 없고, 주관과 객관이 분명하게 구별되지 않는 직접적인 방식으로 나타난다. 그러나 그것은 전체로서가 아니라 개개의 행위에 있어서만 개인에게 알려진다.

이와 같은 인식은 누구나 구체적으로 직접, 또 느낌으로서 갖고 있지만, 앞서 말한 것과 같은 여러 고찰로 이 인식을 추상적으로, 즉 분명하고 확실하게 얻는 사람은 나와 더불어 저절로 모든 자연의 내적 본질을 푸는 열쇠를 수중에 넣고 있는 셈이다. 왜냐하면 이 확신을 얻은 이상, 그는 자신의 현상처럼 '직접 인식'과 '간접 인식'의 양쪽에서 주어진 현상이 아니라 오로지 간접 인식에 의해, 즉 일방적인 '표상'으로서만 주어진 모든 현상에 이 확신을 옮겨도 맞도록 되어 있기 때문이다. 그는 자신의 현상과 완전히 닮은 현상 속에, 즉 인간과 동물 속에 그들 현상의 가장 내적인 본질로서 그 의지를 인정할 뿐만 아니라 반성을 계속하고 있는 사이에 식물 속에 작용하며, 성장하고 있는 힘까지도, 또 결정을 만드는 힘도, 확신을 향하게 하는 힘도, 이질의 금속이 서로 접촉하여 북극으로 향하는 힘도, 물질의 친화력에 있어 이합집산으로 나타나는 힘도, 또한 모든 물질에 있어 강력하게 작용하여 던져진 돌을 지면으로 당기며 지구를 태양으로 당기는 인력까지도 그 현상만으로

---

* 나의 저서 《자연에 있어서의 의지에 대하여》와 《생리학》, 《비교 해부학》에서 여기서 설명한 것을 자세히 논했다.

보면 서로 다르지만, 내적 본질로 볼 때는 동일한 것으로 인식해야 한다. 또 그에게는 직접적으로 극히 친숙하며 다른 어떠한 것보다 잘 알려져 있는 것이고, 그것이 명백하게 나타나는 경우에는 '의지'라 부르는 것이다. 이제 우리에게 더 이상 현상 밑에 머물게 하지 않고 이것을 넘어서 '물자체'로 나아가게 하는 것은 오로지 반성을 여기에 적용하기 때문이다. 현상이란 표상을 말하는 것일 뿐, 그 이상의 아무것도 아니다. 어떠한 종류에 속하는 모든 표상, 즉 모든 '객관은 표상'이다. 그러나 '의지'만이 '물자체'다. 그러한 의지는 표상이 아니고 표상과 완전히 다른 것이다. 모든 표상, 즉 모든 객관은 의지가 나타난 것, 가시적으로 나타난 것, '의지의 객관화'다. 의지는 개체 및 전체의 내면적인 심오한 부분이며 핵심이다. 의지는 맹목적으로 움직이는 모든 자연의 힘 속에 나타나 있고, 숙고한 인간의 행동 속에도 나타나 있다. 그러나 이 둘의 큰 차이는 드러나는 정도 차이에 불과하며, 본질에 관한 차이가 아니다.

22. 의지의 개념

이 '물자체'(우리는 칸트의 이 표현을 고정된 형식으로 그대로 사용하려 한다)는 그 자체로서는 이미 객관이 아니다. 왜냐하면 모든 객관은 이미 물자체의 단순한 현상이며, 이미 물자체가 아니기 때문이다. 만일 물자체를 객관적으로 사고하려고 하면, 물자체는 어떤 객관에서, 즉 어떤 형태로 객관적으로 주어진 것, 따라서 어떤 물자체 하나의 현상에서 명칭과 개념을 빌어오지 않으면 안 된다. 그런데 이 현상을 이용하기 위해서는 물자체의 모든 현상 가운데에서 가장 완전한 현상, 즉 가장 명확하고 발전된 인식에 의해 직접 조명된 현상이 아니면 안 된다. 그런데 이것이 바로 인간의 '의지'다.

여기서 주의하지 않으면 안 되는 것은 우리는 이 경우 탁월한 것으로 작명하고 있음에 불과한 것이므로, 의지라고 하는 개념은 지금까지 사용된 것보다 더 넓은 범위를 갖고 있다는 것이다. 플라톤이 여러 번 말한 것처럼 여러 가지 현상 가운데서 동일한 것을 인식하고 유사한 것 속에서 다른 것을 인식하는 것이야말로 철학에 대한 조건이다. 그런데 이때까지 자연 속에 움직이며 작용하고 있는 모든 힘의 본질이 의지와 동일하다는 것은 인식되지 않았다. 그러므로 같은 유의 다른 종에 지나지 않는 다양한 현상이 같은 유라고 생각되지 않고 다른 유로서 생각되었던 것이다. 아직 이러한 유의 개념을 나타내는 말도 없었다. 그래서 나는 이를 가장 탁월한 종에 따라 작명하는 것이며, 이 종의 인식은 우리에게 가깝고 직접적이긴 하지만, 이 인식을 기초로 비로소 우리는 다른 종을 간접적으로 인식하는 것이다. 따라서 의지라는 개념을 이 경우의 필요에 따라 확장하지 못하고, 지금까지 '의지'라는 말로만 표현되어 온 하나의 종을, 말하자면 인식에 의해 인도되고 오직 추상적인 동기만을 따라서 인도되어온, 이성의 지도 아래 나타나는 의지라고 생각한다.

이러한 의지를 이미 말한 바와 같이 가장 명백하게 나타나는 의지라고 생각하는 사람은 끊임없는 오해에서 벗어날 수 없을 것이다. 그래서 우리가 직접 알고 있는 이 의지 현상의 가장 심오한 본질을 사유 속에서 끌어낸 다음, 이것을 동일한 본질의 더 약하고, 명백하지 않은 모든 현상에 옮겨서 의지라고 하는 개념에 필요한 확장을 하지 않으면 안 된다. 그런데 모든 현상의 본질 자체를 의지라는 말로써 나타내든 다른 말로 나타내든 결국은 같은 것이라고 생각하는 사람이 있다고 한다면, 그 사람은 위에서 말한 것과는 반대되는 방식으로 내가 말하려는 것을 오해하고 있다 하겠다. 만일 그 본질인 물자체가 단지 '추리'에 의해 존재하는 것으로 간주되고, 간접적으로만, 또 추상적으로만 인식되는 것이라고 한다면, 어떠한 말로 표현하든 변함이 없을지도 모른다. 이러한 것이라면, 물론 그 물자체를 무엇이라 부르든 자유다. 그 명칭은 알 수 없는 단순한 부호로서 존재하는 것이다. 그러나 주문처럼 자연 속에 있는 심오한 본질을 우리에게 개진해 줄 '의지'라는 말은 결코 어떤 미지수도, 추리에 의해 얻어지는 것도 아니고 철저하게 직접 인식된 것이며, 사실 우리가 잘 알고 있는 것이다. 그러므로 우리는 의지가 무엇인지는 의지 이외의 어떤 것보다 더 잘 알며 이해하고 있다. 이때까지 '의지'라는 개념은 '힘'이라는 개념에 포함되어 있었지만, 나는 이것을 정반대로 자연 속에 있는 모든 힘이라고 생각하고 싶다. 그런 것은 말의 논쟁에 불과하며, 어떻든 상관없다고 생각한다면 곤란하다. 오히려 이것이야말로 가장 의미심장하고 중요한 것이다. 왜냐하면 힘이라는 개념의 근저에는 다른 개념에서와 마찬가지로 결국 객관적 세계의 '직관적 인식', 즉 현상과 표상이 존재하며, 힘이라는 개념은 이것에서 만들어지고 있기 때문이다. 힘이라는 개념은 인과가 지배하는 영역에서, 즉 '직관적 표상'에서 추상되고 있는 것이기 때문에 원인학적으로는 그 이상의 설명이 불가능하며, 바로 모든 원인학적 설명의 필연적인 전제가 되고 있는 한 점에 서서 원인의 원인인 소재를 뜻하고 있다. 이와 반대로 '의지'라는 개념은 모든 가능한 개념 가운데서 그 근원을 현상 가운데에 갖고 있지 '않고', 단순한 직관적 표상 속에도 갖고 있지 '않으며', 저마다 내부에서 나오고 가장 직접적인 의식에서 생기는 유일한 개념이다. 각자는 '의지'라는 개념 속에 자기 자신의 개체 본질을 직접 어떤 형식도 없이, 주관과 객관이란 형식까지도 없이 인식한다. 왜냐하면 의지에 있어서는 인식하는 것과 인식된 것이 일치하기 때문이다. 그러므로 우리가 '힘'이라는 개념을 '의지'라는 개념에 환원하면, 실제로 우리는 미지의 것을 무한히 더 알고 있는 것으로 환원한 것이 된다. 또한 우리가 간접적으로 또한 완전히 알고 있는 유일한 것으로 환원한 것이 되며, 따라서 우리의 인식을 현저하게 확장한 것이 된다. 그런데 지금까지 행한 것처럼 '의지'라는 개념을 '힘'이라는 개념에 포함시키면, 세계의 내적 본질에 관해 우리가 갖고 있는 유일하고 직접적 인식을 포기하는 것이 된다. 왜냐하면 직접적인 인식을 현상에서 추상해 낸 개념 속에 몰입시키기 때문이다. 따라서 이러한 개념을 가지고는 도저히 현상을 넘어 설 수는 없다.

23. 현상 형식에서 자유로운 의지

'물자체'로서 '의지'는 그 현상과는 전혀 다른 것이며, 또 현상의 모든 형식에서도 완전히 자유로운 것이다. 이러한 현상 형식은 의지가 나타나는 경우에 비로소 취하는 형식이기 때문에 의지의 '객관성'에 관계할 뿐이며 의지 자체에는 관계가 없다. 모든 표현 중 가장 보편적인 형식까지도, 즉 주관에 대한 객관의 형식까지도 의지에는 해당되지 않는다. 이 형식에 종속하고 있는 여러 형식 가운데, 이미 알고 있는 것처럼 시간과 공간을 포함하는 충족이유율이라는 말로 표현되는 형식에 의해 비로소 존립하고, 또 가능하게 된 다원성은 더 한층 의지에는 해당되지 않는다.

이 말은 원래 오래전 스콜라 철학에서 사용한 말이지만, 그것을 차용하여 시간과 공간을 개체화한 원리라고 부르기도 한다. 이것을 명확하게 기억해 주기 바란다. 왜냐하면 본질과 개념상 동일한 것을 다원화하여 서로 나란히 나타나게 만드는 것은 오로지 시간과 공간이기 때문이다. 그러므로 시간과 공간은 개체화의 원리며, 스콜라 철학자들의 여러 가지 궤변과 논쟁의 대상이 되었지만, 이들 궤변과 논쟁은 수아레스의 《논쟁 주석서》(5, sect. 3)에 수록되어 있다. 이 말에 따르면, 물자체로서 의지는 어떠한 형태를 갖고 나온 '충족 이유율'에도 제약받지 않는다. 따라서 그 현상은 어느 것이나 완전히 충족 이유율에 따르지만, 의지에는 결과적으로 전혀 근거가 없다. 또한 의지의 시간과 공간에 있어서 현상은 수없이 많지만, 의지 자체는 모든 '다원성(Vielheit)'에서 자유롭다. 의지는 하나다. 그러나 이 하나라는 것은 어떤 객관이 하나라고 하는 경우, 이 단일성이 가능한 다원성에 대해 인식되는 하나가 아니고, 또 다원성의 추상에 의해 생긴 하나라는 개념도 아니다. 의지는 개체화된 원리인 시간과 공간 밖에, 즉 다원성의 가능성 밖에 존재하는 것으로서 하나다. 이 모든 것이 다음에 언급하는 것과 같은 여러 현상의 고찰이나 의지의 여러 가지 드러남에 따라 명백해진 다음에야 우리는 시간과 공간, 그리고 인과성이 물자체에는 귀속하지 않고 인식의 형식에 지나지 않는다고 말한 칸트 학설의 의미를 충분히 이해할 수 있을 것이다.

의지가 근거를 가지고 있지 않다는 것은 실제로도 인정되고 있는 것이며, 그것은 의지가 인간의 의지로서 가장 명백하게 나타나는 경우다. 그리고 이 의지는 자유와 독립이라고 불렸던 것이다. 그런데 이 의지 자체의 무근거성에 정신이 팔려, 의지 현상을 도처에서 지배하고 있는 필연성을 보고도 놓쳐 버리고, 자유롭지 않은 행위들을 자유라고 말하고 있다. 무릇 개별적인 행동은 모두 동기가 성격에 주는 경향으로 인해 엄밀한 필연성을 갖고 귀결되고 있다. 이미 언급한 바지만, 모든 필연성은 귀결과 근거의 관계며, 그 이상의 아무것도 아니다. 충족 이유율은 모든 현상의 보편적인 형식이며, 인간의 행위는 모든 현상과 마찬가지로 이 원리에 따르지 않으면 안 된다. 그러나 자기 의식에 있어서 의지는 직접 또 그 자체로서 인식되기 때문에, 자기 의식에는 자유의 의식이 있다. 그런데 개체, 즉 개인은 물자체로서 의지는 아니고 이미 의지의 '현상'이며, 현상으로서 한정되어 있어 현상 형식, 즉 충족 이유율에 따르고 있다는 사실을 지나치게 된다. 그래서 여기에 이상한 사실이 생겨난다. 즉 각자가 선험적으로 개별적인 행위에 있어서까지도 완전히 자유라고 생각하고, 어떠한 순간에도 다른 생활 태도를 취할 수 있다고, 즉 타인이 될 수 있다고 말하는 것이다. 그러나 그는 후천적으로, 즉 경험에 의해 자기는 자유로운 것이 아니라 지배되고 있으며, 아무리 결심과 반성을 해도 자기의 행동을 변하게 할 수 없고, 자기 생활의 처음에서 마지막까지 자신이 싫다고 생각하고 있는 성격을 계속 가지고 있으면서, 맡은 역할을 마지막까지 실천해야 한다는 것을 알게 되어 놀란다. 나는 이러한 고찰을 여기서는 더 이상 자세히 논하고 싶지 않다. 이것은 윤리적인 고찰로서 이 책의 다른 곳에서 논해야 할 것이기 때문이다. 여기서는 다만 다음 것만을 지적하고 싶다. 즉, 의지는 그 자체로서는 근거를 갖고 있지 않지만, 의지의 현상은 '현상'으로서는 필연성의 원리, 즉 충족 이유율에 지배당한다는 것이다. 이것은 자연의 여러 현상이 발생할 때의 필연성 때문이며, 그 여러 현상 속에 있는 의지의 표출을 인식하는 데 방해되지 않기 위해서다.

이제까지는 동기, 즉 표상 이외의 근거를 갖고 있지 않는 변화만이 의지의 현상이라고 생각되어 왔다. 그러므로 자연에서는 인간만이, 또는 기껏해야 동물이 의지를 갖고 있다고 생각되었다. 왜냐하면 이미 앞에서도 언급했지만, 인식하고 표상하는 것은 순수하게 동물만이 갖는 성격이기 때문이다. 그런데 의지는 인식에 인도되지 않는 경우에도 작용한다는 것은 가장 가까운 데에 있는 동물의 본능과 예술적 충동을 보면 알 수 있다. 이 경우 동물이 표상과 인식을 갖고 있다는 것은 문제가 되지 않는다. 왜냐하면 동물이 목적을 향해 작용할 때는 그 목적이 마치 인식된 동기인 것처럼 작용하고 있어서 동물은 목적을 인식하고 있지 않기 때문이다. 그러므로 동물의 동작은 이 경우 동기 없이 행해지고 표상에 인도되지는 않는다. 따라서 우리에게 제일 먼저, 그리고 가장 명백하게 의지가 그 어떤 인식 없이 작용한다는 것을 나타낸다.

생후 1년이 된 새는 알에 대해서는 아무런 표상을 갖고 있지 않지만, 알을 위해 둥지를 만든다. 어린 거미는 먹이에 대한 표상은 갖고 있지 않지만, 먹이 때문에 거미줄을 친다. 또한 애명주잠자리는 개미에 관해 아무런 표상을 갖고 있지 않지만, 개미를 함정에 빠뜨리기 위해 구멍을 판다. 사슴벌레의 유충은 나무 속에 구멍을 뚫고 거기서 탈바꿈하려고 하는데, 그때 수컷은 뿔을 넣기에 충분한 넓이를 얻기 위해 암컷 두 배 크기의 구멍을 판다. 그러나 유충은 뿔에 관해서는 아무런 표상도 갖고 있지 않다. 동물들의 이와 같은 행위 속에는 다른 행위와 마찬가지로 의지가 작용하고 있다는 것은 명백하다. 그러나 그 의지는 맹목적으로 작용하고 있는 것으로 인식을 동반하고는 있지만, 인식에 의해 인도되고 있지는 않다.

그런데 우리가 동기로서 표상이 의지 활동의 필연적, 본질적인 조건이 아니라는 것을 이해한다면, 의지 작용이 너무 두드러지지 않는 경우에도 의지가 작용하고 있는 것을 쉽게 인정할 것이며, 또한 우리가 세우는 집이 우리의 의지와는 다른 의지에 의한 것이 아닌 것과 마찬가지로, 달팽이의 껍데기를 달팽이가 모르는, 그러나 인식에 의해 인도된 어떤 의지로 말미암아 만들어진 것이라고 생각하는 일은 없을 것이다. 오히려 우리는 인간의 집도 달팽이의 껍데기도 모두 두 가지 현상으로 객관화되고 있는 의지의 소산이라고 인정할 것이다. 이 의지는 인간에게는 동기에 의해 작용하지만, 달팽이에게는 맹목적으로 외부세계를 향해 일정한 형체를 만드는 본능으로서 작용한다. 인간에게도 이와 같은 의지가 맹목적으로 작용할 때가 가끔 있다. 인식에 의해 인도되지 않는 우리 육체의 모든 기능, 육체의 모든 생명적·식물적 과정, 즉 소화, 혈액 순환, 분비, 성장, 재생이 이렇게 작용하고 있다. 육체의 동작뿐만 아니라 육체 자체가 위에서 말한 것처럼 철저하게 의지 현상이며, 객관화된 의지며 구체적인 의지다. 그러므로 육체 속에서 행해지는 것은 모두 의지에 의해 행해져야 한다. 물론 이 경우 의지는 인식에 의해 인도되는 것이 아니고, 동기에 의해 규정되는 것도 아니며, 맹목적으로 움직이면서 '자극(Reize)'이라고 하는 원인에 의해 규정되는 것이다.

나는 여기서 '원인'을 가장 좁은 의미로 말하는데, 물질의 어떤 상태가 다른 상태를 필연적으로 일으키는 경우, 그 상태가 원인이 되어 일으키는 변화와 같은 양의 변화를 받는다. 말하자면 그것은 '작용과 반작용은 서로 같다'는 규칙으로 표현되는 것이다. 또 본래의 원인에 있어서 작용은 원인에 정비례하고, 또 반작용도 반드시 같이 비례하기 때문에, 만일 작용의 방법이 먼저 주어지면, 원인의 강도로부터 작용의 정도가 측정·계산될 수 있고, 그 반대도 가능하다. 본래 원인이라 말하는 것은 기계적 조직, 화학적 변화 등의 모든 현상, 요컨대 무기물의 모든 변화에 작용하고 있다. 그런데 내가 자극을 원인이라 부를 때, 이 원인이란 자신이 그 작용에 상응하는 반작용을 받지 않고, 또 그 반작용의 강도는 작용의 강도와 정도에 있어서 병행하지 않고, 따라서 작용의 강도는 반작용의 강도에 의해 측정할 수 없는 것이다. 오히려 이 경우, 자극을 조금만 강하게 해도 작용이 비상하게 증대되는 일도 있고, 또는 반대로 먼저 있었던 작용이 완전히 없어지는 일도 있다. 생물체에 대한 작용은 모두 이러한 종류의 것이다. 즉, 단순한 원인에 의해서가 아니라 자극에 따라서 동물 육체에서 본래의 유기적이고 식물적인 변화가 행해진다.

그런데 자극은 일반적으로 모든 원인과 마찬가지로, 또 동기와도 같이 모든 힘이 시간과 공간에 나타나는 경우의 기점을 규정할 뿐, 그 이상으로 나타나는 힘의 내적 본질은 규정하지 않는다. 우리는 이때까지 행한 연역으로 이 힘의 내적 본질을 '의지'라 인정하는 것이며, 그러므로 우리는 육체의 의식적인 변화나 무의식적인 변화도 똑같이 의지에 의한 것이라고 생각한다. 자극은 인식에 의해 철저하게 규정되는 인과성과 가장 좁은 의미의 원인 사이에 있는 중간자며, 이 둘의 교량 역할을 하는 것이다. 개개인의 경우, 자극은 동기에 가까운 경우도 있고, 또 원인에 가까운 경우도 있지만, 여전히 동기와 원인은 다르다. 가령 식물에서 수액의 상승은 자극에 따라 행해지는 것이며, 단순한 원인, 즉 수역학의 법칙이나 모세관의 현상으로도 설명할 수 없다. 그럼에도 이 상승 현상은 이들 원인의 도움을 얻으며, 이것만으로도 벌써 단순한 원인에 의한 변화에 아주 가깝다. 이와 반대로 나도황기나 미모사의 운동은 오직 자극에 따라 행해지긴 하지만, 동기에 의한 운동과 흡사하며, 그것에 닮아 가려고 하는 것처럼 생각된다. 빛이 강해지면 눈동자가 좁아지는 것은 자극 때문인데, 이것은 이미 동기에 의한 운동에 닮아 가고 있는 현상이다. 왜냐하면 빛이 너무 강하면 망막이 아플 정도로 자극을 받기 때문에, 그것을 피하기 위해 눈동자를 수축시키기 때문이다. 발기의 원인은 일종의 표상이기 때문에, 그것은 동기다. 그러나 이 원인은 자극과 마찬가지로 필연적인 작용을 한다. 즉, 자극에 저항할 수는 없으므로, 발기가 일어나지 않게 하기 위해서는 자극을 멀리해야 한다. 구역질을 나게 만드는 불쾌한 것도 같은 경우다. 자극에 따르는 운동과 인식된 동기에 의한 행동 사이의 아주 다른 종류의 중간항으로 간주되는 것들이 지금 내가 막 언급한 동물의 본능이다.

이런 종류가 중간항이며, 또 하나 다른 것으로는 호흡이 있다고 말하고 싶을 뿐이다. 무릇 호흡이 임의운동에 속하는지 비임의적인 운동에 속하는지, 즉 본래 호흡이라는 것이 동기에 의해 행해지는지 자극에 의해 행해지는지 하는 것이 지금까지도 논의되어 왔기 때문에, 아마 둘의 중간일 것이라고 설명되고 있다. 마셜 홀(《신경 조직의 병에 대하여》, 293절 이하)은 호흡은 일부는 뇌수(임의적인) 신경, 일부는 척수(비임의적인) 신경의 영향에 의한 것이기 때문에, 이 둘의 혼합 작용이라고 설명하고 있다. 그러나 우리는 호흡을 동기에 의해 행해지는 의지의 발현이라고 보지 않으면 안 된다. 왜냐하면 다른 여러 동기, 즉 단순한 표상이 의지를 규정하여 호흡하게 하고 빠르게 할 수 있으며, 또 호흡은 다른 모든 임의 행위와 마찬가지로 완전히 쉽게 할 수도, 자유롭게 질식하게 할 수도 있는 것처럼 생각하기 때문이다. 실제로 이러한 것은 어떤 다른 동기가 아주 강하게 의지를 규정하여 그로 인해 이 동기가 공기에 대한 절실한 욕구를 능가한다고 하면 생길 수 있을 것이다. 어떤 설에 따르면, '디오게네스'는 이 방법으로 죽었다고 하는데, 그것은 실제로 있을 수 있는 일이다.(《디오게네스 라에르티오스》 Ⅵ, 76) 또 흑인들도 이렇게 죽었다고 말하고 있다. (F.B. 오지안더, 《자살에 대하여》, 1813, p. 170~180)

위와 같은 실례에 비추어 볼 때, 우리는 추상적 동기의 영향이 강하다는 것, 즉 정말로 이성적인 의지 작용이 동물적인 의지 작용보다 우세하다고 말할 수 있을 것이다. 호흡이 적어도 부분적으로는 뇌수 작용으로 말미암아 제약된다는 것은 다음과 같은 사실로 증명된다. 즉 시안화수소가 우선 뇌를 마비시키고 다음에 간접적으로 호흡을 방해하기 때문에 죽음에 이르게 하는 것이지만, 만일 이 뇌가 마비될 때까지 인공적으로 호흡이 지속된다면 결코 죽음에 이르지는 않는다. 말하자면 이 경우 호흡은 동기가 가장 좁은 의미의 단순한 원인이 작용하는 것과 같은 필연성을 가지고 작용하며, 또 압력이 반압력에 의해 그 힘을 잃는 일이 있는 것과 같이 반대의 동기에 의해 그 힘을 잃는다는 극히 명백한 실례를 나타내는 것이다. 왜냐하면 호흡의 경우 이것을 쉬고 있는 것처럼 생각되는 것은 동기에 의해 생기는 다른 여러 운동의 경우보다 훨씬 그 정도가 낮기 때문이다. 대체로 호흡의 경우는 동기가 아주 절박하고 직접적이며, 동기를 충족시키는 근육은 피로를 모르는 것이기 때문에, 동기의 충족은 쉽고 대개 이것에 저항하는 것이 없고, 호흡 전체가 개체의 가장 오랜 세월을 두고 해 온 습관에 의해 유지되고 있기 때문이다. 따라서 본래 모든 동기는 같은 필연성을 가지고 작용한다. 동기에 의한 운동과 자극에 따르는 운동에 똑같이 필연성이 있다는 것이 인식되면, 우리는 쉽게 생물체에서 자극에 따라 완전히 법칙적으로 생기는 일도 결국 그 본질에서 보면 의지며, 이 의지는 그 자체로서는 아니지만 현상으로 된 이상 모두 '충족 이유율', 즉 필연성에 지배되고 있다는 것을 알게 된다. *

따라서 우리는 동물을 그 행동에 있어서나 생활, 체격, 조직에 있어서도 의지 현상으로 인식하는 것에 만족하지 않고, 사물의 본질 그 자체에 대해 우리에게만 주어진 직접적 인식을 오로지 자극에 따라 움직이는 식물에 비교하여 생각해 보기로 한다. 왜냐하면 인식이 결여되어 있다는 것, 이 인식에 제약된 동기에 의거한 운동이 결여되어 있다는 것만이 동물과 식물의 본질적 차이를 이루고 있는 점이기 때문이다. 그러므로 식물로서, 단순한 식물적 성장으로서, 또 맹목적으로 작용하는 힘으로서 우리의 표상에 나타나는 것은 그 본질에 의해 의지라고 파악할 것이다. 그것은 우리 현상의 근본을 이루는 것이며, 우리의 행동 속에서 나타나고 육체의 모든 존재 속에서도 나타난다.

여기서 우리에게 남겨진 마지막 단계는 우리의 고찰 방법을 확장하여 자연 속에서 보편적이고 변함없는 여러 법칙으로 작용하고 있는 힘, 모든 물체의 운동을 지배하고 있는 힘, 전혀 기관을 갖고 있지 않고 자극에 대한 감수성도 없으며 동기에 대한 인식도 없는 힘, 이러한 여러 힘에까지 미치게 되는 것이다. 따라서 우리의 본질에 대한 직접적인 인식만이 사물의 본질 자체를 이해하는 열쇠를 주는 것이지만, 우리는 이 열쇠를 모든 현상 속에서 우리로부터 가장 멀리 떨어져 있는 무기계의 현상에도 맞추어 보지 않으면 안 된다. 그런데 이 현상들을 탐구적인 눈으로 살펴보자. 즉 물이 높은 곳에서 낮은 곳에 이를 때의 강하고 억제할 수 없는 충동이나, 자석이 언제나 다시 북극으로 향하는 집요성, 쇠가 자석에 달라붙는 경우의 동경, 전기의 양극이 다시 합치려고 하는 격정. 마치 인간의 소망처럼 방해를 받으면 점점 더 증

---

* 이 인식은 의지의 자유에 대한 나의 현상 논문에 의해 확인된다. 따라서 이 논문(《윤리학의 근본 문제》, p. 29~44)에서 원인, 자극, 동기의 관계도 자세하게 논했다.

대되는 저 격정. 또 격정은 빠르게 그리고 갑자기 만들어지지만, 여기에는 많은 형식적인 규칙이 있고, 이 규칙성에는 분명히 본래부터 여러 방향으로 향하려는 노력이 있으며, 이것이 응고, 고정되어 완전히 결정되어 정밀하게 규정되고 있는 것을 보여 주고 있다. 또 물체가 액체로 됨으로써 자유로워지고 완고한 속박을 벗어나 서로 찾고 사라지고 하나가 되고 분리하는 경우의 선택, 마지막으로 우리가 직접적으로 느끼는 것이지만, 무게를 가진 물건이 대지로 향하려는 것을 우리 육체가 저지하면, 이것은 우리 육체에게 끊임없이 중압을 가하며 그의 유일한 노력을 계속하려고 한다.

이렇게 여러 현상을 보면, 별로 특별하게 노력하여 상상력을 강하게 하지 않아도, 우리와 떨어진 현상 속에서까지도 우리의 본질을 재인식할 수 있을 것이다. 말하자면 그 본질은 우리에게는 인식의 광선에 비치면서 그 목적을 추구하는 것이지만, 무기계, 즉 그 본질의 가장 약한 현상계에서는 오직 맹목적이고 일방적으로, 또 변함없이 노력할 뿐이다. 여하튼 그 본질은 동일한 것이기 때문에, 마치 새벽의 여명도 낮의 광선도 함께 태양광이라는 이름을 갖고 있는 것처럼, 무기계에서도, 현상에서도 '의지'라는 이름을 붙이지 않으면 안 된다. 그리고 이 의지야말로 세계에 있어서 모든 사물의 존재 자체며, 모든 현상의 유일한 핵심을 나타내고 있다.

그렇지만 무기계의 여러 현상과 우리 본질의 내면이라고 느끼는 의지 사이의 차이는, 일정한 합법칙성이 지배하는 무기계의 현상과 얼핏 보면 규칙 없이 임의로 행해지는 듯한 인간현상 사이의 대조에서 유래한다. 왜냐하면 인간에게는 개성이 강하게 나타나기 때문이다. 사람은 각자 자신의 성격을 갖고 있다. 따라서 같은 동기라 할지라도 반드시 모든 사람에게 같은 힘을 미친다고 할 수는 없다. 여러 가지 부수적인 사정이 어떤 개인의 넓은 인식 영역 속에는 존재하더라도 다른 개인들은 이것을 모르는 일도 있기 때문이며, 이러한 부수적 사정이 그 동일한 동기의 작용을 변화시키는 것이다. 따라서 동기만으로 행위를 미리 규정할 수는 없다. 거기에는 또 하나 다른 요인인 개인의 성격과 이 성격에 따르는 인식에 관계하는 세밀한 지식이 결여되어 있기 때문이다. 반대로 자연의 힘이 나타내는 여러 현상은 이 경우 정반대다. 자연의 힘은 조금의 오차나 개성도 없이 일반 법칙에 따라 명백하게 현존하는 사정에 따라 작용하며, 또 정확하게 예정에 따라 작용한다. 그리고 이 동일한 자연의 힘은 수없이 많은 현상 속에 완전히 같은 방법으로 나타난다. 의지는 '하나의' 불가분의 것으로서 가장 약한 현상에서나 가장 강한 현상에서 아무리 큰 차이가 나더라도 결국은 동일한 것이라는 것을 증명하기 위해서, 우리는 먼저 사물 자체로서 의지가 현상에 대해 갖는 관계, 즉 의지로 본 세계와 표상으로 본 세계에 대한 관계를 고찰해야 한다. 이로 말미암아 우리는 이 제2권에서 취급한 문제 전체를 한층 더 깊이 연구하기 위한 최상의 방법을 발견할 것이다. *

24. 의지의 필연성

우리가 위대한 '칸트'에게서 배운 것은 '시간과 공간과 인과성'이 그 모든 합법칙성이나 형식의 가능성으로 보아 객관 속에 나타나며, 그 내용을 이루고 있는 여러 객관으로부터 완전히 독립하여 우리 의식 속에 존재하고 있다는 것이다. 다시 말해 시간과 공간과 인과성은 객관으로부터 출발하든 주관으로부터 출발하든 발견할 수 있으며, 따라서 '객관의 객관(칸트는 현상이라 함)', 즉 '표상'인 이들은 똑같은 이유로 주관의 직관 방법 또는 객관의 상태라고 부를 수도 있다. 또 이 형식들은 객관과 주관 사이에 있는 불가분의 한계라고도 볼 수 있다. 그러므로 사실 모든 객관은 이들 형식 속에 나타나지 않으면 안 되지만, 주관은 객관으로부터는 독립하여 이들 형식을 완전히 소유하고 개관한다. 만일 이들 형식 속에 나타나는 여러 객관이 공허한 환영이 아니라 어떤 의미를 갖고 있는 것이라고 한다면, 이들 객관은 객관이 아닌 그 무엇을 의미하며, 그 무엇의 표현이어야 한다. 그 무엇이라는 것은 다시 이들 객관, 즉 표상이 아니고, 상대적으로 주관에 대해서만 존재하는 것이 아니며, 본질적인 제약으로서 주관에 대립하는 것과 그 형식으로부터 독립하여 존재하는 것, 즉 '표상이 아니라 물자체'가 아니면 안 된다. 그래서 적어도 다음과 같은 질문이 생기게 된다. 이들 '표상'이나 '객관'은 주관의 표상이며, 주관의 객관이라는 것을 제외하더라도 여전히 그 무엇이라 할 수 있는가? 그리고 만일 그 무엇이라고 한다면 그것은 어떠한 의미의 것인가? 이

---

* 제2편 23장 참조. 또 나의 저서인 《자연에 있어서의 의지에 대하여》의 식물생리학에 대한 장과 형이상학에 있어서 특히 중요한 자연 천문학 관련 장 참조.

들 객관이 갖고 있는 것으로 표상과는 전혀 다른 것이란 무엇인가? 물자체는 무엇인가? '의지'. 이것이 우리의 대답이었지만, 나는 지금으로는 여기에 대해서 언급하지 않겠다.

물자체가 무엇이든 간에 칸트는 시간과 공간과 인과성(우리는 이것들을 나중에 충족 이유율의 여러 형태로 인식하고 충족 이유율을 현상 형식의 보편적인 표현으로 인식한 것이지만)이란 물자체의 여러 규정이 아니라, 물자체가 표상이 된 후 또는 표상으로 된 범위 안에서, 즉 물자체가 현상에 속하는 경우에 비로소 물자체에 귀속하는 것이며, 순수 물자체에는 귀속하지 않는다는 정확한 결론을 내렸다. 왜냐하면 주관은 모든 객관으로부터 독립하여 자기 자신으로 이들 형식을 완전히 인식하고 구성하기 때문에, 이들 형식은 표상이 되는 것이 아니라 '표상 존재' 자체에 결부되어야 하기 때문이다. 이들 형식은 표상 자체의 형식이어야 하며, 표상이라는 형식을 취한 것의 성질이어서는 안 된다. 이들 형식은 주관과 객관(개념에서가 아니라 실제에서)의 단순한 대립이라는 것과 동시에 이미 주어져 있지 않으면 안 된다. 따라서 인식 일반의 형식을 더 자세하게 규정한 것에 지나지 않으며, 이것을 가장 일반적으로 규정한 것이 주관과 객관의 대립이라는 것이다. 시간과 공간과 인과성에 의해 다시 현상이나 객관 속에 제약되는 것은 이 형식들을 통해서만 표상으로 될 수 있다. 그런데 그것이 병립하고 잇따라 일어남으로써 '다원성(Vielheit)'이 되며, 인과성의 법칙에 의해 '변화와 지속'이 되고, 또 인과성을 전제로 하여 비로소 표상될 수 있는 물질로 되고, 마지막으로 이 물질을 매개로 하여 비로소 표상될 수 있는 모든 것이 된다. 하지만 이들 모든 것은 대체로 현상하는 '그것', 표상이란 형식을 취한 '그것'에 본래부터 고유한 것이 아니고, 표상이란 형식에 속해 있을 뿐이다.

이와 반대로 현상 속에서 시간과 공간과 인과성에는 제약받지 않고 이들 형식에 환원할 수도 없으며, 또 이들 형식에 의해 설명할 수 없는 것, 이것이야말로 직접 현상하는 것, 즉 물자체를 나타내는 것이리라. 따라서 가장 완전한 인식 가능성, 즉 최대의 명확성, 명석성, 그리고 남김 없는 탐구 가능성은 필연적으로 '인식 자체'에 고유한 것, 즉 인식의 '형식'에 귀속하겠지만, 그 자체가 표상이 '아닌' 것, 즉 객관이 '아닌' 것, 이들 형식을 취함으로써 비로소 인식이 가능하게 된 것, 다시 말해 표상이나 객관으로 된 것은 귀속하지 않는다. 말하자면 표상된 것에 대한 의존 없이 인식되는 것, 표상 존재 일반과 인식되는 것, 그리고 그 자체에만 의존하는 것, 그러므로 인식되는 모든 것에 차별 없이 귀속하는 것, 그래서 객관에서 출발하든 주관에서 출발하든 발견될 수 있는 것, 그러한 것만이 완전하고 철저하게 명석한 인식을 줄 수 있을 것이다. 그러나 그런 것은 우리가 선험적으로 의식하고 있는 모든 현상의 여러 형식에 존재하고 있는 것에 불과하다. 이들 형식을 총괄하여 '충족 이유율'이라고 하지만, 직관적인 인식(우리는 여기서 오직 이것을 문제 삼고 있지만)에 관계하는 이유율의 형태가 '시간과 공간과 인과성'이다. 순수 수학 전체와 선험적인 순수 자연 과학은 오로지 형식에 바탕을 두고 있다. 그러므로 그러한 수학이나 자연 과학에서 인식은 조금도 모호한 점이 없고, 또 근거를 밝힐 수 없는 일(근거 없는 것, 즉 의지)에 봉착하는 일도 없으며, 또 연역할 수 없는 것에 도달하는 일도 없다. 이와 같은 점에서 '칸트'는 이미 언급한 것처럼 그러한 인식을 논리학과는 달리 과학이라고 이름을 붙이려 하였다.

그러나 한편으로는 이들 인식은 표상과 표상의 단순한 관계, 즉 전혀 내용이 없는 형식을 나타내는 것에 불과하다. 만일 이들 인식이 내용을 갖고 또 이들 형식에 현상이 들어가면, 그 내용과 현상은 이미 그 본질을 완전하게 인식할 수 없는 무엇, 이미 다른 것으로서는 설명을 다할 수 없는 그 무엇, 즉 그 인식의 명증성을 잃게 하고 완전한 '명료성'을 잃게 하는 근거 없는 그 무엇을 포함하고 있는 것이 된다. 근거 구명을 벗어나게 하는 그런 것이야말로 '물자체'며, 이것은 표상도 인식의 객관도 아니며, 그러한 형식을 취해야 비로소 인식될 수 있다. 이 형식은 원래 물자체로서는 관계가 없고, 물자체는 이 형식과는 완전하게 합치할 수도 없으며, 또 단순한 형식에 환원될 수도 없다. 그리고 이 형식이란 충족 이유율이기 때문에, 물자체는 완전히 그 '근거를 구명할' 수는 없는 것이 된다. 따라서 아무리 모든 수학이 우리에게 현상에 관해 크기, 위치, 수, 요컨대 공간적, 시간적 관계에 관한 충분한 인식을 제공하고, 또 모든 원인학이 현상들이 보이는 그 모든 규정을 동반하고, 시간과 공간 사이에 나타나는 법칙적인 여러 조건을 완전하게 나타내기는 하지만, 아무리 설명을 해도 그때마다 어떤 일정한 현상이 왜 지금 여기에 나타나고, 또 왜 지금 여기에 나타나야만 하는가 하는 필연성 이상의 것은 가르치지 않는다. 결국 수학과 원인학의 도움으로는 영원히 사물의 내적 본질을 구명할 수 없고, 오히려 항상 설명의 전제가 되는 무엇이 남는다. 즉 자연의 여러 가지 힘, 여러 사물의 일정한 작용 방법, 각 현상의 성질과 성격, 근거 없는 것, 이것들은 현상의 형식인 충족 이유율에는 의존하지 않고, 이 형식 자체는 충족 이유율에 관계가 없지만, 한번 이 형식 속에 들어가면 그 법칙에 따라 나타나는 것이다. 그러나 그 법칙은 바로 현상 방법을 규정함에 불과하며, 현상하는 것을 규정하지는 않는다. 나타나는 방법을 규정할 뿐이지 현상하는 그것을 규정하는 것이 아니다. 말하자면 내용이 아니라 형식만을 규정하는 것이다.

역학, 물리학, 화학은 불가입성, 중력, 강성, 유동성, 응집성, 탄성, 열, 광, 친화성, 자기, 전기 등을 작용시키는 규칙과 법칙을 가르친다. 그것들은 이들 여러 힘이 시간과 공간 사이에 나타날 때마다 따르는 법칙 및 규칙이지만, 이들 힘 자체는 어떻게 설명을 해도 여전히 숨겨진 여러 성질이다. 왜냐하면 이것이야말로 물자체이며, 나타남으로써 여러 현상으로 바뀌지만, 그들 현상 자체와는 전혀 다른 것이기 때문이다. 물론 물자체가 현상으로 된 경우에는 표상의 형식으로서 충족 이유율에 지배되고 있지만, 물자체는 결코 그 형식에 환원되지는 않는다. 따라서 원인학적으로 최종적인 것에까지 거슬러 올라가 설명할 수도 없고 완전히 그 근거를 구명할 수도 없는 것이다. 본래 물자체가 표상의 형식을 취한 경우에 있어서, 즉 현상으로 되어 있는 범위 내에서는 완전히 이해할 수도 있다. 그러나 물자체의 본성은 이해할 수 없는 성질 때문에 조금도 설명할 수가 없다. 그러므로 하나의 인식이 갖고 있는 필연성을 더해감에 따라, 즉 그 인식이 명확도와 충족도를 더해감에 따라, 점점 더 객관적인 실질은 감소하거나 인식에 있어 본래의 실재성이 점점 더 감소한다. 반대로 인식에 있어 순수하게 우연적인 것으로 이해해야 하는 것이 많으면 많을수록 그만큼 더 그 인식에는 정말로 객관적인 것, 실제로 실재적인 것이 많아진다. 그러나 동시에 설명할 수 없는 것, 더 이상 다른 것에서 연역할 수 없는 것도 역시 많다.

물론 어느 시대에도 목적을 잘못 세운 원인학은 모든 유기적인 생명을 화학적 현상이나 전기에 환원하려고 하거나 모든 화학적 현상, 즉 성질(원자의 형태에 의한 작용인)을 기계적 현상에 환원하려 했다. 또 그 기계적 현상을 일부는 운동학의 대상, 즉 시간과 공간이 합치하여 운동의 가능성으로 된 것에 환원하고, 일부는 단순한 기하학의 대상, 즉 공간에서의 위치에 환원시키려고 했다. (정확한 설명으로는 거리의 제곱에 비례하여 작용이 저하한다는 것과 같은 지레의 이론을 순기하학적으로 구성한다.) 마지막으로 기하학은 산술로 인해 문제가 되는 상태를 해결한다. 산술은 차원이 하나이기 때문에 충족 이유율의 형태 가운데 가장 이해하기 쉽고 개관하기 쉬운 것으로, 마지막까지 근거를 구명할 수 있는 형태다. 여기서 일반적으로 나타난 방법의 예증은 데모크리토스의 원자론, 데카르트의 와동설, 르사주(Lesage)의 기계적 물리학 등이지만, 르사주는 18세기 말에 화학적인 친화력과 중력도 압력에 의해 기계적으로 설명하려고 했다. 더 자세한 것은 《뉴턴의 이득》을 보면 알 수 있다. 또 라일(Reil)이 동물의 생명 원인으로 형식과 혼합을 들고 있는 것도 이것과 같은 경향이다.

마지막으로 현재, 즉 19세기의 한가운데에 다시 나타난 미숙한 유물론은 자신이 무지하기 때문에 독창적이라고 생각하고 있지만, 이것 역시 위에서 말한 여러 예와 같은 종류에 속한다. 유물론은 어리석게도 처음부터 생명력을 부정하고 여러 가지 생명 현상을 물리적인 힘과 화학적인 힘으로 설명하려고 했다. 또한 이들 힘을 다시 물질의 기계적인 작용에서, 즉 공상의 소산인 원자의 위치, 형태, 운동에서 발생하는 것이라고 간주하고, 이들 자연의 모든 힘을 원동(原動)과 반동(反動)으로 환원하려고 하는 이론으로, 이 원동과 반동이 유물론의 '물자체'다. 이 생각에서라면 빛조차 이와 같은 공상적인 목적 때문에 요청된 에테르의 기계적인 진동이며 또한 파동이라고 해야 한다. 이 에테르가 눈에 이르러 망막을 진동시키고, 그 진동수가 매초 483조이면 빨간색을 일으키고, 727조에 이르면 보라색을 일으키게 되는데, 그렇다면 색맹은 이 진동을 헤아릴 수 없는 사람이 되는 것이다. 그렇지 않겠는가? 이처럼 극단적이고 기계적인 데모크리토스류의 서툴고 참으로 형편 없는 이론은 '괴테'의 색채론이 나온 지 50년이 지난 오늘에 와서도 뉴턴이 발표했던 빛의 동질설을 신봉하고 이것을 공언하는 것을 수치로 생각하지 않는 이들에게는 안성맞춤이라 하겠다. 이러한 사람들은 같은 일로 어린아이(데모크리토스)는 용서받아도 어른은 용서받지 못한다는 것을 알게 될 것이다. 이들은 언젠가 명예롭지 못한 결과를 맞이할지 모르는데, 그런 경우 그들은 살짝 빠져 나가 그 설을 신봉하지 않았던 것 같은 태도를 취할 것이다. 이렇게 여러 근원적인 자연의 힘을 잘못하여 서로 환원시키는 방식에 대해서 나는 다시 한번 논할 작정이지만, 여기서는 이 정도로 끝내려고 한다.

만약 이러한 설이 허용된다고 하면, 물론 모든 것이 설명되고 근거가 구명되어 결과적으로 하나의 계산 문제로 환원되고 말 것이다. 그렇게 되면 계산 문제는 지혜의 신전에서 가장 신성한 것이 되고, 충족 이유율이 잘 도달하는 곳도 결국 계산 문제로 될 것이다. 그러나 그렇게 되면, 현상의 내용은 모두 없어져 버리고 오로지 형식만 남을 것이다. 즉 '무엇이' 나타나는가 하는 것은 '어떻게' 나타나는가 하는 것에 환원된다. 이 '어떻게'는 선험적으로도 인식될 수 있는 것이기 때문에 오로지 주관에 의존하므로, 주관에 의해서만 존재하여 결국 단순한 환영이자 철저하게 표상과 표상의 형식인 '물자체'는 아무런 문제점을 제공하지 않을 것이다. 그러므로 이러한 설이 허용된다고 하면, 전세계는 실제로 주관에서 연역된 것으로 되어, '피히테'가 허풍으로 이룩한 것처럼 '겉보기만' 성취한 것같이 될 것이다. 그런데 실제는 그렇게 되지 않는다. 그런 방법으로는 공상, 궤변, 환상은 가능할지 몰라도 과학은 불가능하다. 자연에 있어서 천태만상의 현상들을 개별적인 여러 근원적인 힘으로 환원하는 것은 성공적으로 이루었다. 그리고 잘 되어 갈 때마다 참된 진보도 이루어진 것 또한 사실이다. 처음에는 이질적인 것이라고 생각되던 여러 개의 힘과 성질 속에서 어떤 것이 다른 것에서 연역되고, 전기에서 자기가 연역된 것처럼, 이렇게 힘과 성질의 수가 감소되었다. 자연의 모든 근원적인 힘 자체를 인식하고 제시하여 그들 힘의 작용 방법, 즉 인과율에 의해 그들 힘이 시간과 공간 속에 나타나서 서로 그 위치를 규정하는 경우에 존재하는 규칙을 확립하면, '원인학'의 목적은 달성되었다고 하겠다. 그러나 근원적인 힘은 언제나 뒤에 남을 것이다. 즉 녹아 없어지지 않는 잔재로서 언제나 표상의 내용이 남고, 이 내용은 그 형식에 환원할 수 없다.

따라서 '충족 이유율'로 설명될 뿐, 다른 어떤 것으로도 설명될 수 없다. 왜냐하면 자연의 모든 사물에는 어떠한 근거도 제시할 수 없고, 어떠한 설명도 불가능하며, 어떠한 원인도 더 이상 구명할 수 없는 것이 포함되어 있기 때문이다. 이것이 그 물체의 독특한 작용 방식이며, 그 물체의 존재 방식이요 본질인 것이다. 물론 사물의 개별적인 작용에 있어서는 바로 지금, 그리고 바로 여기서 행해져야 했던 원인을 모두 입증할 수는 있다. 그러나 그 사물이 일반적으로 그렇게 작용하는 원인은 도저히 입증할 수 없다. 비록 그 사물이 다른 아무런 성질도 갖고 있지 않고, 햇빛 속에 모이는 먼지의 하나라고 해도, 그것은 적어도 중력과 불가입성에 의해 그 근거를 구명하기 어려운 그 무엇을 나타내고 있다. 이것이야말로 그 사물에게는 인간의 '의지'와 동일한 것이고, 의지와 마찬가지로 그 내적 본성은 설명할 수 없는 것이며, 또한 그 자체로서는 의지와 같은 것이다.

원래 의지의 개별적인 발현에 대해서는, 다시 말해 이 시간, 이 장소에 있어서 의지의 개별적인 동작에 대해서는 인간의 성격이란 것을 전제로 하여 의지를 필연적으로 발동시킨 동기를 알아낼 수 있다. 그러나 인간이 그러한 성격을 갖고 있고 적어도 무엇을 원하며 여러 가지 동기 가운데 이 동기를 취하고, 어떤 하나의 동기가 그의 의지를 움직인다는 근거는 결코 설명할 수 없다. 인간의 성격은 동기에 의해 행해진 행위를 설명하는 경우에는 역시 전제가 되는 것이고, 그 근거는 구명하기 힘든 것이지만, 이것이야말로 무기물에게는 본질적인 성질, 작용 방법이며, 그 발현은 외부의 영향에 의해 생기는 것이다. 그런데 그 본질적인 성질과 작용 방법 자체는 이 밖의 무엇에 의해서도 규정되지 않기 때문에 설명할 수 없다. 그 성질은 개별적인 현상에 의해 비로소 가시적으로 되지만, 이 개별적인 현상은 '충족 이유율'에 의해 지배되고 있다. 그러나 그 성질 자체는 근거를 갖고 있지 않는다. 이미 스콜라 철학자들은 이것을 정확하게 인식하고 '실체의 형식'이라고 불렀다. (여기에 관해서는 수아레즈의 《형이상학 논쟁》, disp. X, V, sect 1 참고)

우리에게 가장 이해하기 쉬운 것은 가장 자주 일어나고 일반적이며, 가장 단순한 현상이라고 말하고 있지만, 이것은 흔히 있는 가장 큰 오류다. 오히려 이러한 현상은 우리가 늘 보아 와서 아무런 궁금증 없이 익숙해져 버린 것이다. 돌이 땅 위로 떨어지는 것은 동물이 운동하는 것과 마찬가지로 설명이 불가능하다. 이때까지 생각되어 온 것은 위에서 언급한 것처럼 동력, 응집력, 불가입성 등 가장 일반적인 자연의 여러 힘으로부터 출발하고, 이것을 근거로 보다 특수하고 복잡한 사정에서만 작용하는 화학성, 전기성, 자성을 설명하고, 나아가서 동물의 생명, 또한 인간의 인식 작용이나 의지 작용을 이해하려는 것이었다. 이 경우 암암리에 숨은 여러 성질에서 출발하도록 되어 있지만, 이들 성질을 구명해낼 생각은 없고, 그것을 기초로 논리를 세우려는 것이기 때문에, 그 성질의 해명은 완전히 포기되어 있었다. 이미 언급한 것처럼 그러한 일은 불가능하다. 아무리 시도한다 해도 그렇게 해서 성립된 논리는 언제나 공중누각일 것이다. 아무리 설명해도 그 설명이 처음의 문제와 같이 미지의 것에 귀착되는 것이라면 아무 소용이 없다. 그러나 결국 그러한 일반적인 자연의 힘이 가진 내적 본질에 관해서는 동물의 내적 본질에 관한 것 이상으로 이해되고 있는 것일까? 둘 다 같이 밝혀지고 있지 않은 것은 아닌가? 그 근거가 밝혀지지 않는 이유는 그것이 근거를 갖고 있지 않기 때문이며, 현상의 내용이고 본체기 때문이다. 이 본체는 결코 현상의 형식, 즉 현상의 방법, 충족 이유율에 환원될 수 있는 것이 아니다.

그런데 우리는 여기서는 원인학이 아니라 철학, 즉 세계의 본질에 관한 상대적인 인식이 아니라 절대적인 인식을 목표로 하고 있기 때문에 위에서 언급한 길과는 반대의 길을 걷는다. 따라서 직접적이고 가장 완전하게 알고 있고 또 우리에게 충분히 친근한 것, 즉 우리에게 가장 가까운 것에서 출발하여 우리에게 멀리 있고, 부분적이고 간접적으로 알려진 데에 불과한 것을 이해한다. 그래서 가장 강하고 중대하고 명백한 현상에서 불완전하고 미약한 현상을 배워 알려고 한다. 나 자신의 육체를 제외하면 내가 알고 있는 것은 모든 사물의 '일면'인 표상뿐이다. 그들 사물이 여러 변화를 일으키는 원인을 모르지만, 내가 알고 있다고 하더라도 그 내적 본질은 여전히 나에게는 닫혀진 채 속 깊은 비밀로 남아 있다. 어떤 동기로 움직여 내 육체가 어떤 행동을 한다는 것은 외적인 여러 근거에 규정된 나 자신의 변화에 있어 내적 본질이지만, 나는 이 경우에 나의 내부에 행해지는 것과 비교함으로써만 여러 무생물이 원인에 의해 변화하는 방법을 통찰할 수 있고, 그렇게 해서 무생물의 내적 본질이 무엇인가를 이해할 수 있다. 그리고 원인을 알고 있더라도 그것은 그 본질의 출현이 시간과 공간 속에 들어올 때의 규칙을 나타낼 뿐, 그 이상의 것은 아니다. 내가 이것을 할 수 있는 것은 내 육체만이 특별한 객관이며, 그것이 내가 '일면', 즉 표상뿐만 아니라 '의지'라 부르는 제2의 면까지도 알 수 있는 유일한 객관이기 때문이다. 따라서 자신의 육체와 인식 작용과 의지 작용, 그리고 동기에 의거한 나의 운동을 전기, 화학, 기계 현상에 의한 원인에서 생긴 운동으로 환원할 수 있다면, 더 잘 이해될 것이라고 생각해서는 안 된다. 오히려 나는 내가 찾고 있는 것이 원인학이 아니고 철학인 한, 원인에 의해 생기는 무기물의 가장 단순하고 평범한 운동이라도 그 내적 본질은 동기에 의해 행해지는 나 자신의 운동에서 배워야 한다. 그리고 자연의 모든 물체에 나타나는 구명하기 힘든 근거의 여러 가지 힘은 그 성질상 나의 의지와 동일하며, 정도의 차이에 불과하다는 것을 인식해야 한다. 즉 〈충족 이유율에 대하여〉에서 열거한 네 번째 종류의 표상(동기에 관한 표상)은 내가 생각하는 바로는 첫째 종류의 표상(존재에 관한 표상)의 내적 본질을 인식하기 위한 열쇠가 되어야 하며, 따라서 나는 동기의 원리로부터 인과성의 원리가 갖는 내적 의의를 이해하는 것을 배우지 않으면 안 된다.

어떤 충격으로 돌이 공중을 날 때, 만일 돌에 의식이 있다면, 자신의 의지로 나는 것이라고 생각할 것이라고 '스피노자'는 말하고 있다. (《서간》, 62) 나는 여기에 덧붙여 돌의 생각은 옳다고 말하고 싶다. 그 충격은 돌에 있어서는 나에게 동기와 같다. 돌의 경우 응집력, 중력, 불변성으로 가정된 상태에서 나타나는 것이 그 내적 본질상 내가 나의 내면에서 '의지'로 인식하는 것과 동일하며, 돌에도 인식이 있다고 한다면 의지로 인식할 것이 틀림없다. 스피노자는 앞서 언급한 곳에서 돌이 공중을 날 경우의 필연성에 주의를 돌리고, 그 필연성을 인간의 개별적 의지 행위의 필연성에 옮겨서 생각하려 했는데, 그것은 이치에 맞는 일이다.

그런데 내가 고찰하는 것은 모든 실재적인 필연성(즉, 원인에서 결과가 생기는)을 그 전제로 한 후에야 의의와 타당성을 부여할 수 있는 내적 본질이다. 이것을 인간에게서는 '성격'이라고 말하고, 돌에서는 '성질'이라고 말하지만, 둘 다 동일하며 직접적으로 인식되는 경우에는 '의지'라고 부른다. 그것은 돌에서는 최저의, 인간에게서는 최고의 가시성, 즉 객관성을 갖는다. 모든 경향 속엔 인간의 의지 작용과 같은 것이 있다고 성 아우구스티누스까지도 인정하고 있다. 그래서 나는 여기 그 문제에 관한 그의 소박한 말을 기록하지 않을 수 없다.

만일 우리가 짐승이라면 육신의 생활과 그 감각에 일치하는 것을 사랑할 것이다. 그리고 그러한 것이 우리의 온전한 선일 것이다. 따라서 이 점에서 우리가 잘 되어 가면 그 밖에 아무것도 구하지 않을 것이다. 또한 우리가 나무라면, 무언가를 느끼고 운동에 의해 그것을 수중에 넣지는 못할 것이다. 그러나 우리가 그것으로 인해 더 한층 번영하고 열매를 맺게 되는 것을 '욕구하고' 있는 것처럼 보일 것이다. 만일 우리가 돌, 냇물, 바람, 불꽃 혹은 그와 같은 것이라면, 확실히 어떠한 감각이나 생명도 갖고 있지 않지만, 어떤 종류의 장소나 위치에 대한 '욕구'가 우리에게 결핍되어 있지는 않을 것이다. 왜냐하면 무게를 가진 것을 움직이는 힘은 물체의 '사랑'과 같은 것으로, 무거울수록 아래로 내려오고 가벼울수록 위로 올라간다. 물체는 무게에 의해 마치 정신이 사랑에 의해 어디로든지 실려 갈 수 있듯 기울어지기 때문이다.

Si pecora essemus, carrnalem vitam et quod secundum sensum ejusdem est amaremus, idque esset sufficiens bonum nostrum, et secundum hoc si esset nobis bene, nihil aliud quaereremus. Item, si arbores essemus, nihil quidem sentientes motu amare possemus:verumtamen id quasi *appetere* videremur, quo feracius essemus, uberiusque fructuosae. Si essemus lapides, aut fluctus, aut ventus, aut flamma, vel quid ejusmodi, sine ullo quidem sensu atque vita, non tamen nobis deesset quasi quidam nostrorum locorum atque ordinis *appetitus.* Nam velut *amores* corporum momenta sunt ponderum, sive deorsum gravitate, sive sursum levitate nitantur : ita enim corpus pondere, sicut animus amore fertur quocunque fertur.(《신국론》, 6의 28)

더욱이 여기에 특기해야 할 것은 이미 오일러가 중력의 본질을 물체의 고유한 '경향과 욕망'(즉 의지)에 환원하지 않을 수 없다는 것을 통찰하고 있었다는 것이다. (《독일 왕녀에게 보내는 편지》, 68에서) 또한 이것이 그가 뉴턴이 사용한 중력의 개념을 싫어한 까닭이며, 그는 이전의 데카르트 이론에 따라 이 개념의 변용을 시도하려고 한다. 즉 에테르의 물체에 대한 충돌에서 중력을 연역하려고 하는데, 이것이 '한층 더 합리적이고 명백하며, 이해하기 쉬운 원칙을 좋아하는 사람들에게는' 더 적절하다는 것이다. 그는 인력을 숨은 성질(qualitas occulta)이라 하여 물리학에서 몰아내려고 한다. 이것은 비물질적인 정신의 상관자로서 오일러 시대에 성행한 생명 없는 자연관에는 맞지 않는다. 그러한 관점에서 볼 때, 내가 세운 근본적인 진리는 주목할 만한 것이다. 말하자면 이미 그 당시 민감한 두뇌의 소유자인 오일러가 멀리에서 이 근본 진리가 희미하게 빛을 발하고 있는 것을 바라보고 있었으나, 당시의 근본적인 모든 견해가 위험에 처하지 않을까 염려하여 황급하게 되돌아와, 예전부터 내려오는 진부한 부조리에까지 보호를 청했던 것이다.

25. 의지의 객관화 단계인 이데아

'다원성(Vielheit)'이라는 것은 대체로 반드시 '시간과 공간'에 의해 제약되어 있고, 그것들 속에서만 사유할 수 있다는 것을 우리는 알고 있다. 이러한 점에서 우리는 시간과 공간을 '개별화의 원리'라고 부른다. 그런데 우리는 시간과 공간을 충족 이유율의 형태로서 인식하는데, 이 원리 속에 우리의 선험적 인식은 전부 언급되어 있으며, 시간과 공간은 위에서도 설명한 것처럼 시간과 공간으로서는 사물의 가인식성(可認識性)에만 귀속되는 것이어야 하고, 사물 그 자체에는 귀속될 수 없다. 즉 시간과 공간은 우리의 인식 형식에 지나지 않으며, '물자체'의 특성은 아니다. 물자체는 인식의 모든 형식에서 가장 보편적인 형식, 주관에 대한 객관적 존재라는 형식으로부터도 독립해 있어서 표상과는 전혀 다른 것이다. 이 물자체가 '의지'라는 점에 대해서 나는 지금까지 충분히 입증하였고 또 명백하게 해 왔다고 생각한다. 그렇다면 의지를 그러한 것으로서 그 현상에서 떼어 내서 고찰한다면, 시간과 공간 외에 존재하는 것이며, 다원성이 아니라 '하나'다. 그러나 하나라고 해도 이미 언급한 것처럼 개체나 개념처럼 하나라는 것은 아니고 다원성을 가질 수 있는 조건인 개별화의 원리와는 관계없는 것으로 하나라는 뜻이다. 그러므로 공간과 시간에 있어서 사물의 다원성은 모두 의지의 '객관성'이지만, 이 다원성은 '의지'에는 관계없고 사물은 아무리 많다고 해도 의지와 여전히 불가분의 관계에 있다. 돌에는 의지의 작은 부분이 들어가 있고, 인간에게는 의지의 큰 부분이 들어가 있다는 것이 아니다. 부분과 전체의 관계는 오직 공간에 속하며, 이 공간이라는 직관 형식을 떠나면 이미 더 이상 아무런 뜻을 갖지 못하기 때문이다. 뿐만 아니라 많다거나 적다거나 하는 것도 현상, 즉 가시성이나 객관에만 관계하는 것이다. 객관화의 정도라면 돌보다 식물이 더 높고, 식물보다 동물이 더 높다. 실제로 의지가 나타나 가시적이 된다. 즉 객관화하는 데는 가장 미약한 여명과 가장 밝은 햇빛 사이처럼, 또 가장 강도가 센 음향과 가장 희미한 여운 사이처럼 실로 한없이 다양한 정도의 차이가 있다. 우리는 후에 의지의 객관화와 의지가 모사에 필요한 이 가시성의 정도에 대한 고찰로 되돌아갈 것이다. 그런데 의지의 객관화에 있어서 정도의 차이는 의지 자체와는 직접적인 관계가 없지만, 이 단체들에 있어서 현상의 다원성, 즉 모든 형태를 취한 많은 개체 또는 모든 힘이 개별적으로 나타난 많은 것은 더욱 의지에는 관계하지 않는다. 왜냐하면 이 다원성은 직접 시간과 공간에 제약되어 있지만, 의지 자체는 결코 시간과 공간 속에 들어가지 않기 때문이다. 의지는 수백만의 떡갈나무처럼 '하나'의 떡갈나무에도 같은 정도로 완전하게 자기를 구현한다. 떡갈나무의 수, 즉 공간과 시간에 있어서 떡갈나무의 다양화는 의지에 대해서는 아무 의미도 없고, 오직 다양성이라는 점에서만, 공간과 시간 속에서 인식하고 그 속에서 스스로 다양화하며 분산된 여러 개체에 관해서만 의미를 갖는 것이다. 그러나 이들 개체의 다원성은 그 자체 또한 의지의 현상에 관계하지 의지 그 자체에는 관계하지 않는다. 따라서 단지 하나의 존재라도, 또 그것이 아무리 미미한 것이라 할지라도 완전히 절멸된다면, 그와 더불어 전세계도 멸망할 수밖에 없다고 주장할 수 있다. 위대한 신비주의자 안겔루스 질레지우스(Angelus Silesius)도 이런 기분으로 다음과 같이 말하고 있다.

내가 없으면 신은 한순간도 살 수 없다는 것을 나는 알고 있다.
만일 내가 없어지면 신은 정신을 포기하지 않을 수 없을 것이다.

오늘에 이르기까지 우주의 측량할 수 없는 크기를 각자에게 이해시키려는 시도가 여러 가지 방법으로 행해졌고, 그것을 이용해 우주의 크기에 비교하여 지구는 얼마나 작으며, 하물며 인간은 얼마나 작은가 하는 것과, 반대로 이렇게 작은 인간의 정신이 우주의 크기를 탐지하고 파악하고 측정할 수 있다고 하는 위대한 점에 대하여 교화적인 고찰을 하기도 한다. 그것은 좋은 일이다. 그러나 세계의 불가측성을 고찰하는 경우, 나에게 가장 중요한 것은 그 출현을 세계라 할 수 있는 본질 그 자체(비록 그것이 무엇이든 간에)가 그 참된 자체를 무한한 공간 속에서 분산, 분할할 수는 없고, 오히려 이 무한한 연장은 오직 그 본질의 현상에만 속하고, 이와 반대로 본질은 자연의 어떠한 사물 속이나 어떠한 생물 속에서도 완전하게 분할되지 않은 채 존재하고 있는 사실이다. 그렇기 때문에 우리가 어떤 특정한 하나의 사물에 전념하더라도 잊어버리는 것이 전혀 없고, 참된 지혜는 무한한 세계를 측정함으로써, 좀더 엄밀히 말하면 끝없는 세계와 공간을 몸소 돌아다녀 봄으로써 얻을 수 있는 것이 절대로 아니다. 오히려 참된 지혜는 무언가 단 하나의 사물에 대한 고유한 본질을 완전히 이해하고 인식하려고 수련을 쌓으면서 그 하나의 것을 완전하게 탐구함으로써 얻을 수 있는 것이다.

따라서 이 경우 '플라톤'의 학설을 신봉한다면 인정하지 않을 수 없는 것이지만, 다음에 언급하는 것은 다음 권에서 상세하게 고찰할 것이다. 말하자면 의지가 객관화하는 여러 단계는 무수한 개체로 나타나서 객관화의 유례없는 모범으로서, 또는 사물의 영원한 형식으로서 존재하고 있다. 하지만 그 자체로는 개체의 매질인 시간과 공간 속에 들어가지 않고 고정되어 있고, 어떠한 변화도 받지 않으며, 항상 존재하지만 생성되는 것은 아니다. 한편 무수한 개체들은 생멸하면서 항상 생성되지만, 결코 상주하지는 않는다. 다시 말하면, 이러한 의지가 객관화하는 여러 단계는 플라톤의 '이데아'와 같은 것이다. 여기서 미리 말해 두는 것은 앞으로 '이데아'란 말을 이런 의미에서 사용하고 싶기 때문이다. 따라서 내가 이 말을 사용하는 경우에는 언제나 플라톤이 여기에 부여한 참된 본래의 의미라고 해석해 주기 바란다. 이 경우 '스콜라 철학'에서 말하는 독단적인 이성이 여러 가지 것을 추상적으로 만들어 내는 것을 의미한다고 생각해서는 안 되는데, 칸트는 이것을 표현하는 데 있어 플라톤이 적절하게 사용한 이데아란 말을 부당하고 부적당하게 오용한 것이다. 내가 이데아라고 하는 것은 '의지'가 '물자체'이며, '다원성'과 무관하다는 점에서는 일정하게 고정된 '의지 객관화의 단계들'이다. 이들 단계의 개별적인 사물에 대한 관계는 그들 사물의 영원한 형식이나 모범에 대한 관계와 같다. 디오게네스 라에르티오스는 유명한 플라톤의 교의를 다음과 같이 간결하게 표현하고 있다.

플라톤은 자연 속의 '이데아들'은 원형과 같은 것으로 존재하며, 그 밖의 것들은 이데아의 유사물로서 만들어져 있기 때문에, 그 이데아와 비슷하다는 것을 가르쳐준다.

칸트의 오용에 대해서는 이 이상 더 언급하지 않기로 한다. 이에 관해 필요한 것은 부록에 실려 있다.

26. 자연의 힘은 충족 이유율에 지배되지 않는 의지의 객관화

'의지의 객관화'에서 마지막 단계로 나타나는 것은 가장 일반적인 자연의 힘인데, 이 힘의 일부는 중력이나 불가입성처럼 어떤 물질에도 예외 없이 나타나고, 일부는 현존하는 물질 속에 나뉘어 존재한다. 그래서 강성, 유동성, 탄성, 전기, 자기, 그리고 화학적 특성과 모든 성질들처럼 어떤 힘은 이 물질을, 다른 힘은 저 물질을 지배하며, 그것에 의해 특별한 차이가 있는 물질을 지배한다. 이 힘들은 그 자체로는 인간의 행위와 마찬가지로 의지의 직접적인 나타남이며, 그 힘으로서는 인간의 성격과 마찬가지로 근거가 없다. 다만 그 힘들의 개별적인 현상들은 인간의 행위와 마찬가지로 충족 이유율에 의해 지배되고 있지만, 힘 자체는 결코 결과나 원인이라고 부를 수 없는 것이다. 오히려 모든 원인과 결과에 선행되는 전제 조건이며, 힘 자체의 본질은 이 원인과 결과를 통해서 전개되며 구현되는 것이다. 그러므로 동력이나 전기의 원인을 묻는 것은 분별 있는 일이 아니다. 중력이나 전기는 근원적인 힘이다. 이 힘이 나타나는 것은 원인이나 결과에 따라 생기므로, 모든 개별적인 현상들에는 각각 그 원인이 있다. 또 그 원인은 자체로서도 개별적인 현상이며, 그 힘이 여기에 구현되어 '시간'과 '공간' 속에 나타나야만 했다는 규정을 표시하는 것이다. 하지만 그 힘은 결코 어떤 원인의 결과도 아니고 또 어떤 결과의 원인도 아니다. 그러므로 '중력은 돌이 낙하하는 원인이다'라고 하는 것은 잘못이다. 오히려 이 경우에는 돌을 끌어당기는 지구가 가깝다는 것이 원인이다. 만일 지구를 없애면 중력이 남아 있어도 돌은 낙하하지 않을 것이다. 힘 자체는 완전히 인과의 연쇄 밖에 있다. 인과의 연쇄는 시간과의 관계에서 비로소 의미를 갖기 때문에 시간을 전제로 하고 있지만, 힘은 시간 밖에 있다. 개별적인 변화는 각기 반드시 개별적인 변화를 원인으로 하지만, 나타나고 있는 개별적인 변화의 기본적인 힘을 원인으로 하는 것은 아니다. 왜냐하면 하나의 원인이 무수하게 여러 번 생긴다고 하더라도 그 원인에 항상 활동력을 주는 것은 자연의 힘이며, 그러한 것은 근거를 갖고 있지 않기 때문이다. 말하자면 그것은 완전히 원인의 연쇄라든가 대체로 '충족 이유율'의 영역 밖에 존재하고, 철학적으로 모든 자연의 즉자태(卽自態)인 의지의 직접적인 객관성이라 인정되지만, '원인학', 물리학에서는 근원적인 힘, 즉 숨은 성질로서 표시되고 있다.

의지의 객관성이 높은 단계에 이르면 개성이 현저하게 나타나는 것을 알 수 있다. 특히 인간에 있어서는 그것이 개인적인 성격의 차이로서, 즉 완전한 인격으로서 이미 외면적으로 확실한 특징을 가진 개별적인 모습에 의해 표현되고, 이것이 체격 전체에도 관계한다. 어떠한 동물도 이러한 개성을 인간처럼 명백하게 갖고 있는 것은 없고, 고등 동물 중에서 어느 정도 개성의 표현 같은 것을 갖고 있는 것도 있지만, 이것도 아직은 완전히 종의 성격이 주가 되어 있기 때문에 개성의 외모는 거의 나타나 있지 않다. 하등 동물이 되면 될수록 개별적인 성격의 징후가 없어지고 종의 일반적인 성격이 나타나 종의 특질적인 외모만 남게 된다. 종의 심리학적인 특성이 분명해지면, 거기에서 그 종에 속하는 개체에 관해 기대할 수 있는 것을 정확하게 추리할 수 있다.

그런데 인간에 있어서 각 개인은 각기 개별적으로 연구하고 구명해야 하며, 그들 개인의 행동을 확실하게 규정하려면 이성과 동시에 생긴 허위의 가능성 때문에 극히 곤란하게 된다. 뇌수의 주름과 줄무늬는 조류에는 없고, 설치류(齧齒類)에도 극히 조금 있을 뿐이며, 고등 동물에서는 그 양측이 훨씬 대칭적으로 되어 있고, 또 각 개체들도 일정하여 동일하다. 이것은 위에서 말한 것같이 인류와 다른 모든 동물과의 차이에 관련되어 있을 것이다. *
또 인류가 모든 동물과 다른 개별적인 고유한 특질의 현상이라 볼 수 있는 것은, 동물들은 성욕을 만족시키는 데 있어서 특별히 상대방을 선택하지 않지만, 인류는 이 선택이 참으로 강하고, 어떠한 반성에도 좌우되지 않는 본질적인 방식으로 행해지기 때문에, 마지막에는 강렬한 정열에까지 이른다. 그런데 인간은 각기 그와 같이 특별한 규정과 특질을 가진 의지의 표현이라

---

* Wenzel, *De Strudura cerebri hominis et brutonum* (1812), ch. 3 ; Cuvier, *Leçons d'anatomie comparée*, lecon 9, arts. 4, 5 ; Vicq d'Azyr, *Histoire de I'Académie des Sciences de Paris* (1783), 470, 483.

고 간주해야 하며, 또 일종의 독자적인 이데아라고까지 생각해야 하지만, 동물에게 이러한 개별적 특질의 징후는 인류와 거리가 먼 동물이 되면 될수록 상실된다. 결국 식물에 이르러서는 이미 개체의 고유성은 완전히 없어져 버리며, 그 고유성은 토지와 기후라는 영향의 좋고 나쁨이나 기타 우연한 조건에 의해 설명되는 길밖에는 다른 도리가 없다. 따라서 마지막으로 비체계적인 자연의 세계에서 개성은 완전히 없어져 버린다. 오직 결정만을 어느 정도 개체로 간주할 수 있는 것이다.

결정은 일정한 방향으로 향하는 노력이 응고되어 고정된 통일이지만, 이 응고가 일정한 방향으로 노력의 흔적을 남기고 있는 것이다. 이와 동시에 결정은 그 핵심인 형태가 집합하여 생긴 것이며, 그것이 하나의 이데아에 의해 결합되어 통일된 것이다. 이러한 사정은 나무가 제각기 싹이 트는 섬유의 집합체인 것과 같고, 그 섬유는 어떠한 잎맥, 어떠한 잎, 어떠한 가지에도 나타나 있으며, 그때마다 어느 정도 이들 잎맥, 잎, 가지들은 각각 독자적인 식물이며, 큰 식물에 기생하며 살고 있다. 그러므로 그 전체가 어떤 불가분의 이데아, 즉 '의지의 객관화'와 같은 일정한 단계를 완전하게 표현하는 것이긴 하지만, 그 나무는 결정과 마찬가지로 작은 여러 식물의 조직적인 집합체다. 그러나 같은 유(類)의 결정을 가지는 각 개체는 외적인 우연성에 의해 초래되는 차이밖에는 어떠한 차이도 갖고 있을 수 없다. 즉 어떠한 유도 임의로 큰 결정으로 만들 수 있고 작은 결정으로도 만들 수 있다. 그런데 개체 그 자체로서는, 즉 개별적인 특질의 징후를 가진 것으로서 개체는 무기적인 자연 속에는 전혀 발견되지 않는다. 무기적인 자연의 모든 현상은 일반적인 자연의 힘이 나타난 것, 즉 의지의 객관화에서 어떤 단계의 표현이지만, 이들 단계는 결코 이념 전체를 부분적으로 나타내는 여러 개성의 차이를 매개로 하여 객관화하는 것이 아니라(유기적 자연에서처럼) 오로지 종으로서만 나타나고, 개별적인 모든 현상에 있어서 추호의 구별도 없이 종만을 나타낸다. '시간', '공간', '다원성', 그리고 원인에 의한 피제약성은 의지에도 이데아, 즉 의지의 객관화 단계에도 속하지 않고 의지나 '이데아'가 개별적으로 나타나는 것에만 속해 있기 때문에, 중력이나 전기와 같은 자연의 힘이 아무리 무수한 현상으로 나타나도 그 자연의 힘은 그것으로서 조금도 틀리지 않고 같은 방법으로 나타나며, 단지 외적인 여러 사정에 의해 현상이 바뛰는 데 불과하다. 이렇게 자연의 힘이 가진 본질은 그 현상이 아무리 다양해도 단일하다는 것, 그리고 그 자연의 힘이 나타난 것은 출현해야 하는 여러 조건이 구비되기만 하면 '인과율'에 의해 일정불변이라는 것, 이것이 자연 법칙이다. 이 '자연 법칙'이 경험에 의해 일단 알려지면 자연의 힘이 지닌 성격은 이 법칙 속에 표현되고 포함되어 있기 때문에, 자연의 힘이 나타내는 현상을 미리 엄밀하게 규정하고 계측할 수 있다. 그런데 의지가 객관화하는 낮은 단계에 나타나는 여러 현상들은 합법칙적으로 행해지기 때문에, 그들 현상이 같은 의지가 객관화한 더 높은 단계, 즉 동물 또는 인간의 행위로서 더 명백한 단계에서 나타나는 현상과는 현저하게 다른 것처럼 보이는 것이다. 이들 높은 단계의 현상에 있어서는 강약의 차이는 있어도 개별적인 성격이 나타나고, 또 동기에 의해 좌우되지만, 이 동기도 인식 속에 존재하기 때문에 방관자가 모르고 있는 경우가 가끔 있었다. 그래서 여태까지 이들 낮은 단계의 현상이나 높은 단계의 현상도 그 내적 본질은 동일하다는 것이 오인되어 왔던 것이다.

자연 법칙에 오류가 없다는 것은 '이데아'의 인식에서 출발하지 않고 개별적인 사물의 인식에서 출발했을 때는 놀랄 만하기도 하고 때로는 몸서리칠 정도도. 가령 어떤 물질이 일정한 조건 아래에 모이면 일종의 화합물이 생기고 가스가 발생하여 연소를 일으킨다. 또 우리가 준비한 조건으로도, 또는 아주 우연히 생긴 조건으로도, 어쨌든 여러 조건이 합치하면(그 정확성은 기대되지 않은 결과에 의해 한층 더 놀랄 일이지만) 오늘도 1000년 동안이나 조금도 변하지 않은 일정한 현상이 조금의 지연도 없이 생기는 것이다. 우리가 크게 경탄하게 되는 것은 극히 복잡한 사정에서만 생기는 현상, 또 그중에서도 우리에게 이미 알려진 희귀한 현상에 있어서다. 가령 두 종류의 어떤 금속을 서로 산액(酸液)과 교대하면서 접촉시키면, 이 두 종류의 금속을 연결하기 위해 양단 사이에 놓아 둔 은판은 갑자기 푸른 불꽃을 내며 탄다. 또 어떤 조건에서는 단단한 다이아몬드도 탄산으로 변해 버린다. 이들 현상은 자연의 힘이 영혼처럼 도처에 산재하고 있다는 증거지만, 우리는 이들 현상을 보고서야 비로소 놀라는 것이다. 그리고 이 경우에 우리는 일상적인 현상들에 있어서는 생각지도 못한 일들에 놀라게 되는 것이다. 즉 원인과 결과 사이의 연관은 마치 주문과 이것에 불려서 필연적으로 나타나는 영혼

사이에 있는 것이라고 동화에서 말하고 있는 것처럼 이상한 것이다.

그런데 우리가 철학적 인식에 들어서면서 자연의 힘이 의지, 즉 우리가 우리 자신의 내적 본질로서 인식하는 것을 객관화하는 일정한 단계라는 것을 알게 된다. 그리고 이 의지는 그 현상이나 형태와는 달라서 시간과 공간 밖에 존재하므로, 시간이나 공간에 의해 제약받는 다원성은 의지에도, 또 직접적으로 의지를 객관화한 단계, 즉 이데아에도 귀속시켜서는 안 되며, 그 현상에 귀속시켜야 한다. 그러나 인과성의 법칙은 시간과 공간에 관계해서만 의미를 갖는 것이며, 이 법칙은 시간과 공간에 있어서 의지가 구현되는 여러 가지 이데아의 다양한 현상에 대해, 이들 현상이 생김에 있어 따르지 않으면 안 되는 질서를 규제하면서 그 위치를 규정한다는 것을 알게 된다. 다시 말해 그러한 인식에 있어서 위대한 칸트 학설의 내면적인 의미를 알게 되면, 공간, 시간, 인과성은 물자체에 귀속되는 것이 아니라 현상에 귀속되어야 할 것에 불과하며, 우리 인식의 형식에 지나지 않는 것이고, 물자체의 성질은 아니라는 것을 알게 되면, 자연의 힘이 합법칙적인 것, 정확한 것이며, 자연의 힘이 나타난 무수한 현상이 모두 완전히 같다는 것, 그들 현상이 틀림없이 일어나는 것에 대한 앞에서 말한 것과 같은 놀람은 실은 어린아이나 야만인이 다면체로 깎은 유리를 꽃으로 바라보고, 자기가 보는 수없이 많은 꽃이 똑같은 것에 놀라서 그 꽃잎들을 하나하나 세고 있는 것에 비교할 수 있다.

따라서 근원적인 자연의 힘은 모두 그 본질에 있어서는 의지가 낮은 단계에서 객관화한 것에 지나지 않는다. 우리는 그 단계를 각기 플라톤의 의미에서 영원한 '이데아'라고 부른다. 그러나 '자연 법칙'은 현상 형식에 대한 이데아의 관계다. 이 형식은 '시간', '공간', 그리고 '인과성'인데, 이것들은 서로 필연적인 불가분의 연관을 갖고 있다. 이데아는 시간과 공간에 의해 다양화되어 수없이 많은 현상이 된다. 그런데 이 현상이 그렇게 다양화한 형태가 될 때 따르는 질서는 인과성의 법칙에 의해 엄밀하게 규정되고 있다. 말하자면 이것은 여러 이데아의 다양한 현상에 대한 한계점의 규범이며, 공간, 시간, 그리고 물질은 이 규범에 의해 여러 현상에 할당되어 있는 것이다. 따라서 이 규범은 필연적으로 그들 각종 현상의 공통 기저인 현존 물질 전체의 동일성과 관계한다. 만일 이들 현상이 모두 그 공통 물질에 의지하고 그것을 서로 나누어 갖는 것이 아니라면, 그들 현상의 요구를 규정하는 데 있어 이와 같은 법칙은 필요하지 않을 것이다. 즉 현상들은 모두 동시에, 그리고 병렬하여 무한한 시간에 걸쳐 무한한 시간을 채우는 것이 된다. 그런데 영원한 이데아의 현상들은 모두 동일한 물질에 의지하고 있기 때문에, 그 출현이나 소멸의 규칙이 없어서는 안 되는 것이다. 만일 이 법칙이 없다면 하나의 현상이 다른 현상으로 변하지는 않을 것이다. 그렇게 '인과성'의 법칙은 본질적으로 실체의 불변성과 결합되어 있어서 양자는 상대적인 의미를 갖는다. 그러나 이 양자에 대해서는 공간과 시간도 또한 상호간의 관계를 갖고 있다. 왜냐하면 동일 물질에 대해 서로 대립하는 규정을 가할 수 있다는 단순한 가능성이 시간이며, 또 서로 대립하는 모든 규정을 받으면서도, 동일 물질이 그 동일성을 유지할 수 있다는 단순한 가능성이 공간이기 때문이다. 그러므로 우리는 제1권에서 물질을 시간과 공간의 합일이라고 말했지만, 이 합일은 실체가 고정되어 있는 경우에는 우연성의 변화로 나타나는 것이고, 이러한 것의 일반적 가능성이 곧 인과성 또는 생성이다. 따라서 우리는 물질을 철저하게 인과성이라고 말했던 것이다.

우리는 '오성'을 인과성의 주관적 상관자라고 설명하고 또한 물질('표상'으로서 세계 전체)은 오성에 의해서만 정주(定住)하고 오성은 물질의 조건, 담당자, 물질의 필연적인 상관자라고 말했다. 이 모든 것을 제1권에서 자세히 논했다는 것을 기억해 주기 바란다. 제1권, 제2권을 완전히 이해하기 위해서는 두 권이 내면적으로 일치한다는 것에 주의해야 한다. 즉 현실 세계에서 불가분하게 결합되어 있는 것이 세계의 이면, 즉 의지와 표상이며, 이들 두 권에 의해 분할된 것이지만, 그것은 의지와 표상을 개별적으로 취급함으로써 그 관계를 더 한층 명백하게 인식시키기 위해서였다.

예를 들어 다음 사실을 좀더 명백히 하기로 한다. 인과성의 법칙은 여러 자연의 힘이 시간과 공간, 이 둘이 합일하는 데서 성립하는 물질과의 관계에서만 의미를 갖는다. '인과성'의 법칙은 여러 자연의 힘이 시간, 공간, 물질을 분담하고 나타남에 있어 규준이 되는 한계를 규정하는 것이다. 하지만 근원적인 자연의 힘은 물자체이며 충족 이유율에 지배되지 않는 의지의 직접적인 객관화로서, 이들 시간, 공간, 물질이라는 형식 밖에 있으며, 원인학적인 설명은 모두 이 형식의 범위 내에서만 효력과 의미를 갖고 있다. 그렇기 때문에 어떠한 원인학적 설명도 자연의 내적 본질에까지는 이를 수가 없는 것이다. 역학의 법칙에 의해 구성된 하나의 기계를 예로 들어보자. 쇠로 만든 추는 그 중력으로 운동을 시작한다. 구리로 된 바퀴들은 그 강성에 의해 저항하고, 서로 밀치며 들어올리고, 지레는 그 불가입성을 통하여 이런 일을 한다. 이 경우 중력, 강성, 불가입성은 근원적인 설명이 불가능한 힘이다. 역학이 설명하는 것은 이들 근원적인 힘이 밖으로 나타나 일정한 물질, 시간, 장소를 지배하는 것에 대한 여러 조건이나 그 방법에 지나지 않는다. 지금 가령 강력한 자석이 추의 쇠에 작용하여 중력에 이겼다고 한다면, 기계 운동은 정지하고 그 물질은 다른 자연의 힘이 작용하는 무대로 된다. 그리고 원인학적 설명은 이 자연의 힘에 대해서 나타나는 조건, 즉 자기의 조건 이외에는 아무것도 나타내지 않는다. 또한 그 기계의 구리판을 아연판 위에 두고, 그 사이에 산액을 흘려 넣으면, 그 기계와 동일한 물질은 금방 다른 근원적인 힘, 즉 갈바니 전기가 되고, 이번에는 이 전기의 법칙에 지배되고 그 물질에 따라 생기는 전기의 현상들을 통해 갈바니 전기가 나타난다.

원인학은 이들 현상에 대해서도 그렇게 되기 위한 상황과 법칙을 설명하는 것밖에 아무것도 할 수가 없다. 여기서 온도를 바꾸어 순수한 산소를 가하면 기계 전체가 탄다. 여기에 전혀 다른 자연의 힘, 즉 화학적 힘이 이때 이곳에서 그 물질에 대해 어쩔 수 없는 요구를 하게 되고, 이 물질에 따라 이데아로서 의지가 객관화하는 일정한 단계로서 나타나는 것이다. 이렇게 해서 생긴 금속의 산화물이 산과 화합하면 소금이 되고 결정이 된다. 이들은 다른 이데아의 현상이며, 그 이데아의 근거는 또 전혀 구명할 수 없지만, 그 현상의 출현은 원인학이 설명할 수 있는 여러 조건에 의존하고 있었던 셈이다. 결정은 풍화하고 다른 여러 물질과 혼합하여 여기에서 식물을 낳게 한다. 즉 하나의 새로운 의지가 나타난 것이다.

이렇게 동일한 불변의 물질을 한없이 추구해 가면, 어느 때에는 이 자연의 힘이, 또 다른 때는 저 자연의 힘이 그 물질에 대해 권리를 얻고 곧 그 힘을 발휘하여, 그 자연의 힘을 드러내게 되고 그 힘의 본질을 드러낸다는 것을 알 수 있다. 이 권리의 규정과 그것이 발휘되는 때와 장소는 인과성의 법칙에 의해 설명되지만, 이 법칙에 근거를 둔 설명은 이것 이상으로 나아가지 못한다. 힘 자체는 의지의 현상이며, 그런 것으로서는 충족 이유율의 형태에 지배되지 않는다. 말하자면 근거가 없다. 힘 자체는 시간 밖에 있고 도처에 퍼져 있으며 스스로 출현하여 이 때까지 이 일정한 물질을 지배한 여러 힘을 몰아내고 이 물질을 점령할 수 있게 되는 사정이 생기는 것을 고대하고 있는 것처럼 여겨진다. 모든 시간은 이 힘의 현상에 대해서만 존재하고 있는 것으로, 힘 자체에 대해서는 아무런 의미가 없다. 수천 년 동안 여러 가지 화학적인 힘은 하나의 물질 속에 잠들어 있다가 시약(試藥)에 접촉되어 해방되면서 나타난다. 그러나 시간은 이 현상에 대해서만 존재하며, 힘 자체에 대해서 존재하는 것은 아니다. 수천 년 동안 갈바니 전기는 구리와 아연 속에 잠들어서 은과 더불어 안정되어 있지만, 이 셋이 서로 필요한 조건에 접촉하면 곧 타 버리게 된다. 유기물의 세계에까지도 마른 종자가 그 속에서 3000년이란 오랜 세월에 걸쳐 가수면 상태의 힘을 보유하고 있다가 이것이 마침내 기회를 얻으면 식물로 싹이 틀 때가 있다. *

이제 이와 같은 고찰로 우리에게는 자연의 힘과 그 모든 현상 사이의 차이가 명백해졌다. 그리고 우리는 자연의 힘이란 '의지'가 객관화하는 경우의 일정한 단계에서 의지지만, 시간과 공간에 의해 '다원성'이 귀속되는 것은 현상뿐이며, 인과성의 법칙은 개별적인 현상에 대한 시간과 공간에 있어서

---

* 1840년 9월 16일, 페티그루 씨는 런던 문학, 과학협회에서 이집트 고대의 유물에 관한 강연을 했을 때 윌킨슨 경이 테베 부근의 고분에서 발견한 밀의 낟알을 보여 준 일이 있다. 그 낟알은 고분 속에서 3000년 동안이나 밀봉된 꽃병 속에 그대로 있었던 것이었다. 그는 그중 12알을 파종해 보았는데, 그중에서 하나의 밀이 생겨 5피트 높이까지 자랐고, 씨는 완전히 여물었다. 1840년 9월 21일자 〈타임스〉에서 이와 마찬가지로 홀튼 씨는 1830년 런던의 의학 식물학회에서, 이집트의 미라가 손에 쥐고 있던 것을 발견한 마디 굵은 나무뿌리 하나를 제시한 일이 있었다. 이 뿌리는 어떤 종교적인 미신에서 미라의 손에 쥐어져 있었던 것 같았으며, 적어도 2000년 정도 된 것이었다. 홀튼 씨는 이 뿌리를 화분에 심어 보았다. 그랬더니 곧 싹이 트고 잎이 나왔다. 이것은 1830년의 의학지에서 인용한 것인데, 1830년 10월의 《Journal of the Royal Institution of Great Britain》(p. 196)에 실려 있다. "런던의 하이게이트에 있는 식물 표본관의 그림스턴 씨의 정원에는 지금 완두가 열매를 많이 맺고 있다. 이것은 페티그루 씨와 대영 박물관 직원들이 이집트의 어떤 석관 속에서 발견한 화분 속에서 입수한 완두에서 생긴 것이다. 따라서 그 완두는 2840년 동안이나 그 관 속에 있었음에 틀림없다."(1844년 8월 16일자 〈타임스〉에서) 그뿐만 아니다. 석회석 속에서 산 두꺼비가 나온 것을 보면, 동물의 생명까지도 동면을 시작하여 특수한 상황에 의해 유지되기만 하면, 위에서 말한 예처럼 수천 년에 걸쳐 휴식할 수 있다는 것을 짐작할 수 있다.

의 위치 규정에 불과하다는 것을 인식한 것이다. 그렇다면 우리는 또 말브랑슈가 제창한 기회 원인론의 깊은 의미를 인식할 수 있을 것이다. 말브랑슈의 이 학설은 그의 저서인 《진리의 탐구》, 특히 같은 책 제6권 2부 3장과 같은 장에 첨가된 해설에 언급되어 있는데, 이 학설과 지금 나의 설명을 비교해 보고 두 학설의 사유 과정이 현저하게 다른데도 결론이 완전하게 일치한다는 것을 알게 되는 것은 대단히 뜻깊은 일이다. 뿐만 아니라 나는 말브랑슈가 그 시대에 어쩔 수 없이 강요받은 여러 기존 교의에 완전히 사로잡혀 있긴 했지만, 그러한 속박과 중압 아래서 다행스럽게도 진리를 발견하고, 또 그 진리를 그 시대의 기존 교의와 적어도 그 교의의 말만이라도 맞도록 할 수 있었다는 것에 놀라지 않을 수 없다.

왜냐하면 진리의 위력은 믿을 수 없을 만큼 크고, 또 말로 다할 수 없을 만큼 지속적이기 때문이다. 우리는 흔히 진리의 흔적이 가끔 다른 시대와 국가의 모든 교의 속에서, 아니 가장 불합리한 교의 속에서까지도 때때로 기괴한 단계에서 이상한 혼합 상태를 이루고 있지만, 그래도 인정되고 있는 것을 알고 있다. 이렇게 보면 진리라는 것은 큰 돌더미 밑에서 자라나지만, 빛이 있는 곳으로 기어올라가 우여곡절의 노력 끝에 볼품없게 되고 창백하게 되고 위축되면서도, 역시 빛을 향해 나아가는 식물에 비길 수 있을 것이다.

아무튼 말브랑슈$\binom{1638\sim1715,}{프랑스\ 철학자}$는 옳았다. 즉 자연적인 원인은 모두가 다 기회 원인에 지나지 않고, 그 유일하고 불가분한 의지가 나타나기 위한 기회나 동기를 주는 데 지나지 않는다. 이 의지야말로 모든 물자체며, 그 단계적인 객관화가 가시적인 이 세계인 것이다. 단지 이 장소와 이 시간에 나타나 가시적으로 되는 것은 원인을 통해 일어나는 것이며, 그러한 점에서는 원인에 의존하고 있지만, 현상의 전체, 현상의 내적 본질이 원인에 의존하고 있는 것은 아니다. 즉 현상의 내적 본질은 의지 자체고, 그것에 대해서는 이유율도 적용되지 않기 때문에 의지 자체는 근거가 없다. 세계 속의 어떠한 사물도 절대적이고 일반적인 존재의 원인을 갖고 있지는 않고, 단지 그것으로 하여금 바로 여기에, 바로 지금 존재하게 하는 원인을 가지고 있을 뿐이다. 왜 하나의 돌이 어떤 때는 중력을 갖고, 어떤 때는 강성을 갖고, 어떤 때는 전기를 나타내고, 어떤 때는 화학적 성질을 갖는가 하는 것은 원인, 즉 외부에서의 영향에 의존하고 있고, 원인에서 설명될 수 있다. 그런데 이와 같은 성질 자체, 또한 그 성질들을 근거로 성립하고, 위에서 말한 모든 방식으로 외부에 나타나는 돌의 본질, 즉 돌이라는 것은 일반적으로 그렇게 있듯이 있다고 하는 것, 돌이라는 것이 일반적으로 밖으로 나타나 존재한다는 것, 이것은 그 어떤 근거도 없고, 근거를 갖지 않은 의지의 가시화인 것이다. 따라서 모든 원인은 기회 원인이다. 이것은 인식이 없는 자연에서 우리가 알아낸 것이지만, 현상의 발생점을 규정하는 것이 원인이나 자극이 아니라 동기인 경우에도, 즉 동물이나 인간의 행동에 있어서도 마찬가지다. 왜냐하면 동물이나 인간의 경우에도 자연에서와 마찬가지로 나타나는 것은 동일한 의지이기 때문이다. 단지 의지의 구현 정도가 현저하게 다르며, 의지는 현상에서는 다양하게 나타나 이유율에 지배되는 것이지만, 의지 그 자체로서는 이 모든 것들과 관계가 없다.

동기는 인간의 성격을 규정하는 것이 아니고, 이 성격의 현상, 즉 행위를 규정할 뿐이다. 즉 인간 생활의 외면적인 형태는 규정하지만 그 내면적인 의의나 실질을 규정하는 것은 아니다. 이들 내면적인 의의나 실질은 성격에서 생기는 것이고, 이 성격은 의지의 직접적인 현상이며, 따라서 근거가 없다. 어째서 어떤 사람은 나쁜 사람이며 다른 사람은 착한 사람인가 하는 것은 동기나 외적인 영향, 즉 교훈이나 설교 여하에 따른 것이 아니며, 이러한 의미로서는 설명이 불가능하다.

그러나 나쁜 사람이 그의 주위의 좁은 범위 내에서 행하는 시시한 부정행위, 비겁한 음모, 비열한 파렴치 행위 속에서 악의를 나타내거나, 정복자로서 여러 국가를 억압하고 세계를 고난에 빠뜨리고, 수백만 사람들의 피를 흘리게 하는가 안 하는가 하는 것은, 그 사람이 보이는 현상의 외적인 형식이며, 그 현상의 비본질적인 것으로 운명에 의해 그가 놓여진 사정, 환경, 외부의 영향 등의 동기에 의존하고 있다. 그러나 이러한 동기에 근거를 둔 그의 결단은 그 외적인 영향이나 동기로부터는 설명할 수 없으며, 그것의 의지에서 생기는 것이다. 바로 이 의지의 출현이 인간이다. 이것에 관해서는 제4권에서 언급한다. 성격이 그 특질을 전개해 가는 방식은 마치 인식이 없는 자연의 각 물체가 각기 그 특질을 나타내는 방식에 비교할 만한 것이다. 물은 물에 내재하는 여러 특질들을 가짐으로써 어디까지나 물이다. 그러나 물이 고요한 호수로서 그 기슭을 반사하여 비추거나, 거품을 내뿜으면서 바위에 부딪치거나, 또 인공으로 분수가 되어 하늘 높이 솟아오르거나 하는 것은 외적인 원인에 달린 것이다. 물에게는 어느 쪽이든 간에 자연적인 것이다. 그러나 사정이 달라지면서 물은 호수도 되고, 또는 거센 파도가 될 것이지만, 어느 것에 대해서도 똑같이 곧 응할 준비가 되어 있고, 또 어떠한 경우에도 자기 성격에 충실하고, 또 언제나 자기 성격을 나타내는 것이다. 이렇게 인간의 성격도 어떠한 사정 아래서 구현될 것이지만, 이 성격에서 생기는 현상은 사정에 따라 달라질 뿐이다.

27. 의지의 객관화 과정

궁극적으로 형식만 남아 있을 때, 현상의 내용을 단순한 형식에 환원시키려는 바보 같은 노력에 빠지지 않는 한, 설명이 원인으로부터 어디까지 갈 수 있고 어디에서 정지하지 않으면 안 되는가 하는 것을 자연의 힘과 그 표상에 관한 언급에서 분명히 알 수 있게 되었다면, 우리는 이제 무엇을 원인론에서 요구해야 할 것인가를 결정할 수 있다. 우리가 일반적으로 모든 원인학에 대해 요구해야 할 일이란 자연 현상에 관해 그 원인을 탐구하는 것이다.

말하자면 현상을 반드시 생기게 하는 상황을 탐구하는 것이다. 그 다음 '원인학'은 다양한 상황 아래에서 여러 가지 형태를 취한 현상을, 모든 현상 속 작용원인의 전제가 되는 것, 즉 자연의 근원적인 힘에 환원시켜야 한다. 또한 현상의 차이가 근원적인 힘의 차이에서 유래하고 있는 것인지 또는 그 힘을 발현시키는 상황의 차이에서 유래하는 것인지를 올바르게 판별하고, 또 동시에 동일한 힘이 다른 상황 아래서 발현한 데에 불과한 것을 다른 힘의 현상으로 간주하거나 원래 다른 힘에 속하는 것을 동일한 힘의 발현으로 여기는 일이 없도록 특히 주의해야 한다. 그런데 거기에는 직접적인 판단력이 필요하다. 물리학에서 통찰력을 키울 수 있는 사람은 드물지만 경험을 늘리는 것은 누구나 가능하다. 태만과 무지로 인하여 사람들은 자칫하면 너무 손쉽게 근원적인 힘을 끌어낼 수 있다고 생각한다. 이것은 스콜라 철학자들의 본체나 통성원리(通性原理) (Quidditat, 개성 원리에 대립되는 말. 동일한 종류의 많은 개체에 통하는 보편성의 면에서 보았을 경우의 본질)에서 볼 수 있는 역설과 유사한 과장법을 지닌 것 같다. 나는 이러한 본체나 통성원리를 다시 거론하지 않게 되기를 바란다. 물리학적인 설명을 하는 대신 신의 창조력이나 '의지의 객관화'를 끄집어내서는 안 된다. 왜냐하면 물리학은 원인을 찾는 것이지만, 의지는 결코 원인이 아니기 때문이다.

현상에 대한 의지의 관계는 완전히 이유율에 따르는 것이 아니고, 그 자체가 의지인 것이 한편으론 표상으로서 존재하는데, 그것이 현상이다. 그 자체가 의지인 것도 현상으로서는 현상의 형식을 형성하고 있는 법칙에 따른다. 그래서 모든 운동도 아무리 의지의 현상이라 하더라도, 하나의 원인을 갖고 있으며, 그 운동은 일정한 시간과 장소에 관해 보편적인 것이 아닌, 즉 그것의 내적 본질이 아닌 '개별적인' 현상에 대한 원인에서 설명되어야 한다. 이 원인은 돌의 경우에는 기계적인 원인이고, 인간 운동의 경우에는 동기지만, 어떤 경우에도 원인이 없다는 것은 있을 수 없다. 이와는 반대로 보편적인 것, 즉 어떤 일정한 종류의 현상 일반에 공통된 본질, 즉 그것을 전제로 하지 않고는 설명이 원인에서 의미도 의의도 가질 수 없게 되는 것이야말로 보편적인 자연의 힘이다. 원인학적인 설명은 여기에 이르러 막다른 곳에 다다르며, 거기에서 형이상학적인 설명이 시작되기 때문에 이 자연의 힘은 물리학에 있어서는 숨은 성질로서 보류해 두어야 한다.

그러나 인과의 연쇄는 끄집어 내야 하는 근원적인 힘에 의해 단절되는 것이 아니고, 또 연쇄의 첫째 항으로서 근원적인 힘에 역행하는 것이 아니라, 연쇄의 가장 가까운 항도 가장 먼 항과 똑같이 이미 그 근원적인 힘을 전제로 하고 있다. 그렇지 않으면 아무것도 설명할 수 없다. 인과의 한 계열이 다른 여러 힘의 현상으로 나타날 수도 있는데, 내가 앞서 금속 기계의 예에서 해명한 것처럼 그들 힘은 인과의 계열에 인도되어 연속적으로 나타나 가시적인 것이 된다. 그러나 서로 도출할 수 없는 이들 근원적인 힘의 차이는 여러 원인의 연쇄적 통일과 그 연쇄의 각 항 사이의 연관을 끊는 것이 아니다. 자연의 원인학과 자연의 철학은 결코 서로 방해하지 않으며, 양립하면서도 같은 대상을 다른 관점에서 고찰하는 것이다. 원인학은 설명해야 하는 개별적인 현상을 낳게 한 원인을 해명하고, 이들 모든 원인과 결과 속에 작용하고 있는 보편적인 힘을 그 모든 설명의 근본으로서 꺼내 보고, 이들 힘을 정밀하게 규정하고, 그 수, 그 서로 다름을 규정한다. 또 그 모든 힘들이 상황이 달라짐에 따라 여러 가지 형태로 나타나는 결과를, 언제나 확실한 규칙에 따라 전개하는 그 힘의 특유한 성격에 따라 규정하는 것인데, 이 규칙을

'자연 규칙'이라 한다. 물리학이 이 모든 것을 다양한 관점에서 완수한다면, 물리학은 그것으로 완성된다. 그러면 무기적 자연 속에는 이미 미지의 힘은 없고, 또 이들 힘 중 어떤 힘의 현상이 일정한 사정 아래서 자연 법칙에 따라 나타난 것으로 증명되지 않는 결과란 하나도 존재하지 않는다. 그럼에도 자연 법칙이란 자연을 보고 깨달은 규칙에 지나지 않는 것이고, 자연은 이 규칙에 따라 일정한 사정 아래서 그 사정이 생기기만 하면, 언제나 같은 작용을 보여줄 뿐이다. 따라서 자연 법칙은 일반적으로 확실한 사실이라고 정의할 수 있는 것이고, 그렇다면 모든 자연 법칙을 완전히 나타냈다고 하더라도 그것은 완전한 사실 목록에 지나지 않을 것이다.

다음으로 자연의 고찰은 형태학으로써 완전하게 하는데, 이것은 유기적인 자연의 일정한 여러 형태를 헤아리고, 비교하고, 정리하는 것으로, 개개의 생물의 생성 원인은 거의 문제삼지 않는다. 왜냐하면 모든 생물의 생성 원인은 생식이고, 생식의 이론은 일반적으로 행해지고 있지만, 우연 발생설(generatio acquivoca)은 드물기 때문이다. 그런데 엄밀히 생각해 보면, 의지의 객관성에서 모든 낮은 단계의 현상, 즉 물리학적 현상이나 화학적 현상이 개별적으로 나타나는 출현 방식도 역시 이 우연 발생에 속하는 것으로, 이렇게 나타나기 위한 조건을 설명하는 것이야말로 위에서 말한 원인학의 임무이다.

그런데 철학은 어떠한 곳에서도, 자연에 있어서도 보편적인 것만을 고찰한다. 즉 자연에서는 근원적인 힘만이 철학의 대상이고, 철학은 그들 근원적인 힘을 이 세계의 내적 본질이며 그 자체인 의지의 객관화가 나타내는 여러 가지 단계라 보고, 이 세계는 의지를 떠나 생각하던 주관의 단순한 표상이라고 여긴다. 그런데 만약 원인학이 철학의 준비 작업을 하여 철학적 학설에 여러 증거로 인한 응용을 제공하는 대신, 오히려 모든 근원적인 힘을 부인해 버리며 오직 '하나의', 가령 불가입성과 같은 일반적 힘만을 남기고, 이것을 근본적으로 이해할 수 있는 것으로만 생각하고, 다른 모든 근원적인 힘까지도 억지로 이 힘에 환원하려는 것이 원인학의 목적이라고 생각한다면, 그것은 원인학의 기초를 버리는 것이며, 진리 대신 오류를 제공할 뿐이다. 그렇게 되면 자연의 내실은 형식에 의해 쫓겨나고, 모두 외부에 있으며 영향을 주는 여러 사정에 귀속하여, 사물의 내적 본질에는 아무것도 도달하지 않게 된다. 만약 실제로 이러한 방법으로 원인학이 행해진다면, 이미 말한 것처럼 결국은 하나의 계산을 위한 연습 문제가 세계의 수수께끼를 풀어 버리게 될 것이다. 앞서 말한 바와 같이 모든 생리학적인 작용을 형식과 화합으로, 즉 전기로 바꾸어 전기를 다시 화학 현상으로 바꾸고, 화학 현상을 또다시 기계 현상으로 바꾸려고 생각하는 것 등은 바로 이 길을 걷는 것이다. 가령 데카르트나 원자론자들의 오류는 이렇게 모든 것을 기계 현상에 환원하려는 데 있었던 것이며, 그들은 천체의 운행을 유동체의 충격으로 바꾸고 물의 여러 성질을 원자의 연관과 형태로 바꾸어 자연의 모든 현상을 불가입성과 응집력의 단순한 나타남이라 설명하려고 노력한다.

이러한 사고는 없어졌지만, 오늘날도 역시 전기적이고, 화학적이고, 기계적인 입장을 취하는 생리학자들은 같은 설명을 하고 있고, 그들은 완고하게 생물체의 생명 전체와 그 모든 기능을 생물체 성분의 '형식과 화합'에서 설명하려 하고 있다. 생리학적 설명의 목적이 유기적 생명을 물리학이 고찰하는 일반적인 힘으로 바꾸는 것에 있다고 하는 것은 메켈의《생리학 총서》(1820, 제5권, p. 185)에도 언급되어 있다. 프랑스의 라마르크도 그의 저서 《동물철학》제2권 3장에서 생명을 열과 전기의 작용에 불과한 것이라고 말하고 있다. "생명의 본질적인 원인을 동시에 포함하기 위해서는 열과 전기 물질만 있으면 충분하다."(같은 책 p. 16) 그렇다면 본래 열과 전기가 물자체이고, 동식물계는 이 물자체의 현상이 되는 셈이다. 이러한 사고의 불합리성은 그 책 306쪽 이하에 명백하게 나타나 있다. 이 견해는 지금까지 사실여러 번 증폭되곤 했지만, 최근에 이르러 불손하게도 그것이 새롭게 등장하기 시작했다는 것은 우리 모두에게 널리 알려진 사실이다.

이 견해를 더 자세히 살펴 보면, 그 근저에는 생물체라는 것을 물리적이고 화학적이며 기계적인 힘의 현상들로 이루어진 집합체로 보고, 이들 힘이 여기에 우연히 모여 아무 의미도 없이 자연의 유희로써 생물체를 만들어 놓은 것이라는 전제가 서게 된다. 그러면 철학적인 고찰로서는 동물이나 인간의 생물체는 어떤 독자적인 이념의 표현, 즉 그 자체는 의지가 일정한 고차원의 단계에서 직접 객관화한 것이 아니고, 생물체에 나타난 이념은 전기나 화학이나 기계 현상 속에 의지를 객관화하는 이념에 불과한 것이다. 따라서 생물체는 인간이나 동물의 모습이 구름이나 종유석에서 날아 온 것처럼 우연히 이들 힘의 만남에서 만들어진 것으로, 그 자체로서는 아무 흥미도 없는 것으로 되어 버릴 것이다. 그럼에도 어떤 범위 내에서 그렇게 물리적이고 화학적인 설명 방법을 생물체에 적용한다는 것은 허용되어야 하고, 또 유익한 것이다. 하지만 그것이 어느 정도까지 인정되어야 할 것인가 하는 것은 이제 곧 알 수 있을 것이다. 즉 내가 설명하려고 하는 것은, 생명력은 무기적인 자연의 모든 힘을 이용하기도 하고 적용하기도 하지만, 결코 그들 힘으로 성립되는 것은 아니며, 마치 대장장이가 망치와 쇠판으로 만들어지는 것이 아닌 것과 마찬가지라는 것이다. 그러므로 아무리 단순한 식물 생활이라 해도 무기적인 자연의 모든 힘, 가령 모세관의 힘이나 삼투 작용과 같은 것으로 설명하는 것은 도저히 불가능할 것이며, 더구나 동물의 생활은 말할 것도 없다. 이와 같이 상당히 곤란한 논술의 길을 개척하기 위해 다음과 같은 고찰을 해 보기로 한다.

위에서 말한 모든 것으로 본다면, 의지의 객관성에서 고차적인 여러 단계를 저차원적인 여러 단계로 환원하려고 하는 것은 자연 과학의 오류다. 왜냐하면 근원적이고 그 자신으로 성립되어 있는 여러 자연의 힘을 오인하거나 부인하는 것은 이미 알려진 힘이 특수 방식으로 나타난 데 불과한 것을 근거도 없이 무엇인가 독특한 힘이라고 여기는 것과 마찬가지로 잘못된 것이기 때문이다. 따라서 칸트가 뉴턴 같은 사람에게 풀의 줄기에 관한 설명을 구한다는 것은 아무 의미가 없는 것이라고 말한 것은 참으로 옳은 일이다. 다시 말해서 뉴턴은 풀의 줄기를 물리학적인 힘이나 화학적인 힘의 여러 현상으로 돌리고, 이들 힘의 우연한 결합, 즉 단지 자연의 유희가 풀의 줄기가 된 것이며, 풀의 줄기에는 그 어떤 독특한 이념이 나타나는 것이 아니고, 의지가 고차적인 특별한 단계에 직접 구현되는 것이 아니라 무기적 자연 현상에서와 마찬가지로, 우연히 이 풀의 줄기라는 형태로 나타남에 지나지 않는다고 생각하는 사람이라는 것이다.

스콜라 철학자들은 이러한 설명을 허용하지는 않았을 것이지만, 그들은 이 설명이 실체 형식(forma substantialis)을 부정하고, 우연한 형식(forma accidentalis)으로 깎아 내리는 것이라고 말했을 것이다. 왜냐하면 아리스토텔레스가 말하는 실체 형식은 마치 내가 하나의 사물에서 의지의 객관화가 나타내는 정도라고 부르는 것과 같은 의미이기 때문이다. 그러나 한편으로는 모든 이념 속에, 즉 무기적 자연의 모든 힘과 유기적 자연의 모든 형태 속에 나타나 표상의 형태를 취하고, '객관성'의 형태를 취하는 것은 '하나의 동일한 의지'라는 것을 간과해서는 안 된다. 따라서 의지의 단일성은 의지의 모든 현상 사이의 내적인 유사성에 의해 인정되어야 하는 것이다. 그런데 이 단일성은 의지의 객관성 가운데 더 고차적 단계에 나타나는 것으로서, 그러한 단계, 즉 식물계 및 동물계에서는 현상 전체가 모든 형식 전반에 널리 통하는 유사성에 의해, 다시 말해 어떠한 현상에서도 발견되는 근본 유형에 의해 더 명백해지고 있다. 따라서 이 근본 유형이라는 개념은 금세기 프랑스 사람들이 시작한 탁월한 동물학적 분류의 중요한 원리가 되었으며, 비교 해부학에선 완전하게 구상의 통일(l'unité de plan)이나 해부학적 요소의 제일성(齊一性, l'uniformité de l'élement anatomique)으로서 확인되고 있다.

이 근본 유형을 발견하는 것이 셸링과 자연 철학자들의 중요한 일이며, 그 공적이 어느 정도 있다고 한다면, 이것은 분명히 그중에서도 가장 칭찬할 만한 일이다. 그런데 그들은 자연에서의 유사성을 찾는 것에만 급급한 나머지 대부분의 경우 시시한 소리로 끝나고 만다. 아무튼 그들이 무기적 자연의 여러 이념 속에서, 가령 전기와 자기(이 둘의 동일성은 후에 확인되었다) 사이, 화학적 인력과 중력 사이 등에서 일반적인 친화성과 동족성을 확인한 것은 옳았다. 그들이 세상 사람들의 주의를 환기시킨 것은 '양극성(Polarität)'이란 것이 자석이나 결정에서 인간에 이르기까지 자연의 거의 모든 현상의 근본 유형이라고 하는 것이다. 이 양극성이란 하나의 힘이 두 개의 질적으로 다른 작용으로 갈라져, 서로 대립하면서 다시 하나가 되려고 노력하고 있는 상태며, 이것은 공간적으로도 반대 방향으로 분리되어 나타나는 것이다. 그러나 중국에선 오랜 옛날부터 이러한 인식이 음양 대립설로 나타나고 있다. 사실 세계의 모든 사물은 동일한 의지가 객관화한 것이며, 그 본질은 동일한 것이기 때문에 그것들 사이에 유사성이 있게 되고, 또 불완전한 것 속에도 반드시 그 다음에 위치하는 것보다 더 완전한 것의 흔적, 전조, 소질 등이 나타나고 있다는 것은 말할 필요도 없다. 뿐만 아니라 이들 형식은 결국 모두 표상으로서의 세계에만 속해 있기 때문에 표상의 가장 일반적인 형식 속에까지도, 즉 공간과 시간이라고 하는 이 현상 세계의 고유한 근본 구조 속에까지도 그와 같은 형식을 채우는 모든 것의 근본유형, 전조, 소질을 발견하고, 이것을 확증하는 것이 가능하다고도 생각된다. 이것을 막연히나마 인식했기 때문에, 카발라(Kabbala, 히브리어로 '이어받은 것'이라는 뜻을 가진, 9세기에서 13세기에 걸쳐 성립한 밀교적 신비설. 그 중심 사상은 유출설이다)나 피타고라스학파의 모든 수리 철학이나 중국인의 《역경》이 생겨났을 것이라고 생각한다. 앞서 말한 셸링파에서도 자연의 모든 현상 사이에 있는 유사성을 나타내려고 여러 가지로 고심하고 있는데, 그중에는 실패하긴 했지만 공간 및 시간의 단순한 법칙으로부터 여러 자연 법칙을 연역하려고 하는 시도도 있기는 했다. 그러나 훗날 천재가 나온다 해도 이 두 노력을 어느 정도까지 실현할 수 있을 것인지는 알 수 없는 일이다.

이제 현상과 물자체의 차이를 언제나 염두에 두어야 하며, 또 모든 이념 속에 객관화되어 있는 의지의 동일성을(의지에는 그 객관성의 일정한 여러 단계가 있는 것이기 때문에) 왜곡하여 의지가 나타내는 개별적인 이념의 동일성이라고 보아선 안 된다. 그러므로 화학적, 전기적 인력과 중력에 의한 인력 사이에는 내적인 유사성이 있다는 것이 인정되어 있으며, 또 화학적, 전기적 인력은 중력에 의한 인력의 고차적인 세력이라고 생각할 수도 있지만, 전자를 후자로 환원하여 버리는 것은 절대로 안 된다. 그것은 마치 모든 동물의 구조가 내적으로 유사하기는 하지만, 그 종을 혼동하거나 동일하게 보거나, 혹은 더 완전한 종을 불완전한 종의 변종이라고 언명할 수 없는 것과 마찬가지다. 따라서 결국 생리적인 기능 역시 화학적이거나 물리적인 과정으로 바꾸어서는 안 되는 것이지만, 이 방법이 어떤 제한 안에서는 정당하다는 것을 보이기 위해서는 확실하게 다음의 것을 인정해야 한다.

의지의 객관화에서 낮은 단계, 즉 무기물에서는 의지의 현상 가운데 인과성의 실마리에 의해서 서로 눈앞의 물질을 내 것으로 하려고 싸우기에 이르는 일이 있다. 그렇게 되면 이 싸움에서 더 높은 이념의 현상이 생기고, 이 이념은 이제까지 존재했던 더 불완전한 이념을 모두 압도해 버리지만, 그 유사성을 자기 안에 받아들임으로써 그 이념의 본질을 종속적인 방식으로 존립시키는 것이다. 이러한 일이 행해지는 것은 드러나는 의지가 모든 이념에 있어서 동일하다고 하는 것과 의지가 점점 고도의 객관화를 향해 노력한다는 것으로써만 이해될 수 있다. 그래서 우리는 뼈가 굳어지는 것을 원래 석탄에서 행해지던 결정의 유사성이라고 보는 것이다. 물론 뼈는 절대로 결정으로 바뀌어서는 안 된다. 이 유사성은 살의 고체화에서는 훨씬 적게 나타난다. 동물의 육체 안에서 여러 체액의 화합이나 분비에도 화학적 화합이나 분리의 법칙은 여전히 작용하고 있지만 종속적인 것이며, 현저하게 변화하며 더 높은 이념에 의해 정복된 형태를 취하고 있다. 따라서 생물체 외에서 단지 화학적인 힘은 절대로 그러한 액을 만들지는 않을 것이다. 오히려,

> 화학에선 그걸 '자연 조작법'이라 부르는데,
> 그것은 자신을 비웃는 말로서 사실은 그 연유를 모르는 것이다.
> ──괴테의 《파우스트》 제1부 1940~41행

보다 완전한 이념은 여러 차원이 낮은 이념이나 의지의 여러 객관화를 이와 같이 정복한 후에 나타나지만, 제압된 차원이 낮은 이념 속에서 고도의 세력을 가진 유사성을 자기 속에 받아들임으로써 전혀 새로운 성격을 획득했다. 즉 의지는 더 명백하게 새로운 방식으로 자기를 객관화한다. 생물체의 체액, 식물, 동물, 현상은 본래는 우연 발생에 의한 것이지만, 그 후에는 이미 있는 새싹과 동화하여 발생하는 것이다. 이와 같이 차원 낮은 현상의 투쟁에서 이들 현상을 모조리 삼키는 것과 같은, 그러나 이들 현상의 노력을 더 고도로 실현하는 높은 현상이 생긴다. 따라서 여기에도 이미 '뱀은 뱀을 잡아먹지 않으면 용이 될 수 없다'라는 법칙이 전용되고 있다.

나는 이들 사상의 주요 내용에 밀착되어 있는 불명확성이 서술의 명확성으로 극복되었기를 바란다. 그러나 내가 말하고자 하는 것이 이해되지 못한 채 방치되어 있거나 오해받지 않기 위해서는 독자들의 고찰이 크게 작용한다는 것을 잘 알고 있다. 위에서 언급한 것과 같은 견해에 따르면, 생물체에는 화학적인 작용이나 물리적인 작용의 흔적이 확인될 것이지만, 생물체를 이러한 작용을 통해 설명할 수는 없다. 왜냐하면 생물체는 여러 힘의 합치된 작용에 의해, 즉 우연히 생긴 현상이 아니고 낮은 여러 이념을 '압도적인 동화 작용'으로 자기에게 예속시킨 높은 이념이기 때문이다. 또 모든 이념 속에 자기를 객관화하는 '유일한' 의지는 될 수 있는 한 고도의 객관화를 향해 노력하면서 이념의 싸움을 거친 후에 이 현상의 낮은 단계를 포기하고, 한층 높은 단계에서 그만큼 더 강력히 나타나기 때문이다. 투쟁 없는 승리는 없다. 높은 이념 또는 의지의 객관화는 낮은 이념을 압도함으로써만 나타날 수

있기 때문에 낮은 이념의 저항을 받는 이들 이념은 높은 이념에 봉사하면서도 역시 자기의 본질을 독립시켜 완전하게 표출하려고 노력하고 있다. 철을 들어올린 자석은 의지의 가장 낮은 객관화며 그 철의 물질에 대한 근원적인 권리를 갖고 있는 중력과 연속적으로 투쟁하지만, 이 끊임없는 투쟁에서 자석은 저항을 위해서 더한층 큰 힘을 내게 되기 때문에 강화되기까지 한다. 마찬가지로 의지의 현상은 인간의 육체에 나타나는 낮은 이념으로서 그 물질에 대해 전부터 권리를 갖고 있는 많은 물리학적이고 화학적인 힘에 대항하여 끊임없는 투쟁을 계속하고 있다. 중력을 제압하고 한동안은 팔을 높이 들고 있다가 얼마 안 가서 내려놓게 되는 것도 이것 때문이다. 또 건강하고 쾌적한 기분은 자기의식을 갖는 생물체의 이념이 본래 체액을 지배하고 있는 물리적이고 화학적인 법칙을 이긴 것을 나타내는 것이지만, 이러한 기분도 사실 여러 번 중단되어 버리며, 또 실제로 이 기분에는 언제나 그들 저항에서 생기는 일종의 크고 작은 갖가지 불쾌한 기분이 붙어 다니는 것도 이것 때문이다.

이것으로 말미암아 이미 인과성과 인간의 생명에 있어 식물적인 부분은 쉴 새 없이 어떤 비밀스러운 괴로움에 결부되어 있는 것이다. 또 소화가 모든 동물적인 기능을 저하시키는 것도 이 때문이다. 소화는 동화 작용에 의해 화학적인 자연력을 제압하기 위해서 모든 생명력을 필요로 하기 때문이다. 따라서 일반적으로는 육체적인 생활에 무거운 짐이 있고, 수면의 필요성과 마지막에는 죽음의 필연성이 있는 것도 이것 때문이다. 그것은 이제까지 억눌려 있던 여러 가지 자연의 힘이 조건이 좋아지면, 쉴 새 없이 자연의 힘을 제압해 왔기 때문에 지쳐 버린 육체로부터 그때까지 빼앗겼던 자기의 물질을 탈환하기 때문이다. 그러므로 이렇게도 말할 수 있다. 야코프 뵈메는 각 생물체는 이념의 모사며, 생물체와 물질이 싸우고, 낮은 여러 이념을 제압하기 위해 사용되는 힘의 부분을 빼 버린 후의 이념을 나타낸 데 불과하다고 생각한 듯하고, 그의 저서 어디선가에서 인간이나 동물의 육체, 식물까지도 모두 사실은 반은 죽어 있는 것이라고 말하고 있다. 그런데 의지의 객관성에서 낮은 단계를 나타내는 여러 자연의 힘을 제압하는 정도의 크고 작음에 따라, 생물체는 보다 완전하게 또는 보다 불완전하게 그 이념을 표현하게 된다. 즉 그 종족 중의 아름다움을 구비하는 이상에 더 가까워지기도 하고 더 멀어지기도 한다.

우리는 자연의 도처에서 항쟁, 투쟁, 그리고 승리의 교체를 본다. 그리고 바로 거기에서 의지와의 근본적인 분열을 한층 더 명확하게 인식하게 될 것이다. 의지의 객관화에서 각 단계는 다른 단계의 물질, 공간, 시간과 투쟁한다. 기계적, 물리적, 화학적, 유기적인 여러 현상은 각기 자신의 이념을 구현하고 싶기 때문에, 어떻게 해서라도 발현시키려고 애쓰면서 인과성의 실마리를 따라 서로 물질을 탈취하려고 하므로 지속적인 물질은 끊임없이 그 형태를 바꾸지 않으면 안 된다. 이런 싸움은 모든 자연 속에서 볼 수 있다. 그렇다. 자연은 이 투쟁을 통해서 비로소 성립하는 것이다. "만약 사물 속에 투쟁이 없다면, 모든 것은 하나일 것이다"라고 엠페도클레스는 말하고 있다. (아리스토텔레스, 《형이상학》 제5권) 왜냐하면 이 투쟁이야말로 의지와 자신과의 근본적인 분열의 표현이기 때문이다.

이와 같은 보편적인 투쟁이 가장 명백하게 보이는 것은 동물계이며, 동물계는 식물계를 그 영양으로 갖고, 또 각 동물은 다른 동물의 먹이가 되고 영양이 된다. 즉 그 이념을 나타낸 물질은 다른 이념을 나타내기 위하여 물러서지 않으면 안 되며, 각 동물은 다른 동물을 끊임없이 파괴함으로써만 그 존재를 유지할 수 있다. 그래서 생에 대한 의지는 철저하게 자기 자신을 먹어 치우고 여러 가지 형태로 자신의 영양이 되고 있지만, 결국 인류는 다른 존재를 제압하는 것이기 때문에, 자연을 자기가 사용하기 위한 제품이라고 본다. 그러나 제4권에서 언급할 작정이지만, 그 인류도 자신 속에 투쟁, 즉 의지의 자기 분열을 무서울 정도로 명확하게 드러내고 있고, '인간은 인간에 대한 늑대(homo homini lupus)'가 되는 것이다.

한편 이러한 투쟁, 이러한 제압은 다같이 의지의 객관화 가운데 낮은 단계에서도 볼 수 있다. 많은 곤충(특히 맵시벌)은 그 알을 다른 곤충의 유충 피부나 체내에다 낳지만, 알에서 깨어 나온 곤충 애벌레가 처음 하는 일은 그 유충을 서서히 없애는 것이다. 새로 나온 히드라는 옛 히드라의 가지에서 나와서 여기에서 나뉘지만, 옛 히드라에 붙어 있는 동안 이미 거기에 나타나는 먹이를 쟁탈하여 서로 다른 히드라의 입에서 먹이를 빼앗는다. (트렘블리, 《다족류》, Ⅱ, p. 110과 Ⅲ, p. 165) 그런데 이런 종류의 가장 확실한 실례를 보이는 것이 오스트레일리아의 불독개미(bulldog ant)다. 이 개미는 두 동강으로 잘라 놓으면, 머리 부분과 꼬리 부분이 서로 싸우기 시작한다. 머리 부분이 꼬리 부분을 물면, 꼬리 부분은 머리 부분을 찌르면서 용감하게 싸운다. 싸움은 30분이나 계속되며, 결국 둘 다 죽거나 다른 개미들에게 먹히게 되는 것이 보통이다. 언제나 이와 같은 경과를 밟는다. (〈W. Journal〉에 게재된 Howitt 편지에서, 또 1855년 11월 17일 갈리그나니의 〈Messenger〉에 발표됨) 미주리 강가에는 가끔 거대한 떡갈나무가 줄기와 가지를 큰 야생 포도나무 덩굴에 휘감긴 채 묶이고 얽매여서 질식된 것처럼 시들어 버릴 것이라고 생각되는 경우가 있다.

이와 같은 현상은 가장 낮은 단계에서도 볼 수 있다. 예를 들면, 생물체의 동화 작용에 의해 물이나 석탄이 식물의 즙으로 변화하고, 식물이나 빵이 혈액으로 변하는 것이 그렇다. 또 화학적인 힘을 제한하여 부차적인 방식으로 작용하게 되면 동물적인 분비작용이 일어나는데, 그 경우에는 언제나 이러한 현상이 생긴다. 또한 무기적 자연에도 이런 현상이 있는데, 가령 결정이 서로 만나고 교차하고 방해하여 순수한 결정의 형태를 나타낼 수 없는 경우가 그러한 예인데, 실제로 거의 모든 결정광도 의지가 그 객관화의 극히 낮은 단계에서 행하는 이러한 투쟁의 모사다. 또 자석이 철에 억지로 자성을 넣어 거기에 자기의 이념을 나타내려고 하는 경우나 평류 전기가 친화력을 제압하여 가장 굳게 맺어진 화합물까지 분해해 버리고 화학 법칙을 무효로 만들 정도로 작용한 결과, 음극에서 분해한 소금의 산이 도중에 있는 알칼리와 화합하지 않거나 리트머스 시험지를 대도 이것을 빨갛게 하지 않고 양극으로 가버리는 경우 등이 그렇다.

이것을 크게 보면, 중심 천체와 유성의 관계에도 나타나고 있다. 유성은 유기체에서 화학적인 힘과 마찬가지로 중심 천체에 결정적으로 의존하고 있으면서도 여전히 이에 반항하고 있다. 거기에서 구심력과 원심력의 부단한 긴장이 생기고, 이 긴장이 우주의 운행을 유지시키고 있으며, 그 자신이 이미 우리가 지금 고찰하고 있는 의지의 현상에 고유한 보편적인 투쟁을 나타내는 하나의 표현이다. 왜냐하면 어떤 물체도 의지의 현상이라고 보지 않으면 안 되지만, 의지는 필연적으로 하나의 노력으로 나타나기 때문에, 구형을 이루게 된 천체의 원상태는 정지가 아니고 휴식도 목표도 없이 앞을 향해 무한한 공간으로 나아가는 운동, 노력이었을 것이다. 여기에는 관성의 법칙도 인과의 법칙도 대립하지 않는다. 왜냐하면 관성의 법칙에 의하면, 물질은 정지나 운동에 대해 무관심하며, 물질의 근원적인 상태는 정지이기도 하고 운동이기도 하기 때문이다. 따라서 그 물질이 지금 운동하고 있을 경우, 우리는 그 운동에 선행하여 정지 상태가 있었다고 전제할 권리도 없고, 운동이 시작된 원인을 질문할 권리도 없다. 그와 반대로 그 물질이 정지하고 있다고 하더라도, 우리는 이 정지 상태에 선행하는 운동을 전제하거나 운동이 그치고 정지가 시작된 원인을 질문할 수도 없는 것이다. 따라서 원심력을 일으키는 최초의 충격은 찾아도 얻을 수 없다. 이 원심력은 칸트와 라플라스의 가설에 따르면, 유성의 경우 중심 천체 원래의 회전 잔재며, 여러 유성은 이 중심 천체가 수축할 때 거기에서 분리되었던 것이다. 그러나 이 중심 천체는 그 자체는 본질적으로 운동하고 있다. 즉 중심 천체는 언제나 계속 회전하며 동시에 무한한 공간 속을 날고 있으며, 우리 눈에 보이지 않는 더 큰 중심 천체의 주위를 돌고 있을 것이다. 이러한 견해는 천문학자들의 중심 태양에 대한 억측과 완전히 일치하며, 또 우리의 전 태양계나 우리의 태양이 속해 있는 모든 별들의 이동이 지각되는 것과도 일치한다.

결국 여기에서 중심 태양을 포함한 모든 항성이 이동한다는 추론도 나오지만, 이러한 이동은 무한한 공간에서는 아무런 의미도 없는 것이 된다. 왜냐하면 절대 공간에서 운동은 정지와 구별되지 않기 때문이다. 또 바로 그것 때문에 이미 직접적으로 목적 없는 노력이나 비상에 의한 것과 마찬가지로 허무와 궁극적인 목적 없는 표현이 되는 것이지만, 우리는 이 허무와 궁극적인 목적의 결여를 이 제2권의 마지막에서 의지의 노력에 의한 결과로 모든 현상 속에서 인정하지 않으면 안 된다. 따라서 또다시 무한한 공간과 무한한 시간이 의지의 모든 현상에서 가장 보편적이고 본질적인 형식이 아니면 안 되며, 모든 현상은 의지의 본질을 표현하기 위해 현존하고 있다.

마지막으로 인과성을 물질로 본다면, 이 단순한 물질 속에서도 이미 이때까지 고찰한 것과 같은 모든 의지 현상 상호간의 투쟁이 행해지고 있는 것을 재인식할 수 있다. 즉 물질 현상의 본질을 칸트는 반발력과 견인력으로 표현하고 있고, 물질이 실재하는 것은 상반된 두 개의 힘이 투쟁함으로써 가능하다는 점에서 이상과 같은 재인식이 가능하다. 만약 우리가 물질의 모든 화학적인 차이를 도외시하거나 인과의 연쇄를 거슬러 올라가 아직 아무런 화학적인 차별이 없는 것까지 생각하게 되면, 거기에 남는 것은 단순한 물질이다. 또 구상(球狀)으로 된 세계로서 생활, 즉 의지의 객관화를 형성하고 있는 것은 위에서 말한 것과 같은 견인력과 반발력의 투쟁이다. 견인력은 중력으로 사방으로부터 중심을 향해 모든 사물을 밀어붙이고, 반발력은 강성에 의해서든 타성에 의해서든 불가입성으로서 견인력에 대항하는 것이지만, 끊임없는 박진과 대항은 최저 단계에서 의지의 객관성으로 간주할 수 있으며, 또 이미 이 단계에서도 의지의 특질을 나타내고 있다.

그래서 우리는 여기에서, 최저 단계에서는 의지가 어떤 맹목적인 충동, 어떤 어둡고 막연한 활동으로 나타나 있어서 직접 인식하는 것은 도저히 불가능하다는 것을 알 수 있다. 이것은 의지의 객관화 가운데 가장 단순하고 미약한 방식이다. 그런데 의지는 이러한 맹목적인 충동이나 인식이 없는 노력으로서는 무기적 자연 전체에도, 모든 근원적인 힘에도 나타나 있다. 이들의 힘을 탐구하고 그 법칙을 배우는 것이 물리학과 화학의 일이다. 그리고 이 힘들은 백만 가지의 동질적이고 규칙적인 현상에 자신을 드러내어 우리들에게 나타나는데, 개별적인 물질은 전혀 나타내지 않고 오직 시간과 공간에 의해, 즉 개별화의 원리에 의해 다양화되어 있다. 그것은 마치 하나의 상이 유리의 다각면을 통해 다양하게 보이는 것과 마찬가지다.

의지는 한 단계 한 단계 명백하게 자신을 객관화하지만, 식물계에서는 의지의 현상을 맺는 관계가 이미 본래의 원인이 아니고 자극이기 때문에, 아직 의지는 전혀 인식을 갖고 있지 않고 흐릿한 동력으로서만 작용할 뿐이다. 그래서 결국 동물적 현상의 식물적인 부분에 있어서도, 즉 동물의 발생과 성장, 그 내부적인 원리와 법칙의 유지라는 점에 있어서도, 여전히 단순한 자극이 그 현상을 필연적으로 규정하는 것이다. 의지의 객관화 단계가 점점 높아 가면, 결국 이념을 나타내는 개체는 자기에게 동화되어야 할 식물을 이미 자극에 응하는 단순한 운동을 통해서는 얻을 수 없는 단계에 이른다. 왜냐하면 이와 같은 자극은 기다려야 하지만, 여기에서 식물은 특정한 것이며 또 현상은 점점 그 다양성을 더해 가서 붐빔과 혼란이 극심하게 되고, 그 결과 여러 현상은 서로 방해하기에 이른다. 단순한 자극에 의해 움직이던 개체가 식물을 얻으려고 기다려야 하는 우연한 기회는 탐탁지 않은 것이 되기 때문이다. 따라서 식물은 동물이 그 속에서 인식도 갖지 않고 자라 온 알 혹은 모태에서 이탈한 때부터 찾고 선택하지 않으면 안 된다. 여기에 동기에 순응하는 운동과 이로 말미암아 인식이 필요하게 되는 것이다. 따라서 인식은 의지의 객관화 가운데 이 단계에서 필요로 하는 수단, 즉 메카네($\mu\eta\chi\alpha\nu\eta$)로서 개체를 유지하고 종족을 번식시키기 위해 나타나는 것이다. 인식은 뇌수 또는 큰 신경절에서 나타나는데, 마치 자기를 객관화하는 의지의 다른 모든 노력과 규정이 하나의 기관에 의해 나타나는 것과 같은 것으로, 인식이 표상에 대해 하나의 기관으로서 표시되는 것이다. * 그러나 이 수단, 즉 이 메카네가 생김과 동시에 '표상의 세계'가 그 모든 형식인 객관, 주관, 시간, 공간, 다원성, 그리고 인과성과 더불어 성립한다. 여기서 세계는 제2의 면을 드러내는 것이다. 지금까지 세계는 단순히 '의지'였지만, 이제는 이와 동시에 '표상'이며, 인식하는 주관의 객관이다. 의지는 이때까지 어둠 속에서 아주 확실하고 정확하게 자기의 충동을 추구했지만, 이 단계에 이르면 하나의 수단으로 빛에 점화된 것이며, 이 수단으로서의 빛은 가장 완전한 의지의 현상에 대해 혼잡과 복잡한 상태의 성질에서 생길지 모르는 폐해를 제거하기 위해 필요하게 된다.

의지가 이때까지 무기적인 자연이나 단순히 식물적인 자연에서 작용하는 경우에 나타낸 확실성과 합법칙성은, 의지가 오로지 그 근원적인 본질에 있어서, 즉 맹목적인 충동으로 작용하고 있었기 때문이었다. 또 그때에 완전히 다른 제2의 세계, 즉 표상의 세계로부터 보조도 받지 않았고, 동시에 방해도 받지 않았다는 것에 근거한다. 이 제2의 세계는 물론 의지의 고유한 본질 모사에 불과하지만, 그래도 완전히 다른 성질을 갖고 있으며, 이번에는 이것이 의지 현상의 연관에 관여하는 것이다. 그래서 의지 현상의 확실성은 없어져버린다. 동물도 환각과 착각에 빠지는 경우가 있다. 그렇지만 동물에게는 직관적 표상이 있을 뿐이고, 아무런 개념도 반성도 없다. 따라서 현재에 구속되어 있어서 미래를 생각지 못한다. 이러한 이성이 없는 인식은 어떤 경우에도 그 목적을 달성하는 데 충분하다고는 할 수 없고, 그래서 가끔 보조적인 것이 필요하게 된 것 같다. 왜냐하면 의지의 맹목적인 작용과 인식으로부터

---

* 제2편 22장 참조. 또한 나의 저서 《자연에 있어서의 의지에 대하여》(제1판, p. 54 이하와 p. 70~79, 제2판, p. 46 이하와 p. 63~70, 제3판, p. 48 이하와 p. 69~77) 참조.

깨달은 작용과의 두 가지 종류의 현상이 실로 놀랄 만한 방식으로 서로의 영역에 개입하는 뚜렷한 현상이 발생하기 때문이다.

한편, 충동에서는 직관적 인식과 거기에 따른 여러 동기로 말미암아 인도된 동물의 행동 가운데 이들 인식과 동기를 갖지 않는 행동, 또한 맹목적으로 작용하는 의지의 필연성을 갖고 수행한 행동이 보이며, 그런 충동은 동기와 인식에는 지배되지 않지만, 추상적이고 이성적인 동기에 따라 그 업적을 이룩한 것같이 생각된다. 이와 달리 서로 상대되는 경우는 인식의 빛이 맹목적으로 작용하는 의지의 작업장에 침입하여 인간 육체의 식물적인 기능을 발현한다. 즉 자기적 투시의 경우다. 마지막으로 의지가 그 객관화의 가장 높은 정도에 달했을 경우, 오성은 감성으로부터 재료를 제공받지만, 이들 재료에서는 현재에 얽매인 단순한 직관밖에는 생기지 않기 때문에, 동물에 나타난 오성의 인식으로는 불충분하게 된다. 인간이란 복잡하고, 다면적이고, 부드럽고, 지극히 부족하고, 한없이 상처를 받기 쉬운 존재기 때문에, 계속 생존하기 위해서는 이중의 인식으로 발현되어야 했던 것이다. 말하자면 직관적 인식에 더하여 고차원적인 인식, 즉 직관적 인식의 반성이며 추상적 개념 능력을 갖춘 이성이 필요했던 것이다. 이 이성과 더불어 깊은 생각이 생기고, 여기에는 미래와 과거의 객관이 포함되어 있고, 또 그 결과 숙고와 배려, 현재와는 관계없이 예측되는 행위를 하는 능력이 포함되고, 마지막으로 자기 의지 결정의 명백한 의식도 포함되어 있다.

그런데 단순한 직관적인 인식에서도 벌써 환각과 착각의 가능성이 나오고, 이로 인해 인식이 없는 의지 활동에 이때까지 있었던 것과 같은 정확성은 없어진다. 따라서 본능과 충동은 인식이 없는 의지의 발현으로서, 인식에서 나온 의지의 발현 가운데에서 의지를 도와야 했던 것이다. 따라서 이성이 등장한 이상, 위에서 말한 의지 발현의 확실성과 정확성(이것은 다른 극, 즉 무기적 자연에 있어서는 엄밀한 합법칙성으로 나타나는)은 거의 완전히 없어져 버리게 된다. 즉 본능은 완전히 퇴장하고 이제는 모든 것을 대신할 깊은 생각(제1권에서 자세히 논한 것과 같은)이 마음의 동요와 불확실성을 낳게 한다. 또 오류의 가능성이 생기고, 행위에 의한 의지의 적절한 객관화를 방해하는 경우가 흔히 있게 된다. 왜냐하면 의지는 이미 성격에 일정한 불변의 방향을 취하고 있고, 이에 따라 의지의 작용 그 자체가 틀림없이 동기에 따라 생기는 것이지만, 그래도 오류가 의지 작용의 발현을 그릇되게 하는 일이 있기 때문이다. 즉 그러한 경우에는 착각의 동기가 현실의 동기와 똑같이 나타나 현실의 동기를 정지시켜 버린다. * 가령 미신 때문에 망상적인 동기를 잘못 이해하는 경우, 이러한 망상에 의한 동기는 인간에게 보통 현존하는 상황 아래 의지가 자기를 발현하는 방식과는 반대되는 방식으로 행동하게 한다. 아가멤논이 자기 딸을 죽이는 것, 수전노가 오직 이기심으로 언젠가는 백 배로 상환되리라는 기대를 걸고 거금을 희사하는 것 등의 경우가 그런 것이다.

이와 같이 인식 일반의 이성적인 것도, 단순히 직관적인 것도 근원적으로는 의지에서 나온 것이며, 개체나 종을 유지하기 위한 수단인 단순한 메카네로서 육체의 각 기관과 마찬가지로 의지의 객관화 가운데 높은 단계의 본질에 속하는 것이다. 따라서 인식은 본래 의지가 그 목적을 실현하도록 도와주는 사명을 갖고 있으며, 실제로 거의 모든 곳에서, 즉 모든 동물과 거의 모든 인간의 의지에 도움을 주고 있다.

그러나 제3권에서 고찰하겠지만, 개별적인 인간에게는 인식이 이러한 의지에 예속되는 것을 탈피하여, 그 속박을 물리치고 의욕의 어떠한 목적에도 구애받지 않고, 세계를 그대로 반영하는 거울로서 순수하게 존재할 수 있다. 예술은 이와 같은 거울에서 생기는 것이다. 그리고 마지막으로 제4권에서 고찰할 것은, 이와 같은 종류의 인식이 반대로 의지에 작용을 가하면, 의지의 자기 포기가 이루어지는 경우가 있다는 것이다. 이것이 체념이며, 모든 미덕과 성스러운 것의 궁극 목표며, 그 가장 내적인 본질이며, 또 세계로부터의 해탈이다.

28. 의지의 객관화에 나타나는 합목적성

우리는 의지가 객관화하여 나타나는 현상이 극히 다양하고 차이가 많은 것을 보아 왔다. 그리고 그 현상 서로의 무한하고 화해가 없는 투쟁도 보아

---

* 그래서 스콜라 철학자들은 다음과 같이 말했다. "궁극 원인은 자기의 현재 있는 존재에 따라 움직이는 것이 아니라 인식되는 존재에 따라 움직인다."(suarez, Disp—Metaph, Disp. XXIII, sect. 7 et 8)

왔다. 그렇지만 지금까지 해 온 우리의 설명으로 보면, 의지는 물자체로서, 결코 다원성이나 변화의 지배 아래 있는 것이 아니다. 이데아(플라톤의)의 차이성, 즉 객관화의 모든 단계, 그 속에서 제각기 자신을 나타내고 있는 개체들의 집합, 질료를 획득하려는 형상들의 투쟁, 이 모든 것은 의지와는 관계없고, 의지의 객관화 방식에 지나지 않으며, 이 객관을 매개로 하여 의지에 대해 간접적인 관계를 갖고 있음에 불과하며, 이러한 관계를 가짐으로써 표상에 대해 의지의 본질을 표현하는 데 필요한 것이다. 환등기가 비쳐 내는 그림은 많이 있고 또 각양각색이지만, 이 그림이 보이는 것은 단지 하나의 불꽃 때문이다. 마찬가지로 서로 나란히 세계를 채우고 연속적 사건으로 발생하는 각양각색의 모든 현상들에서도 현상하는 것은 오직 '하나의 의지'며, 만물은 이 의지가 가시적으로 되고 객관적으로 된 것으로, 이러한 변화 속에서도 의지는 여전히 움직이지 않는다. 의지만이 물자체고, 객관은 모두 현상, 칸트의 말을 빌려서 현상(Phänomen)인 것이다.

이데아(플라톤의)로서 인간에게 의지는 가장 명확하고 완전하게 객관화한 것이지만, 의지의 본질은 인간의 이념만으로는 표현될 수 없었다. 인간의 이념이 당연한 의의를 갖고 나타나기 위해서는 그것만 다른 것에서 떼어 내서 표현되는 것이 아니며, 그 이하의 모든 형태의 동물이나 식물계를 거쳐, 무기물에 이르는 단계의 순서를 따라야만 했다. 이 모든 단계들이 있어서 비로소 서로 보충하여 의지의 완전한 객관화가 가능한 것이다. 나무의 꽃이 잎, 가지, 줄기, 뿌리를 전제로 하고 있는 것처럼, 인간의 이념도 그런 단계들을 전제로 하고 있다. 이것들은 인간을 정점으로 하는 피라미드를 형성하고 있다. 또 비유를 든다면, 다음과 같이 말할 수도 있다. 그 현상들이 필연적으로 인간의 현상을 따르는 것은 마치 그림자가 없는 빛이 어두워지기까지는 차츰 그림자를 섞은 빛을 경유하지 않으면 안 되는 것과 마찬가지다. 또는 이것들을 인간의 잔영이라고 불러 다음과 같이 말할 수도 있을 것이다. 동물이나 식물은 인간보다 음정이 5도나 3도 낮고, 무기 물질의 세계는 한 옥타브 아래에 있다. 우리는 제3권에서 음악이 갖고 있는 깊은 의미를 구명하려고 하는데, 그런 후에 비로소 지금 말한 비유의 참된 진실성이 밝혀질 것이다. 즉 경쾌한 고음을 유지하면서 진행하는 선율은 어떤 의미에서는 반성과 연관된 인간 생활이나 노력을 나타내는 것으로 볼 수 있지만, 이와 반대로 음악의 완전성에 없어서는 안 될 화음을 생기게 하는 연관이 없는 보충음성과 장중한 저음은 다른 나머지 동물계나 인식을 갖지 않은 자연을 나타내는 것임을 알게 될 것이다. 그러나 여기에 관해서는 제3권의 적당한 곳에서 논하겠다. 그렇게 되면, 여기서 느끼는 것과 같은 이상한 인상은 받지 않을 것이다.

그런데 의지가 적절한 객관성을 얻기 위해서는 단계를 이루고 나타나야 하지만, 이러한 '내적 필연성'도 또 이 단계적 현상의 전체에서는 어떤 '외적 필연성'으로 표현되어 있다는 것을 알 수 있다. 그 외적 필연성이란, 인간이 자기를 유지하기 위해서는 여러 동물을 필요로 하며, 이들 동물은 단계적으로 하위의 동물, 그리고 식물까지도 필요로 하며, 식물은 또한 토지를 필요로 하며, 물이나 화학적 요소와 그 화합물들을 필요로 하며, 유성이나 태양, 태양을 중심으로 한 회전, 순환, 황도(黃道)의 경사 등을 필요로 한다는 것 등이다. 이것은 마지막에는 의지 이외에는 아무것도 없고, 또 의지는 굶주린 의지기 때문에, 의지가 자신을 다 먹어 치우지 않으면 안 된다는 데 기인한다. 추구, 불안, 그리고 고뇌는 여기에서 유래하는 것이다.

현상은 매우 다양하지만, 물자체로서 의지는 하나다. 이것을 인식해야 비로소 자연의 모든 산물들 사이에 존재하는 경탄할 만하고 지극히 명백한 유사성과, 동시에 주어지지는 않더라도 결국 동일종의 변종이라고 생각되는 것과 같은 종족의 유사성이 이해되는 것이다. 이와 마찬가지로 위에서 말한 화성, 세계 모든 부분의 본질적인 연관, 방금 고찰한 그들 각 단계의 필연성, 이런 것들을 명백하게 깊이 인식하게 되면, 우리는 모든 유기적인 자연의 산물이 갖는 부정할 수 없는 '합목적성(Zweckmäβigkeit)'의 내적 본질과 의의를 올바르고 충분하게 통찰할 수 있게 된다. 이 합목적성은 유기적인 자연 산물을 고찰, 평가하는 경우에는 선천적이라고 할 수 있을 정도로 앞서 존재하고 있다.

이 '합목적성'에는 두 가지 종류가 있는데, 그 하나는 내적 합목적성, 즉 유기체의 각 부분이 어떤 질서에 의한 일치를 나타내기 때문에, 여기에서 유기체와 그 종의 유지가 결과로서 생기며, 그 질서의 목적으로서 나타나는 것과 같은 합목적성이다. 그런데 또 하나는 '외적' 합목적성, 즉 무기적 자연의 유기적 자연 일반에 대한 관계, 혹은 유기적 자연의 개별적인 부분 상호간의 관계이기도 하며, 유기적인 자연 전체의 유지 내지는 동물에 있어 개별 종족의 유지를 가능하게 하는 합목적성이다. 따라서 그러한 외적 합목적성은 이 목적에 대한 수단으로서 우리의 평가 대상이 된다.

'내적 합목적성'은 다음과 같이 하여 우리의 고찰 속에 들어온다. 이미 말한 것처럼 만약 자연에서 여러 형태의 차이와 개체의 다원성이 의지에 속하는 것이 아니라 대상, 즉 그 형식에 속하는 것일 뿐이라면, 그 결과 필연적으로 의지의 객관화 정도, 즉 플라톤의 이데아는 극히 다양하지만, 의지 그 자체는 불가분의 것이며, 어떠한 현상 속에도 완전히 편재해 있다. 쉽게 이해할 수 있게 하기 위해, 우리는 이 여러 가지 개별적인 이념이 그 자체로서는 단순한 의지 행위고, 거기에 의지의 본질이 어느 정도 표현되는 것으로 고찰할 수 있다.

그런데 여러 개체는 또다시 시간과 공간과 다원성에 있어서 이념, 즉 그와 같은 행위의 현상이다. 그런데 이와 같은 행위(또는 이념)는 객관성의 최저 단계 현상이 되어도 단일성을 보유하고 있지만, 의지는 고차원의 여러 단계에서 나타나기 위해 시간 속에 나타나는 많은 상태와 전개를 필요로 하는 것이고, 이 모든 것을 총괄하여 비로소 의지의 본질은 완전히 표현되기에 이른다. 그래서 무언가 일반적인 자연의 힘으로 구현되는 이념은 항상 단순한 표현만을 갖는다. 물론 이 단순한 표현은 외적인 상황에 따라 각색되어 나타난다. 그렇지 않으면 이념의 동일성도 전혀 확인되지 않는 것이지만, 실제로는 외적 사정에서 생기는 차이로 인해 동일성이 확인되는 것이다. 마찬가지로 결정에는 결정 작용이라는 오직 '하나의' 생명 표출만이 있고, 이 생명 표출은 후에 순간적인 생명의 시체인 굳어진 모습으로 남김없이 표현된다.

그런데 식물인 경우, 그 식물이라는 현상이 되어 나타나는 이념은 한꺼번에, 그리고 단순한 표출에 의해 표현되는 것이 아니라, 식물의 여러 기관이 시간 속에서 계속적으로 발달함으로써 표현되는 것이다. 동물도 이와 마찬가지로 가끔 현저하게 다른 형태가 뒤를 이어 생기는 것(변태)에 의해 유기 조직을 발달시킬 뿐만 아니라 이 단계에서 형태가 의지의 객관성을 나타내고 있지만, 동물의 이념을 완전하게 표현하기에는 불충분하다. 오히려 동물의 종 전체를 통해 동일한 경험적 성격이 표출되어 있고, 이 성격이야말로 이념의 완전한 구현이다. 또 구현에 있어서 이념은 일정한 생물체를 근본 제약으로 전제하고 있다. 그런데 인간인 경우에는 각 개인의 경험적 성격이 이미 독특한 것이 된다. (제4권에서도 언급할 작정이지만, 종의 성격을 완전히 없애 버리는 것이 된다. 그것은 의욕 전체의 자기 폐기에 의한 것이다.) 시간 속에 필연적으로 전개됨에 따라서, 또 여기에 제약되어서 개별적인 행동으로 나누어져서 나타남으로써 인식되는 것은 현상이라는 시간적 형식을 추상하면, 칸트가 말하는 '예지적 성격(intelligible Charakter)'이 된다. 그러나 칸트는 이 두 성격을 구별하고, 또 자유와 필연과의 관계, 즉 본래 물자체로서 의지와 그 시간의 현상과의 관계를 설명하고, 이로써 그의 불후의 공적을 과시하기에 이르렀다. *

따라서 예지적 성격은 이념과 일치한다. 또 이념 속에 구현하는 근원적인 의지 행위와 일치한다. 그러한 점에서 단지 인간의 경험적 성격뿐만 아니라 동물의 종과 식물 종의 경험적 성격, 나아가서 무기 물질의 근원적이고 경험적 성격까지도 예지적 성격, 즉 시간을 초월한 불가분의 의지 행위 현상으로 여겨야 할 것이다. 이제 여기서 식물이 각기 소박하게 그 성격 그대로 모습을 표출하고, 그 존재와 의욕 전부를 구현하고, 그것 때문에 식물의 외관이 흥미 있는 것이 된다는 것을 주의해 둘 필요가 있다. 동물의 이념이 인식되기 위해서는 그 행위 동작 내에서 관찰되어야 하며, 나아가 인간에게는 이성이 있기 때문에 이념을 최고도로 속여 나타낼 수가 있으므로, 이념에 대한 탐구를 시도해야 한다. 식물이 동물보다 소박한 것과 마찬가지로 동물은 인간보다 소박하다. 동물에게는 살고자 하는 의지가 인간보다 확실하게 나타나 있지만, 인간에게는 이 의지가 많은 인식에 의해 덮여 있고, 게다가 속여서 나타내는 능력으로 감춰져 있기 때문에, 그 참된 본질은 거의 우연히, 그리고 군데군데에서 나타날 뿐이다. 식물에게 이 의지는 훨씬 미약하긴 하지만, 목적도 목표도 없이 생존하려고 하는 맹목적인 충동으로 나타난다. 왜냐하면 식물은 첫눈에 완전한 순결성을 가지고 모든 본질을 완전히 드러내기

---

*《순수이성비판》의 세계 사건을 그 원인으로부터 끌어내는 도출의 총체성에 관한 우주론적 이념의 해결(제5판, p. 560~586. 초판, p. 532 이하), 그리고 《실천이성비판》(제4판, p. 169~179. 로젠크란츠 판, p. 224 이하) 참조. 또 나의 〈충족 이유율에 대하여〉의 43장도 참조.

때문이며, 그래서 식물은 동물들에게 가장 은밀한 곳에 있는 생식기를 드러내 보이는 것을 대단치 않게 생각한다. 식물의 이와 같은 순결성은 식물에게 인식이 없다는 것에 근거하고 있다. 즉 허물은 의욕에 있는 것이 아니라 인식을 동반한 의욕에 있는 것이다. 그런데 모든 식물은 우선 고향과 고향의 기후와 식물이 발생한 토지의 성질을 나타낸다. 그래서 별로 숙련되지 않은 인간이라도 어떤 외국산 식물이 열대의 것인지 온대의 것인지 또는 들에 생기는 것인지를 쉽게 안다. 또한 식물들은 각기 그 종족의 특수한 의지를 표명하고, 다른 말로는 표명할 수 없는 무엇을 표명한다.

그러나 이번에는 지금까지 언급한 것을 생물체의 목적론적 고찰에 응용하여, 생물체가 내적인 합목적성을 갖고 있는 것을 관찰하여 보자. 무기체의 자연에 있어 도처에서 유일한 의지 행위로 간주되어야 할 이념은 또한 유일하고 언제나 동일한 표출로 나타난다. 그래서 무기체의 자연에서는 경험적인 성격이 예지라는 성격의 단일성을 직접 나누어 가지고 있고, 이것과 합치되고 있다고 할 수 있다. 따라서 여기서는 내적 합목적성은 나타낼 수 없다. 이와 반대로 모든 생물체는 뒤따라 이루어지는 계속적인 발전을 통해 그 이념을 나타내고, 계속되는 발전은 부분 상호간의 다양성에 의해 제약된다. 따라서 생물체에 있어 경험적 성격의 표출 총계는 전체를 통합하고 난 뒤에야 비로소 예지적 성격을 보여준다. 그렇다면 이렇게 각 부분이 필연적으로 병렬하거나 계속 발전해도 현상하는 이념, 즉 표출되는 의지 행위의 단일성은 없어지는 것이 아니며, 이 단일성은 이번에는 인과성의 법칙에 따라 부분과 발전의 서로 필연적인 관계와 연쇄에서 나타난다. 어떤 행위에 나타나는 것과 마찬가지로, 이념 전체에 나타나는 것은 유일하고 불가분한 것이기 때문에 자신과 완전히 일치되는 의지이다. 그래서 의지의 현상이 아무리 여러 부분과 상태로 갈라질지라도, 그것들이 널리 일치한다는 점에서 다시 단일성을 나타낼 수밖에 없다. 이것은 부분 상호간의 필연적 관계와 의존성에 의한 것이지만, 이로 인해 현상에서도 이념의 단일성이 재현된다. 그래서 우리는 생물체의 여러 부분과 기능을 교대로 수단과 목적으로 보고, 생물체 그 자체를 그들 부분과 기능 전체의 궁극적인 목적으로 인정한다. 그러므로 그 자체로는 단일한 이념이 갈라져서 생물체의 많은 부분과 상태로 되는 것도, 또 한편에서는 그 단일성이 생물체의 각 부분과 기능의 필연적인 연결에 의하여, 즉 그들이 서로 원인과 결과가 되고 수단과 목적이 되어 재현되는 것도 현상하는 의지, 즉 물자체에 고유한 본질적인 것이 아니고, 공간, 시간, 그리고 인과성에 나타난 의지의 현상(이유율의 단순한 여러 형태, 즉 현상의 형식)에 고유한 본질적인 것에 지나지 않는다.

이러한 이념의 단일성에서 분열과 재현도 표상의 세계에 속하는 것이며, 의지의 세계에 속하는 것은 아니다. 그것들은 의지가 객관성의 이와 같은 단계에서 객관, 즉 표상으로 되는 방식의 하나다. 칸트의 학설에 의하면, 생물체의 합목적성과 무기체의 합법칙성도 먼저 우리의 오성에 의해 자연 속에 받아들여진 것이고, 따라서 둘 다 현상에 속해야 하는 것이며 물자체에 속해야 하는 것은 아니라는 말이 된다. 하지만 위에서 말한 것같이 어느 정도 어려운 문제를 탐구하는 의미를 깊이 살펴보면, 칸트의 이 학설을 잘 이해할 수 있을 것이다. 우리는 앞에서 무기적 자연의 합법칙성이 언제나 같다는 것에 관한 놀라움을 말했지만, 이 놀라움은 본질적으로는 유기적 자연의 합목적성에 관한 놀라움과 같은 것이다. 왜냐하면 이 둘의 경우 우리가 놀라는 것은 현상에 대해 다원성과 차이성이라는 형식을 취한 이념이 본래 단일성이라는 것을 알기 때문이다. *

이제 위에서 언급한 구분으로 보아 나머지 하나의 합목적성, 즉 '외적' 합목적성에 관해 말하자면, 이것은 생물체의 내적 원리와 법칙에 나타나는 것이 아니라 생물체가 외부에서, 즉 무기적 자연에서 받거나 다른 생물체에서 받거나 하는 지지와 원조 속에 나타나며, 이 합목적성은 일반적으로는 지금 언급한 논리에서도 똑같이 설명될 수 있다. 즉 전세계는 그가 갖는 모든 현상과 더불어 유일하고 불가분한 의지의 객관성이기 때문이다. 또 그 이념 자체와 다른 여러 이념에 대해서는 화성이 개별적인 음성에 대하는 것과 같은 관계에 있지만, 그 이념 자체, 따라서 앞에서 말한 의지의 단일성은 의지의 모든 현상 상호간의 합치에도 나타나기 때문이다. 그러나 만약 우리가 이러한 외적인 합목적성의 현상과 자연의 각 부분들 상호간의 합치 현상을 더 자세히 연구한다면, 이 견해를 지금보다 더 명백하게 밝힐 수 있으며, 이전 연구까지도 명백하게 밝힐 수 있을 것이다. 그런데 거기에 이르기까지는 다음

---

*《자연에 있어서의 의지에 대하여》의 〈비교 해부학〉의 장의 끝부분 참조.

과 같은 유사한 고찰을 해 두는 것이 좋을 것이다.

　개인의 성격은 인류라고 하는 종의 성격으로서가 아니라 완전히 개인적인 것으로 파악되는 한, 의지 객관화의 독특한 행위에 적응한 일종의 특별한 이념으로 간주될 수 있다. 그렇다면 의지의 이러한 행위 자체는 개인의 예지적 성격이며, 그 현상이 경험적 성격이라고 할 수 있다. 예지적 성격은 근거를 갖고 있지 않는 의지, 즉 물자체로서 이유율(현상의 형식)에 지배되지 않는 의지지만, 경험적 성격은 철저하게 이 예지적 성격으로 규정되어 있다. 경험적 성격은 인간의 생활과정에 있어서 예지적 성격을 모사해 내지 않으면 안 되며, 결국에는 예지적 성격의 본질이 요구하는 것 이외의 것은 할 수 없다. 그러나 이 규정은 이렇게 하여 현상하는 인간 생활 과정의 본질적인 점에만 미치는 것이며, 비본질적인 점에는 미치지 못한다. 이 비본질적인 부분에는 경험적 성격이 나타나는 데 대한 재료인 사건과 행동의 자세한 규정이 속한다. 이들 사건과 행동은 외적인 상황들에 의해 규정되고, 이것이 계기가 되어 성격은 그 본성에 따라 동기에 반응한다.

　그리고 외적인 사정은 여러 종류일 수 있기 때문에, 경험적 성격 현상의 외적 형식, 즉 생활 과정에서 일정한 사실적 또는 역사적 형성은 그 영향에 따라 다르다. 이 현상의 본질, 즉 내용은 그대로 있지만, 사실적 또는 역사적 형식은 사실 각양각색일 수도 있다. 가령 도박을 하는 경우, 호두를 걸 것인가, 왕관을 걸 것인가는 중요하지 않다. 그러나 내기에서 승부를 가릴 때 사람을 속이느냐 정직하게 하느냐 하는 것은 중요한 일이다. 후자는 예지적 성격에 의해 규정되고, 전자는 경험적 성격에 의해 규정된다. 하나의 주제가 많은 변주곡으로 나타날 수 있듯이, 하나의 성격은 다양한 생활 과정으로 나타난다. 그러나 외적 영향은 사실 각양각색일 수 있지만, 그것이 어떤 결과로 나타나더라도 생활 과정 속에 표현되는 경험적 성격은 그 객관화를 사실적인 사정의 현존하는 재료에 적응시키므로, 예지적 성격을 자세하게 객관화해야 한다. 생활 과정은 본질적으로는 성격에 의해 규정되지만, 의지가 그 객관화의 근원적인 행위에 있어서 의지 자신이 객관화되는 여러 가지 이념, 즉 다양한 형태의 자연물을 규정하고, 의지는 그 객관화를 이러한 형태로 분할한다. 따라서 이들 형태는 필연적으로 현상 속에서 상호 관계를 갖지 않을 수 없다는 것을 생각하면, 우리는 위에서 말한 생활 과정에 미치는 외적인 사정의 영향과 유사한 것을 상정하지 않으면 안 된다. '유일한' 의지의 그러한 모든 현상과 현상 사이에는 서로간의 적응과 순응이 이루어진다는 것을 가정해야 한다. 그러나 곧 명확해지겠지만, 이념은 시간 밖에 있기 때문에, 그럴 경우 모든 시간 규정은 제외되어야 마땅하다. 따라서 어떤 현상도 그것이 놓여진 환경에 적응해 나가야 되지만, 아무리 시간적으로 늦게 나타난 것일지라도, 환경은 환경대로 또한 현상에 적응하지 않으면 안 된다. 따라서 우리는 도처에서 자연의 합의(consensus naturae)를 본다. 식물은 각기 토지와 기후에 적응하고, 동물도 자기의 생활 원소와 식량이 될 수확물에 적응하고, 자연적인 박해자에 대해 어느 정도 보호를 받고 있다. 눈은 빛과 굴절에 적응하며, 허파와 피는 공기에 적응하고, 부레는 물에, 물개의 눈은 그 매질의 변화에, 물이 들어 있는 낙타의 위장 속에 있는 세포는 아프리카 사막의 가뭄에, 앵무조개의 돛은 그 작은 배를 움직이게 하는 바람에 적응하는 등, 외적 합목적성은 특수하고 놀랄 만한 데에까지 이르고 있다. *

그런데 이들 외적 합목적성은 이념의 현상에 불과하며, 이념 그 자체에 관계할 수는 없기 때문에, 이 경우 시간 관계는 무시하고 생각해야 한다. 따라서 앞에서 말한 설명법은 반대로 소급하여 사용하는 것도 가능하며, 모든 종은 현존하는 사정에 순응할 뿐 아니라, 시간상으로 선행하는 이들 사정 자체도 마찬가지로 장차 나타날 것을 고려에 넣고 있다는 것을 생각해야 한다. 왜냐하면 세계 속에서 객관화하는 것은 오직 하나의 같은 의지이기 때문이다. 의지가 시간을 모른다고 하는 것은 이유율의 형태인 시간이 의지에 속하는 것이 아니고, 또 의지의 근원적인 객관성인 이념에 속하는 것도 아니며, 오직 이념이 무상한 개체에 의해 인식되는 방식, 즉 이념의 현상에 속하는 데 지나지 않기 때문이다. 그러므로 현재 의지가 객관화하여 여러 이념에 나뉘어 나타나는 방식을 고찰하는 데 있어서 시간의 순서는 아무런 의의가 없다. 그리고 이념의 현상이 현상으로서 지배받고 있는 인과성 법칙에 따라서 시간적으로 먼저 나타난 경우, 그 이념은 먼저 나타났다는 이유로 현상으로서 뒤에 나타나는 이념보다 우위를 차지할 수는 없다. 오히려 뒤에 나타난 현상이야말로 의지를 가장 객관적으로 나타내며, 현상이 뒤의 현상에 적응

---

* 《자연에 있어서의 의지에 대하여》의 〈비교 해부학〉 장을 참조.

해야 하는 것처럼 앞의 현상도 이 뒤의 현상에 적응하지 않으면 안 된다. 그래서 유성의 운행, 황도의 경사, 지구의 회전, 육지와 바다의 배분, 대기, 빛, 열, 그리고 모든 유사한 여러 현상들은 자연에 있어 화성의 기초 저음에 해당하며, 장차 출현할 생물의 종에 순응하며, 이로써 그 지지자가 되고 유지자가 되려고 한다. 마찬가지로 토양은 식물의 자양분에, 식물은 동물의 자양분에 순응하고, 또 반대로 앞의 것의 자양분으로 이용된다. 자연의 모든 부분은 서로 영합한다. 왜냐하면 모든 부분에 나타나는 것은 오직 하나의 의지이기 때문이다.

그러나 시간의 순서는 의지의 근원적이고 유일하고 '적절한 객관성'(이 말은 다음 권에서 설명한다), 즉 이념과는 전혀 관계가 없는 것이다. 현재 종족은 자기를 유지할 뿐이고, 새로 발생할 필요는 없다. 그래도 역시 가끔 그러한 미래에까지 미치는 본래 시간의 순서를 간과했다고 할 수 있는 자연의 사전 배려가 보인다. 즉 현재 존재하는 것과 장차 나타나게 될 것에 대한 순응이다. 그래서 새는 아직 보지 못한 새끼를 위해 둥지를 짓고, 비버는 스스로 그 목적도 모르고 굴을 파고, 개미나 들쥐, 꿀벌은 알지도 못하는 겨울을 위해 식량을 저축해 두며, 거미와 애명주잠자리는 마치 깊은 생각 끝에 간사한 꾀를 꾸며 낸 것처럼 그들이 모르는 장래 또는 언젠가는 다가올 수확물을 빠뜨릴 함정을 만들며, 여러 곤충들은 앞으로 생길 애벌레가 장차 음식물을 얻을 수 있을 만한 장소를 골라 알을 낳는다. 암수 딴그루의 나사말 암꽃이 만발할 시기에, 이제까지 물 밑바닥에 붙이고 있던 나선형으로 감긴 줄기가 퍼져서 물 위로 올라오면, 이와 때를 같이하여 물 밑바닥에 있는 짧은 줄기에서 자라고 있던 수꽃은 이 줄기에서 분리된다. 그리고 자기의 생명을 희생해 가면서 물 위에 떠올라 여기저기 떠다니면서 암꽃을 찾아다닌다. 이렇게 하여 수정이 끝나면, 암꽃은 나선의 수축으로 다시 쪼그라들고, 물 밑으로 가라앉아 거기서 열매를 맺는다. *

나는 여기서 다시 한 번 사슴벌레 애벌레의 수컷에 관해 언급하지 않을 수 없다. 이 애벌레는 탈바꿈하기 위해 나무 속에 구멍을 뚫고 들어가지만, 그 구멍은 장차 생겨날 뿔을 고려해 애벌레의 암컷이 만드는 구멍의 두 배가 된

---

* Comptes rendus de l'acad. d. sc., 1855년 제13호 Chatin의 《sur la Valisneria spiralis》

다. 그러므로 일반적으로 동물의 본능은 자연의 다른 목적론에 대한 최상의 해설인 셈이다. 왜냐하면 본능은 목적 개념에 따른 행위와 마찬가지로 하나의 행위며, 또한 목적 개념이 결여된 것인데, 마찬가지로 자연의 모든 형성은 목적 개념에 따른 형성과 마찬가지로 완전히 목적 개념을 결여하고 있다. 왜냐하면 자연의 외적 목적론이나 내적 목적론에 있어 수단과 목적으로서 생각하지 않으면 안 되는 것은, 어떤 경우에도 '자신과 어디까지나 일치하는 의지의 단일성 현상'이 우리의 인식 방법에 대해 공간과 시간으로 분리되어 나타난 것에 불과하기 때문이다.

그런데 이 단일성에서 생기는 여러 현상들 상호간에 적응과 순응이 이루어져도, 앞서 말한 자연 전반에 존재하는 투쟁에 나타나는 내부 항쟁이 없어질 리는 없으며, 이 내부 투쟁은 의지의 본질을 이루는 것이다. 앞서 말한 조화는 세계와 세계의 존재물과의 존립을 가능하게 하는 한도 내에서만 존속한다. 그러므로 이 조화가 없었다면 세계와 그 존재물은 벌써 옛날에 멸망했을 것이다. 그러므로 조화는 종과 일반적인 생활 조건의 존립에 영향을 미칠 뿐이고, 여러 개체의 존립과는 관계가 없다. 따라서 그러한 조화와 적응이 있기 때문에 유기체의 여러 종과 무기물의 여러 '일반적 자연력 (allgemeinen Naturkräfte)'은 공존하고, 서로 지지하는 경우도 있다. 하지만 앞서 말한 것과 같은 모든 이념을 통해 객관화하는 의지의 내부 항쟁은, 그 종에 속하는 여러 '개체의' 끊임없는 싸움과 여러 자연의 힘이 나타내는 '현상'들 상호간의 영속적인 사슬 속에 나타나 있다. 이것은 앞서 상세히 말한 대로다. 이 투쟁의 싸움터와 대상이 되는 것이 물질이며, 종과 자연의 힘은 서로 적으로부터 이 물질을 탈취하려고 한다. 공간과 시간도 마찬가지지만, 제1권에서 설명한 것처럼, 본래 인과성의 형식에 의해 이 공간과 시간이 합일한 것이 물질이다.

29. 목표도 한계도 없는 의지

나는 다음과 같은 기대를 갖고, 여기서 내 서술의 두 번째 부분을 끝맺으려고 한다. 내 사상은 지금까지 존재하지 않았던 것이고, 따라서 이 사상을 최초로 만들어 낸 내 개성의 흔적이 전혀 남지 않을 수는 없지만, 이 사상을 처음 전달함에 있어 가능한 한 다음과 같은 사항에 대해 확실하게 전달할 수 있었다고 믿고 있다. 즉, 우리가 생활하고 존재하고 있는 이 세계는 그 본질로 보면, 철저하게 '의지(Wille)'이면서 동시에 철저하게 '표상(Vorstellung)'이다. 이 표상은 이미 하나의 형식, 즉 주관과 객관을 전제하고 있고, 따라서 상대적이다. 여기서 만일 이 형식과 여기에 종속하는 모든 형식, 즉 이유율이 표현하는 형식을 제외한 후에 무엇이 남을 것인가를 보면, 이것은 표상과는 전혀 다른 것이고 '의지' 이외의 다른 것일 수 없다. 따라서 이것이야말로 본래의 '물자체(Ding an sich)'이다. 어떠한 사람도 자신이 이 의지라는 것을 알고, 세계의 내적 본질이 이 의지 속에 존재한다는 것을 안다. 마찬가지로 그는 자신이 인식하는 주관이라는 것도 알고 있으며, 전세계가 이 주관의 표상이며, 세계는 그러한 한도 내에서 그 필연적인 담당자로서 주관의 인식에 관해서만 현실적인 존재를 갖는다는 것을 안다.

따라서 누구든지 이 두 가지 점에서 전세계는 그 자체가 소우주며, 세계의 두 면을 완전히 자신 속에서 발견하는 것이다. 그리고 그가 이렇게 해서 자신의 본질을 인식할 것은 물론이요, 전세계, 즉 대우주의 본질까지도 충분히 구명한다. 따라서 전세계 또한 그 자신과 마찬가지로 철저하게 의지이고, 철저하게 표상이다. 우리는 여기서 대우주를 고찰한 탈레스의 철학과 소우주를 고찰한 소크라테스의 철학이 합치하고, 이 둘의 철학적 대상이 동일하다는 것을 알게 된다. 그러나 제1권과 제2권에서 전달한 모든 인식은 다음에 계속될 제3권과 제4권으로 한층 더 완전하게 될 것이고, 또 이렇게 하여 더욱 확실하게 될 것이다. 제3권과 제4권에서는 이제까지의 고찰에서 명확하게, 혹은 막연하게 제기된 많은 문제에 충분한 해답을 줄 수 있을 것이라 믿는다.

그러나 여기서 한 가지 다음과 같은 문제는 밝히고 싶다. 이 문제는 내가 지금까지 설명해 온 뜻이 충분히 이해되지 못했다면 제기될 수 있고, 따라서 그러한 점에서는 이 설명이 해설에 도움이 될 수 있기 때문이다. 그것은 다음과 같은 것이다. 모든 의지는 어떤 것에 대한 의지고, 그 의지 작용의 객관과 목표를 갖고 있다. 우리들에 대한 세계의 본질 자체로서 표시되는 그 의지는 결국 무엇이며, 무엇을 지향하고 있는 것인가? 이 물음은 사실 다른 많은 질문과 마찬가지로 물자체와 현상을 혼동하는 것에 기인하고 있다. 이 유율은 현상에 대해서만 그 효력을 갖고, 물자체에 대해서는 효력이 없으며,

동기 부여의 법칙도 이 이유율이 형태를 지니고 나타난 것이다. 어떠한 경우든 근거를 예로 제시할 수 있는 것은 여러 가지 현상 자체, 즉 개별적인 사물에 대해서뿐이고 의지 자체에 대해서도, 또 의지가 적절히 객관화되는 이념에 대해서도 결코 근거를 예로 제시하지 않는다. 그래서 어떠한 개별적인 운동에 대해서도, 또 자연의 일반적인 변화에 대해서도 원인을 탐구할 수 있다. 그 원인이란 이들 운동과 변화를 필연적으로 일으킨 상태다. 그러나 이들 운동과 변화, 이것과 흡사한 무수한 현상에 나타난 자연의 힘 자체에 대해서는 결코 원인을 찾을 수 없다. 그러므로 중력과 전기 등의 원인을 묻는 것이야말로 생각 없이 나온 진짜 무지다. 만약 중력과 전기가 근원적인 자연의 힘이 아니고 이미 알고 있는 더 일반적인 자연의 힘이 나타내는 현상 공식에 불과하다는 것이 밝혀졌다고 하면, 그때 비로소 이 자연의 힘이 여기서 중력과 전기의 현상을 일으키게 하는 원인을 물을 수 있을 것이다. 이 모든 것에 대해서는 앞에서 자세히 논술했다.

그런데 이와 마찬가지로 인식하는 개인(그 자신은 물자체인 의지의 현상에 지나지 않지만) 개개의 의지 행위는 모두 필연적으로 하나의 동기를 갖고 있으며, 이 동기가 없으면 그 의지 행위는 생기지 않았을 것이다. 그러나 물질적 원인은 자연의 힘이 이것저것에서 표출하여 이때 이곳에 이 물질에 적응해 나타나야 한다는 규정을 포함하고 있는 것뿐이지만, 마찬가지로 동기라고 하는 것은 인식하는 자의 의지 행위를 이때 이곳에 이들 사정 아래서 하나의 개별적인 것으로서 규정할 뿐, 결코 인식하는 자가 의지를 작용시키고, 또 이러한 방식으로 의지한다는 것을 규정하는 것이 아니다. 이것은 인식하는 자의 예지적 성격의 표출이고, 이 성격은 의지 자체, 즉 물자체로서는 근거를 갖고 있지 않으며, 이유율의 영역 밖에 존재한다. 그러므로 어떠한 인간도 언제나 자기의 행동을 이끄는 목적과 동기를 갖고 있으며, 언제나 자기의 개별적인 행위에 대해 해명을 할 수 있다. 그러나 만일 그가 무엇 때문에 의지를 작용시키는가, 또는 무엇 때문에 존재하려고 의지하는가 하고 묻는다면, 그는 대답이 궁할 것이다. 오히려 이러한 질문은 그에게는 우습게 여겨질 것이다. 그리고 이 점이야말로 정말 그 자신이 의지 이외의 아무것도 아니라는 의식을 나타내고 있는 것이다. 따라서 이 의지 작용은 본래 자명한 것으로서, 그때그때 그 개개의 행위에 있어서만, 즉 동기에 의한 세세한 규정을 필요로 하는 것이다.

실제로 목표와 한계가 없다는 것이 무한의 노력인 의지의 본질이다. 앞서 원심력을 언급했을 때에 말했지만, 그것은 의지의 객관성 가운데 최저 단계, 즉 중력에서 가장 간단명료하게 나타나 있는 것이며, 그 궁극적인 목표가 분명히 불가능한 데도 불구하고, 쉬지 않고 중력의 노력을 나타내고 있다. 왜냐하면 중력의 의지에 따라 존재하는 모든 물질이 한 덩어리가 되었다 하더라도, 그 덩어리 내부에서 중력은 여전히 중심점으로 향하려고 하면서, 강성 혹은 타성인 불가입성과 투쟁할 것이기 때문이다. 그러므로 물질의 노력은 언제나 저지당하기만 할 뿐, 절대로 채워지거나 완수되는 일은 없다. 모든 의지 현상의 노력은 이것과 똑같다. 목표가 달성되면 또다시 새로운 진로의 기초가 되고, 이렇게 한없이 계속된다. 식물은 자기의 현상을 싹으로 시작하여 줄기와 잎을 거쳐 꽃과 열매로까지 높이지만, 열매는 또다시 새로운 싹, 즉 새로운 개체의 시작에 불과하며, 이것이 또 처음부터 경로를 따라서 자라며, 한없이 계속된다. 동물의 생활 과정도 이와 마찬가지다. 생식이 동물 생활 과정의 정점이고 이 정점에 도달한 후에는 그 처음 개체의 생명은 급속하게 혹은 서서히 쇠퇴하지만, 그 대신 새로운 개체가 자연에 대해 종의 유지를 보증하며 같은 현상을 되풀이한다. 뿐만 아니라 각 생물체의 끊임없는 갱신까지도 이 영구적인 충동과 변화의 단순한 현상이라고 간주해야 할 것이다.

그런데 생리학자들은 이 갱신을 운동할 때 소비되는 물질의 필연적 보충이라고는 생각하고 있지 않다. 왜냐하면 소모 가능한 물질의 양이 반드시 영양을 끊임없이 주입하는 양과 동일하다고 할 수 없기 때문이다. 즉 영원한 생성, 무한한 유동은 의지의 본질을 나타내는 것에 속하는 것이다. 마지막으로 이와 같은 것은 인간의 여러 노력과 소원에도 나타나 있으며, 이들 노력과 소원이 이루어지는 것이 의지 작용의 궁극적인 목표인 것처럼 생각하지만, 사실은 그것들이 달성되자마자 이제는 궁극적인 목표와는 전혀 다른 것이 되어 곧 잊혀져 버린다. 또 항상 공공연하게는 아닐지라도 궁극의 목표가 소멸된 것으로 착각하고 목표를 제거하기에 이른다. 무언가 바라고 노력할 여지가 남아 있을 때가 가장 행복한 것이다. 그렇게 되면 소원에서 충족으로, 다시 이 충족에서 새로운 소원으로 끊임없이 옮겨 가는 여지가 있어 정체에 빠지지 않게 되지만, 이 경우 소원에서 충족으로, 충족에서 새로운 소원으로의 이행이 빠른 것을 행복이라고 부르고, 늦은 것을 고뇌라고 부르며, 정체는 생명을 굳어지게 하는 무서운 권태로서 일정한 대상이 없이 숨 막히는 우울로서 나타나는 김빠진 동경이라고 부른다.

이러한 것으로 볼 때 의지는 인식의 빛으로 조명되는 경우에는 언제나 내가 지금 여기서 무엇을 뜻하고 바라고 있는가를 알고 있지만 의지의 본질이 무엇인가는 모른다. 즉 개개의 행위는 제각기 목적을 갖고 있지만, 의지 작용 전체에는 목적이 없다. 그것은 마치 개별적인 자연 현상이 이곳에, 이때에 나타나는 것에 대해서는 어떤 충족 원인으로 설명할 수 있지만, 이 현상 속에 구현하는 힘에는 원인을 찾을 수 없는 것과 마찬가지다. 왜냐하면 그러한 개별적인 현상은 물자체, 즉 근거 없는 의지의 현상 단계이기 때문이다. 그러나 전체로서 의지와 유일한 자기 인식은 전체에 대한 표상이며, 직관적 세계 전체다. 이 직관적 세계 전체는 의지의 객관성, 의지의 구현, 의지의 반영이다. 우리는 이제부터 세계가 이러한 특성에 대하여 표시하는 것을 고찰해야 할 것이다.

제3권 표상으로서의 세계에 대한 제2고찰 : 충족 이유율에 근거하지 않는 표상, 플라톤의 이데아, 예술의 대상

30. 이데아의 인식

우리는 제1권에서 세계를 단순한 '표상'으로서, 또 주관에 대한 객관으로 설명했고, 제2권에서는 그 세계를 다른 측면에서 고찰해 세계가 '의지'라는 것을 발견했으며, 세계는 표상으로서 외에는 단지 의지라는 것을 분명히 했다. 여기서 우리는 이 인식에 따라 표상으로서 세계를 전체로든 부분적으로든 '의지의 객관성'이라 불렀다. 따라서 그것은 객관, 즉 표상으로 된 의지를 뜻한다. 그런데 우리는 의지의 객관화에는 많으나 일정한 단계가 있어서, 이 단계를 거쳐 점점 명백함과 완전함을 더해 가면서 의지의 본질이 표상으로 되었다는 것, 즉 객관으로서 나타났다는 것을 기억한다. 우리는 이미 이 단계가 플라톤의 '이데아'라는 것을 인식했다. 즉 이 단계가 일정한 종의 한계 내에서, 또는 유기적이거나 무기적인 모든 자연 물체의 근원적이고 변함없는 형식 및 특성이며, 자연 법칙에 따라 나타나는 보편적인 힘의 경우가 그렇다. 따라서 이들 이데아는 모두 무수한 개체와 개별성에 나타나고, 그 이데아를 모방하여 만든 상에 대해서 원래의 상이 되는 관계를 갖는다.

이러한 여러 개체의 다원성은 시간과 공간에 의해서만 표상되고, 개체가 생기고 없어지는 것은 인과성에 의해서만 표상될 수 있는 것이며, 우리는 이러한 모든 형식에 있어서 비로소 이유율의 여러 가지 형태를 인식한다. 이 원리야말로 모든 유한성, 모든 개체화의 궁극적인 원리며, 개체 그 자체의 인식으로 들어가는 표상의 보편적 형식이다. 그런데 이데아는 그 원리에는 관계하지 않는다. 그러므로 이데아에는 다원성도 없고 변화도 없다. 그런데 이데아가 나타나는 여러 개체는 수없이 많고, 끊임없이 생겨나고 없어지고 있지만, 이데아는 동일한 이데아로 시종 변하지 않으며, 이유율은 이데아에 대해서는 아무런 의의도 없다. 그래서 이유율은 주관이 '개체'로서 인식하는 한 주관의 모든 인식에 따르는 형식이기 때문에, 이데아는 또한 주관의 인식 영역 밖에 존재한다. 그러므로 이데아를 인식의 객관으로 하려고 한다면, 그 것은 인식하는 주관이 개체인 것을 중지할 때에 비로소 가능할 것이다. 이제 이것에 관해 더 자세히 설명하는 것이 우리의 선결 과제다.

31. 플라톤의 이데아와 칸트의 물자체

그러나 먼저 다음과 같은 중요한 사항을 말해 두어야겠다. 칸트 철학에 있어서 '물자체'라고 부르며, 중요하면서도 막연하고 역설적인 학설이라 보고 있는 것, 특히 칸트가 도입한 방식인 근거지어진 것에서 근거를 추론한다는 것 때문에 그의 철학에서 약점으로까지 보이는 것은, 거듭 말하지만 우리처럼 전혀 다른 길을 거쳐 여기에 도달한다면, '의지'라는 개념의 영역을 앞서 말한 방식으로 확대하여 규정한 것에 불과한 것임을 나는 제2권에서 확신할 수 있었으면 하고 바란다. 또한 사람들이 지금까지 논한 것을 통하여 아무런 주저함 없이, 세계의 즉자태를 이루는 의지 객관화의 일정한 단계를 플라톤이 '영원한 이데아' 또는 변함없는 형상이라 부른 것으로 생각해 주기를 바란다. 그런데 이들 영원한 이데아, 변함없는 형상이란 플라톤 학설의 주요한 것이기는 하지만, 동시에 애매하고 역설적인 독단으로 인정되고 있고, 수세기 동안 많은 여러 사상가들의 비난, 논쟁, 조롱의 대상이 되었다.

그런데 우리의 입장에서 볼 때 의지는 '물자체'이고, '이데아'는 일정한 단계에서 그 의지의 직접적 객관성이라 한다면, 칸트의 물자체와 플라톤의 이데아는 그들에게는 유일한 실재인 셈이다. 서양의 가장 위대한 두 철학자가 제창하는 이들 두 개의 애매한 역설은 동일한 것은 아니라 하더라도 아주 상통한 것이며, 다른 점은 오직 하나의 규정에 의할 뿐이라는 것을 알 수 있다. 뿐만 아니라 이 두 역설은 내면적으로는 아무리 일치하고 상통한다 할지라도, 그것을 제창한 사람들의 개성이 각기 다르기 때문에 설명하는 내용이 아주 다른 것처럼 보인다. 그러나 한쪽이 다른 쪽의 가장 좋은 풀이가 되며, 이 두 역설은 '하나'의 목적지로 통하는 두 개의 전혀 다른 길로 비교될 수 있다. 이러한 것은 간단하게 설명될 수 있다. 즉 '칸트'가 설명하고 있는 핵심은 다음과 같다.

'시간, 공간 및 인과성은 우리 인식의 형식에 지나지 않기 때문에, 물자체의 규정이 아니라 그 현상에 속한다. 그런데 모든 다원성과 생멸은 오직 시간, 공간 및 인과성에 의해서만 가능하기 때문에 다원성과 생멸 또한 오로지 현상에 속하며, 결코 물자체에 속하는 것이 아니다. 그러나 우리의 인식은 시간, 공간 및 인과성의 여러 형식에 의해 제약을 받고 있기 때문에, 경험은 단지 현상의 인식일 뿐이고 물자체의 인식은 아니다. 따라서 인식의 법칙은 그 효력을 물자체에까지 미치게 할 수 없다. 이것은 우리의 자아에도 해당되는 것이며, 우리는 자신의 자아를 현상으로서 인식할 뿐, 자아 자체의 실상태(實狀態)는 인식할 수 없다.'

우리가 고찰한 중요한 점에 있어서 이상이 칸트 학설의 의미와 내용이다. 그런데 플라톤은 다음과 같이 말하고 있다.

"우리 감각이 지각하는 이 세계의 여러 사물은 결코 참된 존재를 갖고 있지는 않다."

"사물들은 끊임없이 생성되지만 결코 존재하는 것은 아니다."

사물들은 상대적인 존재를 갖고 있을 뿐이고 대체로 상호 관계에서 또는 상호 관계에 의해서 존재하는 것에 불과하다. 그러므로 이들 사물의 현실적 존재(Dasein)는 모두 비존재(Nichtsein)라고 말할 수도 있다. 따라서 이것들은 참된 인식의 객관은 아니다. 왜냐하면 그러한 참된 인식이라는 것은 스스로 존재하고 또 항상 같은 방식으로 존재하는 것에 관해서만 있을 수 있지만, 감각이 지각하는 이들 물(物)은 감각에 기인하는 억견(億見, ein durch Empfindung veralanβten Dafürhaltens)의 객관에 지나지 않기 때문이다.

그런데 감각의 지각에 한정되어 있는 한, 우리는 컴컴한 동굴 속에 손발이 꽁꽁 묶여 앉아 있는 사람에 비교될 수 있다. 그 때문에 머리를 돌리는 일도 할 수 없고, 볼 수 있는 것은 우리 뒤에서 타고 있는 불빛에 비쳐 우리 앞에 있는 벽에 반영되는, 우리와 불 사이를 지나가는 실재하는 것의 영상밖에는 없으며, 또한 사람들이 서로 바라보아도, 또 각자가 자기를 보아도 벽에 비치는 그림자뿐이다. 이런 사람들의 지혜란 경험에서 얻은 그림자의 계열을 미리 말하는 것이다. 그런데 참으로 존재하는 유일함이라고 부를 수 있는 것은 항상 존재하며, '결코 생성하지도 소멸하지도' 않는 것이다. 하지만 그것은 영상의 실재적인 본래 상태며, 모든 사물의 영원한 이데아며 근원 형식이다. 그러한 참된 존재에는 '다원성'은 없다. 왜냐하면 그러한 존재는 어느 것이나 그 본질상 오직 하나며, 그것을 모방한 상이나 영상은 본래의 상과 같은 이름을 가진 같은 종으로 개별적이고 생멸하는 것이기 때문이다. 따라서 참된 존재에는 생성도 소멸도 없다. 그것은 참으로 존재하는 것으로, 소멸하여 가는 모상(模像)처럼 생성하고 소멸하는 것이 아니기 때문이다. (그런데 이들 두 개의 부정적인 규정에는 필연적으로 시간, 공간 및 인과성은 이들 참된 존재에 대해 의의와 효력을 갖지 않고, 따라서 참된 존재는 이들 형식 속에는 존재하지 않는다는 전제가 포함되어 있다.) 그러므로 참된 인식은 이들 존재에 대해서만 있는 것이다. 왜냐하면 참된 인식의 객관은 어떤 점에서 보아도(즉 그 자체로서) 존재하는 것일 뿐, 보기에 따라서 존재한다거나 존재하지 않는다고 할 수 있는 것은 아니기 때문이다. 이것이 플라톤의 학설이다.

이 두 학설의 내면적인 의미가 동일하고, 둘 다 가시적인 세계를 일종의 현상이라고 간주하고 있는 것은 확실하며, 더 이상의 증명을 필요로 하지 않는다. 그 현상이란 그 자체로 공허한 것이며, 이 세계 속에 자신을 표현하는 것(칸트에게는 물자체, 플라톤에게는 이데아)을 통해 비로소 의의를 갖고, 차용한 실재성을 갖는 것이다. 그런데 두 학설에 따르면, 이 궁극적인 참된 존재에게는 이러한 현상의 모든 형식이 아무리 보편적이고 본질적인 형식이라 해도 아무런 관계가 없다. 칸트는 이 형식들을 부정하기 위하여 직접 추상적인 말로 표명하고, 단정적으로 시간, 공간 및 인과성은 현상의 단순한 형식으로서 물자체에 관여할 수 없는 것임을 인정했다. 그런데 플라톤은 궁극적 표현에까지는 도달하지 못했으며, 이러한 현상의 여러 형식들은 그가 말한 이데아에 관여할 수 없다는 것을 간접적으로 인정한 데 불과하다. 즉 그는 이들 형식에 의해서만 가능한 것, 즉 같은 종의 다원, 발생, 소멸을 이데아를 통해 부인했던 것이다. 적합한 예는 아니지만, 나는 하나의 실례를 들어 이 이상하고도 중요한 일치를 확실하게 하려고 한다. 우리 눈앞에 생기가 넘치는 어떤 동물이 있다고 하자. 플라톤은 이렇게 말할 것이다.

'이 동물은 참된 실재성을 갖고 있지 않고, 외관상으로 실존성을 갖고 있는 데 불과하며, 끊임없는 생성, 상대적인 현존을 갖고 있을 뿐, 이러한 현존은 '존재' 또는 '비존재'라고 말할 수 있는 것이다. 참으로 존재하는 것은 모상으로서 그 동물의 원상(原像)인 이데아 또는 그 동물 자체(das Tier an sich selbst)뿐인데, 이것은 무엇에도 의존하지 않고 그 자체로서 독립하여(an und für sich) 존재하며, 생성하는 것이 아니고 소멸되는 것도 아니며 항상 같은 방식으로 존재하는 것이다.'

그런데 우리가 동물 속에서 그 이데아를 인식하는 한, 이 동물이 지금 우리의 눈앞에 있든 천 년 전에 살고 있었든, 그 조상이든, 또 그것이 여기에 있든 먼 나라에 있든, 또한 어떠한 방식, 어떠한 모양, 어떠한 행동으로 나오든, 또 그 동물이 그 종 속의 어떠한 개체든 아무런 의미가 없다. 이 모든 것은 아무것도 아니며 현상에만 관계된 것이다. 그 동물의 이데아만이 참된 존재를 갖고 있으며, 실질적인 인식의 대상이다. 칸트라면 다음과 같이 말할 것이다.

'이 동물은 시간, 공간 및 인과성에 있어 하나의 현상이며, 이들 형식은 모두 우리의 인식 능력에 의존하는 경험의 가능한 선험적 제약이며, 물자체의 규정은 아니다. 이 동물은 우리에게 이 일정한 시간에, 이 주어진 장소에서 하나의 개체로서 경험의 연관, 즉 원인과 결과의 연쇄에 의해 생성한 것이다. 따라서 필연적으로 무상한 개체로서 지각하는 이 동물은 물자체는 아니고, 우리의 인식에 대한 관계에서만 가능한 현상이다. 이 동물을 그 자체의 상으로, 시간, 공간 및 인과성 속에 존재하는 모든 규정에서 독립하여 인식하기 위해서는 감각과 오성에 의한 인식 방법 이외의 방법이 필요하다.'

칸트의 표현을 플라톤의 표현에 좀더 접근시키기 위하여 다음과 같이 말할 수도 있다. 시간, 공간 및 인과성은 우리 지성의 조직이며, 이 조직이 있기 때문에 여러 종류 가운데 본래 홀로 존재하는 '하나의' 본질이 우리에게는 항상 새로이 발생하고 소멸하여 무한히 계속하는 다원성으로 나타난다. 이러한 조직을 통해, 또 이러한 조직에 따라 사물을 해석하는 것이 '내재적 (immanente)' 해석이지만, 이와는 반대로 이것에 관한 상황을 의식하는 해석은 '초월적(transzendentale)' 해석이다. 초월적 해석은 순수 이성을 비판함으로써 추상적으로 얻을 수 있지만, 예외적으로 직관하여 얻는 일이 있다. 이것은 내가 덧붙인 것이며, 이것이야말로 내가 이 제3권에서 설명하려는 것이다.

만일 지금까지 누군가가 칸트 학설을 정말로 제대로 파악하고, 또 칸트 이후에 플라톤을 정말 제대로 이해하고 파악한 사람이 있다면, 함부로 칸트의 술어를 휘두르고 플라톤의 문체를 야유조로 흉내내어 쓰지 않을 것이다. 이들 두 사상가의 학설이 지닌 내적 의미와 실질을 충실하고 진지하게 고찰한다면, 이미 오래전에 이 두 위대한 철학자가 아주 잘 통하고 있으며, 두 학설의 의미와 지향점이 같다는 것을 알게 될 것이다. 그렇다면 플라톤을 그의 정신을 조금도 계승하고 있지 않는 라이프니츠와 비교한다든지, 아직 생존해 있는 유명한 모 씨(F.F. Jacobi)와 비교함으로써 옛날 대사상가의 영혼을 욕되게 하는 일은 없었을 것이다. 뿐만 아니라 우리는 현재 상태보다는 훨씬 더 진보할 수 있었거나 최근 40년 동안에 그랬던 것처럼 이렇게 비참한 퇴보 상태에 빠지지 않았을 것이다. 우리는 오늘은 이것, 내일은 저것 하듯이 허풍쟁이들에게 이리저리 끌려 다니지 않아도 되었을 것이고, 또 극히 '중요한 세기'라고 불리고 있는 19세기를 독일에서는 철학적인 소극(笑劇)(farce)으로 시작하지 않아도 되었을 것이다. 이 소극은 칸트의 무덤 위에서 상연되었는데 (고대인들은 자기 집안사람들의 장례식 때 이와 같은 소극을 상연했다), 다른 국민들이 이것을 보고 비웃은 것도 일리가 있었다.

왜냐하면 이와 같은 소극은 엄숙하고 딱딱한 독일 사람에게는 정말 어울리지 않기 때문이다. 그러나 진정한 철학자를 아는 대중은 사실 극소수이며, 그 철학자를 이해하는 제자들도 수세기 동안 아주 적은 숫자만 나타나는 법이다. 나르텍스의 지팡이를 들고 다니는 사람은 많지만, 참된 바커스는 적다. (플라톤의 《파이돈》 p. 69 b. '나르텍스'는 남유럽에 자라는 수목으로, 길고 속이 비어 있다. 바쿠스제 때 그것을 휘두르며 바쿠스 신과의 합일을 체험하려는 것이었다. 또 '참된 바쿠스'란 신이 들려 신이 된 자를 이르며, 여기서는 참된 철인을 뜻한다) 철학이 불명예스러운 비난을 받는 것은 정당한 평가를 받지 못하기 때문이다. 왜냐하면 가짜 철학자가 아니라 진짜 철학자가 철학에 종사해야만 하기 때문이다. (플라톤)

사람들은 여러 가지 말들을 추구해 왔다. '선험적 표상, 경험으로부터 독립하여 의식되는 직관과 사유의 형식, 순수 오성의 근본 개념' 등. 그리고 이번에는 플라톤의 이데아를 문제삼았다. 물론 플라톤의 이데아도 근본 관념이며, 또한 현실 생활에 앞서 참으로 실재하는 물(物)을 직관한 그 기억이라는 것이며, 어쩌면 칸트의 직관과 사유의 형식도 선험적으로 우리의 의식 속에 존재하는 것이라고 말한다. 그런데 이 이질적인 두 학설, 즉 개인의 인식을 현상에 한정하는 칸트의 형식에 대한 견해와 이와 같은 형식을 이데아의 인식으로 단호하게 부정하는 플라톤의 이데아에 대한 견해는, 그 점에 있어서는 극단적으로 대립되는 학설이다. 다만 그 언어의 사용법이 흡사하기 때문에 면밀히 비교되고, 그 동일성이 협의되고 논쟁을 유발했다. 하지만 결국 두 학설은 같은 것이 아니라는 것이 알려져, 플라톤의 이데아설과 칸트의 이성 비판은 전혀 일치하지 않는다는 결론이 나왔다. *

32. 물자체의 객관성인 이데아

지금까지 우리가 살펴본 바에 따르면, 칸트와 플라톤 사이에 아무리 내면적인 일치가 있고, 그들이 생각한 목표가 같은 것이라고 해도, 또 그들을 고무시켜 철학적 사유를 하게 한 세계관이 동일한 것이라 해도, 우리가 보기엔 플라톤의 이데아와 칸트의 물자체는 전혀 동일한 것이 아니다. 오히려 이데아는 물자체의 직접적이고 적절한 객관성이다. 그런데 물자체는 '의지', 즉 아직 객관화되지 않고 표상이 되지 않은 의지다. 왜냐하면 칸트에 의하면, 물자체는 인식의 작용에 속하는 모든 형식으로부터 독립되어 있는 것이기 때문이다. 그리고(부록에서 언급하겠지만) 칸트가 이들 형식의 하나로서 먼저 주관에 대한 객관으로서 존재(das Objekt-für-ein-Subjekt-sein)를 열거하지 않은 것은 그의 잘못이라고 말하지 않을 수 없다. 왜냐하면 이것이야말로 모든 현상, 즉 표상의 가장 우선적이고 보편적인 형식이기 때문이다. 그러므로 칸트는 물자체에는 객관으로서 존재는 없다고 확실하게 언명했어야 했다. 그렇게 했다면, 이미 발견된 모순에 빠지지 않아도 되었을 것이기 때문이다.

그런데 플라톤의 이데아는 필연적으로 객관, 즉 인식된 것인 표상이며, 또 그 때문에 물자체와 다른 것이다. 플라톤의 이데아는 우리가 이유율 아래에서 이해하고 있는 현상의 종속적인 여러 형식을 탈피한 것에 불과하다. 어쩌면 그들 형식에 전혀 들어가지 않았다고 할 수 있다. 그러나 근원적이고 가장 보편적인 형식, 즉 표상 일반의 형식, '주관에 대한 객관으로서 존재'라고 하는 형식은 가지고 있다. 표상 일반의 형식은 이 형식에 종속하는 여러 형식들(이유율)에 대한 이데아를 다양하게 하여 개별적이고 덧없는 개체로 만드는 것이며, 이들 개체의 수는 이데아와는 전혀 관계가 없다. 이데아가 개체로서 주관의 인식으로 들어가는 것이기 때문에 이유율은 또한 이데아가 들어가는 형식이다. 그래서 이유율에 따라서 나타나는 개별적인 물(物)은 물자체(이것은 의지다)의 직접적인 객관화에 지나지 않으며, 이 물자체에 나타난 물 사이에는 여전히 의지의 유일하고 직접적인 객관성으로서 이데아

＊가령 Fr. Bouterweck의 《임마누엘 칸트》 p. 49. 그리고 Buhle의 《철학사》 제6권. p. 802~815 참조.

가 존재한다. 그것은 이데아가 인식 자체의 고유한 형식, 즉 표상 일반의 형식인 '주관에 대한 객관으로서 존재'라는 형식만을 취하고 있기 때문이다. 따라서 이데아만이 의지 또는 물자체의 적절한 객관성일 수 있다. 그뿐만 아니라 표상이라는 형식 아래 있는 것을 제외하면, 이데아는 그대로 물자체라고도 할 수 있다. 그리고 여기에 플라톤과 칸트의 공통점이 존재한다. 물론 엄밀하게 볼 때, 두 사람이 문제 삼고 있는 것은 동일하지는 않다.

그런데 개별적인 사물은 의지의 적절한 객관성이 아니며, 이 객관성은 이미 이유율로 총괄하여 부르는 여러 형식에 의해 흐려져 있다. 그러나 이 형식들은 개인에게는 가능한 인식의 제약이다. 만약 우리가 인식의 주관도 아니고 개체도 아니라고 하면, 즉 우리 직관이 육체에 의해 매개되지 않는다고 하면, 본래 직관은 육체의 감정적 변화에서 출발하는 것으로 육체 그 자체는 구체적인 의지의 작용이며, 의지의 객관성이므로 객관 중의 객관이다. 이러한 객관으로서는 육체가 인식하는 의식 속에 들어오자마자 이유율의 여러 형식에 따를 수밖에 없다. 다시 말해 시간과 그 밖의 이유율이 표현하는 형식을 이미 전제하고 그것을 통하여 들어오기 때문에, 만일 불가능한 전제로부터 추론할 수 있다면, 우리는 실제로 전혀 개별적인 사물, 사건, 변화, 다원성 등을 인식하지 않고, 이데아만을 유일한 의지, 즉 참된 물자체를 객관화하는 단계를 순수하고 맑은 인식으로 파악할 것이며, 결과적으로 우리의 세계는 현재 속에 영속하는(Nunc stans) 것이 될 것이다. 시간은 시간 밖에 존재하므로 '영원한' 것인 이데아에 대하여 개체적인 존재자가 가지는 부분적이고 단편적인 견해다. 그래서 플라톤은 시간이란 영원히 움직이는 상이라고 말하고 있다.

33. 이데아에 봉사하는 인식

이렇게 우리는 개체로서 이유율에 지배되는 인식밖에 가질 수 없다. 그런데 이 형식으로서 이데아를 인식하는 것은 불가능하므로, 우리가 개별적인 사물의 인식에서 이데아의 인식으로까지 올라갈 수 있다면, 그것은 주관에 있어서 다음과 같은 변화가 일어나야만 가능하다. 그 변화는 객관의 모든 종류가 완전히 변하는 것과 유사하며, 이 변화 때문에 주관이 이데아를 인식하는 한에 있어서 주관은 이미 개체가 아니라는 것이다.

앞에서도 말했지만, 인식 작용은 일반적으로 의지의 높은 객관화에 속하며, 감성, 신경, 뇌수는 유기체의 다른 부분과 마찬가지로 그 정도에 있어서 의지의 객관화를 나타낸다. 따라서 이것들로 말미암아 생기는 표상도 또한 의지에 도움이 될 사명을 갖고 의지의 복잡한 목적을 달성하기 위한, 즉 여러 가지 요구를 갖는 유기체를 유지하기 위한 수단으로 정해져 있다. 따라서 근원적으로 말한다면, 인식은 완전히 의지에 봉사해야 한다. 그리고 인과성의 법칙을 사용함으로써 인식의 출발점이 되는 직관적인 객관이 객관화된 의지에 불과한 것과 마찬가지로 이유율에 따르는 인식도 원근의 차이는 있지만 모두 의지에 관계하고 있다. 왜냐하면 개체는 자기의 육체를 여러 객관 중의 한 객관으로 인정하고, 이들 객관에 대해 육체는 이유율에 따라서 여러 관계를 가지고 있는 것이라고 인정하기 때문이다.

따라서 이들 관계를 고찰하면, 언제나 그 과정상 원근의 차이는 있지만, 결국은 자신의 육체, 즉 그 의지에 되돌아가는 것이 된다. 여러 객관을 육체에 대한, 또 의지에 대한 관계에 두는 것은 이유율이기 때문에, 의지에 봉사하는 인식도 전적으로 여러 객관 속에서 이유율에 의해 정립이 된 관계만을 알려고 할 것이다. 다시 말하면 공간, 시간, 그리고 인과성에서 인식에 대한 여러 가지 관계를 추구할 것이다. 왜냐하면 이들 공간, 시간 및 인과성에 의해서만 객관은 개체에게 관심을 가져 의지와 어떤 관계를 갖기 때문이다. 따라서 실제로 의지에 봉사하는 인식은 여러 객관에 관해서는 이들의 관계밖에는 아무것도 인식하지 않고, 여러 객관을 이 시간 여기서, 이 상황 아래, 이 원인과 결과에서, 현재 존재하고 있는 한에서만 개별적인 사물로서 인식한다. 인식은 여러 객관에 대해 이들 관계밖에는 아무것도 인식하는 것이 없었기 때문에, 만일 이들 관계를 없앤다면, 인식에서는 객관도 소멸할 것이다. 또 우리가 과학적으로 여러 사물에 대해 고찰하고 있는 것은 본질적으로는 이들 관계, 즉 시간, 공간의 연관, 자연적 변화의 원인들, 형태의 비교, 사건의 동기, 그리고 관계 이외의 아무것도 아니다.

과학이 보편적인 인식과 구별되는 것은 그저 그 형식과 조직적인 면에서이며, 여러 개념의 종속 관계를 정하는 것에 따라 개별적인 것을 보편적인 것에 총괄하여 인식을 쉽게 하고 완전한 인식을 얻는다는 점이다. 모든 관계는 그 자신의 상대적인 현존을 가지고 있을 뿐이다. 가령 시간 속에 존재하는 것은 모두 비존재이기도 하다. 왜냐하면 시간이란 같은 것에 반대의 규정을 줄 수 있는 것이기 때문이다. 따라서 시간 속에 있는 현상은 또한 없는 것이다. 그 현상의 처음을 마지막과 구별하는 것은 시간에 불과하고, 본질적으로 소멸하여 버리며 영속하지 않는 것, 상대적인 경우에는 지속이라 부르는 것이기 때문이다. 그러나 시간은 의지에 봉사하는 인식의 모든 객관에 있어 가장 보편적인 형식이며, 인식 형식의 근본 유형이다.

그런데 인식은 보통 이데아에 봉사하도록 되어 있으며, 의지에 봉사하기 위해 나타난다. 말하자면 머리가 몸통에서 나와 있는 것처럼 의지에서 나와 있다고 말할 수 있다. 여러 동물에 대해서는 이제부터 자세히 고찰할 작정이지만, 이 봉사는 예외적으로 폐기되는 경우도 있다. 인간과 동물의 이러한 구별은 겉으로는 머리와 몸통과의 차이로 나타난다. 하등 동물은 머리와 몸통이 구별 없이 붙어 있다. 고등 동물도 머리와 몸통은 인간보다 훨씬 구별하기 쉽지만, 인간에게 머리는 몸체 위에 자유롭게 있는 것처럼 보이고 몸체는 오로지 이것을 받들 뿐이지, 머리는 몸체에 봉사하고 있지 않다. 이러한 인간의 장점을 최고로 나타내고 있는 것이 벨베데레(이탈리아어로 '아름다운 경치'를 뜻하며, 좋은 전망을 위해 건물의 윗부분에 만들어 놓은 건축 구조를 말한다. 여기에서는 바티칸 궁전의 조각 전시관을 가리킨다)의 아폴로 상이다. 멀리 주위를 둘러보고 있는 시신(詩神)의 머리는 구속을 받지 않고 양쪽 어깨 위에 있어, 완전히 몸의 무게로부터 벗어나 이미 몸체의 일은 전혀 신경을 쓰고 있지 않는 것처럼 보인다.

34. 순수한 인식 주관

이미 말했지만, 각 사물의 일반적인 인식에서 이데아의 인식으로 이행하는 것은 가능하지만 예외로만 고찰할 수 있고, 이런 이행은 갑자기 일어난다. 즉 인식은 의지에 대한 봉사로부터 해방되고, 주관이 단지 개체적인 주관이 아니라 이제는 의지가 없는 순수한 인식 주관이 된다. 또 이유율에 따라 여러 관계를 추구하지 않고 주어진 객관을 다른 객관과의 관련을 떠나 깊이 관조하고, 여기에 몰입하는 경우에 일어난다.

이것을 명백히 하기 위해서는 자세한 해설이 필요하지만, 이 해설에서 의심스러운 점은 이 책 전체에서 내가 말하고자 하는 사상이 총괄된 후에 저절로 해소될 것이므로 한동안 그냥 넘어가기 바란다.

만일 우리가 정신적으로 고양되어 사물에 대한 관습적인 고찰 방법을 단

넘하고, 즉 이유율의 여러 형태를 가지고 자신의 의지에 대한 관계를 궁극적인 목표로 하는 사물 상호간의 관계만 추구하는 것을 그만둔다면, 다시 말해 사물의 어디, 언제, 어떻게, 왜 등을 고찰하지 않고 다만 '무엇(das Was)'만을 고찰하며, 또 추상적인 사유, 이성의 개념들, 의식 등에 사로잡히지 않고, 이들 대신 정신의 모든 힘을 직관에 몰입하여, 하나의 풍경, 한 그루의 나무, 한 개의 암석, 한 개의 건물 등 무엇이든 눈앞에 있는 자연적인 대상을 조용히 관조함으로써 의식 전체를 채운다고 하자. 독일어의 표현법 가운데 이러한 대상 속에 자신을 완전히 '잠기게 한다(verlieren)'는 것이 있는데, 그것은 자신의 개체, 자신의 의지를 잊고, 오직 순수한 주관으로서 객관을 비치는 거울로 존재하는 것이다. 따라서 거기에 존재하는 것은 대상뿐이며, 대상을 지각하는 사람은 없는 것처럼 생각된다. 그래서 직관하는 사람과 직관은 이미 구별될 수 없으며, 둘은 하나가 되는 것이다. 왜냐하면 의식 전체가 오직 하나의 직관적인 상으로 채워지고 점령되어 있기 때문이다.

말하자면 이렇게 하여 객관이 모든 관계를 떠나 객관 이외의 것에 도달하고, 주관이 모든 관계를 떠나 의지에 도달하면, 인식되는 것은 이미 개별적인 사물이 아니라 이데아며, 영원한 형식이요, 이 단계에 있어서 의지의 직접적인 객관성이다. 또 이것 때문에 그렇게 직관하고 있는 사람은 이미 개체가 아니다. 왜냐하면 개체는 이 직관 속에 자신을 잠기게 했기 때문이다. 오히려 그는 '순수한' 의지가 없고 고통이 없는, 시간이 없는 '인식 주관(Subjekt der Erkenntniβ)'이다.

지금 이것만을 취급하면 좀 이상할지 모르겠으나(나는 그것이 전에 토머스 페인이 《이성의 시대》 2부에서 말한 "숭고에서 익살까지는 한 계단이다"라는 말을 확증한다는 것을 알고 있다.), 다음을 말함으로써 더 명백해질 것이다. 스피노자가 "정신이 사물을 영원한 형식 밑에서 생각하는 한, 정신은 영원한 것이다(mens aeterna est, quatenus res sub aeternitatis specie concipit, Eth, Ⅴ, pr. 31, Schol)"*라고 썼을 때, 그가 생각한 것도 이것이었다. 그런

---

* 또한 나는 스피노자가 같은 책 제2부 정리 40 비고 2, 그리고 제2부 정리 25부터 38에서 세 번째 종류의 인식, 즉 직관에 대하여 말한 것을 여기에 문제되고 있는 인식의 방식을 해명하는 데 보충하려고 한다. 또한 특히 정리 29의 비고, 정리 36의 비고 그리고 정리 38의 증명 및 비고는 가치가 있다.

데 이러한 관조에 있어 개개의 사물은 한꺼번에 그 유의 '이데아'가 되고, 직관하는 개체는 '순수한 인식 주관'이 된다. 개체는 여러 개별적인 사물만을 인식하고, 인식 주관은 이데아만을 인식한다. 왜냐하면 개체는 그것이 의지의 일정한 개별적인 현상에 대해 관계하는 경우의 인식 주관이며, 이 현상에 봉사하는 것이기 때문이다. 이 개별적인 의지 현상은 여러 가지 형태를 취한 이유율에 지배되고 있다. 따라서 여기에 관한 모든 인식도 또한 이유율에 따른다. 그리고 의지를 위해 소용되는 것은 관계만을 객관으로 갖는 인식 이외에는 없다. 인식하는 개체와 그 개체에 의해 인식된 개별적인 사물은 항상 인과의 연쇄에 있어서 어떤 장소와 시간의 일환으로 존재한다. 순수한 인식 주관과 그 상관자인 이데아는 그러한 이유율의 모든 형식에서 이탈하고 있다. 즉 시간, 장소, 인식하는 개체, 인식되는 개체, 이것들은 순수 인식 주관과 이데아에 대해서는 아무런 의의도 없다. 무엇보다 지금 말한 것처럼 인식하는 개체가 순수한 인식 주관으로 높여지고 동시에 고찰된 객관은 이데아로 높여지므로, '표상으로서의 세계'가 완전히 순수하게 나타나, 이로써 의지가 객관화를 이룬다. 그것은 이데아만이 의지의 '적절한 객관성'이기 때문이다.

객관과 주관은 이데아의 유일한 형식이기 때문에 이데아에는 양자가 똑같이 포함되어 있다. 이들은 이데아에 있어서는 완전히 균형을 유지하고 있다. 또 객관은 이 경우도 주관의 표상일 뿐이지만, 이와 더불어 주관도 직관된 대상에 침입함으로써 이 대상 자체가 된다. 즉 의식 전체가 이미 그 명백한 상 이상의 아무것도 아니다. 모든 이데아 또는 의지의 객관화 단계는 일일이 이 의식을 통해서 차례로 생겨나기 때문에, 이 의식이야말로 참된 '표상으로서의 세계' 전체를 이루고 있다. 모든 시간과 공간 속의 개별적인 사물은 이유율(개체 그 자체의 인식 형식)에 의해 다양화되고, 이 때문에 순수한 객관성을 흐리게 만든 여러 이데아에 지나지 않는다. 이데아가 밖으로 나타나면, 이데아에 있어서 주관과 객관은 이미 구별이 없어진다. 왜냐하면 여기서 주관과 객관은 서로 채우고 삼투하여 의지의 적절한 객관성인 이데아, 즉 본래의 표상으로서 세계가 물자체로서 구별되지 않게 된다. 만일 이러한 본래의 '표상으로서의 세계'를 완전히 무시한다면, '의지의 세계'밖에 남는 것이 없기 때문이다.

의지는 이데아의 즉자태며 이데아는 의지를 완전히 객관화한다. 의지는 또 개별적인 사물과 그것을 인식하는 개체의 즉자태며, 이것은 의지를 불완전하게 객관화한다. 의지는 표상과 그 모든 형식 이외에 의지로서 관조된 객관에 있어서도, 순수 주관으로서 자각하는 개체에 있어서도 동일한 것이다. 그러므로 이 양자는 즉자적으로는 구별할 수가 없다. 왜냐하면 즉자적으로 양자는 여기서 자신을 인식하는 의지이기 때문이다. 인식이 의지가 되는 방식, 즉 현상으로서만 다원성과 차이성이 이유율인 형식으로 존재할 뿐이다. 객관이 없고 표상이 없으면, 나는 인식 주관이 아니라 단지 맹목적인 의지인 것이다. 마찬가지로 '인식 주관으로서 나'라고 하는 것이 없으면 인식된 사물은 객관이 아니라 단순한 의지요, 맹목적인 충동이다. 이 의지는 즉자적으로는, 즉 표상 이외로는 나의 의지와 동일하다. 적어도 주관과 객관이라는 형식을 갖는 표상의 세계에서 우리는 인식된 개체와 인식하는 개체로 갈라진다. 인식 작용, 즉 표상으로서 세계가 없어지자마자 남는 것은 단순한 의지와 맹목적인 충동뿐이다. 의지가 객관성을 얻어 표상이 되기 위해서는 의지는 주관인 동시에 객관이어야 한다. 그런데 이 객관이 완전히 의지의 적절한 객관성이기 위해서는 객관은 이데아로서 이유율의 여러 형식으로부터 독립하고, 또 주관은 순수한 인식 주관으로서 개체성과 의지에 대해 봉사하는 것에서 독립해 있어야 한다.

그러면 위에서 말한 것처럼 자연의 직관에 몰입하여 순수하게 인식하는 주관이 되어 버린 사람은, 바로 그 때문에 자신이 그 주관으로서 세계와 모든 객관적 현존의 조건, 즉 담당자라는 것을 안다. 왜냐하면 모든 객관적 현존은 이제 그 사람의 존재에 의존하는 것으로서 나타나기 때문이다. 따라서 그는 자연을 자기 속에 끌어들여 자기 본질의 우유성(偶有性)에 불과한 것으로 착각하게 된다. 이런 의미에서 바이런은 다음과 같이 노래했다.

산, 파도, 하늘도 나의 일부가 아닐까?
또한 내 영혼의 일부가 아닐까?
내가 그들의 일부듯이.
　　　　바이런의 〈차일드 해럴드의 편력(Childe Harold's Pilgrimage)〉 Ⅲ, 75

그러나 이렇게 느끼는 사람이 무상하지 않은 자연과 반대로, 어찌 자신을 무상하다고 느끼겠는가? 그의 마음은 오히려 베다의 《우파니샤드》에서 언급되고 있는 말에 감동될 것이다. "이들 모든 피조물은 모두 나다. 그리고 나 말고는 아무것도 존재하지 않는다."(Hae omnes creaturae in totum ergo sum, et praeter me aliud ens non est. Oupnekhat, I, 122)

35. 의지와 이데아, 그리고 현상

세계의 본질에 대해 깊이 통찰하기 위해서는 물자체로서 의지를 그 적절한 객관성에서 구별하고, 다음으로 이 객관성이 점점 명백하고 완전하게 나타나는 여러 단계, 즉 이데아들이 이유율의 여러 형태를 취해 나타나는 이데아의 단순한 현상, 바로 개체들이 사로잡힌 인식 방법과 구별하는 것을 배워야 한다. 그렇게 되면 사람들은 플라톤이 이데아에만 본래의 존재를 부여하고, 공간, 시간 속의 사물인 개체에게는 실재적인 이 세계가 외견적이고 몽상적인 존재에 불과하다고 규정한 것에 동의할 것이다. 그러면 동일한 이데아가 많은 현상으로 나타나고, 이데아의 본질은 인식하는 개체에게 단편적으로밖에 나타나지 않는다는 것도 알게 될 것이다. 또 이데아와 이데아의 현상이 개체를 관찰할 때 나타나는 방식과도 구별되어 이데아는 본질적으로, 그 현상은 비본질적으로 인식하게 될 것이다.

우리는 이것을 중요하지 않은 것이 중요한 것으로 변하는 예를 들어 고찰해 보려고 한다. 구름이 지나갈 때 이루는 형태는 구름에게 본질적인 것이 아니고 구름과는 상관이 없다. 그러나 구름은 탄력이 있는 증기로서 바람의 충격을 받아 압축되어 날아가고 팽창되어 산산이 흩어진다. 이것은 구름의 본성이고, 구름 속에 객관화되는 힘의 본질이며 이데아다. 단지 개인적으로 이것을 관찰하는 자에게만 구름은 그때그때 다른 형태를 나타낸다. 돌 위를 흘러 내려가는 시냇물은 소용돌이가 되든, 파도가 되든, 물거품을 이루든 상관 없으며, 이는 비본질적이다. 그러나 시냇물이 중력에 따라 완전히 자유자재로 위치가 변하며, 일정한 형태가 없는 투명한 유체 상태에 있다는 것은 시냇물의 본질이다. 이것은 '직관적으로' 인식하면 이데아다. 우리가 개인적으로 인식하는 한, 우리에게만 그러한 형태들을 나타낸다. 유리창에 생기는 얼음은 결정의 여러 법칙에 따라 생기는 것이며,

이들 법칙은 여기에 나타나는 자연의 힘과 그 본질을 나타내고, 이데아를 표시한다. 그러나 그 유리창의 얼음이 형성하는 나무나 꽃 모양은 비본질적인 것이며, 우리에게만 존재하는 것이다.

구름, 시냇물, 결정에 나타나는 것은 극히 미약한 의지에 따른 것이나, 이 의지는 식물에게는 비교적 완전하게, 동물에게는 좀 더 완전하게, 인간에게는 가장 완전하게 나타난다. 그러나 의지를 객관화하는 모든 단계들 속에서는 '본질적'인 것만이 '이데아'를 이룬다. 이와 반대로 이데아가 이 유율의 형태들을 취하고 갈라져서 다양한 현상이 되어 전개하는 것은 이데아에 있어서는 비본질적이다. 그것은 개체의 인식 방식에 존재하고 있음에 불과하며, 또 개체에 대해서만 실재성을 갖고 있다. 의지의 가장 완전한 객관성인 이데아의 전개에 관해서도 필연적으로 같은 것이 적용된다. 따라서 인류의 역사, 사건들의 군집, 시대의 변화, 각 나라와 각 세기에서 인간 생활의 여러 가지 모습, 이 모든 것들은 이데아의 현상에 우연한 형식을 취한 것에 불과하며, 의지의 적절한 객관성이 거기에만 존재하는 이데아에 속하는 것이 아니라, 개체의 인식에 들어오는 현상에 속하는 것에 불과하다. 그러므로 구름이 표시하는 형태나 시냇물의 소용돌이나 물거품의 형태는 얼음에 있어 그 나무나 꽃 모양이 그런 것처럼, 이데아 자체에도 비본질적이며, 상관이 없다.

이것을 잘 이해하고 의지와 이데아를 구별하고 이데아와 그 현상을 구별할 수 있다면, 세계에서 일어나는 사건은 인간의 이데아가 해독할 수 있는 문자인 한에서만 의의를 가지며, 그 자체로서는 아무런 의의도 없다는 것을 알 수 있다. 사람들은 시간이란 것이 무언가 실제로 새로운 것과 뜻있는 것을 만들어 내고, 시간에 의해 또는 시간에 있어서 무언가 완전히 실재하는 것이 현존하는 것에 이르고, 또 시간이 전체로서 시작과 끝을 갖고, 계획과 발전을 갖고, 최근 30년간 인류의 최고 완성(그들이 이해하는 바에 따르면)에 이르러 궁극적인 목표를 달성했다고 생각하고 있지만, 위에서 말한 것을 구별할 수 있는 사람은 그렇게 믿지 않을 것이다. 따라서 그는 호메로스와 더불어 올림포스 산정에 있는 모든 신들에게 그 시대 사건들의 관리를 위임하지 않을 것이고, 또 오시안 ^(Ossian, 3세기경에 아일랜드에 살았다고 전해 오는 전설적인 전사. 음유 시인)과 같이 구름의 모습을 개인적인 존재자로 간주하지도 않을 것이다. 왜냐하면 양쪽 다 거기에 나타나는 이데아에 관해서는 같은 의의를 갖고 있기 때문이다. 그는 인간 생활의 다양한 모습과 사건의 부단한 변화 속에서 이데아만을 영속적이고 본질적인 것으로 본다. 이데아에서는 살려고 하는 의지가 가장 큰 객관성을 갖고 있으며, 그것은 인간의 특성인 열정, 오류, 덕성, 또한 이기심, 증오, 정, 공포, 대담, 경솔, 우둔, 교활, 기지, 천재 등에서 그러한 여러 가지 다른 면들을 보인다. 그러나 이들 모든 것은 모이고 응결하여 수천 가지의 모습(개체)이 되고 계속하여 대소의 세계사를 상연해 보이며, 이 경우 그 세계를 움직이는 것이 호두든 왕관이든 그 자체로는 마찬가지다.

결국 그는 '세계 안의 일'은 고치 ^{(Gozzi(1720~1806). 이탈리아의 극작가로 많은 아동극을 썼다)} 의 '희곡 속의 일'과 같다는 것을 알게 될 것이다. 고치의 희곡에는 언제나 같은 인물이 등장하여 같은 목적을 갖고, 같은 운명을 짊어지고 있다. 물론 모티프와 사건은 희곡에 따라 다르다. 그러나 사건의 정신은 동일하다. 희곡에 나오는 인물들은 다른 희곡의 사건을 전혀 모르기는 하지만, 결국 거기서도 같은 그들이 연기를 하고 있다. 따라서 전에 아무리 그의 희곡을 많이 보았어도 역시 판탈로네는 이때까지 그 이상으로 민첩하거나 관대하지 못하고, 타르타글리아는 그 이상으로 정직할 수 없고, 브리겔라는 그 이상으로 용감할 수 없고, 콜롬비네는 그 이상으로 정숙해질 수 없다.

가령 우리가 인과의 모든 연쇄에 관하여 명백하게 통찰할 수 있다고 한다면, 그리고 대지의 영혼이 나타나서 한 폭의 그림을 통해 아주 훌륭한 개인, 선각자, 영웅들이 힘을 발휘하기도 전에 우발적인 사건으로 멸망해 간 일, 또 세계사를 일변하거나 최고의 변화와 계몽 시대를 가져와야 할 여러 사건이 맹목적이고 우발적인 사건이나 보잘것없는 우연 때문에 일어나지 못하고, 시대에 큰 열매를 주어야 할 위대한 인물의 빛나는 힘이 그들의 과오와 정열 때문에 몸을 망친다거나, 어쩔 수 없이 그 힘을 쓸데없는 것에 낭비하거나, 또는 하는 일 없이 탕진해 버린 것들을 보게 된다면, 우리는 세계의 모든 시대에서 잃어버린 재산과 보물을 생각하고는 전율을 느끼고 비탄에 잠길 것이다. 그러나 대지의 영혼은 미소를 띠고 다음과 같이 말할 것이다.

'개인과 그 힘이 흘러나오는 샘물은 시간이나 공간과 마찬가지로 무궁무진하다. 왜냐하면 시간과 공간이 모든 현상의 형식인 것처럼 개인이나 그 힘은 의지가 밖으로 나타난 것, 눈에 보이게 된 것에 불과하기 때문이다. 이들의 근원인 무한한 샘물은 유한한 척도로는 도저히 퍼낼 수가 없다. 따라서 발생하려다 억눌린 사건이나 성립되려다 방해받은 사업에도 언제나 재생의 여지가 있고, 그 원천의 무한성은 조금도 감소하지 않는다. 이 현상계에는 참된 득도 없고 참된 상실도 없다. 존재하는 것은 오직 의지뿐이다. 의지, 바로 물자체이고, 그 모든 현상들의 원천이 의지다. 의지의 자기 인식과 거기에 근거를 두고 판단되는 긍정 또는 부정, 이것이 유일한 사건인 것이다.'*

36. 예술과 천재와 광기

역사는 사건들의 실마리를 따라 진행한다. 역사가 사건들을 동기의 법칙에 따라 이끌어 내고 인식이 의지를 조명할 경우, 이 법칙이 현상으로 나타나는 의지를 규정하는 한 역사는 실용적이다. 의지가 인식 없이 작용하는 경우처럼 아직 의지의 객관성이 낮은 단계에서, 자연 과학은 의지 현상들의 변화 법칙을 원인학이라 보고, 변화하지 않는 것을 형태학이라 본다. 이 형태학에 의해 자연 과학은 무한히 많은 주제들을 개념의 도움을 얻어 경감하고, 보편적인 요소를 총괄하여 거기에서 특수한 요소를 이끌어 낸다. 마지막으로 개체로서 주관의 인식을 위하여 이데아가 갈라져 다원성으로 나타나는 단순한 형식, 즉 시간과 공간을 고찰하는 것이 수학이다. 이 모든 것들은 여러 형태를 취한 충족 이유율에 따르며, 이들 과학의 주제는 현상이며, 현상의 법칙이며, 연관이며, 거기에서 생기는 관계들이다. 그런데 모든 관계 밖에서 이것들로부터 독립하여 성립하는 것, 그것만이 세계의 참된 본질적인 것, 즉 세계 현상의 참된 실질이며 아무런 변화도 받지 않기 때문에 언제나 동일한 진리성을 갖고 인식된다. 한마디로 말하면 물자체, 즉 의지의 직접적이고 적절한 객관성인 '의지'를 고찰하는 것은 어떤 인식 방식일까? 그것이 '예술(Kunst)'이며 천재의 작업이다.

예술은 순수 관조에 의해 파악된 영원한 이데아, 즉 세계의 모든 현상에서

---

* 이 마지막 문장은, 다음 권을 알지 못하고는 이해할 수 없다.

본질적인 것과 영속적인 것을 재현한다. 그리고 재현할 때의 소재에 따라 예술은 조형 미술이 되거나 시 또는 음악이 된다. 예술의 유일한 기원은 이데아의 인식이며 유일한 목적은 이 인식의 전달이다. 한편으로 과학은 네 가지 형태를 가진 원인과 결과의 부단하고 변하기 쉬운 물결에 따르면서, 하나의 목표에 이를 때마다 앞으로 앞으로 나아가 궁극적인 목표에 도달하지도 못하고 또 완전한 만족을 얻지도 못해, 마치 구름이 지평선에 접해 있는 곳으로 달려가도 도달하지 못하는 것과 같다. 반면에 예술은 목표를 달성한다. 왜냐하면 예술은 그 관조의 대상을 세계 추세의 물결 속에서 끄집어 내어 그것만을 고립시키기 때문이다. 그리고 이 개별적인 것은 그러한 물결 속에서는 소멸될 것처럼 보이는 작은 부분이지만, 예술에는 전체의 대표가 되고 공간과 시간 속에서 무한히 많은 것의 등가물이 된다. 따라서 예술은 이 개별적인 것의 곁에 머무르고, 시간의 수레바퀴는 정지된다. 관계들은 예술에서는 소멸해 버린다. 오직 본질적인 것, 즉 이데아만이 예술의 객관이다. 따라서 경험과 과학의 길이 완전히 이유율에 따르는 고찰인 데 반해, 예술은 '사물을 이유율과는 관계없이 고찰하는 방식'이라고 말할 수 있다.

경험과 과학의 고찰 방식은 무한하고 수평하게 달리는 선에 비할 수 있고, 예술의 고찰 방식은 이 선을 임의의 점에서 절단하는 수직선에 비할 수 있다. 또한 이유율에 따르는 고찰 방식은 이성적인 방식인데, 이것은 실제 생활이나 과학에만 적합하고 도움이 된다. 이유율의 내용에서 떠난 고찰 방식은 천재적인 방식이며, 예술에만 적합하고 도움이 된다. 또한 이유율에 따르는 것은 아리스토텔레스의 고찰 방식이고, 이유율의 내용에서 떠난 것은 대체로 플라톤의 방식이다. 이유율에 따르는 것은 처음과 끝이 없이 전진하여 모든 것을 굽히고 움직이게 하고 끌고 가는 강력한 폭풍우와 흡사하며, 이유율의 내용에서 떠난 것은 이 폭풍우의 길을 절단해 버리고 폭풍우에는 조금도 흔들리지 않는 온화한 햇빛에 비길 수 있다. 또 이유율에 따르는 것은 끊임없이 변하면서 한순간도 쉬지 않는 무수한 폭포수의 물방울에, 이유율의 내용에서 떠난 것은 이 사납게 날뛰는 물방울 위에 걸려 있는 무지개에 비길 수 있다.

이데아는 위에서 언급한 것과 같이 오직 객관에 몰입해 버린 순수 관조에 의해서만 파악된다. 그리고 '천재'의 본질은 바로 그러한 월등한 관조의 능력에 있다. 그런데 관조는 자신과 그의 관계에 대해 망각을 필요로 하기 때문에, 천재성이란 바로 가장 완전한 '객관성', 즉 자기 자신 곧 의지로 향하는 정신의 주관적 방향과는 다른 정신의 객관적 방향이다. 따라서 천재성이란 순전히 직관적으로 행동하고 직관에 몰입할 수 있는 능력이며, 본래 의지에 봉사하기 위해서만 존재하는 인식을 이러한 봉사로부터 떼어놓는 능력, 즉 자기의 관심, 의욕, 목적을 안중에 두지 않고, 자신을 한순간 완전히 포기하고 순수 인식 주관으로서 분명한 세계의 눈이 되는 능력이다. 그리고 이것이 일시적인 것이 아니고 영속적이며, 또 필요한 만큼 사려하는 것으로 파악된 것이 예술로서 재현된다. "흔들리는 현상으로서 떠돌아다니는 것을 영속하는 사상으로 고정시켜라."(괴테의 《파우스트》제1부 〈천상의 서언〉에서 주인공이 한 말)

그것은 천재성이 어떤 개인에게 나타나기 위해서는 개인의 의지에 봉사하는 데 필요한 정도보다 더 많은 인식력이 개인에게 부여되지 않으면 안 되는 것처럼 생각되는 것이며, 자유롭게 된 이 인식의 과잉이 이제 의지를 떠난 주관이 되어 세계의 본질을 비추는 거울이 된다. 이것으로 천재적인 개인들이 정지할 줄 모를 만큼 활동적인 것을 알 수 있다. 즉 현재는 그들의 인식을 충족시키지 못하기 때문에, 그들은 현재에 거의 만족하지 못한다. 그들의 인식은 그들을 끊임없이 노력하게 하여 새롭게 고찰할 가치가 있는 객관을 끊임없이 탐구하게 하고, 그들과 흡사하고 상대가 될 만하며 자기 사상을 전달할 수 있을 만한 사람들을 찾게 된다. 그러나 보통 사람은 평범한 현재에 만족하여 현재에 몰두하고, 곳곳에서 자기의 동류를 발견하고 일상생활에서 안락함을 향유하는데, 이 안일성은 천재에게는 허용되지 않는다. 보통 천재성의 본질적인 요소는 공상이라고 하거나, 때때로 천재는 공상가와 동일한 것으로 취급되기도 했지만, 앞의 것은 옳고, 뒤의 것은 옳지 않다. 천재의 객관은 영원한 이데아이고 세계와 세계의 모든 현상의 지속적이고 본질적인 형식들이지만, 이데아의 인식은 반드시 직관적인 것이지 추상적인 것이 아니기 때문이다. 만일 천재가 공상에 의해 시야를 개인적 경험의 현실성보다 더 넓히고, 실제로 자기의 지각에 들어온 얼마 안 되는 재료에서 그 밖의 것을 구성하여 인생의 상들을 전개할 수 없다면, 천재의 인식은 개인에게 지금 존재하고 있는 객관들의 이데아에 한정되고, 또 이 객관들을 그가 취급하기에 이른 여러 상황에 의존하게 될 것이다. 현실적인 객관은 거의 언제나 그 속에 나타나는 이데아의 극히 불완전한 예에 불과하다.

따라서 천재는 사물들 속에서, 자연이 실제로 만든 것이 아니라 자연이 만들려고 노력은 했으나 앞 권에서 논한 것과 같이, 그 형식들 상호간의 투쟁 때문에 실현시키지 못한 것을 보기 위해서 공상을 필요로 한다. 이에 대해서 우리는 조각술을 고찰할 때 다시 논할 생각이다. 따라서 공상은 천재의 시야를 질적으로나 양적으로나 그 개인에게 현실에서 부여한 객관 이상으로 확대한다. 따라서 공상의 강렬성이란 것이 천재성의 요인, 즉 천재성의 조건이다. 그러나 반대로 강렬한 공상이 천재성의 증거가 되지는 않는다. 천재적이지 못한 사람도 때때로 공상을 할 때가 있다. 하나의 현실적인 객관을 순수하게 객관적이고 천재적으로, 즉 그 객관의 이데아를 파악하면서 고찰하는 것과 그저 이유율에 따라 그 객관이 다른 객관들과 자기의 의지에 대해 갖는 관계에서 고찰하는 두 가지 대립된 방식이 있을 수 있는 것과 마찬가지로, 환상도 두 가지 방식으로 볼 수 있기 때문이다. 우선 환상은 이데아를 인식하기 위한 수단이며 그 인식을 전달하는 것이 예술이다. 또 한 가지 환상은 이기심이나 변덕에 안성맞춤이며, 일시적으로 누구를 속인다든지 즐겁게 한다든지 하는 여러 가지 공중누각을 그리는 데 사용된다. 이 경우 공상 속에서 정말로 인식되는 것은 그 관계들뿐이다. 이런 놀이에 몸을 맡기고 있는 자는 공상가다. 그는 자기만 생각하고 즐거워하는 여러 공상을 자칫하면 현실 속에 한데 섞어, 그로 인해 현실에 소용없는 인간이 된다. 그는 아마 모든 종류의 평범한 소설들에 있는 것과 같이 자기 공상의 환영들을 써 갈 것이지만, 독자는 그 작품의 주인공이 된 것 같은 기분이 되어서 그 묘사를 '기분 좋게' 생각하기 때문에, 그 작품은 작가와 같은 부류의 사람이나 일반 대중에게 인기를 얻는다.

앞에서 말했듯이, 평범한 사람은 자연이 매일 수천 가지로 만들어 내는 제조품과 같다. 평범한 사람은 이해하지 못하는 고찰(이것이 참된 정관(靜觀)이지만)은 오래 계속할 수 없다. 그가 사물에 주의를 기울일 수 있는 것은 그 사물이 간접적으로라도 그가 가진 의향에 어떤 관계를 갖는 한도 안에서만 그렇다. 언제나 관계들의 인식을 필요로 하는 점에서는 사물의 추상 개념이 있으면 충분하다. 또 대개의 경우 그 편이 한층 더 효력이 있기 때문에, 평범한 사람은 언제까지나 단순한 직관에 머무르지 않고, 마치 게으른 자가

의자를 찾는 것처럼 자기에게 나타나는 모든 것 가운데 개념만을 급히 찾아다닌다. 또한 언제까지나 하나의 대상을 보고 있지 않기 때문에, 하나의 개념을 얻으면 곧 그 사물에 흥미를 잃어버리고 만다. 그러므로 평범한 사람은 예술 작품, 아름다운 자연, 여기저기서 깊은 의미를 이야기해 주고 있는 인생의 여러 모습 등을 접해도 곧 결정을 내린다. 그는 머무르지 않는다. 그가 찾고 있는 것은 자기가 걷는 인생의 길뿐이며, 무릇 자기의 길이 될 수 있는 것이면 무엇이든 좋다. 넓은 의미로 말해 지형 측량으로 메모하는 것이다. 그는 인생의 고찰 같은 것에 시간을 소비하지 않는다. 이와는 반대로 천재의 인식력은 우세하기 때문에, 어떤 때에는 의지에 대한 봉사를 떠나서 인생의 고찰에 시간을 보내며, 사물을 다른 것과의 관계에서가 아니라 그 사물의 이데아를 파악하려 한다. 이것이 지나쳐서 이따금 그는 인생에서 자신의 길을 등한시하며 대개 실생활에 서투르다.

평범한 사람에게 인식 능력은 인생길을 비추는 등불이지만, 천재에게는 세계를 비추는 태양이다. 인생을 보는 이와 같은 다른 방법은 곧 두 사람의 외모에서도 나타난다. 천재성을 가지고 있는 사람의 눈초리는 생생한 동시에 꿋꿋하여 정관, 명상의 성격을 갖추고 있어 쉽게 알 수 있다. 자연은 수백만이라고 하는 헤아릴 수 없이 많은 사람들 가운데서 가끔 극히 소수의 천재만을 생산하는데, 이들 천재들의 상을 보아도 이것을 알 수 있다. 이와 반대로 평범한 사람의 눈초리는 대개 둔하지 않으면 얼빠진 모습인데, 그렇지 않다 해도 정관과는 정반대로 엿보는 듯한 모습이 나타나게 마련이다. 따라서 '천재적인 표정'은 의욕보다 인식에서 결정적으로 우세하고, 의욕과는 아무런 관계도 없는 인식, 즉 '순수 인식'이 거기에 나타나 있다는 점이 특징이다. 이와 반대로 평범한 두뇌를 가진 사람에게는 의욕의 표현 쪽이 우세하여, 인식은 언제나 의욕의 자극을 받아 비로소 발동하며 동기에 근거를 두고 있다는 것을 알 수 있다.

천재적인 인식 또는 이데아의 인식은 이유율에 따르지 않지만, 이유율에 따르는 인식은 실생활에서는 사려와 분별을 주고, 과학을 성립하게 한다. 그러므로 천재적인 사람들에게는 평범한 사람들의 인식 방법을 등한시하는 결과로 생기는 여러 가지 결함이 따르는 법이다. 그러나 이 경우 다음과 같은 제한이 있다는 것에 주의해야 한다. 즉 내가 이 고찰에서 인용하려는 것이 천재적인 인식 방법으로 행해지고 있는 한, 또 행해지고 있는 동안만 해당하는 것이며, 결코 천재적인 인간 생활의 모든 순간에도 그와 같다고 할 수 없다는 것이다. 왜냐하면 의지를 떠나 이데아를 파악하기 위해서는 자연적이라 해도 의식적인 긴장을 필요로 하기 때문에, 아무래도 도중에서 해이해져 간격이 생기며, 이 간격이 있는 동안은 천재라 하더라도 장점과 단점이 보통 사람과 다를 것이 없기 때문이다. 그러므로 예전부터 세상 사람들은 천재의 작용을 영감이라 보았는데, 그 명칭이 표시하는 것처럼 개인과는 다르며, 천재가 주기적으로만 갖는 무언가 초인간적인 존재자의 작용으로 보았다.

천재적인 사람들은 이유율의 내용에 관심을 갖는 것을 싫어하는데, 이 경향은 제일 먼저 존재의 근거, 즉 수학에 대한 혐오로 나타난다. 즉 수학의 고찰은 현상에서 가장 보편적인 형식인 공간과 시간에 관한 것인데, 이들 자체는 이유율의 형태에 불과하다. 그러므로 수학의 고찰은 모든 관계를 떠나 오직 현상의 내용, 즉 현상 속에서 나타나는 이데아만을 찾는 고찰과는 정반대다. 게다가 또 수학의 논리적 취급 방법이 천재에게는 마음에 들지 않는다. 왜냐하면 논리적인 취급 방법은 참된 이해를 가로막고 만족을 주지 않으며, 인식의 이유율에 따라 단순한 추리의 연쇄를 나타내면서 모든 정신력을 동원하여 가장 많은 기억 작용을 필요로 하기 때문이다. 즉 이 기억에 의해서만 언제나 증거로 인용하는 이전의 모든 명제를 확실히 할 수 있다.

경험상으로도 예술에 있어 대천재는 수학에 재능이 없다는 것이 확실하다. 예술과 수학 모두에 훌륭한 사람은 하나도 없다. 알피에리 (Vittorio Alfieri(1749~ 1803). 이탈리아의 비극 작가. 고전적인 형식으로 된 19개의 희곡을 남겼다)는 유클리드의 제4정리까지도 이해하지 못했다고 말하고 있다. 괴테의 색채론에 대해 분별심 없이 반박을 가하는 사람들은 괴테에게는 수학적 지식이 결여되어 있다고 하면서 마구 비난했다. 물론 색채론에서는 가설적인 자료를 근거로 하는 계산이나 측정이 중요한 것이 아니라 인과 관계를 직접 오성에 의해 인식하는 것이 중요하기 때문에, 그 사람들의 비난은 엉뚱하고 과녁도 빗나갔다. 그들은 그러한 비난을 했기 때문에 미다스의 말과 마찬가지로 판단력이 결여되어 있다는 것이 폭로되었다. 괴테의 색채론이 나온 지 거의 반세기가 지난 오늘날, 아직 독일에서도 뉴턴의 거짓 학설이 당당히 교단을 점령하고 있고, 여전히 일곱 가지 동질의 색과 그것들의 각기 다른 굴절성을 논하고 있다는 것은 장차 인류, 특히 독일인의 큰 지적 특성의 하나로 지적될 것이다. 이와 반대로 널리 알려진 사실이지만, 훌륭한 수학자는 미술 작품에 대해 그다지 감수성을 갖고 있지 않다는 것도 위에서 말한 이유로 설명될 수 있다. 이것을 단적으로 말해 주는 유명한 일화가 있는데, 프랑스의 대수학자가 라신의 《이피제니(*Iphigénie en Aulide*)》를 읽은 후 어깨를 으쓱하면서 "이것은 무엇을 증명하려는 것인가? (Qu'est-ce-que cela prouve?)" 하고 물었다는 것이다.

또 인과성의 법칙이나 동기 유발의 법칙에 따라 여러 관계를 날카롭게 파악하는 것이 본래 목적이지만, 천재의 인식은 관계를 목표로 하지 않는다. 그러므로 현명한 사람은 그가 현명한 한 천재는 아니고, 또 천재는 그가 천재인 한 현명하지 않을 것이다. 결국 이데아는 그 영역 내에 존재하고 있는 직관적 인식과 인식의 이유율에 인도되는 이성적 또는 추상적 인식과는 대체로 정반대다. 또 대천재가 훌륭한 이성의 작용을 갖추고 있는 것이 드물다는 것도 알려져 있고, 오히려 천재적인 사람들은 이와 반대로 격한 감정과 비이성적인 격정에 움직이는 경우가 많다. 그러나 그것은 이성이 약하기 때문이 아니라 일부는 그 천재적인 개인과 의지 행위의 격렬성에 의해 밖으로 나타나는 의지 현상 전체의 이상한 에너지 때문이고, 일부는 감성과 오성에 의한 직관적 인식이 추상적 인식보다 우세하기 때문이다. 즉 명백하게 직관적인 것을 목표로 하기 때문이며, 감성이나 오성이 받는 직관적인 것에 있어 극히 강한 인상은 무색의 개념을 압도해 버리기 때문에, 행동이 개념에 의해 인도되지 않고 직관적인 인상에 의해 인도되고, 그래서 행동이 비이성적으로 되는 것이다. 따라서 현재의 인상이 그들에게 지극히 강하게 새겨져서 그들을 사려가 부족하고 정열적이고 격정적으로 몰고 간다. 대체로 이러한 천재적인 사람들의 인식은 어느 정도 의지에 대한 봉사로부터 떠나 있기 때문에, 그들은 사람과 대화를 해도 상대편을 생각하는 것보다는 오히려 화제가 되고 있는 문제가 더 생생하게 머리에 떠오르기 때문에 그쪽을 생각한다. 따라서 그들은 자기들의 흥미 때문에 직관적으로 판단하고 말하며, 가만히 있는 것이 상책인 경우에도 잠자코 있지 않으려 한다. 결국 그들은 독백을 하게 되고 실제로 광기에 가까운 약점을 나타낼 때가 있다.

천재와 광기는 서로 경계를 접하고 있으며, 또 서로 어울리는 일면을 갖고 있다고 가끔 얘기한다. 시인의 감격은 일종의 광기라고까지 불리고 있다. 호

라티우스는 그것을 "사랑스러운 광기(amabilis insania)"라고 했고, 빌란트
^{(Christian Martin Wieland(1733~1813). 독일의 시인, 작가, 번역가. '독일의}
^{볼테르'라 불리기도 했으며, 그의 음문 《오베론》은 괴테의 절찬을 받기도 했다)}는 《오베론》의 처음에 "사랑스러
운 광기"라고 말하고 있다. 세네카에 따르면, 아리스토텔레스까지도 "광기
가 없는 위대한 재능은 예전부터 없었다(Nullum magnum ingenium sine
mixtura dementiae fuit)"라고 말했다. 플라톤은 이것을 앞서 인용한 컴컴한
동굴 이야기(de Rep. 7) 속에서 다음과 같은 말로 표현하고 있다.

동굴 밖에서 햇빛과 현실에 존재하는 사물(이데아)을 본 사람들은 그
눈이 어두움에 길들여 있지 않기 때문에 후에 동굴에 들어와서는 사물을
보지 못하며, 거기에 있는 여러 영상을 식별할 수도 없다. 따라서 그들은
실패를 하고 이 동굴에서 한 발짝도 바깥으로 나가지 않고, 이 영상들만을
보고 있는 다른 사람들에게 바보 취급을 당한다.

또 플라톤은 《파이드로스》(p. 317)에서 솔직하게 어떤 종류의 광기 없이는
참된 시인이 될 수 없다고 말하고 있으며, 또한 (p. 327) 무상한 사물 속에
영원한 이데아를 인식하는 자는 모두 광인처럼 생각된다고까지 말하고 있
다. 또한 키케로는 다음과 같은 것을 인용하고 있다.

왜냐하면 데모크리토스는 어떠한 시인도 영감 없이는 위대해질 수 없다
고 말하고 있기 때문이다. 플라톤도 같은 말을 하고 있다. (Negat enim,
sine furore, Demokritus, quemquam poëtam magmum esse posse ; quod
idem dicit Plato. de divin. I, 37)

마지막으로 포프는 다음과 같이 말하고 있다.

위대한 기지는 광기에 아주 가깝고
그들의 경계를 가르는 엷은 칸막이가 있을 뿐이다.

Great wits to madness sure are near allied,
And thin partitions do their bounds divide.

이런 점에서 괴테의 《타소》는 특히 가르쳐 주는 바가 많다. 이 희곡에서 괴테는 천재의 순교라고 할 수 있는 고뇌뿐만 아니라 그 고뇌가 점점 광기로 변해가는 것도 묘사하고 있다. 마지막으로 천재와 광기가 직접 그 경계선을 접하고 있다는 사실은 루소, 바이런, 알피에리 등 천재적인 인물의 전기를 보아도 확인할 수 있고, 천재의 생애에 대한 일화를 보아도 확인된다.

나는 지금껏 여러 번 정신병원을 시찰한 적이 있는데, 환자 가운데에는 확실히 위대한 소질을 가진 자가 있었다는 것을 언급하지 않을 수 없다. 그들의 천재성은 분명히 광기 속에서 번뜩였지만, 그들의 경우에는 광기가 더 우세했던 것이다. 이것을 우연이라고 말해 버릴 수는 없다. 왜냐하면 미친 사람의 수는 비교적 소수지만, 천재라는 사람은 보통 생각하고 있는 것보다 훨씬 적고 자연에서 예외로 생기는 현상이기 때문이다. 참으로 위대한 천재라고 할 수 있는 사람은 인류에 대해 만고불변의 가치가 있는 업적을 남긴 사람들에 한하지만, 고금을 통해 전 유럽의 문화 제국이 생산한 이 참으로 위대한 천재들, 다시 말하지만 이 사람들을 열거하여 그 수를 30년마다 갱신하면서 유럽에 사는 3억 5000만의 인구와 비교해 보면, 위에서 말한 천재가 매우 예외적인 현상이라는 것을 납득하게 된다.

여기서 잠깐 언급해 두려고 하지만, 아는 사람들 가운데는 출중하다고는 할 수 없지만 꽤 우수한 정신을 가지고 있고, 조금 광기의 징조를 나타내고 있는 분이 몇몇 있다. 따라서 보통 이상으로 지능이 높아진다는 것은 일종의 기형이라고 생각되며, 그것만으로도 벌써 미치기 쉽다고 생각되는지 모른다. 그럼에도 나는 천재성과 광기의 유사성에 대한 순수하게 지적인 근거에 대하여 나의 의견을 될 수 있는 한 간단히 말해 보려고 한다. 왜냐하면 이것을 논하는 것은 틀림없이 천재성의 참된 본질, 즉 참된 예술 작품을 생산할 수 있는 유일한 정신적 특질의 참된 본질을 설명하는 데 도움이 되기 때문이다. 그런데 그러기 위해서는 광기를 간단히 논해 둘 필요가 있다.

광기의 본질에 대해 명확하게 이해하고, 미친 사람을 건강한 사람과 엄밀하게 구별하는 개념은 내가 알고 있는 한 아직 발견되지 않고 있다. 이성이나 오성이 미친 사람에게 결여되어 있다고 할 수는 없다. 왜냐하면 미친 사람도 이야기를 하고 듣고 올바른 추론을 내리는 일이 가끔 있으며, 또 눈앞의 일을 올바르게 직관하고 인과의 연관을 통찰하기 때문이다. 환각은 열병 환자의 망상과 마찬가지로 광기의 일반적인 징후는 아니다. 헛소리는 직관을 그르치게 하지만 광기는 사상을 그르치게 한다. 즉 미친 사람은 대개의 경우 직접적으로 '현재의 것'에 관한 지식에서는 결코 틀리지 않는다. 그들의 헛소리는 언제나 '현재 존재하지 않는 것'이나 '지나간 것'에 관한 것이며, 따라서 나는 그들의 병은 특히 기억에 관한 것이라고 생각한다. 그렇다고 해서 그들이 완전히 기억을 잃고 있다는 것은 아니다. 왜냐하면 그들 대부분은 많은 것을 암기하고 있고, 때로는 오랫동안 만나지 않은 사람까지도 식별하기 때문이다.

그들의 병이 기억에 관한 것이라고 하는 것은 오히려 기억의 실마리가 끊어져서 연속적인 연관이 없어지고, 균형잡힌 연관을 유지하면서 과거를 기억해낼 수 없다는 것이다. 과거의 하나하나 장면은 현재의 개별적인 경우와 마찬가지로 올바르게 기억되고 있다. 그러나 과거의 기억에는 간격이 있고, 그들은 그 간격을 허구로 채운다. 그 허구가 언제나 같은 것이면 고정 관념이 되고, 망상과 우울증이 된다. 그렇지 않고 그 허구가 그때마다 다른 것이고 순간적인 착각이면 어리석음(Narrheit)이나 우둔(fatuitas)이 된다. 그러므로 미친 사람이 정신병원에 입원할 때, 그의 경력을 묻는 것은 곤란한 일이다. 그의 기억에는 언제나 진실과 허위가 혼합되어 있기 때문이다. 직접적인 현재는 옳게 인식되어도 그 현재가 망상된 과거와 허구로 결합되어 있기 때문에 진실이 아닌 것이 되어 버린다. 그러므로 미친 사람은 자신과 타인을 단지 자기의 거짓된 과거 속에만 있는 인물과 동일시하고, 아는 사람을 전혀 아는 사람으로 인정하지 않으며, 현재의 개별적인 사물을 옳게 표상하고 있으면서도 그것과 현재에 없는 사물과의 관계에 관해서는 옳게 표상하지 못한다. 광기가 고도로 진행되면, 완전한 기억 상실 상태가 된다. 그렇게 되면 미친 사람은 현재에 없는 것이나 과거의 것에는 전혀 고려하는 능력이 없이 오직 그의 머릿속에서 과거를 채우고 있는 여러 허구를 그때그때의 변덕스런 기분에 따라 이리저리 결합하고 규정하게 된다. 이렇게 미친 사람이 눈앞에서 자신이 우세한 것을 보지 않으면 사람을 학대, 살해하지 않는다고 한순간도 보장할 수 없다.

미친 사람의 인식은 현재에 국한되어 있다는 점에서 동물의 인식과 같다. 그러나 동물은 본래 과거에 대한 표상은 갖고 있지 않다. 물론 과거는 습관을 매개로 하여 동물에게 작용하는 일이 있다. 따라서 개는 여러 해가 지나서 전 주인을 만나도 그 사람을 주인으로 식별한다. 즉 그 사람을 보면 전에 길들여졌던 인상이 새삼 떠오르는 것이다. 그러나 그 사이 경과한 시간에 대해서는 아무런 기억도 하지 못한다. 이와 반대로 미친 사람은 그 이성 속에 추상적으로 언제나 과거를 가지고 다닌다. 그러나 그 과거는 허구며 그에게만 존재하고, 또 언제나 존재하든가 지금에만 존재하든가 한다. 이러한 허구적인 과거의 영향은 동물조차도 올바르게 인식할 수 있는 현재의 모습까지 방해한다.

격한 정신적인 고뇌나 예측할 수 없는 무서운 사건들이 원인이 되어 미쳐 버리는 일이 이따금 있는데, 나는 이것을 다음과 같이 설명한다. 이러한 고뇌는 어느 것이나 실제 사건으로 현재에 국한되어 있다. 즉 일시적인 것에 불과하며, 그런 한에서는 그렇게 중요한 것은 아니다. 그 고뇌가 영속적인 고통으로 있는 것은 사상뿐이며, 따라서 '기억'에 존재하는 것이다. 그런데 이러한 마음의 고통, 괴로운 지식 또는 추억이 아주 심해 도저히 참을 수가 없어서 그 사람이 여기에 패배하게 되면, 그래서 그 고뇌로 번민하는 사람은 인생 최후의 탈출 수단으로서 '광기'에 호소한다. 그래서 심하게 상처를 받은 정신은 기억의 실마리를 절단하여 그 간격을 허구들로 채우고, 그 힘으로 견딜 수 없는 정신적 고통에서 광기로 도피하는 것이다. 이것은 육체가 썩어 가는 병에 걸려 수족을 절단하여 의족으로 대치하는 것과 마찬가지다. 그 실례로 미쳐 가는 리어 왕과 오필리아를 들 수 있다. 이 작중 인물들이야말로 여기서 인용할 수 있는 인물인데, 이들은 실제 생활에서 빈번하게 일어나는 진실성을 띤 현실적 경험을 보여주기 때문이다. 우리는 모두 잊고 싶은 추억이 갑자기 가슴속에 떠오를 때, 기계적으로 무언가 큰 소리를 낸다든지 몸을 움직인다든지 하여 이 추억을 몰아내고, 억지로 기분 전환을 하려고 하는 일이 있다. 이것은 앞서 말한 것과 같은 고통으로부터 광기로의 이행과 닮은 점을 갖고 있다.

위에서 말한 것처럼, 미친 사람도 개별적인 현재의 일이나 많은 과거의 일을 어느 정도 하나하나 올바르게 인식하지만, 그 연관이나 관계를 오인하기 때문에 틀리거나 헛소리를 한다. 바로 이것이 미친 사람과 천재의 공통점이다. 천재도 이유율에 따르는 관계들의 인식을 버리고 사물 속에서 오직 이데아만을 보고 찾으며, 직관적으로 나타나 있는 그 사물의 참된 본질을 파악하려고 하기 때문이다. 또 이 본질이라는 점에서 하나의 사물은 그 사물 전체를 대표하고 있다. 따라서 괴테가 말한 것처럼 한 가지 예가 수천 가지로 적용되는 것이다. 그래서 천재도 사물의 연관에 대한 인식을 등한시한다. 그의 관조적 객관 또는 지나치게 생생하게 파악한 현재는 아주 선명하게 나타나기 때문에, 그 객관이나 현재가 소속하고 있는 연쇄의 다른 부분이 암흑 속으로 물러가 버린다. 그래서 전부터 광기의 현상과 흡사하다고 하는 현상이 생기는 것이다. 현존하는 개개 사물 속에는 불완전하게만 있고 또 여러 변용으로 약화되어 존재하는 것에 불과한 것도 천재가 보는 바에 따라 이데아나 완전한 것으로까지 높여진다. 따라서 천재는 어디서나 극단을 본다. 또 그렇기 때문에 천재의 행동은 극단으로 달린다. 그는 중용을 지키는 것을 모르며, 절도가 없어서 그 결과는 위에서 말한 대로다. 그는 이데아를 완전히 인식하지만 개체들을 인식하지는 않는다. 그러므로 세상 사람들이 말하는 것처럼, 시인은 인간을 깊이 근본적으로 알 수는 있지만, '사람들을' 안다는 점에서는 아주 서툴다. 그렇기 때문에 그는 사람들에게 잘 속고 사기꾼에 농락을 당하기도 한다.

37. 예술가와 예술작품

그러나 지금까지 언급해 온 것에 의하면 천재라는 것은 이유율과 무관하고, 관계 속에서만 실존을 갖는 개별적인 사물 대신 이데아 자체를 인식하고, 이 이데아에 스스로 관계할 수 있는 능력, 즉 개체가 아니라 순수한 인식을 가질 수 있는 능력 속에 있다. 이러한 능력은 천재보다 정도가 작고 다르긴 하지만 누구에게나 내재해 있음에 틀림없다. 그렇지 않다면 사람은 예술 작품을 창조하는 것도 불가능할 것이며, 또 아름다움이나 숭고함에 대해 아무런 감수성도 갖지 못할 것이다. 뿐만 아니라 아름다움이나 숭고함이라는 말조차 그들에게는 아무런 의미도 갖지 못할 것이다. 따라서 미적 쾌감을 맛보는 능력이 전혀 없는 인간은 없다고 한다면, 모든 인간 속에도 사물 속에서 그 이데아를 인식하고, 또한 자기의 개인적인 입장을 떠날 수 있는 힘이 존재한다고 가정해야 할 것이다. 천재는 그러한 인식 방식을 일반 사람들보다 훨씬 높은 정도로 지속적으로 갖고 있다. 이렇게 지속된 인식 방식으로 파악한 이데아를 어떤 임의의 작품으로 재현해 내는데, 이 재현이 예술 작품이다. 천재는 자기가 파악한 이데아를 예술 작품을 통해 다른 사람들에게 전달한다. 그 이데아는 이 경우 동일 불변한 것이다. 그러므로 미적 쾌감이란 예술 작품에 의해, 또는 직접 자연과 인생을 직관함으로써 생긴 것이라 해도 본질적으로는 동일하다. 예술 작품은 그러한 미적 쾌감이 성립하는 인식을 쉽게 하는 수단에 불과하다.

우리는 이데아를 직접 자연이나 현실에서 만나기보다는 예술 작품에서 만나기가 쉬운데, 그것은 예술가는 이데아만을 인식하고 현실을 인식하지 않기 때문이다. 즉, 그 작품에서도 오로지 이데아만을 순수하게 재현하고 방해가 될지도 모르는 모든 우연적인 요소를 제거하고 이데아를 현실에서 골라내기 때문이다. 예술가는 그의 눈을 통해 우리에게 세계를 보여 준다. 예술가에게 이와 같은 눈이 있고, 모든 관계를 떠나 존재하는 사물의 본질을 인식하는 것이 바로 천재의 타고난 자질이다. 그러나 예술가는 우리에게도 이 타고난 자질을 빌려 주며 그의 눈을 달아 주는 위치에 있는데, 이것은 습득할 수 있는 것이며 예술의 기교다.

나는 앞서 미적인 인식 방식의 내적 본질에 대하여 지극히 일반적인 윤곽을 설명해 두었기 때문에, 이번에는 아름다움과 숭고함에 대해 상세한 철학적 고찰을 자연과 예술에서 양자를 분리하지 않고 논하고자 한다. 먼저 인간이 아름다운 것에 감동하거나 숭고한 것에 감동하는 경우 어떻게 되는가를 고찰해 보기로 하자. 하지만 이 감동이 자연과 인생에서 직접 유래하는가 또는 예술을 매개로 해서만 얻어지는가 하는 본질적인 구별은 하지 않고 외적인 구별에 불과한 것임을 미리 말해 둔다.

38. 아름다움을 느끼는 주관적 조건

우리는 미적인 고찰 방식에 '두 가지 분리시킬 수 없는 요소'가 있다는 것을 알았다. 하나는 개체가 아니라 플라톤의 '이데아'로서 객관의 인식이다. 그 객관은 사물들 속 사물 전체의 지속적인 형식으로서 객관이다. 또 하나는 개체로서가 아니라 '순수하고 의지가 없는 인식 주체'로서 인식자의 자의식이다. 이 두 요소가 언제나 합일하여 나타나기 위한 조건은 이유율에 구속된 인식 방식을 포기하는 것이다. 그런데 포기해야 할 그러한 인식은 의지에 봉사하는 것이다. 아름다운 것을 바라봄으로써 느끼는 '쾌감(Wohlgefallen)'도 역시 이 두 요소에서 생긴다는 것을 알 수 있다. 또한 미적 관조의 대상이 어떤 것인가에 따라 두 요소 중 어느 한쪽이 주된 요소가 된다.

모든 '의욕(Wollen)'은 욕구나 결핍이나 고뇌에서 생긴다. 욕구는 충족되면 끝난다. 그러나 하나의 소원이 채워지더라도 적어도 열 가지 소원은 채워지지 않은 채로 남는다. 따라서 욕망은 오래 계속되며 요구 또한 끝없이 계속된다. 그 충족은 일시적이고 극히 작다. 아무리 궁극적인 만족이라 해도 표면적일 뿐이고, 하나의 소원이 채워지면 곧 새로운 소원이 생긴다. 채워진 소원은 인식된 오해고, 새로 생긴 소원은 아직 인식되지 않은 오해다. 소망한 대상을 얻어도 줄어들지 않는 '지속적인 만족'은 도저히 얻을 수 없다. 그것은 마치 거지에게 던져 주는 자선이 그의 생명을 이어 주어서 오늘의 괴로움을 내일로 연장시키는 것과 같다. 그러므로 우리 의식이 의지에 의해 충족되지 않는 한, 우리가 소원들의 충동에 몰려 끊임없이 기대를 하거나 두려워하고 있는 한, 우리가 의욕의 주체인 한, 우리에게는 영원한 행복도 불안도 부여되지 않는다. 우리가 자진하여 추구하거나 후퇴하여 도망하거나 불행에서 도망하거나, 불행을 두려워하거나, 또는 향락을 얻으려 노력하거나 하는 것들은 근본적으로는 같은 것이다. 끊임없이 요구하는 의지는 어떠한 형태로 나타나든 같은 것인데, 그러한 의지에 대한 배려가 끊임없이 의식을 충족시키고 움직인다. 그러나 참된 행복은 불안 없이는 결코 있을 수 없다. 그래서 의욕의 주체는 언제나 익시온(Ixion)의 회전하는 수레바퀴 위에 실려 있는 것과 같으며, 다나이스(Danais) 자매가 밑 빠진 독에 끝없이 물을 퍼넣는 것과 같으며, 영원히 애태우는 탄탈로스(Tantalos)와 같다.

그런데 외적인 동기 또는 내적인 정서에 의해, 그것들이 갑자기 의욕의 무한한 흐름에서 벗어나 인식이 의지의 사역을 면하고, 이미 의욕의 동기에는 주의를 기울이지 않게 되고 사물을 그 의지에 대한 관계를 떠나서 파악하며, 또한 이해와 관심도 없고 주관성도 없이 순수하게 객관적으로 사물을 고찰하고, 그것이 동기인 경우가 아니라 단순히 표상인 한에 있어 완전히 그 사물에 몰두하여 고찰하게 되면, 처음에 말한 의욕의 길을 찾아가서는 언제나 사라져 버리는 평안이 한꺼번에 저절로 생겨서 우리는 완전히 행복하게 된다. 그것이 고통 없는 상태이며 에피쿠로스가 최고의 선과 신들의 상태로 찬양했던 것이다. 그 순간에 우리는 천한 의지의 충동을 탈피하여 의욕이 부추기는 강제 노동에서 벗어나 안식일을 지키고, 익시온의 수레바퀴도 정지한다.

그런데 이 상태가 바로 전에 이데아를 인식하는 데에 필요하다고 말한 것이며 순수 관조의 상태다. 직관에 몰입하고 객관에 빠져 모든 개별성을 망각하고 이유율에 따라 관계만을 파악하는 인식 방식을 단념하는 것인데, 이 경우 동시에 불가분하게 직관된 개체는 의지 없는 인식의 순수 주관에까지 높아지고, 그래서 그 양자는 이미 시간의 흐름이나 그 밖의 모든 관계의 흐름에 제약되지 않는다. 이렇게 되면 일몰을 감옥에서 바라보든 궁중에서 바라보든 마찬가지라는 결론이 나온다.

내적 정서, 의욕에 대한 인식의 우세, 이러한 상태는 어떠한 환경에서도 생길 수 있다. 이것을 우리에게 보여 주는 것이 탁월한 네덜란드 사람들인데, 그들은 보잘것없는 대상에게도 순수하고 객관적인 직관을 기울여 그들의 객관성과 정신적 평안의 영원한 기념비를 '정물'의 모습으로 정립했다. 미의 관조자는 이것을 바라보고 감동을 금할 수 없는데, 그것은 그 그림이 작자의 평정하고 온건하며 의지를 떠난 심상을 역력히 생각나게 하기 때문이다. 이처럼 보잘것없는 사물을 객관적으로 관조하고 주의 깊게 고찰하며, 이 대조를 신중하게 재현하려면 그와 같은 심상이 필요한 것이다. 그 그림은 보는 사람에게 이러한 상태에 공감할 것을 요구하기 때문에, 그의 불안하고 격한 의욕에 의해 흐려진 심경과 대조를 이루어 감동은 더욱 증대되는 일이 흔히 있다. 이와 같은 정신으로 풍경화가들, 특히 로이스달$\binom{\text{1628~1682,}}{\text{네덜란드 화가}}$은 풍경을 그렸는데, 그는 그 효과를 한층 훌륭하게 나타냈다.

예술적인 심정의 내적인 힘은 그것만으로 이와 같은 작용을 하는데, 순수하게 객관적인 정서는 친화력이 있는 객관에 유혹당하는, 아니 바라보지 않고서는 못 견디게 되는 아름다움에 찬 자연에 의해 쉽게 일어나고, 또 외부로부터도 촉진된다. 자연의 아름다움이 일단 우리의 눈앞에 전개되면 거의 언제나 우리는 아무리 짧은 사이라도 주관성이나 의지의 고역으로부터 순수한 인식 상태로 들어갈 수 있다. 그러므로 격정, 또는 고난이나 근심 등으로 괴로워하고 있는 사람도 오직 자유로운 심정으로 자연을 바라보는 것만으로도 갑자기 기운이 나고, 명랑해지고, 위안을 얻게 된다. 그래서 격정의 폭풍, 소원과 공포의 충동, 의욕의 모든 고뇌는 이상하게도 순식간에 가라앉아 버린다. 왜냐하면 의욕을 떠나 의지가 없는 순수한 인식에 몰입한 순간, 우리는 별세계에 들어간 셈이며, 거기에는 이미 우리의 의지를 움직여서 격하게 마음을 어지럽히는 것은 아무것도 없기 때문이다.

이렇게 인식이 자유롭게 되면 우리는 마치 잠과 꿈에 의해 현실 세계에서 완전히 떠나 버리게 되는 것처럼 모든 것에서 벗어나게 된다. 행복과 불평은 사라져 버리고 우리는 이미 개체가 아니며, 개체는 잊혀지고, 오직 순수한 인식 주관일 뿐이다. 우리는 오직 '하나'의 세계에서 눈으로서 존재할 뿐인데, 이것은 인식의 힘을 갖고 있는 모든 생물에 작용하고 있지만, 오직 인간에게는 의지의 역할을 완전히 탈피할 수 있고, 그 때문에 개별성의 차별이 완전히 없어져 버리고, 보는 눈이 강대한 왕의 눈이든 불쌍한 거지의 눈이든 별로 차이가 없다. 왜냐하면 행복도 고뇌도 모두 이러한 한계를 넘은 경지에는 들어갈 수 없기 때문이다.

모든 고뇌를 완전히 이탈한 경지는 언제나 이렇게 우리 가까이에 있다. 하지만 누가 이 경지에 오래 머무를 힘을 갖고 있는가? 이처럼 순수하게 관조된 객관과 우리의 의지나 인격과 어떠한 관계가 다시 인식되자마자 마법은 곧 사라져 버리고, 우리는 이유율이 지배하는 인식으로 다시 떨어져서 이미 이데아를 인식하지 않고 개체, 즉 우리도 속해 있는 연쇄의 일부를 인식한다. 그래서 우리는 다시 모든 고뇌를 짊어지게 되는 것이다. 대개의 인간에게는 객관성, 즉 천재성이 없기 때문에 그들은 거의 언제나 이러한 상태에 있다. 따라서 그들은 홀로 자연을 상대하는 것을 좋아하지 않고 교제를 필요로 하며, 적어도 책을 필요로 한다. 왜냐하면 그들의 인식은 의지에 예속되어 있기 때문이다. 따라서 그들은 대상들에서 자신의 의지에 대한 관계만을 찾고, 그러한 관계가 없는 것에서 마음속에는 기초 저음처럼 '그런 것은 나에게는 소용이 없다'고 하는 절망적인 목소리가 끊임없이 들려온다. 그래서 혼자 있으면, 주위가 아무리 아름다워도 그에게는 스산하고 음산하고 서먹서먹하고 적의가 있는 것처럼 보인다.

의지를 떠난 관조의 기쁨과 즐거움은 지나간 일과 멀리 떨어진 곳에 대해 이상한 매력을 갖게 하고, 우리의 환상으로 이것들을 참으로 아름다운 것으로 생각하게 한다. 우리가 먼 곳에서 살았던 과거의 일을 생각할 때, 우리의 상상력이 회상해 내는 것은 객관들뿐이며, 현재와 마찬가지로 당시도 회복될 수 없는 고뇌를 짊어진 의지의 주체는 아니었기 때문이다. 당시의 그와 같은 고뇌는 그 후 이미 다른 고뇌로 바뀌었기 때문에 잊혀져 버렸던 것이다. 그런데 기억에 있어서 객관적 직관은 만일 우리가 의지를 떠나서 거기에 몰입할 수 있다면, 현재의 직관과 동일하게 작용할 것이다.

따라서 우리가 평상시보다 더 심하게 어떤 고난으로 괴로워하는 경우, 먼 과거의 일과 멀리 떨어진 장소의 일에 대한 갑작스러운 회상이 사라져 버린 낙원처럼 뇌리를 스치는 일이 있다. 상상이 불러일으키는 것은 객관적인 것뿐이며, 개별적이고 주관적인 것은 아니다. 그리고 이들 객관적인 것이 당시에도 현재 상상하는 모습과 똑같이 순수하게 의지에 대한 어떠한 관계에도 흐려지지 않고 우리 눈앞에 있었다고 상상한다. 그런데 실제로는 오히려 우리의 의지에 대한 객관들의 관계는 지금과 마찬가지로 우리를 괴롭히고 있었던 것이다. 만일 우리가 현재의 객관을 순수하게 객관적으로 고찰하는 경지에까지 올라가고, 우리 자신이 아니라 이들 객관만이 현존한다고 하는 환상을 품는 것이 가능하다면, 과거의 객관과 마찬가지로 현재의 객관도 우리를 고뇌에서 탈피시켜 준다. 그렇게 되면 우리는 괴로운 자아를 벗어나고, 순수한 인식 주관으로서 이 객관들과 완전히 합치한다. 그리고 고난이 이 객관들과 무관한 것과 마찬가지로, 고난은 그러한 경지에 있는 우리와도 무관하다. 이렇게 하여 남는 것은 표상으로서 세계뿐이며, 의지의 세계는 없어져 버린다.

이상의 여러 가지 고찰로 나는 주관적 조건이 미적 쾌감에 대하여 어떠한 성질의 것이며, 또 어느 정도의 것인가 하는 것을 분명히 했다고 생각한다. 말하자면 그것은 인식이 의지의 사역에서 해방되는 것이며, 개체로서의 자신을 망각하고, 의식을 높여 순수한 의지를 떠나서 시간을 초월한 모든 관계에 의존하지 않는 인식 주관에 도달하는 것이다. 미적 관조의 이 주관적 측면과 더불어 언제나 필연적 상관자로서 그 객관적 측면이 나타난다. 그것이 플라톤의 이데아에 대한 직관적 파악이다. 그러나 이것을 상세히 고찰하여 이에 관한 예술 업적을 논하기에 앞서, 잠시 미적 쾌감의 주관적 측면에 관심을 돌려, '숭고함(das Erhabene)'에 대한 인상을 규명함으로써 그 고찰을 완성하는 것이 적절할 것이다. 왜냐하면 숭고함의 인상은 오로지 미적 쾌감의 주관적 측면에 의존하고 그 변용으로 생기는 것이기 때문이다. 그러면 후에 미적 쾌감에 관한 우리의 연구는 그 객관적 측면의 고찰로 완전해진다.

그러나 그 전에 지금까지 언급한 것에 덧붙여 다음과 같은 것을 말해 두어야 하겠다. 빛은 사물에서 가장 즐거운 요소다. 그것은 모든 선한 것, 모든 구원을 가져오는 상징으로 되어 있다. 어떠한 종교에 있어서도 빛은 영원한 구원을 나타내며 암흑은 영원한 벌을 의미한다. 오르무즈드는 가장 순결한 빛 속에 살고, 아리만은 영원한 밤의 어둠 속에 산다. 단테의 천국에서는 축복을 받은 모든 영혼이 빛의 초점으로서 나타나고, 그것들이 모여서 규칙을 바른 형태로 이룩한다고 하기 때문에, 대체로 런던의 복스홀 공원과 흡사한 모양이라고 생각된다. 빛이 없어지면 우리는 곧 슬퍼하고 빛이 다시 돌아오면 기뻐한다. 색채는 곧 생생한 기쁨을 느끼게 되고 그 색채가 선명해지면 기쁨은 최고도에 달한다. 이것은 모두 빛이 가장 완전한 직관적 인식의 상관자고 조건이기 때문이며, 이러한 인식 방식이야말로 직접적으로 의지를 촉발하지 않는 유일한 방식이다. 왜냐하면 시각은 그 밖의 감각과는 달리 그 자신으로서 직접, 그리고 자신의 감각적 작용으로 기관에서 감각의 쾌감 또는 불쾌감을 느낄 능력이 없기 때문이다. 말하자면 의지와 직접 결합되지 않는다. 이성에 근거를 두고 생기는 직관에 이르러 비로소 의지와의 결합이 가능한 것이며, 그러한 결합은 객관과 의지와의 관계 속에 존재한다. 이 관계는 청각의 경우와는 다르다. 음악은 직접 고통을 일으킬 수도 있고, 화성이나 음률에 관계하지 않고 직접 감각적으로 기분을 즐겁게 할 수도 있다. 온몸의 촉감과 촉각은 의지에 대한 이와 같은 직접적인 영향을 가장 강하게 받는다. 그러나 고통이나 쾌감을 동반하지 않는 촉각도 있다. 그런데 후각은 언제나 쾌감 아니면 불쾌감을 느낀다. 미각은 더 심하다. 따라서 후각과 미각이 가장 심하게 의지에 오염되어 있다. 이것은 언제나 가장 천한 감각이며 칸트는 이것을 주관적 감각이라 불렀다. 그렇다고 하면 빛에 대한 기쁨은 실제로는 순수하고 가장 완전한 직관적인 인식 방식에 대한 객관적인 가능성에 대한 기쁨에 불과하며, 모든 의욕을 초탈한 순수한 인식이야말로 가장 즐거운 것이다. 그러한 것은 이미 미적 향락에 많은 몫이 있다는 사실에서 연역할 수 있다.

우리는 객관이 물에 비치면 믿을 수 없을 정도로 아름답게 보인다는 것을 알고 있는데, 그것도 또한 빛의 이와 같은 해석에서 연역할 수 있다. 우리가 자신의 여러 가지 지각 중에서 가장 완전하고 순수하게 지각할 수 있는 것은 물체들 상호간의 신속하고 미묘한 영향 방식 중 간접적인 반사 광선의 영향 때문이다. 이 영향은 아주 쉽게 간과할 수 있는 것으로, 인과 속이나 전체로 우리 눈앞에 나타난다. 우리가 빛에 대해 미적인 기쁨을 느끼는 것은 이 때문이며, 이 기쁨은 실제로 미적 쾌감의 주관적 근거에 기반을 두고 있고, 순수 인식과 그 방식에 대한 기쁨이다.

39. 숭고한 아름다움

이때까지 행한 모든 고찰은 미적 쾌감의 주관적인 부분을 들어 논했다. 즉 의지와는 반대로 그 쾌감이 단순히 직관적 인식에 대한 기쁨인 쾌감이지만, 이 고찰에 이어 이것과 직접 연관되는 것으로 '숭고함'이라 부르는 정서를 다음과 같이 설명해 두기로 한다.

앞에서 말했듯이 대상들을 순수 직관으로 받아들이면, 즉 대상이 그 다양하고 일정하고 명확한 형태에 의해 쉽고 객관적인 의미에서 아름다움을 성립시키는 이데아를 대표하는 것이 되면, 순수 직관의 상태로 변하는 것은 쉽다. 무엇보다도 아름다운 자연이 이러한 물질을 가지고 있다. 그러므로 자연은 가장 감각이 둔한 사람에게까지 적어도 잠시 동안은 미적 쾌감을 느끼게 한다. 그뿐만 아니라 참으로 심한 것은 특히 식물이 우리에게 그것을 미적으로 고찰할 것을 요청하여, 어쩔 수 없이 그렇게 만드는 것이다. 따라서 다음과 같이 말하고 싶을지 모른다. 즉 식물이 인간의 미적 고찰에 영합하여 온다는 것은 다음의 사정과 연관되어 있다. 식물은 동물의 육체처럼 그 자체로서는 인식의 직접적 객관이 아니기 때문에, 맹목적 의욕의 세계에서 표상의 세계로 들어가기 위해서는 오성을 가진 다른 개체를 필요로 한다. 그렇기 때문에 식물은 의욕의 세계에서 표상의 세계로 들어갈 것을 동경하고, 직접 자신이 할 수 없는 것을 적어도 간접적으로 달성해 보려고 한다. 그러나 나는 이러한 대담한 공상과 비슷한 사상을 결정짓지 않고 놓아두기로 한다. 왜냐하면 이러한 사상을 부르짖고 시인하는 것은 자연을 아주 진지하고 열성적으로 고찰한 후에야 가능한 일이기 때문이다. *

그런데 이렇게 자연이 우리 마음에 영합한다는 것, 즉 자연의 형태들이 깊은 의미와 명확성을 갖고 그 형태들을 취하여 개별화된 이데아가 쉽게 우리의 마음을 울린다고 하는 것이, 우리를 의지에 봉사하는 단순한 대상적 관계의 인식에서 미적 관조로 옮기게 하고 의지를 이탈한 인식 주관에까지 높이는 한, 우리 마음에 작용해 오는 것은 '아름다운 것'뿐이며, 거기에서 생기는 것은 미적 감정이다. 그러나 각기 의미 깊은 형태를 갖기 위해 스스로 우리를 순수하게 관조하도록 하는 대상들이야말로 인체라고 하는 객관적인 모습으로 나타나는 인간의 의지 일반에 대하여 적대 관계를 갖는다. 또 이에 대립해서 어떠한 저항도 제압할 수 있는 우세를 가지며 의지를 위협하고, 또 그 측량할 수 없는 위대함에 대하여 의지를 깎아 내려 무력하게 만든다. 그러나 그럼에도 이것을 바라보는 자는 자신의 주의를 의지에 대한 압도적인 관계에 향하지 않고, 그것을 지각하고 승인하면서도 의식적으로 피하여 의지나 그 관계로부터 벗어나 오직 인식에만 몰두한다. 즉 의지에 대해 무서운 이 대상들을 의지를 떠난 순수한 인식 주관으로 관조하고, 모든 상대적 관계를 초월한 그 대상의 이데아만을 파악한다. 그러므로 그러한 사람은 대상을 고찰하는 것에 전념하는 것을 즐기고, 때문에 자기의 인격과 의욕 및 모든 의욕을 초월하는 것이다. 이러한 경지에 도달했을 때 그의 마음을 채우는 것이 '숭고'의 감정이며, 그는 충만한 상태에 있다. 따라서 그러한 상태를 유발하는 대상도 '숭고한' 것이라 부른다.

숭고감과 미감과의 차이는 다음과 같은 점에 있다. 미의 경우는 순수한 인식이 투쟁 없이 우리를 차지한다. 왜냐하면 객관의 미, 즉 그 객관의 이데아 인식을 쉽게 만드는 성질이 의지와 의지에 사용되는 관계들의 인식을 아무런 저항도 받지 않고 자기도 모르는 사이에 의식에서 멀어져 인식의 순수 주관으로 남게 하고, 자신의 의지에 대한 추억까지도 남기지 않기 때문이다.

---

* 여기에 언급한 사상은 내가 40년 전에 조심조심 주저하면서 쓴 것이기 때문에, 이미 같은 사상을 성 아우구스티누스가 표명했다는 것을 지금 발견하고, 나는 오히려 기쁘고 놀라지 않을 수 없다. 즉 "나무들은 이 눈에 보이는 세계의 구조를 장식하는 데 쓸모 있는 여러 가지 모습들을 감각에 나타내 보이고, 그들 자신은 '인식할' 수 없기 때문에, 말하자면 인식되는 것을 원하고 있는 것처럼 보인다."(《신국론》) Arbusta formas suas varias, quibus, mundi hujus visibilis structura formosa est, sentiendas sensibus praebent ; ut, pro eo quod nosse non possunt, quasi innotescere velle videantur. (《De Civitate Dei》)

이와 반대로 숭고의 경우, 그러한 순수 인식의 상태는 불리한 것으로 인식된 그 객관의 의지에 대한 관계로부터 의식적으로, 또 무리하게 이탈함으로써, 즉 의지와 그것에 관계하는 인식을 의식적으로 자유롭게 극복함으로써 달성된다. 이 초월은 의식적으로 달성될 뿐만 아니라 지속되어야 한다. 따라서 끊임없이 의지에 대한 기억이 따라다니지만, 그것은 공포나 소망과 같은 개별적이고 개인적 의욕이 아니라 객관성을 통해 인간 육체에 의해 일반적으로 표현된 경우에 있어 인간의 의욕에 대한 기억이다. 만일 대상에서 오는 현실적이고 개인적인 압박이나 위험에 의해 실제적이고 개별적인 의지 행위가 의식에 나타난다고 하면, 이렇게 현실적으로 움직여진 개인적 의지가 곧 우위를 차지하고, 관조의 고요함은 불가능하게 되어 숭고의 인상은 없어져 버리고 만다. 숭고의 인상은 불안으로 변하고, 그러한 압박이나 위험에서 도피하려는 개인의 노력이 다른 사상을 몰아내기 때문이다.

여기서 몇 가지 예로 드는 것이 미적 숭고에 관한 이데아를 분명히 하고 의심을 푸는 데에 크게 도움이 될 것이다. 또 이 예들에 의해 숭고함의 여러 정도의 차이가 드러날 것이다. 왜냐하면 숭고감은 주요 규정에서는 미감과 동일하기 때문이다. 이 둘은 순수하고 의지를 떠난 인식이며, 필연적으로 생기는 인식, 즉 이유율에 의해 규정되는 모든 관계를 초월하여 존재하는 이데아의 인식이라는 점에서는 동일하다. 또 숭고감은 부가물에 의해서만, 즉 관조된 그 객관이 의지 일반에 대해 갖는 적대 관계를 인정하면서도 이것을 초월한다는 점에 의해서만 미감과 구별된다. 여기서 이 부가물이 강렬하고 명백하고 절실하고 가까운 것인가, 아니면 허약하고 멀고 단지 막연한 것인가에 따라 숭고의 여러 가지 정도가 생기고, 또한 아름다움에서 숭고로의 이행이 생긴다. 나는 우선 이것들의 이행과 일반적으로 미약한 정도의 숭고에 대한 인상을 예를 들어 보이는 것이 설명에 적합하다고 생각한다. 물론 미적 감수성이 그다지 강하지 않은 사람들, 상상이 풍부하지 않은 사람들은 더욱 명확한 숭고의 인상에 대한 실례만을 이해할 것이다. 그러므로 그러한 사람들은 고도의 인상만을 믿고 앞서 말한 극히 미약한 정도의 인상은 그대로 두지 않으면 안 된다.

인간은 의욕의 격하고 어두운 충동(그 초점은 생식기라고 하는 극으로 표시되는)을 가지면서 동시에 순수 인식의 영원하고 자유롭고 밝은 주관(뇌수라는 극으로 표시되는)을 가진다. 이와 마찬가지로 태양은 이 대립과 상응하여 '빛'의 원천, 즉 가장 완전한 인식 방법이 되는 조건의 원천이다. 그렇기 때문에 가장 즐거운 것의 원천인 동시에 '열'의 원천, 생명의 제1조건, 즉 고도의 단계들에서 모든 의지 현상의 원천이다. 의지에 해당하는 것은 열이고 인식에 해당하는 것은 빛이다. 그러므로 빛은 미의 왕관에 있어 최대의 금강석이며, 모든 아름다운 대상들을 인식하는 데 가장 결정적인 영향을 끼치는 것이다. 무릇 빛이 있다는 것은 없어서는 안 되는 조건이며 가장 아름다운 것까지도 빛이 알맞은 위치에 있으면 그 아름다움이 더해진다. 그러나 뭐니 뭐니 해도 빛의 은혜로 그 아름다움이 더하는 것은 건축으로, 빛의 은혜가 있으면 보잘것없는 것도 아름다운 것이 된다. 한겨울에 자연이 온통 얼어붙어 있을 때, 낮게 기울어진 햇빛이 돌덩어리에서 반사하는 것을 보면 거기에는 빛은 있지만 열은 없다. 즉 의지가 아니고 가장 순수한 인식 방식에만 이로운 것이다. 그래서 빛이 돌덩어리에 주는 아름다운 효과의 고찰로 인해 모든 아름다움을 보던 때와 같이 우리는 순수 인식의 상태로 들어간다. 그러나 이 경우, 이 순수 인식의 상태는 바로 그 빛에 의한 가열, 즉 생명체의 원리가 결여되어 있다는 것을 상기함으로써, 의지의 관심을 어느 정도 초월할 것을 요구하고, 모든 의욕을 벗어나 언제나 순수 인식에 머무르려고 하는 희미한 요청을 품고 있다. 그러나 그렇기 때문에 미감에서 숭고감으로 이행이 이루어진다. 아름다움에서 엿볼 수 있는 숭고의 흔적은 참으로 미약한 것이긴 하지만, 아름다움은 이때에 미약한 정도로만 나타난다. 이와 거의 같을 정도로 미약한 실례는 다음과 같다.

가령 끝없는 지평선이 보이고, 하늘에는 구름 한 점 없고 바람 한 점 일지 않으며, 초목은 움직이지 않고, 동물도 사람도 전혀 보이지 않고, 흐르는 물도 없고, 깊은 정적이 깔려 있는 아주 한적한 곳에 간다면, 이러한 환경은 모든 의욕과 궁핍으로부터 벗어나서 관조하라는 외침과도 같다. 그런데 바로 이것이 그렇게 쓸쓸하고 한적하기만 한 환경에 숭고한 맛을 주는 것이다. 왜냐하면 이러한 환경은 줄기차게 무엇을 추구하고 이것을 얻는 것을 필요로 하는 의지에게 이해와 관계있는 어떠한 객관도 제공하지 않기 때문이며, 거기에 남는 것은 순수 관조의 상태뿐이기 때문이다. 그리고 순수 관조가 불가능한 사람은 의지를 작용할 대상이 없는 공허함을 느끼고, 지루함을 못 이겨 깊은 절망에 빠져 버린다. 그러한 점에서 이 환경은 우리에게 지적 가치의 척도가 되는 것이며, 우리의 지적 가치에 있어서는 일반적으로 우리가 외로움을 어느 정도 견디는가, 또는 어느 정도 좋아하는가 하는 좋은 척도다. 요컨대 위에서 말한 환경은 차원이 낮은 숭고의 한 예인데, 거기에는 순수 인식 상태에 평화와 만족이 있고, 그와 대조적으로 끊임없는 활동을 필요로 하는 의지의 독립성이 없는 가련한 모습에 대한 추억이 섞여 있다. 북아메리카 오지의 끝없는 대초원을 바라본 후에 생기는 숭고감이 이러한 종류의 것이다.

그런데 이러한 지방에서 초목을 없애 버려서 벌거벗은 암석만 드러난다면, 우리의 생존에 필요한 유기물이 없기 때문에, 그것만으로도 벌써 의지는 불안하게 되고, 황야는 무서운 성질을 띠고, 우리의 기분은 무겁게 가라앉는다. 때문에 순수 인식을 높이려면 더욱 결연히 의지의 관심으로부터 이탈해야 한다. 그리고 순수 인식의 상태를 지켜 나가면, 숭고감이 분명히 생긴다.

고도의 숭고감을 생길 수 있게 하는 것은 다음과 같은 환경이다. 폭풍우에 휘말린 채 사방으로 펼쳐진 자연, 위협적인 검은 천둥과 번개로 덮인 어스레함, 중첩되어 시야를 가리며 거대하게 절벽을 이룬 발가벗은 바위들, 거품을 일으키며 흐르는 격류, 사방으로 펼쳐진 황무지, 골짜기에 몰아치는 통곡하는 듯한 바람 소리. 이러한 환경 속에서 우리는 확실히 자신이 독립성이 없는 존재라는 것, 우리가 적대적인 자연과 투쟁하고 있다는 것, 이 투쟁에 우리의 의지는 패배했다는 것을 알게 된다. 그러나 일신상의 궁핍에 빠져들지 않고 미적 정관에 몰입하고 있는 한 그 자연의 투쟁 사이에도, 또 이 패배한 의지의 모습 사이나 의지를 위협하고 무섭게 하는 대상에 접해도, 순수한 인식 주관이 작용하여 평정하고 침착하고 태평하게 그 이데아를 포착한다. 바로 이 대조 속에 숭고감이 존재한다.

그러나 이 인상은 사납게 날뛰는 자연의 힘이 대규모로 서로 싸우는 것을 보면, 즉 위에서 말한 환경에서 흘러 떨어지는 물결의 웅장한 소리에 자신의 목소리조차 들을 수 없을 때 한층 강해진다. 또는 폭풍우에 미친 듯 날뛰는 아득하게 넓은 바다에 접하여 집채 같은 파도가 오르락내리락하면서 맹렬한 세력으로 기슭에 부딪쳐 부서지고, 하늘 높이 그 물방울을 튕기고, 폭풍우가 사납게 치며 으르렁거리고, 번개는 시커먼 구름 사이에서 번뜩이고, 천둥소리는 폭풍우와 대양의 소리를 압도할 때, 이러한 광경을 바라보는 사람이 평정을 가진 경우에는 그 의식의 이중성이 명백해진다. 그는 한편으로는 자기를 개체로서 허약한 의지 현상으로 느낀다. 하지만 이것은 그 자연의 힘으로부터 충격을 조금만 받아도 붕괴될 수 있으며, 강력한 자연에 대해서는 어떻게 손을 쓸 수 없이 예속적이어서 우연의 힘에 좌우되는 것이며, 거대한 힘에 비하면 자기는 실로 무(無)라고 할 만큼 미미한 것이다. 그러나 동시에 그는 자신을 영원히 평정한 인식 주관으로 느끼는 것이고, 이것은 객관의 조건으로서 이 세계의 담당자며, 자연의 무서운 투쟁은 이 인식 주관의 표상에 지나지 않아서 인식 주관은 모든 의욕과 궁핍을 떠나서 태연히 이데아를 포착한다. 이것이 숭고의 완전한 인상이다. 여기서 이러한 인상이 일어나는 것은 개체를 파멸로 위협하는 모든 비교를 멈추고 개체보다 우월한 힘을 바라보았기 때문이다.

공간과 시간의 크기는 참으로 엄청난 것이어서, 여기에 비하면 개인은 무라고 할 만큼 작은 것이라는 것을 생각하며, 전자의 경우와 전혀 다른 방식으로 숭고의 인상이 생길 수 있다. 전자의 경우를 역학적 숭고로, 후자의 경우를 수학적 숭고로 부를 수 있는데, 이것은 칸트의 호칭과 그가 행한 옳은 분류를 답습한 것이다. 그러나 그 이데아의 내적 본질에 관해서 우리는 칸트와 견해를 달리하고, 여기에는 도덕적 반성도, 스콜라 철학에서 말하는 실체도 관련되어 있지 않다고 생각한다.

공간과 시간에서 세계의 무한대를 생각하고 한동안 자기를 잊어버리거나, 과거 수천 년과 미래의 수천 년에 관해 생각하거나, 또는 밤하늘의 무수한 세계를 눈앞에 실제로 보여 주어서 우리가 세계를 미리 알 수 없다는 것을 의식하게 되면, 우리는 자신이 무라고 할 만큼 미미하다는 것을 생각하고, 개체로서는 생명을 가진 육체이면서 사라져 가는 의지 현상으로서, 대양에 있는 물 한 방울처럼 줄어들어 무로 돌아가는 것을 느낀다. 그러나 동시에 우리 자신의 허무성이라고 하는 이러한 환영에 대해, 즉 이러한 거짓된 불가능성에 대해, 이 모든 세계는 참으로 우리의 표상 속에만 순수 인식에 대한 영원한 주관의 여러 변용으로 존재하는 것에 불과하다는 직접적인 의식이 생긴다. 또 우리가 개체성을 잊어버리기만 하면 곧 우리 자신이 그 영원한 주관이라는 것을 자각하는데, 이것이 바로 모든 세계나 시간의 조건이 되는 담당자다.

　이때까지 우리를 불안하게 만든 세계의 광대함은 우리 속에 편히 쉬고, 우리가 세계의 광대함에 의존했다는 것을 잊어버리고 세계의 광대함이 우리에게 의존하게 된다. 그러나 이 모든 것들은 곧 반성되는 것이 아니라 단지 느낌으로서의 인식, 즉 어떤 의미(이 의미를 명백하게 하는 것은 오로지 철학의 작업이다)에서 세계와 하나이기 때문에 세계의 불가측성에 압도되어 버리지 않고 높여진 의식으로 나타난다. 이것은 베다의 《우파니샤드》가 여러 가지 표현법으로 여러 번 표현하고 있는 느낌으로서의 의식이며, 특히 이미 앞에서 말한 바 있는 "이들 모든 피조물은 모두 나다. 그러나 나 이외에는 아무것도 존재하는 것이 없다(Hae omnes creaturae in totum ego sum, et praeter me aliud ens non est. Oupnek'hat, Bd. 1, S. 112)"라는 것이다. 이것이 자신의 개체를 초월하는 것이며 숭고감이다.

　하나의 공간은 본래 우주의 크기에 비하면 작지만, 우리에게 직접 지각할 수 있는 것으로 되어 있고, 3차원의 어떠한 방면에서도 그 크기 전체로 작용하여 우리 육체를 거의 무한소로 만들 정도이기 때문에, 우리는 이러한 하나의 공간에 의해서도 위에서 말한 수학적 숭고의 인상을 직접적인 방식으로 얻는다. 이러한 인상을 일으키는 것은 지각함이 없는 공간, 따라서 눈을 방해하는 것이 없는 공간에서는 도저히 불가능하며, 모든 삼차원의 한계를 통해서만 직접 지각할 수 있는 공간에 한한다. 가령 로마의 성 베드로 사원이나 런던의 성 바울 사원처럼 아주 높고 큰 둥근 천장을 들 수 있다. 이때 숭고감은 우리 육체가 어떤 큰 것에 비해 무와 같은 정도로 미미하다는 것을 자각함으로써 생기는 것이지만, 또한 그 크기 자체는 우리의 표상 속에 존재하는 데 지나지 않으며, 그 담당자는 인식 주관을 가진 우리다. 따라서 이때에도 다른 경우들과 마찬가지로 우리 자신이 개체로서, 의지 현상으로서, 무가치한 것과 독립성이 없는 것에 대하여 우리 인식이 순수 주관인 인식과 대립함으로써 숭고감이 생기는 것이다. 별들이 총총한 아치형의 하늘까지도 반성을 하지 않고 바라보는 경우에는 아치형 석조의 모습과 같은 효과를 줄 뿐이며, 그 숭고감은 실제가 아니라 바라본 크기에 의해 생기는 것에 불과하다. 우리 직관의 여러 가지 대상이 숭고감을 일으키는 것은 이 대상들의 공간적인 크기와 오래된 햇수, 즉 시간적인 지속으로 인해 우리가 그 존재 앞에서 무라고 할 만큼 작아지는 느낌에 빠지면서도 그것을 바라보는 즐거움에 도취되기 때문이다. 아주 높은 산, 이집트의 피라미드와 태고의 거대한 폐허 등이 이런 종류의 것이다.

또한 숭고에 관한 우리의 설명은 윤리적인 것, 즉 숭고한 성격이라고 하는 것에도 전용될 수 있다. 이 숭고한 성격 또한 의지가 특히 그것을 자극하기에 적합한 대상에 접해도 자극되지 않고, 인식이 우위를 차지하고 있는 것에서 생긴다. 따라서 그러한 성격의 사람은 사람들을 객관적으로 고찰하고, 그들이 그의 의지에 대해 가질지 모를 관계에 따라 고찰하지는 않는다. 가령 그들이 자신을 미워하고 자기에게 부당한 것을 알면서도, 자신의 잘못을 깨달아 그 때문에 자기 쪽에서 그들을 미워하지는 않는다. 그는 그들의 행복을 보아도 질투를 느끼지 않는다. 그는 그들의 착한 성질을 인정해도 그들에게 더 가까이하려고 하지도 않을 것이다. 그는 여자의 아름다움을 보아도 그것을 수중에 넣으려고 하지는 않는다. 그 자신의 행·불행은 그다지 그의 마음을 움직이지 않고, 오히려 햄릿이 호레이쇼에 관해 묘사하고 있는 것 같은 심경일 것이다.

> 인생의 갖은 고초를 겪으면서도 조금도 내색하지 않고,
> 운명의 신이 희롱하거나 은혜를 주거나
> 다같이 고마운 마음으로 받아들이는,
> 자네는 그런 사람이지.

> for thou hast been
> As one, in suffering all, that suffers nothing;
> A man, that fortune's buffets and rewards
> Hast ta'en with equal thanks, etc. (A. 3, Sc. 2)

그러한 성격의 사람은 자신의 생활 과정이나 거기서 생기는 불행도 개인의 운명이라고 보기보다는 오히려 인류 일반의 운명이라 보고, 이 직관에 괴로워하기보다는 이것을 인식한다는 태도를 취할 것이기 때문이다.

40. 매력적인 아름다움

사물은 설명되는 것이기 때문에, 여기서 다음과 같은 소견을 말해 보는 것이 적절할 것이다. 즉 숭고의 정반대는 '매력적인 것(das Reizende)'이다. 물론 이것은 첫눈에 보았을 때에는 숭고의 정반대라고는 생각할 수 없다. 그러나 내가 매력적인 것이라고 해석하는 것은 의지에 승낙, 즉 만족을 직접 약속함으로써 의지를 자극하기 때문이다. 의지에 반갑지 않은 대상이 순수 관조의 객관이 되면, 이 순수 관조는 의지를 끊임없이 이탈하여 의지의 관심을 초월함으로써 유지된다. 이것이 바로 숭고한 기분을 만드는 것이고, 여기에서 숭고감이 생기는 것이다. 이와는 반대로 매력 있는 것은 아름다움을 파악하는 데에 반드시 필요한 순수 관조에서 바라보는 사람을 끌어내리고, 그의 의지에 직접 맞는 대상에 의해 그의 의지를 자극하기 때문에, 바라보는 사람은 언제까지나 인식의 순수 주관으로 있을 수 없어서, 무엇을 바라는 독립성이 없는 의욕의 주체로 되어 버린다. 보통 명랑한 종류의 아름다움을 매력적이라고들 하지만, 이것은 올바른 구별이 아니고 개념을 너무 넓게 해석한 것으로, 나는 이 개념을 무시하고 부인하지 않을 수 없다.

그러나 위에서 예를 들어 설명한 의미로 보면, 미술의 영역에는 두 가지의 매력적인 것이 있을 뿐인데, 나는 이 둘이 모두 미술에는 어울리지 않는다고 생각한다. 그 하나는 네덜란드인들이 그리는 정도에서 벗어난 정물로, 거기에 그려진 식물은 그릇된 묘사로 인해 식욕을 자극하는 경우에는 사실 저속한 것이다. 이러한 것이 바로 의지의 자극이며, 대상의 미술적 관조에 종말을 고하는 것이다. 과일을 그리는 것은 허용될 수 있다. 왜냐하면 과일은 꽃이 더욱 발전한 것으로 나타나고, 그 형태와 색으로 인해 아름다운 자연의 산물로서 나타나므로, 그것을 먹는다는 것을 생각할 필요는 없기 때문이다. 그러나 유감스럽게도 잘못된 자연 묘사로 식탁 위에 준비한 요리, 굴, 청어, 가재, 버터빵, 맥주, 포도주 등이 그려져 있는 것을 가끔 보는데, 이것은 좋지 않다. 역사적인 그림이나 조각에서 매력적인 요소는 발가벗은 모습에 있는데, 그 자세, 반쯤 몸을 가린 옷, 그 취급 방법 등이 보는 사람에게 음탕한 기분을 준다. 그것이 결국 순수하게 미적인 견해를 없애고 미술의 목적을 방해한다. 이 결점은 지금 막 네덜란드인들에 관해 비난한 결점과 일치한다. 고대 사람들은 아무리 아름답고 그 모습이 완전한 나체라고 해도, 거기에 대해서 거의 거리낌이 없다. 그것은 예술가가 주관적인 비열한 욕망이 아닌 이상적인 미로 충만하고 순수하게 객관적인 정신으로 창작했기 때문이다. 이렇게 미술에서는 도처에서 매력적인 것을 기피하고 있다.

또한 소극적인 매력도 있는데, 이것은 지금 언급한 적극적인 매력보다 훨씬 혐오할 만한 것이다. 이것은 구토를 불러일으키는 것이다. 이것도 본래의 매력과 마찬가지로 바라보는 사람의 의지를 자극함으로써 순수하게 미적인 견해를 방해한다. 그러나 이 때문에 생기는 것은 심한 혐오감과 반감이다. 이것은 바라보는 사람의 의지에 그 혐오의 대상을 보여 줌으로써 그 의지를 자극하는 것이다. 따라서 예전부터 예술에서는 전혀 허용되지 않은 것으로 알려져 있다. 그런데 추한 것이라도 구토를 불러일으키는 것이 아닌 경우 적당한 장소에서 허용될 수 있다. 이것은 또 후에 설명하기로 한다.

41. 이데아를 구현하는 아름다움

고찰해 가면서 우리는 미에 대한 논의의 전반, 즉 그 일면에 불과한 주관적 측면의 논의를 끝낸 데서 필연적으로 숭고에 대한 논의를 하지 않을 수 없었다. 왜냐하면 이 주관적 측면의 특수한 변용이 바로 미를 숭고함과 구별하는 것이기 때문이다. 즉 모든 미적 관조가 전제로 하고 요청하는, 순수하고 의지가 없는 인식의 상태가 객관에 의해 그 경지까지 유도되고 끌려 들어감으로써, 아무런 저항도 없이 의지가 의식에서 없어져 버림으로써 생긴 것이거나, 또는 이 상태가 자유로이 의식적으로 의지를 초월함으로써 비로소 얻어진 것으로서, 관조된 대상 자체는 의지에 대해 불리한 적대 관계에 있고, 만약 이 관계에 사로잡혀 있으면 관조가 소멸해 버리는 그러한 상태다. 이것이 미와 숭고의 차이다. 객관에 있어서 이 둘은 본질적으로는 차이가 없다. 왜냐하면 어떠한 경우에도 미적 고찰의 객관은 개별적인 사물이 아니라 그 속에 구현되려고 노력하는 이데아, 즉 일정한 단계에 있는 의지의 적절한 객관화이기 때문이다. 이데아의 필연적인 상관자로서 이데아와 마찬가지로 이유율을 이탈하고 있는 것이 인식의 순수 주관이며, 개체의 상관자는 인식하는 개체인데, 이 둘은 다 이유율의 영역에 존재한다.

우리가 어떤 대상을 '아름답다'고 말할 때, 그것은 미적 고찰의 객관이라는 것을 표현하는 것이며, 여기에는 두 가지가 포함되어 있다. 하나는 그 대상을 바라보면 우리가 객관적이 된다는 것, 다시 말해 그 대상을 보고 있는 동안 우리는 자신을 개체라고 의식하지 않고, 순수하고 의지를 떠난 인식 주관으로 의식하고 있다는 것이다. 그리고 다른 하나는 우리가 대상 속에서 개체를 보지 않고 이데아를 본다는 것인데, 이것은 대상에 관한 우리의 고찰이 이유율에 얽매이지 않고, 그 대상과 그 밖의 것과의 관계(이 관계는 결국 언제나 우리의 의욕에 대한 관계와 관련하는 것이지만)에 구속받지 않고, 객관에 안주하는 경우에만 생길 수 있다. 왜냐하면 이데아와 순수한 인식 주관은 필연적인 상관자로서 언제나 동시에 의식에 들어오는데, 이들의 출현과 더불어 시간적인 구별이 곧 없어지기 때문이다. 그것은 이데아와 순수 인식 주관이 모든 형태의 이유율에 의해서 생기는 여러 상대적인 관계 밖에 존재하기 때문이다. 마치 무지개와 태양이 낙하하는 물방울의 끊임없는 운동의 연속과는 아무런 관계가 없는 것과 마찬가지다.

예컨대 내가 한 그루의 나무를 미적으로, 즉 예술적인 안목으로 본다면, 나무가 아니라 나무의 이데아를 인식한다고 하면, 그 대상이 이 나무인가 또는 1,000년 전에 무성했던 그 조상인가는 당장은 의미가 없다. 마찬가지로 그것을 보는 개인이 이 사람인지 또는 어디서 생활하고 있는 다른 사람인지 하는 것도 아무래도 상관이 없다. 그렇게 되면 이유율과 더불어 개체와 인식 개체는 없어지고, 남는 것은 이데아와 순수 인식 주관 외에는 아무것도 없다. 이 둘이 결합하여 이 단계에서 의지의 적절한 객관성을 이룩하는 것이다. 그리고 이데아는 시간뿐만 아니라 공간도 초월한다. 왜냐하면 내 눈앞에 있는 공간적인 형태가 아니라 그 형태의 표현, 즉 순수한 의미, 자신을 드러내어 내 마음을 끄는 가장 내적인 본질이 바로 이데아이며, 따라서 형태의 공간적인 관계들이 아무리 달라도 완전히 같은 것일 수 있기 때문이다.

현존하는 사물은 모두 한편으로는 순수하게 객관적으로 모든 상대적 관계를 떠나 고찰될 수 있으며, 또 한편으로는 어떠한 사물 속에도 의지가 그 객관성의 어떤 단계를 표시하면서 나타난다. 따라서 그 사물은 어떤 이데아를 표현하고 있기 때문에 모든 사물은 각기 '아름다운' 것이다. 아주 보잘것없는 것도 순수하게 객관적으로 의지를 떠나 관찰할 수 있으며, 아름다운 것으로 보인다. 이것은 이미 앞서(제38장) 이 점에 관해 언급한 네덜란드인들의 정물화를 보아도 알 수 있다. 그런데 어떤 것이 다른 것보다 한층 아름답다는 것은 그것이 순수하게 객관적인 관찰을 쉽도록 하거나, 형편이 좋거나, 좋든 싫든 어쩔 수 없이 그렇게 하도록 강요하는 것인데, 그때 우리는 그 사물을 매우 아름답다고 한다. 이것은 한편으로는 그 사물이 개체로서 각 부분의 명료하고 순순히 규정된, 극히 중요한 관계들로 이데아를 순수하게 표현하고, 가능한 모든 표현이 그 개체 속에 완전히 통일되어 있어서 그 사물이 그런 종류의 이데아를 완전하게 구현하기 때문에, 관찰자는 쉽게 개체로부터 이데아를 파악할 수 있고, 또한 순수 관조의 상태로 들어갈 수 있기 때문이다. 또 한편으로 어떤 객관이 특히 아름답다는 장점은 그 객관 속에서 우리의 마음을 끄는 이데아가 의지의 객관성 가운데 높은 단계며, 아주 중요하고 의미심장한 것이기 때문이다. 그런 까닭에 인간이 다른 어떤 것보다도 아름답고, 인간의 본질 구현이 예술의 지상 목표인 것이다. 인간의 자세와 표정은 조형 미술의 가장 중요한 대상이며, 또 인간의 행위는 시의 가장 중요한 대상이다.

그러나 사물에는 각기 특유한 아름다움이 있다. 유기적인 것으로 통일되어 나타나는 것뿐만 아니라 무기적인 것, 무형적인 것, 모든 제조품까지도 아름다움을 가지고 있다. 왜냐하면 이것들은 모두 의지가 가장 낮은 단계에서 자신을 객관화하는 이데아를 구현하며, 자연의 가장 깊은 곳에서 울리는 저음을 표시하고 있기 때문이다. 중력, 강성, 유동성, 빛 등은 암석, 건물, 하천 속에서 나타나는 이데아들이다. 아름다운 원예술이나 건축술은 이 이데아들을 도와 그 특질을 분명하게 여러 가지로 완전하게 전개시키고, 이 이데아들에게 순수하게 자신을 나타낼 기회를 주어 미적 관찰을 하게 하고 이것을 쉽게 만드는 것뿐이다.

그런데 자연이 등한히 했거나 기술이 망쳐 놓은 졸렬한 건물 등에는 이러한 것이 거의 없다. 그렇지만 이것들로부터 자연의 보편적인 근본 이데아가 완전히 없을 수는 없다. 이데아를 찾으면서 관찰하는 사람에게는 그 경우에도 이데아가 말을 걸어, 졸렬한 건물에서도 미적인 관찰이 가능하다. 즉 이것들 속에서도 그 소재의 보편적인 특질의 이데아를 인식할 수 있는데, 단지 이것들에게 인공적으로 주어진 형태는 미적 관찰을 쉽게 만드는 수단이 아니라 오히려 그것을 곤란하게 만드는 장해다. 따라서 제조품들도 이데아의 표현에 도움이 된다. 단지 표현되는 것은 이 제조품들의 이데아가 아니라 인공적으로 형태를 부여한 소재의 이데아이다. 스콜라 철학자들에 의하면 이것은 적절하게 두 가지 말로 표현된다. 즉 제조품 속에는 그 실체 형식(forma substantialis)의 이데아가 표현되고, 우유 형식(forma accidentalis)의 이데아는 표현되지 않는데, 이 우연히 갖추어진 형식이 도입되는 곳은 이데아가 아니라 그것의 출발점이 된 인간적인 개념이다. 이 경우 제조품은 분명히 조형 미술의 작품을 의미하는 것이 아니라는 것은 물론이다. 그러나 좌우간 스콜라 철학자들이 실제로 실체 형식으로 이해하고 있었던 것은 내가 어떤 사물에서 의지의 객관화 정도라고 부르는 것이다. 따라서 우리는 아름다운 건축물을 고찰할 때 소재의 이데아 표현으로 되돌아가 논할 것이다. 그런데 플라톤은 책상이나 의자는 책상이나 의자의 이데아를 나타낸다고 주장하고 있는데(《국가론》, 10, p. 284~285 ; Parmen., p. 79, ed, Bip.), 우리의 견해로는 이 주장에 동의할 수 없다. 우리는 오히려 책상이나 의자는 이미 단순한 그 소재 자체 속에 나타나 있는 이데아를 표현한다고 말한다. 그러나 아리스토텔레스에 의하면(《형이상학》, 11, 3장) 플라톤은 자연물에 관해서만 이데아를 확정했다고 말하고 있다. "플라톤은 이데아는 자연에 의존하고 있는 것의 숫자만큼 있다고 말했다." 그리고 제5장에서는 플라톤학파 사람들의 입장에서 말한다면 집이나 반지의 이데아는 없다고 말하고 있다. "그들은 이데아를 자연에 의존하는 것의 영원한 모범이라고 정의한다. 플라톤학파의 대부분은 기술에 의해 만들어진 것, 가령 방패나 칠현금의 이데아가 존재하지 않고, 또 자연에 거역하는 것, 가령 열병, 콜레라와 같은 것에 대한 이데아도 없다. 또 개인, 예를 들어 소크라테스나 플라톤 같은 것의 이데아도 없고, 하찮은 것, 가령 먼지나 파편 같은 것의 이데아도 존재하지 않으며, 관계적인 것, 더 위대한 것이라든지 도를 지나친 것의 이데아도 존재하지 않는다고 하는 생각을 한다. 왜냐하면 이데아는 신이 그 자신 속에 완결한 영원한 사유기 때문이다."

또한 이 기회에 우리의 이데아설과 플라톤의 것은 대단히 다르다는 것을 말해 두고자 한다. 플라톤은(《국가론》, 10. p. 288) 미술이 그리려고 하는 대상, 즉 그림, 시의 모범은 이데아가 아니라 개별적인 사물이라고 설명하고 있다. 우리는 이때까지의 설명을 통해 이것의 정반대를 주장했다. 그런데 그 설이 바로 이 위대한 철인 플라톤이 갖고 있었던 가장 크고 널리 알려진 결점의 근원이기 때문에, 우리는 그의 이 설에는 조금도 현혹되지 않는다. 즉 그의 결점이란 예술, 특히 시에 대한 경멸과 비난이다. 그는 시에 대한 그릇된 판단을 지금 말한 것에 결부시키고 있다.

42. 아름다움에 대한 인상

나는 다시 미적 인상에 대한 설명으로 돌아간다. 미에 대한 인식은 언제나 순수한 인식 주관과 객관으로서 인식된 이데아를 나누지 못한 채 동시에 정립한다. 그러나 미적 기쁨의 원천은 인식된 이데아의 파악 속에 존재하는 일도 있고, 모든 의욕 또는 개성이나 개성에서 생기는 고뇌 등을 이탈한 순수인식의 더없는 행복과 정신의 평안 속에 존재할 때도 있다. 이렇게 미적 열락(悅樂)의 요소 어느 한쪽이 우세하게 되는 것은 직관적으로 파악된 이데아가 의지의 객관화에 있어 높은 단계인가 낮은 단계인가에 달려 있다. 따라서 무기물과 식물의 세계에 있는 아름다운 자연이나 아름다운 건축술의 작품을(실제로 또는 예술의 매개를 통해) 미적으로 관찰하는 경우, 순수하게 의지를 떠난 인식의 열락 쪽이 우세할 것이다. 왜냐하면 이때 파악된 이데아는 의지 객관성의 낮은 단계에 지나지 않으며, 깊은 의미와 중요한 내용을 갖고 있는 현상은 아니기 때문이다.

이와 반대로 동물이나 인간이 미적 관찰이나 묘사의 대상인 경우, 열락은 오히려 의지의 가장 명백한 구현인 이것들에 대한 이데아의 객관적인 파악 속에 존재한다. 왜냐하면 이것들에 대한 이데아는 아주 다양한 형태를 보이고, 또 풍부하고 뜻깊은 현상들을 나타내고, 결국 우리에게 의지의 격렬함, 공포, 만족 등의 형태에 있어서든, 또는 좌절의 형태에 있어서든(이것은 비극적인 묘사에 있어서다), 마지막으로 의지의 전환이나 자기 포기라는 형태에 있어서든, 가장 완전하게 의지의 본질을 나타내기 때문이다. 특히 이 의지의 자기 포기는 그리스도교 그림의 주제다. 일반적으로 역사화나 희곡은 인식의 빛에 비쳐진 의지의 이데아를 객관으로 하고 있다. 여기서 우리는 이제부터 예술들을 하나하나 검토하려고 하는데, 이렇게 함으로써 미에 대해 위에서 말한 이론은 완전하고 명료하게 될 것이다.

43. 건축술과 아름다움

물질 자체가 이데아의 표시일 수는 없다. 왜냐하면 제1권에서 밝혀진 것처럼 물질은 철저하게 인과성이기 때문이다. 즉 물질이라는 존재는 순수한 작용이다. 그런데 인과성은 이유율의 형식이지만, 이데아에 대한 인식은 본질적으로 이 원리의 내용을 배제한다. 또한 제2권에서 우리는 물질이 이데아의 모든 개별적인 현상에 공통된 기본형임을 알았다. 따라서 이데아와 현상 또는 개체를 결합시키는 것으로 알게 되었다. 이 두 가지 이유로 해서 물질은 그 자신으로는 이데아를 표시할 수 없다. 이것은 물질을 직관적으로 표상하는 것이 불가능하며, 단지 추상적 개념으로만 가능하다는 사실로 확인된다. 즉 직관적 표상에 나타나는 것은 물질이 갖는 형식이나 성질뿐이다. 이 모든 것들에 이데아가 명백하게 나타나는 것이다. 이것과 상응하는 것으로 인과성(물질의 본질)은 그 자체로서 직관적으로 표시될 수 없고, 직관적으로 표시될 수 있는 것은 오직 특정한 인과 연결뿐이다. 그런데 또 한편으로는 이데아의 '현상'은 모두 현상으로서는 충족 이유율의 형식에 들어가거나 아니면 개별화의 원리에 들어가 있는 것이기 때문에, 물질에 따라 그 성질로서 표시되지 않으면 안 된다. 따라서 이미 말한 것처럼 물질은 이데아와 개별화의 원리를 결합시키는 것이며, 또한 이 개별화의 원리는 개체의 인식에 대한 형식 또는 이유율이다. 이데아와 그 현상인 개체, 이 둘은 보통 세계의 모든 사물을 포함하고 있지만, 플라톤이 물질을 이 둘과 다른 제3의 것으로 열거한 것은 옳은 것이다. (《티마에우스》, p. 345) 개체는 이데아의 현상으로서 항상 물질이다. 또한 물질의 성질들은 어느 것이나 항상 하나의 이데아 현상이며, 그러한 것을 미적으로 관찰할 수 있다. 즉 거기에 표시되는 이데아를 인식할 수 있다. 그런데 이것은 물질의 가장 일반적인 성질들에도, 즉 그것 없이는 물질이 있을 수 없는 성질들에도 해당된다. 그리고 그 성질의 이데아는 의지의 가장 미약한 객관성이다. 그것은 바로 중력, 응집력, 강성(剛性), 유동성, 빛에 대한 반응 등이다.

'건축술'은 유용한 목적에 도움이 되게 한다는 용도가 있어서 이 목적을 가지는 경우에는 순수 인식에 사용되는 것이 아니라 의지에 사용되는 것이며, 따라서 이미 우리가 말하는 의미의 예술은 아니다. 하지만 이 용도를 제외하고 단지 미술로서 고찰한다면, 건축술이 의도하는 바는 의지 객관성 가운데 가장 낮은 단계인 여러 이데아 가운데 일부를 명백하게 직관할 수 있도록 하는 것이다. 즉 중력, 응집력, 강성, 견고성 등은 돌이 갖는 특질들이며, 다시 말해 의지의 가장 기본적이고 단순하며 가장 둔한 가시성이며, 자연의 기초 저음이다.

그리고 다음으로는 이 다른 것들 외에 빛을 말하는데, 이것은 많은 점에서 앞에서의 성질들과는 대립한다. 의지 객관성의 이러한 깊은 단계에서까지 의지의 본질은 둘로 분열되어 나타나 보인다. 왜냐하면 본래 중력과 강성의 투쟁이 아름다운 건축술의 유일한 미적 요소이기 때문이다. 이 미적 요소를 여러 가지 방식으로 완전하고 명료하게 나타나도록 하는 것이 건축술의 사명이다. 이 사명을 다하기 위해 건축술은 근본적인 여러 힘으로부터 이 힘들을 충족시키기 위한 가장 가까운 길을 빼앗아 우회로로 이 힘들을 지속시키며, 그로 인해 투쟁이 길어지고, 두 가지 힘의 끝없는 노력이 여러 가지 방식으로 눈에 보이게 된다. 건물 전체를 그 본래의 경향에 맡겨 버린다면, 가능한 한 군건한 대지에 붙은 단순한 덩어리를 나타낼 뿐이며, 이 경우에 의지가 나타난 중력은 대지를 향해 끊임없이 압박을 가하지만, 마찬가지로 의지의 객관성인 강성은 이에 저항한다. 그런데 건축술은 바로 이 경향, 이 노력이 직접 충족되는 것을 방해하고, 우회로를 통해 간접적으로 충족되도록 하는 것이다.

예를 들면, 구조물 전체는 기둥의 힘을 빌려서야 비로소 대지를 압박할 수 있고, 천장은 자기 자신으로 지탱해야 하고, 땅으로 향하려는 노력은 기둥을 매개로 비로소 충족되는 것 등이다. 그러나 이렇게 우회로를 강요함으로써, 거친 돌에 내재하는 힘들은 명료하고 다양하게 전개된다. 그리고 건축술의 순수하게 미적인 목적은 그 이상으로 나아갈 수는 없다. 건축물의 아름다움은 물론 각 부분의 합목적성에 있는데, 그 목적이란 인간의 외부적이고 제멋대로인 목적(그러한 목적인 점에서는 그 건물은 실용적인 건축에 속한다)이 아니라 직접 전체의 존립에 적절하다는 의미고, 이 전체에 대해서는 각 부분의 위치, 크기 및 형태가 극히 필연적인 관계를 갖고 있어야만 하며, 그 어떤 한 부분이라도 없애 버리면 전체가 붕괴될 수밖에 없다. 왜냐하면 각 부분들은 각기 힘에 알맞게 할 수 있는 만큼 서로를 지지하고, 또 그래야만 하는 장소에 그래야만 하는 정도로 지지되고 있기 때문이다. 또 돌의 생명인 의지의 표출을 이루고 있는 적대 행위, 즉 강성과 중력 사이의 투쟁이 전개되는 것을 볼 수 있고, 이러한 의지의 객관성에서 가장 낮은 단계들이 명백하게 나타나기 때문이다.

이와 마찬가지로 또 각 부분의 형태도 그 목적과 전체에 대한 부분의 관계에 의해서만 규정되어야 하고, 제멋대로 규정되어서는 안 된다. 기둥은 그러한 목적을 위해 규정된 가장 단순한 지지의 형태다. 구부러진 기둥은 무취미하고, 사각의 기둥은 실제로는 둥근 기둥처럼 단순하지는 않지만, 가끔 둥근 기둥보다 더 쉽게 만들어질 때도 있다. 마찬가지로 중인방(中引枋), 들보, 아치, 천장의 모양은 오직 이 직접적인 목적에 의해 규정되며, 또한 그것들로 설명된다. 기둥머리 등의 장식은 건축에 속하는 것이 아니라 조각에 속하는 것이고, 건축에 덧붙인 장식으로 인정될 뿐이어서 제거해도 지장이 없다. 위에서 말한 것에 따르면, 건축 작품을 이해하거나 이것을 미적으로 바라보며 즐기기 위해서는 그 재료에 대하여 중량, 강성, 응집력의 직접적이고 직관적인 지식을 가질 필요가 있다. 그리고 어떤 건축물을 보고 있을 때 다공질의 가벼운 돌이 건축 재료로 사용되었다는 사실을 들으면, 그 건축물을 보고 느끼는 우리의 기쁨은 갑자기 줄어들 것이다. 왜냐하면 그때의 그 건축물이 우리에겐 일종의 신기루처럼 생각될 것이기 때문이다. 우리가 돌이라고 생각했던 것이 목재라는 것을 알아도 역시 이것과 거의 같은 영향을 받을 것이다. 그 이유는 사실상 강성, 중력, 자연의 힘은 목조 건물에서는 석조 건물보다 훨씬 미약하게만 나타나기 때문에, 우리가 돌이라고 생각했던 것이 나무라는 것을 알게 되면, 강성과 중력의 관계가 변하고, 또 각 부분의 의의와 필연성이 변하기 때문이다. 따라서 실제로 목재로는 본래 어떠한 형태를 취해도 아름다운 건축 작품은 되지 않는다. 이것을 설명할 수 있는 것은 오로지 우리의 학설뿐이다.

그러나 우리에게 다음과 같이 말하는 사람이 있을지 모른다. 우리가 보고 기쁨을 느끼는 건물은 사실 여러 가지의 재료로 되어 있고, 중력, 밀도도 아주 다르지만, 이것들을 눈으로 보아 구별함은 불가능하지 않은가 하고 말이다. 만약 그렇다면 모르는 말로 씌어진 시를 읽는 것처럼, 우리는 그 건물 전체를 바라보고 즐길 수 없을 것이다. 이 모든 것들이 건축의 효과가 단순히 수학적이 아니라 역학적이고, 또 건축을 통해 우리가 얻는 것이 단순히 형식과 균형이 아니라, 앞에서 말한 것처럼 자연의 근본력, 즉 근본적인 이데아이며, 의지의 객관성 가운데 가장 낮은 단계들이라는 것을 증명하고 있다. 건물과 그 각 부분의 질서는 전체의 존립을 위해 각 부분이 합목적적으로 만들어져 있다는 것에도 연유하지만, 이 질서는 건물 전체를 둘러보고 이것을 이해하는 것을 쉽게 하는 데에도 도움이 된다. 또 마지막으로 질서 있는 여러 형상은 공간 그 자체의 합법칙성을 구현함으로써 미관에 공헌하게도 된다. 그러나 이것은 모두 그 가치나 필요성이 부차적이지 주된 것은 아니다. 왜냐하면 실제로 폐허까지도 아름다운 것이 있다는 것을 생각하면, 균형이라는 것도 반드시 필요 불가결한 것이라고는 말할 수 없기 때문이다.

또한 건축물은 빛과 아주 특별한 관계를 가지고 있으며, 푸른 하늘을 배경으로 햇빛을 최대한으로 받으면 그 아름다움은 배가되고, 달빛을 받아도 완전히 다른 효과가 있다. 그러므로 실제로 아름다운 건물을 만드는 데는 항상 빛의 효과와 방향이 고려된다. 이것들은 주로 밝고 강한 조명이 있어야만 모든 부분들과 그 부분들의 관계가 명백하게 보이게 된다는 것에 근거를 두고 있다. 하지만 이 밖에 나의 생각으로는 건축에는 중력, 강성을 나타내는 사명이 있는데, 이것들과 또한 정반대인 빛의 본질도 나타낼 사명이 있다고 생각된다. 즉 빛은 크고 불투명하고, 윤곽이 확실한 여러 가지 형태를 취한 덩어리에 가리고 방해되고 반사되어서, 그 본성과 특질을 가장 순수하고 명료하게 전개하여, 이것을 바라보는 사람을 즐겁게 하는 것이다. 왜냐하면 빛은 가장 완전한 직관적 인식 방법의 조건 및 객관적 상관태로서, 여러 사물 중 가장 우리의 마음을 즐겁게 해주기 때문이다.

그런데 건축술에 의해 명료하게 직관되는 이데아는 의지의 객관성 가운데 가장 낮은 단계들이며, 건축술이 우리에게 나타내 보이는 것의 객관적인 의미는 비교적 작기 때문에, 아름다운 조명이 구석구석까지 비치는 건물을 바라보고 느끼는 미적인 기쁨은 이데아를 파악한 것에서 생긴다기보다는 오히려 이데아의 파악과 동시에 정립된 주관적 상관태에서 유래하는 것이다. 즉 이러한 건물을 바라보는 사람은 의지에 봉사하고, 또한 이유율에 따르는 개체의 인식방법에서 탈피하여 순수한 무의지의 인식 주관으로 높여진다. 미적인 기쁨은 의욕과 개성의 모든 고뇌에서 탈피한 순수한 관조 자체에 있다. 이 점에서 건물과 대립하면서, 일련의 미술 양식 중 하나로서 건축에 대한 대치점에 있는 것이 희곡이다. 이것은 가장 뜻깊은 이데아를 인식시키는 것이기 때문에, 희곡을 미적으로 즐기는 경우에는 객관적인 측면이 현저하게 우위를 차지한다.

건축술이 조형 미술이나 시와 다른 점은 건축은 다른 사물의 묘사가 아니고, 그 사물 자체를 나타낸다는 것이다. 건축은 미술이나 시처럼 인식된 이데아를 반복함으로써 작자가 감상자에게 보는 눈을 빌려 주는 일은 하지 않고, 작자가 감상자의 눈앞에 단지 대상을 놓아 주고 실제의 개별적인 대상의 본질을 명료하고 완전하게 표현함으로써 감상자에게 이데아의 파악을 쉽게 해주는 것이다.

다른 미술 작품들과 마찬가지로 건축 작품도 순수하게 미적인 목적 때문에 만들어지는 것은 드물다. 건축 작품의 목적은 오히려 예술과는 무관한 다른 목적의 하위에 있다. 그리고 건축가의 업적은 순순히 미적인 목적을 다른 목적의 하위에 두면서도, 결국 이것을 관철하여 달성하는 데 있다. 즉 건축가는 이 미적인 목적을 여러 가지 방식으로 그때그때 임의의 목적에 적합하게 하여, 어떠한 미술 건축적인 아름다움이 신전에 조화·합치하는가, 왕궁에 조화·합치하는가, 병기창에 조화·합치하는가 등을 올바르게 판단하여 정하는 것이다. 기후가 험악하여 필요와 실용성에 대한 요구가 증가하고 이 요구들이 확고하게 규정되고 불가피하게 지정받으면 받을수록, 건축에서 미의 자리는 그만큼 좁혀지게 된다. 인도, 이집트, 그리스, 로마 등 기후가 온화한 곳에서는 필요에서 생기는 요구가 가볍고 낮은 정도여서 건축은 그 미적인 목적을 가장 자유롭게 추구할 수 있었다. 북쪽 하늘 아래에서는 건축의 이러한 목적이 가장 심하게 방해받는다. 상자 모양의 집, 뾰족한 지붕과 탑을 필요로 했던 북쪽에서 건축은 그 고유한 아름다움을 극히 좁은 범위에서 전개할 수밖에 없었기 때문에, 고딕풍의 건축 미술에서 볼 수 있는 것처럼, 조각에서 빌려온 장식을 한층 많이 사용하여 장식하지 않을 수 없었다.

이와 같이 건축은 필요와 실용의 요구에 따라 제한을 받지 않으면 안 되지만, 또 한편으로는 바로 이러한 제한이 건축의 강력한 지주가 되어 있다. 왜냐하면 건물은 규모가 크고, 비용이 많이 들고, 미적인 효과 방식의 범위가 좁기 때문에, 만일 건축이 아름다우면서도 실용적이며 필요한 실업(實業)으로서 인간의 일들 중에서 확고하고, 명예로운 지위를 차지하고 있지 않다면,

미술만으로서는 성립될 수 없을 것이기 때문이다. 그런데 미적인 점에서라면, 당연하게 건축의 일부로 부속시킬 수 있는 다른 미술도 실용적인 면이 부족하다면, 건축과 함께 그 곁에 놓을 수 없다. 내가 여기서 다른 미술이라고 말한 것은 아름다운 수도 설비를 말하는 것이다. 왜냐하면 건축이 강성과 함께 나타나는 중력의 이데아를 성취하는 것과 같은 것을, 아름다운 수도 설비는 그러한 이데아에 유동성, 즉 무형성, 대단히 경쾌한 변위성, 투명성 등을 합한 이데아로 성취하기 때문이다. 거품을 세차게 일으키며 바위를 넘어 떨어지는 폭포, 조용히 물보라를 일으키는 물줄기, 높은 물기둥이 되어 올라가는 분수, 맑은 거울 같은 수면, 이것들은 모두 유동하는 무거운 물질의 이데아를 구현하고 있지만, 건축물이 강성을 가진 물질의 이데아를 전개하는 것과 마찬가지다. 아름다운 수도 기술은 실용적인 수도 기술에서는 아무런 도움도 받지 않는다. 왜냐하면 아름다운 수도 기술의 목적은 실용적인 수도 기술의 목적과는 일치하지 않는 것이 보통이어서, 가령 로마의 트레비 분수처럼 둘이 일치하고 있는 곳은 극히 예외적인 것이다.

44. 식물과 동물의 아름다움

위에서 열거한 두 가지 기술이 의지 객관화의 최저 단계에서 하는 일을 그것보다 높은 식물계의 단계에서는 원예술이 하고 있다. 어떤 지역의 경관적인 아름다움은 주로 거기에 모여 있는 자연의 풍향이 다양하기 때문인데, 이 풍물들이 각기 달라서 특성을 명백하게 나타내면서도 적합하게 결합, 변화하면서 나타나기 때문이다. 이 두 가지 조건을 조장하는 것이 원예술이다. 그러나 원예술은 건축처럼 자기의 재료를 언제나 잘 다루고 있다고는 할 수 없기 때문에, 그 효과는 제한된 것이다. 원예술이 나타내는 아름다움은 거의 완전히 자연의 아름다움이며, 원예술 자체는 별로 가해지지 않았다. 그리고 자연의 적의에 대해서는 거의 속수무책이기 때문에, 자연이 원예술에 도움이 되지 않고 방해가 될 경우에는 원예술이 달성하는 일은 보잘것없는 것이다.

기술의 매개에 의하지 않고 곳곳에서 미적인 희열을 주는 식물계가 예술의 객관인 한에 있어서는, 식물계는 주로 풍경화에 속한다. 식물과 더불어 인식이 없는 그 밖의 자연도 풍경화의 영역에 들어간다. 정물이나 그림에 그려진 단순한 건물, 폐허, 교회의 내부 등을 보는 경우에는, 미적인 희열의 주관적인 면이 우세하다. 즉 이것들을 보고 느끼는 우리의 기쁨은 주로 직접 거기에 나타난 이데아를 파악한다는 점이 아니라, 오히려 그러한 파악의 주관적 상대 개념, 즉 순수한 무의지의 인식에 있다. 말하자면 화가는 우리에게 화가의 눈으로 사물을 보게 하기 때문에, 우리는 여기서 그와 더불어 같은 감정을 느끼고, 그가 느낀 깊은 정신의 평안과 의지의 완전한 침묵을 느낀다. 이러한 것은 인식의 생명이 없는 이 대상들에 몰입하게 하고, 애정을 갖게 한다. 다시 말해 여기서 그런 종류의 객관성을 가지고 파악하는 것이 필요했던 것이다. 본래 풍경화의 효과는 대체로 이런 것이다. 그러나 나타난 이데아는 의지 객관성의 높은 단계로서는 의미가 보다 더 깊고 가치가 보다 더 많은 것이기 때문에, 이미 미적 쾌감의 객관적인 측면도 그만큼 많이 생겨서 주관적인 측면과 균형을 유지한다. 순수 인식은 이미 주된 것이 아니고, 인식된 이데아, 즉 표상으로서 이 세계가 순수 인식과 같은 힘으로 의지 객관화의 중요한 단계에서 작용하는 것이다.

그러나 이것보다 훨씬 높은 단계를 나타내고 있는 것은 동물화와 동물 조각인데, 동물 조각에는 지금도 고대의 걸작이 남아 있다. 가령 베네치아나 몬테카를로의 말, 엘긴 백작이 수집한 대리석 부조의 말, 또 플로렌스의 청동이나 대리석으로 된 말, 거기에는 고대의 멧돼지와 울부짖는 늑대의 모습도 있고, 또 베네치아의 병기창에는 사자의 모습도 있으며, 바티칸 궁전에는 대부분 고대의 여러 가지 동물들이 가득히 진열되어 있는 방이 있다. 이것의 표현에 있어서는 미적 쾌감의 객관적인 측면이 주관적인 측면보다 단연 우세하다. 이 이데아들을 인식하는 주관은 자신의 의지를 억제하기 때문에, 모든 미적 관찰에서와 마찬가지로 평안을 가지고 있지만, 작품에 표현된 의지의 불안과 격렬함이 우리의 마음을 사로잡기 때문에, 평안의 효과는 느낄 수 없다.

여기서 우리 눈앞에 나타나는 것은 인간의 본질을 이루고 있는 의욕인데, 그 의욕이 모습으로 되어 나타난 현상이 인간에게와 마찬가지로 사려에 의해 지배되거나 완화되지 않고, 강렬한 모습으로 그려져 있거나 그로테스크한 괴물같이 그려져 있다. 하지만 그렇다고 해서 왜곡되어 있지는 않고, 소박하게 있는 그대로 자유롭고 명백하게 나타나 있다. 우리가 동물에게 흥미를 느끼는 것은 바로 이 점이다. 종의 특성은 식물을 묘사할 때 이미 나타났지만, 그 것은 형식 위에서만 나타나는 것이었다. 그런데 동물에게는 이 종의 특성이 훨씬 중요한 것으로, 단지 형태에만 나타나는 것이 아니라 동작, 자세, 몸짓 에도 나타난다. 물론 동물은 개체의 성격으로서가 아니라 종의 성격으로 나 타나는 것에 불과하기는 하다. 우리는 회화에서 타인의 매개를 통해 높은 단 계의 이데아들을 인식할 수 있지만, 또 식물을 순수하게 관조적으로 직관하 거나 동물, 특히 자유롭고 자연스럽고 쾌적한 상태에 있는 동물을 관찰함으 로써 이러한 인식을 직접 얻을 수도 있다. 동물의 여러 가지 기묘한 모습과 그 행동을 객관적으로 바라보는 것은 자연이라고 하는 큰 책을 읽고 배우는 것이며, 참된 사물 기호(Signatura rerum)*의 해독인 것이다. 우리는 그 속에 의지를 나타내는 여러 가지 정도와 방식을 보는데, 이 의지는 만물에 동일한 것이며, 어떠한 곳에서도 바로 생명으로서, 현존으로서 객관화되기를 원하면 서 무한히 변주하고 다양한 형태를 취하고 나타난다. 이 형태들은 모두 여러 가지 외적 조건에 대한 적응으로 같은 주제의 변형이라고도 말할 수 있다. 그러나 우리가 이것을 바라보는 사람에게 이 기호의 내적 본질을 해명하여 반성하고, 한마디로 이것을 전달하라고 말한다면, 우리는 인도의 성서들에 자주 나타나는 'Mahavakya', 즉 '위대한 말'이라 불리는 다음과 같은 산스크 리트의 문구를 사용하면 좋으리라 생각한다. 그것은 "탓 트왐 아시(Tat twam asi)", 즉 "이렇게 살아 있는 것이 당신이다"라고 하는 문구다.

45. 인간의 아름다움

마지막으로 의지가 그 객관화의 최고 단계에 도달한 경우의 이데아를 직 접 직관적으로 표명하는 것이 역사화와 조각의 커다란 임무다. 여기서는 아 름다움에 대한 기쁨의 객관적 측면이 압도적으로 우위를 차지하고, 주관적

---

* 야코프 뵈메는 그의 저서 《de Signatura rerum》 제1, 15, 16, 17장에서 다음과 같이 말하 고 있다. "자연 속에서 자신의 내적인 형태를 외부로 나타내지 못하는 것은 하나도 없다. 왜냐하면 내적인 것은 언제나 밖으로 나타나려고 노력하고 있기 때문이다. ……어떤 것이 든 표현할 입을 가지고 있다. ……이것이 자연의 말인데, 이것으로 모든 것은 자기의 특성 을 이야기하고 언제나 자신을 나타내고 표시한다. ……왜냐하면 모든 것은 그 어머니를 나 타내는데, '본질'과 형태에 대한 '의지'를 그 어머니가 주기 때문이다."

측면은 배후로 물러나 버린다. 또 주의해야 할 것은 이것보다 바로 아래의 단계, 즉 동물화에서는 그 특징과 아름다움이 완전히 동일하다는 것이다. 가장 특징이 두드러진 사자, 늑대, 말, 양, 소들은 언제나 가장 아름답다. 그 이유는 이 동물들에게 종의 특질만이 있고 개체의 특질이 없기 때문이다. 그런데 인간을 묘사하는 경우에는 종의 특질과 개체의 특질이 구별된다. 종의 특질은(완전히 객관적인 의미에서) 아름다움이라고 불리지만, 개체의 특질은 성격이나 표정이라고 하는 명칭을 갖고 있으며, 여기서 이 둘을 동시에 같은 개체에서 완전하게 묘사하기 위해서는 새로운 어려움이 생긴다.

'인간의 아름다움'은 의지가 인식될 수 있는 최고의 단계에서 가장 완전하게 객관화된 것을 객관적으로 표현한 것이며, 인간 일반의 이데아가 직관된 형식으로 완전하게 표현된 것이다. 그런데 여기서 아름다움의 객관적 측면이 너무나 뚜렷하게 나타나 있어서 주관적 측면 역시 끊임없이 함께하고 있다. 그리고 가장 아름다운 인간의 용모만큼 우리를 순수하게 미적인 직관의 경지로 매혹하는 객관은 없으며, 이렇게 아름다운 용모를 바라보면 우리는 곧 말할 수 없는 쾌감을 느끼고 자신과 자신을 괴롭히는 모든 것을 초월하게 된다. 이것이 가능한 것은 오직 이렇게 가장 명료하고 순수한 의지의 인식 가능성이 우리를 가장 쉽고 빠르게 순수 인식의 상태로 높여 주기 때문이다. 이 상태에서 순수하게 미적인 기쁨이 지속하는 한, 우리의 인격과 의욕은 끊임없는 고뇌와 함께 사라져 버린다. 그러므로 괴테는 "인간의 아름다움을 바라보는 자에게는 사념이 일어날 여지가 없다. 그는 자기 자신과 하나로, 또 세계와 하나가 된 느낌을 갖는다"라고 말하고 있다.

우리는 자연이 아름다운 인간의 모습을 만들어 낸다고 하는 것을 다음과 같이 설명해야 한다. 즉, 의지는 인간이라고 하는 최고의 단계에서 하나의 개체로서 객관화되고, 형편이 좋은 사정과 의지의 힘을 통해 모든 장해와 저항을 배제하는 것인데, 이것들은 낮은 단계에 있는 의지 현상들을 이 의지에 대립시킨다. 자연의 힘도 그와 같은 것이며, 의지는 언제나 이 자연의 힘에서 모든 것이 구비하고 있는 물질을 먼저 제거해야 한다. 또한 높은 단계에서 의지의 현상은 언제나 그 형태가 다양하다. 나무는 이미 무수하게 반복되는 발아 섬유가 집합하여 조직을 이룬 것에 불과하다. 이 조직은 단계가 올라감에 따라 점점 증대하는데, 인체는 전혀 다른 각 부분들이 최고도로 조합된 조직이며, 그 각 부분은 전체에 속하면서도 각기 고유한 생명을 갖는다. 그런데 이 각 부분들은 모두 전체에 종속하면서도 상호간에 병존적인 질서를 유지하고, 부족함이 없이 조화하면서 전체를 표현하고 있다. 이 모든 것이 아름다움이라고 하는 결과, 즉 완전히 표현된 종속적 특질을 낳게 만드는 희귀한 조건이다. 그것이 자연이다.

그러면 예술은 어떠한가? 예술은 자연의 모방이라고 생각되고 있다. 그러나 만일 예술가가 '경험에 앞서서' 미를 예견하고 있지 않다면, 어떻게 모방할 만한 자연의 작품을 식별하며, 어떻게 자연의 실패작들을 가려낼 것인가? 또 자연은 일찍이 모든 부분이 완전하게 아름답다고 말할 수 있는 인간을 한 사람이라도 만들어 낸 일이 있는가? 여기서 다음과 같이 생각한 사람도 있다. 예술가는 많은 사람들에게 개별적으로 배당된 아름다운 부분을 찾아 모아서, 이것들을 조립하여 하나의 아름다운 전체를 만들어 내지 않으면 안 된다는 것이다. 이것은 엉뚱하고 무의미한 생각이다. 왜냐하면 예술가가 이 형태는 아름다움이고 저 형태는 아름다움이 아니라고 인식하는 것은 무엇을 근거로 하고 있는가 하는 것이 문제되기 때문이다. 또한 우리는 옛날 독일의 화가들이 자연의 모방을 통하여 아름다움을 어떻게 묘사했는지, 그들이 그린 나체화를 보면 알 수 있다. 완전히 후천적인 것과 단순한 경험에서는 결코 아름다움에 대한 인식은 생길 수가 없다. 아름다움에 대한 인식은 언제나 선험적이며, 우리가 의식하고 있는 이유율의 형태들과는 다른 종류긴 하지만, 적어도 부분적으로는 선험적이다. 이유율의 형태들은 인식 일반에 대한 가능성의 기초가 되는 현상의 보편적이고 예외 없는 '방식'과 관계한다. 그리고 이 인식에서 수학과 순수한 자연 과학이 나오는 것이다.

한편 아름다움에 대한 묘사를 가능하게 하는 다른 종류의 선험적 인식은 현상의 형식보다는 그 내용, 즉 현상의 방식보다도 그 '본질'에 관계한다. 우리도 인간의 아름다움을 보면 그것을 인식하지만, 참된 예술가는 이것을 아주 명백하게 인식하여 자기 눈에 보이지 않는 것까지 나타내며, 그 묘사는 자연을 능가한다. 이러한 것은 의지가 '우리 자신'이어야 비로소 가능한 것인데, 그 의지의 적절한 객관화가 최고의 단계에서 평가되고 발견되어야 한다. 이렇게 하여 비로소 우리는 실제로 자연이(물론 이것이 바로 우리 자신의 본질을 이루는 의지지만) 표시하려고 노력하는 것을 예견하는 것이다.

참된 천재에게는 이 예견에 사려가 동반하기 때문에 개별적인 사물 속에서도 그 '이데아'를 인식하고, '설명'을 '반만 듣고도 자연을 이해'하고, 자연이 무수하게 시도하여 실패하고 있는 형태의 아름다움을 딱딱한 대리석에 새겨 자연과 대립시킨다. 그것은 마치 자연을 향해 "당신이 나타내려는 것은 이것이 아닌가!" 하고 환호하는 것과 같고, 학식 있는 자들로부터는 "그렇다, 그것이었다"라고 하는 소리가 되울려 오는 것과 같다. 그렇게 하여 천재적인 그리스인들은 인간 형태의 근본형을 발견하고, 이것을 조각 수업의 규범으로 삼을 수 있었다. 또 이러한 예견의 힘이 있어서 우리도 모두 자연이 개체 속에 실제로 나타내고 있는 아름다움을 인식할 수 있다. 이 예견이 '이상'인데, 그것이 적어도 반쯤은 선험적으로 인식되어 있고, 후천적으로 자연을 통해 주어진 것에 적응하고 보충함으로써 예술에 이익이 되는 한, 그 이상은 '이데아'다. 예술가가 선험적으로 아름다움을 예견할 수 있고 또한 학식 있는 이들이 미를 후천적으로 인지할 수 있는 것은 예술가와 학식 있는 이들이 자연의 즉자태(das Ansich der Natur), 즉 스스로를 객관화하는 의지이기 때문이다. 엠페도클레스가 말한 것처럼, 같은 것에 의해서만 같은 것이 인식되기 때문이다. 자연을 이해할 수 있는 것은 자연뿐이며, 자연의 근거를 밝히는 것도 자연뿐이다. 그러나 또 정신을 인지하는 것은 정신뿐이다. *

그리스인들은 위에서 말한 인간미의 이상을 선험적으로 '여기서는 무릎을, 저기서는 팔을' 하는 식으로 들추어내어 표시하면서, 아름답고 개별적인 부분들을 주워 모음으로써 예견했다고 하는 의견을 크세노폰이 그린 소크라테스가 말해 주고 있지만(스토바에오스의《작품 선집》, Vol. 2, p. 384), 이것은 옳지 못하다. 그런데 시가(詩歌)에 관해서는 이와 아주 유사한 의견이 있다. 가령 셰익스피어는 그의 희곡에 그려져 있는, 실감나거나 내성적이거

---

* 이 마지막 명제는 헬베티우스의《il n'y a que l'esprit qui sente l'esprit》를 독일어로 번역한 것인데, 이 책의 초판에서는 주석을 붙일 필요가 없었다. 그런데 그 이후, 사람들을 우매하게 만드는 헤겔의 사이비 철학의 영향을 받아 시대 흐름이 너무 타락하고 거칠어졌기 때문에, 이 책을 보고 여기에도 '정신과 자연'의 대립이 풍자되어 있다고 망상하는 사람들이 적지 않을지 모른다. 그러므로 나는 할 수 없이 그러한 속류 철학설과 바뀌치기를 당하지 않도록 단호히 지키기로 한 것이다.

나 마음속 깊은 곳에서 흘러나오는 성격 등 실로 헤아릴 수 없을 정도로 다양한 성격을 사회생활에서 그 자신의 경험을 통해 재현했을 것이라는 가정이다. 이러한 가정이 불가능하며 어리석다는 것은 설명할 필요가 없다. 천재가 조형 미술의 작품을 아름다움에 대한 예감과 예견에 의해서 생산하는 것처럼, 시가 작품을 만들어내는 데에도 성격적 특질의 예감과 예견에 의할 뿐이라는 것은 명백하다. 물론 그 어느 쪽이든 경험은 규준(規準)으로서 필요하며, 이것을 근거로 해서만 선험적으로 막연하게 의식되어 있던 것이 분명해지고, 거기서 사려를 갖고 인식하는 것이 가능해진다.

앞에서 설명한 것처럼, 인간의 아름다움이란 의지가 인식할 수 있는 것으로서는 최고 단계에서 완전하게 객관화한 것이다. 이 아름다움은 형식을 통해 표현되는데, 이 형식은 공간에만 있는 것이며, 운동처럼 시간에 대해서는 아무런 필연적인 관계를 갖고 있지 않다. 그러한 점에서 우리는 단지 공간적인 현상만을 통해 행해지는 의지의 적절한 객관화가 객관적인 의미에서 아름다움이라고 말할 수 있다. 식물은 의지의 공간적인 현상에 불과하다. 왜냐하면 식물의 본질을 표현하려면, 운동과 시간에 대한 관계 같은 것은(식물의 발육은 별도로 하고) 필요하지 않기 때문이다. 식물의 형태만으로 그 본질이 표현되고 설명된다. 그런데 동물이나 인간은 그 속에 나타나는 의지를 완전히 나타내기 위해서 일련의 동작이 필요하며, 이것으로 말미암아 동물이나 인간 속에 나타나는 현상이 시간에 직접 관계하게 된다. 이것에 관해서는 이미 앞에서 논술했지만, 다음에 말하는 것을 매개로 하여 지금 우리가 고찰하고 있는 것과 결부되어 있다.

의지의 단순한 공간적인 현상은 의지를 각기 일정한 단계에서 완전하게, 또는 불완전하게 객관화할 수 있고, 이것이 바로 아름다움이나 추함이 되는 것이다. 하지만 마찬가지로 의지의 시간적인 객관화, 즉 동작과 운동도 그 속에 객관화되는 의지에 순수하고 완전하게 상응하고, 또한 다른 사물의 흡입도 없고, 부족하지 않고, 그때그때의 일정한 의지 행위를 표현한다. 그렇지 않으면 이것들은 모두 반대의 관계에 있다. 전자의 경우에 운동은 '우아하게' 행해지고, 후자의 경우에는 운동하지 않는다. 즉 아름다움이란 의지 일반이 단지 공간적으로만 현상함으로써 적당하게 표현된 것이지만, '우아'란 의지가 시간적으로 현상함으로써 적당히 표현된 것, 즉 의지를 객관화하는 운동과 자세로 말미암아 각 의지 행위를 완전히 올바르고 적절하게 표현한 것이다. 운동이나 자세는 이미 육체를 전제로 하는 것이기 때문에, 빙켈만이 "우아란 동작하는 사람과 그 동작의 고유한 관계다"(《저작집》, 제1권, p. 258)라고 말한 것은 지당하고 적절한 것이다. 여기서 당연한 결과로서 명백해지는 것은, 비교적인 의미라면 몰라도 식물은 아름답다고는 할 수 있지만 우아하다고는 말할 수 없다는 것이다. 그런데 동물이나 인간에게는 아름다움도 있고 우아함도 있다. 앞에서 언급한 것에서 말한다면, 우아함이란 모든 운동이나 자세가 가장 경쾌하고, 적당하고, 기분 좋게 이루어져서 그 목적이나 의지 행위에 꼭 들어맞는다는 표현으로, 거기에는 맹목적이거나 무가치한 작용이나 비뚤어진 자세로 나타나는 지나친 것도 없고, 어색하고 딱딱하게 나타나는 부족한 것도 없다. 우아함은 그 조건으로서 육체 전체의 올바른 균형과 정상적이고 조화로운 체격을 전제로 한다. 이러한 조건에 맞아야 비로소 자세나 운동에 있어서 경쾌함이나 명확한 합목적성이 가능하기 때문에, 우아함은 어느 정도 육체의 아름다움 없이는 있을 수 없다. 이 둘이 완전하게 일치하면, 의지가 그 객관화의 최고 단계에서 명백하게 나타난다.

앞에서 논한 것처럼 인류의 특징으로는 종의 성격과 개인의 성격이 다르다. 그래서 사람은 각기 어느 정도는 독자적인 이데아를 표시하고 있다. 따라서 인류의 이데아를 표시하는 것을 목적으로 하는 예술의 과제는 종의 성격인 아름다움 외에도 특히 '성격(Charakter)'이라고 말하는 개인의 성격을 나타내는 것이다. 그러나 이 성격도 무엇인가 우연적인 것으로 간주되거나 완전히 개인의 고유한 개별성으로 간주되어야 할 것이 아니라, 개인에게 특별하게 나타나 있는 인류의 이데아 가운데 일면이라고 생각할 수 있는 성격이다. 인류의 일면을 나타낸다는 목적 때문에, 그 성격을 묘사하면 도움이 된다는 의미의 성격이다. 즉, 성격이란 그 자체로서는 개인적이지만, 이상적으로, 인류 일반의 이데아에 대하여 갖는 의의를 강조하여(이 이데아를 객관화하기 위해 성격이 제각기 방식으로 기여하고 있다) 파악되고 또 묘사되어야 한다. 그 밖의 묘사는 초상화인데, 모든 우연성과 더불어 개별적인 것의 세부적인 면을 재현하는 것이다. 그리고 초상화까지도 빙켈만이 말하듯이 개인의 이데아여야 한다.

그러면 이렇게 파악되어야 하는 '성격'은 인류에게 이데아의 독특한 면을 강하게 나타낸 것이지만, 일부는 지속적인 용모와 체격에 의해 나타나고, 또 일부는 일시적인 정서와 격정, 인식과 의욕의 상호간 제한에 의해서도 나타난다. 이러한 것들은 모두 외모와 운동으로 나타나는 것이다. 개인은 언제나 인류의 일원이고, 또 한편으로 인류는 자신을 언제나 개인 속에, 그것도 그 개인이 갖는 독특한 이상적인 의의를 갖추고 나타낸다. 따라서 아름다움이 성격에 의해 폐기되거나, 또 성격이 아름다움으로 인해서 폐기되어서는 안 된다. 왜냐하면 개인의 성격에 의해 종의 성격을 폐기하면 희화(戲畵)로 되어 버리고, 종의 성격에 의해 개인의 성격을 폐기하면 무의미한 것으로 되기 때문이다. 따라서 조각처럼 아름다움을 목표로 하는 묘사는 미(종의 성격)를 언제나 어느 정도 개인의 성격에 따라 변용하고, 인류의 이데아를 언제나 일정한 개인적인 방식으로 그 특수한 면을 강조하면서 표현해야 한다. 왜냐 하면 개인은 어느 정도는 스스로 자신의 이데아에 대한 품위를 갖고 있고, 인류의 이데아가 독특한 의미를 갖는 개인에게 나타나는 것이 본질적인 것이기 때문이다. 그러므로 우리는 고대인들의 작품에서는 그들이 명백하게 파악한 아름다움이 한 인물을 통해서가 아니라 여러 가지 성격을 가진 많은 인물들을 통해 표현되어 있음을 알 수 있다. 즉 언제나 다른 면에서 파악하고 있기 때문에, 아폴로, 바쿠스, 헤라클레스, 안티노우스 등이 각기 다르게 묘사되어 있다. 뿐만 아니라 개인적인 성격 묘사가 미를 국한하여, 결국 술 취한 실레노스나 파우누스에 이르면, 추하게까지 되어 버린다.

그런데 개인적인 성격 묘사가 종의 성격을 실제로 폐기하기에 이르고, 부자유한 것으로까지 되어 버리면 희화가 생긴다. 그러나 우아함은 아름다움보다는 개인적인 특질에 방해되는 일이 훨씬 적다. 아무리 성격을 표현하는 데에 어떠한 자세나 운동이 필요하다고 해도, 그것들은 그 사람에게 가장 적합하고 목적에 맞고 쉬운 방식으로 이루어져야 한다. 이것은 조각가나 화가뿐만 아니라 모든 훌륭한 배우에게도 적용되는 것이다. 그렇지 않으면 여기에도 또한 찡그림이나 접질림으로 희화가 나타난다.

조각에서는 여전히 아름다움과 우아함이 중요하다. 정서, 격정, 인식과 의욕의 교호 작용에 나타나는 정신의 본래 성격은 얼굴이나 몸짓의 표정에 의해서만 묘사될 수 있는 것인데, 이것이 특히 '회화'의 고유 영역이다. 왜냐하면 조각의 영역 밖에 있는 눈이나 색은 아름다움에 기여하는 것도 크지만,

성격에 있어서는 한층 본질적이다. 또한 미는 여러 가지 입장에서 보면 볼수록 완전하게 되지만, 표정이나 성격은 '하나의' 입장으로도 완전히 파악할 수 있다.

미는 분명히 조각의 주목적이기 때문에, '레싱'은 '라오콘'(트로이의 아폴론 신의 사제. 트로이가 함락되기 직전에 두 아들과 함께 커다란 뱀에게 감겨서 죽었다. 레싱은 그의 저서 《라오콘, 또는 회화와 시의 한계에 대해》에서 라오콘 부자의 고통을 나타낸 조상에서 라오콘이 입을 벌려 부르짖고 있지 않음을 논했다.)이 '고함을 지르고 있지 않다'고 하는 사실을 고함 소리가 미와 일치할 수 없다는 것에서 설명하려고 했다. 레싱에게 이 문제는 한 책의 주제가 되거나 적어도 공통점이 되었고, 또 레싱 이전에도 레싱 이후에도 이 문제에 관해 씌어진 것이 대단히 많기 때문에, 나도 여기서 하나의 일화로 이에 관한 나의 의견을 말해 보기로 한다. 물론 이 특별한 연구는 완전히 보편적인 것을 목적으로 하고 있는 지금의 우리가 고찰하고 있는 것과 연관되는 것은 아니다.

46. 라오콘 조각의 아름다움

그 유명한 군상 속에서 라오콘이 고함치고 있지 않는 것은 확실하다. 누구든 이것을 볼 때마다 의아하게 여기겠지만, 그것은 우리가 그와 같은 입장이 되면 누구나 고함을 지를 것이라고 생각하기 때문이다. 그리고 자연의 요구로 봐도 그렇다. 왜냐하면 육체적인 고통이 아주 심할 때나 커다란 불안이 갑자기 일어났을 때에는, 잠자코 감수하겠다는 생각을 할 수 있을 만한 생각은 모두 의식에서 추방되어 버리고, 본능적으로 고함을 지른다. 그렇게 함으로써 고통과 불안을 표현하고, 구조자를 불러오고, 적을 놀라게 하는 것이다. 그래서 빙켈만도 라오콘이 고함을 지르는 표정을 하고 있지 않다는 것을 알았지만, 그는 작자를 변호하려고 라오콘을 정말로 스토아적인 인물로 보고, 극기주의자에게는 고함을 지르는 것이 적당하지 않고 필요하지도 않기 때문에, 억지로 자신의 고통스런 표정을 꾹 참고 괴로워하고 있다고 해석한다. 그러므로 빙켈만은 그에게서 "고통에 몸부림치고 감정의 표현을 억제하며 마음속에 감추어 두는 베르길리우스의 라오콘처럼 큰소리로 울부짖지 않고 괴로운 신음 소리만 내는 시련받는 위인의 영혼"을 보고 있다. (《저작집》, 제7권, p. 98 같은 문제가 제6권, p. 104 이하에 더 자세히 논술되어 있다.)

그런데 레싱은 라오콘론에서 빙켈만의 이 견해를 비판하고, 이를 위에서 말한 방식으로 수정했다. 즉, 그는 심리적인 이유 대신 고대 미술의 원리인 미가 절규하는 표정을 허용하지 않았다는, 순수하게 미학적인 이유를 내세 웠던 것이다. 그가 여기에 덧붙인 또 하나의 논거는 일시적이며 지속할 수 없는 상태는 움직이지 않는 미술품에서는 묘사할 수 없다는 것인데, 이 논거 에 대해서는 춤추고 격투하고 서로 붙잡고 싸우는 등의 순간적인 운동을 포 착한 훌륭한 여러 상이 반증이 되고 있다. 실제로 괴테는 《프로필레엔》 (*Propyläen*, 1798년부터 예술의 이론적 연구지로서 고타 서점에서 발간하여 1800년에 폐간되었다. 'Propyläen'은 '문 앞에'의 뜻으로 고대 아테네의 아크로폴리스의 입구를 이루는 성문을 가리킨다. 따라서 미술품의 안내서라는 뜻도 된다) 의 서론을 이루고 있는 라오콘론(p. 8)에서 이런 아주 짧고, 스쳐가는 순간을 택하는 것이이야말로 중요하다고 보고 있다.

그런데 현대에 와서 히르트(《호렌》, 1797)는 모든 것을 표정에서 읽을 수 있는 최고 진리로 환원하고, 라오콘은 질식하여 죽어 가고 있어서 이미 소리 를 낼 수 없기 때문에 절규하지 않는다고 단정했다. 마지막으로 페르노브 (《로마 연구》, 제1권 p. 426 이하)는 이 세 가지 견해를 논하고 세밀하게 비 교했지만, 새로운 견해를 덧붙이지 않고 그 세 가지를 절충, 통일했다.

깊이 생각하고 명석한 두뇌를 가진 사람들이, 솔직한 사람은 곧 알 수 있 는 이유를 설명하기 위하여 고생스럽게 불충분한 이유를 멀리서 끌어오거 나, 심리적이거나 생리적인 논증까지 하는 것을 보면, 이상하게 생각하지 않 을 수 없다. 특히 레싱이 올바른 설명에 접근하면서도 정곡을 찌르지 못한 것을 보면 말이다.

라오콘이 그 입장에서 절규할 것이라는 것을 나로서는 전적으로 긍정하고 싶지만, 절규를 하는가 안 하는가 하는 것을 심리적으로나 생리적으로 연구 하기에 앞서, 이 군상에 관해서는 절규하는 상태를 그려낼 수 없다는 것이 고려되지 않으면 안 된다. 그 이유는 절규하는 상태를 묘사하는 것은 조각의 영역 밖에 있기 때문이다. 대리석으로는 절규하는 라오콘상을 만드는 것이 불가능했고, 만들 수 있었던 것은 입을 벌리고 외치려 해도 외칠 수 없었던 라오콘, 즉 목소리가 목구멍에 달라붙은 라오콘이다. 절규의 본질과 그것을 보는 사람에게 끼치는 효과는 소리에 있는 것이지 입을 벌리는 데 있는 것이 아니다. 입을 벌린다는 것은 절규할 때 필연적으로 생기는 현상이지만, 이것 은 절규 때문에 나오는 소리로 말미암아 비로소 이유가 정당화된다. 그렇다 면 입을 벌린다는 것은 미를 해치는 것이지만, 이 행위의 특질을 나타내는 것이고 허용될 수 있는 것이며, 또한 필요한 것이기도 하다. 그러나 조형 미술에서 절규를 그려내는 것은 걸맞지 않고 불가능하기 때문에, 무리한 절규의 수단으로 입을 벌린 것을 그리는 것은 참으로 분별없는 일이다. 왜냐하면 그 때문에 다른 점에서 많은 희생을 치르게 되며, 또 한편으로는 목적, 즉 절규도 그 효과를 나타내지 못하기 때문이다. 뿐만 아니라 더 나쁜 것은 그런 짓을 하면 언제까지나 헛수고가 되어 웃음거리가 될 것이다. 이것은 마치 야경원이 잠을 자고 있는 동안에 익살꾼이 호루라기를 밀랍으로 굳게 막아 놓고, '불이야!' 하고 외쳐 야경원을 깨워서는, 그가 호루라기를 불려고 애쓰는 꼴을 보고 흥겨워하는 것과도 같다.

그런데 절규의 묘사가 문학예술의 영역에 있는 경우에는 허용되어야 한다. 왜냐하면 그 경우 절규는 진리, 즉 이데아를 표현하는 데 도움이 되기 때문이다. 즉, 직관적인 묘사 때문에 독자의 공상을 요구하는 시에서 그렇다. 따라서 베르길리우스가 묘사하는 라오콘은 도끼로 일격을 받은 후 사나워진 황소처럼 절규하며, 또 호메로스의 (《일리아드》, 제20서, pp. 48~53) 마르스 (Mars, 로마 신화의 군신, 그리스 신화의 아레스(Ares)에 해당한다) 와 미네르바 (Minerva, 로마 신화에 나오는 지혜의 여신, 그리스 신화의 아태네(Athene)에 해당한다) 는 신으로서의 품위와 아름다움에도 불구하고 무섭게 절규하고 있다.

연극에서도 이는 마찬가지다. 무대 위의 라오콘은 당연히 절규하지 않으면 안 되었다. 소포클레스도 필로크테테에게 절규하게 하고 있다. 그리고 고대 무대에서 그는 실제로 절규했을 것이다. 이것과 아주 흡사한 예로 나는 런던에서 유명한 '켐블'이라는 배우가 〈피차로〉라는 독일의 번역극 속에서 로라라는 미국인 역을 맡은 것을 본 적이 있다. 이 로라는 반쯤은 야만인인데 성품은 아주 고상하다. 그런데도 그가 상처를 받았을 때에는 고함을 지르고 격하게 울어댔다. 이것은 특성을 잘 나타낸 것으로 사실성에 기여하는 바가 컸기 때문에 훌륭한 효과가 있었다.

이와 반대로 절규하는 사람을 그림으로 그리거나 돌에 새기면, 목소리를 낼 수 없기 때문에 이미 괴테가 《프로필레엔》에서 비난했던 것처럼, 그림으로 그린 것은 음악보다 훨씬 우스운 것이 된다. 왜냐하면 절규하는 것은 그 밖의 표정이나 미를 해치는 것이 음악보다 더 심하기 때문이다. 음악은 대체로 손과 팔을 사용할 뿐이어서, 그 인물의 특성을 나타내는 동작으로 보인다. 그뿐만 아니라 음악 때문에 육체를 무리하게 움직이거나 입을 비뚤어지게 할 필요만 없다면, 이것을 그림에 그려도 적합하다. 가령 〈오르간 곁에 있는 성 체칠리아〉나 로마의 스키바타 화랑에 있는 라파엘로의 〈탄주자〉 같은 것이 이렇다. 그리고 이렇게 예술에 한계가 있어서 라오콘의 고뇌를 외침으로써 표현할 수 없었기 때문에, 작자는 고뇌의 다른 표정을 모조리 작용시키지 않으면 안 되었다. 작자는 이것을 참으로 완벽하게 성취한 것으로서, 그것은 빙켈만이 교묘하게 설명하고 있는(《저작집》, 제6권, p. 104 이하) 대로이다. 그러므로 빙켈만의 탁월한 설명은 그가 라오콘을 스토아적 성향을 가진 사람이라고 말한 것을 제외하기만 하면, 충분한 가치와 진실성이 있다.

47. 언어 예술의 아름다움

조각의 주요 대상은 미와 우아함이기 때문에 조각에서는 나체를 즐기고, 의복은 몸의 형태를 감추지 않는 한에서만 허용된다. 몸에 걸치는 천도 몸을 가리는 것으로 사용되는 것이 아니라, 몸의 형태를 간접적으로 나타내기 위해 사용하는 것인데, 이러한 묘사 방식에 의해 오성이 활발하게 작용하는 것이다. 즉 오성은 단지 직접 주어진 결과로서 주름의 짜임새를 통해서만 원인, 즉 몸의 형태를 직관하기에 이른다. 따라서 조각에서 천의 주름은 그림에서 축소된 것에 해당한다. 둘 다 암시이긴 하지만, 상징적인 암시가 아니라 성공을 하면 오성이 그 암시된 것을 현실에 있는 것과 마찬가지로 직관하지 않으면 안 되는 그러한 암시다.

나는 여기에 덧붙여서 언어 예술에 관한 비유를 첨가해 보고자 한다. 다시 말해 육체의 아름다운 형태는 경쾌한 의복을 입거나 차라리 의복을 입지 않는 경우에 가장 잘 보이며, 따라서 아름다운 몸을 가지고 있고, 또한 취미와 그 취미를 따를 수 있는 사람이라면 거의 나체로, 기껏해야 고대인들 정도의 복장으로 다니는 것을 좋아할 것이다. 마찬가지로 아름답고 사상이 풍부한 사람은 적어도 가능한 한 자기의 사상을 다른 사람들에게 전달하여, 현세에서 느끼지 않을 수 없는 고독을 줄이려고 노력하고, 언제나 가장 자연스럽고 감춤이 없으며 자기의 심정을 소박하게 표시할 것이다. 그러나 이와 반대로 정신이 빈곤하고 조잡하고 편벽된 사람은 고의적인 표정과 애매한 말투로 꾸며대고, 사소하고 보잘것없고 따분한, 또는 흔히 있는 사상을 번거롭고 허식적인 상투어로 메우려고 할 것이다. 그것은 마치 미의 위엄이 모자란다고 해서 이 모자람을 복장으로 보충하려고 생각하고는 야만스런 장신구, 금붙이, 깃털, 주름잡힌 옷깃 장식, 커프스, 외투 등으로 자신의 보잘것없고 추한 인물을 감추려고 하는 사람과 같다. 이러한 사람들이 나체로 다녀야 한다면 당황할 것처럼, 저작자 중에도 허식투성이의 애매한 책을 보잘것없는 내용 그대로 확실하게 다시 쓰라고 강요당하면 당황할 사람들이 적지 않을 것이다.

48. 역사를 표현한 그림

'역사화'는 미와 우아뿐만 아니라 성격을 주요 대상으로 하고 있는데, 이것은 의지가 객관화하는 데 있어서 최고 단계에서 나타나는 것으로 해석해야 할 것이다. 이 단계에서 개인은 인류의 이데아에 대해 특수한 면을 나낸 것으로 특유한 의미를 가지고 있으며, 이 이데아는 단순한 형태가 아니라 모든 종류의 동작에 의해, 또 그 동작을 유발시키고 거기에 수반되는 인식과 의욕의 상호 변용에 의해 용모나 몸짓으로 나타나 인식된다. 인류의 이데아는 이 범위에서 표현되어야 하므로, 그 다면성이 개인들 속에 전개되는 것이 보여야 하며, 이 개인의 의미심장함은 여러 가지 장면, 사건, 행동을 통해 비로소 눈에 보이게 된다. 그런데 역사화는 모든 종류의 생활 장면을 의미의 깊이와는 관계없이 눈앞에 전개시킴으로써 그 무한한 임무를 다하는 것이다. 어떠한 개인도, 어떠한 행동도 의미가 없는 것은 없다. 모든 개인 속에, 또한 행동을 통해 인류의 이데아는 전개된다. 그러므로 인간 생활에서 일어나는 사건치고 그림에서 제외되는 것은 하나도 없다. 따라서 네덜란드파의 훌륭한 화가들이 흔히 일상생활에서 대상을 구한다고 하여, 그들의 기교적인 능력은 존중하지만 다른 점에서는 그들을 경멸하거나, 반대로 세계사 중의 사건이나 성서적인 역사만을 중요하다고 생각하는 것은 커다란 잘못을 범하는 것이다.

무엇보다 어떤 행동의 내적 의미는 외적 의미와는 완전히 다르며, 이것들은 흔히 서로 다른 모습을 하고 있다는 것을 고려해야 된다. 외적 의미란, 어떤 행동이 현실 세계에 미치는 영향과 또 현실 세계에서 가지는 결과에 관한 중요성이며, 또한 이유율에 따르는 것이다. 내적 의미란, 그 행위에 의해 나타나는 인류의 이데아에 대한 통찰의 깊이이다. 즉, 행위는 자신을 명백하고 분명하게 표명하는 개인에게 목적에 알맞도록 상황을 정비하고 이 개인들의 독자성을 발휘하게 함으로써, 인류의 이데아에서 희귀하게 나타나는 측면을 드러내는 것이다. 예술에서 중요한 것은 이 내적 의미뿐이고, 외적 의미는 역사에서 중요한 것이다. 이 둘은 상호 관계가 없고 함께 나타나는 일도 있지만, 또 따로따로 나타날 때도 있다. 역사에서는 중요한 행동도 내적 의미에서는 일상적인 행동인 때가 있고, 또 반대로 일상생활 중의 한 장면이라도 거기에 개인과 인간의 행위와 의욕이 감추어진 세세한 점에 이르기까지 명백한 빛 속에 드러난다고 하면 내적 의미는 크다. 외면적 의미가 아주 다르더라도 내면적인 의미가 같을 수 있다. 가령 장관들이 지도를 보면서 나라와 국민에 대하여 논하는 것과 농민들이 선술집에서 카드나 주사위를 가지고 놀면서 서로 그 권리를 주장하려고 하는 것은, 금으로 만든 장기를 두든, 나무로 만든 장기를 두든 마찬가지인 것과 같다. 그 밖에 수백만 인간의 생활을 이루고 있는 장면들이나 사건, 인간의 행위, 인간의 괴로움이나 기쁨, 이것들은 이미 그것만으로도 예술의 대상이 될 수 있을 만큼 충분히 중요하다. 그리고 그 풍부한 다양성으로 인류의 다양한 이데아를 전개시키기에 족한 재료를 제공하지 않으면 안 된다. 뿐만 아니라 예술이 그런 그림(오늘날에는 풍속화라 부르고 있다)으로 고정시켜 놓은 덧없는 순간적인 정경은 일종의 독특하고 가벼운 감동을 일으킨다. 왜냐하면 끊임없이 변천하는 이 덧없는 세상을, 또 세상 전체를 대표하는 개별적인 사건을 영속적인 모습으로 꼭 붙들어 두는 것이 회화의 일이며, 그렇게 함으로써 회화는 개별적인 것을 그 종의 이데아로 높여서 시간을 정지시켜 놓은 것처럼 하기 때문이다.

마지막으로 회화의 역사적이고 외적인 의미를 갖는 주제는 흔히 그 의미가 직관적으로 묘사되지 않고 사유를 곁들이지 않으면 안 된다는 결점을 가지고 있다. 이러한 점에서 일반적으로 그림의 명목상 의미와 실질적인 의미가 구별되어야 한다. 명목상 의미는 외적이지만 개념으로서만 부가되는 의미며, 실질적인 의미는 그 그림의 상을 통하여 직관에 대해 명백해지는 인류 이데아의 면이다. 모세가 이집트의 왕녀에게 발견되었다는 것은 명목상의 의미인데, 이것은 역사에 있어서는 아주 중대한 순간이다. 그런데 실질적인 의미, 즉 실제로 직관에 주어져 있는 것으로는 어떤 버려진 아기가 물에 뜬 요람 속에서 한 귀부인에 의해 구조되고 있는 것과 같은 것으로, 이러한 사건은 여러 번 있었던 일일 것이다. 이때 복장을 본 것만으로도 학자는 그 특정한 역사적인 사건을 알지 모른다. 그러나 복장은 명목상 의미에만 적용되며, 실질적인 의미와는 관계가 없다. 왜냐하면 실질적인 의미는 인간 그 자체를 아는 것뿐이고, 그 자의적 형태들을 아는 것은 아니기 때문이다. 역사에서 취한 그림의 제목은 단순한 가능성에서 취한 제목으로 일반적인 이름만 붙이게 되는 제목에 비해 뛰어난 점이 없다. 왜냐하면 역사화라고 해도 그 본래의 의미는 개별적인 것이나 개별적인 사건이 아니라 그 사건에 포함되어 있는 일반적인 것, 즉 인류의 이데아가 그 사건을 통해 나타내는 면이기 때문이다.

그러나 또 한편으로 특정한 역사적 주제를 그렇다고 해서 결코 버려서는 안 되는 것이다. 이러한 주제에 대한 예술적인 견해는 화가는 물론 관객조차도 이 주제들 속에서 본래 역사적인 요소를 이루고 있는 개별적인 개체에는 무관심하고, 거기에 표현되어 있는 보편적인 것, 즉 이데아에 관심을 둔다는 것이다. 또 역사적인 주제로 선택되어야 할 것은 요점이 실제로 묘사할 수 있는 것이고, 사유가 부가되어야 하는 것이어서는 안 된다. 그렇지 않으면 명목상 의미와 실질적인 의미가 너무도 멀어져 버려, 그림과는 달리 사유된 것이 중요한 것으로 되어 직관에 방해가 된다. 연극에서도(프랑스의 비극처럼) 핵심적인 사건을 무대의 배후에서 행하는 것은 좋지 않지만, 그림에서 그렇게 행하는 것은 큰 잘못이다. 역사적인 그림의 제목이 결정적으로 나쁜 효과를 나타내는 것은 그림 제목이 화가를 예술적인 목적에 따라 선택한 분야가 아닌, 임의로 다른 목적에 따라 선택한 분야에 제한하는 경우에만 그렇다. 또 이 분야가 회화인 그림의 소재나 의미 있는 그림의 소재로서는 빈곤한 것일 때 특히 그렇다.

가령 유대 민족처럼 작고, 고립되고, 성직자가 다스리는, 말하자면 망령된 생각이 지배하는 동시대 동서양의 여러 대국민에게서 멸시를 받았던 소수 민족의 역사가 그렇다. 한때 우리와 고대의 민족 사이에는 민족 이동이 있었는데, 그것은 마치 현재의 지구 표면과 화석으로만 조직을 나타내는 옛날 지구의 표면 사이에 일어났던 해저 지반의 변동이 있는 것과 마찬가지다. 그런데 그들의 지난날 문화가 우리 문화의 주된 기초가 되어, 여기에 봉사하게 된 민족이 인도인도 아니고, 그리스인도 아니고, 로마인조차도 아닌, 바로 이 유대인이었다는 것은 큰 불행이라 생각한다. 특히 15~16세기 이탈리아의 천재적인 화가들이 그림의 제목을 선택하는 데 있어서 임의로 정해진 이 좁은 범위 안에서 모든 종류의 비참한 사건들을 파악하지 않으면 안 되었던 것은, 그들에게 불행한 운명이었다. 왜냐하면 《신약성서》의 역사적인 부분은 《구약성서》보다 그림에 적합하지 않으며, 또 거기에 따르는 순교자나 성직자들의 이야기는 그림에서는 좋지 않은 대상이다. 그러나 유대교나 그리스도교의 역사적인 이야기나 신화를 대상으로 하는 그림과 그리스도교의 참된 정신, 즉 윤리적 정신에 충만한 인물을 묘사함으로써 직관할 수 있게 구현되는 그림과는 엄밀히 구별되어야 한다. 그러한 묘사가 사실상 회화 예술에 최고로 칭찬할 만한 업적이다. 또한 이것은 라파엘(Raphael)이나 코레지오(Correggio) 같은 이 방면의 거장들만이, 특히 코레지오의 경우는 그 초기 그림에서 이룰 수 있었다.

이런 종류의 그림은 근본적으로는 역사화라고 할 수 있는 것이 아니다. 왜냐하면 이것들은 대체로 사건이나 행동을 묘사하고 있는 것이 아니라 단지 성자들을 나란히 그리거나, 구세주를 가끔 어린아이로, 그 어머니와 천사들과 함께 그렸기 때문이다. 이들의 용모, 특히 눈초리에는 완전한 인식의 표현과 반영이 보인다. 즉 개체를 보지 않고 이데아, 즉 세계와 인생의 전 본질을 완전히 파악한 인식의 표현이다. 이러한 인식은 이들에게는 의지에 반발하여 앞서의 다른 인식처럼, '동기'를 주는 것이 아니라 오히려 모든 의욕의 '진정제(Quietiv)'로 된 것인데, 그리스도교나 인도 철학의 정신인 완전한 체념, 의욕의 포기, 의지의 억제, 그와 더불어 세계 전 존재의 억제와 포기, 즉 구제는 여기에서 생긴 것이다. 영원히 칭찬할 만한 거장들은 그 작품을 통하여 이러한 최고의 진리를 직관적으로 표현했다. 이것이 모든 예술의 장점이다. 말하자면 예술은 의지를 그 적절한 객관성인 이데아 속에서 모든 단계를 거쳐 추구하는데, 의지가 원인에 의해 움직이는 가장 낮은 단계에서 시작하여 자극에 따라 움직이는 단계를 거치고, 마지막으로 동기에 의해 여러 가지로 움직여 그 본질을 전개하는 단계에 이른다. 그 후에 의지가 자신의 본질을 가장 완전하게 인식하는 데서 생기는 하나의 진정제로 의지가 자유롭게 자신이 포기하는 것을 그림으로써 끝나는 것이다. *

---

* 이 부분을 이해하기 위해서는 다음 4권이 절대적인 전제가 된다.

49. 예술 작품의 개념과 이데아

이때까지 우리가 해온 예술에 관한 고찰의 밑바탕에는 예술가의 목적인 예술의 대상을 묘사할 때, 이 대상에 대한 인식이 그 근원으로서 작품에 선행해 있어야 한다는 점이 자리잡고 있다. 예술의 대상은 플라톤의 의미에서 '이데아'며, 그 밖의 것은 아니라는 진리가 여러 곳에 있다. 즉 일반적으로 파악할 수 있는 대상인 개체가 아니고, 또한 이성적 사유와 과학의 대상인 개념도 아니다. 이데아와 개념은 둘 다 단일성으로서 현실적 사물의 다양성을 대표한다는 점에서는 어느 정도 공통점을 가지고 있지만, 그 차이는 심하다. 그 차이는 제1권에서는 개념에 관해, 이 제3권에서는 이데아에 관해 논술한 것으로서 충분히 명백해졌다고 생각한다.

그러나 나는 플라톤이 이미 이 차이를 순수하게 파악하고 있었다고 주장하지는 않겠다. 오히려 플라톤이 열거한 이데아에 관한 실례나 이데아에 관한 논술에는 개념에만 적용되는 것이 적지 않다. 어쨌든 우리는 우리의 길을 가려고 한다. 위대하고 고매한 사람의 발자취를 따라갈 때마다 기쁨을 금할 수 없지만, 추구하는 것은 그의 발자취가 아니라 우리의 목표다.

'개념'은 추상적이고 논리적이며 그 범위 안에서는 불확실하지만, 그 범위의 경계가 정해져 있고, 적어도 이성을 가진 사람은 누구나 이것을 달성하고 또한 이해할 수 있다. 또 다른 매개 없이 언어를 통해 전달될 수 있고, 정의를 통하여 완전히 구명해 낼 수 있다.

그런데 '이데아'는 개념의 적절한 대표라고 정의할 수는 있지만, 순수하게 직관적이고 무수한 개체를 대표하면서도, 또한 철저하게 규정된 것이다. 이데아는 개체에 의해서는 결코 인식되지 않고, 모든 의욕과 개성을 넘어서 순수한 인식 주관에까지 올라간 사람에 의해서만 인식된다. 따라서 이데아에 도달할 수 있는 능력은 오직 천재와 많은 경우 천재의 작품에 자극되어 자기의 순수한 인식력이 고양된, 천재적인 정서를 갖게 된 사람만이 가진다. 그러므로 이데아는 그대로 전달되는 것이 아니라 어떤 제약 밑에서만 전달될 수 있다. 즉, 예술 작품으로 재현된 이데아는 사람의 마음을 각자의 지적 가치의 정도에 따라 끌어당기는 것이다. 그러므로 예술에서 가장 훌륭한 작품, 즉 천재의 가장 고귀한 작품은 어리석은 대중들에게 영원히 닫혀진 책으로 머물러야만 하고, 또 폭넓은 심연으로 갈라져 접근할 수 없어서, 마치 왕들의 교제가 서민들에게는 접근할 수 없는 것과 같다. 아주 평범한 사람들도 정평 있는 걸작의 권위를 인정하여 자기의 약점을 보이지 않으려고 한다. 그러나 그들은 남몰래 언제나 그러한 걸작에 유죄 선고를 내릴 준비를 하고 있다가, 자기를 노출하지 않을 수 있다는 자신만 서면, 전부터 마음이 끌리지 않았고, 바로 그 이유로 그들을 굴욕스럽게 한 위대한 것과 아름다운 것에 대해, 또 이것들을 창조한 사람들에 대해, 오랫동안 억눌러 온 증오심을 터뜨리고 만다. 그도 그럴 것이 적어도 타인의 가치를 자유롭게 인정하고 반대하지 않으려면, 자신도 가치를 가져야 하기 때문이다. 모든 미 중에서도 겸손이 꼭 필요한 것은 여기에 근거를 두고 있으며, 이것과 유사한 덕 가운데 겸손이 비교할 수 없을 만큼 큰 명성을 얻는 이유도 여기에 있다. 어떻게 해서라도 뛰어난 사람을 찬양하려고 하는 사람은 누구나 이 덕을 그 사람에 대한 찬사에 덧붙여서, 타인의 환심을 사고 무가치함에 대한 노여움을 진정하려고 한다. 비열한 질투로 가득 찬 이 세상에서 겸손이란, 장점이나 공적을 가진 사람들이 그것을 가지고 있지 않은 사람에게 용서를 구걸하는 수단으로 취하는 거짓 겸손 외에 무엇이겠는가? 정말로 가지고 있지 않은 자가 그것을 가지고 있지 않다고 말하지 않는 것은 겸손한 것이 아니라 정직한 것에 지나지 않기 때문이다.

'이데아'는 우리가 직관적으로 파악한 시간 및 공간 형식에 의해 단일성이 다원성으로 분열한 것이다. 반면에 개념은 이성의 추상에 의해 다원성에서 또다시 단일성으로 돌아온 것이다. 이 단일성은 사후의 단일성(unitas post rem)이라 부르고, 앞의 단일성은 사전의 단일성(unitas ante rem)이라고 부를 수 있다. 마지막으로 개념과 이데아의 차이를 다음과 같이 비유적으로 말할 수 있다. 즉, 개념은 생명 없는 그릇과 비슷한데, 그 속에 넣은 것은 그대로 실제로 들어가 있지만, 거기에(종합적 반성에 의해) 들어갈 수 있었던 것보다 더 많은 것을 거기에서(분석적 판단에 의하여) 끌어낼 수는 없다. 이에 대하여 '이데아'는 그것을 파악한 사람의 마음속에서 그것과 같은 이름의 개념에 관해서 새로운 표상을 전개한다. 따라서 이데아는 생명이 있고 성장하며 생식력을 갖춘 유기체와 흡사하여, 자기 속에 들어오지 않는 것을 산출한다.

이러한 것들을 보면, 개념은 생활에 아주 유용하고, 과학에는 아주 유익하고 필요하며 또한 생산적인 것이지만, 예술에는 무익한 것이다. 이와 반대로 파악된 이데아는 진정한 예술 작품의 참되고 유일한 원천이다. 이데아는 생활로부터, 자연으로부터, 세계로부터, 그 풍부한 원천 속으로 도출되며, 이 것을 도출하는 것은 진정한 천재나 순간적인 감격에 의해 천재의 경지에 도달한 사람뿐이다. 불멸의 생명을 가진 참된 작품은 이러한 이데아의 직접적인 수태에서 생긴다. 이데아는 직관적이며 또 그렇기 때문에, 예술가는 자기의 의도와 목적을 추상적으로 의식하고 있지 않다. 그의 눈앞에 떠오르는 것은 개념이 아니라 이데아이다. 따라서 그는 자기의 행위를 설명할 수는 없다. 그는 세상에서 말하는 것처럼 단지 감각적으로, 무의식적으로 또한 본능적으로 작업한다.

그런데 모방자, 꾸미는 자, 모조자, 맹목적인 모방자들은 예술을 개념에서 출발한다. 그들은 참된 작품을 보면, 마음에 들거나 효과가 뚜렷한 점에만 관심을 두고, 이것을 명확하게 하여 개념으로서, 즉 추상적으로 파악한 다음에 공공연하게 또는 은밀하게 교활한 생각을 품고 모방한다. 그들은 기생 식물처럼 타인의 작품에서 양분을 섭취하고, 해파리처럼 그 양분의 색깔을 갖는다. 비유를 사용한다면 다음과 같이 말할 수도 있을 것이다. 그들은 끌어넣은 것을 잘게 깨어 혼합시킬 수는 있지만, 영원히 소화할 수 없는 기계와 같다. 따라서 그 혼합물 속에서는 언제나 다른 성분을 발견할 수 있고 그것을 거기에서 가려낼 수 있다. 이와 반대로 천재는 유기체처럼 동화하고 변화하고 생산한다. 왜냐하면 천재도 선배나 그 작품에 의해 계발되고 교화되는 것은 물론이지만, 그에게 직접 직관적인 것의 인상에 의해 예술적으로 열매를 맺게 하는 것은 생활과 세계 그 자체이기 때문이다. 그러므로 아무리 교양이 높아도 천재의 독창성엔 지장을 주지 않는다. 모방자나 꾸미는 자는 타인의 걸작을 개념으로 파악한다. 그러나 개념은 결코 작품에 내적 생명을 부여할 수 없다. 시대 일반, 즉 그 시대의 다수를 점하는 어리석은 대중은 언제나 개념을 알고 그것에만 집착한다. 따라서 그런 대중은 기교를 부린 작품에 기꺼이 갈채를 보내며 환영한다. 그러나 이러한 작품은 2, 3년이 지나면 재미가 없어져 버린다. 왜냐하면 시대정신, 즉 유행의 개념이 변했기 때문인데, 이러한 작품의 유일한 근거는 이 유행의 개념이다.

자연과 인생에서 직접 이끌어 낸 참다운 작품만이 자연이나 인생과 마찬가지로 영원히 젊고 언제까지나 근원적인 힘을 가지고 있다. 왜냐하면 그러한 참된 작품은 특정한 시대의 것이 아니라 인류의 것이기 때문이다. 또 그렇기 때문에 이러한 작품은 그 시대에 영합하는 것을 경멸하고 시대로부터는 냉담한 대우를 받으며, 그때그때의 잘못이 그 작품에 의해 간접적이고 소극적으로 발견되기 때문에, 나중엔 진가를 인정받게 된다. 또 이러한 작품은 진부해지지 않고, 시대가 지난 후에도 여전히 신선하고 언제나 새롭게 사람의 마음에 호소한다. 이렇게 인정받은 이상, 이제는 무시되거나 오인받을 염려는 없어진다. 왜냐하면 이것들은 판단력이 출중한 소수의 사람들의 칭찬으로 영광의 왕관을 쓰고 진가를 인정받게 되기 때문이다.

이들 소수의 출중한 사람들은 백 년 동안에 아주 적게 나타나지만,* 그들이 말하는 의견은 점차 권위가 확립되는데, 이 권위야말로 세상 사람들이 이 작품들의 진가를 후세에 호소하는 유일한 근거가 된다. 잇따라 나타나는 위대한 개인이야말로 이 유일한 전거이다. 왜냐하면 동시대의 대중이 언제나 어리석고 우둔했던 것과 마찬가지로, 후세의 대중도 여전히 어리석고 우둔할 것이기 때문이다. 어느 시대에나 위인들이 그 시대 사람들에게 한 말을 읽어 보라. 인간은 언제나 같기 때문에 위인들의 탄식도 지금이나 옛날이나 변함이 없다. 어느 시대에나 또 어떠한 예술에서도 작풍이 정신을 대리하며, 정신을 소유하는 것은 언제나 위대한 개인뿐이다. 그러나 작풍이란 모든 시대에 존재하여 그 가치를 인정받은 정신의 현상이 벗어 버린 낡은 의복이다. 그렇기 때문에 보통 후세의 갈채는 동시대의 갈채를 희생하여 얻는 것이며, 또 동시대의 갈채는 후세의 갈채를 희생하여 얻는 것이다.

50. 예술 작품의 알레고리

예술의 목적은 파악된 이데아를 전달하는 데 있다. 그러나 이데아가 예술가의 정신에 의해 모든 이질적인 것에서 순화되어 나타난다면, 감수성이 약하고 생산력이 없는 사람에게도 포착될 수 있는 것이 된다. 또 예술은 개념에서 출발하는 것이 좋지 않다. 그렇기 때문에 우리는 예술 작품을 고의로,

---

* "격랑을 헤엄쳐가는 사람은 드물게 나타난다(Apparent rari, mantes in gurgite vasto)." 출전은 베르길리우스의 《아에네이스》 1권 118.

또 공공연하게 어떤 개념을 표현하기 위해 사용하는 것은 승인할 수 없다. 그러한 목적에 사용하는 것은 '알레고리(Allegorie)'다. 알레고리(비유)란 어떤 예술 작품이 묘사하고 있는 것과 다른 어떤 의미를 갖는 경우다. 그러나 직관적인 것, 또한 이데아는 스스로를 직접적이고 완전하게 나타낸다. 따라서 스스로를 암시하게 하는 다른 매개를 필요로 하지 않는다. 그러므로 스스로는 직관할 수 없기 때문에 전혀 다른 것에 의해 암시되고 대표되는 것은 언제나 개념이다. 비유로 표시되어야 하는 것도 언제나 개념이며, 이것을 바라보는 사람의 정신은 묘사된 직관적인 표상을 떠나 그 예술 작품의 밖에 있는, 전혀 다른 추상적이고 비직관적인 표상을 따라가야 한다. 이 경우 문장으로 표현하면 훨씬 완전하게 할 수 있는 것을 화상(畵像)이나 조상(彫像)으로 나타내려고 하는 것이다. 그래서 우리가 예술의 목적이라고 표명하는 것, 즉 직관적으로만 파악되어야 하는 이데아를 그려낸다는 것은 목적 없는 것이 된다. 여기서 목적으로 하는 것을 위해서는 예술 작품의 완성은 필요하지 않고, 그 사물이 무엇인가를 알기만 하면 그것으로 족하다. 왜냐하면 그것을 알게 되면 목적은 달성되며, 정신은 전혀 다른 종류의 표상, 즉 본래 지향한 목적인 추상적 개념에 끌려가기 때문이다.

따라서 조형 미술에서 비유는 상형 문자일 뿐이다. 어쨌든 그것이 직관적 묘사로서 예술적 가치를 갖고 있다고 하면, 그것은 비유의 면에 있는 것이 아니라 그 밖의 면에 있는 것이다. 코레지오의 〈밤〉이나 아니발 카라치(Hannibal Caracci)의 〈명예의 정신〉이나, 푸생(Poussin)의 〈계절의 여신〉 등이 아름다운 그림이라는 것은 이것이 비유라는 것과는 구별되어야 한다. 이 그림은 비유로 보면 비문 이상의 가치는 없고 오히려 그 이하다.

여기서 다시 앞서 행한 회화의 실질적인 의미와 명목적인 의미의 구별을 상기해주기 바란다. 명목적 의미란 여기서는 바로 비유적인 것이며, 예컨대 명예의 정신이다. 실질적 의미는 실제로 묘사된 것이며, 이 그림에서는 날개를 가진 아름다운 젊은이의 주위에 아름다운 어린아이들이 날아다니는 것이다. 이것은 하나의 이데아를 나타내고 있다. 그런데 이 실질적 의미는 명목적, 비유적 의미가 잊혀져 있는 한에 있어서만 그 효과를 발휘한다. 비유적 의의를 염두에 두면 직관은 그 힘을 잃고, 정신은 추상적 개념에 정신을 팔게 된다. 이데아에서 개념으로 이행하는 것은 언제나 하나의 타락이다. 뿐만 아니라 명목적 의미, 즉 비유적 목적은 실질적 의의인 직관적 진리를 손상하는 경우도 가끔 있다. 가령 코레지오의 〈밤〉에서 부자연스러운 조명이 그렇다. 아름답게 그려져 있긴 하지만 비유적인 동기를 갖고 있을 뿐이며, 실제로는 불가능하다. 따라서 비유적인 그림에 예술적인 가치가 있다고 해도, 그것은 그 그림이 비유로서 표시하는 의미와는 전혀 다르며 관계가 없다. 즉, 그러한 예술 작품은 동시에 두 가지 목적, 즉 개념의 표현과 이데아의 표현에 봉사한다. 이 가운데 이데아의 표현만이 예술의 목적이고, 개념의 표현은 다른 목적이다. 그리고 하나의 그림에 동시에 비문, 즉 상형 문자로서 역할을 다하게 하려는 유희적 오락이며, 예술의 참된 본질을 이해하지 못하는 사람들을 위해 생각해 낸 것이다.

따라서 하나의 예술 작품이 예술 작품인 동시에 유용한 도구이기도 한 경우는 두 개의 목적에 봉사하는 것이 된다. 예컨대 조형이 동시에 촛대이고, 여상주(女像柱) 또는 얕은 부조가 동시에 아킬레스의 방패이기도 한 것이다. 순수한 미술 애호가들은 그 어느 쪽에도 동의하지 않을 것이다. 비유적인 그림도 역시 이 특질을 가지고 사람들의 마음에 생생한 인상을 줄 수 있다. 그러나 사정이 같으면 비문도 같은 효과를 낼 것이다. 가령 어떤 사람의 마음에 명예를 얻으려고 하는 소원이 언제나 굳게 뿌리를 내리고 있고, 명예를 자기의 당연한 소유라고까지 생각하고, 자기가 아직 재산 증서를 제출하지 않았기 때문에 그것을 제출할 때까지만 소유자로서 명예가 보유되어 있는 것이라고 생각한다고 하자. 만약 이 사람이 월계관을 쓴 〈명예의 수호신〉이라는 그림 앞으로 나간다고 하면, 그의 마음은 이 그림에 자극되어 행동이 일어난다. 그러나 이러한 효과라면, 그가 벽 사이에 크고 분명하게 써 놓은 '명예'라는 말을 보아도 같을 것이다. 또는 어떤 사람이 실생활에 대한 주장으로 중요하거나 과학에 대한 식견으로 중요한 진리를 밝혀 알렸으나 사람들의 믿음을 얻지 못했을 경우, 시간이 베일을 젖히고 적나라한 진리를 나타내는 것을 그린 비유화를 본다면, 그는 깊은 감명을 받을 것이다. 그러나 '시간이 진리를 발견한다(Le temps découvre la vérité)'고 하는 격언도 같은 효과가 있을 것이다. 왜냐하면 이 경우, 정말로 사람의 마음을 움직이는 것은 언제나 추상적인 사상이고, 직관적인 것은 아니기 때문이다.

그런데 이렇게 조형이 미술에서 비유를 사용하는 것은 예술과는 전혀 다른 목적 때문에 하는 잘못된 노력인데, 그것이 너무 지나쳐서 부자연스럽고 무리한 묘사와 억지로 끌어다 붙인 가당치도 않은 말이 황당무계하게 되어 버리면 견딜 수 없게 된다. 가령 거북을 여성적인 은둔성을 암시하기 위해 그리거나 네메시스(Nemesis)가 자기의 가슴 언저리를 내려다보고 있는 것을 비밀을 보고 있는 암시라고 보거나, 또 이탈리아 미술사가 벨로리(Bellori)의 해석처럼 아니발 카라치가 관능에 누런 옷을 입힌 것을 관능의 쾌락은 얼마 안 가서 지푸라기처럼 누렇게 시들게 될 것임을 암시하려고 했기 때문이라고 보는 것 등이 그렇다. 그런데 그려진 것과 이것에 의해 암시된 개념 사이에는 그 개념을 포함하는 결합 관계, 또는 연상에 근거를 둔 결합 관계도 존재하지 않고, 표시와 표시의 의미가 완전히 습관적으로 우연히 된 기성 규칙에 의해 결합되어 있는 경우, 나는 이 비유의 변종을 '상징(Symbol)'이라고 부른다. 가령 장미는 침묵의 상징이고, 월계관은 명예의 상징이고, 종려나무는 승리의 상징이고, 조개껍데기는 순례의 상징이며, 십자가는 그리스도교의 상징이다. 또 노랑은 허위의 색이고 파랑은 진실의 색이라고 하는 것과 같이 색으로 직접 암시하는 것도 모두 상징에 속한다. 이러한 상징은 실생활에서는 가끔 유용할지 모르지만, 예술에서는 아무런 가치가 없다. 이것들은 완전히 상형 문자나 중국 문자처럼 보이는 것이고, 실제로 문장(紋章)과 같은 것으로서 음식점을 나타내는 깃장식, 시종의 직업 표지로 된 열쇠, 광부의 직업 표지로 된 가죽 같은 유다.

마지막으로 어떤 종류의 역사적이거나 신화적인 인물, 또는 인격화한 개념이 반드시 하나의 정해진 상징으로 표시된다고 하면, 이것은 본래 '표징(Embleme)'이라고 불러야 할 것이다. 복음 전도자들의 동물, 미네르바의 부엉이, 파리의 사과, 희망의 닻 등이 이것이다. 그런데 표징이라고 말하면, 많은 사람들은 도덕적 진리를 직관적으로 알리기 위해 비유적이고 단순한, 그리고 표어로 해설한 묘사처럼 해석하고 있다. 그런 것으로는 카메라리우스(Joahim Camerarius(1500~1574). 독일의 언어학자. 신학자. 그리스어와 라틴어로 된 고전을 많이 번역하였다), 알치아토(Andrea Alciato(1492~1550). 이탈리아의 법률학자. 로마법을 역사적으로 연구한 사람)와 그 밖의 사람들이 수집한 것이 많이 있지만, 이것들은 시적 비유로 이행하는 것으로, 이에 관해서는 나중에 다시 말하기로 한다. 그리스의 조각은 직관에 호소하기 때문에 '미학적(ästhetisch)'이지만, 인도의 조각은 개념에 호소하기 때문에 '상징적(symbolisch)'이다.

우리는 지금까지 예술의 내적 본질에 관해 행한 여러 고찰을 기초로 하여 이것과 긴밀히 관련시켜서 알레고리(비유)라는 것을 이렇게 판단한 것이지만, 이것은 빙켈만의 견해와는 정반대다. 그는 우리처럼 비유를 예술의 목적과는 무관하고 예술의 목적을 손상시키는 것으로는 생각하지 않고, 여기저기에서 비유를 변호하고, 나아가(《저작집》, 제1권, p. 55 이하) 예술의 최고 목적이 "보편적 개념과 비감각적 사물의 묘사"에 있다고까지 말하고 있다. 어느 쪽 견해에 따를 것인가 하는 것은 각자의 의사에 맡겨 두도록 한다. 그러나 미의 참다운 형이상학에 관한 이러한 빙켈만의 견해와 이것과 비슷한 견해를 검토하여, 나는 다음과 같은 진리를 명백하게 했다. 즉 감수성이 강하고, 예술미에 대한 올바른 판단을 가진 사람이라도 미와 예술의 본질을 추상적으로, 또 철학적으로 해명할 수 없는 경우가 있다. 그것은 마치 아주 고상하고 덕이 있으며, 개별적인 사례에서 금으로 된 저울과도 같은 정밀성으로 사물을 결정하는 의식을 가진 사람이라도, 행위의 윤리적인 의의를 반드시 구명하고, 철학적으로 이것을 확증하고, 추상적으로 이것을 설명할 수 있다고 말할 수 없는 것과 마찬가지다.

그런데 비유(알레고리)는 '시(Poesie)'에서는 조형 미술과는 다른 관계를 갖는다. 비유는 조형 미술에서는 배척해야 하지만, 시에서는 인정되어야 할 것이며 유용하다. 왜냐하면 조형 미술에서 비유는 예술의 본래 대상인 주어진 직관적인 것에서 보는 사람의 마음을 추상적인 사상으로 끌어가지만, 시에서는 그 반대이기 때문이다. 즉 시에서 언어에 직접적으로 주어진 것은 개념이고, 가장 가까운 목적은 언제나 이 개념에서 직접적인 것으로 마음을 끌어가며, 그 직관적인 것을 묘사하는 것은 시를 듣는 자의 상상이 받아들여야 한다. 조형 미술에서는 직접 사실에서 다른 것으로 마음을 끌어가지만, 여기서는 추상적인 것만이 직접적인 사실일 수 없기 때문에, 그 밖의 것은 언제나 개념이어야 한다. 그러나 개념은 예술 작품의 근원이어서는 안 되며, 또 개념의 전달이 예술 작품의 목적이어서도 안 된다. 그런데 시에서는 개념이 소재이며 직접적인 사실이므로, 전혀 다른 직관적인 것을 불러일으키고 거기에서 목적이 달성되게 하기 위해서는 이 소재가 계속 버려져도 괜찮다. 시의 통일성은 여러 가지 개념이나 그 자체로서는 직접적으로 직관할 수 없고, 시에 사용될 때 가끔 그 개념에 포함되는 어떤 실례에 의해 직관된다. 이것은 비유적인 표현과 우화에도 행해지고 있는 것으로, 그 묘사의 깊이와 상세함에 차이가 있을 뿐이다.

이 때문에 언어 예술에서는 우화와 비유가 훌륭한 효력을 갖는다. 세르반테스는 수면이 우리의 모든 정신적, 육체적 고뇌를 없애 준다는 것을 표현하려고, "잠은 인간의 전신을 덮는 외투"라고 아름답게 말했다. 또 클라이스트(Heinrich Wilhelm von Kleist(1777~1811). 독일의 시인, 극작가, 소설가. 고전주의에도 낭만주의에도 속하지 않은 독자적인 작풍을 가졌으며, 사실주의의 선구자다.)가 철학자나 연구가들은 인류를 계몽시킨다는 사상을 다음과 같은 시구를 가지고 비유적으로 표현하고 있는 것도 아름다운 표현이다.

그들은 그 밤의 등불로 전세계를 비친다.

호메로스가 화근을 가져오는 아테 여신을 그려 "그녀는 부드러운 발을 갖고 있다. 왜냐하면 그녀는 딱딱한 대지를 밟지 않고 인간의 머리 위만을 걸었기 때문이다"(《일리아드》, 제19가의 91)라고 말하고 있는 것은 직관에 호소하는 묘사이다. 메네니우스 아그리파(Menenius Agrippa. 전설에 의하면, 고대 로마의 애국적인 귀족이었던 그는 서민들이 성구(聖丘)로 탈출하였을 때, 귀족 측의 사자가 되어 사지가 위에 반항해서는 오히려 큰 해를 입는다는 비유로써 서민을 설득하여 귀국시켰다 함)가 위(胃)와 사지에 관해 말한 우화가 이주하여 온 로마 서민에게 준 영향은 실로 막대한 것이었다. 플라톤의 《국가론》 7권의 처음에 있는 동굴의 비유는 추상적인 철학적 교리를 참으로 아름답게 표현하고 있다. 이와 마찬가지로 페르세포네에 관한 우화도 철학적인 경향을 가진 뜻깊은 비유라고 보아야 한다. 즉 페르세포네는 저승에서 석류의 열매를 먹었기 때문에 저승의 주민이 되어 버렸다는 것이다. 괴테는 이 이야기를 에피소드로 꾸며 《감상주의의 승리》 속에 엮어 넣었는데, 그 뛰어난 수법으로 이 우화의 깊은 의미는 특히 두드러지게 된다.

비유의 작품으로 내가 자세히 알고 있는 것이 세 개가 있다. 눈에 띄게 명백한 비유는 발타자르 그라시안(Baltasar Gracian(1601~1658). 염세적인 경향의 철학을 가진 스페인의 작가. 《비평가》는 그의 대표작이다)의 《크리티콘(Criticon)》인데, 이것은 대단히 의미 깊은 비유를 결합시킨 대규모의 구성으로 되어 있지만, 이들 비유가 도덕적 진리를 흥미 있게 표현하는 데 도움이 되고 있고, 그렇기 때문에 그는 도덕적 진리를 직관적으로 이해할 수 있게 했고, 그 풍부한 착상에는 그저 놀랄 뿐이다. 비유가 감추어져 있는 다른 두 개는 《돈키호테》와 소인국의 《걸리버》이다. 《돈키호테》의 비유는 일반인들처럼 단지 자기만의 행복을 고려하는 것이 아니라, 객관적이고 이상적인 목적을 추구하여 자기의 사고와 의욕을 억누르고, 그로 인해 당연히 이 세상에서 괴짜로 보이는 사람의 생활이다. 《걸리버》에서는 햄릿 같으면 이 작가를 풍자가라고 부를 것이지만, 이 작가가 말하려고 하는 것을 알기 위해서는 이 이야기 중의 물질적인 것을 모두 정신적으로 해석하기만 하면 된다.

이처럼 문학적 비유에서 개념은 언제나 이의없이 받아들여지는 사실이며, 문학적 비유는 이것을 어떤 형상에 의해 직관적으로 만들려고 하기 때문에, 이러한 비유는 때때로 그림 형식으로 표현될 수도 있고 유지될 수도 있다. 그렇다고 이 그림이 조형 미술 작품으로 간주되는 것은 아니고 기호인 상형 문자로 보일 뿐이다. 따라서 회화적 가치를 요구하는 것이 아니고 문학적 가치를 요구할 뿐이다. 라바터^{(Johann Kasper Lavater(1741~1801), 스위스의 시인이며 신비가, 관상학의 창시자)}가 그린 아름다운 비유적 장식화는 이런 종류의 것으로, 진리를 위하여 싸우는 고매한 사람의 마음에 깊은 감명을 준다. 즉 등불을 든 손이 말벌에 쏘였지만, 위에서는 불길에 모기가 타고 있다. 그 밑에는 다음과 같은 표어가 있다.

아무리 등불이 모기의 날개를 태우고,
두개골과 뇌수를 모두 분쇄한다 해도,
등불은 역시 등불로 남고,
아무리 무서운 말벌이 나를 찌른다 해도,
나는 등불을 놓지 않으리.

이러한 것에 속하는 것으로 또 묘비가 있는데, 그 옆에는 꺼져서 연기가 나는 등불이 있고, 옆에는 다음과 같이 적혀 있다.

불이 꺼지면 확실해진다.
그것이 짐승의 기름이었는지 밀랍이었는지.

마지막으로 고대 독일의 어떤 가계도가 있는데, 이것을 보면 대단히 오래된 가문의 마지막 자손이 자기의 생애를 동정(童貞) 속에서 끝맺으려 생각하고, 자기 일족의 계승을 끝내려 한다. 그래서 가위로 자기 위에 있는 나무를 절단하고 자기를 많은 뿌리 곁에 있는 가지로 묘사하고 있다. 앞서 말한 보통 표징이라고 불리는 비유는 일반적으로 이와 비슷한 것인데, 이것들은 아직도 확실한 교훈을 포함하고 있고, 간단하게 묘사한 우화라고도 할 수 있다. 이러한 종류의 비유는 언제나 문학적 비유에서 취급해야 하는 것이고 회화적 비유에 넣을 것은 아니며, 그래야만 타당하다. 이 경우, 실제로 그림의 성과는 언제나 부수적인 것에 그치며, 그림의 성과가 요구하는 것은 그 사물을 알기 쉽게 묘사하는 것에 불과하다. 그런데 조형 미술과 마찬가지로 문학에서도 직관적으로 나타낸 것과 그것이 지시하는 추상적인 것 사이에 자의적인 연관밖에 없는 경우, 비유는 상징으로 변화된다. 상징적인 것은 결국 합의에 근거를 두고 있기 때문에, 상징은 다른 여러 결점과 더불어 그 의미가 시간이 경과함에 따라 잊혀지고, 결국은 상징으로서의 작용을 정지해 버리는 결점을 갖고 있다. 사정을 알지 못하면 왜 물고기가 그리스도교의 상징인가 하는 것은 누구도 알 수 없다. 이것을 알 수 있는 사람은 오직 샹폴리옹 (Jean Francois Champolion(1790~1832), 프랑스의 이집트 학자. 1822년 로제타석의 상형 문자를 해독하는 데 성공했다) 뿐이다. 왜냐하면 그것은 순전히 발음에서 온 상형 문자에 불과하기 때문이다. 따라서 현재 문학적 비유로서 〈요한 계시록〉이 '위대한 태양의 신 미트라(magnus Deus sol Mithra)'로 기록한 부조(浮彫)는 지금도 여러 가지로 해석되고 있는 것과 같은 상황이다.

51. 시에 대하여

예술 일반에 관해 우리가 지금까지 고찰해 온 것을 조형 미술에서 '시'로 전용해 보면, 시 또한 의지의 객관화 단계인 이데아를 시적인 마음에 의해 파악되는 명백함과 생생함으로 듣는 사람에게 전달하려는 의도를 갖고 있다는 것을 의심하지 않을 것이다. 이데아는 근본적으로 직관적이다. 시에서는 언어를 통해 직접 전달되는 것은 추상적 개념에 지나지 않지만, 거기에는 분명히 이 개념들을 대표하는 것 속에 듣는 사람에게 인생의 이데아를 직관시키려고 하는 의도가 있다. 그리고 이러한 것은 듣는 사람의 상상력이 작용해야 가능한 것이다. 그런데 상상력을 이 목적에 알맞도록 작용하려면, 시와 무미건조하기 짝이 없는 산문의 직접적인 재료인 추상적 개념들이 서로의 범위를 정해 줄 정도로 결합되어야 한다. 그래서 어떤 개념도 그 추상적 보편성을 고집하지 않고, 이것들을 대표하는 직관적인 것이 상상으로 나타나는 상태가 되지 않으면 안 되는데, 이렇게 상상을 시인의 말이 의도하는 바에 따라 여러 가지로 변용하는 것이다. 이것은 마치 화학자가 여러 가지 잘 알려진 맑은 액체들을 화합하여 거기에서 고체의 침전물을 얻는 것과 마찬가지인데, 시인은 여러 개념의 추상적인 보편성으로부터 시인다운 방식으로 이것들을 결합시킴으로써 구체적인 것, 개성적인 것, 직관적 표상 등을 침전시킬 수 있다. 왜냐하면 이데아는 직관적으로만 인식되는 것이며, 이데아의 인식이 예술의 목적이기 때문이다. 시에 통달한 사람이면 화학에서와 마찬가지로 언제나 목표로 삼고 있는 침전물을 얻을 수 있게 된다. 시에서 많은 형용사는 이 목적에 도움이 되는 것으로, 어떠한 개념의 보편성도 이 형용사들로 인해 더 한정되고 결국 직관성을 얻기에 이른다. 호메로스는 거의 각 명사마다 형용사를 붙여 꾸미는데, 그 형용사의 개념에 의해 명사의 개념 범위가 확정되어 좁혀지고, 그것만으로도 벌써 훨씬 직관에 가까이 간다.

> 반짝이는 태양빛은 대해로 가라앉았다,
> 어두운 밤을 결실에 넘치는 대지 위로 끌어당기면서
>
> ──《일리아드》

> 미풍은 푸른 하늘에서 불어오고,
> 은매화(銀梅花)는 조용히, 월계수는 높이 솟아 있다.
>
> ──괴테의 《미뇽》

이런 시들은 소수의 개념들로써 남국 기후의 황홀경을 상상하게 한다.

시의 독특한 보조 수단은 리듬과 운율이다. 이 효과가 얼마나 현저한 것인가에 관해서는 다음과 같은 설명을 하는 수밖에 없다. 즉, 우리의 표상력은 본질적으로 시간과 결합되어 있지만, 이 리듬과 운율의 힘에 의해 어떤 특색을 띠고, 그로 인해 규칙적으로 되풀이되는 음을 마음속에서 따라가며 공명하는 것이다. 이렇게 해서 리듬과 운율은 한편으로 우리를 기꺼이 낭독에 귀를 기울이게 함으로써 우리의 주의를 연결하는 수단이 된다. 또 한편 이로 인해 우리는 마음속에서 판단을 기다리지 않고 맹목적으로 낭독된 시에 공명하게 된다. 그래서 시는 근거와는 관계없이 강한 설득력을 얻게 된다.

이데아를 전달하기 위해 시가 사용하는 재료는 개념이지만, 이 개념이라는 재료는 보편적인 것이기 때문에, 시의 영역 범위는 대단히 넓다. 모든 자연, 모든 단계의 이데아는 시로 묘사될 수 있다. 즉, 시는 전달할 수 있는 이데아에 따라 기술적으로 또는 이야기풍으로, 또는 직접 희곡적인 묘사로 표현한다. 그러나 의지의 객관성이라는 차원이 낮은 여러 단계를 묘사하는 경우에는 대개 조형 미술이 시를 능가한다. 왜냐하면 인식이 없는 자연이나 동물적인 자연은 오직 하나의 요점을 파악하면, 거의 모든 본질이 나타나기 때문이다. 그런데 인간은 단지 자세나 얼굴 표정만으로 자신을 나타내는 것이 아니라, 일련의 행위나 여기에 따르는 사상이나 정서에 의해 자신을 표시한다는 점에서 시는 중요한 대상이며, 이 점에서는 다른 어떤 예술도 시에 비견될 수 없다. 왜냐하면 그러한 인간을 묘사하는 경우에는 조형 미술에 결여되어 있는 진행이라는 것이 시에는 도움이 되기 때문이다.

여기서 의지의 객관성에서 최고 단계인 이데아를 나타내고 인간의 노력과 행위의 연관을 통해 인간을 묘사하는 것이 시의 커다란 주제이다. 원래 경험이나 역사는 인간을 가르치기는 한다. 그러나 인간의 본질을 가르쳐 주기보다는 잡다한 인간들의 행동양식을 가르치는 경우가 많다. 즉 경험과 역사는 인간의 내적 본질을 깊이 통찰하게 하기보다는 오히려 인간 상호간의 행동을 경험적으로 알리고, 거기에서 자신의 태도를 어떻게 정할 것인가 하는 규칙을 발견하게 하는 것이다. 그렇다고 해서 경험이나 역사에서 인간의 본질이 영구히 나타나지 않는다는 것은 아니다. 그러나 역사나 자신의 경험에서 해명되는 것이 인간성의 본질인 경우, 이미 우리는 언제나 이 경험을, 또 역사가는 그 역사를 예술적인 눈으로, 시적으로, 다시 말해 현상적으로가 아니라 이데아적으로, 상대적인 관계가 아니라 내적 본질로 파악하고 있다. 자신의 경험이라는 것은 시를 이해하는 데에도, 역사를 이해하는 데에도 없어서는 안 되는 조건이다. 자기의 경험은 시와 역사가 말하는 말의 사전이라 할 수 있기 때문이다.

그런데 역사와 시의 관계는 초상화와 역사화의 관계와 같다. 역사는 개별적인 진리를 나타내고 시는 보편적인 진리를 나타낸다. 또한 역사는 현상의 진리를 갖고 진리를 현상에서 증명할 수 있지만, 시는 이데아의 진리를 갖는다. 이것은 어떠한 개별적인 현상 속에서도 발견할 수 없지만, 모든 현상을 통해서 나타나고 있다. 시인은 선택과 의도를 가지고 뚜렷한 성격의 인물을 분명한 위치에 세우고 묘사한다. 역사가는 성격과 위치를 나타나는 대로 받아들인다. 오히려 역사가는 사건이나 인물들을 그 내적인 순수한 이데아를 나타내는 의미를 따라서 보거나 선택해서는 안 되며, 연결과 결과에 관한 외면적이고 피상적이며 상대적으로 중요한 의미를 따라서 보거나 선택해야 한다. 그는 어떤 일이든 그 본질적인 성격과 표현을 따라서 고찰해서는 안 되며, 모든 것을 상대적인 관계에 따라서 연관의 상태, 다음 사건에 대한 영향, 특히 그 자신의 시대에 대한 영향이라는 점에서 고찰해야 한다. 그러므로 역사가는 국왕 한 사람의 별다른 의미가 없는 행위, 아니 그 자체로서는 평범한 행위도 놓치지 않을 것이다. 왜냐하면 그 행위는 결과와 영향이 있기 때문이다. 이와 반대로 그 자체로서는 뜻깊은 개개인의 행위나 탁월한 개인도 아무런 결과도 일으키지 않고 아무런 영향도 미치지 않으면, 역사가는 이것을 언급해서는 안 된다. 왜냐하면 역사가의 고찰은 이유율에 따라 이유율을 형식으로 하는 현상을 포착하기 때문이다.

그러나 시인은 이데아를 파악한다. 즉 모든 상대적인 관계를 떠나고 모든 시간을 떠난 인간성의 본질, 물자체의 적절한 객관성이 그 최고 단계에 도달한 것을 파악한다. 모든 겉껍데기 속의 핵심이 완전히 보이지 않는 것이 아니라, 적어도 핵심을 찾은 자는 이것을 발견하고 인식하는 것이 가능하지만, 상대적인 관계에서가 아니라 그 자체로서 의미 있는 것, 즉 이데아 본래의 나타남은 역사에서보다는 시 쪽이 훨씬 정당하고 또 명확하게 보인다. 그러므로 역설적으로 들릴지 모르지만, 시가 역사보다 훨씬 근본적이고 순수하고 내적인 진리를 갖고 있다고 하겠다. 왜냐하면 역사가는 개별적인 사건들을 원인과 결과의 복잡다단한 연쇄를 통해 시간 속에 전개된 대로 더듬어가야 하는 것이지만, 그 때문에 모든 자료를 소유하지 못하면서 모든 것을 보고 모든 것을 탐지해 낸다는 것이 불가능하기 때문이다. 그는 언제나 본원적인 사실에서 일탈하여 버리거나, 그릇된 묘사가 자기도 모르는 사이에 들어와 버린다. 사실 이러한 것은 가끔 있는 일인데, 나는 역사에는 진리보다 허위가 더 많다고 보아도 괜찮다고 생각한다. 반대로 시인은 인간성의 이데아를 일정하고 바로 묘사해야 할 면에서 파악한다. 그가 파악한 인간성의 이데아 속에서 객관화되어 표시되는 것은 자신의 본질이다. 즉 앞서 조각의 경우에 설명한 것처럼 시인의 인식은 반은 선험적이다. 그가 모범으로 하는 것은 그의 정신 앞에 확고하고, 명백하고 밝게 비쳐 나와 있으므로 그에게서 떠날 수 없다. 그러므로 그는 마음의 거울에 이데아를 순수하고 명백하게 반영하여 우리에게 보여 준다. 묘사는 개별적인 것에 이르기까지 생명과 마찬가지로 진실이다.* 그러므로 고대의 대역사가들은 자료가 없는 세부적인 데에서는, 가령 그들이 취급하는 영웅들의 연설 등을 서술하는 경우에는 시인이 된다. 뿐만 아니라 그들이 재료를 취급하는 방식은 서사시에 가깝다. 그런데 그 때문에 그들의 묘사에는 통일이 생긴다.

외적인 진리를 파악하지 못하고, 전혀 잘못 그려진 경우까지도, 그 때문에 내적인 진리가 있는 것이다. 우리는 방금 역사화와 상응하는 시에 대비시켜

---

* 당연한 일이지만, 나는 어떠한 경우에도 위대하고 참다운 시인만을 언급하고 있으며, 특히 오늘날 독일에서 대단히 증가하고 있는 평범한 시인이나 엉터리 시인이나 우화작가 등 어리석은 무리들은 문제삼고 있지 않다. 이러한 무리들의 귀에는 사방에서 쉴 새 없이 다음과 같이 외쳐 주어야 한다.

  사람도 신도 서점의 기둥도
  시인이 평범하게 되는 것은 허락하지 않는다.
  Mediocribus esse poëtis
  Non homines, non Di, non concessere columnae.
  ——호라티우스, 《시론》

이 평범한 시인들의 소동이 자기들과 타인의 시간과 종이를 얼마나 망쳐 놓으며, 또 그 영향이 얼마나 해로운가 하는 것은 신중히 고려해 보아야 한다. 왜냐하면 대중은 한편으로는 언제나 새로운 것을 붙잡으려 하고, 또 한편으로는 자기들과 동질인 불합리한 것과 범속한 것에 기울어지는 성향이 있기 때문이다. 그러므로 이 평범한 작가들의 작품은 대중을 참다운 걸작에서 멀어지게 하고, 그러한 작품들로 대중의 교양을 억제한다. 따라서 천재의 좋은 영향을 정면으로 방해하고, 좋은 취미를 점점 해쳐서 시대의 진로에 역행한다. 그러므로 비평이나 풍자를 할 때는 용서나 동정을 하지 말고, 평범한 시인들에게 혹평을 가해서, 그들이 졸작을 쓰기보다는 좋은 작품을 읽는 데에 여가를 이용하도록 해야 할 것이다. 왜냐하면 천재적인 재능이 없는 시인들의 졸렬한 작품은 온화한 시신(詩神)인 아폴론까지도 마르시아스의 껍질을 벗기게 할 정도로 격노하게 한다. 나는 평범한 시가 관용을 요구하는 것이 어디에 근거를 둔 것인지 알 수 없다.

서 초상화와 역사를 비교했지만, 초상은 개인의 이상이어야 한다는 빙켈만의 말은 고대의 대역사가들도 신봉했다는 것을 알 수 있다. 예전의 역사가들은 세부적인 묘사를 하는 데도 거기에 나타나는 인간성의 이데아적 측면이 나타나게 그렸기 때문이다. 그런데 근대의 역사가는 소수의 예외는 별도로 하고 대부분이 '쓰레기통이나 너절한 것을 넣어 두는 광이 아니면, 기껏해야 외양만 번드르한 사극'만을 서술한다. 따라서 인간성의 내적인 현상이나 발전을 통해 동일한 본질, 즉 인간성의 이데아를 인식하기 원하는 자에게는 불후의 대시인들의 작품이 역사가들이 나타낼 수 있는 모습보다 훨씬 충실하고 명료한 모습을 보여 줄 것이다. 왜냐하면 역사가 중에서 가장 우수한 사람들도 시인으로서는 일급에 훨씬 미치지 못하며, 또한 자유로이 붓을 놀릴 수가 없기 때문이다.

이 관점에서 역사가와 시인의 관계를 다음과 같은 비유로 해명할 수 있다. 자료만을 기초로 연구하고 있는 순수하고 단순한 역사가는 수학에 지식이 전혀 없는 사람이 우연히 발명한 도형에서 이 도형들의 관계들을 측정해 탐구하는 것과 비슷하다. 따라서 경험적으로 발견된 과제에는 그 그려진 도형의 모든 오류가 따라다닌다. 이와 반대로 시인은 이 관계들을 선험적으로 순수 직관 속에서 구성하고, 그것들을 그려진 도형 속에 실제로 있는 것이 아니라 그림으로 그림으로써 지각할 수 있는 이데아 속에 있는 것으로 언급하는 수학자와도 같다. 그러므로 실러는 다음과 같이 말하고 있다.

이때까지 한 번도 어떠한 곳에서도 일어나지 않았던 일,
이것만은 결코 쇠퇴하지 않는다.

나는 인간성의 본질을 인식한다는 점에서는 본래의 역사, 적어도 일반적으로 취급되고 있는 역사보다는 전기, 특히 자서전이 더 우수하다고까지 말하고 싶다. 한 예로, 전기에서는 역사보다 자료를 더 정확하고 완전하게 수집할 수 있고, 또 일반적인 역사 서술에서는 인간보다는 오히려 국민들이나 군대가 주로 나타나서 개개인이 등장하는 일이 있어도 아주 멀리에, 많은 수행원들과 부하들을 거느리고 나타나고, 또 딱딱한 대례복이나 무겁고 몸을 잘 놀릴 수 없는 갑옷으로 몸을 치장하고 있기 때문에, 이것을 통해 인간의

움직임을 인식하는 것은 어려운 일이다. 이와 반대로 개인의 생활을 충실하게 묘사한 것은 좁은 범위 안에서 다양한 모습을 가진 인간의 행동 방식, 개개인의 탁월성과 미덕, 그리고 신성함, 대다수 사람들의 부조리, 비열성, 간게 많은 사람들의 방자함을 섬세하게 보여준다.

물론 이 경우 여기서 문제되고 있는 점만으로 볼 때, 즉 나타나는 사건의 내적인 의의에 관해 말한다면, 행위의 중심이 되는 문제의 사건이 상대적으로 보아 사소한 일인가, 중대한 일인가, 또는 농가의 일인가, 왕국의 일인가 하는 것은 아무 의미가 없다. 왜냐하면 이 사건들은 그 자체로서는 아무런 의미를 갖지 않고, 오직 그것들이 의지를 움직임으로써만, 또 그러한 한도 내에서만 의미를 갖기 때문이다. 즉, 주제가 되는 사건은 의지에 관계함으로써만 의미를 갖는다. 그런데 그 사건이 사물로서 다른 사물에 대해서 갖는 관계는 전혀 문제되지 않는다. 지름이 1인치되는 원이나 지름이 4000만 마일이나 되는 원도 동일한 기하학적 성질을 갖고 있는 것과 같이, 한 마을의 사건과 역사도 한 나라의 사건과 역사와 본질적으로는 같은 것이다. 그리고 그 어느 쪽을 놓고 보아도 인간을 연구할 수 있고 인간을 알 수 있다.

또 자서전에는 허위나 위장이 많다고 생각하는 것도 좋지 않다. 오히려 거짓말을 한다는 것은(어떤 경우에도 할 수 있는 일이지만) 자서전에서는 다른 경우보다 어려울 것이다. 위장하는 것은 단순한 담화의 경우에 가장 쉽다. 역설적으로 들릴지 모르지만, 편지가 되면 벌써 근본적으로 위장이 어려워진다. 왜냐하면 인간은 편지를 쓸 때면 자기에게 몰두하여 외부는 바라보지 않고, 생소한 것이나 먼 것을 떠올리기 어려우며, 상대방에게 주는 인상의 척도를 눈앞에 갖고 있지 않다. 또 이것을 받아들이는 상대방은 침착하게 그 편지를 쓴 사람과는 다른 기분으로 그 편지를 보고, 되풀이하여 다른 시간에 읽으며, 그래서 무엇인가 숨겨진 의도가 있으면, 쉽게 발견할 수 있기 때문이다. 우리는 저자의 인간됨도 그의 저서를 통해 쉽게 알 수 있다. 왜냐하면 저서에서는 자신을 위장하는 것이 어렵기 때문에 일반적으로 다른 모든 역사에 비해 진실성이 적은 자서전은 하나도 없을 것이다. 자기의 생애를 기술하는 사람은 그 전반을 꿰뚫어 본다. 따라서 개별적인 사물은 작아지고, 가까운 것은 멀어지고 먼 것은 가까워지고, 각종 고려하는 것은 줄어든다. 그는 스스로 참회의 자리에 앉아 자진하여 고백하는 것이다. 이 경우 그렇게 쉽게 거짓말을 할 수 있는 것은 아니다. 왜냐하면 어떠한 인간에게도 진실을 향한 경향은 있는 법인데, 거짓말을 하려면 우선 이 경향을 억눌러야 하며, 또 이 경향은 이런 경우일수록 강하게 되기 때문이다.

전기와 민족사의 관계는 다음과 같은 비유로 직관할 수 있다. 역사를 통해 우리가 보는 인간성은 높은 산에서 전망하는 자연과 같다. 우리는 일시에 많은 것을 보고, 멀리서 많은 양을 바라본다. 그러나 아무것도 분명해지지는 않고, 또 그 본질도 인식되지 않는다. 이와 반대로 개인의 생애를 그린 것을 통해 우리에게 제시되는 인간은 자연 속의 나무, 식물, 암석, 하천 사이를 걸어다니면서 인식한 자연과도 같다. 풍경화에서는 예술가의 눈을 통해 자연을 바라보게 하는데, 이 풍경화로 인해 우리는 자연의 이데아를 쉽게 인식하게 되며, 그 때문에 의지를 떠난 순수 인식의 상태에 이르는 것도 쉽게 된다. 이렇게 우리가 역사와 전기 속에서 찾을 수 있는 이데아를 묘사하는 데에는 시가 많은 점에서 앞서 있다. 왜냐하면 여기서도 천재가 우리의 눈앞에 맑은 거울을 보여 주기 때문이며, 거기에는 본질적인 것, 의미 있는 것이 모여서 밝게 비쳐 나와 우리에게 보이고, 우연적인 것, 이질적인 것은 배제되기 때문이다.

인간성의 이데아를 묘사하는 것이 시인의 의무인데, 그는 이것을 두 가지 방식으로 수행할 수 있다. 그 하나는 묘사된 사람이 동시에 묘사하는 사람인 경우인데, 이것은 서정시, 즉 본래 가요에서 행해지는 것으로서 거기에는 시를 짓는 사람이 자신의 상태를 생생하게 직관하고 기술할 뿐이며, 그 주제 때문에 이런 종류의 시에는 주관성이 본질적이다. 또 하나는 묘사되어야 할 사람과 묘사하는 사람이 다른 것인데, 이러한 경우 다소 차이는 있지만 묘사된 사람의 배후에 있는 꿈이 나타나고, 마지막에는 묘사하는 사람이 완전히 모습을 감춰 버린다. 설화시에는 묘사하는 사람은 전체의 색조와 태도로써 자신의 상태를 표현한다. 그렇기 때문에 설화시는 가요보다는 훨씬 객관적이긴 하지만, 그래도 주관적인 것을 갖고 있다. 이 주관적인 것은 전원시가 되면 없어지고, 소설에서는 훨씬 적어지며, 본래의 서사시가 되면 거의 완전히 없어지고, 결국 희곡에 이르러서는 그 흔적만 겨우 남길 뿐이다. 희곡은 시 중에서 가장 객관적이고 여러 가지 점에서 가장 완전하며, 또한 가장 어려운 종류이다. 그렇기 때문에 서정적인 종류의 시가 가장 쉽다.

예술은 일반적으로 희귀하고 참된 천재만이 잘할 수 있는 것이지만, 전체적으로 볼 때 그렇게 우수하지 못한 사람도 외부에서의 강렬한 자극을 통해 어떤 감격이 그의 정신력을 고양시킨다면, 아름다운 가요를 만들 수 있다. 가요를 만들려면 감격한 순간에 자신의 상태를 생생하게 직관하기만 하면 되기 때문이다. 이것을 증명하는 것으로 무명의 개인들이 만든 가요, 특히 독일의 민요들이 있는데, 《소년의 마적》(본래의 제목은 《des Knaben Wunderhorn》 후기 낭만파 시인인 아르님
(1781~1831)과 브렌타노(1778~1842)가 공동으로 편찬한 독일 민요집)은 이러한 것들이 잘 모아진 작품이다. 그리고 모든 국어로 씌어진 많은 사랑의 노래와 그 밖의 노래도 증거가 된다. 순간의 정서를 포착하여 이것을 노래로 구현하는 것이 이런 종류의 시 작업이기 때문이다. 그럼에도 진정한 시인의 서정시에는 인류의 속마음이 반영되어 있으며, 과거, 현재, 미래의 수백만 인간이 끊임없이 되풀이하기 때문에, 동일하다고 할 수 있는 경우에 느낀 것과 느낄 것이 모두 그 속에 적절하게 표현되어 있다. 이 경우는 인간과 마찬가지로 쉴 새 없이 되풀이됨으로써 영속적으로 존재하고 끊임없이 동일한 감정을 불러일으키기 때문에, 진정한 시인의 서정적인 작품은 수천 년을 통해 효력을 갖고, 신선하게 존속한다.

　　무릇 시인이란 보편적인 인간이다. 어떤 사람의 마음을 움직이게 한 것, 또 인간의 본성이 어떤 상황 속에서 자신을 내부로부터 생산한 것, 인간의 가슴 속 어디엔가에 머무르며 깨어나려고 하는 것, 이런 것들이 모두 시인의 주제와 소재이다. 그 밖에 또 모든 자연도 마찬가지다. 그러므로 시인은 관능적인 쾌락도 노래하고, 신비도 노래하고, 아나크레온(Anakreon(B.C. 563~B.C. 478) 그리스의 서정
시인, 연애와 술을 주제로 한 시를 많이 썼다)도 될 수 있고, 안겔루스 질레지우스도 될 수 있으며, 비극을 쓸 수도 있고, 희극을 쓸 수도 있다. 또 숭고한 심정도 그려낼 수 있고, 평범한 심정도 그릴 수 있다. 그때의 기분과 사명감에 따라서 누구나 시인에게 고상하고 숭고해야 한다든지, 도덕적이고 경건하고 기독교적이어야 한다든지, 혹은 이래야 하고 저래야 한다고 지시해서는 안 되며, 더구나 그가 지시하는 대로 하지 않는다고 비난을 해서도 안 된다. 시인은 인류의 거울이며, 인류가 느끼고 행하는 것을 인류에게 의식시켜 준다.

　　그러면 가요의 본질을 더 상세히 고찰하고, 다른 종류의 시, 가령 설화시, 비가, 송가, 단시 같은 어떤 방식으로 접근하는 시가 아니라 우수함과 순수한 모범을 실례로서 보면, 가장 좁은 의미에서 가요의 독특한 본질이 다음과 같다는 것을 알 수 있다. 노래 부르는 사람의 의식을 채우고 있는 것은 의지의 주제, 즉 자신의 의욕인데, 그것이 가끔 속박을 벗은 충족된 의욕(기쁨)으로서, 그러나 더 자주 저해된 의욕(슬픔)으로서 정념, 격정, 마음의 감동 상태로서 의식을 채우고 있다. 그러나 그 밖에도 노래 부르는 사람은 주위의 자연을 바라봄으로써 자신을 순수한 무의지의 인식 주체로서 자각하는데, 이때부터 천국과도 같은 평온은 끊임없이 제한을 받으며 언제나 욕구하는 의욕의 충동과 대조를 이루게 된다. 이러한 대조, 이러한 변동의 느낌이야말로 전체를 통해 나타나는 것이며, 대체로 서정적인 상태를 만들어 내는 것이다. 이 상태가 되면 순수 인식이 우리를 의욕과 그 충동에서 구해 준다. 그래서 우리는 이것에 따른다. 그러나 그것도 한순간뿐이고, 쉴 새 없이 새롭게 의욕이나 개인적인 목적에 대한 소망과 의지가 우리를 평온한 관조에서 떼어 놓는다. 그러나 또다시 다음의 아름다운 환경이 우리를 의욕에서 벗어나게 해서 이 환경 속에서 우리는 순수한 무의지의 인식을 얻는다. 그러므로 가요나 서정적인 정서 속에는 의욕(목적에 대한 개인적인 관심)으로 나타나는 환경의 순수 직관이 기묘하게 혼합되어 나타난다. 그래서 이 의욕과 직관의 관계가 추구되고 상상된다. 주관적인 정서, 즉 의지의 흥분 상태는 그 색채를 직관된 환경에 주고, 그 환경은 또 그 색채를 반사적으로 정서에 준다.

참된 가요란 이렇게 혼합되고 분열된 심상들의 복제품이다. 추상과는 인연이 먼 상태를 추상적으로 분석하여, 그것을 실례에 따라 이해하기 쉽게 하기 위해서는 괴테의 불멸의 가요 중 어떤 것을 들춰봐도 좋다. 이 목적을 위해 특히 나는 다음과 같은 가요를 추천하기로 한다. 〈목동의 비가(Schäfers Klagelied)〉, 〈환영과 이별(Willkommen und Abschied)〉, 〈달에 부쳐(An den Mond)〉, 〈호상에서(Auf dem See)〉, 〈가을 기분(Herbstgefühl)〉 등이 있고, 또한 《소년의 마적》 속의 가요도 그 훌륭한 실례이며, "아아, 브레멘이여, 이제 나는 당신의 곁을 떠나야 한다"로 시작하는 노래는 특히 좋은 예다. 서정적인 성격을 갖고 있고 적절하게 익살스런 희곡적인 시로서 내가 주목하고 있는 것은 포스(Johann Heinlich Voss(1751~1826). 독일의 시인, 언어학자)의 가요이다. 그는 가요에서 술에 취해 탑에서 떨어지는 기와장이의 기분을 그리고 있는데, 이 기와장이가 떨어질 때 탑의 시계가 때마침 11시 반이라고 말하고 있다. 즉 그의 상태와는 거리가 먼, 의지를 떠난 인식에 속하는 것을 말하고 있는 것이다.

서정적인 상태에 대하여 내가 위에서 말한 견해에 동조하는 사람은 다음의 것도 인정할 것이다. 인식의 주체와 의욕의 주체가 일치하는 것이 확실한 기적이라고 할 수 있다는 명제는 〈충족 이유율에 대하여〉에서도 취급했고 또 이 책에서도 이미 언급했지만, 위에서 말한 서정적인 상태는 원래 이 명제를 직관적이고 시적으로 인식한 것이다. 따라서 가요의 시적인 효과는 결국 근본적으로 이 명제의 진실성에 근거를 두고 있다. 인생의 경과에 따라 이 두 개의 주체, 통속적으로 말하면 머리와 마음은 점점 떨어져 주관적인 느낌은 객관적인 인식에서 점점 멀어진다. 어린아이에게는 이 두 가지가 완전히 융합되어 있다. 어린아이는 자신을 그 환경에서 거의 구별할 줄 모르며, 환경에 융합하고 있다. 청년에게는 모든 지각이 우선 느낌과 기분을 생생하게 하고 또한 이것들을 혼합한다. 이것은 바이런이 다음과 같이 훌륭히 표현하고 있는 대로다.

나는 내 자신 속에 살고 있음은 아니다.
나는 나를 둘러싼 것의 일부가 된다.
그리하여 나에게는 높은 산도 하나의 느낌일 뿐이다.
　　　　　　　　　　　　　　——〈차일드 해럴드의 편력〉 Ⅲ

이 때문에 청년은 사물의 직관적인 외면에 그토록 집착한다. 그래서 청년은 서정시에 적합하고, 성인이 되어야 비로소 희곡적인 시에 적합해진다. 우리는 노인을 오시안, 호메로스와 같은 서정시인으로 생각할 수 있다. 왜냐하면 이야기를 한다는 것은 노인의 특성에 속하기 때문이다.

더 객관적인 종류의 시, 특히 소설, 서사시 및 희곡에서는 인간성의 이데아를 구현하려고 하는 목적이 두 가지의 수단에 의해 달성된다. 바로 의미심장한 성격을 깊이 파악하여 묘사하는 것과 이 성격들의 전개에서 뜻 깊은 상황을 생각해 내는 데에 있다. 왜냐하면 화학자가 해야 할 일은 단일한 원소들과 주요 화합물을 순수하고 올바르게 나타내는 것뿐만 아니라 그것들의 특성을 명백하고 뚜렷하게 나타나게 하는 시약들을 써서 그 영향을 알아보기도 해야 하는 것처럼, 시인도 뚜렷한 의지를 갖는 성격을 자연 그대로 진실하고 올바르게 보여 줄 뿐만 아니라 이 성격들을 인식시키기 위해서 이것의 특성이 완전히 전개되고 또렷한 윤곽으로 묘사되고, 그래서 명확한 의미가 있는 상황이라 부를 만한 상황에 놓도록 하지 않으면 안 되기 때문이다. 현실적인 생활과 역사에서는 이러한 성질은 우연히 드물게 생기며, 생겨도 개별적으로만 존재하며, 많은 하찮은 것들에 묻혀 감추어진다. 상황이 대체로 깊은 의미를 가지려면 뜻있는 성격들을 모으고 선택하는 것처럼, 소설, 서사시, 희곡을 현실적인 생활과 구별해야 한다. 그러나 어느 경우에도 성격에 있어 통일성이 없거나, 성격이 자신이나 인간성 일반의 본질에 모순되거나, 또 있을 수 없는 일이나 거기에 가까운 것은, 아무리 그것이 부수적이라 해도 시에서는 불쾌감을 준다. 이것은 회화에서 형상의 그릇된 묘사, 원근법의 오용, 명암의 오류가 불쾌감을 주는 것과 같다. 왜냐하면 우리는 시에서도 그림에서처럼 인생, 인간성, 세계의 충실한 거울을 요망하는데, 그것이 묘사에 의해 명확해지고 의미가 깊어질 뿐이다.

모든 예술의 목적은 오직 하나, 즉 이데아를 묘사하는 것인데, 본질적인 차이는 그 묘사되어야 하는 이데아가 의지의 객관화 가운데 어떠한 단계인가 하는 것뿐이며, 묘사의 재료도 여기에 따라 정해진다. 그러므로 서로 거리가 먼 예술들이라도 비교함으로써 해명할 수 있다. 가령 물에 나타나는 이데아들을 완전히 파악하기 위해서는 잔잔한 연못이나 강물을 보는 것만으로는 충분하지 않다. 물의 이데아는 모든 상황이나 장해가 물에 작용하여, 물이 그 모든 성질을 완전하게 발휘하는 경우에 비로소 완전히 나타난다. 그러므로 우리는 물이 떨어지고, 물결치고, 물거품을 일으키고, 다시 솟아오르고, 떨어지면서 물보라를 날리거나, 또는 분수가 되어 위로 올라가면 아름답다고 생각한다. 이렇게 여러 가지 상황 아래서 여러 가지 모습을 나타내면서도 물은 언제나 충실하게 자기의 특징을 유지하고 있다. 즉, 물은 거울처럼 잔잔해지는 것도 본성이지만, 위로 분출하는 것도 본성이다. 그런 상황이 생기면 곧 잠잠해질 수도, 분출할 수도 있다. 이처럼 물을 재료로 사용하는 예술가가 유동체를 가지고 만들어내는 것을 건축가는 굳은 물질을 가지고 만들고, 또 이와 같은 것을 서사 시인이나 희곡 시인은 인간성의 이데아를 가지고 이루어낸다. 각 예술의 객관에 나타나는 이데아, 즉 각 단계에 객관화되는 의지를 전개하고 명확하게 하는 것이 모든 예술의 공통된 목표다. 현실에 많이 나타나는 인간의 생활은 물이 대부분 연못이나 강으로 나타나는 것과 같다. 그러나 서사시나 소설, 그리고 비극에서는 선택된 성격이 선택된 상황 아래 놓여져서, 그것 때문에 그 특성이 모두 전개되고, 인간 마음의 깊이가 드러나서, 비상하고 의미심장한 행위가 되어 눈에 띈다. 이렇게 시는 인간의 이데아를 객관화하지만, 인간 이데아의 독특함은 자기를 가장 개성 있는 성격 속에 나타낸다.

그 효과가 크다는 점에서, 그리고 그 성취가 어렵다는 점에서 비극은 시문학의 최고봉이라고 보아야 하며, 또 그렇게 인정을 받고 있다. 이 최고의 시적인 작업의 목적이 인생의 어두운 면을 묘사하는 데 있다는 것과, 형언할 수 없는 인류의 고통과 비애, 악의의 승리, 우연의 횡포, 정당한 자나 죄 없는 자의 절망적인 파멸 등이 우리 눈앞에 전개된다는 것은 우리의 고찰에 아주 뜻깊은 것이고 또 충분히 주의하지 않으면 안 되는 일이다. 왜냐하면 여기에는 세계와 생존의 성질에 관한 중요한 암시가 있기 때문이다. 의지의 객관화 가운데 최고 단계에 있어서, 의지와 의지의 충돌은 가장 완전하게 전개되고 무서울 정도로 나타난다. 이 충돌은 인간의 고뇌로 나타나는데, 이 고뇌는 일부는 우연과 오류에 의해서 초래되고, 또 일부는 인간에게서 생긴다. 우연과 오류는 세계의 지배자로서 등장하고, 고의라고 보여질 정도의 간계로 말미암아 운명으로 인격화되어 등장한다. 인간에게 생기는 충돌은 여러 개인의 의지적인 노력이 서로 교착하게 됨으로써 많은 사람의 악의나 부조리를 통해 나타난다.

이 모든 것들 속에 살면서 나타나는 동일한 의지긴 하지만, 그 의지의 현상은 자신과 충돌하고 자신을 분쇄한다. 의지는 어떤 개인에게는 강하게 나타나고, 다른 개인에게는 미약하게 나타나며, 또 어떤 개인은 이것을 명확하게 의식하고 다른 개인은 그보다 덜 명확하게 의식한다. 또 인식의 빛을 통해 이것을 완화시키는 정도에도 차이가 있다. 결국 인식은 개인에게 고뇌로 정화되고 승화되어, 이제는 마야의 베일인 현상에 기만되지 않고, 개별화의 원리(principium individuationis)인 현상의 형식을 간파하고, 동시에 이 원리에 근거를 둔 이기심이 사멸해 버리는 경지에 이른다. 이렇게 되면 이때까지 그렇게 강렬했던 '동기'들은 그 힘을 잃고, 그 대신 세계의 본질에 대한 완전한 인식이 의지의 '진정제'로서 작용하는 체념을 초래하는데, 그것은 단지 생에 대한 무관심뿐만 아니라 인생에 대한 모든 의지를 내버리는 것이다.

따라서 우리는 비극에서 결국 가장 고귀한 사람들이 긴 투쟁과 고뇌를 거친 후에, 이때까지 그렇게 강렬하게 추구했던 목적과 인생의 모든 향락을 영원히 단념하거나 인생 자체를 스스로 기꺼이 폐기하는 것을 보게 된다. 칼데론이 그린 강직한 왕자가 그렇고, 《파우스트》에서의 그레트헨이 그렇고, 셰익스피어의 햄릿이 그렇다. 호레이쇼는 자진하여 햄릿을 따르려고 하지만, 햄릿은 자기의 운명을 확실히 하고 자기의 추억을 정화하기 위해, 살아남아 한동안 이 거친 세파에 괴로워하더라도 머물러 달라고 호레이쇼에게 분부한다. 또 오를레앙의 처녀도, 메시나의 신부도 그러하다. 그들은 모두 고뇌로 정화되어, 즉 살려고 하는 의지가 먼저 마음속에서 소멸하여 버린 후에 죽는다. 이것이 볼테르의 《모하메드》에서는 죽음을 앞둔 팔미라가 모하메드에게 한 "세계는 폭군을 위한 것이다. 그러니 살아라"라는 마지막 말에 그대로 표현되어 있다.

이와 반대로 이른바 시적 정의를 요구하는 것은 비극의 본질을 완전히 오인하고, 또한 세계의 본질까지도 오인하는 데에서 생긴다. 그러한 요구는 새뮤얼 존슨^(1709~1784,
영국 비평가) 박사가 셰익스피어의 희곡 각각에 대한 비평에서 염치없게도 어리석은 이론의 극치를 드러내고 있는데, 그는 셰익스피어의 희곡이 시적 정의를 완전히 무시하고 있다는 것을 개탄하고 있다. 물론 시적 정의는 무시되어 있다. 왜냐하면 오필리아, 데모스데모네, 코델리아에게는 아무런 죄도 없기 때문이다. 그러나 시적 정의를 요구하여 그것이 채워지면, 자기 자신의 요구도 채워진 것이라고 생각하는 것은 어리석고 낙천적이며, 프로테스탄트적, 합리주의적, 또는 정말로 유대적 세계관일 뿐이다. 비극의 참된 의미는 주인공이 속죄하는 것이 자기 개인의 죄가 아니라 원죄이며, 생존 그 자체의 죄를 속죄한다는 것을 깊이 통찰하는 것에 있다.

인간 최대의 죄는
그가 태어났다는 것이기 때문에.

Pues el delito mayor
Del hombre es haber nacido

위와 같이 칼데론이 표현한 대로.

비극에 대한 취급 방법을 좀더 상세하게 하기 위해 한 가지 소견만 말해 두고자 한다. 큰 불행을 묘사하는 것은 비극에만 본질적이다. 그런데 시인에 의해 초래되는 서로 다른 여러 가지 불행의 길은 세 가지의 종개념으로 나뉜다. 첫째로, 불행이 장본인인 한 인물의 비상한, 도저히 있을 수 없을 만큼 극단적인 악의에서 생기는 경우가 있다. 이런 종류의 예로는 《리처드 3세》, 《오셀로》의 이아고, 《베니스의 상인》의 샤일록, 프란츠 모어, 에우리피데스의 파이드라, 《안티고네》 중의 크레온 등등이다. 둘째로, 불행이 맹목적인 운명, 즉 우연과 오류에 의해 생기는 경우가 있다. 이런 종류의 예로는 소포클레스의 《오이디푸스 왕》이나 《트라키아의 여인들》이 있으며, 대체로 고대인의 비극은 대부분 여기에 속한다. 근대인의 것으로 예를 들면, 《로미오와 줄리엣》, 볼테르의 《탕크레드》, 《메시나의 신부》 등이 있다. 마지막으로 불행이 인물들 상호간의 단순한 입장에 의해, 즉 상황에 의해 생기는 경우도 있다. 그러한 불행을 생기게 하기 위해서는 커다란 과오도, 또는 한 번도 본 적이 없는 우연도, 극악무도한 인물도 필요하지 않다. 그저 도덕적으로 평범한 성격을 가진 사람들이 흔히 있을 수 있는 상황 아래서 서로 대립하는 입장, 강요된 입장으로 대립하여 최대의 불행을 초래하는데, 이 경우 어느 한쪽이 나쁘다는 것은 있을 수 없다. 이런 종류의 불행은 다른 두 종류의 불행보다 훨씬 비극에 적합하다. 왜냐하면 이런 종류의 불행은 어떤 상황이나 기괴한 인물에 의해 초래된 것이 아니라, 인간의 행위와 성격에서 쉽게, 또 거의 본질적인 것으로 생긴다는 것을 우리에게 보여 주고, 그렇게 함으로써 그 불행을 무서울 정도로 우리 가까이에 접근시키기 때문이다. 다른 두 종류의 불행에서 우리는 무서운 운명이나 엄청난 악의를 보면서 무서운 것으로는 생각하지만, 아주 먼 곳에서 우리를 위협하는 힘에 불과하여, 체념하고 도피하지 않아도 이것을 벗어날 수 있다. 그런데 마지막 종류의 불행은 행복과 생활을 파괴하는 종류의 힘을 가리키고, 그 힘은 언제나 우리에게 닥칠 수 있는 것이다. 가장 큰 고뇌라 해도 근본적으로는 우리의 운명까지도 빠지기 쉬운 혼란스러움에 의해 초래되고, 또 우리도 할 수 있는, 그래서 그것을 부당하다고 불평할 수 없는 행위들로 초래되는 것이다. 이러한 힘을 보면 우리는 오싹해져서 자기가 이미 지옥 한가운데에 있는 것처럼 느낀다.

그러나 이러한 종류의 불행을 주제로 한 비극에서는 연출이 아주 어렵다. 왜냐하면 이런 종류의 비극에서는 수단과 원인은 가장 적게 사용하고, 단지 그 위치와 배분으로 가장 큰 효과를 거두어야 하기 때문이다. 따라서 많은 훌륭한 비극에서도 이러한 어려움은 피하고 있다. 그러나 이런 종류의 완전한 전형으로는 한 편의 희곡을 들 수 있는데, 이것은 거장들의 많은 다른 작품들에 비해 다른 점에서는 훨씬 미치지 못한다. 바로 《클라비고》이다. 《햄릿》도 레어티스와 오필리어에 대한 관계만을 본다면 이런 종류의 비극이며, 코르네유의 《르 시드》도 같다. 단 《르 시드》에는 비극적인 대단원이 없지만, 반대로 막스의 테클라에 대한 비슷한 관계에는 비극적인 대단원이 있다.

52. 음악에 대하여

지금까지 우리는 예술을 우리의 입장에 일치하는 보편성에서 고찰해 왔다. 우선 건축술에서 출발했는데, 그 목적은 의지가 객관화하여, 가시적으로 된 것의 최저 단계를 명백하게 하는 것이다. 여기서 의지는 물질의 흐릿하고 인식이 없는 규칙적인 노력으로 나타나지만, 또한 자기 분열과 투쟁, 즉 중력과 강성의 투쟁을 나타낸다. 우리의 고찰은 비극에서 끝났는데, 이것도 의지의 객관화 가운데 최고 단계에 있으면서 역시 자신과의 갈등을 명료하게 우리의 눈앞에 보여준다. 그런데 우리의 고찰에서 지금까지 제외되어 왔고 또 제외되지 않으면 안 되었던 예술이 하나 있다. 우리가 서술하는 체계적인 연관 속에는 여기에 적합한 장소가 없었기 때문인데, 그것은 바로 '음악'이다.

음악은 다른 예술과 다르다. 우리는 음악이 세계에 있는 어떤 이데아를 모방한 것이라거나 재현한 것으로는 인정하지 않는다. 또 음악은 대단히 위대하고 멋있는 예술이며, 인간의 마음속에 참으로 강한 영향을 끼치며, 인간에게 직관적인 세계의 명료성까지 능가하는, 명료성을 가진 보편적인 언어로서 완전하고 깊이 이해되는 것이다. 그러므로 우리는 음악에서 "정신은 자기가 가르친다는 것을 의식하지 않고 자기도 모르는 사이에 수학을 연습하고 있다(exercitium arithmeticae occultum nescientis se numerare animi)"고 하는 것 이상의 것을 찾아야 한다. 이것은 라이프니츠가 음악에 대해서 한 말인데,* 그가 음악의 직접적이고 외면적인 의미, 즉 그 껍데기만을 고찰한 점에서는 옳았다. 그러나 음악이 그 이상의 것이 아니라고 한다면, 음악이 주는 만족은 계산 문제가 올바르게 맞아떨어졌을 때 우리가 느끼는 만족과 비슷한 것임에 틀림없을 것이며, 우리 본질의 깊은 내면을 표명했을 때 느끼는 마음의 기쁨은 아닐 것이다. 그러므로 미적 효과라는 것을 목표로 하는 입장에서, 우리는 음악에서 이것보다 훨씬 진지하고 깊은 세계와 우리의 가장 내면적인 본질이 관계하는 의미를 인정해야 한다. 이 의미에 관해서 음악이 마지막으로 귀착하는 수적 관계는 기호가 나타내려고 하는 것이 아니라, 그 자신이 우선 기호로서 관계하는 것이다.

음악과 세계에 대한 관계는 어떤 의미에서는 묘사와 묘사되는 것의 관계, 모상과 원상의 관계와 비슷하다는 것을 다른 예술과의 유사성에서 추론할 수 있다. 그 밖의 예술은 모두 이런 성격을 가지고 있으며, 음악이 우리의 마음에 주는 효과도 이것들의 효과와 대체로 같지만, 단지 음악 쪽이 더 강하고 빠르고 필연적이며 더 확실하다는 차이가 있다. 음악은 누구에게나 곧 이해되고, 그 형식은 숫자로 표시할 수 있는 일정한 규칙으로 바뀐다. 음악은 이 규칙에서 떠날 수 없으며, 만약 떠난다면 음악임을 포기해야 한다는 것이 음악에는 인정되기 때문에, 세계에 대한 음악의 묘사적인 관계는 극히 절실하고, 무한히 진실하며, 핵심을 찌른 관계여야 한다. 그러나 음악과 세계의 비교점, 즉 음악이 세계에 대해 모방 또는 재현이라는 관계에 서 있다는 점은 깊이 감추어져 있다. 어떤 시대에도 사람들은 음악을 영위하면서도 이 점을 설명할 수 없었다. 그들은 음악을 직접 이해하는 데 만족하여, 이 직접적인 이해를 추상적인 개념으로서 파악하는 것은 단념해 버린다.

나는 여러 가지 형태를 취한 음악의 인상에 정신을 집중하고, 거기에서 다시 이 책에 언급한 내 사상의 과정으로 되돌아갔다. 이렇게 나는 음악의 내적 본질의 유추를 통하여 필연적으로 전제되어야 할 세계에 대한 음악의 묘사적 관계 방식에 대한 해명을 얻었다. 이 해명은 나에게는 흡족한 것이고 내 연구에는 만족할 만한 것이고, 또 지금까지 나를 따라와 나의 세계관에 찬동해 준 사람들에게도 명백해질 것이다. 왜냐하면 이 해명은 표상으로서 음악과 본질적으로 결코 표상일 수 없는 것과의 관계를 용인하고 확립하여, 음악이 결코 직접적으로는 표상할 수 없는 원상을 모사한 것으로 간주하려

＊ Leibnitii epistolae, collectio Kortholi : ep. 154.

고 하기 때문이다. 따라서 내가 할 수 있는 것은 주로 예술의 고찰에 해당하는 이 제3권을 여기서 끝낼 때, 음에 대한 예술에 대하여 만족할 만한 해명을 주는 길밖에는 없다. 그리고 나의 견해에 동의하거나 부인하는 것의 일부는 음악으로 독자들에게 주어지고, 또 일부는 내가 이 책에서 전달한 사상에 의해 독자들에게 주어질 것이다. 또한 내가 여기서 하려고 하는 음악의 의의에 관한 설명에 독자가 확신을 갖고 찬성하기 위해서는 가끔 이 설명을 염두에 두고 음악에 귀를 기울이는 것이 필요하며, 그러기 위해서는 내가 말한 사상 전체를 잘 이해하고 있어야 한다.

의지의 적절한 객관화는 (플라톤의) 이데아이다. 개별적인 사물의 묘사를 통하여 이데아의 인식(예술 작품 자체는 결국 언제나 개별적인 사물이기 때문이다)을 작용하게 하는(이것은 인식 주관 내에 있는 상응하는 변화가 있어야 비로소 가능한 것이다) 것이 다른 모든 예술의 목적이다. 따라서 이 예술들은 모두 의지를 간접적으로만, 즉 이데아를 개입시켜서만 객관화한다. 그리고 우리의 세계는 이데아들이 개별화의 원리(개인이 인식가능한 형식)에 들어감으로써 다원성으로 되어 현상된 것에 불과하지만, 음악은 이데아를 뛰어넘는 것이기 때문에 현상 세계에도 의존하지 않고 세계가 존재하지 않아도 어느 정도는 존재할 수 있다. 즉, 음악은 결코 다른 예술들처럼 이데아의 모상이 아니라 '의지' 전체의 '직접적인' 객관화와 모사이며, 그런 점에서 세계 그 자체와 같고, 곧 다양하게 현상하여 개체의 세계가 되는 이데아들과 같다. 따라서 음악은 결코 다른 예술들처럼 이데아의 모상이 아니라 '의지 그 자체의 모상'이며, 이데아도 이 의지의 객관성에 불과한 것이다. 그러므로 음악의 효과는 다른 예술들의 효과보다 훨씬 강하고 감명 깊은 것이다. 다른 예술은 그림자에 대해 이야기하는 것에 불과하지만, 음악은 본질에 대해 이야기하기 때문이다. 그런데 이데아가 되어 객관화하는 것도 같은 의지인데, 이 둘은 객관화되는 방식이 완전히 다르기 때문에 음악과 이데아, 즉 다원성과 불완전성이 되어 가시적인 세계로 되는 이데아와의 사이에는 직접적인 유사성은 없다 하더라도 어떤 병행적인 유사성은 있어야 한다. 이 유사성을 증명하면, 해설로서 주제가 모호해져 있기 때문에 이 설명을 이해하는 데 도움이 될 것이다.

나는 화성의 최저음, 즉 기초 저음에서 의지의 객관화에 있어 최저 단계를 인식한다. 즉 무기적인 자연, 유성의 집단이다. 주지하는 바와 같이, 모든 높은 음은 움직이기 쉽고 음향보다 빠르고 낮은 음의 버금 울림으로 생긴 것으로 간주해야 하며, 고음은 이 낮은 음이 울리기 시작하면 언제나 희미하게 공명한다. 그리고 저음부와 조화할 수 있는 고음은 사실 버금 울림으로 그 저음부와 동시에 울리는 음(즉 그 조화음)뿐이라는 것이 화음의 법칙이다. 그런데 이것은 자연의 모든 물체나 조직이 유성 집단으로부터 점차적인 발전을 통하여 생긴 것이라고 간주해야 한다는 것과 유사하다. 유성 집단은 물체나 조직의 바탕이기도 하고 근원이기도 하다. 그리고 고음의 기초 저음에 대한 관계도 이와 같다. 저음에는 한계가 있어 이것을 넘으면 아무런 소리도 들리지 않는다. 이것은 어떠한 물질도 형태와 성질 없이는 지각될 수 없다는 것과 상응한다. 즉, 물질은 그 이상으로 설명할 수 없는 힘, 바로 이데아가 나타나는 힘의 표출 없이는 지각할 수 없는 것이다. 더 일반적으로 말하면 어떤 물질도 의지 없이는 있을 수 없다. 음 자체와 어느 정도의 높이는 나눌 수 없는 것처럼, 물질과 어느 정도의 의지 표출도 나눌 수 없다. 따라서 우리가 보는 바로는 화성에서의 기초 저음은 세계에서는 만물의 기초가 되고 만물의 발생과 발전의 기점이 되는 무기적 자연, 즉 가장 근원적인 물질이 된다. 그런데 나는 저음과 멜로디를 노래하는 성음 사이에서 화음을 만들어내는 가성 성음(Ripienstimme)을 의지가 객관화되는 이데아의 모든 단계로 인식한다. 저음에 가까운 음은 이 단계들의 낮은 쪽이며, 또 무기물이긴 하지만 이미 여러 가지로 나타나는 물체다. 높은 쪽의 음은 내게는 식물계나 동물계를 대표하는 것이다. 음계의 음정은 의지의 객관화에 있어 일정한 단계, 즉 자연에서의 일정한 종과 일치한다. 온도에 의해 음정의 산술적인 정확성에 차질이 생기거나, 선택된 조 때문에 이러한 차질이 생기는 것은 종의 형태에서 벗어난 개체가 생기는 것과 비슷하다. 또한 일정한 음정이 없는 불순한 불협화음은 다른 종류의 동물 사이, 또는 인간과 동물 사이의 기이한 기형아와 비교할 수 있다.

그런데 '화성(Harmonie)'을 만들고 있는 이들 저음과 가성 성음에는 멜로디를 노래하는 상부의 성음만이 갖고 있는 진행에 대한 연결이 부족하고, 이 상부의 소리는 빠르고 가볍게 조바꿈이나 경과구(經過句)를 일으키면서 움직이지만, 저음이나 가성 성음은 모두 완만한 움직임만 보이며 각기 독립된 연결을 갖고 있지 않다. 물론 근원적인 물질을 대표하는 낮은 저음은 가장 둔중하게 움직인다. 그 음의 상하는 3도 음정, 4도 음정, 5도 음정 같은 큰 단계에서만 행해질 뿐이고, 결코 '1음'씩의 단계에서는 행해지지 않는다. 1음을 낸다고 하면 그것은 복대위법(doppelter Konstrapunkt)에 의해 바꿔 놓은 저음이다. 이러한 완만한 움직임은 저음에는 물리적으로도 본질적인 것이다. 저음부에서 빠른 경과구나 트릴(trill)과 같은 것은 상상도 할 수 없다. 동물계에 해당하는 높은 가성 성음은 빨리 움직이지만 선율적인 연결도 없고 의미 있는 진행도 없다. 가성 성음의 진행에 연관이 없고 규칙대로 규정되어 있는 것은, 결정체에서 가장 완전한 동물에 이르기까지 이성이 없는 세계 전체에는 참으로 연관 있는 의식을 갖고, 그것으로 자기의 생을 의미 있는 전체로 만드는 존재는 없으며, 또 지속적인 정신의 발달을 경험하는 존재도 없고, 수양을 통해 자신을 완성하여 가는 존재도 없고, 모든 것은 언제나 균형을 이루고 각기 자기 나름의 방식대로 정한 법칙을 통해 규정되어 있는 것과 비슷하다.

마지막으로 '선율(Melodie)'은 노래하고 전체를 인도하고 구속받지 않는 자유 의지로 '하나의 사상'에 대해 끊임없이 의미 있는 연관을 유지하면서 처음부터 마지막까지 하나의 전체를 나타내는 주성음(主聲音)이다. 나는 이 선율에서 인간의 사려 깊은 생활과 노력인 의지의 객관화에 있어 최고 단계를 인식한다. 인간은 타고난 이성이 있기 때문에, 끊임없이 앞뒤를 보면서 그 현실과 무수한 가능성의 길을 가고, 그리하여 사려가 깊어서 전체로서 연관이 있는 생애를 완성한다. 이에 상응하여, '선율'만은 처음부터 끝까지 의미와 목적이 있는 연관을 갖고 있다. 따라서 선율은 깊은 생각에 비친 의지의 역사를 이야기하지만, 현실에서 의지의 모상은 그 행위의 계열이다. 그러나 선율은 그 이상을 표현한다. 선율은 의지의 가장 비밀스런 역사도 이야기하며, 의지의 어떠한 감동도, 노력도, 동작도, 그리고 이성이 감정이라는 넓고 소극적인 개념 아래서 총괄하여 그 이상은 추상 작용에 취할 수 없는 모든 것을 그린다. 그러므로 음악은 언제나 감정과 격정의 언어며, 언어는 이성의 언어라고들 말했다. 이미 플라톤은 음악을 "영혼이 격정에 사로잡히는 경우, 그것을 모방하여 만들어 낸 선율의 운동"이라고 설명했고, 아리스토텔레스도 "리듬과 선율은 소리에 불과한데, 왜 마음 상태와 비슷한가?"라고 말하고 있다.

인간의 의지는 노력하고 충족되고 새로 노력하고, 이렇게 영원히 계속하는 것이 인간의 본질이다. 오히려 이렇게 소원에서 충족으로 옮겨지고 또한 충족에서 새로운 소원으로 빨리 옮겨 가는 것이야말로 인간의 행복이고 안녕이다. 충족을 얻지 못하는 것은 괴로움이고, 새로운 소원이 없는 갈망은 권태(languor), 즉 지루함이기 때문이다. 이에 상응하여 선율의 본질은 으뜸음(Grundton)에서 끊임없이 떨어져 빗나간다는 것이다. 또한 거기에는 무수한 길이 있어 제3도(Terz) 딸림음이라고 하는 화음의 단계에 이를 뿐만 아니라, 모든 소리, 불협화음의 제7도, 증음정(übermäβige Stufe) (완전 음정 또는 장음정을 반음 높인 것, 증1도, 증2도, 증3도 및 증4도가 있다)의 단계에도 이르지만, 결국 언제나 으뜸음에 돌아온다. 이 모든 길에 있어 선율은 여러 가지 형태를 취하는 의지의 노력을 나타내고, 동시에 결국 어떤 화성의 단계에 되돌아가며, 그 위에 으뜸음으로 되돌아감으로써 충족도 표시한다. 선율을 창작하는 것, 선율 속에 인간의 의욕과 감각의 가장 깊은 비밀을 드러내는 것은 천재의 작업이며, 그 작용은 음악에서 다른 어떤 예술에서보다 더 명료하게 나타나고, 어떠한 반성이나 의식적인 계획성에서도 멀리 떨어져 있는 영감(inspiration)이라고 말할 수 있다. 여기서 개념은 다른 예술에서도 마찬가지지만 도움이 되지 않는다.

작곡가는 그의 이성으로는 이해할 수 없는 말로 세계의 가장 내면적인 본질을 구현하고, 가장 깊은 지혜를 표출한다. 그것은 마치 최면술에 걸린 몽유병자가, 깨어 있을 때에는 아무런 지식도 갖고 있지 않던 사물을 해명하는 것과 같다. 그러므로 작곡가에게는 다른 어떤 예술가보다 뚜렷하게 인간으로서 그와 예술가로서의 그는 별개다. 이러한 이상한 예술을 설명하는 데에 있어서도 개념은 그 빈곤과 한계를 드러낸다. 그러나 나는 우리의 유추를 진행해 보려고 한다. 소원에서 충족으로, 또 그 충족에서 새로운 소원으로 빨리 옮겨 가는 것이 행복이고 안녕인 것처럼, 으뜸음에서 심하게 벗어나지 않는 빠른 선율은 즐겁다. 답답한 불협화음이 되고 다시 완만한 소절을 많이 거친 후 비로소 으뜸음으로 되돌아가는 것은 충족이 쉽게 이루어지지 않거나 곤란해진 것과 같아 슬프다. 새로운 의지 활동의 멈춤, 즉 권태는 으뜸음이 언제까지나 계속되는 것과 같은 표현이며, 그 효과는 곧 견딜 수 없어질 것이다. 아주 단조롭고 의미가 없는 선율도 이와 비슷하다. 속도가 빠른 무용 음악의 짧고 알기 쉬운 주제는 쉽게 얻을 수 있는 평범한 행복을 말해 주고 있는 것같이 생각된다. 반대로 주제가 크고, 진행이 길고, 주제에서 크게 벗어난 알레그로 마에스토소(위엄이 있는 쾌속조)는 먼 목표를 향해 크고 귀중한 노력을 하여, 결국 이것을 달성하는 것을 나타낸다. 아다지오(느리게)는 사소한 행복들은 모두 무시하고 지나가 버리는 크고 귀중한 노력의 괴로움을 말해 준다.

그러나 단조나 장조의 효과는 얼마나 놀랄 만한 것인가! 반음의 교체, 장3도를 대신한 단3도의 출현은 우리에게 곧 괴롭고 아픈 감정을 갖게 하지만, 장조는 마찬가지로 곧 우리를 이 감정에서 구해주는 참으로 이상한 것이다. 아다지오는 단조에서 가장 높은 고통의 표현을 얻어 사람의 마음을 가장 감동시키는 비탄으로 바뀐다. 단조의 무도곡은 무시할 만한 사소한 행복을 찾다가 실패하는 것을 나타내는 것같이 생각되며, 여러 가지 고생이나 고초를 겪고 저급의 목적을 달성하는 것을 말해 주는 것같이 생각된다. 가능한 선율이 끝없이 많은 것은 자연 속에 여러 개인, 용모, 경력의 차이가 무한히 많은 것에 해당된다. 어떤 음조에서 이것과의 연관을 끝내 버린 다른 음조로 옮기는 것은 개체가 끝나는 죽음과 같다. 그러나 그 개체에 나타났던 의지는 의식적으로는 그 개체와 아무런 연관이 없는 다른 개체들에 나타나 여전히 살고 있다.

그런데 여기에 열거한 모든 유사성을 증명할 때, 음악은 그것들과 아무런 직접적인 관계는 없고, 단지 간접적인 관계만 있다는 것을 잊어서는 안 된다. 왜냐하면 음악은 현상을 표현하는 것이 아니라 모든 현상의 내면적인 본질, 즉 의지 그 자체를 표현하는 것이기 때문이다. 그러므로 음악은 이것저것의 개별적인 일정한 기쁨이나 이것저것의 비애, 고통, 공포, 환희, 흥겨움, 평온을 표현하는 것이 아니라, 기쁨·비애·고통·공포·환희·흥겨움 '그 자체'를 어느 정도 추상적으로 추가물 없이, 또한 동기도 없이 표현하는 것이다. 그럼에도 우리는 정제된 것으로 이들의 감정을 이해한다. 우리의 공상이 쉽게 음악에 자극되고, 눈에는 보이지 않지만 활발하게 움직여 직접 우리에게 말을 해오는 영혼의 세계를 만들고, 살과 뼈를 붙여 유사한 실례를 구체화하는 것은 여기에서 유래한다. 이것이 언어를 동반하는 노래, 그리고 오페라의 기원이다. 그러기에 오페라의 가사는 이 종속적인 위치를 버리고, 스스로 주인이 되어 가사를 표현하기 위한 단순한 수단으로 음악을 만들 수는 없으며, 그렇게 하는 것은 큰 오류와 심한 부조리이다. 음악은 어떤 경우에도 인생과 그 사상의 진수만을 표현하는 것이지, 여러 사상 자체를 표명하는 것은 아니기 때문이다. 따라서 이 사상들의 차이는 음악에는 영향을 주지 않는다. 음악에 극히 엄밀한 규정성이 있는 것과 더불어 음악에만 이러한 고유한 보편성이 있다는 것이야말로 음악이 우리의 괴로움에 대한 만병통치약으로서 높은 가치를 갖는 것이다. 따라서 음악이 너무 심하게 언어와 결합하려 하거나 사건에 따라 변화하려고 하는 경우에는, 음악이 자기의 언어가 아닌 언어를 사용하여 말하려고 하는 것이다. 이 오류를 범하지 않도록 로시니 (Rossini)처럼 순수하게 자기를 지킨 사람도 없다. 그의 음악은 참으로 명료하고 순수하게 음악 '고유의' 언어로 말하기 때문에, 전혀 언어를 필요로 하지 않고, 따라서 오직 악기만을 연주해도 충분히 그 효과를 거둘 수 있다.

이 모든 것으로 미루어 볼 때, 우리는 현상계 또는 자연과 음악을 동일한 사물에 대한 두 가지의 다른 표현으로 볼 수 있다. 그러므로 그 사물 자체는 이 둘의 유사점을 매개하는 유일한 것이며, 그 유사점을 통찰하려면 이 매개가 되는 것을 인식할 필요가 있다. 따라서 음악은 세계의 현상으로는 최고도로 보편적인 말이며, 그것과 개념의 보편성에 대한 관계는 개념의 개체에 대한 관계와 비슷하다. 그러나 음악의 보편성은 결코 추상적이고 공허한 보편성이 아니고, 철저하게 명확한 규정성과 결합된 것이다. 이런 점에서 보면 음악은 기하학적인 도형이나 숫자와 비슷하며, 경험으로 가능한 객관의 보편적인 형식으로서, 그리고 모든 객관에 대하여 선험적으로 적용할 수 있는 것이지만 추상적인 것이 아니고, 직관적이고 철저하게 규정된 것이다. 의지의 가능한 노력, 흥분, 표출, 이성에 의해 감정이라는 넓고 소극적인 개념 속에 던져져 버리는 인간 마음속의 사건, 이것들은 한없이 많은 가능한 선율로 표출될 수 있다. 그러나 이것에는 언제나 실질은 없고 형식의 보편성만 있으며, 언제나 현상이 아니라 그저 의지 자체가 표시된다. 말하자면 육체 없이 그 가장 내면적인 영혼이 표시되는 것이다.

음악이 모든 사물의 참된 본질에 대해 갖는 이러한 긴밀한 관계에서 다음의 것도 설명할 수 있다. 즉 어떤 장면, 행위, 사건, 환경에서 적절한 음악이 울리면, 그로 인해 우리는 이것들의 가장 심오한 의미가 명백해진 것으로 생각하고, 그 음악을 가장 옳고 명백한 해설로 생각한다. 또 교향악의 인상에 젖어 있는 사람은 자기 앞에 인생과 세계의 모든 가능한 사상이 지나가는 것을 바라보는 것 같은 느낌을 갖는다. 그렇지만 잘 생각해 보면 그 음악과 자기 눈앞에 떠오른 사상 사이의 유사성은 무엇 하나 열거할 수가 없다. 왜냐하면 이미 언급한 것처럼, 음악은 현상, 더 정확하게 말하면, 의지의 적절한 객관성의 모사가 아니라 의지 자체에 대한 직접적인 모사이며, 세계의 모든 형이하학적인 것에 대해 형이상학적인 것을 나타내고, 현상에 대해 물자체를 나타낸다는 점에서 다른 예술과 다르기 때문이다. 따라서 세계는 의지를 구체화한 것이라고 말할 수도 있고, 음악을 구체화한 것이라고 말할 수도 있다. 음악이 어떻게 실제 생활과 세계의 모든 양상과 장면을 의미 있는 것으로 나타낼 수 있을까 하는 것도 이것에 의해 설명할 수 있다. 물론 음악의 선율이 주어진 현상의 내적인 정신과 유사하면 할수록 그러한 작용은 증가된다. 시를 노래로, 또는 직관적인 모사를 무언극으로, 또는 이 양자를 가극으로 음악에 맞추어 만들 수 있는 것은 여기에 근거를 두고 있다.

음악의 보편적인 언어로 표현된 인간 생활의 개별적인 모습은 결코 절대적인 필연성을 갖고 음악과 결합하거나 상응하는 것이 아니고, 어떤 임의의 보편적인 개념에 대한 관계 속에서만 음악과 결합하거나 상응한다. 이 모습들이 현실의 규정성에서 나타내는 것은 음악이 단순한 형식의 보편성에서 표현하는 것에 해당한다. 왜냐하면 선율이란 것은 보편적 개념과 마찬가지로 현실의 추상성이기 때문이다. 결국 현실, 즉 개체의 세계는 직관적인 것, 특수한 것과 개별적인 것, 개개의 사례 등을 제시하여 선율의 보편성에도, 개념의 보편성에도 도움을 주는 것이지만, 이 양자의 보편성은 어떤 점에서는 서로 대립하고 있다. 왜냐하면 개념은 우선 직관에서 추상된 형식에 불과하기 때문이다. 말하자면 개념은 사물에서 벗겨 낸 외피를 포함하고 있을 뿐이고, 원래는 완전한 추상 개념이다. 하지만 이와 반대로 음악은 모든 형태에 선행하는 가장 내면적인 핵심, 즉 사물의 심장을 제공하기 때문이다. 이 관계는 스콜라 철학자들의 말 속에 적절하게 표현되어 있다. 개념은 개체의 뒤에 있는 보편(universalia post rem)이지만, 음악은 개체에 선행하는 보편(universalia ante rem)을 주며, 현실은 개체 속에 있는 보편(universalia in rem)인 것이다. 하나의 시에 부여된 선율이 갖는 보편적인 의미에는 그 선율에 나타난 보편적인 것과 똑같이 임의로 선택된 다른 실례도 같은 정도로 상응할 수 있었다. 따라서 동일한 작곡이 많은 시에 적합한 보드빌(Vaudeville)도 또한 그런 것이다.

그러나 대체로 어떤 악곡과 직관적인 묘사 사이에 관계가 가능한 것은 이미 언급한 것처럼 이 둘이 세계의 같은 내적 본질의 다른 표현이라는 것에 근거를 두고 있다. 그래서 개별적인 경우에 그러한 관계가 실제로 존재하고 있으면, 즉 어떤 사건의 핵심을 이루는 의지의 흥분을 작곡가가 음악의 보편적인 언어로 표현하는 것을 터득하고 있으면, 가요의 선율과 가극의 음악은 표현이 풍부해진다. 그러나 작곡가가 발견한 이 둘의 유사성은 그의 이성에는 알려지지 않고 세계의 본질에 대한 직접적인 인식에서 생긴 것이어야 하며, 의식적인 의도를 갖고 개념을 매개로 한 모방이어서는 안 된다. 그렇지 않으면 음악은 내적 본질, 즉 의지 그 자체를 표현하는 것이 되지 않고, 의지의 현상을 불충분하게 모방하는 것에 그친다. 본래 모사적인 음악은 모두 그런 것으로, 하이든의 〈사계〉 속의 많은 곳에서 직관적인 세계의 현상들이 직접 모방되어 있다. 이와 마찬가지로 전쟁곡도 그런 것들인데, 이것들은 완전히 배척해야 할 것이다.

음악의 형언할 수 없는 그윽함, 이것이 있기 때문에 음악은 우리에게 친근하고 또 영원히 먼 천국으로서 우리의 곁을 지나가고, 알기 쉬운 것이면서도 참으로 설명하기 어려운 것이 된다. 하지만 음악이 그윽한 것은 우리의 가장 내면적인 본질의 모든 움직임을 재현하면서, 완전히 현실을 포함하지 않고 현실의 고뇌로부터 멀리 떨어져 있기 때문이다. 마찬가지로 음악의 본질적인 진지함은 직접적으로 고유한 영역으로부터 우스운 것을 완전히 배제해 버리는 것이다. 이 진지함은 음악의 객관이 오로지 착각과 우스움이 생길 수 있는 근거가 되는 표상이 아니라 직접적인 의지이며, 의지야말로 본질적으로 모든 것이 의존하는 가장 진지한 것이라는 점에서 설명될 수 있다. 음악의 언어가 얼마나 내용이 풍부하고 의미심장한 것인가는 반복 기호들이나 다 카포(처음부터)를 보아도 알 수 있다. 만일 이것이 언어적 표현에 의한 작품이라면 견딜 수 없는 것이지만, 음악에서는 이들 반복이 합목적적이고 즐거운 것이다. 왜냐하면 음악이 말하려 하는 것을 완전히 파악하려면 이것을 두 번 들어야 하기 때문이다.

음악에 대한 지금까지의 서술에서 내가 분명히 하려고 노력한 것은 음악은 보편적인 언어로서 우리가 의지라는 개념으로 사유하고 있는 세계의 내적 본질을 한결같은 재료인 단순한 음으로 최대의 규정성과 진실성을 가지고 표현한다는 것이다. 또 나의 견해와 성향에 의하면, 철학이란 세계의 본질을 보편적인 개념으로 정확하게 재현하고 표현하는 것에 불과하다. 왜냐하면 그러한 보편적인 개념을 갖지 않으면 세계의 본질을 충분하고 적절히 개관하는 것은 불가능하기 때문이다. 나의 주장에 동의하고 내 사고 방식을 이해해 주는 사람은 내가 다음과 같이 말해도 그리 역설적이라고는 생각하지 않을 것이다. 즉, 음악이라는 것을 아주 올바르고 완전하게, 그리고 세부적인 것까지도 설명할 수 있다면, 다시 말해 음악이 표현하는 것을 개념으로 자세히 재현할 수 있다면, 그것은 세계를 개념으로 충분히 재현하고 설명하는 것이 되며, 또 이것과 완전히 같은 의미도 되지만, 참된 철학 또한 될 것이다. 따라서 앞서 인용한 라이프니츠의 말은 비교적 낮은 입장에서는 옳은 것이지만, 우리의 높은 음악관의 의미에서는 다음과 같이 달리 만들 수가 있다. "음악은 자기가 철학하고 있는 것을 모르는 정신의 숨은 형이상학 연습이다(Musica est exercitium metaphysices occultum nescientis se philosophari animi)." 왜냐하면 안다는 것은 항상 추상적 개념에 옮겨 넣었다고 하는 것을 뜻하기 때문이다. 그런데 라이프니츠의 말이 각 방면에서 진리로서 확인된 바에 의하면, 음악은 미적이거나 내적인 의미는 별도로 하고, 단지 외면적이고 순수하게 경험적으로 보면, 우리가 개념적인 이해를 통하여 간접적으로밖에 인식할 수 없는 큰 숫자나 복잡한 수의 비례를 직접 구체적으로 파악하기 위한 수단에 지나지 않는다. 그래서 우리는 두 개의 아주 다른, 동시에 올바른 음악관을 일치시킴으로써 어떤 수철학(數哲學)의 가능성을 이해할 수 있다. 피타고라스의 수철학이나 《주역》에 있는 중국인의 수철학도 이와 비슷한 것이며, 섹스투스 엠피리쿠스(《수학에 반대하여》 L. Ⅶ)가 인용하고 있는 피타고라스학파의 잠언 "모든 것은 수와 비슷하다"는 이런 의미로 해석되고 있다. 마지막으로 이 견해를 앞서 행한 화성과 선율에 관한 해석에 비추어 보면, 우리는 소크라테스가 도입하려고 한 것과 같은 자연의 설명이 결여된 도덕 철학은 루소가 절대적으로 원했던 화성이 결여된 선율과 비슷하다는 것을 알게 될 것이다. 반대로 윤리가 결여된 단순한 물리학이나 형이상학은 선율이 결여된 단순한 화성에 해당될 것이다. 나는 이와 같은 고찰을 해 보았지만, 다시 여기에 덧붙여 음악과 현상 세계의 유사성에 관한 몇 가지 점을 논하려 한다.

우리는 앞 권에서 의지의 객관화에 있어 최고 단계인 인간은 단독으로 다른 것으로부터 떨어져 나타날 수는 없으며, 인간보다 아래의 단계들을 전제로 하고, 이 단계들은 또 그 이하의 단계를 전제로 한다는 것을 알았다. 그런데 이것과 마찬가지로 세계처럼 의지를 직접 객관화하는 음악도 완전한 화성에서 비로소 완전한 것이 된다. 선율의 지도적인 높은 성음이 충분한 인상을 주기 위해서는 모든 성음의 근원이라고 볼 수 있는 최저의 저음까지 포함하여, 다른 모든 성음을 동반할 필요가 있다. 즉, 선율은 주요한 부분으로서 화성에 포함되고, 마찬가지로 화성도 선율에 포함된다. 그리고 다성음의 전체를 가지고 비로소 음악은 그 표현하려고 하는 바를 표현하는 것이다. 마찬가지로 시간을 떠난 오직 하나의 의지는 무수한 정도를 거쳐 점점 명확하게 그 본질을 구현하여 가는 단계들을 완전히 합일한 뒤에 비로소 객관화되는 것이다.

또한 다음과 같은 유사성은 참으로 이상한 것이다. 우리가 앞 권에서 본 바로는 종에 관해서는 모든 의지 현상 상호간의 적응이 가능하고, 이것이 목적론적인 고찰의 기초가 되지만, 그럼에도 개체로서 이 현상들 사이에는 정지할 수 없는 투쟁이 지속된다. 이 투쟁은 현상의 모든 단계에서 나타나며, 이것이 세계를 모든 동일 의지 현상의 끊임없는 투쟁의 장으로 하는 것이며, 이것에 의해 의지와 의지 자신과의 내적 모순이 나타나는 것이다. 음악에도 이것에 상응하는 것이 있다. 즉 음의 완전히 순수한 화성적 체계는 물리적으로 불가능할 뿐만 아니라 산술적으로도 불가능하다. 음을 나타나게 하는 수에는 풀 수 없는 비합리성이 있다. 모든 5도가 으뜸음에 대해서는 2 대 3의 비례를 이루고 있고, 모든 장3도는 4 대 5의 비례를 이루고 있고, 모든 단 3도는 5 대 6의 비례를 이루고 있다고 계산할 수 있는 음계는 하나도 없다. 왜냐하면 음들이 으뜸음에 대해 비례가 옳을 것 같으면, 그 음들 사이는 틀어져 버리기 때문이다. 가령 5도는 3도에 대해서는 단3도여야 한다. 왜냐하면 음계의 음들은 또는 이 역할, 또는 저 역할을 해야만 하는 배우에 비할 수 있기 때문이다. 그러므로 완전히 옳은 음악이라는 것은 생각할 수조차 없으며, 더욱이 그것을 성취한다는 것은 불가능하다. 따라서 가능한 음악은 언제나 완전한 순수성과는 거리가 멀다. 그것은 오직 음악이 피할 수 없는 불협화음을 모든 음들에 분할함으로써, 즉 평균율로 감출 수 있을 뿐이다. 이것에 관해서는 클라드니의 《음향학》 제30장, 그의 《음향적 개론》의 12쪽을 참고해 주면 좋겠다.

또한 그 밖에 나는 음악이 지각되는 방식에 관해 몇 가지 덧붙이려 한다. 음악은 오직 시간 속에서, 시간을 통해서만 지각되는 것이며, 공간은 제외되어 있고 인과 관계의 인식인 오성의 영향까지도 없다. 왜냐하면 음은 그것만으로도 이미 효과로서 직관의 경우처럼 그 원인에 소급하지 않아도 미적 인상을 주기 때문이다. 나는 이미 이 제3권에서 너무 자세하게, 또는 너무 깊이 들어갔는지 모르기 때문에, 음악에 관한 이 고찰들을 이제는 이 이상 끌지 않으려고 한다. 그러나 예술의 중요성이 충분히 인식되는 것은 아주 드물기 때문에 이 고찰이 필요했다. 또 예술에는 높은 가치가 있다는 것을 생각하면, 이것을 비난하는 사람은 없을 것이다. 우리의 견해에 의하면 가시적인 세계는 그 자체를 인식하기 위해 곧 보겠지만, 의지 구제의 가능성 때문에 의지에 따라가면서 이것을 객관화한 것이며 의지의 거울이다. 그리고 표상으로서 세계는 의욕을 떠나서 그것만이 홀로 의식을 받아들이는 것이며, 그것만 떼어놓고 생각하면, 인생의 가장 즐겁고 유일하게 순결한 면이다. 이리하여 우리는 예술을 이 모든 것들 중 더 높이 향상된 것, 더 완전하게 발전한 것으로 보아야 한다. 왜냐하면 예술은 가시적인 세계가 하는 것과 똑같은 것을 하는데, 다만 더 집중적이고 완전하게, 또 계획과 깊은 생각을 갖고 하는 것이기 때문이다. 그러므로 예술은 언어의 완전한 의미에서 인생의 꽃이라고 말할 수 있다. 표상인 세계 전체가 의지의 가시성에 지나지 않는다면, 예술은 이 가시성의 명확화이며 대상들을 더욱 순수하게 보이고, 더욱 잘 객관화하고 통합시키는 암실이며, 극 중의 극이며, 《햄릿》에서 무대 중의 무대이다.

모든 미의 향수, 예술이 주는 위안, 예술가에게 인생의 고뇌를 잊게 하는 정열, 다른 사람들보다 우수하다는 천재의 우월성, 이런 것 때문에 그는 의식이 명백해지는 데 비례해서 같은 정도로 증대하는 고뇌와 또한 이질적인 사람들 사이의 적막한 고독을 홀로 느끼게 된다. 이 모든 것들은 이제부터 후에 알게 될 것이지만 생의 의지, 생존 그 자체, 부단한 고뇌이고, 한편으로는 슬프고, 한편으로는 무서운 것인데도 이 생존을 오직 표상으로서 순수하게 직관하거나, 또는 괴로움에서 벗어나 예술을 통하여 재현하면, 뜻깊은 연극이 된다고 하는 것에 근거를 두고 있다.

이렇게 세계를 순수하게 인식할 수 있는 면과 예술로의 재현이 예술가의 근본적인 특징이다. 그는 의지가 객관화된 연극을 보는 데에 마음을 쏟게 된다. 그는 언제나 이러한 것에 집착하고 고찰하고 이것을 묘사하여 재현하는 것에 싫증을 느끼지 않는다. 그리고 그동안에는 스스로 이 연극을 상연하는 비용을 부담한다. 그 스스로가 객관화되어 끊임없는 고뇌에 머무는 의지이다. 그리고 그에게는 세계를 그렇게 순수하고 진실하게, 그리고 깊이 인식하는 것이 목적이 된다. 그는 그러한 인식 곁에 머무른다. 그러므로 그에게 인식은, 다음 권에서 체념에 도달한 성자에게서 볼 수 있는 의지의 진정제가 되지 않고, 영원히 인생에서 구제하는 길이 아닌 단지 한순간 인생으로부터 구제받는 것에 지나지 않는다. 그래서 그는 아직도 인생에서 해탈한 것이 아니고, 당분간만 인생에서 위로를 받는 것에 지나지 않는다. 그러는 동안 그의 힘은 이것들에 의해 증대하지만, 결국 연극에 싫증을 느끼고 진지해진다. 이 이행을 상징하는 것으로 라파엘로의 〈성 체칠리아〉를 볼 수 있다. 그러므로 우리도 다음 권에서는 진지한 쪽으로 방향을 돌려 보려고 생각한다.

제4권 의지로서의 세계에 대한 제2고찰 :
자기 인식에 도달한 경우의 생에 대한 의지의 긍정과 부정

53. 철학에 대한 새로운 이해를 위해서

우리가 고찰하는 마지막 부분은 가장 중요한 부분이다. 왜냐하면 이 부분은 인간의 행위에 관한 것이기 때문이다. 이것은 누구에게나 직접적인 관계가 있으며, 어느 누구도 무관심할 수 없는 문제다. 아니 다른 모든 것도 이 문제와 관계를 맺고 있다. 이 문제는 인간의 본성에 적합한 것이기 때문에, 인간은 관계가 있는 연구를 할 때에는 언제나 그 행위에 관련되는 부분을, 적어도 그것이 그의 관심을 끄는 한 연구 내용의 결과로 간주하고, 다른 부분에는 주의를 기울이지 않아도 이 부분에서는 진지하게 주의를 기울이게 될 것이다. 이러한 점에서 지금부터 우리가 고찰할 부분은 이때까지 논술해 온 이론 철학에 비해 실천 철학이라 부를 수 있을 것이다. 그러나 나의 소견으로는 연구의 당면 문제가 무엇이든 철학에 필요한 것은 언제나 순수한 고찰 태도를 취하고 탐구하는 것이지, 지시를 해서는 안 되기 때문에 철학은 언제나 이론적이다.

이와 반대로 실천적으로 되고, 행동을 지도하고, 성격을 개조한다는 것은 진부한 요구며, 원숙한 안목을 갖게 되면 결국은 포기해야 하는 것이다. 왜냐하면 어떤 존재가 가치가 있는가 없는가, 구제를 받는가 천벌을 받는가 하는 것이 문제가 되는 경우, 사물을 결정하는 것은 철학의 죽은 개념이 아니라 인간의 내적 본질이기 때문이다. 이 내적 본질은 플라톤이 말하고 있는 것처럼, 인간을 인도하고 또 인간을 선택한 것이 아니라 인간 자신에 의해 선택된 초자연적 힘이며, 칸트가 표현한 것과 같은 인간의 예지적인 성격이다. 덕은 천재와 마찬가지로 가르칠 수 없는 것이다. 실제로 개념은 덕에 대해서는 예술에 대해서와 마찬가지로 효과가 없으며, 도구로서만 사용될 수 있다. 그러므로 우리의 도덕설이나 윤리학이 덕이 있는 사람이나 고상한 사람, 신성한 사람을 고무하도록 기대하는 것은 미학이 시인이나 조각가, 음악가를 고무하도록 기대하는 것과 마찬가지로 어리석은 일이다.

철학은 어떠한 경우에도 현존하는 것을 해석·설명하고 구체적으로, 즉 느낌으로 누구에게나 이해되도록 표시되어 있는 세계의 본질을 명확하고 추상적인 이성의 인식에까지 이르도록 하는 것 이상의 것은 할 수 없다. 그러나 철학은 이 작업을 가능한 모든 관점에서 행하는 것이다. 이와 같은 일은 지금까지는 철학 고유의 보편성을 가지고 다른 관점에서 행하려고 한 것이지만, 이 제4권에서는 같은 방식으로 인간의 행위를 고찰하려고 한다. 내가 앞서 주의해 둔 것처럼, 이러한 세계의 면은 확실히 주관적 판단에 의해서뿐만 아니라 객관적 판단에 의해서도 가장 중요한 것으로 간주될 것이다. 여기서 나는 우리가 지금까지의 고찰 방법을 충실하게 지키고, 지금까지 언급해 온 것을 전제로 의지하고, 또 이 책 전체의 내용인 하나의 사상만을 지금까지 다른 문제에서 전개한 것과 마찬가지로, 이 권에서는 인간의 행위를 따라 전개할 것이다. 그래서 이 사상을 가능한 한 완전하게 전달하기 위해 할 수 있는 최후의 노력을 다하려고 한다.

주어진 관점과 지금 말한 방법으로 보면, 이 윤리의 권에서는 제시나 의무론을 기대할 수 없으며, 보편적인 도덕 원리나 모든 덕을 생기게 하기 위한 만능적인 처방은 더더욱 지시되어서는 안 된다는 것이 암시되어 있다. 또 우리는 '무제약적 당위(Unbedingten Sollen)'도 문제삼지 않을 것이다. 왜냐하면 그러한 당위는 부록에서 자세히 논한 것처럼 모순을 내포하고 있기 때문이다. 또한 같은 경우에 있는 '자유를 위한 법칙'도 문제삼지 않을 것이다. 우리는 당위는 전혀 언급하지 않을 것이다. 왜냐하면 그와 같은 것은 어린아이들이나 유치한 민족에게 말할 것이지, 성숙한 시대에 교양을 충분히 지닌 사람들에게는 말할 것이 못 되기 때문이다. 의지를 자유라고 말해 두고 또 의지에 대해 의지가 의욕을 가질 때 따라야 할 법칙을 지시한다는 것은 이치에 맞지 않다. 다시 말해 '의욕해야 한다!'는 것은 '나무로 만든 철'이라는 말과 같다.

그런데 우리의 견해에 따르면, 의지는 자유일 뿐만 아니라 전능이기도 하다. 의지의 행위뿐만 아니라 의지의 세계도 의지에서 생기며, 의지 본연의 자세 그대로 의지의 행위와 의지의 세계가 나타나기 때문이다. 즉 의지의 자기 인식이 행위와 세계일 뿐이다. 의지는 자신을 규정하는 것과 더불어 행위와 세계를 규정한다. 왜냐하면 의지 밖에는 아무것도 없고, 행위와 세계는 의지 그 자체이기 때문이다. 이렇게 보아야만 의지는 참으로 자율적인 것이고 그 외에 다른 견해에 따르면 타율적이다. 우리의 철학적 노력이 추론할 수 있는 곳은 오직 인간의 행위와 여러 가지 대립까지 하고 있는 규범(이것이 생생하게 표현된 것이 행위다)을 가장 심오한 본질과 내용을 따라서 지금까지의 고찰과 연관시키고, 우리가 지금까지 세계의 그 밖의 여러 현상들을 해석하여, 그 심오한 본질을 명백하게 추상적으로 인식하려고 노력한 것처럼 해석하고 설명하는 것에 불과하다. 여기서 우리의 철학은 지금까지의 고찰에서와 마찬가지로 '내재성(Immanenz)'을 주장할 것이다. 우리의 철학은 칸트의 학설과는 달리 이유율을 그 보편적인 표현으로 하는 현상의 형식들을 장대 높이뛰기의 장대로 사용하여, 이 형식들에 의미를 부여하는 형상을 뛰어넘고, 공허한 모방의 끝없는 영역에 도달하려고는 생각하지 않는다. 오히려 이 인식할 수 있는 현실 세계 속에, 또 이 현실 세계는 우리 속에 있지만, 이 세계는 여전히 우리 고찰의 재료인 동시에 한계이기도 하다. 이 현실 세계야말로 내용이 풍부하고 인간 정신이 할 수 있는 가장 깊은 탐구까지도 다 논할 수 없을 정도다. 그러면 이렇게 인식할 수 있는 현실 세계는 지금까지의 고찰과 마찬가지로 윤리적 고찰에도 재료나 실재로서 모자라는 일은 없을 것이기 때문에, 우리는 내용이 공허한 소극적인 개념들로 도피하고, 우리 자신도 그렇게 믿어 버리고, 눈썹을 치켜올리고 '절대적인 것', '무한한 것', '초감각적인 것'이라든지 이와 비슷한 부정에 불과한 것을 말할 필요는 없다. 그런 것을 말하느니 오히려 짧게 이상향이라고 말하는 편이 나을 것이다. 그러나 이렇게 말하면 우리는 뚜껑은 덮여 있지만 텅 비어 있는 이런 종류의 접시를 식탁에 올릴 필요가 없을 것이다.

마지막으로 우리는 이 권에서도 지금까지와 마찬가지로, 역사를 이야기하고 그것을 철학이라고 부르지는 않을 것이다. 왜냐하면 우리가 생각하는 바에 따르면, 아무리 교묘하게 말을 꾸며 대더라도 세계의 본질을 '역사적으로' 파악할 수 있다고 생각하는 사람은 세계의 철학적 인식에서는 무한히 멀어져 있다. 그런데 세계의 본질에 대한 그의 견해 속에 어떤 종류의 '생성 (Werden)' 또는 과거나 미래가 발견되어도, 또한 어떤 시간상의 전후가 조금이라도 의미를 갖고, 숨겨져 있던 세계의 시작과 마지막, 그리고 그 둘 사이의 과정이 추구되고 또 발견되어서 철학하는 개인이 이 과정에서 자신의 위치도 인식하게 되면, 세계의 본질을 역사적으로 포착하는 것이 가능하다. 이러한 '역사적인 철학적 사색(historisches Philosophiren)'은 대개의 경우 여러 가지 변종이 있는 우주 진화론을 산출하거나 아니면 유출론, 타락설을 낳는다. 또는 결국에는 그러한 방법에 입각하여 행한 추구에 효과가 없는 것에 절망하여 최후의 길에 몰리게 되면, 이번에는 반대로 암흑, 애매한 근거, 근원, 무근거에서 광명으로 끊임없이 생성, 발아, 발생, 출현한다는 설을 낳거나 그 밖에 이와 비슷한 허튼소리를 한다. 그런데 이러한 허튼소리는 영원 전체, 즉 무한한 시간은 지금 순간에 이르기까지 이미 경과해 버린 것으로, 생성될 수 있는 것과 생성될 것은 이미 생성되었어야 한다는 것을 말함으로써 간단하게 마무리된다. 왜냐하면 모든 역사적 철학은 아무리 고상한 척해도, 칸트가 이 세상에 없었던 것처럼 '시간'을 물자체의 하나의 규정으로 보고, 칸트가 물자체에 대해 현상이라 부르고, 플라톤이 존재하는 것, 즉 생성되지 않는 것에 대해 생성되는 것, 즉 존재하지 않는 것이라 부르고, 또는 마지막으로 인도 사람들에게는 마야의 직물이라고 부른 것에 만족하고 있기 때문이다. 이것은 바로 이유율에 위임된 인식인데, 이러한 인식을 갖고서는 사물의 내적 본질에는 도달하지 못하고, 현상들만을 무한히 추구하는 것에 불과하며, 쳇바퀴 안의 다람쥐처럼 움직여서, 결국 피로하여 아래위 어디서든 제멋대로 서서 그 선 장소를 다른 사람도 억지로 존중하게 하는 것과 마찬가지다.

세계에 대한 참다운 철학적 고찰 방법, 즉 우리에게 세계의 내적 본질을 인식시키고 현상을 초월하게 하는 고찰 방법은 세계가 어디에서 오고 어디로 가고 왜 있는가 하는 것은 묻지 않고, 언제 어디서나 세계의 '무엇 (Was)', 즉 본질만을 묻는 것이며, 물들을 어떤 상대 관계에 따르지 않고 생성하고 소멸하는 것이 아닌 것으로, 요컨대 이유율의 네 가지 형태들 중의 하나를 따르지 않는 것으로 고찰한다. 반대로 이유율에 따르는 그러한 고찰법을 완전히 배제해도 여전히 남는 것, 즉 모든 상대 관계 속에 나타나긴 하지만, 그 자신은 이것들의 관계에 종속하지 않고, 언제나 동일성을 유지하는 세계의 본질, 세계의 이데아들을 대상으로 하는 것이다. 예술과 마찬가지로 철학도 이러한 인식에서 출발한다. 또 이 권에서 알게 되겠지만, 참된 신성과 세계의 해설에 인도되는 유일한 정서도 이러한 인식에서 출발하는 것이다.

54. 생에 대한 의지

앞의 세 권에서 다음과 같은 명백하고 확실한 인식이 생겨났다고 생각하고 싶다. 즉 표상인 세계에서는 의지에 대해 그 세계에 비치는 거울이 생기고, 의지는 이 때문에 자신을 인식한다. 그리고 그 명백성과 완전성은 점차 정도를 더하여 그 최고는 인간이 되는데, 인간의 본질은 서로 연관이 있는 행위의 계열로 완전하게 표상된다. 이 행위의 자각적 연관은 인간에게 언제나 전체를 추상적으로 객관화시키는 이성에 의해 가능하게 되는 것이다.

의지는 순수하게 그 자체로 보면 인식이 없는 것이고, 무기적 자연이나 식물적 자연이나 그들의 법칙들에서, 또 우리 생활의 식물적인 부분에서 나타나 보이는 맹목적이며 제어할 수 없는 충동에 지나지 않는다. 그런데 그것에 도움이 될 만큼 발전된 표상의 세계가 부가됨으로써, 의지는 자신의 의욕에 관한 인식과 자신이 의욕을 가지는 것이 무엇인가에 관한 인식을 얻는다. 즉 의지가 의욕을 가지는 것은 이 세계며, 바로 현재 있는 그대로의 '생'만이라는 것을 인식한다. 그러므로 우리는 현상 세계를 의지의 거울, 의지의 객관성이라 부른다. 그리고 생이란 의지의 의욕이 표상에 대해 나타난 것에 지나지 않기 때문에, 의지가 의욕을 가지는 것은 언제나 생에 대해서이다. 따라서 우리가 단적으로 '의지'라 하지 않고 '생에 대한 의지'라고 말해도 같은 것이며, 말의 중복에 불과하다.

의지는 물자체고, 세계의 내적 실질이며 본질적인 것이지만, 생과 가시적 세계, 현상은 의지의 거울에 불과하다. 그래서 마치 육체에 그림자가 따르는 것처럼, 의지에는 생과 세계, 현상이 불가분으로 따른다. 그리고 의지가 있는 곳에는 생과 세계도 있다. 따라서 생에 대한 의지에는 생은 확실한 것이며, 이 생에 대한 의지로 충만되어 있는 한, 아무리 죽음에 직면하더라도 우리는 생존을 염려할 필요는 없다. 물론 우리는 개체가 생성되고 소멸하는 것을 본다. 그러나 개체는 현상에 불과하며, 이유율, 즉 개별화의 원리에 결박된 인식을 통하여 존재하는 것에 불과하다. 물론 이 인식으로써 개체는 그 생을 선물처럼 받아들이고, 무에서 생긴 다음 죽음에 의해 그 선물을 상실하고 무로 돌아간다. 우리는 바로 그 생을 철학적으로, 즉 그 이데아를 따라서 고찰하려고 한다. 그래서 우리는 의지, 즉 모든 현상에서 물자체도 인식의 주관, 즉 모든 현상의 방관자도 출생과 사망에는 영향을 받지 않는다는 것을 알게 된다. 출생과 사망은 바로 의지의 현상, 즉 생에 속하는 것이다.

생은 아무런 시간도 모르지만 자신의 본질을 객관화하기 위하여 이러한 방법으로 표시되어야 하는 것이 시간의 형식을 취해 나타난 일시적인 현상으로서, 생성하고 소멸하는 개체들 속에 표시된다는 것은 본질적이다. 출생과 사망은 같은 방식으로 생에 속해 있고, 서로 번갈아가며 제약해 균형을 유지하고 있으며, 이런 표현이 좋을지 모르지만, 현상 전체의 양극으로서 균형을 유지하고 있다고도 할 수 있다. 모든 신화 가운데서 가장 지혜로운 인도의 신화는 이것을 다음과 같이 표현하고 있다. 인도 신화는 파괴와 죽음을 상징하는 신(삼신 일체 중에서도 가장 죄 많고 가장 낮은 지위의 신인 브라마는 생식과 발생을, 비슈누는 보존을 상징함)인 시바에게 해골의 목걸이와 동시에 링가를 상징물로 부여하고 있다. 이것은 생식의 상징이며, 여기서 생식은 죽음에 대해 균형을 유지하는 것으로 나타나 있다. 그것으로써 생식과 죽음은 서로 중화, 상쇄하는 본질적인 상대 개념이라는 것을 의미한다. 지금도 우리가 보고 있듯이 그리스인과 로마인들을 몰아붙여서 사치스런 석관을 장식하게 만든 것도 이것과 꼭 같은 것이다. 그 장식에는 축제, 무용, 결혼식, 사냥, 짐승 싸움, 바쿠스제 등 가장 강렬한 생의 충동에 대한 묘사들이 있는데, 그것들은 이 충동을 단지 오락으로서 우리에게 보여 줄 뿐만 아니라 사티로스(그리스 신화 중의 반신 반수의 괴물, 디오니소스의 종자로 상반신은 사람이고 아래는 양의 다리를 가졌으며, 술과 여색을 즐기고 춤도 잘 춤)와 염소의 교미 장면까지도 보여 주고 있다. 그 목적은 개인의 죽음을 애도하고, 거기에서 자연의 죽지 않는 생명을 특히 강조하고, 그리하여 추상적인 지식은 없지만 모든 자연이 생에 대한 의지의 표현인 동시에 그 의지의 충족이기도 하다는 것을 암시하려는 것이다.

이러한 현상의 형식은 시간, 공간 및 인과성인데, 이 형식들에 의해 개체화가 행해지고 그 필연적인 결과로서 개체는 생성되었다가 소멸하지 않으면 안 된다. 그런데 개체는 생에 대한 의지의 현상, 말하자면 하나의 실례나 견본에 지나지 않으며, 이 생에 대한 의지는 자연 전체가 한 개체의 죽음에는 아무런 상처를 받지 않는 것처럼 생멸에는 아무런 어려움도 겪지 않는다. 왜냐하면 자연에서 중요한 것은 개체가 아니라 오직 종족이며, 자연은 종족의 보존에는 모든 열성을 기울여서 무수한 씨앗과 생식 충동의 강렬한 힘을 통해 낭비라고 할 정도로 배려하고 있기 때문이다. 이와 반대로 개체는 자연에 있어 아무런 가치도 없고 또 가치를 가질 수도 없다. 왜냐하면 무한한 시간,

무한한 공간, 그리고 그 안에 있는 무한히 많은 개체들이 자연의 나라이기 때문이다. 그러므로 자연은 언제나 필요하다면 개체를 저버린다. 따라서 개체는 무수한 방식으로 보잘것없는 우연으로 파멸에 몸을 맡기고 있을 뿐만 아니라, 이미 근본적으로 멸망할 것으로 정해져 있고, 종족 보존에 봉사한 그 순간부터 자연에 의해 멸망으로 인도된다. 이렇게 하여 자연은 개체들이 아니라 이데아들만이 본래의 실재성, 즉 의지의 완전한 객관성이라고 하는 위대한 진리를 소박하게 나타내고 있다. 그런데 인간은 자연 그 자체이고, 또한 자연의 자기의식에서 최고도에 있는 것이다. 하지만 자연은 생에 대한 의지가 객관화된 것에 불과하기 때문에, 인간은 이 관점을 포착하여 거기에 머물면 자연의 불멸하는 생명을 돌이켜 봄으로써, 자기와 친구의 죽음에 대해 위안을 얻을지 모른다. 따라서 링가를 가진 시바도, 맹렬하게 타오르는 생명의 모습들을 가지고 있는 옛날 석관도 비탄하는 슬픈 관찰자에게 "자연은 슬퍼할 것이 아니다(Natura non contristatur)"라고 외치고 있는 것으로 이해해야 할 것이다.

생식과 죽음이 생에는 필수적인 것이고, 이 생이라는 의지 현상에서 본질적인 것으로 생각되는 것은 생식과 죽음이 그 밖의 생명 전체까지 성립되게 하고 있는 것을 강하게 표현한 것이라는 사실 때문이다. 생을 성립시키고 있는 것은 물질이 철저하게 형태를 고집하면서 끊임없이 교차하는 것에 지나지 않는다. 그리고 이것이 바로 종족은 영속하지만 개체는 소멸하는 까닭이다. 지속적인 양육과 재생산은 그 정도에 있어서만 생식과 다를 뿐이고, 지속적인 분비도 그 정도에 있어서만 죽음과 다른 것이다. 양육과 재생산은 식물에서 가장 단순하고 명확하게 나타난다.

식물은 동일한 충동, 즉 가장 단순한 섬유의 끊임없는 반복에 지나지 않고, 이 섬유가 모여서 잎과 가지가 되며, 서로 소유하고 소유되는 같은 종류의 조직적인 집합체가 된다. 이것을 쉬지 않고 재생산하는 것이 식물의 유일한 충동이다. 이 충동을 더 완전하게 만족시키기 위해서 식물은 여러 가지 생장의 단계를 거쳐 꽃을 피우고 열매를 맺기에 이른다. 꽃과 열매는 식물의 생존과 노력의 집약이며, 식물은 그 유일한 목적을 이 집약 속에서 달성하고, 이번에는 식물이 지금까지는 하나하나 작용하여 만든 것을 한꺼번에 1,000배로 완성한다. 식물 자체가 반복을 한다. 열매를 맺기까지의 활동과 맺어진 열매의 관계는 저술과 인쇄와의 관계와 같다. 이것은 동물에서도 같다. 양육 과정은 끊임없는 생식이며, 생식 과정은 더 고차적인 양육이다. 생식에서 성욕은 생명감의 더 고차적인 즐거움이다.

한편 물질을 쉬지 않고 발산하고 방출하는 분비 작용은 더 높은 차원에서 생식의 반대인 죽음과 같다. 그런데 우리는 이 경우 언제나 형태를 유지하는 데 만족하여 방출한 물질을 아까워하지 않지만, 마찬가지로 죽음에 있어서도 매일 시시각각 개별적인 분비 작용에 행해지고 있는 것과 같은 것이 더 높은 차원에서 전체적으로 행해진다는 식으로 행동해야 할 것이다. 분비 작용에 태연할 수 있다면 마찬가지로 죽음에 있어서도 두려워할 필요가 없다. 그러므로 이 입장에 서면 다른 개체들에 의해 대체되는 자기 개체성의 존속을 원하는 것은 끊임없이 새로운 물질로 대체되는 자기 육체의 영속을 원하는 것과 마찬가지로 불합리하게 생각된다. 또 시체를 미라로 만들어 보존하는 것도 배설물을 성심껏 보존하여 두는 것처럼 어리석어 보인다. 육체에 묶여 있는 개인의 의식을 보아도 그것은 매일 수면으로 완전히 중단된다. 잠은 가끔 얼어 죽는 경우처럼 완전히 연속적으로 죽음으로 옮겨 가는 일이 있는데, 깊은 잠은 현재에서는 죽음과 다를 것이 없고, 단지 다시 깨어난다는 점에서 다를 뿐이다. 죽음이란 개체성이 잊혀져 버리는 잠이다. 다른 것은 모두 다시 깨어나거나, 깨어 있는 것이다. *

무엇보다 우리가 분명히 인식해야 하는 것은 의지 현상의 형식, 즉 생 또는 실재성의 형식은 '현재'뿐이며, 미래도 과거도 아니라는 것이다. 미래나

---

* 다음과 같은 고찰은 그것을 지나치게 미묘하다고 생각하지 않는 사람에게, 개체는 현상에 지나지 않고 물자체는 아니라는 것을 분명히 자각하는 데 도움이 될지 모른다. 한편 개체는 어느 것이나 인식의 주체, 즉 모든 객관적인 세계의 가능성을 보충하는 제약이며, 다른 한편으로는 의지, 즉 모든 것 속의 자신을 객관화하는 의지의 개별적인 현상이다. 그러나 우리 본질의 이러한 이중성은 스스로 존재하는 단일성에 근거를 두고 있는 것은 아니다. 그렇지 않다면, 우리는 자신을 '스스로만으로 인식과 의욕의 객관에서 독립하여' 의식할 수 있을 것이다. 그런데 우리에게는 그것이 안 된다. 우리가 그것을 시도하여 내부에 들어가 인식을 내면으로 향하게 하여 우리를 알아보려고 하자마자, 우리는 밑바닥이 없는 공허 속에 빠져 들어가 속이 빈 투명한 공과 같다는 것을 알게 된다. 그 텅 빈 공 속에서 하나의 목소리가 들리긴 하지만, 우리는 몸서리를 치며 정체 없는 유령을 붙잡을 뿐이다.

과거는 개념 속에 존재할 뿐이며, 이것들이 이유율에 따르는 한 인식의 연관 속에 존재하고 있을 뿐이다. 과거에 살았던 사람도 없고, 또 미래에 살 사람도 없다. '현재'만이 모든 생의 형식이고, 생으로부터 절대로 빼앗아 갈 수 없는 생의 확실한 소유다. 현재는 그 내용과 더불어 항상 현존한다. 현재와 그 내용은 폭포수 위에 걸린 무지개처럼 확고하여 움직이지 않는다. 왜냐하면 의지에 있어서 생은 확실하고, 생에 있어서 현재는 확실하기 때문이다. 물론 수천 년의 과거를 회상하고, 그 수천 년 사이에 살았던 그 수백만의 인간을 회상하면, 우리는 그 수천 년은 무엇이었는가, 그 수백만의 사람은 어떻게 되었는가 하고 묻는다.

그러나 이에 대해 우리는 자기 생의 과거를 불러내어 그 장면들을 생생하게 공상 속에 부활시키고, 거기서 다시 이 모든 것들은 무엇이었던가, 그것은 어떻게 되었는가 하고 물을 수밖에 없다. 우리의 생도 저 수백만 인생들의 생과 같은 것이다. 아니면 우리는 과거가 죽음에 의해 봉인되어 있기 때문에 새로운 존재를 얻었다고 생각해야 할 것인가? 우리의 과거는 아주 가깝고 바로 어제의 일이라 해도 헛된 공상의 꿈에 지나지 않으며, 저 수백만 사람의 과거도 마찬가지다. 과거에 있었던 것은 무엇인가? 현재 있는 것은 무엇인가? 그것은 의지와 무의지의 인식이다. 그리고 생은 이 의지의 거울이고, 무의지의 인식은 이 거울 속에서 의지를 명백히 바라본다. 이것을 아직 인식하지 못하는 사람이나 인식하는 것을 원하지 않는 사람은 과거 사람들의 운명에 관해 앞서 언급한 물음에 다시 다음의 물음을 덧붙여야 할 것이다. 참으로 많은 사람들이, 당시의 영웅도, 현자도 과거라는 밤의 암흑 속에 묻혀 무로 돌아가 버렸는데도, 왜 이렇게 묻는 자신이 이 귀중하고 순간적이며 홀로 실재하는 현재를 소유하는 행복을 얻고 있는가? 그런데도 보잘것없는 자신의 자아가 실제로 존재하고 있는 것은 무엇 때문일까? 이상하게 들릴지 모르지만 더 간단하게 말하면, 왜 지금, 자신이 소유하고 있는 지금, 바로 지금 있고, 이미 오래전에 '있었던' 것은 아닌가? 그는 이렇게 진지하게 물음으로써 그의 현재와 시간을 서로 관계없는 것이라고 보고, 현존을 시간 속에 던져진 것이라고 본다. 즉 그는 본래 두 개의 지금을 상정하여, 하나는 객관에 속하고 다른 하나는 주관에 속한다고 생각하고, 이것들이 합치한 다행스러운 우연을 이상하게 생각한다.

그런데 실제로는(《충족 이유율에 대하여》에서 언급한 것처럼) 시간을 그 형식으로 소유하고 있는 객관과 이유율의 어떠한 형태와 그 형식으로 소유하고 있지 않는 주관과의 접촉점이 현재를 만들고 있다. 그런데 의지가 표상으로 된 경우에 모든 객관은 의지며, 주관은 객관의 필연적인 상대 개념이다. 그런데 실재적인 객관은 현재에만 존재할 뿐, 과거와 미래는 단지 개념과 환영을 포함할 뿐이다. 그러므로 과거는 의지 현상의 본질적인 형식이며, 이것에서 떼어 놓을 수 없는 것이다. 현재만이 언제나 현존하며, 움직이지 않고 확립되어 있다. 현재는 경험적으로 포착하면 모든 것 중에서 가장 덧없는 것이지만, 경험적인 직관의 형식들을 초월하는 형이상학적인 눈으로 보면 지속하는 유일한 것, 즉 스콜라 철학자들의 '지속하는 지금(Nunc stans)'으로 표시된다. 현재 내용의 원천과 담당자는 생에 대한 의지 또는 물자체며, 그것은 우리 자신이다. 과거에 이미 있었거나 장차 생기기로 되어 있어 끊임없이 생멸하는 것은, 그 생성과 소멸을 가능하게 하는 현상의 형식들에 의해서 현상 자체에 속하는 것이다. 따라서 '무엇이 있었는가? (Quid fuit?)' '있는 그것(Quod est)' '무엇이 있을 것인가? (Quid erit?)' '있었던 것(Quod fuit)'이라고 생각해야 한다. 엄밀한 의미로는 그렇다. 왜냐하면 의지에서는 생이 확실하고, 생에는 현재가 확실하기 때문이다. 그러므로 누구든지 '뭐라 해도 나는 현재의 주인이다. 그리고 현재는 그림자처럼 영원히 나에게 따라올 것이다. 그러므로 나는 현재가 어디에서 왔든, 또 어떻게 되어가든 그것이 바로 지금 있다고 하는 것을 이상하게 생각지 않는다'라고 말할 수 있다.

　　우리는 시간을 한없이 회전하는 원에 비교할 수 있는데, 언제나 아래로 내려가는 반원은 과거고, 위로 올라가는 반원은 미래다. 그런데 상부의 접선에 접하는 분할될 수 없는 점은 연장이 없는 현재다. 접선이 원과 더불어 굴러갈 수 없는 것과 마찬가지로 시간을 형식으로 갖는 객관과, 아무런 형식도 갖고 있지 않는 주관과의 접촉점인 현재도 역시 굴러가 버릴 수는 없다. 주관이 형식을 갖고 있지 않는 것은 그것이 인식할 수 있는 것에는 속하지 않고, 오히려 모든 인식할 수 있는 것의 조건이기 때문이다. 또 시간은 끊임없이 흐르는 강물에 비교되는데, 현재는 이 강물이 부딪쳐서 부서지지만, 물결과 더불어 쓸려가 버리지 않는 바위에 비교된다. 의지는 물자체로서 결국 어떤 의미에서는 의지 자체이고 의지의 표현인 인식 주관과 마찬가지로 이유율에 따르지는 않는다. 그리고 의지에서 의지의 현상인 생이 확실한 것처럼, 현실적인 생의 유일한 형식인 현재도 확실한 것이다. 따라서 우리는 생 이전의 과거나 죽음 이후의 미래를 탐구할 것이 아니라, 오히려 의지가 나타나는 유일한 형식으로서 '현재'를 인식해야 한다. *

현재는 의지로부터 탈출하지는 않을 것이며, 의지도 실제로 현재로부터 탈출하지 않을 것이다. 그러므로 생에 만족하고 있는 사람, 생을 긍정하는 사람은 확신을 갖고 생을 끝이 없는 것으로 간주한다. 반면 죽음의 공포는 언젠가는 현재를 잃어버릴지 모른다는 어리석은 공포를 불어넣어, 현재를 포함하지 않는 시간이라도 있는 것처럼 착각하게 만들어 현재를 몰아내 버린다. 이것은 시간에 관한 착각이지만, 공간에 관한 그러한 착각은 모두 상상 속에서 자기가 차지하고 있는 지구상의 장소는 위고 그 밖의 곳은 아래라고 보는 것이다. 마찬가지로 모두 현재를 개체성과 결부시키고, 개체와 더불어 모든 현재는 소멸한다고 생각한다. 그렇게 되면 과거와 미래는 현재 없이 존재하는 것이다. 그러나 지구 위에서는 어디에 있어도 위에 있는 것처럼, 모든 생의 형식도 역시 '현재'다. 그러므로 죽음이 우리에게서 현재를 박탈해 간다고 해서 죽음을 두려워하는 것은 우리가 지금 다행히 이 둥근 지구의 정상에 있지만, 거기서 미끌어져 떨어질지 모른다고 두려워하는 것과 같이 어리석은 일이다.

의지의 객관화는 본질적으로 현재의 형식이다. 이 형식은 연장이 없는 점으로서 과거와 미래에 걸쳐 무한한 시간을 절단하여, 마치 서늘한 저녁이 없는 영원한 정오처럼 움직일 수 없이 고정되어 있다. 마치 태양이 밤의 품에 빠져 버린 것처럼 보이지만, 실제로 태양은 끊임없이 타고 있는 것과 마찬가지다. 그러므로 사람이 죽음을 절멸이라고 무서워하는 것이라면, 그것은 태양이 저녁때 "아, 슬프다. 나는 영원한 밤 속으로 빠져 들어간다"고 탄식하고 있다고 생각하는 것과 다를 것이 없다. **

또 이와 반대로 생의 무거운 짐에 짓눌린 사람, 생을 좋아하고 생을 긍정

---

* 스콜라 철학자들은 다음과 같이 가르치고 있다. 영원이란 시작과 끝이 있는 연속이 아니고, 지속적인 현재다. 말하자면 우리는 아담이 가졌던 것과 같은 현재를 갖고 있으며, 다시 말해 현재와 그때 사이에는 아무런 차이가 없다. ──홉스, 《리바이어던》, c. 46.

하지만 생의 고뇌를 싫어하고 특히 자기의 몸에 엄습해 온 가혹한 운명을 더 이상 참을 수 없다고 생각하는 사람, 그러한 사람은 죽음으로부터의 해탈을 기대할 수 없고 자살로 구제받을 수도 없다. 캄캄하고 차디찬 저승이 안식처로서 그의 마음을 끈다는 것은 착각에 지나지 않는다. 지구는 회전하여 낮에서 밤으로 되고 개체는 죽는다. 그러나 태양은 끊임없이 불타는 영원한 낮이다. 생에 대한 의지에서 생은 확실하고, 생의 형식은 끝없는 현재며, 이데아의 현상인 개체들이 시간 속에서 생멸하는 것은 어쨌든 잠깐 동안의 꿈에 비교할 수 있다. 따라서 자살은 무익한 것으로 보이고, 또한 어리석은 행위다. 우리가 더 고찰해 가면, 자살이 더 좋지 않은 것으로 밝혀질 것이다.

교리는 변하고 우리의 지식은 믿을 수가 없다. 그러나 자연은 그릇됨이 없다. 자연의 진행은 확실하며 자연은 그것을 감추지 않는다. 모든 것이 자연 속에 있고, 자연은 또 모든 것 속에 있다. 어떤 동작 속에도 자연은 그 중심점을 갖고 있다. 동물은 자기 생존의 길을 확실히 발견하고 또 거기에서 벗어나는 길도 발견할 것이다. 그러는 동안 동물은 멸망 앞에서도 두려워하지 않고 아무런 걱정도 하지 않으며, 자기는 자연 자체고 자연과 같이 불멸한다는 의식을 가지고 살아간다. 인간만이 추상적인 개념으로 죽음의 확실성을 이리저리 끌고 다니지만, 이 죽음의 확실성은 아주 드물게 어떤 특정한 순간에, 어떤 기회가 있어 그것을 상상 속에 떠올리는 때에만 인간에게 불안을 품게 한다. 자연의 강한 목소리에 대해 반성하는 것은 거의 힘을 발휘하지 못한다. 사고의 작용이 없는 동작에서와 마찬가지로, 인간에게도 자기가 자

** 에커만의 《괴테와의 대화》(제2판 1권 p. 154)에서 괴테는 "우리의 정신은 완전히 파멸하지 않는 성질의 존재다. 그것은 영원에서 영원으로 작용을 계속한다. 우리의 육안으로는 태양이 서쪽으로 지는 것처럼 보이지만, 사실은 지지 않고 끊임없이 계속 빛을 발하고 있는 것과 마찬가지다"고 말하고 있다. 괴테가 그 비유를 나에게서 취한 것이고, 내가 그에게서 취한 것은 아니다. 이 대화는 1824년에 한 것이지만, 틀림없이 그는 이 대화에서 앞의 1절을 무의식적으로 사용한 것이다. 왜냐하면 그것은 여기서와 똑같은 말로 제1판 p. 401에 씌어 있고, p. 528에도 다시 나오며, 이곳의 65장의 끝 부분에도 나온다. 나는 제1판을 1818년 12월에 그에게 보냈고, 그는 1819년 3월 당시 나폴리에 있던 나에게, 나의 누이동생을 통하여 축하의 편지를 보내주었다. 그는 그 편지에 특히 그의 마음에 들었던 페이지들의 번호를 적은 쪽지를 동봉하였다. 그러니까 그는 나의 책을 읽었던 것이다.

연이며 세계라는 내면적인 의식에서 생기는 확신이 지속적인 상태로서 우위를 차지하고 있다. 이 확신이 있기 때문에, 인간은 죽음이 머지않아 찾아 온다고 하는 생각에 그다지 불안을 품지 않고, 누구나 영원히 살 것이라는 듯이 살아가고 있다. 게다가 아무도 죽음의 확실성을 생생하게 확신하고 있는 사람은 없다고까지 말할 수 있다. 그렇지 않다면 각자의 기분과 사형 선고를 받은 죄인의 기분 사이에 그렇게 큰 차이가 있을 리 없기 때문이다. 그러므로 인간은 누구나 죽음에 대해 추상적으로나 이론적으로는 확실성을 인식하고 있지만, 다른 이론적인 진리들도 실제에는 적용될 수 없는 것처럼, 그것을 생생한 의식 속에 받아들이지 않고 버리는 것이다.

인간적인 성향의 이와 같은 특성을 잘 살펴보면, 그것을 심리적으로 설명하는 공식, 즉 습관으로부터, 불가피한 것에 대한 만족으로부터 설명하는 방식은 충분하다고 말할 수 없으며, 그 근거는 앞서 말한 것과 같은 더욱 깊은 것에 있다는 것을 알 수 있다. 어떠한 시대에도, 어떠한 민족에게도 죽은 후 영속에 대한 교리들이 있고, 이것들이 믿음을 얻고 있는 것도 역시 같은 근거에서 설명할 수 있다. 왜냐하면 이 교리에 대한 증명은 대단히 불충분하며, 그와 반대되는 것이 강하고 많기 때문이다. 오히려 이것은 그 어떤 증명을 필요로 하지 않는 것이며, 상식적인 사실로 인식된다. 또 자연은 거짓말을 하지 않고, 자연의 행위와 본질은 명백하게 표시되어 있으며, 있는 그대로 표현되는 것이다. 그런데 우리는 이치에 맞지 않는 생각으로 자연의 행위와 본질을 어둡게 하고, 우리의 좁은 견해에 알맞은 것만을 골라서 해석하는 것에 불과하다는 확신으로 이 교리를 사실로 인식한다.

우리가 지금 명확하게 의식한 것은 의지의 개별적인 현상은 시간적으로 시작과 끝이 있지만, 의지 자체는 물자체로서 시간적인 것에는 관계가 없고, 또 모든 객관의 상대 개념, 즉 인식할 뿐 인식되지는 않는 주관도 그것에는 관계가 없다는 것과 생에 대한 의지에서 생은 언제나 확실하다는 것이다. 이것은 앞에서 말한 개체의 사후 영속에 대한 설로 볼 것은 못 된다. 왜냐하면 의지는 물자체로서 보면 영원한 세계의 눈인 순수한 인식 주관과 마찬가지로 지속도 소멸도 없기 때문이다. 이러한 것들은 시간 속에서만 타당한 규정이며, 의지와 주관은 시간 밖에 있는 것이기 때문이다. 그러므로 개인(즉 인식 주관에 의해 비친 이 개별적인 의지 현상)의 이기심은 무한한 시간에 걸처 자신을 유지하려고 하는 자신의 소원을 위해서는, 지금 언급한 견해에서는 도움이나 위안을 얻을 수 없고, 개인이 죽은 뒤에도 그 밖의 다른 외부 세계는 시간 속에 존속할 수 있다는 인식에서도 도움이나 위로를 얻을 수 없다. 이 인식은 앞서와 같은 견해의 표현에 불과하지만, 이것을 객관적으로, 시간적으로 본 것이다. 인간은 누구나 오직 현상으로서는 덧없는 것이지만 물자체로서는 무시간적이며, 또한 무한한 것이기 때문이다. 또 현상으로서 인간은 세계의 다른 사물과 같지 않지만, 물자체로서 인간은 모든 것에 나타나는 의지며, 죽음은 인간의 의식이 그 밖의 것의 의식과 다르다는 착각을 없애버린다. 이것이 영속이다. 인간이 죽음에서 벗어나는 것은 그가 물자체가 됨으로써만 얻을 수 있는데, 이것은 현상에서는 외계의 영속이라는 것과 합치한다. *

그러므로 우리가 방금 분명한 인식에까지 떠올린 것에 대한 진지하고 단지 느낌만인 의식을 갖게 되면, 이미 말한 것처럼 죽음을 생각하더라도 이성이 있는 사람들은 그 생활을 파괴받지 않고 지내게 된다. 그러한 의식은 모든 생물을 유지시키고, 마치 죽음이 존재하지 않는 것처럼, 생물이 생을 바라보고 생에 향하고 있는 한 활기차게 계속 살아가게 하는 생기의 기초다. 그러나 이런 의식이 있다고 해서 죽음이 개별적이고 현실적으로, 또는 단지 상상 속에서 개인에게 다가와서, 죽음을 직시하지 않으면 안 되는 때에 죽음에 대한 불안에 마음을 빼앗기고, 어떻게 해서든지 그것을 피하려고 하는 것이 없어지지는 않는다. 왜냐하면 그의 인식이 생을 향하고 있는 한, 그는 생을 불멸의 것으로 인식하지 않으면 안 되었지만, 마찬가지로 죽음이 그의 눈앞에 다가왔을 때는 죽음을 있는 그대로의 것, 즉 개별적인 시간적 현상의 종말로 인식하지 않을 수 없기 때문이다. 우리가 죽음에 있어 무서워하는 것은 결코 고통이 아니다. 고통은 분명히 죽음의 이쪽에 있는 것이며, 또 한편

---

*《베다》에는 이것이 다음과 같이 표현되어 있다. 즉, 인간이 죽으면 그의 시력은 태양과 하나가 되고, 그의 후각은 대지와 하나가 되고, 그의 미각은 물과 하나가 되고, 그의 청각은 공기와 하나가 되며, 그의 말은 불과 하나가 된다고 한다. (《우프네카트》제1권 p. 249 이하) 또 어떤 특별한 의식에서는 죽어 가는 사람은 그의 감각과 능력을 하나하나 그 자식에게 양도하고, 그것들은 자식 속에서 계속 살아간다고 한다. (같은 책, 제2권, p. 82이하)

으로 우리는 고통이 두려워서 죽음으로 도피하는 일도 가끔 있으며, 반대로 때로는 죽음이 빠르고도 쉽다고 생각되지만, 그 죽음을 잠시라도 피하기 위해 실로 엄청난 고통을 감수하는 일도 있기 때문이다. 그러므로 우리는 고통과 죽음을 전혀 다른 것으로 구별한다. 우리가 죽음에 있어 무서워하는 것은 사실 죽음으로 명백히 표시되는 개체의 멸망이다. 그리고 개체는 생에 대한 의지 자체가 개별적으로 객관화된 것이기 때문에, 개체의 본질은 죽음에 저항한다.

감정은 이와 같이 도움이 될 만한 보상을 주지 못하지만, 거기에 이성이 나타나서 불쾌한 인상을 극복할 수 있다. 이성이 더 높은 입장에 서게 하기 때문에, 거기에서 우리는 개별적인 것을 보지 않고 전체를 보는 것이다. 그러므로 세계의 본질에 관한 철학적 인식은 우리가 지금 고찰하면서 도달하고 있는 점까지는 도달해도 그 이상으로는 나아갈 수 없는 것처럼 생각된다. 하지만 이 입장에서도 이미 그러한 인식에 의해 죽음의 공포는 개인에 있어서 반성이 직접적 감정을 지배함에 따라 극복될 것이다. 지금까지 언급해 온 여러 진리를 자기의 성향에 굳게 결합시키기는 했지만, 동시에 자기의 경험이나 더 발전된 견문과 학식으로 모든 생에는 영속적인 고뇌가 따라다니게 마련이라는 것을 인식하는 데에는 이르지 못하고, 생에 만족하고 생을 완전히 행복하게 느끼고 또 조용히 숙고해 보고는 자기가 지금까지 거쳐 온 것과 같은 생애가 한없이 계속되기를 원하거나, 언제나 새로 되풀이되기를 원하는 사람, 그래서 그 생기가 참으로 대단하여 생의 즐거움에 비하면 생에 따라다니는 모든 번뇌와 고통은 개의할 필요가 없다며 기꺼이 이것을 감수하는 사람, 이런 사람은 '굳건하고 힘 있는 뼈를 갖고 기초가 든든한 영속적인 대지에' 서서 아무것도 무서워할 것이 없을 것이다. 이러한 사람이 우리가 주는 인식으로 무장하면, 그는 시간의 날개를 타고 날아오는 죽음을 태연히 맞이한다. 또 죽음은 약한 자를 위협하는 거짓 그림자요 무력한 유령이며, 자신은 의지고 세계 전체는 이 의지의 객관화이거나 모상이라는 것을 명백히 알고 있는 사람에게 죽음은 아무런 힘도 갖고 있지 못하다고 생각할 것이다. 따라서 그는 생을 언제나 확실하게 붙잡고, 의지 현상 본래의 형식인 존재도 확실하게 붙잡고, 또 존재하지 않는 무한한 과거나 미래에 위협받는 일도 없을 것이다. 왜냐하면 그는 과거나 미래를 마야의 헛된 환영이라고 생각하기 때문이다. 따라서 그는 태양이 밤을 무서워할 필요가 없는 것처럼, 죽음을 무서워할 필요가 없다. 《바가바드 기타》를 보면, 크리슈나는 제자인 아르주나가 막 전투에 돌입하려는 군대를 보고(크세르크세스와 일맥상통하는 데가 있다) 비탄에 빠져 기력을 잃고 수천 명의 죽음을 피하기 위해 전투를 중지하려고 할 때, 그를 이 입장에 서게 한다. 그러자 수천 명의 죽음도 이제는 그를 제지할 수 없게 된다. 그래서 그는 전투하라고 신호를 내린다. 이 입장은 괴테의 《프로메테우스》에도 나타나 있는데, 특히 그가 다음과 같이 말하는 것이 그렇다.

> 나 여기 앉아 인간을 만들어 낸다.
> 내 모습을 따라
> 나처럼,
> 괴로워하고, 울고
> 향락하고, 즐거워하고,
> 그리고 당신을 존경하지 않는
> 나를 닮은 종족을!

브루노의 철학이나 스피노자의 철학도 자기의 결점이나 불완전성으로 인해 확신이 흔들리거나 약화되지 않는 사람들을 이 입장까지 끌어올 수 있을 것이다. 브루노의 철학에는 참다운 윤리는 없고, 스피노자의 철학 속의 윤리는 결코 그 학설의 본질에서 나온 것이 아니다. 그것만으로는 칭찬할 만하고 훌륭한 것이긴 하지만, 약하고 분명한 궤변으로 철학에 붙어있는 것에 지나지 않는다. 마지막으로 많은 사람들이 만일 그 인식과 의지의 보조를 맞춘다면, 즉 모든 망령된 생각에서 떠나 자신을 분명하게 자각하는 것이 가능하다면, 지금 말한 입장에 서 있을 것이다. 왜냐하면 이것은 인식에 있어 '생에 대한 의지'를 완전히 '긍정하는' 입장이기 때문이다.

의지가 자신을 긍정한다는 것은 다음과 같은 것을 의미한다. 의지의 객관화, 즉 세계와 인생 가운데에는 의지의 본질이 의지에 대해 표상으로서 완전하고 명백하게 주어지기 때문에, 이 인식은 의지의 의욕을 방해하는 것이 아니고, 오히려 이렇게 인식된 인생이야말로 의지로 인해 이때까지 인식 없는 맹목적인 충동으로 의욕된 것처럼, 이제는 인식과 더불어 의식되고 숙고되는 것이다. 이것과 반대되는 '생에 대한 의지의 부정'은 의욕이 지금 말한 인식에서 끝나는 경우에 생긴다. 왜냐하면 그 경우에는 인식된 개별적인 현상이 의욕의 '동기'로서는 작용하지 않고, 이데아들을 파악함으로써 생긴, 의지를 반영하는 세계의 본질에 관한 인식 전체가 의지의 '진정제'가 되고, 의지가 자유롭게 자신을 포기하기 때문이다. 바라건대 지금까지 전혀 알려지지 않았고 이러한 일반적인 표현으로는 이해되기 어려운 이 개념들이 현상들에 관한 이제부터의 설명을 통해서, 즉 여기에서 한편으로는 긍정이 여러 가지로 정도를 달리하여 나타나고, 또 한편으로는 부정이 나타나는 행위의 방식들을 설명함으로써 명백해졌으면 좋겠다. 왜냐하면 긍정도 부정도 '인식'에서 생기지만, 말로 표현되는 추상적인 인식에서 생기는 것이 아니고, 행위나 품행에 의해서만 나타나고, 추상적 인식으로서 이성이 문제삼는 교리들과는 거리가 먼 생생한 인식에서 생기기 때문이다.

나의 목적은 오직 긍정과 부정을 설명하고 그것을 명백한 이성의 인식으로 만드는 것인데, 둘 가운데 어느 한쪽을 지정하거나 권장하는 것은 무익할 뿐만 아니라 어리석은 일이다. 왜냐하면 의지는 완전히 자유롭고, 오직 자신만으로 규정되는 것이며, 의지에 대해서는 아무런 법칙도 존재하지 않기 때문이다. 그러나 우리는 앞에서 언급한 설명에 들어가기 전에 이 '자유'와 필연성과의 관계를 논의하고 상세히 규정하여 두지 않으면 안 된다. 또 우리의 문제는 생의 긍정과 부정이지만, 그 생에 관해서도 의지와 그 객관에 관한 보편적인 고찰을 해 두지 않으면 안 된다. 이 모두를 하고 나면, 우리는 행위의 방식들에 대한 윤리적인 의미에 관해 가장 내면적인 본질을 따라서 이것을 인식하고 목적을 달성하는 것이 쉽게 될 것이다.

이미 언급한 것처럼 이 책은 단지 하나의 사상을 전개한 것에 불과하기 때문에, 그 귀결로서 모든 부분들은 서로 긴밀하게 결합하고, 각 부분들은 바로 앞의 부분과 필연적인 관계가 있다. 따라서 일련의 추론으로만 성립되어 있는 철학들의 경우와 마찬가지로, 우선 바로 앞의 부분만이 독자의 기억에 있는 것으로 전제할 것이 아니라, 이 책의 어떤 부분을 들고 보아도 다른 부분과 친밀하게 연결되어 있다는 것을 전제로 하고 있다. 그러므로 독자는 바로 앞의 사항을 기억할 뿐 아니라 앞서 말한 모든 사항도 기억하고, 또 여기에서 지금까지 말한 다른 사항도 그때그때의 현재의 일에 결부시킬 수 있어야 한다. 플라톤도 그의 독자에게 이러한 요구를 했는데, 그의 대화편은 복잡 미묘한 방황을 거쳐 긴 에피소드를 말하고 난 후, 이와 같이 하여 전보다 더욱 명백하게 근본사상을 다시 취급했다. 우리의 유일한 사상을 분할하여 여러 가지로 고찰하는 것은 물론 그것을 전달하기 위한 유일한 수단이지만, 사상 자체에 대한 본질적인 형식이 아니고 하나의 인위적인 형식에 불과하기 때문에, 우리의 경우 이 요구는 꼭 필요하다. 설명과 그 이해를 쉽게 하기 위해서는 네 가지 근본 관점, 즉 네 권으로 나누어서 서로 비슷한 점이나 동질점을 신중히 결합시키는 것이 필요하다. 그렇지만 그 소재는 역사적인 진행과 같은 직선적인 진행을 허락하지 않고 더욱 복잡한 표현을 하고 있다. 그래서 바로 이 책을 되풀이하여 연구할 필요가 생긴다. 그렇게 함으로써만 각 부분과 다른 부분과의 연관이 명백해지고, 모든 부분이 서로 명확하게 결합하는 것이다.

55. 인간의 자유에 대하여

의지가 '자유롭다'고 한다면, 이미 의지는 우리의 견해로 보아 모든 현상의 실질인 물자체라고 하는 결론에 다다른다. 그런데 우리는 현상을 네 개의 형태를 취한 충족 이유율에 완전히 지배되는 것으로 본다. 또 필연성이란 주어진 원인에서 생긴 결과와 동일한 것이고, 원인과 결과는 상대 개념이라는 것을 알고 있기 때문에 현상에 속하는 모든 것, 즉 개체로서 인식하는 주관에 대한 객관은 한편으로는 원인이고 또 한편으로는 결과다. 또한 이 결과는 특성에 있어 필연적으로 규정되어 있고, 어떠한 점에서도 있는 그대로밖에는 있을 수 없다. 그러므로 자연의 모든 내용, 모든 현상은 완전히 필연적이며, 어떠한 부분, 어떠한 현상, 어떠한 사건의 필연성도 그때그때 증명할 수 있다. 왜냐하면 그 필연성이 결과로 의존하고 있는 원인은 발견될 수밖에 없기 때문이다. 여기에 예외는 없다. 그것은 이유율의 무제한적인 타당성을 따르는 것이다.

그런데 또 한편으로 보면, 모든 현상으로 나타나는 이 같은 세계는 의지의 객관성인데, 의지는 현상이 아니고 표상도, 객관도 아닌 물자체이기 때문에, 객관의 형식인 이유율에는 지배되지 않는다. 따라서 결과로서 어떤 원인을 통해 규정되지 않고, 결국 아무런 필연성도 모르는, 말하자면 '자유로운' 것이다. 따라서 자유의 개념은 본래 부정적인 것이다. 왜냐하면 그 내용은 필연성, 즉 이유율에 따르는 결과의 원인에 대한 관계의 부정에 불과하기 때문이다. 그런데 여기에 우리 앞에 커다란 대립의 통일점, 즉 자유와 필연성의 합일이 명백하게 존재한다. 이에 관한 논의가 가끔 있었지만, 내가 알고 있는 바로는 명백하고 적절하게 논한 것은 없다. 모든 사물은 현상과 객관으로서는 필연적이다. 그 같은 것도 '그 자체'로서는 의지인데, 그것은 완전히 그리고 영원히 자유롭다. 현상과 객관은 원인과 결과의 연쇄에서 필연적이고 불변적으로 규정된 것이며, 이 연쇄에는 중단이 있을 수 없다. 그런데 이 객관의 현존 일반과 그 현존의 방식, 즉 그 속에 나타나는 이데아, 바꾸어 말하면 그 객관의 성격은 의지의 직접적인 현상이다. 따라서 이 의지가 자유라고 한다면, 그러한 객관은 결국 현존하지 않거나 근원적이고 본질적으로 전혀 별개의 것이다. 그 경우라면, 객관이라는 하나의 고리를 이루고 있으며, 그 자체도 동일한 의지의 현상인 모든 연쇄도 완전히 별개일 것이다. 그러나 객관은 일단 현존하므로, 원인과 결과의 계열에 들어가고, 그 계열에서 필연적으로 규정되어서 별개의 것은 되지 못한다. 즉 변화하지 못하고 또 그 계열에서 떨어지지도 소멸되지도 않는다.

인간은 자연의 다른 부분과 마찬가지로 의지의 객관성이다. 그러므로 지금까지 언급한 것은 모두 인간에게도 해당된다. 자연에 있는 것은 어느 것이나 일정한 작용에 대해 일정한 반응을 나타내며, 그 성격을 이루는 여러 힘과 성질을 갖고 있다. 이와 마찬가지로 인간에게도 '성격'이 있으며, 거기에서 동기들이 그의 행위를 필연적으로 산출한다. 이 행위 방식 속에 인간의 경험적 성격이 구현되고, 또한 이 경험적 성격 속에는 인간의 예지적 성격, 즉 의지도 구현되며, 인간은 이 의지의 결정적인 현상이다. 그러나 인간은 의지의 가장 완전한 현상이고, 이 현상이 존립하기 위해서는 제2권에서 제시한 것처럼 고도의 인식으로 비추어지지 않으면 안 되었다. 그 결과 이 인식에서는 세계의 본질이 표상이라는 형식 아래 적절하게 재현되어 세계가 파악되고, 세계가 순수하게 비춰지기까지 했던 것이다. 이것은 제3권에서 우리가 배운 것과 같다. 따라서 인간은 의지를 완전한 지각에 도달하게 하고, 전 세계에 반영되어 있는 자기 본질의 명백하고 남김 없는 인식에 이를 수 있다. 우리가 앞에서 보았듯이 이 정도의 인식이 실제로 존재하면, 거기에서 예술이 생기는 것이다.

그런데 우리가 한 고찰의 마지막에 이르면, 의지가 그 인식도 자신에게 관련시킴으로써, 그 같은 인식으로 의지의 가장 완전한 현상에서 의지의 포기와 자기 부정도 가능하다는 사실이 나타날 것이다. 자유는 물자체에만 속하는 것으로서 현상에는 나타날 수 없다. 하지만 그 경우에는 현상 속에도 나타나고, 현상은 시간 속에 계속 존속한다. 하지만 자유는 현상의 근저에 존재하는 본질을 폐기하기 때문에 여기에서 현상과의 모순이 생기며, 그렇게 해서 성스러움과 극기라는 현상이 나타난다. 그러나 이 모든 것은 이 책의 마지막에 이르러서야 완전히 이해될 수 있을 것이다. 그렇기 때문에 당분간은 인간이 다른 의지 현상들과 어떻게 다른가 하는 점을 일반적으로만 지적해 두려고 한다. 자유, 즉 이유율로부터의 독립성은 물자체인 의지에만 속하고 현상과는 모순되는 것이다. 그렇지만 인간에게는 이 자유가 경우에 따라서는 현상에도 생길 수 있다. 그러나 이 경우 자유는 반드시 현상과의 모순으로 나타난다. 이러한 의미에서는 의지뿐만 아니라 인간까지도 자유라고 말할 수 있으며, 그렇게 되어 다른 존재와 구별될 수 있다. 이것을 어떻게 이해해야 할 것인가는 이제부터 말하는 것으로 명백해질 수 있으며, 지금은 생각하지 않는 것이 좋다. 왜냐하면 먼저 피해야만 하는 오류는 특정한 개인의 행위가 필연성에는 지배되지 않으며, 다시 말해 동기의 힘이 원인의 힘보다, 또는 전제로부터 추론의 귀결보다 확실하지 않다고 생각하는 것이기 때문이다. 물자체로서 의지의 자유는 이미 말한 것처럼 단지 하나의 예외와 관계하는 것으로, 위에서 언급한 경우를 제외한다면, 이 현상이 최고 단계의 가시성에 도달할 경우에도 결코 직접 의지의 현상으로 이해되는 일이 없다. 따라서 개인적인 성격을 가진 이성적 동물, 즉 사람으로 이해되는 일도 없다.

사람은 자유로운 의지의 현상이긴 하지만, 자유롭지는 않다. 왜냐하면 이 의지의 자유로운 의욕이 이미 결정된 현상이 사람이기 때문이다. 그리고 이 현상이 모든 객관의 형식, 즉 이유율로 들어가면 그 의지의 단일성은 전개되어 행위의 다원성으로 되지만, 이 다원성은 의욕의 시간을 초월한 단일성 때문에, 자연의 힘 자체가 갖는 합법칙성과 함께 나타난다. 그렇지만 그 자유에 대한 의욕은 사람과 그 행동 전체에 있어 가시적이 되고, 이에 대해 개념의 정의에 대한 관계처럼 되기 때문에, 사람의 모든 개별적 행동도 자유 의지에 돌려야 하며, 의식은 직접 그 행동으로써 나타난다. 그러므로 제2권에 말한 것처럼 각자는 선험적으로(즉 이 경우 자신의 근원적인 감정에 따라서) 자기가 개별적인 행위에서 자유롭다고 생각한다. 즉, 어떠한 경우에도 자기가 어떤 행위든 할 수 있다는 의미에서 자유롭다고 생각한다. 그리고 그는 후천적으로, 즉 경험과 경험에 관한 반성에서 그의 행위가 필연적으로 성격과 동기의 일치에서 생기는 것임을 인식한다. 그러므로 교양 없는 사람은 그 느낌에 따라 개별적인 행위에 있어서 완전한 자유를 주장하지만, 모든 시대의 대사상가는 물론이고, 또 심오한 교리까지도 그런 완전한 자유를 부인하기에 이른 것이다.

그러나 인간의 본질은 의지고 인간 자체는 이 의지의 현상에 지나지 않지만, 이 현상은 이유율을 주관에서도 인식할 수 있는 필연적인 형식으로 되어 있다. 이 형식이 인간의 경우에는 동기의 법칙이라는 형태를 취하고 있다는 것을 알게 된 사람에게는 주어진 성격과 당면한 동기가 있으면, 반드시 그 결과로 행위가 일어나지 않을 수 없다는 것을 의심하는 것이 삼각형의 3각의 합은 2직각과 같다는 사실을 의심하는 것과 같이 생각될 것이다. 개별적인 행위의 필연성에 관해서는 프리스틀리(Priestley)가 그의 철학적 필연성 학설(Doctrine of Philosophical Necessity)에서 자세하게 풀이하고 있다. 그러나 이 필연성과 의지의 자유, 즉 현상 이외의 자유와 공존을 입증한 것*은 칸트가 처음이고, 이것이 특히 그의 위대한 공적인데, 그 입증에서 그는 예지적 성격과 경험적 성격의 구분을 세웠다. 나는 그 구분을 그대로 받아들인다. 왜냐하면 예지적 성격은 일정한 개인에게 일정한 정도로 나타나는 경우에 물자체로서 의지지만, 경험적 성격은 이 현상이며, 또 그것이 시간적으로는 행위의 방식으로 나타나고, 공간적으로는 육체로도 나타나는 것이기 때문이다. 이 두 성질의 관계를 이해하기 위해서는 다음과 같은 표현법이 적절하다. 즉 각자의 예지적 성격은 시간을 초월한다. 따라서 불가분, 불가변의

---

*《순수이성비판》제1판, p. 532~558, 제5판, p. 560~586, 그리고 《실천이성비판》제4판, p. 169~179, 로젠크란츠 판, p. 224~231.

의지 행위로 간주되어야 하고, 의지 행위가 시간과 공간 및 이유율의 모든 형식 속에 전개, 분산되어 나타난 것이 경험적 성격이며, 그것이 이 사람의 행위 방식 전체와 생활 과정 속에 경험적으로 나타난다. 나무도 가장 단순하게는 섬유 속에 나타나고, 잎, 꽃자루, 가지, 줄기로 구성된 것 속에 반복하여 나타나며, 그 속에서 쉽게 인식되는 하나의 동일한 충동이 끊임없이 반복되어 나타나는 현상에 불과하다. 이와 같이 인간의 행위도 그 예지적 성격이 그 형식 속에서 어느 정도 변화하면서 끊임없이 반복하며 나타난 것에 불과하다. 그리고 행위들의 총화에서 생기는 귀납이 인간의 경험적 성격을 나타낸다. 그러나 칸트의 탁월한 설명을 달리 표현하면서 되풀이하지 않고, 독자들이 알고 있는 것으로 전제해 두기로 한다.

1840년에 나온 의지의 자유에 관한 나의 현상 당선 논문에서 이 중요한 주제를 자세히 논했다. 그리고 특히 사람들이 경험적으로 주어진 의지의 절대적 자유, 즉 무관계의 자유 의지(liberum arbitrium indifferentiae)를 의식의 사실로서 자기의식 속에서 발견했다고 생각하는 데에서 비롯된 착각의 근거를 밝혀냈다. 왜냐하면 현상 문제가 목표로 했던 것이 바로 이 점이었기 때문이다. 따라서 나는 독자에게 이 논문과 더불어 《윤리학의 두 가지 근본 문제》라는 제목으로 출판된 〈도덕의 기초에 관하여〉라는 현상 논문의 제10장을 참고해 줄 것을 바라면서, 이 책에서는 의지 행위의 필연성에 관해 아직 설명이 불완전하지만 지금은 그만두기로 한다. 그 대신 앞에서 언급한 착각을 지금 당장 간단한 설명으로써 해명해 두려고 한다. 이 해설은 이 책을 다시 보완해서 새롭게 구성한 제2편 제19장을 전제로 하고 있고, 앞에서 열거한 현상 논문에서는 언급할 수가 없었다.

의지는 참된 물자체로서는 실제로 근원적인 것이며 독립적인 것이기 때문에, 자기의식에 있어서도 근원성과 독립성의 느낌이 의지 행위(이 경우 이미 결정된 행위긴 하지만)에 수반되지 않을 수 없다. 그러나 이것은 별개로 하고, (의지만이 갖는다고 하는 초월적인 자유가 아니라) 의지의 경험적 자유의 가상, 즉 개별적인 행위에 자유가 있다고 보는 가상은 지성이 의지에 대해 별개의 종속적인 지위에 서는 데서 생기는 것이며, 이것에 관해서는 제2편 제19장, 특히 3 이하에 설명해 놓았다. 말하자면 지성은 의지의 결정을 후천적, 경험적으로 비로소 아는 것이다. 따라서 지성은 당면한 선택에 있어서는 의지가 어떻게 자기 결정을 하는가에 관한 재료를 갖고 있지 않다. 왜냐하면 예지적 성격에 따르면, 주어진 동기가 있는 경우에는 오직 '하나의' 현상만 가능하며 이 현상은 필연적인 것이고, 예지적 성격은 지성의 인식에는 이르지 않고, 경험적 성격만을 그 개별적인 행위를 통해 아는 것이기 때문이다. 그러므로 인식하는 의식(지성)은 당연히 의지에는 상반되는 두 가지 결정이 어느 것이나 가능한 것처럼 생각하는 것이다. 그런데 이 관계는 마치 수직으로 서 있는 막대가 균형을 잃고 흔들리는 것을 보고, '이 막대는 오른쪽으로 넘어질 수도 있고, 왼쪽으로 넘어질 수도 있다'고 하는 것과 같다.

그러나 이 '할 수 있다'는 것은 주관적인 의미만을 갖고 있을 뿐이고, 본래는 '우리에게 알려진 재료에 의하면'이란 의미다. 왜냐하면 객관적으로 보면, 막대가 움직이자마자 쓰러질 방향은 이미 필연적으로 규정되어 있기 때문이다. 그러므로 자기 의지의 결정도 의지의 관찰자, 즉 지성에 결정되어 있지 않고, 단지 상대적이고 주관적일 뿐이며 인식의 주관에 대한 것일 뿐이다. 그런데 그 자체로서 객관적으로 보면, 당연히 어떤 선택에서도 결정은 곧 결정적이며 필연적이다. 다만 이런 결정은 여기에 따르는 결의를 거쳐 비로소 의식에 도달할 뿐이다. 어떤 곤란하고 중요한 선택에 당면했을 때, 우리는 이것에 대한 경험적인 예증을 얻는 일도 있다. 하지만 그것도 아직 나타나지는 않고 그저 기대되고 있는 것에 불과한 조건 아래서만 있을 수 있기 때문에, 우리는 지금 당장 그 결정에 대해서는 아무것도 할 수 없고, 단지 수동적으로 행동할 수밖에 없다. 그래서 우리는 무엇 때문에 우리가 결의하는 것일까, 우리에게 자유로운 활동과 결정을 내리게 하는 사정은 언제 생길 것인가 하고 숙고한다. 그러면 어떤 결심에는 원시적이고 이성적인 생각이 더 적합하고, 다른 종류의 결심에는 직접적인 경향이 더 적합하다. 우리가 어쩔 수 없이 수동적인 입장에 있는 한, 이성 쪽이 우세를 유지하려고 하는 것처럼 보인다. 그러나 우리는 행동에 대한 기회가 있을 때에는 다른 쪽이 얼마나 강하게 움직이는가 하는 것을 미리 알고 있다. 그때까지 우리는 냉정하게 찬반을 성찰함으로써, 양쪽의 동기를 명확하게 하도록 최선을 다해야 한다. 따라서 시기가 왔을 때, 이 동기들의 어느 쪽이라 해도 온 힘을 기울여 의지에 작용할 수 있도록 하여, 만일 지성 쪽의 잘못으로 의지가 미혹되어 모든 것이 균등하게 작용하는 경우에 의지가 결정하는 것과 달리 결정하는 일이 없도록 해야 한다.

그런데 이렇게 서로 대립된 동기를 명확하게 전개해 보이는 것이 지성이 선택할 수 있는 전부다. 지성은 참된 결정을 기다릴 때, 타인의 의지가 내리는 결정을 대하는 것처럼 아주 수동적으로 긴장된 호기심을 가지고 기다린다. 그러므로 지성은 그 입장에서 보면, 두 가지 결정이 똑같이 가능하다고 생각하지 않을 수 없다. 이것이 바로 의지의 경험적 자유 가상이다. 물론 결정이 지성의 영역으로 들어가는 것은 사물의 최종적인 결과로서 완전히 경험적이기는 하지만, 또한 그 결정은 개인적 의지의 내면적 성질, 즉 예지적 성격에서 나오며, 그 의지가 주어진 동기와 싸우고, 또 완전한 필연성과 싸움으로써 나온다. 이 경우 지성이 할 수 있는 것은 동기들의 성질을 모든 면에서 면밀하게 비추어 볼 수 있을 뿐이고, 의지 자체를 규정할 수는 없다. 왜냐하면 의지는 지성이 도달할 수 없는 것일 뿐만 아니라 지금까지 보아온 것처럼 탐구하기 어려운 것이기 때문이다. 만일 어떤 사람이 동일한 상황 아래서 어떤 때는 이렇게 행동하고 다른 때에는 다르게 행동할 수 있다면, 그의 의지가 그 사이에 변화했음이 틀림없고, 그러므로 의지는 시간 속에 있음이 틀림없다. 왜냐하면 시간 속에서만 변화가 가능하기 때문이다. 그렇다면 의지가 단지 하나의 현상에 불과하거나 시간이 물자체의 규정에 지나지 않아야 한다. 따라서 앞에서 말한 것처럼 개별적인 행위의 자유에 관한 논쟁은 본래 의지가 시간 속에 있는가 없는가 하는 문제에 관한 것이다. 칸트의 학설과 마찬가지로 나의 서술에서도 의지는 물자체고 시간과 이유율의 모든 형식 밖에 있다는 것은 필연적이다. 또 그렇다면 개인은 동일한 상태 속에서는 언제나 같은 방식으로 행동하게 마련이고, 모든 악행은 그가 '할 수밖에 없고 그만둘 수도' 없는 다른 무수한 악행을 확실하게 보증하는 것일 뿐만 아니라, 칸트가 말하는 것처럼 경험적 성격과 동기가 완전히 주어지기만 한다면, 미래에 있을 인간의 행동은 일식이나 월식처럼 계산해 낼 수 있을 것이다. 자연이 법칙에 따라 생기는 것과 마찬가지로 개별적인 행위는 모두 성격에 따라 생긴다. 현상에서 동기는 제2권에서 말한 것처럼 기회 원인에 불과한 것이다. 의지의 현상이 인간의 모든 존재와 생을 이루는 것이지만, 이 의지는 개별적인 경우에는 자기를 부인할 수가 없다. 그리고 인간이 전체적으로 의욕을 가지는 것은 언제나 개별적으로 의욕을 가지는 것이다.

경험적인 의지의 자유가 하는 주장은 인간의 본질이 근원적으로는 '인식하는' 존재일 뿐만 아니라 실제로는 추상적으로 '사유하는' 존재이고 그 결과 '의욕하는' 존재가 된다는, 일종의 '영혼'으로 생각하는 주장과 밀접한 관계를 갖고 있다. 따라서 실제로는 인식이 제2차적인 본성인데도 의지를 제2차적인 것으로 생각하는 것이다. 또 의지를 하나의 사유 행위로도 생각하고 판단과 동일시하기도 했는데, 데카르트와 스피노자가 그랬다. 따라서 인간은 누구나 그의 '인식'의 결과, 있는 그대로의 인간이 되었다고 할 수 있다.

그는 도덕적인 영혼으로 이 세상에 태어나 이 세상의 사물을 인식하고, 이러이러한 것이라고 결정을 내리고, 이러저러하게 행동한다. 또한 새로운 인식의 결과에 따라 새로운 행동 방식을 취할 수 있고, 그래서 다시 다른 사람으로 될 수도 있다. 그렇다면 그는 '맨 먼저' 사물을 '선한' 것으로 인식하고, 그 다음에 그것을 '의욕하게' 될 것이다. 그런데 실제로는 맨 먼저 그것을 '의욕하고', 그 다음에 그것을 '선하다고' 말하는 것이다. 말하자면 나의 견해를 따른다면, 그 모든 것들은 순서를 전도한 것이다. 의지는 최초의 것이고 근원적인 것이며, 인식은 거기에 부가된 것인데도, 인식을 의지 현상의 도구로서 귀속하는 것이다. 따라서 인간은 모두 그의 의지에 따라 있는 그대로의 인간이며, 그의 성격은 근원적인 것이다. 왜냐하면 의욕이 그의 기본 본질이기 때문이다. 부가된 인식을 통한 경험으로써, 인간은 자기가 '무엇'인가를 경험한다. 그로 인해 그는 자기의 성격을 안다. 따라서 그는 자기 의지의 결과로서 '인식하는' 것이지, 옛날부터 있어 왔던 견해와 같이 인식의 결과로서 '의욕하는' 것은 아니다.

예전부터 있던 견해에 따르면, 인간은 '어떻게' 하면 가장 착할 수 있을까를 생각할 수만 있다면 그럴 수 있다. 이것이 그 견해에 따른 자유 의지다. 따라서 그 자유 의지는 본래 인간은 인식의 빛에 비추어진 자신의 작품이라는 점에 있다. 그런데 나는 이에 대해 다음과 같이 말한다. 인간은 모든 인식에 앞서서 자신의 작품이고, 인식은 이 작품을 비추어 내기 위해 거기에 덧붙인 것에 불과하다. 그러므로 인간은 자기가 이러저러한 것이라고 결정할 수도 없고, 다른 것이라고 결정할 수도 없다. 그는 결정적으로 '그것이고', 계속적으로 그가 '무엇'인가를 인식하는 것이다. 예전부터 있던 견해로는 인간은 그가 인식하는 것에 '의욕을 가지는' 것이지만, 나의 견해로는 인간은 그가 의욕을 가지는 것을 '인식하는' 것이다.

그리스인들은 성격을 에에토스(ηθος)라 부르고, 성격의 표출, 즉 관습을 에에테(ηθη)라 불렀지만, 이 말은 에토스(εθος), 즉 풍습에서 유래하고 있다. 그리스인들은 성격의 항구성을 풍습의 항구성을 통하여 표현하려고 했기 때문에 이 말을 택한 것이다. "왜냐하면 에에토스란 말은 그 명칭을 에토스에서 얻었기 때문이다"고 아리스토텔레스는 말하고 있다. (《대윤리학》 I, 6, p. 1186 및 《에우데모스 윤리학》 p. 1220 그리고 《니코마코스 윤리학》 p. 1103 ed. Ber) 스토바에오스는 다음과 같은 인용을 하고 있다. "제논의 제자들은 비유적으로 에에토스를 개별적인 행동을 낳은 생의 근원이라고 말하고 있다."(제2권 7장). 그리스도교의 교의에는 은총의 선택유무에 따른 운명의 예정에 관한 교리가 있는데(로마서 11~12장), 이것은 분명히 인간이란 것은 변화하지 않고, 그의 생활이나 행동, 즉 그의 경험적 성격은 예지적인 성격을 발전시킨 것에 불과하며, 어릴 때에도 이미 인식할 수 있는 여러 가지 불변의 소질이 전개된 것일 뿐이다. 말하자면 그가 태어났을 때에 이미 그의 소행은 규정되어 있고, 죽을 때까지 본질적으로는 같은 것이라는 생각에서 나온 것이다. 우리도 이것에는 동의한다. 그러나 나는 이 완전하고 옳은 생각과 유대인의 교의 가운데에서 발견되는 교리와의 합일에서 결론을 내렸으며, 이제는 교회의 대부분에서 논쟁점이 되고 있는 최대의 난제며, 영원히 풀 수 없는 고르디우스의 매듭이 되어 있는 것에 대한 변호를 떠맡지는 않겠다. 이 문제는 사도 바울까지도 이 목적 때문에 옹기장이의 비유를 들었지만, 뜻대로 해결되지는 않았기 때문이다. 다시 말해 그 결과는 결국 다음과 같은 시였을 뿐이다.

인류여,
신들을 두려워하라!
신들은 영원한 손에
지배권을 쥐고,
마음 내키는 대로
이것을 사용할 수 있으니.

그러나 이러한 고찰은 본래 우리의 주제와는 거리가 먼 것이다. 오히려 지금은 성격과 모든 동기가 존재하는 인식과의 관계에 관해 약간의 논평을 해 두는 것이 적절할 것이다.

성격의 현상 또는 행동을 규정하는 동기들은 인식에 의해 성격에 작용한다. 하지만 인식은 가변적이고 오류와 진리 사이를 가끔 동요하면서도 인생의 과정에서, 물론 여러 가지 정도의 차이는 있지만, 점점 시정되는 것이 보통이다. 그러므로 한 인간의 행동 방식은 심하게 변할 수는 있지만, 그렇다고 해서 그의 성격이 변했다고 결론지을 수는 없다. 인간이 정말로 일반적으로 의욕하는 것, 인간의 가장 내면적인 본질적 노력과 그 노력에 따라 그가 추구하는 목적, 이것들을 우리는 인간에 대한 외적인 영향과 교훈에 따라서는 결코 변화시킬 수 없다. 만일 변화할 수 있다고 한다면, 우리는 그 인간을 개조할 수 있다는 말이 된다.

세네카는 "의욕은 가르칠 수 없는 것이다(velle non discitur)"라고 말하고 있지만, 이 경우 그는 "덕은 가르칠 수 있는 것이다"라고 가르친 스토아 철학자들보다는 진리를 택했던 것이다. 외부로부터 의지에 작용해 오는 것은 동기에 의해서만 가능한 것이다. 그러나 동기는 결코 의지를 변화시킬 수는 없다. 왜냐하면 동기는 의지가 있는 그대로의 의지라고 하는 전제 아래서만 움직일 수 있기 때문이다. 따라서 동기가 할 수 있는 것은 의지의 노력 방향을 바꾸는 것, 즉 의지가 변함없이 구하고 있는 것을 지금까지와는 다른 방식으로 구하게 하는 것이다. 그러므로 교훈이나 개량된 인식, 즉 외부로부터의 작용은 의지에게 수단을 그르친 것을 가르칠 수 있다. 그 결과 의지가 그 내적 본질에 따라 일단 추구하여 온 목적을 지금까지와는 전혀 다른 길로, 또는 전혀 다른 객관 속에서 추구하게 하는 것도 가능하다. 그러나 그러한 외부의 영향은 결코 의지가 지금까지 의욕하여 온 것과는 실제로 다른 무엇을 의욕하도록 하지는 못한다. 의지가 의욕하는 것은 여전히 변하지 않는다. 왜냐하면 의지란 의욕 자체며, 그렇지 않으면 의욕은 중지되어야만 하기 때문이다.

그런데 인식의 가변성과 이에 따른 행위의 가변성이 있기 때문에, 의지는 모하메드의 천국 같은 의지의 불변한 목적을 현실 세계에서 달성하려고 하거나 공상 세계에서 달성하려고 하여, 여기에 수단을 적응시키며, 재주·권력·사기를 사용하거나, 금욕·정의·자선 등을 사용하게 된다. 그러나 그렇다고 의지의 노력 그 자체가 변하는 것은 아니며, 더구나 의지 자체는 변하지 않는다. 따라서 의지의 행동은 참으로 각양각색으로 그때그때에 따라 다르지만, 의지의 의욕은 완전히 동일하게 유지되었다. 의욕은 가르칠 수 없다 (Velle non discitur).

동기가 효과를 나타내기 위해서는 그것이 있을 뿐만 아니라 인식되는 것이 필요하다. 왜냐하면 이미 한 번 언급한 스콜라 철학자의 훌륭한 말에 의하면, "궁극적인 원인은 자기의 현재 있는 존재를 따라 움직이게 하는 것이 아니라 인식되는 존재를 따라 작용한다(causa finalis movet non secundum suum esse reale ; sed secundum esse cognitum)"고 하기 때문이다. 가령 한 인간에게 이기심과 동정 사이에 있는 상호관계가 나타나기 위해서는 그 인간이 부를 갖고 있거나 타인의 불행을 보는 것으로는 불충분하고, 그 부가 자기에게나 타인에게 어떻게 사용되는가를 알아야 하며, 또 타인의 고뇌가 그에게 나타나야 할 뿐만 아니라 그는 고뇌가 무엇이고 향락이 무엇인가 하는 것도 알아야 한다. 아마 그는 이 모든 것들을 처음에는 잘 몰랐을 것이다. 그래서 그가 같은 기회에 다른 행동을 취한다고 하면, 그것은 본래 상황이 달랐기 때문이다. 즉, 그 상황이 같은 것처럼 보여도, 이에 관한 그의 인식에 따라 좌우되는 부분이 달랐기 때문이다. 현존하는 상황을 알지 못하면 효과가 생기지 않는 것처럼, 또 완전히 공상적인 상황도 단지 개별적인 착각에 있어서뿐만 아니라 전체로서도 계속적으로 실재적인 상황과 같은 효과를 내는 일이 있다. 가령 한 인간에게 선행이 내세에 100배로 보상받는다는 것을 굳게 믿게 하면, 그 확신은 마치 장기 어음처럼 효력을 나타낸다. 또 다른 생각이 있으면 이기심 때문에 빼앗았을 것을, 똑같은 이기심 때문에 줄 수도 있다. 그가 변한 것이 아니다. 의지가 변하지 않아도 행동에 끼치는 인식의 영향이 이렇게 커서, 성격이 점차 발전하여 여러 가지 특색이 나타날 수 있는 것이다.

그러므로 성격은 각기 나이에 따라 여러 가지로 나타나며, 격하고 거친 청년기 뒤에는 침착하고 온화한 장년기가 따라올 수도 있다. 특히 성격의 악은 시간이 경과함에 따라 점점 강하게 나타난다. 그러나 때로는 청년기에 마음껏 행한 격정이 여기에 대립하는 동기를 비로소 인식했다는 이유만으로 자발적으로 억제되는 일도 있다. 그러므로 우리는 처음에는 천진난만하지만, 그것은 우리나 타인들이 본성이 가진 악을 모른다는 것을 의미하는 것에 불과하다. 악은 동기를 기다려 비로소 생기고, 시간이 경과함에 따라 동기는 인식된다. 마지막으로 우리는 자신을 우리가 선험적으로 자신에 대해 생각하고 있던 것과 전혀 다른 것으로 알게 되면 자신에 대해 놀라는 일이 가끔 있다.

'후회'는 의지의 변화(그것은 불가능한 것이지만)에서 생기는 것이 아니고, 인식의 변화에서 생기는 것이다. 나는 의욕한 것의 본질적인 것과 본래적인 것을 또 의욕하지 않을 수 없다. 왜냐하면 나 자신은 시간과 변화 밖에 있는 의지이기 때문이다. 그러므로 나는 자신이 의욕한 것을 후회하는 것은 불가능하지만, 자기가 행한 것을 후회하는 것은 가능하다. 왜냐하면 내가 그릇된 개념에 인도되어 내 의지와는 다른 무엇을 행했기 때문이다. 더 올바른 인식에 비추어 이것을 깨달은 것이 '후회'이다. 이것은 그저 훌륭한 처세 수단의 선택, 나 자신의 의지에 대한 목적의 적합성을 판단하는 것 등에 관계할 뿐만 아니라 윤리적인 것에도 관계한다. 가령 나는 성격에 맞는 것 이상으로 이기적인 행동을 했을지 모른다. 그것은 자신이 처한 곤경을 극단적으로 표상했기 때문에 미혹되었거나, 타인의 간계, 허위, 악의에 미혹되었거나, 또 급히 서둘러서 깊이 생각하지 않고 행동했기 때문에 일어난 것이며, 추상적으로 명확하게 인식된 동기에 의해서가 아니라 단지 직관적인 동기에 의해서, 다시 말해서 현재의 인상이나 그것이 준 감정에 의해서 일어난 것이다. 그리고 이 감정이 너무 강렬해서 나는 이성을 사용하지 않았다. 그러나 이 경우 깊은 생각은 후회를 생기게 할 수 있는 인식에서 생기며, 후회는 언제나 가능한 한 일어난 것을 개선하기 위해 제시된다. 주의해야 할 것은 사람은 자신을 속이기 위해 깊이 생각한 행동을 성급한 행동처럼 보이려고 한다는 것이다. 우리는 이처럼 교묘한 수단으로 누구보다도 자신을 가장 확실하게 속이고 아첨을 떨기 때문이다. 지금 말한 것과 반대의 경우도 있을 수 있다. 즉 타인을 지나치게 신뢰했거나 인생의 여러 가지 재물의 상대적인 가치를 알지 못했거나, 또는 이미 내가 믿을 수 없게 된 어떤 추상적인 교리에 미혹되어서, 나의 성격에 알맞은 이기적인 행동을 취하지 않음으로 해서 전과는 다른 후회가 생기는 일이다.

후회란 언제나 행동과 본래 의도와의 관계에 대해 바로잡은 인식이다. 의지가 그 이데아를 공간 속에만, 즉 단순한 형태를 통해 구현하는 한, 그런 의지에 대해서는 이미 다른 이데아들, 즉 여기서는 자연의 힘에 의해 지배된 물질이 대립하고, 가시성을 띠려 하는 형태를 완전히 순수하고 명료하게, 즉 아름답게 발현시키게 하는 것은 아주 드물다. 이렇게 시간 속에서만, 다시 말해 행위를 통해 구현하는 의지는 재료를 올바르게 제공하는 일이 극히 적은 인식 때문에 똑같은 장애를 받는다. 그러면 행동은 그로 인해 의지에 완전히 적응한 결과를 낳지 못하고, 거기서 후회가 생기게 된다. 따라서 후회는 언제나 시정된 인식에서 생기고, 의지의 변화에서 생기지는 않는다. 의지의 변화는 불가능하다. 지나가 버린 잘못에 관한 양심의 불안은 결코 후회가 아니고 의지 자체의, 즉 의지의 인식에 관한 고통이다. 양심의 불안은 사람이 동일한 의지를 일관되게 갖고 있다는 확실성에 근거를 두고 있다. 만일 의지가 변하는 것이고 따라서 양심의 불안이 단순한 후회라고 한다면, 후회는 없어져 버릴 것이다. 그렇다고 하면 지나가 버린 것은 이미 후회하는 사람의 의지가 아닌 의지의 표현을 나타내는 것이기 때문에, 그것은 아무런 불안의 씨도 되지 않을 것이다. 우리는 나중에 양심과 불안의 의의에 대하여 자세히 논하게 될 것이다.

동기의 매개로서 인식은 의지 자체에는 영향을 주지 않지만, 의지가 행위에 나타나는 것에 대해서는 영향을 끼친다. 이 영향이 또한 인간의 행동과 동물의 행동을 근본적으로 다르게 만드는 기초가 되기도 한다. 둘 사이의 인식 방식이 다른 것이다. 말하자면 동물은 직관적 표상만 갖고 있지만, 인간은 이성이 있기 때문에 추상적 표상, 즉 개념도 갖고 있다. 동물이나 인간은 다 같이 필연적으로 동기에 의해 규정받는 것이지만, 인간은 완전한 '선택 결정'을 갖고 있다는 점에서 동물보다 훌륭하다. 이것이 가끔 개별적인 행동에서 의지의 자유로 간주되는 것이지만, 실은 선택 결정이란 여러 가지 동기 사이에 철저하게 투쟁하는 대립이 가능하다는 것에 지나지 않으며, 그러한 후에 이 동기들 중에서 더 강한 것이 필연성을 갖고 인간을 규정하는 것이다. 그 때문에 동기는 추상적 사상이라는 형태를 취하지 않으면 안 된다. 왜냐하면 추상적 사상이라는 형태에 의해서만 행동을 일으키기 위한 대립된 근거들에 대한 참다운 숙고, 즉 고려가 가능하기 때문이다. 동물에게 선택은 직관적으로 현존하는 동기들 사이에서만 행해질 수 있다. 그러므로 선택은 동물에게는 현재의 직관적인 지각의 좁은 범위에 한정되어 있다. 따라서 동기에 의한 의지를 규정하는 필연성은 원인에 의한 결과와 마찬가지로 동물에게만 직관적으로, 또 직접적으로 나타날 수 있다. 왜냐하면 동물의 경우에는 관찰자도 동기를 그 결과와 마찬가지로 직접 눈앞에 보기 때문이다. 그런데 인간에게 동기는 거의 언제나 추상적 표상이고, 관찰자는 여기에 참여하지 못하며, 또 행동자 자신에게까지도 그 동기 작용의 필연성은 그 동기의 배후에 숨어 있다. 왜냐하면 여러 가지 표상이 판단과 추리의 연쇄로서 의식 속에 병렬해 있고, 시간 규정과는 관계없이 서로 작용하여 결국 더 강력한 동기가 다른 동기를 제압하여 의지를 규정하는 것은 추상적으로만 가능한 일이기 때문이다. 이것이 인간이 동물을 능가하는 완전한 '선택 결정', 또는 숙고 능력(Deliberactionsfahigkeit)이고, 이것 때문에 인간은 자유 의지를 가지고 있으며, 일정한 충동이 의욕의 바탕으로 작용하는 일 없이 인간의 의욕이 지성을 조작한 단순한 결과라고 오해하는 것이다.

그러나 실제로 동기는 인간의 일정한 충동을 기초로 하고 전제로 하여 작용할 뿐이며, 이 충동은 인간에게는 개별적인 것, 즉 하나의 성격이다. 앞서 말한 숙고의 능력과 이로 인해 생긴 인간의 자의와 동물의 자의와의 차이에 관한 자세한 설명은 《윤리학의 두 가지 근본 문제》(제1판, p. 35이하, 제2판, p. 34 이하)에 있으므로, 여기서는 그것을 참고해 주기 바란다. 아무튼 인간의 이 숙고 능력은 인간의 생존을 동물의 생존보다 더 고뇌에 찬 것으로 만드는 것 중의 하나다. 사실 대체로 우리의 최대 고통은 직관적인 표상이나 직접적인 감정으로서 현재에 있는 것이 아니라, 추상적인 개념, 고뇌를 주는 사상으로서 이성 속에 있다. 이것들로부터 완전히 자유로운 것은 오직 부러울 만큼 아무 불안도 없이 현재를 사는 동물이다.

이미 언급한 것처럼 인간의 숙고 능력이 추상적인 사유 능력에 따라서 판단이나 물리의 능력에 의존하고 있다는 것으로 인해, 데카르트나 스피노자가 잘못된 추론을 해 의지의 결정을 긍정하거나 부정하는 능력(판단력)과 동일하게 보도록 한 것같이 생각된다. 데카르트는 이 동일하게 본 것에서, 그와 관계없이 자유라고 간주한 의지에서 모든 이론적 오류의 책임이 있는 것이라고 추론했지만, 스피노자는 반대로 의지는 판단이 근거에 의해 필연적으로 규정받는 것과 마찬가지로 동기에 의해 규정받는다고 추론했다. * 스피노자의 이 설은 옳은 것이긴 하지만, 그릇된 전제에서 나온 참된 결론으로 나타나 있다.

앞에서 지적한 것처럼 동물과 인간이 각기 동기에 의해 움직이는 방식의 차이로 인한 영향은 둘의 본질에도 깊이 미치고 있고, 그 두 존재의 엄격하고 명백한 차별을 일으키는 데 가장 크게 기여하고 있다. 동물은 언제나 직관적인 표상에 의해서만 동기를 부여받지만, 인간은 이러한 종류의 동기화는 완전히 배제하고 오직 추상적 표상에 의해서만 규정받으려고 노력한다. 그런데 이것에 의해 인간은 이성의 특권을 가능한 한 유리하게 사용하고, 현재에 속박되지 않으며, 일시적인 향락을 택하거나 고통을 피하지 않고, 이 둘의 결과를 고려한다. 대개의 경우, 보잘것없는 행동을 제외한다면, 우리를 규정하는 것은 추상적으로 사유된 동기지 현재의 인상이 아니다. 그러므로 우리에게 개별적인 사물의 결핍은 일시적으로는 비교적 쉬운 일이지만, 그것을 단념해 버리는 것은 대단히 어려운 것이다. 왜냐하면 결핍은 지나가 버리는 현재에만 관계되는 것이지만, 단념하는 것은 미래에 관한 것이며, 그 속에 단념과 같은 무수한 결핍이 들어 있기 때문이다.

그러므로 우리의 고통이나 기쁨의 원인은 대개 실재하는 현재에 있는 것이 아니라 추상적인 사상 속에 있다. 이 추상적인 사상이야말로 가끔 우리를 참을 수 없게 하고 고통스럽게 만드는 것이며, 이 고뇌에 비하면 동물계의 고통은 사실 사소한 것이다. 왜냐하면 추상적 사상에서 오는 고뇌가 심해서 자신의 육체적인 고통을 전혀 느끼지 못하는 일까지도 가끔 있을 뿐만 아니라, 우리가 강한 정신적인 고통을 받았을 때에 그 고통으로부터 육체로 주의를 돌리기 위해 자신에게 육체적인 고통을 가할 정도기 때문이다. 그러므로 사람들은 극심한 정신적인 고통이 있으면, 자신의 머리털을 쥐어뜯거나 가슴을 치거나 얼굴을 할퀴거나 땅바닥에서 이리저리 뒹굴지만, 이 모든 것들은 본래 견딜 수 없는 생각을 흐트러뜨리기 위한 강력한 수단에 불과한 것이다. 육체적인 고통보다 훨씬 강한 정신적인 고통은 육체적인 고통을 느끼지 못하게 하기 때문에, 절망한 사람이나 병적으로 불쾌한 생각에 초췌해진 사

---

* 데카르트의 《성찰》 4, 스피노자의 《윤리학》 2부 정리 48과 49 참조.

람에게 자살은 대단히 쉬운 것이다. 그는 쾌적한 환경에 있었을 때에는 자살을 생각하기만 해도 몸서리를 쳤을 것이다. 이와 마찬가지로 근심과 정열, 즉 사유 행위는 육체의 괴로움보다 더욱더 육체를 소모시킨다. 따라서 에픽테토스가 "인간을 불안하게 하는 것은 사물 자체가 아니라 사물에 관한 사상이다"라고 말하는 것은 지당하다. 또 세네카는 "우리를 압박하는 것보다 우리를 무섭게 만드는 것이 더 많고, 우리가 실제로 괴로워하는 것보다 상상으로 괴로워하는 것이 더 흔하다"라고 말하고 있다. 오일렌슈피겔이 산으로 올라갈 때는 웃었고 산을 내려올 때는 울었다는 것도 인간의 본성을 아주 훌륭하게 비꼰 것이다. 뿐만 아니라 어린아이들은 상처를 입어도 그 아픔 때문에 울지 않고, 사람들로부터 위로하는 말을 듣고, 그것 때문에 생긴 아픈 생각에 못 이겨 울기 시작하는 일이 가끔 있다.

동물과 인간의 인식 방법의 차이점에서 행동과 생활에 이렇게 큰 차이가 생기는 것이다. 더욱이 거의 종족의 성격만 가지고 있는 동물에 비해 인간이 주로 할 수 있는 명확하고 결정적인 개인적 성격의 출현은 추상적인 개념에 의해 가능한 많은 동기들 중 선택에 의해 좌우된다. 왜냐하면 미리 선택이 행해짐으로써 개인에게 여러 가지 결과로서 나타난 결정이 각양각색인 개인적인 성격의 표징인데, 동물의 행동은 일반적으로 인상이 종족에 대한 동기라고 가정한다면, 인상이 현재 있는가 없는가에만 의존하기 때문이다. 그러므로 결국 인간에게는 단순한 근원이 아니라 결의만이 그 자신에게나 타인에게 그의 성격을 나타내는 유효한 표징이다. 그런데 결의는 자신에게나 타인에게도 행위에 의해서만 확실해진다.

소원이란, 외적인 자극에 의한 것이든 내면적인 정서에 의한 것이든 간에, 현재 인상의 필연적인 결과에 지나지 않는다. 따라서 동물의 행동과 마찬가지로 직접적으로 필연적인 숙고를 거치지 않은 것이다. 그러므로 근원은 동물의 행동과 마찬가지로 종족의 성격을 표현하는 것에 불과하며, 개인적인 성격을 표현하는 것은 아니다. 다시 말해 소원을 느끼는 개인이 할 수 있을 것을 시사하는 것이 아니고, '인간 일반'이 할 수 있을 것을 시사하는 것에 불과하다. 행위는 이미 인간의 행동으로서 어떠한 숙고를 필요로 하기 때문에, 또 인간은 보통 자기의 이성을 사용해 분별이 있고 사유된 추상적 동기에 따라서 결정하기 때문에, 행위만이 인간 행동의 예지적인 규범의 표현이며, 가장 내면적인 의욕의 결과며, 그 자신의 예지적인 성격의 시간적인 표현에 지나지 않는 경험적 성격을 나타내는 언어에 대해 문자와 같은 것이다. 그러므로 건전한 사람들에게는 양심을 괴롭히는 것은 행위뿐이며 소원이나 사상은 아니다. 왜냐하면 우리의 행위만이 의지를 반영해 보이기 때문이다. 이미 앞에서 언급한 것처럼, 전혀 숙고를 거치지 않고 맹목적인 정열 속에서 행해진 행위는 단순한 소원과 결의의 중간물이다. 그러한 행위는 행위로서 표시되는 참된 후회로, 마치 잘못 그려진 선처럼 우리의 인생행로인 의지의 형상으로부터 지워져 없어져 버릴 수 있다. 아무튼 이상한 비유긴 하지만, 소원과 행위와의 관계는 우연히도 전기의 분배와 전달과의 관계와 비슷하다는 점을 여기에 덧붙일 수 있다.

의지의 자유와 이것과 관련된 것에 대한 이 모든 고찰의 결과로 우리는 의지가 자체로서, 또 현상을 떠나서는 자유롭고 전능하다고까지 말할 수 있다. 하지만 인식에 비춰진 의지의 개별적인 현상에 있어서는, 즉 인간이나 동물에서는 동기에 의해 규정되어 있고, 이 동기에 대해서는 그때그때의 성격이 언제나 같은 방식으로 법칙적·필연적으로 반응한다는 것을 알 수 있다. 인간은 여기에 첨가된 추상적인 인식이나 이성 인식 때문에 동물보다 뛰어나게 '선택 결정'을 갖고 있지만, 이것이 있기 때문에 인간은 동기들의 투쟁장이 되고, 또 동기의 지배를 벗어날 수 없다. 따라서 이 선택 결정은 개인적인 성격을 완전히 발현시키는 가능성의 조건은 되지만, 결코 개별적인 의욕의 자유, 즉 인과성의 법칙에서 독립으로 볼 수는 없다. 인과성 법칙의 필연성은 다른 현상과 마찬가지로 인간에게도 미친다. 그러므로 이성, 즉 개념에 의한 인식으로 말미암아 인간의 의욕과 동물의 의욕 사이에 생기는 차이는 지금 말한 것까지는 미치지만, 그 이상으로는 미치지 않는다. 그러나 인간이 개별적인 사물에 관한 이유율에 지배된 모든 인식을 버리고 이데아의 인식에 의해 개별화의 원리를 간파한다고 하면, 그때에는 물자체로서 의지의 참된 이유가 실제로 출현하게 될 것이다. 그래서 현상은 자기 부정이라는 말로 표현되는 그 자신과의 모순에 빠져, 결국은 그 본질의 즉자태에 소멸하여 버리지만, 이렇게 되면 동물에게는 있을 수 없는 인간 의지의 전혀 다른 어떤 현상이 일어날 수 있을 것인가. 이것은 현상 속에도 의지의 자유가 유일하게 직접적으로 발현한 것이지만, 여기서는 아직 명확하게 설명할 수 없고, 이 책의 마지막에 고찰하게 될 것이다.

그런데 우리는 이와 같은 분석에 의하여, 시간 밖에 있는 예지적 성격의 단순한 전개인 경험적 성격의 불변성이나, 경험적 성격이 동기와 결합되어 여러 행동이 생기는 경우의 필연성을 알게 된 연후에는, 우선 좋지 못한 경향 때문에 거기에서 추론되는 일이 많은 다음과 같은 결론을 제거하지 않으면 안 된다. 즉, 우리의 성격은 시간 외적인 불가분이고 불가변의 의지 행위나 예지적 성격이 시간적으로 전개한 것으로 생각해야 하며, 이 예지적 성격에 의해 우리 행동의 핵심, 즉 윤리적인 내실은 불가변적으로 규정된다. 따라서 그 현상인 경험적 성격 속에 표현되지 않을 수 없지만, 이 현상의 비본질적인 요소, 즉 우리 인생행로의 외적인 형태만은 동기들이 나타날 때에 취하는 형태에 의존한다. 그러면 여기에서 인간이 그 성격을 개선하려고 노력하거나 나쁜 경향의 힘들에 저항하는 것은 쓸데없는 수고다. 따라서 불가변인 것에 복종하고, 아무리 그것이 나쁜 경향이라 해도 어떠한 경향에도 곧 순응하는 것이 상책일 것이라는 결론이 나오게 된다. 그러나 이렇게 되면, 불가피한 숙명론과 여기에서 나온 추론으로 태만한 이성이라 불리고, 근래에 와서는 터키인들의 신앙이라고 불리는 것과 똑같은 사정이 생긴다. 이에 대해서는 크리시포스가 옳은 논박을 했다고 하긴 하지만, 키케로도 《운명론》 제12〜13장에서 논박하고 있다.

말하자면 모든 것은 운명에 의해 결정적으로 예정되어 있다고 할 수 있지만, 그것은 원인의 연쇄에 의해서만 그런 것이다. 그러므로 어떤 경우에도 하나의 결과가 그 원인 없이 생긴다는 것은 규정될 수 없다. 따라서 사건이 예정되어 있는 것이 아니라, 사건이 이에 선행하는 원인의 결과로 예정되어 있는 것이다. 즉, 결과뿐만 아니라 그것이 결과로서 생기기 위해 정해져 있는 수단도 운명에 의해 결정되어 있다. 그러므로 이 수단들이 나타나지 않으면, 결과도 생기지 않는다. 이 두 가지가 언제나 운명의 규정에 따르는 것이지만, 우리는 언제나 결과가 생긴 후에 비로소 규정을 깨닫는다.

사건은 언제나 운명, 즉 원인의 무한한 연쇄에 따라 생기지만, 이것과 마찬가지로 우리의 행위는 언제나 우리의 예지적 성격에 따라 행해진다. 그러나 운명을 미리 알 수 없는 것과 마찬가지로, 우리는 예지적 성격을 선천적으로 통찰할 수는 없고, 단지 후천적으로 생긴 경험에 의해서 다른 사람들을 아는 것과 마찬가지로 자신을 알 뿐이다. 만일 예지적 성격의 필연적인 결과로서 우리가 나쁜 경향에 대해 오랜 투쟁을 거친 후에 비로소 좋은 결정을 할 수 있다면, 이 투쟁은 미리 행해지고 기다리고 있어야만 한다. 우리는 성격의 불가변성에 관한 반성이나 모든 행위가 나오는 원천의 단일성에 관한 반성에 미혹되어, 이러저러한 부분 때문에 성격의 결정을 조급히 해서는 안 된다. 결과로 생기는 결정에 입각하여 우리가 어떤 성질의 것인가를 알고, 또 우리의 행위에 비추어 자신을 아는 것이다. 우리가 지금까지 거쳐 온 생애를 돌이켜보고 느끼는 만족이나 정신의 불안은 사실 이것으로 알 수 있다. 즉, 만족이나 불안은 지나가 버린 행위가 실제로 존재하고 있다는 것에서 유래하는 것은 아니다. 이 행위들은 지나가 버린 것이고, 한때 있었던 것이며, 이제는 아무것도 없다. 그러나 이 행위들이 우리에 대해 갖는 중요성은 그 의미에서 나오는 것이고, 이 행위들이 성격의 모사고 의지의 거울이라고 하는 것에서 전래한다. 우리는 이 의지의 거울을 바라봄으로써 가장 내면적인 자기를, 의지의 핵심을 인식한다. 우리는 이것을 그러한 것으로 미리 아는 것이 아니라 나중에 아는 것이기 때문에, 시간 속에서 노력하고 투쟁하여, 우리의 행위에 의해 만들어지는 상이 우리를 불행하게 만드는 일 없이 가능한 한 안심시킬 수 있는 것이 될 수 있게 해야 한다. 그러나 그러한 평화로운 마음과 불안한 마음의 의미에 대해서는 이미 언급한 것과 같이 뒤에서도 계속 연구할 계획이다. 그런데 여기서는 다음과 같은 고찰만은 해 둘 필요가 있다고 생각한다.

예지적 성격과 경험적 성격 외에 이 둘과는 다른 제3의 것, 즉 '획득 성격(erworbene Charakter)'이 있다. 이것은 생활하고 있는 동안 세상의 관습에 의해 얻어지는 성격인데, 그 성격이 있는 사람이라고 해서 칭찬을 받거나 그것이 없다고 비난을 받는 경우에 문제가 되는 것이다. 경험적 성격은 예지적 성격의 현상으로 불가변적이며, 모든 자연적 현상과 마찬가지로 그 자신으로 시종일관하기 때문에, 인간도 이것 때문에 언제나 자신에게 똑같이 현상될 수밖에 없다. 따라서 경험이나 반성에 의해 인위적으로 어떤 성격을 획득할 필요는 없다고 당연히 생각할 수 있다. 그러나 인간은 언제나 자신임에도 불구하고 자신을 이해하지 못하고, 오히려 가끔 자기를 오해하고, 그런 후에야 어느 정도 참된 자기 인식을 획득하기에 이른다. 경험적 성격은 단순한 자연 충동으로서는 그 자체가 비이성적이다. 뿐만 아니라 경험적 성격의 발현은 그 밖에도 이성에 의해 방해된다. 그리고 인간은 생각과 사고력을 많이 갖고 있으면 있을수록 그만큼 더 심하게 방해를 받는다. 왜냐하면 생각과 사고력은 언제나 인간에게 종족 성격으로서 '인간 일반'에게 속한 것, 그리고 의욕이나 성취에 있어서 인간에게 가능한 것을 못하게 하기 때문이다. 이것 때문에 인간은 자기의 개성으로 이 모든 것들에 관해서 의욕하는 것이긴 하나, 할 수 없는 것을 통찰하는 데에 어려움을 겪는다. 그는 자기 속에 각양각색이긴 하지만 인간적인 노력과 능력의 소양이 있다는 것을 안다. 그러나 그의 개성에 있어서 이 소질의 여러 정도는 경험을 통하지 않고서는 그에게 확실해지지 않는다.

그래서 그의 성격에만 적합한 노력을 시도하려는 자극을 느끼는 것이며, 만일 그가 아무런 장해도 받지 않고 처음 노력을 향해 나아가려고 하면, 그것과 반대되는 이 노력은 완전히 억압되지 않으면 안 된다. 왜냐하면 지상에서 우리 형이하(形而下)의 길이 언제나 선이고 평면이 아닌 것처럼, 우리가 인생에서 만일 하나를 파악하고 이것을 소유하려고 한다면, 좌우에 있는 무수한 다른 것을 단념하고 그대로 방치해 버리지 않으면 안 되기 때문이다. 만일 우리가 그 결심을 하지 못하고 대목장에 간 아이들처럼 지나가다 마음을 끄는 모든 것에 손을 내밀게 되면, 그것은 우리의 길인 선을 평면으로 바꾸려고 하는 것과 다를 바 없다. 그렇게 하면 우리는 지그재그로 달려 도깨비불처럼 이리저리 흔들려서 결국 아무것에도 도달하지 못한다. 또 다른 비유를 들면 홉스의 법률론에 있는 것처럼, 본래 각자는 모든 사물에 대해 하나의 권리를 가지고 있으나 독점권을 갖고 있지는 않다. 그러나 사람은 다른 것에 대한 그의 권리를 단념함으로써 특정한 개체에 대한 독점권을 가질 수 있다. 한편 다른 사람들도 또한 그가 택한 것에 대해 마찬가지로 그렇게 독점권을 가질 수 있다. 인생도 이와 똑같은 것이어서, 향락이든 명예든 과학이든 예술이든, 또는 덕이든 어떤 것을 얻으려는 일정한 노력은 그것과 거리가 먼 다른 모든 요구를 포기하고, 다른 것을 단념한 후에야 정말 진지하고 성공적으로 추구할 수 있다.

그러므로 단순한 의욕과 능력도 그것만으로는 충분하지 않고, 인간은 자신이 의욕하는 바를 '알고', 또 자기가 할 수 있는 바를 '알지' 않으면 안 된다. 그래서 그는 성격을 나타내게 되고, 그런 후에 비로소 무엇인가 옳은 것을 성취할 수 있다. 거기에 도달하기까지 그는 경험적 성격의 자연적인 귀결에도 불구하고, 아직 성격이 없는 것이다. 그리고 여전히 자기에게 충실하고 자기의 다이몬에 끌려 행로를 걸어가지 않으면 안 되지만, 그는 결코 일직선을 긋는 것이 아니라 고르지 않은 선을 그리면서 동요하고, 옆으로 빠져 나가고, 뒷걸음을 치고, 후회와 고통을 맛본다. 이 모든 것은 그가 큰일이나 작은 일이나 참으로 많은 것을 인간에게 가능하고 도달하게 할 수 있는 것으로 눈앞에 보고 있으면서도, 그 가운데서 무엇이 그에게 적합하고 무엇이 그가 실행할 수 있는 것인가를, 또 무엇이 그에게만 향락할 수 있는 것인가를 모르기 때문에 생기는 것이다.

그러므로 그는 다른 사람들의 경우나 상황을 부러워할지 모르지만, 사실 그 경우나 상황은 그 사람들의 성격에 맞을 뿐이고 그의 성격에 맞는 것은 아니다. 따라서 그가 같은 경우나 상황에 놓인다면 자기를 불행하게 느낄 것이고, 참는 것조차 불가능할 것이다. 왜냐하면 물고기에게는 물 속만이, 새에게는 공중만이, 두더지에게는 땅 속만이 행복한 것처럼, 모든 사람에게는 자기에게 적절한 분위기만이 행복이기 때문이다. 가령 궁정의 공기는 누구나 호흡할 수 있는 것은 아니다. 이런 것들에 대한 충분한 통찰이 결여되어서 모든 시도에 실패하는 사람들이 많은데, 그들은 개별적인 것에서는 자기 성격에 무리를 가하더라도 결국 전체로서는 이것에 따라가지 않을 수 없다. 그리고 그렇게 자기의 본성에 거역하여 수고스럽게 획득한 것은 그에게 아무런 즐거움도 주지 못할 것이다. 그가 이렇게 하여 습득하는 것은 죽은 것이나 다름이 없다. 또 윤리적인 점에서 보면, 순수하고 직접적인 충동에서 나온 행위가 아니라 자기의 개념, 하나의 교리에서 나온 것으로, 자기 성격에 너무 고상한 행위는 여기에 계속되는 이기적인 후회 때문에, 그 자신의 눈에도 모든 공적이 사라지게 될 것이다.

우리는 타인의 성격을 휘어잡을 수 없다는 것을 경험을 통해 알게 되는데, 그때까지는 이성적인 표상에 의해, 청원이나 탄원에 의해, 모범이나 고매함에 의해 누군가가 어떤 사람의 독특한 성품을 변하게 하거나, 행위 방식을 바꾸게 하거나, 사고방식을 다르게 하거나, 그의 능력까지도 넓힐 수 있다고 유치하게 믿고 있다. 우리 자신에 대해서도 마찬가지다. 우리는 경험으로 우리가 무엇을 의욕하고 무엇을 할 수 있는지를 습득한다. 그때까지 우리는 그것을 알지 못하고, 성격이 없어서 가끔 외부로부터의 강한 충격으로 자신의 길에 다시 던져지게 된다. 그러나 결국 그것을 습득하면, 우리는 세상에서 성격이라고 부르고 있는 것, 즉 '획득 성격'을 얻은 것이 된다. 따라서 이것은 자기의 개성을 될 수 있는 한 완전하게 알아낸 것에 지나지 않으며, 자신의 경험적 성격의 변할 수 없는 성질에 대하여, 자기의 정신과 육체적 힘의 정도나 방향에 대하여, 즉 개성의 강하고 약한 것에 대하여 추상적으로 명확하게 아는 것이다. 이것을 알면 우리는 아무리 해도 바꿀 수 없는 자기 인격의 역할을 지금까지는 무질서하게 인식해 왔지만, 이제부터는 신중하게 조직적으로 수행하여 변덕이나 약점 때문에 생기는 결함을 확고한 개념으로 충족시킬 수 있게 된다. 원래 우리의 개인적인 본성 때문에 생겼던 행위 방식은 이제 우리에게는 언제나 명백히 의식된 행위 규범이 되고, 이것에 따라 그 행위 방식을 마치 습득한 방식인 것처럼 실행한다. 또 이 경우 현재의 기분이나 인상 같은 일시적인 영향에 미혹되지 않고, 주저함도 없고, 동요함도 없고 모순도 없다. 그래서 우리는 이미 신출내기로서 대체 무엇을 의욕하며 또 무엇을 할 수 있는지를 알기 위해 기다리고 시도하고, 암중모색하면서 찾아다니지는 않을 것이다. 우리는 이것을 결정적으로 알고 있고, 어떤 선택을 할 때 언제나 보편적인 원리를 개별적인 사례에 응용하기만 하면 곧 결정을 내릴 수 있다. 우리는 우리의 의지를 대체로 알고, 그래서 기분이나 외적인 요구에 움직여서 전체에 반대되는 것을 개별적인 경우에 결정하는 일은 없다. 마찬가지로 우리의 힘과 약점의 종류와 정도를 알기 때문에, 그로 인해서 많은 고통에서 벗어날 수 있다. 본래 기쁨이란 것은 자기의 힘을 사용하고 자기의 힘을 느끼는 것밖에는 있을 수 없고, 최대의 고통은 자기에게 필요한 힘이 없다는 것을 깨닫는 것이기 때문이다. 그래서 우리의 강점과 약점이 어디에 있는가를 밝혀내면, 우리는 자기가 갖고 있는 두드러지게 자연적인 소질을 발달시키고 모든 방식으로 이것을 이용하려고 하고, 언제나 이 소질들에 도움이 되고 적용할 수 있는 것에 향하게 된다.

그러나 우리의 소질에 원래 적합하지 않은 노력은 전면적으로, 또 스스로 억제하고 피할 것이다. 여기에 도달한 사람만이 충분한 생각을 통해 완전히 자신이 될 수 있다. 그리고 결코 자신에게 버림받지 않을 것이다. 왜냐하면 그는 언제나 자신에게 기대할 수 있는 것을 알고 있기 때문이다. 그래서 그는 자기의 강점을 느낀다고 하는 기쁨을 가끔 맛보지만, 자기의 약점을 되새기게 하는 고통은 좀처럼 맛보지 않을 것이다. 이러한 엉터리 행동은 결국 목적을 이루지 못하기 때문이다. 모든 인간은 그 의지의 구현에 지나지 않기 때문에, 반성에서 출발하여 있는 그대로의 자기 이외에 무엇이 되려고 원하는 것처럼 불합리한 것은 없다. 왜냐하면 의지가 의지 자신과 직접 모순되는 것이기 때문이다. 타인의 성질이나 특성을 모방하는 것은 타인의 옷을 입는 것보다 훨씬 굴욕적이다. 그것은 자기가 무가치하다는 판단을 스스로 표현한 것이기 때문이다. 이러한 의미에서 자신의 성향을 알고, 자신의 모든 능력을 알고, 자기의 어쩔 수 없는 한계를 아는 것이 가능한 한 자신에게 만족하는 경지에 도달하기 위한 가장 확실한 것이다. 왜냐하면 변할 수 없는 필연성을 확신하는 것처럼 우리에게 효과 있는 위로는 없고, 이것은 외적인 사정에 적용되는 것이지만, 내적인 사정에도 적용되기 때문이다. 우리는 화를 입고 고통을 당하지만, 이것보다 사정에 따라서는 그것을 피할 수 있었을지 모른다고 생각하는 것으로 더 괴로워한다. 그러므로 스스로를 안심시키기 위해서는 일어난 일을 필연성의 관점에서 고찰하는 것이 가장 효과적이며, 이 관점에서 보면 모든 우연은 널리 행해지는 운명의 도구로서 설명된다. 따라서 우리는 생기는 화를 내적인 사정과 외적인 사정과의 투쟁으로 인해 불가피하게 초래된 것으로 인정한다. 이것이 숙명론이다. 우리가 통곡하거나 미쳐 날뛰는 것은 이로 인해 다른 사람들의 마음을 움직이게 하거나 우리 자신을 자극시켜서 당치도 않은 노력을 하려고 기대하는 경우에만 그렇다. 그러나 어린아이나 어른이나 그 밖에는 아무것도 되지 않는다는 것을 명백히 알게 된다면, 곧 단념하고 만족할 줄 알게 된다.

　　　가슴 깊이 간직하고 있는 원한을 억지로 억누르면서.
　　　　　　　　　　　　　——호메로스의 《일리아드》 제18서, 113행 참조

　　사로잡힌 코끼리는 며칠을 무섭게 날뛰지만, 그것이 허사라는 것을 알면, 갑자기 조용해져서 목을 내밀고 멍에를 하고 길들여지는데, 우리는 이 코끼리와 비슷하다. 우리는 아들이 살아있는 동안은 쉬지 않고 하느님께 귀찮을 정도로 간청을 하고 절망적인 태도를 취했지만, 아들이 죽은 뒤에는 아들 일을 생각하지 않는 다윗 왕과도 같다. 불구, 빈곤, 비천한 신분, 추한 모습, 불쾌한 거주지 등 수없이 많은 불행이 수많은 사람들에게 태연하게 일어나는데도, 다 나은 상처처럼 이제 전혀 느껴지지 않는 것은 이 때문이다. 이것은 수많은 사람들이 내적인 또는 외적인 필연성이 이 경우 무엇 하나 변경할 수 없다는 것을 알고 있기 때문이다.

그런데 그들보다 더 행복한 사람들은 그들이 어떻게 그것을 견뎌 낼 수 있는지를 이해할 수 없다. 외적인 필연성과 마찬가지로 내적인 필연성을 분명히 아는 것이 그것과 가장 잘 융합하는 길이다. 우리는 자기의 좋은 특질이나 강점, 또한 자기의 결점이나 약점도 명확하게 인식하고, 그것에 알맞게 우리의 목적을 설정하고, 도달할 수 없는 것은 단념하면, 그럼으로써 개성이 허락하는 한, 가장 확실하게 괴로움 가운데 가장 괴로운 고뇌인 자신에 대한 불만에서 벗어나게 된다. 그런데 이 불만은 자기의 개성에 대한 무지, 그릇된 자부심, 그리고 거기에서 생기는 불손함의 당연한 결과다. 여기에서 권장되고 있는 자기 인식이라는 어려운 문제에 대해서는 다음과 같은 오비디우스의 시구가 훌륭하게 적용될 수 있다.

마음을 미혹시키는 괴로움의 고삐를 끊고,
탄식을 그만두는 사람은 영혼을 위한 최상의 구제자다.

'획득 성격'에 관해서는 더 이상 언급하지 않기로 한다. 이 성격은 원래 윤리학에서보다 오히려 실생활에서 중요한 것이지만, 이 성격의 논의는 예지적 성격의 논의와 함께 첨가된 것이다. 전자에 관해서는 의지가 모든 현상에서 필연성에 지배되고 있으면서 또한 의지 자체로서는 자유며, 거기에다가 전능이라고까지 말할 수 있다는 것을 명백히 하기 위하여, 어느 정도 자세히 고찰하지 않으면 안 되었다.

56. 의지와 무한한 삶의 고뇌

이 자유, 이 전능의 발현과 모사로 이루어진 가시적인 세계 전체, 즉 그 현상이 존재하여 인식의 형식에 동반하는 여러 법칙에 따라 점점 발전해 가는 것이지만, 이제 이 자유, 이 전능은 그것이 완전하게 현상하여 그 자신의 본질을 충분히, 그리고 적절하게 알기에 이르러서도 새롭게 자기를 발현할 수가 있다. 이 자유, 이 전능은 사려와 자기의식의 정점인 여기서도 맹목적으로, 또 자신을 모르고 의욕한 바와 같은 것을 의욕하거나 그 반대 현상을 보인다. 의욕하는 경우, 이 인식은 개체에서와 마찬가지로 전체에서도 자유에게는 언제나 '동기'로 남아 있고, 그 반대의 경우에는 자유에게 모든 의욕을 진정시켜 없애는 '진정제'가 된다. 이것이 앞서 일반적으로 말한 생에 대한 의지의 긍정과 부정인데, 이것은 개인의 소행에 관해서는 개별적인 의지 발현이 아니라 일반적인 의지 발현으로서, 성격의 발전을 방해하고 변화시키지도 않고, 또 개별적인 행동에 표현되지도 않고, 이때까지의 행동 방식 전체가 점점 더 강하게 나타나거나 반대로 그것이 폐지됨으로써, 거기에 생긴 인식에 따라 의지가 자유롭게 파악한 행동 규범을 표명한다. 이것을 더욱 명확하게 발전시키는 것이 마지막 권의 주요 과제지만, 이것은 그 사이에 행해진 자유·필연성·성격에 관한 고찰로 이미 어느 정도 쉽게 되어 있고 준비도 되어 있다. 그러나 이 설명을 다시 한 번 미루어 놓고, 우선 우리의 고찰을 의욕하는가 안 하는가가 문제인 생 자체로 향한다. 어떤 곳에서도 이 생의 가장 내면적인 본질이 되고 있는 의지를 긍정함으로써 대체 무엇이 주어질 것인가, 요컨대 일반적으로 또 본질적으로 의지에 있어, 그리고 모든 점에서 의지에 속하는 이 세계에 있어 대체 무엇이 의지의 상태로 간주될 것인가를 인식하려고 노력한다면, 이상 말한 설명은 한층 쉽게 될 것이다.

우선 독자가 여기서 제2권의 마지막에 의지의 목표와 목적에 관해 내놓은 문제를 통해 이루어진 고찰을 기억해 주기 바란다. 그때 우리의 눈앞에 놓인 것은 문제에 대한 해답이 아니라, 의지는 최저 단계에서 최고 단계에 이르기까지 그 현상의 모든 단계에 있어서 궁극적인 목표나 목적이 없고 언제나 노력한다는 것이었다. 노력이야말로 의지의 유일한 본질이기 때문이며, 목표에 도달해도 노력이 끝난다는 것은 아니다. 따라서 노력은 결코 최후의 만족을 얻지는 못하고 방해됨으로써 끝날 뿐이며, 그대로 놓아두면 무한히 나아가는 것이다. 우리는 이것을 자연 현상 가운데서 가장 단순한 현상인 중력에서 보았는데, 중력은 노력하는 것을 쉬지 않고, 연장이 없는 중심점을 향해 압박하는 것을 그치지 않는다. 사실 그 중심점에 이르면, 중력도 물질도 없어져 버리는 것이지만, 아무리 이것으로 세계의 모든 것이 둥글게 덩어리로 되어 버린다고 해도, 중력은 그 압박을 멈추지 않는다.

다른 단순한 자연 현상들에도 같은 것이 보인다. 고체는 열에 의해서나 물에 의해서 용해되어 액체로 되려고 하며, 액체가 되어서 그 화학적인 힘이 자유롭게 된다. 강성은 이것의 화학적 힘이 한기(寒氣)로 유지되어 사로잡힌 상태다. 액체는 안개 모양의 것이 되려고 노력하기 때문에 그것에 가해진 압력이 모두 없어지면 곧 안개 모양이 된다. 어떠한 물체도 친화성, 즉 노력이 없는 것은 없다. 야코프 뵈메 같으면 병적인 나쁜 버릇과 욕망이 없는 것은 없다고 말할 것이다. 전기는 지구의 큰 덩어리에 그 작용을 흡수당해 버리지만, 또한 그 내적인 자기 분열을 무한정 전파한다. 갈바니 전기는 전류가 남아 있는 한, 목적도 없이 똑같은 자기 분열과 유화(宥和)를 끊임없이 새롭게 하는 작용이다. 식물의 생존은 사실 이런 끊임없고 만족할 수 없는 노력이며, 점점 높은 형태를 거쳐 최종점인 종자가 다시 기점으로 되기까지 쉬지 않고 계속하는 충동이다. 이것이 무한히 되풀이되고, 아무런 목표도 없고, 어디에나 궁극적인 만족이 없고 어디에도 쉬는 장소가 없다. 동시에 우리는 제2권에서 말한 것을 상기하게 되겠지만, 곳곳에서 다양한 자연의 힘과 유기적 형태가 자기가 의거하여 출현하려고 하는 물질을 서로 빼앗고, 한편으론 다른 쪽에서 빼앗은 것만을 소유하여, 끊임없는 생사의 투쟁이 계속된다. 사실 이 투쟁에서 주로 저항이 생기고, 이 저항 때문에 모든 것에서 가장 깊은 본질을 이루고 있는 노력이 도처에서 방해받고 헛되게 압박당하는 것이다. 그래도 그 본질을 버리지는 못하고 근근히 살아가는 동안에 결국 이 현상이 소멸되고, 다른 현상이 그곳에 들어와서 그 물질을 탐내듯 빼앗기에 이른다.

우리는 이미 앞에서 사물의 중심과 즉자태를 이루고 있는 이 노력을, 우리에게 가장 충분한 의식의 빛으로 명확하게 드러낸 것일 경우 '의지'라고 부른다고 했다. 또 의지와 그 잠정적인 목표 사이에 생기는 장해로 의지가 저지되는 것을 '고뇌'라고 부르고, 이와 반대로 목표가 달성되는 것을 만족·쾌적·행복이라고 부른다. 이 명칭들은 정도는 낮지만 본질적으로 말해 동일한 인식을 갖지 않는 세상의 현상들에도 옮겨 사용할 수 있다. 이렇게 보면 이 현상들은 끊임없이 고뇌하고 있고, 영속적인 행복은 갖고 있지 않다는 것을 알 수 있다. 왜냐하면 노력이라는 것은 부족함에서, 자기의 상태에 대한 불만에서 생기는 것이기 때문이다. 따라서 노력이 만족되지 않는 한 고뇌다. 그런데 만족은 영속하는 것이 아니라, 오히려 언제나 새로운 노력의 기점에 지나지 않는다. 우리는 노력이 곳곳에서 저지되고, 또 싸우고 있는 것을 본다. 따라서 그런 경우에 노력은 언제나 고뇌다. 노력의 마지막 목표라는 것은 없고, 고뇌의 한계라는 것도 없다.

그런데 우리가 이렇게 날카로운 주의를 기울이고 또한 고생을 하고 난 후에 인식이 없는 자연 속에서 발견하는 것은 인식이 있는 자연, 즉 동물의 생 가운데에는 명백히 나타나는 것이며, 동물에게 생의 고뇌는 쉽게 나타날 수 있다. 그러나 우리는 이 중간 단계에 머무르지 않고, 인간의 생에 있어 모든 것이 가장 명백한 인식에 비추어 명확하게 나타나는 단계에 눈을 돌린다. 왜냐하면 의지의 현상이 완전하게 됨에 따라 고뇌도 점점 명백해지기 때문이다. 식물은 아직 감성이 없으며, 따라서 고통도 없다. 적충류(滴蟲類)나 방산충류와 같은 최하등 동물은 대단히 가벼운 정도로만 고뇌를 느낀다. 곤충까지도 고뇌하는 능력은 아직 한정적이다. 완전한 신경계통이 성립되는 척추동물에 이르러 비로소 그 능력도 확실히 나타나며, 지능이 발달함에 따라 점점 두드러지게 된다. 따라서 인식이 명백해지고 의식이 향상함에 따라 고뇌도 더해가고 인간에게 이르러서는 최고도에 달한다.

또 인간에 있어서도 인식이 명확하고 지능이 높으면 높을수록 점점 더 고뇌는 증대한다. 타고난 천재는 고뇌도 가장 심하다. 나는 여기서 이런 의미에서, 즉 단순한 추상적 지식에 관해서가 아니라 인식 일반의 정도에 관해서, "지식을 증대하는 자는 걱정을 키운다"고 하는 〈전도서〉의 말을 이해하고 사용한다. 의식 정도와 고뇌의 정도에 있어 이런 관계를 직관적인 명확한 묘사로 훌륭하게 화면에 표현한 것은 철학적 화가, 또는 화가적 철학자인 티쉬바인(Tischbein)이다. 그의 그림 상반부에는 부인들이 그려져 있는데, 그녀들은 어린아이들을 빼앗긴 채 여러 갈래로 무리를 이루고 자세를 취하고, 어머니가 갖는 깊은 고통·불안·절망을 여러 모양으로 표현하고 있다. 하반부에는 같은 배치와 무리로 어린 양을 빼앗긴 양들이 그려져 있다. 이렇게 상반부에 인간의 머리가 있고, 인간의 자세에는 하반부에서 동물의 유사체가 대응하고 있기 때문에, 둔한 동물의 의식에 있어 가능한 고통이 명확한 인식과 명석한 의식으로 가능하게 되는 강렬한 고민과 어떻게 관련되어 있는가를 뚜렷하게 알 수 있다.

그러므로 우리는 '인간의 생존' 속에 있는 의지의 내적이고 본질적인 운명을 고찰해 보려고 생각한다. 누구라도 쉽게 동물의 생 속에 이 같은 의지의 운명이, 사람들 사이에서보다는 약하지만 여러 정도로 표현되어 있는 것을 볼 수 있을 것이다. 그리고 고뇌하는 동물을 보아도 본질적으로는 '모든 생이 얼마나 괴로운 것인가'를 충분히 확신할 수 있을 것이다.

57. 인생의 기본 특징인 고뇌

인식에 의해 비추어지는 어떠한 단계에서도 의지는 개체로서 나타난다. 무한한 공간과 무한한 시간에 있어 인간 개체는 스스로를 유한한 존재로 느끼고, 무한한 공간과 시간에 비하여 실로 미미한 크기로 그 속에 던져진 것으로 느낀다. 이들 무제한성 때문에 인간 개체의 현존에는 언제나 상대적인 '언제'와 '어디' 밖에는 없고, 절대적인 언제와 어디는 없다. 왜냐하면 개체의 장소와 그 지속은 무한과 무제한성의 유한한 부분이기 때문이다. 개체 본래의 현존은 현재에 있을 뿐이고, 현재가 아무런 저지도 받지 않고 과거로 도망쳐 가는 것은 끊임없이 죽음을 향해 가는 것이며, 끊임없이 죽는 것이다. 개체의 과거 생은 현재에 대한 어떠한 결과나 거기에 새겨져 있는 개체의 의지에 대한 증언을 별도로 한다면, 이미 완전히 끝나 버린 것, 죽어서 이제 아무것도 없는 것이기 때문에 그 과거의 내용이 고통이거나 향락이거나 하는 것은 개체에 있어 이성으로는 아무래도 좋은 것이어야 한다. 그러나 현재는 끊임없이 개체의 손으로 과거가 되며, 미래는 불확실하고 또 언제나 짧다. 그래서 개체의 현존은 형식적 측면에서만 보아도 현재가 죽어 버린 과거 속으로 끊임없이 소멸하는 것, 즉 끊임없이 죽는 것이다. 그런데 이것을 물리적 측면에서 보면, 모두 잘 아는 것이지만, 우리의 걸음이란 끊임없는 파멸이 방해되는 것에 지나지 않고, 우리 육체의 생이란 지속적으로 보류되어 있는 사멸에 불과하며, 언제나 죽음이 미루어져 있는 것에 지나지 않는다는 것이 분명하다.

마지막으로 우리 정신도 마찬가지인데, 활기는 지루함을 끊임없이 물리치는 것이다. 하나하나의 호흡은 쉬지 않고 닥쳐오는 죽음을 막고 있으며, 이렇게 매초마다 죽음과 싸우고, 긴 휴식 기간 동안에 늘 하는 식사, 수면, 보온 등을 통하여 죽음과 싸우고 있다. 결국 죽음이 이길 것임에는 틀림이 없다. 왜냐하면 우리는 세상에 태어났을 때부터 이미 죽음의 손에 들어가 있으며, 죽음은 잡은 것을 다 먹어 버리기 전에 잠시 농간을 부리고 있는 것에 불과하기 때문이다. 그런데 우리는 생을 큰 관심과 배려를 갖고 될 수 있는 한 길게 계속한다. 마치 비눗방울이 언젠가는 터질 것이라는 것을 알고 있으면서, 가능한 한 오랫동안, 가능한 한 크게 부는 것과 마찬가지다.

우리는 인식이 없는 자연에서 이미 그 내적 본질이 목표도 휴식도 없는 부단한 노력이란 것을 보아 왔지만, 동물이나 인간을 고찰하면, 이 노력은 한층 더 현저하게 눈에 띈다. 의욕과 노력은 동물과 인간의 모든 본질이며, 해소할 수 없는 갈증과 흡사하다. 그런데 의욕의 근본은 필요와 결핍, 즉 고통이다. 따라서 인간은 이미 근원적으로, 그리고 그 본질로 해서 고통의 수중에 들어가 있다. 이와 반대로 의욕이 너무나 쉬운 만족으로 곧 소멸되어서 의욕의 대상도 곧 제거되어 버리면, 그는 무서운 공허와 지루함에 빠진다. 그의 본질과 현존 자체가 그에게는 참을 수 없는 무거운 짐이 된다. 따라서 그의 생은 시계추처럼 고통과 권태 사이를 왔다 갔다 하는데, 사실 이것이 생의 궁극적인 요소다. 이것은 대단히 이상하긴 하지만, 우리가 고통과 고뇌를 지옥으로 추방해 버려 천국에는 권태밖에 남아 있지 않다고 표현할 수밖에 없는 것이다.

그런데 의지의 모든 현상에서 본질을 이루고 있는 끊임없는 노력은 객관화의 보다 높은 단계들에서는 의지가 살아 있는 육체가 되어 이것을 부양하지 않으면 안 된다는 엄명을 받고 나타난다. 바로 여기에 그 근본적이고 가장 일반적인 기초가 있다. 그리고 이 명령에 힘을 주는 것은 육체가 생에 대한 객관화된 의지에 불과하다는 것이다. 따라서 의지의 가장 완전한 객관화로서 인간은 철저하게 구체화된 의욕과 욕망이며, 무수한 욕망의 덩어리다. 인간은 이 욕망들을 품고 자신의 결핍과 필요를 제외한 불확실한 모든 것들을 단념한 채 이 지상에서 살고 있다. 그러므로 매일 새로이 나오는 번거로운 요구들에 괴로움을 당하면서, 이 생존을 유지해 나가기 위해 배려하는 것이 인생이다. 다음으로 이 생존의 유지와 직접 맺어지는 제2의 요구는 종족 번식의 요구다. 이와 동시에 인간은 각 방면으로부터 여러 가지 위험에 위협받고 있으며, 이것을 피하기 위해서는 쉴 새 없는 경계가 필요하다. 인간은 신중한 걸음걸이로 불안하게 주위를 살피면서 자기의 길을 걸어간다. 왜냐 하면 무수한 우발적인 사고와 적이 잠복하여 그를 기다리고 있기 때문이다. 그는 황무지를 걸었고, 또한 문명 세계의 삶을 사는 것이다. 인간에게는 안 전이란 없다.

아아, 생명이 계속되는 한 왜 이런 존재의 암흑, 왜 이렇게 큰 위험 속 에서 인생을 보내야 한단 말인가!

——루크레티우스(Lucr, Ⅱ, 15.)

대다수 사람들의 생은 이 생존을 위한 끊임없는 투쟁에 불과하며, 결국 이 투쟁에 지는 것이 확실하다. 그런데 대다수 사람들이 이렇게 고통스러운 투 쟁을 견디는 것은 생에 대한 사랑이라기보다는 오히려 죽음에 대한 공포 때 문이다. 죽음이야말로 피하려고 해도 피할 수 없는 것이고, 배후에 숨어서 어느 때나 가까이 올 수 있는 것이다. 인생은 암초나 소용돌이가 가득한 바 다며, 인간은 가능한 한 주의와 배려를 해서 이것을 피하는 것이다. 그러나 인간은 모든 노력을 다해 이것을 뚫고 나아갈 수 있다고 하더라도, 이렇게 함으로써 한 발짝 한 발짝 전면적이고 피할 수 없으며 재기 불능한 상태의 난파, 즉 죽음에 가까이 간다. 아니 오히려 죽음을 향하여 배의 키를 쥐고 가고 있다는 것을 알고 있다. 이 죽음이야말로 고난이라는 항해의 최후 목표 이며, 인간에게는 그가 피해 온 어떠한 암초보다도 나쁜 것이다.

그런데 주목해야 할 일이지만, 한편으로 생의 고통과 고뇌 때문에 죽음으 로부터 도피하려던 생각은 생을 구성하는 그 죽음이 바람직하게 느껴져 기 꺼이 죽음을 서두르는 데까지 이를 수 있고, 또 한편으로 곤궁이나 고통이 인간에게 휴식을 주자마자, 곧 지루함이 다가와서 오락이 필요하게 되는 일 이 생기게 된다. 무릇 생물에게 마음을 쏟게 하고 움직이게 하는 것은 생존 에 대한 노력이다. 그런데 생존이 보증되면, 무엇을 해야 할지 모른다. 그래 서 이 생물들을 움직이는 제2의 것은 생존의 무거운 짐을 벗어 버리고, 이것 을 느끼지 않게 되고, '시간을 죽이는', 즉 지루함을 면하려고 하는 노력이 다. 따라서 곤궁과 근심에서 벗어난 거의 모든 사람들은 다른 무거운 짐을 끝내 없애 버리고 나면, 이번에는 자신이 무거운 짐이 되어서 이때까지 보내온 시간을 득이라고 생각하고, 또한 그들이 이때까지 전력을 다해 가능한 한 연장하고 보존하려고 한 그 생명을 끊어 버리는 것이 득이라고 생각한다. 그러나 권태는 결코 경시해야 할 악은 아니다. 권태는 얼굴에 참된 절망을 그린다. 인간들처럼 서로 사랑하고 있지 않는 것들을 찾게 하고, 교제의 원천이 된다. 다른 일반적인 재난과 마찬가지로 권태에 대해서도, 정략적으로 도처에서 사회적인 방지책이 강구되고 있지만, 그것은 이 악이 그 반대의 극인 기근과 마찬가지로 인간을 가장 심한 무질서에까지 몰고 갈 수도 있기 때문이다. 즉 민중은 빵과 곡예(Panem et Circenses)를 필요로 한다. 필라델피아의 엄격한 형벌 제도는 고독과 아무것도 하지 않는 권태를 형벌의 도구로 삼고 있는데, 이것은 정말 무서운 벌이며, 죄수를 자살에 이르게 할 정도이다. 곤궁은 서민에게 쉴 새 없는 채찍이지만, 권태는 상류 사회에 대한 채찍이다. 서민 사회에서 곤궁은 1주일의 6일로 대표되지만, 권태는 일요일로 표시된다.

모든 인생은 철저하게 의욕과 성취 사이를 흘러가고 있다. 소망은 그 본성에 따르면 고통이다. 성취는 얼마 가지 않아 곧 포만을 낳는다. 목표는 피상적일 뿐이고, 소유는 흥미를 빼앗아 가고, 새로운 모습으로 소원과 욕구가 다시 나타난다. 그렇지 않으면 황량·공허·권태가 생기고, 이에 대한 투쟁은 곤궁에 대한 것과 마찬가지로 괴로운 것이다. 소망과 만족이 잇따르는 시간적 간격이 너무 짧지도 않고 너무 길지도 않으면, 이 둘에 의해 생기는 고뇌는 최소한이 되고 가장 행복한 생활이 된다. 왜냐하면 사람들이 보통 인생의 가장 아름다운 부분이라거나 가장 순수한 기쁨이라고 부르는 것은 우리를 실제 생활에서 빼내서 그것에 대해 무관심한 방관자로 변하게 하는 것뿐인데, 이것은 모든 의욕이 관여할 수 없는 순수한 인식이며 미의 향락이며, 예술의 순수한 기쁨이기 때문이다. 이러한 것은 희귀한 소질을 필요로 하기 때문에, 아주 소수의 사람들에게만 베풀어지며, 또 그 사람들에게도 슬쩍 지나가는 꿈으로 나타나는 것에 불과하다. 이 소수의 사람들은 더 높은 지성력을 갖고 있기 때문에, 둔한 사람들이 느낄 수 있는 것보다 훨씬 큰 고통을 느끼고, 그들을 다른 사람들 사이에 고립시킨다. 그래서 또 고락을 고르게 되는 것이다.

그러나 대다수의 인간은 순수하게 지성적인 향락을 붙들 수 없다. 순수한 인식 속에 있는 기쁨은 그들에게는 거의 불가능하다. 그들은 의욕만을 의지하고 있다. 그러므로 관심을 갖게 하고 '흥미'를 갖게 하려면, 그것이(이것은 이미 그 말뜻에 존재하고 있지만) 아무리 그들의 의지에서 멀고 가능성만 있다고 하더라도 어떤 방도로든 그들의 '의지'를 자극하지 않으면 안 된다. 그러나 그 의지는 그들의 생존이 인식보다 의욕에 있기 때문에, 완전히 활동을 그만두는 것은 불가능하다. 동(動)과 반동(反動)은 그들의 유일한 요소다. 이러한 성질의 소박한 표현은 사소한 일들이나 일상의 현상들에서 추정될 수 있다. 가령 그들은 구경한 명소에 자기들의 이름을 쓰는데, 그것은 그 장소가 그들에게 영향력을 행사하지 않았기 때문에 그들 쪽에서 반응하여 그 장소에 영향력을 행사하는 것이다. 또한 그들은 이상하고 진귀한 동물들을 그저 바라보는 것으로 만족하지 않고 동물을 자극하거나 놀려대거나 놀지 않고서는 배길 수 없는데, 그것은 단지 동과 반동을 느끼기 위해서일 뿐이다. 그 의지 자극에 대한 욕구는 카드놀이를 발명하고 그것을 하고 있다는 것에도 나타나 있지만, 카드놀이야말로 참으로 인간성의 비참한 측면을 표현한 것이다.

그러나 아무리 자연과 행복이 무엇을 하든, 또 사람이 누구이든 그리고 무엇을 소유하고 있든, 인생의 본질적인 고통은 제거되지 않는다.

펠레우스의 아들은 넓은 하늘을 쳐다보면서 비탄에 잠겨 있느니라.

또한

나는 크로노스의 아들인 제우스의 아들이니라.
그런데도 말할 수 없이 많은 고난을 겪었도다.

고뇌를 추방하려는 쉴 새 없는 노력은 고뇌의 모습을 바꾸는 것 외에는 아무것도 할 수 없다. 고뇌의 모습이란 결핍, 궁핍, 생의 유지를 위한 배려다. 극히 어려운 일이긴 하지만, 다행히도 이러한 모습을 한 고통을 추방하는 일이 가능하다면, 고통은 곧 무수한 다른 모습을 하고 나타나 나이나 사정에 따라 달라지고, 성욕, 열렬한 애정, 질투, 선망, 증오, 불안, 명예욕, 금전욕, 병 등으로 나타난다. 고통이 급기야 다른 어떤 모습도 취할 여지가 없게 되면, 혐오와 권태라는 슬픈 회색의 옷을 입고 나타난다. 이렇게 되면 사람들은 또 이것을 피하려고 여러 가지를 시도한다. 결국 이 혐오와 권태를 물리치는 것이 가능하다면, 그것은 이전의 여러 고통 중의 하나에 다시 빠져 처음부터 괴로운 춤을 다시 추지 않으면 안 되는 것이다. 왜냐하면 모든 인생은 고통과 권태 사이를 방황하는 것이기 때문이다. 이렇게 고찰하면 의기가 꺾이겠지만, 나는 이 고찰이 위로가 되는 일면, 아니 현존하는 자신의 재앙에 대한 스토아적인 무관심까지도 얻을 수 있다는 것을 말하고 싶다. 왜냐하면 우리가 자신의 재앙을 참을 수 없는 것은 대체로 그것을 우연이라고 인식하고, 쉽게 다른 형태를 취할 수 있는 원인들의 연쇄에 의해 초래된 것으로 인식하는 데에서 기인하기 때문이다. 우리는 직접적이고 필연적이고 보편적인 재앙, 예를 들어 노령이나 죽음, 많은 일상적인 불유쾌함과 같은 필연성은 한탄하지 않는 것이 보통이기 때문이다. 오히려 우리에게 고뇌를 초래한 상황의 우연성을 고찰하는 것이 고뇌에 날카롭게 찌르는 바늘을 주는 것이다. 고통이 인생에 고유한 것이고 또 피할 수 없다는 것을 인식하고, 우연에 의존하는 것은 고통의 단순한 형태, 즉 고통이 나타나는 형식에 지나지 않으며, 현재의 고뇌는 하나의 장소를 차지하고 있고, 거기에는 현재의 고뇌가 없으면 이 고뇌로 인해 배제되어 있는 다른 고뇌가 들어올 것이다. 따라서 본질적으로 운명에는 우리가 손을 쓸 수 없다는 것을 인식한다면, 그러한 반성이 생생한 확신이 되면, 고도의 스토아적인 평정심을 일으켜서 자기의 행복한 삶을 얻기 위한 초조한 근심을 크게 덜 수 있을 것이다. 그런데 실제로 직접 느껴지는 고뇌를 이성이 이렇게 훌륭하게 제어한다는 것은 드물거나 있을 수 없다.

고통이 피할 수 없는 것이고, 하나의 고통이 다른 고통으로 인해 추방되어 지금까지의 고통이 없어지면 새로운 고통이 나타난다는 이상의 고찰을 통해, 다음과 같은 역설적이지만 그렇다고 불합리하다고 말할 수는 없는 가설에 이르게 된다. 즉, 개인에게는 각기 고유한 고통의 분량이 그 본성을 통해 절대적으로 정해져 있어, 이 양은 고뇌의 형태가 아무리 심하게 변화해도 비어있는 일이 없고, 또 넘쳐 있는 일도 없다. 따라서 각 개인의 고뇌와 행복은 완전히 외부에서 규정되어 있는 것이 아니고, 바로 그 분량이 소질에 따라 규정되어 있다. 이 소질은 물론 육체적인 상태에 따라 그때그때 어느 정도의 증감이 있을지는 몰라도 전체로는 동일하며, 그 사람의 기질이라고 하는 것이다. 더 자세히 말하면, 플라톤이 《국가론》의 제1권에서 말한 것처럼 '가벼운 마음을 갖고 있는가, 무거운 마음을 갖고 있는가'의 정도라는 것이다. 큰 고뇌가 있으면 사람들은 그것보다 작은 고뇌는 전혀 느끼지 않게 되며, 큰 고뇌가 없으면 아주 사소하고 불쾌한 일까지 우리를 괴롭히고 기분을 해친다. 이 잘 알려진 경험은 이상의 가설을 입증하는 것이지만, 단순히 경험뿐만 아니라 생각만 해도 처음의 고통을 참고 넘어가기만 하면 전체로서는 그다지 변화하지 않고 존속한다. 또 반대로 오랫동안 고대하던 행복이 와도 전체로서는, 또 지속적으로는 우리가 이전보다 확실하게 행복하고 쾌적하다고 느끼지 않는다는 것도 경험이 가르치는 것이다. 이러한 변화가 생기는 순간만이 깊은 고뇌로서, 또는 큰 기쁨으로서 우리의 마음을 강하게 움직이는 것이다. 그러나 고뇌나 기쁨도 착각에 근거를 두고 있는 것이기 때문에 곧 없어져 버린다. 왜냐하면 이것들은 직접적이고 현재적인 기쁨이나 고통에 접하여 생기는 것이 아니라, 그 속에 예상된 새롭고 또 본래의 시작을 본 것만으로도 생기기 때문이다. 고통이나 기쁨을 미래에서 차용했다는 것만으로도 그것은 변칙적으로 강렬하게 성립되는 것이며, 오래 지속되는 것은 아니다.

위에서 말한 가설에 의하면, 고뇌 또는 행복의 인식이나 감정에 있어서도 극히 큰 부분은 주관적이고 선험적으로 규정되어 있지만, 이 가설에 대해서, 또한 그 증거로서 다음과 같은 주의를 들 수 있다. 즉, 인간의 쾌활함 또는 우울함과 같은 것은 분명히 외적인 사정들, 즉 부나 신분에 의해 규정되는 것이 아니다. 왜냐하면 부자들 사이에서 보는 것과 똑같은 수의 쾌활한 얼굴들을 가난한 사람들 가운데서도 만나기 때문이다. 또 자살을 유발하는 동기는 여러 가지이기 때문에, 어떤 성격을 가진 사람은 이런 큰 불행에는 거의 예외 없이 자살에 이르게 할 정도라고 말할 수는 없고, 또 아무리 작은 불행이라 해도 그것과 똑같은 정도로 지금까지 자살의 원인이 되지 않았던 것들을 열거할 수도 없다. 우리의 명랑함이나 비애의 정도는 언제나 같지는 않다고 해도, 이 견해에 따르면 외적인 상황의 변화 때문이 아니라 내적인 상태와 육체적인 건강 상태의 변화 때문이라고 볼 수 있다. 왜냐하면 우리의 명랑함이 일시적인 것에 지나지 않는다 해도 고조되어서 기쁨으로까지 발전하는 경우, 그것은 아무런 외적인 원인 없이 나타나는 것이 보통이다. 우리는 가끔 고통이 어떤 특정한 외적인 관계에서 생기는 것이라 생각하고, 이 관계에 대해서만 괴로워하고 슬퍼하고 있다. 그래서 이 관계가 없어지면 만족이 올 것임에 틀림없다고 믿는다. 그러나 이것은 착각이다. 전체로서 우리의 고통과 행복의 분량은, 우리의 가설에 의하면 언제나 주관적으로 결정되는 것이다. 그 분량에 있어서 비애의 원인이 되는 외적인 동기는 신체에 분산되어 있던 모든 나쁜 고름을 빨아 모으는 고약 같은 것에 지나지 않는다. 이 고통은 우리의 본질에 뿌리를 박은 것으로, 피할 수 없는 것이지만 만일 고뇌의 일정한 원인이 없다면 수많은 점으로 분산되어서 지금 우리가 간과하고 있는 사물들에 대한 수많은 사소한 불쾌감과 근심의 형태로 나타날 것이다. 왜냐하면 고통에 대한 우리의 최대 한계량은 이제까지 분산되어 있던 모든 고뇌를 한 점에 집중시킨 근본적인 재앙으로 이미 채워져 있기 때문이다.

이와 상응하여 또 다음과 같은 것이 관찰된다. 우리를 괴롭히는 큰 근심이 다행스럽게 끝나서 우리 가슴에서 없어지면, 그 대신 곧 다른 근심이 나타난다. 그것의 소재는 이제까지도 존재하고 있었지만, 불안으로서는 의식에 들어올 수 없었다. 왜냐하면 의식이 그 불안에 대한 최대 한계량의 여지를 갖고 있지 않기 때문인데, 그래서 이 불안의 소재는 단지 침침하고 흐릿한 환상으로서 의식의 한계 밑층에 머물러 있었다. 그런데 이제 장소가 생겼기 때문에, 이 준비가 정리된 소재는 곧 나타나서 일상의 주인인 근심의 왕좌를 차지한다. 이 소재는 물질에 따르면 이전에 없어져 버린 근심의 소재보다 가벼운 것이지만, 너무 부풀어서 겉으로 보기에는 크기가 같은 것처럼 나타나고, 일상의 주요 근심으로 왕좌를 점령하여 버린다.

과도한 기쁨이나 격렬한 고통은 언제나 한 인물 속에서 볼 수 있다. 왜냐하면 이 둘은 서로 제약하며, 또 다 같이 정신이 아주 활발할 것을 조건으로 하고 있기 때문이다. 이 둘은 우리가 이제 본 것처럼 순수하게 현재적인 것에 의해 생기는 것이 아니라, 미래의 예상에 의해 생긴다. 그러나 고통은 인생에 고유한 것이며, 또 그 정도는 주관의 본성에 의해 규정된다. 돌발적인 변화는 언제나 외적인 것이기 때문에, 고통의 정도를 근본적으로 바꾸는 것은 불가능하다. 그래서 과도한 기쁨이나 고통의 바탕에는 언제나 과오나 망상이 존재하고 있으며, 이와 같은 두 극단의 긴장은 통찰로 피할 수 있다. 과도한 기쁨(exultatio, insolens laetitia)은 생활 속에서는 전혀 찾아볼 수 없는 것을 발견했다고 생각하는 망상에 근거를 두고 있으며, 이것은 끊임없이 새롭게 고뇌를 만드는 소망 또는 불안의 영속적인 충족이다. 이런 종류의 망상은 후에 반드시 망상이라는 것이 알려지게 되고, 그 망상이 없어진 후에는 망상의 출현으로 기쁨이 생긴 것과 똑같은 정도로 쓴 고통을 맛보는 대가를 치러야 한다. 그런 점에서 망상은 뛰어내리는 것 외에는 다시 되돌아갈 수 없는 높은 곳에 비할 수 있다. 따라서 그러한 높은 곳은 가능한 한 피해야 할 것이다. 그리고 갑작스러운 과도한 고통은 모두 그러한 높은 곳으로부터의 낙하, 즉 망상의 소멸에 불과하며, 또 망상에 제약받고 있는 것이다. 그러므로 사물을 쉴 새 없이 전체적으로, 그리고 그 연관 아래 명확하게 음미하고, 의연한 태도를 갖고 이 사물들이 갖도록 소망하고 있는 색채를 실제로 그것에 부여하는 것이 가능하다면, 망상과 고통은 피할 수 있다. 스토아적 윤리가 주로 목표로 하고 있는 것은 그러한 망상과 그 결과에서 마음을 해방시켜 망상 대신 마음의 평정을 주려는 것이다. 다음과 같은 유명한 송시에 보면 호라티우스는 이러한 통찰을 충분히 하고 있었다.

> 괴로울 때엔 마음의 평정을 보존하려는 노력을
> 언제나 잊지 말 것이며,
> 행복할 때엔
> 과도하게 기뻐하는 것을 삼가라.

우리는 대개 고뇌는 인생에 있어 고유한 것이고, 외부에서 우리에게 흘러오는 것이 아니라 끊이지 않는 고뇌의 샘을 모두들 자신의 내부에 가지고 있다고 하는, 쓰디쓴 약과 같은 인식에 대해서는 눈을 감고 있다. 그리고 오히려 우리에게서 떨어지지 않는 고통에 대해 끊임없이 외부의 개별적인 원인, 구실을 찾고 있다. 마치 자유인이 마음대로 우상을 만들어 그것을 주인으로 받드는 것과 같다. 왜냐하면 우리는 소망에서 소망으로 지칠 줄 모르고 노력하며, 얻어진 만족이 아무리 많은 것을 약속한다고 해도, 결국 우리를 만족시키는 것이 아니라 곧 굴욕스러운 잘못으로 나타나는 것이지만, 우리는 다나이데스 자매들의 밑 빠진 항아리에 물을 붓고 있다는 것을 모르고, 언제나 새로운 소망으로 달려가기 때문이다.

우리가 소망하는 것을 얻지 못하는 동안, 그 가치는 모든 것을 능가하는 것처럼 보이지만,
그것은 얻고 나면 곧 다르게 보이고,
비슷한 욕망이 우리를 사로잡아, 우리는 언제나 생을 갈구한다.
——루크레티우스(Lucr. Ⅲ, 1095.)

이렇게 무한으로 나아가거나, 또는 드물기도 하고 어떤 특정한 성격의 힘을 전제로 하는 것이기는 하지만, 실현되지는 않더라도 포기할 수는 없는 소망에까지 이른다. 그러면 우리가 추구하는 것, 즉 모든 순간에 고뇌의 원천으로서 우리 자신의 내적 본질 대신 호소할 수 있는 것을 얻는 것이 된다. 그렇게 함으로써 우리는 운명과는 이별하지만, 그 대신 생존과는 같이한다. 이 생존 자체에는 고뇌가 고유한 것이며, 참된 만족은 불가능하다고 하는 인식이 다시 멀어져 가기 때문이다. 이러한 최후의 발전 방식의 결과는 어느 정도 우울한 기분을 주고, 유일하게 큰 고통을 끊임없이 참아가며, 그 결과로서 모든 사소한 고뇌나 기쁨을 멸시한다. 따라서 이것만으로 벌써 보통 행해지고 있는, 쉬지 않고 다음에서 다음으로 환상을 잡으려고 급급해하는 것보다 더 고상한 모습이 된다.

58. 소극적인 인생의 행복

만족 또는 흔히 행복이라고 부르는 것은 본질적으로 언제나 '소극적'인 것에 불과하며, 적극적인 것이 아니다. 그것은 근원적으로 그 자신에게서 우리에게 와서 행복하게 하는 것이 아니라, 언제나 어떤 소망의 만족이어야 한다. 왜냐하면 소망, 즉 부족하다는 것은 기쁨을 주는 선행조건이기 때문이다. 그런데 만족과 동시에 소망은 없어지고, 소망이 없어지면 기쁨도 없어진다. 그러므로 만족이나 행복하게 하는 것은 어떤 고통이나 궁핍으로부터 해방 이상의 것은 아니다. 현실적이고 분명한 고뇌뿐만 아니라 성가시게 하여

우리의 평정을 방해하는 모든 소망도, 또 우리의 생존을 짐스럽게 느끼게 하는 견딜 수 없는 권태까지도 곤궁에 포함되기 때문이다. 무엇을 성취하고 이것을 지속하는 것은 아주 어렵다. 어떠한 계획에도 곤란이나 고생이 한없이 저항해 오고, 걸음마다 장애물이 걸리적거린다. 그러나 결국 모든 장애를 극복하고 목적을 달성했다고 해도 거기서 얻어진 것은 어떤 고뇌로부터 또는 어떤 소망으로부터 해방됐다고 하는 것밖에 없고, 그 고뇌와 소망이 생기기 이전 상태에 있는 것과 똑같은 것에 불과하다.

우리에게 직접적으로 주어져 있는 것은 언제나 결핍인 고통뿐이다. 그러나 우리는 만족이나 기쁨이 생기는 동시에 없어져 버린 그 이전의 고뇌나 결여에 대한 기억을 통하여 간접적으로만 인식할 수 있다. 따라서 우리가 실제로 소유하고 있는 재물이나 장점을 전혀 알지도 못하고, 또 존중도 하지 않으며, 그렇게 있어야 하는 것으로만 생각한다. 왜냐하면 그것들은 고뇌를 방지하면서 언제나 소극적으로만 행복하게 하기 때문이다. 그것들을 잃은 후에 비로소 우리는 그 가치를 느끼게 된다. 왜냐하면 부족·결핍·고뇌는 적극적인 것, 직접 나타나는 것이기 때문이다. 그러므로 실제로 궁핍·질병·결핍 등을 이겨낸 것을 생각하면, 이것이야말로 현재의 재물을 향락하는 유일한 수단이기 때문에 기뻐하는 것이다. 이러한 관점에서, 그리고 살려고 하는 의욕의 형식인 이기심이라는 입장에서는 남의 고뇌를 바라보거나 묘사함으로써 우리가 바로 앞에서 말한 것과 같은 경로로 만족이나 기쁨을 얻는다는 것도 부정할 수가 없다.

루크레티우스는 그의 저서 제2권의 처음에 이것을 적절하고 솔직하게 표현하고 있다.

거센 바람이 바다에 휘몰아칠 때 해변에 서서 지독한 고생을 하는 뱃사람들을 바라보는 것은 얼마나 흐뭇한가.
그것은 남의 괴로움을 보고 기뻐하는 것이 아니라, 나 혼자 재난을 모면하고 있음을 알고 기뻐하는 것이다.

뒤에 알게 될 일이지만, 이러한 종류의 기쁨은 자기의 행복을 간접적으로 인식하기 위하여 본래의 적극적인 악의 근원에 아주 가까이 접근한 것이다.

행복이란 모두 소극적인 것에 불과하며, 본질적으로 적극적인 것은 아니다. 그러므로 영속적인 만족이나 행복은 있을 수 없고 언제나 고통 또는 결핍에서 해방시켜 주는 것에 불과하다. 그 후에는 새로운 고통이 생기거나 무기력, 헛된 갈망, 권태 등이 뒤따르게 된다. 이것은 세계와 인생의 본질을 충실히 비추는 거울인 예술, 특히 시에서도 증명된다. 모든 서사시와 극문학도 언제나 행복을 얻기 위한 싸움·노력·투쟁을 묘사하는 것밖에는 다른 도리가 없고, 영속적이고 완성된 행복을 묘사할 수는 없다. 그러한 문학은 주인공이 허다한 난관과 위험을 헤치고 목표를 향해 나아가고, 목표에 도달하자마자 서둘러 막을 내려 버린다. 왜냐하면 거기서 행복을 찾는다고 잘못 생각하고 있었던 빛나는 목표가 이제 그를 조롱한 것에 불과하며, 그 목표에 도달한 후에도 그는 전보다 행복해지지 않았다는 것을 문학이 그려 내는 것밖에는 별 도리가 없기 때문이다. 순수하고 영원한 행복이란 것은 있을 수 없기 때문에, 그것은 결코 예술의 대상이 될 수 없다.

　원래 전원시의 목적은 그러한 행복을 그리는 데 있다. 그러나 전원시가 그 사실을 감당해 나갈 수 없다는 것도 사람들이 알고 있는 사실이다. 전원시는 언제나 시인의 손에 의해 서사적이 되거나 단순히 서술적인 시로 되는데, 서사적으로 되는 것은 사소한 고뇌, 사소한 기쁨, 사소한 노력에서 구성된 극히 보잘것없는 서사시에 불과하며, 이것은 가끔 있는 일이다. 또 서술적인 시가 되면 자연의 미를 그린다. 다시 말해 참으로 순수한 무의지의 인식이며, 이것은 물론 실제로도 유일한 순수한 행복이며, 이 행복에 앞서 고뇌나 욕망이 먼저 나타나지 않고, 또 후회·고뇌·공허·혐오도 필연적으로 뒤따르지 않는다. 단 이 행복은 모든 생애를 충족시킬 수는 없고, 오직 생애의 한 순간만을 충족시킬 뿐이다. 시에서 보여주는 것은 음악에서도 보이는데, 사실 음악의 선율 속에 우리가 재인식한 것은 자신을 의식한 의지의 내적인 역사가 보편적으로 표현된 것이고, 가장 비밀스런 생, 동경, 고뇌, 기쁨이며, 인간 마음의 번성과 쇠락이 바뀌는 것이다. 선율은 언제나 으뜸음에서 이탈하며, 수없이 이상한 방황을 거쳐 가장 고통스러운 불협화음에까지 이르지만, 결국은 으뜸음으로 되돌아간다. 이 으뜸음은 의지의 만족과 안심을 나타내는 것이지만, 그 다음에 이 으뜸음은 아무것도 할 수 없다. 만일 이것을 더 길게 계속하면 권태롭고 무의미하고 단조로운 음만 계속될 것이다.

이 고찰로 명백해져야 할 것, 즉 영속적인 만족에 도달할 수 없다는 것과 행복은 소극적이라는 것은 제2권의 마지막에 설명했다. 말하자면 인생도 모든 현상과 마찬가지로 의지의 객관화지만, 의지는 목표도 없고 결말도 없는 노력이다. 이렇게 결말이 없는 것의 특징은 끝이 없는 시간이나 공간이라는 가장 보편적인 형식에서 인간의 생이나 노력이라고 하는 현상 가운데서 가장 완전한 현상에 이르기까지, 의지의 현상 가운데 어떠한 부분에도 나타나 있다. 우리는 인생의 세 가지 극단을 이론적으로 상정하여, 그것을 현실적인 인생의 요소라고 간주할 수 있다. 첫째는 강렬한 의욕, 거대한 정열(Radscha-Guna)이다. 그것은 위대한 역사적 인물 속에 나타나 서사시나 희곡으로 그려진다. 그러나 또 적은 범위에도 나타난다. 왜냐하면 객관의 크기는 여기서는 그것이 의지를 움직이는 정도에 따라 측량되는 것이고 외적인 관계들에 의해 되는 것이 아니기 때문이다. 둘째는 순수 인식인데, 인식이 의지의 사역에서 해방됨으로 행해지는 이데아의 파악이며, 천재의 생활(Satwa-Guna)이다. 마지막으로 셋째는 의지와 그것에 속박된 인식의 심한 무관심인데, 공허한 동경, 생명을 마비시키는 권태(Tama-Guna)이다. 개인의 생은 이 세 극단의 어느 하나에 고정되는 일은 없고, 드물게 그것들에 접속하는 것에 불과하다. 또 대부분은 이쪽 또는 저쪽에 약하게 동요하며 접근하는 것이고, 보잘것없는 대상을 원해 쉬지 않고 되풀이하면서 지루함을 면하고 있다.

대다수 사람들의 생활을 밖에서 보면 얼마나 보잘것없고 무의미하며, 또 안에서의 느낌도 얼마나 답답하고 무의식적인가 믿을 수 없을 정도이다. 그들의 생활은 무기력한 동경과 고뇌이고, 보잘것없는 일련의 사상을 가지고 인생의 사계를 돌아다니며 죽음에 이르기까지 꿈을 꾸듯 허우적거리며 간다. 그들은 태엽에 감겨서 무슨 이유인지도 모르고 움직이는 시계와도 같다. 한 사람이 태어날 때마다 인생이라는 시계의 태엽이 새로 감기고, 이때까지 무수히 되풀이하여 연주된 오르골의 곡을 다시 한 번 되풀이하여 한 악절마다 한 박자마다 보잘것없는 변주를 붙여서 연주하는 것이다. 모든 개인, 모든 인간의 얼굴이나 생애도 무한한 자연의 영혼이 살려고 하는 지칠 줄 모르는 의지의 짧은 꿈에 지나지 않고, 이 영혼이 공간과 시간이라는 그의 무한한 지면에서 재미로 그려 보는 잠시 동안의 형상이다. 그것은 무한한 시간에 비하면 실로 보잘것없는 일순간에만 존재가 허용되고, 다음 형상에게 장소를 양보하기 위해 없어져 버리는 것이다. 여기에 인생의 중요한 측면이 있는 것이지만, 이들 잠시 동안의 형상이나 이 재미없는 착상들은 모두 생에 대한 의지 전체에 의해, 그 격렬함 속에서 많고 깊은 고통, 또 마지막에는 오랫동안 무서워하고 끝으로 나타나는 괴로운 죽음으로 속죄해야 한다. 그러므로 시체를 보면 우리는 돌연 진지하게 되는 것이다.

개인의 생활을 전체적이고 보편적으로 개관하고, 가장 두드러진 특징을 끄집어 내어서 보면, 본질적으로는 하나의 비극이다. 그러나 하나하나를 자세히 보면 희극의 성격을 지니고 있다. 왜냐하면 하루하루의 활동과 괴로움, 순간순간의 그칠 사이 없는 조롱, 각 주간마다의 소망이나 공포, 각 시간마다의 사고 등 이러한 것들은 언제나 나쁜 장난을 쳐보려고 생각하고 있는 뜻밖의 재난으로 인한 희극적인 장면에 지나지 않기 때문이다. 그런데 소망은 실현되지 않고, 노력은 실패로 돌아가고, 기대는 무자비하게 운명에 짓밟히고, 생애는 불행한 오류에 차고, 고뇌는 점점 더 증대하여 마지막에는 죽음으로 돌아가는 것을 보면, 이것은 언제나 비극이다. 그래서 운명이 우리에게 고난으로 조롱을 가하려고 하는 것처럼, 생활은 비극의 고통을 품고 있지 않으면 안 된다. 우리는 이 경우 비극적 인물의 품위조차 주장할 수 없다. 또 그것과는 달리 인생의 여러 면 가운데 희극 배우도 있지 않으면 안 된다.

인생에는 크고 작은 고생이 가득 차 있어 인생을 끊임없이 불안하고 동요하게 하지만, 그럼에도 이것들은 이 인생이 정신을 충족하게 하는 데에는 불충분하고, 생존의 공허와 무미건조함을 숨길 수도 없으며, 또한 근심의 씨가 되는 휴식을 언제나 곧 채우려고 만반의 준비를 하고 있는 권태를 제외할 수도 없다. 여기에서 인간의 정신은 현실의 세계에서 부가하는 근심, 비애, 작업으로는 만족하지 않고, 여러 가지 미신이라고 하는 무수한 형태로 된 공상의 세계를 만들어 놓는다. 그리고 그것으로 현실의 세계가 정신에게 휴식을 주려고 하면, 정신은 그 휴식을 완전한 휴식으로 느끼지 않기 때문에, 모든 방식으로 공상의 세계에 관계하여 시간과 힘을 낭비하게 되는 것이다. 그러므로 이것은 원래 기후나 토지가 온화하기 때문에 생활이 편한 국민에게 가장 많고, 특히 인도인 다음으로 그리스인, 로마인, 그리고 그 후에는 이탈리아인, 에스파냐인 등에 많이 보인다.

인간은 자신의 모습에 의거하여 여러 영혼, 신, 천사를 만든다. 그러면 거기에는 끊임없는 희생·기도·사원 장식·맹세와 순례·경례·성상의 장식 등이 바쳐져야 한다. 이 봉사는 도처에서 현실 세계와 교착하고, 현실 세계를 흐리게 하는 일까지 있다. 이렇게 되면 인생의 사건은 모두 영과 신들의 반응으로 간주된다. 이것들과의 교섭이 생애의 절반을 채우고, 끊임없이 기대를 가지게 하고, 또한 착각이라는 자극으로 현실적인 존재들과의 교섭보다도 더 흥미 있게 될 때도 있다. 그것은 인간의 현실적인 필요성의 표현과 징후인데, 한편으로는 조력과 보좌, 또 한편으로는 작업과 기분 전환에 대한 필요성이다. 그리고 인간은 재난이나 위험에 부딪쳤을 때 이것을 피하는 데 사용하지 않고, 귀중한 시간과 힘을 쓸데없이 기도나 희생을 위해 사용하여, 가장 큰 욕구와는 반대의 것을 하게 되어도, 그 대신 영혼의 세계와 공상적으로 교섭함으로써 그 다음의 욕구에는 오히려 더 도움이 된다. 이것이 모든 미신이 지니고 있는 도저히 경시할 수 없는 장점이다.

59. 개개인의 역사는 고뇌의 역사

우리는 이제까지 극히 일반적인 고찰들, 즉 인생의 근본적이고 기본적인 특징들을 연구함으로써, 인생은 이미 그 모든 성향에 따르더라도 참된 행복일 수는 없고, 오히려 본질적으로 여러 모습을 한 고뇌며, 아주 불행한 상태라고 하는 것을 선험적으로 확신했다. 그래서 이번에는 오히려 후천적인 방법으로 일정한 사례를 잘 보고, 여러 가지 형태를 상상 앞에 놓고 형언할 수 없는 비애를 실례로 묘사해 보면서, 이 확신을 훨씬 강하게 마음에 불러일으킬 수 있을 것이다. 이 형언할 수 없는 비애는 어느 쪽을 보나, 또 어떠한 생각으로 탐구하나 경험이나 역사에 의해 주어져 있는 것이다. 그러나 주제는 끝이 없을 것이고, 그래서 철학의 본질을 이루는 보편성이라는 입장에서 우리를 멀어지게 할 것이다. 게다가 이런 묘사는 이미 여러 번 행해진 것과 같은 인간의 불행에 관한 단순한 말솜씨로 여길지도 모르고, 또 개별적인 사실에서 출발한다고 하여 그 묘사 자체가 일방적이라고 비난받을지도 모른다. 우리는 인생의 본질에 뿌리박고 있는 불가피한 고뇌를 냉정하게 철학적으로, 다시 말해 보편적인 것에서 출발하여 선험적으로 입증한 것이기 때문에, 이러한 비난이나 의혹을 받을 필요는 없다. 그러나 후천적인 확증은 곳곳에서 쉽게 얻을 수가 있다.

누구나 처음 소년의 꿈에서 깨어나 자기와 타인의 경험을 관찰하고 생활을 돌아보고, 과거나 자기 시대의 역사를 돌아보고, 마지막으로 위대한 시인들의 작품을 돌아보면, 지울 수 없게 각인된 선입관으로 그의 판단력이 마비되어 있지 않는 한, 아마 인간 세계가 우연과 오류의 세계며, 이것들이 무자비하게도 횡행하며, 게다가 우둔과 악의가 판을 치고 있다는 것을 인식하게 될 것이다. 그러므로 더 좋은 것이 일어나기 위해서는 꽤 힘이 들고, 귀한 것과 착한 것은 극히 드물게 나타나며, 또 실제로 행해지거나 청이 받아들여지는 것도 극히 드문 일이다. 하지만 사고의 영역에서는 불합리와 배리, 예술의 영역에서는 천박과 무취미, 행위의 영역에서는 악의와 교활이 극히 잠시 동안만 중단될 뿐이고, 대체로는 기승을 부리고 있는 법이다. 그렇지만 어떠한 종류라도 탁월한 것은 언제나 예외에 불과하고 수백만에 하나 꼴인 정도다. 따라서 그것이 영속적인 작품 속에 나타나도 그 작품이 동시대인의 원한을 끈기 있게 견디어 살아남은 후에는 고립되고, 마치 하나의 운석처럼 현재 행해지는 사물의 질서와는 다른 질서에서 나온 것으로서 보존되는 것이다.

그러나 개인의 생활에 대해서 말한다면, 모든 생활은 고뇌의 역사다. 왜냐하면 생활은 일반적으로 크고 작은 불행의 연속이기 때문이다. 누구나 이 불행을 될 수 있는 한 감춘다. 왜냐하면 자기의 불행을 보고 다른 사람들이 관심과 동정을 나타내 보이는 일은 극히 드물며, 다른 사람들은 거의 언제나 자기들이 이 고뇌를 모면하고 있는 것으로 생각하고 만족을 느낄 것임을 알기 때문이다. 그러나 누구라 해도 생애의 마지막에 분별 있고 정직하다면, 다시 한 번 인생을 되풀이할 것을 희망하지는 않을 것이다. 그것보다는 오히려 완전한 무를 택하는 것이 낫다고 생각할 것이다. 《햄릿》 속에 있는 세계적으로 유명한 독백의 본질적 내용을 정리하여 말하면 다음과 같다.

우리의 상황은 참으로 비참한 것이고, 이러한 상태보다는 완전한 무가 차라리 낫다. 그런데 만일 자살이 우리에게 무를 제공하여 주고, '죽느냐, 사느냐' 하는 양자택일이 참된 의미로 존재한다면, 자살은 무조건 가장 바람직한 마무리로(a consumation devoutly to be wish'd) 선택되어야 할 것이다. 그러나 우리의 마음속에는 그렇지가 않다고, 이것으로 끝나는 것이 아니라고, 죽음은 결코 절대적인 파멸이 아니라고 속삭이는 무엇이 있다. 동시에 이미 역사의 아버지(《헤로도투스》제7권 46장)가 인용하고 있는 것으로, 그후 반박을 받은 일이 없는 것으로, 살아서 다음 날을 체험하고 싶지 않다고 한 번도 소망하지 않은 사람은 한 사람도 없다는 말이다. 그렇다면 인생이 짧은 것을 가끔 한탄하지만, 짧기 때문에 가장 좋은 인생이 아닌가 생각한다. 그래서 만일 누군가의 눈앞에 그의 생활이 끊임없이 처해 있는 무서운 고통과 고민이 드러난다고 하면, 그는 아마 깜짝 놀랄 것이다. 완고한 낙천주의자에게 야전 병원 외과 수술실을 보이고, 감옥이나 고문실, 노예들이 사는 오두막을 보이고, 전쟁터나 형장을 지나칠 때, 냉담한 호기심으로 보는 동안 그는 아무렇지도 않게 보이지만, 재앙이 휩쓸고 지나간 어두침침한 집안을 그의 눈앞에 열어 보이고 그에게 우골리노(Ugolino)의 아사탑(餓死塔)을 보여 주면, 아무리 냉담한 그라 해도 세계 중의 최상의 세계(meilleur des mondes possibles)가 어떤 것인가를 알게 되리라. 단테도 지옥의 재료를 현실적인 세계 밖에서는 구할 수 없었다. 더구나 그것은 완전무결한 지옥이었다. 그러나 그가 천국과 그 기쁨을 묘사할 과제에 직면하였을 때, 그는 해결할 수 없는 난관에 봉착했다. 그도 그럴 것이 우리의 세계에는 그 재료로 될 만한 것도 없기 때문이다. 그래서 그는 천국의 기쁨을 묘사하는 대신 천국에서 그의 조상 베아트리체, 그리고 여러 성자들에게서 들었던 가르침을 묘사하여 보이는 수밖에 별도리가 없었다. 그러나 이것으로 이 세계가 어떤 것인가 충분히 알 수 있다.

물론 인생은 조잡한 상품처럼 겉모습은 거짓된 빛깔을 띠고 있으며, 고통스러운 것은 언제나 감추어져 있다. 반대로 누구든지 노력하여 얻은 장식이나 미관은 남에게 내보이고 다닌다. 그리고 자신의 내면적인 만족이 부족하면 부족할수록, 남들에게 행복한 사람으로 보이기를 소망한다. 우매함이 이 정도에 이르면, 자신에 대한 남의 의견을 좋게 하는 것이 모든 사람들이 노력하는 주된 목표가 된다. 물론 그 목표가 헛된 것이라는 것은 거의 모든 나라의 말에서 허영(vanitas)이란 원래 공과 무를 의미한다는 것으로도 나타나 있다. 그러나 이러한 속임수 속에서도 인생의 고뇌는 쉽게 증대하여, 이제까지는 무엇보다도 무서워하던 죽음을 자진하여 소원하는 일이 일어나게 된다. 뿐만 아니라 운명이 그 간계를 남김없이 표시하려고 하면, 괴로워하는 사람은 죽음이라는 피난처에 갇혀 격노한 적의 손에 걸리고, 서서히 참혹한 고문에 몸을 맡겨 도저히 도망갈 수 없게 된다. 이렇게 되면 괴로움을 당한 사람은 신들에게 구원을 찾지만 헛된 일이다. 그는 은총도 없고 자신의 운명이 인도하는 대로 몸을 맡긴다. 그러나 이렇게 구원할 도리가 없는 것은 그의 의지에 있어 제어할 수 없는 본성을 반영하는 것에 지나지 않으며, 이 의지의 객관성이 그의 인격이다. 외부의 힘이 이 의지를 변경하거나 정지할 수 없는 것처럼, 또한 무언가 다른 힘이 그 의지의 현상인 인생으로부터 생기는 여러 고뇌를 모면하게 할 수도 없다. 어떠한 문제에서도, 그렇지만 중요한 문제에서도 인간은 언제나 자신에게 의지하는 길밖에 달리 방법이 없다. 인간은 스스로 신들을 만들어 놓고, 그들에게 애걸하고 구하여도 얻는 것이라곤 자기 의지의 힘이 초래할 수 있는 것뿐이다.

구약성서는 세계와 인간은 신이 창조한 것이라고 했지만, 신약성서는 신의 은총과 이 세상의 괴로움으로부터의 구원은 이 세상에서만 생길 수 있다는 것을 가르치기 위하여, 그 신이 인간이 되었다고 말하지 않을 수 없었다. 인간의 의지는 어디까지나 인간에게 모든 것의 근본이 되는 것이다. 탁발승, 순교자, 그리고 어떠한 신앙이나 명칭을 가지고 있는 성자들은 자기의 마음 속에서 생에 대한 의지가 극복되어 버렸기 때문에 스스로 고문을 감수한다. 그래서 그들은 자기의 현상이 서서히 와해되는 것까지도 기꺼이 받아들였다. 그러나 나는 앞으로의 서술을 미리 해 두지는 않겠다. 어쨌든 나는 여기서 '낙천주의'라는 것은 낱말들만 들어있는 범속한 머리에서 나온 생각이 부족한 말이 아니라면, 단지 어리석은 주의일 뿐만 아니라 사실 '사악한' 사상이며, 형언할 수 없는 인류의 괴로움에 대한 가혹한 조롱이라고 하는 설명을 해두지 않을 수 없다. 그리스도교의 교리가 낙천주의에 알맞은 것이라고 생각해서는 안 된다. 오히려 복음서에서는 세계와 재난은 거의 동의어로 사용되고 있기 때문이다.

60. 생에 대한 의지의 긍정

덧붙이지 않으면 안 되었던 두 가지 해설을 끝냈는데, 그중의 하나는 의지의 자유와 그 현상의 필연성에 관한 것이고, 다른 하나는 의지의 본질을 반영하고 있는 세계에서 의지의 운명에 관한 것으로, 의지는 이미 이 세계에 대한 인식에 입각하여 자신을 긍정하거나 부정하지 않으면 안 되었다는 것이다. 앞에서는 일반적으로만 표현하고 설명한 이러한 긍정과 부정을 이제는 한층 더 명확하게 해 갈 수 있다. 즉 긍정과 부정만이 표현되는 행위 방식을 설명하여, 그 내적인 의미를 따라 이것을 고찰하는 것이다.

'의지의 긍정'이란, 인간의 생을 일반적으로 채우고 있는 끊임없는 의욕이 어떠한 인식에도 방해받지 않는 것이다. 인간의 육체는 인간이라고 하는 이 단계에서 개체에 나타난 의지의 객관성이기 때문에, 시간 속에 전개되는 인간의 의욕은 육체라는 말의 의역과 같은 것이고, 전체와 그 부분들의 의미를 해명한 것이며, 육체도 이미 그것의 현상인 동일한 물자체를 다른 방식으로 설명한 것이다. 그러므로 우리는 의지의 긍정이라고 말하는 대신, 육체의 긍정이라고도 말할 수 있다.

잡다한 의지 행위의 근본 문제는 건강한 육체라는 존재와는 떼어놓을 수 없는 여러 가지 욕구의 충족인데, 이미 육체는 그 욕구의 표시고, 개체의 유지와 종족의 번식이라는 것에 환원된다. 그러나 간접적으로 대단히 여러 가지 동기가 의지를 지배하고, 여러 가지 의지 행위를 만들어 낸다. 의지 행위의 어느 것을 집어 보아도, 그것은 여기에 현상하는 의지 일반의 한 표본, 한 실례에 지나지 않는다. 이 표본이 이러한 성질의 것이고, 동기가 어떠한 형태를 갖고 있는가, 또 어떠한 형태의 동기를 그 표본에 주는가 하는 것은 본질적인 것이 아니다. 문제는 단지 의지 일반과 의지의 강한 정도다. 마치 눈에 빛을 맞아 비로소 그 시력을 나타내는 것처럼, 의지는 동기를 통해 비로소 가시적이 될 수 있다. 동기 일반은 여러 가지 모습을 한 프로테우스로서 의지 앞에 서 있다. 동기는 언제나 의지 욕구의 완전한 만족과 해결을 약속하지만, 그것이 달성되면 동기는 곧 다른 모습을 취하고 나타나 또 다시 의지를 움직인다. 그런데 그것은 이들 표본이나 실례에 의해 경험적 성격으로서 명백해지는 의지의 강도나 인식에 대한 의지의 관계에 따라 행해진다.

인간은 이러한 인식이 생긴 후로는 자신을 의욕하는 것으로 인식하는데, 인간의 인식은 의지에 끊임없이 관계하고 있는 것이 보통이다. 인간은 우선 자기 의욕의 대상을, 다음으로 이 대상들을 얻는 수단을 알려고 노력한다. 이것을 알면 무엇을 할 것인가를 알고, 다른 지식을 얻으려고 하지 않는 것이 보통이다. 그는 행위하고 활동한다. 언제나 자기 의욕의 목표로 향해 가려고 하는 의식으로 그는 유지되고 활동한다. 그의 사유는 이 수단들의 선택에 해당한다. 거의 모든 인간의 생활이 이렇다. 그들은 의욕하고 스스로 의욕하는 바를 알고 이것을 얻으려고 노력하여 절망에 빠지지 않을 정도로 성공하고, 권태와 그 결과에 고통을 당하지 않을 정도로 실패한다. 여기에서 일종의 쾌활함, 적어도 침착이 나오지만, 이것은 빈부의 차에 따라서는 바꿀 수 없는 것이다. 왜냐하면 부자나 가난한 자나 그들이 소유하고 있는 것은 앞에서 말한 것처럼 소극적으로만 작용하기 때문에, 그들은 소유하고 있는 것을 즐기는 것이 아니라 자기들의 활동으로 얻으려고 소망하는 것을 즐기기 때문이다. 그들은 진지하게 그럴듯한 표정으로 진행해 간다. 아이들이 뛰놀 때의 태도도 이와 마찬가지다. 의지의 사역에서 풀려나 세계의 본질 일반으로 향해진 인식으로부터 관조에 대한 미적인 요구가 생김으로써, 또는 체념에 대한 윤리적인 요구가 생김으로써 생활의 행로가 방해되는 일은 언제나 예외다. 대부분의 사람들은 생의 필요에 쫓겨서 깊은 생각을 하지 못한다. 그런데 의지가 불타올라, 격한 정념이나 강렬한 열정을 나타내는 육체의 긍정을 능가하는 일이 가끔 있지만, 이러한 정념이나 열정에 있어서 개인은 단지 자신의 생존을 긍정할 뿐만 아니라 남의 생존을 부정하여 그것이 방해가 되면 제거해 버리려고 한다.

육체의 힘으로 육체를 유지하는 것은 의지의 긍정 정도가 낮은 것이므로, 자발적으로 이 정도에 머무른다고 하면, 이 육체의 사멸과 더불어 육체 속에 나타나 있던 의지도 소멸한다고 생각할 수 있다. 그러나 성욕의 만족으로도 이미 아주 짧은 시간을 유지하는 자기 생존의 긍정을 뛰어넘는 것이며, 여기서 생명을 개체의 죽음을 넘어서 긍정하고 일정하지 않은 시간에까지 연장하려고 하는 것이다. 자연은 언제나 진실하고 모순이 없지만, 여기서는 소박하다고 할 만큼 생식 행위의 내면적인 의미를 명백하게 우리 앞에 나타내고 있다. 의식과 충동의 강렬함으로 우리는 '생에 대한 의지의 긍정'이 가장 결정적으로 이 행위 속에 순수하고 아무런 부가물도 없이(가령 다른 개인들을 부인하려고 하는) 나타난다는 것을 알게 된다. 그리고 시간과 인과 계열 속에, 즉 자연 속에 이 행위의 결과로서 하나의 새로운 생명이 나타난다. 탄생된 것은 탄생시키는 것에 대해 현상으로는 다르게 나타나지만 즉자적으로는, 또는 이데아에 따르면 같다. 그러므로 생물들의 종족이 각 종족들을 결합하여 하나의 전체가 되고, 하나의 전체로서 영속하는 것은 이러한 행위에 의한 것이다.

생식이란, 생산하는 자에 관해 말한다면 생에 대한 의지의 결정적인 긍정의 표현, 즉 징후에 지나지 않으며, 태어나는 자에 대해 말하면 그 자신 속에 나타나는 의지의 원인이 아니다. 왜냐하면 의지는 원인이나 결과를 모르기 때문이다. 오히려 생식은 모든 원인과 마찬가지로, 이 의지가 이 장소에 나타나는 것에 관한 기회 원인에 지나지 않는다. 물자체로서는 생산하는 자의 의지와 탄생된 자의 의지가 다르지 않다. 왜냐하면 물자체가 아니라 현상만이 개별화의 원리에 지배되기 때문이다. 그렇게 자신의 육체를 뛰어넘어 의지를 긍정하고, 새로운 육체를 나타내는 동시에, 생의 현상에 속하는 고뇌와 죽음도 긍정한다. 또 완전한 인식 능력을 통해 초래된 해탈의 가능성은 이 경우에는 무익한 것으로 설명된다. 생식 작용에 관한 수치심의 깊은 근거는 여기에 있다. 이 견해는 그리스도교 교리에서는 신비적으로 설명되어 있는데, 그것은 우리가 모두 아담의 타락(이것은 확실히 성욕의 만족에 지나지 않는다)에 관련되어 있고, 그로 말미암아 고뇌와 죽음의 죄를 짊어지고 있다는 것이다. 이 교리는 이 점에서 충족 이유율에 의한 고찰을 넘어서, 인간의 이데아를 인식하고 있다. 인간 이데아의 통일은 분열하여 무수한 개체로 되는데, 모든 것을 통합하는 생식이라는 유대에 의해 회복된다. 이것에 따르면, 그 교리는 개인을 한편으로는 생을 긍정하는 대표자인 아담과 동일시하고, 그런 점에서는 원죄, 고뇌, 죽음을 모면할 수 없는 것으로 본다. 그러나 또 한편으로 이데아의 인식에서 보면, 각 개인은 살려고 하는 의지를 부정하는 대표자인 구세주와 동일시되며, 그런 점에서 구세주의 자기 희생에 관하여 그의 공적에 의해 구제되고 죄와 죽음의 굴레로부터, 즉 이 세상으로부터 구원을 받는다. (〈로마서〉 제5장 12 ~21절)

우리의 견해에 의하면, 성욕 충족이란 생에 대한 의지를 개체의 생을 넘어서 긍정하는 것이고, 그래서 개체를 소모하여 생에 귀속시킨다는 것이다. 말하자면 생에 새로운 증서를 준다는 것인데, 프로세르피나에 관한 그리스 신화는 이것을 다른 방도인 신화적으로 설명한 것이다. 즉 프로세르피나는 명부(저승)의 과실을 먹지 않는 동안은 명부로부터 돌아올 수 있었지만, 석류 열매를 먹었기 때문에 명부에서 끝까지 살지 않으면 안 되게 되었다. 괴테는 이 신화를 비할 바 없이 잘 서술하고 있는데, 그에 따르면 이 신화가 갖고 있는 지금 말한 것과 같은 의미가, 특히 석류를 먹은 후 갑자기 눈에 보이지 않는 운명의 여신 파르체의 합창이 시작되면, 확실하게 나타난다.

> 너는 우리의 것!
> 먹지 않고 돌아갈 것을,
> 사과를 깨물었기에 너는 우리의 것!
>
> ——괴테의 《감상주의의 승리》 제4막

알렉산드리아의 클레멘스(《잡록》, Ⅲ, c. 15)가 이것을 같은 모양과 표현으로 나타낸 것은 주목할 만하다. 즉 천국을 위해 모든 죄로부터 자신을 단절해 버린 사람들은 이 세상의 굴레에 구애받지 않는 축복받은 사람들이다.

성욕이 결정적인 가장 강한 생의 긍정이라는 것은 그것이 자연인이나 동물에게 생의 궁극적인 목적이며 최고 목표라는 것으로 확인된다. 자연인에게 제일의 노력은 자기 보존인데, 이 배려가 성취되면 후에는 단지 종족의 번식에 힘쓸 뿐이며, 자연적인 존재로서 그 이상의 노력은 하지 않는다. 자연도 또 그 내적인 본질은 생에 대한 의지며, 있는 힘을 다해서 인간과 동물을 내몰아서 번식하게 한다. 그렇게 되면 자연은 개체와 더불어 그 목적을 달성한 것이 되고 개체의 몰락에 대해서는 무관심하다. 왜냐하면 생에 대한 의지로서 자연에 중요한 것은 종족의 보존뿐이며, 개체는 문제가 되지 않기 때문이다. 성욕에는 자연의 내적인 본질, 생에 대한 의지가 가장 강렬하게 나타나 있기 때문에, 고대 시인이나 철학가들(헤시오도스나 파르메니데스)은 '에로스'는 모든 것을 산출하는 제1자, 창조자, 원리라는 깊은 뜻을 말했다. (아리스토텔레스 《형이상학》 1의 4를 보라) 페레키데스는 "제우스는 세계를 창조하려고 자기 스스로를 에로스로 만들었다"(플라톤 《티마이오스》)고 말했다. 최근에 나온 G.F. 쇠만의 《천지 창조자의 애욕(*De cupidine cosmogonico*, 1852)》은 이 문제를 자세히 다루고 있다. 인도 사람들이 말하는 마야는 이 가상 세계를 만들어 내는 것이지만, 이것도 애욕으로 바꾸어 말할 수 있다.

생식기는 육체의 다른 외적인 부분보다 훨씬 더 의지의 지배를 받고, 인식에는 지배받지 않는다. 뿐만 아니라 의지는 여기서 단지 자극에 따라 식물적 생명인 재생산에 도움이 되는 부분들에서와 마찬가지로 인식에 지배받지 않고 나타나는 것이며, 이 부분들에서 의지는 무인식의 자연에서처럼 맹목적으로 작용한다. 왜냐하면 생식이란 새로운 개체로 옮아가는 재생산이기 때문이다. 마치 죽음이 옮아간 배설에 지나지 않는 것처럼, 생식도 역시 다음 생식력을 위해 옮아간 재생산이다. 이 모든 것들에서 볼 때 생식기는 의지의 본래적인 '초점'이며, 인식인 세계의 다른 면, 표상인 세계의 대표자인 두뇌에 대립하는 것이다. 생식기는 생명을 유지하고 시간에 무한한 생을 보증하는 원리다. 이 특성을 가지고 있는 생식기는 그리스인들에게는 남근상으로, 인도에서는 음경 모양의 돌기둥인 링가(Linga)로 숭배되었는데, 이것들은 의지에 대한 긍정의 상징이다. 이와 반대로 인식은 의욕의 소멸, 자유에 의한 해탈, 세계의 초극과 부정의 가능성을 주고 있다.

우리는 이미 이 제4권의 처음에서 생에 대한 의지의 긍정 속에서 그것과 죽음에 대한 관계를 보아야 할 것임을 자세히 논술해 두었다. 죽음은 이미 생에 포함된 어떤 것으로서, 생에 속해 있는 것이다. 이에 대해서는 그 반대인 생식 작용이 균형을 유지하고, 개체의 죽음에도 대립하여 생에 대한 의지에 대해 언제나 생을 지키고 보증하고 있기 때문에, 죽음은 생에 대한 의지를 고려하지 않는다. 이것을 표상하기 위해 인도 사람들은 죽음의 신 시바에게 링가를 주었다. 또 제4권의 처음에서 우리는 여러 가지 일에 깊이 생각하고 생의 결정적인 긍정이라고 하는 입장에 선 자가 어떻게 무서워하지 않고 죽음을 기다리는가 하는 것을 자세히 논해 두었다. 따라서 여기서는 이에 관해서는 더 이상 언급하지 않기로 한다.

대부분의 사람들은 깊게 생각하지도 않고 이 입장에 서서 영속적으로 생을 긍정하고 있다. 세계는 이 긍정의 반영으로서 무한한 시간과 무한한 공간 속에 떠 있는 무수한 개체를 포용하고 무한한 고뇌를 짊어지고 생식과 죽음 사이를 끝없이 방황하면서 존재하고 있다. 그러나 여기에 관해서는 어떠한 측면에서도 불평을 늘어놓아서는 안 된다. 왜냐하면 의지는 자신의 비용으로 이 대비극과 대희극을 상연하고, 스스로 이것을 관람하기 때문이다. 세계가 바로 이러한 세계인 것은 현상하여 세계로 되는 의지가 그와 같은 의지이기 때문이며, 의지가 이와 같이 의욕하기 때문이다. 고뇌에서 변호되는 것은 의지가 그러한 현상에 대해서까지도 자신을 긍정한다는 것이다. 그리고 이 긍정은 의지가 고뇌를 짊어진다고 하는 것으로 말미암아 변호되고 균형을 얻는다. 여기에서 이미 우리에게는 전체에서의 '영원한 정의'에 대한 안목이 열린다. 다음에 우리는 이것을 또한 개별적인 것에서 자세하고 명백하게 인식할 것이다. 그러나 그 전에 또 일시적인, 즉 인간적인 정의에 관해 논해야 하겠다.

61. 투쟁의 출발점인 이기심의 근원

제2권에서 언급한 것을 상기해 보면, 자연 속에는 의지 객관화의 모든 단계에서 필연적으로 모든 종류의 개체들 사이에 끊임없는 투쟁이 있으며, 이 것으로 인해 생에 대한 의지의 자신에 대한 내적인 저항이 나타나 있었다. 객관화의 최고 단계에서는 다른 것과 마찬가지로 이 현상도 아주 명백하게 나타나고, 더욱 잘 해명될 것이다. 이 목적 때문에 우리는 우선 모든 투쟁의 출발점으로서 이기심의 근원을 더듬어 보려고 한다.

또 시간과 공간에 있어서만 동질적인 것의 다원성이 가능하기 때문에, 우리는 그것을 개별화의 원리라고 불렀다. 그것은 자연적인, 즉 의지에서 나온 인식의 본질적인 형식이다. 그러므로 의지는 곳곳에서 개체들의 다원성으로 나타난다. 그러나 이 다원성은 의지, 즉 물자체로서 의지에 관계하는 것이 아니라 현상들에 관계하는 것에 지나지 않는다. 의지는 이들 중 어떤 현상에도 전체로서 존재하고 있으며, 의지는 주위에 자기 본질의 상이 수없이 되풀이되는 것을 바라본다. 그런데 이 본질, 즉 정말로 실재하는 것은 의지가 직접 자기의 내면에서 발견할 뿐이다. 그러므로 사람은 누구나 모든 것을 자기를 위해 이용하며, 소유하려고 하며, 적어도 지배하려고 하며, 자기에게 반항하는 것을 없애려고 한다. 그 밖에 또 인식하는 본질을 가진 것에 있어서는 개체가 인식 주관의 담당자고, 인식 주관은 세계의 담당자다. 이 담당자 이외의 모든 자연, 따라서 그 밖의 모든 개체도 그 담당자의 표상 속에만 존재하고, 그것은 이 모든 개체를 언제나 자기의 표상으로서 의식하고 있을 뿐이다. 즉, 그저 간접적으로, 또 자신의 본질과 존재에 의존하는 것으로 의식하고 있다. 왜냐하면 그의 의식과 더불어 그에게는 필연적으로 세계도 소멸하며, 세계의 유무는 동일한 것이 되고, 구별이 없어지기 때문이다. 따라서 인식하는 개체는 다 진실 속에 있으며, 자신이 살려고 하는 의지 전체며, 또는 세계의 즉자태이며, 표상인 세계의 보충적 조건이기도 하다. 따라서 대우주에 버금가는 가치라고 여겨야 할 소우주라는 것을 안다. 언제나 어떠한 곳에서도 진실한 자연은 이 인식하는 개체에게 처음부터 반성과는 관계없이 이러한 인식을 단순하고 직접적으로 확실하게 해준다.

그래서 위에서 말한 두 가지 필연적인 규정으로부터 모든 개체는 무한한 세계에서는 아주 보잘것없고 무와 같은 미미한 것이면서도, 자신을 세계의 중심점으로 하고 자신의 생존과 복지를 먼저 고려할 뿐만 아니라 자연적인 입장에서는 이것을 위해 다른 것을 희생으로 바칠 준비가 되어 있다. 또한 드넓은 바다에 그저 하나의 물방울인 자신을 조금이라도 오래 유지하기 위해서는 세계도 멸망시킬 준비가 되어 있다는 것을 알 수 있다. 이러한 심정은 자연 속에 있는 모든 사물의 고유한 '이기심'이다. 그런데 이것이야말로 의지가 자신과의 내적인 투쟁을 무서울 정도로 드러내는 것이다. 왜냐하면 이 이기심의 존립과 본질은 앞서 말한 대우주와 소우주의 대립에 있기 때문이다. 다시 말하면, 의지의 객관화는 개별화의 원리를 형식으로 갖고, 그리하여 의지는 무수한 개체로 되어 같은 방식으로 나타나, 어떠한 개체에서도 양면(의지의 표상)에서 전체로서 완전하게 나타나는 것이다. 따라서 모든 개체는 그 자신이 전체적인 의지로서, 또 전체적으로 표상하는 것으로서 직접 주어진다. 하지만 그 밖의 개체는 그에게는 우선 표상으로 주어져 있음에 불과하다. 그러므로 그에게는 자신의 본질과 유지가 다른 것을 합친 것보다 우선한다. 누구나 아는 사람의 죽음을 알게 되어도 개인적으로 거기에 관계없는 경우에는 꽤 냉담하지만, 자신의 죽음은 세계의 종말이라고 생각한다. 가장 높은 정도에 올라간 의식, 즉 인간의 의식에서는 인식·고통·희열과 마찬가지로 이기심도 또한 최고도에 달했음에 틀림없고, 이 이기심으로 제약받는 개인들의 투쟁은 가장 무섭게 나타난다.

이것은 실제로 우리가 곳곳에서 보는 것인데, 대폭군과 악한의 생애와 세계를 황폐하게 하는 전쟁에서, 즉 무서운 측면에서 볼 때도 있고 또 희극의 주제가 되기도 하고, 특히 자부심이나 허영으로 나타나기도 한다. 또 라로슈푸코가 유례없이 훌륭하게 포착하고 추상적으로 묘사한 것처럼 우스꽝스러운 측면에서 볼 때도 있다. 우리는 이것들을 세계사 속에서나 경험 속에서 보는 것이다. 그러나 가장 명백하게 나타나는 것은 어떤 군중이 모든 법칙과 질서에서 해방될 때다. 그때 홉스가 《시민론(*De Cive*)》의 제1장에서 훌륭히 묘사한 '만인의 만인에 대한 투쟁(bellum omnium contra omnes)'이 가장 확실하게 나타난다. 여기에 나타나는 것은 각자 자기가 갖고자 하는 것을 남에게서 빼앗으려고 할 뿐만 아니라, 가끔 어떤 한 사람이 자기의 행복을 조금 더하기 위해 남의 행복이나 생활 전체를 파괴하는 일까지도 있다는 것이다. 이것이 이기심의 최고도의 표현인데, 이러한 이기심의 현상들보다 더욱 심한 것은 본래적인 악의의 현상이며, 이것은 자기에게 아무런 이익이 되지 않는데도 무모하게 남의 손해나 고통을 추구하는 것이다. 여기에 대해서는 곧 설명하겠다. 이러한 이기심의 원천에 대한 폭로와 도덕의 기초에 관해서는, 내 현상 논문의 제14장에 쓴 이기심에 대한 설명을 비교해 주기 바란다.

우리가 앞에서 모든 생에 고유하고 불가피한 것으로 고찰한 고뇌의 주된 원천은, 고뇌가 실제로 일정한 형태를 취해 나타나는 '투쟁(Eris)', 즉 모든 개인의 투쟁이며, 생에 대한 의지의 내부에 따라 다니며 개별화의 원리에 의해 가시적으로 되는 모순의 표현이다. 동물과의 결투는 이 모순을 뚜렷하고 구체적으로 나타내기 위한 잔인한 수단이다. 고뇌에 대해 강구한 예방 수단들에도 불구하고, 이러한 근원적인 갈등 속에는 고갈되지 않는 고뇌의 원천이 있는데, 이 예방 수단들에 대해서는 다음에 자세하게 고찰할 것이다.

62. 국가와 법률에 대하여

생의 의지에 대한 근본적이고 단순한 긍정은 자기 육체를 긍정하는 것에 지나지 않는다. 다시 말해 의지를 행위로 시간 속에 표출하는 것으로, 그러한 한에 있어서 육체는 이미 그 형식과 합목적성에서 같은 의지를 공간적으로 표출하고 있는 것이고, 그 이상은 아니라는 것을 이미 앞에서 말했다. 이 긍정은 육체의 힘을 사용하여 육체를 유지하는 데에서 나타난다. 여기에 직접 결합되어 있는 것이 성욕의 충족이며, 생식기가 육체의 일부인 경우에 성욕의 충족은 이 긍정의 일부다. 그러므로 성욕의 충족을 '자유 의지적으로' 어떠한 '동기'에도 근거를 두지 않고 단념하는 것은 그것만으로도 이미 생에 대한 의지를 부정하는 것이며, '진정제'로서 작용하는 인식이 생긴 것이며, 의지의 자발적인 자기 부정이다. 따라서 자기 육체를 이렇게 부정하는 것은 이미 의지 현상에 대한 모순으로 나타난다. 왜냐하면 이 경우에도 육체는 생식기에 있어서 번식 의지를 객관화하고는 있지만, 그럼에도 번식이 의욕되는 것은 아니기 때문이다. 그렇기 때문에 이렇게 단념하는 것은 생에 대한 의지의 부정이나 중지기 때문에 힘들고 괴로운 자기 극복이다. 그러나 여기에 관해서는 후에 언급하겠다.

그런데 의지는 육체의 '자기 긍정'을 나란히 있는 무수한 개체 속에 나타내면서, 모든 개체가 지닌 고유한 이기심으로 자칫 어떤 개체에서는 이 긍정을 넘어서 다른 개체에 나타나 있는 동일한 의지에 대한 '부정'에 이른다. 그 첫째 개체의 의지는 다른 개체의 의지에 대한 긍정의 한계에 침입한다. 그래서 그 개체가 다른 개체를 파괴하거나 손상하며, 또는 그 개체가 다른 육체의 힘을 그 육체에 나타나 있는 의지에 도움이 되게 하지 않고 강제로 '자기' 의지에 도움이 되게 하는 것이다. 그 개체가 다른 육체로 나타나 있는 의지에서 그 육체의 힘을 빼앗음으로써 '자기의' 의지에 도움이 되는 힘을 자기 육체의 힘 이상으로 증대하고, 그 결과 다른 육체에 나타나 있는 의지를 부정함으로써, 자기 의지를 자신의 육체를 넘어 긍정한다. 이러한 남의 의지에 대한 긍정의 경계에 대한 침입은 예전부터 알려져 있었고, 이러한 침입의 개념은 '부정(Unrecht)'이란 말로 표현되어 왔다. 왜냐하면 침입하는 쪽이나 침입당하는 쪽도 우리가 여기서 사태를 명백한 추상 속에서 인식한 것과는 다르지만 매우 짧은 시간에 감정을 통하여 그것을 인식하기 때문이다. 부정을 당한 인간은 자기 육체에 대한 긍정의 영역 안에 다른 개체가 그 범위를 부정함으로써 침입하여 오는 것을 직접적이고 정신적인 고통으로 느끼지만, 이와 더불어 이 고통은 느껴지는 행위에 의한 육체적 고통, 또는 손실에 의한 불쾌와는 완전히 무관하며 다른 것이다. 한편 부정을 행하는 자는 자기도 남의 육체에 나타나 있는 의지와 동일한 의지이고, 그 의지가 그 어떤 현상에서 격렬성을 가지고 자기를 긍정하는 것이다. 또 자기가 육체와 그 힘의 경계를 넘음으로써 다른 개체에 나타나 있는 바로 이 의지를 부정하게 되기 때문에 자기는 의지로서 본다면, 바로 의지의 격렬성으로 자신에 대해 항쟁하고, 자신의 육체를 찢어 버린다는 것을 인식하게 된다. 다시 말하지만 부정을 행하는 자도 이것을 순간적으로 인식하고, 추상적이 아닌 어떤 막연한 감정으로 인식하는 것이다. 그리고 이것을 양심의 가책이라 부르고, 이 경우를 더 자세하게 말한다면, '부정을 범한' 느낌이라고 부른다.

이상에서 우리는 '부정'의 개념을 극히 일반적으로 추상화하여 분석했는데, 부정은 구체적으로는 식인종에게서 가장 완전하고 본래적으로, 또한 명백하게 표현된다. 사람을 잡아 먹는 것은 부정의 가장 분명하고 명백한 유형이며, 의지 객관화의 최고 단계에서 자신에 대해 최대의 저항을 나타내는 무서운 모습이다. 이것 다음으로 부정이 현저하게 나타나는 것은 살인이다. 살인을 행한 후에는 순간적으로 무서울 정도로 뚜렷하게 양심의 가책이 생겨 (양심의 가책에 대한 의의에 관해서는 우리가 방금 추상적으로 담담하게 언급한 대로다) 정신의 평정은 일생동안 치유될 수 없는 상처를 받는다. 그것은 살인에 대한 우리의 전율, 앞으로 범하려고 하는 살인에 대한 우리의 망설임은 생에 대한 한없는 집착을 말하는 것이고, 모든 생물은 바로 생에 대한 의지의 표시로서 이 집착과 이어져 있기 때문이다. (그 밖에 또한 우리는 부정이나 악을 행했을 때에 동반하는 감정, 다시 말해 양심의 가책을 더 자세히 분석하고 명백한 개념에까지 나아갈 것이다.) 타인의 육체에 대한 고의적인 훼손이나 단순한 상해도 정도의 차이가 있을 뿐 본질적으로는 살인과 같다고 여겨야 하며, 구타도 마찬가지다. 또한 다른 개체를 억압하거나 강제로 노예로 만드는 것도 부정이다. 남의 소유를 침해하는 것도 부정인데, 이것은 남의 소유가 그 사람의 노력의 성과로 생각되는 한, 타인에 대한 압제와 본질적으로는 같은 것이며, 단순한 상해의 살인에 대한 관계와 같다.

왜냐하면 '소유는 부정 없이는' 남에게 빼앗기지 않는 것인데, 이것은 부정에 관한 우리의 설명에 따르면, 인간이 자신의 힘으로 만들어 낼 수 있는 것이고, 따라서 그 소유를 빼앗음으로써 육체의 힘을 육체에 객관화된 이 의지로부터 빼앗아, 남의 육체에서 객관화된 의지에 봉사시키기 때문이다. 이렇게 부정을 행하는 자는 남의 육체가 아니라, 이것과는 전혀 다른 무생물을 침해하기도 한다. 또한 결국 남의 의지에 대한 긍정의 범위 안에 침입하기 때문인데, 남의 육체력과 노동은 말하자면 이 무생물과 결합하여 하나로 되는 것이다. 여기에서 순수하고, 도덕적인 소유권은 원래는 오직 '노력'함에 근거를 두고 있다는 사실이다. 실제로 칸트 이전에는 이것은 꽤 일반적으로 인정되어 있었으며, 가장 오래된 법전에는 다음과 같이 논술되어 있다.

옛날을 알고 있는 현자들은 경작된 토지가 그 땅의 나무를 뿌리째 뽑아 없애 버리고, 땅을 반반하게 고르고 경작한 자의 소유임을 안다. 마치 영양이 치명상을 준 최초의 사냥꾼의 소유에 돌아가는 것과 같다.

——《마누법전》, 9의 44

나는 칸트의 법률론은 오류들이 서로 얽혀서 생긴 기묘하게 엮어진 것이라고 생각하지만, 그것은 단지 칸트의 노쇠에서 유래한다. 또 그가 소유권을 최초의 점유 획득으로 기초하려고 하는 것도 그의 노쇠함으로 설명할 수가 있다. 그도 그럴 것이 내가 어떤 물건을 남에게 사용하게 하지 않으려는 의지를 선언한 것만으로 어떻게 그 물건에 대한 '권리'가 생긴단 말인가. 칸트는 이 선언이 권리의 원천이라고 생각하고 있지만, 이 선언은 새로운 권리의 원천을 필요로 한다는 것이 분명하다. 그리고 어떤 물건의 완전한 소유를 요구하는 권리가 그것을 요구하는 사람의 선언 이외에 아무것에도 근거를 두고 있지 않은 경우, 그 영구권을 존중하지 않는 사람이 있다고 하여 그 사람을 어떻게 그것 때문에 불안하게 할 것인가. '합법적인 점유 획득'은 있을 수 없으며, 근본적으로는 자기 힘을 그 물건에 사용함으로써 그것을 합법적으로 '선점'하고, '점유'한 것에 지나지 않는다. 어떤 물건이 아무리 작은 노력이라 해도 남에 의해 노력이 가해지고 개량되고 재해를 받지 않게 보호되면, 이 노력으로 야생의 과실을 따거나 땅에서 줍는 것만으로도 침해자는 분명히 남이 그것 때문에 사용한 힘의 성과를 빼앗는다. 따라서 남의 육체를 그 사람의 의지 때문이 아니라 '자기의' 의지에 도움이 되게 하고, 자신의 의지를 그 의지 현상을 넘어 긍정하고, 남의 의지를 부정하기에 이르는 것이다. 말하자면 부정을 행하는 것이 된다. *

반대로 어떤 사물에 조금도 노력을 하지 않고, 또는 파괴되지 않게 보호하지 않고, 단지 그것을 즐기는 것만으로는 점유의 의지를 선언하는 것일 뿐

---

* 따라서 자연적인 소유권을 기초하기 위해서는 '억류(Detention)'에 기초를 둔 권리 원천과 '형성'에 기초를 둔 권리 원천, 이 둘이 다 필요한 것은 아니고, 형성에 기초를 둔 것이면 충족된다. 단 '형성'이라는 명칭은 반드시 적당한 것은 아니다. 왜냐하면 어떤 사물에 노력을 기울이는 것은 반드시 형태를 일으켜야 할 필요는 없기 때문이다.

권리가 생기지 않는 것과 마찬가지로 그 물건에 대한 권리는 생기지 않는다. 그러므로 어떤 한 가족이 아무리 100년간 어떤 사냥 구역에서 독점적으로 사냥하고 있었다고 해도, 거기에 아무런 개량을 가하지 않았다면, 다른 새로운 사람이 와서 거기에서 사냥하려고 할 때, 도덕적 부정을 범하는 일이 없는 경우, 이 사람에게 사냥을 제지할 수는 없다. 따라서 선취권이란 , 즉 어떤 물건을 그저 향유해 왔다는 것으로 계속 향유할 수 있는 독점권을 요구하는 선취권이란 도덕적으로는 근거가 없다. 이러한 권리만을 믿고 있는 자에게 이 낯선 사람은 더 올바른 권리를 갖고, '자네가 이제 오랫동안 향유하고 있었으니까, 이번에는 남들이 향유해도 좋을 것이다'라고 말할 수 있다. 개량하고 재해를 막음으로써 노력을 가할 수 없는 물건에 대해서 도덕적인 근거를 가진 완전한 소유라는 것은 없다. 단, 다른 방면에서 봉사에 대한 보답으로 다른 사람들의 자발적인 양도로 완전한 소유가 인정되는 경우가 있다. 그러나 그러기 위해서는 이미 협약으로 규제된 공동체, 즉 국가가 전제된다. 앞에서 연역한 것처럼 도덕적으로 근거를 가진 소유권은 그 본성에 따르면, 소유자에게 그가 자신의 육체에 대해 갖는 것과 같은 무제한의 힘을 그 물건에 대해 갖게 한다. 그 결과 그의 소유를 교환이나 증여로 남들에게 양보할 수 있고, 그것을 받은 사람들은 그와 꼭 같은 권리를 갖고 그 물건을 소유하게 된다.

부정의 '실행(Ausübung)'은 일반적으로 '폭력(Gewalt)'에 의하지 않으면 '간계(List)'에 의해서 행해진다. 이것은 도덕적 본질에서 보면 동일한 것이다. 우선 살인에 있어서는 내가 단도를 사용하든 독약을 사용하든 도덕적으로 마찬가지다. 육체적 상해의 경우에도 마찬가지다. 그 밖의 여러 가지 부정은 언제나 부정을 행하는 자로서 내가 남의 개체를 강요하여, 그 사람의 의지가 아니라 내 의지에 봉사하게 하고, 그 사람의 의지에 의하지 않고 내 의지에 의해 행동하게 한다는 것에 도달한다. 폭력의 방법에서 이것은 물리적 인과성으로 달성되지만, 간계의 방법에서는 동기, 즉 인식을 거친 인과성에 의해, 즉 내가 그의 의지에 가상 동기를 그럴듯하게 보이고, 그래서 그가 '자기의' 의지에 따른다고 믿고 있지만, 실은 '나의' 의지에 따르는 것으로 달성된다. 동기가 들어 있는 매개가 인식이기 때문에, 그 사람의 인식을 위조함으로써만 부정을 행할 수 있는데, 이것이 '거짓말'이다.

거짓말은 언제나 남의 의지에 대한 작용을 목적으로 하고, 독립하여 그 자체로서 인식에 대해서만 작용하는 것이 아니라 단지 수단으로서, 즉 자기의 의지를 규정하는 경우 인식에 작용하는 것이다. 왜냐하면 나의 거짓말은 의지에서 출발하는 것으로서 어떤 동기를 필요로 하기 때문이다. 그러나 그 동기가 될 수 있는 것은 다른 사람의 의지뿐이고, 다른 사람의 인식이 아니다. 즉 다른 사람의 인식은 결코 '나의' 의지엔 영향을 미치지 않는다. 따라서 결코 그것을 움직이지 못하고, 그것은 의지 목적의 동기일 수 없으며, 다른 사람의 의욕과 행위만이 동기일 수 있고, 다른 사람의 의지는 간접적으로만 동기일 수 있다. 이것은 명백한 이기심에서 나온 거짓말에 해당할 뿐만 아니라, 이로 인해 야기된 다른 사람의 잘못으로 인한 아픈 결과를 즐기려고 하는 악의에서 나온 거짓말에도 해당된다. 또 단순한 호언장담도 그것으로써 다른 사람으로부터의 존경을 높이고 평판을 좋게 함으로써, 다른 사람의 의욕과 행동에 다소라도 영향을 끼치려고 하는 목적을 갖고 있다. 어떤 진리, 즉 어떤 발언을 단지 부정할 뿐이라면 그 자체로서는 아무런 부정도 아니지만, 거기에 거짓말을 붙이면 부정이 된다. 길을 잃은 나그네에게 옳은 길을 가르쳐 주기를 거절하는 것은 부정이 아니지만, 옳지 않은 길을 가르쳐 주는 것은 부정이다. 이상으로 보아 거짓말은 폭력 행위와 마찬가지로 '부정'이라는 결론이 나온다. 왜냐하면 거짓말은 이미 폭력과 마찬가지로 내 의지를 남에게까지 연장해 지배하고, 그래서 남의 의지를 부정함으로써 나의 의지를 긍정하려는 목적을 갖고 있기 때문이다.

　그러나 가장 완전한 거짓말은 '계약 위반'일 것이다. 왜냐하면 이 경우 앞서 증거를 든 규정들이 모두 완전하고 명백하게 갖추어져 있기 때문이다. 내가 어떤 계약을 맺으면, 그로 인해 상대방이 약속한 이행은 직접적이고 명백하게, 이제 행해지려고 하는 나의 이행에 대한 동기가 된다. 약속은 신중한 형식으로 교환된다. 각자가 약속 속에 언약한 진실성은 그 약속의 승낙을 보면 그 사람의 생각대로다. 상대방이 계약을 어기면 그는 나를 속인 것이 되며, 단지 상대방의 동기를 나의 인식 속에 밀어넣음으로써 나의 의지를 그의 마음대로 좌우하고, 그의 의지 지배를 다른 개체에까지 확대함으로써 완전한 부정을 행한 것이 된다. '계약'의 도덕적인 적법성과 타당성은 여기에 근거가 있다.

폭력에 의한 부정은 그것을 행하는 자에게는 '간계'에 의한 부정처럼 '부끄러워할' 것은 아니다. 왜냐하면 폭력에 의한 부정은 어떠한 사정 아래에서도 인간에게 경외심을 일으키는 물리적인 힘의 증거가 되지만, 간계에 의한 부정은 우회로를 취함으로써 약점을 폭로하고, 따라서 물리적 존재로서도, 도덕적 존재로서도 그 사람을 격하시키기 때문이다. 또 사기와 기만이 성공할 수 있는 것은 그것을 행하는 자가 동시에 그것에 대한 혐오와 멸시를 나타내 신용을 얻음으로써만 가능하다. 또 그가 실제로 갖고 있지 않는 정직성을 갖고 있다고 믿게 하는 데 기반을 두고 있기 때문이다. 간계, 불성실, 배신으로 곳곳에서 일어나는 깊은 혐오감은 성실과 정직이 많은 개인에게 분산된 의지를 결국 다시 외부에서 결합하여 하나로 하고, 그러한 분산 때문에 생긴 이기심의 결과들에 제한을 가하는 유대라고 하는 것에 기반을 두고 있다. 불성실과 배신은 이 최후의 외적 유대를 끊고, 이기심의 결과들에 무제한의 활동 여지를 제공한다.

우리가 고찰 방법과 관련해서 '부정'이라는 개념의 내용으로서 발견한 것은, 어떤 개인이 자기의 육체에 나타나 있는 의지의 긍정을 확대하고 남의 육체에 나타나 있는 의지를 부정하기에 이르는 행위의 성질이다. 또 우리는 일반적인 예를 들어 최고의 단계에서 더 낮은 단계들에 이르기까지의 등급들을 소수의 주요 개념으로 규정함으로써, 부정의 영역이 시작하는 경계를 표시했다. 이것에 의하면, '부정'이라는 개념은 근원적이고 적극적인 개념이며, 이에 대한 '정(Recht)'의 개념은 파생적이고 소극적인 개념이다. 왜냐하면 우리가 신뢰해야 되는 것은 언어가 아니라 개념이기 때문이다. 사실 부정이라는 것이 없다면, '정'은 문제가 되지 않았을 것이다. '정'이라는 개념에는 부정의 부정이 포함되어 있을 뿐이고, 앞서 말한 한계를 넘지 않는 행위, 즉 자기의 의지를 강하게 긍정하기 때문에 다른 사람의 의지를 부정하기에 이르지 않는 행위는 모두 이것에 포함되는 것이다. 그러므로 어떠한 한계는 단순하고 순수하게 '도덕적인' 규정이라는 점에서 말하면, 가능한 행위의 모든 영역을 부정 또는 정으로 나눌 수 있다. 앞서 설명한 방식으로 하나의 행위가 다른 사람의 의지의 긍정 영역에 들어가서 부정을 행하고 침해하지만 않으면, 그 행위는 부정이 아니다. 따라서 남의 절박한 어려움에 대한 구원을 거절하거나 자기는 포식하면서 남이 굶어죽는 것을 태연하게 방관하는 것은 확실히 잔인하고 악마 같은 태도이긴 하지만 부정은 아니다. 다만 확실하게 말할 수 있는 것은 그런 정도의 무자비함과 냉정한 태도를 취할 수 있는 사람은, 자기의 소원이 요구하기만 하면, 그리고 그것을 방해하는 강제력만 없으면, 반드시 부정도 행하게 된다는 것이다.

부정의 부정으로서 '정'의 개념이 주로 적용되고, 또 의심할 여지없이 최초의 기원이 된 것은 부정이 시도되었으나 폭력으로 방해된 경우이다. 이 방해는 다시 부정일 수는 없고, 따라서 '정'이다. 물론 이 경우에 행사된 폭력 행위는 그 자체만 떼어놓고 생각하면 '부정'일 것이지만, 여기서는 그 행위의 동기에 의해 정당하다고 인정받아 '정'이 되는 것이다. 어떤 개인이 자신의 의지를 긍정하고, 나의 인격 자체에 고유한 의지의 긍정 영역에까지 침입하여 이것을 부정하기에 이르면, 이 침입에 대한 방어는 그 부정의 부정일 뿐이다. 그 경우 내 편에서 본다면 본질적이고 근원적으로 나의 육체에 나타나 있고, 이 육체라는 현상에 의해 함축적으로 표현되어 있는 의지를 긍정하는 것에 불과하다. 따라서 부정이 아니라 '정'이다. 말하자면 이 경우 나는 다른 사람의 부정을 거부하는 데 필요한 힘을 가지고 부정하는 '권리'를 갖고 있다는 뜻이며, 이 권리는 쉽사리 알아차릴 수 있게 침입해 오는 외적인 폭력으로서 침해에 대해 어느 정도 우세한 반대의 힘으로 방지하는 경우에는 그 타인을 죽이는 일도 있지만, 그것은 부정이 아니고 정이다. 왜냐하면 내 쪽에서 행한 것은 나의 영역 안에만 존재하는 것이고(이 영역은 투쟁의 무대이기도 하지만), 다른 사람의 영역을 침입하지 않았기 때문이다. 따라서 부정의 부정은 긍정이며, 그 자신은 부정이 아니다. 그래서 나의 의지가 내 육체에 나타나고, 또 내 육체를 유지하기 위해 같은 한계를 지키는 다른 사람의 의지를 부정하지 않고, 내 육체의 힘을 사용하는 경우에 나타나는 나의 의지를 부정하는 타인의 의지에 대해서 나는 '강제로' 이 부정을 포기하게 할 수 있다. 그것도 '부정'은 '아니며', 그러한 경우 나는 '강제권'을 갖고 있는 것이다.

내가 강제권을 갖고 있는 경우, 즉 남에게 '폭력'을 사용해도 괜찮다고 하는 권리를 갖고 있는 경우에도, 그때의 사정에 따라 남의 폭력에 대해 '간계'를 가지고 응하더라도 전혀 부정이 되지 않는다. 따라서 나는 '강제권을 갖고 있는 것과 같은 정도로 거짓말을 할 권리'도 갖고 있다. 그러므로 길에서 강도를 만나 몸 전체를 다 검문당한 사람이, 그 강도에게 이 이상 아무것도 갖고 있지 않다고 단언하는 것도 옳다. 마찬가지로 밤중에 침입한 강도를 거짓말로 속여 지하실로 유인하여 감금하여 버리는 것도 옳다. 도적들, 가령 바바리아인들에게 체포되어 연행되어 가는 경우, 도망치기 위해서 폭력뿐만 아니라 간계를 써서 그들을 죽일 권리도 있다. 그러므로 직접 육체적인 폭력 행위로 어쩔 수 없이 하는 약속은 지켜야 할 의무가 없다. 왜냐하면 그러한 강요를 받은 사람은 상대방을 속이는 것뿐만 아니라 죽여서까지라도 그 폭력자로부터 도망칠 수 있는 충분한 권리를 갖고 있기 때문이다. 빼앗긴 자기의 소유를 힘으로 다시 탈취할 수 없는 사람이 간계로 그것을 수중에 넣었다고 해도 부정을 행한 것이 되지 않는다. 오히려 나에게 빼앗은 돈으로 도박을 하고 있는 자가 있다면, 그 사람에게 나는 주사위를 속일 권리가 있다. 왜냐하면 내가 그에게 빼앗은 것은 이미 나의 것이었기 때문이다. 이것을 부인하려고 한다면 전략의 적법성이 한층 부인되지 않으면 안 될 것이다. 전략은 사실에 근거한 거짓말이며, "사람들의 행위가 믿을 수 없게 되면, 사람들의 말은 대수롭게 생각할 필요가 없다"는 스웨덴의 여왕 크리스티나의 말을 증거하는 것이다. 따라서 정의 한계는 부정의 한계와 뚜렷하게 선을 긋고 있다. 어쨌든 나는 이 모든 것이 앞서 거짓말과 폭력의 부정성에 관해 말한 것과 완전히 일치한다는 것을 증명하는 것은 지나친 일이라고 생각한다. 또한 이것은 필요한 거짓말에 관한 기묘한 설을 해명하는 데에도 도움이 될 수 있다.*

이렇게 지금까지 언급하여 온 것을 보면, 부정과 정이란 단지 '도덕적인' 인간의 행동을 고찰함에 있어, 또 이 '행동 그 자체의 내적'인 '의미'에 관하여 타당성을 갖는 규정이다. 이 내적인 의미는 다음과 같이 의식에서 직접 나타난다. 한편으로 부정행위에는 내적인 고통이 따르는데, 이것은 부정행위를 하는 자가 자신의 내부에서 의지의 긍정이 지나치게 강렬해 남의 의지 현상을 부정하기에 이르렀다는 것과, 자기가 현상으로서는 부정을 당하는 자와 다르지만, 즉자적으로는 같은 것이라는 것을 느낌으로서 의식하는 것

---

* 여기에서 논한 법률론의 자세한 해명은 나의 현상 논문 《도덕의 기초에 대하여》의 제17장. 초판, p. 221~230(제2판, p. 216~226)에 있다.

이다. 모든 양심의 가책에 대한 이와 같은 내적인 의미에 관한 더 이상의 해설은 뒤에 하겠다.

한편 부정을 당하는 자의 의지는 이미 그의 육체와 자연적인 요구로 나타나 있고, 자연은 이 요구를 만족시켜 주기 위해 그가 이 육체의 힘에 의지하게 한다. 하지만 그는 자기의 그와 같은 의지가 부정되는 것을 고통으로 의식하며, 또한 힘이 결핍되어 있으면 어떠한 수단을 써서라도 그 부정을 방지할 수 있는데, 그래도 그것이 부정이 아니라는 것도 의식한다. 이러한 순수하게 도덕적인 의미는 국민으로서의 인간이 아니라 인간으로서의 인간에 대해 정과 부정이 갖는 유일한 의미다. 따라서 이것은 아무런 실정법도 존재하지 않는 자연 상태에서도 존속하며, 이 모든 것들의 기초와 내용으로 되는 것이다. 그래서 '자연법(Naturrecht)'이라고 부르는 것이지만, 도덕법이라고 하는 편이 더 적절하다. 왜냐하면 이 법의 타당성은 고뇌, 즉 외적인 현실에 미치는 것이 아니라 개인적 의지의 행위와 그 행위에서 인간에게 각성되어 오는 개인적 의지의 자기 인식, 즉 '양심'이라고 부르는 것에 지나지 않지만, 자연 상태에서는 어떤 경우에도 외부에 대해, 또 다른 개인들에 대해서도 효과가 있고, 법 대신 폭력이 지배하지 않도록 방지할 수 있기 때문이다. 자연 상태에서는 부정을 행하지 않는 것이 사람에 따라 좌우되지만, 부정을 '당하지' 않는 것은 결코 각자에게 달린 것이 아니라, 우연적이고 외적인 힘에 달린 것이다. 그러므로 정과 부정의 개념도 자연 상태에 타당하고, 협정에 의한 것은 아니다.

그러나 이 개념들은 자연 상태에서는 각자가 자기 의지에 대한 자기 인식을 위한 '도덕적인' 개념으로서만 효력을 갖고 있다. 이 개념들은 생에 대한 의지가 인간 개체 속에서 자신을 긍정함에 있어 천차만별의 강도를 가진 등급의 일정한 점으로, 온도계의 빙점과도 같은 것이며, 이 점에 이르면 자신의 의지에 대한 긍정은 다른 사람의 의지에 대한 부정이 되고, 그 의지의 격렬성 정도와 인식이 개별화의 원리(이것은 의지에 철저하게 사역하는 인식의 형식이지만) 속에 가두어지는 정도를 하나로 하여 부정행위로 표시되는 것이다. 그런데 인간 행위에 대해 순수하게 도덕적인 고찰을 도외시하거나 부인하고, 행동을 단지 외적인 작용과 그 결과로만 고찰하려고 하는 사람은 '홉스'와 더불어 정과 부정을 협약에 의해 임의로 채택한 규정이며, 실정법

이외에는 전혀 존재하지 않는 규정이라고 말할지 모른다. 우리가 이러한 사람에게 외적인 경험에 속하지 않는 것을 외적인 경험으로 표시하는 것은 아무리 봐도 불가능한 일이다.

홉스는 그의 저서 《기하학 원리(De principiis Geometrarum)》 속에서 완전하게 순수한 수학을 전면적으로 부인하고, 점에는 연장이 있고, 선에는 폭이 있다는 것을 주장함으로써 그의 경험적인 사고방식의 특색을 두드러지게 표출했다. 하지만 홉스에게 우리는 결코 연장이 없는 점이나 폭이 없는 선을 보여줄 수 없으며, 또 법의 선험성도 수학의 선험성도 보여 줄 수는 없다. 왜냐하면 그는 경험적이 아닌 모든 인식에 대해서 마음을 닫고 있기 때문이다.

따라서 순수한 '법률학(Rechtlehre)'은 '도덕'의 일부며, 직접적으로는 '행위'에만 관계할 뿐 '고뇌'에는 관계하지 않는다. 행위만이 의지의 표출이고, 의지만을 고찰하는 것이 도덕이기 때문이다. 고뇌는 단지 사건일 뿐이다. 도덕은 간접적으로만 고뇌를 고려할 수 있는데, 그것은 부정을 당하지 않기 위해서 행한 것은 부정행위가 아니라는 것을 증명하기 위해서만 고려할 수 있다는 것이다. 앞서 말한 도덕의 일부를 자세히 논하는 경우, 그 내용이 되는 것은 개인이 이미 자신의 육체에 객관화되어 있는 의지를 긍정하고, 이것이 다른 개인에게 나타나 있는 경우의 동일한 의지를 부정하는 일 없이 이루어질 수 있는 한도를 엄밀히 규정한다. 또한 이 한도를 넘은 행위는 부정이며, 그러므로 그것을 방지해도 부정이 되지 않는 행위를 엄밀히 규정하는 것이다. 따라서 언제나 자기의 '행위'가 고찰의 목표다.

그런데 '부정을 당하는 것은' 외적인 경험에서 사건으로서 나타나고, 여기에 생에 대한 의지의 자신에 대한 투쟁이라는 현상이, 이미 말한 것처럼 명백하게 나타난다. 이것은 개체의 인식을 위한 표상으로서의 세계 형식인 개별화의 원리로 제약되어 있는 많은 개체와 이기심에서 생긴다. 또 인생에 고유한 고뇌의 아주 큰 부분은 이러한 개인의 투쟁들이 그 끊임없는 원천이라는 것도 이미 보아 온 것이다.

이 모든 개인들에게 공통된 이성은 개인에게 동물처럼 단지 개별적인 사례뿐만 아니라, 관련된 전체를 추상적으로 인식시키고, 곧 그 고뇌의 원천을 통찰할 수 있게 한다. 또 공통된 희생을 지불함으로써 고뇌를 덜거나 가능하면 그것을 잃어버리게 하는 수단을 생각해 내기에 이른다. 그럼에도 이 희생의 크기는 그 고통으로부터 얻는 이익의 크기보다 크다. 경우에 따라서는 부정을 행하는 것이 개인의 이기심에는 대단히 기분 좋을지 모르지만, 이와 관계해서 반드시 다른 개인이 부정을 당하고 큰 고통을 느끼지 않을 수 없다. 그래서 전체를 고려하는 이성은 자기가 소속하고 있는 개체의 일반적인 입장에서 탈출하여 잠시 동안 개체에 대한 집착을 떠나 버림으로써, 어떤 개인이 부정행위에서 얻는 즐거움보다 그 부정을 당하는 데 있어서 다른 개인이 받는 고통이 언제나 심하다는 것을 안다. 또한 이 경우 모든 일은 우연에 맡겨져 있기 때문에 각자는 우연히 부정을 행하고 즐기는 것보다 부정을 당하고 괴로워하는 쪽이 훨씬 많다는 것을 안다. 여기에서 이성은 모든 사람이 받는 고뇌를 줄이기 위해서, 또 그것을 가능한 한 똑같이 분배하기 위해서도 모든 사람이 부정행위로 얻는 즐거움을 포기함으로써 부정을 당하는 사람의 괴로움을 없애는 것이 최상이며, 또 유일한 수단이라고 인식하는 것이다. 이렇게 이성을 사용함으로써 이기심이 조직적인 방법으로 한쪽으로 치우친 입장을 버리고, 쉽게 생각해 내어 완성한 수단이 '국가 계약(Staatvertrag)' 또는 '법률(Gesetz)'이다. 내가 여기서 설명하는 법률의 기원은 이미 플라톤이 《국가론》에서 언급하고 있다. 사실 그 기원은 본질적으로 유일하며, 또 사물의 본성으로 봐서 당연한 것이다. 어떠한 국가에서도 국가의 기원은 그 외에는 없다. 바로 이 성립 방식, 이 목적이야말로 국가를 국가답게 하는 것이기 때문이다.

그러나 이 경우, 각각의 특정한 민족에 있어 국가가 성립하기 이전의 상태가 서로 관계가 없는 야만인의 무리(무정부)였든지, 강자에 의해 타의로 지배받는 노예의 무리(전제)였든지 그것은 상관이 없다. 어떤 경우에도 국가는 아직 성립되어 있지 않았다. 앞서 말한 공동의 협약으로 비로소 국가는 성립되고, 이 협약이 무정부 또는 전제와 섞이는 정도가 작은가 큰가에 따라 국가는 더 완전하거나 불완전한 것이 된다. 공화제는 무정부에 기울고, 군주제는 전제에 기울고, 그래서 고안된 입헌 군주제라는 중도는 당파의 지배에 기운다. 완전한 나라를 세우기 위해서는 철저하게 자신의 행복을 공공 복리를 위해 희생하는 것을 인정하는 사람들을 창조하는 것부터 시작해야 한다. 그러나 그러기까지는 자신의 행복과 국가의 행복이 불가분한 것이어서, 적어도 중요한 일에서는 남의 것을 제외한 어느 한쪽의 행복만을 촉진하는 것이 불가능한 상태에 있으면, 이 목적은 어느 정도 달성된다. 세습적인 군주정체의 힘과 장점은 여기에 기초를 두고 있다.

그런데 도덕이 오직 정이나 부정의 '행위'에만 '관계'하고 부정을 행하지 않으려고 결심한 사람에게는 행동의 한계를 면밀히 표시할 수 있었지만, 이와 반대로 국가론, 즉 입법론은 부정을 '당하는 것'에만 관계한다. 부정을 행하는 것의 필연적인 상대 개념으로서 언제나 부정을 당하는 것이 있으며, 이것은 국가론을 저지하려는 적으로서 국가론의 목표다. 그러나 부정을 행하는 것이 부정을 당하는 것과 관계가 없다면, 국가론은 부정을 '행하는 것'에는 관심을 두지 않을 것이다. 뿐만 아니라 부정행위가 있어도 부정을 당하는 일이 없는 경우가 있다면, 국가는 당연히 그러한 것을 금지하지 않을 것이다.

또한 '도덕'에서는 의지와 마음이 고찰의 대상이며 유일한 실재이기 때문에, 도덕에게는 외부의 힘에 의해서만 억제되고 아무 효과도 발휘하지 못한 부정을 행하려는 굳은 의지와 실제로 행해진 부정은 동일한 것으로 간주된다. 그리고 도덕은 그러한 부정을 원하는 자를 법정에서 부정하다고 하여 유죄 판결을 내린다. 이와 반대로 의지와 마음은 그 자체로서는 국가의 관심 대상이 될 수 없고, 국가가 관심을 가지는 것은 상대 개념으로서 다른 편에서 그것을 '당하는 것'이 있는 행위(그것이 이루어지지 않은 것이든 이미 이루어진 것이든 간에)뿐이다. 따라서 국가에게는 행위와 사건이 유일한 실재이며, 마음과 의도는 거기에서 행위의 의미가 알려져 나오는 경우에만 탐구되는 것이다. 그러므로 누군가가 남을 죽이거나 독을 타려는 생각을 항상 품고 있어도, 큰 칼과 환형(轘刑)의 형벌에 대한 공포가 끊임없이 그러한 의욕을 저지하리라는 것을 국가가 확실하게 알고만 있으면, 국가는 그것을 금하지는 않을 것이다. 또 국가는 부정행위에 대한 경향이나 나쁜 마음을 근절하려는 어리석은 계획은 결코 세우지 않고, 다만 벌을 면할 수 없다는 것을 알려서, 부정을 행하기 위한 가능한 동기 곁에 그것을 포기시키기 위한 우세한 동기를 표시하려고 계획할 뿐이다. 따라서 형법전(刑法典)은 가능하다고 예상되는 범행에 대한 반대 동기의 색인이며, 범행과 반대 동기도 추상적으로 적혀 있지만, 실제로는 구체적으로 적용하는 것이다.

그런데 국가론, 즉 입법은 이 목적 때문에 도덕에서 하나의 장을 차용해오는데, 그것이 법률학이며 정과 부정의 내면적인 의식 밖에도 둘 사이의 엄밀한 경계를 나타내는 것이다. 그러나 그것은 오로지 그 반대 면을 이용하여 부정을 '행하지' 않으려고 하면, 넘어가서는 안 된다고 도덕이 설교하는 모든 경계를 다른 면에서 고찰하기 위한 것이다. 다른 쪽에서 보면, 남에게 부정을 '당하고' 싶지 않다면 남이 경계를 넘어오는 것을 참을 수 없으며, 이 경계선에서 다른 사람을 몰아낼 '권리'를 갖는다. 따라서 이러한 경계는 가능한 한 수동적인 면을 위하여 법률을 통한 보호를 받게 된다. 역사가는 뒤로 돌아선 예언자라고 재치 있게 불리고 있듯이, 법률학자는 뒤로 돌아선 도덕가라는 말이 된다. 따라서 본래 의미의 법률학, 즉 우리가 주장할 수 있는 '권리들'에 관한 학문은 뒤로 돌아선 도덕의 한 장이며, 여기서는 우리가 침해해서는 안 되는 권리를 가리키고 있다.

부정의 개념, 그리고 정이라고 하는 부정의 부정 개념은 본래 '도덕적인' 것이지만, 출발점을 능동적인 측면에서 수동적인 측면으로 옮김으로써, '법률적으로' 된다. 칸트는 그 정언명령(kategorischer Imperativ)에서 국가의 창립을 하나의 도덕적 의무로 연역하는 심한 오류를 범했지만, 최근에 이르러서도 국가는 도덕성을 촉진하기 위한 하나의 시설이고, 도덕에서 법률로 전환하는 일은 도덕성에 대한 노력에서 생기는 것이며, 따라서 이기심에 반대되는 것이라고 하는 특이한 오류의 원인이 되고 있다. 도덕이나 부도덕은 오로지 내적인 심정, 즉 영원히 자유로운 의지의 문제인데도, 마치 외부로부터 수정되거나 영향을 받고 변하는 것처럼 생각하는 것이다. 더욱 잘못된 것은 국가가 도덕적인 의미에서 자유이고, 또 도덕이 조건이라는 이론이다. 왜냐하면 자유는 현상의 현실 밖 세계에 있으며, 인간적인 제도의 현실 밖 세계에 있는 것이기 때문이다.

이미 언급한 것처럼 국가는 이기심 자체에 반대하고 있는 것이 아니라 반대로 모든 사람의 이기심에서 생긴 것이다. 하지만 이 이기심은 충분한 이해를 갖고, 조직적인 방법을 취하고, 일방적인 입장에서 보편적인 입장으로 나아가고, 총괄됨으로써 공통된 것으로 되어 있다. 국가는 이러한 이기심에 봉사하기 위해서 존재하고 있고, 순수한 도덕, 즉 도덕적인 근거로부터 올바른 행동은 기대할 수 없다는 정당한 전제에서 설정되어 있다. 그 밖에는 국가는 불필요한 것이기까지 할 것이다. 국가는 결코 이기심에 반대하는 것이 아니라, 이기주의적인 개인 집단에서 생겨 그들 사이에 영향을 주며, 그들의 행복을 방해하는 이기심의 해로운 결과들에 대해서만, 이 행복을 위해 반대한다. 그러므로 '아리스토텔레스'(《정치학》 3권)는 이미, "국가의 목적은 잘 사는 것이며, 이것은 말하자면 행복하고 아름답게 사는 것이다"라고 말하고 있다. 홉스도 이러한 국가의 기원과 목적을 훌륭하게 해명했다. 사실 모든 국가 질서의 오랜 근본 원리인 '공공의 행복은 제일의 법이다'도 같은 것을 표명하고 있다.

만일 국가가 그 목적을 완전히 달성하면, 성향에 대한 정의가 널리 행해지는 현상을 나타낼 것이다. 그러나 이 두 현상의 내적인 본질과 기원은 반대다. 즉 성향에 대한 정의가 행해지는 경우에는 아무도 부정을 '행하려고' 하지 않을 것이지만, 국가가 그 목적을 달성한 경우에는 누구나 부정을 '당하려고' 하지 않고, 이 목적 때문에 그러한 수단들이 사용될 것이다. 동일한 선도 반대의 두 방향에서 그릴 수 있고, 맹수도 입마개를 달아 두면 초식동물과 마찬가지로 해롭지 않다. 그러나 국가는 이 점에서 앞으로 나아가지는 못한다. 즉, 일반적인 상호간의 호의와 사랑에서 생기는 현상을 나타낼 수는 없다. 왜냐하면 그 본성에 따르면 국가는 다른 편에게 부정의 피해가 동반되지 않는 부정행위라면 금지하지 않겠지만, 그것이 불가능하기 때문에 모든 부정행위를 방지하는 것이기 때문이다. 하지만 국가는 만인의 행복을 목적으로 하는 경향 때문에 모든 종류의 호의나 박애를 '받도록' 열심히 노력할 것이다. 그러나 그들이 반드시 이에 호응하여 선행이나 자선 사업을 '실시한다고는' 할 수 없다. 이 경우 국민은 수동적인 역할을 받아들이고, 한 사람도 능동적인 역할을 받아들이려는 사람은 없을 것이며, 또 어떠한 이유로도 이 능동적인 역할을 특정한 사람에게 요구하는 일도 없을 것이다. 따라서 '강제당하는' 것은 소극적인 것뿐이며, 이것이 바로 법이다. 따라서 법은 세상에서 자선 의무라는 명칭으로 해석하거나 불완전한 의무로 해석하거나 하는 적극적인 것은 아니다.

이미 언급한 것처럼 입법은 순수한 법률론, 즉 정과 부정의 본질과 한계에 관한 이론을 도덕학에서 빌리고, 도덕학과는 관계없는 목적 때문에 부정을 당하는 반대되는 쪽에서 적용하여, 적극적인 입법과 그 입법을 유지하기 위한 수단, 즉 국가를 세우려는 것이다. 따라서 적극적인 입법이란, 부정을 당하는 반대되는 쪽에서 적용된, 순수하게 도덕적인 법률론이다. 이 적용은 특정한 국민의 고유한 관계와 사정들을 고려하여 행해질 수 있다. 그러나 적극적인 입법이 사실 일반적으로 순수한 법률론의 지도로 규정되고, 이 규정들의 어느 것에 대해서도 순수한 법률론에 있는 어떤 근거가 증거로 될 수 있는 경우에만 입법은 '실정법(Positives Recht)'이고, 국가는 하나의 '법적' 단체, 즉 본래의 의미에서 '국가'며, 도덕적으로 용인되는 것이다. 그렇지 않으면 적극적인 입법이란 '적극적 불법'을 근거짓는 것이며, 공공연히 인정되고 강제된 불법이다. 모든 전제주의 국가, 많은 이슬람교 국가들의 제도가 이러한 것이며, 여러 가지 제도들 중 많은 부분, 예를 들면 노예 신분이나 부역 등이 이 범주에 속한다.

순수한 법률론, 또는 자연법, 가장 적절하게 말하면 도덕적인 법은 언제나 이면을 통해서이기는 하지만, 순수 수학이 응용 수학의 근저에 있는 것처럼 법적으로는 적극적인 입법의 근저에 있다. 순수한 법률론의 가장 중요한 점은 앞서 말한 것과 같은 목적 때문에, 철학처럼 입법에 주어지지 않으면 안 되는 것이지만, 그것은 다음과 같다. (1)부정과 정 개념의 내적인 본래 의미와 기원을 설명하고, 그 적용과 도덕에서의 위치를 설명하는 것. (2)소유권을 연역하는 것. (3)계약의 도덕적 타당성을 연역하는 것. 왜냐하면 이 타당성이 국가 계약의 도덕적인 기초이기 때문이다. (4)국가의 발생과 목적을 설명하고, 이 목적과 도덕의 관계를 설명하고, 또 이 관계에 의거하여 도덕적 법률을 뒤집어 봄으로써, 입법에 옮겨 유효하게 하는 것을 설명하는 것. (5)형법을 연역하는 것. 법률론에서 그 밖의 내용은 이 원리들의 응용에 지나지 않는다. 또 인생의 모든 가능한 사정들에 대한 법과 불법의 경계를 자세하게 규정하는 것이며, 이 사정들은 어떤 관점이나 표제 아래서 통일되거나 구분된다.

이 특수한 이론들에 대해서는 순수법의 여러 교과서가 대체로 일치하고 있지만, 원리적인 점에서는 각기 현저하게 다르다. 왜냐하면 원리는 언제나 하나의 철학적인 체계와 관계를 맺고 있기 때문이다.

우리는 철학 체계에 따라 위에서 말한 요점들 중 처음 네 가지에 대해서는 간단하게 일반적으로, 또 확실하고 명료하게 규명했기 때문에, 이제부터 같은 방식으로 형법에 대해 말해 보려 한다.

칸트는 국가만이 완전한 소유권을 갖는다고 주장했지만, 이것은 근본적으로 잘못된 것이다. 앞서 연역한 바에 따르면, 자연 상태에도 소유가 완전히 자연적인 도덕적 법으로 존재하며, 이것을 침해하면 불법이 되지만 이것을 극단으로 방어해도 불법이 되지 않는다.

그런데 국가만이 '형벌권(Strafrecht)'을 갖는 것은 확실하다. 처벌하는 권리는 실정법에 의해서만 기초해 있고, 실정법은 범행에 '앞서' 여기에 대한 형벌을 규정하고, 그 형벌의 위협이 반대 동기로서 어떤 범행으로 일어날 수 있는 동기를 억제하는 것이다. 이 실정법은 국가의 공통된 계약에 근거하고 있고, 이 계약을 이행하기 위해서는 국가의 성원이 모든 상황 아래서 한편으로는 형벌을 집행하고, 또 한편으로는 형벌을 받을 의무가 있다. 그러므로 '형벌의' 직접적인 목적은 '계약인 법률을 이행한다'는 것이다. 그러나 '법률'의 유일한 목적은 남의 권리를 침해하지 않도록 '위협하는 것'이다. 왜냐하면 모두 부정을 당하지 않기 위해 사람들은 단결하여 국가를 만들고, 부정행위를 포기하고, 국가 유지의 무거운 짐을 떠맡았기 때문이다. 법률과 그 집행인 형벌은 본질적으로 '미래'에 대한 것이고, '과거'에 대한 것은 아니다. 이것이 '형벌'과 '복수'가 다른 까닭이며, 복수는 단적으로 일어난 것, 즉 과거에 일어난 일이 동기가 된 것이다.

미래에 대한 목적 없이 어떤 고통을 가함으로써 부정에 답하는 것은 모두 복수인데, 그 목적은 그로 인해 야기되는 남의 괴로움을 봄으로써 자기가 받은 고통을 위로하려는 것이다. 이런 것은 악의와 잔인한 행위며, 윤리적으로 시인되어서는 안 된다. 누군가가 나에게 부정을 가했다고 해서 내가 그에게 부정을 가할 권리는 없다. 악으로써 악을 갚는 것 이상 아무런 의도도 없다는 것은 도덕적으로도, 또 그 어떤 이성적인 근거에서도 시인되어서는 안 된다. 그리고 부정에 대해 부정으로 갚을 수 있는 권리를 형법에서 독립된 최종적인 원리로 열거하는 것은 무의미하다. 그러므로 칸트가 형벌을 단순한 보복을 위한 보복이라고 한 설은 전혀 근거 없는 잘못된 견해이다. 이 설은 여전히 많은 법률학자들의 저서들 속에 나타나 있고, 여러 가지 고상한 의례적인 문구를 사용하여 헛된 미사여구를 늘어놓고, 형벌로 범죄가 보상되거나 중화되어 극복된다고 말하고 있다. 그러나 누구라 해도 스스로를 순수하게 도덕적인 재판관과 보복자라 칭하고, 남의 범죄에 대해 그가 가하는 고통으로 벌할 권리는 없고, 그에게 속죄시킬 권리도 없다. 이것은 불순한 월권 행위다. 그러므로 성서에는 "원수 갚는 것은 내가 할 일이니 내게 맡겨라 하고 주께서 말씀하셨다"라는 말이 있다.

또 인간에게는 사회의 안전을 위해 배려할 의무가 있다. 그런데 이것은 '범죄적'이라는 말로 표시되는 모든 행위를 벌칙으로 금함으로써만 행해질 수 있는 것으로, 이 행위들을 반대 동기인 형벌로 위협해 놓고 방지하는 것이다. 그리고 이것을 범하는 자가 있는 경우에는 단호하게 이 위협을 수행함으로써 위협의 효과를 거둔다. 따라서 형벌의 목적, 좀더 자세하게 말하면, 형법의 목적이 위협함으로 범죄를 방지하는 데 있다는 것은 일반적으로 인정받는 진리다. 영국에서는 지금도 형사 사건에서 검찰 총장이 사용하는 오래된 기소장에 이 진리가 표명되어 있는데, "만일 이것이 입증된다면, 당신 아무개는 장차 영원히 타인에게 동일한 범죄를 행하지 않도록 법률이 주는 고통과 벌을 받아야 한다"라고 끝맺고 있다. 법에 의해 유죄선고를 받은 어떤 범죄자를 군주가 특별 사면하려고 하면, 장관은 그렇게 되면 범죄는 곧 되풀이될 것이라고 말하면서 군주에게 반대할 것이다. 미래에 대한 목적이라는 점에서 형벌은 복수와는 다른 것이고, 형벌은 '하나의 법률을 이행하기 위해' 수행되는 경우에만 목적을 가진다. 그렇게 함으로써만 미래의 어떠한 경우에도 형벌이 반드시 가해진다는 것을 보여서 법률의 위협적인 힘을 보여주는데, 이것이 바로 법률의 목적이다.

그런데 이렇게 말하면 칸트파 사람들은 반드시 이의를 제기하여, 그 견해에 따르면 벌을 받는 범죄자는 '단순한 수단'으로 사용된 것이 아닌가 하고 말할 것이다. "인간을 언제나 목적으로만 취급하고 수단으로 취급해서는 안 된다"고 하는 명제는 칸트파 사람들에 의해 끊임없이 기계적으로 되풀이되고 있다. 이 말은 정말 의미심장하게 들리며, 그 이상의 모든 사유를 면하게 하여 주는 하나의 공식을 갖고자 하는 사람들에게는 참으로 적절한 명제다. 그러나 자세히 고찰하면 이것은 간접적으로만 그 목적에 도달하는 대단히 애매하고 불확실한 진술이며, 이것을 적용하는 경우에는 언제나 특별한 설명과 규정, 변형이 필요하다. 그래서 극히 일반적으로 해석하더라도 불충분하고 가치가 희박하며 의심스럽다. 법률로 사형 선고를 받은 살인자는 두말할 것도 없이 단순한 '수단'으로 사용되어야 한다. 왜냐하면 이 법률이 이행되지 않은 채 지속된다면, 국가의 목적은 방해받고 또 중단되기 때문이다. 그의 생명, 그의 인격은 이제 법률을 이행하기 위한, 그래서 국가의 목적을 회복하기 위한 '수단'이 되어야 하는 것이다. 그가 그 수단이 되는 것은 국가 계약을 수행하기 위해 당연한 것이다. 이 계약은 자신도 국가의 국민인 한 가담해 있던 것이고, 따라서 그는 생명, 자유, 그리고 소유의 안전을 향유하기 위해, 모든 사람의 안전을 위해 그의 생명, 자유, 소유를 저당잡혔다가 그 저당물을 잃어버린 것이다.

여기서 말한 형벌에 대한 학설은 건전한 이성에는 명백한 것이고, 새로운 사상이 아니다. 오히려 이치에 닿지 않는 새로운 이론에 의해 거의 밀려난 사상이어서, 그러한 점에서 이 사상에 대한 명백한 설명이 필요했던 것이다. 이러한 것은 대체로 푸펜도르프의 《인간과 시민의 의무(De officio hominis et civis)》제2권 13장에서 한 언급 속에 이미 포함되어 있다. 마찬가지로 홉스의 《리바이어던》제5장과 제28장도 이것과 일치한다. 현대에는 모두 아는 것이지만 포이어바흐가 이것을 변호했다. 뿐만 아니라 이러한 설명은 이미 고대 철학자들의 말 속에서도 발견된다. 플라톤은 이것을 분명히 《프로타고라스(S. 114 edit. Bip)》에도, 《고르기아스(S. 168)》에도, 마지막으로 《법률》의 제11권(S. 165)에서도 말하고 있다. 세네카는 플라톤의 의견과 모든 형벌 학설을 다음과 같이 간단한 말로 표명하고 있다.

"사려있는 사람은 죄를 범했다고 해서 벌하는 것이 아니라 죄가 범해지지 않게 하기 위해서 벌한다고 말한다."(《분노에 관하여》, I, 16)

국가는 이성을 갖춘 이기심에 닥쳐오는 자신의 나쁜 결과들을 피하기 위한 수단이며, 각자는 자신의 행복이 모든 사람의 행복 속에 포함되어 있는 것을 알기 때문에, 각자를 모든 사람의 행복을 촉진하기 위한 수단이라고 생각했다. 만일 국가가 그 목적을 완전하게 달성했다고 하면, 그 속에 통합된 인간의 여러 힘에 의해 국가는 그 밖의 자연을 자기에게 더한층 도움이 되게 할 수 있기 때문에, 결국 모든 종류의 화근을 없앰으로써 게으름뱅이의 극락에 가까운 상태가 출현할지도 모른다. 그러나 국가는 한편으로는 여전히 이러한 결과에서 대단히 멀리 떨어져 있고, 또 한편으로는 인생에 있어 완전히 본질적인 무수한 화근이 아무리 제거된다고 하더라도, 결국은 다른 화근이 없어진 장소는 곧 권태로 점령되어서, 전과 마찬가지로 인생을 괴로운 것으로 생각할 것이다. 또 개인들 사이의 불화도 결코 국가에 의해 완전히 해소될 수는 없다. 왜냐하면 큰 불화는 벌칙으로 금지되어 있어도 작은 불화는 적당히 얼버무려져 있기 때문이다.

마지막으로 다행히도 내부로부터 축출된 불화는 결국 외부로 향한다. 즉 불화가 개인의 싸움으로 국가 조직에 의해 추방되면, 이번에는 국민들의 전쟁으로 외부에서 다시 들어온다. 그리고는 피비린내 나는 희생을, 현명한 대비책을 통하여 하나하나 없애 주었던 누적된 부채로 단번에 회수하는 것이다. 뿐만 아니라 이 모두를 수천 년의 경험에 기초를 둔 지혜로 극복하고 제거할 수 있다면, 결국은 지구 전체의 실제적인 인구 과잉이 초래될 것이며, 그 무서운 재해에 이르러서는 대담한 상상력만이 이것을 눈앞에 그려 낼 수 있을 뿐이다.

63. 영원한 정의

우리는 국가의 '일시적인 정의(die zeitliche Gerechtigkeit)'는 보복하거나 형벌을 가하는 것이라는 것을 배우고, 그 정의가 '미래'를 고려함으로써만 정의가 된다는 것을 알았다. 왜냐하면 그러한 고려가 없다면 범죄를 벌하거나 보복하는 것은 정당하다고 인정되지 않을 뿐만 아니라 그 사건에 아무런 의미나 의의도 없이 제2의 불행을 덧붙이는 것이기 때문이다. 그러나 '영원한 정의(die ewige Gerechtigkeit)'는 이것과는 다른 것이다. 또한 이미 앞에서 말했지만, 이것은 국가를 지배하는 것이 아니라 세계를 지배하는 것이며, 인간의 제도에 의존하거나 우연과 착각에 지배되는 것이 아니다. 또한 불확실하고 동요되어 틀린 방향으로 가는 것이 아니라 틀림없고 확고하며 확실한 것이다. 보복의 개념에는 이미 시간이 포함되어 있다. 그러므로 '영원한 정의'는 보복하는 것이 아니고, 보복의 정의처럼 유예나 연기가 허락되지 않으며, 또 단순히 시간에 의해 나쁜 소행을 나쁜 결과로 보상하기 위해 시간을 필요로 하는 것이 아니다. 영원한 정의에서 형벌은 범행과 결합되어 둘은 하나여야 한다.

그대는 믿는가, 죄가 나래를 타고

신에게 올라가면,

누군가가 이 죄를 거기 있는 책상 위에 적어 두고,

그러면 제우스는 그걸 보고 사람을 심판한다는 것을.

제우스의 천체로 모든 인간의 죄를 기입하기엔 너무 작아서,

그것을 모두 보고 각자에게 제각기 벌을 내릴 수는 없도다.

그러나 너희들이 보려고만 한다면,

재판의 신은 이미 어딘가 이 근방에 있다.

——에우리피데스

   영원한 정의가 실제로 세계의 본질에 존재하고 있다는 것은, 우리가 이때까지 말해 온 사상 전체에서 보면, 이 사상을 이해한 사람에게는 완전히 명백해질 것이다.

   생에 대한 의지가 그 부분이나 형태의 다양성 속에서 현상화하고, 객관화한 것이 세계다. 생존 자체와 생존의 방식은 부분에서와 마찬가지로 전체에서도 오직 의지에서 나온다. 의지는 자유롭고 전능하다. 의지는 어떠한 것 속에서도 자신을 자체로 하여, 그리고 시간을 넘어 규정하는 것으로 나타난다. 세계는 이 의욕의 거울에 불과하다. 그리고 세계 속에 있는 유한성, 모든 고뇌, 고통은 이 의지가 원하는 것을 표현하기 위해 필요한 것이며, 의지가 그렇게 원하기 때문에 그렇게 있는 것이다. 따라서 존재자는 모든 생존을 자기 방식의 생존이나 독자적인 개성이 있는 대로, 있는 그대로의 환경 아래에서 있는 그대로의 세계에서, 우연이나 잘못으로 지배되고 유한한 시간 속에서 멸망하는 것으로 끊임없이 고뇌하면서 짊어지고 있다는 것은 지극히 당연하다. 그리고 그의 신상에 일어나는 것, 아니 일어날 수 있는 것은 당연히 일어나도록 되어 있다. 왜냐하면 의지는 그의 의지이고, 의지가 있는 그대로 세계가 있기 때문이다. 생존에 대한 책임과 이 세계의 성질에 견디어 갈 수 있는 것은 이 세계뿐이다. 그도 그럴 것이 다른 어떤 것이 그 책임을 어떻게 떠맡을 수 있단 말인가? 도덕적으로 보아 인간이 전체적으로 얼마만한 가치를 지니고 있는가 하는 것을 알려면, 전체적으로 그의 운명을 고찰하면 된다. 인간의 운명은 결핍, 비참, 비애, 고통 그리고 죽음이다. 영원한 정의는 존재한다. 만일 인간이 가치 없는 것이 아니라면, 인간의 운명도 그

렇게까지 비참한 것은 아닐 것이다. 이런 의미에서 우리는 세계 그 자체가 세계의 심판이라고 말할 수 있을 것이다. 만일 세계의 모든 비애를 천칭(天秤)의 '한쪽' 저울판에 놓고, 세계의 모든 죄를 다른 쪽에 놓을 수 있다면, 지침은 반드시 균형을 잡고 서게 될 것이다.

물론 의지에서 나와 의지에 봉사하는 인식은 개인에게 주어지는 것이지만, 그러한 인식에 대해서 세계는 결국 탐구자에게 자신의 유일한 생에 대한 의지의 객관성으로서 자신을 드러내는 세계로서는 나타나지 않는다. 오히려 인도인이 말하는 것처럼 마야의 베일이 자연 그대로의 사람 눈을 흐리게 하는 것이며, 이 눈에 비치는 것은 물자체가 아니라 시간과 공간, 즉 개별화의 원리 속에 나타나고, 또 그 밖의 충족 이유율의 형태들 속에 나타나는 현상에 불과하다. 이러한 개인의 제한된 인식의 형식에서 그 눈이 보는 것은 본질이 아니라, 그 본질이 분리되어 각양각색으로 되고, 또 서로 대립하는 현상이다. 그래서 그에게는 육욕과 고뇌는 완전히 다른 것으로 보이고, 이 인간은 사람을 괴롭히는 자, 사람을 죽이는 자, 저 인간은 괴로움을 받는 자, 희생되는 자로 보이고, 악과 재앙은 다른 것으로 보인다. 그는 어떤 사람이 기쁨과 사치와 쾌락에 빠져 생활하고 있는 반면, 그 사람의 문 앞에서는 다른 사람이 결핍과 한기로 고생하면서 죽어가는 것을 본다. 여기서 그는 도대체 보복은 어디에 있는가라고 묻는다. 그리고 그의 근원이고 본질인 강렬한 의지의 충동에 몰려 생의 쾌락과 기쁨을 붙들고, 거기에 매달려 떨어지지 않는다. 그는 의지의 이러한 행위에 의해, 몸서리칠 생의 모든 고통과 고뇌를 붙들고 자신에게 강하게 눌러대고 있다는 것을 모른다. 그는 이 세상에서 불행을 보고 악을 본다. 그러나 이것들이 살려고 하는 의지 현상의 다른 측면에 지나지 않는다는 것은 인식하지 못하고, 이것들을 아주 다른 것, 아니 전혀 상반된 것으로 생각하고 가끔 남에게 고뇌를 일으킴으로써 자신의 고뇌를 면하는 일이 있지만, 이것은 개별화의 원리에 사로잡혀 마야의 베일에 속고 있는 것이다. 그도 그럴 것이 사방이 끝이 없고, 파도가 넘실거리는 거친 바다에서 작은 배를 젓는 사공이 이 연약한 작은 배를 의지하고 있는 것처럼, 개개인은 고난에 찬 세계 한복판에서 개별화의 원리, 즉 개체가 사물을 현상으로 인식하는 방법을 받침대로 의지하고 태연하게 앉아 있기 때문이다. 무한한 과거나 무한한 미래에서도 고뇌에 가득 찬 끝없는 세계는 그에게는 미지고, 또한 옛날 이야기이기도 하다. 보잘것없는 그의 일신, 길이가 없는 그의 현재, 순간적인 그의 기쁨, 이것들만이 그에게는 현실성을 갖고 있으며, 그 이상의 인식으로 눈이 뜨이지 않는 한, 그는 이것들을 유지하기 위해 모든 수단을 다하는 것이다. 그때까지는 단지 의식의 가장 깊은 곳에 막연한 예감이 있어서, 이 모든 것들이 본래 자기와는 그다지 관계없는 것이 아니고, 개별화의 원리에 의해 차단할 수 없는 어떤 연관이 그 사이에 있다고 느끼고 있다. 이 예감에서, 아무래도 지워 버릴 수 없고 모든 인간(뿐만 아니라 아마 비교적 영리한 동물까지도)에게 공통된 '전율감(Grausen)'이 초래되는 것이다.

이러한 전율감은 사람들이 어떤 우연 때문에, 충족 이유율이 그 어느 형태에서 예외가 생김으로써 개별화의 원리를 잘못 보는 경우에 사람들 마음에 갑자기 생긴다. 예를 들면, 원인도 없이 어떤 변화가 일어났다고 생각되거나, 죽은 사람이 다시 소생했다고 생각되거나, 그 밖에 또 과거의 일이나 미래의 일이 현재에 나타나고, 멀리의 것이 가까이에 나타났다고 생각되는 때에 느끼는 전율이다. 이것을 보고 무서운 공포를 느끼는 것은 오로지 인간 개체와 그 밖의 세계를 가르고 있는 현상의 인식 형식들을 사람들이 오인하기 때문이다. 그런데 이 구분은 현상 속에만 있고 물자체에는 없다. 또한 영원한 정의는 바로 물자체에 근거를 두고 있다. 실제로 유한한 행복이나 모든 재주와 슬기도 무너질 지반 위에 서서 방황하고 있다. 그러한 것들이 인간을 불행에서 보호하고 그들에게 쾌락을 준다. 그러나 인간은 단순한 현상에 지나지 않고, 그가 다른 개인들과 다르다는 것과 그들의 고뇌를 벗어나고 있다는 것은 현상의 형식, 즉 개별화의 원리에 근거를 두고 있다. 사물들의 참된 본질에 의하면, 각자가 생에 대한 확고한 의지인 한, 또 전력을 기울여 생을 긍정하는 한, 그는 세계의 모든 고뇌를 자기의 고뇌라고 보아야 할 것이며, 또한 가능한 모든 고뇌를 자기에게 현실적인 것으로 보아야 한다. 개별화의 원리를 꿰뚫어 알아차리는 인식에게 행복한 생활이란 시간 속의 것이며, 우연히 베풀어지거나 무수한 다른 사람들이 고뇌하고 있는 가운데에서 재주와 슬기로 우연히 획득한 것이지만, 그것은 거지가 왕이 된 꿈을 꾸고 있는 것에 불과하며, 꿈에서 깨어나면 그가 일시적인 망상으로 생의 고뇌에서 벗어나 있었을 뿐이라는 것을 깨닫게 된다.

이유율에 따르는 인식, 즉 개별화의 원리에 사로잡힌 눈에는 영원한 정의가 보이지 않는다. 그 눈이 허구에 의해 구원받지 못하는 한, 영원한 정의를 완전히 잃어버리게 된다. 그 눈은 악인이 범죄와 흉악한 행동을 한 후에도 향락의 생활을 보내고, 아무런 공격도 받지 않고 살고 있는 것을 본다. 그 눈은 억압된 자가 최후까지 고뇌에 찬 생활을 계속해도, 역시 이에 대해 복수하는 자도, 보복을 하는 자도 나타나지 않는 것을 본다. 그런데 영원한 정의를 파악하고 이해하는 이는 이유율의 안내로 앞으로 나아가고, 개별적인 사물에 구속되어 있는 인식을 초월하여 이데아를 인식하고 개별화의 원리를 통찰하며, 물자체에는 현상들의 형식이 맞지 않는다는 것을 깨달은 사람뿐이다. 또 이러한 사람만이 이 같은 인식으로 덕의 참된 본질을 이해하는 것이 가능한데, 우리는 이 고찰과 관련하여 그 덕의 본질을 곧 해명해 볼 것이다. 물론 덕을 실행하기 위해서는 이러한 추상적인 인식은 필요하지 않다. 따라서 지금 말한 것 같은 인식에 도달한 사람은 의지가 모든 현상의 즉자태기 때문에, 다른 사람들에게 덮치거나 자기가 경험하는 고난이나 악이나 화가, 아무리 그것들이 나타나는 현상은 다른 개체로서 존재하고 또한 시간과 공간적으로 멀리 떨어져 있다고 해도 언제나 본질에 관계되고 있다는 것을 알기에 이른다. 그는 남에게 고뇌를 주는 사람과 고뇌를 당해야 하는 사람의 차이는 현상에 불과한 것이고, 그 둘은 그들 속에 살아 있는 의지인 물자체에는 관계가 없으며, 이 의지는 의지에 대한 사역에 구속된 인식에 속아서 자신을 오해하고, 의지의 현상들 속의 '어떤' 현상에서 고도의 행복을 찾는다. 또 한편으로는 다른 현상에는 큰 고뇌를 생기게 하여서 격렬한 충동에 몰려 자신의 몸을 이빨로 깨물면서도, 의지는 언제나 개체화하는 매개로 의지의 내부에 갖고 있는 자신과의 투쟁을 나타내면서 자신에게 상처를 입힐 뿐이라는 것을 모른다는 것도 통찰한다.

괴롭히는 자와 괴롭힘을 당하는 자는 동일한 것이다. 괴롭히는 자는 그것으로 자기가 괴로움을 벗어난다고 생각하며, 괴롭힘을 당하는 자는 그것으로 자기가 죄를 벗어난다고 생각하는 미혹에 빠져 있다. 둘 다 눈을 뜨게 되면, 남에게 괴로움을 주는 사람은 이 넓은 세상에 괴로움을 등에 지고 있는 것 속에서 그가 살고 있다는 것을 깨닫게 될 것이고, 또 그가 이성을 갖추고 있다면 그 죄과가 무엇인지도 모를 그렇게 커다란 고통이 왜 존재하게 되었을까 하고 헛된 생각에 잠길 것이다. 또 괴로움을 당하는 사람은 이 세상에서 행해지고 있는 모든 악, 또는 이때까지 행해진 모든 악은 하나의 의지에서 유래하는 것으로, '그' 본질도 이 의지에 의해 형성되고, '그의' 속에도 이 의지가 나타나 있으며, 그는 이 현상과 긍정으로 그 의지에서 생기는 모든 괴로움을 자기 몸에 받아들이고, 그가 이 의지인 한 당연히 짊어져야 하는 것으로서 이 괴로움을 받는다는 것을 깨달을 것이다. 풍부한 예감을 가진 시인 칼데론은 이 인식을 《인생의 꿈》 속에서 다음과 같이 말하고 있다.

　왜냐하면 인간의 가장 큰 죄는
　인간이 태어났다는 것이기 때문에.

　영원한 법칙에 따라 죽음은 출생에 근거를 두고 있으니, 왜 출생이 죄가 되지 않을 수 있겠는가. 칼데론 역시 그리스도교의 원죄 교리를 이 시구를 통해 표현한 것에 불과하다.

　영원한 정의, 즉 죄의 악(malum culpae)과 벌의 악(malo poenae)을 불가분하게 결합시키는 저울대를 생생하게 인식하려면, 개체성과 그 가능성의 원리를 초월할 필요가 있다. 그러므로 이 인식은 자신과 유사하며 앞으로 논하려고 하는 모든 덕의 본질에 관한 순수하고 명백한 인식과 마찬가지로 언제나 대다수의 인간에게는 도달하지 못한 것이다. 그러므로 인도 민족의 옛날 성현들은 그 인식을 재생한 세 계급에만 허락된 베다 속에, 또는 비교적(秘敎的)인 성현의 가르침으로써 표현했다. 즉, 개념이나 언어로 파악되는 비유적이고 광시적인 표현법이 허락하는 한 그랬지만, 민간 신앙, 즉 비밀스런 전래가 아닌 가르침에 있어서 이 인식은 신화로서 전해졌을 뿐이다. 직접적인 설명은 인간의 최고 인식과 지혜의 성과인 베다 속에 보이는데, 그 핵심은 우파니샤드로 되어 금세기 최대의 선물로서 우리 수중에 들어온 것이다. 그 표현법은 여러 가지가 있지만, 특히 사용되는 방법은 가르침을 받는 자의 눈앞에 생물, 무생물을 불문하고 세계의 모든 존재를 순차적으로 가져와, 이 모든 존재들의 공식으로 된 'Mahavakya'라고 불리는 그 말을 하는 것이다. 그 말이란 타토우메스(Tatoumes), 더 정확하게 말하면 "탓 트왐 아시"이며, 그 의미는 "이렇게 살아 있는 것이 당신이다"라는 것이다. (《우프

네카트》제1권 p. 60 이하)

　그러나 민중을 위해서 이러한 대진리는, 민중이 좁은 식견으로 이해할 수 있는 한도에서 이유율에 따른 인식 방식으로 번역되었다. 물론 그 본질에 의하면 진리를 순수하게 그 자체로는 받아들일 수 없고, 오히려 이런 진리에 모순되는 것이기까지 하다. 하지만 신화의 형태로 진리에 대신하는 것을 받아들일 것이며, 이 대용물은 행동에 대한 규정으로서는 충분했다. 그것은 행동의 윤리적인 의미를 그 의미 자체와는 관계없는 이유율에 따른 인식 방식으로, 또 비유적인 설명으로 이해할 수 있는 것으로 만드는 것이다. 이것이 모든 교의론의 목적이며, 그것은 거친 인간의 마음에는 이해될 수 없는 진리에 신화의 옷을 입힌 것이다. 이런 의미에서 칸트의 말에 의하면, 이 신화는 실천 이성의 요청이라고 불러도 좋을 것이다. 그런데 실천 이성의 요청으로 본다면, 이 신화에는 현실 세계에서 우리 눈앞에 존재하는 것 이외의 어떠한 요소도 포함되어 있지 않고, 그 신화의 모든 개념을 직관으로 덮을 수 있다는 큰 장점이 있다. 여기서 말하고 있는 것은 윤회의 신화이다. 이 신화가 가르치고 있는 것은, 생애에 있어 다른 존재에게 주는 고뇌는 바로 다음 생에 똑같은 고뇌로 다시 보상되지 않으면 안 된다는 것이다. 이것은 단 한 마리의 동물이라도 죽인 사람은 무한한 시간에서 언젠가는 이와 같은 동물로 태어나 같은 방법으로 죽음을 당하게 된다는 것이다.

　또 이 신화가 가르치는 것은 악행은 이 세상에서 미래의 생을 괴롭고 천한 존재로 이끌게 되며, 현재보다 더 낮은 계급에서 다시 태어나거나, 또는 여자로, 또는 동물로, 파리아^(Paria, 인도의 4성 외의 최하급민)나 찬달라(천민)로, 나병 환자로, 악어 등으로 다시 태어난다는 것이다. 신화가 위협하는 고민은 여러 고민하는 존재자를 매개로 하여 현실 세계에서 취한 직관으로 덮여 있지만, 이 존재자들은 자기로서는 괴로워해야 할 죄가 왜 있는지 모른다. 그러므로 신화는 새삼 다른 지옥을 이용할 필요는 없다. 이와 반대로 신화는 보상으로서 더 좋고 귀한 형태로 바라문, 현자, 성자로 다시 태어난다는 것을 약속하고 있다. 물론 고귀한 소행이나 완전한 체념에 대해 주어지는 최고의 보상은, 일곱 번의 생을 계속하여 스스로 남편을 따라 자살한 부인에게도 주어지고, 또 입이 결백하여 한 번도 거짓말을 한 일이 없는 사람에게도 주어지는 것이지만, 신화는 이러한 보상을 이 세상의 말로는 소극적으로밖에 표현하지 못하고 있다. 즉 가끔 나오는 약속이지만, "이제는 다시 태어나지 않는다"는 약속이라고도 했고, 또 베다도 계급도 인정하지 않는 교도들은 "당신은 열반으로, 즉 태어나고 늙고 병들고 죽는 것을 모르는 경지에 간다"고도 했다.

가장 귀하고 오래된 민족의 이 태고의 가르침처럼, 소수의 사람들에게만 이해되는 철학적 진리에 가까이 갈 수 있었던 신화는 아직 없었고, 또 앞으로도 없을 것이다. 이 가르침은 이제는 이미 이 민족이 퇴화하여 사방으로 흩어져 없지만, 아직 일반의 민간 신앙으로 행해지고 있고, 4000년 전과 마찬가지로 지금도 인생에 대해 결정적인 영향을 갖고 있다. 그러므로 이미 피타고라스나 플라톤도 이러한 더할 나위 없는 신화적 서술을 인도인이나 이집트인에게서 경탄하면서 전해 듣고, 이것을 이해하고 존중하고 응용하고, 어느 정도까지인지는 몰라도 그 자신도 믿고 있었다. 그런데 이제 우리는 바라문 사람들에게 영국의 목사나 헤른후트파의 아마포 직조공들을 파견하여, 그들을 개선시키기 위하여 그들이 무에서 만들어졌고, 그것을 감사하고 기뻐해야 한다고 말한다. 그러나 우리는 바위를 향해 탄환을 쏘고 있는 사람과 같은 처지를 당한다. 우리의 종교는 인도에서는 지금이나 훗날에도 결코 뿌리를 내릴 수 없다. 인류 태고의 지혜는 갈릴레아에서 일어난 사건으로 추방되지는 않을 것이다. 반대로 인도의 지혜는 유럽에 역류하여 우리의 지식과 사고에 근본적인 변화를 불러일으킬 것이다.

64. 인간 본성의 두 가지 특성

이제 영원한 정의에 관한 비신화적이고 철학적인 설명에서, 이것과 관계가 있는 행위와 영원한 정의를 단지 느낌으로 인식하는 양심의 윤리적 의미에 대한 고찰로 한 걸음 더 나아가 보려고 한다. 나는 여기서 먼저 인간 본성의 두 가지 특성에 사람들의 주의를 돌리고 싶다. 이것은 영원한 정의의 본질과 그 정의의 기초인 의지의 모든 현상에서 의지의 통일성과 동일성을 적어도 막연한 느낌으로 의식하고 있다는 것을 분명히 하는 데에 도움이 될 수 있다.

국가는 형벌을 제정하여 그 목적을 달성하고, 이것이 형법의 기초를 이룬다는 것은 앞서 밝혔다. 그러나 그 목적과는 관계없이 하나의 악행이 행해진 경우, 대부분은 복수심에 가득 찬 피해자뿐만 아니라 그 악행과는 전혀 관계가 없는 방관자까지도 남에게 고통을 준 자가 같은 정도의 고통을 받는 것을 보고 만족해한다. 나는 여기에 나타나는 것이야말로 영원한 정의의 의식임에 틀림없다고 생각하지만, 이 의식은 감각이 세련돼 있지 않다고 오해받거나 왜곡되기도 한다. 즉, 이러한 감각은 개별화의 원리에 사로잡혀 개념이 애매한 오류를 범하며, 물자체만이 갖는 것을 현상에 요구하고 가해자와 피해자가 어디까지 동일한 것인가도 이해하지 못한다. 또 자신의 현상 속에서 자신을 재인식하지 못하기 때문에, 고뇌를 느끼는 자와 죄를 받는 자가 어디까지 같은 본질인가 하는 것을 이해하지 못한다. 오히려 죄를 받고 있는 같은 개인이 고뇌까지 받기를 요구한다. 그러므로 대부분의 사람들은 단지 다른 여러 성질과 함께 있지 않는 고도의 악의와 다른 여러 성질을 함께 가지고 있는 한 인간이 비상한 정신력으로 다른 사람들을 능가하고, 세계의 정복자로서 수백만이나 되는 다른 사람들에게 말할 수 없는 고뇌를 주는 것을 원할지 모른다. 다시 말하지만, 대부분의 사람들은 이 한 사람이 많은 사람에게 준 고뇌를 언젠가 어디에서 같은 정도의 고뇌를 받음으로써 보상받는 것을 원할지도 모른다. 왜냐하면 그들은 고뇌를 주는 자도 받는 자도 같고, 이 둘을 있게 하고 살게 하는 동일한 의지가 다수자를 괴롭히는 인간에게도 나타나며, 바로 그 인간을 통해서 자신의 본질을 분명하게 나타낸다는 것을 인식하지 못하기 때문이다. 또한 의지를 압박당하는 사람이나 압박을 가하는 사람도 똑같이 고통을 받는다. 그런데 압제자의 경우는 그 의식이 한층 명료하고 분명하며, 의지의 고뇌는 한층 더 크다. 그러나 개별화의 원리에 사로잡히지 않는 깊은 인식은 모든 덕이나 고결한 마음씨가 생기는 기초가 되지만, 그 인식에는 보복을 바라는 심술은 포함되어 있지 않다. 이것은 이미 그리스도교 윤리가 증명한다. 그리스도교 윤리는 악으로 보복하는 것을 금하며, 영원한 정의를 현상과는 다른 물자체의 영역에서 행하게 한다.

원수 갚는 것이 내게 있으니 내가 갚으리라고 주께서 말씀하신다.
——〈로마서〉 제12장 19절

영원한 정의를 경험의 영역, 즉 개별화의 영역에 끌어들이려는 요구를 나타내고, 또 앞서 말한 것처럼 생에 대한 의지는 자기의 비용으로 대비극과 대희극을 상연하는 것이고, 동일한 의지가 모든 현상 속에 살고 있다는 것을 느낌으로 의식하는 특색은 인간 본성 가운데서도 특히 두드러지고 희귀한 특색이다. 다시 말하면, 이것은 다음과 같다. 우리는 때에 따라서 한 인간이 경험한 큰 부정에 대해, 또는 그저 곁에서 목격만 해도 격분하여 깊은 생각이나 남의 보호 없이도 자신의 생명을 걸고 부정을 행한 자에게 복수하려는 것을 보게 된다. 이러한 인간은 강력한 압제자를 여러 해 동안 찾아다녀 결국 그를 죽이고, 미리 각오한 대로 자신도 단두대의 이슬로 사라져 가며, 때로는 오히려 그것을 피하려고 하지 않는 경우까지 있다. 왜냐하면 그에게는 그의 생명이 복수를 위한 수단으로서의 가치밖에 없기 때문이다. 특히 스페인 사람들에게는 이러한 실례가 있다. *

그런데 보복욕의 정신을 자세히 고찰해 보면, 그것은 받은 고뇌, 즉 그 원인이 된 고뇌를 바라봄으로써 부드럽게 하려는 보통의 복수와 다르다는 것을 알 수 있다. 오히려 이러한 보복이 목적으로 하고 있는 것은 복수라기보다는 형벌이라고 할 수 있다. 왜냐하면 그 가운데에는 본보기를 통해 어떠한 영향을 끼치려는 의도가 있기 때문이다. 또한 이 경우 복수하는 개인에게나, 법률로 안전을 도모하려는 사회에도 그 어떤 이기적인 목적은 없다. 개인은 복수함과 동시에 멸망하기 때문이며, 또 형벌은 국가에 의해 행해지는 것도 아니고, 또 법률을 이행하기 위해 행해지는 것도 아니며, 개인이 행하는 것이고, 오히려 국가가 벌하려고 하지 않거나 벌할 수 없는 행위나 국가가 벌로 인정하지 않는 행위에 관한 것이기 때문이다.

그처럼 자기애의 한도를 넘어서 인간을 몰고 가는 불안은 모든 존재자 가운데 모든 시간에 걸쳐 나타나는 생에 대한 의지 자체며, 가장 먼 미래도 현재와 마찬가지로 이 의지에 속해 있고, 이 의지에서 관계가 없을 수 없다는 심각한 의식에서 생기는 것이라고 생각한다. 그러나 그는 이 의지를 긍정하면서도 그 본질을 나타내는 연극에서 엄청난 부정이 다시는 나타나지 않을 것을 원한다. 그래서 막아낼 수 없는 복수라는 본보기로 장차

---

* 지난번 전쟁에서 프랑스의 장군들을 식탁에 초대하여 자신과 함께 그들을 독살한 스페인의 주교는 이러한 예의 하나지만, 이 전쟁에는 그 밖에도 여러 가지 사실이 있다. 또한 몽테뉴의 저서 제2권 12장에도 여러 실례들이 적혀 있다.

생길지도 모르는 모든 부정행위자를 위협하려고 한다. 막아낼 수 없는 복수라는 것은 죽음의 공포도 그 복수자를 위협할 수 없기 때문이다. 이 경우 생에 대한 의지는 스스로를 긍정하면서도 이미 개별적인 현상, 즉 개인에게는 집착하지 않고, 인간의 이데아를 포착하고 이 이데아를 심하고 격분할 만한 부정으로 해를 입지 않게 해 두려고 한다. 이렇게 개인이 영원한 정의의 참된 본질을 인식하면서도, 이 정의의 팔이 되려고 노력하면서 스스로 희생이 되는 것은 의미심장하며 숭고하기까지 한 특질 때문이다.

65. '선과 악' 그리고 양심의 가책

인간의 행위에 관한 지금까지의 고찰로 우리는 마지막 고찰의 준비를 한 셈이다. 인간에게 '선(gut)'과 '악(böse)'이라는 말로 불리고, 이것으로 이해되고 있는 행위 본래의 윤리적 의미를 추상적이고 철학적으로 명료하게 하고, 우리가 지닌 주요 사상의 일부인 것을 입증하려는 과제는 그것 때문에 아주 쉬워진다.

현대의 철학적 문필가들은 이상한 방법으로 '선'과 '악'의 개념을 분석할 수 없는 단순한 개념으로 취급하고 있다. 하지만 나는 이 개념을 우선 그 본래의 의미로 바꾸려고 한다. 그렇게 함으로써 이 개념들이 실제보다 많은 것을 내포하고 있다는 막연한 망상에 사로잡히는 일이 없게 하기 위해서다. 나는 이것을 할 수 있다. 왜냐하면 나는 윤리에서 '선'이라는 말의 배후에서 어떤 숨을 곳을 찾고자 하지 않는다. 또 '미'나 '진'이라는 말의 배후에 숨을 곳을 찾아 놓고, 거기에서 오늘날 유난히도 젠체하며 여러 경우에 도움이 되도록 어미에 'heit'를 덧붙이거나, 거드름을 피우는 표정을 보임으로써 각기 현저하게 다른 기원과 의미를 가진 세 가지의 광범위하고 추상적이며 전혀 내용이 풍부하지 않은 개념들이 의미하는 그 이상의 것을, 마치 내가 이 세 가지 개념을 말로 표현함으로써 이룩한 것처럼 생각하게 하지 않기 때문이다. 실제로 오늘날 책을 가까이 하고 있는 사람 가운데 이 세 가지 말이 아주 훌륭한 것을 의미하고 있는 것이지만, 그것에 싫증을 느끼지 않는 사람이 있을까? 사유하는 능력이 결핍되어 있는 사람들이 헤벌어진 입과 감격한 염소와 같은 얼굴을 하고 이 세 가지 말을 늘어놓으면, 그것으로 위대한 지혜를 말한 것이 된다고 믿는 모양을 수천 번 보아야 했으니 말이다.

'진'이란 개념에 대해서는 이미 〈충족 이유율에 대하여〉의 제4장 29절 이하에 설명해 놓았다. '미'라는 개념의 내용은 이 책의 제3권 전체에서 상세하게 설명했다. 이제 '선'이라는 개념의 의미로 되돌아가려 한다. 그런데 이것은 그리 힘든 일은 아니다. 이 개념은 본래 상대적인 것이며, '하나의 객관이 의지의 어떤 일정한 노력에 적응'하는 것을 나타낸다. 따라서 의지의 어떤 발현에 적응하여 그 목적을 달성하는 것은 모두 '선'이라는 개념으로 생각할 수 있다. 그러므로 우리는 좋은 음식, 좋은 길, 좋은 날씨, 좋은 무기, 좋은 징조라고 말한다. 요컨대 우리가 요구하는 대로 되어 있는 모든 것을 '좋다'고 말한다. 그런데 어떤 한 사람에게 좋아도 남에게는 그 반대인 경우가 있다. 이처럼 선의 개념은 두 가지 종류로 갈라진다. 즉 그때그때의 의지를 직접 현재적으로 만족시키는 종류의 선과 간접으로 미래에 걸쳐 만족시키는 종류의 선, 즉 쾌적한 것과 유용한 것이다. 이 반대의 개념은 인식이 없는 존재자에 관해 말하는 한 '좋지 않다(schlecht)'는 말로 표현하지만, 드물게는 추상적으로 '재앙(übel)'이라는 개념으로 나타낸다. 이것은 의지의 그때그때 노력에 적응하지 않는 모든 것을 말한다. 의지와의 관계를 낳을 수 있는 다른 존재자와 마찬가지로 인간도 바로 의욕된 목적에 알맞다거나 유리하다거나 친근하다고 하는 것과 같은 의미로, 또 언제나 상대적인 의미를 지속하면서 '좋다'고 불린다. 그것은 가령 '이 사람은 나에게는 좋지만, 너에게는 좋지 않다'고 하는 말투에도 나타난다.

그런데 그 성격상 대체로 다른 사람의 의지 노력(Willens-Bestrebungen)을 방해하지 않고 오히려 그것을 조장하는 사람, 따라서 철저하게 다른 사람을 도와주고, 다른 사람에게 호의를 갖고 친절하며 자선을 베푸는 사람은, 다른 사람의 의지에 대한 행위 방식의 상대적 관계에서 '착한' 사람이라고 불린다. 이와 반대의 개념은 독일에서, 그리고 약 100년 동안 프랑스에서도 인식하는 존재(동물과 인간)의 경우에는 무인식의 존재와는 다른 말로 악(böse, méchant)이라고 말했다. 그런데 그 밖의 거의 모든 언어는 구별이 없어서 'malus, cattivo, bad'라는 말이 일정한 개체적 의지의 목적에 반대되는 인간이나 무생물에 사용된다.

그러므로 이 고찰은 선의 수동적인 부분에서 출발하여 나중에야 능동적인 부분으로 넘어가서, '착하다'고 불려지는 인간의 행위 방식을 남과의 관계에서 음미하지 않고, 그 사람 자신과의 관계에서 음미하는 것이 가능했던 것이다. 특히 선의 행위 방식은 다른 사람들에게 느껴지는 순수하게 객관적인 존경심이나 그 행위로 내부에서 느낀 자신에 대한 특유한 만족을 설명하는 것은 단념했다. 왜냐하면 남에 대한 존경이나 자기만족은 다른 종류의 희생까지 지불하고 얻어진 것이기 때문이다. 또 반대로 나쁜 성향은 그것을 품은 자에게 아무리 큰 외적인 이익을 가져온다 해도, 내적인 고통을 동반하지만, 이 고통을 설명하는 것도 단념했다. 여기에서 철학적인 학설이나 교의론에 기초를 둔 학설, 여러 윤리학적 학설 등이 생겼다. 둘 다 언제나 '행복'과 '덕'을 어떠한 방법으로든 결합시키려고 한다. 철학적인 학설 쪽은 모순율이나 충족 이유율을 통하여 행복을 덕과 동일한 것이거나 덕의 결과라고 하려 하지만 언제나 궤변적이다.

교의론에 기초를 둔 학설은 경험이 가능한 방법으로 알고 있는 세계와는 다른 세계를 주장함으로써 양자를 결합시키려고 한다. *

＊여기에 덧붙여 말해 두지만, 모든 적극적인 교의론에 큰 힘을 주는 것, 즉 교의론이 사람들의 마음을 사로잡는 요점은 전적으로 윤리적인 측면이다. 물론 직접 윤리적인 측면으로서가 아니라 그때그때 교의론에 고유한 다른 신화적인 교의가 밀접하게 결합하고, 혼합되고, 그 자체로서만 설명될 수 있는 것으로 나타난다. 그러므로 행위의 윤리적인 의미는 충족 이유율에 의해서는 설명할 수 없는데, 모든 신화는 이 원리에 따른다. 그런데도 신자들은 행위의 윤리적 의미와 그 신화를 전혀 불가분의 것, 더 나아가 완전히 하나의 것으로 생각하고, 그 신화에 대한 공격을 모두 법과 덕에 대한 공격으로 간주한다. 그 결과 유일신교의 국민들에게는 무신론이나 무신앙은 모두 도덕성의 결여라는 말과 동의어로 취급될 정도다. 이러한 개념의 혼돈은 성직자들이 기뻐하는 것으로, 그 결과로서 광신이라는 무서운 괴물이 발생하고, 특히 완전히 미쳐 버린 개별적인 악인을 지배할 뿐만 아니라 국민 전체까지도 지배할 수 있었던 것이다. 결국 인류의 명예 때문에 꼭 한 번밖에 인류의 역사에 나타나지 못했지만, 서양에서는 종교 재판으로 구현할 수 있었다. 최근의 가장 신뢰할 수 있는 보고에 의하면, 마드리드(에스파냐의 다른 곳에서도 이러한 많은 종교적인 살인의 소굴이 있었지만)에서만 해도 300년 동안 30만 명이 신앙 문제 때문에 종교 재판으로 화형에 처해져 고통스럽게 죽었다. 광신자들은 언제나 분격하여 떠들어 댈 때면 곧 이 사실을 기억해야 할 것이다.

그런데 우리의 고찰에 의하면, 덕의 내적 본질은 행복, 즉 건강이나 생에 대한 노력과는 반대되는 방향을 취한 노력으로 나타난다.

이상으로 보면, '선'이란 그 개념에 따르면 상대가 있는 것, 따라서 모든 선도 본래 상대적이다. 왜냐하면 선은 무엇을 요구하는 의지에 대한 관계 속에서만 그 본질을 갖기 때문이다. 그러므로 '절대선(Absolutes Gut)'이란 모순이다. '최고선(summum bonum)'도 역시 모순이다. 다시 말해 본래 거기에서 후에 새로운 의욕이 일어나지 않는 의욕의 궁극적인 만족이며, 성취되면 파괴되지 않는 만족을 주는 궁극적인 동기다.

이 4권에서 우리가 지금까지 고찰해 온 것으로는 이것을 생각할 수 없다. 의지는 어떤 만족에 의해 끊임없이 새로 의욕하는 것을 그만둘 수는 없고, 또 시간이 끝날 수도 시작할 수도 없다. 의지에겐 그 노력을 완전히, 그리고 영원히 채워 주는 영속적인 충족이라는 것은 존재하지 않는다. 의지는 다나이스 자매들의 물통과도 같다. 의지에는 최고의 미도, 절대적인 선도 존재하지 않는다. 언제나 잠정적인 선이 있을 뿐이다. 그러나 옛날부터 사용되어 온 이 말을 완전히 버리지 않고, 퇴직자(emeritus)로서 여기에 명예직을 주는 것이 좋다면, 비유적이고 상징적으로 의지의 완전한 극기와 부정, 참다운 무의지성을 절대적인 선, 최고의 선이라고 부르는 것이 좋을 것이다. 그리고 이것은 다른 모든 것들에 대해 진통제의 효과밖에 줄 수 없는 병의 유일하고 근본적인 치료법이라고 여기면 좋을 것이다. 이러한 무의지성만이 의지 충동을 영원히 진정시키고, 다시는 파괴될 수 없는 만족을 주고 세계를 구원하는 것인데, 이에 대해서는 이 책 전체의 결론으로서 논하려고 한다. 이러한 의미에서 그리스어의 '종국', '목표($\tau\varepsilon\lambda o\varsigma$)'란 말이나 라틴어에서 '선의 종국(finis bonorum)'이란 말이 절대선이나 최고의 선보다는 더 알맞다. '선과 악'이라는 말에 대해서는 이 정도로 해 두고, 이제 본론으로 들어가자.

기회만 있으면, 그리고 외부에서 이것을 중지하게 하는 힘이 없으면, 언제나 '부정'을 행하려는 경향이 있는 사람을 우리는 '악하다'고 말을 한다. 부정이라는 것에 대한 설명에 따르면, 이것은 사람이 자기의 육체에 나타나 있는 생에 대한 의지를 긍정할 뿐만 아니라, 이 긍정을 더 앞으로 나아가게 하여 다른 개인들에게 나타나고 있는 의지를 부정하기에 이른다는 의미다. 그것은 그가 다른 개인들의 힘이 자기 의지에 도움이 되기를 희망하고, 그들이 자기 의지의 노력에 반대하는 경우에 그들의 생존을 파괴하려는 것에도 나타난다. 그 궁극적인 원천은 고도의 이기심이며, 이것의 본질에 대해서는 앞에서 설명했다. 여기에서 두 가지가 명백해진다. 첫째, 인간에게는 생에 대한 의지가 격렬하고, 이 의지는 자신의 육체에 대한 긍정을 훨씬 능가하여 나타난다. 둘째, 인간의 인식은 충족 이유율에 따라 개별화의 원리에 사로잡혀 있기 때문에, 개별화의 원리에 따라 정해진 자신과 다른 사람들의 완전한 구별에 고립되고 있다는 것이다. 그러므로 그는 다른 사람의 행복과는 전혀 무관하게 자신의 행복을 바라는 것이고, 다른 사람의 본질은 그에게는 관계가 없으며, 넓은 칸막이로 자신의 본질과는 완전히 분리되어 있을 뿐만 아니라, 다른 사람을 실재성이 없는 괴물로밖에는 보지 않는다. 이 두 가지 특성이 나쁜 성격의 근본 요소다.

의욕의 심한 격렬성은 이미 직접적인 고뇌의 끊임없는 원천이다. 첫째로, 모든 의욕은 자체로서 결핍, 즉 고뇌에서 생기기 때문이다. (그러므로 제3권에서 말한 것을 생각해 보면 알겠지만, 우리가 무의지의 순수한 인식의 주관[이데아의 상관태]으로서 미적 관조에 몰두한 경우에 생기는 의욕의 순간적인 침묵이, 바로 미에 대한 기쁨을 이루고 있는 주요 성분이다.) 둘째로, 사물의 인과적인 연관 때문에 대개의 욕망은 실현되지 않은 채로 그대로 두지 않으면 안 되고, 의지는 만족되기보다는 방해되는 쪽이 많다. 그 때문에 격렬하고 많은 의욕도 언제나 격렬하고 많은 고뇌를 동반한다. 왜냐하면 고뇌란 채워지지 않고 좌절된 의욕에 불과하기 때문이다. 그리고 육체가 상처받고 파괴되는 경우, 육체의 고통까지도 고통의 면에서는 육체가 객관으로 된 의지에 불과하다는 것이 가능하다. 그러므로 격한 고뇌는 격한 의욕과는 불가분한 것이고, 극도로 악한 사람들의 얼굴은 이미 내적 고뇌의 인상을 띤다. 그들은 외적인 행복을 얻은 때에도 순간적인 환희에 취하거나, 억지로 꾸미지 않는 한 언제나 불행하게 보인다. 이러한 내적인 고민은 그들에게는 완전히 본질적인 것이지만, 남의 고뇌를 보고 이기심에서 이것을 기뻐하지 않고, 자기의 이익이 되지 않는데도 기뻐한다는 것도 결국은 내적인 고민에서 생긴다. 이것이야말로 정말 '악의'고, 이 악의가 '잔인'으로 변한다. 악의나 잔인함에 있어 다른 사람의 고뇌는 이미 자기 의지의 목적을 달성하기 위한 수단이 아니라 목적 그 자체다.

이러한 현상을 자세히 설명하면 다음과 같다. 인간은 가장 명백한 인식에 비친 의지의 현상이기 때문에, 자기 의지의 현실적인 만족을 언제나 인식으로 예상되는 가능한 만족과 비교해 본다. 여기에서 질투가 생긴다. 결핍은 다른 사람의 향락으로 한없이 격렬해지지만, 다른 사람도 똑같은 결핍을 견딘다는 것을 알면 줄어든다. 모든 사람에게 공통되고 인생과 불가분의 관계에 있는 재앙은 우리를 슬프게 하지 않는다. 기후나 토지 전체에 속하는 재앙도 같다. 우리의 고통보다 큰 고통을 생각하면 고통은 가라앉으며, 남의 고통을 보면 자신의 고통은 누그러진다. 어떤 사람이 격한 의지의 충동을 만족시키면, 불타는 탐욕으로 모든 것을 휘어잡고 이기심의 갈망을 채우려 하지만, 만족이란 겉모양에 지나지 않고 소망하여 얻은 것은 기대했던 것과는 다르다. 즉, 만족은 격한 의지 충동의 최종적인 충족으로는 얻지 못하고, 오히려 소원은 실현되면 그 모습을 달리한다. 그리고 이번에는 다른 모습으로 괴로움의 씨가 되고, 결국 소원의 여러 모습이 없어져 버리면, 인식된 동기가 없어도 의지 충동이 남아 황량함과 공허한 느낌으로서 절망적인 고민이 따르는 것을 경험하게 된다. 이 모든 것들은 보통 의욕의 경우에는 비교적 적게 느껴지고, 우울한 기분도 보통 정도로만 생긴다. 하지만 앞서 말한 것과 같은 극단적인 악의에까지 이르는 의지 현상의 사람인 경우에는, 필연적으로 지나친 내적 고민이나 영원한 불안, 고칠 수 없는 고통이 생긴다. 그렇게 되면, 그 사람은 직접 찾을 수 없는 고통의 완화를 간접적인 방법으로 찾게 된다. 즉, 그는 다른 사람의 고통을 바라봄으로써 자기의 고뇌를 완화시키려고 하며, 동시에 다른 사람의 고뇌를 자기가 지닌 힘의 발현으로 인식한다. 이제 다른 사람의 고뇌는 그에게는 목적이며, 바라보고 즐기는 구경거리다. 그래서 정말로 잔인한 피의 갈망이라는 현상이 발생하는데, 이것은 네로나 도미티아누스와 같은 사람들이나, 아프리카의 데이스나 로베스피에르 등등에 나타나 역사에서 가끔 볼 수 있다.

복수심은 이미 악의에 가까운 것이고, 악에 이미 보복하고, 형벌의 특질인 장래에 대한 고려에서가 아니라 단지 일어난 것, 지나간 것 때문에 복수한다. 자신에게 이익이 되지 않아도 수단으로서가 아니라 목적으로서 행하고, 가해자에게 고민을 일으켜 놓고 보고 즐기는 것이다. 복수가 순수한 악의와는 다르고, 어떤 점에서 변호되는 것은 그것이 정당하게 보이기 때문이다. 다시 말해 지금 복수라고 하는 같은 행위라 해도 그것이 법률적으로, 즉 미리 정해지고 알려진 규칙에 따라, 또 그 규칙을 인가한 단체에서 지정되었다면, 형벌로서 법이 되기 때문이다.

앞에서 말한 고뇌는 악의와 같은 뿌리, 즉 격한 의지에서 생긴 것이고, 악의와는 불가분의 관계이지만, 악의에는 그것과는 전혀 다른 특별한 고통이 주어져 있다. 그것은 이기심에서 나온 단순한 불의든, 순수한 악의든 간에 나쁜 행동에서 느껴지는 것이며, 그 고통의 지속적인 길이에 따라 '양심의 가책(Gewissensbiss)' 또는 '양심의 불안(Gewissensangst)'이라고 불린다.

그런데 이 제4권에서 이때까지 말한 내용, 특히 처음에 해명한 진리인 생에 대한 의지에 있어, 그 의지의 모사나 반영인 생은 언제나 확실하다고 하는 진리나 영원한 정의에 관한 설명을 생각하고 염두에 두면, 고찰의 결과로서 양심의 가책이 갖는 의미는 다음과 같은 것이라는 것을 알게 된다. 양심의 가책 내용은 추상적으로 표현한다면 다음에 말하는 두 가지 부분으로 구별되지만, 결국 한데 모아서 하나의 것으로 생각해야 한다.

그 주름 속에서 모든 현상계의 모습을 볼 수 있다고 전해지는 신비로운 면사포가 두껍게 악인의 마음에 드리워져 있다. 악인은 개별화의 원리에 사로잡혀 있고, 자기는 다른 사람과 절대적으로 다르고, 넓은 칸막이로 다른 사람과 분리되어 있다고 생각한다. 이러한 인식만이 그의 이기심에 알맞으며 그 근거가 되기 때문에, 그는 이 인식을 힘껏 고집하고, 거의 언제나 인식의 가장 깊은 내면에는 희미한 예감이 작용하고 있다. 즉, 사물의 질서는 결국 현상에 지나지 않으며, 그 자체의 관계는 이것과 완전히 다른 것이다. 아무리 시간과 공간적으로 다른 개인이나 그들이 받는 무수한 고뇌가, 또 그가 그들에게 주는 무수한 고뇌와 전혀 관계가 없는 것으로 보이더라도, 표상이나 그 형식들을 떨어져서 보면, 그들 모두에게 나타나는 것은 하나의 생에 대한 의지다. 그리고 이 의지가 자신을 오인하고 자신에 대해 그 무기를 들이대는 것이 된다. 의지는 자기의 현상들 중에서 하나의 현상에서 큰 행복을 찾는데, 그렇게 하여 다른 현상에 큰 고뇌를 입힌다. 그래서 그 사람, 즉 악인은 이 의지 전체이며, 그는 사람을 괴롭히는 자일 뿐만 아니라 또한 괴로움을 받는 사람이기도 하다. 그는 공간과 시간을 형식으로 하는 기만적인 꿈으로 고통을 받는 자의 고뇌를 벗어나 고통을 받지 않고 있다고 생각하지만, 이 꿈이 없어져 버리면 진리에 따라 쾌락의 대가로 고민을 지불해야 한다. 그리고 그가 가능한 것이라고 알고 있는 고뇌는 생에 대한 의지로서 그에게 실제로 해당된다. 즉 개체의 인식에 있어서만, 개별화의 윤리에서만 가능성과 현실성, 시간과 공간의 원근성이 다른 것이고, 그 자체로서는 다르지 않다.

이 진리를 신화적으로 이유율에 알맞게 하고, 그렇게 함으로써 현상의 형식에 옮겨 본 것이 윤회로 표현된다. 그런데 모든 혼합물을 제외하고 이 진리를 순수하게 표현하면, 양심의 불안이라는 막연하면서도 절망적인 고뇌가 바로 그것이다. 그러나 이 고뇌는 그 밖에도 이 제1의 고뇌와 밀접하게 결합한 '제2의' 직접적인 인식으로부터도 생긴다. 말하자면 악인에게 있는 생에 대한 의지가 자신을 긍정하는 데에서 생기는 강력한 인식에 있어 개인적인 현상을 능가하여, 다른 개인들에게 나타나는 동일한 의지를 완전히 부정하기에 이른다. 따라서 악인은 자신의 행위에 대해 느끼는 내적 전율을 자신에게 감추려고 하지만, 이 전율 속에는 개별화의 원리와 그 원리로 정립된 자타의 구별은 헛된 것이고 겉모양만의 것이라고 하는 앞서 말한 것과 같은 예감이 있다.

그런데 이 외에도 자신이 가진 의지의 격렬성에 대한 인식, 그가 생을 파악하고 생에 굳게 매달려 온 힘의 인식이 포함되어 있다. 그는 압제에 시달리는 사람의 고뇌 속에서 바로 이 생의 가장 무서운 측면을 눈앞에서 본다. 또한 이 생과 굳게 결합되어 떨어질 수 없기 때문에, 이 무서운 사태는 그 자신의 의지를 한층 더 완전하게 긍정하기 위한 수단으로서 나오게 된다. 그는 자기를 생에 대한 의지가 집중된 현상이라고 인식하고, 또 자기가 그렇게까지 생에 몰두하고 있는 것을 느끼고, 동시에 생에 고유한 무수한 고뇌도 느낀다. 무수한 고뇌가 생에 고유한 것은 생에는 무한한 시간과 무한한 공간이 있는데, 이로써 가능성과 현실성의 구별을 없애고, 현재에는 단지 '인식한' 것뿐인 고뇌들을 '느껴진' 고뇌로 바꾸기 때문이다.

수백만 년에 걸친 재생도 과거나 미래가 개념 속에만 존재하는 것과 같이 개념 속에만 존재한다. 실현된 시간, 즉 의지 현상의 형식만이 현재이며, 개체에게 시간은 언제나 새롭다. 개체는 언제나 자기를 새로 생긴 것으로 발견한다. 왜냐하면 생에 대한 의지와 생은 불가분한 것이고, 이 생의 형식은 지금뿐이기 때문이다. 죽음은(되풀이하여 비유를 사용하는 것을 용서해 주기 바란다) 그 자신이 모든 빛의 원천으로서 끊임없이 작열하면서 새로운 세계에 새로운 낮을 가져다 주고, 언제나 떠올라 오고 또 언제나 저물어 간다. 시작과 끝은 개체에만 관계하고, 표상에 대한 현상의 형식은 시간에 의해 존재한다. 시간 밖에 존재하는 것은 의지, 즉 칸트의 물자체, 그리고 의지의 적절한 객관화, 즉 플라톤의 이데아이다. 그러므로 자살은 전혀 구원이 되지 못한다. 각자는 내적으로 '의욕하고' 있는 것으로 '있지' 않으면 안 되고, 또한 자기의 '있는' 바를 의욕하고 있다. 따라서 모든 개인을 구별하는 표상의 형식이 겉모양뿐이고 공허하다는 것에 대한 단순한 느낌으로서 인식 말고도 자기의 의지와 그 정도의 자기 인식이 있어서, 이것이 양심에 가책을 준다. 인생 행로의 결과로서 경험적 성격의 상이 생기지만, 그 원형은 예지적 성격이며, 악인은 이 상을 두려워한다. 이 경우 이 상이 대규모로 나타나서 세계가 그 두려움을 나누어 가질 것인가, 또는 소규모로 나타나서 그만 이 상을 볼 것인가는 같은 것이다. 왜냐하면 이 상에 직접 관계하는 것은 그뿐이기 때문이다. 만일 성격이 자신을 부정하지 않는 한 모든 시간을 떠난 것이고, 시간에 의해 아무래도 좋은 것이며, 또 양심을 불안하게 할 수도 없다. 그러므로 오래전에 일어난 사건까지도 여전히 양심의 무거운 짐이 된다. '나로 유혹에 빠지지 않게 하소서' 하는 소원은 '나로 내가 누구인가를 알지 못하게 하소서'라는 의미다. 악인은 자기가 생을 긍정할 때 사용하고, 남에게 고통을 줄 때에 나타나는 힘에 의해, 바로 그 의지를 단념하거나 부정하는 일, 즉 세계와 그 고통에서 해탈할 수 있는 유일한 길에 이르기에는 얼마나 거리가 먼가 하는 것을 알게 된다. 그는 자기가 얼마나 광범하게 세계에 속해 있고 또 얼마나 굳게 세계와 결합되어 있는가를 알게 된다. 그는 다른 사람들의 고통을 '인식해도' 마음이 움직이지 않았지만, 생과 '감각된' 고통에는 포로가 된다. 이 감각된 고통이 과연 의지의 격렬성을 좌절시키고 이것을 극복할 수 있는지는 아직 결정되어 있지 않다.

'악'의 의미와 내적 본질은 명백하게 추상적인 인식으로서가 아니라 단순한 감정으로서 '양심의 불안'의 내용이지만, 이 의미와 본질의 해명은 인간이 지닌 의지의 특성으로서 '선'에 대하여 앞에서 똑같이 행한 고찰로, 그리고 마지막으로 완전한 체념과 체념이 최고도에 달했을 때에 생기는 성스러움을 고찰함으로써 더한층 분명해지고 완전해질 것이다. 왜냐하면 대립은 언제나 서로를 해명하며, 스피노자가 말한 것처럼 낮은 낮과 함께 밤도 드러나게 하기 때문이다.

66. 덕과 선이 생겨나는 원천

근거가 없는 도덕, 즉 교화만을 행하는 것은 동기가 없기 때문에 효력을 발휘할 수 없다. 그러나 동기가 있는 도덕은 자애에 대한 작용을 통해서만 효력을 가질 수 있다. 그런데 자애에서 나오는 것에는 도덕적 가치가 없다. 그 결과 도덕이나 추상적 인식 일반은 순수한 덕을 낳게 할 수 없으며, 덕은 다른 사람에게도 자신과 같은 본질을 인정하는 직관적인 인식에서 생겨야 한다. 왜냐하면 덕은 본래 인식에서 생기는 것이지만, 언어를 통해 전달될 수 있는 추상적 인식에서 생기는 것은 아니기 때문이다. 그렇다고 하면, 덕은 가르칠 수 있을 것이고, 또 우리가 여기서 덕의 본질과 그 밑바탕에 있는 인식을 추상적으로 말함으로써 그것을 이해하는 사람들을 윤리적으로도 개선했을 것이다.

그러나 결코 그렇지는 않다. 오히려 아리스토텔레스 이래 모든 미학이 단 한 사람의 시인도 만들어 내지 못한 것과 같이, 윤리적인 강의나 설교를 통해 한 사람도 덕 있는 사람을 탄생시키지 못하고 있다. 왜냐하면 윤리적 강의나 설교는 덕의 참된 내적 본질에 대해 개념이 예술에 대해 그렇듯이 완전히 종속적 도구일 뿐이며, 게다가 다른 방법에서 인식되고 결론지어진 것을 실행하고 유지하는 데에 도움이 되는 도구로서 종속될 뿐이기 때문이다. 덕에 대해서, 착한 마음씨에 대해서 추상적 교의는 아무런 영향을 끼칠 수 없다. 그릇된 교의도 덕을 방해하지 않으며, 참된 교의 또한 덕을 조장하기는 어렵다. 또 실제로 인생에 있어서 중대한 문제인, 영원히 타당한 윤리적 가치가 교의, 교의론, 철학설처럼 우연히 얻어지는 것에 의존하고 있다면, 참으로 곤란한 일이다. 교의들이 도덕성에 대해 가치를 갖고 있는 것은 다음과 같은 점뿐이다. 앞으로 내가 논할 것과는 다른 종류의 인식에 의해 이미 덕을 얻은 사람은 교의들이 하나의 도식, 하나의 정식을 얻고, 그것에 따라서 이성에 대해, 다시 말해 그 본질을 '개념적으로 파악하고' 있지 못하는 비이기적인 행위에 대해 그의 이성이 만족하도록 길들여졌다고 변명을 한다.

물론 '행위'인 외적인 행동에 대해서 교의는 습관이나 실례에 대해서와 마찬가지로 강한 영향을 줄 수 있다. (대개 사람은 자기 판단이 약한 것을 의식하여 이것을 신용하지 않고 자기의 경험이나 남의 경험에 따르기 때문이다.) 그러나 이렇게 해서는 성향이 변하지 않는다. *

추상적인 인식은 모두 동기를 줄 뿐이다. 그런데 동기는 앞에서 말한 것처럼 의지의 방향을 바꿀 수 있을 뿐이고, 의지 자체는 바꿀 수 없다. 남에게 전해지는 인식은 의지에 대해서는 동기로서 작용할 뿐이다. 따라서 교의가 동기를 어떻게 인도해도 인간이 본래적이고 일반적으로 의욕하는 바는 언제나 변하지 않는다. 단지 이 의욕하는 것을 얻는 여러 방법에 대해서 인간은 여러 사상을 품고 있다. 따라서 공상적인 동기도 현실적인 동기와 마찬가지로 인간을 인도한다. 그렇기 때문에 내세에서 모든 것이 10배로 보상받는다는 것에 설득되어 의지할 곳 없는 사람들에게 많은 기부를 하는 것이나, 그 효과는 늦어지지만 더 확실하고 막대한 이익을 낳게 될 영지를 개량하기 위해 같은 금액을 쓰는 것도 그의 윤리적 가치에 있어서는 같다. 또한 살인자나 강도들이 그것으로 어떤 보수를 얻는 것이나, 정통적인 신앙인들이 이교도를 화형에 처하는 것도 같은 것이다. 터키인들을 약속한 땅에서 학살하는 사람도, 만일 그가 정통적인 신앙인들과 마찬가지로 그렇게 함으로써 천국에서 차지할 수 있는 땅을 얻을 것이라고 생각하기 때문에 학살을 감행한다고 하면, 앞의 사람들과 꼭 같다. 왜냐하면 이 사람들도 강도들과 조금도 다름없이 자기들만을, 자기의 이기심만

---

 * 교회는 그것은 단지 행해진 행동(opera opereta)이며, 거듭남으로 인도되는 신앙이 은총으로 주어지지 않으면 아무런 도움이 되지 않는다고 말할 것이다. 이것에 대해서는 앞으로 논하겠다.

을 위하기 때문이다. 그들이 강도와 다른 것은 단지 그 수법이 황당무계하다는 것뿐이다. 이미 말한 것처럼 외부로부터 의지에 부가되는 것은 동기에 의해서만 가능한 것이다. 그런데 동기는 의지가 나타나는 방식을 바꾸는 것에 지나지 않으며, 결코 의지 자체는 바꿀 수가 없다.

그러나 교의에 기반을 두고 행해지는 선행에 있어 언제나 구별하지 않으면 안 되는 것은, 이 교의들이 실제로 이 선행에 대한 동기인가, 또는 앞에서 언급한 것처럼 겉모양뿐인 해명에 불과한 것인가 하는 것이다. 후자의 경우에는 그 선행을 하는 사람은 '착하기' 때문에 선행을 하는 것이 아니고, 전혀 다른 원천에서 생겨나오는 것이다. 하지만 그는 철학자가 아니기 때문에 그 선행을 적절하게 설명하지 못하고, 또 그것을 어떻게 해서라도 생각해 보려고 하기 때문에, 겉모양뿐인 해명으로 자신의 이성을 만족시키려고 한다. 그런데 앞에서 언급한 구별은 마음속 깊은 곳에 존재하고 있기 때문에 이것을 발견하는 것은 어렵다. 그러므로 우리가 다른 사람의 행위를 도덕적으로 올바르게 평가한다는 것은 어려운 일이다. 개인이나 한 국민의 행위와 행동 방식은 교의, 실례, 습관에 의해 심하게 변용될 수 있다. 그러나 그 자체로 본다면 모든 행위는 단지 헛된 상에 불과하며, 이것들에 도덕적 의미를 주는 것은 그 행한 행위로까지 인도하는 마음뿐이다. 그런데 외적인 현상이 아무리 다르다 해도 마음은 완전히 같을 수 있다. 같은 정도의 악의를 가지면서 한 사람은 화형에 처해 죽고, 다른 한 사람은 가족들의 무릎 위에서 조용히 죽는 일도 있다. 같은 정도의 악의라도 '어떤' 국민에게는 난폭하게 살육이나 사람을 잡아먹는 것으로 나타나고, '다른' 국민에게는 궁중 음모, 압제, 다양한 종류의 교묘한 계략으로 약삭빠르고, 은밀하며, 소규모로 나타나기도 한다. 하지만 그 본질은 동일하다. 완전한 국가나 아마 죽은 뒤의 상벌에 관해 굳게 믿도록 하는 교의가 있다면, 어떤 범죄도 없어질 것이라는 것은 생각해 볼 수 있다. 이러한 국가나 교의가 있다면, 정치적으로는 얻을 것이 많겠지만, 도덕적으로는 아무것도 얻을 것이 없고 오히려 생을 통해 의지가 묘사되는 것으로 저지되는 것에 불과할 것이다.

따라서 마음의 순수한 선, 이기적이 아닌 덕, 그리고 순수한 의협심은 추상적인 인식에서 생기는 것은 아니지만, 인식에서 생기는 것은 확실하

다. 즉 추리로 제거할 수도 부가할 수도 없는 직접적이고 직관적인 인식이
다. 그 인식은 추상적이 아니기 때문에 남에게 전달할 수 없고, 각자 자신
에게 생기지 않으면 안 되며, 말로는 적절하게 표현할 수 없고, 인간의 행
위나 행동, 인생행로를 통해서만 표현할 수 있다. 우리는 여기서 덕에 대
한 이론을 찾고, 또 덕의 근거에 있는 인식의 본질을 추상적으로 표현해야
한다. 그러나 이렇게 표현을 해도 인식을 포기할 수는 없고, 이 개념들을
표시하는 것만 가능할 뿐이다. 이 경우 우리는 언제나 그 인식이 가시적으
로 되는 유일한 행동으로부터 출발한다. 그래서 인식의 유일하고 적절한
표상으로서 행동을 지시하지만, 이 표현을 해석하고 설명할 뿐이다. 즉 본
래적으로 행해지고 있는 것을 추상적으로 표현할 뿐이다.

　그러면 지금까지 언급한 '악'에 대한 본래의 '선'을 언급하기 전에 중간
단계로서 악의 단순한 부정을 언급하지 않으면 안 되겠다. 이것이 정의
(Gerechtigkeit)이다. 정과 부정이 무엇인가에 대해서는 위에서 충분히 해
설했다. 그러므로 여기서는 간단하게 다음과 같이 말할 수 있다. 이미 언
급한 부정과 정 사이의 단순한 도덕적인 한계를 인정하고, 그 한계가 국가
나 기타 권력으로 보증 받지 못하는 경우에도 그것을 지킬 수 있는 사람,
우리의 설명을 따른다면 자신의 의지를 긍정해도 다른 개체에 나타나 있
는 의지를 부정하지 않는 사람은 '옳은' 것이다. 이런 사람은 자신의 행복
을 추구하기 위해 남에게 고통을 주지는 않는다. 그러한 사람은 죄를 짓지
않으며, 법을 존중하고 각자의 소유를 존중할 것이다. 여기서 우리는 그러
한 올바른 사람에 관해 다음과 같은 것을 알게 된다. 이러한 사람에게 개
별화의 원리는 악인에게서처럼 절대적인 칸막이 벽이 아니고, 그는 악인
처럼 자신의 의지 현상만을 긍정하고 다른 사람의 의지 현상을 부정하는
일도 없다. 그에게 있어 다른 사람들은 그와 전혀 본질을 달리하는 단순한
괴물이 아니다. 그는 그의 행동 방식을 통해 자신의 본질인 물자체로서의
생에 대한 의지를 단순히 표상으로서 주어진 현상 속에서 '재인식하고' 부
정하지 않는다. 즉, 다른 사람을 침해하지 않는 정도에까지 자신을 다른
현상 속에서 재발견하게 된다. 그러면 그는 이 정도에서 미망의 베일인 개
별화의 원리를 꿰뚫어 본다. 그는 그 정도에서 자기 이외의 존재자들에 대
해 자기와 동일시하고, 그것을 침해하지 않는다.

이 정의를 보다 깊이 들여다 보면, 그 속에는 이미 자기의 의지를 긍정하는 나머지 다른 사람의 의지 현상을 부정하여, 억지로 자기 의지에 도움이 되게 하려는 데에까지 이르지 못하게 하는 의도가 존재한다. 그러므로 자기가 다른 사람에게서 받은 정도는 다른 사람에게도 베풀 것이다. 이러한 성향에 대한 최고의 정의는 그것만으로도 벌써 부정하지 않는 성격을 가진 본래의 선과 합치하는 것이지만, 이 최고도의 정의 때문에 사람은 세습적인 재산에 대한 자기의 권리들도 의심스럽게 생각하게 된다. 또한 자기 육체를 정신적 또는 육체적인 힘으로 유지하려고 하여, 다른 사람의 어떠한 봉사나 사치도 비난으로 느끼고, 결국에는 자발적으로 가난을 택하게 된다. 파스칼이 금욕적인 방향을 취했을 때가 이와 같았다. 그는 많은 시종들을 거느리고 있었지만, 아무런 봉사도 받으려고 하지 않았다. 그는 끊임없이 병으로 앓는 몸이었지만, 스스로 잠자리를 만들고, 부엌에서 식사를 나르곤 했다. (그의 누이동생이 펴낸 《파스칼 전》, p. 19) 이와 비슷한 것으로 다음과 같은 보고가 있다. 인도인들 가운데에는 왕족도 많은 부귀를 누리고 있지만, 그 재산은 자기들의 가족, 궁정, 하인들을 위해 사용할 뿐 지독히 꼼꼼하게, 스스로 씨를 뿌리고 거두어들인 것 이외에는 먹어서는 안 된다는 규율을 지키는 사람이 적지 않았다. 그러나 그 근본 생각에는 어느 정도 오해도 있다. 왜냐하면 개인은 그가 부유하고 강력하기 때문에 인간 사회 전체에 대해 세습적인 부에 상당할 만큼 봉사할 수 있으며, 그의 부가 보증되는 것도 사회의 덕분이기 때문이다. 이러한 인도인들의 과도한 정의는 정의 이상의 것, 즉 실질적인 체념, 생에 대한 의지의 부정, 금욕이다. 우리는 여기에 대해서는 마지막에 언급할 작정이다. 반대로 유산에 의존하여 스스로는 아무것도 이루지 않고, 남의 힘으로 순전히 무위도식하는 것은, 아무리 실정법상으로는 적법이라 인정하더라도 도덕적으로는 부정이라고 볼 수 있다.

우리가 아는 바로는 자발적인 정의는 개별화의 원리를 어느 정도 꿰뚫어 보는 데 가장 내면적인 근원이 있지만, 부정한 사람은 그 반대로 이 원리에 철저하게 사로잡혀 있다. 이러한 깨달음은 여기에 필요한 정도로 행해질 뿐만 아니라 고도로 행해져서 적극적인 호의, 자선, 박애가 행해질 정도로 이루어질 수 있다. 이것은 개인에게 나타나는 의지가 아무리 강력하고 활발하게 나타난다 해도 행해질 수 있다. 언제나 인식은 의지와 균형을 유지하고 부정에 대한 유혹에 저항할 것을 가르치며, 어떤 정도의 착함, 어떤 정도의 체념도 낳을 수 있다. 따라서 착한 사람은 악인보다 본래 약한 의지 현상이라고 여겨서는 안 되며, 착한 사람에게 있어 맹목적인 의지 충동을 지배하는 것은 인식이다. 물론 세상에는 자기 속에 나타나는 의지가 약하기 때문에, 선량하게 보일 뿐인 사람도 있다. 그러나 그들은 옳은 것이나 착한 것을 실행하기 위한 뛰어난 극기력이 없다는 것을 곧 드러낸다.

그런데 여기에 드문 예외로서 한 인간이 있다. 그는 막대한 수입을 갖고 있으면서도 자신을 위해서는 조금만 사용하고, 남은 모든 것을 곤궁하게 사는 사람들에게 주어 버리고, 또 자신은 많은 향락이나 위안을 찾지 않고 지낸다고 하자. 우리가 이러한 사람의 행위를 이해하려고 할 때, 그가 자신의 행위를 스스로 이성에 납득시키려고 사용하고 있을지 모르는 교의를 문제삼지 않는다면, '그가 자기와 남을 구별하는 정도가 다른 사람들보다 약하다'는 것이 아마도 그를 가장 단순하고 일반적으로 표현하는 것이 될 것이다. 또 그의 행동 방식의 본질적인 성격이라고 말할 수 있다. 이 구별이 다른 많은 사람들에게 아주 크게 보이면, 그만큼 남의 고통은 마음씨 나쁜 사람들에게는 직접적인 기쁨이 되고, 부정한 사람에게는 자기의 행복에 대해 딱맞는 수단이 된다. 그저 바르기만 한 사람은 남에게 고통을 일으키지 않는 정도에 머문다. 일반적으로 대부분의 사람들은 수없이 많은 다른 사람의 고통을 가까이에서 보고 알아도, 그들의 고통을 완화시켜 주기 위해서 자신이 어느 정도의 희생을 감수하지 않으면 안 되기 때문에 그 결심을 하지 않는다. 이러한 사람들은 모두 자아와 타아 사이에 심한 구별이 있다고 생각한다. 그런데 우리가 생각하는 고상한 사람에게는 이 구별이 그다지 두드러지지 않는다. 개별화의 원리, 즉 현상의 형식은 그를 강하게 사로잡는 것이 아니고, 오히려 그는 그가 보는 다른 사람의 고통을 자신의 고통을 대하는 것과 같은 정도로 가깝게 느낀다. 그러므로 그는 자신의 고통과 다른 사람의 고통 사이에 균형을 이루려고 한다. 그리고 다른 사람의 고통을 완화시키기 위해 자기의 향락을 포기하고, 희생을 감수한다. 그는 악인에게는 큰 칸막이로 보이는 자타의 구별이 사실은 보잘것없는 기만적인 현상 가운데 하나라는 것을 안다. 그는 직접 추리를 거치지 않고, 자신이라는 현상이 동시에 다른 사람이라는 현상이며, 이것이 모든 사물의 본질을 이루고 있고, 모든 것 안에 살고 있는 생에 대한 의지라는 것을 인식하고 있다. 또 이것이 동물들이나 모든 자연에까지 미친다고 인식한다. 그러므로 그는 실제로 어떠한 동물도 괴롭히지 않을 것이다.*

앞서의 고상한 사람은 자기에게 필요 이상의 것이 있고, 없어도 지낼 수 있는 것이 있다면, 다음날 자기가 먹을 수 있는 것보다 더 많은 음식을 갖기 위해 하루 동안 굶주림을 참고 견디는 것만큼이나, 남이 가난하여 괴로워하는 것을 모른 체하기가 어려울 것이다. 왜냐하면 자선 사업을 하는 사람은 미망의 베일을 환히 들여다보고, 개별화의 원리의 속임수에서 벗어났기 때문이다. 그는 어떠한 것 속에서도, 고통을 받고 있는 것 속에서도 자신을, 자기의 의지를 인식한다. 생에 대한 의지가 바르지 못하면 자신을 오인하고, 이쪽의 어떤 개인이 주는 덧없는 기만적인 쾌락에 빠지고, 그 대신 저쪽의 '다른' 개인에게서 고통을 받고 가난에 괴로워한다. 이렇게 한쪽에서는 고통을 주고, 다른 쪽에서는 고통을 받는 격이 되어, 의지는 티에스테스처럼 자신이 아들을 죽여 만든 고기를 탐욕스럽게 먹고 있다는 것을 인식하지 못하고, 여기서는 아무런 이유가 없는 고통을 받고 괴로워하고 있는데도 저기에서는 복수의 여신 네메시스 앞에서 두려움도 없이 나쁜 짓을 한다. 이것은 의지가 다른 사람의 현상 속에서 자신을 그르치

---

*동물의 생명과 힘에 대한 인간의 권리는 다음의 것에 근거를 두고 있다. 고통은 의식의 명료성이 높아감에 따라 균등하게 강해져 가기 때문에, 동물이 죽음이나 노동으로 받는 고통은 인간이 동물의 고기를 먹지 않고 지내거나 동물의 힘을 빌리지 않고 지냄으로써 느낄 고통처럼 심하지는 않다. 그러므로 인간은 자기의 생존을 긍정하는 결과 동물의 생존을 부정할 수 있으며, 또한 생에 대한 의지도 그렇게 함으로써 그 반대로 하는 경우보다 더 작은 고통을 받게 된다. 동시에 이로 말미암아 인간이 동물의 힘을 이용하여도 불법으로 되지 않는 정도가 규정되는 것이지만, 이 정도는 특히 짐을 나르는 동물이나 사냥개의 경우에는 무시된다. 그러므로 동물애호협회의 활동은 특히 여기에 기울어지고 있다. 또 내가 생각하는 바로는 이 권리는 생체 해부, 특히 고등 동물의 생체 해부에까지는 미치지 못하고 있다. 그런데 곤충은 죽어도 인간이 곤충에 찔렸을 정도만큼도 고통을 받지 않는다. 힌두교인들은 이것을 이해하지 못하고 있다.

고, 영원한 정의를 보지 못하고 개별화의 원리, 즉 일반적으로 이유율에 지배되는 인식 방식에 사로잡혀 있기 때문이다. 이러한 망상이나 미망의 기만에서 벗어나 있다는 것과 자선 사업을 한다는 것은 같은 것이다. 자선 사업을 한다는 것은 이 인식에 반드시 뒤따르는 징조다.

양심의 가책이 갖는 근원과 의미에 대해서는 앞에서 해설했지만, 이것의 반대는 '양심의 만족(Gute Gewissen)', 즉 이기적이 아닌 행위 다음에 느끼는 만족이다. 이 만족은 우리 자신의 본질을 다른 사람의 현상 속에서 직접 재인식하는 것에서 생기는 행위에 의해, 우리가 또한 이 인식을 확인하기 위해 생긴다. 즉, 우리의 참된 자기는 이 개별적인 현상인 자기 안에 존재하고 있을 뿐만 아니라 살아 있는 모든 것 속에 존재하고 있다는 인식이다. 마음은 이기심으로 위축된 것처럼 느끼지만, 이렇게 생각하면 넓혀진 것처럼 느낀다. 왜냐하면 이기심은 우리의 관심을 스스로에게 보여 주고, 그리하여 불안과 배려가 우리 기분을 지배하게 되는데, 살아 있는 모든 것은 그 자신으로 있음과 아울러 우리 자신의 본질이기도 하다는 것을 인식하면, 우리의 관심은 살아 있는 모든 것에 퍼지고 마음은 넓어지기 때문이다. 이렇게 자신에 대한 관심이 감소되면 자신에 대한 소심한 배려는 근본적으로 타격을 받아 제한된다. 여기서 조용하고 자신 있는 명랑함이 생기고, 덕이 있는 마음과 양심의 만족이 얻어진다. 나아가서 선행은 우리에게 그 기분의 근거를 확인시켜 주기 때문에, 선행을 할 때마다 점점 더 명랑함이 확실하게 생겨나는 것이다. 이기주의자는 자기가 다른 사람의 절대적인 여러 현상에 에워싸여 있는 것으로 느끼고, 모든 소망을 자기의 행복에 근거하고 있다. 착한 사람은 자기와 친한 현상들의 세계에 살고 있다. 모든 현상의 행복은 그 자신의 행복이다. 그러므로 아무리 인간의 운명에 대한 인식이 기분을 유쾌하지 못하게 해도, 살아 있는 것 속에서 언제나 자신의 본질을 인식하면, 기분은 균형이 잡힌 것이 되고 명랑한 기분까지 갖게 된다. 왜냐하면 관심을 수없이 많은 현상에까지 넓히면, '하나의' 현상에 집중한 때처럼 불안하지 않기 때문이다. 개인의 신상에 일어나는 우연한 일들은 행복을 초래하는 일도 있고 불행을 초래하는 일도 있지만, 개인들 전체 위에 일어나는 우연사는 서로 동일하다.

그래서 다른 사람들은 도덕 원리들을 세워서 이것을 덕을 위한 규정이라고 하고, 또 필연적으로 따라야 하는 법칙으로 만들지만, 나는 이미 말한 것처럼 영원히 자유로운 의지에 대해서는 어떠한 당위나 법칙을 갖다 맞추려고 생각하지 않기 때문에, 그러한 것은 하지 않겠다. 반대로 내 고찰에 연관시켜 보면, 이러한 시도에 어느 정도 알맞고 유사한 것이 앞에서 말한 순수하게 이론적인 진리며, 내 설명의 전체도 이 진리의 자세한 논의라고 여길 수 있다. 의지는 모든 현상이 보이는 그 자체지만, 그 자신은 자체로서는 현상의 형식에서, 또한 다원성에서는 자유롭다. 나는 이 진리를 행동에 관련시켜 표현하기 위해, 이미 앞서 말한 베다의 공식인 "그것이 너다"라고 하는 문구를 쓰는 것 이상으로는 적절하게 표현하는 길을 모르겠다. 이 진리에 확실한 인식을 갖고, 또 자기가 접촉하는 모든 것에 관해 확고한 마음의 확신을 갖고 자신을 향해 표현할 수 있는 사람은, 모든 덕과 행복을 확신하고 있고, 해탈을 향한 지름길을 걷고 있는 사람이다.

그런데 더 나아가기 전에 나는 설명의 마지막으로, 어떻게 사랑이(우리는 개별화의 원리를 간파하는 것이 이 사랑의 근원과 본질이라고 인정하지만) 사람을 해탈에까지, 즉 생에 대한 의지, 다시 말해 모든 의욕의 완전한 포기에까지 이끌고 나아가는지 보이고, 또 어떻게 해서 또 하나의 다른 길이, 그렇게 온당하지는 않지만 이것보다 더 자주 사람을 똑같이 해탈에까지 이끌고 가는지 보이려고 한다. 그러나 그 전에 여기에 역설적인 명제를 언급하여 설명해 두지 않으면 안 된다. 그 이유는 그 명제가 역설이기 때문이 아니라 진실한 것이며, 내가 설명하려는 사상의 완벽을 기하는 데에 필요하기 때문이다. 그것은 "모든 사랑은 동정이다"라는 것이다.

67. 동정에 대하여

우리가 보아 온 것에 따르면, 개별화의 원리를 조금이라도 간파하면 정의가 생기고, 깊이 간파하면 성향이 지닌 본래의 착함이 생기고, 이것이 남에 대한 순수하고 이기적이지 않은 사랑으로 나타났다. 이 사랑이 완전하게 되면, 그는 다른 개체와 자기의 운명을 완전히 동일시하게 된다. 그러나 사랑은 그 이상으로는 나아갈 수 없다. 왜냐하면 다른 개체를 자기 개체보다 더 우수하다고 보는 근거는 없기 때문이다. 그러나 다수의 다른 개체의 행복이나 생명이 위기에 처했을 경우에는, 최고선과 완전한 의협심에 도달한 사람은 자기의 복지와 생명을 많은 타인의 복지를 위해 완전히 희생할 것이다. 코드로스, 레오니다스, 레굴루스, 데치우스 무스, 아놀드 폰 빈켈리트 같은 사람들은 그렇게 죽었고, 또 자진하여 의식적으로 자기 부하를 위해, 조국을 위해 죽음에 임한 사람은 한결같이 그랬다. 또 인류의 복지와 필요한 것을 주장하기 위해, 즉 중요한 보편적 진리를 위해, 큰 오류를 근절하기 위해 자진하여 죽음을 자초하는 사람은 모두 이 단계에 있는 사람들이다. 소크라테스, 조르다노 브루노가 이렇게 죽었고, 진리를 위한 영웅들 가운데에는 신부들의 손에 화형으로 죽은 자가 적지 않다.

이제부터 앞에서 언급한 역설에 대하여, 다음의 것을 기억해 주기를 바란다. 우리는 앞에서 생 전체에 있어 고통은 본질적인 것이며, 생과 고통은 떼어놓을 수 없다는 것을 알았다. 또 모든 소망은 어떤 욕망, 결핍, 고통에서 생기는 것이고, '만족'이라는 것은 고통이 제거된 상태에 불과하며, 적극적인 행복이 초래된 것은 아니라는 것을 알았다. 또 기쁨은 그 자체가 적극적인 재물인 것처럼 소망을 기만하지만, 실제로는 소극적인 성질을 갖고 있으며, 어떤 하나의 재앙이 없어진 것에 불과하다는 것을 알았다. 그러므로 선의, 사랑, 의협심이 다른 사람들에게 무엇을 행하든지 간에, 그것은 언제나 다른 사람들의 고통을 덜어주게 한다. 이것들을 움직여 착한 일과 자선 사업을 하게 하는 것은 언제나 '남의 고통에 대한 인식'이며, 이것은 자기의 고통으로 이해되고 자기의 고통과 동일하게 보기 때문이다. 그 결과 순수한 사람은 그 본성에 따르면 동정이 있는 것이다.

사랑으로 줄어드는 고통이 크든 작든 간에, 채워지지 않은 소망이 어떠한 것이든 간에, 그것은 상관없다. 그러므로 우리는 칸트와는 정반대다. 칸트는 진실한 선과 덕을 추상적인 반성에서, 또 의무의 개념이나 정언 명령의 개념에서 나온 것인 경우에만 참된 선이나 덕이라고 인정하려 하고, 감정으로서 동정은 약점이며 덕은 아니라고 말하고 있다. 하지만 우리는 칸트와는 정반대로 아무런 주저함 없이 단순한 개념은 순수한 덕에서는 순수 예술에서와 마찬가지로 효력이 없고, 모든 참되고 순수한 사랑은 동정이며, 동정이 아닌 사랑은 이기심이라고 말할 것이다. 이기심은 에로스($\varepsilon\rho\omega\varsigma$, 애욕)이고, 동정은 아가페($\alpha\gamma\alpha\pi\eta$, 순수애)다. 이 둘은 빈번하게 혼합이 된다. 순수한 우정에도 언제나 이기심과 동정의 혼합이 있다. 순수한 우정이란 우리의 개성과 잘 맞는 개성을 가진 친구가 있는 것을 기뻐하는 것이다. 그리고 이것이 거의 우정의 대부분을 이루고 있다. 동정은 그 친구와 진심으로 기쁨과 슬픔을 같이하거나 그 친구를 위해 이기적이 아닌 희생을 바치는 데에서 나타난다. 스피노자도 "호의란 동정에서 생긴 욕구에 지나지 않는다"고 말하고 있다.(《윤리학》제3부, 정리 27, 계3, 비고) 우리의 이 역설적인 명제를 확증하는 것으로서 순수한 사랑에서 나온 언어의 음정이나 애무의 언어는, 동정의 음정과 완전히 일치함을 알게 된다. 이탈리아어로 동정과 순수한 사랑이 피에타(Pieta)라는 같은 말로 표시되는 것을 보아도 알 수 있다.

또 여기서 인간 본성의 가장 현저한 특성의 하나인 '운다(weinen)'는 것을 설명해 두지 않으면 안 되겠다. 우는 것은 웃는 것과 더불어 인간의 본성을 동물과 구별하는 표시 가운데 하나다. 우는 것은 고통의 표출만 의미하는 것은 아니다. 왜냐하면 고통이 아주 작을 때에도 우는 일이 있기 때문이다. 내가 생각하기에 사람은 고통을 느끼고 우는 것이 아니고, 언제나 반성하는 데 있어서 고통을 반복할 때에만 운다. 고통이 육체적인 것일 때에도, 사람은 고통의 감각에서 고통의 단순한 표상으로 넘어가고, 그 다음에 자신의 상태를 참으로 동정할 만한 것으로 생각한다. 만일 남이 이 고통을 받고 있다면, 자기는 충분한 동정과 애정을 갖고 그 사람을 구원할 것이라고 굳게, 그리고 진심으로 확신한다. 여기서 그는 자신에게도 진실한 동정의 대상이 된다. 그는 남을 구해 주려는 강한 마음을 가지면서, 동시에 그 자신이 구원을 청하는 자며, 남이 고통을 받는 것을 보고 있는 것 이상으로 자기도 고통을 받고 있다고 느낀다. 이러한 이상하게 차분해진 기분으로 고통의 직접적인 감각이 먼저 이중의 우회로를 돌아 다시 지각되기에 이르러, 남의 고통으로 표상되고 동정되어, 거기에서 갑자기 다시 직접적인 자기의 고통으로 지각된다. 자연은 이러한 이상한 육체적 투쟁으로 고통을 덜어 가볍게 한다. 따라서 '우는 것은 자신에 대한 동정', 즉 그 출발점으로 다시 던져진 동정이다. 그러므로 우는 것은 사랑과 동정의 능력과 상상으로 인해 제약되어 있다. 냉혹한 인간이나 상상력이 없는 인간은 쉽게 울지 않는다. 우는 것은 또한 어느 정도 성격이 착한 표시라고까지 보여서 분노를 진정시키는 것이다. 왜냐하면 울 수 있는 사람 같으면 반드시 사랑, 즉 다른 사람에 대해 동정도 할 수 있는 사람임에 틀림없다고 생각되기 때문이다. 그리고 동정은 방금 말한 방법으로 울음을 일으키게 하는 기분으로 옮겨 가기 때문이다. 페트라르카가 그의 감정을 소박하고 진실하게 표현하면서, 눈물이 나오는 것을 다음과 같이 말하고 있는 것은 여기에 설명을 한 대로다.

사색에 잠기면서 산책을 하면,
갑자기 '내 자신을 동정하고 싶은 심정'이 강하게 일어나,
가끔 소리높여
울게 된다.
이런 일은 전에는 한 번도 없었던 일이거늘.

위에서 말한 것은 어린아이들이 고통을 받았을 때 위로의 말을 듣고 비로소 운다는 것, 즉 고통에 대해서 우는 것이 아니라 고통의 표상에 대해서 운다는 것을 보아도 확인된다. 우리가 자신의 고통에 의해서가 아니라 남의 고통으로 우는 일이 있지만, 그것은 우리가 상상으로 생생하게 그 괴로워하는 사람의 입장이 되어 보거나, 그 사람의 운명 속에서 인류 전체의 숙명을, 무엇보다 자신의 숙명을 보거나 하여, 결국은 자신의 신세에 대해 울고 자신에 대해 동정을 느끼기 때문이다. 사람이 죽은 것을 보면 자기도 모르게 울지만, 그 주된 이유 또한 이것과 꼭 같다고 생각한다. 이 경우 슬퍼하는 사람이 우는 것은, 그 죽은 사람이 없어져 버렸기 때문에 우는 것이 아니다. 그러한 이기적인 눈물이라면 부끄럽게 생각할 것이지만, 오히려 때로 울지 않는 것을 부끄럽게 생각할 정도다. 그가 죽은 자의 숙명에 대해 우는 것은 물론이다. 그러나 이 죽은 자가 오랫동안 힘겹고 절망적인 고통을 겪어 죽음이 소망스러운 구원이었던 경우에도 역시 운다. 따라서 일반적으로 그의 마음을 사로잡는 것은 인간 전체의 숙명에 대한 동정이다. 인간이란 유한성의 손아귀에 돌아가며, 이 유한성 때문에 아무리 근면하고 활발한 생활도 결국은 소멸하여 무로 돌아가게 마련이다. 그런데 이 인류의 숙명 속에서 무엇보다 먼저 자신의 숙명을 본다. 또한 그 죽은 자가 자기와 가까울수록 이 생각은 더욱 강하며, 아버지인 경우에는 가장 심하다. 아버지가 노령과 병 때문에

사는 것이 고생스럽고 의지할 곳이 없어서 아들에게는 무거운 짐이었다고 할지라도, 아들은 그 아버지의 죽음을 대하면 심하게 울게 된다. 이것도 지금 말한 이유에서이다. *

68. 생에 대한 의지의 부정

순수한 사랑과 동정은 같은 것이며, 동정이 자신에게 돌아가면 운다는 이 현상을 징조로 나타낸다는 것에 대한, 본론에서 벗어난 설명이 끝났다. 이번에는 다시 행동의 윤리적 의미에 대한 설명의 실마리를 붙들고, 모든 선, 사랑, 덕, 그리고 의협심이 생기는 것과 같은 원천에서 생에 대한 의지의 부정이라고 부르는 것도 나온다는 것을 알아보려고 한다.

앞에서 우리는 증오와 악의란 이기심으로 제약된 것이고, 이기심은 인식이 개별화의 원리에 사로잡혀 있는 것에 기인한다고 보았다. 하지만 정의의 기원과 본질로서 한 걸음 더 나아가면, 사랑과 의협심의 기원과 본질로서 최고도에 이른다고 우리가 아는 것은, 이 개별화의 원리를 간파하는 것이다. 이것에 의해서만 자신의 개체와 다른 개체의 구별이 없어지기 때문에, 다른 사람에 대한 가장 비이기적인 사랑과 위대한 자기희생까지 이르는 성향이 갖는 완전한 선성(善性)이 가능하게 되고 설명된다.

그런데 개별화의 원리에 대한 간파, 즉 의지가 그 모든 현상에서 동일하다는 것에 관한 직접적인 인식이 명확하게 되면, 이 인식은 곧 그 이상의 영향을 의지에 끼치게 된다. 즉, 어떤 사람의 눈앞에 걸려 있던 미망의 베일, 개별화의 원리가 없어져서, 그 사람이 이미 자기와 남을 이기적으로 구별하지 않고, 남의 고통에 대해서도 자기의 고통을 대하는 것과 똑같은 관심을 갖고, 그리하여 자비로울 뿐만 아니라 자신을 희생하여 남들의 많은 생명을 구원할 수 있다면, 자진하여 자기를 희생하려고 할 것이다. 그 결과 이러한 사람은 모든 존재자 중에서 자신의 가장 깊고 참된 자기를 인식하는 것이기 때문에, 모든 생물들의 무한한 고통까지도 자신의 고통으로 생각하고, 전세계

---

* 제2편 제47장 참고. 아마 이제는 주의할 필요가 없을지 모르지만 제61장부터 제67장까지에 걸쳐 언급한 윤리 요강은 도덕의 기초에 관한 현상 논문에 가장 자세히, 또 완전하게 설명해 두었다.

의 고통을 자신의 것으로 생각할 것임에 틀림없다. 그에게는 어떠한 고통도 이제 자기와 무관한 것이 아니다. 그가 보고도 진정시킬 수 없는 다른 사람들의 모든 고통, 그가 직접 알고 있는 고통, 또 있을 수 있다고 생각하는 고통, 이 모든 고통들은 자신의 고통과 마찬가지로 그의 정신에 작용한다. 또한 개별화의 원리에 사로잡혀 있는 인간은 자신의 기쁨과 슬픔의 변화를 안중에 두고 있지만, 앞에서 말한 사람은 이미 이러한 기쁨과 슬픔을 안중에 두지 않고 개별화의 원리를 간파하고 있기 때문에, 모든 것이 똑같이 그에게 가깝다. 그는 전체를 인식하고, 전체의 본질을 파악한다. 그것이 끊임없이 생멸하고, 헛된 노력을 계속하고, 내면에서 항쟁하고, 쉬지 않고 고뇌하고 있는 것을 알고, 고통을 받고 있는 인간이나 고통을 받고 있는 동물을 보고, 세계는 쇠퇴해 가고 있다는 것을 안다. 이제 그에게는 이 모든 것들이 이기주의자에게 자신만이 친근한 것처럼 그렇게 친근하다. 세계에 대한 이러한 인식을 가지고, 그는 어떻게 생을 끊임없는 의지 행위를 통해 긍정하고, 또 이렇게 함으로써 점점 더 이 생에 강하게 연결되고, 이 생을 강하게 자기에게 압박할 수 있을까? 아직도 개별화의 원리, 즉 이기심에 사로잡힌 사람은 개별적인 사물과 그 자신에 대한 사물들의 관계만을 인식하기 때문에, 이 사물들이 차례로 의욕의 새로운 '동기'가 된다.

그런데 이와 반대로 전체에 대한 인식, 즉 물자체의 본질에 대한 인식은 모든 의욕의 '진정제'가 된다. 이렇게 되면 의지는 생을 떠난다. 이제 의지는 자기의 긍정이라고 여기는 생의 쾌락들이 무서워진다. 그래서 사람은 자발적인 단념·체념, 참된 평정과 완전한 무의지의 상태에 도달하게 된다. 그 밖에 우리처럼 미망의 베일에 가려져 있는 사람들도, 때때로 자기의 고통을 강하게 느끼거나 남의 고통을 생생하게 인식하고, 생의 공허함과 쓰라림에 접근할 때가 있다. 그렇게 되면 우리는 완전하고 영원히 결정된 체념을 통하여 욕망의 가시들을 꺾고, 모든 고통의 통로를 차단하고, 자기를 정화하고 성스럽게 되어 보려고 한다. 그러나 그럼에도 우리는 곧 다시 현상의 망상에 현혹되어, 의지는 새롭게 현상의 동기에 의해 움직이게 된다. 즉, 우리는 해탈할 수 없다. 희망의 유혹, 현재의 알랑거림, 쾌락의 달콤함 등 고통스러운 세계의 비애 속에서 우연과 오류의 지배를 받으며 우리 개인에게 주어지는 이 행복들은, 우리를 이 세계로 다시 끌어내려 새로 굳게 결박한다. 그러므로 예수는 "부자가 하느님 나라에 들어가기보다는 낙타가 바늘귀로 빠져 나가기가 더 쉬울 것입니다"고 말했던 것이다.

인생을 쉴 새 없이 뛰어서 지나가야 하고, 군데군데 찬 곳이 있는 타오르는 석탄 고리 모양의 통로에 비유한다면, 망상에 사로잡힌 사람은 지금 자기가 서 있는 찬 곳이나 바로 앞에 보이는 찬 곳에 위로를 받고 그 길을 계속 뛰어서 지나간다. 그러나 개별화의 원리를 간파하고, 물자체의 본질을 인식하고, 전체를 인식하는 사람은 이러한 위로를 이제는 달갑게 생각하지 않는다. 그는 모든 곳에서 자기를 보고 거기에서 탈출한다. 그의 의지는 방향을 바꿔서 이미 현상에 반영하는 그 자신의 본질을 긍정하지 않고 그것을 부정한다. 이것이 표시되는 현상이 덕에서 '금욕'으로의 이행이다.

이제 그는 남들을 자신과 같이 사랑하고, 자기를 대하는 것과 똑같은 정도로 그들에게 행하는 것으로는 만족하지 않고, 그의 마음속에는 '그'라는 현상으로 되어 나타나는 본질인 생에 대한 의지에 대한 혐오, 즉 고난에 찬 것으로 인식된 저 세계의 중핵과 본질에 대한 혐오가 생겨 나온다. 그러므로 그는 그의 속에 나타나고, 이미 그의 육체로 표현된 이 본질을 부인한다. 그리고 이제 그의 행위는 현상이 '거짓'이라는 것을 책망하고, 현상과의 명백한 모순을 드러낸다. 그가 정지하는 것은 무엇을 하고자 하는 의지의 현상에 지나지 않으며, 그는 자기의 의지가 무엇에 집착하지 않도록 주의하고, 모든 것에 대해 최대의 무관심을 가슴속에 확립하려고 노력한다. 그의 육체는 건강하고 강하며, 생식기에 의해 성욕을 표현한다. 그러나 그의 의지를 부정하고 육체의 거짓을 책망한다. 그는 어떤 조건 아래서도 성욕의 만족을 원하지 않는다. 자발적인 완전한 동정이 금욕, 즉 생에 대한 의지의 부정에 있어서 첫걸음이다. 동정은 금욕으로 개인적인 생명을 초월한 의지 긍정을 부정하고 동시에 이 육체의 생명과 더불어 육체로 되어 나타나는 의지도 또한 소멸함을 나타낸다.

자연은 언제나 진실하고 소박하기 때문에, 만일 이 원리들이 보편적으로 된다면, 인류는 전멸해 버릴 것이다. 그리고 제2권에서 모든 의지 현상의 연관에 대해 말했지만, 나는 최고의 의지 현상이 없어짐과 더불어 더 약한 반영인 동물계도 없어질 것이라는 것을 가정할 수 있다고 생각한다. 마치 완전한 광명이 없어지면 반그림자도 없어지는 것과 마찬가지다. 인식이 완전히 폐기됨과 더불어 저절로 그 밖의 세계도 무로 돌아간다. 주관이 없으면 객관도 없기 때문이다. 나는 이것과 관련해 다음과 같은 베다의 한 부분을 예로 들어 보겠다. "이 세상에서 굶주린 어린아이들이 어머니의 주위에 달려드는 것처럼, 모든 존재는 성스러운 희생을 갈망하고 있다."(《아시아 연구》 제8권, 콜브루크, 《베다에 관해서》, 사마베다 발췌, 콜브루크 논문집 제1권 p. 88에도 있음) 희생이란 일반적으로 체념을 의미한다. 인간 이외의 자연은 구원을 인간에게 기대하지 않으면 안 되고, 인간은 사제인 동시에 희생이다. 또 여기에 인용하지 않으면 안 되는 것은 안겔루스 질레지우스도 "인간은 모든 것을 신 곁으로 가져간다"고 하는 헤아릴 수 없이 깊고 놀랄 만한 표제의 시구 속에서, 이와 비슷한 사상을 표현하고 있다는 것이다.

　인간이여, 만물은 너를 사랑하고 너의 곁에 몰려온다.
　만물은 너에게 밀려들어, 신에게 도달하려고 한다.

그러나 더 위대한 신비 사상가인 마이스터 에크하르트는 프란츠 파이퍼 출판사에서 뛰어난 저서를 내놓았다. 이제(1857) 드디어 우리의 손에 들어오게 되었지만, 이 책의 459쪽에서 여기에 논한 것과 똑같은 의미의 말을 하고 있다.

　나는 이것을 그리스도와 함께 확증한다. 그리스도는 '내가 이 세상을 떠나 높이 들리게 될 때에 모든 사람을 이끌어 내게로 오게 할 것입니다'(《요한복음》 제12장 제32절)라고 말하기 때문이다. 그래서 착한 사람은 모든 것을 이 최초의 근원인 신에게 가지고 올라가지 않으면 안 된다. 피조물은 인간을 위해 만들어졌다는 것을 이전의 철학자들은 이렇게 확증하고 있다. 모든 피조물을 보면, 그들이 서로를 이용하고 있다는 것을 알 수 있다. 소는 풀을, 물고기는 물을, 새는 대기를, 짐승은 숲을 이용한다. 이렇게 모든 피조물은 착한 사람을 도와주고 있다. 착한 사람은 다른 피조물들 중 하나의 피조물을 신에게 데리고 간다.

그가 말하려는 것은 인간은 자신과 더불어 동물까지도 구하지만, 그 대신 동물을 이 세상에서 이용한다는 것이다. 또 나는 성서의 〈로마서〉 제8장 21절에서 24절까지의 난해한 부분도 이 의미로 해석해야 할 것이라고 생각한다.

불교에도 이러한 것에 대한 표상이 없는 것은 아니다. 가령 부처가 아직 수도자였을 때, 아버지의 왕궁에서 황야로 도피하려고 말에 안장을 올려놓고는, 이 말에게 다음과 같은 시구를 말하고 있다.

살아있을 때나 죽을 때에도 너는 오랫동안 있었다. 그러나 너는 이제 운반하거나 끄는 일을 그만두게 되었다. 단지 이번만은, 아 칸타카나여, 나를 이곳에서 날라다오. 그리고 내가 법에 도달하게 되면(부처가 되면), 결코 너를 잊지 않으리라.

———《불국기》, 아벨 레뮈자 번역, p. 233

금욕은 자발적이고 의도적인 가난에도 나타난다. 하지만 이러한 가난은 남의 고통을 덜어 주기 위해 자기의 소유물을 주어 버림으로써 생길 뿐만 아니라, 여기서 가난은 이미 목적 자체며, 소망의 충족, 인생의 감미로움이, 자기 인식이 혐오한 의지를 다시 자극하는 일이 없도록 의지의 금욕으로서 도움이 되지 않으면 안 된다. 이 점에 도달한 사람이라도 살아 있는 육체와 구체적인 의지 현상으로서는 여전히 모든 종류의 의욕에 대한 성향을 감지한다. 그러나 그는 이것을 고의로 억제한다. 그는 자기가 욕구하는 것을 하지 않도록 스스로 강요하고, 반대로 스스로 욕구하지 않는 것은 아무리 그것이 의지의 금욕에 도움이 된다는 목적 외에 아무런 목적도 없는 경우에도 하도록 스스로를 강요한다. 그는 개인이 되어 나타나고 있는 의지를 부정하는 것이기 때문에, 남이 똑같은 일을 해도, 즉 그에게 불법을 가해도 저항하지 않을 것이다. 그러므로 그는 우연히 또는 다른 사람의 악의에 의해 외부에서 주어지는 어떠한 고통, 손해, 굴욕, 모욕도 기꺼이 받아들인다. 그는 자기가 이미 의지를 긍정하지 않고, 그 자신인 의지 현상의 모든 적대자에게도 편을 든다고 하는 확신을 자신에게 줄 수 있는 기회로서 기꺼이 이 고통을 받아들인다. 그러므로 그는 굴욕이나 고통을 한없는 인내와 온화로 견디고, 아무런 겉치레 없이 악에 대한 보상을 선으로 한다. 그리고 욕망의 불, 분노의 불까지도 다시는 자기 속에서 태우지 않는다.

그는 의지를 억제하는 것처럼 의지의 가시성, 객관성, 즉 육체까지도 억제한다. 그는 자기 육체가 지나치게 생기 있고 강건하게 되어서, 단순한 표상과 반영에 불과한 의지를 다시 활기 있고 더욱 강하게 자극하는 일이 없도록, 육체에 영양도 조금만 공급한다. 그래서 그는 단식하고, 나아가 금욕과 고행도 하고, 끊임없는 결핍과 고통을 통해 자기는 세계에서 고통스러운 존재의 원천이라고 인식하고, 또 혐오하는 의지를 점점 더 좌절시키고 죽인다. 결국 이 의지의 현상을 해소하는 죽음이 오는데, 의지의 본질은 죽음에서 자신을 자유롭게 부정함으로써, 이미 오래 전에 이 육체에 활기를 주는 것으로 나타나 있던 약한 잔재에 이르기까지 모두 소멸하여 버린다. 그러므로 죽음은 고대하던 해탈로서 대단히 환영을 받고 기꺼이 받아들여진다. 이 경우 죽음과 더불어 끝나는 것은 다른 사람들에게서와 마찬가지로 단지 현상뿐만 아니라 현상을 통해 희미한 생존을 갖고 있던 본질 그 자체가 없어지는 것이다. 이 마지막에 있는 부서지기 쉬운 유대도 끊겨 버리고 만다. 이렇게 끝을 맺는 사람에게는 세계도 동시에 끝나는 것이다. *

그리고 내가 여기서 서투른 말로 일반적인 묘사를 한 것은 결코 스스로 생각해 낸 철학적 동화도 아니고, 오늘날만의 것도 아니다. 그리스도교도나 힌두교도와 불교도들, 또는 그 밖의 다른 신도들 중에 많은 성자나 아름다운 영혼을 소유한 사람들의 부러워할 만한 생애였다. 그들의 이성에 새겨진 교의가 아무리 여러 가지라 해도, 모든 덕이나 성스러움에서만 출발할 수 있는 내적이고, 직접적이며, 직관적인 인식은 상술한 방식으로 품행을 통해 나타났다. 왜냐하면 우리가 하는 고찰에서 중요하고 곳곳에 존재하며, 예전에는 그다지 주의하지 않았던 직관적 인식과 추상적 인식의 커다란 구별이 여기에도 나타나 있기 때문이다. 이 둘 사이에는 넓은 칸막이가 있는데, 세계의

＊이 사상은 산스크리트어로 씌어진 《승법송(Sankhya Karika)》이란 책에 아름다운 비유로 표현되어 있다. "그럼에도 불구하고 영혼은 잠시 육체에 덮여 남아 있다. 마치 도기를 만드는 녹로가 도기의 완성 후에도 전에 받은 충격으로 회전을 계속하는 것과 마찬가지다. 활동하던 영혼이 육체를 떠나서 그것에 대한 자연이 정지되었을 때, 비로소 영원의 완전한 해탈이 나타나는 것이다." 콜브루크 저 《인도인의 철학에 대하여》 논문집 제1권 p. 259. 또 호레이스 윌슨의 《Sankhya Karica》 제67장 p. 184.

본질을 인식하는 데 있어서 이 칸막이에 통로를 만들어 주는 것은 철학뿐이다. 즉 본래 각자는 직관적, 즉 구체적으로는 모든 철학적 진리를 의식하고 있지만, 그 진리를 자기의 추상적인 지식이나 반성 속에 가져오는 것은 철학자의 일이다. 그리고 철학자는 그 이상의 일을 해서는 안 되고 또 할 수도 없다.

여기에서 비로소 모든 신화적인 요소를 떠나 추상적이고 순수하게, 자신의 본질에 대한 완전한 인식이 의욕의 진정제가 된 후에 '생에 대한 의지의 부정'으로서 나타나고, 신성함, 자기 부정, 자기 의지의 근절, 금욕 등의 내적인 본질이 표명된 셈이다. 성자나 금욕자들은 모두 이것을 직접 인식하고 행동으로 표명한 사람들인데, 그들은 내적 인식은 같더라도 일단 각기 이성에 받아들인 교의에 따라 아주 다른 말을 사용했다. 즉 이들의 교의에 따라 인도의 성자, 그리스도교의 성자, 라마교의 성자는 각각 자기들의 행위에 관해 다른 설명을 하지 않으면 안 되지만, 문제의 본질에서는 같은 것이다. 어떤 성자는 불합리한 미신에 사로잡혀 있을 것이고, 또 어떤 성자는 반대로 철학적인 것에 의존하고 있을 수도 있겠지만, 그것은 아무래도 상관 없다. 그가 성자라는 것을 증명하는 것은 오로지 그의 행위뿐이다. 행위는 도덕적인 관점에서 보면, 세계와 그 본질에 관한 추상적인 인식에서 생기는 것이 아니라, 직관적으로 파악된 직접적인 인식에서 생기는 것이다. 이 행위는 이성을 만족시키기 위해 어떤 교의로 설명되는 것에 불과하기 때문이다. 그러므로 철학자가 성자일 필요가 없는 것과 마찬가지로, 성자가 철학자일 필요도 없다. 마치 완전하게 아름다운 인간이 위대한 조각가일 필요가 없고, 위대한 조각가가 또 아름다운 인간일 필요가 없는 것과 같다. 도덕가는 자신이 갖고 있는 덕 이외의 것을 추천해서는 안 된다는 요구는 대체로 무리한 요구다. 세계의 본질을 추상적이고 보편적이고 명료하게 개념에 잡아 재현하고 이것을 반영된 모상으로서, 이성의 영속적이고 끊임없이 준비된 개념으로 고정시키는 것이 철학일 뿐이다. 제1권에서 인용한 베룰람의 베이컨(프랜시스 베이컨)의 문장을 여기에서 다시 기억해 주길 바란다.

위에서 생에 대한 의지의 부정에 관해 묘사하고, 아름다운 영혼을 가진 사람의 행동, 체념하고 자발적으로 속죄하는 성자에 대해 묘사했지만, 이것도 추상적이고 일반적이고 따라서 무감각한 것이다. 의지의 부정을 초래하는 인식은 직관적이고 결코 추상적이 아닌 것처럼, 그 인식의 완전한 발현도 또한 추상적인 개념이 아닌 행위나 품행에서만 발견될 수 있다. 그러므로 우리가 생에 대한 의지의 부정으로서 철학적으로 표현하는 것을 한층 더 완전하게 이해하기 위해서는, 경험과 현실 사이에 있는 실례들을 이해하지 않으면 안 된다. 물론 이들 실례는 일상적인 경험에서는 만날 수 없을 것이다. "왜냐하면 모든 우수한 것은 희귀하고 곤란한 것이기 때문에"라고 스피노자는 말했다. 따라서 특별히 혜택을 받은 운명으로 그러한 실례를 목격하지 않는 한, 이러한 사람들의 전기를 보고 만족해야 한다.

우리가 지금까지 번역서를 통해 알고 있는 얼마 되지 않는 지식에 비추어 보면, 인도 문학은 성자, 속죄자, 순례자 등으로 불리는 사람들의 생애를 그린 것이 많다. 드 폴리에 부인이 쓴 《인도 신화》는 모든 면에서 칭찬할 만한 것은 못 되지만, 이 책에도 이런 종류의 많은 훌륭한 실례가 실려 있다. (특히 제2권 제13장에) 그리스도교 가운데에도 여기서 목표로 삼고 있는 설명의 자료가 되는 실례가 없는 것은 아니다. 때로는 성령자, 때로는 경건파, 정적파, 광신도 등으로 불리는 사람들의 전기는 대부분 좋은 것은 아니지만 읽어 볼 만하다. 이 전기들의 집대성은 여러 시대에서 이루어졌는데, 테르스테겐의 《성자전》, 라이츠의 《중생자들의 전기》, 또 현대에는 카네가 집대성한 것이 있다. 이 가운데에는 보잘것없는 것도 많지만, 훌륭한 것도 있다. 특히 《베아타 시투르민의 생애》를 손꼽을 수 있다. 여기에서 확실히 언급해야 할 것은 아시시의 성 프란체스코의 생애인데, 그는 금욕의 참다운 화신이고, 모든 순례자의 모범이다. 그의 전기는 그보다 더 젊은 동시대인이고, 스콜라 철학자로서 유명한 성 보나벤투라가 쓴 것이 최근 다시 출판되었고, 이보다 좀 앞서서는 모든 자료를 이용하여 정성을 기울인, 자세한 《성 프란체스코 전기》가 프랑스에서 출판됐다. (《Histoire de S. François d'Assise》, par Chavin de Mallan, 1845) 동양의 것으로서 이 수도원 문서들에 비교할 수 있는 것은, 우리가 꼭 읽어야 할 스펜스 하디가 쓴 《동양의 수도 생활, 부처에 의해 창시된 탁발 수도회에 관한 기록(Eastern monachism, an account of the order of mendicants founded by Gotama Budha, 1850)》이다. 이것은 동일한 것을 다른 형태로 보여 주고 있다. 이것을 보아도 유신론적 종교에서 출발하건, 무신론적 종교에서 출발하건, 본질적으로는 아무것도 변하지 않는다는 것을 알 수 있다.

그러나 나는 내가 열거한 개념들에 대해 특별하고 자세한 실례로서, 또 사실에 입각한 설명으로서 귀용(Guion) 부인의 자서전을 추천하고 싶다. 이 부인의 아름답고 위대한 정신을 생각하면, 내 마음은 언제나 경외감으로 가득 차게 된다. 이 정신을 알고, 그녀의 이성이 믿는 것을 너그럽게 보며, 그녀의 탁월한 성향을 공정하게 취급하는 것은 비교적 선량한 사람들에게는 기쁜 일이지만, 평범한 생각을 가진 사람들, 즉 대다수의 사람들에게는 이와 같은 책도 언제나 평판이 좋지 않다. 왜냐하면 그들은 어디서나 자기와 어느 정도 유사하거나 적어도 자기가 소질이 있는 것에만 가치를 인정하기 때문이다. 이것은 지적인 것이나 도덕적인 것에 관해서도 똑같이 말할 수 있다. 프랑스어로 씌어진 유명한 스피노자 전기까지도, 또 그의 불충분한 논문인 〈지성의 개선에 관해서〉의 훌륭한 서문을 이 전기를 풀 수 있는 열쇠로 사용한다면, 여기에 열거할 실례로 간주할 수 있을 것이다. 또한 나는 이 부분을 내가 알고 있는 정열의 폭풍을 가라앉히는 효과적인 수단으로 추천할 수 있다. 마지막으로 저 위대한 괴테는 그리스인적이었지만, 《아름다운 영혼의 고백》에서 우리에게 클레텐베르크 양의 생애를 이상화해서 그렸고, 훗날에는 그의 자서전에서 이에 관한 역사적 보고도 했다. 그리고 인간성의 가장 아름다운 측면을 문학의 거울에 비추어 보이는 것이 자신의 품위를 떨어뜨리는 것이라고는 생각하지 않았다. 게다가 그는 성 필립포 네리의 생애에 대하여 우리에게 두 번이나 이야기했다.

세계사는 물론 우리의 고찰에서 이 중요한 점에 대해 가장 뛰어나고 유일한 해명이 될 수 있는 행동을 한 사람들에 대해서는 언제나 침묵을 지킬 것이고, 또 침묵하지 않으면 안 된다. 왜냐하면 세계사의 재료는 이것과는 전혀 다르고, 또한 정반대의 것, 즉 생에 대한 의지의 부정이나 포기가 아니라 무수한 개체에서 그 의지의 긍정과 출현인데, 거기에서는 의지와 자신과의 분열이 의지의 객관화 가운데 최고의 정점에서 명료성을 갖고 나타나기 때문이다. 그리고 우리의 눈앞에, 때로는 개인의 우월성이 그 총명으로 나타나기도 하고, 때로는 대중의 힘이 그 집단을 통해 나타나기도 한다. 또 우연히 인격화되어 운명의 힘으로 되어 나타나기도 하지만, 좌우간 모든 노력이 허사로 나타난다.

그러나 우리는 시간 속에서 현상들의 실마리를 쫓아가는 것이 아니고, 철학자로서 행동의 윤리적 의지를 찾아내려고 노력한다. 이 의미를 우리에게 유익하고 중요한 것에 대한 보편적인 기준으로 하여, 비천하고 범속한 사람들의 한결같은 다수표에는 조금도 구애받지 않고, 세계가 제시할 수 있는 가장 위대하고 중요한, 그리고 가장 유익한 현상은 세계 정복자가 아니라 세계 초극자라는 것을 공언하려는 것이다. 그것은 실제 이러한 인식을 갖고, 그 결과 모든 것을 실현하고 모든 것에 있어 움직이고 작용하고 있는 생에 대한 의지를 포기하는 사람의 고요하고 눈에 띄지 않는 행동에 지나지 않는다. 그러한 사람의 자유는 여기서 그에게만 나타나고, 이로 인해 이제 그의 행위는 보통사람의 행위와는 정반대가 된다. 따라서 철학자에게는 이러한 점에서 자신을 부인하는 성자들의 전기에서 쓰는 문체가 대부분 아주 졸렬하게 느껴진다. 또 전기는 미신이나 불합리한 것을 섞어서 설명하지만, 그럼에도 그 자료가 의미 있는 것이기 때문에, 플루타르코스나 리비우스까지도 비교할 수 없을 만큼 배울 것이 많고 또 값진 것이다.

추상적이고 일반적인 서술 방식으로 생에 대한 의지와 부정을 표현하는 것을 더 자세하고 완전하게 알기 위해서는, 이러한 의미에서 씌어지고, 또 이러한 정신을 충분히 파악한 사람들이 쓴 윤리적인 가르침을 고찰하는 것이 큰 도움이 된다. 그렇게 하면 우리 견해의 순수하고 철학적인 표현이 아무리 새로워도, 견해 자체는 오래된 것이라는 것을 알 것이다. 우리에게 가장 가까운 것은 그리스도교인데, 그 윤리는 위에서 말한 정신에 있고, 가장 높은 단계의 박애에까지 나아갈 뿐만 아니라 체념에까지도 나아간다. 물론 체념의 측면은 이미 사도들의 책 속에서도 싹으로서 명백하게 존재하고 있지만, 그것이 충분히 발전하여 확실하게 표현된 것은 후에 와서의 일이다. 우리는 사도들의 가르침에서 자애와 동일한 가치로서 이웃에 대한 사랑, 자선, 증오에 보답하는 사랑과 친절, 인내, 온순, 모욕에 대한 무저항의 관용, 쾌락을 억제하기 위한 음식의 절제, 성욕에 대한 저항을 가능하면 철저하게 할 것 등을 발견한다. 여기서 이미 금욕, 즉 본래의 의지에 대한 최초의 부정 단계가 있는 것을 알지만, 의지 부정이란 바로 복음서에서는 나를 버리고, 십자가를 짊어진다고 하는 것을 의미한다. (〈마태복음〉 제16장 제24~25절, 〈마가복음〉 제8장 제34~35절, 〈누가복음〉 제9장 제23~24절, 제14장

제26~27절 및 33절) 이 경향은 점점 발전하여 속죄자나 은둔자에게 수도 생활의 기원이 되었고, 이것은 그 자체로서는 순수하고 신성했지만, 이 때문에 대부분의 사람들에게는 적합하지 않았다. 그래서 그것에서 발전하여 온 것은 위선과 비행뿐이었다. 왜냐하면 가장 좋은 것의 남용은 가장 나쁘기 때문이다.

더 발달한 그리스도교에서는 이러한 금욕의 싹이 그리스도교의 성자나 신비주의자들의 저서에서 꽃을 피워 만발했다. 이들은 순수한 사랑 외에도 완전한 체념, 자발적인 철저한 가난, 참된 평정, 세속적인 사물에 대한 완전한 무관심, 자신의 의지를 죽이고 신 속에서 거듭나는 것, 자신을 완전히 잊고 신의 직관에 몰입하는 것 등을 설교한다. 이러한 것을 잘 언급하고 있는 것이 패넬론의 《내적 생활에 대한 성자의 훈사 해석》이다. 그러나 이렇게 발전을 한 그리스도교의 정신을 완전하고 강하게 표명한 것으로는 아마 독일 신비주의자들, 즉 마이스터 에크하르트의 저서나 유명한 《독일 신학》이라는 저서를 따를 만한 것은 없을 것이다. 루터는 이 《독일 신학》의 서문을 썼는데, 그 속에서 그는 이 책에 대하여 성서와 아우구스티누스의 저서를 제외하면, 신과 그리스도와 인간의 본질에 대하여 이 책만큼 배울 것이 많은 것은 없다고 했다. 그런데 이 책의 진짜 원본은 1851년에 '파이퍼'의 슈투트가르트 판으로 나왔다. 이 속에 들어 있는 교훈이나 교설은 내가 생에 대한 의지의 부정으로 말한 바를 가장 완전하게, 마음 깊은 곳에서 확신을 갖고 해명한 것이다. 그러므로 사람은 이것을 유대적, 프로테스탄트적 확신으로 논하기 전에, 먼저 이 책으로 자세히 알아두어야 한다. 이 책과 똑같은 가치가 있다고는 할 수 없지만, 타울러의 《그리스도의 불쌍한 생애의 계승》과 《마음의 한가운데(Medulla animae)》 역시 훌륭한 정신으로 씌어진 것이다. 내 생각에 의하면, 이 순수한 그리스도교적 신비주의자들의 가르침과 《신약성서》의 가르침은 술과 주정의 관계와 같다. 다시 말하면 《신약성서》에서는 베일과 안개를 통해 우리에게 보이는 것이, 신비주의자들의 저서에서는 베일 없이 명백하고 확실하게 드러난다. 결국 《신약성서》를 제1의 신성으로 보고, 신비주의자들은 제2의 신성으로 볼 수 있을 것이다. (작은 신비와 큰 신비)

그런데 우리가 생에 대한 의지의 부정이라고 부른 것은 산스크리트어로 씌어진 아주 먼 옛날 저서 속에 그리스도 교회나 서양 세계에서보다 더 발전하여 다방면으로 표현되고 생생하게 서술되어 있다. 인생에 관한 중요한 윤리적인 견해가 여기에서 발전되어 가장 결정적인 표현을 얻을 수 있었다는 것은, 그리스도교에서 유대교의 교의가 제한을 받았던 것처럼, 아마 이 견해는 다른 요소에 전혀 제한을 받은 일이 없었음에 기인할 것이다. 그리스도교의 숭고한 창시자는 유대교의 교의에 대해 그리스도교를 반은 의식적으로, 아마도 반은 무의식적으로 순응시키고 적응시킬 수밖에 없었을 것이고, 그리하여 그리스도교는 이질적인 두 가지 요소로 성립되었다. 나는 그 가운데서 순수하게 윤리적인 요소를 독특한 그리스도교적 요소라고 부르고, 이것을 이전의 유대적인 교의론과 구별하려고 생각한다.

이미 여러 번, 그리고 특히 현대에는 이 우수하고 구원을 가져오는 종교인 그리스도교가 언젠가 사라질지도 모른다고 생각되고 있는데, 나는 그 이유를 다음과 같은 점에서 찾아보려고 생각한다. 즉 그리스도교는 하나의 단순한 요소로 성립되어 있는 것이 아니고, 본래 이질적이고 세계가 되어 가는 형편에 의해 결합되어 있을 뿐인 두 가지 요소로 성립되어 있다. 이 똑같지 않은 것의 친화력과 당면한 시대정신에 대한 반응에서 생긴 두 가지 요소의 분해로 인해 해체될 수밖에 없겠지만, 분해해도 순수하게 윤리적인 부분은 파괴될 수 없는 것이기 때문에, 여전히 침해되지 않는 채로 남아 있다. 인도인의 윤리 문헌에 대한 우리가 가진 지식은 아직 불완전하지만, 그들의 윤리는 지금도 베다, 프라다, 문예 작품, 신화, 성자들에 대한 전설, 격언과 금언 등*에 다양하고 힘차게 표현되어 있다. 거기에는 자기애를 완전히 포기한 이웃에 대한 사랑, 인류에 한하지 않고 살아 있는 모든 것을 포함하는 사랑, 매일같이 고행하여 얻은 것을 내어 주기까지 하는 자선, 모든 모욕자에

---

*그 예로서 《우프네카트》, studio Anquetil du Perron, Bd. 2, Nr. 138, 144, 145, 146. 《Mythologie des Indous》, par Mad. de Polier, Bd. 2, Kap. 13, 14, 15, 16, 17. Klaproth가 지은 《Asiatisches magazin》 제1권 가운데 "Über die Fo-Religion", 같은 권의 "Bhaguat-Geeta"와 "Gespäche zwischen Kreeshna und Arjoon." 제2권 가운데 "Moha-Mudgava". 다음으로, 《윌리엄 존스가 산스크리트어에서 번역한 Institutes of Hindu-Law, or the ordinances of Menu》, 휘트너의 독역(1797), 특히 그것의 6장 및 12장. 마지막으로 《아시아 연구》의 여러 곳을 참조. (최근 40년 동안에 유럽에서 인도의 문헌이 아주 많아졌기 때문에 내가 만일 이 초판의 주석을 완전하게 하려고 한다면, 두 페이지는 꽉 채워질 것이다.)

대한 무한한 인내, 아무리 심한 악일지라도 모든 악에 대한 선과 사랑을 가지고 하는 보상, 모든 모욕을 자발적으로 기꺼이 참는 것, 모든 육식을 삼가는 것, 참되고 성스러운 경지에 들어가려는 사람이 동정을 지키고 육욕을 단념하는 것, 모든 소유를 포기하고 거처를 떠나고 가족을 버리는 것, 깊은 고독에 잠겨 묵상하고, 스스로 속죄하며 점차로 무서운 고행을 쌓아 의지의 완전한 소멸에 이르는 것, 그리하여 결국 스스로 나서서 굶어 죽거나 악어에게 먹혀 죽거나, 히말라야 산 중의 성스러운 절벽에서 뛰어내려 죽거나 생매장되어 죽거나, 무희들의 노래, 환호, 춤 속에서 신상(神像)을 싣고 돌아가는 거대한 수레의 바퀴 밑에 몸을 던져 죽는 것 등이 씌어 있다. 이러한 가르침의 기원은 4000년 이전으로 거슬러 올라가는데, 이것을 전한 인도 민족은 많은 점에서 아주 타락해 버렸지만, 이 가르침은 아직도 남아 있어 인도인 가운데는 이것을 극단적으로 실행하고 있는 사람들도 있다. * 아주 곤란한 희생을 하긴 하지만, 이렇게 오랫동안, 또 수백만이라는 인구를 갖고 있는 민족에게 실행되어 온 것은 멋대로 생각해 낸 변덕이 아니라, 인간성의 본질에 뿌리박고 있는 것임에 틀림없다.

그런데 그리스도교와 인도의 속죄자나 성자의 전기를 읽으면, 거기에서 일치점을 발견하고 놀라지 않을 수 없다. 교의, 풍습, 환경이 근본적으로 다르지만, 둘의 노력과 내적인 생활은 똑같다. 그러므로 둘 다에게 가르치고 있는 바도 같다. 가령 타울러는 완전한 가난을 설교하면서, 사람은 완전한 가난을 찾아야 한다고 말하고, 그것은 어떤 위안이나 세속적인 만족을 가져올 수 있는 모든 것을 완전히 포기하고 단념하는 데에 있다고 한다. 말할 나위도 없이 이 모든 것들이 완전한 소멸을 목적으로 하는 의지에 언제나 새로운 영향을 주기 때문이다. 그런데 인도에서 이에 대응하는 것으로는 불교에서 탁발승은 집도 재산도 가져서는 안 되며, 특정한 나무가 좋아지고 집착하는 일이 없게 하기 위해 같은 나무 밑에 자주 드러눕는 것도 금지되어 있다. 그리스도교의 신비주의자들과 베단타 철학의 설교자들은, 완전한 경지에 도달한 사람들에게는 모든 외적인 작업이나 종교적인 수련이 불필요한 것으로

---

* 1840년 6월 자거노트 행렬에서 11명의 인도인들이 수레바퀴 아래 몸을 던져 죽었다. (1840년 12월 30일에 〈타임스〉에 실린 동인도의 한 지주의 편지)

생각하고 있는 점에서도 일치한다. 이렇게 시대와 민족이 다른데도 많은 일치점이 있다는 것은 여기 표현되어 있는 것이 낙천주의적인 천박한 생각으로 주장되는 마음의 혼돈이 아니라 인간 본성의 본질적인, 그리고 그 탁월성으로만 드물게 나타나는 측면이라는 것을 증명한다.

나는 여기서 생에 대한 의지의 부정이 나타내고 있는 현상들이 직접, 그리고 인생 속에서 도출되어 알 수 있는 원천을 말했다. 이것은 우리의 고찰 전체에서 가장 중요한 점이다. 그런데도 나는 이 점을 아주 개괄적으로 설명한 것에 불과하다. 왜냐하면 직접 경험에 의거하여 말하는 사람들의 말을 참고하여, 그들이 말한 것을 불충분하지만 그대로 되풀이함으로써 이 책의 부피를 필요 없이 더욱 증대시키는 것보다 낫기 때문이다.

그러나 이 사람들의 상태를 일반적으로 규정하기 위해 조금 더 덧붙이려고 한다. 앞서 보아 온 것처럼 악인은 그 의욕이 격렬하기 때문에 끊임없이 타는 듯한 내적 고통을 겪고, 의욕의 대상이 없어져 버리면 급기야는 다른 사람의 괴로움을 바라보면서 자기 의지의 잔인한 갈망을 진정시키려고 한다. 이와는 반대로, 그의 속에 생에 대한 의지의 부정이 생긴 사람은 그 상태가 겉으로 볼 때 아무리 가난하고, 기쁨도 없고, 결핍뿐인 것이라 해도, 완전한 내적인 희열과 참된 천국의 고요함 속에서 살고 있다. 그것은 인생을 향락하는 사람의 행동을 이루는 것과 같은 불안한 생의 충동, 격렬한 고통을 그 선행 조건이나 귀결 조건으로 갖는 방종한 기쁨이 아니라, 움직임 없는 잔잔한 평화와 깊은 평정과 내면적인 밝음이다. 만일 우리가 그 상태를 눈앞에 본다거나 상상하여 본다면, 큰 동경을 나타내지 않을 수 없을 것이다. 우리는 그 상태를 유일하게 옳은 것, 다른 모든 것보다 지극히 우수한 것으로 인정하고, 이것을 향해 우리의 정신은 '스스로 현명하도록 행동하라(sapere aude)'고 외친다. 그렇게 되면 우리는 이 세상에서 얻은 소망의 만족이 오늘은 거지의 생명을 이어가게 하지만 내일은 다시 배고프게 되는 것일 뿐이며, 이와 반대로 체념은 상속받은 토지와도 같은 것이어서 소유자의 모든 근심을 영원히 없애 버린다는 것을 알게 된다.

제3권에서 말한 것 중에서 기억나는 것이지만, 아름다운 것에 대한 미적인 희열은 대부분 순수한 관조의 상태에 들어가, 그 순간에 모든 의욕, 즉 모든 소망과 근심을 떠나서 자신으로부터 벗어나고, 자기의 끊임없는 의욕을 위해 인식하는 개체, 즉 객관들의 동기가 되는 개체의 상대 개념이 아니라 의지를 떠난 영원한 인식 주관, 즉 이데아의 상대 개념이라고 하는 데에서 기인한다. 잔인한 의지의 충동에서 벗어나, 무거운 지상의 대기에서 떠오르는 이 순간이 우리가 알 수 있는 가장 행복한 순간이라는 것을 우리는 안다. 여기에서 우리는 미의 향락에서와 마찬가지로 의지가 순간적으로 진정되고 있는 것이 아니라 영원히 진정되고, 또 의지가 없어져서 육체를 유지하다가 육체와 더불어 소멸해 버릴 최후의 불씨까지도 없애게 되는 사람의 생활이 얼마나 행복한 것인지 추측할 수 있다. 자신의 본성에 대해 여러 가지 힘든 싸움을 거쳐 결국 승리를 획득한 이와 같은 사람은 이제는 순수하게 인식하는 존재로서, 세계를 비치는 맑은 거울로서 존재할 뿐이다. 이미 그를 불안하게 만드는 것도, 그의 마음을 움직이는 것도 없다. 왜냐하면 우리를 이 세상에 결박하고 끊임없는 고통을 맛보게 하면서, 욕망, 공포, 질투, 분노로 이리저리 끌고 다니는 의욕의 무수한 실마리를 그가 끊어 버렸기 때문이다. 이제 그는 침착하게 웃음을 띠고 이 세상의 환영을 돌아본다. 이 환영들은 한때 그의 마음까지도 움직여서 괴롭혔지만, 지금은 승부가 끝난 후의 장기 말처럼, 축제의 밤에 이상한 모양으로 우리를 희롱하고 놀라게 한 가장무도회의 복장이 다음날 아침에 던져 놓여 있는 것처럼, 그의 눈앞에 무관한 것으로서 존재한다. 인생과 그 모습들은 아직도 눈앞에서 아른거리지만, 덧없는 현상과 같은 것이고, 반쯤 눈을 뜬 사람의 가벼운 아침 꿈과 같은 것으로, 그 꿈에는 이미 현실의 빛이 새어 들어와서 이미 사람을 속일 수 없다. 이 꿈과 마찬가지로, 인생의 모습들도 급기야는 강렬한 변화도 남기지 않고 사라져 버린다.

이러한 고찰로 우리는 귀용이 그 자서전 마지막에서 자주 말하고 있는 것의 의미를 이해할 수 있다.

나에게는 모든 것이 어떻게 되든 마찬가지다. 나는 이미 아무것도 '욕구할 수가' 없다. 나는 가끔 내가 현재 있는지 없는지조차도 모른다.

의지가 소멸한 후에는 육체의 죽음(육체는 물론 의지의 현상에 지나지 않으며, 따라서 의지가 정지하면 육체도 그 모든 의미를 잃는다)도 이제는 쓰

라린 것이 아니고, 오히려 기꺼이 맞이할 수 있는 것이라는 것을 표현하기
위하여 그 어투가 우아하지는 않지만, 이상스러운 속죄자, 귀용 부인의 몇
마디 말을 여기에 인용하는 것을 용서해 주기 바란다.

　　영광의 대낮, 이제는 밤이 오지 않는 낮, 죽음 속에서조차 죽음을 두려
워하지 않는 삶. 왜냐하면 죽음은 죽음을 극복하여, 최초의 죽음을 거친
사람은 두 번째 죽음을 맛볼 수 없기 때문에.
　　　　　　　　　　　　　　——《*Vie de Mad. de Guion*》, 제2권 p. 13

　　우리는 진정된 인식으로 일단 생에 대한 의지의 부정이 생긴 후에는 동요
하지 않고, 마치 획득한 재산 위에 안주하는 것처럼 그 위에 안주할 수 있다
고 생각해서는 안 된다. 오히려 이 부정은 끊임없는 투쟁으로 새로 획득하지
않으면 안 된다. 왜냐하면 육체는 의지 그 자체고 그것은 객관성의 형태 속
에, 즉 현상이자 표상인 세계 속에 있는 것에 불과하며, 그래서 육체가 살고
있는 한, 생에 대한 의지도 그 가능성으로는 아직 현존하고 있고, 끊임없이
현실적으로 되려고 하며, 언제나 새로운 격렬한 정열이 온통 불타오르려고
하기 때문이다. 그러므로 성자들의 생활에서 볼 수 있는 평정이나 열락은 의
지의 끊임없는 극복에서 생긴 꽃송이에 불과하다는 것을 알게 된다. 그리고
이 꽃을 피우는 토양은 생에 대한 의지의 줄기찬 투쟁이라는 것을 안다. 영
속적인 평정은 이 지상에서는 누구도 얻지 못하기 때문이다. 그러므로 우리
는 성자의 내면적인 생활 역사는 영혼의 투쟁, 시련, 은총의 이반(離反)으
로 가득하다는 것을 안다. 그 은총은 모든 동기를 무력하게 하고, 보편적인
진정제로서 모든 의욕을 가라앉히고, 가장 깊은 평화를 주고, 자유의 문을
여는 인식 방법이다.
　　우리는 일단 의지의 부정에 도달한 사람들은 자신에게 무리하게 부과된
모든 종류의 일을 단념하거나, 속죄하는 가혹한 생활 방식을 취하거나, 자기
들이 싫어하는 것을 찾아다님으로써, 전력을 다하여 이 길을 지키려고 한다
는 것을 안다. 그들은 언제나 다시 일어나는 의지를 억누르기 위하여 모든
것을 한다. 이 사람들은 해탈의 가치를 알고 있기 때문에, 획득한 구원을 유
지하기 위하여 신중한 배려를 하고, 무해한 향락이나 허영의 사소한 움직임

에도 양심의 불안을 느낀다. 그런데 허영심은 그들에게도 마지막에 없어지는 것으로, 인간의 모든 성향 중에서 가장 파괴되기 어렵고, 가장 활발하고 또한 어리석은 것이다. 나는 이미 지금까지 자주 '금욕'이라는 말을 사용해 왔지만, 이것을 좁은 의미에서 쾌적한 것을 단념하고 불쾌한 것을 찾음으로써, 의지를 '고의적으로' 좌절시키는 것, 자진하여 택한 속죄의 생활 방식과 고행을 하여 의지를 영속적으로 억제하는 것으로 해석한다.

그런데 이미 의지의 부정에 도달한 사람들이 그 경지에 머무르기 위해 이 고행을 행하는 것을 보면, 운명으로 주어지는 고통 일반도 그러한 부정에 이르기 위한 제2의 길이다. 뿐만 아니라 대다수의 사람들은 이 길로만 의지의 부정에 도달한다는 것, 가장 빈번하게 완전한 체념을 초래하는 것과 흔히 죽음이 임박해서야 비로소 체념에 도달하는 것은, 인식된 고통이 아니라 스스로 느낀 고통에 지나지 않는다는 것을 상상할 수 있다. 왜냐하면 단순한 인식으로 만족하는 것은 극소수의 사람들뿐인데, 그것은 개별화의 원리를 알아내고, 마음의 착함과 보편적인 박애를 낳고, 마지막으로 이 세상의 모든 고통을 자신의 고통으로 인식하고 의지의 부정에 이르는 사람에게 한정되어 있다. 이러한 경지에 가까이 가 있는 사람에게도 자신이 견딜 수 있는 상태, 순간적인 감언, 희망의 유혹, 계속 되풀이되는 의지, 즉 쾌락의 만족은 거의 언제나 의지의 부정에는 끊임없는 장해며, 의지의 새로운 긍정에 대한 끊임없는 유혹이다. 이러한 의미에서 이 모든 유혹들은 악마로 인격화한 것이다.

그러므로 의지는 대개 자기 부정이 행해지기 전에 가장 큰 고통을 만나 좌절된다. 그래서 우리는 점점 더 커가는 곤궁을 거쳐 가장 심한 저항을 받으면서 절망에 허덕인 끝에, 갑자기 자신으로 되돌아가 자기의 세계를 인식하고, 자기의 본질 전체를 바꾸고, 자신과 모든 고통을 초월하고, 이 고통에 의해 정화되고 성화된 것처럼 흔들리지 않는 평정과 열락과 숭고에 안주한다. 그리고 이때까지 그가 가장 강하게 의욕했던 모든 것을 자진하여 단념하고, 기꺼이 죽음을 맞이하는 것을 본다. 그것은 생에 대한 의지의 부정, 즉 해탈의 섬광이 고통을 정화시키는 불길 속에서 갑자기 비쳐 나온 것이다. 몹시 악한 사람들도 심각한 고통에 정화되어 이 단계에 도달하는 일이 가끔 있다. 그들은 딴 사람이 되고 완전히 달라진다. 그러므로 이전에 범한 악행도 이제는 더 이상 그들의 양심을 불안하게 하지 않는다. 그들은 기꺼이 이전의 악행을 죽음으로써 속죄하고, 이제 그들에게는 인연이 없고 무서움이 된 의지의 현상이 끝나는 것을 보는 것이다.

　큰 불행과 구원에 대한 절망으로 초래된 이러한 의지의 부정에 대해서는 괴테가 불후의 걸작인 《파우스트》에 나오는 그레트헨의 수난 이야기 속에서 명확하고도 직관적으로 보여주고 있는데, 나는 문학작품 가운데 이것에 필적할 만한 것을 찾지 못했다. 그 이야기는 의지의 부정에 도달하기 위한 제2의 길을 보여주는 완전한 전형이다. 즉 제1의 길처럼 전세계의 고통을 단순히 인식하고 이것을 자신의 것으로 만듦으로써가 아니라, 자기의 한없는 고통을 스스로 느낌으로써 의지의 부정에 도달하는 길이다. 많은 비극들이 의욕이 강한 주인공에게 이러한 완전한 체념의 경지에 이르게 하고, 그리고 나서 생에 대한 의지와 함께 그 현상도 끝나게 하는 것이 보통이다. 그러나 내가 아는 한, 지금 말한 《파우스트》에서의 묘사처럼, 그 변화의 본질적인 것을 부수적인 것을 없애고 명백하게 보여주는 작품은 본 적이 없다.

　현실적인 인생에서는 큰 고통을 겪어야만 하는 불행한 사람들도 있다. 그런데 그들은 모든 희망이 완전히 없어져 버린 후에도, 충분한 정신력을 가지고 굴욕적이고 폭력적인 죽음이나 가끔은 형언할 수 없이 고통스러운 단두대 위의 죽음에 직면하는데, 이렇게 하여 심기일전하는 일도 자주 있다. 물론 우리는 어떤 사람들의 성격과 대다수 사람들의 성격 사이에서 그들의 운명이 보여 주는 만큼의 큰 차이가 있다고 생각해서는 안 되며, 오히려 운명은 대부분 환경에 달려 있다고 보아야 한다. 아무튼 그들은 죄를 지었고 아주 나쁜 사람들이다. 그러나 그들 가운데에는 완전한 절망에 도달한 후에, 위에서 말한 방법으로 심기일전하는 사람들이 많다는 것을 우리는 알고 있다. 이렇게 되면, 그들은 마음의 참다운 착함과 순수성을 보이고, 조금이라도 악의가 있는 행위나 무자비한 행위에 대해서는 혐오를 나타낸다. 그들은 적 때문에 죄 없이 괴로움을 당해도 그 적을 그저 말로만 용서하거나 저승의 재판장에 대한 위선적인 공포 때문에 용서하는 것이 아니라, 실제로 마음속으로 진지하게 용서하고 복수를 원하지 않는다. 뿐만 아니라 그들은 결국 자신의 고통과 죽음을 좋아하게 된다. 왜냐하면 생에 대한 의지의 부정이 생겼기 때문이다. 그들은 구원의 손길도 거절하고 기꺼이 평안한 상태에서 환희 가운데 죽어 간다. 그들에게는 과도한 고통 속에서 인생의 궁극적인 비밀인 재앙과 악, 고통과 증오, 고통을 받는 자와 고통을 주는 자 등 충족 이유율에 따르는 인식에서 보면 아주 다르지만, 그 자체로서는 동일한 것이며, 자신과의 다툼을 개별화의 원리에 따라 객관화하는, 생에 대한 의지의 현상이라는 비밀이 계시된 것이다. 그들은 이 두 가지, 즉 재앙과 악을 충분히 알았다. 그리고 결국은 이 둘의 동일성을 통찰하여 이제 둘을 동시에 거부하고, 생에 대한 의지를 부정한다. 이러한 직관적이고 직접적인 인식과 그들의 심기일전을 설명하는 데 있어서, 그들의 이성이 어떠한 신화나 교의에 따르게 하든, 그것은 앞에서 말한 것과 같이 아무래도 괜찮은 것이다.

이런 종류의 심기일전에 대한 증인이 되는 사람이 바로 마티아스 클라우디우스였다. 그가 《반츠베커의 사자》(제1부, p. 115) 속에서 '◯◯◯의 회심기'라는 표제를 붙인 이상한 논문을 썼을 때의 일인데, 그것은 다음과 같이 끝맺고 있다.

사람의 사고방식은 원주의 일점에서 그 반대의 점으로 옮길 수 있고, 상황이 그에게 호를 그려 보이면 다시 원점으로 돌아가는 일이 있다. 이 변화들은 인간에게 중대한 일도 아니고 중대한 관심사도 아니다. 그러나 그러한 주목할 만하고 '전반적이며, 초월적인 변화'가 일어나면, 원 전체가 돌이킬 수 없을 만큼 파괴되고, 심리학의 모든 규칙이 공허해지고, 모피로 만든 외투는 벗겨지지 않으면 적어도 뒤집어져서, 사람은 헛된 꿈에서 깨어나게 된다. 하지만 이러한 변화는 각자 자기가 코로 호흡하고 있는 것을 어느 정도 의식하면서, 그 변화에 대하여 무언가 확실한 것을 듣고 경험할 수만 있다면, 이를 위해 아버지나 어머니를 저버릴 정도의 변화다.

죽음과 절망의 접근은 고통을 통한 정화에 있어 절대적으로 필요한 것은 아니다. 그것이 없어도 큰 불행이나 고통을 통해 생에 대한 의지인 자신과의 모순에 대한 인식이 무리하게 쳐들어와, 모든 노력이 헛되다는 것이 통찰되는 수도 있다. 그러므로 정열의 충동에 끌려 격동의 생애를 보내는 사람들, 군주, 영웅, 행복을 얻으려고 하는 모험자들이 갑자기 달라져서 체념과 속죄를 택하고, 은둔자나 승려가 되는 일이 가끔 있다. 참된 회심기는 모두 이런 것인데, 가령 라이문트 룰리우스의 것이 그렇다. 그는 오랫동안 연모했던 어떤 여인으로부터 부름을 받고, 드디어 그녀의 방으로 간다. 자기 소망이 모두 실현될 것이라고 생각하는 바로 그때, 그녀는 앞가슴의 옷을 풀어 헤치고, 암으로 무섭게 침식당한 가슴을 그에게 보인 것이다. 그 순간부터 그는 마치 지옥을 본 것처럼 잘못을 뉘우치고, 마오르카 왕의 궁정을 피해 황야로 가서 참회의 생활을 했다. (Bruckeri hist. philos., tomi Ⅳ, pars I, p. 10.) 랑세 신부의 회심기 또한 이것과 아주 비슷하다. 나는 이것을 제2편 제48장에 간단하게 얘기해 두었다. 이 둘은 쾌락에서 인생에 대한 혐오감으로 바뀐 것이 동기였지만, 이것을 고찰하면, 우리는 유럽에서 가장 쾌활하고 명랑하고 감각적이고 경박한 국민인 프랑스인들이 모든 수도회 중에서 가장 엄격한 트라피스트회를 일으켰고, 그것이 쇠망한 후에는 랑세에 의해 재건되었으며, 그 후 종교 개혁과 교회 변혁, 그리고 무신앙이 만연했는데도 오늘에 이르기까지 그 순수성과 엄격성을 유지하고 있다는 뚜렷한 사실을 이해할 수 있다.

그러나 이 생존의 성장에 관한 앞서 말한 것과 같은 인식도 그 동기와 더불어 멀어지고, 생에 대한 의지와 더불어 이전의 성격이 다시 나타나는 일이 있다. 정열적인 벤베누토 첼리니의 경우가 그런데, 그는 한 번은 감옥에서, 두 번째는 중병에 걸렸을 때 심기일전을 했지만, 고통이 없어지자 다시 옛날 상태로 돌아갔다. 일반적으로 고통에서 의지의 부정이 생기는 것은 결코 원인에서 결과가 생기는 필연성을 갖고 생기는 것이 아니며, 의지는 어디까지나 자유다. 왜냐하면 이것이야말로 의지의 자유가 직접적으로 나타나는 유일한 점이기 때문이다. 아스무스(클라우디우스의 별명)가 '초월적인 변화'에 그처럼 심한 놀라움을 나타낸 것도 이 때문이다. 아무리 괴롭다 해도 그 고통보다 더 격렬하고, 그 고통으로는 정복할 수 없는 의지가 있다는 것은 생각할 수 있다. 그러므로 플라톤은 《파이돈》에서 사형에 처하게 될 순간까지 먹고 마시고 음욕에 탐닉하고, 죽을 때까지 생을 긍정하는 사람들에게 대하여 이야기하고 있다. 셰익스피어는 추기경인 뷰포트*의 악랄하고 무서운 최후를 우리에게 보여 주는데, 뷰포트는 격한 나머지 너무 극단적인 악의로 변하는 그의 의지를 고통이나 죽음으로도 꺾을 수 없어서 절망 속에서 죽는다.

---

*《헨리 6세》, 2부 3막 3장

의지가 격하면 격할수록 의지의 투쟁 현상도 심하고, 고통도 더 크다. 현재의 세계보다 더 강한 생에 대한 의지의 현상인 세계가 있다고 한다면, 그러한 세계는 또 그만큼 큰 고통을 나타낼 것이다. 그것은 '지옥'일 것이다.

모든 고통은 억제며 체념에 대한 요청이기 때문에, 가능성에 따르면 신성화하는 힘을 갖고 있다. 그러므로 이 점에서 큰 불행이나 깊은 고통은, 그 자체로서 이미 어떤 경외감을 갖게 한다는 것이 밝혀졌다. 그런데 고뇌하는 사람은 자기의 생애를 고통의 연쇄라고 생각하지 않고, 치유할 수 없는 고통을 슬퍼하면서도 실제로는 자기의 생애를 슬픔 속에 처넣은 상황의 연쇄를 주목하지 않으며, 그가 만난 개별적인 커다란 불행에 머물러 있지 않을 때에야 우리에게 존경받을 만하게 된다. 왜냐하면 그 이전까지는 그의 인식이 충족 이유율에 따라 개별적인 현상에 집착하고 있어서, 그는 여전히 생을 의욕하고 있으며, 오직 그에게 주어진 조건 아래서 생을 의욕하지 않는 것뿐이기 때문이다. 그의 눈이 개별적인 것에서 보편적인 것으로 옮아갈 때, 그가 자신의 고통을 오직 전체의 실례로 보고, 윤리적인 점에서 천재적이 됨으로써 '하나의' 사례를 수천의 사례에 해당하는 것으로 간주한다. 그래서 인생 전체를 본질적인 고통으로 파악하고 체념하기에 이르렀을 때에 비로소 그는 실제로 존경할 만한 사람으로 현존하게 된다. 그러므로 괴테의 《타소》에서 공주가 자신의 생활과 가족들의 생활이 언제나 슬프고 기쁨이 없는 것이라고 말하면서도, 일반적으로 사물을 보는 태도를 보이는 것은 존경할 만하다.

고상한 성격을 생각해 보면, 언제나 어느 정도 조용한 애조를 띠고 있는데, 그것은 결코 일상적으로 불쾌한 일에 대한 끊임없는 역정(만일 그러한 것이라고 한다면, 그것은 고상하지 않은 특징이며 나쁜 성향을 갖고 있는 자일지 모른다는 의구심을 일으킬 것이다)은 아니고, 인식에 근거를 두고 모든 재물은 공허한 것이고, 자기의 생뿐만 아니라 모든 생이 고통스럽다는 것을 의식하는 것이다. 그러한 인식은 우선 스스로 겪는 고통, 특히 유일하고 큰 고통으로 생길 수 있다. 이것은 마치 페트라르카가 단 하나의 실현될 수 없는 소망 때문에 인생 전체에 대한 체념적인 비애에 이른 것과도 같은데, 이 비애는 그의 저서에 기록되어 우리 가슴을 아프게 한다. 그도 그럴 것이, 그가 추구하던 다프네는 그의 수중에서 사라져 버렸고, 그 대신 그에게는 불멸의 월계관이 돌아오지 않으면 안 되었기 때문이다.

이처럼 돌이킬 수 없는 불운으로 의지가 어느 정도 좌절되어 버리면, 더이상 아무것도 의욕하지 않게 되고, 성격은 온건해지고 애수를 띤 채 고상해지고 체념하게 된다. 결국 비탄이 더 이상 일정한 대상을 갖지 않고 인생 전체에 퍼지면, 그것은 의지의 내성, 은퇴, 점차적 소멸이고 의지의 가시성인 육체는 조용히, 그러나 아주 깊숙이 파묻힌다. 이 경우 인간은 자기의 유대가 어느 정도 단절된 것을 느낀다. 즉, 육체와 의지가 동시에 해소된 죽음에 대한 조용한 예감이다. 그러므로 이러한 비탄에 은밀한 기쁨이 동반되는데, 이것이 모든 국민 중에서 가장 우울한 국민이 비탄의 기쁨(the joy of grief)이라고 부른 것이라고 믿는다. 그러나 생에도 생을 시작(詩作)으로 나타낸 것에도 '감상성(Empfindsamkeit)'이라는 장애가 있다. 말하자면 슬퍼하고 언제나 한탄하기만 하고, 체념을 향해 있고 용기를 내지 않으면, 사람은 하늘과 땅을 동시에 잃고 생기 없는 감상주의만 남게 된다. 고통이 단순히 순수한 인식이라는 형태를 취하고, 여기에서 이 인식이 '의지의 진정제'로서 참된 체념을 초래하게 되므로 해탈을 향한 길이고, 따라서 고통은 고귀하다. 그러나 이런 점에서 우리는 아주 불행한 사람을 보면, 덕과 의협심에 접했을 때 느끼지 않을 수 없는 존경심과 비슷한 일종의 공경을 느끼며, 동시에 우리 자신의 행복한 상태가 어떤 비난처럼 느껴진다. 우리는 스스로 느낀 것이든 다른 사람이 느낀 것이든, 고통이 덕과 성스러운 경지에 가까이 가는 것이 적어도 가능하기는 하고, 그 반대로 향락이나 세속적인 만족은 거기에서 멀어져가는 것이라고 보지 않을 수 없다. 이러한 까닭으로 커다란 육체적인 고통이나 무거운 정신적인 고뇌를 짊어진 사람들, 뿐만 아니라 큰 노력을 요구하는 육체적 노동을 얼굴에 땀을 흘리고 뚜렷한 피로의 기색을 보이며 수행하면서 모든 것을 꾹 참고 불평하지 않는 사람, 이러한 사람은 깊이 주의해 보면, 괴로운 치료를 받으면서도 자기가 괴로우면 괴로울수록 병독도 파괴되고, 현재의 고통은 자기 치료의 척도라는 것을 알기 때문에, 그 치료로 인해 생기는 고통을 기쁘게 참고 만족하기까지 하는 병자 같다.

　지금까지 말해 온 것으로 미루어 볼 때, 완전한 체념이나 성스러운 경지라고 불리는 생에 대한 의지의 부정은, 언제나 의지의 진정제에서 생긴다. 그것은 말하자면 의지의 내면적인 투쟁과 살아 있는 모든 것들의 고통 속에 표현되는 의지의 본질적인 허무성에 관한 의식이다. 우리가 두 가지의 길로서 표현한 그러한 구별은 단순하고 순수하게 '인식된' 고통이 그것을 자유로이 제 것으로 하여, 개별화의 원리를 알아냄으로써 이러한 인식을 생기게 하거나, 또는 직접 스스로 '감각된' 고통이 이러한 인식을 생기게 하는 것이다. 참다운 구원, 즉 생과 고통으로부터의 해탈은 의지의 완전한 부정 없이는 생각할 수 없다. 거기에 도달하기까지는 모두들 이 의지 자체에 불과한 것이고, 의지의 현상은 덧없는 존재다. 그리고 언제나 공허하고 끊임없이 좌절되는 노력으로 모든 사람이 똑같이 불가항력적으로 속해 있으며, 우리가 묘사한 고뇌에 찬 세계다. 왜냐하면 앞서 보아 온 것처럼, 생에 대한 의지에서 생은 언제나 확실하고, 생의 유일하고 현실적인 형식은 현재며, 현상 속에서는 탄생과 죽음이 지배하는 것처럼 아무도 이 현재에서 도피할 수 없다. 인도의 신화는 이것을 표현하여 "그들은 다시 태어난다"고 말하고 있다.

성격의 윤리적인 구별에는 다음과 같이 의미가 있다. 즉 악인은 의지의 부정을 낳게 하는 인식에는 영원히 미치지 못한다. 그러므로 악인은 인생에 나타나는 '가능한' 모든 고통을 있는 그대로 '실제로' 받아들이지 않으면 안 된다. 자신의 현재 상태가 행복하다고 해도, 그것은 개별화의 원리에 의해 매개된 하나의 현상과 미망의 환영, 즉 거지의 달콤한 꿈에 지나지 않는다. 그가 의지 충동의 격함과 분노로 해서 남들에게 주는 고통은 그것을 자신이 경험해도 그의 의지가 꺾이고 궁극적인 부정에까지는 도달될 수 없는 정도의 고통이다. 반대로 모든 참되고 순수한 사랑, 뿐만 아니라 모든 자유로운 정의까지도 개별화의 원리를 알아내는 데에서 생기는데, 이것이 충분한 효력을 갖고 행해지면, 완전한 구제와 해탈의 결과를 가져오게 된다. 그리고, 이 현상이 바로 앞에서 말한 체념의 상태와 이에 동반하는 부동의 평화며, 죽음에서 최고의 기쁨과 즐거움이다.

69. 자살에 대하여

우리가 고찰하는 한계 내에서 충분히 설명했듯 생에 대한 의지의 부정은 현상으로 나타나는 의지의 자유에 있어 유일한 행위다. 따라서 아스무스가 부르고 있듯이 초월적인 변화지만, 의지의 개별적 현상의 현실적인 파기인 '자살'은 이것과는 다르다. 자살은 의지의 부정과는 거리가 멀고, 오히려 의지에 대한 강렬한 긍정 현상이다. 왜냐하면 부정의 본질은 생의 고통을 두려

위하는 데 있는 것이 아니라, 생의 향락을 두려워하는 데 있기 때문이다. 자살자는 생을 원하지만 생이 놓여 있는 조건들에 만족하지 못하는 것뿐이다. 그러므로 그는 생에 대한 의지를 포기하는 것이 아니라, 개별적인 현상을 파괴함으로써 생을 포기하는 것에 불과하다. 그는 생을 원하고, 육체의 장해를 받지 않는 생존과 긍정을 원한다. 그러나 착잡한 사정이 이것을 용납하지 않고, 그래서 큰 고통이 생기는 것이다.

생에 대한 의지는 이 개별적 현상에 있어서 심한 방해를 받아 의지가 그 노력을 전개해 나갈 수 없게 된다. 그러므로 의지는 그 본질에 따라 스스로 결정하는 것이고, 그 본질은 충족 이유율의 형태들 밖에 존재하며, 따라서 어떠한 개별적인 현상과도 관계가 없다. 본질은 모든 생멸(生滅)과는 관계가 없고, 사물이 가진 생명의 내면이 된다. 왜냐하면 우리 모든 인간에게 죽음을 끊임없이 두려워하지 않고 생존하게 하는 그러한 확고하고 내면적인 확신인 의지에는 반드시 현상이 동반한다는 확신이 자살에서도 행위의 근거가 되기 때문이다. 따라서 생에 대한 의지는 이 자살 행위(시바), 자기 보존의 쾌감(비슈누), 생식의 욕망(브라흐마)에도 나타난다. 이것이 '삼위일체(Einheit des Trimurtis)'의 내면적인 의미다. 그런데 이것은 어떤 때는 머리 셋 중의 하나로서, 어떤 때는 다른 하나로서 나타나지만, 전체로서는 완전히 하나다. 개체와 이데아에 대한 관계는 자살과 의지의 부정에 대한 관계와 같다. 자살자는 개체를 부정할 뿐이고, 종족을 부정하는 것은 아니다. 이미 앞에서 본 것처럼 생에 대한 의지에 있어 생은 언제나 확실한 것이고, 삶에는 고통이 본질적이기 때문이다. 그래서 하나의 개별적인 현상에 대한 자의적인 파괴인 자살은 물자체에는 장해가 되지 않는다. 마치 무지개를 한동안 지탱하고 있는 물방울이 아무리 빨리 교대해도 무지개는 그대로 유지되는 것과 같으며, 정말 무익하고 바보스러운 행동인 것이다. 그러나 자살은 생에 대한 의지인 자신과의 모순을 가장 현저하게 드러낸 것으로, 마야(미망)의 결작이다.

우리는 이미 이 모순에 대한 의지의 가장 낮은 현상들에 있고, 자연의 힘과 모든 유기적인 개체가 물질·시간·공간을 얻으려고 끊임없이 투쟁하며 나타나는 것을 인정했다. 또한 이 투쟁이 의지 객관의 단계가 높아감에 따라 무서울 정도로 명료하게 나타나는 것을 보았다. 이 투쟁은 결국 인간의 이데아가 최고 단계에 이르면, 동일한 이데아를 나타내는 개인들이 서로를 말살할 뿐만 아니라, 동일한 개인이 자신에게 전쟁을 선포하게까지 되어서, 생을 격렬하게 의욕하고 생의 장애인 고통에 덤벼들어 자신을 파괴하기에 이른다. 그 결과 개인적인 의지는 고통이 의지를 꺾기 전에 의지 자신이 가시적으로 된 것에 불과한 물체를 하나의 의지 행위로 파기하게 된다. 자살자는 의욕하는 것을 중지할 수 없기 때문에, 바로 자기의 현상을 파기함으로써 자기를 긍정하는 것이다. 그런데 의지가 이렇게 하여 도피하는 그 고통이야말로 의지의 억제며, 의지로 하여금 부정과 해탈에 이르게 할 수도 있다. 그렇기 때문에 이러한 점에서 보면 자살자는 자신을 근본적으로 치료해 줄 수도 있는 괴로운 수술이 시작된 다음 이것을 끝까지 견디지 못하고, 오히려 그대로 병에 걸려 있는 것을 더 좋아하는 병자와도 같다. 고통은 그에게 가까이 와서 의지의 부정에 대한 가능성을 보여 준다. 그런데 그는 의지를 그대로 꺾지 않고 놔두려고 하여, 의지의 현상인 육체를 파괴함으로써 고통을 배척한다. 이것이 거의 모든 철학적인 윤리학과 종교적인 윤리학이 자살을 비난하는 근거다. 물론 이것들 자체는 거기에 이상한 궤변적인 근거를 드는 것에 불과하지만.

그런데 어떤 사람이 순전히 도덕적인 동기에서 자살을 그만둔다고 하면, 이 자기 극복이 갖는 가장 내면적인 의미(그의 이성이 이것을 어떠한 개념의 옷으로 치장한다고 할지라도)는 언제나 다음과 같다.

생에 대한 의지의 현상은 실로 괴롭기 짝이 없는 것이지만, 고통이 이 의지를 폐기하는 데 도움이 되게 하기 위해서 나는 고통을 피하려고 생각하지는 않는다. 고통은 내가 이미 갖기 시작한 세계의 참된 본질에 관한 인식을 강화하여, 내 의지의 궁극적인 진정제가 되게 함으로써 나를 영원히 해탈시킨다.

이미 아는 것이지만, 때때로 아이들까지 자살을 하는 일이 있다. 아버지가 자신이 사랑하는 아이들을 죽이고 자살하기도 한다. 아버지는 양심, 종교, 그리고 모든 전통적인 개념에서 살인이 가장 무거운 범죄라는 것을 인식하고 있는데도, 자신이 죽을 때에는 이 죄를 범한다. 그런데 이 경우 이기적인 동기는 있을 수 없다는 것을 생각해 보면, 이 행위는 다음과 같은 것으로만 설명할 수 있다. 즉, 개인의 의지는 아이들 속에서 직접 자기를 다시 인식하는 것이지만, 현상을 본질로 간주하는 망상에 사로잡혀 있어서, 살아 있는 모든 것을 고난으로 인식하고 이것에 마음이 쏠리게 된다. 그리고 지금 바로 현상과 더불어 본질도 폐기할 수 있다고 생각하고, 자신이 직접 재생하고 있다고 보는 아이들을 생존과 그 고난에서 구하려고 하는 것이다.

수정(受精)에서 자연의 목적을 좌절시킴으로써 자발적인 동정과 동일한 것에 도달할 수 있다고 망상하거나, 오히려 생으로 돌진해 가는 신생아의 생명을 보증하기 위해 모든 것을 해야 할 텐데, 그것을 하지 않고 생의 불가피한 고통을 고려하여, 신생아의 죽음을 촉진하는 것 등은 이것과 마찬가지로 완전히 잘못된 것이다. 왜냐하면 생에 대한 의지가 현존하고 있다면, 유일하게 형이상학적인 것이나 물체로서의 의지를 어떠한 힘도 좌절시키지 못하고, 단지 의지의 현상을 이 장소에서 이때에 파괴할 수 있을 뿐이기 때문이다. 이 의지는 '인식'에 의해서밖에 파기될 수 없다. 그러므로 구제할 수 있는 유일한 길은 의지가 방해받지 않고 현상하고, 이 현상에서 의지가 자신의 본질을 '인식할' 수 있게 하는 것이다. 이러한 인식의 결과로써만 의지는 자신을 폐기할 수 있고, 이와 더불어 의지의 현상과 불가분한 고통도 끝나게 할 수 있다. 그러나 이것은 태아를 없애거나 신생아를 죽이거나, 자살하거나 하는 물리적인 힘에 의해서는 가능하지 않다. 의지는 빛에 비추어야만 자신의 해탈을 발견할 수 있기 때문에, 자연은 바로 이 의지를 빛으로 인도하여 간다. 그러므로 자연의 목적은 자연의 내적 본질인 생에 대한 의지가 결정되기만 하면, 모든 방법으로 촉진되지 않으면 안 된다.

보통 자살과는 다르게 보이는 아주 특별한 종류의 자살이 있지만, 이것은 아마도 충분히 확인되지는 않은 것 같다. 극단적인 금욕에서 자발적으로 택해 굶어 죽지만, 그 현상에는 언제나 많은 종교적인 광신, 나아가 미신까지도 포함되어 있고, 그래서 확실하지는 않다. 그러나 그것은 의지의 완전한 부정이 음식을 섭취함으로써 육체의 식물적 성장을 유지하는 데에 필요한 의지조차 없애 버리는 정도까지 도달할 수 있음을 나타낸다. 이러한 종류의 자살은 결코 생에 대한 의지에서 생기는 것이 아니며, 이렇게 완전히 체념한 금욕자는 의욕을 완전히 버렸기 때문에 사는 것을 포기하는 것이다. 이런 경우 굶어 죽는 것 이외의 죽음은 도저히 생각할 수 없다. (특별한 미신에서 나오는 죽음 같으면 별 문제지만) 왜냐하면 고민을 줄이려는 의도는 실제로는 이미 어느 정도 의지의 긍정이기 때문이다. 이러한 속죄자의 이성을 충족시키는 교의는 그에게 망상을 품게 하여, 내적인 성향에 몰려서 하려는 단식을 지극히 높은 자로부터 명령을 받고 하는 것이라고 생각하게 한다.

이에 대한 비교적 오랜 실례는 《자연사와 의학사에 관한 브레슬라우의 수집물》(1799년 9월, p. 363 이하), 벨의 《문인 소식지》(1685년 2월, p. 189), 짐머만의 《고독에 대하여》(제1권, p. 182), 1764년의 《과학원의 역사》에 있는 우튄의 보고, 그와 같은 것으로 되풀이되어 있는 《개업 의사를 위한 수집물》(제1권, p. 68) 등에서 볼 수 있다. 그 이후의 보고는 후펠란트의 《개업의를 위한 잡지》(제7권, p. 181 및 제48권 p. 95)에 있고, 또한 나세의 《정신과 의사를 위한 잡지》(1819년 제3호 p. 460)나 에든버러의 《의학 및 외과의 잡지》(1809년, 제5권, p. 319)에도 있다. 1833년에는 각 신문에 영국의 역사가 링거드 박사가 1월 도버 해협에서 자신의 선택으로 굶어 죽었다고 보도되었다. 훗날의 보도에 의하면, 굶어 죽은 것은 그가 아니라 그의 친척이었다. 그러나 이 보도에서는 그가 미친 것으로 서술하고 있지만 그 진상은 확인할 수가 없다. 그러나 나는 여기서 지금 말한 것과 같은 인간 본성이 갖는 특별하고 이상한 현상에 관한 희귀한 실례를 보존하고 있음을 확신하게 하는 것일 뿐일지라도, 이런 종류의 새로운 보도를 하나 첨가하려고 한다. 이 실례는 적어도 외관상으로는 내가 추정하는 것에 속해 있으며, 그 밖의 것으로는 설명될 수 없으리라고 생각한다. 그 새로운 보도는 1813년 7월 29일의 〈뉘른베르크 신문〉에 다음과 같은 기사로 실려 있다.

베른으로부터의 보도에 의하면, 투르넨 근처의 밀림 속에서 오두막이 발견되었는데, 그 안에 이미 죽은 지 약 1개월이 지난 남자의 시체가 있었고, 입고 있는 옷으로는 이 사람이 어떤 신분의 사람인가를 판명할 수 없었다. 그 옆에는 두 개의 깨끗한 셔츠가 놓여 있었다. 중요한 것은 성서인데, 거기에는 흰 종이들이 끼워져 있었고, 군데군데 죽은 사람이 그 흰 종이에 써 넣은 것이 있었다. 그는 거기에 그가 집을 나온 날짜를 적고(그러나 고향 이름은 적지 않았다.) 그 다음에 성령을 느껴 황야에 가서 기도하고 단식을 했다. 거기에서 오는 도중 이미 7일간 단식을 하고 다시 식사를 했다. 그러나 여기에 도착한 후 그는 다시 단식을 시작했으며, 그것도 여러 날 동안이었다고 적혀 있다. 그리고 매일매일 하나의 선이 그어져 있다. 그 선이 다섯 개 있는 것으로 보아, 닷새가 지나 이 순례자는 죽었을 것이다. 그 밖에 이 죽은 자가 설교를 들은 목사에게 그 설교에 대하여 쓴 편지가 한 통 있었는데, 거기에도 주소는 씌어 있지 않았다.

이러한 극단적인 금욕과 일반적으로 절망에서 생기는 자발적인 죽음 사이에는 여러 가지 중간 단계와 혼합이 있을 것이다. 이것은 물론 설명하기 어려운 일이다. 그러나 인간의 마음속에는 심연, 암흑, 착종(錯綜) 등이 있어서, 이것들을 해명하고 전개하는 것은 대단히 곤란하다.

70. 그리스도교 교의와 윤리

내가 의지의 부정이라고 부르는, 방금 끝마친 설명이 충족 이유율의 다른 형태들과 마찬가지로 동기 부여와도 관련되어 있는 필연성에 대한 앞서의 설명과 일치하지 않는다고 생각하는 사람들이 있을 것이다. 그런데 필연성의 결과로, 동기는 모든 원인과 마찬가지로 단지 기회 원인일 뿐이며, 이때 성격은 이 기회 원인들에 의해 그 본질을 전개하고 그것을 자연 법칙의 필연성을 가지고 나타낸다. 그래서 우리는 거기에서 무관계의 자유로운 판단 (liberum arbitrium indifferentiae)으로서 자유라는 것을 철저하게 부인했다. 그러나 나는 이 불일치를 없애려고 하지 않고, 염두에 두고 있다. 실제로는 본래의 자유, 즉 충족 이유율로부터의 독립은 물자체의 의지에만 있고 그 현상에는 없다. 또한 현상의 본질적인 형식은 어떠한 곳에서도 충족 이유율, 즉 필연성의 요소가 된다. 그러나 이러한 자유가 현상에서 직접 가시화할 수 있는 유일한 경우는 그 자유가 현상하는 것을 끝내게 하는 경우다. 이 경우 그것이 원인의 연쇄 일환인 경우에 단순한 현상, 즉 생명이 있는 육체는 현상만을 포함하는 시간 속에 존속하는 것이기 때문에, 거기서 이 현상을 통해 나타나는 의지는 현상이 나타내는 것을 부정하여, 모순되기에 이른다. 이 경우 성욕이 가시적으로 된 것으로서 생식기가 현존하고 건전하다고 해도, 내심에서는 역시 성적인 만족이 요구되지 않는다. 그리고 전신은 생에 대한 의지의 가시적인 표상에 지나지 않지만, 이 의지와 상응하는 동기는 이미 작용하지 않는다. 뿐만 아니라 육체의 해소, 개체의 종결, 이로 인한 자연적 의지에 대한 최대의 억제는 바람직하고 소망스러운 것이다. 이러한 '실질적인' 모순은 아무런 필연성도 모르는 의지의 자유가 현상의 필연성에 직접 간섭하는 데서 생긴다.

하지만 한편으로 성격과 동기에 의해 의지가 필연적으로 규정된다고 하는 우리의 주장과, 또 한편으로 의지를 전면적으로 없앨 가능성이 있고, 이로 인해 동기들이 무력해진다고 하는 주장 사이에 존재하는 모순은 앞서의 실질적인 모순을 철학의 반성으로 되풀이한 것에 불과하다. 이 모순들을 조화시키는 열쇠는 성격이 동기의 힘을 벗어난 상태가 직접 의지로부터 나오지 않고, 변화된 인식 방법에서 나온다고 하는 점에 있다. 즉, 개별화의 원리에 사로잡힌 채 오로지 충족 이유율에 따르는 인식인 한, 동기의 힘도 저항하기 힘든 것이다.

그러나 개별화의 원리를 간파하고, 이데아들, 또한 물자체의 본질이 모든 것에 동일한 의지로서 직접 인식되고, 이 인식에서 의욕의 일반적인 진정제가 생기면, 개별적인 동기에 맞는 인식 방법은 완전히 다른 방식으로 무색해지고 물러가 버리기 때문에 개별적인 동기는 효력을 잃는다. 그러므로 성격은 결코 부분적으로 변화할 수는 없고, 오히려 자연 법칙의 일관성을 갖고, 하나하나 의지를 수행하지 않으면 안 되는데, 이 의지 현상이 전체의 성격이다. 그러나 바로 이 전체인 성격 자체는 앞서 말한 인식의 변화에 의해 완전히 폐기될 수 있다. 이 성격의 폐기는 이미 말한 바와 같이, 아스무스가 "전반적인 초월적 변화"라고 불러 경탄해 마지않았던 것이다. 이것이 바로 그리스도 교회에서 '거듭남(Wiedergeburt)'이라고 불렀던 것이며, 이 폐기를 낳는 인식을 '은총의 작용(Gnadenwirkung)'이라 불렀다. 성격 하나의 변화가 아니라 그 전면적인 폐기가 문제기 때문에, 성격은 각각의 개념이나 교의상으로는 아주 다르게 말하는 것이긴 하다. 하지만 폐기되는 성격들이 폐기 이전에는 아무리 달랐다 해도 폐기 후에는 완전히 같은 행동 방식을 나타내게 된다.

따라서 이러한 의미에서 의지의 자유를 줄기차게 논박하고, 끊임없이 주장한 옛날부터의 철학적 학설은 근거가 없는 것이 아니고, 또한 은총의 작용과 거듭남에 관한 교회의 교의도 의미와 의의가 없는 것은 아니다. 그러나 우리는 지금 이 둘이 예기치 않게 하나가 되는 것을 알고, 또 저 탁월한 말 브랑슈가 어떠한 의미에서 '자유는 하나의 신비'라고 말할 수 있었는가를 이해할 수 있다. 왜냐하면 그리스도교의 신비주의자들이 '은총의 작용'과 '거듭남'이라고 부르는 것이야말로 우리에게는 '의지의 자유'라는 유일하고 직접적인 표현이기 때문이다. 의지의 자유는 의지가 그 본질의 인식에 도달하여, 이 인식에서 '진정제'를 얻고 동기의 작용에서 이탈했을 때에 나타난다. 동기의 작용은 다른 인식 방법의 영역에 존재하고, 그 객관은 현상에 지나지 않는다. 이렇게 하여 표출되는 자유의 가능성은 인간이 가진 최대의 장점인데, 동물에게는 없다. 왜냐하면 현재의 인식과는 관계없이, 삶 전체를 개관하게 하는 이성의 사려가 자유의 조건이기 때문이다. 참다운 사려를 거친 선택 결정을 하기 위해서는 동기가 추상적인 표상이어야 한다. 그런데 동물에게는 앞서 말한 완전한 동기 상호의 투쟁에 따라 이러한 선택 결정을 할 가능성이 없는 것처럼 자유의 가능성도 없다. 그러므로 돌이 땅에 떨어지는 것과 똑같은 필연성으로 굶주린 늑대는 짐승의 고기를 물어뜯지만, 자기가 물어뜯는 자인 동시에 물어뜯기는 자라는 것을 인식할 가능성은 없다. '자연의 나라는 필연성이고, 은총의 나라는 자유다.'

그런데 이미 우리가 보아 온 것처럼, 앞서 말한 '의지의 자기 폐기'는 인식에서 생기지만, 모든 인식과 통찰은 그 자체로서는 임의적인 것과는 무관하다. 그렇기 때문에 의지의 부정, 자유를 향한 진출은 의도로 강요되는 것이 아니라 인간의 인식과 의욕의 가장 내면적인 관계에서 생기는 것이며, 따라서 갑자기 외부에서 날아온 것처럼 이루어진다. 그러므로 교회는 이것을 '은총의 작용'이라고 불렀다. 그런데 교회는 이 은총의 작용이 은총을 받아들이는 데에 의존하는 것으로 간주하고 있지만, 진정제의 작용도 결국은 의지의 자유다. 그리고 이러한 은총의 작용 결과로 인간의 본질 전체가 근본적으로 변화하고 전환되기 때문에, 인간은 이때까지 그렇게 강렬하게 원하던 것을 더 이상 원하지 않게 된다. 따라서 낡은 인간 대신에 새로운 인간이 나타나는 것이며, 교회는 이 은총 작용의 결과를 거듭남이라고 불렀던 것이다. 왜냐하면 '자연인'이라고 부르는 것에는 선을 행할 아무 능력도 없다고 교회가 인정하고 있기 때문이며, 우리가 가진 것과 같은 생존으로부터의 해탈을 원한다면, 바로 생에 대한 의지가 부정되어야 한다는 것이다. 즉 생존 배후에는 우리가 이 세계와의 인연을 끊어 버림으로써 비로소 접근할 수 있는 어떤 다른 것이 있다.

그리스도교의 교의론은 충족 이유율에 따라 개인이 아니라 인간의 이데아를 단일성으로써 고찰하면서, '자연, 즉 생에 대한 의지의 긍정'을 '아담'으로 상징하고 있다. 그리고 우리가 아담에게서 이어받은 죄, 즉 우리는 이데아에 있어서는 아담과 하나라는 것이 시간 속에서 생식의 끈을 통해 나타나고 있는데, 이 때문에 우리는 고통과 영원의 죽음을 분배받고 있다고 한다. 이와 반대로 교회는 '은총', '의지의 부정', '해탈'을 인간이 된 신으로 상징한다. 그리고 이 신은 타죄성(墮罪性), 즉 모든 생의 의지를 떠난 것으로서 의지의 결정적인 긍정에서 생긴 것도 아니고, 철저하게 구체적인 의지와 의지의 현상에 불과한 육체를 갖고 있는 것도 아니고, 순결한 처녀에서 태어나 외관상의 육체를 갖고 있을 뿐이다. 이 외관상의 육체라는 것은 그리스도 가현설(假現說)의 논자들, 즉 이 점에서 아주 철저한 소수의 교부들이 제창한 것이다. 특히 이것을 제창한 것은 아펠레스인데, 테르툴리아누스는 아펠레스와 그 후계자들에 대해 반대론을 폈다. 그러나 아우구스티누스까지도 〈로마서〉 제8장 3절의 다음과 같은 구절, 즉 "하나님께서는 당신의 아들을 보내어 죄 많은 인간의 모습을 가지게 하시고, 그 육체를 죽이심으로써 이 세상의 죄를 없이하셨습니다"를 해석하여, "그는 육욕에서 탄생한 것이 아니기 때문에 죄 있는 육신은 아니었다. 그리고 가사적(可死的)인 육체였기 때문에, 죄 있는 육체의 형태를 취해 나타났던 것이다"(Liber 83, quaestion, qu. 66)라고 말했다.

또 그는 미완성 원고의 제1장 제47절에서 원죄는 죄인 동시에 벌이라고 설명하고 있다. 원죄는 새로 세상에 태어난 어린아이들에게도 있지만, 그들에게 죄는 커가면서 비로소 나타난다. 그러나 이 죄의 기원은 죄를 범한 자의 의지에서 유래한다고 보아야 한다. 이 죄를 범한 자가 아담이었다. 우리는 아담 속에 존재했다. 아담이 불행하게 되었기 때문에, 우리도 모두 아담 속에서 불행하게 되었다. 실제로 원죄설(의지의 긍정)과 구제설(의지의 부정)은 그리스도교의 핵심을 이루는 대진리다. 그 밖의 설은 대부분 겉치레와 부가물에 불과하다. 따라서 예수 그리스도는 언제나 일반적으로 생에 대한 의지의 부정을 상징하는 것이나 그 인격화로 파악해야 한다. 그리고 복음서에 있는 그리스도의 신화적 이야기에 의거하든, 이와 같은 이야기의 근저에 있는 진실이라고 생각되는 이야기에 의거하든 간에, 개인으로 파악해서는 안 된다. 왜냐하면 그 어느 쪽이든 간에 완전하게 만족한다는 것은 쉬운 일이 아니기 때문이다. 그것은 언제나 무언가 사실적인 것을 원하는 대중들에게는 일반적인 상징으로서 이해를 돕는다. 그리스도교가 처세에 있어서 참다운 의의를 잊어버리고 범속한 낙천주의로 타락했다는 것은 여기서 우리가 논할 바가 아니다.

또 그리스도교의 근원적이고 복음주의적인 교설이 있는데, 이것은 아우구스티누스가 교회 고위층의 동의를 얻어 펠라기우스주의자들의 범속한 설에 대하여 변호한 것이다. 이 교설을 오류가 없게 하여 다시 강조하려고 한 것이 루터의 주요 목적이었고, 그것은 그의 저서 《노예적 자의(De servo arbitrio)》에서 분명하게 설명되고 있다. 그런데 이 교설은 '의지는 자유가 아니라' 본래 악에 대한 경향을 가지고 있으므로, 인간이 하는 일은 언제나 죄가 있고 결함이 있고, 결코 정의를 만족할 만큼 행할 수 없다는 것이다. 따라서 결국 인간을 정결하게 하는 것은 인간이 아니라 오직 신앙뿐이라는 것이다. 이 신앙은 의도나 자유 의지에서 생기는 것이 아니라, 우리의 손을 가함이 없이 '은총의 작용'에 의해, 마치 외부에서 우리에게 주어지는 것과 같이 주어진다는 것이다.

앞서 언급한 교의들뿐만 아니라 지금 말한 이 순수하게 복음적인 교의까지도, 오늘날에는 조잡하고 범속한 견해가 이것을 불합리한 것으로 부인하거나 은폐하여 순수 교의를 왜곡했다. 이러한 조잡하고 범속한 견해는 아우구스티누스나 루터의 정론이 나왔음에도 불구하고, 현대의 합리주의인 펠라기우스적인 하인 근성이 좋아서, 가장 좁은 의미에서 고유하고 본질적이며 참으로 의미심장한 교의들을 낡아 빠진 것이라고 한다. 그리고 반대로 유대교에서 나와서 보존되며 단지 역사적인 경로에서 그리스도교와 결합한 것에 지나지 않는* 교의만을 고집하여 중대한 것으로 하고 있다. 그러나 우리는 앞서 말한 교설이 우리가 고찰한 결과와 일치하는 진리라고 인정한다. 말하자면 우리는 참다운 덕과 마음의 성스러움은 심사숙고한 임의(일)에 근거가 있는 것이 아니고, 인식(신앙)에 있다는 것을 알고 있다. 그것은 마치 우리의 근본 사상에서 전개한 것과 마찬가지다. 사람을 조촐한 행복에 이르게 하는 것이 동기나 심사숙고한 의도에서 생기는 일이라고 한다면, 덕이란 언제나 현명하고 조직적이며 넓게 보는 이기심에 불과한 것이다. 그렇게 되면 마음대로 방향 전환을 할 수 있다. 즉, 우리는 모두 최초의 인간의 타락으로

＊이것이 얼마나 심한가는 다음의 사실로 알 수 있다. 즉 아우구스티누스에 의해 철저하게 체계화된 그리스도교의 교의론에 포함되어 있는 모순들이나 불가해한 점(이것이 바로 이와 반대되는 펠라기우스적인 범속한 설을 나오게 했지만)은 유대교의 근본 교의를 도외시하고, 인간이 다른 의지에 의해 만들어진 것이 아니라 자신의 의지로 만들어졌다는 것을 인식하기만 하면, 모두 없어져 버린다. 그렇게 되면 모든 것은 명백하고 정당하게 된다. 그리고 어떤 일에도 자유는 필요 없는 것이다. 왜냐하면 자유는 존재 속에 있고, 바로 거기에서 죄 또한 원죄로서 존재하지만, 은총의 작용은 우리 자신의 것이기 때문이다. 그런데 오늘날의 합리주의적인 견해로는 《신약성서》에 근거하고 있는 아우구스티누스의 교의론 중 많은 교설, 가령 예정설과 같은 것은 전혀 논거가 없는 것, 아니 불쾌한 것으로까지 생각한다. 그래서 본래의 그리스도교가 버려지고, 조잡한 유대교로 되돌아가기에 이른다. 그러나 그리스도교 교의론의 근본적인 결점은 세상 사람들이 찾고 있지 않는 데 있다. 즉 완전하고 확실한 것으로서, 어떠한 시험에도 벗어나 있다. 이것을 없애 버리면 교의 전체는 합리적이다. 왜냐하면 그 교의가 다른 과학을 망쳐 버리는 것과 마찬가지로 신학도 망치고 있기 때문이다. 아우구스티누스의 신학을 그의 저서인 《신국론》(특히 제14권)에서 연구하여 보면, 자기 밖에 중심을 가지고 있는 물체를 세우려고 하는 것과 흡사한 것이 있다는 것을 알게 된다. 어느 쪽으로 돌리고 어느 쪽에 놓든지, 그 물체는 그럴 때마다 넘어진다. 이와 마찬가지로 이 경우에도 아우구스티누스가 아무리 노력을 하고 변론을 해도, 세계의 죄와 고통은 언제나 신에게 돌아간다. 신은 만물을 만들고, 또 만물 속에서 만물을 만들고, 게다가 이 사물들이 어떻게 진행되는지 알고 있다. 아우구스티누스 자신이 이 어려움을 알고 이것에 당황했다는 것을 이미 나는 의지의 자유에 대한 나의 현상 논문 제1판 및 제2판 제4장 p. 66～68에 지적해 두었다. 마찬가지로 신의 선의와 세계의 비참함 사이의 모순, 또 의지의 자유와 신의 예지 사이의 모순은 데카르트파의 사람들, 말브랑슈, 라이프니츠, 벨, 클라크, 아르노 등이 거의 100년이라는 장구한 세월에 걸쳐 논쟁한, 그칠 줄 모르는 논제다. 하지만 이 경우 논쟁하는 사람들에게 확정적인 유일한 교의는 신의 존재와 특성이며, 그들은 끊임없이 원을 그리며 돌고 있다. 말하자면 그들은 이것들을 조화시키려고 하는데, 즉 계산의 예제를 풀려고 하는데, 잘 맞아 떨어지지 않아서 그 나머지를 다른 곳에 감추면 여기저기에서 다시 튀어나오기 때문에 그렇다. 그러나 당황하게 된 이유를 이 근본 속에서 찾아야 하는 것인데도, 그들 중 아무도 이것을 알지 못하고 있다. 벨만은 이것을 알아차리고 있다고 생각되는 점이 있다.

죄를 받고, 죽음과 멸망의 수중에 들어가 있지만, 또한 모두 은총으로 우리의 거대한 죄를 대신하여 주는 것으로 인해, 즉 신의 중재자에 의해 구원된다. 그리고 여기에는 우리의(인격의) 공적은 없다. 왜냐하면 고의적인(동기에 의해 규정된) 인격의 행위에서 생긴 것, 즉 일은 결코 우리를 정당화할 수 없고, 그것이 동기에 의해 생긴 '고의적인' 행위, 즉 행해진 행위기 때문에, 그 본성상 우리를 정당화할 수 없기 때문이다.

따라서 이 신앙에는 첫째, 우리의 상태는 근원적으로 또 본질적으로 구원할 수 없는 것이며, 우리가 이 상태에서 '해탈'을 필요로 하고 있다는 것이 포함되어 있다. 둘째, 우리 자신은 본질적으로 악에 속하여 그것과 결합되어 있기 때문에 법률이나 규칙에 따른 일, 즉 동기에 따른 일은 결코 정의를 만족시키는 것이 아니고, 우리를 해탈시킬 수 있는 것도 아니다. 해탈은 신앙에 의해서만, 즉 인식 방법을 바꿈으로써만 얻을 수 있으며, 또한 이 신앙은 은총으로만 외부에서 오는 것처럼 생길 수 있다고 하는 것이 포함되어 있다. 그것이 의미하는 것은 구원은 우리의 인격과는 관계가 없으며, 구원을 위해서는 바로 이 인격을 부정하고 포기하는 것이 필요하다는 것이다. 법률을 준수하는 것이 결코 인간을 정당화할 수 없는 것은 이것이 언제나 동기에 기반을 둔 행동이기 때문이다.

'루터'는 《그리스도교도의 자유》라는 그의 저서에서 다음과 같이 요청하고 있다. 신앙이 생긴 후에는 선한 일들이 그 증거로서, 결과로서 저절로 생겨나와야 한다. 그러나 그 자신의 공적, 정당화, 또는 보수 등을 요구하는 것이 아니라, 완전히 자발적으로 보수를 구하지 않고 행해야 된다. 이렇게 우리는 개별화의 원리를 보다 명백하게 간파하면서 먼저 거기에서 자유로운 정의만을 낳게 한다. 그리고 다음으로는 사랑을 낳게 하여 이기심을 완전히 포기하기에 이르고, 마지막에는 체념 또는 의지의 부정을 낳게 한다.

그리스도 교의론의 이러한 교의들은 그 자체로서는 철학과 관계가 없지만, 내가 이것들을 여기에서 문제삼은 것은 다음과 같은 것을 표시하기 위해서였다. 우리의 고찰에서 생긴 모든 부분과 완전히 일치하고 관련되는 윤리는 표상으로는 새롭고 들어 본 적이 없는 것일지 모르지만, 본질적으로는 그리스도교 본래의 교의와 완전히 일치한다. 또 근본적으로 말한다면, 그리스도교의 교의 속에 포함되어 있고, 존재하고 있었던 것이다. 또 이 윤리는 전혀 다른 형식으로 설교되고 있는 인도 성전의 교설이나 윤리적인 교훈과도 일치한다. 동시에 그리스도 교회의 교의를 상기한 것은 한편으로는 주어진 동기에 나타나는 성격의 필연성(자연의 나라)과, 또 한편으로는 의지가 자신을 부정하고, 성격과 그것에 근거한 동기의 필연성을 폐기하는 의지의 자유(은총의 나라)와의 외형상의 모순을 설명하고 구명하는 데 도움이 되었다.

71. 무와 의지, 그리고 세계

이것으로 나는 윤리의 개요와 그 전달을 목적으로 삼았던 유일한 사상에 대한 설명을 끝낸다. 그리고 이 서술의 마지막 부분에서 마주치는 비난을 감추지 않고, 그 비난이 사물의 본질에 존재하는 것이기 때문에 그 비난을 없애는 것이 불가능하다는 것을 보이려고 한다. 그 비난이란, 우리가 마지막에 이른 것은 완전히 성스러운 경지에서 모든 의욕을 부정하고 단념하며, 그리하여 우리에 대해 그 전존재를 고통으로 나타내는 세계로부터 해탈하기에 이른다는 것이다. 하지만 이렇게 보면, 이것이 우리에게는 헛된 '무'에로의 이행에 불과한 것으로 보인다는 것이다.

이에 관해서는 '무'라는 개념이 본래 상대적인 것이고 언제나 그 개념에 의해 부정되는 일정한 무엇에만 관계한다는 것을 주의해야 한다. 세상에서는(특히 칸트는) 이 특성을 +에 대해 −로서 표시되는 결여적 무(nihil privativum)만이 갖는 것으로 생각했지만, 이 −는 반대 관점에서 보면 +로도 될 수 있다. 이 결여적 무에 대해 부정적 무(nihil negativum)를 들어, 이것은 어떠한 점에서도 무라고 하고, 그 실례로 자신을 지양하는 논리적인 모순을 사용한 것이다. 그러나 더 자세히 고찰하면, 절대적인 무, 완전한 부정적 무는 생각조차 할 수 없다. 그리고 이런 종류의 무는 어느 것이나 더 높은 입장에서 고찰하면, 또는 더 넓은 개념에 포함하면, 언제나 결여적 무에 지나지 않는다. 어떠한 무도 무엇인가 다른 것에 대한 관계에서만 생각할 수 있는 결여적 무이며, 이 관계를 따라서 다른 것을 전제하고 있다. 논리적 모순도 하나의 상대적인 무다. 그것은 이성의 사상이 아니다. 그러나 절대적인 무도 아니다. 논리적 모순은 하나의 언어 조립이고, 사유할 수 없는 것의 실례이기 때문이다. 그리고 논리학에서는 사유의 법칙들을 표시하기 위해 그러한 것이 필요하다. 그러므로 이 목적을 위해 그러한 실례를 향해 나아가면 무의미를 적극적인 것으로 고집하고, 의미를 소극적인 것으로 생략하여 버릴 것이다. 따라서 모든 부정적 무, 절대적인 무도 더 높은 개념에 종속시키면, 단순한 결여적 무 또는 상대적인 무로 간주된다. 그리고 이 상대적인 무는 또한 언제나 부정하는 것과 부호를 바꾸는 것이 가능한데, 그렇게 되면 그 부정하는 것이 부정으로 생각되어, 상대적인 무는 긍정으로 생각될 것이다. 플라톤이 그의 저서 《소피스트》(p. 277~287)에서 행한 무에 관한 어려운 변증적 연구 결과도 이것과 일치한다.

우리는 '다른 존재'의 본성이 이루어지고, 모든 존재하는 것 '상호간의 관계'에까지 넓혀 가서 분포하고 있다는 것을 표시하여, 개별적으로 존재하는 것에 대립하는 이 다른 존재의 부분은 실제에는 존재하지 '않는 것'이라고 감히 말하려 했던 것이다.

일반적으로 적극적인 것으로 생각되는 것, 우리는 이것을 '존재하는 것(des Seiende)'이라고 부르고, 그 부정은 '무'라는 개념에 의해 가장 일반적인 의미로 표현된다. 이 존재하는 것이야말로 표상의 세계이며, 내가 의지의 객관성으로서, 의지의 거울로서 증명한 것이다. 이 의지와 세계가 바로 우리 자신이기도 하며, 표상 일반은 그 일면으로서 여기에 속해 있다. 이 표상의 형식이 공간과 시간이며, 이 입장에 존재하는 것은 어딘가에 언젠가는 존재함에 틀림없다. 의지의 부정, 폐기, 전환은 의지의 거울인 세계의 폐기와 소멸이기도 하다. 우리가 이 거울 속에서 의지를 보지 못한다면, 우리는 그것이 어디로 향했는가를 물어도 헛수고다. 그래서 의지는 이미 어디에도 어느 때에도 없는 것이기 때문에, 우리는 의지가 무로 돌아갔다고 탄식한다.

만일 반대의 입장이 우리에게 가능하다면, 부호가 바뀌고, 우리에게 존재하는 것이 무로 표시되고, 그 무가 존재하는 것으로 표시될 것이다. 그러나 우리가 생에 대한 의지 그 자체인 한, 또 그 무가 우리에게 생에 대한 의지 그 자체인 한, 그 무는 우리에게 소극적으로만 인식되고 표시될 것이다. 왜냐하면 같은 것은 같은 것에 의해서만 인식된다고 하는 엠페도클레스의 옛날 명제는 여기서는 우리에게서 모든 인식을 빼앗는 것으로, 또 반대로 우리의 모든 현실적인 인식의 가능성, 즉 표상으로서 세계나 의지 가능성이 결국 이 명제에 기초를 두고 있기 때문이다. 세계는 자기 인식이기 때문이다.

그런데도 우리가 철학이 의지의 부정으로서 소극적으로만 표현할 수 있는 것에 대하여 어떻게 해서라도 적극적인 인식을 얻으려고 고집한다면, 우리에게는 의지의 완전한 부정에 도달한 사람들이 경험했고, 열락, 환희, 깨달음, 신과의 합치 등으로 불리는 상태를 지시하는 것밖에는 남지 않을 것이다. 그런데 이러한 상태에는 이미 주관과 객관의 형식이 없고, 게다가 남에게 전달할 수 없는 독자적인 경험만이 도달하도록 되어 있기 때문에, 이러한 상태는 인식이라 부를 수 없다.

그러나 우리는 철저하게 철학의 입장에 머무르기 때문에 적극적 인식의 마지막 경계선에 도달한 것에 만족하고, 소극적 인식으로 흡족하게 생각해야 한다. 그래서 우리는 세계의 본질을 의지로, 세계의 모든 현상을 의지의 객관성으로 인식하고, 이 객관성을 캄캄하고 충동적이며 무의식적인 자연의 힘으로부터 인간의 의식이 가장 풍부한 행동에 이르기까지 추구해 왔지만, 다음과 같은 결론을 내리는 것은 아니다. 즉, 의지의 자유로운 부정이나 포기와 더불어 이 현상들도 없어지고, 이 세계를 성립시키고 모든 단계의 객관성에 나타나 있는 끊임없는 충동과 혼잡이 없어지고, 단계적으로 이어지는 형식의 다양성도 없어지고, 의지와 더불어 그 현상 전체도 없어지고, 최후에는 이 현상의 일반적인 형식인 시간과 공간도, 또한 그 궁극적인 근본 형식인 주관과 객관도 없어진다는 것이다. 의지가 없으면 표상도 세계도 없다.

우리 앞에 남는 것은 말할 것도 없이 무뿐이다. 그러나 이러한 무로 융해되는 것에 저항하는 우리의 본성이야말로 바로 생에 대한 의지이고, 이 의지가 우리 자신이며 우리의 세계다. 우리가 이렇게 심하게 무를 두려워하는 것은 우리가 그만큼 생에 대해 의욕하고, 또 우리는 이 의지에 불과하며, 이 의지 외에는 아무것도 모른다는 것을 다른 방법으로 표현한 것이다.

그러나 자신의 가난과 속박에서 눈을 돌려 세계를 초극한 사람들을 바라보기로 하자. 그들에게 있어 의지는 자신을 자유롭게 부정하여 버린 것이지만, 그 다음 그들은 의지의 마지막 흔적이 그들이 갖고 있는 육체와 더불어 소멸하는 것을 기다리기만 하면 된다. 이러한 사람들이 우리에게 나타내는 것은 끊임없는 충동과 혼잡이 아니고 소망에서 공포로, 기쁨에서 고통으로의 지속적인 이행도 아니다. 의욕하는 사람이 인생의 꿈을 낳는, 결코 실현되지 않고 성취되지도 않는 희망도 아니고, 모든 이성보다 높은 평화, 대양과 같은 넓은 마음이 지니는 완전한 정적, 깊은 평정, 부동의 확신과 즐거움이다. 이것이 라파엘이나 코레지오가 그린 얼굴에 반영된 것만으로도 완전하고 확실한 복음이 된다. 거기에는 인식만이 남아 있고, 의지는 소멸해 있다. 그러나 우리는 심각하고 괴로운 동경심을 가지고 이 상태를 바라보는데, 이 상태와 더불어 우리의 비참하고, 구제할 길 없는 상태가 대조적으로 뚜렷이 비쳐 나온다.

  그럼에도 한편으로 우리가 불치의 고통과 끝없는 비참함을 의지의 현상인 이 세계에서 고유한 것으로 인식하고, 또 폐기되는 의지와 녹아 없어지는 세계를 보고, 눈앞에 단지 공허한 무만을 지킨다면, 이 고찰은 우리를 위로할 수 있는 유일한 것이다. 이 방법으로 성자들을 우리의 경험 속에서 만난다는 것은 쉽게 허용되는 일이 아니다. 하지만 그들에 관한 것을 적은 이야기와 내적 진리를 보증하는 표시인 예술이 성자들의 행적을 고찰해 우리 눈앞에 보여줌으로써, 궁극적인 목표로서 모든 덕과 성스러움의 배후에 감돌고 있고, 어린아이들이 어두움을 무서워하는 것처럼 우리가 무서워하는, 무의 어두운 인상을 우리는 몰아내지 않으면 안 된다. 인도인들처럼 신화나 '브라흐마'에 흡수되거나 불교도의 '열반'과 같은 언어를 사용함으로써 무를 회피하지 말아야 한다. 오히려 우리는 의지를 완전히 폐기한 후에 남는 것은 아직 의지를 충분하게 갖고 있는 사람들에게는 무에 지나지 않는다고 거리낌 없이 고백한다. 그러나 반대로 의지가 스스로를 바꾸고, 스스로를 부정하여 버린 사람들에게도, 우리에게 그렇게도 사실적으로 보이는 이 세계가 모든 태양과 은하수와 더불어 무(이것이 바로 불교도의 '반야 바라밀'이며, '모든 인식의 피안', 즉 이미 주관과 객관이 없는 경지이다^(G.A. 슈미트의 《대승과 반야바라밀》 참고))인 것이다.

권기철 (權奇哲)

1941년 경북 안동 출생. 중앙대 철학과·동대학원 졸업. 독일 Marburg/L. 대학 수학. 독일 Wuerzburg 대학 철학박사. 중앙대학교 철학과 교수. 서울대학교, 이화여자대학교, 건국대학교 대학원 출강. 한국철학회 상임이사. 지은책《철학개론(공저)》《현대철학의 이해(공저)》옮긴책《키에르케고오르》《쇼펜하우어》등과 그 외 주요논문 여러 편이 있다.

1956

나는 누구인가? 나는 무엇을 아는가? 나는 어떻게 살 것인가?

세상을 보는 방법

쇼펜하우어 지음/권기철 옮김

1판 1쇄 1978년 8월 10일 발행

2판 1쇄 2005년 2월 1일 발행

2판 8쇄 2010년 7월 1일 발행

2판 10쇄 2012년 9월 1일 발행

발행인 고정일/발행처 동서문화사

창업 1956. 12. 12. 등록 16-345 (윤)

서울 강남구 도산대로 163 (신사동, 1층)

☎ 546-0331~6 (FAX) 545-0331

www.dongsuhbook.com

＊

편찬·필름·제작 일체 「동판」 자본으로 이루어짐에 따라

출판권 소유권자 「동판」에서 제조출판판매 세무일체를 전담합니다.

사업자등록번호 211-90-02201

ISBN 978-89-497-0285-8 03100